感谢：

广东炜林纳功能材料有限公司

为本书的出版提供赞助！

中国
新材料发展年鉴

（2004～2005）

李义春　主编

中国科学技术出版社
·北京·

图书在版编目(CIP)数据

中国新材料发展年鉴:2004～2005/李义春主编. —北京:中国科学技术出版社,2005.11

ISBN 7-5046-4214-2

Ⅰ.中...　Ⅱ.李...　Ⅲ.新材料应用-工业技术-技术发展-中国-2004～2005-年鉴　Ⅳ.F424.3-54

中国版本图书馆 CIP 数据核字(2005)第 133014 号

中国科学技术出版社出版
北京市海淀区中关村南大街 16 号　邮政编码:100081
电话:010-62103210　传真:010-62183872
http://www.kjpbooks.com.cn
科学普及出版社发行部发行
中国科学院印刷厂印刷
*
开本:889 毫米×1194 毫米　1/16　印张:35.5　字数:1300 千字
2005 年 12 月第 1 版　2005 年 12 月第 1 次印刷
印数:1—1000 册　定价:500.00 元

编 辑 说 明

一、《中国新材料发展年鉴》是唯一全面、系统、如实辑录中国新材料发展历史的大型资料性、史册性年刊。《中国新材料发展年鉴（2004～2005）》是《中国新材料发展年鉴》的第三卷。

二、《中国新材料发展年鉴（2004～2005）》主要反映了2004～2005年期间我国新材料的发展情况。原则上，第一卷及第二卷已有的、至今没有任何改变的内容不再纳入本卷。

三、《中国新材料发展年鉴（2004～2005）》全书共五大部分，包括综合发展篇、科技发展篇、教育发展篇、产业发展篇和资源篇。综合发展篇主要记述了2004～2005年国家新发布的材料相关政策、各行业大事记以及各材料领域的进展；科技发展篇主要记述了两年来我国在新材料领域方面的科技情况综述、论文统计、材料领域专家及国内外材料领域相关机构等；教育发展篇主要记述了两年来我国新材料领域的教育发展综述、高等学校R&D进展、高等教育状况统计、材料相关学科高等教育状况；产业发展篇主要记述了两年来新材料领域产业情况综述、产业发展数据统计、部分行业发展状况以及部分区域发展状况；相关资源篇收录了在2004～2005年材料界相关网站、期刊、学会以及行业协会的最新情况。

四、本年鉴在内容上力求做到资料丰富、材料翔实、数字准确。但由于编辑水平有限，资料来源不全，加之时间紧迫，在材料筛选、文字加工、体例统一等方面难免有疏漏和欠妥之处，甚至可能是比较重要的疏漏或错误，恳请读者提出批评与建议，以便在下一卷中补正。

五、本年鉴在编纂和出版过程中，承蒙不少单位和很多同志的大力支持，在此向为本年鉴提供支持的有关单位和同志致以诚挚的谢意。

序

材料是技术进步的物质基础与先导，新材料及其制备技术的发展将推动传统产业的技术进步和产业结构调整，提高传统产业在国际上的竞争能力。新材料本身又是高新技术产业的重要组成部分，对工业、农业、国防和其他高新技术产业的发展，都具有无可替代的支撑作用。

2004年是我国新材料科技及产业发展非常重要的一年，也是完成国家“十五”计划关键的一年。围绕科技部“专利、人才、标准”三大战略的部署，新材料领域取得了一批具有原创性和重大创新性的新材料成果，支撑了国民经济、国家重点工程和国防建设对新材料的迫切需求，实现一批新材料成果的产业化，培育了新的经济增长点，提升了我国传统材料产业技术水平，促进了产业结构的调整，建立了一批新材料成果的转化和产业化基地，推动了我国新材料产业的可持续发展。

《中国新材料发展年鉴》作为全面记载中国新材料发展轨迹的大型史料性、信息性年刊，通过大量信息的收集、整理和分析，向世人展现了我国新材料的发展状况，为促进我国新材料产业发展发挥了重要作用。我衷心祝愿《中国新材料发展年鉴》越办越好。

徐冠华

2005年11月27日

中国新材料发展年鉴(2004～2005)
编辑委员会

编辑部地址　清华大学液晶大厦 115 室
邮政编码　100084
电　　话　010－62785767,62773674
传　　真　010－62770338
网　　址　www. matinfo. com. cn
E － mail　matinfo@ materials. gov. cn

目　　录

综合发展篇

政　　策

大事记

专　　文

科技发展篇

综　　述

科技计划及项目

科技计划概述

国家科技攻关计划

国家重点基础研究发展计划（973 计划）

高技术研究发展计划（863 计划）

研究开发条件建设计划

科技产业化环境建设计划

重大科技项目

国家自然科学基金

中国材料科学、化学工程和金属冶金研究领域论文分布情况

材料相关科技成果情况

材料领域科技专家

国内材料相关研究机构

教育发展篇

综　　述

2003 年高等教育状况统计

材料相关学科高等教育状况

产业发展篇

产业发展综述

产业发展统计数据

部分行业发展状况

部分区域发展状况

资源篇

综合发展篇

政　　策

2004年国民经济和社会发展统计公报

2004年，全国各族人民在党中央、国务院的正确领导下，以邓小平理论和"三个代表"重要思想为指导，深入贯彻党的十六大和十六届三中、四中全会精神，全面落实科学发展观，认真贯彻国家加强和改善宏观调控的各项措施，取得了明显成效。经济运行中的不稳定不健康因素得到抑制，农业、基础设施建设和社会事业等方面的薄弱环节得到加强，粮食生产出现重要转机，部分行业投资增长过快的势头得到初步遏制，各项改革稳步推进，对外开放进一步扩大，就业再就业和社会保障工作取得新进展，城乡居民生活继续改善，国民经济保持平稳较快发展，各项社会事业加快发展，较好地实现了国民经济和社会发展的预期目标。

一、综　合

初步核算，全年国内生产总值136 515亿元，按可比价格计算，比上年增长9.5%。其中，第一产业增加值20 744亿元，增长6.3%；第二产业增加值72 387亿元，增长11.1%；第三产业增加值43 384亿元，增长8.3%。第一、第三产业对国内生产总值增长的贡献率为9.2%和29.0%，分别比上年提高5.2个百分点和2.8个百分点。

全国居民消费价格总水平比上年上涨3.9%（见表1），其中服务价格上涨2.3%。商品零售价格上涨2.8%。工业品出厂价格上涨6.1%。原材料、燃料、动力购进价格上涨11.4%。固定资产投资价格上涨5.6%。农产品生产价格上涨13.1%。

表1　2004年居民消费价格比上年上涨情况

指　标	全国（%）	城　市	农　村
全国居民消费价格总水平	3.9	3.3	4.8
食品	9.9	9.1	11.5
其中：粮食	26.4	25.7	27.7
烟酒及用品	1.2	1.2	1.3
衣着	-1.5	-1.5	-1.6
家庭设备用品及服务	-1.4	-1.9	-0.3
医疗保健及个人用品	-0.3	-0.8	0.5
交通和通信	-1.5	-2.1	-0.2
娱乐教育文化用品及服务	1.3	0.8	2.1
居住	4.9	4.3	5.8

全年城镇新增就业人员980万人，比预期目标多80万人。全年有510万下岗人员实现了再就业。年末城镇登记失业率为4.2%，比上年末下降0.1个百分点。

年末国家外汇储备达到6 099亿美元，比上年末增加2 067亿美元。人民币汇率继续保持稳定，年末汇率8.276 5元人民币兑1美元，比上年末上升2个基本点。

全年各项税收收入25 718亿元（不包括关税和农业税），比上年增加5 256亿元，增长25.7%。全国规模以上工业企业实现利润达11 342亿元，比上年增长38.1%。

国民经济和社会发展中存在的主要问题是：农业基础还不稳固，保持粮食增产、农民增收的难度加大；在建和新开工项目较多，投资盲目扩张的冲动仍较强；能源、原材料价格上涨幅度较高；煤电油运供求关系紧张的矛盾仍然很突出；重特大安全生产事故时有发生；资源浪费、环境污染问题还比较严重；部分居民生活仍较困难。

二、农　业

全年粮食种植面积10 161万公顷，比上年增加220万公顷；棉花种植面积569万公顷，增加58万公顷；油料种植面积1 452万公顷，减少47万公顷；糖料种植面积157万公顷，减少9万公顷；蔬菜种植面积1 767万公顷，减少29万公顷。

全年粮食产量46 947万吨，比上年增加3 877万吨，增产9.0%；棉花产量632万吨，增产30.1%；油料产量3 057万吨，增产8.8%；糖料产量9 528万吨，减产1.2%。蔬菜、水果在扩大优质品种的基础上平稳发展（见表2）。

表 2　2004 年主要农产品产量

（单位：万吨）

产品名称	绝对数	比上年增长（%）
粮食	46 947	9.0
夏粮	10 104	4.8
早稻	3 208	8.8
秋粮	33 635	10.3
油料	3 057	8.8
花生	1 431	6.6
油菜籽	1 304	14.2
棉花	632	30.1
糖料	9 528	-1.2
甘蔗	8 948	-0.8
甜菜	580	-6.1
烤烟	214	6.2
茶叶	84	8.7
水果	15 243	5.0
蔬菜	54 927	1.7

全年肉类总产量7 260万吨，比上年增长 4.7%。其中，牛、羊肉分别增长 7.9% 和 10.6%。全年水产品产量4 855万吨，增长 3.2%。

全年新增有效灌溉面积 98 万公顷，新增节水灌溉面积 130 万公顷。

三、工业和建筑业

全年全部工业增加值62 815亿元，比上年增长 11.5%，其中规模以上工业增加值54 805亿元，增长 16.7%（见表 3）。产品销售率 98.1%，比上年提高 0.2 个百分点。

表 3　2004 年规模以上工业增加值主要分类情况

（单位：亿元）

指　标	绝对数	比上年增长（%）
工业增加值	54 805	16.7
其中：国有及国有控股企业	23 213	14.2
其中：集体企业	2 877	9.9
股份制企业	24 054	16.5
外商及港澳台投资企业	15 241	18.8
其中：私营企业	8 290	22.8
其中：轻工业	17 762	14.7
重工业	37 043	18.2

全年一次能源生产总量 18.46 亿吨标准煤，比上年增长 15.2%；发电量21 870亿千瓦时，增长 14.5%；原煤 19.56 亿吨，增长 17.3%；原油 1.75 亿吨，增长 2.9%。

全年黑色金属冶炼及压延加工业增加值比上年增长 26.8%，有色金属冶炼及压延加工业增长 22.4%，化学原料及化学制品制造业和非金属矿物制品业分别增长 18.2% 和 19.9%。主要原材料产品中，粗钢产量 2.73 亿吨，增长 22.7%；钢材 2.97 亿吨，增长 23.3%；水泥 9.7 亿吨，增长 12.5%；十种有色金属增长 16.4%，硫酸、纯碱、烧碱、乙烯等主要化工产品增长 2.4% 至 18.5%。

全年通用设备制造业增加值比上年增长 22.2%，电气机械及器材制造业增长 17.7%，交通运输设备制造业增长 14.0%。大中型拖拉机产量增长 101.4%，发电设备增长 92.9%；汽车产量 507.4 万辆，增长 14.2%，其中轿车 231.4 万辆，增长 11.7%。

高技术产业增加值比上年增长 23.1%。在高技术产业中，通信设备、计算机及其他电子设备制造业增长 26.9%，其中光通信设备、程控交换机、移动电话机、微型电子计算机等产品产量分别增长 14.7% 至 40.3%（工业主要产品产量见表 4）。

表 4　2004 年主要工业产品产量

产品名称	单　位	绝对数	比上年增长(%)
纱	万吨	1 120.00	13.9
布	亿米	420.00	18.8
化纤	万吨	1 424.54	20.6
机制糖	万吨	1 017.61	-6.1
卷烟	亿支	18 744.13	6.5
彩色电视机	万部	7 328.80	12.0
家用电冰箱	万台	3 033.38	35.3
房间空调器	万台	6 646.22	37.9
一次能源生产总量	亿吨标准煤	18.46	15.2
原煤	亿吨	19.56	17.3
原油	亿吨	1.75	2.9
发电量	亿千瓦时	21 870.00	14.5
粗钢	万吨	27 279.79	22.7
钢材	万吨	29 723.12	23.3
十种有色金属	万吨	1 430.00	16.4
其中：铜	万吨	217.00	18.0
氧化铝	万吨	699.00	14.7
水泥	亿吨	9.70	12.5
硫酸	万吨	3 994.24	18.5
纯碱	万吨	1 302.46	14.9
烧碱	万吨	1 060.26	12.2
乙烯	万吨	626.58	2.4
化肥（折 100%）	万吨	4 469.47	15.2
发电设备	万千瓦	7 137.88	92.9

续表

产品名称	单　位	绝对数	比上年增长(%)
汽车	万辆	507.41	14.2
其中：轿车	万辆	231.40	11.7
大中型拖拉机	万台	9.83	101.4
集成电路	亿块	211.46	42.6
程控交换机	万线	8 464.78	14.7
移动电话机	万部	23 344.58	28.1
传真机	万部	1 380.43	84.9
微型电子计算机	万部	4 512.41	40.3
光通信设备	万部	13.96	28.0

全年规模以上工业企业中，国有及国有控股企业实现利润5 312亿元，比上年增长42.5%；集体企业实现利润512亿元，增长31.3%；股份制企业实现利润5 448亿元，增长39.4%；外商及港澳台投资企业实现利润3 455亿元，增长25.5%；私营企业实现利润1 237亿元，增长40.1%。

全年全社会建筑业实现增加值9 572亿元，按可比价计算，比上年增长8.1%。全国具有资质等级的总承包和专业承包建筑业企业实现利润621亿元，增长19.5%；上缴税金959亿元，增长26.4%。

四、固定资产投资

全年全社会固定资产投资70 073亿元，比上年增长25.8%，增速比上年回落1.9个百分点。其中，城镇投资增长27.6%，农村投资增长17.4%（见表5）。

分地区看，东部地区投资40 242亿元，比上年增长24.8%；中部地区投资15 126亿元，增长30.2%；西部地区投资13 749亿元，增长26.6%（见表5）。

表5　2004年全社会固定资产投资情况

（单位：亿元）

指　标	绝对数	比上年增长（%）
全社会固定资产投资	70 073	25.8
按城乡分		
城镇	58 620	27.6
其中：国有及国有控股	33 713	14.5
农村	11 452	17.4
按地区分		
东部地区	40 242	24.8
中部地区	15 126	30.2
西部地区	13 749	26.6

在城镇投资中，第一产业投资由上年下降19.6%转为增长20.3%；第二产业投资增长38.3%，增速比上年回落8个百分点；第三产业投资增长21.6%，回落0.5个百分点。

在城镇500万元以上项目中，钢铁投资比上年增长32.3%，增速比上年回落63.9个百分点；铝业投资由上年增长86.6%转为下降1.8%；水泥投资增长43.3%，增速比上年回落70.1个百分点；汽车投资增长53.5%，回落24.3个百分点；纺织投资增长30.3%，回落56.4个百分点。

全年房地产开发投资13 158亿元，比上年增长28.1%；商品房销售额10 376亿元，增长30.0%，其中销售给个人增长30.4%，所占比重为93.3%。

主要生产能力继续增加（见表6）。

表6　2004年固定资产投资新增主要生产能力

指　标	单　位	绝对数
新增发电机组容量	万千瓦	5 055
11万伏及以上变电设备	万千伏安	14 996
新建铁路投产里程	千米	1 433
增建铁路复线投产里程	千米	352
电气化铁路投产里程	千米	409
新建公路	千米	46 411
其中：高速公路	千米	4 476
港口万吨级码头泊位新增吞吐能力	万吨	11 958
新增局用交换机容量	万门	7 020
新增光缆线路长度	万千米	65
新增数字蜂窝移动电话交换机容量	万户	6 049

长江三峡工程累计完成投资1 114亿元，累计投产11台发电机组，累计新增发电机组容量770万千瓦；青藏铁路累计完成投资198亿元，累计正线铺轨743千米；西气东输管道工程年底全线正式商业运营；南水北调东线、中线同时开工建设，5项单项工程累计完成投资21亿元。在中央政府投资支持下，累计改造县际和农村公路15万千米，解决了农村5 020万人的饮水困难；突发公共卫生事件医疗救治体系累计完成项目163个，国家疾病预防控制网络体系1 296个项目基本竣工。

五、国内贸易

全年社会消费品零售总额达到53 950亿元，比上年增长13.3%，扣除物价上涨因素，实际增长10.2%。分城乡看，城市消费品零售额35 573亿元，增长14.7%；县及县以下消费品零售额18 377亿元，增长10.7%。分行业看，批发零售业零售额44 840亿元，增长12.5%；餐饮业零售额7 486亿元，增长21.6%；其他行业零售额1 624亿元，增长1.5%。

在限额以上批发零售业零售额中，文化办公用品类零售额比上年增长22.7%，通信器材类增长41.7%，家用电器和音像器材类增长13.7%，建筑及装潢材料类增长27.1%，家具类增长21.8%，食品、饮料、烟酒类增长17.9%，服装鞋帽、针、纺织品类增长18.7%，汽车类增长23.4%，石油及制品类增长45.9%。

六、对外经济

全年进出口总额达11 548亿美元，比上年增长35.7%。其中，出口5 934亿美元，增长35.4%；进口5 614亿美元，增长36.0%（见表7）。进出口相抵，顺差320亿美元，比上年增加65亿美元。

表7　2004年进出口主要分类情况

（单位：亿美元）

指　标	绝对数	比上年增长（%）
进出口总额	11 548	35.7
出口额	5 934	35.4
其中：一般贸易	2 436	33.9
加工贸易	3 280	35.7
其中：机电产品	3 234	42.3
其中：高新技术产品	1 655	50.2
进口额	5 614	36.0
其中：一般贸易	2 482	32.3
加工贸易	2 217	36.1
其中：机电产品	3 019	34.2
其中：高新技术产品	1 614	35.3

对主要贸易伙伴的贸易额保持较快增长（见表8）。

表8　2004年对主要国家和地区进出口情况

（单位：亿美元）

国家和地区	出口额	比上年增长(%)	进口额	比上年增长(%)
中国香港	1 009	32.3	118	6.1
日本	735	23.7	944	27.3
韩国	278	38.4	622	44.3
东盟	429	38.7	630	33.1
欧盟	1 072	36.9	701	28.8
俄罗斯	91	51.0	121	24.7
美国	1 249	35.1	447	31.9

全年批准设立外商直接投资企业43 664个，比上年增长6.3%；合同外资金额1 535亿美元，增长33.4%；实际使用外商直接投资606亿美元，增长13.3%（见表9）。

表9　2004年外商直接投资分行业情况

（金额单位：亿美元）

行业名称	合同项目（个）	合同金额	实际使用金额
总　计	43 664	1 534.8	606.3
农、林、牧、渔业	1 130	32.7	11.1
采矿业	279	11.6	5.4
制造业	30 386	1 097.4	430.2
电力、燃气及水的生产和供应业	455	39.6	11.4
建筑业	411	17.7	7.7
交通运输、仓储和邮政业	638	23.7	12.7
信息传输、计算机服务和软件业	1 622	20.2	9.2
批发和零售业	1 700	25.0	7.4
住宿和餐饮业	1 174	21.7	8.4
金融业	43	5.8	2.5
房地产业	1 767	134.9	59.5
租赁和商务服务业	2 661	67.4	28.2
科学研究、技术服务和地质勘查业	629	10.1	2.9
水利、环境和公共设施管理业	164	8.2	2.3
居民服务和其他服务业	251	5.4	1.6
教育	59	1.7	0.4
卫生、社会保障和社会福利业	21	1.5	0.9
文化、体育和娱乐业	272	10.1	4.5
公共管理和社会组织	2	0.1	0.0

全年对外承包工程完成营业额175亿美元，增长26.0%；对外劳务合作完成营业额38亿美元，增长13.4%。

七、交通、邮电和旅游

全年交通运输和邮电通信业实现增加值7 777亿元，比上年增长14.9%。

全年各种运输方式完成货物运输周转量66 698亿吨千米，比上年增长23.8%。其中，铁路19 289亿吨千米，增长11.8%；公路7 596亿吨千米，增长7.0%；水运38 973亿吨千米，增长35.7%；民航72亿吨千米，增长24.0%；管道768亿吨千米，增长3.9%。

全年各种运输方式完成旅客运输周转量16 324亿人千米，比上年增长18.2%。其中，铁路5 712亿人千米，增长19.3%；公路8 765亿人千米，增长13.9%；水运65亿人千米，增长3.3%；民航1 782亿人千米，增长41.1%。

全年全国港口完成货物吞吐量40亿吨，比上年增长21.3%。其中外贸货物吞吐量11.5亿吨，增长18.4%。集装箱吞吐量6 150万标箱。

年末全国民用汽车保有量达到2 742万辆，比上年增长15.0%。其中私人汽车1 365万辆，增长12.0%。民用轿车保有量达到920万辆，其中私人轿车600万辆。

全年完成邮电业务总量9 791亿元，比上年增长34.9%。其中，邮政业务总量566亿元，增长4.4%；电信业务总量9 225亿元，增长37.4%。全年新增局用交换机7 020万门，总容量达到4.2亿门。新增固定电话用户4 970万户，年末达到31 244万户。其中，城市电话用户21 085万户，乡村电话用户10 159万户。新增移动电话用户6 487万户，年末达到33 483万户。年末全国固定及移动电话用户总数达到64 727万户，比上年末增加11 457万户。电话普及率达到51部/百人。

全年入境的旅游、商务、探亲等人数10 904万人次，比上年增长19.0%。其中，外国人1 693万人次，增长48.5%；港、澳、台同胞9 211万人次，增长14.8%。在入境旅游者中，过夜人数4 176万人次，增长26.7%。国际旅游外汇收入257亿美元，增长47.9%。全年国内出境人数达2 885万人次，增长42.7%。其中因私出境2 298万人次，增长55.2%，占出境人数的79.7%。全年国内旅游出游人数达11亿人次，增长26.6%；旅游总收入4 711亿元，增长36.9%。

八、金融、证券和保险

年末广义货币供应量（M2）余额为25.3万亿元，比上年末增长14.6%；狭义货币供应量（M1）余额为9.6万亿元，增长13.6%；流通中现金（M0）余额为2.1万亿元，增长8.7%。年末全部金融机构本外币各项存款余额25.3万亿元，比上年末增长15.3%；全部金融机构本外币各项贷款余额18.9万亿元，增长14.4%（见表10）。

全国农村信用社人民币贷款余额1.9万亿元，比上年末增加2 532亿元。全部金融机构人民币消费贷款余额2万亿元，增加4 327亿元。其中个人住房贷款余额1.6万亿元，增加4 073亿元。

表10　2004年全部金融机构本外币存贷款情况

（单位：亿元）

指　标	年末数	比上年增长（%）
各项存款余额	253 188	15.3
其中：企业存款	89 438	16.4
城乡居民储蓄存款	126 196	14.0
其中：人民币	119 555	15.4
各项贷款余额	188 566	14.4
其中：短期贷款	90 808	7.4
中长期贷款	81 010	22.1

全年证券市场通过发行、配售股票共筹集资金1 511亿元，比上年增加153亿元。其中，发行A股（包括增发及可转债）123只，配股23只，筹集资金836亿元，增加16亿元；发行B股、H股共28只，筹集资金675亿元，增加137亿元。年末境内上市公司（A、B股）数量由上年末的1 287家增加到1 377家，市价总值37 056亿元，比上年末减少12.7%。

全年内外资保险公司保费收入4 318亿元，比上年增长11.3%，其中寿险保费收入2 851亿元；健康险和意外伤害险保费收入377亿元；财产险保费收入1 090亿元。支付各类赔款及给付1 004亿元，其中寿险业务给付308亿元；健康险和意外伤害险赔款及给付129亿元；财产险赔款568亿元。

九、教育和科学技术

全年研究生教育招生32.6万人，在学研究生82.0万人，毕业生15.1万人。普通高等教育招生447.3万人，在校生1 333.5万人，毕业生239.1万人。各类中等职业教育招生548.1万人，在校生1 367.9万人，毕业生351.0万人。全国普通高中招生821.5万人，在校生2 220.4万人，毕业生546.9万人。全国初中招生2 078.2万人，在校生6 475.0万人，毕业生2 070.4万人。普通小学招生1 747.0万人，在校生11 246.2万人，毕业生2 135.2万人。特殊教育招生5.1万人，在校生37.2万人。幼儿园在园幼儿2 084.4万人。

全年科学研究与试验发展（R&D）经费支出1 843亿元，比上年增长19.7%，占国内生产总值的1.35%，其中基础研究经费102亿元。年末国有企事业单位共有各类专业技术人员2 716.3万人。全年国家安排了824项科技攻关计划课题和1 071项"863"计划课题，新安排高技术产业化示范工程项目333项，新建国家工程研究中心10个，安排国家重点实验室改造项目40项，择优支持53家企业技术中心进行创新能力建设，累计认定国家级企业技术中心332家。全年共取得省部级以上科技成果3.1万项。全年受理国内外专利申请35.4万件，授权专利19万件，分别比上年增长14.7%和4.4%。全年共签订技术合同26.5万项，技术合同成交金额1 334亿元，比上年增长23%。全年成功发射卫星8次。

年末全国共有产品检测实验室18 983个，其中国家检测中心263个。全国现有产品质量、体系认证机构169个，已累计完成对3.1万个企业的产品认证。全国共有法定计量技术机构4 098个，全年强制检定计量器具3 400万台（件）。全年制定、修订国家标准893项，其中新制定458项。全国共有天气雷达观测站点255个，卫星云图接收站点382个。全国共有地震台站1 253个，地震遥测台网30个。全国共有2 706个海洋观测、监测站点。测绘部门公开出版地图1 767种，测绘图书430种。

十、文化、卫生和体育

年末全国共有艺术表演团体2 599个，文化馆2 858个，公共图书馆2 710个，博物馆1 509个。广播电台282座，电视台314座，教育台60个。全国有线电视用户11 470万户，30个城市开展有线数字电视业务，用户122万户。年末广播综合人口覆盖率为94.1%；电视综合人口覆盖率为95.3%。全年生产故事影片212部，科教、纪录、美术片44部。出版全国性和省级报纸257.7亿份，各类期刊26.9亿册，图书64.4亿册（张）。年末全国共有档案馆3 982个，已开放各类档案5 626万卷（件）。

年末全国共有卫生机构27.7万个，其中医院、卫生院6.2万个，妇幼保健院（所、站）3 000个，专科疾病防治院（所、站）1 718个。医院和卫生院床位300.4万张。卫生技术人员434.3万人，其中执业医师和执业助理医师189.2万人，注册护士128.6万人。全国疾病预防控制中心（防疫站）3 590个，卫生技术人员16万人。卫生监督检验机构1 270个，卫生技术人员2.7万人。乡镇卫生院4.4万个，床位67.4万张，卫生技术人员89.8万人。全国共有333个县（市）开展了新型农村合作医疗试点工作，约覆盖10 691万农村人口，实际参加新型农村合作医疗的农民8 040万人。

全年我国运动健儿在27个项目中共获得了106个世界冠军，7人2队16次创16项世界纪录。在雅典奥运会上，我国运动员共获得金牌32块，银牌17块，铜牌14块，金牌数和奖牌总数均居世界第2位。在雅典残疾人奥运会上，我国运动员共获得金牌63块，银牌46块，铜牌32块，金牌数和奖牌总数均列第1位，创造历史最好成绩。全民健身运动蓬勃发展。

十一、人口、人民生活和社会保障

年末全国总人口为129 988万人（见表11）。全年全国出生人口1 593万人，出生率为12.29‰；死亡人口832万人，死亡率为6.42‰；全年净增人口761万人，自然增长率为5.87‰，比上年下降0.14个千分点。

表11　2004年人口主要构成情况

（单位：万人）

指　标	年末数	比重（%）
全国总人口	129 988	100.0
其中：城镇	54 283	41.8
乡村	75 705	58.2
其中：男性	66 976	51.5
女性	63 012	48.5
其中：0～14岁	27 947	21.5
15～64岁	92 184	70.9
65岁及以上	9 857	7.6

全年全国农村居民人均纯收入2 936元，扣除物价上涨因素，实际增长6.8%，是1997年以来增长最快的一年；城镇居民人均可支配收入9 422元，实际增长7.7%。农村居民家庭恩格尔系数（即居民家庭食品消费支出占家庭消费总支出的比重）为47.2%，城镇居民家庭恩格尔系数为37.7%。按年人均纯收入低于668元的标准，年末农村绝对贫困人口为2 610万人，比上年末减少290万人；按年人均纯收入669～924元的标准，年末农村低收入人口为4 977万人，比上年末减少640万人。

年末全国参加基本养老保险人数为16 342万人，比上年增加836万人。其中参保职工12 242万人，参保的离退休人员4 100万人。全国参加失业保险的人数为10 584万人，增加211万人。全国参加医疗保险的人数为12 386万人，增加1 484万人。其中参保职工9 033万人，参保退休人员3 353万人。年末全国企业参加基本养老保险离退休人员3 770万人，全部实现了养老金按时足额发放；年末仍有国有企业下岗职工153万人，进入再就业服务中心的下岗职工全部按时足额领到了基本生活费，并由中心代缴了社会保险费；年末全国领取失业保险金人数为419万人，与上年末基本持平；全国共有2 201万城镇居民得到政府最低生活保障，比上年减少46万人。

年末全国各类收养性社会福利单位床位133万张，收养各类人员102.3万人。城镇建立各种社区服务设施17.4万个，其中综合性社区服务中心9 888个。全年销售社会福利彩票226.4亿元，筹集社会福利资金79.2亿元，直接接收社会捐赠款14.2亿元。

十二、资源与环境

2004年，随着科学发展观的贯彻和落实，国家加大了对资源与环境保护的投入力度，资源的有效利用与环境保护工作取得一定进展。但是，资源消耗高、浪费大，对经济发展的制约更加突出，环境保护的压力增大。

加强土地资源管理取得成效。通过土地市场治理整顿，查出往年未变更上报的建设占用耕地14.8万公顷。全年实际建设占用耕地14.5万公顷，比上年减少37.0%。灾毁耕地6.3万公顷。生态退耕73.3万公顷，因农业结构调整减少耕地20.5万公顷。土地整理复垦开发补充耕地34.6万公顷。当年净减少耕地80.0万公顷。

当年人均水资源2 040立方米，比上年下降4.0%。全年平均降水量620毫米，下降2.8%。年末全国422座大型水库蓄水总量1 758亿立方米，增加70亿立方米。全年总用水量5 500亿立方米，比上年增长3.4%。其中，生活用水增长2.2%，工业用水增长2.8%，农业用水增长3.8%。全国人均用水量为423立方米，增长3.0%。全国有79个城市缺水，有2 340万人口、1 300万头大牲畜发生临时性饮水困难。

根据第六次全国森林资源清查（1999～2003年）结

果，全国森林面积1.75亿公顷，森林覆盖率为18.21%。活立木总蓄积量136.2亿立方米。森林蓄积量为124.6亿立方米。

国土资源调查及地质勘查新发现大中型矿产地205处，其中，能源矿产地24处，金属矿产地66处，非金属矿产地113处，水气矿产地2处。有56种矿产新增查明资源储量，其中，石油10.98亿吨，天然气3 802亿立方米，原煤96.54亿吨。

初步测算，全年能源消费总量19.7亿吨标准煤，比上年增长15.2%。其中，煤炭消费量18.7亿吨，增长14.4%；原油2.9亿吨，增长16.8%；天然气415亿立方米，增长18.5%；水电3 280亿千瓦时，增长15.6%；核电501亿千瓦时，增长15.6%。主要原材料消费中，钢材3.1亿吨，增长15.1%；氧化铝1 284万吨，增长9.7%；水泥9.6亿吨，增长12.4%。万元GDP能耗1.58吨标准煤，上升5.3%。

七大水系的413个水质监测断面中，有41.6%的断面满足国家地表水3类标准，比上年上升3.5个百分点；30.5%的断面为4～5类水质，下降1.7个百分点；超过5类水质的断面比例占27.9%，下降1.8个百分点。珠江、长江水质较好，海河、辽河、黄河、淮河、松花江水质较差。

全国近岸海域246个海水水质监测点中，达到国家一、二类海水水质标准的监测点占49.6%，与上年基本持平；三类海水占15.4%，比上年下降4.4个百分点；四类、劣四类海水占35.0%，比上年上升5.0个百分点。全国海域未达到清洁海域水质标准的面积为16.9万平方千米，比上年增加19.0%，其中，严重污染海域面积约为3.2万平方千米。对15个海洋生态监控区监测表明，主要海湾、河口及滨海湿地生态系统处于亚健康或不健康状态。

全年城市污水日处理能力达7 402万立方米，比上年增长11.7%；集中供热面积20.5亿平方米，增长8.4%。建成区绿化覆盖率达到32.3%，比上年提高1.1个百分点；城市污水处理率达到43.6%，提高1.2个百分点。在监测的319个城市中，有132个城市空气质量达到二级标准，占监测城市数的41.4%，与上年持平；有119个城市为三级，占37.3%，比上年增加5.5个百分点；有68个城市为劣三级，占21.3%，比上年减少5.5个百分点。在328个城市的道路噪声监测中，噪声污染严重的占2.1%，中度污染的占5.2%，轻度污染的占9.1%。

生态环境建设稳步推进，黄河连续5年实现不断流，塔里木河连续3年实施向下游台特玛湖应急输水，黑河连续6次将水输送到东居延海。全年完成营造林面积716.7万公顷。全国共批准国家级生态示范区166个，自然保护区达到2 194个，其中国家级自然保护区226个，自然保护区面积14 822.6万公顷，占国土面积的14.8%。国家地质公园达85个，新建地质遗迹保护区27个。综合治理水土流失面积4.9万平方千米，实施水土流失地区封育保护面积11万平方千米。

全年因洪涝和干旱造成的直接经济损失975亿元，比上年减少50.0%；因洪水和沿海风暴潮死亡人口1 282人。全年全国农作物受灾面积3 710.6万公顷，比上年下降31.8%。其中，绝收436万公顷，下降49.0%。全年因海洋灾害造成的直接经济损失约54亿元，比上年降低32.6%。全年发生赤潮96次，比上年减少23次；累计赤潮面积约26 630平方千米，比上年上升83.0%。全年共发生各类地质灾害15 954起，共造成697人死亡，直接经济损失20.6亿元。全年共发生5级以上地震22次，共造成8人死亡，直接经济损失9.5亿元。全年共发生道路交通事故56.8万起，造成9.9万人死亡、45.2万人受伤，直接财产损失27.7亿元。

注：

1. 本公报为初步统计数。
2. 各项统计数据均未包括香港特别行政区、澳门特别行政区和台湾省。
3. 国内生产总值、各产业增加值绝对数按现价计算，增长速度按可比价计算。
4. 表2中的水果产量含果用瓜。
5. 钢材产量及消费量数据中含部分使用钢材加工成其他钢材的重复计算因素。
6. 表5中固定资产投资按地区分类，东、中、西相加不等于总数是因为有部分不分地区的投资未计算在内。
7. 电话普及率的计算含接入用户交换机的话机数。
8. 邮电业务总量完成额按2000年不变价格计算。
9. 第六次全国森林资源清查涉及的全国森林面积和森林覆盖率含清查间隔期内新增的国家特别规定的灌木林。

第三次全国工业普查主要数据

中华人民共和国国家统计局第三次全国工业普查办公室2004年发布了《关于第三次全国工业普查主要数据的公报》。全文如下：

中华人民共和国第三次全国工业普查于1995年开始准备，1996年1月1日起实施普查登记，经过各级普查机构和全国500多万普查人员的辛勤工作，目前主要普查数据的处理工作已经完成。现将普查主要结果公布如下：

一、工业经济规模

工业经济总量规模不断扩大，工业发展速度明显加快。1995年末，全国工业企业和工业生产单位为734.2万个，比1985年末增加215.6万个；从业人员14 735.5万人，比1985年末增长56.8%；资产总额为88 374.4亿元，比1985年末增长8.2倍；1995年工业产品销售收入77 231.2亿元，比1985年增长7.8倍；上交税金4 643.6亿元，比1985年增长 2.4 倍；工业增加值为24 353.7亿元，占国内生产总值的 41.8%，按可比价格计算，比 1985 年增长 2.5 倍，平均每年增长 13.4%；工业总产值为91 893.7亿元，按可比价格计算，比 1985 年增长 4.1 倍，平均每年增长 17.6%。这是中华人民共和国成立以来工业经济增长速度最快的十年。

工业产品产量大幅度增长，一些重要工业产品产量居世界前列（见表1）。

表1　主要产品产量及增长情况

	1995 年产量	比 1985 年增长
原煤	13.61 亿吨	56.1%
天然原油	15 004.94万吨	20.4%
木材	6 766.86万立方米	7.0%
发电量	10 070.30亿千瓦时	1.5 倍
糖	558.64 万吨	23.8%
布	260.18 亿米	77.4%
机制纸及纸板	2 812.30万吨	2.1 倍
农用化肥	2 548.14万吨	92.7%
水泥	47 560.57万吨	2.3 倍
平板玻璃	15 731.71万重量箱	2.2 倍
钢	9 535.99万吨	1.0 倍
十种有色金属	496.72 万吨	2.2 倍
内燃机	15 819.00万千瓦	1.5 倍
金属切削机床	20.34 万台	21.7%
汽车	145.27 万辆	2.3 倍
发电设备	1 667.91万千瓦	2.0 倍
家用洗衣机	948.41 万台	6.9%
家用电冰箱	918.54 万台	5.3 倍
房间空气调节器	682.56 万台	54.3 倍
微型电子计算机	83.57 万部	695.4 倍
电视机	3 496.23万台	1.1 倍

工业品出口比重增加；在出口产品中，制造业产品比重上升。1995 年乡及乡以上工业企业产品出口交货值达7 792.6亿元，比 1985 年增长 13.7 倍；出口交货值占工业成品销售价值的比重由 1985 年的 6.6% 上升到 15.0%；制造业产品出口交货值达7 537.8亿元，占工业出口交货值的比重由 1985 年的 87.1% 提高到 96.7%；矿业产品出口交货值 197.7 亿元，比重由 12.8% 降至 2.5%。

二、工业经济类型结构

1985 年以来，工业经济类型结构呈现出以公有制工业为主体，国有工业（指纯国有工业，下同）为主导，多种经济成分工业竞相发展的局面。在全部工业总产值中，国有工业的比重虽然逐年有所下降（1985 年为 64.9%，1990 年为 54.6%，1994 年为 37.3%，1995 年为 34.0%），但公有制工业（即国有工业加集体工业）占主体地位的格局没有改变。1995 年公有制工业占全部工业的份额，按工业总产值计算为 70.6%，按资产总额计算为 77.5%。

国有工业资产比重明显高于总产值比重，非国有工业的资产比重明显低于总产值比重（见表2）。

表2　工业经济类型结构变化情况

	按资产总额计算（%）		按从业人员计算（%）		按工业总产值计算（%）	
	1985	1995	1985	1995	1985	1995
国有工业	74.6	53.7	41.1	31.6	64.9	34.0
集体工业	24.0	23.8	49.5	39.8	32.1	36.6
私营工业	1.0		3.3		2.6	
个体工业	0.5	1.9	8.9	17.5	1.8	10.5
股份制工业	5.0		1.7		3.5	
其他工业	0.9	14.6	0.5	6.1	1.2	12.8
全部工业中：						
乡镇工业	12.0	20.3	32.9	49.7	17.7	42.5
三资工业	0.2	16.2	…	6.1	0.3	13.1

三、工业产业结构

轻重工业比例稳定。1985 年轻重工业总产值比例为 47.4:52.6，1995 年为 47.3:52.7。能源、原材料等基础工业有所加强，加工工业比重相对下降。基础工业与加工工业的比例，1985 年为 26.6:73.4，1995 年为 29.1:70.9，基础工业的比例上升了 2.5 个百分点。

工业内部产业结构演进的基本趋势是：一些新兴产业，如石油加工、电子及通信设备等的比重有所上升，一些传统产业，如纺织、橡胶等的比重开始下降，但产业结构的总体格局变化尚不显著（见表3）。

表3　主要工业行业资产及产出的比重、位次变化情况

	固定资产原价和流动资产比重（%）		位　次		工业总产值比重（%）		位　次	
	1985	1995	1985	1995	1985	1995	1985	1995
煤炭采选	6.4	3.5	7	11	2.6	2.0	17	18

续表

	固定资产原价和流动资产比重（%）		位 次		工业总产值比重（%）		位 次	
	1985	1995	1985	1995	1985	1995	1985	1995
石油开采	3.7	3.9	10	10	2.3	2.1	18	17
森工	2.4	1.5	13	19	2.1	1.7	19	19
食品、饮料、烟草	6.0	8.3	8	4	12.0	10.9	2	1
纺织	7.7	6.8	4	6	12.1	8.2	1	4
服装、皮革	1.9	3.0	17	13	3.2	5.3	12	8
造纸、印刷	2.3	2.5	16	17	2.8	2.9	14	15
石油加工	1.5	2.5	19	16	2.7	3.2	16	14
化学	7.2	6.2	5	7	6.3	6.6	6	6
医药	1.0	1.6	21	18	1.4	1.5	20	20
化纤	1.1	1.5	20	20	0.9	1.3	21	21
橡胶及塑料制品	2.3	2.8	15	15	3.3	3.6	11	13
建材	7.1	7.1	6	5	6.9	7.7	5	5
冶金	10.6	11.0	2	2	8.6	9.5	4	2
金属制品	2.3	2.8	14	14	3.0	3.9	13	12
机械	13.2	8.7	1	3	10.9	8.2	3	3
交通运输设备	4.8	5.3	9	8	4.1	5.5	7	7
电气机械及器材	2.8	4.0	11	9	3.8	4.7	8	9
电子及通信设备	2.5	3.5	12	12	2.7	4.0	15	11
仪器仪表	1.0	0.9	22	22	0.8	0.7	22	22
电力、煤气、自来水	10.4	11.2	3	1	3.7	4.0	10	10
其他	1.8	1.4	18	21	3.8	2.4	9	16

四、工业地区结构

东部地区工业经济发展速度明显快于中、西部地区，“八五”时期与“七五”时期相比，这种区域差距呈扩大之势（见表4）。

表4　东、中、西部地区工业总产值增长速度及比重变化情况

	东部地区	中部地区	西部地区
1986～1995平均每年增长（%）	18.8	14.9	13.3
“七五”时期平均每年增长(%)	14.3	11.2	10.9
“八五”时期平均每年增长(%)	23.4	18.7	15.8
1985年比重（%）	60.3	27.2	12.5
1990年比重（%）	62.7	25.4	11.9
1995年比重（%）	66.0	23.8	10.2

从工业总产值看，1995年占全国工业比重超过5%的地区有7个，其中6个分布在东部地区，即：江苏12.9%、广东10.4%、山东9.2%、浙江8.8%、上海5.6%、辽宁5.4%，有1个分布在中部地区，即：河南5.1%；比重不足1%的地区有7个分布在中西部，即：甘肃0.9%、新疆0.9%、内蒙古0.9%、贵州0.6%、青海0.2%、宁夏0.2%、西藏0.01%，仅有1个在东部地区，即：海南0.2%。

从经济类型看，中、西部地区国有工业比重较高，而东部地区乡镇工业和“三资”工业的比重较高（见表5）。

表5　东、中、西部地区工业总产值经济类型结构对比（%）

	在总计中：						在总计中：	
	国有	集体	私营	个体	股份制	其他	乡镇工业	三资工业
东部地区	27.3	39.5	2.7	11.7	3.6	15.2	45.1	19.6
中、西部地区	46.9	30.9	2.2	15.0	3.2	1.8	37.1	4.4

从产业结构看，东部地区加工工业比重较高，而中、西部地区基础工业比重较高。1995年，基础工业占地区工业总产值的比重，东部地区为25.2%，中、西部地

区为 36.4%。

五、工业劳动者

工业劳动者队伍进一步壮大。1995 年，全国工业企业和工业生产单位的从业人员为14 735.5万人，比 1985 年增长 56.8%；工业从业人员占全社会劳动者比重由 1985 年的 18.8%，上升到 1995 年的 21.4%。

职工队伍中工程技术人员和管理人员比重升高。在乡及乡以上工业企业8 501.2万职工中，工人和学徒占 70.7%，工程技术人员占 6.0%，管理人员占 10.6%，服务及其他人员占 12.7%。与 1985 年相比，工人和学徒比重下降 4.9 个百分点，工程技术人员比重上升 3.2 个百分点，管理人员比重上升 0.1 个百分点，服务及其他人员比重上升 1.6 个百分点。

以合同制为主的劳动用工制度改革取得长足进展。乡及乡以上工业企业中，合同制职工占 50.8%。国有工业的合同制职工占 60%，而 1985 年仅占 5%。

职工文化、技术素质明显提高。在职工队伍中，具有大专文化程度的占 5.7%，具有中专、技工和高中程度的占 34.1%，初中以下文化程度的占 60.2%。与 1985 年相比，大专程度的比例提高 2.8 个百分点，中专、技工、高中程度的提高 10.5 个百分点。有技术职务的专业技术人员达 990.6 万人，比 1985 年增加 5.2 倍。

从业人员平均劳动报酬为5 170元，扣除物价影响，与 1985 年相比实际增长 58.6%；平均每年递增 4.7%，工业劳动者的生活条件普遍有所改善。

六、工业装备水平

工业装备水平提高，设备更新速度加快。1995 年末，乡及乡以上企业和年产品销售收入 100 万元以上的村及村以下企业固定资产原价为47 896.6亿元，比 1985 年增长 5.7 倍；从业人员人均固定资产装备47 098元，比 1985 年提高 3.4 倍。

1995 年末，乡及乡以上工业企业机器设备净值率为 70.1%。据对3 200多种主要工业生产设备的普查，进口设备占 47.1%，比 1985 年的 18.2% 上升 28.9 个百分点；国产设备占 52.9%，比 1985 年的 81.8% 下降 28.9 个百分点。各个年代出厂的设备比例见表 6。

表 6　70、80、90 年代出厂设备情况比较

（单位:%）

	90 年代出厂	80 年代出厂	70 年代及以前出厂
全部设备	36.4	54.1	9.5
其中:进口设备	26.1	69.7	4.2
国产设备	45.5	40.4	14.1

据对大中型工业企业1 180种主要专业生产设备技术水平的普查，按设备原价计算，达到国际水平的占 26.1%，比 1985 年提高 13.2 个百分点；属国内先进水平的占 27.7%，提高 5.9 个百分点；属国内一般水平的占 33.4%，下降 13.6 个百分点；属国内落后水平需淘汰的占 12.8%，下降 5.5 个百分点。主要专业生产设备虽然较新，但设备技术水平偏低的问题仍比较突出。

七、工业科技活动

科技投入力度加大，技术创新卓有成效。1995 年全国大中型工业企业拥有技术开发机构13 107个，平均每一企业拥有技术开发机构 0.6 个，比 1985 年增加 1.0 倍；技术开发人员 123.4 万人，占企业职工总数的 3.2%，比 1985 年增加 2.2 个百分点；当年投入技术开发经费 394.3 亿元，占产品销售收入的比重为 1.3%；用于新产品开发的经费 165.0 亿元，占当年投入技术开发经费的 41.8%；完成技术开发项目（课题）108 052个；获国家级技术开发成果奖 705 项，省部级技术开发成果奖5 654项；申请专利3 935件。1995 年新产品销售收入达2 620.2亿元，占全部销售收入的 8.5%，比 1985 年提高了 1.1 个百分点；新产品实现利税 364.2 亿元，占全部实现利税的 9.8%。

八、工业经济效益

工业新创造价值总量增加。1995 年乡及乡以上工业增加值15 446.1亿元，按可比价格计算，比 1985 年增长 1.6 倍；实现利润1 634.9亿元，增长 73.2%；上交税金4 034.3 亿元，增长 2.0 倍。但从投入产出水平看，经济效益不理想，主要表现在：

产销衔接水平下降。1995 年工业产品产销率为 95.9%，比“七五”时期的平均水平 97.5% 低 1.6 个百分点。

消耗水平持续上升。工业增加值率由 1985 年 36.0% 下降到 24.0%，中间物质消耗和支付给非物质生产部门的劳务消耗上升 12.0 个百分点，平均每年上升 1.2 个百分点。

亏损增加、利润率下降。1995 年盈利企业盈利总额 2 833.5亿元，比 1985 年增长 1.9 倍；但亏损企业亏损总额增加1 158.1亿元，增亏 28.6 倍；销售收入利润率 3.1%，比 1985 年下降 8.8 个百分点；总资产利税率 6.4%，下降 13.0 个百分点。

资产负债结构不合理。1995 年末，工业企业资产总计为79 233.9亿元，其中固定资产38 444.3亿元，占 48.5%；流动资产35 561.0亿元，占 44.9%；负债总计51 751.1亿元，其中流动负债35 630.4亿元，占 68.8%；流动资产周转天数 231 天，比 1985 年延缓 80 天；资产负债率高达 65.3%，流动比率为0.998 1，已属不良型。企业偿债能力较低，致使企业相互资金拖欠严重。

生产能力利用率低。据对 900 多种主要工业产品生产能力的普查，1995 年全国有半数产品的生产能力利用率在

60%以下。如照相胶卷仅13.3%，电影胶片25.5%，电话单机51.4%，彩色电视机46.1%，家用洗衣机43.4%，自行车54.5%，内燃机43.9%。一些重要产品生产能力利用不充分，如大中型拖拉机为60.6%，小型拖拉机65.9%，钢材62.0%。

产品质量总体水平稳中有升，大中型企业产品质量水平有所提高。据对大中型企业770种主要工业产品质量状况的普查，1995年全部合格产品中，按产品价值计算，达到国际先进标准水平的优等品占19.8%，达到国际一般标准水平的一等品占41.5%。与1985年相比，优等品率提高3.5个百分点，一等品率提高16.0个百分点。但产品的实物质量水平在整体上与世界先进水平尚有一定的差距，有待进一步提高。

多数工业技术经济指标尚待改善。与1985年比较，主要能源、原材料消耗指标中，上升的占50.9%，下降及持平的占49.1%；主要原材料及设备利用率、实物劳动生产率等指标中，上升及持平的占40.0%，下降的占60.0%。与国外先进水平相比，多数技术经济指标仍有差距，进一步提高的潜力还很大。

九、国有工业

1995年末，国有工业资产总额达47 472.1亿元，占全部工业的53.7%；工业增加值8 307.2亿元，占34.1%；产品销售收入26 103.1亿元，占33.8%；上交税金2 563.2亿元，占55.2%。在能源、原材料等基础工业和一些高新技术行业中，国有工业仍占主导地位。如煤炭采选、石油和天然气开采业工业总产值中，国有工业占66.5%和95.4%，石油加工及炼焦业和化学原料及化学制品制造业占83.1%和48.5%，医药制造业占47.9%，黑色和有色金属冶炼及压延加工业占60.7%和46.9%，专用设备制造业和交通运输设备制造业占42.8%和45.9%，电力、煤气、自来水生产和供应业分别占77.4%、88.6%和84.0%。

1995年，国有控股企业（包括相对控股）的资产总额为9 340.4亿元，占全部工业资产总额的10.6%；工业总产值7 381.4亿元，占全部工业总产值的8.0%。

国有工业发展速度较低，困难较多。1995年国有工业企业生产（按工业总产值计算）比上年增长8.2%，而同期集体工业增长15.2%，个体工业（含私营）增长51.5%，“三资”等其他经济类型工业增长37.2%；盈利企业盈利额1 305.2亿元，比上年增长6.4%；亏损企业亏损额高达639.6亿元，占全部工业亏损额的53.4%，比上年增亏36.5%；盈亏相抵后实现利润665.6亿元，比上年下降12.3%。企业债务负担沉重，1995年末国有工业企业资产负债率65.8%，高于工业化国家企业的平均负债率水平。国有工业社会性服务机构人员147.7万人，占职工总数的3.3%；离退休人员1 023.4万人，相当于在职职工人数的23.1%；支付离退休金及福利费603.8亿元，占当年产品销售利润的15.0%，企业内部及社会负担都大大高于非国有工业。

十、“三资”工业

“三资”工业在改革开放中迅速发展壮大。1995年末，“三资”工业企业和生产单位由1985年的282个增加到59 311个；从业人员由7.8万人增加到898.3万人；工业总产值由27.1亿元增加到12 021.2亿元。

在49 559个乡及乡以上“三资”工业企业中，外商投资企业占40.7%，港澳台投资企业占59.3%；合资企业占68.6%，合作企业占10.8%；独资企业占20.6%。年末累计客商协议投资额3 265.7亿元；其中，东部地区客商协议投资额为2 952.4亿元，占全国的90.4%。在实收资本中，港澳台投资1 492.1亿元，占32.6%，外国投资1 028.8亿元，占22.5%，中方投资占42.3%。

“三资”企业主要分布在电子及通信设备（占14.2%，按工业总产值计算，下同）、纺织（7.7%）、交通运输设备（7.6%）、电气机械及器材（5.9%）和食品加工（5.8%）等行业。

乡及乡以上“三资”工业从业人员751.1万人，占全部乡及乡以上工业从业人员的8.8%；工业增加值为2 586.4亿元，占16.7%；产品销售收入10 116.3亿元，占19.1%（其中内销占61.8%，外销占38.2%）；实现利润400.4亿元，占24.5%；上交税金398.2亿元，占9.9%；进口用汇450.5亿美元，出口创汇572.3亿美元，外汇收支差额为109.8亿美元。

十一、乡镇工业

乡镇工业发展规模急剧扩大，在全国工业中的份额显著提高。1995年末，全国共有乡镇工业企业和生产单位651.8万个，比1985年增加190.9万个；从业人员7 300.5万人，增加3 512.3万人；工业总产值38 933.3亿元，比1985年增长12.5倍，平均每年增长29.7%。在乡及乡以上工业企业和年产品销售收入100万元以上的村及村以下工业中，乡镇工业固定资产原价7 121.4亿元，占14.9%；流动资产8 576.8亿元，占21.8%；产品销售收入21 330.5亿元，占33.4%；实现利润991.9亿元，占44.3%；上交税金846.4亿元，占19.6%。

乡镇工业主要以轻纺和一般加工工业为主。1995年乡镇工业总产值中，非金属矿物制品业占8.2%，纺织业占6.0%，食品加工业占4.2%，金属制品业占4.2%，普通机械制造业占3.8%，化学原料及化学制品制造业占3.5%，电气机械及器材制造业占3.2%，服装及其他纤维制品制造业占2.9%。

1995年乡镇工业年产品销售收入超过500万元的有73 369家，达到大中型企业标准的1 832家，与港澳台及外国合资企业18 257家。

乡镇工业在装备水平、职工文化素质等方面与国有、“三资”企业有明显差距。乡属企业人均固定资产装备24 560元，比国有企业低45 646元，比“三资”企业低61 272元。乡属企业从业人员中，具有大专以上文化程度的仅占1.2%，初中以下文化程度占72.0%。

十二、大中型工业企业

普查结果表明，大中型工业企业是推动我国经济发展的骨干力量。1995年，大中型工业企业23 007个，占全国工业企业单位数的0.3%，其中，特大型企业215个，大型企业6 201个，中型企业16 591个；从业人员3 891.3万人，占全部工业从业人员的26.4%；资产总计52 205.3亿元，占59.1%；工业增加值9 651.2亿元，占39.6%；产品销售收入30 847.1亿元，占39.9%；上交税金2 860.5亿元，占61.6%；实现利润1 291.3亿元，占乡及乡以上工业的79.0%。

1995年，大中型工业企业拥有工程技术人员253.2万人，占其职工总数的6.6%，高于小型企业5.5%的比重；具有大专以上文化程度的占8.8%，中专、技工及高中文化程度的占38.3%；在已评定技术职务的专业技术人员中，具有高级技术职务的占6.7%，中级技术职务的占29.2%，初级技术职务的占64.1%。

国有大中型工业企业是我国国民经济发展的栋梁。1995年国有大中型工业企业为15 668个，仅占全部工业企业单位数的0.2%；资产总计39 346.4亿元，占44.5%；工业增加值7 122.1亿元，占29.2%；产品销售收入21 518.8亿元，占27.9%；上交税金2 265.5亿元，占48.8%；实现利润705.0亿元，占乡及乡以上工业的43.1%。

从生产规模的水平看，1995年末，我国已拥有年产原煤1 000万吨以上的煤矿21个，年产原油500万吨以上的油气田5个，年产木材30万立方米以上的林业局21个，装机容量1 000万千瓦以上的电网7个，装机容量100万千瓦以上的电厂40座，年产钢800万吨以上的钢厂3个，年加工原油500万吨以上的石化企业22个，年产合成氨30万吨以上的化工厂19个，年产纯碱50万吨以上的化工厂5个，年水泥生产能力100万吨以上的建材企业29个，年产汽车20万辆以上的企业2个，年产电视机100万台以上的企业5个，年产电冰箱50万台以上的企业9个，拥有10万纱锭以上的纺织厂49个，年产乙烯30万吨以上的企业5个。这些大企业已经基本接近或达到合理的经济规模，是我国现代化工业企业的代表。

十三、普查数据误差

普查事后质量抽查结果表明，资产总计误差率为0.17%，产品销售收入误差率为0.03%，利润总额误差率为0.91%，年末从业人员误差率为0.17%，工业总产值误差率为0.44%，工业中间投入误差率为1.05%，总体误差为0.47%，达到了预期的质量控制目标，普查数据质量是可信的。

注：

1. 第二次全国工业普查是1985年进行的，因而本次普查资料在反映工业总体规模时，多与1985年相比。

2. 本公报部分数据由于统计口径等原因与《中国统计提要—1996》、《中国统计年鉴—1996》已发布的有关数据不完全一致，引用时以本公报为准。

3. 本公报资料未包括香港、澳门地区和台湾省。

附：第三次全国工业普查获取的直接数据信息约5亿笔，除公报发布的主要普查数据外，第三次全国工业普查办公室将陆续编辑出版《中华人民共和国1995年第三次全国工业普查资料摘要》、《中华人民共和国1995年第三次全国工业普查资料汇编》、《中华人民共和国1995年大中型工业企业普查资料汇编》、《中华人民共和国工业企业基本概况》等资料和有关工业发展中重大问题的专题报告，分期分批向社会各界提供。

当前优先发展的高技术产业化重点领域指南（2004年度）

为了进一步明确当前高技术产业化的重点领域和方向，引导社会资源投向，提高有限资源的利用率，有重点地培育新的经济增长点，促进我国国民经济和社会全面、协调、可持续发展，国家发展和改革委员会、科学技术部、商务部联合编制了《当前优先发展的高技术产业化重点领域指南（2004年度）》（以下简称“指南”）。

1999年度、2001年度“指南”发布后，在社会上引起了较大反响，一方面，国家以突破产业技术瓶颈、形成产业链和高技术产业体系为目标，启动实施了移动通信、数字电视、软件、集成电路、下一代互联网、生物与新医药等几个市场在千亿元的高技术工程，组织安排了新型元器件、工业自动化、新材料、网络、现代中药、卫星导航应用、现代农业、西部高技术等一批对产业结构调整具有重要支撑作用的重大高技术产业化专项；另一方面，全国各地结合当地实际情况，也启动了一系列具有发展潜力的高技术产业化专项，积极扶持新的经济增长点，带动区域经济的发展。

为引导全社会开展高技术产业化工作，提高“指南”的时效性，根据国内外科学技术发展趋势、我国高技术产业化发展的状况、国内外产业和市场状况，我们组织有关部门、地方和专家，本着“指南”应适合我国经济、社会发展的基本国情，满足国民经济和社会发展急需，对经济发展和产业结构优化升级有重大推动作用；符合当前国家重点鼓励发展的产业、产品和技术目录的要求；具有较大的市场前景，有较好的经济效益、社会效益和环境效益，符合可持续发展的要求；有限目标，突出重点，经过努力近期可以在有关产业领域中实施产业化等原则，对2001年度“指南”进行了较大规模的修订，形成了2004年度“指南”。

根据有关部门、地方和专家的意见，2004年度“指南”提出了当前应优先发展的信息、生物及医药、新材料、先进制造、先进能源、环保和资源综合利用、航空航天、农业、现代交通及其他共十个方面的134项高技术产业化重点领域，其中信息25项，生物及医药17项，新材料22项，先进制造11项，先进能源14项，环保和资源综合利用11项，航空航天6项，农业12项，现代交通8项，其他领域8项。与2001年版“指南”相比，新增了30项重点领域，删除了37项重点领域，调整了75项技术变化了的领域，对29项内容作了简要文字修改。

国家发展和改革委员会、科学技术部、商务部将根据2004年度“指南”，分别制定近期促进高技术研究开发、产业化和进出口等项工作的政策措施。同时，将根据国民经济和社会发展的情况、产业技术的发展状况以及国内外市场变化，继续适时地对“指南”进行调整和修订。

一、信　息

1. 网络设备

网络设备是信息基础设施的重要组成部分，主要有网络交换设备、网络管理设备、网间互通设备、网络接入设备、网络终端设备和以卫星技术为基础的网络通信设备等。我国在交换机研究开发和生产方面有很强的实力，中、低端路由器、以太网交换机等网络产品已经占有一定市场，核心路由器和快速以太网交换机等已取得突破。近期产业化的重点是：适应新一代高速宽带信息网的网络产品，基于IPV4/V6的高性能路由器，保证Qos的网络融合和互通设备，软交换设备、网关、高性能数字视频会议系统，网络管理及网络测试设备和软件、智能网设备。

2. 光传输设备

我国的信息化建设正处于大发展时期，对光纤、光缆、高速光电器件及光传输设备的需求量很大，市场前景广阔，已形成了从光纤拉制到设备制造的科研、开发和生产体系，在光通信系统设备和光器件方面取得了一系列科研成果，为高速、大容量、长距离、低损耗光纤通信产品奠定了产业化基础。近期产业化的重点是：10Gbit/s、40Gbit/s SDH设备和DWDM设备，大容量数字交叉连接设备，光分插复用和光交换设备。

3. 接入网系统设备

接入网是连接交换节点与用户的网络，它直接影响网络用户的数量、网络服务的种类和质量。近年来，我国接入网建设逐步向数字化、宽带化过渡，产品市场增长迅速。目前普遍采用的宽带接入技术（如xDSL铜线接入、混合光纤/同轴电缆接入、光纤用户接入和宽带无线接入）都能向用户提供语音、数据、影像等综合业务。接入网技术及其产品已具备一定的产业化基础。近期产业化的重点是：窄带、宽带、有线和无线接入等多种接入技术及系统设备，xDSL铜线接入、混合光纤/同轴电缆接入、千兆以太网（EPON）、光纤用户接入和固定无线接入等多种宽带接入技术。

4. 数字移动通信产品

我国是世界上移动通信网络和用户发展最快的国家之一，市场潜力很大。目前移动通信技术正在向宽带化、多媒体化方向发展。第二代移动通信系统仍在不断改进，大大增强了对移动数据业务和多媒体业务的支持能力；第三代移动通信系统正在兴起，TD－SCDMA、WCDMA及CDMA2000等技术试验正在进行，数字集群通信等专用移动通信技术不断发展。近期产业化的重点是：第三代移动通信系统设备、终端产品、专用芯片及应用软件，移动通信专用集成电路及软件，数字集群通信产品，移动通信设备关键配套件及测试仪器。

5. 卫星通信

卫星通信是卫星技术应用最广泛、商业化程度最高的领域，其业务主要包括：卫星固定通信业务、卫星移动通信业务、电视卫星直播业务（卫星数字音频广播）和互联网宽带接入等四个方面。近期产业化的重点是：C、Ku、Ka及L波段的转发器，与卫星通信四大业务相关的地面终端设备和地面运营服务系统。

6. 数字音视频产品

我国是音视频产品的生产和消费大国。随着编解码压缩技术以及数字图像和声音处理技术的不断进步和标准化，模拟音视频系统正朝着数字音视频系统变革，我国广播电视和家电产业面临着新的发展机遇。随着数字电视的开播，数字音视频设备将逐步进入市场，数字电视机及相关产品将构成家庭综合信息终端。近期产业化的重点是：数字广播与电视节目、数字电影制作设备及系统，数字广播与电视发射、差转、接收设备，数字压缩编解码设备，数字电视及数字音频设备专用芯片和关键部件，机、卡分离的数字有线电视前端、条件接收、中间件、机顶盒和一体化机产品，高密度数字激光视盘机及关键部件，数字摄录一体机以及数码相机，高档数字音响系统等家庭信息终端。

7. 计算机

目前计算机已广泛应用于国民经济和人民生活的各个领域，其市场广阔，技术进步快。我国在微型计算机、便携式计算机、个人数字助理、工作站、服务器以及大、中型计算机的研制、开发和生产方面，已具备一定基础，并占有较大市场份额，但仍未掌握核心技术。近期产业化的重点是：可满足不同需要的计算机系列产品，提高工作站、高性能服务器的性能和技术水平及生产工艺水平，基于网络计算机的应用软件支撑平台及相关核心产品、CPU和操作系统。

8. 计算机外部设备

计算机外部设备是计算机系统的重要组成部分，主要包括喷墨打印机、激光打印机等打印设备，CRT 显示器、液晶显示器、多媒体投影机等显示设备，磁盘、光盘等存储设备以及扫描仪、数码相机、模式识别等输入设备。随着计算机的迅速普及和网络的广泛应用，对计算机外部设备的需求迅速增长。近期产业化的重点是：喷墨打印机、激光打印机以及能满足金融、商业、税务等特定需求的微型打印机，光、磁盘驱动器，移动存储器，磁盘阵列，光盘库/塔、网络存储及海量存储设备，无线网卡和模式识别输入设备，喷墨印字头、激光 OPC 鼓、各类打印机引擎关键部件和相关配套件以及激光鼓粉盒组件、喷墨头（盒）等各种消耗材料。

9. 基于 LINUX 的操作系统

操作系统是计算机的核心，我国需要尽快研制出自主、安全、可靠、实用的国产操作系统。LINUX 是一种可共享并提供源代码的操作系统。与其他操作系统相比，LINUX 操作系统具有稳定、开放、网络负载力强、占用内存小以及运行费用低等特点。LINUX 提供了一个环境优越、界面友好、支持所有通用 Internet 协议且开发自主的操作平台。在 Internet 上已有大量基于 LINUX 系统的自由软件，可以满足各种应用需求。近期产业化的重点是：LINUX 操作系统、数据库管理系统和支撑软件，LINUX 应用环境和技术支持体系，并在涉及国家安全的经济与政府各部门推广应用。

10. 嵌入式软件系统

嵌入式软件系统具有集成度高、体积小、反应速度快、智能化且稳定性和可靠性强等特点，被广泛应用于工业控制、家电、办公自动化、移动通信、仪器仪表、医疗电子以及国防等领域，市场十分广阔。近期产业化的重点是：嵌入式操作系统、核心支撑软件及芯片。

11. 网络支撑平台和中间件

随着互联网应用和计算机软硬件技术的发展，网络应用越来越广泛，应用规模、复杂性空前提高。当前，制约网络化信息系统高效开发和有效运行的瓶颈是缺乏系统的网络软件平台的有力支撑。随着国民经济和社会发展信息化进程的逐步深入，迫切需要网络软件支撑平台和中间件。近期产业化的重点是：面向网络公共系统的支撑服务平台、资源管理平台以及面向不同领域的应用平台软件，大型网络管理软件、公共软件构件库系统、软件构件运行平台，电子政务、电子商务、企业信息化、家庭网络平台和应用信息服务（ASP）平台。

12. 中文信息处理

中文（汉文及少数民族语文）是世界上使用人数最多的语言。随着网络的快速发展和广泛应用，加快开发和推广使用中文信息处理软件是十分必要的，对提高整个中文信息流的速度和质量，具有巨大的经济价值和社会价值，开发使用中文信息处理软件关系到我国今后信息产业乃至社会经济的发展和国家安全。近期产业化重点是：语音识别与合成、文字识别、机器翻译、汉文办公套件、少数民族语文信息处理软件。

13. 电子商务

随着网络经济的快速发展，以及为了适应我国加入 WTO 所面临的挑战，电子商务不仅创造了新的交易消费方式和商务模式，更促进了经济领域管理手段和流程的全面改造，对企业降低成本、提高效率和增强竞争力具有重要意义。近期产业化的重点是：安全认证、在线支付、物流配送、标准规范与信用等电子商务支撑环境建设，电子商务在企业、行业和区域的应用，重点企业信息化建设，电子商务技术服务体系建设。

14. 电子政务

国民经济发展和社会信息化建设对信息技术、信息产品提出了迫切需求。推动电子政务及行业信息应用系统的建设，对促进信息产业和国民经济稳定增长具有重要意义。近期产业化的重点是：政府政务办公和决策支持系统，政府部门的网上办公，行业信息应用系统以及公共支撑、安全认证及保障平台，系统集成软件。

15. 应用软件

应用软件是软件家族中最多的一类产品，它广泛应用于经济和社会生活的各个领域。我国应用软件的市场需求增长很快，市场潜力极大。国内在应用软件的开发和产业化方面已有一定的基础，具备一定的人才优势。近期产业化的重点是：网络、通信、制造业（ERP、CAD/CAM、CIMS、CAI、CMM）、建筑、数字娱乐和游戏等领域的应用软件。

16. 信息安全产品与系统

随着通信、计算机和网络技术的飞速发展，信息安全产品的需求日益迫切。我国信息安全产品已经广泛应用于保密传输、网络安全和身份认证等领域，但在产品种类、技术档次上与国外同类产品尚有一定差距。近期产业化的重点是：适用于特殊领域的计算机安全操作系统，安全服务器，安全路由器，安全网络终端，安全数据库管理系统，防火墙，防病毒和防攻击系统，高性能的数据、语音加解密设备，密码芯片和密钥管理，安全协议，PKI 系统，安全支付系统，电子防伪系统以及网络安全监控系统等。

17. 集成电路

集成电路产业包括设计、制造、封装和测试等环节。我国每年需要大量的集成电路，但我国能自主设计生产的集成电路所占比率较低，这已成为我国信息产业发展的瓶颈。近期产业化的重点是：集成电路的设计及整机开发，整机产品所需的各种专用集成电路和系统级芯片，线宽 0.18 微米以下的深亚微米集成电路及配套的 IP 库。

18. 电子材料

电子材料是微电子、光电子、电力电子等领域中的基础材料，支撑着通信、计算机、信息家电、网络技术等现代电子信息产业的发展。近年来，我国在电子专用材料的开发和生产方面已具备一定基础。近期产业化的重点是：

超大规模集成电路用硅/锗硅外延材料，氮化镓等第三代半导体材料和宽带隙半导体材料，高性能软磁铁氧体及所需高纯度原材料、永磁铁氧体、微波铁氧体、纳米晶磁性材料和磁记录材料等磁性材料，集成电路用关键结构材料与工艺辅助材料，液晶显示器和其他平板显示器材料，高比容钽铌粉、细径钽铌丝，高性能电子浆料，大功率压电陶瓷和热释电陶瓷材料等功能陶瓷材料，氧化铟锡大型靶材，高性能液晶材料，高性能大面积导电玻璃基板（1 300 × 1 100mm及以上），彩色滤光片、背光源、偏振片等材料，高纯度碲氧化物、合金及多晶材料，超净高纯化学试剂，电子特种气体，3 吋以上铌酸锂和钽酸锂单晶、光刻多晶胶，多晶硅、8 ~ 12 吋单晶硅及外延片，磷化铟、砷化镓、氮化镓、磷化镓单晶，超高亮度发光二极管用化合物单晶及外延片，无铅焊料，覆铜板材料、无溴、无锑环氧塑封料以及包封料等。

19. 电子专用设备、仪器和工模具

电子专用设备、仪器和工模具是生产电子产品的基础手段，目前正朝着高精度、高可靠性、高速和全自动方向发展。我国电子专用设备、电子仪器和工模具研制的总体水平与发达国家相比存在较大差距，许多关键设备需要进口。近期产业化的重点是：大尺寸硅片生产设备，化合物半导体生产设备，片式元件生产设备、传感器和敏感元器件生产设备，高频率器件生产设备，电力电子器件生产设备，超净设备，环境试验设备，高精度电子专用模具，用于集成电路、数字移动通信产品、计算机网络产品、数字音频产品、新型显示器件开发和生产的电子专用测试仪器。

20. 新型显示器件

随着大屏幕彩电、高清晰度数字电视、计算机等产业的发展，显示器件的生产技术不断更新，市场发展很快，我国已有一定的产业基础。近期产业化的重点是：驱动电路，高清晰度 CRT 和大尺寸薄膜晶体管液晶显示器件（TFT - LCD)，42 吋以上彩色 PDP 产品，高清晰度、高亮度彩色投影管和光学系统，超高亮度发光二极管，LCOS 新型显示器件关键部件及系统，有机电致发光技术（OLED）等。

21. 新型元器件

新型元器件是各类电子整机产品的基础，在各种电子产品中有着广泛应用，市场前景广阔。近期产业化的重点是：中高档片式元器件、新型机电元件、光电子器件（光放大器、光开关器件、光微光器件等有/无源器件）、电力电子器件（IGBT 芯片及模块等）、新型硅微器件、敏感元器件和各类传感器、混合集成电路和高频频率器件、高密度印刷电路板（线路板）和柔性电路板（线路板）、小型精密无刷电动机、微型通信电声器件、新型电源/电池（动力型锂离子电池、便携式小型光伏电源系统、400W 以下小型实用燃料电池、新型薄膜太阳能电池）等。

22. 汽车电子产品

汽车电子产品主要包括汽车发动机电子控制系统、汽车传动和行驶控制系统、汽车安全和故障诊断系统、汽车信息系统、汽车电子元器件、汽车环保类产品以及汽车设计、制造、试验系统及软件等。近期产业化的重点是：燃油喷射电控装置、节油环保型电子点火装置、制动防抱死系统（ABS)、气囊防护系统、卫星导航定位系统接收装置、防撞雷达、车载信息娱乐系统等。

23. 信息增值服务

信息增值运营服务属于基础通信服务的延伸范畴，主要指加工、处理、传送信息并使之增值的网络业务。未来几年内，我国网络技术会有大规模的发展，网络运营服务的市场潜力巨大。近期产业化的重点是：信息资源数据分析、收集、加工等增值服务平台，在线服务，电信网、广播电视网、计算机互联网的三网融合有关业务平台。

24. 民用雷达

随着国民经济及信息化的不断发展，我国诸多发展领域对近地环境监测、对地观测及飞行安全的需求日趋强烈。近期产业化的重点是：半高层大气探测雷达（MST 甚高频雷达和激光雷达)、新一代天气雷达（双极化、双多基地和相控阵雷达)、机载测风雷达、海洋状态监测雷达、探地雷达、合成孔径雷达等。

25. 空中管制设备

航空运输业作为国民经济的先导行业，随着我国国民经济持续稳步健康的发展，开始了新的腾飞。民航运输的高速增长，给我国落后的空中管制系统带来了巨大的压力。通过科技攻关，国内已经掌握大量的关键技术，空中管制系统成套设备产业已经初步形成。近期产业化的重点是：包括 CNS/ATM 管制工作站系统、CNS/ATM 网关系统、飞行流量管理系统和自动化管制系统等在内的成套空中管制设备。

二、生物及医药

26. 海洋活性物质

海洋生物在其生长和代谢过程中，产生并积累了大量具有抗癌、抗病毒和免疫促进等作用的天然生物活性物质。我国海区南北纵跨热带、亚热带和温带三个气候带，海洋物种丰富。近期产业化的重点是：海洋生物活性物质的大规模分离、提取、纯化技术，海洋药物、海洋生物分子材料、诊断试剂以及酶制剂产品。

27. 家畜良种胚胎生物工程

采用现代胚胎生物工程技术是使畜牧业向高产、高效、优质和集约化发展的有效途径。我国发展胚胎生物工程技术已有 20 多年的历史，主要胚胎生物工程技术水平已接近或达到世界先进水平。近期产业化的重点是：胚胎生物工程，分子遗传标记和生化遗传标记等技术。

28. 畜禽水产用生物制品

畜禽水产用生物制品是利用微生物或寄生虫及其代谢产物以及动物盘液、组织等生物材料制备的物质，可用于预防、诊断及治疗动物疾病，是畜牧水产养殖业的基础性保障物资。近期产业化的重点是：细胞悬浮培养技术，对虾病毒性暴发病核酸检测探针，淡水鱼类嗜水气单胞菌分子偶联疫苗，水产养殖动物主要病原菌多价疫苗，禽流感等重大动物疫病的疫苗、免疫增强剂、诊断试剂，人畜共患传染病的预防、诊断和治疗用品。

29. 海水养殖多倍体育苗技术

20世纪80年代以来，随着对虾、扇贝等重要养殖产品人工育苗技术的突破和生产规模的扩大，我国海水养殖业有了较快的发展。但是，仍缺乏高产、优质、抗逆能力强的优良品种，种质退化现象严重，部分养殖种类个体变小，抗病能力差，病害日趋严重。这些问题严重制约了我国海水养殖业的发展。近期产业化的重点是：鲍鱼、对虾、太平洋牡蛎等多倍体的育种、育苗技术，高效饲料和病害防治，多倍体的大规模海水养殖技术。

30. 生物反应及分离技术

生物分离技术及设备是逐步实现相关生物工程产业化的重要基础。我国每年需进口大量用于医药行业、发酵行业、生物制品和基因工程的分离介质以及科研和产业化急需的生物反应器和自控系统。近期产业化的重点是：带有在线检测装置的大型分离柱，基因工程和细胞工程专用分离设备，高效分离介质、生物反应器和自控系统。

31. 发酵工程关键技术及重大产品

发酵工程是生物技术的重要组成部分，其应用遍及轻工、食品、化工、能源、环保、农业和医药等诸多国民经济领域。推进发酵工程关键技术及重点产品的产业化对国民经济的持续发展具有重要意义。近期产业化的重点是：发酵工程关键技术及重大产品，包括生物化工原料及新材料，新型酶制剂与重大酶制剂产品（低聚糖酶制剂、超氧化物歧化酶、凝乳酶、复合酶制剂、高性能洗涤剂酶制剂和化妆品用酶制剂），新型氨基酸和寡糖等。

32. 疫苗和创新药物

预防用生物制品（疫苗）和创新药物在提高人民的健康水平、减少传染病的危害方面发挥着其他药品不可替代的作用。近期产业化的重点是：预防呼吸系统疾病的疫苗、无细胞百日咳疫苗、流感（裂解）疫苗、流感嗜血杆菌疫苗、出血热疫苗、轮状病毒疫苗、冻干口服痢疾疫苗、SARS疫苗等新型疫苗及联合疫苗；疫苗生产用清洁动物（原代细胞源）及传代细胞；疗效突出的新型化学合成药物、新型抗生素药物、手性小分子药物、合成多肽药物、核酸类药物、糖类药物以及作用新靶点的天然药物和贵金属药物等。

33. 基因工程多肽及基因治疗药物

基因工程多肽及基因治疗药物是生物技术产业中最成功的领域之一，也是新药开发的重要发展方向，有广阔的市场前景，在重大疾病防治方面具有重要意义。近期产业化的重点是：促进人血小板生长因子、神经生长因子、肿瘤坏死因子、碱性成纤维细胞生长因子、干细胞因子，人白细胞介素－11、胰岛素、葡激酶和重组人P53腺病毒注射液，蛋白质纯化及后处理技术。

34. 单克隆抗体系列产品

单克隆抗体在疾病诊断和治疗过程中具有重要作用，其制备和规模化生产技术日益受到重视，已成为现代生物制品生产和临床医疗中不可缺少的一大类生物活性物质。近期产业化的重点是：高产杂交瘤细胞株，配套以中空纤维反应器为核心的从细胞保存、培养、扩增到浓缩、纯化、冷冻的全套硬件设施。各种肝炎、艾滋病、SARS病毒、性病、早孕、排卵、重大出生缺陷产前诊断、癌症及吸毒等检测用单克隆抗体；造血干细胞移植的分离、纯化和检测所需的单克隆抗体系列产品；血液病尤其是白血病的免疫分型诊断CD系列单克隆抗体。医疗诊断用生物芯片、荧光定量PCR检测试剂盒、治疗用单克隆抗体和工程抗体及相关融合蛋白等。

35. 重大疾病防治药物

针对重大疾病防治的需要，在积极研制创新药物的同时，要加强对疗效确切、使用量大、面广的新产品及国外专利过期药物的开发和产业化。近期产业化的重点是：治疗心脑血管疾病的溶栓药物、生化药物，诊断和治疗用放射性药物，抗艾滋病药物，免疫活素，人血代用品，抗感染药物（包括抗细菌、抗真菌、抗病毒药物），降糖药物，抗肝炎药物，抗恶性肿瘤药物，抗心脑血管疾病药物，神经精神疾病治疗药物，风湿类疾病用药的换代产品，老年性疾病防治药物，镇痛、戒毒类药物等。

36. 新型给药系统技术与装备

我国是医药生产大国，原料药工业发达，但制剂生产相对落后。国际上制剂工业发展很快，一种原料药往往有多种剂型，特别是缓释、控释、靶向和透皮吸收、黏膜吸收等新型给药系统技术已成为国际医药市场发展的热点。新型给药系统技术的提高已成为促进我国医药工业快速发展的重要途径。近期产业化的重点是：高效、速效、长效、靶向给药的新型药物制剂，缓释、控释、透皮吸收制剂以及蛋白或多肽类药物的口服制剂；新型给药系统技术与装备；中药新剂型及其新型辅料。

37. 计划生育药具

计划生育药具是满足人们计划生育需求、落实避孕节育措施的物质基础。随着计划生育知情选择的发展和生活质量的提高，人们需要更加安全、方便和个性化的避孕节育药具新品种和新剂型。近期产业化的重点是：生育调节药具，米非司酮新剂型，第三代甾体激素避孕药的缓释、控释新材料和新剂型，避孕疫苗，用新型医用高分子材料制造的避孕套和避孕制剂。

38. 中药制品

我国天然药物资源十分丰富，运用现代科学技术方法和制药手段，发展传统中医药，开发现代中药新药并实现产业化，是我国中药现代化的重要任务。近期产业化的重点是：用于治疗肿瘤、肝病、心脑血管疾病、免疫功能性疾病、病毒性疾病、糖尿病和老年性疾病等的中药新药，中药复方药及饮片。中药材优良品种的规范化、标准化、规模化种植及繁育，濒危稀缺中药材的人工种源繁育，高效活性物质提取技术。

39. 中药制药工艺及设备

我国中药工业整体水平不高，生产技术和装备相对落后，严重制约着中药产业的现代化发展。因此，应积极引进和采用国内外先进工艺及成套装备，促进传统中药产业的技术升级。近期产业化的重点是：单元制药技术及配套设备，新型中药饮片生产工艺与装备，包括提取、分离、浓缩、纯化、干燥、灭菌、制剂成型、包装及物料传送等生产过程在内的组装式自动化生产线，中药制药工艺参数在线检测和自动化控制系统，中药制药过程质量监控技术。

40. 生物医学材料

生物医学材料和制品已广泛应用于临床医疗，是一个十分有发展潜力的领域。利用目前我国已有的技术基础，加快医用生物材料和制品的开发与生产，对促进我国生物医学工程产业的发展，有着十分重要的意义。近期产业化的重点是：骨（牙）及关节系统用的生物活性修复替换材料和体内植入物，组织工程血管及人工心瓣膜，人工心瓣膜等心血管系统替换材料和制品，软骨、骨、肌腱、皮肤、眼角膜等结构性组织，介入导管和器件，介入性治疗材料，医用硅橡胶制品，琥珀酰明胶血浆代用品，血液净化材料和体外循环装置等。

41. 新型医用精密诊断及治疗仪器

新型医用精密诊断及治疗仪器是当今生命科学与信息、材料、精密机械等学科交叉并高度综合的产物，是将其他学科研究成果应用于临床，将生命体与诊断、医疗、康复等装置视为一个系统，并充分考虑其相互作用的一个知识高度密集的技术领域。近期产业化的重点是：重大疾病的急救、诊疗、康复装置，新型肿瘤治疗设备，新型多功能眼科、外科激光治疗设备，医用电子直线加速器诊疗设备，全数字化彩色B超设备，全身螺旋CT扫描设备，医疗磁共振成像系统，医学材料表面处理设备，生物微系统检测技术（如床侧生化检测技术和介入式微型检测技术）等。

42. 医学信息技术及远程医疗

医学信息技术产业是卫生事业中新兴的领域，发展医学信息技术十分重要。近期产业化的重点是：用于病人信息采集的集成传感器和集成电生理放大器，适用于社区诊所和家庭的具有联网通信能力的便携式诊断及治疗仪器，病人信息数据库和专家知识库、专家系统，医学信息数据库，医院管理系统，数字中药系统，数字医学影像存储系统，远程医疗诊断、监护和教育系统，社区卫生服务网络系统。

三、新材料

43. 特种功能材料

特种功能材料是一大类具有特殊电、磁、光、声、热、力、化学以及生物功能及其相互转化功能，并被用于非结构目的的新型材料。特种功能材料是信息技术、生物技术、能源技术等高技术领域和国防建设的重要基础材料。近期产业化的重点是：超导材料，功能陶瓷、功能薄膜、人工晶体和金刚石等信息材料，气敏、湿敏、磁性液体、巨应力及巨磁阻抗等传感材料，氢的制备及分离、储氢合金和储氢容器、太阳能电池、高性能二次锂电池和新型电容器等能量转换和储能材料，液相分离膜材料，烯烃等聚合物及清洁生产所需催化材料。

44. 环境友好材料

环境友好材料是在原料采集、产品制造、使用或者再生循环利用以及废料处理等环节中对地球环境负荷最小和对人类身体健康无害的材料，具有资源和能源消耗少、对生态和环境污染小、再生利用率高的特点，而且从材料制造、使用、废弃直到再生循环利用的整个寿命过程，都与生态环境相协调。近期产业化的重点是：多功能材料，可循环回收材料，低毒少害材料（如废弃物再资源化制造新材料），环保型可降解塑料，建筑与海洋防护用环保涂料等。

45. 稀土材料

稀土是信息、绿色能源和环境保护等产业的重要支撑材料。我国稀土储量、产量和出口量均占世界首位，已形成较齐全的工业体系。近期产业化的重点是：高纯度稀土氧化物和稀土单质的分离、提取技术，高性能纳米晶软磁合金和稀土永磁合金粉体，高性能稀土永磁材料及其制品、稀土催化材料，稀土贮氢材料，稀土发光材料，稀土转换膜，超大磁致伸缩材料，高性能稀土镁合金材料，稀土硫化物涂料及颜料。

46. 复合材料

由于异质复合材料的性能功能化、较低的成本及应用范围广泛，提高了传统材料的发展潜力。近期产业化的重点是：金属半固态成形技术，铝－钢、钛－钢、铜－钢、铝－钛、铜－铝等双金属材料，金属基非金属复合材料，碳－碳复合材料，陶瓷基金属复合材料等。

47. 工程塑料及新型催化剂

工程塑料以其优良的性能，在航空、航天、汽车、船舶、建筑、电器设备和基础设施建设等行业具有广泛应用，对增强性能、减轻重量及降低能耗等具有重要意义。高性能化改善了通用塑料的机械性能、耐热性能和加工性能，扩大了应用范围。近期产业化的重点是：通用塑料（PP、PE、ABS、PS、PVC等）的改性技术，氟塑料成型加工技术，聚烯烃催化剂、高效硝基苯加氢催化剂及原位聚合聚烯纳米复合材料催化剂，交联聚乙烯材料和电器用合成树脂材料，万吨级酯交换法 PC 塑料、千吨级 PA11 塑料、万吨级通信和电力电缆用及油气输送用聚烯烃管材生产技术及设备。

48. 高性能密封材料

密封件是保证机械装备高效、长期、安全和稳定运行的重要基础件，其技术水平、质量及性能直接影响配套主机产品质量和运行可靠性。我国密封材料及制品经过 10 多年的发展和技术引进，形成了一定的生产能力和规模，一般产品能满足各类主机的配套要求，但高压、高速、精密、耐高温低温和耐腐蚀的密封件与国际水平有较大差距。近期产业化的重点是：轿车及中高档轻型车动力传动、减振、制动系统用密封材料，大型成套设备高压、液压、气动系统用密封件，电力设备高温、高压机械用密封件，石油化学工业用高速透平压缩机的非接触气膜密封件，金属磁流体动密封件等。

49. 纳米材料

纳米材料因其纳米效应而具有特殊的性能和广泛的用途，是目前新材料发展的热点之一。近期产业化的重点是：纳米粉体材料、纳米膜材料、纳米催化材料和纳米晶金属材料，材料表面纳米化技术，纳米材料规模化应用。

50. 膜材料及组件

膜材料及组件在能源、电子、石化、轻工、医药、环保和有色金属工业等领域起着重要作用。国际上，微膜和透析膜市场最大，气体分离膜已达到工业化规模，渗透气化膜、无机膜和纳滤膜和用于传感器件的纳米结构敏感膜及复合敏感膜等正在迅速发展。近期产业化的重点是：功能高分子膜材料及成套装置，均相系列荷电膜及装备，聚烯烃类微滤膜及应用，纳米结构敏感膜，液体脱气膜装置及应用，氯碱用膜材料。

51. 镁、铝、钛合金材料

镁、铝、钛合金材料因其超轻、高比强度等优势而广泛应用于航空、航天、航海、汽车、高速列车及家用电器等领域，特别是作为便携式小型电器的关键结构材料，近年来发展非常迅速。近期产业化的重点是：高性能铝合金、镁合金、钛合金及其复合材料，高强度、高韧性变形铝合金，大断面、中空大型钛合金及铝合金板材，镁及镁合金的液态铸轧技术，镁、铝、钛合金系列化产品（线、板、带、薄板、铸件、断件、异形材等）的加工与焊接技术，后加工成型技术和着色、防腐技术以及相关的配套设备。

52. 高性能、低成本钢铁材料

我国既是钢铁材料世界第一生产大国，同时又是钢铁材料世界第一进口大国，面临进一步扩展的市场需求，必须解决冶金资源匮乏的问题及高附加值和高技术含量钢依赖进口的问题。大力发展低成本高性能钢铁材料取代传统钢铁材料，减少钢铁消耗，提高产品竞争力。近期产业化的重点是：超细组织钢铁材料的热加工、先进微合金化、高均质（全等轴晶）连铸坯、高洁净钢的冶炼工艺，高强度耐热合金钢及铸锻工艺和焊接技术，新一代碳素结构钢、高强度低合金钢、合金结构钢等。

53. 新型选矿设备及药剂

我国选矿设备与国外先进水平相比仍有一定差距，尤其在大型化和自动控制方面差距更大。近年来经过科技攻关，已开发出适合我国矿石性能和生产条件的成套设备和一些高效、低毒的新型药剂。近期产业化的重点是：用于大型金属矿山（铜矿、铁矿）和难处理矿（铝土矿、钨矿、锡矿、钛矿及低品位氧化锌矿等）的成套选矿设备（包括高效节能的粗碎、细碎、浮选、磁选和大型过滤设备），高效低毒的捕收剂、调整剂、起泡剂等选矿药剂。

54. 大中型乙烯裂解和分离装置

乙烯是石化工业的基础原料，目前国内乙烯工业存在的主要问题是：装置规模小，原料偏重，经济效益差。我国已先后成功地开发了系列 CBL 型乙烯裂解炉和乙烯分离工艺。近期产业化的重点是：10 万吨/年大型裂解炉，30～45 万吨/年乙烯装置及新建大型乙烯装置；15 万吨/年大型乙烯裂解炉，大、中型乙烯分离工艺及配套的丁二烯抽提、碳五分离和裂解汽油加氢芳烃抽提、三聚氰胺生产工艺及设备。

55. 重交通道路沥青

随着我国国道主干线的建设和城乡建设的发展，道路建设的等级比以前有明显提高。因此，优质道路沥青的供应问题成为沥青市场的焦点。发展我国重交通道路沥青产业，使重交通沥青立足国内，对促进国民经济发展具有重要意义。近期产业化的重点是：利用环烷基原油资源生产重交通道路沥青，用重油和含硫原油生产高质量的 AH－70、AH－90 等牌号的重交通道路沥青。

56. 油田化学品

油田化学品贯穿石油生产的全过程，对增加产量、提高采油率起着极其重要的作用。三次采油需要超高分子量聚合物驱油剂、耐高温和耐盐聚合物驱油剂以及新型驱油用表面活性剂，我国原油的特点是含蜡量高，中、长输油管线需要高效清防蜡剂和降凝降黏剂；三采出来的油水微乳液也需要大量的原油破乳剂。近期产业化的重点是：万吨级耐高温、耐盐聚合物驱油剂，万吨级钻井液用化学品，万吨级高效清防蜡剂和降凝降黏剂，千吨级高稳原油破乳剂，采油和炼油缓蚀剂等。

57. 造纸化学品

造纸工业是以纤维为原料的化学加工工业，在制浆、漂白、打浆、抄造及成纸加工等整个过程中都离不开化学品，造纸化学品能赋予纸张各种优异性能，对于提高纸张质量、减少环境污染起着决定性作用。近期产业化的重点是：2 万吨/年造纸专用增强剂，万吨级涂布纸用专用化学品，万吨级造纸用树脂障碍控制剂，2 万吨/年高留着型淀粉表面施胶剂，5 千吨级印刷适应性改进剂，万吨级造纸增强填料石膏晶须产品等。

58. 盐湖提锂和提镁技术

我国西部盐湖中具有丰富锂资源和镁资源，主要以锂盐和镁盐的形式存在。锂作为重要的高科技材料，其需求量越来越大。近期产业化重点是：千吨级碳酸锂和高纯氯化锂，高纯锂及相关产品，电解镁、高纯镁砂和氢氧化镁。

59. 金属多孔复合催化材料

工业催化剂通常附着在多孔材料载体上，它继承了多孔材料良好的流体透过能力、大比表面以及流体分布可控等结构特性，与催化剂的功效结合起来可以极大地提高工业过程的反应速度，形成一种特殊的功能复合材料。近期产业化的重点是：能源工业净化燃煤烟气用金属催化过滤材料，金属多孔材料表面预处理技术，载体复合、催化剂活性组分附着等表面技术，金属复合催化材料的制备技术，催化过滤材料的制备技术。

60. 金属粉体材料及粉末冶金技术

金属粉体材料和先进粉末冶金技术广泛应用于涂料、催化、焊接、表面喷漆等领域。近期的产业化重点是：超高温、高压惰性气体雾化制粉技术，超声振动雾化制粉技术，注射成型、温压成型、喷射成型等先进粉末冶金技术，系列化的粉末冶金产品（如汽车零部件）。

61. 高性能陶瓷结构材料

高性能陶瓷材料具有高强度、高硬度、耐腐蚀、绝缘等优良特性，在石油化工、冶金、机械等各个领域具有广泛的用途。近期产业化重点是：陶瓷-金属复合材料，高温过滤及净化用多孔陶瓷材料，连续陶瓷纤维及其复合材料，高性能、细晶氧化铝产品，低温复相陶瓷产品、碳化硅陶瓷产品，新型陶瓷刀具等。

62. 表面涂、镀层材料

随着高层建筑、交通、汽车、船舶工业的迅速发展，涂镀层材料不断向高耐候性、耐腐蚀、耐高低温、耐磨损及绿色环保的方向发展，相关表面改性技术（如激光表面熔覆与改性、离子束增强辅助沉积镀膜、离子注入等）相继问世。近期产业化的重点是：环保型防腐涂料，环保型高性能工业涂料和建筑涂料，高温陶瓷涂敷材料，钢结构防火、防腐涂料，高档汽车用金属颜料，特殊功能性薄膜及器件，先进高能束表面改性技术。

63. 特种纤维复合材料

特种纤维复合材料以其重量轻、强度高的优势得到日益广泛的应用。近期产业化的重点是：碳纤维、无碱玻璃纤维、氨纶纤维、芳纶纤维、树脂基复合材料，片状模塑料模压工艺，树脂传递模塑工艺，纤维缠绕技术及挤拉技术，低成本、高性能、特种用途的玻璃纤维及其制品，绿色玻璃钢-热塑性复合材料制品，玻璃钢输气管道、轴承、渔船、汽车覆盖件等。

64. 子午线轮胎生产关键原材料

子午线轮胎具有高速、安全、节油、耐磨、长寿命等特点，是轮胎工业发展的方向。目前我国对子午线轮胎的需求量越来越大。近期产业化的重点是：天然橡胶专用胶及其生产技术和成套设备；1万吨/年以上子午线轮胎用改性尼龙帘子布、高模低收缩聚酯帘线纤维，5 000吨/年丁苯吡胶乳，3万吨/年硬质新工艺炭黑，1.5万吨/年软质新工艺炭黑，1.5万吨/年溶聚丁苯橡胶及丁基橡胶，3 000吨/年助剂新品种等新型原材料的规模化生产。

四、先进制造

65. 工业自动化

工业自动化是综合运用系统科学、认知科学、信息科学、控制科学与工程的理论，形成相应的自动化硬件、软件及系统，对过程实施检测、控制、优化、调度、管理和决策，实现增加产量、提高质量、降低成本、减少资源消耗和环境污染、确保安全的高技术。近期产业化的重点是：大型复杂生产过程和连续生产过程所需综合自动化系统，公用工程大型装备专用智能化控制装置，大型传动装置用高效、节能调速系统，数字化、智能化传感器等。

66. 现代科学仪器设备

高度精密、精确、高通量、便捷、快速的现代科学仪器设备和科学测试方法是科学研究、工业生产和人民生活的需要。近期产业化的重点是：近红外光谱仪、等离子体光谱仪、金属原位分析仪、辉光光谱仪、激光光谱仪等光谱分析仪器，气相色谱仪、液相色谱仪等色谱分析仪器，新型电化学传感器、pH计、电导仪、离子计、电位滴定仪等电化学分析仪器，动态冲击试验机、微机控制材料试验机、材料图像分析仪、智能化电磁超声探伤仪等材料性能检测仪器，二维色谱、阵列毛细管电泳、表面等离子体共振成像、激光诱导荧光等医学研究仪器。

67. 网络化制造

网络化制造是按照敏捷制造的思想，采用互联网技术，建立灵活有效、互惠互利的动态企业联盟，有效地实现研究、设计、生产和销售各种资源的重组，从而提高企业对市场的快速响应能力和竞争能力的新模式。它对传统制造业的生产和经营方式有重大影响。近期产业化的重点是：企业资源信息网及相应的企业核心信息、产品、图形和技术资源等分布式数据库，支持网络化制造的Web运行平台。

68. 全开放分布式控制系统及智能仪表

全开放分布式控制系统及智能仪表是提升传统工业自动化水平的高技术产品，现场总线技术是实现控制系统开放、分布的重要基础。我国在基于现场总线的新一代全分布式控制系统及现场总线智能仪表的开发研究方面已取得一系列重要成果，具备了产业化的基础。近期产业化的重点是：适应于多种现场总线标准和工业以太网并能利用Internet的综合自动化控制系统，及其应用现场总线技术的检测与控制仪表，适用于现场总线集成的各种软件及硬件产品，智能化工业控制部件和执行机构。

69. 新型传感器

传感技术是当今世界发展最为迅速的高新技术之一。新型传感器不仅追求高精度、大量程、高可靠性、低功耗、远程分布和微型化，而且正朝着集成化、数字化、多功能化、智能化和网络化方向发展。近期产业化的重点是：性能好、技术先进、功能齐全的位移、力敏、磁敏、光敏、热敏、气敏、湿敏、离子敏和生物敏型传感器以及红外传感器、光纤传感器。

70. 精密高效加工和成型设备

装备制造业的技术进步依赖于先进的关键制造工艺和设备的发展。近年来，我国在精密高效加工和成型工艺及装备方面已经取得了重大进展。近期产业化的重点是：精密零部件（如精密轴承、高速齿轮）的成套加工技术，近终形加工技术（如精密铸造、精密锻造、精密冲压、超塑性成型、回转成型），自动化成型装备及集成系统，快速原型成套技术及装备，相关工艺过程分析、模拟和优化软件，模具加工工艺及设备。

71. 激光加工技术及设备

激光加工技术具有应用范围广、工艺灵活、加工精度高、质量好、生产过程清洁以及便于实现自动化、柔性化和智能化等优点，可以对金属和非金属材料进行切割、焊接、表面处理、打标、打孔及微细加工等。近期产业化的重点是：性能稳定的大功率激光器，大型轧辊表面强化设备，激光精密加工设备，激光切割和薄钢板拼焊用成套设备等。

72. 数字化制造设备

数字化制造设备是提升制造业技术水平的重要手段，是制造业实现信息化的基础，发展各种数字化设备是振兴装备制造业的必由之路。机床是制造业的基础设备。机械加工行业对高质量数控机床的需求量越来越大，迫切要求对我国传统机械加工行业进行数控化改造。近期产业化的重点是：高性能伺服电机及高精度数字化智能控制系统，高质量的车、铣数控机床及加工中心，高精度多轴联动数控机床、可重组柔性数控机床及特种数控机床，光、机、电一体化的胶印机等。

73. 工业机器人

随着我国制造业特别是汽车、摩托车、家电等行业的发展和日趋激烈的竞争，制造业对应用工业机器人提出了迫切需求。采用工业机器人及其自动化生产装备对改进产品质量、降低生产成本、减小劳动强度、提高生产率具有重要的作用。我国工业机器人的生产技术已相对成熟，并具有小批量生产能力。近期产业化的重点是：工业机器人的生产设备及控制系统（包括锻压、喷涂、焊接、搬运、装配和检测），基于工业机器人的自动化生产线。

74. 电力半导体器件及变频整流装置

电力电子技术是实现高效节能、改造传统产业并促进机电一体化的关键技术，而电力电子器件是电力电子技术的核心和基础。近年来，我国在新型电力电子器件及变频整流装置的研究开发中取得了一系列的重要成果。近期产业化的重点是：中、小功率单管、功率模块和智能模块，非穿通型绝缘门极双极晶体管芯片及模块，变频调速装置和变频电源，大容量晶闸管，高速斩控型无功动态补偿/滤波装置，高压、大功率、无谐波污染的变频调速机组，电气化铁路专用电力装置，集成门极换流晶闸管，全数字控制交流调速装置，高压、大功率调速电机及控制系统。

75. 汽车关键零部件

汽车关键零部件是现代汽车工业的重要组成部分，对汽车的经济性、安全性、舒适性以及汽车尾气的达标排放具有重要的影响。通过技术引进，我国在汽车关键零部件的开发上取得了长足的发展。近期产业化的重点是：轿车、微型车和轻型车关键零部件（轿车自动变速箱、高性能刹车部件、安全气囊、电喷系统、新型汽车高效节能空调系统、大型轻合金覆盖件和汽车电子配件）、小排量高性能汽油机，家用轿车柴油机以及中、重型车用柴油机。

五、先进能源

76. 燃料电池

燃料电池以氢或富氢气体为燃料，以空气中的氧为氧化剂，等温地按电化学方式直接将化学能转化为电能，能量转化效率高、环境友好、几乎不排放氮氧化物和硫氧化物。近期产业化的重点是：1 000W ~ 100kW 级质子交换膜燃料电池产品及电催化剂、电极、Nafion - PTFE 复合膜和双极板等电池用材料，质子交换膜燃料电池，直接甲醇电池，融熔碳酸盐电池和固体氧化物电池。

77. 氢的制取和贮运

氢的制取、贮运、加注技术产业化可使氢作为一种资源丰富、无污染的二次能源得到公认。随着氢能应用领域的不断扩大，制氢和贮氢技术的产业化日趋重要。近期产业化的重点是：天然气制氢、甲醇制氢、生物质制氢、微生物制氢技术以及相关的金属贮氢、高压容器贮氢、化合物贮氢技术及氢燃料电池补充加注设备。

78. 新能源和可再生能源

我国拥有较为丰富的可再生能源。因地制宜地开发并推广生物质能、风能、太阳能、氢能和地热能等可再生清洁能源，对减少环境污染、改善我国能源结构具有重要意义。近期产业化的重点是：生物质气化发电和供气技术，生物质液体燃料技术，750kW 级风力发电机组及其关键部件的设计制造及生产技术，兆瓦级风力发电机组及其关键部件，高效率、低成本的太阳能光伏电池，中、高温太阳能发电设备、地源热泵与采暖、空调、热水联供系统。

79. 煤炭的高效安全生产

煤炭是我国主要的一次能源，在国民经济中占有重要战略地位。高产、高效、安全、集约化是原煤生产和煤炭洗选、配煤的主要发展方向。近期产业化的重点是：大直径重介旋流器、动筛跳汰机、空气重介和复合式干法选煤机等高效洗选、配煤装备，能适应我国煤矿地质和生产条件的新型成套生产装备（高产高效综采机械、快速掘进机械，机械化支护装置、安全技术装备等），水煤浆专用设备及高性能添加剂，型煤加工及利用设备，大型煤炭气化及煤、化、电多联产装置，煤粉燃烧污染控制技术，中、小型低污染煤气锅炉，煤矿全矿井安全监控系统，煤矿地质灾害勘探技术装备，煤矿瓦斯高效抽放设备，煤矿用高性能抢险救灾装备。

80. 石油勘探技术及设备

石油作为重要的能源和原材料，在国民经济中占有重要的地位。目前，我国石油工业的整体水平与国民经济快速发展的要求不相适应，主要问题是：勘探对象的地表、地下条件及油藏类型复杂，大多数油田处于开发后期，注水效果变差，希望借助新的技术和装备来提高可采储量和油田采收率。近期产业化的重点是：山地、沙漠、浅海和深海等复杂地区的地球物理勘探技术，多波地震勘探技术，高性能数控、成像测井技术，特殊水平井、欠平衡等钻井综合配套技术，地质导向钻井技术及装备，复杂深井钻井技术及装备，凝析油气田、稠油、超稠油等复合驱工业化应用配套技术及装备，新型半潜式海上钻井平台，新型浮式生产储油轮。

81. 油品加氢技术及设备

随着国民经济的快速发展和环保意识的增强，对油品的产量和质量都提出了更高的要求，迫切需要采用加氢技术，以改善油品质量，提高轻油收率。近期产业化的重点是：加氢裂化催化剂和相关技术，中压加氢裂化技术，柴油深度脱硫加氢技术，20 万吨级润滑油加氢处理装置，20～40万吨级稠油、渣油悬浮床加氢装置。

82. 煤层气资源的开发利用

加快煤层气的开发利用，对改善我国能源结构、保证国民经济可持续发展具有重要的战略意义。近期产业化的重点是：高效益、低成本的煤层气勘探技术，煤层气规模开发与采煤一体化技术等。

83. 高效、低污染燃煤发电系统

煤炭在我国一次能源的生产和消费中所占比例为70%左右，而且这一比重在未来相当长的时期内不会发生明显变化。目前我国煤炭的转化利用率较低，燃煤排放物已成为大气环境的主要污染源。发展高效、低污染燃煤发电技术是实现电力工业可持续发展的重要战略举措。近期产业化的重点是：100MW 级循环流化床锅炉及辅助设备，200～300MW等级循环流化床锅炉，低 NO_x 燃烧器、气体燃烧再燃、超细煤粉再燃等低 NO_x 燃烧技术，300MW 热电联产机组。

84. 大容量超临界/超超临界火电机组和水电机组

提高发电效率、降低污染、节约资源是今后火电机组的发展方向。发展大容量超临界机组和空冷机组是电力工业结构调整和可持续发展的需要。近期产业化的重点是：600MW 超临界火力发电机组，百万千瓦级超超临界火电机组，600MW 空冷火力发电机组，700MW 级水电机组，300MW 抽水蓄能机组。

85. 核电及核燃料设备

核电是安全、清洁、经济的能源，是目前世界上技术成熟的可大规模提供的电力清洁能源的重要发展方向。发展核电对促进我国能源多元化、电力结构的优化以及保证我国能源的合理开发和供应具有不可忽视的作用。近期产业化的重点是：60 万千瓦级核电设备，百万千瓦级压水堆核电站成套设备，气体离心铀浓缩、核燃料后处理、铀钚混合氧化物燃料、高性能核燃料元件。

86. 长距离高压输气设备

举世瞩目的西气东输工程对加快我国的能源结构调整和发展天然气化工将起到重要的作用。为保证西气东输工程安全、稳定和长期运行，进一步发展更高压力的长距离管道输送技术十分重要。近期产业化的重点是：输送压力12MPa 以上的输气设备，钢材、管材及施工机具的制造，管道监测机器人，网络监测系统、控制系统和安全维护装备，天然气脱硫、脱水技术及设备等。

87. 长距离高压输变电设备

直流输电技术是解决高压、大容量、长距离送电和异步联网的重要手段。西部高海拔、高温、高湿、重污秽、多雷、强紫外线等严酷自然环境对超高、特高压输变电系统电气设备的安全运行有极其重要的影响。近期产业化重点是：直流输电系统及设备，750kV 交流输电系统及设备，高海拔复杂环境地区电网电气安全运行新技术，大型变压器、直流换流变压器、开关设备和电抗器，无工补偿设备，柔性交流输电系统及设备，变电站及电气设备的智能化、在线监测及诊断装置等。

88. 半导体照明器件

半导体照明是一种基于 LED 技术的先进照明产业，市场前景十分广阔。我国在 LED 技术的研究与开发方面已初具规模，尤其是蓝光技术的突破，为实现白光及半导体照明打下了坚实的基础。近期产业化的重点：高亮度外延片，半导体照明装置以及蓝、白光技术。

89. 天然气资源的优化利用

未来的几十年里，天然气在能源和化学化工原料结构中的比例将大幅度提高，我国具有丰富的天然气资源，如何充分、有效、合理地利用天然气资源，发展天然气化学工业，增加天然气的附加值，是国家把资源优势转化为经济优势、实现可持续发展并解决环境问题的迫切需要。近期产业化的重点是：甲烷和二氧化碳的催化活化，甲烷部分氧化（包括二氧化碳重整）制合成气，甲烷直接氧化制甲醇、甲醛及甲烷脱氢芳构化等高性能催化剂，燃气轮机技术。

六、环保和资源综合利用

90. 饮用水安全保障技术

我国饮用水水源受到不同程度的污染，原水中一些污染物质不能被现有常规制水工艺有效去除，导致自来水部分水质指标不合格，构建城市饮用水安全保障体系已迫在眉睫。近期产业化的重点是：植物生长型水源生态保护技术，原水生物预处理、水厂生物强化过滤及生物活性炭等好氧微生物水处理技术，有效除藻技术，有机物的高级氧化及催化氧化技术，高效膜过滤技术，广谱优化消毒技术，管网水质生物稳定技术以及有机物的高效吸附剂。

91. 海水、苦咸水利用技术

海水、苦咸水利用技术的产业化将提供安全、可靠的淡水供给，是我国解决21世纪淡水资源短缺问题、保障沿海地区和西部苦咸水地区经济可持续发展的重要举措。近期产业化的重点是：海水、苦咸水利用（热法和膜法）技术与装备，海水直接利用及综合利用技术与装备。

92. 工业和城市节水技术

我国水资源贫乏，缺水已成为城市经济发展和人民生活改善的制约因素。因此，加速城市污水及工业废水的再生利用技术研究、发展城市节水技术具有重要意义。近期产业化的重点是：城市污水、工业废水处理后再生水回用技术以及配套水处理化学品，高效生物填料，薄膜负载型光催化材料，膜材料及组件等；工业生产过程中水的重复利用、高效率循环冷却水、高效洗涤技术及装备；城市节水器具和设备，供水管网的防漏技术等。

93. 工业废水处理技术及设备

我国工业废水排放量大，对环境污染严重，虽然已有一定的治理技术，尚需进一步开发新技术、新产品。近期产业化重点为：工业生产排放中有一定毒性和难降解污染物的工业废水处理稳定达标排放技术和设备（农药、染料、医疗造纸、皮革、印染等）；湿式催化氧化技术；高浓度有机废水成熟可靠治理技术和设备（酒精发酵废液等）；各类采油废水回注技术、高效石油炼制废水处理技术；高效水处理药剂的研制与开发（混凝剂、稳定剂、消毒剂、消泡剂、脱色剂等）；工业废水处理中污泥的处理、处置和资源化技术。

94. 危险固体废弃物的处置技术及装备

我国每年产生的各类危险固体废弃物已经造成严重的环境污染，但它又具有较高的回收价值。近期产业化的重点是：危险废物高效、安全、可靠的焚烧技术及设备，焚烧渣、飞灰熔融技术和设备；危险废物安全填埋处置技术及设备；危险废物固化技术、设备和固化药剂；医疗废物收运、高温消毒处理技术与设备；有害化学品处理技术；放射性废物的处理与整备技术和装备；电子产品和家电废物的回收和处理技术及设备，危险废物污染事故的应急处理设备等。

95. 工业固体废弃物的资源综合利用

尾矿、冶炼渣、煤矸石、粉煤灰、油页岩渣、磷矿渣、凝灰岩和赤泥等工业固体废弃物的大量堆存，不但对生态环境带来巨大危害和严重的安全隐患，同时也是对资源的一种浪费。近期产业化的重点是：用废弃物生产复合材料、尾矿微晶玻璃、轻质建材、地膜、水泥替代物、工程结构制品等技术及设备，资源化处理成套设备，矿山尾矿整体利用管理系统。

96. 机动车排气净化装置和降噪技术

随着机动车保有量的增加，机动车产生的污染对城市环境带来极大的危害，有关机动车排放的国家标准日趋严格。推广低能耗、低排放量及低噪音的洁净燃料汽车和混合动力汽车，既是汽车产业的重要发展方向，也是合理利用能源和保护环境的迫切要求。近期产业化的重点是：机动车排气净化器，机动车排气净化用高性能蜂窝载体、柴油车排放碳颗粒物和氮氧化物净化催化剂，油品添加剂检测技术和设备，低噪音处理技术和设备。

97. 生态环境建设技术及装置

生态环境保护与治理技术的开发、应用对实施可持续发展战略和西部大开发战略具有重要意义。近期产业化的重点是：水土流失防治技术，沙漠化防治技术，植被恢复、补植、补造和重建技术，节水灌溉技术，抗风、抗寒、抗旱优良林草品种，林草综合加工技术及配套机械设备，矿山生态恢复、污染土壤修复、污染水体修复及富营养化防治技术。

98. 环境自动监测系统

我国陆地及海洋的环境监测基本上处于现场采样、实验室分析阶段，采样仪器以手动、半自动为主，直读型、在线型、应急检测用仪器的市场大多为国外产品占据。近期产业化的重点是：化学需氧量、氨氮、石油类、挥发酚、总氮、总磷、烟尘（粉尘）、二氧化硫、氮氧化物等在线、自动监测系统以及样品采集、处理和数据的传输技术及设备；环境空气质量和地面水连接自动监测仪器以及系统；污染事故应急监测等便携式现场快速测定仪以及预警、警报仪器；危险废物特性鉴别专用仪器及系统；空气中细微颗粒物、有机污染物等采样分析技术和仪器，水中微量有机污染物的富集装置，二恶英分析技术及设备。

99. 清洁生产工艺技术与装备

推行清洁生产可高效利用自然资源，降低污染排放，是现代工业生产的发展方向，也是可持续发展的重要内容。近期产业化的重点是：产业规模大、资源能耗高及环境污染较为严重的钢铁、电力、建材、有色、化工、造纸、酿造、纺织、石油等行业新工艺和设备的清洁生产技术。

100. 生活垃圾处理技术和设备

生活垃圾存在产生源多、性状复杂且不稳定、污染影响范围大的特点，仅靠单一的处理技术或设备难以达到有效治理污染及减量化、资源化的目的。近期产业化的重点是：垃圾分选技术和设备，大型垃圾焚烧处置设备及热能回收利用系统、设备；垃圾填埋渗滤液处理技术和设备；垃圾填埋气（甲烷气）的回收、利用技术和设备。

七、航空航天

101. 支线客机

目前我国支线航空运输已进入了较快的发展时期，各航空运输企业对安全、经济、舒适和先进的支线客机的需求量加大。发展先进支线飞机这一战略性产业，对于提高我国航空工业的整体水平和发展相关的产业具有重要意义。近期产业化的重点是：30～100 座级新型涡扇支线客机，并对现有型号进行适应性改进、改型。

102. 民用直升机和通用飞机

随着我国国民经济的增长，诸多领域对直升机（包括无人驾驶直升机）、通用飞机（包括小型和超小型、中距和短距无人驾驶飞行器）提出了使用需求。目前我国直升机、通用飞机工业已形成了一定规模的科研、生产体系。近期产业化的重点是：适用于交通运输、紧急救援、电力工程、消防、公安执法、资源考察、城市规划、农林监测、地质勘探、海洋观测、环境监测及防灾减灾、目标搜索、反恐侦察和旅游等领域的民用直升机（包括无人驾驶直升机）和通用飞机（包括小型和超小型、中距和短距无人驾驶飞行器）。

103. 运载火箭

航天技术是衡量一个国家综合国力的重要标志，世界各航天大国都将发展新型航天运载工具视为保持领先地位的关键。为了满足国内不断增长的发射卫星等航天器的需要和提高对外发射服务的市场占有率，必须加快发展新型运载火箭，并对现有运载火箭进行适应性改造。近期产业化的重点是：新一代高可靠性、低成本、无毒和无污染的运载火箭，并形成通用化的系列运载火箭型谱。

104. 民用卫星

卫星技术的掌握、发展和应用程度，是一个国家科技和生产力发展水平的重要标志之一。利用通信、广播、导航、对地观测和返回式卫星技术建立我国天基基础设施，是推进我国经济建设和社会发展的一项重要任务。近期产业化的重点是：第二代导航卫星及地面应用系统，有效载荷技术，大容量的广播（含电视直播）、通信卫星公用平台，卫星遥感系统的综合应用平台等。

105. 卫星导航系统

卫星导航系统正向规范化、产业化、与其他系统逐步融合的方向发展，并已开始进入市场的高速增长期。我国在 GPS 应用方面具有一定的基础，已建立自主的北斗导航试验系统，并在筹建二代导航卫星系统和开展中欧伽利略计划的合作。近期产业化的重点是：卫星导航接收机的芯片组和嵌入式软件，自导航终端设备系列，高精度定位测量系统，基于位置的综合信息服务平台及应用系统，车辆通信导航系统。

106. 卫星遥感应用系统

卫星遥感应用系统在气象预报、环境监测、防灾减灾、资源和海洋考察等方面的应用已取得了明显的成效，随着我国卫星遥感及其应用技术的逐步发展和完善，将产生更大的社会和经济效益。近期产业化的重点是：集中式数据接收、定量化处理、模式化应用的公用共享平台，卫星遥感系统在气象服务、资源考察、城市规划、农林监测、地质勘探、环境监测及防灾减灾等专业领域的应用。

八、农　业

107. 动植物新品种

动植物新品种是农业生产的物质和技术载体，是农业增产增效的重要因素。近期产业化的重点是：主要农作物、林草、畜禽、水产的优质、高产、高效及抗逆性强的新品种，特有或稀有珍贵种质资源，雄性不育杂交制种技术体系，分子育种技术平台，森林、草地生态保护及城市绿化用草、花卉种苗，优质肉牛、肉羊、绒羊、家禽等新品种及其快速繁殖技术。

108. 设施栽培技术

设施栽培是现代农业的重要组成部分，设施栽培技术和装备对优质高效农业的发展、农民增收、产业结构调整、人民健康和农产品出口均具有重要影响。近期产业化的重点是：设施环境控制技术，工厂化专用品种培育及配套栽培技术，专用肥料、新型缓控释肥料及平衡施肥技术，以生态和生物防治为主的病虫害综合防治技术，绿色农产品标准化全程控制技术等。

109. 农林节水技术及设备

我国是一个水资源十分短缺的国家，发展性能先进、质量可靠和经济耐用的节水灌溉成套设备，对确保粮食安全、改善生态环境、实现国民经济与社会的可持续发展具有重要意义。近期产业化的重点是：适用于大田、温室大棚和园林生产的低成本、智能型节水灌溉关键技术及设备，多功能、实用型中小型抗旱节水机具，高效环保节水生化制剂（保水剂、抗旱剂、植物蒸腾抑制剂、抗旱种衣剂等），新型环保覆盖材料（液体地膜、渗水地膜、可降解地膜）等。

110. 安全高效畜禽养殖技术

针对我国养殖业中技术和设备水平较低、环境污染严重、产品安全质量较差、经济效益不高等突出问题，应重点发展安全高效畜禽养殖技术。近期产业化的重点是：饲用抗生素替代技术，畜禽精准饲养技术，草食家畜高效舍饲及轮牧技术，水禽和特种畜禽高效养殖技术，养殖环境控制技术，产品质量全程控制技术，环境融合型畜禽疫病综合防治技术，草原亚表层浅松改良机具，草籽和优质牧草收获、加工设备，草原保护设施以及虫鼠害防治技术等。

111. 新型饲料

饲料是养殖业的发展基础，应针对我国饲料（饲料添加剂）品种少、产量低、价格高，幼龄畜禽、水产饲料生产技术落后等迫切需要解决的问题进行产业化示范。近期产业化的重点是：主要氨基酸、酶制剂、微生态制剂、植物提取添加剂、幼龄畜禽饲料生产技术及设备等。

112. 新型农兽药

针对我国目前农药（兽药）品种老化、结构不合理、污染环境、影响人民健康、制约农产品贸易以及不能满足绿色农产品生产、生物安全、生态安全和农业持续发展需要等突出问题，应重点开展产业化示范。近期产业化的重点是：高效、低毒、低残留物、使用安全的绿色化学、微生物、植物源、蛋白质、抗生素新品种和制剂，生化、兽药及渔药新品种，多农药（兽药）残留快速检测技术及设备等。

113. 农业信息技术

农业信息技术贯穿于农业生产、经营及管理的全过程，是现代农业的重要支撑和标志。近期产业化的重点是：用于农业生产、加工、流通等环节的专家智能辅助决策系统、多媒体产品和数字农业技术产品，信息技术在资源监测、资源管理、灾害监测预报、作物估产、粮食安全预警及农业宏观决策等领域的配套应用，农产品质量标准及安全监控系统，农业技术及农产品信息服务系统。

114. 农业机械

随着我国农业的集约化和工业化生产步伐日益加快，林草生态建设不断深入，对省工、省力、省时、节本降耗并能适应林草生态建设的农业机械的需求日趋旺盛。近期产业化的重点是：大马力轮式拖拉机及配套农机具，精细整地、精少量播种、精量施药的农机具，保护性耕作和播种的复式作业机具，水稻工厂化育秧及机械栽插设备，新型采收和烘干机械，大型种子成套加工设备，果蔬产地加工设备，草籽和牧草的采集、收割、加工设备等。

115. 农产品加工设备

农产品加工是现代农业的重要发展环节。目前我国农产品加工技术和设备落后、资源利用率低、难以满足需要。近期产业化的重点是：粮食储存、果蔬贮运和深加工、畜产品（水产品）精深加工中涉及的高效分离、保鲜、杀菌技术和成套设备，食品加工质量全程控制技术及设备，第三代功能性食品的生产技术及设备，新型方便食品的生产技术及设备以及农副产品资源化非农业用途综合利用技术及设备。

116. 水产品标准化养殖技术与装备

水产养殖业是农业的重要组成部分，引导产业升级，解决产品高附加值、优质、安全、营养、健康等问题，是渔业结构调整的关键。近期产业化的重点是：深水养殖用抗风浪网箱设施、配套设备及养殖技术，优良新品种引进及配套繁育技术，陆基工厂化集约式高效养殖技术，池塘、滩涂等高效养殖和资源综合利用。

117. 林业特产资源的高效利用

通过林业特产资源的综合加工可生产一系列高附加值产品，在电子、化工、制革、医药、食品、化妆品和其他精细化学品等领域都有广泛应用。近期产业化的重点是：工业用昆虫原料和特种经济林产品的高效利用，松香和松节油的深加工技术，植物生化产物及其衍生物高附加值精细化工产品的生产技术，植物油料的高附加值利用技术，林木生物制药原料的分离、提取、纯化及利用技术，用树木落叶生产天然饲料和饲料添加剂的技术等。

118. 人工林木材的深加工

进行人工林木材和木质纤维材料的深加工并采用先进的复合、重组及功能性改良等高新技术制造各种高性能木基（或植物纤维基）复合材料、木基重组材料和多功能的木材制品，对于扩大木材的应用领域、开拓植物纤维利用的新途径、减少我国优质木材的进口量等具有重要意义。近期产业化的重点是：木材－塑料复合材料、木纤维－合成纤维复合材料、木材－金属复合材料和木材－玻璃纤维复合材料等新型木基复合材料的生产技术以及实体木材的功能改进和深加工。

九、现代交通

119. 智能运输系统

智能运输系统（ITS）是一种适时、准确、高效、大范围和全方位发挥作用的交通运输管理系统，是充分发挥现有交通基础设施潜力、提高运输效率和效益、改善交通安全以及缓解交通拥挤的有力保障措施。近期产业化的重点是：交通地理信息系统，城市交通综合管理系统，高速公路控制、指挥、管理及联网收费系统，视频检测设备，路侧及广域通信设备，车辆定位及信息采集、发布终端设备，道路自动收费设备，停车设备及停车指挥系统，新型交通信号控制机，交通规划和交通特性分析软件等。

120. 大型交通基础设施

随着高等级公路、铁路、大型桥梁、机场和码头等交通基础设施的大规模建设，大型成套施工设备、工程用车和新材料已成为重要的产业生长点。近期产业化的重点是：大型交通设施施工设备，大型公路养护设备，大型桥梁施工设备，大型隧道施工设备，高性能工程用车，建筑用复合材料和改性材料等。

121. 高速铁路

交通运输是国民经济的命脉，对国民经济发展起着决定性作用。为解决我国日益突出的交通运输通道和大城市间旅客运输能力紧张的矛盾，必须大力发展以高速铁路为代表的城市间快速交通系统。近期产业化的重点是：时速300千米的高速轮轨列车动车组技术，高速铁路安全监控技术，列车运行控制技术及施工设备，高速磁悬浮列车试验线的建设及相关技术研究，时速为200千米的列车用高速动车组和摆式列车组。

122. 城市轨道交通设备

发展城市轨道交通，建立多层次、立体化的综合交通体系，是解决目前我国大城市日益严重的交通拥堵问题的一项有效措施。近期产业化的重点是：轨道车辆、牵引传动装置以及控制系统、信号系统、新型车体材料的设计和制造，防灾报警系统及配套设备等。

123. 物流系统技术及集装箱多式联运系统

生产和改进物流软、硬件技术装备，运用技术手段提升物流系统设计和决策分析能力，对于降低物流全过程的成本、提高物流效率和效益起着至关重要的作用。集装箱运输是开展国内和国际贸易、发展门到门运输、提高运输效率和效益的重要运输方式，是我国货物运输的主要发展方向之一。近期产业化的重点是：物流园和货运枢纽的选址、规划设计用成套软件，超大规模原材料、零部件和商品的信息系统，物流公众信息服务平台，物流配送系统和库存管理系统，集装箱运输信息传输及管理系统，水上运输、铁路运输和公路运输一体化的集装箱多式联运体系，自动识别技术及相关设备，通关检测及监控设备，专用集装箱、铁路/公路集装箱专用车辆以及大型高效集装箱装卸、分拣设备。

124. 高速客船

随着沿江和沿海地区客运需求的日益增长，现有的船舶运力水平已经无法满足需要。采用新型高速船舶、建立现代化水上高速运输系统已成为我国水上客运发展的必然趋势。目前我国运营的高速客船多为进口产品，船型严重老化、能耗大、可靠性差，亟待更新，这为发展我国高速客船提供了广阔的市场空间。近期产业化的重点是：水翼船、气垫船、穿浪双体船和高性能小水面船等各类高速客船的整体设计及制造。

125. 大型高附加值船舶及船用关键机电设备

目前国际市场对高技术含量、高附加值的大型特种船舶的需求猛增，但只有少数几个先进造船国家能够生产。船用设备是我国造船工业的薄弱环节，我国大型船舶的国产设备装船率不到40%。近期产业化的重点是：30万吨级超大型油船，经济环保型散货船，大型液化天然气船，液化石油气船，大型集装箱船，新型化学品船，大型浮式生产储油船，海上车客渡船，海洋工程辅助船，高效滚装船及高效疏浚工程船，环保型船用柴油机、曲轴、废气涡轮增压器、疏浚设备、发电机组、船用环保设备、船用自动设备及电子仪器、仪表、机电设备等，船用导航定位、信息网络及控制系统。

126. 洁净能源汽车

为了减少日益增长的汽车保有量带来的大气污染和对石油资源的过多依赖，必须发展使用多种形式能源的清洁汽车。近期产业化的重点是：压缩天然气汽车，液化天然气汽车，液化石油气汽车，甲醇汽油汽车，乙醇汽油汽车，二甲醚汽车，纯电动汽车，混合动力电动汽车，低硫合成、超低排放清洁汽车及其零部件。

十、其　他

127. 民用非动力核技术

民用非动力核技术涉及各类加速器、核探测器、成像装置、放射线医疗设备、放射性同位素及制品（治疗和显像药物）、辐射改性的材料、辐照的环保应用等，是核技术与其他产业交叉融合而发展起来的新兴高技术产业，应用前景广阔。近期产业化的重点是：核探测和成像系统（工业用CT机和爆炸物探测系统），大功率辐照加速器，辐照改性高分子材料（发泡材料、碳化硅复合材料），新型放射性诊断和治疗装置及创新药物，烟道气辐射脱硫、脱氮技术及设备，饮用水的辐射净化技术，废水辐射处理技术，稳定同位素生产及应用技术。

128. 墙体材料及建筑制品

我国的建筑能耗占全国总能耗的1/4以上，而且能耗总量将进一步增加。近年来我国建筑节能和建筑制品取得了许多有价值的成果，并制定了一批有关建筑节能的技术标准和规范，但使用的高品质建筑制品尚依赖进口，而需求增长很快，因此应大力发展。近期产业化的重点是：非黏土类砖、砌块和板材，高性能轻质混凝土，具有憎水、中强、轻质、防火、无毒、无味等特点的全无机保温隔热材料及制品，具有承重、保温、装饰功能的复合承重墙体制品，自动化和机械化程度较高、能耗较低的新型墙体材料及制品，高品质建筑装饰材料，新型节能门窗及建筑五金配件，中空玻璃、保温隔热玻璃及建筑陶瓷制品，建筑用集中供热系统的分户计量和调节设备，地板采暖节能技术，电采暖节能技术及设备等。

129. 新型建筑体系

随着现代化城市建设的发展，高层、超高层和大跨度的大型公共建筑、大规模住宅建筑以及高架道路、地铁和桥梁隧道的数量不断增加，原有的建筑体系已不能完全满足要求，必须发展新型的建筑体系。近期产业化的重点是：多层钢结构体系，轻型钢结构体系，钢与钢筋混凝土混合结构体系，整体预应力板柱结构体系，预应力混凝土大开间结构体系，超高层建筑结构体系，大中跨度新型空间结构体系，新型隔震和减震结构体系，智能建筑体系等。

130. 绿色建筑技术

我国正处于城市化高速发展的阶段，大规模的城市建设对我国的资源、能源和生态环境造成了巨大的压力。可持续发展已成为我国的基本国策，健康、舒适的居住环境正成为人居追求的目标。因此，在建筑行业推广绿色建筑技术十分迫切。近期产业化的重点是：国家绿色建筑技术标准和评估体系，改善室内环境质量的技术与产品，绿色装饰、装修材料，具有自洁和防菌功能的饰面材料，室内空气质量检测设备及技术规范，民用建筑节能保温、隔音技术及产品，绿色照明技术及设备，民用建筑节水技术及设备，雨水收集和利用技术，渗水地面和道路、材料等技术，屋面和墙面的绿化技术以及人工湿地技术等。

131. 复合超细短纤维及产品

超细短纤维及超细合成革（无纺布）是纺织工业的高技术产品，广泛应用在交通运输、纺织、轻工、化工、环保和塑料等各个领域，应用前景十分广阔。我国已基本上掌握了超细合成革的关键技术。近期产业化的重点是：碱溶性聚酯，超细复合短纤维，高性能超细纤维合成服装革和车辆内饰革，与高强丝等复合而成的超细过滤材料。

132. 重要产业用纺织品

近十几年来，产业用纺织品的品种和种类迅速增加，耗用纤维的比例不断上升，发展前景极为广阔。近期产业化的重点是：汽车配套用纺织材料（汽车轮胎帘子布、气囊、内饰材料、新型篷盖材料、高性能复合材料、车用非织造布和新型涂附磨具材料等），过滤材料（高效过滤材料和阻燃、抗静电、耐高温型高性能过滤材料），医疗卫生用功能性、舒适性防护材料，新型建材（水泥阻裂纤维，结构性加固修复材料），农用纺织品以及与之配套的高性能纤维材料。

133. 新型纺织材料及印染后整理技术

新型的差别化、功能化纤维和高档纺织面料是当前化纤生产的重要方向，应采用先进的共聚、共混、复合纺丝及变形加工方法，以改善产品的柔软、透气、吸湿、抗静电、抗皱等性能。而清洁生产技术、天然纤维织物的防皱整理技术等纺织印染后整理技术以及环保型染化料助剂和新型功能性助剂的采用则有助于提高纺织产品的档次并增加附加值。近期产业化的重点是：新型纺丝技术，少水、少污染的清洁生产技术，微悬浮体染色技术，数字喷射印花技术和自动制网技术，四原色印花技术，等离子体处理技术，小浴比染色技术，生物酶加工技术，多功能染后整理技术，天然纤维织物的防皱整理技术以及环保型、功能性助染剂。

134. 聚酯及纤维加工设备

聚酯作为重要的原材料，在化工、轻工、纺织和建筑等行业有着广泛的用途。目前，我国生产加工聚酯和大规模纤维的成套设备主要依赖进口。近期产业化的重点是：日产500吨级的聚酯生产设备，单线年生产能力5万吨的直接纺涤纶短纤维生产设备，单线年生产能力2万吨的直接纺涤纶长丝成套设备。

2004～2010年国家科技基础条件平台建设纲要

2004年7月3日，国务院办公厅转发了科技部、发改委、教育部、财政部《2004～2010年国家科技基础条件平台建设纲要》，全文如下：

国家科技基础条件平台建设是充分运用信息、网络等现代技术，对科技基础条件资源进行的战略重组和系统优化，以促进全社会科技资源高效配置和综合利用，提高科技创新能力。为指导国家科技基础条件平台（以下简称“平台”）建设，特制定本纲要。

一、指导思想和原则

（一）指导思想

在邓小平理论、“三个代表”重要思想的指导下，以全面提高国家科技创新能力和增强国际竞争力为目标，以改革为动力，以建立共享机制为核心，以资源系统整合为主线，坚持以人为本，遵循市场经济规律，充分运用现代信息技术和利用国际资源，搭建具有公益性、基础性、战略性的科技基础条件平台，有效改善科技创新环境，增强持续发展能力，为科技长远发展与重点突破提供强有力的支撑。

（二）建设原则

1. 突出共享，制度先行。以资源共享为核心，打破资源分散、封闭和垄断的状况，积极探索新的管理体制和运行机制。加快推进制定和修改有关法律、法规、规章和标准，理顺各种关系。

2. 统筹规划，分步实施。强化顶层设计和统一规划。按照不同类型科技基础条件资源的特点和发展规律，结合东、中、西部地区的发展需求，突出重点，试点先行，分阶段积极稳妥地推进平台建设。

3. 综合集成，优化配置。按照整合、共享、完善、提高的要求，有效调控增量资源，激活存量资源，最大限度发挥现有资源的潜能。

4. 政府主导，多方共建。中央和地方政府在公共科技资源供给中发挥主导作用的同时，充分调动高等院校、科研院所、中介机构、行业协会、企业等各方面的积极性，参与资源整合与建设。

二、目标和任务

（一）建设目标

近期，制定并颁布平台建设的总体规划，完成若干重点领域和区域科技基础条件资源的整合，实施一批对推动科技创新具有重要意义、能够有效带动资源共享的试点、示范工程，初步形成以共享为核心的制度框架，构建重要科技基础条件资源信息平台。

到2010年，初步建成适应科技创新需求和科技发展需要的科技基础条件支撑体系，以共享机制为核心的管理制度，与平台建设和发展相适应的专业化人才队伍和研究服务机构。为最终形成布局合理、功能完善、体系健全、共享高效的国家科技基础条件平台奠定基础。

（二）主要任务

1. 构建和完善物质与信息保障系统。制定科学、合理、统一的技术标准和规范，研究开发相关技术，对现有的大型科学仪器、设备、设施、科学数据、科技文献、自然科技资源等进行整合、重组和优化，充分利用国际资源，加快实现资源的信息化、网络化，建立适当集中与适度分布相结合的资源配置格局。

2. 建立以共享为核心的制度体系。制定、公布《科技资源管理法》，加快推进修改、制定一系列配套的法律、法规、规章和标准，明确各相关主体的责任、权利和义务，建立和完善激励机制和评估监测机制，推进管理方式创新，创造公共资源公平使用的法制环境。

3. 培育专业化的人才队伍和机构。深化科研机构人事制度改革，完善评价体系，建立人才凝聚机制，培育、形成一支专门从事科技基础条件管理与技术支撑的人才队伍。

三、平台建设重点

（一）研究实验基地和大型科学仪器、设备共享平台

1. 在整合国家、部门、地方相关研究实验资源的基础上，组建跨领域、高水平的国家基础性研究实验基地，提高重点领域的装备水平，打破封闭，营造开放、共享的研究实验环境。

2. 在巩固区域性大型科学仪器协作共用网的基础上，推进大型科学仪器、设备、设施的建设与共享，逐步形成全国性的共享网络，提高仪器、设施的综合利用效益。

3. 对现有的野外观测台站（网）进行评估、筛选、整合与重组，加快信息化建设，改善台站观测环境和科研条件，形成一批联网运行和资源共享的综合性、专业性野外观测实验基地。

（二）自然科技资源共享平台

1. 加强动物、植物种质资源，微生物菌种、人类遗传资源，标准物质、实验材料，岩矿化石标本和生物标本等资源的搜集、保藏和安全保护，整合和完善国家种质资源库、国家实验材料和标准物质资源库、国家岩矿化石标本和生物标本资源库（馆）。

2. 按照统一规范的要求，提高资源加工、利用的数字化水平和管理水平，完善信息化、网络化的服务体系，形成体现区域特色、质量稳定、库藏不断增加、保存和利用水平持续提高的自然科技资源保障体系。

（三）科学数据共享平台

1. 打破条块分割，对相关部门和行业长期持续积累的数据资源，以及国家科技计划项目的数据进行整理、汇交和建库。抢救濒临丢失的重要科学数据，重要历史资料要尽快做到数字化。

2. 以政府资助获取与积累的科学数据资源为重点，整合相关的主体数据库，构建集中与分布相结合的国家科学数据中心群。提高与国际科学数据组织的信息交换能力，推动面向各类创新主体的共享服务网建设，形成国家科学数据分级分类共享服务体系。

（四）科技文献共享平台

1. 扩充、集成科技文献资源，加强专利、工艺、标准、科技报告等文献资源的建设。实现印刷版和电子版、网络版资源互补。开辟利用国际科技文献资源的各种渠道。

2. 加强数字图书馆标准的研究，逐步建设各类数字化的科技文献资源库。促进相关部门、地方科技文献网络系统的对接和共享。鼓励各类文献服务机构采用多种现代化手段和服务方式，构建种类齐全、结构合理的国家科技文献资源保障和服务体系。

（五）成果转化公共服务平台

1. 充分发挥共性技术开发、中间试验、产品测试等方面机构的作用，并根据产业发展的需要，提高其配套和工程化技术服务水平。

2. 构建技术交流与技术交易信息平台，提升技术市场的信息化服务水平，强化相关科技中介机构的服务功能。

3. 完善高新技术开发区和其他各类科技工业园的服务和孵化功能，营造科技产业化的良好环境。

（六）网络科技环境平台

1. 推进大型科学仪器设备的远程应用，研究开发网络实验系统和远程仪器设备控制系统，选择若干重大科学领域构建网络实验环境。

2. 发挥高性能计算中心功能，构建数据网格、计算网格，实现计算资源的共享。

3. 充分利用现代网络技术和公共网络基础设施，构建服务于全社会科技活动的跨地域、实时的网络协同环境。

四、保障措施

（一）加强组织领导，落实组织措施

1. 建立平台建设与运行的管理体系。加强政府宏观调控能力和监管责任，成立国家科技基础条件平台建设的协调、咨询机构，推进平台建设。

2. 地方人民政府要根据本地特点和需求，采取有效的组织保障措施，加强区域性科技基础条件平台建设。

（二）完善法规体系，强化制度创新

1. 加强科技基础条件资源保护、开发、共享的立法工作，推进科技成果转化服务等方面法规的制订工作，注重平台建设的政策法规与其他政策法规的配套与衔接。

2. 结合各类科技机构改革，按照职责明确、评价科学、开放有序和管理规范的原则，健全保障平台建设与运行的绩效考核机制、共享监管机制和人才评价机制，形成科学的组织管理模式和有效的运行机制。

（三）加强投资导向，调整支出结构

1. 在建设投资和科技经费安排中，加强平台建设的投资导向，形成以中央与地方财政资金为主导的多渠道投入格局。

2. 深化资源配置方式改革，调整财政科技经费支出的结构，结合平台建设总体要求，统筹安排涉及科技基础条

件建设和相关科技计划的经费。。

3. 落实运行经费渠道，使平台运行得到稳定的经费支持。

4. 制定相应政策，鼓励和引导社会资金参与平台建设。

5. 强化平台建设的资金管理，完善资金管理制度和资金使用的绩效考评制度，提高资金使用的规范性和有效性。

（四）建立平台评估监测体系

1. 加强平台建设的科学决策和监督管理，建立评估监测机制和相应的保障系统，确保平台的高效运行和国有资产安全及有效使用。

2. 建立评估监测信息汇集与分析系统，逐步形成评估监测信息工作网络，开展多元化的评估监测活动，实现社会监督。

（五）积极开展国际合作与交流

1. 加强与相关国家及国际组织的联系，建立稳定的合作渠道，实现国际间科技基础条件资源互补共享。

2. 学习国外先进的经验和技术，借鉴和引进国外科技基础条件管理方面成熟的制度及标准规范。

（六）营造良好的社会氛围

1. 采取多种方式，宣传和弘扬科技基础条件资源共建共享的理念，提高社会公共资源的共享意识。

2. 与科普活动相结合，创造开放条件，使越来越多的社会成员享有使用平台资源和参与科技创新的机会，促进全民科学文化素质的提高。

关于在国家科技计划管理中建立信用管理制度的决定

2004 年 9 月 2 日科学技术部下发了国科发计字［2004］225 号文：关于印发《关于在国家科技计划管理中建立信用管理制度的决定》的通知。全文如下：

为贯彻党的十六大“健全现代市场经济的社会信用体系”精神，提高国家科技计划管理水平，推进我国科技信用体系建设，现就在国家科技计划中推进信用管理作出如下决定：

一、推进信用管理是在市场经济条件下提高国家科技计划管理水平的一项重要措施

1. 随着社会主义市场经济体制不断完善，特别是我国加入 WTO 之后，信用作为市场经济的基础，将发挥越来越重要的作用。建立和健全社会信用体系是我国社会主义市场经济发展的迫切要求。科技信用作为社会信用的重要组成部分，是指从事科技活动人员或机构的职业信用，是对个人或机构在从事科技活动时遵守正式承诺、履行约定义务、遵守科技界公认行为准则的能力和表现的一种评价。

2. 组织实施国家科技计划是我国科技活动的重要内容，是我国政府推动科技进步的重要手段。在国家科技计划中推进信用管理（以下简称“国家科技计划信用管理”）是在市场经济条件下完善国家科技计划管理的一项重要措施。

3. 国家科技计划信用管理的目的是提高国家科技计划管理水平，提高政府科技资源分配的公正性和有效性，提高国家科技计划相关主体的信用意识与信用水平，从机制上约束和规范国家科技计划相关主体的行为，从源头上预防和遏制腐败。国家科技计划信用管理贯穿于国家科技计划管理的全过程，要在科技计划管理的立项、预算、实施、验收等各个环节中建立信用管理机制。

二、国家科技计划信用管理的基本原则

4. 国家科技计划信用管理应坚持实事求是的原则，要以事实为基本依据，做到客观记录和公正评价。

5. 国家科技计划信用管理应充分尊重科技活动自身规律，有利于形成科技界自我约束与自我调节的机制，保护科技创新的积极性和信用管理对象的合法权益。

三、国家科技计划信用管理的对象、依据

6. 国家科技计划信用管理的对象是参与和执行国家科技计划的相关主体，包括国家科技计划的执行者、评价者和管理者。执行者主要是指项目承担单位、项目主持人等，评价者主要是指评审专家和评估机构，管理者主要是指接受委托履行管理职能的机构及其管理人员。

7. 国家科技计划信用管理与评价的依据包括项目合同、计划任务书与委托协议书、项目预算书等正式承诺、国家科技计划相关管理制度与政策法规以及科技界公认行为准则等。

四、建立国家科技计划信用信息评价指标体系，逐步建成国家科技计划信用信息共享平台系统

8. 科技信用管理的基础是科技信用信息，科技信用信息包括管理对象的基本信息、不良行为记录信息和良好行为记录信息三方面。基本信息包括国家科技计划相关主体的身份信息和参与科技活动的信息，不良行为记录信息是指相关主体在从事科技计划活动中的不当行为以及所受到的处理情况，良好行为记录信息是指相关主体在从事科技计划活动中得到的奖励。

9. 国家科技计划相关主体信用信息指标体系与评价方法是当前信用管理的具有关键意义的一项基础性工作。要加强研究、尽快建立起信用信息的评价指标体系并确定评价方法。

10. 要结合电子政务工程，逐步建立国家科技计划信用数据库和信用信息共享平台系统。应抓紧研究制定国家科技计划信用数据库和信用信息共享平台系统的统一规范，并按统一规范建立各科技计划的信用数据库。各科技计划的信用数据库是信用信息共享平台系统的主要组成部分，

要在此基础上逐步建成国家科技计划信用信息共享平台系统，并分阶段、分权限实现信用信息共享，为信用管理提供物质和技术支撑。

五、要重视国家科技计划信用信息的收集、记录与使用，把科技信用作为国家科技计划管理和决策的重要依据之一

11. 国家科技计划各相关管理部门要重视科技信用信息的收集工作。要对国家科技计划执行者、评价者及管理者在参与国家科技计划活动中的信用状况进行客观记录，做到真实、完整、准确。

12. 国家科技计划各相关管理部门是信用信息的主要用户。信用管理应与项目管理、经费管理、相关主体行为规范管理、科技绩效管理等方面有机结合。在国家科技计划的立项、预算、验收等各关键环节中，应对相关机构和个人的信用状况进行查询或评价，并使之成为管理与决策的一个重要依据。

13. 对于信用良好者，应采用适当措施给予鼓励；对于信用不良者，要加强监督管理，并根据情节轻重采取相应处罚措施。对于情节严重的失信行为，经核实后按规定程序予以公布，以示警戒。

六、加强管理，积极稳妥地推进国家科技计划信用制度建设

14. 科技信用管理制度建设工作要积极推进、分步骤实施，要以提高失信成本为基本出发点稳步推进科技信用制度的规范化建设。

15. 在现阶段，国家科技计划信用管理应发挥政府主导作用，同时鼓励专业机构参与。国务院科技行政主管部门要加强国家科技计划信用管理。各行业和地方科技行政主管部门可根据科技工作实际情况建立行业和地方科技计划信用管理体系。中介机构可接受委托承担与科技信用管理相关的技术性与事务性工作，提供科技信用服务。

16. 要坚持依法行政，同时要加强道德建设和科技信用宣传，通过宣传、培训等各种诚信文化教育活动，促进国家科技计划相关各方信用意识与信用水平的提高。

科技部关于全面推进科技管理依法行政的意见

2004 年 10 月 31 日科学技术部下发了国科发政字［2004］411 号文，全文如下：

为贯彻落实依法治国基本方略和党的十六大、十六届三中全会、十六届四中全会精神，严格执行国务院《全面推进依法行政实施纲要》，加快建设法治政府部门，现就全面推进科技管理依法行政工作提出以下意见。

一、统一思想，充分认识科技管理依法行政的极端重要性

1. 推进依法行政，建设法治政府，是贯彻“三个代表”重要思想，维护最广大人民群众利益的本质要求，是适应改革开放新形势，完善社会主义市场经济体制的迫切需要，是落实依法治国方略，推进社会主义政治文明和民主法制建设的重要内容。党的十六大、十六届三中全会把依法治国、依法行政作为全面建设小康社会、完善社会主义市场经济体制的重要任务，十六届四中全会进一步将依法行政作为新的历史条件下加强党的执政能力建设的重要内容之一。科技部作为归口管理全国科技工作的国务院综合职能部门，承担着公共科技资源管理与分配、科技活动评价、科技创新创业政策的制定与落实等重要职责，直接关系到我国科技事业的健康发展和广大科技人员的切身利益。因此，科技管理依法行政，被赋予了依法保障和促进科技第一生产力发展的特殊使命。科技部全体公务员必须从事关国家科技进步全局的战略高度，进一步增强依法行政的责任感和紧迫感，彻底改革科技管理工作中已经不适应依法行政要求的管理体制、管理观念、管理方法和管理手段，主动并善于运用各种法律制度推动科教兴国战略的深入实施，切实做到合法行政、合理行政、程序正当、高效便民、诚实守信、权责统一，把依法行政真正落实到科技改革与发展事业的进程中，落实到科技管理的各个方面、各个环节上，争取率先建成法治政府部门，为在 10 年左右的时间内基本实现法治政府的宏伟目标做出我们应有的贡献。

二、严格实施《行政许可法》，继续深化行政审批制度改革，切实转变政府职能

2. 改革科技行政管理方式，进一步转变职能。继续深化体制创新、制度创新和管理方式创新，正确处理科技行政管理与市场调节和社会自律的关系，充分发挥市场在科技资源配置中的基础性作用，凡是公民、法人和其他组织能够自主解决，市场竞争机制能够调节，行业组织或者中介机构能够通过自律实现管理的科技工作，要通过创造环境发挥扶持和引导作用；对确需采取行政手段进行管理的科技工作，应当明确管理目标、管理标准、管理规则和监督责任，更加注重运用间接管理、动态管理和事后监督管理等手段实施管理，不断提高科技行政的效率。

3. 严格按照法律、法规和规章制度实施行政许可和非许可行政审批。对于科技部保留的 6 项行政许可项目，包括社会力量设立科学技术奖登记、限制出口技术审批、实验动物原种进口登记单位资质认证、实验动物许可证等，要按照行政许可法的规定尽快出台相关配套制度，保证许可项目在条件、程序、步骤、期限等方面规定的完整性和合法性，实现行政许可工作各个环节的规范化。要强化监

督检查，对实施行政许可的主体合法性、受理、审查、收费等程序进行全程监督，确保行政许可法的各项规定落到实处。

对于我部保留的13项非许可行政审批项目，包括涉及国家科技计划项目（含基地）、科技型中小企业技术创新基金项目、国家科技企业孵化器、科技园区认定、科技展览和重大国际性科技活动审批等事项，也要完善规章制度，在实施审批中遵循规定的程序和条件。同时，要按照建立结构合理、配置科学、程序严密、制约有效的权力运行机制要求，逐步实现减少审批环节、简化审批手续、改进审批方式、提高审批效率，切实保障申请人的合法权益。

4. 对于取消和调整的科技行政审批项目进行管理改革。要根据这些项目的工作内容进行分类研究，确定改革措施。对于应当交由市场中介组织管理监督的科技创新机构业务资质认定、技术经纪人资格认定、全国技术市场金桥奖评定等项目，要扶持和组建行业协会，研究制定服务标准和规范；对于取消行政审批的全国科技成果展览会及技术市场交易会的审批、常设技术交易场所的审批、中国单位或者个人向外国人转让专利申请权或者专利权的审核、机电产品进出口登记等项目，要从审批向行业规划、政策制定、引导监督方式转变；对于由行政审批转为常规管理或者转变管理方式的农村技术市场工作试点单位审批、国家技术创新工程区域创新试点审批、技术合同认定登记、科学技术成果鉴定等项目，应当转交地方或者社会中介机构，并尽快修改或出台相关制度，防止出现管理真空，保证相关工作平稳过渡。

三、继续推进政务公开

5. 依法、及时实施政务信息公开。要按照切合实际、循序渐进、积极推进的原则，确定政务公开项目。对于科技促进经济与社会发展的方针、政策、法规，我部及内设机构的行政管理职能，科技发展战略规划和工作部署、国家科研计划、重大科研项目及其经费预算，各类行政审批、行政许可事项以及工作纪律、投诉程序等有关事项，要遵循相关程序和规程予以公开。除涉及国家秘密和依法受到保护的商业秘密、个人隐私的事项外，其他政务信息也应当及时向社会公开。

6. 尽快制定《科技部政务公开工作暂行办法》。要按照国务院要求，尽快出台我部政务公开工作的相关规定，对政务公开工作的基本要求、组织领导、原则、主要内容、审定程序、督察机构、奖惩制度等提出明确规范，促进我部政务公开工作实现经常化、制度化、科学化、规范化。

7. 不断拓展政务公开方式和途径。要充分利用我部门户网站、各专门网站、电子显示屏、电子触摸屏等现有渠道，方便社会公众和广大科技人员对公开政务信息的获取和查阅。对于涉及重大变革和重要举措的政务信息，可以通过举行新闻发布会以及报刊、广播、电视等新闻媒体进行公开。要积极探索政务公开新渠道，按照《立法法》的要求，尽快创办《科学技术部公报》，使其成为我部法定的、权威的公开渠道。

四、完善监督机制，强化权力制约和监督检查

8. 切实履行行政复议职责。行政复议是行政机关实行层级监督和自我纠错的重要法律制度，也是妥善解决行政争议、维护社会稳定的有效途径。要严格实施《行政复议法》，尽快修订出台《科技部行政复议实施办法》，完善行政复议工作制度，充分发挥行政复议制度保护科技人员、科研机构的合法权益，有效监督行政管理行为的重要作用。

9. 积极配合审计、监察部门开展专门监督。驻部审计局、监察局是代表国务院审计监督财政预算执行、监督公务员廉洁从政等的专门监督机关。要主动创造一切便利条件，支持他们开展审计监督、廉政监察、执法监察和效能监察，自觉接受他们依法作出的监督决定，并切实改进工作。

10. 严格执行规章、规范性文件的归口审查制度。认真落实《科技部规章制定程序的规定》，凡是科技部代为起草或者参与起草的法律、法规以及科技部令和规范性文件，必须由我部法制工作机构归口审查。法制工作机构要严格按照《立法法》和《国务院规章制定程序条例》的要求，严格履行归口审查职能，确保我部出台的规章、规范性文件不得与法律、法规相抵触，杜绝政出多门、各自为政。同时，要按照《立法法》和《法规规章备案条例》的规定，将我部制定的规章和重要的规范性文件按照规定程序及时报送国务院备案审查，保证国家法制统一。

五、健全科学民主决策机制，提高科技行政决策水平

11. 在坚持和完善专家论证咨询制度的基础上，进一步扩大地方政府、国务院其他部门和社会公众参与科技决策的有效机制。继续坚持专家论证咨询制度，逐步推行科技计划信用管理制度，严格执行《国家科技计划项目评估评审行为准则与督查办法》。同时，要建立有效渠道，引导社会公众、地方政府和国务院其他部门参与重大科技事项决策。对于重大科技立法项目、重大科技发展和改革措施等社会涉及面广、与人民群众利益密切相关的事项，应当向社会公布，或者通过举行座谈会、论证会等形式，广泛听取社会各界的意见。对于涉及地方和行业科技工作的决策事项，要通过举办座谈会、现场调研等方式进行充分论证，事前征求意见，事后及时通报，切实做到依法决策、科学决策、民主决策。

12. 建立健全决策跟踪反馈和动态调整制度。部内各单位要确定专人定期对决策的执行情况进行跟踪与反馈，及时收集信息，对需要调整和完善的决策提出建议。按照“谁决策、谁负责”的原则，实行决策权和决策责任相统

一，促进决策机构和决策人员审慎决策，防止决策的随意性，减少决策失误。

六、加强科技法制建设，全面规范科技行政管理行为

13. 重视和加强科技立法，把科技工作纳入法制轨道。要适应依法行政、建设法治政府的新要求，改变主要用“红头文件”实施科技管理的方式，更多依靠法律手段管理科技工作。全面梳理科技行政管理职能和管理措施，研究建立规范科技行政管理行为的规则和程序。认真分析科技体制改革和科技事业发展中亟待解决的普遍性、共性问题，提出制度化的解决措施，积极争取将实践证明行之有效的科技政策和经验，及时上升为法律、法规或规章，做到立法进程与改革进程相适应，保障科技行政管理的制度化、规范化。对于被新制度取代的法规和规范性文件，要及时予以清理和废止。近期，要切实抓好《科技进步法》修订起草工作，深入开展科技资源共享、科技中介机构、科研机构、生物安全、信息技术安全等立法研究。

14. 加强科技立法的系统性和可操作性。按照到2010年形成具有中国特色的社会主义法制体系的要求，系统研究科技事业发展中的各种法律关系，提出适应科技发展要求、相对完备、协调统一的科技法律框架体系。部内单位要根据业务和职能，提出全面、具体的立法需求，法制机构要汇总形成法律制度框架体系，并根据难易程度、紧迫程度、成熟程度，形成立法规划和年度计划，持续不断地推进法规制度建设工作。同时，要大幅度提高科技立法质量，各项具体立法工作要明确立法目标，遵循上位法所确立的原则，所提出的主要措施具有可操作性，能够合理调整各方面的权利义务关系，切实解决实际问题，有效保障和促进科技事业的快速健康发展。

七、加强宣传培训，不断提高依法行政的观念和能力

15. 实行领导干部学法制度。要将我部已经开展的邀请法学专家讲法的做法经常化，实行领导干部的学法制度，定期或者不定期邀请有关法律专家和法律实务人员讲授宪法以及科技、经济方面的法律和法规，对领导干部进行依法行政知识培训。各单位领导干部要主动参加学习，不断增强法律意识，提高法律素养，提高依法行政的能力和水平，把依法行政贯穿于行政管理的各个环节。

16. 分期、分批、分类开展机关工作人员依法行政培训教育。要采取自学与集中培训相结合，以自学为主的方式，组织机关工作人员学习宪法以及与本职工作有关的专门法律知识。要按照学用结合的原则，对办理行政许可、行政审批事项的工作人员进行专门培训，使他们准确理解、全面掌握、正确执行相关法律规定。要尽快建章立制，建立和完善机关工作人员依法行政情况的考核制度，作为公务员考试录用、年度考核、任职、定级和晋升职务的重要依据。

八、加强领导，狠抓落实

17. 加强科技管理依法行政的组织领导。我部已经成立了行政审批改革领导小组、贯彻实施《行政许可法》工作领导小组、政务公开领导小组，工作各有侧重，目标都是推进我部依法行政工作。为加强统筹协调，科技部决定将以上三个领导小组合并为依法行政工作领导小组，全面负责我部依法行政工作的整体部署和监督检查，切实做到领导到位、监督检查有力、保障措施完备。部内各单位要“一把手”亲自抓，主要领导率先垂范，确保依法行政的各项要求落实到每个工作岗位。

18. 加强对地方科技依法行政的工作指导。要积极配合地方人民政府行政审批制度改革，及时通报我部依法行政工作进展，加强地方经验交流与工作培训，为地方科技管理部门依法行政工作提供支持和帮助，全面推进科技系统实现依法行政。

汽车产业发展政策

《汽车产业发展政策》于2004年5月21日业经国家发展和改革委员会主任办公会议讨论通过，并报国务院批准，现予以发布，并于发布之日起施行。1994年颁布的《汽车工业产业政策》根据国务院国函［2004］30号文件批复从即日起停止执行。全文如下。

为适应不断完善社会主义市场经济体制的要求以及加入世贸组织后国内外汽车产业发展的新形势，推进汽车产业结构调整和升级，全面提高汽车产业国际竞争力，满足消费者对汽车产品日益增长的需求，促进汽车产业健康发展，特制定汽车产业发展政策。通过本政策的实施，使我国汽车产业在2010年前发展成为国民经济的支柱产业，为实现全面建设小康社会的目标做出更大的贡献。

第一章　政策目标

第一条　坚持发挥市场配置资源的基础性作用与政府宏观调控相结合的原则，创造公平竞争和统一的市场环境，健全汽车产业的法制化管理体系。政府职能部门依据行政法规和技术规范的强制性要求，对汽车、农用运输车（低速载货车及三轮汽车，下同）、摩托车和零部件生产企业及其产品实施管理，规范各类经济主体在汽车产业领域的市场行为。

第二条　促进汽车产业与关联产业、城市交通基础设施和环境保护协调发展。创造良好的汽车使用环境，培育健康的汽车消费市场，保护消费者权益，推动汽车私人消费。在2010年前使我国成为世界主要汽车制造国，汽车产品满足国内市场大部分需求并批量进入国际市场。

第三条 激励汽车生产企业提高研发能力和技术创新能力，积极开发具有自主知识产权的产品，实施品牌经营战略。2010年汽车生产企业要形成若干驰名的汽车、摩托车和零部件产品品牌。

第四条 推动汽车产业结构调整和重组，扩大企业规模效益，提高产业集中度，避免散、乱、低水平重复建设。

通过市场竞争形成几家具有国际竞争力的大型汽车企业集团，力争到2010年跨入世界500强企业之列。

鼓励汽车生产企业按照市场规律组成企业联盟，实现优势互补和资源共享，扩大经营规模。

培育一批有比较优势的零部件企业实现规模生产并进入国际汽车零部件采购体系，积极参与国际竞争。

第二章 发展规划

第五条 国家依据汽车产业发展政策指导行业发展规划的编制。发展规划包括行业中长期发展规划和大型汽车企业集团发展规划。行业中长期发展规划由国家发改委会同有关部门在广泛征求意见的基础上制定，报国务院批准施行。大型汽车企业集团应根据行业中长期发展规划编制本集团发展规划。

第六条 凡具有统一规划、自主开发产品、独立的产品商标和品牌、销售服务体系管理一体化等特征的汽车企业集团，且其核心企业及所属全资子企业、控股企业和中外合资企业所生产的汽车产品国内市场占有率在15%以上的，或汽车整车年销售收入达到全行业整车销售收入15%以上的，可作为大型汽车企业集团单独编报集团发展规划，经国家发改委组织论证核准后实施。

第三章 技术政策

第七条 坚持引进技术和自主开发相结合的原则。跟踪研究国际前沿技术，积极开展国际合作，发展具有自主知识产权的先进适用技术。引进技术的产品要具有国际竞争力，并适应国际汽车技术规范的强制性要求发展的需要；自主开发的产品力争与国际技术水平接轨，参与国际竞争。国家在税收政策上对符合技术政策的研发活动给予支持。

第八条 国家引导和鼓励发展节能环保型小排量汽车。汽车产业要结合国家能源结构调整战略和排放标准的要求，积极开展电动汽车、车用动力电池等新型动力的研究和产业化，重点发展混合动力汽车技术和轿车柴油发动机技术。国家在科技研究、技术改造、新技术产业化、政策环境等方面采取措施，促进混合动力汽车的生产和使用。

第九条 国家支持研究开发醇燃料、天然气、混合燃料、氢燃料等新型车用燃料，鼓励汽车生产企业开发生产新型燃料汽车。

第十条 汽车产业及相关产业要注重发展和应用新技术，提高汽车的燃油经济性。2010年前，乘用车新车平均油耗比2003年降低15%以上。要依据有关节能方面技术规范的强制性要求，建立汽车产品油耗公示制度。

第十一条 积极开展轻型材料、可回收材料、环保材料等车用新材料的研究。国家适时制定最低再生材料利用率要求。

第十二条 国家支持汽车电子产品的研发和生产，积极发展汽车电子产业，加速在汽车产品、销售物流和生产企业中运用电子信息技术，推动汽车产业发展。

第四章 结构调整

第十三条 国家鼓励汽车企业集团化发展，形成新的竞争格局。在市场竞争和宏观调控相结合的基础上，通过企业间的战略重组，实现汽车产业结构优化和升级。

战略重组的目标是支持汽车生产企业以资产重组方式发展大型汽车企业集团，鼓励以优势互补、资源共享合作方式结成企业联盟，形成大型汽车企业集团、企业联盟、专用汽车生产企业协调发展的产业格局。

第十四条 汽车整车生产企业要在结构调整中提高专业化生产水平，将内部配套的零部件生产单位逐步调整为面向社会的、独立的专业化零部件生产企业。

第十五条 企业联盟要在产品研究开发、生产配套协作和销售服务等领域广泛开展合作，体现调整产品结构，优化资源配置，降低经营成本，实现规模效益和集约化发展。参与某一企业联盟的企业不应再与其他企业结成联盟，以巩固企业联盟的稳定和市场地位。国家鼓励企业联盟尽快形成以资产为纽带的经济实体。企业联盟的合作发展方案中涉及新建汽车生产企业和跨类别生产汽车的项目，按本政策有关规定执行。

第十六条 国家鼓励汽车、摩托车生产企业开展国际合作，发挥比较优势，参与国际产业分工；支持大型汽车企业集团与国外汽车集团联合兼并重组国内外汽车生产企业，扩大市场经营范围，适应汽车生产全球化趋势。

第十七条 建立汽车整车和摩托车生产企业退出机制，对不能维持正常生产经营的汽车生产企业（含现有改装车生产企业）实行特别公示。该类企业不得向非汽车、摩托车生产企业及个人转让汽车、摩托车生产资格。国家鼓励该类企业转产专用汽车、汽车零部件或与其他汽车整车生产企业进行资产重组。汽车生产企业不得买卖生产资格，破产汽车生产企业同时取消公告名录。

第五章 准入管理

第十八条 制定《道路机动车辆管理条例》。政府职能部门依据《条例》对道路机动车辆的设计、制造、认证、注册、检验、缺陷管理、维修保养、报废回收等环节进行管理。管理要做到责权分明、程序公开、操作方便、易于社会监督。

第十九条 制定道路机动车辆安全、环保、节能、防盗方面的技术规范的强制性要求。所有道路机动车辆执行统一制定的技术规范的强制性要求。要符合我国国情并积极与国际车辆技术规范的强制性要求衔接，以促进汽车产业的技术进步。不符合相应技术规范的强制性要求的道路机动车辆产品，不得生产和销售。农用运输车仅限于在3级以下（含3级）公路行驶，执行相应制定的技术规范的强制性要求。

第二十条 依据本政策和国家认证认可条例建立统一的道路机动车辆生产企业和产品的准入管理制度。符合准入管理制度规定和相关法规、技术规范的强制性要求并通过强制性产品认证的道路机动车辆产品，登录《道路机动车辆生产企业及产品公告》，由国家发改委和国家质检总局联合发布。公告内产品必须标识中国强制性认证（3C）标志。不得用进口汽车和进口车身组装汽车替代自产产品进行认证，禁止非法拼装和侵犯知识产权的产品流入市场。

第二十一条 公安交通管理部门依据《道路机动车辆生产企业及产品公告》和中国强制性认证（3C）标志办理车辆注册登记。

第二十二条 政府有关职能部门要按照准入管理制度对汽车、农用运输车和摩托车等产品分类设定企业生产准入条件，对生产企业及产品实行动态管理，凡不符合规定的企业或产品，撤销其在《道路机动车辆生产企业及产品公告》中的名录。企业生产准入条件中应包括产品设计开发能力、产品生产设施能力、产品生产一致性和质量控制能力、产品销售和售后服务能力等要求。

第二十三条 道路机动车辆产品认证机构和检测机构由国家质检总局商国家发改委后指定，并按照市场准入管理制度的具体规定开展认证和检测工作。认证机构和检测机构要具备第三方公正地位，不得与汽车生产企业存在资产、管理方面的利益关系，不得对同一产品进行重复检测和收费。国家支持具备第三方公正地位的汽车、摩托车和重点零部件检测机构规范发展。

第六章　商标品牌

第二十四条 汽车、摩托车、发动机和零部件生产企业均要增强企业和产品品牌意识，积极开发具有自主知识产权的产品，重视知识产权保护，在生产经营活动中努力提高企业品牌知名度，维护企业品牌形象。

第二十五条 汽车、摩托车、发动机和零部件生产企业均应依据《商标法》注册本企业自有的商品商标和服务商标。国家鼓励企业制定品牌发展和保护规划，努力实施品牌经营战略。

第二十六条 2005年起，所有国产汽车和总成部件要标示生产企业的注册商品商标，在国内市场销售的整车产品要在车身外部显著位置标明生产企业商品商标和本企业名称或商品产地，如商品商标中已含有生产企业地理标志的，可不再标明商品产地。所有品牌经销商要在其销售服务场所醒目位置标示生产企业服务商标。

第七章　产品开发

第二十七条 国家支持汽车、摩托车和零部件生产企业建立产品研发机构，形成产品创新能力和自主开发能力。自主开发可采取自行开发、联合开发、委托开发等多种形式。企业自主开发产品的科研设施建设投资凡符合国家促进企业技术进步有关税收规定的，可在所得税前列支。国家将尽快出台鼓励企业自主开发的政策。

第二十八条 汽车生产企业要努力掌握汽车车身开发技术，注重产品工艺技术的开发，并尽快形成底盘和发动机开发能力。国家在产业化改造上支持大型汽车企业集团、企业联盟或汽车零部件生产企业开发具有当代先进水平和自主知识产权的整车或部件总成。

第二十九条 汽车、摩托车和零部件生产企业要积极参加国家组织的重大科技攻关项目，加强与科研机构、高等院校之间的合作研究，注重科研成果的应用和转化。

第八章　零部件及相关产业

第三十条 汽车零部件企业要适应国际产业发展趋势，积极参与主机厂的产品开发工作。在关键汽车零部件领域要逐步形成系统开发能力，在一般汽车零部件领域要形成先进的产品开发和制造能力，满足国内外市场的需要，努力进入国际汽车零部件采购体系。

第三十一条 制定零部件专项发展规划，对汽车零部件产品进行分类指导和支持，引导社会资金投向汽车零部件生产领域，促使有比较优势的零部件企业形成专业化、大批量生产和模块化供货能力。对能为多个独立的汽车整车生产企业配套和进入国际汽车零部件采购体系的零部件生产企业，国家在技术引进、技术改造、融资以及兼并重组等方面予以优先扶持。汽车整车生产企业应逐步采用电子商务、网上采购方式面向社会采购零部件。

第三十二条 根据汽车行业发展规划要求，冶金、石化化工、机械、电子、轻工、纺织、建材等汽车工业相关领域的生产企业应注重在金属材料、机械设备、工装模具、汽车电子、橡胶、工程塑料、纺织品、玻璃、车用油品等方面，提高产品水平和市场竞争能力，与汽车工业同步发展。

重点支持钢铁生产企业实现轿车用板材的供应能力；支持设立专业化的模具设计制造中心，提高汽车模具设计制造能力；支持石化企业技术进步和产品升级，使成品油、润滑油等油品质量达到国际先进水平，满足汽车产业发展的需要。

第九章　营销网络

第三十三条 国家鼓励汽车、摩托车、零部件生产企业和金融、服务贸易企业借鉴国际上成熟的汽车营销方式、管理经验和服务贸易理念，积极发展汽车服务贸易。

第三十四条 为保护汽车消费者的合法权益，使其在汽车购买和使用过程中得到良好的服务，国内外汽车生产企业凡在境内市场销售自产汽车产品的，必须尽快建立起自产汽车品牌销售和服务体系。该体系可由国内外汽车生产企业以自行投资或授权汽车经销商投资方式建立。境内外投资者在得到汽车生产企业授权并按照有关规定办理必要的手续后，均可在境内从事国产汽车或进口汽车的品牌销售和售后服务活动。

第三十五条 2005 年起，汽车生产企业自产乘用车均要实现品牌销售和服务；2006 年起，所有自产汽车产品均要实现品牌销售和服务。

第三十六条 取消现行有关小轿车销售权核准管理办法，由商务部会同国家工商总局、国家发改委等有关部门制定汽车品牌销售管理实施办法。汽车销售商应在工商行政管理部门核准的经营范围内开展汽车经营活动。其中不超过九座的乘用车（含二手车）品牌经销商的经营范围，经国家工商行政管理部门依照有关规定核准、公布。品牌经销商营业执照统一核准为品牌汽车销售。

第三十七条 汽车、摩托车生产企业要加强营销网络的销售管理，规范维修服务；有责任向社会公告停产车型，并采取积极措施保证在合理期限内提供可靠的配件供应用于售后服务和维修；要定期向社会公布其授权和取消授权的品牌销售或维修企业名单；对未经品牌授权和不具备经营条件的经销商，不得提供产品。

第三十八条 汽车、摩托车和零部件销售商在经营活动中应遵守国家有关法律法规。对销售国家禁止或公告停止销售的车辆的，伪造或冒用他人厂名、厂址、合格证销售车辆的，未经汽车生产企业授权或已取消授权仍使用原品牌进行汽车、配件销售和维修服务的，以及经销假冒伪劣汽车配件并为客户提供修理服务的，有关部门要依法予以处罚。

第三十九条 汽车生产企业要兼顾制造和销售服务环节的整体利益，提高综合经济效益。转让销售环节的权益给其他法人机构的，应视为原投资项目可行性研究报告重大变更，除按规定报商务部批准外，需报请原项目审批单位核准。

第十章　投资管理

第四十条 按照有利于企业自主发展和政府实施宏观调控的原则，改革政府对汽车生产企业投资项目的审批管理制度，实行备案和核准两种方式。

第四十一条 实行备案的投资项目：

1. 现有汽车、农用运输车和车用发动机生产企业自筹资金扩大同类别产品生产能力和增加品种，包括异地新建同类别产品的非独立法人生产单位。

2. 投资生产摩托车及其发动机。

3. 投资生产汽车、农用运输车和摩托车的零部件。

第四十二条 实行备案的投资项目中第 1 款由省级政府投资管理部门或计划单列企业集团报送国家发改委备案；第 2、第 3 款由企业直接报送省级政府投资管理部门备案。备案内容见附件二。

第四十三条 实行核准的投资项目：

1. 新建汽车、农用运输车、车用发动机生产企业，包括现有汽车生产企业异地建设新的独立法人生产企业。

2. 现有汽车生产企业跨产品类别生产其他类别汽车整车产品。

第四十四条 实行核准的投资项目由省级政府投资管理部门或计划单列企业集团报国家发改委审查，其中投资生产专用汽车的项目由省级政府投资管理部门核准后报国家发改委备案，新建中外合资轿车项目由国家发改委报国务院核准。

第四十五条 经核准的大型汽车企业集团发展规划，其所包含的项目由企业自行实施。

第四十六条 2006 年 1 月 1 日前，暂停核准新建农用运输车生产企业。

第四十七条 新的投资项目应具备以下条件：

1. 新建摩托车及其发动机生产企业要具备技术开发的能力和条件，项目总投资不得低于 2 亿元人民币。

2. 专用汽车生产企业注册资本不得低于2 000万元人民币，要具备产品开发的能力和条件。

3. 跨产品类别生产其他类汽车整车产品的投资项目，项目投资总额（含利用原有固定资产和无形资产等）不得低于 15 亿元人民币，企业资产负债率在 50% 之内，银行信用等级 AAA。

4. 跨产品类别生产轿车类、其他乘用车类产品的汽车生产企业应具备批量生产汽车产品的业绩，近三年税后利润累计在 10 亿元以上（具有税务证明）；企业资产负债率在 50% 之内，银行信用等级 AAA。

5. 新建汽车生产企业的投资项目，项目投资总额不得低于 20 亿元人民币，其中自有资金不得低于 8 亿元人民币；要建立产品研究开发机构，且投资不得低于 5 亿元人民币。新建乘用车、重型载货车生产企业投资项目应包括为整车配套的发动机生产。

新建车用发动机生产企业的投资项目，项目投资总额不得低于 15 亿元人民币，其中自有资金不得低于 5 亿元人民币，要建立研究开发机构，产品水平要满足不断提高的国家技术规范的强制性要求的要求。

6. 新建下列投资项目的生产规模不得低于：

重型载货车10 000辆；

乘用车：装载 4 缸发动机50 000辆；装载 6 缸发动机30 000辆。

第四十八条 汽车整车、专用汽车、农用运输车和摩托车中外合资生产企业的中方股份比例不得低于 50%。股票上市的汽车整车、专用汽车、农用运输车和摩托车股份公司对外出售法人股份时，中方法人之一必须相对控股且大于外资法人股之和。同一家外商可在国内建立两家（含两家）以下生产同类（乘用车类、商用车类、摩托车类）整车产品的合资企业，如与中方合资伙伴联合兼并国内其他汽车生产企业可不受两家的限制。境外具有法人资格的企业相对控股另一家企业，则视为同一家外商。

第四十九条 国内外汽车生产企业在出口加工区内投资生产出口汽车和车用发动机的项目，可不受本政策有关条款的约束，需报国务院专项审批。

第五十条 中外合资汽车生产企业合营各方延长合营期限、改变合资股比或外方股东的，需按有关规定报原审批部门办理。

第五十一条 实行核准的项目未获得核准通知的，土地管理部门不得办理土地征用，国有银行不得发放贷款，海关不办理免税，证监会不核准发行股票与上市，工商行政管理部门不办理新建企业登记注册手续。国家有关部门不受理生产企业和产品准入申请。

第十一章 进口管理

第五十二条 国家支持汽车生产企业努力提高汽车产品本地化生产能力，带动汽车零部件企业技术进步，发展汽车制造业。

第五十三条 汽车生产企业凡用进口零部件生产汽车构成整车特征的，应如实向商务部、海关总署、国家发改委报告，其所涉及车型的进口件必须全部在属地海关报关纳税，以便有关部门实施有效管理。

第五十四条 严格按照进口整车和零部件税率征收关税，防止关税流失。国家有关职能部门要在申领配额、进口报关、产品准入等环节进行核查。

第五十五条 汽车整车特征的认定范围为车身（含驾驶室）总成、发动机总成、变速器总成、驱动桥总成、非驱动桥总成、车架总成、转向系统、制动系统等。

第五十六条 汽车总成（系统）特征的认定范围包括整套总成散件进口，或将总成或系统逐一分解成若干关键件进口。凡进口关键件达到或超过规定数量的，即视为构成总成特征。

第五十七条 按照汽车整车特征的认定范围达到下述状态的，视为构成整车特征：

1. 进口车身（含驾驶室）、发动机两大总成装车的；
2. 进口车身（含驾驶室）和发动机两大总成之一及其余三个总成（含）以上装车的；
3. 进口除车身（含驾驶室）和发动机两大总成以外其余五个总成（含）以上装车的。

第五十八条 国家指定大连新港、天津新港、上海港、黄埔港四个沿海港口和满洲里、深圳（皇岗）两个陆地口岸，以及新疆阿拉山口口岸（进口新疆维吾尔自治区自用、原产地为独联体国家的汽车整车）为整车进口口岸。进口汽车整车必须通过以上口岸进口。2005年起，所有进口口岸保税区不得存放以进入国内市场为目的的汽车。

第五十九条 国家禁止以贸易方式和接受捐赠方式进口旧汽车和旧摩托车及其零部件，以及以废钢铁、废金属的名义进口旧汽车总成和零件进行拆解和翻新。对维修境外并复出境的上述产品可在出口加工区内进行，但不得进行旧汽车、旧摩托车的拆解和翻新业务。

第六十条 对进口整车、零部件的具体管理办法由海关总署会同有关部门制订，报国务院批准后实施。对国外送检样车、进境参展等临时进口的汽车，按照海关对暂时进出口货物的管理规定实施管理。

第十二章 汽车消费

第六十一条 培育以私人消费为主体的汽车市场，改善汽车使用环境，维护汽车消费者权益。引导汽车消费者购买和使用低能耗、低污染、小排量、新能源、新动力的汽车，加强环境保护。实现汽车工业与城市交通设施、环境保护、能源节约和相关产业协调发展。

第六十二条 建立全国统一、开放的汽车市场和管理制度，各地政府要鼓励不同地区生产的汽车在本地区市场实现公平竞争，不得对非本地生产的汽车产品实施歧视性政策或可能导致歧视性结果的措施。凡在汽车购置、使用和产权处置方面不符合国家法规和本政策要求的各种限制和附加条件，应一律予以修订或取消。

第六十三条 国家统一制定和公布针对汽车的所有行政事业性收费和政府性基金的收费项目和标准，规范汽车注册登记环节和使用过程中的政府各项收费。各地在汽车购买、登记和使用环节，不得新增行政事业性收费和政府性基金项目和金额，如确需新增，应依据法律、法规或国务院批准的文件按程序报批。除国家规定的收费项目外，任何单位不得对汽车消费者强制收取任何非经营服务性费用。对违反规定强制收取的，汽车消费者有权举报并拒绝缴纳。

第六十四条 加强经营服务性收费管理。汽车使用过程中所涉及的维修保养、非法定保险、机动车停放费等经营服务性收费，应以汽车消费者自愿接受服务为原则，由经营服务单位收取。维修保养等竞争性行业的收费及标准，由经营服务者按市场原则自行确定。机动车停放等使用垄断资源进行经营服务的，其收费标准和管理办法由国务院价格主管部门或授权省级价格主管部门制定、公布并监督实施。经营服务者要在收费场所设立收费情况动态告示牌，接受公众监督。

公路收费站点的设立必须符合国家有关规定。所有收费站点均应在收费站醒目位置公布收费依据和收费标准。

第六十五条 积极发展汽车服务贸易，推动汽车消费。国家支持发展汽车信用消费。从事汽车消费信贷业务的金融机构要改进服务，完善汽车信贷抵押办法。在确保信贷安全的前提下，允许消费者以所购汽车作为抵押获取汽车消费贷款。经核准，符合条件的企业可设立专业服务于汽车销售的非银行金融机构，外资可开展汽车消费信贷、租赁等业务。努力拓展汽车租赁、驾驶员培训、储运、救援等各项业务，健全汽车行业信息统计体系，发展汽车网络信息服务和电子商务。支持有条件的单位建立消费者信用信息体系，并实现信息共享。

第六十六条 国家鼓励二手车流通。有关部门要积极创造条件，统一规范二手车交易税费征管办法，方便汽车经销企业进行二手车交易，培育和发展二手车市场。

建立二手车自愿申请评估制度。除涉及国有资产的车辆外，二手车的交易价格由买卖双方商定；当事人可以自愿委托具有资质证书的中介机构进行评估，供交易时参考；任何单位和部门不得强制或变相强制对交易车辆进行评估。

第六十七条 开展二手车经营的企业，应具备相应的资金、场地和专业技术人员，经工商行政管理部门核准登记后开展经营活动。汽车销售商在销售二手车时，应向购车者提供车辆真实情况，不得隐瞒和欺诈。所销售的车辆必须具有《机动车登记证书》和《机动车行驶证》，同时具备公安交通管理部门和环境保护管理部门的有效年检证明。购车者购买的二手车如不能办理机动车转出登记和转入登记时，销售商应无条件接受退车，并承担相应的责任。

第六十八条 完善汽车保险制度。保险制度要根据消费者和投保汽车风险程度的高低来收取保费。鼓励保险业推进汽车保险产品多元化和保险费率市场化。

第六十九条 各城市人民政府要综合研究本市的交通需求和交通方式与城市道路和停车设施等交通资源平衡发展的政策和方法。制定非临时性限制行驶区域交通管制方案要实行听证制度。

第七十条 各城市人民政府应根据本市经济发展状况，以保障交通通畅、方便停车和促进汽车消费为原则，积极搞好停车场所及设施的规划和建设。制定停车场所用地政策和投资鼓励政策，鼓励个人、集体、外资投资建设停车设施。为规范城市停车设施的建设，建设部应制定相应标准，对居住区、商业区、公共场所及娱乐场所等建立停车设施提出明确要求。

第七十一条 国家有关部门统一制定和颁布汽车排放标准，并根据国情分为现行标准和预期标准。各省、自治区、直辖市人民政府根据本地实际情况，选择实行现行标准或预期标准。如选择预期标准为现行标准的，至少提前一年公布实施日期。

第七十二条 实行全国统一的机动车登记、检验管理制度，各地不得自行制定管理办法。在申请办理机动车注册登记和年度检验时，除按国家有关法律法规和国务院规定或授权规定应当提供的凭证（机动车所有人的身份证明、机动车来历证明、国产机动车整车出厂合格证或进口机动车进口证明、有关税收凭证、法定保险的保险费缴费凭证、年度检验合格凭证等）外，公安交通管理部门不得额外要求提交其他凭证。各级人民政府和有关部门也不得要求公安交通管理部门在注册登记和年度检验时增加查验其他凭证。汽车消费者提供的手续符合国家规定的，公安交通管理部门不得拒绝办理注册登记和年度检验。

第七十三条 公安交通和环境保护管理部门要根据汽车产品类别、用途和新旧状况商有关部门制定差别化管理办法。对新车、非营运用车适当延长检验间隔时间，对老旧汽车可适当增加检验频次和检验项目。

第七十四条 公安交通管理部门核发的《机动车登记证书》在汽车租赁、汽车消费信贷、二手车交易时可作为机动车所有人的产权凭证使用，在汽车交易时必须同时将《机动车登记证书》转户。

第十三章 其　　他

第七十五条 汽车行业组织、中介机构等社会团体要加强自身建设，增强服务意识，努力发挥中介组织的作用；要积极参与国际间相关业界的交流活动，在政府与企业间充分发挥桥梁和纽带作用，促进汽车产业发展。

第七十六条 香港特别行政区、澳门特别行政区和台湾地区的投资者在中国内地投资汽车工业的，从本政策的有关规定执行。

第七十七条 在道路机动车辆产品技术规范的强制性要求出台之前，暂行执行国家强制性标准。

第七十八条 本政策自发布之日起实施，由国家发展改革委负责解释。

附件一：名词解释

一、道路机动车辆——在道路上行驶的，至少有两个车轮，且最大设计车速超过每小时6千米的各类机动车及其挂车。主要包括汽车、农用运输车、摩托车和其他道路运输机械及挂车。不包括利用轨道行驶的车辆，以及农业、林业、工程等非道路用各种机动机械和拖拉机。

二、汽车、专用汽车、农用运输车、摩托车——《汽车产业发展政策》所称汽车是指国家标准（GB/T 3730.1－2001）2.1款定义的车辆，包括汽车整车和专用汽车；所称专用汽车是指国家标准（GB/T 3730.1－2001）2.1.1.11，2.1.2.3.5，2.1.2.3.6款定义的车辆；所称农用运输车是指国家标准（GB18320－2001）中定义的车辆；所称摩托车是指国家标准（GB/T5359.1－1996）中定义的车辆。

三、产品类别——按照国家标准定义的乘用车、商用车和摩托车及其细分类，其中：

（一）乘用车细分类为：

轿车类：国家标准GB/T 3730.1－2001中2.1.1.1～2.1.1.6

其他乘用车类（包括多用途车和运动用车）：国家标准GB/T 3730.1－2001中2.1.1.7～2.1.1.11

（二）商用车细分类为：

客车类：国家标准 GB/T 3730.1－2001 中 2.1.2.1

半挂牵引车及货车类：国家标准 GB/T 3730.1－2001 中 2.1.2.2，2.1.2.3

四、新建汽车、农用运输车、车用发动机投资项目——新建汽车整车、专用汽车、农用运输车、车用发动机生产企业（含中外合资企业），现有汽车整车、专用汽车、农用运输车、车用发动机生产企业（含中外合资企业）变更法人股东以及异地建设新的独立法人生产企业。异地是指企业所在市、县之外。

五、项目投资总额——投资项目所需的全部固定资产（含原有固定资产和新增固定资产）投资、无形资产和流动资金的总和。

六、自主产权（自主知识产权）——通过自主开发、联合开发或委托开发获得的产品，企业拥有产品工业产权、产品改进及认可权以及产品技术转让权。

七、汽车生产企业——按照国家规定的审批程序在中国关境内合法注册的汽车整车、专用汽车生产企业（包括中外合资、合作企业）。

八、国内市场占有率——某一集团（企业）全年在国内市场整车销售量占全部国产汽车销售量的比例。

附件二：汽车投资项目备案内容

备案内容应包括：

一、汽车生产企业或项目投资者的基本情况、法定地址、法定代表姓名。近三年企业经营业绩和银行资信。

二、投资项目建设的必要性和国内外市场分析；产品技术水平分析和技术来源（产品知识产权说明）；项目投资总额、注册资本和资金来源；生产（营业）规模、项目建设内容；建设方式、建设进度安排。

三、中外合资、合作企业外方合资、合作者基本情况，包括外商名称、注册国家、法定地址和法定代表、国籍。外方在华投资情况及经营业绩。本投资项目中外各方股份比例，投资方式和资金来源，合资期限。

四、外方技术转让、技术合作合同。

五、投资项目的经济效益分析。

六、环保、土地、银行承诺文件及所在地政府核准建设文件。

七、地方政府配套条件及优惠政策。

我国铝工业“十五”发展指导意见

铝工业是有色金属工业的重要组成部分。铝及铝加工材是重要的有色金属基础材料，广泛应用于建筑、电力、交通、机械、轻工、国防等领域。改革开放以来，我国铝工业发展很快，产量持续增长，已成为世界主要的铝生产国。但我国铝工业在产业结构、技术装备、产品生产成本等方面，与世界铝工业先进水平相比都存在较大的差距。因此，为适应加入 WTO 后面临的竞争形势，更好地引导我国铝工业的有序发展，避免低水平重复建设，提高我国铝工业的竞争力，把我国铝工业做大做强，最近，国家计委会同中国国际工程咨询公司等部门，研究提出了《我国铝工业“十五”发展指导意见》（以下简称《意见》），并于 2001 年 6 月 11 日在京召开了有主要铝生产省（区）计委、冶金厅、中国有色金属工业协会、重点铝生产企业等单位参加的会议，对《意见》进行了专题讨论，现将修改后的《意见》发表如下。

一、我国铝工业基本情况

改革开放以来，我国有色金属工业实行了“优先发展铝”的方针，加大了建设铝工业的投资力度，促进了我国铝工业的发展。采用先进技术和装备先后新建了山西铝厂、平果铝厂、中州铝厂、青海铝厂、华北铝加工厂等大中型企业，同时，还对抚顺铝厂、贵州铝厂、郑州铝厂、山东铝厂、青铜峡铝厂、西南铝加工厂、兰州铝厂、焦作铝厂、云南铝厂等企业进行了技术改造，此外，部分地区也积极推进当地铝工业的技术进步，极大地改变了我国铝工业整体技术装备水平落后的状况。目前，我国电解铝大型预焙技术已经接近国际水平，中国铝业公司所属的国内现有六个氧化铝企业均采用了世界先进的氧化铝生产技术，骨干铝加工企业通过研制开发和消化吸收引进技术，使铝熔铸、连铸连轧、板带箔轧制以及挤压的加工技术有了明显提高。

随着我国铝工业的技术装备和管理水平的提高，铝企业的主要经济技术指标有了较大改善，生产成本明显下降。“九五”期间，骨干电解铝企业吨铝直流电耗降低了1 000 千瓦时，电流效率提高了 3%～5%；中国铝业公司所属六个氧化铝企业的综合能耗下降了约 500 千克标煤/吨氧化铝；骨干加工企业的综合成材率提高了约 5 个百分点。氧化铝的平均制造成本下降了 10% 以上；骨干电解铝企业铝锭的平均制造成本下降了 10% 左右。

到 2000 年底，我国铝工业形成氧化铝产能 430 万吨、电解铝能力 320 万吨、铝加工能力 450 万吨。当年完成氧化铝产量 430 万吨、电解铝产量 282 万吨、铝加工材 220 万吨，已成为世界主要铝生产国。

虽然我国铝工业发展取得了很大成绩，但是产业结构不合理、重点发展滞后，低水平重复建设、竞争力不强等矛盾仍十分突出，已经成为制约我国铝工业健康发展的主要因素。

（一）中小电解铝企业增加过多，企业组织结构不合理的状况没有改善

“九五”期间，在铝市场需求增长的拉动下，同时，受电力工业结构调整的影响，国内部分地区再次出现了建设小电解铝的热潮，据统计，电解铝企业由“八五”末期的 70 家猛增到2000 年的118 家，净增48 家，产能相应由168

万吨增加到320万吨，但企业生产规模小，平均仅为2.7万吨/年，与“八五”末期的平均2.4万吨/年相比，基本没有变化，结构极不合理，与世界电解铝企业平均规模18.4万吨/年相比差距较大。

（二）技术结构不合理，落后的电解铝和铝加工能力占较大比重

在已形成的320万吨电解铝产能中，采用先进的大型预焙技术的能力只有120万吨，仅占总产能的38%，其余62%的产能是采用能耗高、污染重的自焙槽技术。在“九五”期间新增的152万吨产能中，近50%是采用自焙槽技术。铝加工达到国际先进水平的能力不到总能力的20%，而且，到目前为止还未完全掌握代表当今世界铝加工先进水平的热连轧技术。

（三）产品结构不合理

一是符合大型预焙电解铝生产需要的砂状氧化铝产量少，仅占总产量的10%；二是国产氧化铝自给率偏低，长期以来不到70%，不足靠进口解决，进口量越来越大，对外依赖度增加；三是一般铝加工产能严重过剩，能力发挥仅为50%，但市场需求量较大的高精板带箔缺口较大，要靠进口解决。

（四）铝土矿无序开采严重

受利益的驱动，在河南、山西等铝土矿资源丰富的地区，出现了大量无序开采优质铝土矿的现象，铝土矿资源利用率低，资源浪费严重，对我国铝工业的可持续发展产生了极为不利的影响。

（五）铝产品成本偏高

受铝土矿矿石性质影响，国内氧化铝生产不得不采用能耗高、流程长的生产工艺，导致国产氧化铝生产成本比国外平均水平高10%以上；受电价偏高、技术水平低的影响，国内电解铝生产成本比国外高20%左右；铝加工综合成材率只有60%，比国外低15～20个百分点，金属和能源消耗过多，生产成本偏高，产品缺乏竞争力。

二、我国铝工业发展面临的形势

“十五”期间，国际国内面临的许多新的变化，对加快发展我国铝工业创造了有利条件，同时，也提出了更为严峻的挑战。

（一）世界铝市场需求持续增长，但竞争加剧

20世纪80年代以来，随着世界经济的发展，世界电解铝的消费一直保持增长，年增长率为4%左右。2000年，世界电解铝产量2 400万吨，消费2 480万吨，供需基本平衡。随着铝在交通、建筑、包装等领域的应用范围不断拓展，世界电解铝的需求还将增加。到2005年，预计世界电解铝的需求将增加到2 960万吨，年均增长约3%。受需求增长的拉动影响，世界电解铝的产能也将相应适度扩大，铝市场总的趋势呈供需基本平衡态势。

目前，世界上形成了以加拿大、美国、法国、挪威、澳大利亚等国铝公司为主的近10家跨国铝业公司，氧化铝和电解铝合计产能分别占世界总能力的55%和40%，这些公司不仅具有较大的生产能力，而且还都有较为合理的组织结构，拥有自己的氧化铝、电解铝、铝加工和研发基地。同时，为保证电解铝生产用电稳定、低廉，所属的大部分电解铝厂拥有自备电站，或在政府协调下，与供电部门签订长期、优惠的供电合同，因此，生产的电解铝产品在市场上有较强的竞争力。

为适应新的形势，世界铝工业还不断进行结构调整。其特点一是加大投入，积极开发和使用高效、低耗、低污染的工艺技术，提高装备水平，生产规模日趋大型化，不断改善产品质量，降低成本，提高产品竞争力，保护环境；二是兼并联合，扩大实力，提高市场份额。1999年，美铝公司继兼并阿马克思公司之后，又兼并了雷诺兹公司，使其成为年销售额超过210亿美元、电解铝产能占世界总能力14%的特大型跨国铝业集团，竞争力增强。因此，世界铝工业的竞争形势将会日趋激烈。

（二）国内铝市场需求将保持增长，但国际化趋势更加明显

“十五”期间，随着我国经济的持续发展，国内铝的需求量将以6.6%的速度增长，2005年将达到440万吨，铝材需求量将以年均4%的速度增长，2005年达到300万吨。因此，国内铝市场需求的持续增长将为我国铝工业的进一步发展提供机遇。

随着国内国际两个市场的进一步融合，以及适应加入WTO的要求，我国现行的铝产品的进口关税税率还将逐步下调，国外铝产品冲击国内市场的情况在所难免，因此，我国铝工业面临的形势不容乐观。

三、我国铝工业“十五”发展建议

（一）发展原则

适应经济体制与经济增长方式两个根本性转变和加入WTO的要求，加快铝工业的战略性调整和改组，通过发展与结构调整，提高铝工业整体运行素质。同时，力争组建以骨干企业为核心的集团公司，向大型化、集团化、专业化方向发展，做大做强。

（二）发展思路

积极引导矿山发展联办矿；依托中国铝业公司及所属氧化铝企业发展氧化铝，通过采用先进技术和装备改扩建增加氧化铝产能，同时，积极利用国外氧化铝资源，做好氧化铝进口协调工作；在原料和能源条件较好地区，适度发展电解铝工业，加快改造、淘汰落后的电解铝自焙能力；努力增加国内短缺的高精深铝加工产品。

（三）发展重点

丰富的铝土矿和低廉的能源条件是保证铝工业发展的基础条件。因此，铝工业的发展重点应放在：

山西省的晋南地区和河南省的豫北地区。这两个地区

铝土矿资源丰富，能源供应优越，具有进一步发展铝工业的优势。在晋南地区，依托中国铝业公司所属的全国最大的氧化铝企业山西铝厂，进一步扩建氧化铝产能，同时，改变企业产品单一的不合理结构，抓紧新建电解铝能力。

在豫北地区，要加紧建设中国铝业公司所属的中州铝厂氧化铝基地建设，同时，进一步完善焦作万方铝业公司280kA 电解槽国家级示范工程，适度增加电解铝产能。

此外，结合国家电力体制的改革，在两个区域内，应积极研究铝工业与电力部门，通过多种形式的联合与重组，形成具有铝土矿—氧化铝—电—电解铝一体化的产业链，提高企业的竞争力。

为发挥广西和贵州铝土矿资源、能源优势，应抓住国家实施西部大开发的机遇，加快建设中国铝业公司所属的平果铝业公司、贵州铝厂铝基地的建设，进一步扩大氧化铝和电解铝能力。

为适应我国铝工业持续发展的需要，山西晋北地区、广西百色地区可进一步开展铝土矿资源勘探的前期工作。

为适应西部大开发和保护环境的需要，在西北地区，应抓紧对兰州铝厂、青铜峡铝厂、连城铝厂、包头铝厂等企业电解铝自焙槽的改造，提高企业技术装备水平，实现可持续发展，加快白银铝厂二期扩建，发挥规模效益。同时，也应力争与电力部门采取多形式的合作，获取低廉的电力供应，提高产品的竞争力。

全国最大的铝加工基地西南铝业股份公司要抓紧建设热连轧技改工程，进一步提高铝加工技术装备水平，增加高质量热轧坯料的供应能力，满足高档铝板带箔生产的需要，同时，为满足日益增长的铝加工材的市场需求，应研究在建设条件有比较优势的地区，建设一条有竞争力的现代化的高精铝板带生产线。

（四）发展目标

一是企业组织结构、技术结构和产品结构有明显改观。

在企业组织结构方面——中国铝业公司所属的氧化铝通过采用新工艺、新技术，改扩建增加氧化铝、电解铝产能，规模效益明显提高，企业产品结构更趋合理，抗风险能力增强。通过改造与发展，电解铝工业的产业集中度大幅度提高，骨干企业的产能比重由目前的 40% 提高到 70%。

在技术结构方面——氧化铝企业采用新工艺、新技术，优化工艺流程，提高装备水平，实现自动检控；全国先进大型预焙槽产能力争由目前的 38% 提高到 75%；大型铝加工企业通过技术进步，产品竞争力有明显提高。

在产品结构方面——大幅度提高砂状氧化铝的比重，增加非冶金级氧化铝品种，扩大高精深铝加工材和新材料品种。

二是主要技术经济指标接近或达到国际先进水平。氧化铝平均生产成本从 2000 年的1 380元/吨，降到1 100元/吨以下。电解铝平均生产成本从 2000 年的13 000元/吨，降到10 000元/吨以下。

三是按照现代企业制度的要求，通过企业资产重组，相互参股等方式，力争组建若干个大型铝电集团，形成比较合理的产业链。

四是氧化铝产量力争由目前的 430 万吨/年提高到 650 万吨/年，国产氧化铝自给率由目前不足 70% 提高到近 75%；电解铝产能适度增长，基本满足国内市场需求；落后的自焙电解铝能力基本被淘汰；高精深铝加工产品产量进一步增加，提高有效供给。

四、主要措施和政策建议

（一）做好宏观指导工作，严格执行产业政策，避免低水平重复建设

为保证我国铝工业的健康有序发展，各级政府部门应认真执行有色金属工业产业政策，做好铝工业发展的宏观指导工作。

严格执行国家现行的审批固定资产投资项目管理规定，不得越权和“化整为零”审批电解铝项目，禁止建设电力产业政策明令淘汰的小机组的铝电联营项目，杜绝小电解铝的重复建设。

（二）加快建设重点铝基地

积极支持重点区域内的现有铝基地建设，加大投资力度，优先发展氧化铝，适度发展电解铝，改善产品结构，实现规模化生产，形成若干个具有国际竞争力的铝基地。

（三）合理利用铝土矿资源

应加强对铝土矿资源开采的统一规划和管理，合理利用铝土矿资源，保证我国铝工业的可持续发展。

（四）严格执行国家环保政策

要严格执行国家环保政策的有关规定，在限期内坚决关闭、淘汰落后的自焙槽能力。

（五）加快现代铝企业建设的步伐

借鉴国外铝工业的发展经验，鼓励在铝土矿、能源丰富的地区建立现代铝企业，以现有氧化铝、骨干电解铝、电力等企业为核心，通过相互参股，资产重组，优势互补，形成集铝土矿、氧化铝、电解铝和电力于一体的合理的产业链，增强铝企业的竞争力。

（六）加快技术进步

加大科技投入，研究解决对铝工业发展有重大影响的技术难点，开发和采用新技术新工艺，加快铝工业的技术进步。

（七）建立稳定的氧化铝进口渠道

一是鼓励采取以签订长期供应合同的办法获取进口氧化铝，稳定供货渠道，避免氧化铝价格的大幅度波动造成的风险。

二是鼓励到国外氧化铝企业购股，获取氧化铝能力，保证氧化铝的来源。

大事记

回望2004年，中国材料业度过了不平凡的一年。以下摘选部分材料行业对过去一年的总结和回顾。

2004年建材行业大事记

《中国建材报》评出建材行业2004年十件大事

1. 行业保持平稳较快增长，实现利润创历史最高纪录

预计全国建材行业全年实现工业增加值2 000亿元左右，同比增长约25%，高于全国工业16.9%的增长速度预计。全行业实现利润总额预计350亿元，创历史最高纪录，同比增长约36%。产销衔接良好，产业结构进一步优化。

2. 以科学发展观统领建材行业发展成为行业共识

中国建材工业协会和建材行业大型企业明确提出，要以科学发展观统领建材工业的发展全局，积极建立和发展循环经济，全面落实建材工业可持续发展战略，走新型工业化道路。建材工业可以也必须成为资源节约型和生态友好型的工业。

3. 党和国家领导人关心支持建材工业发展

中共中央政治局常委、全国人大常委会委员长吴邦国，中共中央政治局常委、国家副主席曾庆红，中共中央政治局委员、国务院副总理吴仪等先后视察了中国耀华玻璃集团公司、洛阳浮法玻璃集团公司和都江堰拉法基水泥有限公司等，对我国建材工业的发展给予充分肯定，并提出殷切希望。

4. 新型干法工艺成为水泥工业的主导力量，我国水泥工业进入良性发展阶段

2004年我国新建成投产的新型干法水泥生产线约130条，新增熟料生产能力1亿多吨，新型干法水泥产量约占全国水泥总产量的35%。在新建的新型干法生产线中，日产4 000吨以上规模的超过50%。在世界已有的7条日产万吨水泥熟料生产线中，安徽海螺集团拥有4条。

5. 我国建材工业技术装备日益逼近国际先进水平，行业技术进步取得明显成果

日产5 000吨以上规模的新型干法水泥装备基本实现国产化并实现成套出口，日熔化能力为900吨的亚洲最大规模浮法玻璃生产线在江苏华尔润集团公司投产，具有世界先进水平的巨石集团6万吨无碱池窑拉丝项目投产，洛阳浮法玻璃集团公司0.7毫米超薄玻璃下线，中国耀华玻璃集团公司在线低辐射镀膜（Low－E）玻璃下线。建筑陶瓷7 800吨压机研制成功。我国建材行业首次推出建筑材料科学技术奖，有37个项目获奖，诞生了一批拥有自主知识产权的新技术、新产品。

6. 建材工业实施走出去战略取得显著成果

2004年全行业实现贸易额超过160亿美元，其中出口近70亿美元。卫生陶瓷、墙地砖、釉面砖、玻璃纤维织物和玻璃纤维纱等出口金额增长幅度都在40%以上，水泥、玻璃等行业具有一定国际竞争优势的大型项目积极参与国际市场竞争，并取得积极成果。中国凯盛国际工程公司签约印尼900吨浮法玻璃总承包项目，合肥水泥研究设计院出口5套大型水泥生产线，河北晶牛集团在菲律宾建设晶牛工业园，中材国际工程公司战胜世界著名国际公司签约沙特日产5 000吨熟料水泥生产线项目。

7. 企业兼并重组迈出新步伐，大企业、大集团迅速成长

水泥、玻璃行业的生产集中度进一步提高，行业企业间的兼并重组迈出新步伐。中国建材集团、安徽海螺集团、中国材料科工集团等大集团积极探索开展跨地区的资产重组活动，实施产业升级和企业扩张。拉法基、圣戈班和我国台湾玻璃集团等外资、台资企业加快在中国内地市场的扩张。一批大型建材企业集团在行业中的主导地位日益显现，大型企业集团的工业增加值增长率明显高于小型企业。

8. 建材产品与人民生活关系日趋紧密，建材行业明确提出大建材理念，确定四大发展战略

建材产品作为重要的消费品，与人民生活的关系越来越紧密。中国建材工业协会明确提出要建立服务于建筑业和房地产业的大建材发展理念，造就更多名企业、名品牌，并提出建材工业要实施四大战略。《中国建材报》开展“知名企业”、“知名品牌”、“知名人物”的“三名”推荐活动，赢得了建筑业、房地产业和建材业的共同关注和积极参与。

9. 平板玻璃行业实现利润大幅增长

2004年我国平板玻璃行业预计实现利润超过30亿元，创历史最高纪录，同比增长约为300%。另一方面，2004年全国新建成投产约23条浮法玻璃生产线，新增生产能力6 500多万重量箱，这也给2005年的市场带来了压力和考验。

10. 限制使用石棉产品系列报道引起广泛关注

《中国建材报》关于石棉使用问题的讨论引起行业内外广泛关注，许多专家和机构参与研讨。舆论呼吁我国有关部门要及早着手，尽快采取措施，站在为国家和人民群众的利益、为子孙后代的福祉高度负责的立场把石棉问题解决好，逐步限用和禁止使用石棉产品。

2004年中国化工行业大事记

2004年是我国加强和改善宏观调控的重要一年。化工行业坚持以科学发展观为指导，化学工业保持健康持续发展。《中国化工报》回顾一年来的发展历程，盘点出2004年化工十大新闻。

1. 为确保农业生产和农民增收，国家对化肥市场实行有效调控

2月8日，《中共中央、国务院关于农民增加收入若干政策的意见》（1号文件）发布，重申继续执行化肥用电及运输价格不涨价的优惠政策。由于生产化肥的原料、燃料、电力、运输价格上涨的局面未能得到缓解，化肥市场价格突破政府限价。为了调控农资价格并保护农民利益，从3月16日起，国家发改委连续5次发文，出台干预措施，规定化肥价格一律以4月20日实际价格为准，不得提高；为确保化肥冬储，年底又批准再次提高尿素中准价。化肥企业为执行国家限价政策，减轻农民负担，作出了应有的贡献。

2. 推广使用乙醇汽油

这是我国实施节能型社会的一项战略举措。2月10日，国家发改委等8部委决定在黑龙江、吉林、辽宁、河南、安徽5省及湖北、山东、河北、江苏部分地市范围内，逐步扩大车用乙醇汽油试点工作，乙醇汽油将成为我国汽车的新动力。11月1日，辽宁率先在全省范围内强制推广使用乙醇汽油。到2005年底，我国还将把乙醇汽油试点范围扩大到9个省市。

3. 化工企业发生污染、安全事故，引起政府高度重视

3月上旬，川化股份公司化肥厂违规技改并试生产，设备出现故障，氨氮含量超标数十倍的废水倾泻而下，导致长江上游沱江流域严重污染，造成简阳市、资阳市等地近百万群众饮用水暂停供应，沱江鱼类大量死亡的严重后果。事故发生后，四川省纪委、省监察厅等部门对沱江特大水污染事故进行了深入调查，并报经四川省委、省政府同意，对事故有关责任人提出了处理意见。4月15、16日，重庆天原氯气泄漏并发生爆炸。这次事故造成9人死亡，周围15万群众紧急疏散。为此，4月30日，国家安全生产监督管理局决定，对全国6 000余家地处城区的化工企业实施搬迁。

4. 煤化工列入我国中长期能源发展战略的发展重点

6月30日，国务院常务会议通过《能源中长期发展规划纲要（2004～2020)》，《纲要》提出：大力调整和优化能源结构，坚持以煤为主体、电力为中心、油气和新能源全面发展的战略。《纲要》强调，我国缺油、少气、富煤，发展煤化工能减轻对环境的污染和对石油的依赖；用煤作原料来生产合成汽油将是解决液体燃料不足的主流方向。

5. 国家清理规范焦炭行业，我国与欧盟焦炭贸易达成协议

5月24日，国家财政部、税务总局发出紧急通知，为尽快抑制焦炭行业盲目投资，对出口焦炭一律停止增值税和出口退税，并对焦炭出口实行限制。对此欧盟向中国政府发出警告。5月28日，我国表示2004年向欧盟出口的焦炭将不低于上一年度水平，双方就中国焦炭出口许可证发放的问题达成一致。

6. 在实施宏观调控的大背景下，国家又批准建设一批特大型石油化工项目

7月23日，国家有关部门批复，投资100亿元，3年内建成青岛1 000万吨级炼油工程。7月28日，国务院批准，投资160亿元建设大亚湾年产1 200万吨炼油项目。青岛、大亚湾两大石化项目，已形成完整的产业链，大化工产业结构布局的特大工程，进入实施阶段。同时，跨国公司资金大量涌入中国，我国化工可持续健康发展。3月29日，上海异氰酸酯一体化装置动工，该项目由德国巴斯夫等共同投资10亿美元。5月10日，英国BP集团分别与中国石油、中国石化和中国富华集团签署4项协议，总投资超过10亿美元。6月12日，三菱化学与中信集团公司合资建设精对苯二甲酸（PTA）项目协议，总投资为10亿美元。

7. 中国将全面履行《斯德哥尔摩公约》

11月11日，《关于持久性有机污染物（POPs）的斯德哥尔摩公约》正式对中国生效，国家实施方案编制领导小组已成立并启动工作，这标志着中国将全面履行公约所规定的各项基本义务和常规义务。

8. 西气东输全线投运，我国天然气化工步入快速发展时期

10月1日，横贯我国东西部的西气东输工程全线投入运营，来自新疆塔里木盆地的天然气源源东进，成为上海等东中部省市经济发展和社会发展的新动力。

9. 我国涉案企业从容合力，化学品反倾销获胜率提高

12月1日，商务部发布公告：原产于欧盟、韩国、美国、印度的进口三氯甲烷存在倾销，我国巨化、鸿化等三氯甲烷企业遭受了实质损害，且倾销和实质损害之间存在因果关系。即日起，进口经营者在进口被调查产品时应按终裁确定的税率（32%～96%不等）缴纳反倾销税，期限为5年。一年来，碳酸钾、氯丁胶、乙醇胺等化学品反倾销案应诉先后获胜。

10. 国务院批准组建中国化工集团公司

5月10日，经国务院批准，在中国蓝星（集团）总公司和中国昊华化工（集团）总公司等原化工部所属企业的基础上，重组新设立国有大型企业。

2004年钢铁行业大事记

中国联合钢铁网（www. custeel. com）是钢铁行业网络媒体，根据网友投票选举出的2004年钢铁市场十大新闻事件如下。

1.（宏观调控）：国家出台对钢铁行业的宏观调控政策

2004年2月4日，国务院召开了严格控制部分行业过度投资电视电话会议。国务院副总理曾培炎在会上亲自作了部署。他指出："制止钢铁、电解铝、水泥行业过度投资，是党中央、国务院加强和改善宏观调控，保持国民经济平稳较快发展的重要举措。"

正是从2月份开始，国家开始对钢铁行业展开持续不

断的“调控”，也直接导致了“江苏铁本”事件及5月份的钢市大跳水。据国家统计局数据显示，前三季度，全社会固定资产投资45 102亿元，同比增长27.7%，增幅比一季度回落15.3个百分点，比上半年回落0.9个百分点。钢铁行业固定资产投资增长34.2%，增幅比一季度回落65.5个百分点。数据显示钢铁工业固定资产投资总体上已得到了控制，降温明显。

2.（钢价跳水）：5月份钢市大“跳水”

据中国联合钢铁网监测，钢材价格自今年4月上旬开始进行“跳水”，一直持续到5月末，钢材整体价格从5 000元/吨，下滑到4 500元/吨，下滑幅度达到了500元/吨，下滑幅度之大，也为历史之最。特别明显的是建筑钢材，以全国6.5mm普线为例，从4月初的4 000元/吨，下滑到5月底的2 800元/吨，平均每吨下滑1 200元/吨，这是在短短的1个半月时间内完成的。

由于本次钢材价格的大幅“跳水”，导致许多经销企业本年度的利润全无，甚至赔了“老本”。据统计，4月初，北京市场的建筑钢材库存已经达到了70～80万吨左右，当时全国各地库存水平普遍偏高，是本次钢材价格跳水的最直接原因，此时又值国家出台严格控制固定资产投资的宏观调控政策，此次国家宏观政策的出台正是本次钢材价格出现大“跳水”的直接导火索。

3.（铁本事件）：江苏铁本的“倒下”

2004年4月29日，国务院办公厅发出通知，要求各地区、各部门和各有关单位对所有在建、拟建固定资产投资项目进行一次全面清理。据中国联合钢铁网报道，自4月初开始，国务院开始派出专项检查组查处铁本公司违规问题，4月29日，国家公布了对铁本负责人的处理意见。

铁本事件可谓国际上的一个典型的例子，铁本原总经理戴国芳，以3亿元的资产，通过政府工作人员，分批贷到了106亿元的银行贷款，投资建设了840万吨钢生产能力的企业，这在国际上绝对可以称得上一绝。“铁本”事件也是本次国家宏观调控政策出台后，国家查处最大的违规项目，在社会上引起了非常大的反响，对其他地方、企业来说都是一个警醒。

4. 新闻事件四（钢材产量）：今年我国钢材产量有望达到2.94亿吨，表观消费量有望达到3.1亿吨

据统计局最新统计显示，11月份我国生产钢材2 789万吨，再创历史新高，同比增长了23.5%。1～11月累计钢材产量达到了2.696亿吨，同比增长23%。据此计算，本年我国钢材产量将达到2.941亿吨。

11月份当月进口钢材179万吨，环比增长9.8%，同比下降41.5%，1～11月份累计进口钢材2 735万吨，同比下降19.8%。按此速度计算，我国今年全年将进口钢材2 983万吨。

11月份当月出口钢材192万吨，环比增长27.2%，同比增长231%，1～11月份累计出口钢材1 207万吨，同比增长了91.9%。按此速度计算，我国今年全年将出口钢材1 316万吨。

按此计算，我国今年全年钢材表观消费量将达到创记录的3.1亿吨。

5. 新闻事件五（静出口国）：我国11月单月已经成为钢材净出口国

椐海关最新发布的统计数据显示，11月份我国进口钢材179万吨，出口钢材192万吨，值此，我国钢材进出口差额达到了－13万吨，11月，我国已经成为世界上又一个“钢材净出口国”。

这种进出口形势如果保持下去，明年全年，我国非常有希望成为真正意义上的钢材净出口国。

6.（合并重组）：钢铁企业合并重组步伐加快

从即将过去的2004年钢铁行业的合并重组来看，已经完成了东北特钢；武钢集团与湖北鄂钢资产重组；杭钢集团、唐山建龙和南钢重组宁波建龙钢铁公司等等。

另外，鞍钢与本钢等一大批钢铁企业正在酝酿过程中，下面是一些已经完成重组及即将重组的企业：宝钢集团（宝钢股份、上钢一厂、梅山钢铁公司、浦钢、上钢五厂）、邯钢集团（邯郸钢铁公司、舞阳钢铁公司）、华菱钢铁集团（湘钢、涟钢、衡阳钢管）、广钢集团（广钢、珠钢）、大连特钢和抚顺特钢联合组成辽宁特钢、辽宁特钢与黑龙江北满特钢联合成立东北特钢集团、江苏兴澄特钢与湖北大冶特钢资产重组、武汉钢铁集团与湖北鄂城钢铁联合、攀枝花钢铁集团重组成都无缝钢管厂和成都钢铁公司、攀钢集团与长城特钢公司组建西南钢铁的“航母”、鞍本联合即将提上日程、杭钢集团、唐山建龙和南钢重组宁波建龙钢铁公司、河北——全国产钢第一大省，酝酿省内钢铁企业联合等等。

从以上事件不难看出，钢铁企业的合并重组步伐正在加快。

7.（钢铁新政）：钢铁新政即将出台

据《中国经营报》报道，新的钢铁产业政策最迟预计在春节前后将会出台。钢铁新政对新财政年度的钢铁行业走向起着至关重要的作用。

这次的新政变化将会更加市场化，并制定出更细化的环保标准、技术标准、规模标准等。同时新政对国土资源部、环保总局、水利部的权限有所加强，要求这些主管部门对所限定的行业标准严格把关。比如国土资源部对土地审批、使用权严格把关，环保总局则对企业的排污标准严格要求。此前，钢铁业的立项、审批等都是由发改委负责。现在的新政，实际上是发改委在放权。

随着新的钢铁产业政策的出台，钢铁行业秩序将更加有章可循。

8.（电子商务）：钢铁电子商务一片火热

随着钢铁市场不断变得火热，钢铁电子商务正在悄然升起，而与电子商务相配套的资讯产业也正在形成。其中

中国联合钢铁网作为电子商务的龙头企业，在此次钢铁行业的变化中抓住了机遇，正以大跨步的姿态走在行业的前沿。

中国联合钢铁网从2001年成立之初，就以“探索钢铁行业电子商务”为己任，并坚持发展与电子商务相配套的资讯、咨询、网络推广业务。其中中联钢网络采购业务经过3年的发展，目前已经相对成熟，而资讯业务也可谓蒸蒸日上，目前中国联合钢铁网会员已经遍布全国30多个省市。

另外，全国各地也涌现出一批中小型资讯网站，以北京为例，2004年已经新发展了3家资讯网站，上海新成立了2家，江苏、山西、广东等地都陆续成立了新的资讯网站。据中国联合钢铁网粗略统计，目前全国已经有不少于30家钢铁资讯网站。这足见钢铁资讯网站的“火热”程度。

9.（板材价格）：受国际市场拉动，国内板材价格一路走高

众所周知，今年全年，国际钢材市场价格一直居高不下，据cru数据显示，1月份全球钢材价格指数只有115点，而截至目前，全球钢材价格指数已经达到了152点，较年初上升了37点，同比上涨了32%。受此影响，今年全年，我国的板材价格也可谓一路上涨（5月份左右有所波动），比如目前冷板价格已经达到了6 400元/吨，较年初上涨了25%；镀锌板目前价格为6 700元/吨，较年初的5 700元/吨，上涨幅度达到了1 000元/吨；中厚板从年初的4 300元/吨，上涨到目前的6 000元/吨，上涨幅度达到了40%。

正是由于国际市场价格的不断走高，带动了国内板材价格的全年走高。

10.（钢铁股票）：钢铁股振幅剧烈

以宝钢、武钢、鞍钢为首的钢铁板块在2004年里受到基金证券公司特别照顾，规模大，综合竞争力强，率先完成产业结构调整的公司将表现出优于行业的平均抗风险能力。钢铁重组、利润增长将促使钢铁股票继续攀升。

2004年中国稀土行业大事记

国家发展和改革委员会稀土办公室专稿

1. 国务院投资体制改革决定明确稀土行业投资管理要求

2004年7月份，国务院正式公布了《关于投资体制改革的决定》。投资体制改革是建立和完善社会主义市场经济体制的重要举措，对加强和改善宏观调控具有重要的意义。《决定》第五条规定：“矿山开发、冶炼分离和总投资1亿元以上稀土深加工项目由国务院投资主管部门核准，其余稀土深加工项目由省级政府投资主管部门核准。”这一规定的实施标志着稀土行业投资管理第一次以法规形式确定下来，表明国家对稀土这种战略资源的管理进一步得到重视和加强。

2. 国家确定稀土材料及其应用为优先发展重点领域

针对我国高技术产业发展和结构升级的需要，国家发展和改革委员会、科技部和商务部公布了《当前优先发展的高技术产业化重点领域指南（2004年度）》，将包括信息、新型材料、先进制造、先进能源、资源综合利用等在内的十大门类中的134个高技术产业确定为优先发展的重点领域，高性能稀土永磁材料及制品、稀土催化材料、稀土储氢材料、稀土发光材料、超大磁致伸缩材料、高温超导材料、稀土硫化物涂料及颜料的规模化生产等均被列入这个指南中。

3. 国家发展和改革委员会开展《稀土产品出口目录》制定工作

为加强和改善稀土行业宏观调控，进一步规范稀土产品出口，国家发改委稀土办公室会同商务部、财政部、海关总署，组织内蒙古、江西、四川、甘肃、广州、江苏和上海等有关省市稀土办及部分重点企业制定《稀土产品出口目录》。《稀土产品出口目录》制定工作将本着贯彻落实科学发展观和走新型工业化道路的要求，按照科学保护和合理开发稀土资源的原则，鼓励发展稀土深加工，提高出口产品附加值，促进资源优势向经济优势的转化。

4.《稀土行业管理规定》进入征求意见阶段

为进一步加强稀土资源的科学开发和合理利用，促进稀土行业持续健康发展，国家发展和改革委员会稀土办公室组织开展了《稀土行业管理规定》的制定工作，目前已多次广泛征求有关部委、各省市稀土办和稀土企业的意见。规定出台后，将对稀土行业固定资产投资、矿山生产、冶炼分离生产、出口、技术监督、生产统计、环境保护和劳动卫生等方面提出相关的政策要求。

5. 第十六次中日稀土交流会在广州召开

10月25～28日，第十六次中日稀土交流会在广州市召开，国家发展和改革委员会工业司、外事司，财政部的代表和国内5家企业共14名中方代表参加了会议。日本经济产业省、石油天然气·金属矿物资源机构和企业代表共10人与会。工业司熊必琳副司长作为中方代表团团长在会上致辞。会议期间，双方重点通报了2003年度稀土产销、进出口情况和铜铅锌等有色金属供需情况，就稀土配额管理、稀土外商投资政策、有色金属价格等问题进行了深入交流和讨论，并就拓宽交流内容达成了一致意见。

6. 2004年全国稀土办公室主任会议提出要进一步提高资源开发利用水平

11月24～25日，2004年全国稀土办公室主任会议在河南省郑州市召开，科技部、商务部、国土资源部、财政部、海关总署和中科院等有关部门以及各省市稀土办、专业协作网、主要稀土企业、大专院校共90多名代表参加会议。会议通报了2004年稀土办的工作并提出了2005年的工作计划，提出了加强和改善宏观调控，提高资源开发利

用水平的工作思路和有关政策措施。与会代表就稀土资源保护、出口管理、稀土在高新技术领域应用等问题进行了深入讨论。

7. 中国稀土学会选举产生新一届理事会

4月21～22日，中国稀土学会第四次全国会员代表大会在北京召开。来自全国稀土界的近200名会员代表出席了此次会议。大会通过了关于修改《中国稀土学会章程》、《中国稀土学会团体会员条例》等报告，并选举产生了中国稀土学会第四届理事会以及新一届常务理事会和正、副理事长，秘书长，聘任了副秘书长和二级机构的负责人。

8. 2004国际稀土研究与应用研讨会在包头召开

8月8～12日，2004国际稀土研究与应用研讨会在内蒙古包头市召开，会议由中国工程院化工、冶金与材料工程学部，中国材料研究学会，中国稀土学会，包头市人民政府，包头国家稀土高新技术产业开发区管委会主办，国家新材料产业发展战略咨询委员会、包头国家稀土高新技术产业开发区管委会具体承办。来自中国、美国、法国和日本等14个国家的456名代表出席会议，其中包括8位院士和43名国外科学家。会议期间还举办了"2004国际稀土产品及技术交易展览会"。

9. 国家发展和改革委员会开展《稀土资源可持续发展规划战略研究》和《稀土新材料在信息产业中应用现状及发展趋势研究》

为进一步提高我国稀土资源开发利用水平，实现稀土资源的可持续发展，国家发展和改革委员会组织完成了《稀土资源可持续发展规划战略研究》，通过对国内外稀土资源储量、消费、贸易及开发利用情况进行全面研究，提出了到2020年我国稀土资源开发利用的总体战略发展目标及保障措施。该研究成果已上报国务院。

同时，为适应信息产业对稀土新材料需求的快速增长，组织开展了《稀土新材料在信息产业中应用现状及发展趋势研究》。

10. "我国首创钕铁氮永磁体新工艺实现产业化"等为代表的一批稀土科技项目取得重要进展

基于杨应昌院士的发明成果，北大双极高科技股份有限公司在北京建成世界第一条钕铁氮磁粉生产线并通过国家发改委的验收和鉴定。该生产线的运行，是我国稀土磁性材料产业的一项突破，标志着我国已能够生产具有自主知识产权的新型稀土永磁材料。同时，我国科学家在碳纳米管—稀土氧化物复合物研究、PDP用荧光体技术的研究、光电功能膜材料基础研究、室温磁制冷装置及磁热性能测试装置、稀土化合物对SARS冠状病毒抑制效果等方面也取得重要进展。

由全国稀土信息网和中国稀土信息中心主办，中国稀土学会信息专业委员会、中国稀土学会技术经济专业委员会、北方稀土行业生产力促进中心和《稀土信息》、《稀土》、《稀土市场》、《China Rare Earth Information》、"中国稀土网站"等媒体协办的评选"2004年中国稀土行业十大科技新闻"内容如下：

此次胜出的稀土十大科技新闻是从2004年各主流媒体报道的在全国范围内发生的100件候选的稀土科技新闻中经投票选出的。

1. 北大双极高科技股份有限公司首创我国钕铁氮永磁体新工艺并实现产业化

2. 大连磁谷科技研究所成功开发出用钕铁硼永磁体的永磁补偿式磁悬浮列车

3. 中科院化学所有机固体重点实验室与分子间相互作用化学热力学研究组科研人员合作在碳纳米管—稀土氧化物复合物研究上取得了创新性的进展

4. 四川大学承担的"室温磁制冷装置及磁热性能测试装置"通过鉴定

5. 北大稀土化学及应用国家重点实验室在光电功能膜材料基础研究等方面取得重要进展

6. 北京有色金属研究总院与中国科学院长春应用化学研究所、中国科学院长春光学精密机械与物理研究所共同承担PDP用荧光体技术研究开发达到国际先进水平

7. 中国疾病预防控制研究中心病毒预防控制研究所的科学家首先发现了稀土化合物对SARS冠状病毒有一定抑制效果

8. 南京工业大学电光源材料研究所王海波所长主持的"稀土复合电热膜输油管"项目电热转换率99%以上

9. 烟台首钢磁性材料股份有限公司承担的"高性能钕铁硼永磁材料国家产业化工程项目"通过验收

10. 有研稀土新材料股份有限公司承担的"LED用高效低光衰荧光粉及其产业化技术研究"课题被评为A类课题

2004年中国橡胶工业大事记

由中国橡胶工业协会技术经济委员会、《中国橡胶》杂志、中国橡胶网广泛征求专家、企业意见的基础上，评选出2004年度中国橡胶工业十大新闻。如下：

1. 在国家技术监督检验检疫总局主持下，经中国名推委认真评选，中国十家轮胎民族品牌晋升为中国十大名牌。它们是：广州华南橡胶轮胎公司万力牌、三角集团有限公司三角牌、青岛双星轮胎工业公司双星牌、上海轮胎橡胶集团公司双钱牌、风神轮胎股份有限公司风神牌、成山轮胎股份有限公司成山牌、贵州轮胎股份有限公司前进牌、山东玲珑橡胶有限公司玲珑牌、青岛黄海橡胶集团公司黄海牌、杭州中策橡胶有限公司朝阳牌。

2. 2004国际橡胶会议暨第四届中国国际轮胎及橡胶技术展览会9月份在京举办，中外大橡胶公司、著名专家云集北京，盛况空前。

3. 江苏兴达钢帘线股份有限公司、青岛高校软控股份

有限公司、山东圣奥化工股份有限公司的新产品、新技术获2004年度国家科技进步二等奖，获此殊荣单位超过以往任何一年。

4. 中国橡胶工业协会在山东潍坊召开第六届会员代表大会，成功换届改选，并首次成立33人主席团，进一步体现企业家办会。

5. 受国际油价影响，橡胶原材料大幅度涨价，合成胶价格和天然胶价格下半年第一次出现倒挂现象，尼龙帘线价格攀升40%。

6. 国家《道路交通安全法》实施后，载重子午胎生产经过马鞍型波动，下半年产销有较大回升，保持了连续三年60%的增长幅度。

7. 轮胎出口增长超过30%，突破了5 000万条，子午胎出口量首次超过斜交轮胎，并且实现出口交货值增幅超过了交货量增幅，成为世界轮胎出口大国。大中型国有、国有控股企业和大型民营企业占据出口总量的一半以上。同时，橡胶机械、橡胶助剂等出口势头很好，桂林橡机、益阳橡机、天津赛象，山东单县助剂、阳谷华泰助剂、圣奥助剂成为出口创汇大户。

8. 中国废旧轮胎产生量已居世界第二，实施循环经济，搞好废旧轮胎、橡胶资源综合利用在国内引起高度重视。橡胶行业一致呼吁坚决禁止国外废旧轮胎进口。

9. 世界前11位大轮胎公司均已进入中国内地独资或合资建厂。外企加快了在中国的扩张。2004年三资企业轮胎总产量占据半壁河山，半钢子午胎占到80%。

10. 中国橡胶工业协会认真贯彻实施名牌战略，在培育、发展产品品牌的同时，着手培育和发展地域品牌。在地方政府支持下，2004年先后命名河北衡水市桃城区为“中国（衡水）工程橡胶产业制造基地”，浙江瑞安市为“中国（瑞安）胶鞋名城”。

2004年中国水泥行业大事记

2004年度水泥行业发展迅速，由《中国水泥》编辑部评选出的水泥行业十大重要事件内容如下。

1. 宏观调控　疾风骤雨洗礼水泥业

继2003年底国家发改委发布《关于防止水泥行业盲目投资加快结构调整的若干意见》后，2004年国家加大了对水泥行业的调控力度。国家有关部门先后出台了一系列政策文件，意在防止水泥投资过热，挤压行业经济泡沫。

从政策手段方面，国家主要采取严控水泥行业贷款、提高水泥投资项目资本金比例，对水泥行业施行差别电价、加息等多种措施加大对水泥行业的调控力度，取得了较好的调控效果。国家统计局公布数据显示，前三季度水泥固定资产投资，比一季度下降了43.4个百分点。

2. 4条万吨线点火　搭建里程碑

自2004年6月5日中国首条铜陵海螺10 000吨/天生产线成功点火后，枞阳海螺、徐州海螺和铜陵海螺（二线）相继于6月28日、9月28日和10月5日点火，至此我国已拥有4条万吨级水泥生产线，占据了全世界7条万吨级生产线中的一半以上。同时，我国首条万吨线从开工建设到投产仅用了18个月的时间，比国外同类水泥厂建设周期缩短近1年，表明我国水泥行业在技术装备方面已经具备了一定的优势。

4条万吨生产线的点火成功是我国水泥工业在设计、制造、建设和生产等领域的重大突破，是我国水泥行业发展史上的一块里程碑。

3. 投资体制改革　取得重大突破

《国务院关于投资体制改革的决定》于7月16日最终出台，这是我国投资体制改革的一个重大突破，引起水泥界人士极大关注。在随同下发的《政府核准的投资项目目录》中明确提到，水泥项目除禁止类外，由省级政府投资主管部门核准。

《决定》中规定，要彻底改革现行的一律按投资规模大小分别由各级政府及有关部门审批的企业投资管理办法。允许社会资本进入法律法规未禁入的行业和领域，这将极大调动社会资本进行投资的积极性。可以说此次投资体制改革明确了水泥行业的投资范围、审批权限和方式，为水泥行业的发展铺路架桥。

4. 国际水泥会议　中国“扎堆”

由中国水泥协会主办的第六届东亚水泥论坛在古城西安召开。来自亚洲10个国家、地区水泥协会和企业的120名代表出席本届论坛。此次会议开得非常成功，会议提议筹建亚洲水泥协会，以促进亚洲水泥工业的发展。

继去年第十八次国际水泥大会在北京举行后，世界水泥行业的另一次盛会——国际水泥论坛在上海召开。国内外近600名代表参加大会，中国水泥协会会长雷前治做了主题发言，许多外商纷纷希望能加强与协会的联系，共同开发国际水泥市场。

随着水泥大国地位的日益突出，中国在国际水泥交流活动中的作用也愈加深远。两次大会不约而同地把召开地点转移到中国正是一个鲜明的例证。

5. 能源运输　困扰行业发展

2004年，能源、运输问题对水泥行业的影响更加突出。今年全国发电量较去年增长15%，但依然有24个省级电网先后出现不同程度的拉闸限电现象，尤其是江、浙地区水泥厂受到的影响更为严重；全国原煤产量达到了19亿吨，可水泥企业“煤荒”的呼声仍然不绝于耳；公路、水路货运量达到了140亿吨，但仍满足不了市场需求。

这些“短缺”直接导致煤、电、运价格上升，使水泥企业生产成本大大增加，无疑成为阻碍水泥企业前进的拦路虎。能源、运输问题已成为水泥企业发展的“瓶颈”。

6. 《中国水泥》、《世界水泥》联袂合作

英国主办的著名《世界水泥》杂志与《中国水泥》杂

志举行了合作签字仪式，拉开了双方合作的序幕。为了让世界了解中国水泥工业的情况，同时也让中国水泥界的同仁及时把握世界先进的水泥生产技术信息，两大媒体合作意义重大。

此次合作表明：作为世界第一水泥大国的中国，正日益受到国际水泥同行的关注。在这种大环境的推动下，中外水泥媒介的信息交流将更加广泛、深入，中国水泥走向世界的日程也将随之加快。

7. 六大企业进入“千万吨俱乐部”

到2004年末，预计旋窑熟料生产能力超过1 000万吨的企业有海螺、华新、三狮、山水、冀东、中联六家企业，其熟料产能分别达到4 995、1 432、1 335、1 208、1 163、1 132万吨，均达到了千万吨水平。

虽然2004年水泥行业在国家宏观政策的调控下，投资降温明显，行业进入门槛提高，但由于大型企业投资决策都比较谨慎，建设条件比较好，审批手续相对比较完备，大多数项目没有受影响。由此预计，到2005年末，生产规模超过1 000万吨的企业可望接近8家。前10强企业的生产集中度可望提高5个百分点。

8. 水泥出口成为新亮点

近年来，由于国内水泥市场较好，水泥出口对水泥企业来说一直是一件不温不火的事情。但随着水泥企业规模扩大、产能增加以及国内水泥市场格局发生变化，水泥企业纷纷把目光投向国外市场。

今年，特别是在国内宏观调控效果显现的情况下，出口水泥不仅起到了平衡产能的作用，而且更是成为稳定企业效益的重要渠道。仅2004年，海螺水泥和商品熟料出口量就已达150万吨以上。2005年出口量可望突破400万吨。

出口水泥，开拓国外市场，提升产品国际竞争力，将促进中国水泥企业真正参与到国际市场竞争中去。

9. 水泥工程总承包　开拓海外市场

中国水泥技术装备从引进、消化、吸收，到出口海外；从仅出口到亚、非、拉地区，到成功打入欧洲市场，走过了一段不平凡的道路。

今年，中材建设以“交钥匙”总承包的方式，在阿尔巴尼亚建设一条3 300t/d生产线；又与欧洲一家公司签约，在西班牙建设一条新型干法水泥生产线，从一个安装公司转型成为一个工程总承包商。

水泥工程总承包瞄准海外市场，将我国水泥行业的经验、技术带出国门。这同时也证明，中国新型干法水泥技术装备工程服务得到了世界同仁的认可。

10. 行业进入健康发展轨道

2004年，中国水泥行业仍然保持较好的发展惯性，在国家宏观调控之下实现“软着陆”，已经进入健康发展的时代。首先，行业结构调整渐入佳境。近两年新型干法水泥进入快车道，新型干法水泥的发展速度第一次超过了立窑的发展速度。其次，水泥行业从盲目投资转变为理性投资。国家及国有企业投资明显下降，股份制企业和民营资本成为投资主体，自筹资金的比例不断提高。再次，并购重组拉开序幕，一批水泥企业通过改制、资产重组、上市募集资金建设大型化新型干法生产线等方式，迅速发展成大型和特大型集团。

预计2004年全国水泥产量达到9.5亿吨，水泥行业利润突破140亿元，新型干法水泥比重占到总产能的40%。

中国水泥网（www.chinacements.com）经网站调查评比出来的2004年水泥行业十大新闻内容如下：

1. 宏观调控

这算是2004年里被提到最多的词了。水泥行业一次又一次地作为三大宏观调控重点行业之一被提起，在项目审批、环境评估、土地、信贷等多方面政策的影响下，行业从去年的高速增长中逐步减速下来，产量增速逐月回落，市场价格和投资增速均下降。

2. 万吨线投产

这是本年度最振奋人心的一个消息。铜陵海螺两条、徐州海螺一条、枞阳海螺一条，今年海螺集团有四条万吨线点火投产，而国外同规模的生产线也仅有3条，标志着海螺集团在新型干法水泥熟料生产线的工艺技术和装备水平上已处于世界先进水平。同时也意味着中国水泥行业技术水平的飞速提升，大大提高了水泥工业技术水平和国际竞争力。

随着新型干法生产线的建设，中国新型干法水泥技术不断成熟。技术上，从全生产线引进到目前的具有完全自主知识产权；规模上，从日产300吨到建设当今全球规模最大的日产10 000吨水泥熟料生产线；装备上，从完全进口到现在日产5 000吨生产线的基本国产化，只有个别关键部件的核心零件依靠进口；建设工期及管理上，完全按照合同约定的时限及质量要求；运行管理上，现在已实现点火投产当月达产达标；综合排放已接近国际先进标准。新型干法水泥技术的不断进步为中国水泥工业快速发展和水泥工业结构调整提供了空间。

3. 多家1 000万吨级企业涌现

通过改制、资产重组、上市募集资金等多种手段，水泥行业涌现出更多重量级的企业，海螺、山水、华新、三狮、冀东、天山、中联……多家企业的产能跨入1 000万吨级。前十强企业的生产集中度可望提高2个百分点。

外资企业也不甘落后，拉法基、海德堡、嘉新、亚泥、台泥、瑞安等企业，有的继续投资建设新厂，有的通过收购老厂改造扩建，扩张的步伐在2004年突然加大了。

随着产业结构调整的进行，这股扩张势头还将持续下去。预计到2010年，前10强的生产集中度力争达到25%以上，到2020年，达到40%，年产水泥100万吨以上的企业将达到150家左右。

4. 能源问题日益严重

从2003年到2004年，电荒、煤荒、油价上涨，已经来到每个普通老百姓的身边，扎扎实实地影响到我们的日常生活。水泥工业作为重化工产业，当然更为明显。水泥价格的剧烈波动很大程度是因为电荒、煤荒等因素带动的。

应对的办法只有从节能降耗上着手。发改委近日发布我国首个《节能中长期专项规划》。2000 年水泥综合能耗是 181 千克标准煤/吨，到 2005 年要达到 159，2010 年是 148，2020 年是 129。“十一五”期间，在日产2 000吨以上水泥生产线建设中低温余热发电装置每年 30 套，形成年节能 300 万吨标准煤。

5. 资产重组成为发展趋势

中材料收购了德龙拥有的天山股权；华润收购黎塘；韶峰、大同、鑫磊、安厦加盟中国建材集团……不知道下一个重组的是谁，但有一点我们可以确定，那就是资产重组还将进行下去。中国水泥产量已连续 19 年位居世界第一，但中国的水泥企业数量也超过世界其他国家同类企业数量的总和。从规模上说，中国水泥企业全员人均产量不到 500 吨/人・年，规模效应远没有发挥出来。

特别是今年这一轮宏观调控，造成了一批中小企业投资建设项目处于进退两难的尴尬境地，但也为优势企业迅速扩张营造了千载难逢的好机遇。结构调整就是让市场引导社会资源向优势企业和优秀企业家流动，资产重组是结构调整的必然趋势和结果。这和前面所提的产能扩张也是相辅相成的。

6. 浙江水泥价格波动剧烈

再没有比浙江的水泥价格更让人看不懂了。2003 年下半年，因为施工旺季、缺电等因素，水泥价格一路飙升，杭州、宁波、温州、金华等市场上 32.5 普通硅酸盐水泥都超过 400 元 1 吨，最高时达到 500 多元，甚至还有价无货。而今年的形势急转直下，受到宏观调控等因素影响，浙江省水泥价格从 2 月份开始持续下滑，到 6 月，水泥价格与 1 月比已累计下降 14.7%。虽然在 7、8 月份由于治理超载、电力紧张等因素出现了价格的小幅反弹，但总体下降趋势仍未改变，下半年仍然继续走低，目前的价格只能保本。虽然今年是个暖冬，但对业内人士来说，却是进入了水泥行业的寒冬。

7. 设计院目标转向海外市场

2004 年 4 月，天津水泥工业设计研究院中标阿曼日产3 000吨新型干法水泥生产线总承包工程，这是阿曼第一次采用我国的技术与设备建造工程。

8 月 17 日，成都水泥设计院在马来西亚吉隆坡与法国拉法基集团签订了拉法基越南 Nhon Trach 项目总承包合同。该项目是拉法基集团选择中国技术装备在第三国建设的第一个水泥项目。

10 月 29 日，合肥水泥研究设计院与巴基斯坦 LUCKY 集团公司，签订日产6 000吨熟料水泥生产线的出口合同，这是目前我国出口的最大的整条水泥生产线之一，也是合肥水泥研究设计院向巴基斯坦一次性出口 4 条水泥熟料生产线（包括 3 条日产3 000吨和 1 条日产6 000吨水泥熟料的生产线）的最后一条。

11 月 20 日，中材国际与沙特阿拉伯王国 SPCC 公司签订了建设 AL MAJARDAH 水泥生产线工程总承包合同。中材国际以“交钥匙”的方式为 SPCC 公司在沙特 ABHA 建设一条日产5 000吨水泥生产线。

2004 年，设计院不断刷新自己的纪录，签约更多国外总承包项目。

8. Intercem 国际水泥大会在上海召开

继去年 Intercem 北京会议之后，又一次国际水泥盛会在中国召开，加强我国水泥与国际水泥业在经济技术等领域的交流合作。论坛以中国水泥工业发展为背景，就中国水泥工业当前宏观调控政策、形势及前景；世界水泥工业现状及趋势；中国水泥工业现代化最新进程；跨国公司在中国水泥工业的投资经验；影响中国水泥工业市场因素的探讨等内容展开交流。

9. 投资体制改革实行，从审批制转向核准制

2004 年 7 月 19 日，国务院又出台关于投资体制改革的决定，给企业下放了很大的投资决策权，从审批制转向核准制，重点加强监管和调控。对水泥行业来说，除禁止类项目外，今后投资只要由省级政府投资主管部门核准就可以了。

10. “泛珠三角”开始崛起，区域经济整合，市场前景看好

2003 年 11 月，“泛珠三角”经济圈的构想被提出，珠三角的概念扩大到“9 + 2”（包括福建、江西、湖南、广东、广西、海南、四川、贵州、云南九个省（区），以及香港、澳门两个特别行政区）。这使该地区间的合作更加紧密，随着基础设施建设力度的加大，水陆运输便利，市场需求庞大，谁肯错过这块大市场。本地的越秀、华润、塔牌、亨达利，外来的台泥、海螺、天山、环球水泥……纷纷布点设厂，扩大产能，该地区将迎来产业结构调整的好戏。

2004 年中国照明十大新闻

《中国照明》编辑部发布的“2004 年中国照明十大新闻”，内容如下。

1.《高品质紧凑型荧光灯的研究和开发》项目成果荣获国家科技进步二等奖

2. 复旦大学电光源研究所申办第 11 届国际电光源科技研讨会获得成功

3. 我国汞齐制造技术达到国际水平

4. 广东雪莱特（华星光电）光电科技股份有限公司研制成功汽车氙灯，并批量生产使这一产品实现了国产化

5. 11 月 9 日，上海宏源照明电器有限公司研制的无极灯获第七届上海国际工业博览会金奖

6. 厦门虹鹭钨钼工业有限公司成为世界最大的钨钼丝生产基地

7. 国际照明委员会（CIE）第26届大会中国组委会在北京成立并成立了组织机构，明确了分工与任务

8. 荆州大明灯业年生产T5、T4直管荧光灯2 200万只，成为全国最大的T5、T4直管荧光灯专业生产厂

9. 浙江阳光集团股份有限公司成为全球最大的节能灯制造企业

10. 佛山电器照明股份有限公司2004年T8直管荧光灯单厂单一品种产量达到全球第一

专　　文

我国的经济发展情况及相关政策

甘智和
（国家发展和改革委员会副秘书长）

一、经济发展形势

众所周知，中国实行改革开放政策以来，经济得到快速发展，国家综合实力和人民生活水平得到很大提高。在经历了1996年的“软着陆”以及1997年的亚洲金融危机后，中国国民经济始终保持了持续发展的态势。1990～2004年期间，经济发展的主要特点是经济发展的稳定性显著提高，年度增长幅度的波动范围缩小。2004年，中国的国内生产总值达到136 615亿元，比上年增长9.5%，这已是连续十几年保持在8%以上的增长速度，今年国内生产总值预期增长仍在8%左右。我国经济结构也发生了明显变化。第一、二、三产业的比重由1990年的27.1:41.6:31.3转变为2003年的15.1:53.0:31.7，第二产业从2000年起占国内生产总值的比重超过50%，呈现在相对稳定中上升的趋势。工业快速发展成为中国GDP增长的主要动力。1990年到2004年期间，工业增加值由6 858亿元增加到62 815亿元，按可比价格计算，年均增长12.9%的增长速度比同期国内生产总值增长速度高3.7个百分点，在工业生产中，与居民消费升级相关的产业发展较快，如汽车工业、家用电器工业、食品工业等。随着工业化水平不断提高和基础设施建设规模的不断扩大，我国设备制造业、原材料工业、能源工业也得到了快速发展。由于工业化、城市化进程加快、房地产和住宅的商品化程度提高，以及基础设施的加强，拉动了全社会固定资产投资的快速增长。1990年至2004年期间，全社会固定资产投资当年完成额由4 517亿元增加到70 073亿元，年均增长21%。实际利用外资由1990年的102.9亿美元，增长到2004年的606亿美元。1990年至2004年期间，建筑业增加值由859.4亿元，增加到9 572亿元，占GDP的比重由1990年的4.6%提高到2004年的7.01%。但是，在我国经济快速发展的过程中，近两年在我国经济运行中也出现了一些不和谐的新问题，主要是粮食供求关系趋紧，固定资产投资膨胀，货币信贷投放过快，煤电油运紧张。这些局部性问题如果不加以重视，任其发展下去就可能会演变为全局性的问题。我国政府及时作出了加强宏观调控的决策和部署，按照果断有力、适时适度、区别对待、注重实效的原则，综合运用经济、法律手段和必要的行政手段，着力解决影响经济平稳较快发展的突出问题。经过全国上下共同努力，宏观调控取得明显成效。经济运行中的突出矛盾和问题得到缓解，不健康不稳定因素得到抑止。主要表现为“四个遏制”和“一个避免”，即：粮食种植面积和粮食产量连续五年大幅下降的趋势得到了遏制，固定资产投资增长过猛特别是一些行业盲目扩张的势头得到了遏制，信贷货币一度增长过快的势头得到了遏制。经济运行中不稳定不健康因素得到抑制，薄弱环节得到了加强，以2004年投资品价格上涨6%计，实际全社会投资实际增长率在16.5%左右，比2003年降低7.4个百分点。但是，这些成效还是初步的、阶段性的。原有的一些不健康不稳定因素虽然得到了遏制，但是基础还不稳固。特别是固定资产投资仍处于较高水平，反弹的可能性依然存在。在刚刚结束的十届全国人大三次会议上，温家宝总理在谈到今年我国经济发展要着重抓好的几个方面的工作时，再次强调了要坚持加强和改善宏观调控，加快推进经济结构调整和增长方式转变，积极推动区域协调发展。当前，我国经济发展的任务主要有：

1. 加强和改善宏观调控，控制固定资产投资规模

从1998年以来，为了应对亚洲金融危机以及中国内需不足，中国政府实施了积极的财政政策。七年共发行9 100亿元长期建设国债，拉动社会投资4万余亿元，每年拉动GDP1.5到2个百分点，促进了中国经济的持续稳定增长，对此，国内外都给予了积极的评价。目前，中国的宏观经济已发生了新的变化。从总体上讲，宏观经济是朝着持续上升的方向发展，考虑到我国经济运行已达到潜在增长率水平，而且在今后几年还将步入新的增长阶段，经济增长率可能保持在8%～9%左右，扩张性财政政策“淡出”的时机已经成熟。所以，中国政府决定从今年开始把扩张性的积极财政政策转向宽严适度的、稳健的财政政策与货币政策，即“双稳健”政策。实施“双稳健”政策，并不是意味着宏观紧缩，而是表明政策的转型，是适应宏观经济的变化和宏观调控的需要的。例如，货币政策在频繁调整存款准备金率和进行公开市场业务的同时，开始实施市场化程度更高、对微观主体影响更大的利率政策；财政政策由偏重大额赤字和发行建设国债转向加快税制改革和更多运用税收杠杆调节（2005年压缩长期国债发行规模，由2004年确定的1 100亿元调减为800亿元左右，2006年，将进一步减少赤字规模，实现财政政策由扩张性向中性的转

变）。实施"双稳健"政策，有利于把投资控制在一个合理范围之内，保证宏观调控目标的最终实现。因为，加息同时减支，有利于巩固业已取得的投资调控成果，而减税和利率市场化则有利于投资活力的增强，提升投资的效率与质量。

当前，依靠行政手段和数量控制的方式，可以在短期内收到效果，却难以使调控效果持久。下一步的宏观调控，会更多地采用利率、税率、地价、水价、电价等经济性手段和价格杠杆对投资活动进行调节，实施以经济手段为主，法律手段与行政手段并用的更加有效的方法来对宏观经济进行调控。

2. 进一步协调煤电油运矛盾，提高经济运行质量

去年我国煤电油运的产量大幅增加。全年煤炭产量超过 19 亿吨，同比增长 15%；发电量达 2.2 万亿千瓦时，增长 14.9%；原油产量 1.75 亿吨，增长 2.9%；铁路新线投产1 433千米，通车总里程 7.44 万千米；新增公路通车里程 4.6 万千米，总通车里程已达 185.6 万千米；国家铁路完成货运量 21.7 亿吨，其中运输煤炭 9.9 亿吨，增长近 13%；江海主要港口货物吞吐量 25 亿吨，其中煤炭发运量 3.4 亿吨，增幅超过 17%。一些对缓解当前供求矛盾和长远发展具有重要意义的重大项目加快建设，行业结构得到优化。西气东输管道工程提前实现全线商业通气；西电东送全年新开工装机容量 800 万千瓦；青藏铁路新铺轨 396 千米；陕京二线输气管道、广东 LNG、国家石油储备基地、大型煤炭基地等一批重大项目建设加快。

但是必须看到，中国既是一个能源生产大国，但同时又是一个能源消费大国。由于我国经济正处于新一轮增长周期的上升期，对能源和运输的需求持续强劲增长，使得已经增长较快的煤电油运供给仍然赶不上增长更快的需求。煤电油运的供需关系仍然十分紧张，这种紧张局面，无论是现在还是在未来，都对中国经济的发展提出了严峻的挑战。我国煤炭探明可利用储量近2 000亿吨，但优质资源少，后备工业储量严重不足。去年以来全国范围内缺电问题非常严重，全国 24 个省级电网出现拉闸限电，供需形势呈现出明显的季节性特点，特别是在枯水季和夏季用电高峰期缺电严重。我国探明石油可采储量已达 65 亿吨，但受资源的地理分布条件和开采难度的制约，多年来我国原油产量始终徘徊在 1.7 亿吨/年左右，无法满足国内需要。2004 年，我国进口原油达到 1.2 亿吨，对外依存度达到 40%。在煤、电供应紧张的同时，原本就是经济发展"瓶颈"的铁路运输更显紧张。2004 年，全国铁路完成货物运输发送量248 130万吨，比上年增加24 650万吨，增长 11%，是历史上年增量最大的一年。2004 年铁路已将 90% 的货运能力投入重点运输，以占全世界 6% 的铁路运营线路，担负着全世界 25% 的运输量，各大铁路干线的利用率已趋饱和。与此同时，公路、水运能力也全面吃紧。港口能力缺口大，设备超负荷运转，煤炭、原油、铁矿石、集装箱等出现了新的压船压港现象，在东部沿海发达地区，一些重要城际快速通道交通饱和。运力紧张是和我国经济的结构性矛盾密切相关的。一方面，我国铁路交通水平与国际存在较大差距；另一方面，我国西煤东运、北煤南运的大跨度，超负荷的运输格局，更加剧了运力紧张。

解决煤电油运阻碍我国经济发展的"瓶颈"问题，要靠全社会的共同努力。国家将从两方面入手，一方面，一是有效抑制经济过度膨胀，加强和改善宏观调控，把我们的增长速度控制在合理的区间，也就是能源、资源能够承载的区间；二是要加强调整经济结构，加快增长方式的转变，提倡各行各业和全体居民都来大力节约用电，降低消耗，减少浪费，提高效率。另一方面则是要在保证安全的情况下，千方百计增加煤炭和电力的有效供给。

国家制定的能源中长期发展规划纲要、煤炭工业中长期发展规划、大型煤炭基地规划和大型煤炭基地内的矿区总体规划，将在不同层次上指导和规范各大型煤炭基地合理有序开发和利用煤炭资源。当前，大型煤炭基地内一批大中型煤矿正在加快建设。2003 年、2004 年，13 个大型煤炭基地内煤矿开工建设规模各为 0.8 亿吨，2004 年煤炭建设总规模达到 2.6 亿吨，占全国的 75%。预计全年投产规模 0.85 亿吨，占全国的 73%。2003 ~ 2004 年，国家共安排国债资金 24 亿元，支持大型煤炭基地煤矿项目补充勘探和建设。从建设规模看，2003 ~ 2004 年，大型煤炭基地开工建设规模 1.6 亿吨，大大超过以往全国五年的开工建设规模。从建设井型看，大型煤炭基地内单个煤矿建设规模接近 300 万吨，比前几年提高了 100 万吨。从建设进度看，由于施工技术、管理、装备水平提高，加上建设资金到位情况好，建井工期由过去的 5 ~ 8 年，缩短到现在的 2 ~ 4年。

随着一批重点输电线路建成投产和全国电网互联工程加快，全国跨区跨省送电能力进一步增强。2004 年全国投产新装机5 055万千瓦，2005 年还将新增发电装机约7 000万千瓦。全国将投产 220 千伏及以上输电线路25 000千米左右、变电容量14 000万千伏安，将为提高电网供应能力、提高电力电量调剂能力发挥积极的作用。同时要加强电力需求测管理，主要用经济杠杆为主，坚持合理有序供电来抑制不合理消费。去年国家开始集中对钢铁、水泥、电解铝、电石、铁合金、房地产等高耗能行业进行调控，在一定程度上抑制了这些行业电力需求的过快增长，先后采取了提高销售电价，按鼓励类、限制类和淘汰类对高耗能行业执行差别电价等措施。各地方政府也按照国家产业政策，合理引导电力消费，落实用电错峰、避峰和发电、用电侧峰谷电价方案，缓解电网峰谷差矛盾。预计 2005 年全国电力供需形势较去年会有所缓解，但依然紧张。全国最大电力缺口将出现在三季度，总计约2 000 ~ 2 500万千瓦。考虑到水电站来水、气候、电煤供应以及一些设备非计划停运等不确定因素的影响，电力供应形势在一些地区、一些时段

有可能仍会出现严峻局面。华东、南方、华北等地夏季电力供需形势依然比较紧张，南方、华中等地冬季枯水期供需形势也较为紧张，其他地区基本平衡或偏紧。

二、积极推进经济体制改革，努力构建社会主义和谐社会

1. 积极推进财政体制改革

去年我国税收收入增长达到25.7%，税收收入增长较快首先得益于国民经济持续快速发展和企业效益的大幅度提高。去年国内生产总值按可比价计算增长9.5%，按现价计算增长16%～4%，尤其是全部工业增加值增长18.3%，其中以上规模的工业增加值增长22%左右，带动国内增值税增长21.6%。以上规模企业实现利润增长38.1%，带动内外资企业所得税分别增长34.2%和32.2%。外贸进口增长36%，相应使进口环节税收增长32.9%。这些流转税、企业所得税以及进口环节税收的大幅度增长，带动了整个税收的快速增长。

不断推进税制改革是财政政策转型的重要内容，也是创造宽松与公平的竞争环境，促进民营与外资投资的重要条件。去年实施的出口退税改革、农村税费改革、东北老工业基地增值税转型等改革都取得了显著成效。今年税制改革将本着“简税制、宽税基、低税率、严征管”的原则，继续进行内外资企业所得税制合并方案的研究与准备工作，完善个人所得税制度。同时，在继续实施鼓励高新技术产业发展和资源综合利用等税收优惠政策的同时，要依法清理和规范税收优惠政策。

目前，增值税改革已在资本密集型企业较多的东北老工业基地先行试点，国家有关部门正在深入研究增值税转型改革在全国实施的方案，研究适当调整消费税征税范围和税率结构。

我国现行企业所得税制度存在的一个主要问题，是内外资企业所得税税法不统一，税收负担不公平（目前，内资企业所得税税率为33%，外资企业为15%，去除税收优惠政策的因素，内资企业所得税平均实际负担率为23%左右，外资企业所得税的平均实际负担率则为13%左右）。这种税制违背了世界贸易组织的中性原则，也不符合世界贸易组织所倡导的自由贸易和平等竞争的原则。企业所得税制度改革的主要设想，就是要合并内外资企业目前适用的两套企业所得税法，建立统一的企业所得税制度。并将税率设计在合理的水平，这有利于创造内外资企业在国内、国际市场上公平竞争的环境。未来所得税税收优惠政策将淡化“身份”差别和地区差别，而突出产业导向，变对企业的优惠为对某些产业的优惠，从而建立对不同所有制、不同投资主体的企业来说都公平的税赋。今年将根据立法的程序加快推进这项改革的进程。

2. 加快投资体制改革

去年，国务院发布了投资体制改革的决定，中国的投资体制将按照完善社会主义市场经济体制的要求，在国家宏观调控下充分发挥市场配置资源的基础性作用，确立企业在投资活动中的主体地位，规范政府投资行为，保护投资者的合法权益，营造有利于各类投资主体公平、有序竞争的市场环境，促进生产要素的合理流动和有效配置，优化投资结构，提高投资效益，推动经济协调发展和社会全面进步。按照“谁投资、谁决策、谁受益、谁承担风险”的原则，国家发改委已发布了一系列配套文件，制定了相关办法，简化和规范了政府投资项目审批程序，完善了各类项目审批、核准和备案的程序和制度。对于企业不使用政府投资建设的项目，一律不再实行审批制，区别不同情况实行核准制、备案制。

国家将继续鼓励社会投资。放开社会资本的投资领域，允许社会资本进入法律未禁入的投资领域。并为进一步拓宽企业投资项目的融资渠道创造更宽松的环境。

3. 鼓励和引导非公有制经济发展

在社会主义初级阶段，巩固和发展公有制经济，鼓励、支持和引导非公有制经济发展，是我国必须长期坚持的基本方针。按照宪法修正案要求，国务院发布了《国务院关于鼓励支持和引导个体私营等非公有制经济发展的若干意见》，从放宽非公有制经济市场准入、加大对非公有制经济的财税金融支持、完善对非公有制经济的社会服务、维护非公有制企业和职工的合法权益、积极引导非公有制企业提高自身素质、改进对非公有制经济的监管、加强对非公有制经济的指导和政策协调等七个方面，较为完整和系统地提出了促进非公有制经济发展的政策措施。特别是在放宽市场准入方面提出了以下政策规定：一是加快垄断行业改革，在电力、电信、铁路、民航、石油等行业和领域，引入竞争机制，允许非公资本进入这些垄断行业和领域。二是加快完善政府特许经营制度，规范招投标行为，支持非公有资本参与各类公用事业和基础设施的投资、建设和运营。三是支持、引导和规范非公有资本投资教育、科研、卫生、文化、体育等社会事业，包括非营利性领域和营利性领域。四是在加强立法、严格监管、有效防范金融风险的前提下，允许非公有资本进入金融业。五是允许非公有资本进入国防科技工业建设领域，按有关规定参与军工科研生产任务的竞争以及军工企业的改组改制。六是鼓励非公有制企业参与国有企业改组改造，支持非公有资本参与西部大开发、东北地区等老工业基地振兴和中部地区崛起。使得我国促进非公有制经济发展的法律、政策和市场环境更为完善，非公有制经济将获得更大的发展空间，为推动经济社会发展发挥更大的作用。

4. 进一步坚持对外开放

2004年1至12月，全国新批设立外商投资企业43 664家，合同外资金额1 534.79亿美元，实际使用外资金额606.30亿美元，分别比上年增长6.29%，33.38%和13.32%。截至2004年底，全国累计批准设立外商投资企

业508 941个，合同外资金额10 966.08亿美元，实际使用外资金额5 621.01亿美元。经过连续几次大幅度的降低关税，我国已基本完成了入世承诺的降税义务。从实际效果看，关税水平的下降对国内经济健康、稳定发展起到了积极的促进作用。从2005年1月1日起，我国又进一步降低了进口关税，调整后，关税总水平由2004年的10.4%降低至9.9%。其中，工业品平均税率由9.5%降低到9.0%。2005年对233项商品实行进口暂定税率，暂定税率平均为4.2%。

我国将继续积极合理地利用外资，着力提高利用外资质量，把引进外资与提升国内产业结构和技术水平结合起来。鼓励外商投资高新技术产业、现代服务业、现代农业和环保产业，参与国有企业改组改造。鼓励和吸引跨国公司来华设立研发中心、采购中心和先进生产制造基地。同时严格限制引进高消耗、高污染的项目

三、大力提倡节约能源和资源，促进经济协调发展

尽管我国每万元GDP能耗由1997年的3.53吨标准煤降低至2004年的2.86吨标准煤，重点用能单位能源利用效率明显提高。但是节能仍然是我国经济发展必须解决的重要问题。我国能源利用效率仅为33%，比世界先进水平低10个百分点左右。我国万元GDP能耗为世界平均水平的2.3倍，是世界上产值能耗最高的国家之一。我国主要行业重点产品单位能耗比发达国家先进水平加权平均高40%，节能潜力很大。目前，我国住宅建设的物耗水平与发达国家相比，钢材消耗高出10%～25%，卫生洁具的耗水量高达30%以上，每拌和1立方米混凝土要多消耗水泥80千克。我国现有城乡住宅建筑总量约330亿平方米，而节能型住宅不足2%。这些既有住宅消耗的能源，比发达国家建筑能耗高2～3倍。

缓解我国能源资源与经济社会发展的矛盾，首先要立足国内，努力提高能源、资源的利用效率。实行开发和节约并举、把节约放在首位的方针。鼓励开发和应用节能降耗的新技术，对高能耗、高物耗设备和产品实行强制淘汰制度。要抓紧制定专项规划，明确各行业节能降耗的标准、目标和政策措施。抓好重点行业的节能节水节材工作，鼓励发展节能环保型汽车、节能省地型住宅和公共建筑。要大力发展循环经济。从资源开采、生产消耗、废弃物利用和社会消费等环节，加快推进资源综合利用和循环利用。积极开发新能源和可再生能源。要加强矿产资源开发管理。整顿和规范矿产资源开发秩序，完善资源开发利用补偿机制和生态环境恢复补偿机制。要大力倡导节约能源资源的生产方式和消费方式，在全社会形成节约意识和风气，加快建设节约型社会。作为高耗能、高资源消耗的建材工业更要大力调整产业结构，提高资源的综合利用率，积极发展绿色建材。开发多功能的节能新产品，降低能源消耗。

快速、健康发展的中国为世界经济的发展提供了广阔的市场，开放并已融入世界的中国欢迎来自世界各国的投资者，让我们携起手来，共同努力为人类文明社会的发展作出更大的贡献。

中国区域创新能力的分布及其成因

柳卸林

（中国科技促进发展研究中心）

胡志坚

（中国科学院研究生院）

自1987年Freeman提出国家创新体系概念之后，国家创新体系现已成为研究国家创新能力、国家竞争力的重要框架。随后，区域创新体系的研究从20世纪90年代中期起也在国际上不断升温。

区域创新体系研究具有很重要的政策意义。学者们对技术创新经济学的研究的一个重要结果是：研究开发具有不确定性、不可分性（indivisibilities）和有被人模仿的风险，造成了研究开发的市场失灵，导致企业对研究开发投资不足。政府对基础研究的支持并不自动导致企业对应用研究和开发的投入。学者们进而提出，知识的创造和扩散，只有在政府研究机构和企业等部门以一种建设性的、互动互补的交互式作用时才是最有效率的。因此，用政策干预的方式来系统推动一个地区的创新活动可以推进本地区的经济发展。

近年来，已有一些学者开始关注中国区域创新能力的研究。如中国科技发展战略小组在1999年进行的地区科技竞争力的研究，尚勇、朱传柏等对区域创新系统理论的介绍。这些研究得到了一些有益的结论，如中国区域发展中的科技和经济的“强强组合”或“一强一弱”的分类。陈光、唐福国也建立了一个指标体系，对我国各地的技术创新能力进行了分析。就总体而言，这些研究还缺乏对中国区域创新能力进行更加全面、综合、动态的评价。为此，中国科技发展战略小组的成员从2000年开始了对中国区域创新能力的研究，发现了中国区域经济增长多样性以及经济快速增长的地区与其创新能力的关系。本文是在这一研究的基础上，对中国区域创新能力作一个判断，并对中国区域经济发展与创新能力的关系提出自己的看法。我们的目的是，通过评价中国区域创新能力，比较每个地区的创新能力的强项和弱项，有利于国家判断区域创新能力的走向和成因，帮助地方政府了解本地区的创新能力并找到今后的工作出发点，找到中国区域创新的集聚点，揭示区域创新能力的发展趋势。

一、中国区域创新能力的演化

中国是一个大国，各个地区的创新能力分布很不均匀。改革开放前的布局是：建国后，为了国防建设的需要，中

央政府通过行政计划的手段，将多种资源集中到工业基础较好的地区，首先是东北地区，其次是华东和华北地区。20世纪60年代的“三线建设”，实现了工业和科技布局的战略转移，使西部地区的科技能力迅速提高。但“三线”建设的另一个后果是，国防科技与国防工业基本上分布在西部，它们与当地的经济相关性不强。另外，由于我国长期实施的发展重工业的战略，使重工业主要在东北部，一些资源密集型地区如山西等也成为国家的重要工业基地；华东地区由于有较好的工业基础，也成为国家投资建设的重心，上海是其中的典型代表。一些大城市，如北京、上海、西安等则成为科技中心。而在南方沿海地区，由于靠近台湾地区，国家的投资非常少，造成了福建、浙江、广东等地的国有大企业少，工业基础设施薄弱和科技落后的局面。可以说，在改革开放前，地区创新能力的分布是：南方沿海地区普遍落后于北方。

改革开放后的沿海地区开始了经济起飞的历程。邓小平的让一部分人和一部分地区先富起来的战略，使区域发展进入了一个新的时期。南方沿海地区的经济追赶和超越，得益于以下六个原因：其一，通过建立经济特区和开放沿海港口城市等政策，沿海地区成为吸引外资的重要窗口，成为国际技术转移最为活跃的地区；其二，沿海地区重工业基础差，包袱小，成为轻工业发展的重要基地；其三，沿海地区历史上的贸易文化，为后来沿海地区创业奠定了坚实的基础；其四，沿海地区国有大企业少，为后来的乡镇企业、私有企业的发展提供了机遇，它们的发展也为地方经济注入了新的活力；其五，广泛的海外联系促使“生产在国内、销售在全球”发展模式的形成；其六，南方远离政治中心有利于市场经济的发展。因此，改革开放后中国区域发展的大致走势是：在南方经济起飞的同时北方重工业基地的急剧衰落，经济发展的区域极化悄然形成。

当然，由于每个地区在接收新的知识上速度的差异，地理位置的不同，经济资源条件的不同，南方的经济发展呈现出多样性的特点。加拿大学者 Debresson 研究指出，中国正出现珠江三角洲、长江三角洲和京津地区三大创新极。它们的核心能力不同，区域经济发展的模式也不同。如珠江三角洲创新极的推动力是电力、机械、电子和信息设备等，长江三角洲的特点是创新得到了产业的部门专业化的推动，而京津地区则表现出科技密集的特点。新的创新极也在发展，它们是四川、重庆和湖北。他还指出，与创新极对应的是周边地区的创新空洞化，因为创新极从周边吸纳了资金、人才和其他资源。

二、中国区域创新能力的评价框架和原则

1. 指标的构成

我们将区域技术创新能力定义为一个地区将知识转化为新产品、新工艺、新服务的能力。一个地区的科技竞争力强不等于技术创新能力强。我们认为，区域技术创新能力主要由以下要素构成：知识创造能力，即不断提出新知识的能力；知识流动能力，即不断地利用全球一切可用知识的能力，以及知识在各创新单位之间流动的能力；企业的技术创新能力；创新的环境；创新的经济绩效，即创新的产出能力。评价区域创新能力的指标构成详见图1。

2. 对已有工作的借鉴

如何评价中国区域技术创新的能力是一个较难的课题。因为角度不同，选择的指标体系不同，会得出不同的结论。为此我们借鉴了许多研究报告。

美国的《创新指标》是由哈佛大学的 M. Porter 教授和 MIT 的 S. Stern 教授联合主持的项目，其目的是评价美国不断推出创新的能力。他们认为，国家创新能力不是竞争力，因为竞争力可通过短期的降低成本等手段获得，而国家创新能力是国家工业长期竞争力的关键。他们认为，国家创新能力取决于共有创新基础设施的强度、支持创新集群的环境条件以及两者互动联系的强度。其中创新基础设施包括在研究开发中的人力资源、投资于研究开发的财力资源、对国际投资的开放度、知识产权的保护水平、教育投资水平和人均国民生产总值；支持创新集群相关的环境条件有产业研究开发投资的强度；基础设施和产业集群两者联系的质量可用大学研究开发的水平来衡量。我们借鉴了创新能力不是经济和科技竞争力的思想，我们也认为，创新能力决定了一个地区长期的经济发展能力。

瑞士洛桑国际管理开发学院（IMD）发表的《国际竞争力报告》（简称《洛桑报告》）为各国之间进行横向国际竞争力比较提供了一个可供参考的框架，同时，由于该报告是连续的年度报告，从而为每一参评国自身进行纵向比较提供了一个重要途径，因而《洛桑报告》一直备受关注。《洛桑报告》对我们的影响较大，我们借鉴了《洛桑报告》中用数据来表达思想的方式，用能力资产负债表的概念来判断地区创新能力的强项和弱项，以及一个能力评价报告所应有的分析框架。但我们强调了在数据基础上的分析和政策意义的提炼，这是与《洛桑报告》的最大不同之处。

此外，我们还借鉴了世界经济论坛的《全球竞争力报告》。在这一报告中，它将竞争力分为两个部分：现有的竞争力和增长竞争力。我们借鉴了这一思想，注重在评价创新现有能力的同时，强调了创新能力增长潜力的评价。这是我们为什么在创新指标体系中运用了增长率的指标的原因，因为这一指标衡量了一个地区的增长潜力。

3. 评价的原则

我们的评价原则一是创新体系的原则。区域创新体系建设的核心是创新要素的互动程度，即强调大学和研究开发机构、企业、中介机构和政府等创新要素的网络化或者说知识在几个要素间流动的程度作为区域技术创新系统化的关键。一个地区的技术创新能力关键是创新的系统化，而不是某一个方面的能力。

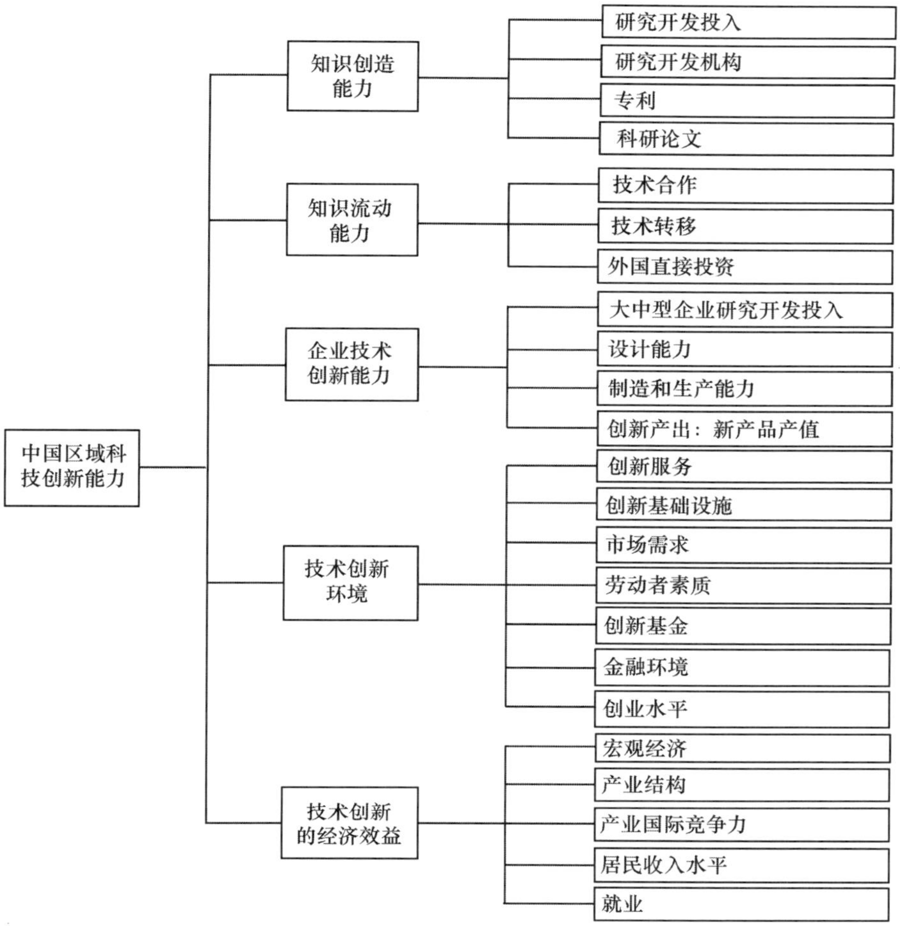

图 1　中国区域科技创新能力指标构成

评价原则二是强调创新链条的形成。首先，在大多数情况下，技术创新常来自于一个创新的思想和发明或科技突破，其中大学、科研院所的知识创造活动是重要的创新来源。其次，有了很强的知识创造活动，不等于该地区就有较高的创新能力，因为许多事实表明，科技实力强不等于技术创新能力强，许多地区没有较强的科技基础，但仍然有很高的技术创新能力。问题的关键是一个地区能否有效地利用世界上所有的各种知识为本地区的创新服务。因此，必须考虑知识流动或技术转移的能力。第三，企业是创新的主体。

评价原则三是强调创新环境的重要性。在市场经济体系下，衡量地方政府政绩的重要内容不是传统的计划和干预的多少，而是如何创造一个有利于企业创新的环境。因为政府远离市场，政府不能直接指导企业的技术创新活动。政府职能调整的关键是从依赖计划转向创造创新环境来推动企业的技术创新。

评价原则四是在指标构成中将指标的存量、相对水平和增长率三者兼顾。我们认为，评价框架必须兼顾一个地区发展的存量、相对水平和增长率三个维度。在洛桑的《国际竞争力报告》中，比较强调存量、相对水平，但不强调增长率。本报告的一个特色是对增长率的强调，因为我们认为，增长率反映了一个地区的经济发展潜力。

受统计方面的限制，我们 2001 年报告评价的时间段是 1999 年，参考评价的年份是 1998 年。因为在 2001 年上半年，2000 年的许多数据还是不可得的。

三、中国区域创新能力的分布

（一）中国区域创新能力排序

各地区创新能力综合评分排序见图 2。根据图 2，我们把各地区按创新能力的强弱分为四个集团。上海、北京、广东显然属于第一集团。上海强在企业技术创新能力、知识流动和创新的经济绩效上，而北京强在知识创造和创新环境上。尽管北京在知识创造能力上非常突出，但由于其他方面的指标处于相对弱势，其技术创新综合能力稍逊于上海。广东强在企业的技术创新能力上。

第二集团有江苏、山东、辽宁、浙江、天津和福建，它们都是沿海地区。

第三集团有吉林、陕西、四川、湖北、河北、湖南、重庆、安徽、黑龙江、河南。它们主要是中部地区，少数是西部地区。它们属于中西部地区创新较好的地区。

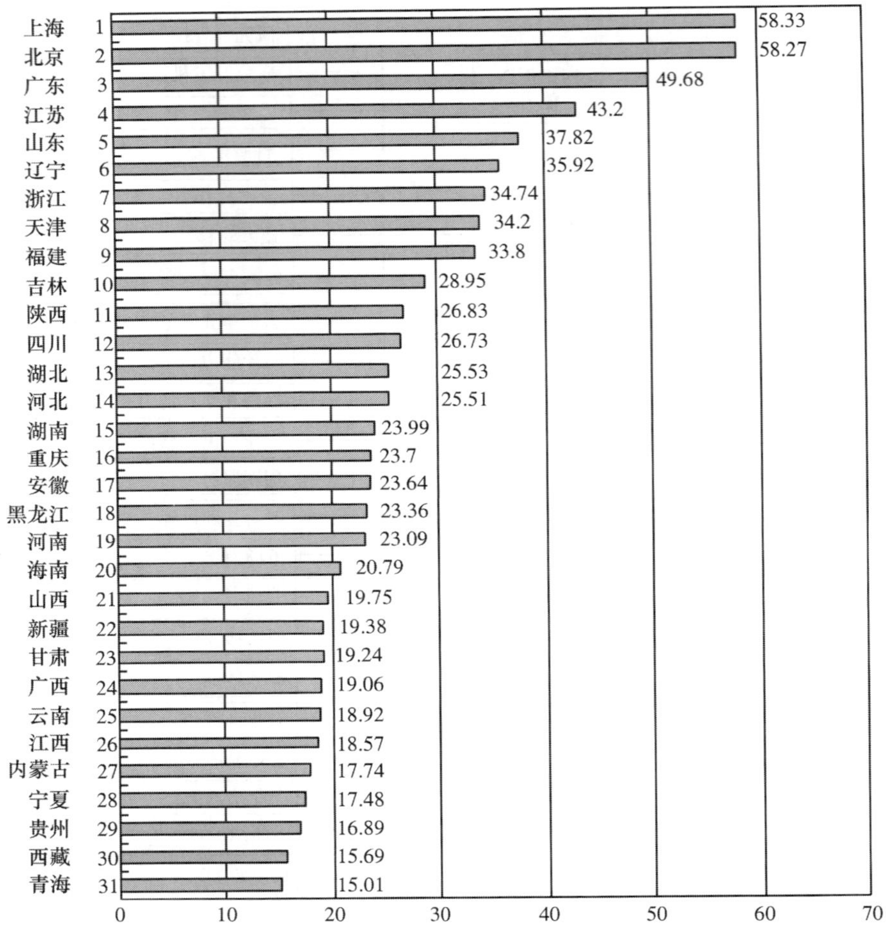

图 2 中国各地区创新综合能力排序

第四个集团，也是最后一个集团，包括海南、山西、新疆、甘肃、广西、云南、江西、内蒙古、宁夏、贵州、西藏和青海。除山西、江西、海南外，都是西部地区。

我们认为，创新能力决定了一个地区的经济长期竞争力。因此，上述地区的创新能力分布也预示着今后几年各地的经济发展趋势。

（二）中国区域创新能力分布的基本特点

1. 从总体上看，中国区域创新能力自东向西呈梯次分布

从图 2 可知，中国区域创新能力呈梯次分布的规律十分清晰，东部沿海地区的创新能力较高，西部内陆地区的创新能力较低，中部省份的创新能力大体处于两者之间。

上海、北京、广东表现突出，它们的得分远超过其他地区，排在前三位。之所以如此，一个重要原因是沿海地区改革开放领先于全国，为技术创新提供了良好的体制和环境。而像天津等城市，它的工业基础好，科技有实力，又是沿海港口城市，但创新能力不强，是因为与南方地区相比，制度创新不活跃，由此可见，体制创新是决定技术创新能力的关键。

2. 创新能力各要素在不同地区分布不均衡

在本报告的知识创造、知识流动、企业技术创新能力、创新环境和创新的经济效益这五大板块中，各集团的能力如下（详见表 1）：

在第一集团，北京强在知识创造能力（第一位）和创新环境（第一位）上，而上海强在知识流动能力（第一位）、企业技术创新能力（第二位）和创新的经济效益（第一位）上。两个大城市各有千秋。

广东的创新能力非常强。其中突出的是，广东的企业技术创新能力已经超过了上海成为全国第一位。这得益于广东这几年的改革开放政策和深圳的崛起。在企业技术创新能力这一板块里，广东在企业研究开发投入、设计能力上居全国第一的位置，在制造和生产能力上居全国第三，在新产品产出上居全国第二。

在第二集团中，江苏、山东、辽宁、浙江、天津和福建这六个省市中，表现最为突出的是他们具有较强的企业技术创新能力。在企业技术创新能力的全国排名中，上述六省市加上北京、上海、广东占据了前九席。这说明，企业技术创新能力在地区创新能力中所具有的重要位置。

在第三集团，表现突出的是吉林、陕西和四川。吉林作

为第三集团的领头羊，其特点是在创新能力的各个方面都有较均衡的能力。而陕西的特点是强在创新的环境上，在知识创造方面并没有显出优势，而在知识流动方面则表现较差。四川则强在企业的技术创新能力上，而弱在知识创造和知识流动上。

第四集团以西部地区省份为主，总的说来，他们在知识创造、知识流动、企业技术创新能力和创新环境上都较差，落后于全国其他地区较多，尤其是与东部发达地区相比。山西之所以落入这一集团，主要原因是1998～1999年经济效益不佳造成的。山西的创新经济效益的全国排名是倒数第一，山西的劳动生产率全国倒数第一，1998～1999年的人均GDP水平的增长也是倒数第一，山西的居民收入水平也是全国倒数第一。江西落入这一集团是因为他们五个板块的指标都比较落后，有许多指标甚至落后于西部省份。

从这个分析上说，山西、江西和海南是东中部地区的“西部”。国家在强调开发西部的过程中，注意一下这几个富饶地带包围的落后地区的发展问题，非常重要。它们不应当被忽视。像山西，曾对我国的能源发展作出过巨大贡献，它的经济如何发展，值得关注。江西是一个资源富饶的地区，但其创新能力排在第26位，不如新疆、甘肃和广西，江西的落后问题可能出在发展观念、战略和体制上。

而有些西部省份如西藏的人均GDP增长率在1998～1999年排在全国首位，青海也排在全国第十位。正是西部地区省份在经济增长率、产业集中度高和资源产业的比较优势等特点使西部省份在创新的经济效益上的表现还算可以，但他们的其他四个板块的指标都是全国最差的，因此，西部在提高创新能力上任重而道远。

表1　中国区域创新能力构成总表　　（单位：分）

	知识创造能力	知识流动能力	企业技术创新能力	技术创新环境	技术创新的经济效益	综合得分
北京	79.11	39.51	47.08	63.92	57.94	58.27
广东	28.44	49.12	66.47	49.28	46.40	49.68
上海	40.54	50.93	64.91	54.63	73.66	58.33
江苏	28.66	43.76	54.03	44.59	39.81	43.20
山东	22.59	30.93	46.94	48.91	31.73	37.82
辽宁	26.76	34.97	43.12	39.69	31.00	35.92
浙江	30.25	30.14	38.01	35.93	35.44	34.74
天津	26.88	37.19	31.61	31.04	47.09	34.20
河北	17.57	19.54	29.45	28.18	27.87	25.51
福建	20.56	27.48	43.04	30.68	39.46	33.80
海南	22.49	14.90	26.21	16.50	18.17	20.79
东部合计	343.86	378.46	490.87	443.36	448.58	432.27
平均	31.26	34.41	44.62	40.31	40.78	39.30
湖北	20.97	19.33	29.60	28.20	24.40	25.53
湖南	19.47	18.49	26.96	28.86	21.93	23.99
黑龙江	19.05	19.58	22.21	26.47	28.18	23.36
河南	15.96	21.59	26.90	27.51	20.83	23.09
吉林	29.25	24.34	25.33	30.22	35.10	28.95
安徽	19.16	20.60	28.03	24.55	22.15	23.64
山西	18.05	16.47	22.24	22.78	16.34	19.75
江西	10.70	13.44	22.08	19.32	23.00	18.57
中部合计	152.60	153.85	203.34	207.91	191.94	186.88
平均	19.08	19.23	25.42	25.99	23.99	23.36

续表

	知识创造能力	知识流动能力	企业技术创新能力	技术创新环境	技术创新的经济效益	综合得分
内蒙古	9.82	13.38	16.18	23.15	24.77	17.74
四川	17.81	19.22	34.91	29.66	24.21	26.73
陕西	24.63	15.39	26.91	33.39	28.07	26.83
云南	21.03	17.49	12.68	21.44	24.37	18.92
新疆	12.40	17.70	13.64	24.50	30.70	19.38
重庆	16.90	19.87	24.46	26.26	28.69	23.70
甘肃	16.08	17.28	19.40	17.76	24.63	19.24
宁夏	10.14	21.67	17.28	18.74	21.75	17.48
贵州	8.35	15.57	19.24	16.50	22.94	16.89
青海	7.00	10.54	14.58	16.47	24.43	15.01
西藏	16.10	7.89	7.58	13.14	33.91	15.69
广西	16.17	15.26	21.00	20.18	19.83	19.06
西部合计	176.43	191.26	227.87	261.20	308.30	236.67
平均	14.70	15.94	18.99	21.77	25.69	19.72

3. 沿海地区表现出强劲的创新能力

东部技术创新综合评价远高于中部、西部。尤其是突出表现在企业的技术创新能力上，这是因为东部地区企业的创新机制更加灵活，市场经济的作用较强，企业已基本成为技术创新的主体。中部也有类似倾向，而在西部，企业的技术创新能力表现不突出，因此，西部提高技术创新能力的关键是政府减少对企业的干预，让企业有更多的经营自主权，使企业成为技术创新的主体。

4. 东部与中西部区域创新能力差距明显

相对而言，东部与中部、西部之间的差距较大，中部与西部倒较接近。在技术创新的经济绩效方面，西部的表现超过了中部。因此，我们认为，中国在强调开发西部的同时，忽视中部是不应该的。如江西、山西在创新能力的许多方面都落后于西部的大多数省份。同时，中部许多省份也应该意识到自己创新能力弱的问题，通过观念的转变，制定相应的战略，以提高创新能力。

西部地区并非所有指标都落后于东部地区。在效率指标上，在单位科技资金投入产生的发明专利产出中，西部强于东部；在单位科技人员产生的发明专利中，西部也并不比东部差。但在单位科技资金投入和单位科技人员产生的新产品产值中，西部要大大落后于东部。由此可知，西部主要差在面向市场进行产品开发的能力上。

总体上看，中西部创新能力差距不明显。一些好的西部地区如四川、陕西等地的技术创新能力远高于中部的山西、江西。这种情况表明，中西部地区应该而且可以从东部地区大量吸收和应用科学技术知识，东部地区的科学技术知识也应该通畅顺利地向西部地区流动，这是东西部合作的关键。

四、主要启示与政策建议

1. 观念和制度的创新决定了区域创新的水平

实际上，东部地区在改革开放之初的创新能力不及中西部的一些地区，但由于具备体制优势和政策优势，使其创新能力很快超过中西部地区。究其原因，一是得益于其独特的地理位置优势；二是东部人较强的经商意识；三是得益于改革开放和经济体制改革，大大提高了经济生活中市场化的程度。创新的压力来自于市场的竞争。正是体制改革和创新，形成了市场竞争力压力，释放了东部人巨大的创新热情，对外开放则为其创新创业提供了契机。创新的意识、竞争压力和投资驱动是东部地区创新能力快速提高的三大重要因素。

2. 科技优势不等于创新优势，关键是技术创新的良好环境

知识创造能力并不决定一切。如北京在知识创造方面有鹤立鸡群的优势，但并没有表现出特别强劲的创新能力。上海在创新的五大板块指标的均衡能力上表现较为突出，创新能力居全国第一。广东的知识创造能力在东部地区仅有中游的实力，但在知识流动、企业技术创新能力和创新环境的突出优势使之仍有较高的技术创新综合能力。因此，各地在提高技术创新能力时，要注意通过措施以弥补弱势，发挥优势。

3. 对外开放、吸引外资是提高区域技术创新能力的重要手段

根据本报告的分析，广东的企业技术创新能力已经超过上海居全国第一位，之所以如此，一个重要的原因是广东作为全国对外开放的窗口，很早就开始了国民经济的市场化进程，并且从境外吸引了大量投资，并由此引进了具有相当水

平的先进技术，从而直接促成了广东企业技术创新能力的提高。因此，尽管广东的知识创造能力在全国仅居于中游水平，但其企业技术创新能力较强，因而大大提升了广东创新能力在全国的排序。没有境外直接投资所隐含的大量先进技术，广东的技术创新能力不可能得到如此大幅度的提高。这种情况说明，对于中国这样一个发展中国家来说，外资对于提高国家和地区的技术创新能力和经济发展水平有着极为重要的意义。

4. 推动区域创新体系建设，要根据不同地区的特点采取不同模式

由于各地区经济发展水平不同，资源不同，文化不同，因此应结合实际来制定本地区的创新战略，创造出不同的创新业绩。在当前阶段，东部地区应加大原创性研究投入，注意引进技术的消化吸收和创新，努力改善产业的国际分工地位。随着我国对外开放的深入开展和经济发展进入新阶段，东部地区原有的政策优势和区位优势将不断弱化，这就要求这些地区必须加大研究开发投入力度，不断提高劳动力素质和原创性技术创新能力，发展高技术产业。中西部地区应该大力推进市场化进程，提高经济发展的市场化水平，培育和完善市场体制，注重中间技术的消化吸收和利用。

5. 使企业成为技术创新的主体是提高区域创新能力的关键

创新是与市场密切相关的活动，只有善于在市场上生存的企业，才会把握创新的时机，才会有创新的动力，才会敢冒创新失败的风险，才会真正将创新计划付诸实施。政府、高校、科研院所都是创新体系中重要的要素，但不可能成为创新的主体。因此，各地政府，要注重为企业的创新创造环境，减少不必要的干预，促进产学研的合作，让企业自己承担创新的决策的风险。广东的例子深刻地说明了企业成为创新主体对于提高区域创新能力的重要性。

（来源：中国科技统计网站）

2003 年世界新材料研究领域进展

进入 21 世纪，材料科学和材料工业被公认为最重要、发展最快的高新技术产业之一。新材料技术对工业、农业以及国防和其他高新技术产业的发展，都具有无可替代的支撑作用。新材料同信息技术、生物技术构成当今世界高新技术的三大支柱，是产业进步的重要推动力。

2003 年，世界各国科学家在新材料研究领域取得了一系列令人振奋的成就。纳米材料、信息材料、金属材料等方面均有不少高水平的发现与发明诞生，引起世界轰动。可以断言，这些新成果必将吸引科技界、产业界和政府机构的关注，并成为今后相当一段时期的研究、开发和产业化的热点。本文对此进行了综合评述。

一、纳米材料研究取得一系列重大进展

纳米材料是当今新材料研究领域中最富有活力、对未来经济和社会发展有着十分重要影响的研究对象。正像美国科学家估计的“这种人们肉眼看不见的极微小的物质很可能给各个领域带来一场革命”。2003 年，世界纳米材料研究凯歌高奏，取得了引人注目的成果。这一年，美国用 DNA 分子制造出纳米级脚手架；法国利用粉末冶金制成具有完美弹塑性的纯纳米晶体铜；我国研制成功新型纳米材料——纳米团簇；日本将导体和半导体套在一起，制成了双层纳米管；中国香港地区研制出世界上最细小的纳米硅线等等。这些重大研究成果的出现促进了纳米材料产业的进程，而且大多数已被国际权威刊物《科学》、《自然》等杂志刊登报道。

1. 中国研制成功新型纳米材料——纳米团簇

2003 年 2 月，中国科学院物理研究所的国际量子结构中心成功研制出具有十分诱人应用前景的新型纳米材料——全同金属纳米团簇，一种能在纳米尺度的金属膜上整齐而有序地镶嵌另一种金属原子的材料，这在国际材料科学研究领域和工业界引起强烈反响。

这是科研人员第一次在硅金属的基片上成功种入铝原子，其大小为 1.5 纳米，而且种植十分均匀，形成了一种人工的两维晶体。迄今为止，他们已经这样制备了 16 种不同的人工晶体。论文发表后，著名的《科学》、《自然》、《物理评论快报》和《电子工程》杂志等，很快掀起一股报道“纳米团簇”的旋风。为此，课题组在各种国际会议上被聘请作特邀报告多达 35 次。

2. 日本科学家制成双层纳米管

2003 年 4 月，日本名古屋大学科学家成功研制出一种双层纳米管，外层为半导体，内层为导体，可作为极微细电子元件的配线用于薄形装置的关键部位。

据《日本经济新闻》报道，双层纳米管是利用在碳电极间断续放电的方法合成的，内层可以像金属一样导电，直径为 1.3 纳米，外层具有半导体的特性，直径为 2 纳米。科研人员把双层纳米管称为纳米同轴电缆，因为在通信中使用的同轴电缆多呈导体和绝缘体多层结构，以提高导电性能。由于双层纳米管是由不同导体性能的纳米管构成，因此可以根据需要发挥不同的导电性能，这意味着它在超小型精密器械制造等对导电性能要求高的领域将大有用武之地。

3. 世界上最细小的纳米硅线在中国香港面世

2003 年 5 月，世界上最细小的纳米硅线在中国香港城市大学研制完成。这项科研成果刊登在《科学》杂志上，并被用作封面图片，这也是该杂志第一次将中国内地和港澳台地区的纳米成就用作封面介绍。

该项纳米研究，是通过“氧化物辅助生长”新方法，成功制造出直径小至 1 个纳米的纳米硅线，相当于约五万分之一的人体头发的直径。科研人员认为，这项成果适用于大多数半导体纳米线。同时，由于硅是广泛使用的电子材料，可以预期，纳米硅线将引领崭新科学的发展，拓展其在电子及光电子学等多方面的应用。

4. 法国科学家制成具有完美弹塑性的纯纳米晶体铜

2003 年 5 月，法国国家科研中心的研究人员在对铜的纳米结晶体进行牵引试验后惊奇地发现，这种只有几十纳米大的颗粒状物质，比传统的铜物质坚固 3 倍。

这种铜结晶体的平均体积仅为 80 纳米，是研究人员使用两种特别工艺制造出来的：先用致冷蒸发—凝聚法制备出大量超精细的金属粉末，然后通过冷却差分压制成法将这些粉末聚合成颗粒物质。在实验中，研究人员对纳米铜结晶体施加了不同外力，并对铜晶体产生的形变进行跟踪观察。结果发现，这种物质表现出惊人的机械特性，它的强度不仅比普通铜高 3 倍，而且形变非常均匀，没有明显的区域性变窄现象。这是科学家首次观察到物质具有如此完美的弹塑性行为。科学家认为，铜纳米晶体的这种机械特性为制造常温下的弹性物质开辟了光明的前景。

5. 美国研究人员用 DNA 分子制造纳米级脚手架金属线

2003 年 10 月，美国杜克大学的科研人员在纳米级合成方面取得了突出成就，将来可能开发出可编程分子级传感器或电路。他们利用自行组装的 DNA 分子作为分子建筑材料（称作“瓦”），制成了支撑蛋白质的纳米级脚手架和金属线，其直径只有数十亿分之一米。这一研究成果发表在当月的《科学》杂志上。

专家指出，由于 DNA 链天生就会有选择地附着在一起，因此就可以使 DNA 链自行排列成十字形的“瓦”，其 4 个端头都可形成分子键。因此，大量十字就可以自然地结合在一起，形成性能稳定、表现良好的半刚性华夫饼干式结构。根据 DNA 的自身特性，研究人员还可以将这些“瓦”设计出不同的组合方式。

二、金属材料研究成果喜人

2003 年也是世界金属材料研究可喜的一年。从金属材料表面纳米化技术获得突破，到金属材料疲劳踪迹以及“软化”钛合金方法的发现，再到世界上强度最高的镁基金属玻璃的问世，可以说在金属材料基础研究和开发应用方面，均取得了可观进展。

1. 中国在金属材料表面纳米化技术获重要进展

2003 年 1 月，中国科学院金属研究所卢柯博士领导的研究小组，利用金属材料的表面纳米化技术在解决金属材料表面氮化这一重大技术难题上取得突破性进展。研究成果发表在《科学》杂志上。

研究人员先对纯铁进行表面纳米化处理，在几十微米厚的表面层中获得纳米晶组织。然后利用常规气体氮化处理在 300℃保温 9 小时后成功地实现了表面氮化，获得 10 微米厚的氮化物层，而未经处理的纯铁在同样条件下几乎无氮化物形成。性能测试结果表明在 300℃下形成的表面氮化层具有很高的硬度、耐磨性和耐腐蚀性。

专家认为，这一结果证明铁的表面氮化温度可以利用表面纳米化技术而大幅度下降，从而使表面氮化技术的适用面大大拓宽；同时也说明通过表面纳米化技术可以实现材料表面结构选择性化学反应。

2. 德国科学家发现材料疲劳踪迹

2003 年 11 月，德国马普研究协会斯图加特金属研究所的材料科学家发现，易碎材料在以超音速运行时会出现裂痕。研究人员用巨型计算机对裂痕动力学进行了大量计算机仿真实验后表示，在何种条件下，可以通过超弹性来确定裂痕的转播。研究人员的发现有助于人们了解飞机或航天飞行器出现的裂痕。

此外，研究人员还发现，固体物质的弹性取决于塑性强度。材料不断扭曲直至接近其弹性极限时，金属变软，而聚合物相反变硬。如果一个部件出现裂痕，其原因是由于裂痕顶部的材料发生了极度变形。试验中，科学家还证实了大扭曲的情况下材料的超级弹性，在出现裂痕的同时，材料会吸收和破坏周边材料的能量。

3. 世界上强度最高和具有强玻璃形成能力的镁合金问世

2003 年 11 月，中国科学院金属研究所科研人员研制出目前世界上强度最高和具有强玻璃形成能力的镁合金。这一研究进展使我国在此领域跃居国际先进水平，对推动镁基金属玻璃作为新一类轻质高强度材料的应用具有重要意义。

这一世界上玻璃形成能力最强的镁合金，在铜模浇铸时金属玻璃圆棒直径可达到 9 毫米。相关研究成果发表在《材料研究杂志》上。在此基础上，他们还与美国约翰霍普金斯大学研究人员合作，发明了一种铁颗粒弥散分布于金属玻璃基体上的内生复合材料，材料的压缩断裂强度达到 1 000MPa。同时，断裂前的塑性应变约为 1%，材料的强度与塑性指标均为玻璃态镁合金前所未有，该项成果登载于《应用物理快报》上。

4. 德国科学家发现“软化”钛合金的新方法

2003 年 11 月，为降低钛合金加工成本，德国不伦瑞克大学的材料科学家在金属材料结构上做文章，他们先设法将钛合金软化，并对其进行加工，然后再将材料的特性复原。

钛合金强度大、重量轻、耐热性能好，适用于船只、汽车、航空航天工业，被人们视为未来材料。然而，钛合金的加工难度极大，如加工一个船用涡轮压缩机轮需要 50 个小时，而加工一个铝合金的同样部件仅需 5 个小时。为此，科学家采用一种专门的热处理方法，将氢原子渗入材料，掺氢的钛合金相对软化。对软化的钛合金进行切削加工证明，此时加工设备所承受的机械和热负载明显降低，切削力仅为过去的 50%，大大降低了加工成本。加工完后，再经热处理工序，材料的特性则回到原先状态。

三、信息材料研究取得新突破

信息材料技术是新材料技术的重要组成部分，也是信息技术尤其是电子信息技术发展的基础。2003年信息材料技术取得了相当大的突破，其中以新型高分子液晶材料的研究、纳米级晶体管的研制成功、多孔硅的研究，以及新型压电材料的开发等尤其具有代表性。

1. 中国在多孔硅研究中取得重要进展

2003年2月，中国科技大学研究人员在电子信息材料的重要领域——多孔硅的研究中取得重要进展，获得了稳定的肉眼可见的蓝光发射。研究成果在当月的《Applied Physics Letters》杂志上发表，同时，著名的光学网站 Optics. org 以《多孔硅发蓝光》为题发表消息，称“中国科学家找到了能使多孔硅发射稳定的肉眼可见的蓝光的方法”。

多孔硅是由大量硅纳米线站立在单晶硅基底上构成的，研究小组在硅纳米线周围填充钛氧锆铅（PZT），由于 PZT 是铁电材料，能自发极化，因此相当于在硅纳米线周围施加了一个静电场，当纳米线被激发后，静电场能诱导被激发的电子/空穴发生分离，并向相反方向运动，增强了载流子在纳米 Si/PZT 界面的复合，从而获得肉眼可见的蓝光发射。

2. 中国新型高分子液晶材料研发获重大突破

2003年9月，英国《自然》杂志发表了留日博士俞燕蕾在新型高分子液晶材料的研究和开发方面的重大突破。日本 NHK 电视台和多家媒体对这一科研成果进行了报道。

俞燕蕾博士利用含偶氮苯色素的高分子液晶材料对偏振光选择吸收的特性，实现了技术上的突破。通过改变偏振光的偏振方向等技术精确地控制薄膜的卷曲方向，使其可以沿着任意的方向进行卷曲。这种卷曲的过程可以反复实现而薄膜不会出现疲劳现象。该材料的功能完全由光来控制，不需要任何电池、电动机、齿轮等的介入，可以应用于微型机械的驱动装置、小型医疗器械等的开发上，同时光在远程控制上的优越性使得该材料在航空和国防等领域也具有极大的应用潜力。

3. 日本开发出纳米级晶体管，体积为目前晶体管的1/150

2003年12月，日本电气公司（NEC）硅系统研究所研究人员成功开发出只有5纳米大小的晶体管，若将其应用到计算机制造中，现在每秒运算6千亿次的超级计算机将可缩小到只有台式电脑大小。

新开发的晶体管约为目前晶体管体积的一百五十分之一，与目前主流130纳米系统集成电路（LSI）相比，速度将提高18倍，而耗电量为目前 LSI 的二十五分之一。行业专家曾认为，由于结构所限，目前晶体管的制作最小极限应为10纳米左右。但 NEC 此次通过调整晶体管的形状和制造方法，在没有改变晶体管结构的基础上成功开发出了5纳米的世界最小晶体管，的确是一大突破。

4. 日本开发出新型压电材料，电致伸缩效应提高40倍

2003年岁末，日本科学技术振兴机构与物质材料研究机构的联合研究小组共同开发出一种基于新原理的压电材料。这种压电材料通过增加电场，使物质的晶体结构发生伸缩，电致伸缩效应为历来同样材料的40倍。研究成果刊载在《自然》杂志网络版上。

迄今为止，压电材料使用钛氧锆铅，而此次开发的材料不含铅成分，可实现高性能，对环境无害的传感器及换能器制造。此次研究小组利用新原理开发的压电材料正离子与负离子中心移动时产生的偶极矩电极化的区域，在增加电场之后沿电压方向一齐发生变化，实现了可逆性的巨大电致伸缩效应。在理论上可实现最大5%的移动。该材料应用于超声成像（特别是医用超声成像）、声呐、微驱动器等器件可使其性能有重大提高。

四、其他新型材料研究亦有很大发展

2003年新材料研究在其他领域也取得了较大的进展，其中包括新型生物复合材料、新型导电塑胶、新型光触媒涂料的问世等。

1. 俄罗斯研制成功可修复人体受损组织的新型生物复合材料

2003年3月，俄罗斯莫斯科国家口腔大学和创伤中央研究所研制出一种可修复人体受损组织的新型生物复合材料，有关专家认为，该科研成果将在医学上获得广泛应用。

俄罗斯科研人员通过多年研究发现，从人体或动物的骨骼中提取的骨胶原（结缔组织的主要蛋白质）与从结缔组织中分离出的复杂氨基葡萄糖结合起来，可以获得具有独特功能的新型生物复合材料。专家指出，在这一生物复合材料中，骨胶原和复杂氨基葡萄糖对人体组织有着特殊功能，将有助于恢复受损伤的人体器官组织功能，如可加速伤口的愈合，用于牙科手术、肉瘤的治疗以及关节的修复等。

2. 日本以新工艺开发出含有碳纳米管的导电塑胶

2003年6月，日本科学技术振兴事业团研究小组用新工艺开发出了内含碳纳米管、强度高、导电性好的新塑胶。研究小组把粉末状的碳纳米管与特殊的溶剂混在一起，经过15分钟左右的研磨，制成了富有光泽的凝胶体。但在此之前，把碳纳米管与其他物体混合在一起十分困难。科研人员介绍，采用上述工艺时，任何人都可以在不使用特别装置的情况下，使碳纳米管与特制溶剂混合在一起，从而使碳纳米管的应用更加容易。

目前，科研人员正在积极尝试对碳纳米管材料进行加工，以便将来开发出新型电子机械和燃料电池。

3. 中国成功研制出新型光触媒涂料

2003年9月，中国科学院理化技术研究所成功研制出同时具有抗菌、防雾、防霉、自洁、光催化分解污染物等多重功效的新型光触媒涂料。由于该涂料成膜后具有的亲水以及光催化性能，在玻璃上使用后，使玻璃具有明显的防雾、自洁功能。初步的抗菌实验显示，这种涂料对金黄色葡萄球菌的抗菌率大于99%。同时，该涂料还具有室温

下快速成膜的优点，室温成膜48小时后，如不刻意刮划，膜不会被破坏或自行脱落。据介绍，该涂料中的主要功能成分为光活性高、光稳定性好、无毒、安全性好的光催化剂 TiO_2 及其银系复合物。

五、结束语

新世纪是以高科技为基础的新经济时代，而在高科技的发展中，新材料又是支柱、动力和先导，可以说新材料是新经济的“基础之基础”。因此，新材料正受到世界各国，尤其是先进国家的高度重视，得到了全球科学家的特别青睐。发达国家为抢占新材料技术的战略高地，纷纷制定出相关战略计划并投入巨资。

美国政府一直将材料科学和技术列为重要的研究领域，自2001年以来，政府对纳米研发的投入增加了83%，2004财政年度的研发预算近8.5亿美元，比上一财年增加10%，2003年12月又通过了《21世纪纳米技术研究开发法案》，计划从2005财政年度开始的4年中投入约37亿美元，用于促进纳米技术的研究开发。日本从2001年起实施为期7年的“纳米材料工程”计划，这个计划每年的投资额为50亿日元，同时设立纳米材料研究中心，把纳米技术列入新5年科技基本计划的研究开发重点；近日又成立了包括东丽、日立、三菱商事、岛津制作所等在内，共有268家大型企业参加的纳米技术商务推进协会。德国自1994年起启动了为期10年的跨世纪国家级材料研究计划，目标是通过产品创新和技术创新，在新材料制备、加工和应用三个方面，确保德国的国际领先地位，并创造新的经济增长点。同样，欧盟也制定发展计划，先进材料技术就是其九大研究开发领域之一，累计投资已超过6.71亿欧元，占整个计划投资总额的4.4%。

面对世界材料基础研究大发展的浪潮，对于中国这样一个大国，大力发展新材料研究是必须迎接的挑战，也是一次机遇。如果我国的新材料研究上不去，它就可能成为影响我国新材料产业发展的严重障碍。有利的条件是在863计划（国家高技术研究发展计划）、973计划（国家重点基础研究发展计划）的支持下，我国新材料研究的发展已有了坚实的基础，近年来不断取得的高水平成果就是明证。投资2.5亿元，定位于前瞻性的、具有重要应用前景的纳米科学与技术基础研究的国家纳米科学中心也于2003年3月成立。目前我国正在制定的国家中长期科学技术规划中，所设立的20个战略专题中，有制造业发展科技问题、国防科技问题、战略高技术问题、基础科学问题等七个专题与材料科技密切相关。仅这一点，足以使材料科技的重要性表现无遗。抓住机遇和挑战，大力发展新材料研究，不失时机地做好各方面的工作，使其有重大的发展。在继续发展高性能新型结构材料的同时，应重视研究与开发具有各种优异物理、化学、生物性能等功能材料。

（资料来源：上海科学技术情报研究所，马春、陈文龙）

2004年世界新材料研究进展综述

新材料是指新出现或正在发展中的、具有传统材料所不具有的优异性能的材料，其发展具有功能化、复合化、智能化的特征。新材料广泛应用于信息、能源、交通、医疗等各个领域，处于其他高新技术产业链的上游。

2004年，各国科学家在新材料研究领域取得了一系列令人振奋的成就。纳米材料、信息材料、金属材料、新能源材料等方面均有不少高水平的发现与发明诞生，引起世界轰动，绝大多数研究成果都被《科学》、《自然》等国际权威刊物刊登报道。可以断言，这些新成果必将吸引科技界、产业界和政府机构的关注，并成为今后相当一段时期的研究、开发和产业化的热点。本文对此进行了综合评述。

一、纳米材料研究取得一系列重大进展

在过去一年里，纳米科学，无论在基础研究还是在应用研究方面都取得了突破性进展。中国科学家制备出超疏水/超亲水“开关”材料，在功能纳米界面材料研究领域取得了重要进展；华裔科学家发现具有半导体和压电效应双重性质的新型纳米环结构；美国研究人员找到精确定向生成特性制备硅基纳米导线方法，在纳米半导体材料研究领域获得突破；中国科学家在生物无机纳米复合材料研究取得重要成果；日本制成长2.5厘米高纯度碳纳米管等等，铸就了纳米科技的光环。这些重大研究成果的出现必将促进纳米材料产业的进程。

1. 中国研制出纳米“超级开关”材料

2004年1月，中科院化学研究所研究人员成功地通过调节“光”和“温度”实现了纳米结构表面材料超疏水与超亲水之间的可逆转变，制备出超疏水/超亲水“开关”材料，在功能纳米界面材料研究领域取得了重要进展。研究论文分别在《美国化学会志》、德国《应用化学》发表后，得到英国《自然》和美国《科学》杂志的高度评价。

据介绍，研究成果未来将可能应用于基因传输、无损失液体输送、微流体、生物芯片、药物缓释等领域，具有极为广阔的应用前景。

2. 华裔科学家发现新型纳米环结构

2004年2月，美国佐治亚理工学院的华裔科学家领导的研究小组在世界上首次发现了一种新型纳米结构，这种由单晶体纳米带环绕而形成的封闭式环型纳米结构具有半导体和压电效应双重性质，可应用于微米、纳米机电系统、纳米级传感器和生物细胞探测。该成果开辟了纳米结构生长的新理论和新应用。

这一成果发表在美国《科学》杂志上，《科学》杂志的审稿人评价：这是一项很有学问的工作……是非常振奋人心的研究。

3. 美国找到精确定向生成特性制备硅基纳米导线方法

2004 年 2 月，美国俄勒冈州健康与科学大学的科研小组找到一种能精确制备硅基纳米导线的方法，硅基纳米导线能够按照预先设定的位置和方向生成。这是纳米半导体材料研究的重大进展，研究成果发表在《应用物理》杂志上。

硅基纳米导线定向生成特性将有助于研制各种纳米电子元器件，特别是纳米芯片，进而可以打破目前硅芯片集成度的限制，未来能使芯片集成度达到千兆规模；同时，硅纳米导线与纳米芯片将可以用于未来的量子计算机上。

4. 中国科学家在生物无机纳米复合材料研究取得重要成果

2004 年 10 月，中科院硅酸盐所高性能陶瓷和超微结构国家重点实验室科研人员在生物无机纳米复合材料制备及其性能研究中取得重要进展。

通过对酸碱度的有效调控，实现了生物酶分子和无机纳米层板的可逆组装与释放。固定在无机纳米层状载体中的酶分子保持活性并极大提高酶的热稳定性。其论文之一受到同行审稿专家的高度评价，并发表在国际一流的核心化学期刊《美国化学学会会志》上。

5. 日本制成长 2.5 厘米的高纯度碳纳米管

2004 年 11 月，日本产业技术综合研究所的研究人员采用新方法制成了长 2.5 厘米的高纯度单层碳纳米管，它能被肉眼看到，这将对碳纳米管的研究和未来应用很有意义。

研究人员在采用化学气相生成法时，在气体中加入了微量水分，致使催化气体中的铅等杂质被更有效地除去，碳原子沉积速度大幅加快，在 10 分钟内便能生成 2.5 厘米长的单层碳纳米管，纯度可达 99.98%，从而省去了用于去除杂质的大量时间和成本，提高了碳纳米管的质量。

二、金属材料研究成果喜人

2004 年也是世界金属材料研究可喜的一年。从新型镁合金加工技术的开发，到超高强度高导电性纳米孪晶纯铜的发明以及高硬度复合材料的发现，再到高强度无磁新型钢的问世等，可以说在金属材料基础研究和开发应用方面，均取得了可观进展。

1. 日本开发无浇口射出成型镁合金加工技术

2004 年 3 月，日本产业技术综合研究所与 SEP 及名机制作所联合开发成功了镁合金新加工技术“无浇口射出成型法”，新技术采用将半熔状合金加压注入金属模型成型的方法。

无浇口射出成型法在射出成型喷嘴上加大了研究力度，采用将固体镁合金加热至可形成固液共存状态的温度后，通过活塞加压注入金属模型的方法。熔化的镁合金不与空气接触，因此不会因氧化引发燃烧，显著提高了安全性。另外，通过采用将固液共存状态的镁合金加压注入金属模型的成型方法，还可生产出铸造缺陷较少的高质量产品，这也是其优点之一。产出量从压铸法的 50% 提高到了 90%，节省能源的效果也很显著。

2. 中国研制出超高强度高导电性纳米孪晶纯铜

2004 年 4 月，中科院金属研究所研究人员采用脉冲电解沉积技术制备出具有高密度纳米尺寸生长孪晶的纯铜薄膜。通过调整样品的晶粒尺寸、孪晶厚度及其分布、结构状态等，获得了具有超高强度和高导电性的纯铜样品，其拉伸强度高达1 068Mpa（是普通纯铜的 10 倍以上），而室温电导率与无氧高导铜相当（97% IACS），成功实现了金属材料的高强度和高导电性是一项长期以来有待解决的重大科学难题。美国《科学》杂志报道了此项成果。

利用纳米孪晶获得超高强度高导电性铜不但为材料的强化技术和高强高导材料的研制开辟了一个新领域，而且将对相关工业应用领域产生重要推动作用，如超导磁铁技术、电力传输系统、机电装备及微机电系统等。

3. 俄罗斯研制出硬度不亚于金刚石的复合材料

2004 年 4 月，莫斯科钢与合金研究所成功合成出一种特殊的准单晶物质，在该物质中，铁、铜、铝 3 种金属原子的排列具有严格的顺序，呈现出几何排列。研究发现，在该准单晶物质基础上制成的复合材料具有一系列独特的性能，有着广泛的工业应用前景。

在合成过程中，科研人员使用了一些特殊的物理方法，即在一特殊的装置内用重球对原材料进行长时间的冲撞和打击，直到原材料加工到原子水平，同时为了保持材料的特性，还在高温下对粉末进行了烧结。

4. 美国科学家发现无磁新型钢强度是传统钢的 3 倍

2004 年 8 月，美国弗吉尼亚大学的研究人员发现了制造无磁性、非定型钢的方法，这种新型钢的强度是传统钢的 3 倍，并有可能用于制造船的船体和汽车。研究成果发表在《Journal of Materials Research》（《材料研究》）期刊上。

科学家将大原子钇或其他的稀有元素掺进融化的钢中，它们产生的干扰效应导致铁不能聚集在一起形成正常的结晶结构，如同非定型玻璃。

三、信息材料研究取得新突破

信息材料技术是新材料技术的重要组成部分，也是信息技术发展的基础。2004 年信息材料技术取得相当大的突破，其中高分子发光材料的研究、发射光子的新聚合材料的开发、纳米晶体发光二极管的制造，以及高纯度碳化硅晶体的研制尤其具有代表性。

1. 中比科学家在高分子发光材料理论研究方面取得重要进展

2004 年 4 月，中科院化学研究所与比利时蒙斯 - 艾诺大学的研究人员合作，在高分子发光显示材料效率的理论研究中取得重要进展，论文发表在著名刊物《Advanced Functional Materials》（《先进功能材料》）和《Physical Review Letters》（《物理综述快讯》）上。

研究结果明确地指出高分子的电致发光效率可以远远大于自旋统计给出的25%极限，从而揭示了高分子发光显示材料工业的广阔发展前景。该理论研究结果引起了国际电子工业界的广泛关注。大型全球性网站“电子工程时代”（EE TIMES）详细报道了这一重要成果。

2. 日本专家合成无电状态下发射光子的新聚合材料

2004年5月，日本科学家合成出一种能够在无电状态下发射光子的新聚合材料，据称该材料在数据存储和处理方面具有巨大应用潜力。

这种能够产生光子的化合物属高分子聚合物家族中的一员，在激光照射下会出现极化现象，电荷状态发生改变，并同时释放出光子。材料内部发生的这种变化相当迅速，几乎在百分之一秒内完成，这种特性对提高电脑的数据处理和存储速度相当有利。

3. 美国开发出制造纳米晶体发光二极管的新技术

2004年6月，美国洛斯阿拉莫斯国家实验室的科学家研究出一种刺激微小纳米晶体发光的新方法，该方法可用于制造亮度更高、能耗更低、寿命更长的显示设备、交通信号灯和室内照明灯等。有关成果发表在英国《自然》杂志上。

科学家将硒化镉量子点放置在一种称为“量子阱”的设备上，利用量子阱为媒介间接刺激量子点发光。粗略计算表明，新方法能使发光二极管的效率比目前的产品高出一倍。

4. 日本研制成功高纯度碳化硅晶体

2004年8月，日本丰田中央研发实验室的科学家开发出一种纯度极高的碳化硅晶体，以该晶体制成的半导体将大大提高电子设备的效率。研究成果发表在《自然》杂志上。

科学家采取一种特殊的方式分阶段培育碳化硅晶体。在每一阶段，研究人员将晶体的生长控制在最干净的一个表面上。热的碳化硅蒸汽逐渐沉积，当晶体的边扩展到7厘米时，其上的沟道就逐渐消失了。这种方法培育出的晶体的沟道数量只有传统方式培育出的晶体的沟道数量的1%。专家预测，如果该技术能够推广到工业生产，将使电子业发生革命性的进步。

四、新能源材料研究持续发展

新能源和再生清洁能源技术是21世纪世界经济发展中最具有决定性影响的五个技术领域之一。作为新能源的重要组成部分的新能源材料是指实现新能源的转化和利用以及发展新能源技术中所要用到的关键材料，包括储氢电极合金材料为代表的镍氢电池材料、嵌锂碳负极和$LiCoO_2$正极为代表的锂离子电子材料、燃料电池材料、Si半导体材料为代表的太阳能电池材料等。2004年，世界新能源材料研究不断有新成果出现，德国成功开发多晶硅太阳能新电池，日本制成新超导材料薄膜和降低锂电池成本的氧化物阳极材料，以及美国开发出锂电池用新负极材料等等。

1. 德国开发出多晶硅太阳能新电池

2004年7月，德国弗劳恩霍夫协会科研人员采用新技术，在世界上率先使多晶硅太阳能电池的光电转换率达到20.3%。

新技术的关键是在太阳能电池生产过程中选择适当温度，使多晶硅的电子性能得到提高，并同时形成高效率的太阳能电池结构。经过多次试验，研究人员找到了适当的温度平衡点，既保证太阳能电池高效率所需高温，又兼顾这一温度在材料可接受的范围以及它在工业生产中的可行性。

2. 日本制成新超导材料薄膜更适于工业应用

2004年8月，日本物质材料研究机构和早稻田大学联合研究小组发现，添加硼的金刚石薄膜在极低温度状态下可进入超导状态，这一新的超导材料有望用于开发新型超导薄膜和超导元件。

薄膜采用化学气相生成法制成，先用微波照射气体原料使之变为电离气体，电离气体在硅基片上层叠时，再添加2%的硼。实验结果证明，样品在绝对温度8.7K进入超导状态。

3. 美国开发出锂电池用新负极材料

2004年10月，英国AEA Technology Battery Systems Ltd. 和美国FMC Corp. 联合开发出锂离子在石墨化炭黑中混入金属锂粉末而成的充电电池负极材料及其电池组。

在锂离子充电电池负极材料中使用金属锂后，可增加单位重量和单位体积的锂离子量，从而有可能提高能源密度。不过在电极材料中使用金属锂后，在反复充放电后负极将堆积树突，最坏可能导致正极和负极短路。为此，AEA等采用了在石墨化炭黑中混入金属锂粉末的结构。此时通过采用其自主开发的稳定化技术，降低金属锂的反应性从而抑制发生树突。

4. 日本开发出降低锂电池成本的氧化物阳极材料

2004年11月，日本产业技术综合研究所尖端制造工艺研究部门开发出了放电电压超过4V的大容量锂离子充电电池使用的阳极材料。

通过将新材料应用于锂离子充电电池，可以将阳极材料价格降到只有原来的约20%，估计整个电池的成本也可以降低约30%。今后将通过粒径控制与化学组成的优化来进一步改良充放电特征及大容量化，同时还将确立低成本的原料生产工艺。

五、生物医学材料亦有很大发展

当前，世界各国对于生物医学材料的研究与应用投入了巨额资金，使该领域的发展越来越快。2004年，世界生物医学材料研究也取得相当大的进展，其中包括：我国学者拓展超分子自组装研究，加深对生命起源的认识；日本公司开发出下一代DNA芯片；以及英国科学家开发出可修复人体骨骼的新型超高强度材料等。这些无疑将极大提高人类健康水平和生活质量，促进现代社会的进步与发展。

1. 中国学者拓展超分子自组装研究占国际领先地位

2004年1月，上海交通大学科学家在国际上率先报道了宏观自组装现象，由一类新型的不规则的大分子自组装得到了厘米长度、毫米直径的多壁螺旋管，将超分子自组装研究领域拓展到了宏观尺度，使我国在这一研究领域处于国际领先地位。论文发表于《科学》杂志。

研究结果展示的从分子直接自组装得到宏观物体的过程和生命物体的形成过程有关，为生命起源提供了新的启示。

2. 日本开发出下一代DNA芯片

2004年9月，日本东丽公司开发出新一代DNA芯片，不仅能使目前的癌症诊断由1天缩短至1小时，而且有望诊断其他疾病，在“个人医疗”领域有极大的应用前景。

DNA芯片是由合成树脂制造的，敏感度比目前制品提高了100多倍，能够检测出极微量的遗传基因。新开发的DNA芯片形状复杂，但用压制成型方法可简单制作，低成本大量生产。

3. 新型超高强度材料将用来修复人体骨骼

2004年9月，英国伯明翰大学的研究人员研制出的磷酸钙超高强度黏合剂，将成为修复人体骨骼的最新材料。这种加有柠檬酸钠的黏合剂的强度，是人体骨骼强度的3倍。

医生希望这种材料能够运用在断骨复原上，治疗老年性骨质疏松症或使用在部分癌症病人身上。《自然》杂志分析家评论：这是一个非常简单又非常高明的办法。不久的将来，手术医生就可以把这一可靠的生物科学技术带上手术台，造福骨伤病人了。

六、新材料产业发展前景乐观

世界上的传统材料已有几十万种，而新材料正以每年大约5%的速度增长。伴随着新材料产品的不断涌现，新材料产业的规模也日益庞大。美国曾统计，2000年全球新材料产业规模高达4 000亿美元，预计到2005年将会突破5 350亿美元，年均增长率达到6%。

以纳米材料为例，依据BCC咨询公司的研究报告“Nanotechnology：A Realistic Market Evaluation”，预测全球对纳米材料、工具和装置的市场需求，2003年约76亿美元，预期2003~2008年间年均增长率30.6%，至2008年达287亿美元的市场需求。报告中的纳米材料包括炭黑橡胶分散体（carbon black rubber filler）、催化转化器（catalytic converter）材料以及银纳米粉体（silver nanoparticles），目前约占97.5%的全球纳米材料市场份额，2008年这些纳米材料将下滑至74.7%。其中，碳纳米管（nanotubes）将是成长最快的纳米材料（预测未来5年将达173%的年成长率），其次是纳米复合材料（nanocomposites，预测未来5年将达76%的年成长率）。

七、发达国家高度重视新材料研究

世界发达国家对新材料在国民经济和国防安全中的基础地位和作用都非常重视，发展新材料科技已经成为国家行为，被列为21世纪优先发展的关键技术之一，各国在制定国家科技发展规划时都将新材料作为最重要的领域之一。

美国把生物材料、信息材料、纳米材料、极端环境材料及材料计算科学列为主要前沿研究领域。与新材料相关的计划主要包括：21世纪国家纳米纲要、国家纳米技术计划（NNI）、未来工业材料计划、光电子计划、光伏计划、下一代照明光源计划、先进汽车材料计划、化石能材料计划、建筑材料计划、NSF先进材料与工艺过程计划等。

日本在21世纪新材料发展规划中主要考虑环境、资源与能源问题，把研究开发生产的具体材料是否有利于资源与环境的有效利用，是否对环境有污染，是否有利于再生利用等作为主要考核指标。主要规划包括：科学技术基本计划（纳米技术与材料是四大领域之一）、纳米材料计划、21世纪之光计划、超级钢铁材料开发计划等。

欧盟新材料科技战略目标是保持在航空航天材料等某些领域的竞争领先优势。2003年9月，欧盟科研总司提出了欧盟准备大力发展的十大材料领域：催化剂、光学材料和光电材料、有机电子学和光电学、磁性材料、仿生学、纳米生物技术、超导体、复合材料、生物医学材料以及智能纺织原料。

韩国新材料科技发展目标是继美国、日本、德国之后，成为世界产业第四强国，材料科技是确保2025年国家竞争力的6项核心技术之一，也是为其他领域技术突破铺路的技术。韩国在2025年构想中列出了为未来建立产业竞争力开发必需的材料加工技术清单：下一代高密度存储材料，生态材料，生物材料，自组装的纳米材料技术，未来碳材料技术，高性能、高效结构材料，用于人工感觉系统的智能卫星传感器，利用分子工程的仿生化学加工方法、控制生物功能的材料。

俄罗斯把新材料和化学产品列为9项科技规划之一，列出的材料及关键技术为：陶瓷和玻璃材料；膜技术；特种性能的金属和合金；重要战略原料的评估、综合开采和深加工技术；聚合材料和复合材料；超硬合成材料；超导技术；微型冶金生产技术模型。

八、结束语

从发达国家的材料规划中可以看出：相关新材料计划的制定都有非常明确的目标，重点领域突出，新材料发展与传统材料改进都受到重视，材料生产和使用过程与环境的协调性及材料的回收利用在规划中得到了充分体现；规划的制定一般都由多部门多领域的机构共同参与，并且注重吸引企业参与相关规划，研究机构与企业的结合与分工是保证计划成功的基础；重视人才培养问题，为计划的实施及后续发展奠定基础。

面对世界新材料研究大发展的浪潮，对于中国这样一个大国，大力发展新材料研究是必须迎接的挑战，也是一次机遇。我国政府对新材料的研究开发也给予高度重视，近年出台了一系列相关鼓励政策，指定了一批新材料研发中心和重点实验室，规划了一批新材料成果转化与产业建设基地，特别是在国家先后出台的一些重大科技开发和产业化计划（863 计划、973 计划、火炬计划等）中，均把新材料列为重点支持的领域之一。近年来我国新材料研究的发展已有了坚实的基础，不断取得的高水平研究成果就是明证。

（资料来源：上海科学技术情报研究所，马春）

大力推动材料信息学研究

信息技术日新月异，有力地推动着社会生产力的发展。随着数字转换处理技术、网络技术走向成熟，使人们在广域范围内随时随地获取和交流信息成为可能；使海量数据的高速度加工处理和存取成为现实；并使信息应用范围大大拓宽，使用价值倍增。也导致了宽带网络、数字地球、全球知识和科技信息资源成为国际化创新活动的公共平台，促进了科技创新全球化格局的形成，加速了世界进入全球化知识经济的步伐。信息技术的快速发展，也极大地推动着材料科学与工程学科的发展。近年来，“计算材料学”、“材料设计”、“材料模拟”、“材料专家系统”等各种研究层出不穷。可以说，信息技术已深深渗透到材料科学与工程的方方面面。以信息技术在材料科学与工程学科中应用为核心内容的“材料信息学（Materials Infomatics）”的出现已经成熟。

1　材料信息学的主要任务及研究领域

顾名思义，材料信息学就是信息技术在材料科学与工程中应用的一门科学。通过它一方面可以将看似没有关联的材料各分支有机地结合起来，发现新的现象，新的问题，产生新的创新点；另一方面可以加快材料科学与工程的发展速度。概括起来，材料信息学的研究领域主要包括以下内容：

1.1　材料数据研究

这里，材料数据是专指具体的研究对象，它可以是数值数据、空间数据、图形数据和文本数据等等各种形式。对材料数据的研究可以包括以下方面：

材料数据的采集、合成、分解、评价等；

材料数据结构、存储、标定和修复；

材料数据交换和共享；

材料数据显示和处理；

材料数据可靠性、一致性、标准。

1.2　材料数据应用研究

材料网站、数据库、数据中心、出版物等是材料数据广泛应用的主要手段，也是材料信息学的核心内容，通过它才能使数据得到集成、传播，并发挥不可估量的巨大作用。对材料数据应用研究，主要集中在以下方面：

材料网站、数据库、数据中心等的规划、设计、开发、优化和维护；

材料网站、数据库、数据中心相互之间以及与其他系统、数据产品的接口，以及互用性；

材料数据库标准、兼容性；

材料网站、数据库、数据中心的人机界面、多媒体化；

材料网上合作研究、远程教育、多媒体教学；

材料网站、数据库、数据中心的市场运作、电子商务、知识产权等。

1.3　材料分析及设计研究

材料分析及设计是信息技术在材料科学与工程中应用的重要领域，能够设计材料是材料科技工作者追求的理想境界。对材料分析及设计的研究主要有：

材料分析过程的信息化、自动控制；

材料设计计算方法、分子设计和理论设计；

利用信息技术（专家系统、定量分析、模拟、计算热力学等）实现材料的智能设计。

1.4　材料工艺控制及模拟研究

近年来，材料工艺控制及模拟技术在材料科学与工程中发展很快，大大地降低了材料的生产及研究成本。特别是在材料制备、工艺试验、测试等方面。在这方面的研究热点有：

材料制备、加工生产过程的信息化等；

材料制备、加工工艺试验、测试的虚拟化等。

2　国内外材料信息学的研究情况

2.1　国外材料信息学的发展情况

资料报道，“材料信息学：为发现新材料的有效数据集成研讨会”于 1999 年 6 月 28～29 日在美国波士顿召开。这是第一次在文献上见到材料信息学（Materials Informatics）提法。会议由美国 The Knowledge Foundation, Inc. 承办，得到福特公司的资助，参会代表主要是企业界人士，其中有一个发言就是“材料信息学，我们从生物信息学学习什么”。2000 年 1 月在美国 San Diego 召开的每年一届的“第二届发现新材料的综合途径研讨会”中首次出现了材料信息学分会，以后每年均有“材料信息学”分会。其内容主要是材料设计问题。国际科学数据委员会（CODATA）在 2004 年 11 月 7～10 日于柏林召开的 19 届国际 CODATA 大会上开设卫星会议专场，讨论材料信息学和它的发展趋势（主要讨论材料数据问题），并计划成立材料信息学工作组。目前，关于材料信息学方面的国际会议有逐年增多的迹象，论文数也在增加。但关于材料信息学的定义，系统研究内容等还未见报道。特别注意的是，2003 年美国科学基金会资助 350 万美元，用于建立组合科学（Combinatorial）和材料信息学全球实验室（COSMIC），该实验室由马里兰大学 Rensselaer 工学院（RPI）和佛罗里达国际大学联合组建。这是美国科学基金会（NSF）资助建立的三个国际材料研究所中的一个。其目的是通过一流试验手段和信息技术来快速地发现、改进新材料和工艺。其中，组合方法是在产生和分析大量组合材料的同时能够快速的试验和分析，而材料信息学则包括数据库、多维的模型结构、易操作的数据管理和可视系统。这可能预示着材料科学与工程学科未来的发展方向。

2.2　国内材料信息学的研究情况

在国内，还未见到系统的提出“材料信息学”概念及研究内容，大部分高校材料院系的本科生均开设了“计算机技术在材料科学与工程中的应用”课程。深圳大学、安徽大学化学化工学院的本科生开设了“材料信息学”课程。作者从 2000 年提出并系统地开展材料信息学方面的研究，承担科技部、国防科工委、教育部有关课题多项。主要工作侧重在材料数据和材料数据应用研究方面。材料数据研究主要集中在以下方面：

采集、分析国内有关新材料领域方面的国家政策、科技计划、研究机构、高等院校、企业、研发状况、产业状况、专家、专利、论文等各方面数据，建立相关数据库，并编写出版《中国新材料发展年鉴》；

通过组织制定新材料界定标准，分析、采集新材料产品数据，同国家统计局合作，制定标准化编码，建立新材料产品数据库，并编写出版《中国新材料产品目录》；

制定材料数据采集、分类、评价标准，建立相应的数据库，实现数据的快速交换与共享。目前，通过数据研究工作，正在建设的数据库有：材料仪器与设备数据库、材料项目与成果数据库、材料专利数据库、材料企业数据库、新材料产品数据库、材料专家数据库、材料文献数据库、材料新闻数据库、材料多媒体影像资料数据库及材料图片数据库等。

材料数据应用研究工作主要体现在以下几个方面：

针对材料科学与工程学科的发展特点，结合不同用户的需求，规划、设计、开发了国家材料信息综合服务平台——中国材料网（www.materials.gov.cn）。网站中文平台开设政府、科研、产业、教育、商城等 10 多个社区，50 多个栏目，自建 12 个大型数据库，数据量达 100 多万条，整合连接其他数据库 22 个，整合材料专业网站 11 个。平均日访问量1 000余人，注册会员达9 000余人。英文平台按地区、领域、类别收录了 40 多万个相关材料的网址，每天数据增加量数百条；

网站采用先进的信息技术，数据便于用户检索、查询，界面友好。整套平台功能全面、性能安全、稳定；

网站内的新材料产品、专家等许多数据库建立了“DATA-FREE-WAY”材料数据库系统，人机交互界面友好，注册用户可直接向数据库添加、修改自己的信息；

在中国材料网上建立了完善的材料数据组织管理体系和内部办公系统，所有数据采集通过一个管理入口自动进入各个数据库中；

受科技部委托，对国内材料数据库的建设情况做了整体调研和规划，通过开发数据库兼容技术，整合国内材料数据库 20 多个、材料网站 50 多个，并在材料网上实现数据共享；

建立国际合作渠道，积极推动多媒体影像资料、材料信息学开发工具（软件）等国内外材料科学与工程学科的重要数据源在材料网上实现共享，建立网上合作研究平台；

探索材料网站、数据库市场化运作、电子商务的机制和途径。

3　关于加强材料信息学研究的建议

20 世纪以来，学科运动中的分化与综合速度比以往任何时候都迅速，新学科层出不穷。特别是，随着科学技术的发展，交叉学科作为一个新的学科增长点已成为学科增长的主流。材料信息学伴随着信息技术发展应运而生。虽然其许多研究内容早已体现在材料学者的工作中，但它通过信息技术的再集成、整合，将大大促进材料科学与工程学科的发展，对中国新材料的发展具有非常重要的意义。当然，一门新学科的建立，必须有本学科特有的定义和研究对象；必须有经过精心研究而建立起来的理论体系；必须有能回答新问题、新情况、新挑战的逻辑起点和学科方法，以及展现新的发展领域和科学层次的能力。新学科的建立是一项艰巨而又进程缓慢的任务，也是一个不断探索、逐步完善的过程，可能要有几代专家学者的辛勤耕耘。因此特提出以下建议：

建议国家有关部门尽快支持开展在材料信息学规划、发展战略、国际交流与合作等方面的研究，推动我国在材料信息学研究上，赶上国际水平；

建议尽快召开有关材料信息学方面的全国（国际）学术会议，统一认识、相互协调、建立学术组织机构、整合研究队伍明确研究方向；

建议国家有关部门能够根据材料信息学的研究任务，根据基础、应用等方面的侧重，重点支持；

建议高校材料院系开设材料信息学课程，设立材料信息学二级学科，专门培养材料信息学研究开发人才。

（资料来源：中国材料网，李义春）

科技发展篇

综　　述

全国及地区科技进步基本状况评价

一、全国科技进步基本状况评价

2003 年，全国各族人民在党中央、国务院的正确领导下，以邓小平理论和“三个代表”重要思想为指导，全面贯彻落实党的十六大和十六届三中全会精神，实现了经济和社会发展的主要预期目标。国民经济较快增长，全年国内生产总值达到116 694亿元，按可比价格计算，比上年增长 9.1%，运行质量明显提高，经济活力进一步增强；结构调整取得积极进展，改革开放稳步推进，与此同时，我国科学研究与技术创新也保持了稳步增长的态势。

（一）科技活动投入保持高速增长

2003 年全国研究与试验发展（R&D）经费总支出为1 539.6亿元，比上年实际增长 17.2%，与国内生产总值（GDP）的比例达到 1.31%。国家财政科技拨款达到 975.5 亿元，比上年实际增长 17.2%，占国家财政支出比重为 4.0%，为 2000 年以来最高水平。在国家财政科技拨款中，中央财政科技拨款为 639.9 亿元，比上年增长 25.2%，占中央财政支出的比重为 8.6%；地方财政科技拨款为 335.6 亿元，比上年增长 10.0%，占地方财政支出比重为 1.9%。

从各主要执行部门的 R&D 经费支出构成看，国有独立科研院所支出 399.0 亿元，比上年增长 13.6%，占全国总支出比重为 25.9%；高等学校支出为 162.3 亿元，增长 10.5%，占全国总支出比重为 10.5%；各类企业支出为 960.2 亿元，增长 21.9%，占全国总支出比重达到 62.4%，比上年提高了 1.2 个百分点，企业技术创新的主体地位进一步巩固。

在科技活动经费投入增长的同时，我国 R&D 活动人员也保持着稳定增长。R&D 人员折合全时活动当量达到 110 万人每年，其中科学家和工程师数达到 86 万人每年，均比上年增长 6.0% 左右。

（二）科技活动产出各项成果喜人

专利战略的实施促进了我国专利数量得到迅速提高。专利申请量达到 30.8 万件，比上年增长 22%；授权量达到 18.2 万件，比上年增长 38%，其中发明专利申请量 10.5 万件，比上年增长 31%，发明专利授权量 3.7 万件，比上年增长 76%。

全国共发表科技论文 27.4 万篇，比上年增长了 15%，三系统（SCI、ISTP、EI）收录的论文 9.3 万篇，比上年增长 16.3%。

全国共登记科技成果 3.0 万项，比上年增长 14%。获各种奖励的项目为1 986项，占登记成果总量的 6.5%，其中获国家级奖励的科技成果共 254 项（国家自然科学奖 19 项，国家技术发明奖 19 项，国家科学技术进步奖 216 项）。在登记成果中，应用技术成果近 2.7 万项，处于成熟应用阶段的成果 1.5 万项，占应用技术成果总数的比例达到 57%，比上年提高近 10 个百分点。

（三）高新技术产业再创新高

全国高技术产业规模不断扩大，产出效益继续提高，对经济增长的推动作用日益增大。2003 年我国规模以上高技术产业增加值达到5 034亿元，突破5 000亿元大关，比上年增长了 34.0%，是近 5 年来增长最快的一年。高新技术产品出口额增长更为显著，总量超过1 100亿美元，比上年增长了 63%，占商品出口额的比重由上年的 20.8% 提高为 25.2%。

（四）技术市场已成为促进科技与经济共同发展的重要场所

全国共签订技术合同 26.8 万项，比上年增长了 13%；技术合同成交金额首次突破1 000亿元，达1 084.67亿元，比上年增长了 22.7%，是 2000 年以后增幅最大的年份；平均每份技术合同成交金额为 40.47 万元，比上年增长了 9.4%。

技术交易中，技术开发合同占的比重为 39%，占据了主导地位。各级科技计划项目成果通过技术市场的途径进行转移、转化的比例大幅增加，占技术合同成交总金额的比重达到 19.2%。企业作为技术输出方的交易额继续位居首位，输出技术交易额 518.7 亿元，较上年增长了 44.7%，所占比重由 2003 年的 40% 增加到 47%。技术市场工作已成为各级政府和企业落实促进科技成果转化政策，加强科技与经济结合的重要手段。

在科技领域取得以上显著成果的同时，通过监测反映出的问题也应引起有关方面注意。一是在国家财政科技拨款占国家财政支出比重增长的同时，地方财政科技拨款占地方财政支出比重有所下降；企业 R&D 经费支出总量虽有所增长，但占产品销售收入比重有所下降；企业消化吸收经费与技术引进经费比例长期徘徊在 6% ~7% 之间。二是科技论文数虽有较大幅度增长，但也只相当于 4 名 R&D 活动人员每年发表一篇科技论文的水平。三是高技术产业高附加价值的特征仍然没有得到较好的体现，且有所降低。四是在我国能源消费总量大幅度增加的状况下，综合能耗产出率还有所下降，经济增长方式外延化特征仍然明显。

二、地区综合科技进步水平评价

根据综合科技进步水平指数，可将全国 31 个地区的科技进步总体水平划分为六类（见图 1）：

第一类：为综合科技进步水平指数高于 60% 的地区，包括北京和上海。

第二类：为综合科技进步水平指数低于 60%，但达到 50% 以上的地区，包括天津和广东。

第三类：为综合科技进步水平指数低于 50%，但高于全国平均水平（41.51%）的地区，包括江苏、辽宁和浙江。

第四类：为综合科技进步水平指数低于全国平均水平，但达到监测标准三分之一以上的地区，包括陕西、福建、山东、重庆、黑龙江、湖北、四川。

第五类：为综合科技进步水平指数低于监测标准的三分之一，但达到四分之一以上的地区，包括吉林、山西、湖南、海南、内蒙古、新疆、河北、安徽、广西、河南、江西、甘肃、青海、贵州、云南、宁夏。

第六类：为综合科技进步水平指数低于监测标准四分之一的地区，为西藏。

将 2004 年监测与 2003 年监测比较，全国综合科技进步水平指数比上年提高了 3.05 个百分点。高于这一增幅的有 11 个地区（见图 2），其中内蒙古增幅最大，比上年提高 5.71 个百分点。只有湖南和宁夏低于上年水平。

与 2003 年综合科技进步水平指数的排序比较，位于前 8 位的北京、上海、天津、广东、江苏、辽宁、浙江、陕西的位次未发生变化。位次变动较大的地区有：内蒙古由 28 位上升至 19 位，广西由 27 位升至 23 位，重庆由 14 位升至 11 位；云南由 24 位下降至 29 位，安徽由 18 位下降至 22 位，宁夏由 26 位下降至 30 位，江西由 22 位下降至 25 位。

从综合科技进步水平指数的分布状况看，地区之间的差距呈现增大的态势。各地区综合科技进步水平指数的离散系数为 31.68%，比上年提高了 1.94 个百分点。

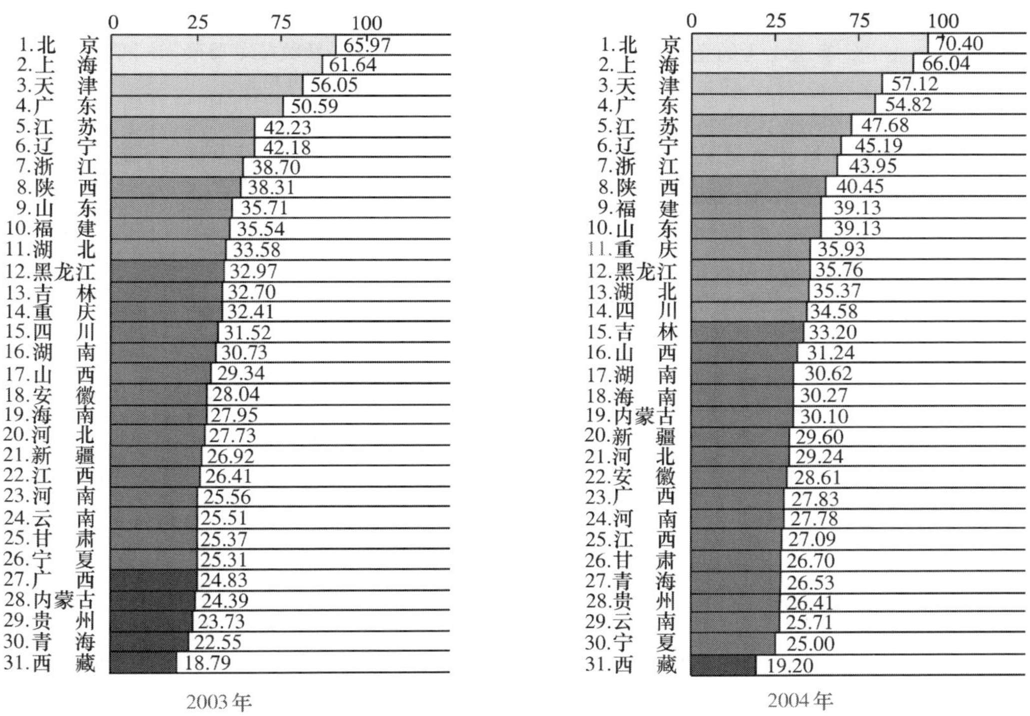

图 1　各地区综合科技进步水平指数排序图

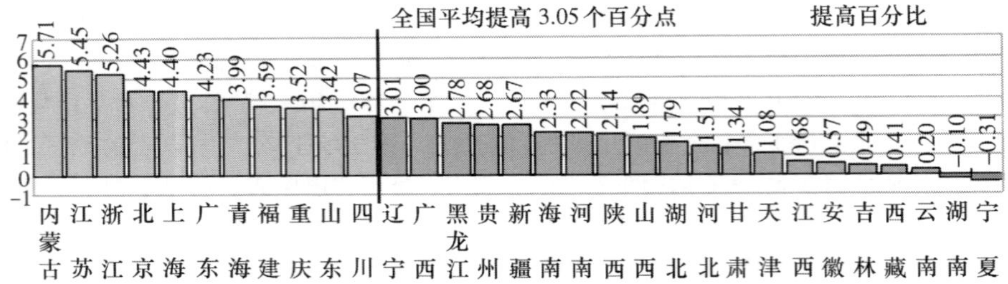

图2　各地区综合科技进步水平指数提高百分点排序图

2003年大中型工业企业科技活动情况分析

根据国家统计局《2003年大中型工业企业科技统计年报》的数据，2003年，我国大中型工业企业进一步加强了科技人员和经费的投入力度，科技资源得到进一步优化，企业对外技术依存度进一步下降，自主创新能力显著增强，专利产出和产品创新取得良好绩效。

一、企业科技机构数量进一步下降，但创新能力明显增强

企业科技机构是企业开展科技创新活动的重要载体。1999年以后，我国大中型工业企业科技机构数量一直保持下降趋势，但整体科技创新能力显著增强。2003年，在全国22 276家大中型工业企业中，有近1/4的企业设有科技机构，科技机构总数为6 841个，分别比上年减少5.1%和4.9%。但是，大中型工业企业科技机构科技活动经费内部支出额达到653亿元，平均每个科技机构的科技活动经费为955万元，分别比上年增长25%和31.4%。同时，92%以上的科技机构有经常性开发任务、有稳定经费来源或有一定测试条件，达历史最好水平。深化改革、加大投入、实现从数量型向质量型转变是近年来我国大中型工业企业科技机构发展的突出特征（见图1）。

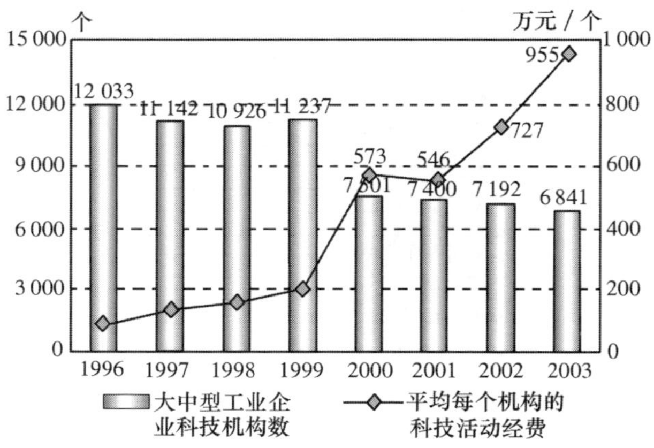

图1　大中型工业企业科技机构数量及平均科技活动经费变化

二、企业科技人员队伍继续扩大，素质稳步提升

2003年，我国大中型工业企业科技活动人员达到141万人，比2002年增长了3.2%。但由于2003年大中型工业企业的从业人员比上年增加了14.5%，导致科技活动人员占从业人员的比重在2002年5%的基础上降为4.6%，但仍明显高于上世纪90年代的水平。同时，企业中科学家与工程师的数量也有较明显的增加，2003年已达87万人，比上年增长7.4%，占企业科技活动人员的比重为62%。科学家与工程师队伍的扩大和占科技活动人员比重的上升说明企业科技活动人员整体研究素质的改善。2003年，大中型工业企业R&D人员全时当量为48万人年，分别比2002和2000年增长12.7%和45.3%。标志着我国大中型工业企业科技活动水平的提高和自主创新基础的增强（见图2）。

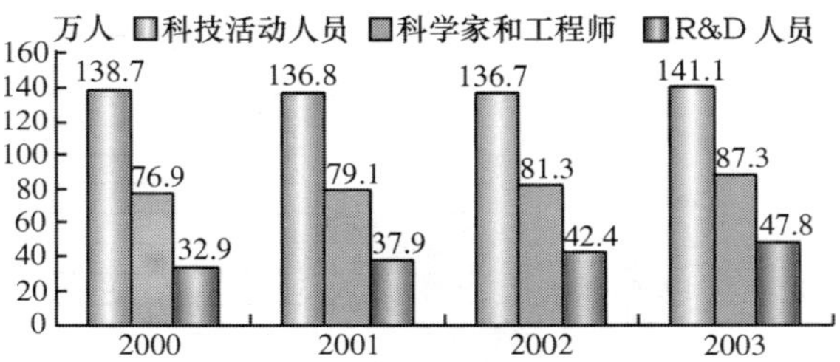

图2　大中型工业企业科技人员构成

三、企业科技经费投入力度进一步加强，更加重视自主创新

科技活动经费筹集额、科技活动经费内部支出额和R&D经费是反映企业科技投入情况的三项重要指标。大中型工业企业这三项指标自20世纪90年代以来一直迅速增长。2003年，大中型工业企业科技活动经费筹集总额达到1 589亿元，比上年增长31%，是近年来增长最快的一年。从资金来源结构上看，企业资金、政府资金和金融机构贷款分别占资金筹集总额的84%、3%和10%。其中企业资金所占比重自2000年以来一直在80%以上，表明我国大中型工业企业自主筹集科技活动经费的机制已基本形成。

2003年，大中型工业企业科技活动经费内部支出额达1 468亿元，比上年增长26%。从支出用途看，劳务费总额达到324亿元，比上年增长25%，科技活动人员人均劳务

费为22 991元，比上年增长4 052元；固定资产购建费达到463亿元，比上年增长29%。有力地推动了大中型工业企业科技活动水平的提高。

企业R&D经费支出及R&D强度是衡量企业自主创新能力的重要指标。2003年，我国大中型工业企业R&D经费支出达721亿元，比2002年增长29%。从R&D强度来看，2003年，大中型工业企业R&D经费占产品销售收入比重为0.8%，虽然这一比值因产品销售收入的更快增长（43%）而比上年有所下降，但仍远高于20世纪90年代的水平，说明我国大中型工业企业已对自主创新给予了很大关注(见图3)。

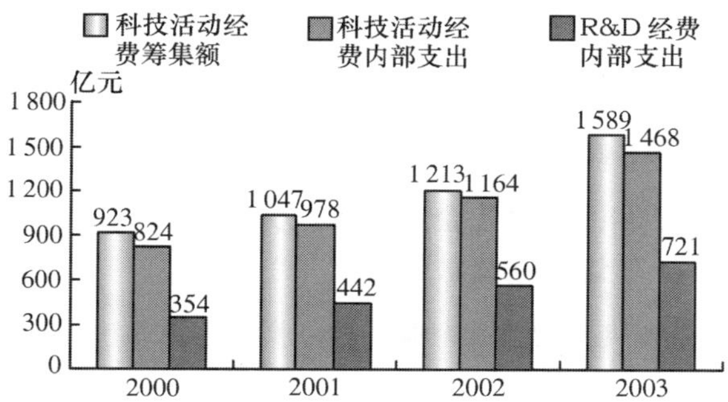

图3 大中型工业企业科技活动经费及R&D经费变化

四、技术改造仍是创新经费支出主体，企业对外技术依赖度降低

从企业获取新技术的方式有两种：一种是进行自主创新，另一种是从外界直接获取技术，包括技术改造、技术引进、购买国内技术。

2000年来，我国大中型工业企业的技术改造经费一直保持稳步增长。2003年达1 896亿元，比上年增长27%。占技术改造、技术引进和消化吸收、购买国内技术经费总额的80%。从总体上看，技术改造仍是我国大中型工业企业技术创新的重要方式。

我国大中型工业企业技术引进和购买国内技术经费近年来一直稳步上升，2003年企业技术引进经费达405亿元，比上年增长33亿元；购买国内技术支出为54亿元，比上年增长11.4亿元。但是，企业购买国内外技术经费的逐年增加并不表明企业对外技术依赖程度在增强。1999年，我国大中型工业企业购买国内外技术经费与R&D经费之比首次小于1:1，2003年这一比例降至0.64:1的历史最低水平。这说明我国大中型工业企业更加注重自主创新，对外部的技术依赖程度进一步减弱。

从企业的行业类型来看，2003年，技术改造经费支出在80亿元以上的有7个行业，共占全部技术改造经费的63%。技术引进经费在20亿元以上的有5个行业，共占全部技术引进经费的60%（见表1）。

表1 部分行业大中型工业企业技术改造与技术引进支出情况（2003）

行业部门	技术改造		技术引进	
	经费（亿元）	百分比	经费（亿元）	百分比
黑色金属冶炼及压延加工业	515.6	27.2	63.9	15.8
化学原料及化学制品制造业	168.9	8.9	25.4	6.3
交通运输设备制造业	163.3	8.6	57.0	14.1
有色技术冶炼及压延加工业	101.8	5.4	10.1	2.5
纺织业	89.0	4.7	23.3	5.7
石油加工、炼焦及核燃料加工业	81.8	4.3	4.4	1.1
电力、热力的生产和供应业	81.0	4.3	2.4	0.6
通信设备、计算机及其他电子设备制造业	64.8	3.4	75.0	18.5

五、企业专利产出显著增加，行业分布更加集中

专利是企业科技活动的重要产出之一。2003年，我国大中型工业企业专利申请量为31 382件，其中发明专利申请量为9 395件，分别是2000年的2.7倍和3.4倍。同时，企业拥有的发明专利数量也大幅增加，2003年大中型工业企业拥有发明专利达到15 409件，是2000年的2.4倍。专利申请量和发明专利申请量的大幅上升说明企业的专利意识在增强，专利的质量在提高。

从行业分布看，拥有发明专利数量超过1 000件的有通信设备、计算机及其他电子设备制造业；金属制品业；电气机械及器材制造业；交通运输设备制造业；黑色金属冶炼及压延加工业等5个行业，这5个行业拥有的发明专利数合计占大中型工业企业发明专利拥有量的58%。

同时，从企业所有制的角度来看，2003年，港、澳、台地区投资企业和外商投资企业数占我国大中型工业企业数的27%，R&D经费占23%，而当年其专利申请量达29%，发明专利申请量更是达到39%的比重。这一方面说明其创新产出效率较高，另一方面也说明其更加重视对自身知识产权的保护，在全球化背景下内资企业在专利申请特别是在发明专利申请方面必须进一步加强。

六、产品创新成绩喜人，新产品国际竞争力增强

2003年，大中型工业企业共实施新产品项目68 633项，投入新产品开发经费639亿元，分别比上年增长15%和26%。平均每一新产品项目的投入经费为93万元，比上年增加8万元。从行业的分布看，新产品开发经费支出超过30亿元的有通信设备、计算机及其他电子设备制造业等7个行业，合计占大中型工业企业新产品开发经费支出的

76%（见表2）。

随着企业新产品开发经费投入力度的加大，我国大中型工业企业新产品产出也不断增加。2002 年，我国大中型工业企业新产品销售收入首次突破 1 万亿元，2003 年更是达到14 098亿元，占全部大中型工业企业产品销售收入的15%；新产品销售利润达1 609亿元，占全部大中型工业企业产品销售利润的 13%；新产品出口达2 590亿元，比上年增长了 46%，占新产品销售收入的 18%，比上年提高 2 个百分点。新产品出口总额及其占新产品销售收入比例的上升说明我国大中型工业企业新产品的国际竞争力进一步增强。

从行业的角度来看，新产品开发经费投入最多的 7 个行业的经济产出也占主导地位：7 个行业的新产品销售收入、新产品销售利润及新产品出口分别占全部大中型工业企业新产品销售收入、新产品销售利润及新产品出口总额的 81%、77% 和 81%（见表2）。

表 2　部分行业大中型工业企业新产品开发经费与销售收入（2003）

行业部门	新产品开发经费		新产品销售收入	
	经费（亿元）	百分比	收入（亿元）	百分比
通信设备、计算机及其他电子设备制造业	155.8	24.4	3 863.9	27.4
交通运输设备制造业	97.9	15.3	3 532.5	25.1
电气机械及器材制造业	66.5	10.4	1 332.4	9.5
黑色金属冶炼及压延加工业	46.2	7.2	919.5	6.5
通用设备制造业	42.3	6.6	718.3	5.1
专用设备制造业	38.7	6.1	545.98	3.9
化学原料及化学制品制造业	35.2	5.5	515.3	3.7

2003 年民营科技企业科技活动统计结果

民营企业的科技活动是我国科技活动的重要组成部分，全面了解民营企业的科技活动情况对于促进我国科技水平具有重要意义。本报告根据 2003 年全国民营科技企业的年报数据，对其发展态势进行了如下简要分析：

一、民营科技企业总量增长较快，有限责任公司和股份有限公司占绝对比重

截止到 2003 年 12 月 31 日，全国民营科技企业总数为124 937家，企业数量比 2002 年增加 14.2%。其中有限责任公司和股份有限公司、私营与个体经济企业增长较快，分别达到61 597家和34 506家，占全国民营科技企业总数的 49.3% 和 27.6%；国有经济企业、集体经济企业、股份合作制经济企业所占比重较上年略有下降，分别为4 391家、8 905家、5 617家，占国营、民营科技企业总数的 3.5%、7.1%、4.5%；联营企业、外商及港澳台地区投资企业、其他经济类型企业所占比重基本保持不变，分别为1 066家、7 386家、1 469家，占总数的 0.9%、5.9% 和 1.2%。

二、民营科技企业资产总额保持高速增长

2003 年民营科技企业资产总额达到44 688亿元，比 2002 年增长了 35.8%。企业平均资产负债率 39.0%。其中总收入 100 万元以下的企业资产总额为2 058亿元，占全部民营科技企业资产总额的 4.6%。在总收入 100 万元以上的企业中，资产总额在1 000万元以下的企业29 523家，占企业总数的 23.6%；资产总额在1 000万 ~ 1 亿元的企业19 843家，占企业总数的 15.9%；资产总额 1 亿元以上的企业6 056家，占企业总数的 4.9%。

三、民营科技企业总收入大幅度提高，净利润增长明显放缓

2003 年民营科技企业全年总收入达到37 105亿元，比 2002 年增长近 50%，人均收入达到 38.6 万元。全年总收入在 100 万元以下的企业69 515个，占企业总数的 55.6%；100 万 ~ 1 000万元企业30 715个，占 24.6%；1 000万 ~ 1 亿元的企业19 532个，占 15.6%；1 亿元以上的企业5 175个，占 4.1%。其中超过 10 亿元的企业有 545 家，占企业总数的 0.4%。

2003 年民营科技企业实现工业增加值7 566亿元，全年实现净利润2 295亿元，比 2002 年增长 30.2%，增幅减少近一半。上缴国家税金2 054亿元，比 2002 年增长 49.6%。出口创汇 787 亿美元，比 2002 年增长 60.3%。

四、民营科技企业从业人员总量稳步增长

2003 年民营科技企业长期职工总数达到 961 万人，较 2002 年增长 22.7%。其中大学以上文化程度的人员约 147 万人，占长期职工总数的 15.3%。民营科技企业中有近七分之一的人员从事科技活动，其中科学研究与试验发展人员占科技活动人员总数的一半。

总收入 100 万元以下的企业共有职工 124 万人，平均每个企业拥有职工 18 人。在总收入 100 万元以上的55 422个企业中，长期职工在 100 人以下的企业有40 176个，占55 422家企业的 72.5%；100 人以上的企业有15 246家，占 27.5%。

五、民营科技企业科技活动经费增速明显提高，技术性收入增长减缓

2003 年度民营科技企业科技活动经费为 792 亿元，比上一年增长了 45.6%，占全年总收入的 2.1%。

2003 年民营科技企业全年技术性收入1 719亿元，比上

一年增长26.4%。总收入100万元以上的55 422家企业中，技术性收入在50万元以下的企业有42 752家，占55 422家企业数的77.1%；技术性收入50～500万元的企业8 667个，占15.6%；技术性收入500万元以上的企业4 003个，占7.2%。

表1　全国民营科技企业主要统计指标的地区分布

地　区	总收入（亿元）	企业数（个）
总计	37 105	124 937
广东	5 114	8 273
浙江	4 537	6 075
上海	3 987	22 066
江苏	3 875	4 488
北京	3 018	12 802
山东	2 789	9 670
辽宁	1 311	7 197
河南	1 137	9 134
湖北	1 126	2 484
吉林	1 087	1 588
黑龙江	1 010	6 783
四川	1 010	1 360
陕西	979	5 231
河北	926	7 071
福建	765	1 711
湖南	759	1 579
天津	720	3 948
安徽	503	4 858
山西	376	825
重庆	353	819
内蒙古	333	812
江西	300	922
广西	273	715
云南	259	2 259
新疆	140	868
海南	136	154
甘肃	135	708
贵州	130	388
宁夏	13	108
青海	2	41

表2　计划单列市民营科技企业主要指标分布

单列市	总收入（亿元）	企业数（个）
深圳	1 321	862
青岛	827	596
宁波	803	1 042
大连	434	1 385
厦门	393	223

科技计划及项目

科技计划概述

2003年是“十五”计划实施的第三年，也是决定“十五”计划目标能否如期实现的关键一年。

围绕国民经济、社会、科技发展中的重大需求和前沿科学问题，国家科技计划安排研发项目近1万项，这些项目涵盖了信息、生物、现代农业、新材料、先进制造、自动化、能源交通、资源环境和社会事业等领域。经费投入上，在中央财政拨款持续加大的同时，坚持国家目标导向，进一步强化了经费的集约度和投入效益。一方面对项目择优支持，确保了重点项目的投入强度；另一方面引导地方、科研院所和企业科技投入的全面增长。通过项目的顺利实施，国家科技计划在基础研究、应用研究、试验发展、研究开发条件建设以及科技产业化环境建设等方面形成和产生了一大批具有自主知识产权的科学技术成果，科技创新能力显著增强。“人才、专利、技术标准”三大战略在国家科技计划中得到落实，并取得重要进展。特别是高技术研究发展计划（以下简称“863计划”）、国家科技攻关计划（以下简称“攻关计划”）、国家重点基础研究发展计划（以下简称“973计划”）和12个重大科技专项（以下简称“重大科技专项”）作为我国科技计划的重点，在多个领域取得了一大批具有自主知识产权的成果，形成了一批新的国家技术标准，在高新技术领域取得多项关键技术突破，同时形成了大量的新产品、新材料、新装置，推动了高新技术产业化的迅猛发展，使科技与经济结合更加紧密。国家科技计划实施的结果表明，科技进步在为我国经济和社会发展提供强大动力的同时，也使我国人民切实分享到科技进步所带来的福祉。

项目安排

2003年，国家科技计划共安排实施项目（课题）近1万项，其中863、攻关、973三大主体计划1 662项，研究开发条件建设计划818项，科技产业化环境建设计划7 153项。据不完全统计，在2003年国家科技计划在研项目中，仅863计划、攻关计划、星火计划、火炬计划、国家科技成果重点推广计划（以下简称“成果推广计划”）、国家重点新产品计划（以下简称“新产品计划”）、科技型中小企业技术创新基金（以下简称“创新基金”）等七个计划企业承担和参与的项目达11 021项，参与率达75%。

表1　2003年国家科技计划项目（课题）安排情况

	863计划	攻关计划	973计划	研究开发条件建设计划	科技产业化环境建设计划	合　计
项目数（项）	1 296	339	27	818	7 153	9 633
比重（%）	13.4	3.5	0.3	8.5	74.3	100

表2　2003年研究开发条件建设计划项目（课题）安排情况　（单位：项）

国家重点实验室计划	国家工程技术研究中心	科研条件建设	中央级科研院所科技基础性工作专项	中央级科研院所社会公益研究专项	国际科技合作重点项目计划	国家软科学研究计划	合　计
213*	32**	15	80	150	88	240	818

注：*支持运行的实验室数；**支持新建和优化调整的工程中心数。

表3　2003年科技产业化环境建设计划项目（课题）安排情况　（单位：项）

星　火	火炬计划	成果推广计划	新产品计划	创新基金	科技兴贸行动计划	农业科技成果转化资金	科研院所技术开发研究专项资金	合　计
1 264	1 532	970	1 503	1 197	116	359	212	7 153

根据地方经济社会发展的需要和优化科技资源配置的要求，国家科技计划在地域上得到相应的部署。据不完全统计，2003年863计划、攻关计划和973计划项目按地区分布，东部地区占69.5%，中部地区占15.7%，西部地区占14.9%。

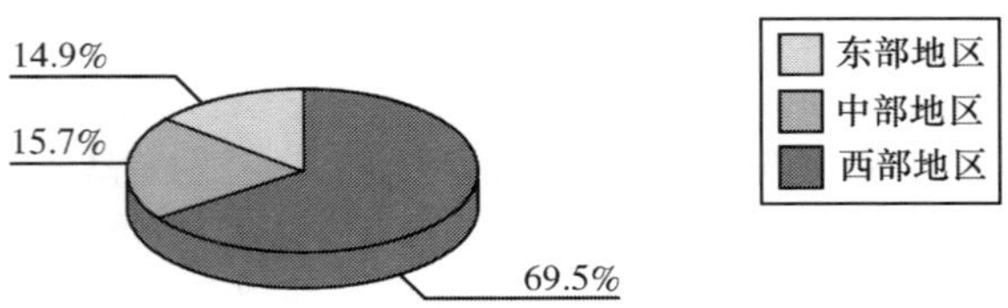

图1　863计划、攻关计划和973计划在研项目按地区分布

据对863、攻关、973三大主体计划的统计，研究项目主要分布在信息、农业、生物、新材料、先进制造和自动化、能源、资源环境、人口与健康、社会事业等一些重要领域。同时，一些科技计划根据国民经济社会发展的需要也进行了适当的调整，如973计划向综合交叉与重要科学前沿领域加大了支持力度。

表4　2003年三大主体计划项目（课题）按领域分布　（单位:%）

	信　息	生物和现代农业		材　料	先进制造与自动化	能源与交通	资源环境	社会事业	人口与健康	综合交叉与重要科学前沿	其他
		生物医药	农业								
863计划	20.9	26.9	21.2	13.7	4.9	12.4	—	—	—	—	
攻关计划	5.3	15.2	20.3	9.3	9.2	7.8	9.8	5.8	—	—	17.3
973计划	11.1	—	11.1	11.1	—	11.1	11.1	—	14.8	29.6	—

资金投入

2003年，国家主要科技计划和工作总计投入资金约1 265亿元，其中中央财政拨款70.71亿元，引导社会资金约1 195亿元。

863、攻关、973三大主体计划2003年投入资金约485亿元，其中中央财政51.19亿元（863计划只包括民口经费）。

研究开发条件建设计划投入资金约40亿元，其中中央财政7.29亿元。

产业化环境建设计划投入资金约741亿元，其中中央财政12.23亿元。

表5　2003年中央财政拨款按科技计划分布　（单位：亿元）

	863计划	攻关计划	973计划	研究开发条件建设计划	科技产业化环境建设计划	合　计
经费（亿元）	29.74*	13.45	8	7.29	12.23	70.71
比重（%）	42.1	19.0	11.3	10.3	17.3	100

注：*863计划只包括民口经费。

表6　2003年中央财政拨款在研究开发条件建设计划中的分布　（单位：亿元）

国家重点实验室计划	国家工程技术研究中心	科研条件建设	中央级科研院所科技基础性工作专项	中央级科研院所社会公益研究专项	国际科技合作重点项目计划	国家软科学研究计划	合　计
1.3	0.5	1	2	1.55	0.84	0.1	7.29

表7　2003年中央财政拨款在科技产业化环境建设计划中的分布　（单位：亿元）

星火计划	火炬计划	瓜果推广计划	新产品计划	创新基金	科技兴贸行动计划	农业科技成果转化资金	科研院所技术开发研究专项资金	合　计
1	0.50	0.2	1.4	5	0.20	2	1.93	12.23

2003年，中央财政资金投入东部地区53.49亿元、中部地区8.89亿元和西部地区8.33亿元。其中，863、攻关、973三大主体计划中中央财政资金投入东部地区40.27亿元、中部地区5.94亿元和西部地区4.98亿元，分别占中央财政按地区投入资金的76.2%、67.6%和60.1%。

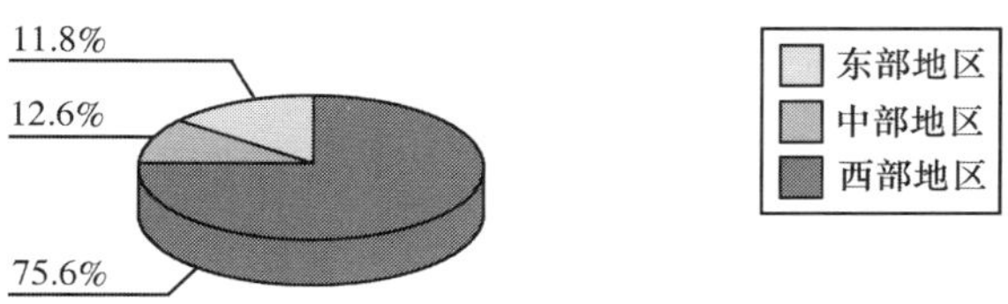

图2　2003年中央财政投入资金按地区分布

人员情况

2003年，参与863计划、攻关计划、973计划、星火计划、火炬计划、成果推广计划实施的科研人员高达34万余人，其中，三大主体计划参与的人数为17.96万人，高级技术职称人员7.37万人，占41.0%，中级技术职称人员4.85万人，占27.0%。同时，科技计划着力于培养中青年科技工作者，年龄结构年轻化，如973计划45岁以下的科技人员占76.2%。

表8　2003年参与三大主体计划的科技人员情况

（单位：万人）

	总数	高级职称	中级职称	初级职称	其他人员
863计划	8.77	3.56	2.38	1.06	1.77
攻关计划	6.79	2.76	2.08	1.05	0.90
973计划	2.4	1.05	0.39	0.15	0.81

科技计划的主要成效

2003年国家科技计划在国民经济、社会、科技发展中的重大需求和前沿科学问题方面，取得了一定的成果，为解决经济与社会发展中的突出问题提供了有力的支撑；为产业结构调整和技术升级提供了保障，创造了一定的经济效益；同时，培养了一批科技人才，增强了部分领域的创新能力。

表9　2003年三大主体计划培养博士和硕士情况

（单位：人）

	培养研究生	博士研究生	硕士研究生
863计划	7 409	—	—
攻关计划	5 910	2 219	3 691
973计划	6 050	2 849	3 201
合　计	19 369	5 068	6 892

表10　2003年三大主体计划发表论文和申请专利情况

（单位：人）

	论文（篇）	国外发表	专著（万字）	申请专利（项）	发明专利	专利授权（项）	发明专利
863计划	15 585	6 687	—	4 555	3 543	—	—
攻关计划	13 725	1 523	9 644	1 928	1 365	585	338
973计划	15 765	7 251	7 457	958	850	—	681
合　计	45 075	15 461	17 101	7 441	5 758	585	1 019

表 11　2003 年承担国家部分科技计划单位的经济效益

	星火计划	火炬计划	推广计划	新产品计划	合　计
产值（亿元）	392.16	1 908.4	100.82（新增）	390	2 791.38
出口额（亿美元）	8.71	38.8	1.79	6	55.3
净利润（亿元）	84.40	232.6	15.45	54	581.25
实交税金（亿元）		155.6	8.20	31	

1. 科技计划在防治传染性非典型肺炎中发挥了重要作用

2003 年，面对 SARS 的流行，三大计划遵循全国防治传染性非典型肺炎指挥部科技攻关组“立足近期、兼顾中长”的原则，迅速反应、联动协作，启动了防治 SARS 科技攻关专项，在较短的时间内取得了重要进展。863 计划设立“非典型肺炎防治关键技术及产品研制”重大专项。年底基本上完成 SARS 病毒灭活疫苗的临床前研究，即将进入临床试验；973 计划启动了“SARS 防止基础研究”专项，对 SARS 病原生物学、致病机理、疾病控制原理等开展系统、深入研究，为从根本上防治 SARS 提供理论依据和技术支撑；“重要技术标准研究”专项率先实行了“快速通道”，“防治非典相关产品技术标准的研究与制定”被列为重点研究课题之一，仅用半个月就完成了相应的标准制定工作，有力地支持了抗击“非典”战役，也充分体现了国家科技计划围绕国家紧急需求和新的技术发展苗头，集中优势力量，快速反应安排科技工作的能力。

2. 推进科技产业化，为走新型工业化道路提供支撑

2003 年，国家科技计划以强化装备制造业创新能力为突破口，加快高新技术改造传统产业的步伐。863 计划、攻关计划在数控机床、微电子装备、大型数字化医疗设备、精准农业机械装备等领域取得多项重大技术突破，开发出一批具有自主知识产权和市场竞争力的重大装备产品。据不完全统计，2003 年国家科技攻关计划共完成新产品、新材料、新装置共1 300多项，建立中试线和生产线 1 千余条。973 计划在实施过程中也坚持科技界与产业界的大力协作，使基础研究成果能够直接为经济建设服务。如“通用高分子材料高性能化的基础研究”项目，在对于通用树脂中 BOPP（双向拉伸聚丙烯）专用料生产的基础科学问题研究方面取得突破，BOPP 新产品开发成功，迅速顶替了同类进口产品，为 BOPP 薄膜生产企业带来可观的经济效益，在中石化以及树脂加工企业中产生较大反响。

通过重大专项的实施，2003 年成功研发出我国燃料电池轿车样车“超越一号”，性能接近国际先进水平，为 2008 年奥运会组建清洁能源汽车车队打下了良好基础。

3. 促进农村和农业科技进步，为解决“三农”问题提供科技支撑

2003 年，三大主体科技计划和重大专项从解决“三农”问题的紧迫需求和全面建设小康的战略目标出发，在农业原始创新和农业产业化关键技术研究方面取得多项重大成果，为大幅度提高我国粮食综合生产能力，保障国家粮食安全、促进农民增收提供坚实的技术支撑。863 计划启动了“数字农业技术研究与示范”重大专项。该专项围绕数字农业重大技术、重大系统、重大产品进行研发，通过系统集成和应用示范，逐步建立我国数字农业技术体系，促进我国农业信息化和农业现代化进程，提高我国农业的国际竞争力。通过 863 计划的实施，2003 年有近 600 个农作物新品种通过审定，其中 100 个以上获得国家新品种保护，推广面积达 4 亿亩，中国超级杂交稻研究的第二期目标（百亩示范片平均亩产达 800 千克）基本实现，我国超级杂交稻育种继续处于世界领先地位。

攻关计划部署的“主要农作物优质高效生产技术研究与示范”、“畜禽、水产规模化养殖”等项目，在农作物优质高效生产、主要畜禽、水产健康高效养殖关键技术方面取得重大突破，集成优化了一批优质高效栽培模式和健康高效养殖模式，建立了农业标准化技术体系；“新农药创制研究与产业化关键技术开发”完成了一个创制农药品种（氟吗啉）的产业化，实现了具有我国自主知识产权的农药品种产业化的零的突破，并获得了美国及欧洲等多国专利。

重大专项在具有我国自主知识产权的行走式灌溉技术和大田作物膜下滴灌技术等方面取得较大进展，其中膜下滴灌技术比常规灌溉技术省水 50%。这对转变农业生产方式，走水资源耗费少、经济效益高的现代农业之路起到了积极的示范和带动作用。

4. 贯彻可持续发展战略，为经济、社会与环境的协调发展提供有力保障

2003 年，三大主体计划和重大专项在社会发展领域取得了新的重大进展。863 计划环境污染防治技术主题在清洁生产技术方面取得了重大突破，9 个课题共申报了 31 项中国发明专利和两项 PCT。攻关计划“水安全保障与生态综合治理”、“防灾减灾”、“重大工业事故与大城市火灾防范及应急技术研究”、“全球环境变化与可持续发展信息共享”等项目取得一系列重大成果。重大专项在水污染治理方面，水污染控制与水体修复关键技术已取得重要突破，以浮叶植物为主的大型植物改善水质技术创新已使太湖透明度提高 1 倍以上。饮用水安全预氧化与深度处理集成技术已成为上海、深圳、天津等应用水安全保障的重要支撑技术。在食品安全方面，建立了 13 个省市的食品污染物监测网络。荧光 RT－PCR 快速检测禽及禽产品新城疫病毒、禽流感病毒等重大基础性、公益性技术方法的研制成功，使检测周期由 21 天缩短为 4 小时左右，为保障社会公众食品安全，促进我国畜禽产品和食品的出口提供了强有力的技术支撑。

5. 落实人才、专利和技术标准三大战略，着力培养人才，加强创新

国家科技计划始终把培养人才、提高创新能力作为重

要的战略目标之一。2003 年获得国家科技奖励的项目约有三分之一获得国家科技计划的支持，863 计划中担任课题组长的 45 岁以下的青年人才已经达到了 79%，973 计划参与研究的科技人员 45 岁以下的占 76%。同时，国家科技计划还注重吸引海外优秀人才的参与。通过年度三大主体计划的实施，培养的博士和硕士研究生总计 1.94 万人。

据不完全统计，2003 年三大主体计划发表论文 4.5 万余篇，其中在国外发表的有 1.5 万余篇：申请专利7 441项，其中发明专利5 758项。

为了给建立我国合理的技术性贸易措施提供技术支持，促进产业结构调整和升级，规范市场经济秩序，全面大幅度提高我国技术标准整体水平，国家科技计划加强对技术标准的研究。到 2003 年底为止，共研制技术标准 175 项，其中国际标准草案 2 项、在标准委立项的国家标准 154 项，在部门立项的行业标准 19 项。

6. 推进产业化环境建设，带动产业技术升级，创造了良好的经济效益

2003 年，产业化环境建设旨在促进科技型中小企业发展、大力发展科技服务中介机构、营造有利于科技成果转化和产业化发展环境。其中，火炬计划重点加强高新技术产业化服务平台建设。2003 年新认定了国家高技术创业服务中心 13 家，国家大学科技园 14 家，建立了特色产业基地 16 家，同时，新批准认定了吉林软件园和中部软件产业园，为科技型中小企业发展扩展了服务空间。星火计划加强了农产品集聚产业科技服务体系、农业科技园区等农村科技服务体系建设，支持了湖南水稻、河南小麦等首批 12 个省（自治区）13 个国家级主要农产品集聚产业科技服务体系建设试点；“星火科技培训”培训人员1 662.68万人次，新建星火培训基地 686 个。2003 年成果推广计划突出了改造传统产业、有利于农村经济发展的共性技术，以及有利于社会发展的实用公益性技术的推广，重点支持信息、节水、农业现代化、污染治理和能源综合利用技术 5 个领域的高新技术成果的推广应用。通过推广计划项目的实施，节约了煤1 604万吨，电40 691万度，水54 013万吨。

上述计划的实施，不但带动了产业技术升级，为经济结构调整和可持续发展提供了支撑，而且创造了良好的经济效益。据不完全统计，2003 年，承担星火、火炬、推广和新产品计划项目的单位实现产值2 791.38亿元，利税 581.25 亿元，出口创汇 55.3 亿美元。

7. 加强研究开发条件建设，提高科技持续创新能力

2003 年研究开发条件建设的主要任务是加强科技基础条件平台建设、社会公益研究、国际科技合作等专项工作，以及加强国家科技基地建设。

2003 年，批准筹建北京凝聚态物理等 5 个国家实验室，重新修订了《国家重点实验室评估规则》，新建立创伤烧伤与复合伤研究等 8 个国家重点实验室。根据学科发展需要和实验室实际情况，对元素有机化学等 5 个实验室进行了更名或研究方向的调整。同时，淘汰了 10 个评估成绩差的实验室。对工程和材料学科领域 52 个国家重点、部门重点实验室进行了评估，9 个实验室被评为优秀实验室，4 个实验室被淘汰。

新建国家经济林木种苗快繁工程技术研究中心等 9 个工程中心，使国家工程技术研究中心的总数达 128 个。并对国家真空仪器装置工程技术研究中心等 8 个工程中心进行了验收，其中 4 个工程中心被评为优秀。同时，对 23 个国家工程中心进行了优化调整，累计有 46 个工程中心纳入再建计划，占工程中心总数的 35.9%。

2003 年国家工程技术研究中心共承担科研项目5 266项，完成科研项目2 892项，承担和完成项目同比增长了 25.7% 和 26.5%。共转化科技成果5 558项，获得科技成果1 053项，同比增长 39.3%，申请专利 696 项（其中发明专利 370 项），出版科技著作 200 部，发表科技论文4 762篇。同时，工程技术研究中心建成农作物示范基地 549 个，示范面积达26 778万亩，建成畜牧繁育基地 98 个，育种 31 万头/只，畜牧出栏规模1 420万头/只。工程技术研究中心还建成中试基地 151 个，中试生产线 142 条，建成技术服务网点2 036个。

为了协同研究，整合资源，2003 年成立了由科技部、国家发展和改革委员会、教育部、财政部等 16 个国务院有关部门的部级领导参加的国家科技基础条件平台建设部级联席会，开展了大型科学仪器协作共用网建设，MODIS 数据地面接收站系统布局与数据共享，微生物资源库建设等；开展了多媒体网络协同环境建设，在 SARS 期间发挥了重要作用，完成了国家科技图书文献中心建设，提升了科技文献的共享能力。

综上所述，2003 年国家科技计划以国家目标为导向，以提高创新能力为重点，深化改革，积极营造创新环境，调动社会各方面力量广泛参与。通过国家财政资金的投入，引导了大量社会资金的参与。通过科技攻关，为成功战胜“非典”提供了技术保障；通过推进科技产业化，为走新型工业化道路提供支撑，通过促进农村和农业科技进步，为解决“三农”问题提供科技支持。通过贯彻可持续发展战略，为经济、社会与环境的协调发展提供有力保障，通过推进产业化环境建设，带动了产业技术升级，创造了良好的经济效益，通过加强研究开发条件建设，提高了科技持续创新能力，为我国经济社会的健康发展提供了有力的科技支撑。

国家科技攻关计划

2003 年是“十五”国家科技攻关计划（以下简称攻关计划）目标能否如期实现的关键一年。首批立项的项目已进入攻坚阶段，一些呈现有重大创新或重大突破苗头的项目，需要进一步地滚动立项支持，以攻克核心技术或形成

重大产品，为提升我国竞争力做贡献。

2003 年攻关计划的重点任务是：在工业领域，突出以信息化带动工业化，积极推进高新技术发展及产业化，加速运用高新技术和先进适用技术改造、提升传统产业，振兴装备制造业；在农业领域，紧紧围绕农业生物资源高效利用、农作物高产和农民增收问题，强化农业科技创新和成果转化工作，突破一批制约农业发展和农业产业化的关键技术，引导农村经济结构调整。在社会发展领域，围绕与全面建设小康社会和提高人民生活质量密切相关的水问题、矿产资源、环境质量、卫生与健康和食品安全等重大问题，突出关键技术攻关和重大技术创新。

2003 年，虽然遭遇 SARS 疫情的突然袭击，但在相关部门的密切配合和项目组织部门、承担单位的共同努力下，攻关计划战胜了 SARS 疫情的严重干扰，顺利地完成了年度攻关任务，取得了一批可喜的成果。

项目安排与经费、人员投入

2003 年度，攻关计划共有在研项目 107 项（含重大项目 38 项，重点项目 63 项，西部开发科技行动专项 3 项和奥运科技行动专项 3 项），包含课题1 819个（含地方引导项目 198 项）。计划投资总额 337. 2 亿元，中央财政年度拨款 13. 454 亿元。

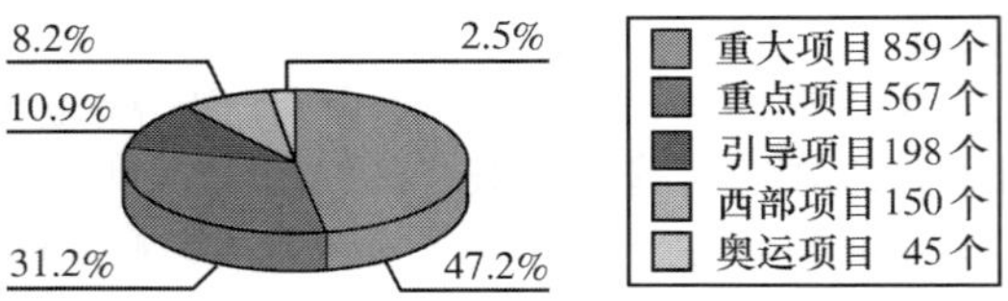

图 1　2003 年攻关计划在研课题按类型分布

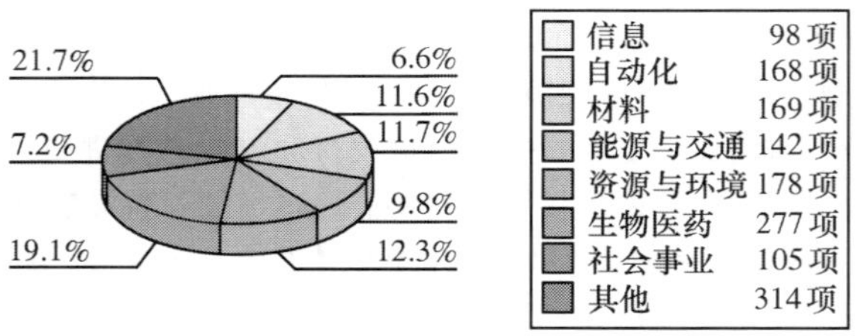

图 2　2003 年攻关计划在研课题按技术领域分布

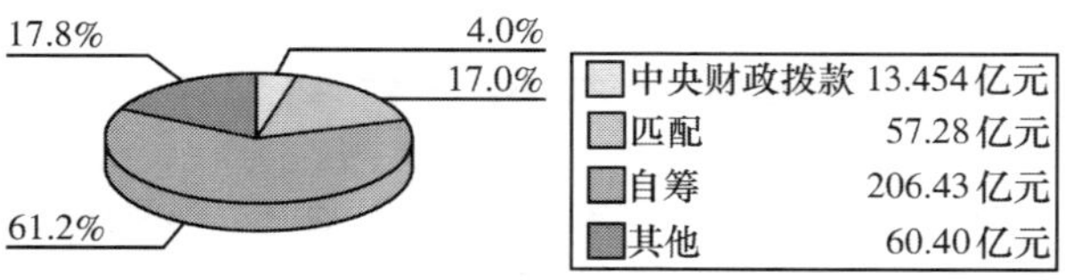

图 3　2003 年攻关计划投资总经费结构

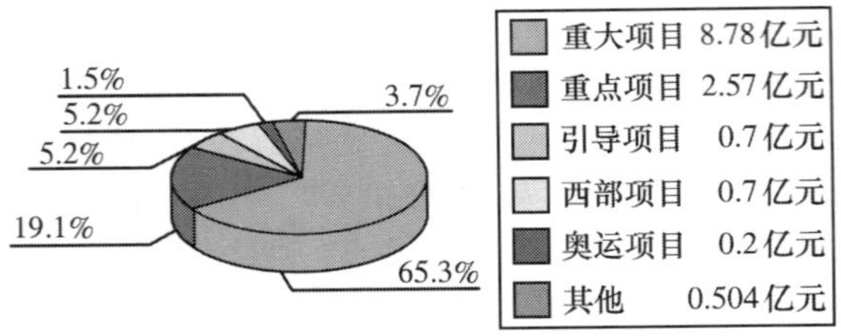

图 4　2003 年攻关计划中央财政拨款按课题类型分布

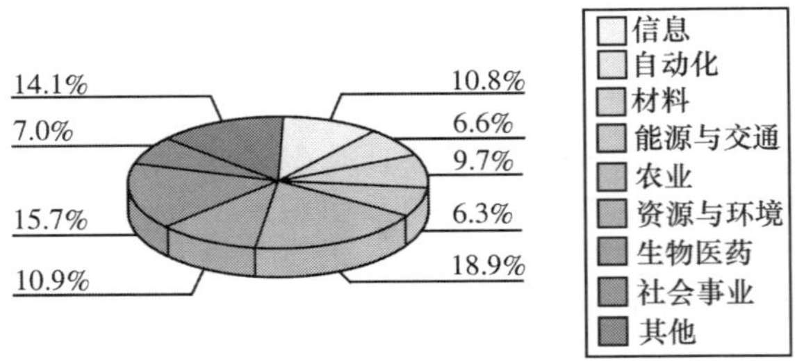

图 5　2003 年攻关计划中央财政拨款按课题技术领域分布

2003 年，参加攻关计划的科技人员 6. 79 万人，其中高级职称人员占 40. 6%。

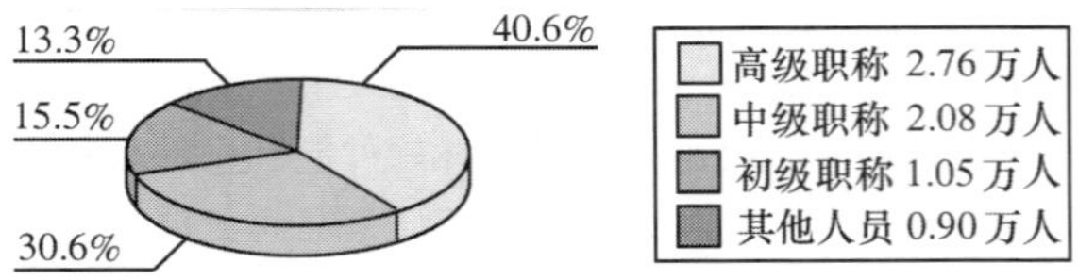

图 6　2003 年攻关计划参加人员构成

参加攻关计划的单位约 1 800 余家，研究院所占 36. 6%，企业占 32. 9%。

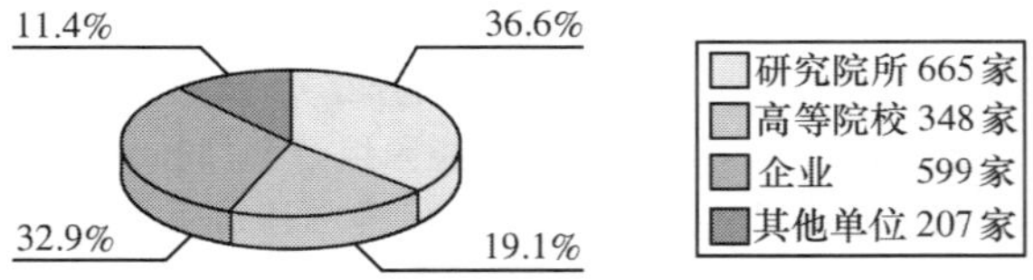

图 7　2003 年攻关计划参加单位构成

在项目安排和资金投入等方面，攻关计划向西部进行了适当倾斜。

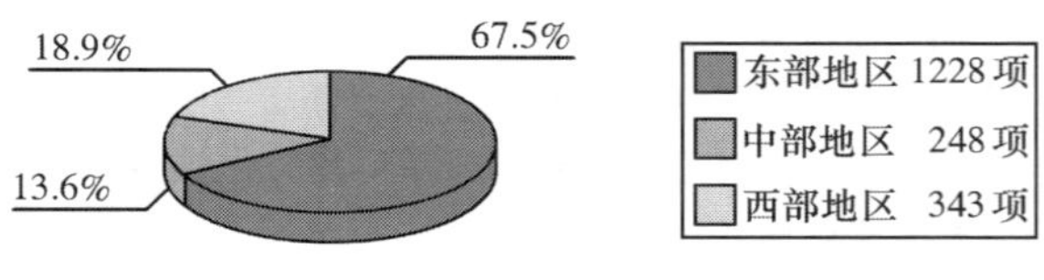

图 8　2003 年攻关计划课题按地区分布

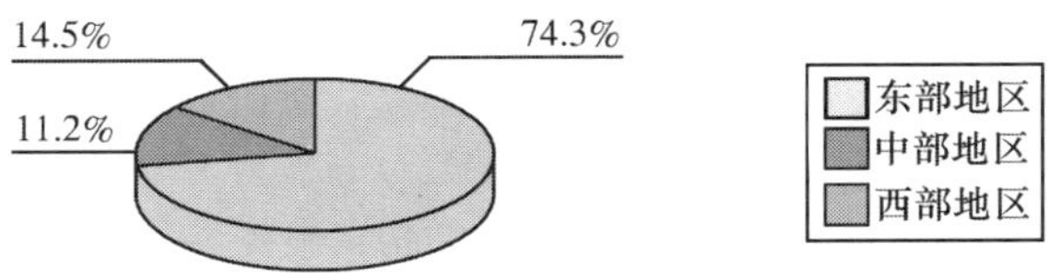

图 9　2003 年攻关计划中央财政拨款按地区分布

1. 重大项目

2003 年度，攻关计划在研重大项目 38 项，安排课题 859 个，项目覆盖了信息、自动化、材料、能源、交通、资源、环境、农业、生物医药、社会发展等领域。

2003 年度中央财政对攻关计划重大项目拨款 8.78 亿元，占中央财政对攻关计划年度拨款总经费的 65.3%。

表 1　3 年攻关计划重大项目课题和中央财政拨款按技术领域分布　　（单位：亿元）

	信息	自动化	材料	能源与交通	农业	资源与环境	生物医药	社会事业	其他
课题（个）	37	106	69	43	210	111	142	61	80
中央财政拨款	1.00	0.60	0.89	0.26	2.01	1.12	1.46	0.68	0.77

承担重大项目的单位共有 859 家（其中科研院所占 38.1%），人员总数达 2.79 万人（其中高级职称人员占 49.1%）。

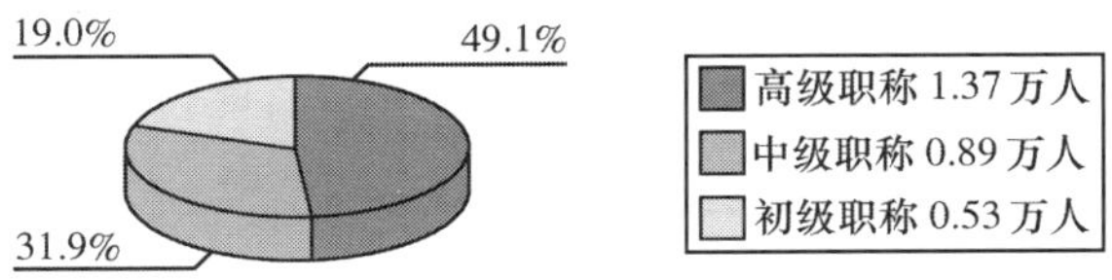

图 10　2003 年参加攻关计划重大项目人员构成

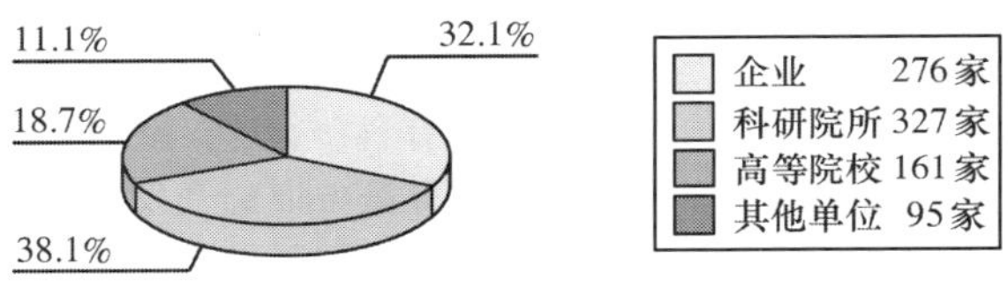

图 11　2003 年承担攻关计划重大项目单位构成

为应对我国加入 WTO 后面临的机遇与挑战，科技部经过调查研究论证并经国家科教领导小组批准同意，决定在“十五”期间组织实施 12 个重大科技专项，其中由攻关计划安排的涉及 7 个专项。

2003 年攻关计划安排 9 个重大项目具体实施 7 个重大科技专项：信息领域 3 个、农业领域 2 个、生物医药领域 2 个、社会事业 1 个和其他领域 1 个，包含课题 299 个。2003 年中央财政对这 9 个重大项目的拨款为 3.3 亿元，参与这个专项的人员有9 400余人，承担单位近 300 家。

2. 重点项目

2003 年攻关计划在研重点项目 63 项，包含课题 567 个，中央财政拨款 2.57 亿元，占中央财政对攻关计划年度拨款总数的 19.1%。

表 2　2003 年攻关计划重点项目课题和中央财政拨款按技术领域分布

	信息	自动化	材料	能源与交通	农业	资源与环境	生物医药	社会事业	其他
课题（个）	27	42	60	85	137	50	95	44	27
中央财政拨款（亿元）	0.28	0.19	0.24	0.50	0.34	0.22	0.46	0.23	0.11

承担重点项目的单位有 567 家（其中科研院所占 42.9%），人员总数达 1.2 万余人（其中高级职称人员占 55.5%）。

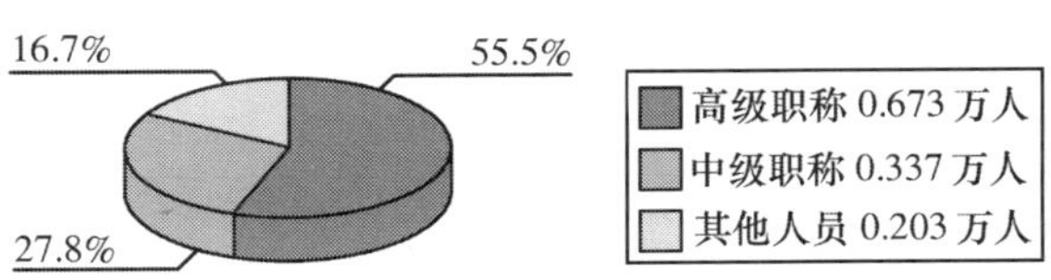

图 12　2003 年参加攻关计划重点项目人员构成

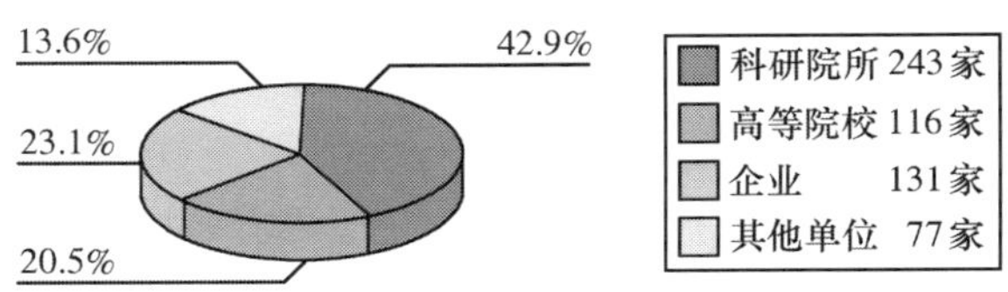

图 13　2003 年承担攻关计划重点项目单位构成

3. 引导项目

2003 年度攻关计划在研引导项目共 198 项，中央财政拨款7 000万元。

表 3　2003 年攻关计划引导项目和中央财政拨款按技术领域分布

	信息	自动化	材料	能源与交通	农业	资源与环境	生物医药	社会事业	其他
项目（项）	32	20	40	14	23	17	40	0	12
中央财政拨款（亿元）	0.12	0.07	0.13	0.06	0.09	0.07	0.12	0	0.04

承担引导项目的单位共有198家（其中企业占66.2%），人员总数达3 400余人（其中高级职称人员占39.5%）。

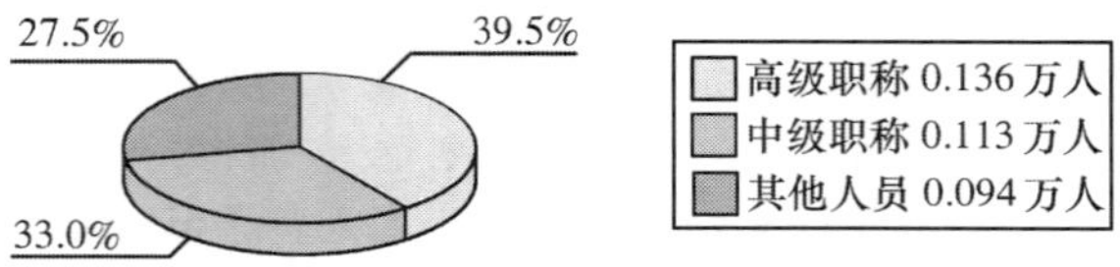

图14　2003年参加攻关计划引导项目人员构成

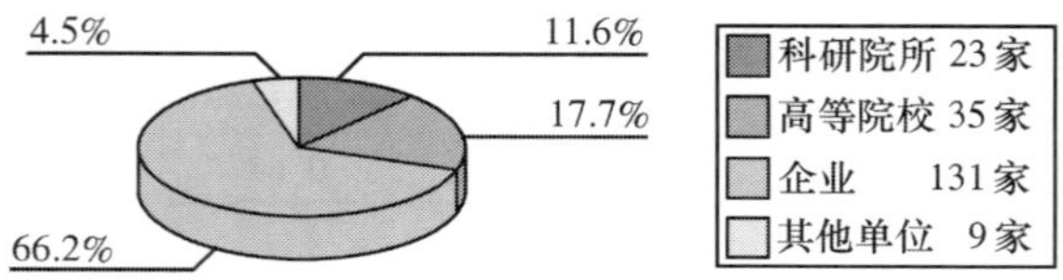

图15　2003年承担攻关计划引导项目单位构成

4. 西部开发科技行动

西部开发科技行动的基本思路是：全面贯彻创新、产业化的科技方针，以提高科技持续创新能力为主线，以对生态环境、基础设施建设和产业结构调整提供科技支撑为主要目标，以重点区域为突破口，以促进经济社会发展和提高人民生活质量为根本出发点。

围绕这一基本思路，2003年新设课题35个，使西部开发科技行动在研课题达到150个，中央财政拨款7 000万元。

表4　2003年攻关计划西部开发科技行动课题和中央财政拨款按技术领域分布

	信息	自动化	材料	能源与交通	农业	资源与环境	生物医药	社会事业	其他
课题（个）	12	5	13	8	49	26	16	13	8
中央财政拨款（亿元）	0.06	0.02	0.07	0.03	0.24	0.13	0.07	0.04	0.04

承担西部开发科技行动项目的单位共有150家（其中企业和科研院所分别占37.3%和32.0%），人员总数3 000多人（其中高级职称人员占50%）。

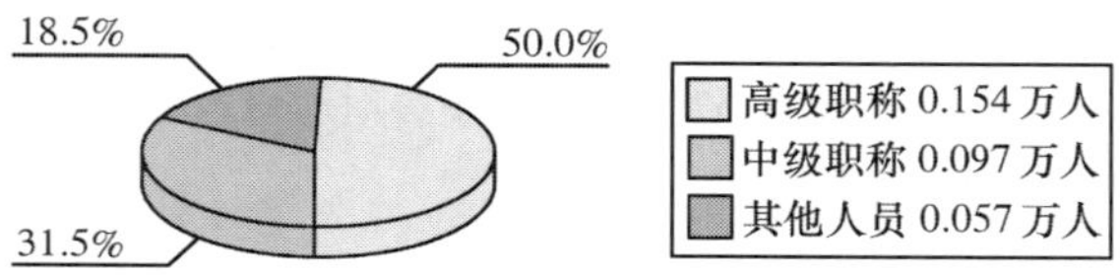

图16　2003年参加攻关计划西部开发科技行动项目人员构成

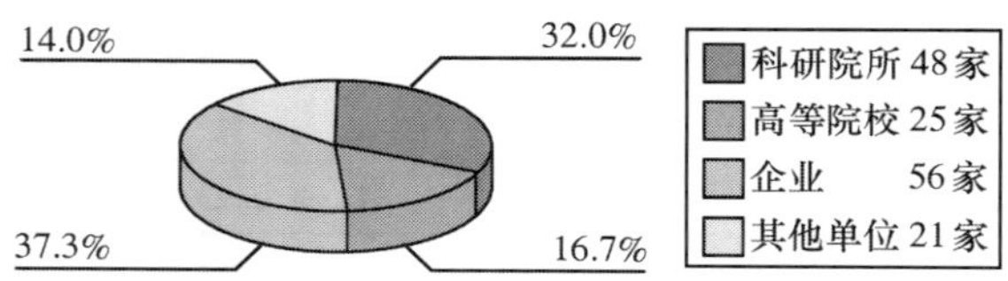

图17　2003年承担攻关计划西部开发科技行动项目单位构成

5. 奥运科技行动专项

2003年，攻关计划"奥运科技行动专项"的安排原则是：紧密结合奥运建设总体规划和对奥运科技的需求，重点考虑数字技术在奥运场馆、奥运信息服务等方面应用开发示范；结合"奥运科技2008行动计划"已确定重大项目的主要方向和目标，突出奥运体育科研、反兴奋剂方法研究，以及奥运环保、奥运气象服务等方面的开发；统筹考虑有关计划对奥运科技的安排情况和国际奥运科技合作的要求，对尚未列入计划的奥运重点内容作补充立项。

根据以上原则，经综合平衡，确定2003年度立项课题12个，使奥运科技行动专项在研课题达45个，中央财政拨款2 000万元。

取得的主要成果和经济效益

2003年，国家科技攻关计划突破了一批关键技术，获得了一批专利，取得一批科技成果，产生了巨大的经济和社会效益。

表5　2003年攻关计划取得的主要成果和效益

发表论文（篇）	专著（万字）	申请专利（项）	发明专利	专利授权（项）	发明专利	新产品等成果（项）	中试线和生产线（条）	科技成果转让（项）	转让收入（亿元）	获省部级奖（项）	培养研究生（人）
13 725	9 644	1 928	1 365	585	338	3 417	>1 000	946	5.34	352	1 675

注：新产品等成果包括：新产品、新材料、新工艺、新装置。

"合成气及天然气直接转化新技术"完成了中试装置施工设计。"10kt/a醋交换法聚碳酸连续化生产装置及光盘盘基成型技术等装备"开发的年产万吨级PC生产装置已完成初步设计，光盘盘基反应注射成型中试生产线机械设备零部件加工及辅助系统的集成工作基本完成。"纺织印染后整理新技术"开发了具有国际先进水平的新一代数码喷射印花机：成功开发出喷蜡直接制网新技术及圆网、平网喷蜡制网机产品，圆网和丝绸平网四色印花技术逐步实现工业化应用。

“大型乙烯工程关键技术开发”解决了15万吨/年裂解炉技术问题；“特殊钢”项目完成了大比例热装铁水的技术开发工作和电炉相关技术的改造；“新型高性能混凝土及其耐久性的研究”完成了低热硅酸盐水泥国家标准制定；“新农药创制及产业化开发”项目开展了一批具有高生物活性化合物研究开发及10个农药创制品种的产业化开发，完成了地亚农等高毒农药替代品种的开发及定向硝化、手性合成、水基性制剂等共性关键技术的开发。

“纳米材料技术及应用开发”完成了无机纳米颗粒增韧改性塑料制品工业化技术研究和对纳米晶软磁合金及其制品进行产业化开发；镁合金开发解决了结晶过程优化以及结晶、焙烧过程和设备放大等关键技术，完成了水氯镁石脱水制备无水氯化镁的实验室试验和生产小试。建立了第一条5 000吨/年牺牲阳极示范生产线；已成功开发8种3C产品，产量达到2 000万件/年；开发了8种列车制动机、6种摩托车、5种石油机械镁合金产品。

国家重点基础研究发展计划（973计划）

2003年973计划的工作重点是在继续组织项目实施的基础上，加强战略研究，强化项目、基地、人才的有机结合，以项目为纽带，加强对优秀人才和重点研究基地的支持，集中力量办大事；结合973计划管理办法的修订工作，加强管理体制和运行机制的创新。

管理机构

顾问组

科技部组建973计划专家顾问组，对国家重点基础研究发展规划和计划进行咨询和评议。其主要职责是：

1. 对国家重点基础研究发展规划和973计划的总体发展战略、政策和有关规章制度提出咨询意见和建议。

2. 对973计划项目立项、评审及组织实施中的重大问题提出咨询意见和建议。

3. 开展973计划重点领域发展战略研究，提出战略研究报告。

4. 对973计划年度重要支持方向提出咨询意见和建议。

5. 受科技部委托，主持项目综合评审和结题验收工作；根据需要对项目执行情况进行检查；参与项目中期评估工作。

6. 承担科技部委托的其他相关工作。

973计划专家顾问组实行任期制，每届任期三年，可以连任。

第三届顾问组名单

姓　名	职　称	单　位
周光召	院　士	中国科学技术协会
林　泉	研究员	科学技术部
许智宏	院　士	北京大学
朱作言	院　士	中国科学院水生生物研究所
范云六	院　士	中国农业科学院生物技术研究中心
霍裕平	院　士	郑州大学
袁晴棠	院　士	中国石油化工集团公司
范维唐	院　士	中国煤炭工业协会
汪成为	院　士	中国人民解放军总装备部科学技术委员会
邬贺铨	院　士	信息产业部电信科学技术研究院
周炳琨	院　士	清华大学
孙鸿烈	院　士	中国科学院地理科学与资源研究所
刘鸿亮	院　士	中国环境科学研究院
管华诗	院　士	中国海洋大学
林其谁	院　士	中国科学院上海生物化学与细胞生物学研究所
强伯勤	院　士	中国医学科学院基础医学研究所
王永炎	院　士	中国中医研究院
闵乃本	院　士	南京大学
白春礼	院　士	中国科学院
叶恒强	院　士	中国科学院金属研究所
马俊如	研究员	国家外国专家局
王淀佐	院　士	中国工程院
李德仁	院　士	武汉大学
杨胜利	院　士	中国科学院上海生物工程研究中心
陈佳洱	院　士	北京大学
程耿东	院　士	大连理工大学
袁　权	院　士	中国科学院大连化学物理研究所
艾国祥	院　士	中国科学院国家天文台

咨询组

科技部按农业、能源、信息、资源环境、人口与健康、材料等领域组建领域专家咨询组，对本领域项目的实施情况进行咨询和评议。其主要职责是：

1. 根据项目申请书及评审意见，审查项目计划任务书和课题任务书，对任务书的主要研究内容、预期目标、研究方案、年度计划、课题设置、经费分配、研究队伍和项目的组织管理等向科技部提出咨询意见。

2. 对每个项目确定2～3名责任专家，参加项目年度总结、中期总结、结题总结及有关的学术研讨、交流活动，对项目执行情况进行跟踪了解。

3. 受科技部委托，主持本领域项目的中期评估工作，参与项目的结题验收工作。

4. 全面了解本领域项目进展情况。每年应向科技部提交年度咨询工作报告，反映项目进展和执行过程中存在的问题，提出改进意见和建议。

5. 根据国内外科技发展动态和国家社会、经济发展中的重大需求，提出改进和加强973计划项目部署和管理的咨询意见和建议。

6. 承担科技部委托的其他相关工作。

领域专家咨询组实行任期制，每届任期五年，可以连任。

第二届材料领域咨询组名单

梅良模	教　授	山东大学
李成功	研究员	中国材料研究学会
沈之荃	院　士	浙江大学
朱鹤荪	教　授	北京理工大学
屠海令	研究员	北京有色金属研究院
刘治国	教　授	南京大学
吴人洁	教　授	上海交通大学
薛增泉	教　授	北京大学
欧阳世翕	研究员	中国建材研究院
陈皓明	教　授	清华大学

项目安排

2003年973计划围绕国家经济、社会、科技发展中的重大需求和前沿科学问题，遴选了27个项目立项，其中农业领域3项，主要安排了农业微生物杀虫防病功能基因的发掘、绿色化学农药及作物高效抗旱方面的基础研究工作，能源领域3项，重点安排了利用太阳能规模制氢、多种能源矿产共存与富集成藏（矿）机理等方面的内容，信息领域3项，重点部署了新一代互联网体系结构理论、新一代通信光电子集成器件等方面的基础研究；资源环境领域3项，在持久性有机污染物的环境安全与控制原理、西南纵向岭谷区跨境生态安全、长江流域水沙产输等方面进行了重点部署；人口与健康领域4项，在神经损伤修复和功能重建、精神活性物质依赖的生物学基础及防治、移植器官慢性失功的免疫学等方面作了安排；材料领域3项，对先进聚合物基复合材料、膜材料以及高性能多孔催化材料的基础研究作了重点部署；新设立综合交叉与重要科学前沿领域8项，对生物信息学、医学图像处理、先进制造等多学科交叉科学问题以及基本物理量测量、糖生物学与糖化学、转基因高等动物模型等前沿科学问题进行了部署，并结合大科学工程安排了大陆板块地幔动力学研究。

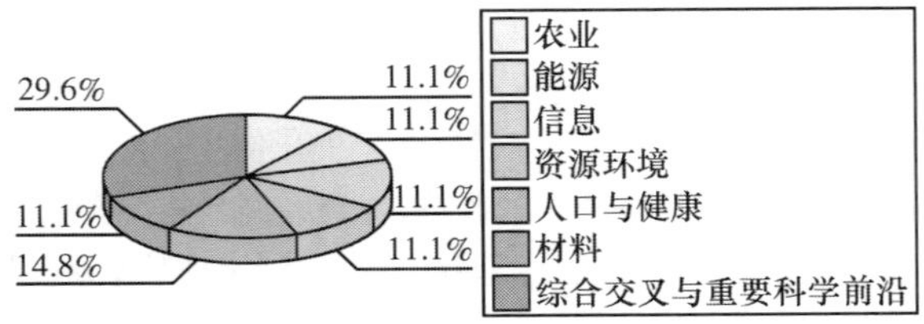

图1　2003年973计划立项项目按领域分布

针对2003年我国面临的SARS流行趋势，973计划启动了“SARS防治基础研究”专项，组织国内相关领域基础研究优势力量，对SARS病原生物学、致病机理、疾病控制原理等开展系统、深入研究，为从根本上防治SARS提供理论依据和技术支撑。该专项部署了31个课题。

另外，为实现《国家纳米科技发展纲要》和《国家纳米科技专项行动指南》提出的我国纳米科技“十五”战略目标，科技部集成和统筹863计划、科技攻关计划和973计划的相关资源和力量，设立了“纳米科技重大专项”，并成立了纳米科技重大专项专家组，协调各计划的执行。

经费与人员投入

2003年度973计划国家财政投入经费8亿元。

据在研的133个项目统计，2003年承担973计划项目的科技人员为1.4万人，其中博士后1 314人。

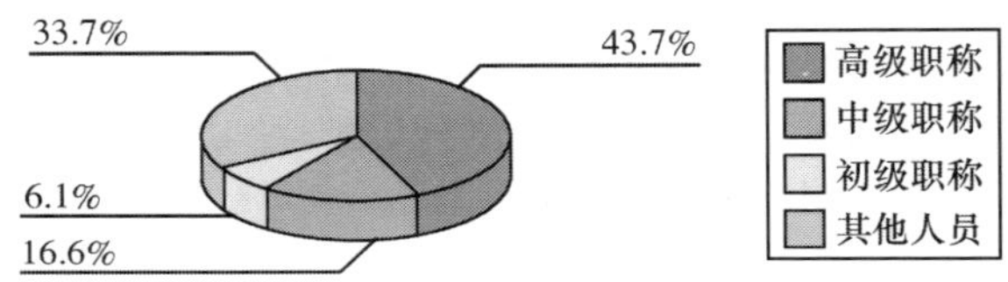

图2　133个在研项目参加人员按职称分布

从年龄结构看，35岁以下占38.9%，35～45岁占37.3%，46～59岁占15.4%，60岁以上占8.4%。

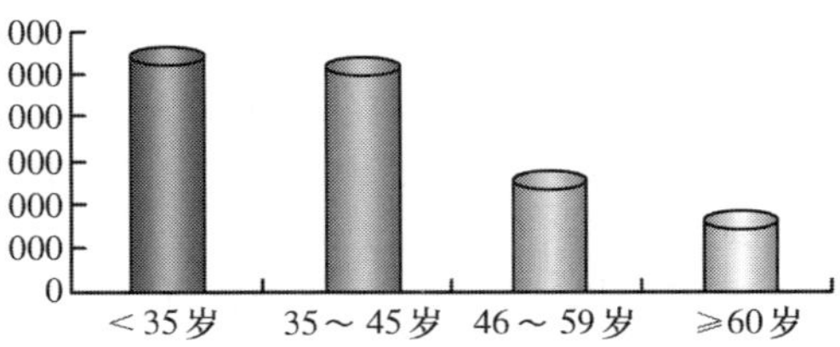

图3　133个在研项目参加人员年龄结构

取得的成果

2003年，973计划公布与通过结题验收的项目，取得了一批阶段性成果；在基础科学前沿，取得了一批重要创新性成果，部分成果在国际上产生了重要影响。

在人才培养方面，2003年培养博士2 849人，硕士3 201人，有751名博士后出站。此外，一批优秀的中青年人才通过参加973计划项目脱颖而出，共有254人次入选“长江学者”、“中科院百人计划”、“杰出青年基金”、“求是奖”等有关青年人才培养计划。

表 1　2003 年 973 计划获得成果情况

论文（篇）	国外发表	SCI 和 EI 收录论文（篇）	专著（册）	授权发明专利（项）	国家奖（项）
15 765	7 251	9 243	255	681	19

重要进展

2003 年 973 计划总体进展顺利，首批立项的 15 个项目通过了结题验收，并取得了一批阶段性的研究成果。其中与材料相关的项目有：

1. “光合作用高效光能转化的机理及其在农业中的应用”项目完成测定的菠菜捕光复合物（LHCⅡ）的晶体结构是国际上第一个 X－衍射方法测定的 LHCⅡ，具有原子水平的三维结构，为定量研究 LHCⅡ的能量吸收、传递和光保护机理奠定了重要基础，被专家认为是国际上近年光合作用机理研究的一项重大突破。

2. “高效天然气藏形成分布于凝析、低效气藏经济开发的基础研究”项目对天然气藏地震有效识别技术的研究取得新进展。该项研究从储层气层引起的地震信号衰减与能量异常出发，以理论分析和模型研究为基础，结合叠前叠后地震多属性分析，首次使用小波分析方法和多属性定量预测方法，在含气储层地震信号衰减和多属性气层定量预测方面取得了重要进展，可以有效预测储层含气性，提高钻探成功率，从而为实现大面积低丰度气藏的经济开采提供了一种有效途径。研究成果初步应用于苏里格气田的气层识别研究，取得了良好的效果。

3. “纳电子运算器材料的表征与性能基础研究”项目在新概念、新原理器件的探索研究方面取得了重要进展。首次利用嵌有量子点的量子阱结构的内光伏响应，实现了红外摄像和探测的新原理器件。由于这种新原理器件在保持低噪声的同时又具有放大效应，可望获得很高的性能。成功地制备了室温条件下工作的碳纳米管场效应和单电子器件，首次提出“T 型结”纳米三极管的结构模型。发明了单壁碳纳米管的湿法化学组装技术；发明了扫描探针显微镜热化学烧孔存储新技术。一年多来，共发表 SCI 论文近百篇，其中 PRL2 篇，JACS4 篇，Adv. Mater. 6 篇，APL7 篇，J. Phys. chem. B 近 20 篇，申请专利近 10 项。

4. “系统芯片中新器件新工艺的基础研究”项目坚持硅集成技术的自主创新研究，在器件微型化研究方面取得了重要的进展。研制成功栅长为 27nm 的新型 CMOS 器件，并研制成功栅长为 36nm 的 CMOS32 分频电路。27nm 的 CMOS 器件达到了国际上 21 世纪初的水平，标志着我国的芯片微型化研究又迈上了一个新的台阶。

5. “光电功能晶体的结构性能、分子设计、微结构设计和制备过程研究”项目，设计出 K 丑 BF、SBBO 等多种新型深紫外非线性光学晶体，并成功地生长出全透明 20mm × 10mm × 1. 8mmKBBF 单晶，进而发明了棱镜耦合技术，实现了深紫外 197 ~ 193nm、200 ~ 170nm 的激光有效输出，处于国际领先水平。该项目在介电超晶格微结构设计的基础上，提出了离子型声子晶体的新概念，预言其中存在微波拉曼散射、布里渊散射及横向极化激元等新效应，后者得到了实验证实，开拓出微波和超声波段的人工带隙材料新方向。另外，通过准相位匹配设计，实现了红、绿、蓝多波长同步输出，为准白光激光输出提供了新的途径。

6. “新一代钢铁材料的重大基础研究”项目发展了形变诱导（强化）相变理论、中温转变控制等理论，开发了洁净钢的化学冶金、钢的凝固结晶及铸态组织的均匀化等相关工程技术。上述理论成果和工艺技术在生产中得到验证和应用，在基本不改变生产装备和生产成本的前提下，可使钢的强度提高近 1 倍，为国民经济的发展做出了贡献，400MPa 级超细晶碳素钢板和钢筋已批量生产并用于汽车、建筑行业，1 500MPa级合金结构钢已批量应用于机械工业，800MPa 级低合金钢已通过工业化试制。

7. “化学反应的本质及其选控”项目应用以氢原子里德堡标示飞渡时间谱为探测手段的交叉分子束装置进行了氢原子和氢分子同位素变型反应 $H + HD \rightarrow H_2 + D$ 的转动量子态分辨的微分反应截面的测量，证实了该反应体系的中间过渡态是“量子化瓶颈态”，证明了反应体系存在延迟的机理是“阈值”效应。并进一步研究了“量子化瓶颈态”如何影响反应截面与碰撞能量的关系。研究结果发表在 2003 年 6 月 13 日《科学》杂志上。

关于申报 973 计划 2004 年项目的通知

各有关单位：

根据 973 计划工作的总体安排，2004 年 973 计划将继续围绕国家经济、社会和科技自身发展的战略需求和重大科学前沿问题部署项目。现将 2004 年重要支持方向予以公布，请你们从国家战略需求出发，根据重要支持方向和申报要求组织项目申报。973 计划项目由单位进行申报，从 2004 年起实行网上申报，受理期为 3 月 29 日至 4 月 29 日。重要支持方向以外、未通过网上申报及超出受理期的申请不予受理。

有关 973 计划 2004 年重要支持方向、项目申报要求、项目申请书编写提纲和网上申报流程可在 973 计划网站：http：//www. 973. gov. cn 下载。

受理部门：973 计划联合办公室
联 系 人：李　霄　张　峰　王长锐
联系电话：（010）68576534　68583150　58881557
传　　真：（010）68576536
电子邮件：jcc973@ vip. sina. com

973计划2004年重要支持方向

领　域	重要支持方向	举　例
农业	重要农业动植物功能基因组学	●重要农作物核心种质遗传资源发掘与利用的基础研究 ●重要农作物经济性状功能基因组研究 ●鱼类品种改良的基础研究
	重要农业动物品质形成及安全的基础研究	●畜产品品质性状形成的营养代谢与调控机理 ●农产品营养品质及安全生产与监测的基础研究
能源	煤高效、洁净利用的基础研究	●煤的大规模、高效直接液化、气化的基础研究 ●高效清洁利用煤的多联产系统的关键科学问题和技术的基础研究
	油气开发利用的基础研究	●我国重油高效转化利用的基础研究 ●天然气水合物成因机理及分布规律
	电力传输及系统安全的基础研究	●特大规模交直流互联电网的特有机理与关键技术基础，及在其中大功率电力电子共性关键技术的基础研究
信息	下一代互联网	●基于网络可控可管的资源分配和协同工作的基础研究 ●下一代互联网信息存储核心技术研究
	纳米信息技术	●微纳米传感器及其智能系统的基础研究
	算法与信息处理	●数学机械化方法、应用与智能软件
资源环境	灾害机理与预测、预报研究	●气候与天气灾害机理与预测研究 ●地震机理与预报研究
	环境污染形成机理与防治研究	●东北老工业基地环境污染治理与生态修复研究 ●酸雨输送、沉降及其控制研究
	生态系统保护修复研究	●海滨湿地生态系统保护与修复研究
人口与健康	功能基因组与蛋白质组	●多基因复杂性状疾病的“疾病基因组学”
	健康与重大疾病的分子和细胞生物学基础	●模式生物研究重大疾病的发病机制 ●性肿瘤癌变机理及早期诊治与预防的基础研究
	重大疾病防治措施的基础研究	●基因治疗的应用基础研究 ●基于功能基因组的创新药物的研究 ●经络与针刺效应的基础研究
材料	传统材料改造升级涉及的基础科学问题	●提高钢铁质量的冶金学基础
	发展高技术新材料涉及的基础科学问题	●光电功能材料相关基础问题 ●新型稀土材料及材料稀土元素改性的基础问题
	材料科学与工程的学科基础	●材料制备科学的新方法、新工艺，如微生物冶金及材料芯片的学科基础等 ●材料介观性能表征的新理论与新方法
综合交叉与重要科学前沿	先进制造与复杂系统中的共性科学基础	●现代设计大型应用软件的共性基础 ●复杂系统的多尺度研究
	城市发展的基础问题研究	●城市生态、城市“病”与物质代谢过程机理研究 ●城市交通与物流基础研究
	特殊资源的高质利用	●稀土、秸秆、极端微生物资源利用的基础研究
	多领域交叉的重大基础问题研究	●光合作用的基础研究
	重要科学前沿	重点支持具有我国特色、优势及重大科学意义的前沿科学研究、结合重大科学工程开展的前沿科学研究及参与重大国际合作计划开展的前沿科学研究

973 计划项目申报要求

一、立项条件

1. 申报项目应满足下述三项条件之一：

（1）紧密围绕我国社会、经济和科技自身发展的重大需求，解决国家中长期发展中面临的重大关键问题的基础研究；

（2）瞄准科学前沿重大问题，体现学科交叉、综合，探索科学基本规律的基础研究；

（3）发挥我国的优势与特色，体现我国自然、地理与人文资源特点，能在国际科学前沿占有一席之地的基础研究。

2. 申报项目还应符合 973 计划项目立项的基本要求：

（1）有创新的学术思想，科学、可行的研究方案；

（2）有明确、先进的研究目标，研究重点突出，针对关键科学问题开展多学科交叉、综合研究；

（3）有高水平的学术带头人和一支学术思想活跃、科研业绩优秀、团结协作、结构合理的研究队伍；

（4）具备良好的研究条件，结合重点研究基地和原有工作基础开展研究工作；

（5）经费资助要求合理。

二、申报资格与条件

1. 中国内地境内具有法人资格的科研机构或高校，遵守 973 计划有关管理办法，均可直接或通过主管部门推荐向科技部申报项目。2004 年暂不受理在国内注册的外资研究机构的项目申报。

2. 申报单位在申报项目时应推荐项目首席科学家，每个项目只能推荐 1 位首席科学家。项目首席科学家应具备以下条件：

（1）具有较高的学术水平、优秀的科研业绩和开拓创新能力；

（2）具有较强的组织、协调能力；

（3）具有良好的信誉，作风民主、严谨；

（4）能将主要精力用于项目组织协调与研究工作，每年不少于 6 个月；

（5）年龄一般不超过 60 岁。

3. 课题负责人和主要学术骨干应具备以下条件：

（1）在基础研究第一线工作，具有较高的学术水平；

（2）有足够时间和精力用于项目的研究工作，每年一般不少于 6 个月；

（3）课题负责人还应具有一定的组织能力，能完成课题组织协调工作。

4. 以下人员不能作为主要学术骨干参与项目申报：

（1）在研 973 计划项目首席科学家、课题负责人；

（2）在研 863 计划、国家科技攻关计划项目或课题负责人；

（3）973 计划专家顾问组成员、领域专家咨询组成员；

（4）承担国家科技计划项目总工作时间已达满负荷的科研人员；

（5）中央和地方各级政府公务员，专职科研管理人员；

（6）离退休人员；

（7）因违规被取消申报资格和其他不能保证履行规定的义务者。

5. 外籍华裔科学家及港、澳、台地区科学家被推荐为项目首席科学家或课题负责人，必须正式受聘于申报单位。

6. 1 个科研人员作为主要学术骨干不能同时参与 2 个或 2 个以上项目的申报。

三、申报办法

1. 科技部只受理由申报单位提交的项目申请书，并以网上提交项目申请书作为评审的依据。

2. 网上申报流程可在 973 计划网站：http://www.973.gov.cn 或科技部网站：http://www.most.gov.cn 下载。

3. 申报单位在自指南公布之日起，应尽快登录 973 计划网站，在“2004 年项目申报专栏”中获取本单位项目申报管理账号和密码，否则无法提交项目申请书。

4. 申报单位应在网上提交项目申请书的同时，打印两份项目申请书，加盖公章后以快件形式邮寄至科技部基础司（地址：北京市复兴路乙 15 号；邮编：100862）；申报单位应将所有申报项目在上级主管部门备案；部门（包括部委、行业、省市科技主管部门）推荐项目，应由部门出具推荐公函。同一项目不得通过不同单位分别申报。

四、申报要求

1. 针对重要支持方向所涉及的某一方面的问题组织项目，不宜在一个项目中将重要支持方向或“举例”中所涉及的问题全部包括。

2. 注意体现国家重大需求与基础研究关键科学问题的有机结合，紧密围绕所面向的国家重大需求，特别注意关键科学问题的提炼。

3. 项目研究内容重点突出，预期目标明确、集中，并有较为具体的量化指标。总体研究思路清晰，体现创新性。

4. 项目只设置课题，课题下不设置子课题。课题数一般不超过 8 个；每个课题的承担单位不超过 2 个。

5. 项目研究队伍精干，结构合理，体现优势集成。鼓励多学科的交叉综合研究，鼓励跨部门组织研究队伍，注意规模适度和组织的有效性，避免队伍过大。

6. 如实反映项目申报单位已有的工作基础和研究条件（包括主要仪器设备），注意发挥重大科学工程和国家重点实验室等重要研究基地的作用。

7. 如实反映申报项目与有关国家科技计划在研项目的关联，注意与国家科技攻关计划、863 计划及其他科技计划的协调与衔接。

8. 如实说明项目推荐首席科学家和课题负责人正在承担的其他国家科技计划项目的情况。包括：项目名称、来源、经费额度、起止年月、本人在该项目中承担的任务及与所申报项目的关系、投入的工作时间等。

9. 根据实际需要进行经费预算。项目资助强度分为三类，A类为3 000万元以上，B类为1 500～3 000万元，C类为1 500万元以下。人均全时资助强度要求在10万元/年以上。

10. 项目申请书必须按规定格式要求（可从973计划网站：http：//www.973.gov.cn下载）编写，不能附加任何个人或学术组织对项目的推荐或评价意见。

11. 申报单位应对项目申报人员资格及申请书内容的真实性严格审核。对弄虚作假行为，一经发现核实，科技部将记录在案，并在一定时间内取消申报单位和相关人员的申报资格。

五、欧盟合作项目申报

1. 根据“中华人民共和国政府与欧洲共同体科学技术合作协定”，欧盟向中方开放欧共体条约第一百三十（g）条规定的框架计划第一类行动范畴的所有研究与技术开发及示范活动，科技部向欧方开放973计划项目。

2. 欧盟成员国研究机构必须与两个或两个以上、不隶属于同一部门的中方单位，根据973计划项目重要支持方向和申报要求，联合提出项目申请。

3. 项目申请书必须在规定的时间内由双方提出的项目推荐首席科学家签字，经中方项目推荐首席科学家所在单位或主管部门报科技部。在申报阶段需提交中文版本和英文摘要。

4. 欧盟合作项目立项评审办法及立项程序与其他项目申请相同。未能通过评审的项目，由科技部通知中方申报单位，并由其告知欧方单位。

2004年度973材料领域项目

1. 光电功能晶体结构性能、分子设计、微结构设计与制备过程的研究

首席科学家：王牧

项目简介

光电功能晶体是现代高新技术的关键基础材料之一。本项目将从新型光电功能晶体、微结构光电功能材料和光电功能薄膜与异质结构三个层面上，深入开展其结构性能、分子设计、微结构设计与制备过程的研究。期望建立较为完整的关于电光效应的基团理论，取得若干规律性认识；建立电光晶体探索的芯片系统，大幅度提高筛选新型电光晶体的效率；发展新一代深紫外复合型非线性光学晶体，实现更短波长的倍频波输出。发展大尺寸工程级高储能激光晶体和中红外及THz波段非线性光学晶体，努力缩短同国外先进水平的差距。进一步深化人工微结构材料中电磁波和声波的激发与传播的学术体系，着重微结构设计，通过引入多个倒格矢，实现参量耦合过程。定量研究不同谐波间能量转换及分配规律及其与超晶格结构参量的关系，期望完成品质优良的超晶格全固态白光激光器原型器件，发展更多的基于新概念、新原理的光电功能原型器件。与此同时，将光电功能材料的研究扩展到量子力学层面，利用固体光谱学手段，从能量、空间、时间、自旋等多维度研究典型的异质结构中的光学非线性量子过程的光谱和光电响应，理解其物理内涵、发现新效应，探讨构造新概念器件的可能性。本项目将以不同类型异质结作为切入点，通过材料制备技术与机理概念创新的最优组合，发明若干新型低维光电功能材料；特别期望在全量子调控光电功能材料与器件方面取得突破，形成具有我国特色的光电功能量子学术体系，为新一代技术进行技术储备。

项目专家组

姓名	单位	姓名	单位
王牧	南京大学	陈创天	中国科学院理化技术研究所
蒋民华	山东大学	沈学础	中国科学院上海技术物理研究所
朱永元	南京大学	资剑	复旦大学
龚旗煌	北京大学	许宁生	中山大学
陈鸿	同济大学		

课题设置

编号	名称	负责人	主要承担单位
2004CB619001	无机非线性光学和电－光晶体分子设计、新材料探索及其应用	陈创天	中国科学院理化技术研究所
2004CB619002	具有重大应用前景的人工晶体的生长和制备研究	陶绪堂　蒋民华	山东大学
2004CB619003	微结构光电功能材料及其新效应、新器件	朱永元	南京大学
2004CB619004	薄膜异质结光电功能材料的制备科学、功能机理和量子过程研究	沈学础	中国科学院上海技术物理研究所
2004CB619005	晶体材料制备的若干基础问题研究	王牧　陆坤权	南京大学　中国科学院物理研究所
2004CB619006	光电功能材料的表征和应用前景评估	许祖彦	中国科学院物理研究所

2. 提高钢铁质量和使用寿命的冶金学基础研究

首席科学家：翁宇庆

项目简介

我国对钢铁的需求量从2000年起每年以约20%的速度逐年猛增。给资源供应、交通运输、资金投入、环境保护带来巨大压力。在1998年启动的973项目“新一代钢铁材料重大基础研究”实现钢强度翻番之后，开展“提高钢铁质量和使用寿命的冶金学基础研究”，将实现钢的使用寿命翻番。两者双翻番可大幅度节约钢材，缓解上述多方面的压力，为解决国家重大需求做出贡献。90%的钢铁材料是结构材料，它分为静态承载的工程结构用钢和动态承载的机械结构用钢。在静态承载条件下，钢的主要失效原因是腐蚀。为提高钢的耐大气腐蚀性能，需研究不同合金系在不同大气环境下的腐蚀和防护机理。多元素对腐蚀的协同抑制作用及钢基体组织与表面锈层的交互作用是关键科学问题和创新点。在苛刻环境腐蚀下，需选用耐蚀性更好的不锈钢。为扩大不锈钢的应用范围，需要解决资源问题。为此，需研究用廉价的取之不尽的氮代替昂贵稀缺的镍。其中的科学问题是高氮的合金化原理，工程问题是高氮的加入技术。在动态承载条件下，钢失效的主要原因是疲劳（占失效总数的50%左右）。为提高机械结构用钢的疲劳寿命，需研究控制疲劳裂纹萌生及其扩展的机制，夹杂物的尺寸、形态、分布与长疲劳寿命之间的关系，提出新的夹杂物和组织控制理论。解决上述材料问题，均需提高钢的质量，即提高其洁净度和均质性。为提高钢的耐蚀性，需开展钢均质性方面的研究，减少P、Cu、C的偏析。P、Cu可以提高钢的耐大气腐蚀性能，但钢中含P、Cu高会产生脆性。减少偏析后可提高P、Cu的加入量，变有害元素为有利元素。为提高疲劳寿命需要开展提高钢洁净度的研究，减小夹杂物的尺寸，提高夹杂物的塑性，使夹杂物无害化。提高冶金质量的科学问题是微米级塑性夹杂的形成理论和钢的均质化凝固理论。本项目将研究五个新的冶金学理论，即：微米级塑性夹杂形成理论；均质化铸坯形成理论；多元微量元素在腐蚀环境中的协同作用理论；高强度钢的超高周疲劳断裂机制；高氮奥氏体不锈钢合金化原理和高氮的加入与稳定技术。在上述五个基础理论指导下，发展三类原型钢种，即：耐大气腐蚀性优良的高强度工程结构用钢、高氮低镍高强度奥氏体不锈钢及长疲劳寿命高强度合金结构钢。同时还要做到节约资源和能源，环境友好，制造成本低，性能价格比高。

项目专家组

姓　名	单　位	姓　名	单　位
翁宇庆	钢铁研究总院	赵　沛	钢铁研究总院
王新华	北京科技大学	董俊华	中国科学院金属研究所
王国栋	东北大学	白炳哲	清华大学
杜挽生	钢铁研究总院	杨玲莉	北京科技大学
韩恩厚	中国科学院金属研究所		

课题设置

编　号	名　称	负责人	主要承担单位
2004CB619101	工业大气环境下铁素体/珠光体型耐候钢合金化与组织控制理论研究	董俊华	中国科学院金属研究所
2004CB619102	高强韧耐沿海大气腐蚀超细复合组织钢的研究	杨善武	北京科技大学
2004CB619103	资源节约型不锈钢研究	苏　杰	钢铁研究总院
2004CB619104	长疲劳寿命机械制造用高强度钢的研究	翁宇庆　惠卫军	钢铁研究总院
2004CB619105	长寿命贝/马复相高强高韧钢的研究	白炳哲	清华大学
2004CB619106	钢的高洁净度和活性元素合金化的化学冶金	王新华	北京科技大学
2004CB619107	钢铁材料凝固组织均质化的基础研究	赵　沛	钢铁研究总院
2004CB619108	利用铸轧技术生产细晶均质不锈钢和高P、Cu耐候钢薄带的基础研究	王国栋	东北大学

3. 微生物冶金的基础研究

首席科学家：邱冠周

项目简介

本项目围绕硫化矿浸矿微生物生态规律、遗传及代谢调控机制，微生物－矿物－溶液复杂界面作用与电子传递规律，微生物冶金过程多因素强关联三个关键科学问题，开展如下研究：浸矿微生物的分离、纯化、种群生态规律、氧化生理、分子遗传标记；浸矿微生物铁、硫氧化关键酶的结构与功能的关系、催化机理、代谢调控机制与硫化矿氧化；浸矿菌种的活性和抗性驯化及物理化学诱变或复合诱变培育；浸矿微生物的重要功能基因克隆，遗传转移系统与基因工程菌的构建；浸矿微生物、矿物的结构，表面润湿性、电性、吸附等复杂界面作用；微生物－矿物－溶液界面电子传递规律，浸出体系各种电化学作用；微生物冶金过程宏观生物因素、化学因素和物理因素与微生物冶金体系温度场、浓度及流体场的直接或间接交互影响，微生物冶金体系中的传热、传质与动量传递作用机制和生物学－冶金物理化学因素的强关联科学规律；微生物浸出液金属离子溶液化学行为与富集、分离和纯化。通过本项目研究，达到以下预期目标：建立原生硫化矿专属菌种选育及遗传改造方法和微生物浸出过程复杂界面强化作用理论；揭示浸矿微生物重要功能基因的作用机制；微生物冶金过程多因素强关联规律。形成高效浸矿菌种选育和原生硫化矿微生物浸出新技术原型。

项目专家组

姓　名	单　位	姓　名	单　位
邱冠周	中南大学	林建强	山东大学
胡岳华	中南大学	柯家骏	中国科学院过程工程研究所
张国成	北京有色金属研究总院	刘业翔	中南大学
黎维中	北京有色金属研究总院		

课题设置

编　号	名　称	负责人	主要承担单位
2004CB619201	原生硫化矿高效浸矿菌种选育的基础研究	邱冠周	中南大学
2004CB619202	毒性离子抗性菌种的遗传特性及基因改造	林建群	山东大学
2004CB619203	硫化矿生物预氧化体系复杂界面作用	丛　威	中国科学院过程工程研究所
2004CB619204	硫化矿微生物浸出体系复杂界面作用	柳建设	中南大学
2004CB619205	微生物浸出体系多因素强关联	吴爱祥	中南大学
2004CB619206	微生物浸出液富集、分离、纯化的基础研究	阮仁满	北京有色金属研究总院

4. 材料若干介观性能的表征及其尺度效应

首席科学家：孙军

项目简介

微电子器件、超深亚微米集成电路和微机电系统的膜/基和多层异质膜结构及内导线结构所用材料尺度逐渐由微米级减小到亚微米甚至纳米级，即处于传统宏观与微观范畴之间的介观材料领域，其服役可靠性问题具有持久的挑战性。材料性能的尺度效应、表面和界面效应及异质约束效应等愈加凸现，成为影响其可靠性的决定性因素之一。因此，材料介观性能，特别是服役性能的正确表征成为关系到提高微器件设计制造水平和服役可靠性而亟待解决的关键问题。本项目以发展和建立材料若干介观性能表征的新理论、新方法为目标，重点进行材料介观性能表征及其尺度、表面/界面与异质约束效应的基础理论研究；主要包括：基于热力学参数尺度效应的材料介观性能基本参量表征，材料介观动态性能的特征与缺陷、形态的演化特性，介观力学性能的表面、界面与异质约束效应，材料驰豫/相变行为的介观效应，模型化薄膜材料器件在力/电/热多场耦合作用下的服役特性、损伤失效规律和可靠性及其评价指标。预期研究目标为发展材料介观性能表征理论框架体系，并据此发展相应的实验表征与测试新技术和新方法，为介观尺度材料器件的设计制造，特别是其服役寿命与可靠性预测提供理论基础和技术支撑。

项目专家组

姓　名	单　位	姓　名	单　位
孙　军	西安交通大学	杨　卫	清华大学
徐可为	西安交通大学	蒋　青	吉林大学
孟祥康	南京大学	王中光	中国科学院金属研究所
魏炳波	西北工业大学	钱　鹤	中国科学院微电子研究所
薛其坤	中国科学院物理研究所		

课题设置

编　号	名　称	负责人	主要承担单位
2004CB619301	材料介观性能表征的热/动力学基础	蒋　青	吉林大学
2004CB619302	材料介观性能基本参量的实验表征	徐可为	西安交通大学
2004CB619303	材料介观动态性能与时效性演化	孙　军　丁向东	西安交通大学
2004CB619304	材料介观性能的力学建模与数值表征	杨　卫	清华大学
2004CB619305	材料介观性能尺度效应的结构特征	孟祥康	南京大学
2004CB619306	材料介观服役特性与多场效应	尚建库	中国科学院金属研究所

高技术研究发展计划（863 计划）

纳米材料与微机电系统专项（纳米材料部分）2004 年度课题申请指南

一、前　言

纳米科技将对未来科技、经济和社会发展产生重大影响，已成为国际上竞相争夺的科技战略制高点。纳米材料是纳米科技的重要基础和先导，发展纳米材料与技术对我国高科技产业的发展以及提升我国传统产业的技术水平，实现跨越式发展具有重要战略意义。为更好地组织落实纳米材料与技术专项的各项任务，确保有关战略目标的实现，特制定本专项 2004 年度课题申请指南。

二、指南说明

纳米材料与微机电系统重大专项（纳米材料部分）于 2002 年正式启动，专项以市场、应用和国家重大战略需求为导向，面向和促进产业化为重点，针对国际纳米材料技术发展趋势，并结合我国国情，已在有相对优势和战略必争的关键领域：纳米信息材料及器件的集成技术、纳米生物医用材料、纳米环境材料、纳米能源材料、纳米结构材料、纳米特种功能材料进行了布局，批准实施课题 63 项。2003 年在纳米光电子和电子材料体系、器件构造及集成技术；生物医用器件、系统的纳米材料及相关技术；原创性的并具有产业化前景的特种纳米材料及技术；纳米电子、纳米生物医学器件研发及规模化应用必需的加工、检测设备进行了布局，批准实施课题 39 项。根据我国纳米技术发展状况，结合国际上纳米技术的前沿动态，2004 年度将在纳米信息、生物医学材料及相关应用技术等几个方面重点支持，力争实现技术的跨越发展，使我国在纳米技术领域的国际竞争中占据有利的战略地位。

三、课题筛选原则与指南内容

纳米材料与微机电系统重大专项（纳米材料部分）研究课题将采取择优的方式，筛选的基本原则是：

（1）具有明确的纳米效应；

（2）鼓励原创性技术、有产业化前景的终端产品及其相关技术的研究和开发；

（3）承担单位具有原型器件或产业化的前期工作基础；

重点研究方向：

（1）纳米光电子和电子材料体系、器件构造及集成技术；

（2）重大疾病早期诊断和治疗用纳米材料及器件；

（3）具有国家重大战略需求的纳米材料及相关技术。

四、注意事项

1. 本指南面向全国高等院校、科研机构和企业公开发布。

2. 课题申请人（负责人）一般须具有高级技术职称或博士学位，第一申请人和课题负责人的年龄不得超过 55 岁（1949 年 1 月 1 日以后出生）。

3. 863、973 和国家科技攻关计划在研项目的负责人，不能作为负责人申请本专项课题；本专项课题组成员同期参与承担的 863、973 和国家科技攻关计划的课题数（含负责主持的课题数），不得超过两项。

4. 项目的申请鼓励与企业相结合，鼓励地方政府、企业根据本地区或企业的产业发展需求予以实际经费配套支持。

5. 课题申请人须将课题申请书抄报地方或部门科技主管部门一份。对有地方、部门实际参与的课题，应有地方、部门的具体意见。

6. 申请书的内容填写要求实事求是、真实可信，申报书中的预期目标和成果形式要清楚明确和准确，应尽可能是验收时可以用于评估评价的内容。如果发现申请书中有严重虚假内容，将被取消参评资格，即使已经获得批准的项目也可将被中止执行。

7. 本专项课题申报受理开始日期为 2004 年 4 月 14 日，截止日期为 2004 年 5 月 14 日，以北京接收邮戳为准。

8. 本专项课题申请书见五。课题申报时需要提交全套书面申报材料（申请书一式十份，其中至少五份为加盖红章的原件)，并应附有 Word 格式文档软盘或光盘。为了减轻申请书的重量和便于整理，所有申请书请采用双面印刷，普通装订。请不要采用胶圈、文件夹等带有突出棱边的装订方式。封面均为普通纸质材料，不要用其他质地坚硬的材料。

9. 项目申请书寄送地址：北京三里河路一号西苑饭店 9 号楼 5929 房间纳米专项办公室

邮　　编：100044

联 系 人：卞曙光　潘一薇　任红轩

联系电话：(010) 68338941　(010) 68313388－5929

E－mail：jeanbsg@htrdc.com，ywpan@htrdc.com，bruseren@iccas.ac.cn

10. 每一课题申请人可以提出不超过 2 名的建议回避自己课题申请评审的同行专家名单（名单可以随课题申请书一同寄出）。

课题申请书请登录 863 计划网站（www.863.org.cn）查阅和下载，本专项须在课题申请书的“三、课题情况”中增加“纳米尺度效应机理说明”的内容，此条作为“三、课题情况”中的第“2”条，原“2～8”条顺延为“3～9”条。

关于组织申报 2003 年度国家高技术研究发展计划（863 计划）引导项目的要求

国家 863 计划引导项目旨在引导地方高技术产业的发展，培育地方经济的增长点；引导地方高起点、高水平地发展高技术产业，形成高技术产业生长点；引导地方和企业集中对本地方具有优势和重点发展的高技术产业投入，力争形成规模，产生效益。国家 863 计划引导项目的课题采取属地化管理，地方科技主管部门作为本地区课题的组织部门，负责组织申报工作，并依据 863 计划管理办法对课题进行管理。

现将 2003 年度国家 863 计划引导项目申报的有关要求通知如下：

一、选项原则

1. 符合国家 863 计划支持方向或是 863 计划成果；

2. 能够体现地方高技术及其产业的优势和特色，推动地方经济发展，并属于地方支持的重点；

3. 课题具有相当的工作积累和基础，并具有较高的技术水平和较好的市场前景；

4. 承担单位以有一定研发实力和产业化能力的企业为主体；

5. 优先考虑国家 863 计划成果产业化基地和国家火炬计划产业基地；

6. 课题的实施周期一般为 2～3 年。

二、申报要求

1. 申报课题的数量要求

为了突出重点，加大课题支持力度，每个省市结合各自高技术发展重点和优势，申报 1～2 个课题，并标明排序。

2. 申报课题的经费要求

地方科技主管部门作为课题的组织部门要对立项的课题进行经费匹配，国家 863 计划和地方按照 1:2 的比例进行匹配；同时保证企业的经费投入，要求企业投入不少于课题总投入的 50%。

3. 申报课题的格式要求

课题申请人填写国家 863 计划引导项目课题申请书，申请书从 863 计划网站下载（网址为：www.863.org.cn)；填写之前请认真阅读申请书的填写要求，课题申请书一式 6 份。

4. 申报课题的时间要求

2002 年 12 月 31 日前，地方科技主管部门将审核盖章后的课题申请书及申报函一并以特快专递的方式寄到科技部火炬中心。

联 系 人：赵传超

联系电话：(010) 68511802

传　　真：(010) 68511802

通讯地址：北京市 2143 信箱（火炬中心）

邮政编码：100045

电子信箱：zhaocc@ctp.gov.cn

863 计划 2004 年立项课题

课题名称	承担单位	课题负责人	国拨经费（万元）
全氟离子交换膜材料研究	山东东岳高分子材料有限公司 上海交通大学	张永明	1 691.6
25 英寸全彩色高分辨率荫罩式 PDP 研制	东南大学	张　雄	900
超大尺寸无拼缝感拼装式超薄型等离子体显示器（PDP）	宁波天明电子股份有限公司	孙伯彦	150
三相交流高温超导电缆的研制及并网运行试验	北京云电英纳超导电缆有限公司	信　赢	520

续表

课题名称	承担单位	课题负责人	国拨经费（万元）
10 米长第二代高温超导带材的研究	北京有色金属研究总院	杨　坚	450
高温超导电动机	中国船舶重工集团第七一二研究所	何剑平	200
超导体基本参量和应用测量平台	中国科学院物理研究所	闻海虎	200
直径 12 英寸硅单晶抛光片的研制及相关材料工程化应用研究	有研半导体材料股份有限公司	周旗钢	5 590
大直径 SOI 材料研究及产业化开发	上海新傲科技有限公司	王　曦	200
大直径 SiGe/Si 外延材料研究及产业化开发	清华大学	刘志弘	250
ULSI 封装用环氧封装料中试技术及环保型环氧封装料研制	江苏中电华威电子股份有限公司	韩江龙	250
ULSI 电路封装用聚酰亚胺树脂的批量化生产技术	中国科学院化学研究所	杨士勇	100
引线框架用铜带的研制和开发	宁波兴业电子铜带有限公司	胡长源	150
垂直记录方式微硬盘磁片	南方汇通微硬盘科技有限公司	黄世壬	200
新型烯烃聚合催化剂的中试及工业化应用研究	中国科学院上海有机化学研究所	唐　勇	160
石油化工关键过程催化新材料及其工业应用	中国科学院大连化学物理研究所	徐　杰	260
二氧化碳共聚物在医用材料上的规模化应用研究	威海赛绿特科技发展有限公司	冯　超	160
大面积功能薄膜的浮法在线制备技术及新型功能镀膜玻璃开发	浙江大学	韩高荣	200
环境友好涂料的产业化应用	复旦大学	武利民	80
新型吸水材料和集成固沙技术在沙漠试验区的中试	中国科学院等离子体物理研究所	吴李君	70
锂离子电池关键材料及集成	北京北航科技园建设发展中心	张世超	350
高性能稀土永磁电机技术集成及关键材料	沈阳工业大学	赵　清	360
片式压电变压器、传感器及相关材料产业化关键技术	清华大学	褚祥诚	280
通信系统用各向异性连接材料与声表面波器件	湖北省化学研究院	于　洁	220
用于介入治疗的新型支架的研制	钢铁研究总院	范德增	105
新型插入式植入体及其骨整合技术研究	四川大学	杨帮成	60
高抑烟无机阻燃剂等超分子插层结构功能材料的工程技术开发	北京化工大学	李　峰	160
海水淡化反渗透复合膜应用试验研究	国家海洋局杭州水处理技术研究开发中心	潘巧明	140
面向传统产业改造的膜材料及应用研究	南京工业大学	杨　刚	140
新一代柔性 CISCuT 薄膜太阳能电池	安泰科技股份有限公司	方　玲	80
电力装置用高温超导导线的研发	清华大学	韩征和	80
高温高性能永磁材料的研究	清华大学	于荣海	80
钒钛磁铁矿高值新材料制备	攀枝花钢铁（集团）公司	白晨光	100
新型聚苯并唑类聚合物的设计、合成与性能	上海交通大学	印　杰	80
纳米电子墨水及其显示器件	北京化工大学	陈建峰	500
肝炎快速检测用纳米生物传感器	中国科学院电子学研究所	蔡浩原	300
基于一维纳米材料的纳米传感器及其应用	中国科学院合肥智能机械研究所	刘锦淮	160
高性能 GMR 自旋阀纳米薄膜制备及微型集成磁传感器技术研究	清华大学	曲炳郡	150
纳米微囊血液代用品的研究与开发	华东理工大学	刘昌胜	100
纳米羟基磷灰石/水凝胶复合人工角膜研制	四川大学	王学江	100
血液免疫纳米磁珠动态吸附净化治疗系统及其产业化研究	东南大学	唐祖明	70
肺癌基因治疗的纳米高分子载体	华东师范大学	俞　磊	70

续表

课题名称	承担单位	课题负责人	国拨经费（万元）
超级电容器用纳米复合电极材料	中国科学院金属研究所	李　峰	100
特种纳米光净化产品及其应用	广州市华之特奥因特种材料科技有限公司	徐耀华	80
多孔纳米 SiO_2 及螺旋碳纤维在航空、航天器中的应用	中国航天科技集团公司第五研究院第五〇八研究所	张　昊	260
纳米 C－RAM 集成器件关键技术研究	中国科学院上海微系统与信息技术研究所	宋志棠	180
乙肝、艾滋病病毒检测用纳米晶免疫试纸	云南大学	马　岚	440
磁性纳米材料在肝癌热疗应用中的技术开发	东南大学	顾　宁	200
磷酸三钙复相/胶原复合体在颌骨缺损修复临床中的应用	北京大学口腔医学院	邓旭亮	100
2 000 吨级高性能纳米化水性木器涂料	北京化工大学	李效玉	200
比容量为650mAh/g 长寿命小型锂离子电池用负极材料	中国科学院物理研究所	李　泓	100
固态纳米晶染料敏化太阳能电池	中国科学院物理研究所	孟庆波	250
智能化特殊浸润性涂层材料	中国科学院化学研究所	江　雷	80
OLED 生产技术及相关关键技术研究	北京维信诺科技有限公司	张德强	600
有机发光显示大规模批量生产与技术研究	TCL 集团股份有限公司	闫晓林	500
无源驱动全彩色有机显示屏技术及其产业化	信利半导体有限公司	何基强	300
OLED 用 ITO/Cr 玻璃	深圳市豪威光电子设备有限公司	许　生	250
高精密蒸镀用 MASK 板的研制	深圳市允升吉电子有限公司	魏志凌	100
大尺寸高品质 a－Si TFT OLED 技术研究	北方彩晶集团有限公司	邵喜斌	300
多晶硅 TFT 有机发光有源驱动技术的研究	南开大学	孟志国	150
全彩色高分子发光显示屏技术研究	华南理工大学	杨　伟	200
AMS－02 反物质研究系统的研制	东南大学	邹采荣	920
垂直记录方式微硬盘磁头	南方汇通微硬盘科技有限公司	苏宗祥	200

国家 863 计划成果产业化基地名单（材料相关）

1. 北京新材料成果产业化基地
2. 北京三环新材料高技术公司
3. 天津和平海湾电源集团有限公司
4. 内蒙古鄂尔多斯羊绒集团有限责任公司
5. 包头稀土新材料成果产业化基地
6. 内蒙古和发稀土科技开发股份有限公司
7. 沈阳博远特种电机有限责任公司
8. 营口市向阳化工总厂
9. 中辽三普电池（沈阳）有限公司
10. 江苏海四达集团有限公司
11. 江苏连云港华威电子集团有限公司
12. 江苏常隆化工有限公司
13. 锡山新材料成果产业化基地
14. 南通化工新材料成果产业基地
15. 铜陵电子材料成果产业化基地
16. 马鞍山新材料成果产业化基地
17. 江西联创光电科技股份有限公司
18. 赣州有色冶金研究所
19. 江西晶安高科技股份有限公司
20. 山东泰安泰山复合材料厂
21. 山东佳隆（烟台）实业有限公司
22. 山东泰安市康平纳毛纺织有限公司
23. 山东莱芜粉末冶金厂
24. 威海市医用高分子有限公司
25. 山东烟台华润汽车内饰件有限公司
26. 山东招远金宝电子有限公司
27. 威海新材料成果产业化基地
28. 河南超硬材料成果产业化基地
29. 湖北省化学研究所
30. 长沙力元新材料有限公司
31. 湖南新材料成果产业化基地
32. 广东潮州三环（集团）股份有限公司
33. 广平化工实业有限公司

34. 中国科学院成都有机化学有限公司
35. 昆明贵金属研究所
36. 西北有色金属研究院
37. 宁夏有色金属冶炼厂
38. 大连路明发光科技股份有限公司
39. 宁波科宁达工业有限公司
40. 宁波磁性材料成果产业化基地
41. 深圳飞通光电股份有限公司
42. 深圳雷地科技实业有限公司
43. 深圳丹邦科技有限公司

“十五”国家高技术研究发展计划（863 计划）课题验收规范

第一章　总　　则

第一条　为做好国家高技术研究发展计划（863 计划）课题验收工作，保证课题验收工作的科学性、公正性和公开性，根据《国家高技术研究发展计划（863 计划）管理办法》和《国家高技术研究发展计划专项经费管理办法》的有关要求，制定本规范。

第二条　课题验收是以《课题任务合同书》和批复的课题预算为依据，对课题任务的完成情况、经费管理和使用情况进行考核和评价。

第三条　验收工作必须坚持实事求是、客观公正的原则，体现验收工作的严肃性和科学性。

第二章　课题验收的组织

第四条　863 计划各领域办公室负责课题验收的具体工作，包括审核批准课题验收的申请及课题验收专家的组成，并组织或授权相应领域专家委、主题或专项专家组组织课题验收。

第五条　根据被验收课题的具体情况，成立相应的课题验收专家组，具体负责执行课题的验收工作。

第六条　课题验收专家组应由同行专家、管理专家和财务专家共同组成，并确定一名组长。验收要注重发挥领域专家委员会专家的作用，特别是重大项目验收应考虑 863 计划监督委员会和领域专家委员会专家的适当参与。对国拨经费低于 200 万元的课题，验收专家组原则上不少于 5 人；对国拨经费在 200 万元以上（含 200 万）的课题，验收专家组原则上不少于 7 人。验收专家组成员名单由所属主题/专项专家组推荐，报领域办公室审定（其中财务专家应由财务专家库中选取）。

第七条　对国拨经费在1 000万元以上的课题，在课题验收前由条件财务司组织财务验收工作（包括财务决算验收和固定资产验收），并将意见反馈领域办公室。

第八条　课题验收实行回避制度。被验收课题承担单位及其合作单位的人员不能作为验收专家参加验收工作。

第九条　课题验收专家职责：

1. 课题验收专家应本着严肃认真、实事求是的态度参加课题验收工作，验收意见和结论要力求客观、公正、全面、准确。

2. 课题验收专家对被验收课题提供资料的完整性、规范性和评价结论意见的客观公正性负责。

3. 课题验收专家应对被验收课题的技术内容保密，对被审查的技术资料，未经课题组同意，不得截留。必要时，验收组织单位应与验收专家签订保密协议。

第十条　课题验收方式：

课题验收方式包括现场检查验收、会议汇报验收和专家通信评议验收等方式，各领域可视本领域课题的具体情况确定验收方式。

第三章　课题验收的程序

第十一条　凡经批准列入 863 计划管理的课题，在计划目标、任务基本完成后，均应进行验收。不能在合同截止期限前完成课题任务的，需提出延期申请，并说明延期的理由及延期时间报领域办批准。863 计划课题验收工作分为主题课题验收和重大专项课题验收。

第十二条　课题完成后，课题负责人和课题依托单位应及时做出工作总结，并在课题任务合同书规定完成日期后的 30 日内，向主题或重大专项专家组提交 863 计划课题验收申请表（附件 1）和文件资料。申请书中应说明提交验收的成果形式及希望验收的时间。文件资料须加盖课题依托单位公章。

申请验收课题需提交以下验收文件资料(参见附件 2)：

——国家高技术研究发展计划（863 计划）课题自验收报告

——课题经费决算报告草案与课题、子课题决算表

——国家 863 计划购置仪器、设备等固定资产明细表

——国家 863 计划课题成果信息表

——国家 863 计划课题验收信息表

——课题实施过程中产生的具有宣传与保存价值的影视资料和照片图表（课题经费 500 万元以上的课题和有重大进展、成果的课题必须提供此项资料）

——其他

第十三条　主题或专项专家组在收到验收申请、报告后完成初审并向领域办提出相应意见，领域办审核并批复。专家组在接到领域办批复后，尽快向课题承担单位或课题组做出同意验收与否（或同意延期与否）的回复。同意验收的情况下，由主题（专项）执行秘书负责与课题承担单位商定具体验收工作的日程安排。

第十四条　现场检查验收和会议汇报验收时，由相关管理部门代表宣布验收专家组成员名单并说明有关程序，验收专家组组长主持验收。每位验收专家需独立填写并提交《863 计划课题验收专家评议表》（附件 3）。验收结论

意见（含决算草案调整意见和结余经费处置意见）须由全体验收专家讨论通过并对课题组公开宣读，最后由验收专家组组长填写《863计划课题验收结论意见表》（附件4）并签名。专家通信评议验收的课题，由验收专家组组长负责综合各验收专家的意见，写出验收结论意见。

第十五条 验收结果分为通过验收、不通过验收和结题三种意见。

按照课题目标、任务按期保质完成、经费使用合理的，视为通过验收；

因人为因素未达到合同所预定的主要技术经济指标、经费使用和管理中存在严重违反财经法规和相关管理规定的，按不通过验收处理；

因不可抗拒因素造成课题原定目标和任务无法完成的课题，按照结题处理。

第十六条 主题或重大专项执行秘书负责收集课题按规定应提交的所有文件、资料并归档，同时负责统计汇总评议意见，整理出《863课题验收结果汇总表》（附件5）。主题（专项）专家组应在适当时候召开会议，由组长或参加课题验收的组内专家通报课题现场验收的情况，并在现场验收结果（附件4、5）基础上，结合平时对该课题掌握的情况进行讨论，做出对该课题全面的结论意见，正式报领域办公室。领域办公室负责对课题承担方下达《863计划课题验收结论书》。

课题通过验收后一个月内，课题责任人及课题依托单位财务部门应按照验收结论意见对课题经费决算报告草案进行调整，并将最终的课题财务决算报告以课题为单位上报验收组织部门。

未通过验收的课题，应在接到通知的半年之内认真研究，完成相关内容，并再次提出验收申请。如仍未通过验收或未按要求进行验收的，有关责任单位和责任人三年内不得再承担863计划课题。

第十七条 验收程序全部结束的课题应完成档案整理和存档工作，并由各领域办负责在863计划相关简报、快报或网站上对外公告。图片与影视资料要求在每季度末经领域办报联办统一归档。

第四章 附 则

第十八条 验收经费按照《国家高技术研究发展计划专项经费管理办法》中相关条款执行。

第十九条 本规范以上条例仅适用于“十五”国家863计划执行期间的主题课题和重大专项课题。

第二十条 “十五”国家863计划引导项目课题的验收应参照以上条例执行，863联办委托地方科技主管部门负责863计划引导项目课题验收的具体工作。

第二十一条 本规范于批准之日起执行。

第二十二条 本规范由科技部863联办负责解释。

研究开发条件建设计划

研究开发条件建设旨在调整、充实、加强国家各类科研基地的科技能力建设，对科技能力建设进行合理布局，开展基础数据、国家基础标准、资源标本等方面的科技基础性工作，为科学研究与技术开发提供共享资源和条件，为国家科技发展提供有力的条件支撑。

2003年研究开发条件建设的主要任务是加强科技基础条件平台建设、社会公益研究、国际科技合作等专项工作，以及加强国家科技基地建设。

国家重点实验室建设计划

2003年，国家重点实验室改革和发展的思路是：通过拓宽研究方向、吸纳人才、淘汰和新建等工作，调整和完善现有国家重点实验室的学科布局、结构布局，推进规模较大、多学科交叉集成的国家实验室试点；深化改革，进一步促进实验室完善“开放、流动、联合、竞争”的运行机制。实施国家重点实验室“优胜劣汰”和“有进有出”的流动机制。

1. 重点工作

2003年，国家重点实验室建设的重点工作是：启动国家重点实验室试点，新建土壤与农业可持续发展等8个国家重点实验室，新筹建北京凝聚态物理等5个国家重点实验室；按新型机制和管理模式运行；修订评估规划，对工程、材料领域52个国家重点、部门重点实验室进行了评估，对元素有机化学等5个实验室进行了更名或研究方向的调整。对评估成绩较差的实验室进行了淘汰。

2. 经费投入

2003年国家重点实验室运行补助经费1.3亿元，共支持213个实验室，平均每个实验室支持强度为58.3万元。根据评估结果，对35个优秀实验室支持经费3 380万元，平均支持强度96.6万元；对178个良好实验室支持经费9 140万元，平均支持强度51.3万元。

2003年国家发改委基本建设渠道投资1.5亿元，对生命科学、信息科学共46个国家重点实验室进行设备更新，平均投入强度为326万元。

3. 科研情况

据不完全统计,2003年国家重点实验室共承担国家863计划课题1 000项,973计划课题666项,国防预研项目135项,科技攻关项目199项,科技重大专项118项,国家重大工程93项。承担国家自然科学基金项目2 370项。承担省部级项目2 401项,国际合作项目514项,横向课题2 380项。

4. 主要研究成果

2003年国家重点实验室取得了丰硕的研究成果。

(1) 论文及专著

2003年国家重点实验室共发表各类论文28 837篇，其中，被 El 收录2 423篇，被 SCI 收录9 983篇，国内外会议论文5 550篇。出版专著 195 部，其中外文专著 22 部。

（2）专利及获奖情况

2003 年国家重点实验室共获得授权发明专利 806 项，新药证书 1 项，软件登记 23 项，发布标准 5 项。

2003 年国家重点实验室共有 411 项项目成功获奖，其中获得国家级奖项 30 项（国家自然科学一等奖 1 项、二等奖 5 项，国家技术发明奖二等奖 1 项，国家科学技术进步奖一等奖 1 项、二等奖 22 项），获得省部级奖项 246 项，其他奖项 135 项。

5. 合作与交流

2003 年国家重点实验室共承办各类国际会议 155 次，其中全球性国际学术会议 54 次，双边国际学术会议 17 次，区域性学术会议 9 次，全国性学术会议 67 次，其他重要学术会议 8 次。另外实验室共有 767 人次参加了全球及全国性重要会议。

2004 年国家重点实验室建设工作

一、承担科研任务

2004 年，国家重点实验室共主持承担各类在研课题12 030项，获得研究经费 28.60 亿元。其中国家级课题5 374项，经费 15.39 亿元。

二、科研成果

2004 年，国家重点实验室在国内外学术期刊共发表学术论文35 235篇。其中，被 SCI 检索收录论文15 272篇，占 43.3%；被 EI 检索收录论文 3378 篇，占 9.6%；在 Science 上发表论文 6 篇，占当年大陆在 Nature 发表论文总数的 9.0%。

出版学术专著 254 部，其中外文专著 56 部；获国家级奖励 37 项，其中，国家技术发明一等奖 2 项均由国家重点实验室获得。

三、人才培养与队伍建设

截至 2004 年底，国家重点实验室拥有中国科学院，中国工程院院士 225 人；国家杰出青年科学基金获得者 377 人，其中 2004 年 35 人；中国科学院“百人计划”获得者，教育部“长江学者奖励计划”特聘教授 428 人。支撑国家重点实验室的博士后流动站，博士学位授权点，硕士学位授权点1 562个。2004 年国家重点实验室入学，进站的博士，硕士，博士后共34 120人，毕业，出站的博士，硕士，博士后8 194人。

四、开放交流

2004 年，国家重点实验室的对外开放交流取得新的进展，双边、多边及国内合作渠道进一步拓展。共承办全球性、区域性学术会议 213 次，全国学术会议 117 次，人员交流达到14 820次。

2004 年，国家重点实验室共设开放课题1 284项，开放课题经费2 696万元。通过开放课题的实施，进一步加强了国家重点实验室与国内外科学研究机构的学术交流活动。如固体微结构物理国家重点实验室 2004 年批准实施的开放课题共 18 项，向加拿大 Water 大学、中国香港大学等 12 个国内外科研机构开放；结题的开放课题达 21 项，其中 5 个重点项目分别与日本产业技术综合研究院、中国香港大学等国内外著名研究机构开展了联合攻关。两年来，近 100 篇被 SCI 收录的论文是由该实验室开放课题资助完成。

2004 年，国家重点实验室共申请国际合作项目 692 项，获科研经费 1.79 亿元，实验室在国际上的影响进一步增强。如海洋工程国家重点实验室承接国外科研课题 2 项，研究经费 27.88 万美元，完成了美国海军备战中心“发展 FKS 阻力程序”，美国科学应用国际集团的“CFD/CSDDE 的耦合方法的实现，包括自适应有限元法和隐藏网格法”等重大科研项目。

2004 年 12 月，科技部与加拿大阿尔伯塔大学签署了实验室间合作交流框架协议，阿尔伯塔省与阿尔伯塔大学先后两次组团访问我国。通过协商，双方就推动实验室合作达成了共识。环境模拟与污染控制等 6 个国家重点实验室将与加方在人员培养、共同开展科技研究、实验设施共享等方面先期开始实质性合作。

五、公共开放

向公共开放是国家重点实验室应承担的社会责任，也是保证未来国家重点实验室汇集和吸纳优秀人才的重要举措。为充分宣传和展开国家重点实验室取得的成就，培养青少年的科学意识，推动科学普及工作，2004 年 10 月，国家重点实验室公开开放活动正式启动实施。开放活动对象是科学爱好者，重点是大、中、小学学生。

国家重点实验室根据自身特点，明确主题，通过科普讲座、科技夏令营活动、中学生科技实践和参观访问考察等丰富多彩的形式开展活动。实验室也指派了有经验的人员进行指导，消除了国家重点实验室在公众心目中的神秘形象，使此项活动的开展更具有刚翻的群众基础。据 104 个国家重点实验室公共开放月活动数据统计，每个实验室平均开放天数为 42 天，平均开放人数达到 902 人，最多的达到了 1.3 万人。如：冻土国家工程重点实验室公共开放主题为“科技创造未来——普及冻土知识，保护冻土生态环境”，得到参观的大中小学生的好评，中央电视台、人民日报、香港文汇报等 11 家新闻媒体进行了报道；为配合全球“物理照耀世界——光束传递活动”，波谱与原子分子物理国家重点实验室自制的激光发射器，开展光束传递活动等。

六、国家财政拨款

表 1　1998 年～2004 年国家重点实验室财政拨款

（单位：万元）

年　度	1998	1999	2000	2001	2002	2003	2004
国家财政运行补助专项经费	8 500	10 500	12 500	13 000	13 000	13 000	13 000
国拨设备更新费				8 350	13 740	15 000	15 000

七、更名和变更研究方向

2003 年～2004 年，经相关主管部门申请和仔细论证，11 个国家重点实验室进行了更名或研究方向变更。

表 2　国家重点实验室更名和变更研究方向情况

序号	原有名称	新名称	原有研究方向	新研究方向
1	元素有机化学国家重点实验室	无	农药化学；金属有机化学；杂原子有机化学	农药化学与农药生物学；物理有机化学；有机合成化学；杂原子有机化学
2	吸附分离功能高分子材料国家重点实验室	无	吸附分离功能高分子材料；反应性功能高分子材料；高分子网络结构研究	分子识别与吸附分离功能高分子材料；生物医用高分子材料；反应性功能高分子材料；聚合物结构与性能
3	精细化工国家重点实验室（暂用名）	精细化工国家重点实验室	超分子发色体系的分子设计与分子工程研究；高性能精细化学品的结构与性能关系研究；精细化学清洁技术的基础研究	燃料化学与光化学；表面活性剂及温控相转移催化；环境友好精细有机化工
4	重质油加工国家重点实验室	重质油国家重点实验室	重质油的化学组成与结构；重质油的基础物性和汽—液平衡；渣油超临界溶剂抽提技术；催化裂化；石油沥青；新的重质油加工技术及综合加工方案	重质油化学；重质油转化工艺与装备；重质油转化催化材料与催化剂；清洁燃料生产过程；重质油高附加值利用
5	应用有机化学国家重点实验室	功能有机分子化学国家重点实验室	自由基化学；天然产物化学；活性天然产物合成化学	物理有机化学方面；精细有机合成化学方面；天然有机化学方面；有机分析化学方面
6	生物防治国家重点实验室	有害生物控制与资源利用国家重点实验室	有害生物及其天敌的分子生物学；有害生物及其天敌的分类、生态学和进化；有害生物的预警信息与技术；生物防治策略及应用新技术	害虫生物防治；水产养殖病害控制；有害植物控制；有害环境微生物控制；基因资源和功能有害生物控制；适应性进化与有害生物控制
7	高速水力学国家重点实验室	水力学与山区河流开发保护国家重点实验室	高速水力学；河流泥沙工程；环境水力工程新技术；高坝大库工程水资源综合利用与防灾	高速水力学与高坝工程；河流动力学与山区河流工程；环境水力学与山区河流保护；大坝与库岸安全；水信息学与水利新技术
8	河口海岸动力沉积和动力地貌综合国家重点实验室	河口海岸国家重点实验室	河口演变规律与河口沉积动力学；海岸动力地貌过程与岸滩稳定性分析；沿海自然环境灾害及其对策；海岸带资源开发与生态环境保护	河口演变规律与河口沉积动力学；海岸动力地貌与动力沉积过程；河口海岸生态与环境
9	程控交换技术与通信网国家重点实验室	网络与交换技术国家重点实验室	智能网；网络管理；ISDN 和 ATM	网络智能；网络管理；网络安全；交换技术

续表

序号	原有名称	新名称	原有研究方向	新研究方向
10	爆炸灾害预防、控制国家重点实验室	爆炸科学与技术国家重点实验室	爆炸理论；爆炸物质应用与安全；毁伤与防护；爆炸技术与安全技术；安全理论与系统安全性评估	含能材料理论与应用技术；爆轰学与爆炸技术；材料与结构冲击动力学；毁伤理论与防护技术；爆炸安全理论与评估技术
11	瞬态光学技术国家重点实验室	瞬态光学与光子技术国家重点实验室	光信息的快速获取、存储与处理的应用基础研究，包括超短激光脉冲技术和它在信息的快速获取中的应用；光信息的快速获取、存储与处理涉及的科学问题；光与物质相互作用的超快现象研究；高时间空间分辨诊断技术和超快电子学技术研究等内容	瞬态光学与光子技术应用基础研究，包括超快光学技术；超快现象研究；动态观测技术；信息光子技术；生物光子技术

国家、部门重点实验室评估

2004 年，自然科学基金委受科技部委托，对化学科学领域 30 个重点实验室进行了评估。这次评估是采用科技部 2003 年 7 月新颁布的《国家重点实验室评估规则》和“国家重点实验室评估指标体系”以及自然科学基金委制定的《国家重点实验室评估实施细则》进行新一轮评估的第一年，共分成 5 个小组，聘请 50 位专家，自 3 月 4～20 日进行了现场评估。

新的评估规则和指标体系在以下几个方面进行了改进：1. 取消了原来占总分 10% 的定量数据分，强调对实验室进行整体评估，突出对实验室代表性成果和学术水平的评估；2. 简化部分指标体系中的过细指标，以专家对实验室的定性评估为准，强化专家的定性判断和综合分析；3. 取消实验室性质（基础或应用基础）分类，针对成果性质分类评估；4. 现场评估的会务工作不再由实验室及其依托单位承担，而委托其他单位负责。这些改进，突出重点，更加务实，既保持了工作的连续性，又具有较强的导向性和前瞻性以及反映实验室真实水平的客观性；评估程序的简化，在减轻实验室负担的同时，又使评估工作更具有针对性，尤其是定量数据的核查比前一轮评估要简单得多，增强了可操作性。复评会议于 5 月 13～15 日在南京举行，聘请了 26 位专家组成专家组，对参加复评的实验室进行了评估，最后以投票方式确定了参加复评的 15 个实验室排序结果。经科技部批准，金属有机化学国家重点实验室等 5 个国家重点实验室为优秀类实验室；现代配位化学国家重点实验室等 24 个实验室为良好类实验室。

2004 年度化学科学优秀和良好重点实验室名单（排序不分先后）

实验室名称	依托单位
一、优秀类实验室	
金属有机化学国家重点实验室	中国科学院上海有机化学研究所
固体表面物理化学国家重点实验室	厦门大学中国科学院上海有机化学研究所
高分子物理与化学国家重点实验室	中国科学院化学研究所、长春应用化学研究所
催化基础国家重点实验室	中国科学院大连化学物理研究所
稀土材料化学及应用国家重点实验室	北京大学
二、良好类实验室	
现代配位化学国家重点实验室	南京大学
有机固体重点实验室	中国科学院化学研究所
无机合成与制备化学国家重点实验室	吉林大学
多相反应重点实验室	中国科学院过程工程研究所
元素有机化学国家重点实验室	南开大学
电分析化学国家重点实验室	中国科学院长春应用化学研究所
稀土化学与物理重点实验室	中国科学院长春应用化学研究所
生命有机化学国家重点实验室	中国科学院上海有机化学研究所
光化学重点实验室	中国科学院化学研究所
功能有机分子化学国家重点实验室	兰州大学

续表

实验室名称	依托单位
二、良好类实验室	
结构化学国家重点实验室	中国科学院福建物质结构研究所
分子反应动力学国家重点实验室	中国科学院大连化学物理研究所、化学研究所
理论化学计算国家重点实验室	吉林大学
超分子结构与材料重点实验室	吉林大学
聚合物分子工程重点实验室	复旦大学
碳基合成与选择氧化国家重点实验室	中国科学院兰州化学物理研究所
可控化学反应科学与技术基础重点实验室	北京化工大学
化学工程联合国家重点实验室	清华大学、天津大学、华东理工大学、浙江大学
重质油国家重点实验室	石油大学
煤转化国家重点实验室	中国科学院山西煤炭化学研究所
分子动态与稳态结构国家重点实验室	中国科学院化学研究所、北京大学
精细化工国家重点实验室	大连理工大学
有机氟化学重点实验室	中国科学院上海有机化学研究所
化学生物传感与计量学国家重点实验室	湖南大学

部分材料相关的国家重点实验室

实验室名称	通信地址	邮政编码	依托单位	联系电话	实验室主任	学委会主任
凝固技术国家重点实验室	陕西省西安市西北工业大学543信箱	710072	西北工业大学	029－8492374	黄卫东	周尧和
现代焊接生产技术国家重点实验室	黑龙江省哈尔滨市西大直街92号	150001	哈尔滨工业大学	0451－6413951	吴　林	关　桥
爆炸科学与技术国家重点实验室	北京市中关村南大街5号	100081	北京理工大学	010－68913957	黄风雷	徐更光
应用表面物理国家重点实验室	上海市杨浦区邯郸路220号	200433	复旦大学	021－65648996	侯晓远	王　迅
三束材料改性联合国家重点实验室	辽宁省大连市大连理工大学	116024	大连理工大学	0411－4708389	董　闯	杨福家
工业装备结构分析国家重点实验室	大连理工大学	116023	大连理工大学	0411－4708393	顾元宪	闻邦椿
重质油加工国家重点实验室	北京昌平石油大学	102200	石油大学	010－89733070	徐春明	林世雄
精细化工国家重点实验室	大连市中山路158号40信箱	116012	大连理工大学	0411－3631333	彭孝军	佟振合
振动、冲击、噪声国家重点实验室	上海市华山路1954号，上海交通大学	200030	上海交通大学	021－62932220－800	陈　进	闻邦椿
化学工程国家重点联合实验室	清华大学化学工程系	100084	清华大学	010－62773017	戴猷元	袁渭康
塑性成型模具技术国家重点实验室	湖北省武汉市珞瑜路1037号	430074	华中科技大学	027－87543678	李志刚	阮雪榆
元素有机化学国家重点实验室	天津市卫津路94号	300071	南开大学	022－23503691	李　靖	戴立信
固体表面物理化学国家重点实验室	福建省厦门市厦门大学	361005	厦门大学	0592－2093603	万惠霖	张乾二
金属材料强度国家重点实验室	陕西省西安市咸宁西路28号	710049	西安交通大学	029－2669071	朱金华	周尧和
粉末冶金国家重点实验室	中南大学粉末冶金研究院（岳麓山）	410083	中南大学	0731－8876630	黄伯云	左铁镛
固体微结构物理国家重点实验室	南京市鼓楼区汉口路22号	210093	南京大学	025－3592756	邢定钰	闵乃本

续表

实验室名称	通信地址	邮政编码	依托单位	联系电话	实验室主任	学委会主任
晶体材料国家重点实验室	山东省济南市山大南路27号	250100	山东大学	0531－8564550	许　东	蒋民华
量子光学与光量子器件国家重点实验室	山西省太原市坞城街36号	300006	山西大学	0351－7010688	张宽收	王育竹
毫米波国家重点实验室	南京市四牌楼2号	210096	东南大学	025－3794225	洪　伟	陈定昌
制浆造纸工程国家重点实验室	广东省广州市天河区五山	510641	华南理工大学	020－87113940	詹怀宇	傅家谟
稀土材料化学及应用国家重点实验室	北京大学化学与分子工程学院	100871	北京大学	010－62751016	严纯华	黎乐民
应用有机化学国家重点实验室	甘肃省兰州市天水路298号	730000	兰州大学	0931－8912500	涂永强	张礼和
轧制技术及连轧自动化国家重点实验室	辽宁省沈阳市东北大学105信箱	110004	东北大学	024－83687220	王国栋	左铁镛
光电材料与技术国家重点实验室	广东省广州市新港西路135号中山大学	510275	中山大学	020－84037563	许宁生	徐至展
高分子材料工程国家重点实验室	成都市一环路南一段24号	610065	四川大学	028－85405132	王　琪	毛炳权
人工微结构和介观物理国家重点实验室	北京市北京大学物理大楼	100871	北京大学	010－62751757	龚旗煌	甘子钊
新金属材料国家重点实验室	北京科技大学	100083	北京科技大学	010－62332508	孙祖庆	陈国良
金属基复合材料国家重点实验室	上海市华山路1954号	200030	上海交通大学	021－62932054	顾明元	周尧和
无机合成与制备化学国家重点实验室	长春市解放大路119号	130023	吉林大学	0431－5670650	冯守华	倪嘉缵
吸附分离功能高分子材料国家重点实验室	天津市卫津路94号	300071	南开大学	022－23502749	宓怀风	卓仁禧
纤维材料改性国家重点实验室	上海市延安西路1882号	200051	东华大学	021－62373919	陈彦模	顾利霞
新型陶瓷与精细工艺国家重点实验室	清华大学材料系	100084	清华大学	010－62782753	李建保	李龙土
现代配位化学国家重点实验室	江苏省南京市汉口路22号	210093	南京大学	025－3594569	郭子建	游效曾
摩擦学国家重点实验室	清华大学	100084	清华大学	010－62781385	陈大融	谢友柏
化学生物传感与计量学国家重点实验室	湖南省长沙市湖南大学	410082	湖南大学	0731－8821818	王柯敏	汪尔康
材料复合新技术国家重点实验室	湖北省武汉市珞狮路122号	430070	武汉理工大学	027－87884448	袁润章	欧阳世翕
硅材料国家重点实验室	浙江省杭州市玉古路20号	310027	浙江大学	0571－87952124	叶志镇	阙端麟
超硬材料国家重点实验室	吉林省长春市解放大路123号	130023	吉林大学	0431－8922331	邹广田	经福谦
油气藏地质及开发工程国家重点实验室	四川省南充市油院路30号	637001	西南石油学院 成都理工大学	0718－2642901	罗平亚	刘宝君
信息功能材料国家重点实验室	上海市长宁路865号	200050	中国科学院上海冶金研究所	021－62511070	齐　鸣	李爱珍
非线性力学国家重点实验室	北四环西路15号	100080	中科院力学所	010－62561834	赵亚溥	白以龙
羰基合成与选择氧化国家重点实验室	甘肃省兰州市天水路342号	730000	兰州化学物理研究所	0931－8276531	夏春谷	李树本

续表

实验室名称	通信地址	邮政编码	依托单位	联系电话	实验室主任	学委会主任
高性能陶瓷和超微结构国家重点实验室	上海长宁区定西路1295号	200050	中国科学院上海硅酸盐研究所	021－52412614	施剑林	郭景坤
表面物理国家重点实验室	北京市中关村南三街八号	100080	中国科学院物理研究所	010－82649428	薛其坤	王鼎盛
生命有机化学国家重点实验室	上海枫林路354号	200032	中国科学院上海有机化学研究所	021－64163300	马大为	惠永正
波谱与原子分子物理国家重点实验室	武汉市71010信箱	430071	中国科学院武汉物理与数学研究所	027－87876842	毛希安	李家明
红外物理国家重点实验室	上海市中山北一路420号	200083	中国科学院上海技术物理研究所	021－65171402	褚君浩	沈学础
分子反应动力学国家重点实验室	大连110信箱11分箱	116023	中国科学院大连化学物理研究所	0411－4379039	杨学明	何国钟
瞬态光学与光子技术国家重点实验室	陕西省西安市友谊西路234号	710068	中国科学院西安光学精密机械研究所	029－8498711	赵　卫	侯　洵
半导体超晶格国家重点实验室	北京市912信箱	100083	中科院半导体所	010－82304287	吴晓光	郑厚植
电分析化学国家重点实验室	吉林省长春市人民大街159号	130022	中国科学院长春应用化学研究所	0431－5689278	杨秀荣	俞汝勤
固体润滑国家重点实验室	甘肃省兰州市九十七号信箱	730000	中国科学院兰州化学物理研究所	0931－8278209	刘维民	薛群基
磁学和磁性材料国家重点实验室	北京603信箱磁学实验室	100080	中国科学院物理所	010－82649253	沈保根	杨应昌
分子生物学国家重点实验室	上海市徐汇区岳阳路320号	200031	中国科学院生物化学与细胞生物学研究所	021－64374430	金由辛	廖侃研
煤转化国家重点实验室	山西省太原市桃源南路27号	300001	中国科学院山西煤炭化学研究所	0351－4155552	刘振宇	何鸣元
结构化学国家重点实验室	福建省福州市杨桥西路155号	350002	福建物质结构研究所	0591－3715544	洪茂椿	梁敬魁
生物膜与膜生物工程国家重点实验室	北京市中关村路19	100080	中国科学院动物研究所	010－62610432	陈　佺	匡廷云
应用光学国家重点实验室	吉林省长春市工农大路61号	130022	中国科学院长春光学精密机械与物理研究所	0431－5681994	曹健林	王之江
金属腐蚀与防护国家重点实验室	沈阳市文萃路62号	110016	中国科学院金属研究所	024－23915911	王福会	宋诗哲
金属有机国家重点实验室	上海市徐汇区枫林路354号	200032	中国科学院上海有机化学研究所	021－64163300	麻生明	钱长涛

续表

实验室名称	通信地址	邮政编码	依托单位	联系电话	实验室主任	学委会主任
沈阳材料科学国家重点实验室	辽宁省沈阳市文化路72号	110016	中国科学院金属研究所	024－23906891	卢 柯	叶恒强
高分子物理与化学国家重点实验室	吉林省长春市人民大街159号	130022	中国科学院化学研究所和中国科学院长春应用化学研究所	0431－5262125	何天白	徐 懋
超导国家重点实验室	北京市中关村南三街8号	100080	中国科学院物理研究所	010－82649167	闻海虎	赵忠贤
分子动态与稳态结构国家重点实验室	北京市中关村北一街2号	100080	中国科学院化学研究所	010－62588930	来鲁华	赵新生

国家工程技术研究中心

2003年国家工程技术研究中心进一步探索科技与经济结合的新途径，加强科技成果向生产力转化的中间环节，在推动工程化成果向相关行业辐射转移、促进新兴产业崛起和传统产业升级改造、建设工程化实验条件方面，取得了较好的进展。

1. 国家工程技术研究中心建设

2003年，新建国家经济林木种苗快繁工程技术研究中心等9个工程中心，使国家工程技术研究中心的总数达128个，分布在8个重点技术领域和全国25个省、市、自治区。

表1 2003年国家工程技术研究中心新建名单

序号	项目编号	中心名称	依托单位
1	2003DC105001	国家经济林木种苗快繁工程技术研究中心	宁夏林业研究所（有限公司）
2	2003DC105002	国家压力容器与管道安全工程技术研究中心	合肥通用机械研究所
3	2003DC105003	国家瓜类工程技术研究中心	新疆西域种业股份有限公司
4	2003DC105004	国家铝冶炼工程技术研究中心	中国铝业股份有限公司郑州研究院
5	2003DC105005	国家非织造材料工程技术研究中心	海南欣龙无纺股份有限公司
6	2003DC105006	国家涂料工程技术研究中心	中国化工建设总公司常州涂料化工研究院
7	2003DC105007	国家日用及建筑陶瓷工程技术研究中心	景德镇陶瓷学院
8	2003DC105008	国家生物防护装备工程技术研究中心	解放军军事医学科学院
9	2003DC105009	国家金属采矿工程技术研究中心	长沙矿山研究院

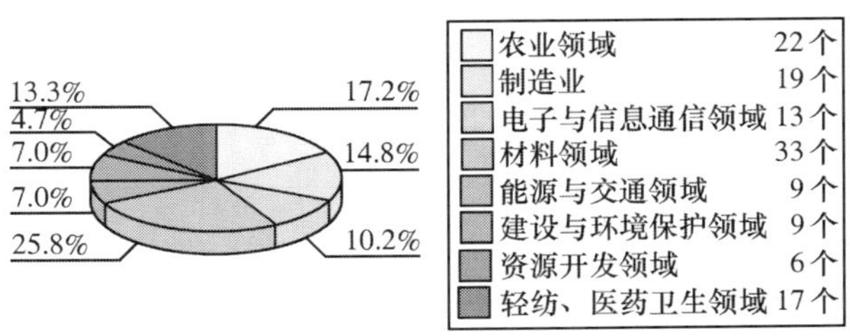

图1 2003年国家工程技术研究中心按技术领域分布

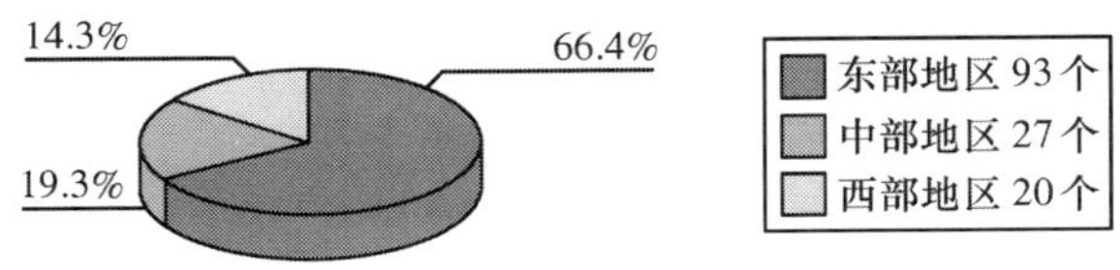

图2 2003年国家工程技术研究中心按地区分布（包括12个分中心）

2003年对国家真空仪器装置工程技术研究中心等8个工程中心进行了验收，其中4个工程中心被评为优秀。同时，对23个国家工程中心进行了优化调整，累计有46个工程中心纳入再建计划，占工程中心总数的35.9%。

表2 2003年国家工程技术研究中心通过验收名单

序号	项目编号	中心名称	依托单位	备注
1	950007	国家真空仪器装置工程技术研究中心	中科院沈阳科学仪器研制中心有限公司	优秀
2	959907	国家淡水渔业工程技术研究中心（北京）	北京市水产科学研究所	优秀

续表

序号	项目编号	中心名称	依托单位	备注
3	959901	国家玻璃深加工工程技术研究中心	中国建筑材料科学研究院	优秀
4	959906	国家数控系统工程技术研究中心	华中科技大学	优秀
5	959802	国家农产品保鲜工程技术研究中心	天津市农业科学院	
6	959904	国家感光材料工程技术研究中心	中国乐凯胶片公司	
7	959902	国家消耗臭氧层物质替代品工程技术研究中心	浙江省化工研究院	
8	959905	国家智能交通工程技术研究中心	交通部公路科学研究所	

表 3　2003 年国家工程技术研究中心优化调整名单

序号	中心名称	依托单位	再支持次数
1	国家合成纤维工程技术研究中心	中国纺织科学研究院	2
2	国家非晶微晶合金工程技术研究中心	钢铁研究总院	3
3	国家工业建筑诊断与改造工程技术研究中心	中冶集团建筑研究总院	2
4	国家专用集成电路设计工程技术研究中心	中国科学院自动化研究院	2
5	国家金属矿产资源综合利用工程技术研究中心	长沙矿冶研究院，北京矿冶研究总院	2
6	国家有色金属复合材料工程技术研究中心	北京有色金属研究总院	3
7	国家贵金属材料工程技术研究中心	昆明贵金属研究所	2
8	国家反应注射成型工程技术研究中心	黎明化工研究院	3
9	国家碳一化学工程技术研究中心	西南化工研究设计院	2
10	国家工业水处理工程技术研究中心	天津化工研究设计院	2
11	国家精密工具工程技术研究中心	成都工具研究所	1
12	国家电力自动化工程技术研究中心	国家电力公司电力自动化研究院	4
13	国家数据通信工程技术研究中心	兴唐通信科技股份有限公司	4
14	国家非金属矿资源综合利用工程技术研究中心	中国地质科学院郑州矿产综合利用研究所	3
15	国家现代地质勘查工程技术研究中心	国土资源部地球物理地球化学勘察研究所	2
16	国家建筑工程技术研究中心	中国建筑科学研究院	4
17	国家树脂基复合材料工程技术研究中心	哈尔滨玻璃钢研究所	3
18	国家玻璃纤维及制品工程技术研究中心	南京玻璃纤维研究设计院	4
19	国家昌平综合农业工程技术研究中心	中国农业科学院	3
20	国家林产化学工程技术研究中心	中国林科院林产化学工业研究所	4
21	国家新药开发工程技术研究中心	中国医科院药物研究所	1
22	国家消防工程技术研究中心	公安部天津消防科学研究所	3
23	国家道路交通管理工程技术研究中心	公安部交通管理科学研究院	4

2003 年工程中心计划总投资 20. 55 亿元，实际完成投资 19. 64 亿元，分别比同期增长了 37. 1% 和 39. 7% 。

表 4　2003 年国家工程技术研究中心投资情况　　（单位：亿元）

类　别	投资总额	政府投资	社会投资	银行贷款	利用外资	自筹资金	其　他
计划投资	20. 55	7. 84	1. 33	2. 56	1. 06	7. 33	0. 43
实际完成投资	19. 64	7. 11	1. 00	3. 31	0. 54	7. 42	0. 26

截至 2003 年年底，国家工程中心总资产已达10 344亿元，其中固定资产3 936亿元，流动资产 55.35 亿元，对外投资 7.00 亿元，其他资产 1.73 亿元。

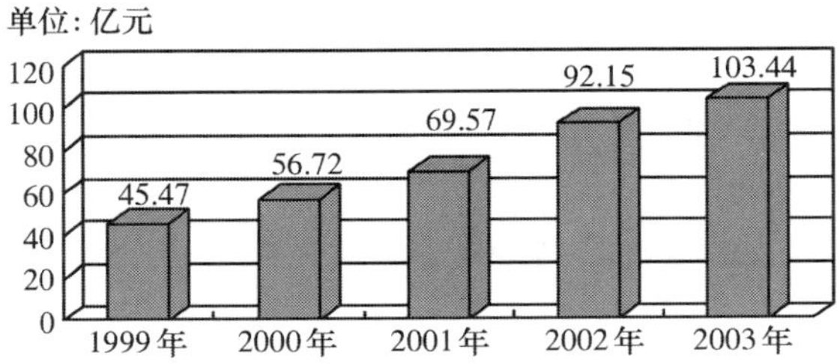

图 3　1999 ~ 2003 年国家工程技术研究中心资产情况

2003 年，工程中心拥有职工 2.55 万人（院士 51 人），其中固定人员 1.94 万人，客座人员 0.60 万人，分别占职工总数的 76.3% 和 23.7%。

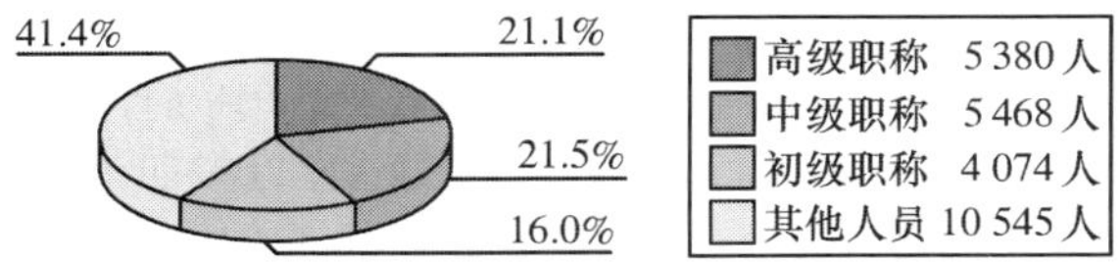

图 4　2003 年国家工程中心人员按技术职称划分

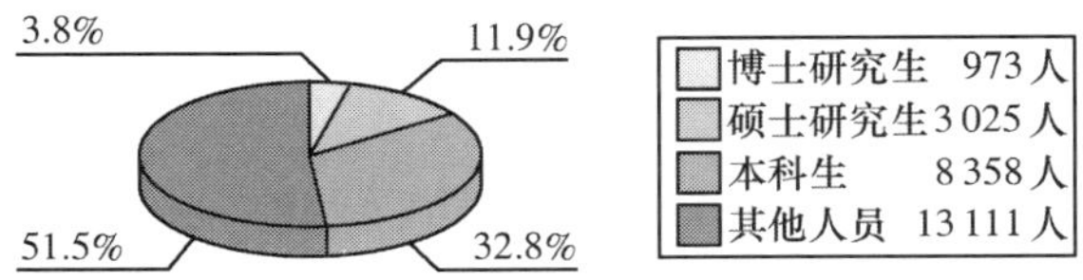

图 5　2003 年国家工程中心人员按学历划分

2. 工程化能力

2003 年国家工程技术研究中心共承担科研项目5 266 项，其中国家级项目占 19.2%。完成科研项目 2892 项，占承担项目总数的 54.9%，承担和完成项目，同比增长了 25.7% 和 26.5%。

表 5　2003 年国家工程技术研究中心承担科研项目情况　（单位：项）

	项目总数	政府下达项目	企事业委托项目	自主开发项目	其中：承包大型成套工程项目
承担项目	5 266	2 134	2 146	986	290
完成项目	2 892	816	1 668	408	152

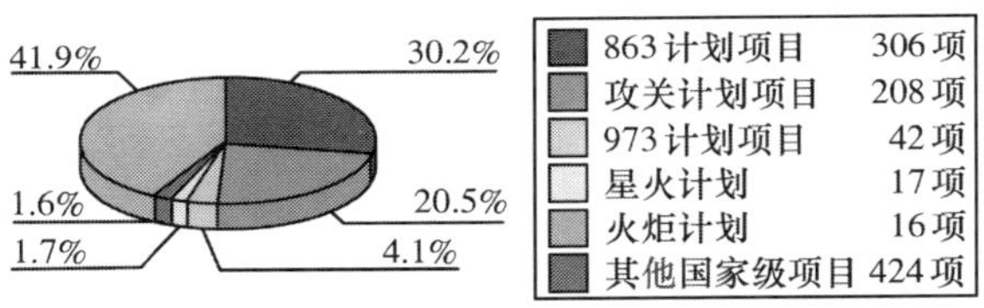

图 6　2003 年国家工程技术研究中心承担国家级项目构成

2003 年国家工程技术研究中心新增大型设备（设备原值在 30 万元以上）462 台/套，其中进口设备 325 台/套，国产设备 106 台/套，自制设备 31 台/套；具有国际先进水平的大型设备 116 台/套，占大型设备总数的 25.1%。

3. 工程化成果辐射扩散

2003 年国家工程中心共转化科技成果5 558项。

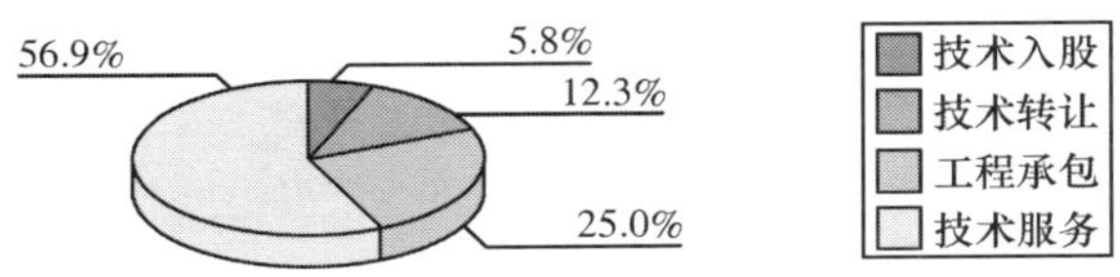

图 7　2003 年国家工程技术研究中心成果转化情况

至 2003 年年底，工程中心累计推广科技成果 1.09 万项。

表 6　2003 年工程中心累计推广科技成果概况

累计推广科技成果（项）	推广新技术（新工艺）	新产品（个）	新设备（台/套）
10 948	584	9 226	1 150

2003 年工程中心与4 178家单位开展技术合作与协作。

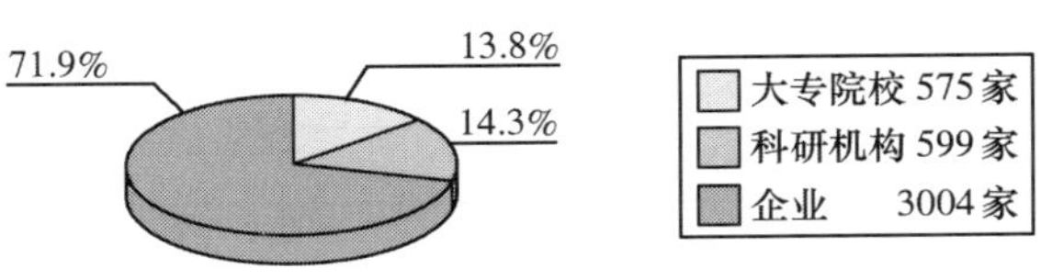

图 8　2003 年与国家工程技术研究中心合作、协作单位按性质分类

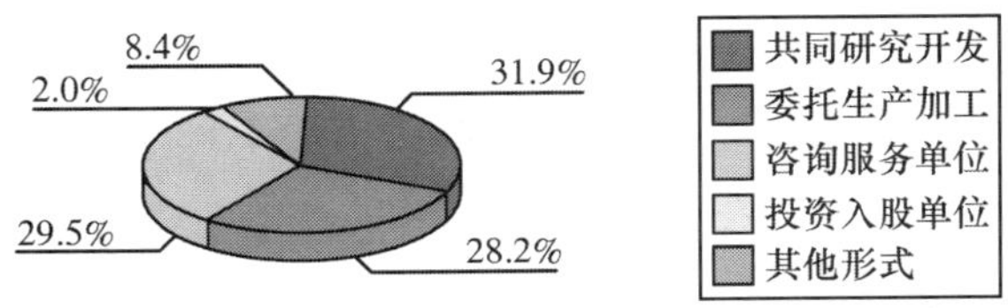

图 9　2003 年与国家工程技术研究中心合作、协作按方式分类

4. 科技服务与人才培养

2003 年，工程中心对外开放实验室（试验室）224 个，

开放设备2 144台/套，开放生产线145条。

2003年，工程中心共举办技术培训班918期，培训人员近53万人。举办学术报告会与专题讲座1 092期；召开国内技术交流会与展销会688次，成交项目750项，成交金额5.72亿元；进行国际学术交流活动705次，签订合作项目213项。工程中心为科研机构、企业等培训各类人员52.78万人。

5. 成果与效益

2003年工程中心获得科技成果1053项，同比增长39.3%。

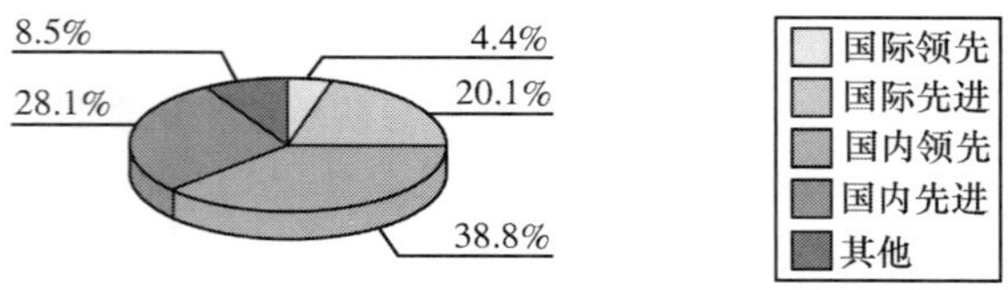

图10　2003年国家工程技术研究中心获得的科技成果按技术水平分布

2003年，工程中心共有311项成果获奖，其中国家级奖41项，省部级奖185项，地市级奖85项。

2003年，工程中心共申请专利696项（其中发明专利370项），专利授权291项（其中发明专利160项）；工程中心出版科技著作200部，发表科技论文4 762篇；工程中心建成农作物示范基地549个，示范面积达26 778万亩，农作物深加工转化产值2.04亿元，建成畜牧繁育基地98个，育种31万头/只，畜牧出栏规模1 420万头/只。工程中心共建成中试基地151个，中试生产线142条，建成技术服务网点2 036个。

表7　2003年国家科技研究工程中心经济效益

（单位：亿元）

总收入	产品销售收入	技术转让收入	承包工程收入	其他收入	利税	创汇（亿美元）
79.73	49.62	19.04	6.90	4.17	7.75	0.76

6. 转制情况

到2003年年底，具有企业属性的工程中心（含分中心）有68家，其中依托单位为企业的有29家，依托单位转为企业的有23家，中心自身转为企业的有16家。

上市情况：据初步统计，到2003年底，已有16个工程中心的依托单位上市（见表11），有15个中心的依托单位拟上市。

表8　国家工程技术研究中心依托单位上市情况

序号	工程中心名称	依托单位上市公司名称
1	国家节水灌溉工程技术研究中心（新疆）	新疆天业股份有限公司
2	国家杂交水稻工程技术研究中心	袁隆平农业高科技股份有限公司
3	国家服装设计与加工工程技术研究中心	中国服装股份有限公司
4	国家羊绒制品工程技术研究中心	内蒙古鄂尔多斯羊绒制品股份有限公司
5	国家金属矿产资源综合利用工程技术研究中心	金瑞新材料科技股份有限公司
6	国家电力自动化工程技术研究中心	国电南瑞科技股份有限公司
7	国家铝冶炼工程技术研究中心	中国铝业股份有限公司
8	国家非晶微晶合金工程技术研究中心	安泰科技股份有限公司
9	国家碳一化学工程技术研究中心	四川天一科技股份有限公司
10	国家新型电子元器件工程技术研究中心	广东风华高新科技股份有限公司
11	国家氟材料工程技术研究中心	浙江巨化股份有限公司
12	国家非织造材料工程技术研究中心	海南欣龙无纺股份有限公司
13	国家移动卫星通信工程技术研究中心	南京熊猫电子股份有限公司
14	国家冶金自动化工程技术研究中心	北京金自天正智能控制股份有限公司
15	国家感光材料工程技术研究中心	乐凯胶片股份有限公司
16	国家有色金属复合材料工程技术研究中心	有研半导体材料股份有限公司

7. 工作进展

玻璃深加工工程中心2003年重点实施了“电磁屏蔽玻璃规模化生产技术”的研究和中试生产线的建设工作。重点攻克了电加热膜与电磁屏蔽的光学性能兼容、高电磁屏蔽效能与高可见光透过性能兼容、大尺寸屏蔽效能均匀性、产品防电磁波辐射频带宽化等技术关键；取得了电加热与电磁屏蔽一体化的机构化设计技术、高可见光透过率高屏蔽效能复合技术、专用镀膜设备的设计制造技术和膜层质量控制技术等技术成果；建成1条在国内处于领先地位，生产能力为600m²/年的大面积、高性能电磁屏蔽玻璃中试生产线，产品性能指标达到国外同类产品水平。玻璃纤维及制品工程中心在玻璃纤维池窑拉丝生产技术的推广工作取得新的进展，2003年完成河北金牛能源年产15 000吨池窑拉丝生产线，邹城佳斯达年产10 000吨电子级玻纤池窑拉丝生产线的安装、调试工作，并顺利点火投产。在池窑项目的实施过程中，加大了池窑配套装备的开发与推广，从技术与装备总体水平上不断缩小与国外先进水平的差距。反应注射成型工程中心采用国产原料、助剂与北京泡沫塑料厂联合开发出通用性和双硬度型高回弹泡沫产品，并投入生产。之后又将成果扩散到一汽内饰件厂、广州豪华汽车坐垫厂、南京金阳化新材料厂、浙江岱美聚氨酯公司、郑州宇通客车公司、郑州日产汽车等十几家企业。该技术具有节能显著、成型周期短、生产效益高、所用原料挥发性低的特点，现已达到国外90年代末期同类产品的质量水平，在国内处于领先地位。感光材料工程中心彩色胶卷和彩色相纸总体质量达到国际同类产品水平，其系列产品的开发与产业化，不仅为乐凯集团公司创造了巨大的经济效益，而且逐步改变了民族感光材料工程技术落后的现状，为国产品牌产品的更新换代、增加品种、系列化配套、产品质量稳步提升提供了强有力的技术支撑，加快了感光材料科技成果工程化、配套化和产业化的进程，促进了国内感光材料工业名牌产品的形成，并为我国感光材料走向世界奠定了基础。贵金属材料工程中心注重发挥云南省有色金属资源和贵金属资源丰富的优势，开展特种合金粉末产业的建设，变资源优势为经济优势，促进了新能源、环境材料、新型急冷电工合金、微电子材料、装饰涂料等领域的技术进步和经济发展。涂料粉末已在云南、北京、西安、三亚、昆明等地区作为装饰材料或旅游纪念品材料，促进了地方经济发展和旅游业发展。树脂基复合材料工程中心2003年向行业推广复合材料规模化生产线11条，其中研究开发的四轴二工位复合材料压力容器生产线，已完成从样机到定型批产的全过程。该项目拥有自主知识产权，技术处于国内领先水平，设备与进口设备性能接近，可以替代进口。特种矿物材料工程中心以自有技术与国外引进的先进激光焊接技术集成，开发出了激光焊接金刚石锯片工艺，并获得工程化试验成功，产品质量性能达到了国际先进水平。2003年工程化试验生产激光焊接锯片8 000片，全部出口韩国，创汇6万美元。新型电子元器件工程中心2003年以市场为导向，开展了镍电极片式多层陶瓷电容器及其材料产业化的研究，形成了具有知识产权的核心技术平台。成功开发了镍电极中高压MLCC，并建立起大规模生产线，达到国际先进水平，填补国内空白。同时300层以上高层数、大容量产品开发成功，已批量生产。ODS替代品工程中心2003年完成了世界银行技术援助项目HFC-152a和异丁烷国家标准的制定工作，为国内ODS替代品生产和应用行业提供了统一的产品规范和技术标准。推出的ODS替代品已应用于制冷、空调、发泡、清洗、气雾剂、消防、烟草等多个行业，2003年共销售近2万吨，销售额超过4亿元。在工程化技术开发方面，百吨级HFC-245中试和HFC-236模试通过了浙江省科技厅组织的技术鉴定，不仅为我国四氯化碳生产企业提供了最佳的淘汰技术，同时也为制冷、发泡、消防等相关应用企业实现新的替代技术提供了有利的保证，使这些企业ODS替代技术能保持与国际同步，消除了产品出口可能面临的技术壁垒。这两项成果填补了国内空白，达到国际水平。液体分离膜工程中心2003年承担的目前国内最大的万吨级反渗透海水淡化示范工程在山东荣成兴建，一期工程单机5 000吨/日的反渗透淡化装置已经于2003年11月竣工建成，可部分缓解石岛地区的供水紧张的局面，促进了地区经济的发展。合成纤维工程中心研究开发的半自动、全自动多种型号的卷绕头，为推动化纤行业，特别是涤纶化纤工业国产化、低成本化发展，作出了积极的贡献。2003年，为适应市场的需求，开发了BWA1035-1500大型卷绕头，生产样机76台，并成功地应用在晋江市锦福化纤聚合有限公司2万吨/年直接纺重旦涤纶POY生产线上。该设备的开发成功，使国产化的设备又上了一个新的台阶。染整工程中心“芳纶1313染色技术”开发成功，解决了难染纤维芳纶1313染色的关键技术，实现了产业化，为我国新一代采用芳纶纤维的消防服面料的研制作出了贡献。目前，该“匹染技术”已转让给某德国在沪投资的生产企业，并实现批量生产。2003年在抗“SARS”非常时期，中心成功地研制开发出透气涂层防护服，其各项主要技术指标均达到卫生部相应的技术指标要求，并在极短的时间内赶制了60套防护服，送“抗非”第一线医务人员使用。同时，成功地研制了1台符合ASTM标准的防护服面料防血液渗透性能测试仪，填补了国内该项测试仪器的空白。羊绒制品工程中心积极开展技术引进，其中引进的纳米“三防”羊绒制品项目利用高分子合成化学中纳米相分离技术，在织物纤维表面形成一层稳定的气体薄膜，使产品具有了防水、防油、防污、防辐射、抗菌保健等多种功效。目前，已投入市场3万件，受到消费者的青睐。

部分材料相关国家工程技术研究中心

名　称	研究重点领域	依托单位	地　址	中心主任	电　话
国家玻璃深加工工程技术研究中心	玻璃复杂成型、复合夹层、电磁屏蔽玻璃等；先进的镀膜、钢化、夹层等	中国建筑材料科学研究院	北京市朝阳区管庄东里1号	石新勇	(010) 51167390
国家玻璃纤维及制品工程技术研究中心	玻璃纤维及制品领域的新工艺、新装备、新材料、新产品及成套工程化技术	南京玻璃纤维研究设计院	南京雨花西路安德里30号	张耀明	(025) 85017374
国家超硬材料及制品工程技术研究中心	超硬材料及制品领域科研成果工业化	中国地质科学院郑州矿产综合利用研究所	河南郑州市华山路121号	朱　锋	(0371) 7627571
国家磁性材料工程技术研究中心	铁氧体永磁材料、复合永磁材料及稀土合金永磁材料的研究、开发、生产、销售及推广	北京矿冶研究总院	北京市丰台区科学城10D地块2号楼	孙传尧	(010) 67586503
国家催化工程技术研究中心	以石油和天然气为原料制造重要化工原料和高附加值精细化学品催化过程	中国科学院大连化学物理研究所	辽宁省大连市中山路161号	陆世维	(0411) 3699010
国家反应注射成型工程技术研究中心	原材料、RIM聚合物制品的研究与开发	黎明化工研究院	河南洛阳054信箱	张　杰	(0379) 2301670
国家非晶微晶合金工程技术研究中心	非晶和纳米晶软磁合金带材、铁芯以及元件	北京钢铁研究总院	北京市海淀区学院南路76号	李俊义	(010) 62182220
国家氟材料工程技术研究中心	氟化工、氯碱及后续产品、精细化工、合成材料、生物化工等	巨化集团公司	浙江省衢州市	叶志翔	(0570) 3096296
国家感光材料工程技术研究中心	感光材料	中国乐凯胶片集团公司	中国河北省保定市建设南路1号	黄德音	(0215) 4743270
国家光刻设备工程技术研究中心	用于集成电路芯片制造的光刻机及其他相关设备的开发、设计、制造等	上海微电子装备有限公司	上海张江高科技园区	贺荣明	(021) 65518680
国家贵金属材料工程技术研究中心	贵金属冶金等	昆明贵金属研究所	云南省昆明市北二环路	崔　宁	(0871) 5131128
国家金属薄膜功能材料工程技术研究中心	金属薄膜的新型成膜技术及与此相关的器件精细加工工艺的研究开发	中国科学院上海微系统与信息技术研究所	上海长宁路865号	陆荣庆	(021) 62511070
国家金属腐蚀控制工程技术研究中心	腐蚀科学与防护技术	中国科学院金属研究所	辽宁省沈阳市文萃路62号	姚治铭	(024) 24500105
国家生物医学材料工程技术研究中心	生物医学材料、医用植入体、组织工程及先进制造工艺技术的研究、开发和应用	四川大学	四川省成都市望江路29号	张兴栋	(028) 85412848
国家受力结构工程塑料工程技术研究中心	线型饱和聚酯、聚醚等领域工程塑料的研究和开发	中蓝晨光化工研究院	四川成都市人民南路四段30号	付　旭	(028) 85551977
国家树脂基复合材料工程技术研究中心	纤维缠绕、拉挤工艺成型等连续纤维增强树脂基复合材料结构制品及成型设备制造、结构性能测试及原材料等	哈尔滨玻璃钢研究所	哈尔滨市香坊区红旗大街100号	刘其贤	(0451) 5306457
国家钛及稀有金属粉末工程技术研究中心	功能材料，稀土材料	广州有色金属研究院	广州市五山有色金属研究院	梁振锋	(020) 85231729

续表

名　称	研究重点领域	依托单位	地　址	中心主任	电　话
国家碳纤维工程技术研究中心	高分子材料、碳及复合材料、无机非金属材料和金属材料防护等	北京化工大学	北京北三环东路15号	徐梁华	(010) 64435924
国家碳-化学工程技术研究中心	C-1化学领域反应工程项目的研究；甲醇合成及甲醇化学、甲醛化学和天然气综合利用	西南化工研究设计院	四川省成都市外南机场路	梁恩元	(028) 5184616
国家特种超细粉体工程技术研究中心	特种超细粉体制备技术	南京理工大学	南京市孝陵卫200号	李凤生	(025) 4315529
国家特种矿物材料工程技术研究中心	超硬材料及其高档工具制品、合成功能晶体材料、新型高效环保矿物材料和超细改性复合粉体材料等	桂林地质矿产研究院	广西桂林市漓江路18号	吕　智	(0773) 5835409
国家特种显示技术工程研究中心	高亮度特种显示器件，特种彩色CRT	芜湖电真空研究所	安徽省芜湖市506信箱	张大林	(0553) 5856104
国家通用工程塑料工程技术研究中心	树脂合成、中间试验及工程放大、工程塑料改性、成型加工、配套助剂的中间试验、分析检测和工程设计	北京市化工研究院	北京海淀区成府街2653信箱	徐新民	(010) 62563332
国家稀土永磁电机工程技术研究中心	稀土永磁电机及稀土永磁其他应用	沈阳工业大学	沈阳市铁西区兴华南街58号	唐任远	(024) 25691651
国家纤维增强模塑料工程技术研究中心	复合材料模塑料工程化	北京玻璃钢研究院	北京市延庆县八达岭工业开发区康西路261号	李新民	(010) 61161236
国家消耗臭氧层物质(ODS)替代品工程技术研究中心	消耗臭氧层物质（ODS）替代品	浙江省化工研究院	浙江省杭州市西溪路926号		(0571) 85226855
国家新型电子元器件工程技术研究中心	新型电子元器件、电子材料及电子专用设备	广东风华高科股份有限公司	广东肇庆市西江北路风华电子工业科技城	梁力平	(0758) 2823328
国家液体分离膜工程技术研究中心	膜和膜过程研究开发	国家海洋局杭州水处理技术研究开发中心	浙江省杭州市文华路50号	程文方	(0571) 88866168
国家仪表功能材料工程技术研究中心	测温材料及应用技术、金属功能材料及元件、传感器敏感材料及元件	重庆仪表研究所	重庆市北碚区	蒋幼夫	(023) 68863921
国家有机硅工程技术研究中心	有机硅单体、各种有机硅树脂及聚合物的生产及加工设备	中蓝晨光化工研究院	四川成都市人民南路四段30号	张殿松	(028) 85551977
国家有色金属复合材料工程技术研究中心	颗粒增强金属基复合材料及制备技术、快速凝固技术及其材料、半固态加工技术、气雾化合金粉末	北京有色金属研究总院	北京市新街口外大街2号	石力开	(010) 62014488
国家固体激光工程技术研究中心	激光医疗设备、激光加工设备、固体激光器基础元器件、科研用激光源、激光加工工艺等	电子工业部第11研究所	北京朝阳区酒仙桥路4号	张　澄	(010) 64362761
国家合成纤维工程技术研究中心	高分子材料及成纤聚合物的合成与改性、熔融纺丝工艺及与之相关的合成纤维新技术、新产品的研究开发等	中国纺织科学研究院	北京朝外英家坟	刘福安	(010) 65916479

续表

名　称	研究重点领域	依托单位	地　址	中心主任	电　话
国家非金属矿深加工工程技术研究中心	非金属矿提纯和深加工	苏州非金属矿工业设计研究院	江苏省苏州市三香路179号	唐靖炎	（0512）8265454
国家金属矿产资源综合利用工程技术研究中心	金属矿山和冶炼方面的工程化配套技术；开发与金属矿产资源综合利用相配套的新工艺、新设备、新药剂、新产品	长沙矿冶研究院，北京矿冶研究总院	北京市西城区文兴街1号	孙传尧	（010）88333366
国家同位素工程技术研究中心	体内放射性药物体系；免疫分析度剂盒及标记化合物；放射源及放射性示踪剂	中国原子能科学研究院	北京市房山区新镇	王翌善	（010）69357312
国家特种泵阀工程技术研究中心	液体火箭发动机；两种超低温氢氧发动机	北京航天动力研究所	北京市丰台区南大红门路1号	王　珏	（010）68382112
国家水煤浆工程技术研究中心	建水煤浆厂、锅炉改烧水煤浆工程的成套技术咨询、服务和交钥匙工程；提供水煤浆产品、水煤浆添加剂、水煤浆设备和水煤浆专用锅炉	煤炭科学研究总院	北京朝阳区和平里青年沟路5号	詹　隆	（010）84261743
国家新能源工程技术研究中心	真空管太阳能集热器和太阳电池	北京市太阳能研究所	北京市花园路3号	韩建功	（010）62012881
国家建筑工程技术研究中心	高效预应力新结构体系的设计、设备、工艺；建筑工程质量诊断、评估与加固；设计与施工用集成化CAD软件产品	中国建筑科学研究院	北京市安定门外小黄庄路9号	崔建友	（010）64214356
国家平板显示工程技术研究中心	液晶显示（LCD）、等离子体显示（PDP）、电致发光显示（ELD）、真空荧光显示（VFD）和电致变色显示（ECD）等	南京电子器件研究所	南京市中山东路524号	沈克彬	（025）4593617
国家工业建筑诊断与改造工程技术研究中心	建筑工程质量检验、土木建筑结构可靠性鉴定评估，混凝土结构耐久性防护材料及专用修复材料等	中国冶金建筑研究院	北京海淀区西土城路33号	岳清瑞	（010）82227370
国家铝冶炼工程技术研究中心	铝冶炼工业的技术	中国铝业股份有限公司郑州研究院	郑州市上街区济源路82号	李旺兴	（0371）68918476
国家非织造材料工程技术研究中心	无纺材料的工艺、设备及引进技术	海南欣龙无纺股份有限公司	上海市肇嘉浜路30号工商大厦27楼	席时平	（021）54236080
国家涂料工程技术研究中心	水性低污染涂料、高性能纳米涂料、汽车涂料、城市轨道列车用涂料以及国防工业涂料等	中国化工建设总公司常州涂料化工研究院	江苏常州机场路	张俊智	（0519）3270095
国家日用及建筑陶瓷工程技术研究中心	建立国家日用陶瓷与建筑陶瓷制造工艺与装备关键技术的开发基地；帮助企业建成具有国际竞争力的大型陶瓷产业化基地及出口基地；建成我国日用及建筑陶瓷科技人才培养中心；建成我国日用陶瓷与建筑陶瓷检测、标准化和文献信息综合服务平台	景德镇陶瓷学院	江西省景德镇陶瓷学院	周　健	（0798）8499328

续表

名 称	研究重点领域	依托单位	地 址	中心主任	电 话
国家生物防护装备工程技术研究中心	突发公共卫生事件和生物恐怖袭击中的侦、检、消、治等；我国生物与医学防护领域中的关键技术与装备问题；完善相应的标准体系；	解放军军事医学科学院	北京市太平路27号	祁建城	（010）66931131
国家金属采矿工程技术研究中心	金属矿山采矿工艺技术、采矿装备技术和采矿安全技术、工程化研究和成果推广	长沙矿山研究院	湖南长沙市麓山南路236号	邓和平	（0731）8670146

科研条件建设

2003年，科研条件建设在前期工作的基础上进一步加强了国家科技基础条件平台的规划设计和建设工作，并大力开展国家科技图书文献中心等科技条件平台的示范建设，以及大型科学仪器协作共用和技术改造升级。

1. 项目与经费

2003年，国家财政用于科研条件建设的专项资金共2.3亿元，其中包括“国家科技基础条件平台建设专项”1.0亿元、“科技文献信息专项”1.0亿元及“大型科学仪器协作共用和技术改造升级专项资金”0.3亿元。

同时，根据平台总体设计，整合了“中央级科研院所科技基础性工作专项”2.0亿元、“中央级科研院所社会公益研究专项”1.55亿元用于国家科技基础条件平台建设。

2003年，平台建设以资源整合和共享为重点，以建设较完整的物质和信息支撑系统以及相应的服务平台为目标，主要支持大型科学仪器装备与实验基地建设，科技数据共享，自然科技资源共享，科技文献资源建设与共享服务，网络科技环境建设，建立重大领域监测、预警、应急系统的技术支撑及科技基础标准的建立等。

国家科技基础条件平台建设专项资金主要用于建立国家科技基础平台门户应用系统、全国大型科学仪器协作共用网建设、MODIS数据地面接收站系统布局与数据共享等重要资源整合和共享的示范项目。

科技文献信息专项资金主要用于订购外文科技文献和外文科技文献的网络版。

另外，大型科学仪器协作共用和技术改造升级专项资金主要用于大型科学仪器设备的改造升级和大型科学仪器的共建共享，设立了“法国PMR－I型核磁共振找水仪改造升级技术”等科学仪器改造升级技术开发项目48项，并重点支持了北京核磁共振中心、北京离子探针中心等多部门共建共享设备升级以及国家级分析测试中心仪器共享服务补贴。

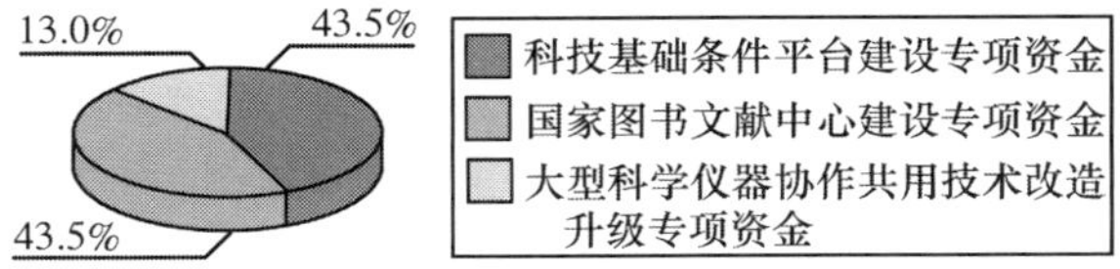

图11 2003年科研条件建设国家财政专项投入资金情况

2. 进展与成果

基于科技条件平台建设的重要性和其战略意义，科技部将科技条件平台建设列入2003年科技改革与发展的重点任务，取得了丰硕的成果。

2003年订购的外文文献总量已达17 000多种，是共建共享之前的3.5倍，科学文献的保证能力大大提升。

2003年网上数据已达2 600多万条，是2000年底网络服务系统开通时170万条的15倍，是2002年的2倍多，数据库建设取得重大进展。数据库从2001年的中外文期刊、中外文会议录、外文科技报告、中文学位论文的文献检索与全文请求6个数据库增加到20多个，满足了用户多层次的信息需求。

2003年在NSTL网上增加了“专利文献检索”，“中国国家标准”、“国外标准”、“计量检定规程”的文献检索与全文请求。网上访问检索文献，2001年为470万人次，文献信息服务成效显著。

科学仪器改造升级恢复和提高了现有仪器设备的性能，产生了较大的社会效益和经济效益。

北京磁共振脑成像自2003年5月试运行以来，已有多家单位使用该仪器完成了相关实验。在国际期刊上发表了重要论文，大型科学仪器共建共享提升了我国科研竞争力。

到2003年为止，国家分析测试体系已在“中国分析网”上发布分析测试方法有9 186个，已列入目录的分析测试方法有4万余个，国家分析测试体系已成为各界开展相关工作的有力基础。

中央及科研院所科技基础性工作专项和科研院所社会公益研究专项

2003年度“中央级科研院所科技基础性工作专项”（简称“基础性工作专项”）和“科研院所社会公益研究专

项”（简称“社会公益专项”）的工作重点是，加强顶层设计，保证国家目标的实现，优先支持科技基础条件平台建设项目；在继续保持基础性工作专项和社会公益专项特点的基础上，安排相关科技基础性工作；根据国家公益事业与国家安全的突出需求，安排开展相关公益研究，为持续创新提供基础性支撑。

1. 项目安排

2003 年度基础性工作专项共安排项目 80 项，其中重点项目 44 项，面上项目 36 项；社会公益研究专项共安排项目 150 项，其中重点项目 52 项，面上项目 98 项。

重点项目以体现国家目标为原则，以资源整合和共享为重点，以建设较完整的物质和信息支撑系统以及相应的服务平台为目标，重点围绕科技数据共享、自然科技资源共享、网络科技环境建设、建立重大领域监测、预警、应急系统的技术支撑、科技基础标准研究等方面进行安排。面上项目以支撑部门和行业科技发展为主要任务，具有对重点项目的补充作用。

2. 经费投入

2003 年基础性工作专项总经费为 2 亿元，其中投入重点项目经费17 315万元，面上项目经费2 085万元。重点项目平均投入强度为 393. 52 万元/项，面上项目平均投入强度为 57. 92 万元/项。

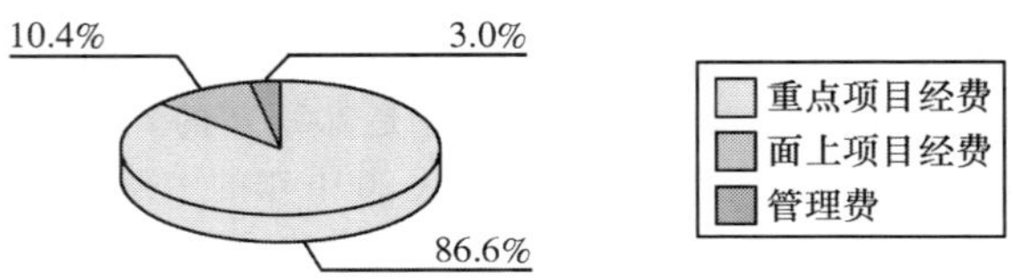

图 12　2003 年基础性工作专项经费按项目类型分布

2003 年社会公益专项总经费 1. 55 亿元，其中重点项目投入经费9 535万元，面上项目投入经费5 500万元。重点项目平均投入强度为 183. 37 万元/项，面上项目平均投入强度 56. 12 万元/项。

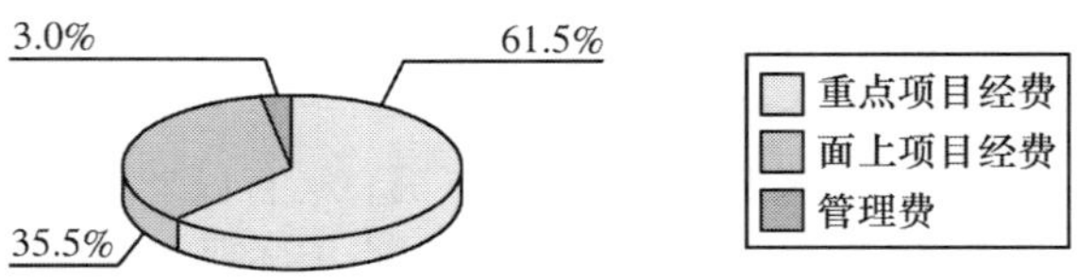

图 13　2003 年社会公益专项经费按项目类型分布

3. 阶段成果

2003 年基础性工作专项和社会公益专项工作取得了显著的阶段成果：

进一步形成稳定的国家支持科技基础性工作和社会公益研究的经费渠道。通过支持一批重点科技基础性工作和公益领域的重点项目，改善了科技基础条件和环境，促进形成社会公益研究网络和一批社会公益研究基地。在基础性工作专项启动支持平台试点项目后，2003 年进一步在整合的基础上，加大了对科技基础条件平台建设的支持力度，把国家重大科技基础平台和基地建设与项目的安排紧密结合，有力地推动了国家科技基础条件平台建设。

国际科技合作重点项目计划

2003 年，国际科技合作重点项目计划（简称“国际合作计划”）从国家科技发展的需求出发，按照“平等合作，互惠互利，成果共享”的原则，通过加强与国家各科技计划的衔接和与地方重点科技项目的配合，鼓励具备条件的科研院所、大学和企业充分利用国际科技资源，以平等身份参与高层次的国际科技合作，推动我国科技工作的对外开放，促进我国的研究开发和技术创新，努力在我国若干科技领域实现跨越式发展。

1. 项目、经费安排

2003 年，国际合作计划共安排项目 88 项，其中高技术研究发展计划资助项目 20 项，基础研究计划资助项目 14 项，科技攻关计划资助项目 10 项，国际科技合作专项资助项目 44 项。

2003 年，国际合作计划共安排经费8 391万元，其中高技术研究发展计划资助经费3 500万元，基础研究计划资助经费1 715万元，科技攻关计划资助经费 800 万元，国际科技合作专项经费2 376万元。

2003 年，国际合作计划为支持国家科技计划重大项目的国际合作，安排了涉及信息、自动化、能源、环境、生物、材料等领域的 13 个重点项目，资助经费达4 466万元，占资助总经费的 53. 2% 。

2003 年，国际合作计划安排地方项目 41 个，资助经费2 230万元，占总经费的 26% 。

在 2003 年国际合作计划经费中，科技部投入的经费与吸引国内、国外资金比例为 1:11。

表 9　2003 年国际合作计划项目经费来源　　（单位：万元）

经费来源	中央财政	地方、单位配套	国外资金投入38 204					总计
			美国	欧洲	独联体	亚洲	多边	
资金	8 391	75 012	12 276	11 897	1 243	1 500	11 288	121 600

表 10　2003 年国际合作计划项目和经费按领域分布　（单位：万元）

领　域	信　息	自动化	生物	材料	能源交通	资源环境	基础前沿
项目（项）	12	7	24	15	12	14	6
经　费	1 580	1 847	1 395	924	725	825	1 095

2. 阶段成果

据对 2001 年实施项目的统计，截至 2003 年 10 月，共发表论文 492 篇，其中国内发表 461 篇，国外发表 31 篇。获得专利 46 项，其中国内专利 43 项，国外专利 3 项。开发新产品 39 项，发明新工艺 27 项。同时，培养人才 219 人，其中博士 104 人，硕士 106 人。

国家软科学研究计划

2003 年国家软科学计划管理工作按照管理科学化、评审民主化的原则进行了调整和改革：建立项目受理、评审、立项、中期检查、验收等全过程公示制度，保障计划管理的公开、公正和透明。全面启动软科学管理信息系统建设，为计划管理和软科学事业发展提供共享平台和技术支持；改革计划评审和验收方式，把会议评审和验收方式转为依托管理信息系统来实现。

国家软科学研究计划项目分为重点招标项目和自由选题项目两类，2003 年共有 240 个项目列入国家软科学研究计划。

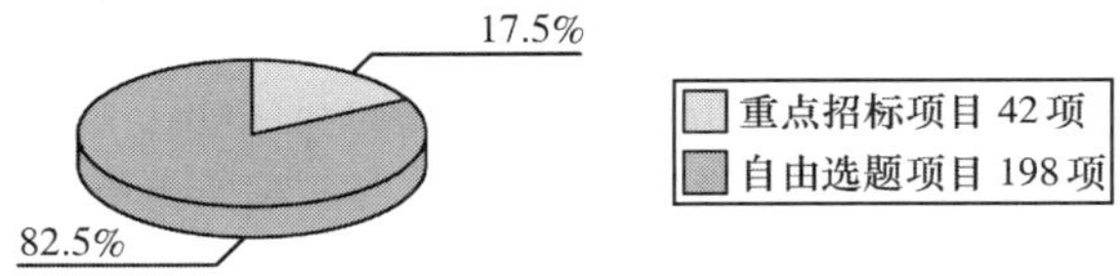

图 14　2003 年国家软科学研究计划项目构成

表 11　2003 年国家软科学研究计划项目按重点领域分布　（单位：项）

科技发展战略领域		科技进步促进经济社会发展领域		国民经济的前瞻性问题研究领域		其他项目	
	重点招标项目		重点招标项目		重点招标项目		重点招标项目
88	10	58	12	84	10	10	10

2003 年国家对软科学研究经费支持额度首次达到1 000 万元，比 2002 年增长了 1 倍，其中重点招标项目国家科技经费的平均投入强度为 23. 8 万元/项。

2003 年有 21 项软科学研究计划项目课题通过结题验收。

2003 年国家软科学计划按照“任务带学科、人才培养加研究基地”的工作机制，稳定支持了软科学研究的骨干队伍。

科技产业化环境建设计划

科技产业化环境建设旨在从加强政策环境建设、促进区域经济发展、增强技术服务和交流等方面，促进科技型中小企业的发展，大力发展科技中介服务机构，营造有利于科技成果转化和科技产业化发展的良好环境。

2003 年产业化环境建设的重点任务是大力推进以生产力促进中心、科技企业孵化器、科技咨询与评估机构、技术交易机构、创业投资服务机构为代表的科技中介机构迅速发展。

星火计划

2003 年，星火计划认真贯彻落实党的“十六”大和中央农村工作会议精神，适时调整了星火计划的战略目标，提出了新时期新阶段“科技服务三农，全面建设小康社会”的战略方向和开展星火科技培训、加快农村科技服务体系建设、加强星火技术密集区与星火产业带建设等九大任务。突出重点启动实施星火科技培训和农村科技服务体系建设两大专项行动。

为适应面临的新形势、新任务，2003 年星火计划创新和完善了管理机制，使国家级星火计划的实施与各地星火计划、重点科技计划的实施相配套，充分调动了各地实施星火计划的主动性和积极性，充分发挥了星火计划在促进城乡协调发展，走新型工业化道路，促进区域经济发展，增加企业效益、增加地方财政收入等方面的影响和作用。

1. 项目

关于组织申报 2003 年度国家级星火计划项目的要求

为进一步贯彻落实《“十五”星火计划发展纲要》，现提出申报2003年度国家级星火计划项目的有关要求，供组织项目时参照执行。

一、总体要求

2003年国家级星火计划项目申报工作要贯彻落实党中央、国务院有关进一步发展农业和农村经济的精神，根据科技部总体工作部署及《“十五”星火计划发展纲要》，以农民增收及转移农村富余劳动力为重点，加强小城镇建设和农村信息服务体系建设，进一步推进星火西进、星火国际化，扶持龙头企业，提高星火龙头企业特别是农产品加工企业的自主创新能力，促进农业生产的标准化、规范化，增强企业的国际竞争力。

二、支持重点

2003年度国家级星火计划项目将与时俱进，有重点、有步骤地推进八大科技燎原行动的实施，国家级星火计划项目优先支持以下领域的技术示范和产业化开发。

1. 为农村住宅产业发展服务的新型建材及相应设备开发的技术、产品与产业；

2. 为城乡安全健康消费服务的农产品清洁生产加工技术、产品与产业；

3. 为促进农业的发展服务的设施、设备生产技术及配套产品的开发；

4. 为促进农村商品流通服务的保鲜、储运、配送营销的标准化、专业化技术及相应配套产品的开发；

5. 为环保产业的发展服务的农村资源与农业废育物综合利用技术及产品开发；

6. 为促进地方经济发展的优势资源特色产业。

三、项目申报

1. 地方评审

按照《星火计划管理办法》的规定，在申报2003年度国家级星火计划项目中，各省、自治区、直辖市、计划单列市和新疆生产建设兵团科技厅（科委、科技局）、有关部门科技司（局）负责组织评审、汇总本地区、本部门申报的国家级星火计划项目。

2. 分类排序

各单位对申报的项目要按照重大项目（对地方经济发展有重大影响的产业，1~2项）、重点项目（占项目总数的10%左右）和一般项目进行分类、排序。

3. 申报方式

各单位将评审、汇总后的国家级星火计划项目通过计算机网络报送科技部中国农村技术开发中心，科技部星火计划办公室负责组织认定。各地在项目申报前应认真审核申报内容，严格按照申报系统要求输入项目信息，并确保录入项目内容的准确性。申报的项目数量原则上不要突破2002年认定的项目数。

四、项目认定

科技部将遵循以下原则，对各地申报的星火计划项目进行组织认定：

1. 符合国家产业政策、技术政策和行业发展的有关规定，有利于农业和农村经济的持续发展；

2. 有利于科技进步，提高农村劳动者素质，扩大农民就业，增加地方财政和农民收入；

3. 有利于推动东西部地区优势互补合作，对地方经济或行业发展具有带动和辐射作用；

4. 有利于恢复或保护生态环境；

5. 有利于提高星火技术密集区和区域性支柱产业建设的效益和质量，发挥龙头企业带动作用；

6. 有利于出口创汇，促进外向型经济发展。

属于下列情况的，基本不予认定：

1. 不利于资源保护和有环境污染；

2. 国家产业政策和技术政策限制发展；

3. 一般性技改或扩建等生产性项目；

4. 申报材料与申报程序不规范。

五、联系方式

农村中心：孙晓明、王强

电　话：（010）68529091，68510207

科技部农社司：胡京华、王仕涛

电　话：（010）68512151，68515544－1411

申报邮箱：cnsp@ cnsp. org. cn

2003年，星火计划共安排国家级星火计划项目1 264项，其中农业项目853项，工业项目169项，其他产业项目242项。

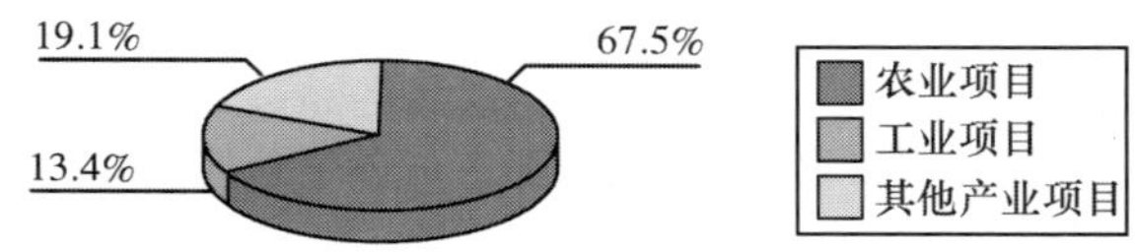

图1　2003年国家级星火计划项目构成

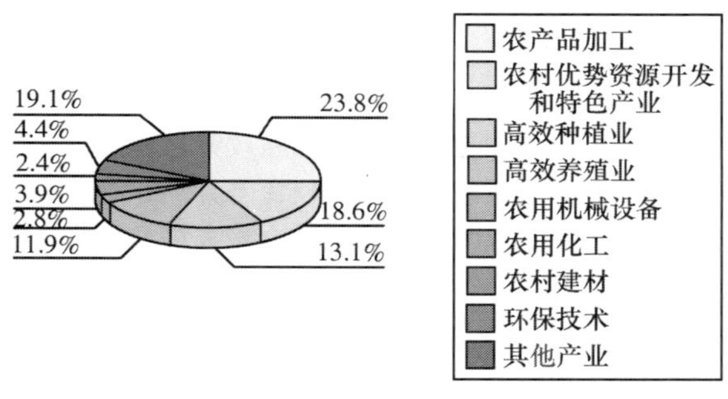

图2　2003年国家级星火计划项目按产业分布

在地区分布上，东部地区682项，中部地区344项，西部地区238项，中西部地区的项目总数和所占比例比

2002 年分别增加了 160 项和 10.2 个百分点。

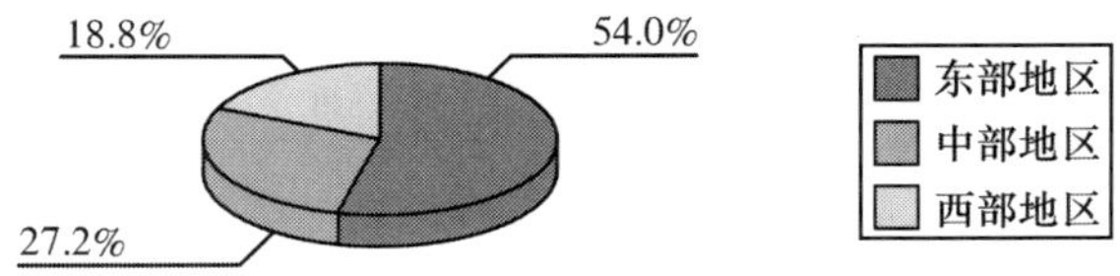

图 3　2003 年国家级星火计划项目按地域分布

表 1　2003 年全国星火计划项目立项情况

（单位：项）

年　份	国家级	省级	地、县级	合　计
2003 年	1 264	1 586	4 994	7 844
历年累计	1.38 万			13.58 万

2003 年项目情况

项目编号	项目名称	承担单位
2003EA600015	新型蜂窝复合隔墙板产业开发	北京北飞亿世科技开发有限公司
2003EA600022	真空玻璃产品开发	北京新立基真空玻璃技术有限公司
2003EA630013	彩钢节能装饰门	山西永丰汽车机械有限责任公司
2003EA652007	农村住宅用混凝土小型空心砌块开发	大连友兰新型建材有限公司
2003EA670016	秸秆轻质条板技术开发	黑龙江省汤原县佳鹤建筑材料厂
2003EA690055	秸杆镁质水泥轻质内隔墙条板产品开发	宿迁市楚龙商贸有限公司金橙轻质建材厂
2003EA690072	FS－LCM 轻质复合墙板产品开发	洪泽县万达轻质墙体材料厂
2003EA690124	常温固化溶性氟碳树脂、氟碳涂料产品开发	江苏晨光涂料有限公司
2003EA691006	年产 300 万平方米彩色无机模压三防工装板的产业化	南京华东长征企业（集团）公司
2003EA700045	大口径高密度聚乙烯给排水管、燃气管开发	浙江海亮塑胶管道有限公司
2003EA700050	温控手动调节阀开发	浙江盾安阀门有限公司
2003EA700060	聚乙烯 PE 燃气管材管件开发	湖州福莱福建筑装饰材料有限公司
2003EA700064	砂页岩破碎机开发	平湖市拼搏机械制造有限公司
2003EA701006	新型墙体材料产业化开发	宁波市鄞州区梅湖墙体建材厂
2003EA701012	新型高分子复合建筑防水模板开发	宁波能之光新材料科技有限公司
2003EA720008	钢管内外壁涂塑技术的开发应用	福建省科华钢塑复合管道有限公司
2003EA720011	利用污泥、淤泥生产陶粒建材	泉州市丰泽三角洲陶粒有限公司
2003EA720016	环境友好无机复合超细活性阻燃填料	福建省泰宁陶金峰高岭土有限公司
2003EA740053	轻钢建筑工程新技术应用与开发	济宁圣科钢结构彩瓦有限公司
2003EA740091	黄河淤沙蒸压加气砼砌块的研制及产业化开发	滨州黄河新型建材有限公司
2003EA740102	普肋特系列内外墙复合板新材料技术开发	博兴县普肋特新型墙板有限公司
2003EA740103	PP－R 建筑材料技术开发	济南金岚新型建材有限公司
2003EA780018	轻质复合墙板成套技术开发	广东省东莞市互升合成墙板有限公司
2003EA810012	“绿色”环保型 PP－R 供水管推广应用	四川省南充亿元高新材料有限公司
2003EA850005	机电自动化数控环保型制砖机组开发生产	陕西皇城建材机械集团
2003EA850022	高透性环保陶瓷砖开发生产	陕西富平陶艺村有限责任公司
2003EA851012	新型复合无支柱大棚构件开发	西安广源机械化工有限公司
2003EA851017	新型高强现代园林艺术构件制品开发	陕西山川一秀科技有限公司
2003EA851021	环保型中空轻质隔墙板开发	西安市临潼区旭阳建筑装饰装修有限公司
2003EA890002	大口径预应力钢筒混凝土管道开发	新疆国统管道股份有限公司
2003EA610005	压敏电阻、陶瓷电容器专用阻燃还氧包封料开发	天津市凯华绝缘材料有限公司
2003EA620007	硅氟橡胶复合绝缘子开发	河北硅谷化工有限公司
2003EA620026	自加温防静电输油胶管开发	河北省景县光辉橡胶制品有限公司

续表

项目编号	项目名称	承担单位
2003EA630002	高技术耐火浇注料及预制件开发	阳泉市华夏高级耐火材料有限公司
2003EA630003	氯化聚乙烯产业化开发	阳泉龙兴化工有限公司
2003EA630007	纳米抗菌不锈钢复合管开发	山西新超散热器有限公司
2003EA630010	浸渍活性炭开发	大同宏泰活性炭有限责任公司
2003EA650009	表面梯度纳米结构耐磨材料开发	海城市浪超金东方高科技发展有限公司
2003EA650014	铝钛碳晶粒细化剂的开发	鞍山市腾鳌特区合成金属材料有限公司
2003EA690035	八溴代－1－苯基－1，3，3三甲基氢化茚产品开发	江苏华鼎精细化工有限公司
2003EA690051	车辆用 PVC/MABS 塑料制品开发	江苏珠花集团公司盐城市珠溪化工厂
2003EA690053	包覆技术及规模生产导电云母粉体材料	徐州超精细粉体厂
2003EA690057	超级光泽铝面粉末涂料开发	徐州正菱涂装有限公司
2003EA690058	高性能不溶性硫磺产品开发	无锡市钱桥橡胶助剂厂
2003EA690059	新型阻燃胶合剂及杨木板产品开发	灌南县众星木业有限公司
2003EA690062	汽车大梁用 Q345B 级扁钢产品开发	江苏淮钢集团
2003EA690078	黑色耐电痕 ADSS 光缆护套专用料的产业化开发	海门市新型高分子材料厂
2003EA690081	功能性无溶剂涂布复合膜产品开发	江苏彩华包装集团昆山市张浦彩印厂
2003EA690082	采用全电熔技术生产高硼硅玻璃制品开发	江苏东太实业集团公司
2003EA690095	HPNC 高性能尼龙缆绳材料开发	盐城神力制绳有限公司
2003EA690098	30 万套/年汽车用制动器衬片产品开发	徐州市正成达摩擦材料有限公司
2003EA690100	复合材料屏蔽线的产业化开发	南通华雄电子材料公司
2003EA690101	橡胶型氯化聚乙烯产品开发	东台市天腾化工有限责任公司
2003EA690102	大口径高分子聚丙烯（PPH）管材管件产品开发	扬中市兴隆工程塑料管件厂
2003EA690103	35kV 超净可交联低密度聚乙烯绝缘塑料产品开发	江苏远东塑料有限公司
2003EA700057	高频低功耗功率铁氧体材料 PC50（DMR50）开发	横店集团东磁股份有限公司
2003EA700068	单组分聚氨酯耐高温蒸煮凹印油墨开发	海宁市长宁印刷材料有限公司
2003EA710021	1000 吨/年软磁铁氧体材料技术研究开发	芜湖市阳光磁性材料有限责任公司
2003EA720017	新型抗菌建筑内墙涂料的开发	福建省永安市荣达建材有限公司
2003EA730006	PT305 氧化锌脱硫剂产业化	萍乡市化工填料有限责任公司
2003EA730015	YH 系列全绝缘瓷砖开发	萍乡市湘东冶化工业瓷厂
2003EA740079	亚微米轻质碳酸钙开发	淄博华信化工股份有限公司
2003EA741024	8011 特殊铝合金带材研制开发	青岛通用铝业有限公司
2003EA750017	1500 吨/年二步法高强度含碳耐火材料结合剂开发	河南省科学院化学研究所
2003EA780017	全介质 ADSS 光缆研制与开发	汕头市汕沪电缆厂有限公司
2003EA780044	健康无害内墙涂料产业化开发	顺德市华隆涂料实业有限公司
2003EA781006	铝制天花板用不黄变低光泽纯聚酯粉末涂料的研究开发	广州千江油漆化学有限公司
2003EA820009	120 吨/年碳酸铝铵法制取高纯超细氧化铝粉	镇宁县宇光特种陶瓷材料有限公司

2. 经费

2003 年，国家级星火计划投资总额为 134.487 亿元，其中政府拨款 3.877 亿元，自筹资金 104.716 亿元，落实贷款 25.893 亿元。

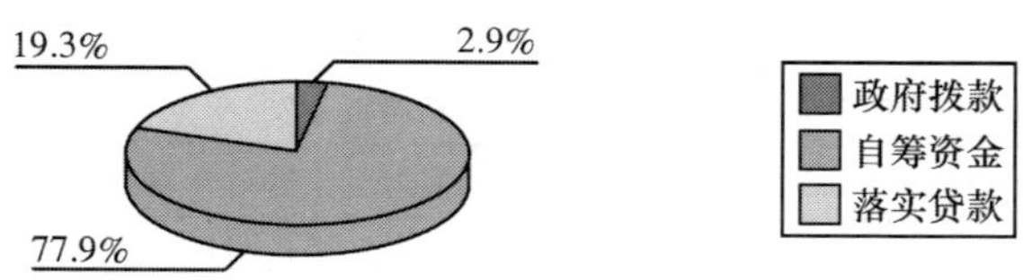

图 4　2003 年国家级星火计划投资结构

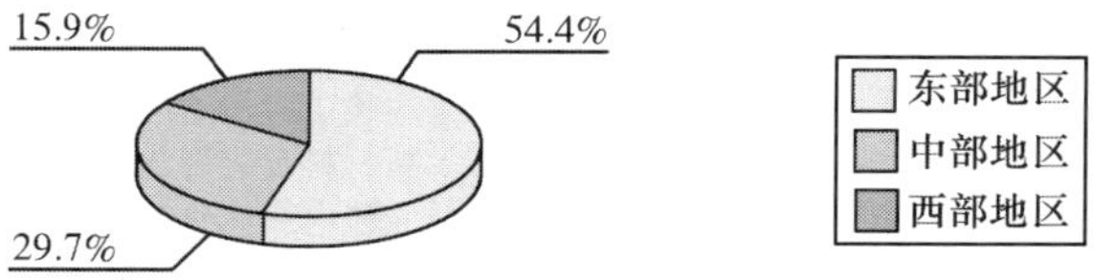

图5 2003年星火计划投资按地域分布

表2 2003年国家级星火计划项目银行贷款情况

（单位：亿元）

银行计划贷款	银行落实情况				
	工行	农行	其他银行	总计	落实率（%）
32.561	4.068	15.506	6.320	25.894	79.8

3. 经济效益

2003年星火计划成效显著，为农村经济结构调整、增加农民收入、转移农村富余劳动力、提高农村工业竞争力做出了贡献。

表3 2003年国家级星火计划项目经济效益

产值（亿元）	利税（亿元）	节创汇（亿美元）	新增产值（亿元）	新增利税（亿元）	新增节创汇（亿美元）
392.161	84.400	8.709	140.249	25.157	4.554

4. 星火培训

2003年全国星火培训共投入经费3.809亿元，培训人员1 662.68万人次，新建星火培训基地656个。

表4 2003年全国星火计划培训经费投入情况

（单位：万元）

财政投入	企业培训补贴	收取学费	贷款
18 566.9	6 527.2	758.3	12 239

表5 2003年全国星火计划培训班情况

培训班		远程培训站点		现场培训	
数量（万期）	人数（万人次）	数量（万个）	人数（万人次）	数量（万场次）	人数（万人次）
11.30	658.62	2.27	224.39	5.27	346.43

表6 2003年全国星火计划培训人才情况

科技干部	农民	农民工、乡镇企业职工	星火科技带头人	农村经纪人	企业管理人员	师资人员
29.36	1 275.97	256.08	41.19	41.92	26.95	18.21

表7 2003年全国星火计划编写、出版培训教材情况

编写教材（万字）	出版发行（万册）	制作多媒体（种）
794 076	1 714.86	9 660

5. 星火科技培训和农村科技服务体系建设两大专项行动

2003年为推进农民知识化进程，启动实施了星火科技培训专项行动，同时，为进一步完善农业社会化服务体系，启动实施了农村科技服务体系建设专项行动。

（以上数据不含江苏、宁波、广西、重庆、贵州、新疆的数据）

火炬计划

2003年是火炬计划实施的第15年。

15年来火炬计划取得的成就和经验，进一步显示了火炬计划在促进科技与经济结合、加速科技成果转化、实现科技产业化工作中的主导地位和在高新技术产业化工作中的核心作用。实现科技产业化仍是火炬计划今后一个时期的工作方向和目标。

2003年火炬计划项目管理工作以推进区域创新体系建设，加快形成特色产业为主线，以项目、重点企业和特色产业基地等工作为切入点，在进一步丰富和深化火炬计划项目实施的内涵，强化火炬计划与相关科技计划的结合等方面取得了新的进展。

1. 关于组织申报2003年度国家级火炬计划项目、重点国家级火炬计划项目的要求

为做好2003年国家级火炬计划项目、重点国家级火炬计划项目的申报、评审和认定工作，请各有关单位准备好申报材料，按通知要求时间将申报材料报送火炬中心项目管理处，具体要求如下：

申报2003年度国家级火炬计划项目、重点国家级火炬计划项目必须按照《国家级火炬计划项目管理办法》的要求填报申报书，并使用2003年版的申报软件录制软盘。

国家级火炬计划项目的申报材料包括：（1）国家级火炬计划项目申报书；（2）项目可行性研究报告；（3）贷款申请表；（4）项目综合评审表；（5）计算机软盘；（6）国家级火炬计划项目申请认定汇总表。

重点国家级火炬计划项目的申报材料包括：（1）重点国家级火炬计划项目申报书；（2）重点国家级火炬计划项目申请报告；（3）项目综合评审表；（4）计算机软盘；（5）重点国家级火炬计划项目申请认定汇总表。

申报书必须经省、市科技厅（委、局）或部委（局、总公司）科技部门盖章。国务院部委（局、总公司）科技部门只能申报国家级火炬计划项目，且必须经省、市科技厅（委、局）盖章备案。

申报书和软盘录入的内容必须完整，经过编辑，有关内容不得少于规定字数。

申报资料一式两份，软盘一张。

联 系 人：科技部火炬中心 王德花、赵传超

电 话：（010）68511802、68511133－1359

通讯地址：北京市三里河路54号，北京2143信箱

邮政编码：100045

2. 项目安排和经费投入

2003年，火炬计划安排国家级火炬计划项目1 532项，安排重点国家级火炬计划项目78项，分别占申报项目数的71.7%和55.3%。

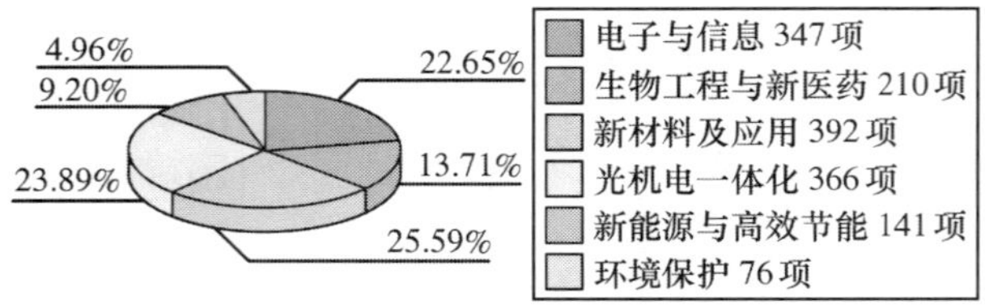

图6 2003年国家级火炬计划项目按技术领域分布

表8 2003年国家级火炬计划项目技术来源情况

<table>
<tr><td>国家自然科学基金项目</td><td>863计划项目</td><td>国家科技攻关计划项目</td><td>部门和地方科技攻关计划项目</td><td>有自主知识产权的创新项目</td><td>专利项目</td></tr>
<tr><td colspan="4">243项</td><td>1 102项</td><td>232项</td></tr>
<tr><td colspan="4">占项目总数的15.8%</td><td>占总项目的71.9%</td><td>占自主开发项目的21%以上</td></tr>
</table>

2003年国家级火炬计划项目的承担单位以科技型中小企业为主，共1 200家，占申报企业总数的78.3%。高新技术企业1 095家，占项目承担企业总数的71.5%。国家高新区内企业承担的项目占项目总数的41.3%。

2003年，国家级火炬计划项目预算新增投资346.4亿元，其中国拨经费0.5亿元，企业自筹179.2亿元，银行贷款166.7亿元。

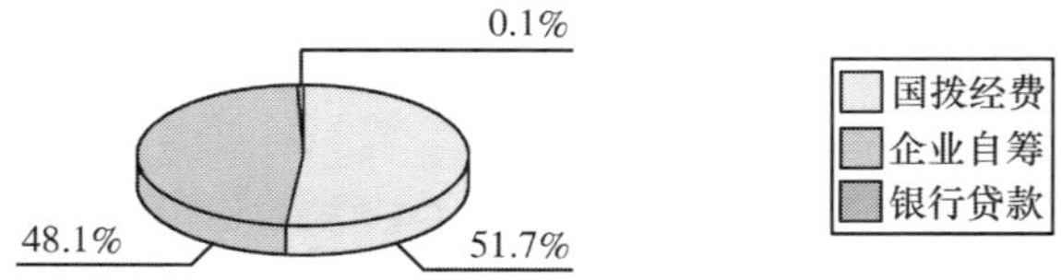

图7 2003年国家级火炬计划项目预算投资结构

2003年火炬计划取得可观的经济效益。

表9 2003年国家级火炬计划项目经济效益

（单位：亿元）

工业总产值	产品销售收入	实现利润	上缴税额	出口创汇(亿美元)
1 908.4	1 804.1	229.9	155.6	35

注：据对4 381个国家级火炬计划项目的抽样统计

2003年火炬计划项目目录

编　号	项目名称	单位名称
2003EB030056	烧结钕铁硼永磁体材料基体上的电镀锌镍合金	北京京磁高科技有限公司
2003EB030057	高性能大尺寸稀土超磁致伸缩材料	北京迈特科创技术有限公司
2003EB030058	新型高性能锂离子电池正极材料	北京圣比和科技有限公司
2003EB030059	高强低收缩环保型GRC墙板	北京雷诺轻板有限责任公司
2003EB030060	稀土陶瓷轴承	北京中实三强工程陶瓷有限责任公司
2003EB030061	高抗盐超高分子量聚丙烯酰胺油田驱油剂	北京市恒聚油田化学剂有限公司
2003EB030062	太空板及太空板建筑结构	北京太空板业股份有限公司
2003EB030063	ZL胶粉聚苯颗粒保温材料	北京振利高新技术公司
2003EB030064	年产200万条高阻隔、高强度无菌包装袋	北京嘉德福塑料制品有限公司
2003EB030101	大口径工业用新型系列耐磨陶瓷闸阀	天津市圣恺工业技术发展有限公司
2003EB030102	纳米汽车漆	天津市新丽华色材有限责任公司
2003EB030103	汽车空调胶管总成	天津大港鹏翎胶管股份有限公司
2003EB030104	药用树脂	天津南开和成科技发展有限公司
2003EB030119	激光焊接金刚石工具	石家庄博深工具有限公司
2003EB030120	磨航空部件专用砂轮	峰航（邯郸）砂轮制品有限公司

续表

编　　号	项目名称	单位名称
2003EB030121	高精度陶瓷微珠	邯郸市勇龙世纪高技术陶瓷有限公司
2003EB030122	年产500吨D-对羟基苯甘氨酸及400吨邓钾盐	冀州市任远生物化工有限责任公司
2003EB030123	复合反渗透膜及膜组件	河北阿鸥环境技术有限公司
2003EB030124	低容重、超防潮、高性能装饰板	任丘市京联工贸集团有限公司
2003EB030147	不锈钢复合板坯	山西省灵石鑫宇不锈钢复合板有限公司
2003EB030148	通径50~200mm各型金属波纹管膨胀节	中航一集团太原航空仪表有限公司
2003EB030149	工业精密结构陶瓷材料	长治市西林工贸有限公司
2003EB030150	AL-O-N合成复合材料	孝义市燕京铝业有限公司
2003EB030151	内串石墨化技术生产超高功率石墨电极	山西三元炭素有限责任公司
2003EB030152	富钾岩矿生产13X沸石、碳酸钾及白炭黑	临县钾肥股份有限公司
2003EB030153	15~30nm纳米级轻质碳酸钙	山西芮城华新纳米材料有限公司
2003EB030154	年产1万吨木胶粉	临汾尧都区斯特邦胶黏剂厂
2003EB030155	防静电包装材料	山西晋东包装材料有限公司
2003EB030156	凹印金银卡纸油墨	山西精华科工贸有限公司
2003EB030157	HTRY-28四成分大麻混纺布	山西绿洲纺织有限责任公司
2003EB030174	TE-500稀土抛光粉	包头天骄清美稀土抛光粉有限公司
2003EB030175	硬质高岭土ZT-0A	巴林右旗巴林石高0有限公司
2003EB030176	6万吨/年超细高白煅烧高岭土	内蒙古蒙西高岭粉体股份有限公司
2003EB030177	含氟中间体	内蒙古塞飞亚集团有限责任公司
2003EB030178	高性能绿色环保涂料	内蒙古蒙西高分子材料股份有限公司
2003EB030179	机可洗山羊绒制品	鄂尔多斯羊绒集团有限责任公司
2003EB030180	纳米生物活性多功能制品	呼和浩特市泰尔力图医疗保健用品有限公司
2003EB030181	山羊绒混纺弹性织物	鄂尔多斯羊绒集团有限责任公司
2003EB030189	动力型镍氢电池正极材料——纳米晶球镍	沈阳浩普科技发展有限公司
2003EB030190	长寿命镁碳质整体出钢口	辽宁大石桥市荣源镁矿有限公司
2003EB030191	滑石粉表面处理及高性能系列母粒	海城市福海高档滑石公司
2003EB030192	环保型固色交联剂FSE	丹东恒星精细化工有限公司
2003EB030193	PVC用丙烯酸类耐候性抗冲击改性剂	辽宁吕氏化工集团有限公司
2003EB030194	300吨/年石油基碳纤维可纺沥青	辽宁石油化纤公司亿方化工实验二厂
2003EB030207	充水式橡胶子堤	沈阳成禧经贸有限公司
2003EB030216	双金属复合铜包铝、铜包钢导线	大连傅氏双金属制造有限公司
2003EB030217	易而富保温墙体（水泥伴侣及保温墙体粘合剂）	大连丽美顺涂料树脂有限公司
2003EB030218	陶瓷滚动轴承	瓦房店轴承集团有限责任公司
2003EB030237	高碳钒高速钢双金属复合近终形型材轧辊	吉林省临江市万隆实业有限公司
2003EB030238	高纯度镁合金	吉林临江镁业股份有限公司
2003EB030239	高纯度氟化镁	长春奥普光电技术股份有限公司
2003EB030240	纳米自洁净玻璃	长春新世纪纳米技术有限公司
2003EB030241	高品位碳化硼微粉	敦化市正兴磨料有限责任公司
2003EB030242	绿碳化硅微粉	通化宏信研磨材有限责任公司

续表

编　　号	项目名称	单位名称
2003EB030243	1500 吨/年醇酯－12	吉化集团吉林市江南研究院有限责任公司
2003EB030244	套管式塑料管接头	吉林新元集团延吉管业有限公司
2003EB030245	PVC/ASA 双色异型材	通化东宝环保建材股份有限公司
2003EB030275	“鼎泰”牌 WP－Ⅰ型砂浆、砼高效防水剂	齐齐哈尔市金马新型防水材料有限公司
2003EB030276	新型玄武岩建筑装饰材料	宁安市丰达新型石材有限公司
2003EB030277	芯片用高纯精细碳化硅粉体材料制备	黑龙江丹峰磨料磨具集团有限公司
2003EB030278	湿法碳化硅（SiC）超精细微粉	黑龙江省牡丹江市天宇碳化物有限公司
2003EB030279	医药甘油	黑龙江省友谊甘油厂
2003EB030280	热塑性树脂复合材料检查井盖、水箅	黑龙江省东府塑料实业有限公司
2003EB030281	丁二烯氯化法生产氯丁橡胶	双鸭山凯尔合成橡胶有限公司
2003EB030282	年产 1.2 万吨碳酸二乙酯（碳酸二甲酯）	黑龙江黑化股份有限公司
2003EB030283	溶液聚合法生产 MMA/St 共聚模塑材料	黑龙江龙新化工有限公司
2003EB030309	大口径输水用涂塑钢管	上海昊力涂塑钢管有限公司
2003EB030310	无氧铜和无氧铜为基体的铜合金材料	上海上大众鑫科技发展有限公司
2003EB030311	强力焊管	上海申花钢管有限公司
2003EB030312	GVC 蜂巢芯结构铝合金金属幕墙	上海荣兴金属材料有限公司
2003EB030313	DT22－3 保温防水隔热胶	上海大通高科技材料有限责任公司
2003EB030314	sp/csp 型质子交换膜	上海中科同力化工材料有限公司
2003EB030315	热灌聚酯瓶	上海紫江企业集团有限公司
2003EB030316	高折射光学树脂镜片	上海康耐特光学有限公司
2003EB030317	新一代耐高温高分子基复合材料	上海杰事杰新材料股份有限公司
2003EB030318	健康型建筑水性涂料	上海胜星树脂涂料有限公司
2003EB030319	透气性流延膜	上海紫华企业有限公司
2003EB030320	C301 型抗静电流延聚丙烯薄膜	上海紫藤包装材料有限公司
2003EB030321	高性能耐候特种粉末涂料	上海常江化学有限公司
2003EB030322	ZFW－1 型激光防伪印刷薄膜	上海紫江彩印包装有限公司
2003EB030392	荧光级高纯氧化铕	江苏卓群纳米稀土股份有限公司
2003EB030393	高内禀矫顽力永磁铁氧体	镇江科发磁电元件有限公司云林分公司
2003EB030394	转 8A 改弹簧圆钢	江阴兴澄特种钢铁有限公司
2003EB030395	大口径冷拔高压锅炉用无缝钢管	江苏诚德钢管股份有限公司
2003EB030396	新型抗拉齿双金属带锯条	天田连云港机械有限公司
2003EB030397	ZF7（18CrMnBHZ）汽车高级齿轮钢	江阴兴澄特种钢铁有限公司
2003EB030398	TF－1/2 型微波复合介质覆铜箔基片	江苏省泰州市旺灵绝缘材料厂
2003EB030399	少无切削稀土铝合金热精锻连杆	江苏万里活塞轴瓦总厂
2003EB030400	通用小型发动机稀土铝合金少无切削精密压铸件	江苏林海集团泰州合金制造有限责任公司
2003EB030401	优特钢用改性洁净精炼渣	宜兴市振球炉料有限公司
2003EB030402	氧化铈锆复合粉体材料	宜兴新兴锆业有限公司
2003EB030403	汽车用高级窄淬透性齿轮钢	无锡华润制钢有限公司
2003EB030404	汽车同步器齿环新型铜合金材料	高新张铜股份有限公司

续表

编　　号	项目名称	单位名称
2003EB030405	高能离子渗镀梯度功能材料	建湖刚玉金属复合材料有限公司
2003EB030406	3PE 小口径螺旋缝双面埋弧焊接钢管	扬州市钢管总厂
2003EB030407	M7 钼系高速工具钢	江苏天工工具股份有限公司
2003EB030408	纳米颗粒增强内燃机气阀钢棒	上海材料研究所电热材料厂
2003EB030409	各项异性永磁铁氧体多极磁环	徐州正民磁性材料厂
2003EB030410	HD14 高压化成箔	南通海星电子有限公司
2003EB030411	高纯碳酸镍	无锡市鑫兴化工厂
2003EB030412	超厚高耐磨陶瓷砂轮	江苏耐尔坚砂轮有限公司
2003EB030413	复合型淤泥固化材料	江苏聚慧科技有限公司
2003EB030414	低水泥碳化硅质自流浇注料	宜兴市张泽耐火电瓷厂
2003EB030415	SOP 环氧模塑料用硅微粉	连云港东海硅微粉有限责任公司
2003EB030416	高温低蠕变电子陶瓷用钛酸铝刚玉承烧板	东台市富尔特高温材制造有限公司
2003EB030417	10kV 硅橡胶冷收缩电缆终端及中间接头	镇江市江冠电器有限公司
2003EB030418	预焙阳极	镇江碳素有限公司
2003EB030419	GE/HR99 大型广场路灯玻璃罩	宿迁春虹玻璃灯饰有限公司
2003EB030420	570 型船用气缸油	无锡惠源高级润滑油有限公司
2003EB030421	混合二氯苯吸附分离法生产间二氯苯	江苏扬农化工集团有限公司
2003EB030422	BL－A 环保长效切削液	金坛市宝联化工厂
2003EB030423	对氯邻甲苯胺	盐城市华派化工有限责任公司
2003EB030424	千吨级耦合法生产 2－甲基呋喃	张家港市七洲农药化工有限公司
2003EB030425	激光打印机用环保型、高清晰度显影粉	无锡西神日化用品厂
2003EB030426	年产3000T颜料色浆	无锡新光化工有限公司
2003EB030427	丙二醇单甲醚	江阴市怡达化工有限公司
2003EB030428	耐高温颗粒 MOCA	苏州市湘园特种精细化工有限公司
2003EB030429	亚氨基二乙酸	江苏银燕化工股份有限公司
2003EB030430	高性能低甲醛氨基树脂	江苏三木集团公司
2003EB030431	汽油辛烷值增效抗爆剂	宜兴市创新精细化工有限公司
2003EB030432	甲基异丙基酮	宜兴市中港精细化工厂
2003EB030433	高效复合破乳剂	宜兴市化学厂
2003EB030434	水性纳米乳化蜡	江苏高科石化股份有限公司
2003EB030435	三苯基乙基氯化膦	如皋市恒祥化工有限责任公司
2003EB030436	3.5－二甲基苯甲酸	泰兴市化工七厂
2003EB030437	乙烯基三丁酮肟基硅烷	姜堰市扬子江化有限公司
2003EB030438	SP－3 冷轧钢板用环保型湿平整液	启东尤希路化学工业有限公司
2003EB030439	酰基氧化膦类光引发剂 RUNTECURE 1108	常州华钛化学有限公司
2003EB030440	不饱和聚酯彩色胶衣树脂	天马集团公司
2003EB030441	FVo 级覆铜箔板专用环氧树脂	苏州特种化学品有限公司
2003EB030442	稀土发光柔性索具	江阴市恒丰钢绳制品有限公司
2003EB030443	电子高压线用辐照无卤阻燃料	盐城兴达波管有限公司

续表

编　　号	项目名称	单位名称
2003EB030444	改性 PVDF 树脂	徐州市东风树脂厂
2003EB030445	第二代居民身份证基材	江苏华信塑业发展有限公司
2003EB030446	环保型无醛自硬铸造呋喃树脂	苏州市兴业化工厂
2003EB030447	阻燃型可发性聚苯乙烯树脂	无锡兴达泡塑新材料有限公司
2003EB030448	SOP 封装用环氧模塑料	江苏中电华威电子股份有限公司
2003EB030449	药用 PVC/PVDC 复合硬片	江苏琼花高科技股份有限公司
2003EB030450	NED 高效干燥剂	徐州意创化工科技有限公司
2003EB030451	35kV－500kV 电器设备用复合空心绝缘子	南通市神马橡胶制品有限公司
2003EB030452	PC/ABS 合金	苏州工业园区和昌电器有限公司
2003EB030453	TL－615D 改性丙烯酸乳液	江苏日出化工有限公司
2003EB030454	新型高分子环保功能膜树脂	无锡阿科力化工有限公司
2003EB030455	清洁技术生产高档牦牛皮皮革	江苏奔翔实业有限公司
2003EB030456	高分辨率快干型电脑数码喷绘相纸	靖江耐斯不干胶制品有限公司
2003EB030457	紧密纺纱线	无锡庆丰股份有限公司
2003EB030458	CN 新工艺双色面料	江苏三房巷实业股份有限公司
2003EB030459	丝毛灯芯绒	江苏四环生物股份有限公司
2003EB030460	全棉免烫 T 恤后整理技术产品	红豆集团公司
2003EB030461	印花雅丽呢	江苏阳光集团有限公司
2003EB030462	高支舒力呢	海澜集团公司
2003EB030463	机织专用氨纶丝	连云港杜钟氨纶有限公司
2003EB030464	精纺数码喷射印花毛织物	江阴第九毛纺织厂
2003EB030465	靓思呢	江苏蝶美集团公司
2003EB030466	医卫用 SMS 复合非织新材料	江阴金凤非织造布制品有限公司
2003EB030467	印花双色灯芯绒	江苏茶梅灯芯绒集团有限责任公司
2003EB030468	年产 200 吨高档生化丝光苎麻纱	无锡市天然纺织实业有限公司
2003EB030469	高级舒爽呢	凯诺科技股份有限公司
2003EB030470	出口高支超薄型精纺丝绒衫	江苏汇丰羊绒有限公司
2003EB030471	双剑杆立绒大提花汽车座椅内饰面料	江苏旷达汽车织物集团有限公司
2003EB030472	转杯波纹纱	苏州市利飞纺织品有限公司
2003EB030473	高性能精密纺纱	无锡长新纺织有限公司（长江精密纺织公司）
2003EB030474	混纺布基 YA、YC 卷状全树脂砂布	盐城三菱磨料磨具有限公司
2003EB030475	高支高目稀薄型配色衬布	南通海盟股份有限公司
2003EB030476	超吸水纤维	南通中银纤维制品有限公司
2003EB030477	天然彩棉高支提花机织面料	武进市东华色织厂
2003EB030478	扁平可降解长束纤维	江苏澳洋科技股份有限公司
2003EB030594	JM－SCC 自密实高性能砼外加剂	南京道鹭建设材料厂
2003EB030595	S、R 两种构型光学单体 2－甲基哌嗪	高淳县襟湖化工厂
2003EB030596	多功能（ABCDE）干粉灭火剂	南京高灵消防药剂有限责任公司
2003EB030672	无油烟炒锅	浙江增益科技开发有限公司

续表

编　　号	项目名称	单位名称
2003EB030673	锌—铝—稀土合金镀层钢丝钢绞线	杭州万胜中兴钢缆有限公司
2003EB030674	“金属－非金属复合工艺及精密雕塑制品”	浙江神雕专利集团有限公司
2003EB030675	高清晰度显示系统用利茨漆包线	湖州长城电工科技发展有限公司
2003EB030676	大尺寸掺钕钒酸钇晶体	上虞市国泰光电有限公司
2003EB030677	200 级变频电机用耐电晕漆包铜圆线	浙江露笑机械制造有限公司
2003EB030678	电泳涂漆及多色化氧化铝合金型材	浙江栋梁新材股份有限公司
2003EB030679	年产 1.5 亿只 E14 安全型铝合金灯头	上虞市佳盛照明材料有限公司
2003EB030680	高性能铁氧体锶一次烧结料（粉）	华能诸暨磁性材料厂
2003EB030681	环保池窑无碱玻璃纤维纱	巨石集团有限公司
2003EB030682	年产 400 吨高折射率（$ND\geq2.25$）玻璃微珠	台州市定向反光材料有限公司
2003EB030683	300 号无石棉耐油橡胶板	舟山市海山密封材料有限公司
2003EB030684	镶嵌高锆水口砖	浙江长兴煤山耐火有限公司
2003EB030685	RMA 海水耐蚀剂	浙江三狮集团兰溪特种水泥有限公司
2003EB030686	ASK－C 型硬质耐高温绝热制品	浙江阿斯克新型保温材料有限公司
2003EB030687	橡胶改性型分散剂 SDS	兰溪市双牛助剂化工有限公司
2003EB030688	1－氯甲酰基－2－咪唑烷酮	浙江利民化工有限公司
2003EB030689	高纯度电子级吡咯	浙江台州清泉医药化工有限公司
2003EB030690	年产6 000吨 CE1099 低光粉末涂料用聚酯树脂	浙江天松新材料股份有限公司
2003EB030691	聚烯烃型抗飞溅涤纶成品油剂	浙江传化股份有限公司
2003EB030692	年产3 000吨 α 烯基磺酸盐（AOS）	浙江吉利达化工有限公司
2003EB030693	年产10 000吨松香施胶剂	杭州杭化播磨造纸化学品有限公司
2003EB030694	热膨胀性中空微球皮革消光补伤剂	浙江东化实业有限公司
2003EB030695	羊毛绒和牦牛绒成衫柔软剂	平湖市联合化学制品有限公司
2003EB030696	以杉木油为原料制造环氧雪松烷	杭州格林香料化学有限公司
2003EB030697	80 吨/年双环壬烯	浙江新和成股份有限公司
2003EB030698	三氟羧酸	浙江京新药业股份有限公司
2003EB030699	DL－高半胱氨酸硫内酯盐酸盐	浙江金华嘉源化工有限公司
2003EB030700	聚醚醚酮（PEEK）塑料阀片	温州市中大冶化机械有限公司
2003EB030701	冷缩电缆附件	浙江永锦电力器材有限公司
2003EB030702	可测深黏合型高性能排水板	浙江黄岩宾王土工合成材料有限公司
2003EB030703	大型抗风浪深水网箱养殖设备	浙江大海洋科技有限公司
2003EB030704	高耐寒橡胶输送带	浙江双箭橡胶股份有限公司
2003EB030705	全钢载重子午胎	杭州橡胶（集团）公司
2003EB030706	高性能车辆传动带弹性体部件	浙江三门县第一同步带厂
2003EB030707	年产 25 万套橡胶道口标注	浙江晨龙橡胶实业有限公司
2003EB030708	预制分支电缆	胜武实业有限公司
2003EB030709	钢塑复合管	浙江金洲管道科技股份有限公司
2003EB030710	纳米陶瓷纤维功能敷料	杭州天诚药业有限公司
2003EB030711	NWP 高速胶印新闻轮转油墨	杭华油墨化学有限公司

续表

编　号	项目名称	单位名称
2003EB030712	“天堂鸟”彩色喷墨打印机墨水	浙江杭州文教体育用品总厂萧山二分厂
2003EB030713	高档育果袋纸	浙江凯达纸业有限公司
2003EB030714	新型 α-氰基丙烯酸乙酯瞬间胶黏剂	浙江金鹏化工股份有限公司
2003EB030715	五层共挤 BOPO 收缩膜	浙江诚信包装材料有限公司
2003EB030716	环保型全息防伪真空镀铝纸	浙江爱迪尔包装股份有限公司
2003EB030717	超力福醇溶塑料耐蒸煮表印油墨	浙江新东方油墨集团有限公司
2003EB030718	双组分硅酮结构胶	杭州之江有机硅化工有限公司
2003EB030719	环保型胶合板黏合剂	德华兔宝宝装饰新材股份有限公司
2003EB030720	93DTEX/50F 大有光异形多孔仿真丝	桐乡市新凤鸣化纤有限公司
2003EB030721	年产7 200吨三色乐丽丝	杭州东南化纤有限公司
2003EB030722	八叶细旦异形常压可染阳离子全牵伸丝	浙江纵横轻纺集团有限公司
2003EB030723	新颖真丝大豆纤维复合丝	桐乡市洲泉丝厂
2003EB030724	羊毛仿羊绒织物生物酶后整理技术	嘉兴市雀屏化工有限责任公司
2003EB030725	丝麻型聚酯纤维	浙江南方科技股份有限公司
2003EB030726	POY 有色细旦丝	桐乡市凤鸣合纤有限公司
2003EB030727	高分子数码喷绘网格材料	浙江海利得新材料股份有限公司
2003EB030728	全棉轻磨毛抗皱免烫纱卡	浙江美欣达印染集团股份有限公司
2003EB030729	绢毛氨纶复合丝毛弹力双斜条	湖州昌华绢纺有限公司
2003EB030730	环保型（负氧离子）经编装饰织物	浙江永利经编股份有限公司
2003EB030834	CLE3045 特软套半金属灯笔	宁波成路文体旅游日用品制造有限公司
2003EB030835	用于高速辊涂和印刷的微电容电极银浆	宁波晶鑫电子材料有限公司
2003EB030836	直液式针管墨水笔	宁波贝发集团有限公司
2003EB030837	环保新型铜基高锡硼合金线材	宁波博威集团有限公司
2003EB030838	6 英寸重掺砷单晶硅锭	宁波立立电子股份有限公司
2003EB030839	应用于 VCM 和微特电机高品质钕铁硼永磁材料	宁波科宁达工业有限公司
2003EB030840	汽车橡塑一次成型连接弯管	宁波雪龙汽车风扇制造有限公司
2003EB030841	额定电压 0.6/1kV 塑料绝缘防水电力电缆	浙江球冠电缆制造有限公司
2003EB030842	常温氟碳涂料	宁波市科技园区东升包装工程技术开发有限公司
2003EB030843	涤/涤复合热熔性短纤维	宁波大成新材料股份有限公司
2003EB030866	编织渔网用稀土锌铝镁合金镀层钢丝	马鞍山市玉龙金属制品有限公司
2003EB030867	热级 180 涤纶玻璃丝包漆包铜圆线	合肥星辰电线电缆有限公司
2003EB030868	温度指数 220 聚酰亚胺漆包铜圆线	合肥星辰电线电缆有限公司
2003EB030869	塞隆（SiAlon）优质滑动水口	马鞍山马钢江东开元发展有限公司
2003EB030870	多功能绿色抗旱保水剂	合肥新峰建材有限责任公司
2003EB030871	耐高温型 HZ 高档有机荧光颜料	黄山加佳化学有限公司
2003EB030872	1 万吨/年碳酸二甲酯（DMC）	安徽淮化精细化工股份有限公司
2003EB030873	5 000吨/年广谱高效杀菌消毒剂三氯异氰尿酸	安徽八一化工股份有限公司
2003EB030874	耐高温防火电缆	安徽华星电缆集团有限公司
2003EB030875	激光刻膜凹印版辊	黄山精工凹印制版有限公司

续表

编　　号	项目名称	单位名称
2003EB030876	年产40万米钢塑复合管材	安徽国通高新管业股份有限公司
2003EB030877	高档Ⅲ型聚丙烯（PP-R）管材、管件	合肥安诺新型建材有限公司
2003EB030878	汽车用辐照交联特种电缆	安徽鑫科新材料股份有限公司
2003EB030879	WA-2氨基酸专用树脂	安徽皖东化工厂
2003EB030880	高阻隔真空镀铝薄膜	黄山永新股份有限公司
2003EB030881	耐高温聚丙烯薄膜	安徽铜峰电子股份有限公司
2003EB030904	Si-E1光电高纯硅（光电基材硅）	南安市三晶硅品精制有限公司
2003EB030905	真空镀铝卡纸底涂剂	福建洪洋集团有限公司
2003EB030906	环保型高档针织弹力布	福建凤竹纺织科技股份有限公司
2003EB030907	20D/24F高蜷缩细旦涤纶弹力丝	和顺（中国）实业集团有限公司
2003EB030921	镍氢电池用贮氢合金粉	厦门钨业股份有限公司
2003EB030922	高稳定性硬质合金混合料	厦门金鹭特种合金有限公司
2003EB030923	超细不锈钢微丝	厦门科诺特种材料有限公司
2003EB030924	节水新型配件	厦门威迪亚建材工业有限公司
2003EB030925	天然柠檬桉叶油和肉桂油综合利用	厦门中坤化学有限公司
2003EB030936	铝包钢线、铝包钢绞线、铝包钢芯铝绞线及OPGW	新华金属制品股份有限公司
2003EB030937	钢纤维	赣州利发金属制品有限公司
2003EB030938	强路王路基土稳固剂	萍乡市科华有限公司
2003EB030939	无石棉硅酸钙板	江西哈迪建材有限公司
2003EB030940	新工艺拉制6微米无碱膨体用纱	江西黄金玻纤厂
2003EB030941	10kA氟化体系电解槽产业化生产稀土金属	江西南方稀土高技术股份有限公司
2003EB030942	0.6/1kV交联聚乙烯绝缘电力电缆	江西电缆有限责任公司
2003EB030943	釉中彩颜料、花纸	景德镇市三蕾瓷用化工有限公司
2003EB030989	全新结构节能环保金属（不锈钢、稀土铝合金）门窗	山东大正天丰不锈钢建材有限公司
2003EB030990	车体用大型工业铝型材	龙口市丛林铝材有限公司
2003EB030991	4 000吨锆-稀土系列产品	淄博加华新材料资源有限公司
2003EB030992	轿车用注射成型粉末冶金零件	乳山金珠粉末注射制造有限公司
2003EB030993	硅铝键合丝	贺利氏招远贵金属材料有限公司
2003EB030994	大结晶镁碳砖	济南市镁碳砖厂
2003EB030995	500吨/年纳米层状硅酸盐产品	淄博市周村石油化工厂
2003EB030996	高品质碳化硅微粉	潍坊六合微粉有限公司
2003EB030997	无碱玻璃纤维透明瓦纱	泰山玻璃纤维股份有限公司
2003EB030998	陶瓷曲面建筑装饰板	山东天虹弧板有限公司、370科学院新材料研究所
2003EB030999	HY-I型高效复合水泥添加剂	山东宏艺科技有限公司
2003EB031000	玻璃纤维环保节能门窗	山东鲁能中南复合材料科技有限公司
2003EB031001	两段提升管催化裂化技术产品	山东石大科技有限公司
2003EB031002	新型肠溶性包衣材料羟丙基甲基纤维素邻苯二甲酸酯	山东瑞泰化工有限公司
2003EB031003	彩色改性沥青瓦	德州双环建材有限公司
2003EB031004	液晶材料发展与增容	烟台万润精细化工有限责任公司

续表

编　　号	项目名称	单位名称
2003EB031005	防鼠、防蚁、防潮电缆	山东华能线缆有限公司
2003EB031006	金属基复合材料无搭接缝橡胶坝	中国水利水电科学研究院烟台天圣橡胶坝有限公司
2003EB031007	利用丙烯腈厂废气氢氰酸年产6 000吨原甲酸酯	淄博万昌科技发展有限公司
2003EB031008	年产5 000吨酚醛树脂/蒙脱土纳米复合材料	山东莱芜树脂厂
2003EB031009	造纸专用助剂 D－蒽醌	山东神工化工股份有限公司
2003EB031010	涂布新闻纸	山东晨鸣纸业集团股份有限公司
2003EB031011	ASS（升香、促溶、增稳）材料	烟台市长生食品厂
2003EB031012	高级彩印新闻纸	山东华泰纸业股份有限公司
2003EB031013	超细纤维仿真革	山东科特乐股份有限公司
2003EB031014	无溶剂双组分彩色改性（纳米）聚氨酯防水涂料	山东省滕州市天成运动设施有限公司
2003EB031015	环保生态面料	兰雁集团股份有限公司
2003EB031016	新型纤维混纺高档面料	泰安康平纳毛纺织有限公司
2003EB031017	高耐久性超细纤维特种仿真人工皮革	烟台万华超纤股份有限公司
2003EB031018	CoolMax 织物染整产品	华纺股份有限公司
2003EB031076	塑料抗菌板材	青岛宏达塑胶总公司
2003EB031099	UPVC 异型材高速挤出模具	洛阳市建园模具制造有限公司
2003EB031100	年产2 400吨低磷钒铁	郸城财鑫特种金属有限责任公司
2003EB031101	高拉速小方坯连铸颗粒保护渣	西峡县通宇冶金保护材料有限公司
2003EB031102	UDS－Ⅲ型人造金刚石压机	河南黄河实业集团股份有限公司
2003EB031103	合成金刚石新型复合传压密封介质	河南远发金刚石有限公司
2003EB031104	CD88 水泥分散助磨剂	洛阳万顺建材有限公司
2003EB031105	新型树脂结合剂超硬材料磨具	郑州旭日磨具技术开发有限公司
2003EB031106	合成金刚石用超薄高纯石墨片	河南远发金刚石有限公司
2003EB031107	年产3 000万克拉高品级立方氮化硼	河南富耐克超硬材料有限公司
2003EB031108	加热炉用系列快干浇注料	濮阳濮耐高温材料有限公司
2003EB031109	年产10 000吨纳米改性功能涂料	河南恒生中科化工股份有限公司
2003EB031110	110～500kV 高压、超高压交联电缆	河南金龙电缆有限责任公司
2003EB031130	年产1 000吨高剩磁、高内禀永磁铁氧体	荆州市神奇磁业有限公司
2003EB031131	奥贝球铁（ADI）	湖北机电研究设计院
2003EB031132	无石棉冷压一次成型制动器衬片	枣阳福星摩擦材料有限公司
2003EB031133	年6 000吨超细活性碳酸钙	湖北祥云（集团）化工股份有限公司
2003EB031134	高性能丙烯酸酯结构胶黏剂	湖北回天胶业股份有限公司
2003EB031135	JLX 水基防塌润滑剂	湖北汉科新技术股份有限公司
2003EB031136	高纯度醌茜隐色体	湖北楚源精细化工集团股份有限公司
2003EB031137	N－1 型液烃抑制剂	湖北长江赛孚化工科技股份有限公司
2003EB031138	光信息记录用高分子纳米复合材料	湖北葛店开发区晨光实业有限公司
2003EB031139	无卤低烟阻燃电缆料	湖北华通电缆材料有限公司
2003EB031140	激光全息直接转移基膜	中包云梦塑料薄膜厂
2003EB031141	5 号特低黏型精制棉	钟祥市金汉江纤维素有限公司

续表

编　号	项目名称	单位名称
2003EB031168	超细粉体高效灭火剂及装置	武汉绿色消防器材有限公司
2003EB031169	高效纳米润滑添加剂	武汉盈美科技有限公司
2003EB031170	FC80720E 汽车中涂漆	武汉力诺双虎涂料有限公司
2003EB031171	全降解淀粉/植物纤维缓冲包装新材料	湖北远东绿世界集团有限公司
2003EB031172	无溶剂互穿网络（IPN）聚合物导电防腐涂料	武汉现代工业技术研究院
2003EB031173	电离辐射改性淀粉	湖北高能材料科技有限公司
2003EB031197	3 500吨/年电磁不锈钢	衡阳市金则利特种合金有限公司
2003EB031198	年产4 600吨新型软钎焊材料	郴州金箭焊料有限公司
2003EB031199	特种硬质合金（JC10F）	株洲市精诚实业有限责任公司
2003EB031200	年产1 500吨微细球形铝粉	湖南宁乡吉唯信金属粉体有限公司
2003EB031201	高纯高活性四氧化三锰	金瑞新材料科技股份有限公司
2003EB031202	球形制粒纳米陶瓷粉末	湖南百富瑞材料有限责任公司
2003EB031203	铁路新型转向架减振系统耐磨件	株洲海天工程塑料实业有限公司
2003EB031204	5 分钟室温快速固化环氧胶黏剂	湖南神力实业有限公司
2003EB031205	建筑涂料用有机硅－丙烯酸共聚乳液	湖南汇博化工科技有限公司
2003EB031242	高磁导率软磁铁氧体材料	广东风华高新科技集团有限公司
2003EB031243	从白钨矿制取氧化钨	潮州翔鹭钨业有限公司
2003EB031244	银铜复合金属材料	佛山精密电工合金有限公司
2003EB031245	高硅强化瓷材料及其制作的瓷器	潮州市城西吉街工艺美术彩瓷厂
2003EB031246	微晶玻璃彩饰砖（微晶石）	广东蒙娜丽莎陶瓷有限公司
2003EB031247	高 Tg 多层板内层棕化液	汕头市光华化学厂有限公司
2003EB031248	高抗冲耐老化 r－PVC 纳米单包型稀土稳定剂	汕头市高科达有限公司
2003EB031249	年产 1 万吨 PVC 用 WAC 稀土加工改性剂	广东炜林纳功能材料有限公司
2003EB031250	年产 1 万吨 PVC 用 WMH 稀土无机刚性粒子增韧剂	广东炜林纳功能材料有限公司
2003EB031251	低甲醛纯棉织物耐久压烫整理剂	广东德美精细化工股份有限公司
2003EB031252	挠性覆铜箔聚酰亚胺薄膜	中山市东溢电子材料有限公司
2003EB031253	可涂覆合成纸	广东华业包装材料有限公司
2003EB031254	年产6 000吨 SZ－97 真空镀膜涂料	广东省揭阳市深展实业有限公司
2003EB031255	新型高效环保型灭火剂	湛江市京粤高新消防实业有限公司
2003EB031256	环保型可发泡双面淋复 PE 纸杯（碗、盒）纸	中山市金田包装材料有限公司
2003EB031298	超临界二氧化碳萃取辣椒碱及系列产品	广州五味源生物工程有限公司
2003EB031299	电脑风扇用环保型阻燃增强 PET 复合材料	从化市聚赛龙工程塑料有限公司
2003EB031300	防腐钢管胶黏剂	广州市鹿山化工材料有限公司
2003EB031345	4 000吨/年氧化锌改性三聚磷酸铝	广西化工研究院
2003EB031356	子午线轮胎标准橡胶	海南成信橡胶产业有限公司
2003EB031367	2 000吨/年高品质汽车、摩托车齿轮	重庆江洲粉末冶金科技有限公司
2003EB031368	全铝合金纳米复合电沉积缸体	重庆阿波罗机电技术开发公司
2003EB031369	镁合金汽车、摩托车零部件	重庆镁业科技股份有限公司
2003EB031395	年产 2 万吨彩色柔性路面用结合料	四川正兴实业股份有限公司

续表

编　　号	项目名称	单位名称
2003EB031396	热塑性聚酯弹性体	四川晨光科新塑胶有限责任公司
2003EB031397	全复合材料 CNG 车用气瓶	四川格瑞复合材料制品有限公司
2003EB031411	内筋嵌入式给水用衬塑钢管	成都贝根管道有限责任公司
2003EB031412	连续法生产氧化锌晶须	成都交大晶宇科技有限公司
2003EB031413	环保型无石棉耐油密封板	成都天府垫片有限责任公司
2003EB031414	钢体刀翼式复合片钻头	成都百施特金刚石钻头有限公司
2003EB031415	SBS 磁性促进剂	成都联邦聚合物有限公司
2003EB031416	纳米钛釉涂料	成都虹明科技有限公司
2003EB031425	纳米石墨碳粉材料	贵州航天纳米科技有限责任公司
2003EB031434	新型冰纹铝塑板	云南金盛新型材料有限公司
2003EB031435	年产4 000吨 ZB 快捷增塑剂	云南省玉溪市溶剂厂有限公司
2003EB031455	碎焊丝	咸阳五星科技开发有限公司
2003EB031456	汽车动力转向泵粉末冶金定子	咸阳怡博粉末冶金有限公司
2003EB031457	QACC、QZYNCS 特种漆包圆铜线	陕西吉元电工股份有限公司
2003EB031458	纳米非晶金刚石离子镀膜设备	陕西百纳科技发展有限责任公司
2003EB031483	导电铝箔胶带	陕西彩桥电子材料股份有限公司
2003EB031484	功能性超细煤粉体	陕西索昂生物科技股份有限公司
2003EB031502	PAL 超细粉体工程材料	甘肃凯西生态环境工程有限公司
2003EB031503	YS 链状硅酸盐纳米复合材料	兰州有色金属建筑研究院
2003EB031504	油田新型氧化解堵剂及复合解堵技术产品	兰州益生化工有限公司
2003EB031516	新型低合金耐腐蚀无缝钢管	西宁特殊钢股份有限公司
2003EB031517	1 000吨/年噁嗪类氯化钠浮选剂	青海盐湖化工有限公司
2003EB031519	大型燃气轮机铸件	宁夏长城须崎铸造股份有限公司
2003EB031525	罗布泊卤水 LBP 工艺 40 万吨/年硫酸钾	新疆罗布泊钾盐科技开发有限责任公司
2003EB031526	玻璃钢多层复合防腐管材	新疆中油工程技术发展有限公司
2003EB031531	棉秆化学机械浆生产包装纸板	新疆天宏纸业股份有限公司
重点火炬项目	高纯超细金红石型电子级二氧化钛	湖北仙桃中星电子材料有限公司
重点火炬项目	高纯超细叔丁基水杨酸锌	湖北鼎龙化工有限责任公司
重点火炬项目	高品级人造金刚石	湖南衡阳市晶科威实业有限公司
重点火炬项目	GKF 高强轻质墙板	岳阳华强新型建材研究所
重点火炬项目	轨道车减震橡胶弹性元件	株洲时代新材料科技股份有限公司
重点火炬项目	低钙工业硫脲	衡阳宏湘化工有限公司
重点火炬项目	高强度单片铯钾防火玻璃	广东金刚玻璃科技股份有限公司
重点火炬项目	5 000吨/年电子级双氰胺	宁夏大荣化工冶金有限公司
重点火炬项目	高品质电子级无水氟化钾	宁夏石嘴山市金联实业有限责任公司
重点火炬项目	马氏体不锈钢氮化活塞环	福建东亚机械有限公司
重点火炬项目	亚微细、超细晶硬质合金挤压型材	厦门金鹭特种合金有限公司
重点火炬项目	50 千吨/年有机硅单体	蓝星化工新材料股份有限公司江西星火有机硅厂
重点火炬项目	铬锆铜连铸结晶器	山东只楚民营科技园股份有限公司

续表

编　　号	项目名称	单位名称
重点火炬项目	7200TEX 无碱无捻直接纱	泰山玻璃纤维股份有限公司
重点火炬项目	超高效填料塔塔节	烟台汽车内饰总公司
重点火炬项目	Φ700～Φ2 200毫米高性能金刚石薄型圆锯片基体	宜昌黑旋风锯业有限责任公司
重点火炬项目	HD13 高压化成箔	江苏中联科技集团有限公司
重点火炬项目	扩建年产5 600吨增强增韧高性能尼龙生产线	南京聚隆化学实业有限责任公司
重点火炬项目	环/异戊烷无氟组合聚醚	南京红宝丽股份有限公司
重点火炬项目	新工艺生产3 000吨/年异丙醇胺	南京红宝丽股份有限公司
重点火炬项目	超低水分的 N，N－二甲基甲酰胺	浙江江山化工股份有限公司
重点火炬项目	高分子黏结软磁铁粉芯	湖州科达磁电有限公司
重点火炬项目	真丝复合色织提花针织制品	湖州雅丽真丝针织时装有限公司
重点火炬项目	PVA 伴纺高支超薄毛纺新型面料	富润集团有限公司
重点火炬项目	电解电容器铝箔	北京伟豪铝业有限责任公司
重点火炬项目	纳米导电微粒子功能材料	大连三科科技发展有限公司
重点火炬项目	气相法聚乙烯高效催化剂	上海化工研究院
重点火炬项目	椰子酰胺丙基衍生物	上海高维化学有限公司
重点火炬项目	全钢（新结构）高性能子午线轮胎用钢丝帘线	江苏兴达钢帘线股份有限公司
重点火炬项目	金红石型造纸钛白粉	镇江钛白粉股份有限公司
重点火炬项目	高强度玻璃纤维土工格栅	天马集团公司

3. 国家高新技术产业开发区建设

为了进一步推动国家高新区“二次创业”，使国家高新区继续保持良好、健康和快速的发展态势，2003 年火炬计划新出台了新版国家高新区评价指标体系，开展了国家高新区土地资源利用与发展空间调研和促进国家高新区土地资源集约化的开发和利用，以及高新区发展战略研究等工作。同时积极推动国家高新区参加 ISO 14000 环境质量体系认证的示范工作，共有 24 家国家高新区通过了 ISO 14000 环境管理体系认证，其中 4 家被国家环保总局确认为 ISO 14000 示范区。

2003 年，火炬计划为拓宽高新区融资渠道，组织 12 个高新区完成了发行 8 亿元高新区企业债券的工作。并向中国、农业、工商、建设四大银行推荐国家高新区基本建设贷款项目 14 个，申请贷款 18.49 亿元，组织国家高新区积极申报财政基本建设贷款贴息，共推荐 36 个高新区，落实贷款贴息 1.85 亿元。

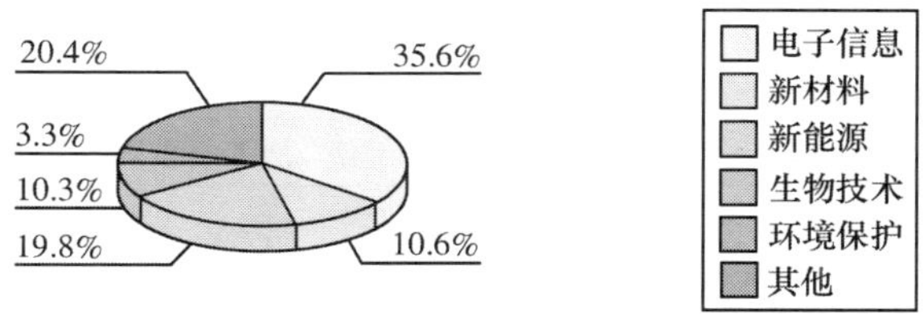

图 8　2003 年高新区企业主要生产经营产品数量按技术领域分布

表 10　2003 年国家高新技术产业开发区主要经济指标

项目	企业数（家）	从业人员数（万人）	总收入（亿元）	工业总产值（亿元）	工业增加值（亿元）	实现利润（亿元）	上缴税额（亿元）	出口创汇（亿美元）
数量	32 857	395.36	20 938.73	17 257.43	4 361.44	1 129.20	990.04	510.17
增长（%）	15.9	13.4	36.6	33	32.7	41.0	29.2	55.0

4. 科技企业孵化器建设

2003 年科技企业孵化器工作的重点是全面提升孵化器服务质量和强化孵化器的孵化功能，整体推进科技企业运行质量的提高。为加强对初创期科技型中小企业的支持，2003 年有 16 家孵化器进入小额资助试点，支持项目 150 多项，安排资金3 000多万元。至 2003 年全国共有各类孵化器近 500 家，其中国家级高新技术创业服务中心 98 家，包括 2003 年新认定的国家高新技术创业服务中心 13 家。

表 11　2003 年科技企业孵化器发展概况（含高新技术创业服务中心）

科技企业孵化器（个）	场地面积（万平方米）	在孵企业（家）	在孵企业总收入（亿元）	在孵企业人数（万人）	累计毕业企业（家）	毕业企业总收入（亿元）
489	1 937.3	31 385	892.8	55.3	9 565	851.7

注：科技企业孵化器包括留学人员创业园、大学科技园

国家级创业服务中心清单（98 家）
（必须上报）

序　　号	单位名称	负责上报单位
1	天津市科技创业服务中心	天津市科委
2	重庆高技术创业服务中心	重庆市科委
3	成都高新技术创业服务中心	成都市科技局
4	西安高新技术创业服务中心	西安高新区
5	哈尔滨高新技术创业服务中心	哈尔滨高新区
6	长春科技创业服务中心	长春高新区
7	武汉东湖新技术创业服务中心	武汉高新区
8	大庆高新技术创业服务中心	大庆高新区
9	北京高技术创业服务中心	北京市科委
10	苏州高新技术创业服务中心	苏州高新区
11	中关村科技园区丰台园区科技创业服务中心	北京市科委
12	北京市新技术产业开发试验区海淀创业服务中心	北京市科委
13	石家庄高新技术创业服务中心	石家庄高新区
14	保定高新技术创业服务中心	保定高新区
15	沈阳市高科技创业中心	沈阳高新区
16	大连市高新技术创业服务中心	大连高新区
17	上海市科技创业中心	上海高新区
18	上海漕河泾新兴技术发展中心	上海高新区
19	南京科技创业服务中心	南京高新区
20	合肥高新技术产业开发区创业服务中心	合肥高新区
21	江西赣昌高新技术创业服务中心	江西省科技厅
22	济南高新技术创业服务中心	济南高新区
23	威海高技术创业服务中心	威海高新区
24	洛阳高技术创业服务中心	洛阳高新区
25	成都高新区技术创新服务中心	成都高新区
26	贵阳高新技术产业开发区创业服务中心	贵阳高新区
27	昆明高新技术创业服务中心	昆明高新区
28	宝鸡高科技创业服务中心	宝鸡高新区
29	包头科技创业服务中心	包头高新区
30	吉林高新技术创业服务中心	吉林高新区
31	上海张江高新技术发展促进中心	上海高新区

续表

序　号	单位名称	负责上报单位
32	江苏省高新技术创业服务中心	江苏省科技厅
33	无锡高新技术创业服务中心	无锡高新区
34	常州市科技创业服务中心	常州高新区
35	济宁高新技术创业服务中心	山东省科技厅
36	郑州高新技术产业开发区创业服务中心	郑州高新区
37	株洲高新技术产业开发区创业服务中心	株洲高新区
38	沈阳高新技术创业服务中心	沈阳高新区
39	北京望京科技园创业服务中心	北京市科委
40	天津新技术产业园区国际创业中心	天津高新区
41	上海杨浦高新技术创业服务中心	上海市科委
42	扬州高新技术创业服务中心	江苏省科技厅
43	江苏昆山留学人员创业园	江苏省科技厅
44	广州市高新技术创业服务中心	广州高新区
45	绵阳高新技术产业开发区创业服务中心	绵阳高新区
46	桂林科技创业服务中心	桂林高新区
47	兰州高新技术产业开发区创业服务中心	兰州高新区
48	苏州工业园科技企业孵化器	苏州高新区
49	南宁新技术创业者中心	南宁高新区
50	襄樊高新技术创业服务中心	襄樊高新区
51	泰安高新技术创业服务中心	山东省科技厅
52	厦门高新技术创业中心	厦门高新区
53	哈尔滨经济技术开发区高科技孵化中心	哈尔滨高新区
54	芜湖高新技术创业服务中心	安徽省科技厅
55	郑州市高新技术创业中心	河南省科技厅
56	柳州高新技术创业服务中心	广西科技厅
57	烟台高新技术创业服务中心	山东省科技厅
58	湘潭高新技术创业服务中心	湖南省科技厅
59	鞍山高新技术创业服务中心	鞍山高新区
60	重庆高新区创新服务中心	重庆高新区
61	深圳市科技创业服务中心	深圳高新区
62	清华创业园	北京市科委
63	上海慧谷高科技创业中心	上海市科委
64	深圳市南山区科技创业服务中心	深圳市科技局
65	武汉市洪山高新技术创业服务中心	湖北省科技厅
66	杭州高新技术产业开发区科技创业服务中心	杭州高新区
67	威海火炬高技术产业开发区高新技术创业服务中心	威海高新区
68	杨凌农业高新技术产业示范区创业服务中心	杨凌农业示范区
69	宁夏高新技术创业服务中心	宁夏科技厅
70	山西省高新技术创业中心	山西省科技厅

续表

序　　号	单位名称	负责上报单位
71	唐山高新技术创业中心	河北省科技厅
72	锦州高新技术创业服务中心	辽宁省科技厅
73	天津泰达国际创业中心	天津市科委
74	泰州市高新技术创新中心	江苏省科技厅
75	昆山高新技术创业中心	江苏省科技厅
76	宁波市科技创业中心	宁波市科技局
77	泉州市高新技术创业服务中心	福建省科技厅
78	济南腊山高新技术创业服务中心	山东省科技厅
79	淄博高新技术创业服务中心	淄博高新区
80	漯河高新技术创业服务中心	河南省科技厅
81	安阳高新技术创业服务中心	河南省科技厅
82	武汉市青山区高新技术创业服务中心	湖北省科技厅
83	汉口高新技术创业服务中心	湖北省科技厅
84	武汉市武昌科技创业中心	湖北省科技厅
85	湖北黄石磁湖科技创业服务中心	湖北省科技厅
86	北京中关村国际孵化器有限公司	北京市科委
87	济南民营科技企业孵化器	山东省科技厅
88	潍坊高新技术创业服务中心	潍坊高新区
89	烟台留学人员创业园	山东省科技厅
90	新乡高新技术创业服务中心	河南省科技厅
91	荆州高新技术创业服务中心	湖北省科技厅
92	长沙高新技术产业开发区创业服务中心	长沙高新区
93	长沙高新技术创业服务中心	长沙高新区
94	广州火炬高新技术创业服务中心	广州高新区
95	成都武侯高新技术创业服务中心	成都市科技局
96	青岛高新技术创业服务中心	青岛高新区
97	深圳市北大港科招商创业有限公司	深圳市科技局
98	深圳虚拟大学园孵化器	深圳高新区

2003 年留学人员创业园已有 45 家。

表 12　2003 年留学人员创业园发展概况

现有孵化企业（家）	就业总人数（人）	孵化企业总收入（亿元）	孵化场地面积（万平方米）	累计毕业企业（家）	毕业企业总收入（亿元）	当年新孵化企业（家）
2 976	41 013	68.7	233.5	566	245.1	952

2003 年我国大学科技园建设蓬勃发展，按照《国家大学科技园管理试行办法》的要求，对 22 家国家大学科技园进行了每两年一次的评估工作，对 14 家被批准启动建设的国家大学科技园进行了验收，并认定其为国家大学科技园，给予经费支持。

（1）项目和经费

至 2003 年底，已认定的国家级大学科技园共 36 家，被批准启动建设的国家大学科技园 8 家。

2003 年度大学科技园的工作经费为1 000万元，资助重点项目 14 项。

（2）成果和效益

截至 2003 年年底，58 家大学科技园场地总面积 578.4

万平方米，在孵企业4 100家，新孵化企业1 099家，创造了7.1万人的就业机会，上缴税额7.4亿元。有60%左右的企业进入高新区继续发展，为高新区发展提供了有力的支撑。

表13　2003年大学科技园发展概况

（单位：亿元）

场地面积（万平方米）	在孵化企业（家）	孵化基金总额	在孵化企业总收入	总产值	净利润	上缴税额	新孵化企业（家）	就业人数（万人）
578.4	4 100	4	133.5	119.9	12	7.4	1 099	7.1

注：据对58家大学科技园（包括国家和地方）的统计

国家级大学科技园清单（44家）

序　号	大学科技园	负责上报单位
1	北京北航科技园	北京市科委
2	北大燕园科技孵化器	北京市科委
3	北京理工大学科技园	北京市科委
4	北京清华科技园	北京市科委
5	北京师范大学国家大学科技园	北京市科委
6	北京邮电大学科技园	北京市科委
7	北京化工大学科技园	北京市科委
8	南开大学科技园	天津市科委
9	天津大学国家大学科技园	天津市科委
10	燕山大学国家大学科技园	河北省科技厅
11	东北大学国家大学科技园	辽宁省科技厅
12	大连理工大学科技园	大连市科技局
13	吉林大学科技园	吉林省科技厅
14	哈尔滨工业大学国家大学科技园	哈尔滨市科技局
15	哈尔滨工程大学国家大学科技园	哈尔滨市科技局
16	东华大学科技园	上海市科委
17	复旦大学国家大学科技园	上海市科委
18	上海大学科技园	上海市科委
19	上海交大科技园	上海市科委
20	同济大学科技园	上海市科委
21	东南大学国家大学科技园	南京市科委
22	南京大学－鼓楼高校国家大学科技园	南京市科委
23	南京理工大学国家大学科技园	南京市科委
24	浙江大学国家科技园	浙江省科技厅
25	合肥国家大学科技园	安徽省科技厅
26	福州大学科技园	福建省科技厅

续表

序　　号	大学科技园	负责上报单位
27	南昌大学科技园	江西省科技厅
28	济南高新开发区大学科技园	山东省科技厅
29	青岛大学科技园	青岛市科技局
30	河南省大学科技园	河南省科技厅
31	武汉华中科技大学科技园	武汉市科技局
32	广州华南理工大学科技园	广州市科技局
33	重庆大学国家大学科技园	重庆市科委
34	重庆市北碚大学科技园	重庆市科委
35	电子科大国家大学科技园	成都市科技局
36	四川大学科技园	四川省科技厅
37	西南科技大学国家大学科技园	四川省科技厅
38	云南省大学科技园	云南省科技厅
39	西北农林科技大学国家大学科技园	陕西省科技厅
40	西安电子科技大学科技园	西安市科技局
41	西安交通大学国家大学科技园	西安市科技局
42	西北工业大学国家大学科技园	西安市科技局
43	兰州大学科技园	甘肃省科技厅
44	深圳虚拟大学园	深圳市科技局

5. 特色产业基地建设

火炬计划特色产业基地已成为火炬计划的新亮点。到2003年，共建成了51家国家火炬计划特色产业基地（不含火炬软件产业基地），其中2003年新批准建立了16家。

据对47家火炬计划特色产业基地的统计，2003年基地现有企业4 272家，其中高新技术企业852家，骨干企业393家，已上市企业53家。

基地现有从业人员102万人，其中大专以上学历人员19万人，硕士3 186人，博士737人。

表14　2003年火炬计划特色产业基地经济效益

工业总产值（亿元）	实现营业总收入（亿元）	工业增加值（亿元）	上缴税额（亿元）	利润（亿元）	出口创汇（亿美元）
3 603.9	3 461.5	714.8	185.1	239.2	61.2

至2003年国家火炬计划软件产业基地共有24个。

表15　2003年24个国家火炬计划软件产业基地发展概况

销售总收入（亿元）	软件产业总收入	软件出口（亿美元）	入园软件企业（家）	新增入园企业	软件从业人员（万人）	新增软件从业人员	软件基地竣工面积（万平方米）	新竣工面积
1 143.9	957.8	4.77	7 893	2 095	26.8	8.9	788	179.5

6. 国际化工作和培训

火炬计划的国际化工作坚持贯彻“走出去”与“引进来”相结合的方针，为我国高新技术产业开拓国际市场以及为海外留学人员回国服务搭建了国际化平台。

2003 年中美马里兰大学科技园正式启动，注册成立了北京中关村海外科技园有限责任公司，中英科技创业园分别在剑桥和曼城设立；中国火炬（新加坡）创业中心正式成立。组织北京等 5 个城市举办了“IT 国际项目外包专家巡回报告会”，与联合国亚太经理事会（ESCAP）合作完成了“推动技术转化与企业”项目等。

在国际培训方面，选派中国孵化器专家赴埃及进行了中国孵化器管理等方面的交流和培训；在上海举办了第六届“企业孵化器与地区经济发展国家研讨班”；在北京举办了“科技型中小企业创新国际研讨班”。

国家科技成果重点推广计划

国家科技成果重点推广计划继续坚持“国家政策引导、地方实施”和“突出重点”、“有所为，有所不为”的原则，联合地方、部门的力量，加大实施力度，强化集成和典型示范，重点支持国家和地方经济发展急需的共性技术成果和公益性技术成果推广。

2003 年成果推广计划突出了改造传统产业、有利于农村经济发展的共性技术，以及有利于社会发展的实用公益性技术的推广，重点支持信息、节水、农业现代化、污染治理和能源综合利用技术 5 个领域的高新技术成果的推广应用工作。

1. 关于组织申报 2003 年度国家科技成果重点推广计划项目的要求

国家科技成果重点推广计划（以下简称“推广计划”）是实施科技成果产业化环境建设的重要措施之一，是一项指导性科技发展计划。为进一步促进科技创新，加快科技成果向现实生产力转化的进程，2003 年“推广计划”将按照国家科技产业化环境建设的总体要求，继续采取国家政策引导和争取有关银行贷款支持的措施，引导和支持科研单位和企业迅速将一些跨行业、跨地区、影响全局的重大技术成果，特别是提升传统产业和发展高新技术产业的共性技术，经济效益、社会效益和生态效益显著的社会公益技术，有计划、有组织、有重点地加以推广，以实现规模效益。现将申报 2003 年“推广计划”项目的相关事宜通知如下：

一、选项基本原则

1. 符合国家产业政策和技术政策，对行业技术进步有促进作用；

2. 技术先进成熟、适用性强，经济、社会、生态效益显著；

3. 技术覆盖面广、辐射力强，能跨行业、跨地区应用；

4. 有利于成果推广环境建设。

二、选项的重点领域

信息技术领域：重点支持科技成果推广信息平台建设和信息技术在传统产业结构调整和产品创新中的推广，以及促进高新技术产业发展，如电子政务、电子商务、软件技术、远程教育技术等；

节水技术领域：重点支持农业节水和工业节水技术，提高水资源的有效利用；

能源技术领域：加强新能源与能源先进技术的推广，以及提高生产效率、降低能耗的新技术；

环保技术领域：重点支持有利于环境保护和可持续发展的技术，为改善生态环境做出积极贡献；

农业现代技术领域：有利于农产品深加工的共性技术，农作物、畜禽、水产、林业新品种及其配套技术，促进农民增收和有利于农村经济结构调整技术的推广。

三、立项程序和要求

1. 由各地方科技厅（委、局）和有关部门科技司（局）组织本地区、本部门的基层单位申报项目。申报单位应填写《国家科技成果重点推广计划项目申报表》（简称《申报表》），《申报表》可通过国家科技成果网下载（网址：http：//www. nast. org. cn），申报的其他附件材料包括科技成果鉴定证书、相关行业准入证明、评估报告、测试分析报告、专利证书及用户使用报告等。

2. 各地方和部门对申报的项目组织审查、签署意见后，将项目《申报表》及其他申报材料一式 4 份，连同本地方或本部门的《国家科技成果重点推广计划推荐项目汇总表》2 份，于 2002 年 12 月 31 日前报送至中国科技信息研究所 538 室。

3. 各地方和部门在申报项目的同时，应确定 2～3 项重点项目。重点项目要求：a. 具有良好的推广前景和显著的社会经济效益；b. 能够充分调动地方或行业、部门的推广积极性；c. 具有明确的推广应用实施办法；d. 当地应具有良好的配套措施或条件。

4. 科技部将对各地方和部门申报的项目组织专家进行评审。

联 系 人：陈文翙、沙椿泰

联系地址：北京市复兴路 15 号　中国科技信息研究所 538 室（邮编：100038）

联系电话：（010）68515544－2538，010－68517227

传　　真：（010）68517227

2. 立项项目

2003 年，共有 401 个项目列入“国家科技成果重点推广计划项目指南”，分布于全国 31 个省、自治区、直辖市。在国家科技成果推广计划的立项项目中，工业项目 214 项，农业项目 187 项。从立项项目的技术领域分布看，占前 5 位技术领域的项目已占立项总数的 51.6%。

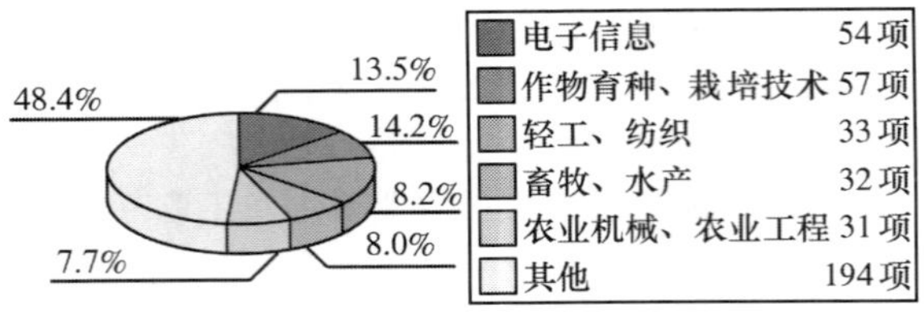

图9　2003年国家科技成果重点推广计划立项项目按技术领域分布

立项项目按项目单位的性质划分，科研院所127项，企业223项，大专院校43项，其他单位8项，分别占立项总数的31.7%、55.6%、10.7%和2.0%。企业已经成为推广计划实施的主体。

2003年立项项目情况

项目编号	项目名称	承担单位
2003EC000006	喷射式冲洗节水便器	北京中联环洁通节水技术有限责任公司、咸阳陶瓷研究设计院等
2003EC000010	安全型禽用添加剂预混料技术	中国饲料工业协会、中国农业大学等
2003EC000015	邮票盖墨及墨盒	邮政科学研究规划院
2003EC000019	城市污水水解——好氧生物处理工艺	北京市环境保护科学研究院
2003EC000022	磷化氢环流熏蒸系统	北京中谷润粮技术开发有限责任公司
2003EC000023	低温储粮综合技术	北京中谷润粮技术开发有限责任公司
2003EC000024	抗旱节水造林新技术植物体保水剂的应用	国家林业局科技发展中心、北京天安兴林生物科技有限公司、北京安兴生物科技研究所
2003EC000029	年产1000吨水性电机漆	中化化工科技研究总院
2003EC000030	ML－2型粉状乳化炸药	北京矿冶研究总院
2003EC000031	石油压裂液高效快速混配车	北京矿冶研究总院
2003EC000033	布氏菌素纯化蛋白衍生物	北京泛华协和医药生物技术股份有限公司
2003EC000035	SF系列固态物料生物反应器	北京明新高科技发展有限公司
2003EC000037	ZW轻质隔墙板自动化生产	北京市紫微星实业总公司
2003EC000038	稳定化芦荟凝胶体的开发利用	北京工商大学
2003EC000039	亚稳态氯化法纳米二氧化钛制备及应用技术	北京化大天瑞纳米材料技术有限公司
2003EC000040	富营养化水体的生物治理技术	北京千年美能科技有限责任公司、上海市环境科学研究设计院
2003EC000047	中药浸取液三相流化床高效防垢蒸发浓缩技术及装置	天津大学、天津中新药业集团股份有限公司
2003EC000049	不开挖翻衬法修复埋地管线技术应用	天津开发区新新管道修复工程有限公司
2003EC000050	湿冷保鲜技术及装备在果蔬贮藏保鲜中的应用	天津市农业机械试验鉴定站、中国农业机械化科学研究院
2003EC000054	活性石灰气烧矩形竖窑新技术	天津天铁冶金集团有限公司
2003EC000056	抗旱保水剂应用技术	天津市农业技术推广站、武清区农业技术推广中心等
2003EC000057	滨海地区三种固体废弃物开发技术	天津市盐碱地生态绿化工程中心
2003EC000058	电去离子技术和反渗透－电子离子高纯水设备	中国人民解放军军事医学科学院卫生装备研究所
2003EC000062	污水快速净化与循环回用技术	河北恒祥科技有限公司
2003EC000063	天敌昆虫防治蔬菜害虫技术应用	河北省农林科学院旱作农业研究所
2003EC000079	纳米复合高效活性剂	太原市纳威科技贸易有限公司
2003EC000093	硅藻土静电提纯与应用新技术	巴林右旗庆中硅藻土科技实业有限公司
2003EC000098	连铸方坯电磁搅拌器	包头联方高新技术有限责任公司、包头钢铁学院
2003EC000106	环保型高档染料溶剂红SR	鞍山市惠丰化工有限责任公司、沈阳化工研究院
2003EC000107	燃煤助燃除硫剂	鞍山市正大环保节能材料厂

续表

项目编号	项目名称	承担单位
2003EC000108	无机抗菌剂	鞍山市裕原塑胶抗菌剂有限公司
2003EC000117	生物多肽复合束缚制剂的应用	沈阳森露固体水有限公司
2003EC000134	工业废酸液处理及综合利用技术	哈尔滨市富盛科技开发有限公司
2003EC000144	唯特陶瓷金属润滑油	大庆宇能石油化工有限公司
2003EC000149	H型钢自动焊接生产线	哈尔滨华崴焊切成套设备有限公司
2003EC000153	玻璃电熔技术及成套设备	东华大学
2003EC000169	土工合成材料在堤坝防洪抢险加固中的应用	南京水利科学研究院、国家防汛抗旱总指挥部办公室
2003EC000186	重组竹材胶合板制造技术	浙江省林业科学研究院、浙江莫干山竹胶板厂
2003EC000192	高精度镍白铜笔头	宁波贝发集团有限公司
2003EC000195	高功率镍氢电池用贮氢合金粉	宁波申江科技股份有限公司
2003EC000196	TT系列陶瓷过滤机	安徽铜都特种环保设备股份有限公司
2003EC000197	UASB处理有机废水技术	安徽省正大环境工程公司
2003EC000198	石灰法处理高浓度含磷污水技术	合肥市环境工程设计研究所
2003EC000202	埋地硬聚氯乙烯双壁波纹排水管材	福建亚通新材料科技股份有限公司、四川联和大学
2003EC000208	纳米粉体材料在陶瓷中的应用	江西省景德镇市新技术推广站、景德镇市良昆纳米工程技术中心等
2003EC000220	轻质、高强塑料土工格栅	金太轻伟集团有限公司
2003EC000221	发酵生产透明质酸技术应用	山东省生物药物研究院、山东福瑞达生物化工有限公司
2003EC000231	AC633048S系列锂离子二次电池	青岛澳柯玛新能源技术有限公司
2003EC000232	助燃脱硫剂生产技术及应用	青岛市润邦化工建材有限公司
2003EC000233	海洋生物“虾康素”饲料添加剂	青岛海伊鑫产业技术有限责任公司
2003EC000244	粉体触媒法高品级人造金刚石工艺技术	河南中南工业有限责任公司
2003EC000258	高精度NTC热敏电阻器件	华工科技产业股份有限公司、中国科技大学
2003EC000259	纸基三角空腔墙体材料的应用技术	湖北昊角材料股份有限公司武汉理工大学、山东冶金设计院等
2003EC000264	三元乙丙橡胶/聚丙烯热塑性弹性体工艺技术	鄂州鄂丰橡塑材料有限责任公司、湖北大学等
2003EC000265	富镁铝镁尖晶石生产工艺	武钢鄂州耐火材料有限公司
2003EC000268	薄材叠层、粉末烧结快速成型技术在制造业中的应用	武汉滨湖机电技术产业有限公司、华中科技大学、湖北省科技成果应用推广中心
2003EC000273	低氢低氧和氮化电解金属锰（粉）	湖南大洋新材料有限公司
2003EC000274	合成氨生产成套新技术应用	湖南省长沙安淳高技术有限公司、长沙仪峰自控节能设备有限公司、湖南省化肥工业总公司
2003EC000277	多利纳米燃油添加剂	岳阳长炼兴长企业集团公司、长沙矿冶研究院
2003EC000283	废轮胎生产RU－橡胶关键技术	广州市再生资源利用研究所、香港怡保物料有限公司，广州市花都区赤坭橡胶厂
2003EC000298	粉体挤条成型技术及设备	华南理工大学科技实业总厂
2003EC000300	多弧离子镀膜瓷器	潮州市枫溪古板头顺祥陶瓷制作厂
2003EC000303	扩胀成型承插式柔性接口钢管的应用	广东鹤山香江钢管有限公司
2003EC000304	利用煤炭直接液化制取柴油	珠海市三金高科技产业有限公司
2003EC000305	日用细瓷低温快烧工艺	广东四通集团有限公司、广东省枫溪陶瓷工业研究所

续表

项目编号	项目名称	承担单位
2003EC000306	TMYJ 型锅炉烟气一体化净化装置	新会市同力科技有限公司
2003EC000307	防暴盔甲服	广州卫富科技开发有限公司
2003EC000308	方形锂离子电池工业化生产技术和装备国产化	广东肇庆风华电子工程开发有限公司
2003EC000314	生物改性皮革加脂剂	南海石涌日用油脂化工有限公司
2003EC000328	CG 系列纳米二氧化硅胶体蓄电池	深圳市雄韬电源科技有限公司
2003EC000329	酒精废液浓缩燃烧处理技术与应用	广西绿洲热能设备有限公司
2003EC000337	猪高效环保饲料配方系列	通威股份有限公司、四川农业大学
2003EC000338	米糠资源深度开发利用产业化	四川省粮食产后工程技术中心
2003EC000339	高效益猪皮制革技术及相关配套材料的应用	成都迪澳胶原高技术有限公司
2003EC000340	智能化低温气体多元共渗技术	西南交通大学
2003EC000343	片式 NTC 热敏电阻器产业化工程	成都顺康电子有限责任公司
2003EC000344	索贝 SobeyEdit 创意 21 非线性编辑系统	成都索贝数码科技股份有限公司
2003EC000347	蓝牙超小型锂离子电池生产技术	贵州航天电源科技有限公司、中国航天电源专业科技中心
2003EC000372	碳化硅颗粒增强铝基复合材料及产品工业化生产技术	西安工业学院、山西柴油机厂
2003EC000373	在医用手术刀上镀制类金刚石薄膜	西安工业学院
2003EC000374	华科系列强力杀菌防腐剂	陕西省石油化工研究设计院
2003EC000376	新型纺织品特种用酶的应用	陕西省科学院酶工程研究所
2003EC000380	高效絮凝剂及强化处理技术	西安石油学院、胜利石油管理局、运河石油勘探局
2003EC000385	SNM 型聚丙烯酰胺阳离子絮凝剂	兰州大学
2003EC000386	饮用水净化、污水综合处理技术	甘肃金桥水处理技术承包有限公司
2003EC000391	陶瓷砖抗冻性试验装置	宁夏机械研究院
2003EC000393	煤制沸腾创载体活性炭及其制造方法	宁夏回族自治区化工设计研究院、银川活性炭厂、福建化纤化工厂等

3. 实施项目

国家科技成果重点推广计划实施项目是指得到科技开发贷款和财政资金支持的立项项目。

（1）项目概况

2003 年，推广计划实施项目总计 970 项，其中有 10 项影响面大、经济社会效益好的重大共性技术项目被确认为推广计划的重点项目。

从推广计划实施项目技术来源看，以国家级各类科技计划项目成果为主。

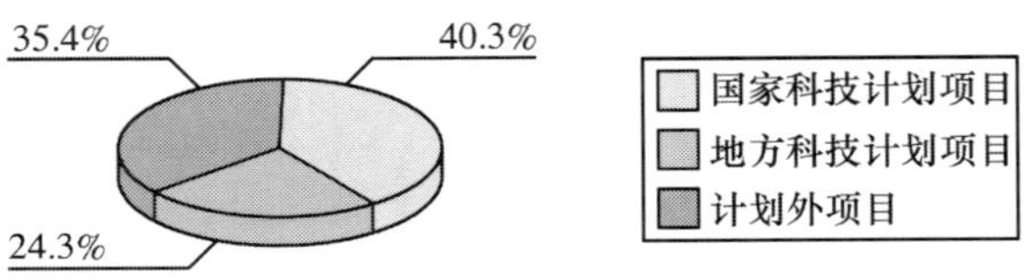

图 10　2003 年推广计划实施项目按技术来源分类

（2）资金投入

2003 年国家科技成果重点推广计划实施项目共投入资金 53.31 亿元，其中政府资金 3.78 亿元，国内贷款和企业自有资金 46.63 亿元。

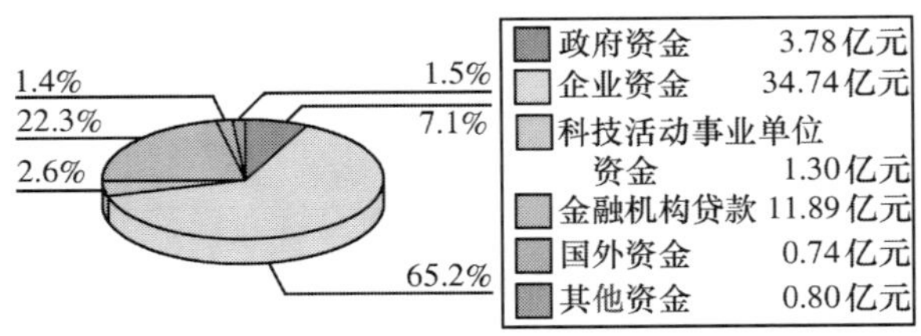

图 11　2003 年推广计划实施项目投入资金结构

（3）经济效益

国家推广计划实施项目针对工、农业的特点，采用了不同的推广形式，使科技成果在工、农业生产中大范围、大面积推广应用，取得了显著的经济和社会效益。2003 年推广计划实施项目节煤 1 604 万吨，节电40 691万度，节水54 013万吨。

表16　2003年推广计划实施项目（工业）推广形式及其技术性收入

推广形式	技术入股提成	技术转让	技术服务	其他形式	合计
技术性收入（亿元）	0.720	1.495	2.999	15.849	21.063

表17　2003年推广计划实施项目（农业）推广形式及其技术性收入

推广形式	技术服务	种子或产品销售及售后服务	其他形式	合计
技术性收入（亿元）	1.404	4.643	0.776	6.823

表18　2003年国家级推广计划实施项目（工业）经济效益　（单位：亿元）

新增产值	净利润	上缴税金	出口额（亿美元）
100.824	15.448	8.199	1.790

表19　2003年国家级推广计划实施项目（农业）经济效益　（单位：亿元）

种类	农作物小计	谷物	豆类作物	棉花	薯类作物	蔬菜瓜类	油料作物	饲料	其他作物	畜收产品	水果	渔业产品	林业	服务业
新增产值	45.49	13.34	1.82	7.00	1.45	11.98	5.09	1.81	3.02	3.22	3.94	1.09	5.36	0.31

注：合计经济效益为59.41亿元。

（4）科技成果推广环境建设

在科技成果推广环境建设中，2003年加强了成果推广的政策、法规建设，探索了成果推广的新机制；加快了科技成果数据库及国家成果信息系统的建设，提供了一个社会化服务的信息平台，拓宽了投融资渠道与规模，加强了对典型、重大成果的示范引导，增强了推广效益。

（5）国家技术研究推广中心建设

国家技术研究推广中心的组建，开拓了在社会主义市场经济中科技成果推广工作的新思路、新方法。推广中心结合国民经济中的重点、热点和难点问题，探索以市场供需规则为主体的资源配置方式，初步形成宏观调控和市场机制相结合的推广运行模式，获得了较好的经济和社会效益。

2003年国家技术研究推广中心已发展到57家，其中有8家中心成为上市公司的重要组成部分。

（6）国家科技成果信息系统建设

“国家科技成果信息系统”的建设，以科技成果管理工作系统与成果转化服务系统并重，其主要内容是，完善国家科技成果网（www.nast.org.cn）的功能，扩大国家科技成果库建设规模，升级国家科技成果登记系统，拓展建设成果推广信息平台建设，推出国家科技成果重点推广计划管理系统，开展重大科技成果进展发布等工作。2003年工作重点是调动国家、地方与部门的积极性，上下联动，共建共享，建设全国性的成果推广信息服务平台，搭建面向成果管理工作的信息化平台，建设专业性的数据库，为成果管理，特别是成果推广和转化服务。

到2003年底，国家科技成果库包含了全国31个省、自治区、直辖市、16个计划单列市及副省级城市以及国务院有关部门上报的约16万项科技成果，2003年共新增科技成果17 120项。

成果推广信息平台是“国家科技成果网”的延伸，到2003年底，第一期推广平台承建单位开发任务基本完成了七个省市一个部门进行的试点工作。

国家重点新产品计划

2003年新产品计划全面贯彻“创新、产业化”的方针，继续以“加强引导、鼓励创新、扶持重点、营造环境”为指导思想，紧紧围绕国民经济结构战略调整的总体目标和需求，以市场为导向，突出政策引导和科技产业化环境创造，以产品创新为龙头，极大地带动了企业技术创新和科研院所科技成果转化及产业化。

2003年新产品计划重点支持创新性强、技术含量高、对行业共性技术有较大带动作用、积极研究、制定或采用国际标准、国内外先进技术标准、拥有自主知识产权和专利技术的新产品开发和试制工作，主要包括对我国重点产业发展具有整体影响和基础作用的高新技术产品。对传统产业提升具有重大意义的新产品；推动社会公益事业发展的公共新产品；促进农业和农村经济发展的新产品；支持西部开发的有优势、有特色的新产品。同时，新产品计划还注重与其他科技计划的衔接配合，优先支持863计划和科技攻关计划的产业化项目，充分发挥产品创新在国家创新体系中的带动作用。

1. 管理办法

第一章　总　　则

第一条　为发挥国家科技计划在社会主义市场经济条件下的宏观调控指导作用，加快科技成果转化和技术创新，促进经济增长方式的转变和培育新的经济增长点，国家科委联合有关部门组织实施《国家重点新产品计划》（以下称新产品计划），并制定本办法。

第二条　新产品计划是一项政策性扶持计划，旨在引导、推动企业和科研机构的科技进步和提高技术创新能力，实现产业结构的优化和产品结构的调整，通过国内自主开发与引进国外先进技术的消化吸收等方式，加速经济竞争力强、市场份额大的高新技术产品的开发和产业化。

第二章　范　　围

第三条　本办法所称的新产品是指采用新技术原理、新设计构思，研制生产的全新型产品或应用新技术原理、新设计构思，在结构、材质、工艺等任一方面比老产品有重大改进、显著提高了产品性能或扩大了使用功能的改进型产品。

第四条　新产品计划优先支持下列范围的新产品

（一）高新技术产品，包括：微电子科学和电子信息技术；空间科学和航空航天技术；光电科学和光机电一体化技术；生命科学和生物工程技术；材料科学和新材料技术；能源科学和新能源、高效节能技术；生态科学和环境保护技术；地球科学和海洋工程技术；基本物质科学和辐射技术；医药科学和生物医学工程技术；其他高新技术产品；

（二）利用国家及省部级科技计划成果转化的新产品，特别是对国民经济基础产业、支柱产业能起重大促进作用的新产品；

（三）具有自主知识产权的新产品；

（四）外贸出口创汇新产品，替代进口及引进技术消化吸收并实现国产化率在80%以上的新产品；

（五）采用国际标准或国外先进标准的新产品。

第五条　下列产品原则上不在新产品计划中列项

（一）常规食品、饮料、烟、酒类产品；

（二）化妆品、服装、家具、小家电等日用产品；

（三）用进口零部件（包括散件）组装的产品；

（四）引进技术和设备的消化吸收国产化率低于60%的产品；

（五）单纯为军工配套的产品；

（六）传统手工艺品；

（七）单纯改变花色、外观与包装的产品；

（八）动、植物品种资源；

（九）高能耗、污染环境的产品。

第三章　申　　报

第六条　国家科委根据国家产业政策、科技政策与科技计划管理的有关规定，定期发布《国家重点新产品计划申报指南》。

第七条　申报新产品计划的项目，应当具备下列条件：

（一）在国内首次（或首批）开发成功，并已有市场销售的产品；

（二）符合国家产业政策、技术政策和相关的行业政策；

（三）技术水平和产品性能较高，具备国内先进水平的产品；

（四）具有显著经济、社会效益，有很好的市场发展前景；

（五）没有与所申报产品相关的知识产权纠纷。

第八条　已列入过新产品计划的项目不得重复申报。

第九条　凡开发或生产符合本办法第四条新产品的企业、科研单位（包括私营及中方控股中外合资经营企事业单位）均可申报，联合研制开发或生产的可单独或联合申报。通过技术转让获得的新产品可由新产品生产单位单独申报或由生产单位与原技术开发单位联合申报。

第十条　在各省、自治区、直辖市、计划单列市（以下简称地方）的地方企业、科研单位，由项目开发单位通过所在地、市科委向本地地方科委申报；国家高新技术开发区的企业、科研单位，由项目开发单位向所在地地方科委申报。

国务院有关部门直属企业、科研单位的项目，由开发单位向主管部门科技司（局）申报，或向申报单位所在地地方科委申报。

中国人民解放军所属企业、科研单位的民品项目，可向中国人民解放军总后勤部或所在地地方科委申报。

凡通过国务院有关部门或中国人民解放军总后勤部申报的项目，须同时将申报表格送申报单位所在地地方科委备案。

申报项目只能选择一个渠道申报，否则取消资格。

第十一条　申报项目材料须一式三份报送国家科委。申报所需材料一般包括：

（一）《国家重点新产品计划申报表》；

（二）鉴定证书或评估报告或相当的技术证明材料；

（三）国家一级查新单位或相应查新单位出具的查新检测报告；

（四）指定检测单位或相关的检测机构提供的产品质量、性能测试报告；

（五）用户使用意见或相关材料；

（六）证明其取得知识产权和获奖情况的相关材料；

（七）环保等部门提供的与申报项目密切相关的证明材料（如环保许可证、采用国际或国家标准证明等）；

（八）已申请银行贷款的项目，须提供银行贷款相关证明材料；

（九）其他根据需要所确定的辅助材料。如对于医药、农药、计量器具、压力容器、邮电通信等有特殊行业管理要求的新产品，申报时必须附加特殊许可证或主管部门的正式批准文件。

第四章　计划管理

第十二条　申报新产品计划的项目，分别由各省（市、区）科委和国务院各部门科技司（局）负责组织评审。新产品评审以评估方式进行，由具有资格的评估机构具体执行，评审过程中应聘请熟悉有关、了解市场营销和管理方面的专家。

评审的主要内容包括：

（一）是否符合国家产业政策；

（二）产品技术水平；

（三）产品的经济和社会效益；

（四）产品市场前景；

（五）是否符合新产品计划所要求的申报条件和程序。

对评审通过的项目，由地方科委或部门科技司（局）提出审查意见。

第十三条　各地区和部门评审合格的项目，经择优排序后，汇总上报国家科委。国家科委组织有关专家进行认定。项目认定的主要内容包括：

（一）申报、评审的程序和标准是否符合要求；

（二）项目技术是否达到国内先进水平；

（三）市场营销和市场潜力是否真实；

（四）相同或同类产品是否有重复。

第十四条　在评审和认定的基础上，国家科委组织编制《国家重点新产品计划》年度本子，并下达到各地方科委及各部门科技司（局）。

第十五条　列入新产品计划的项目，将由国家科委等部门联合颁发《国家重点新产品》证书。

第十六条　国家对列入新产品计划的项目，根据国家政策从中选择重点，予以一定数额的财政拨款补助。确定重点项目的原则为：

（一）属于国家优先扶植的重点产业或高技术产业的重大新产品；

（二）技术含量高、附加值高、有自主知识产权的新产品；

（三）竞争力强、市场潜力大、能在短时间内形成上亿元销售额的新产品；

（四）研究开发实力强、能持续不断开拓创新的企、事业单位所开发的新产品；

（五）已有一定的生产规模，且经济、社会效益显著，对国家贡献大的新产品；

（六）地方政策予以配套重点支持的新产品。

第十七条　国家对列入新产品计划的部分项目择优予以一定数额的贷款利息补贴支持。确定贷款利息补贴项目的条件为：

（一）企业和科研单位在开发重点新产品中已获得金融机构贷款支持，产品产业化、规模化生产有较大发展前景且效益显著；

（二）贷款年限一般为1至3年的中长期贷款，并与银行已签订中长期借款合同；

（三）贷款额度一般应在500万元以上；

（四）经地方科委或部门科技司（局）推荐。

第十八条　拨款补助项目和贷款利息补贴项目的经费由国家科委和财政部联合下达。经费严格按照《国家级重点新产品补贴经费管理办法（试行）》规定管理，专款专用。

第十九条　新产品计划下达后，各地方科委和各部门科技司（局）应加强跟踪和管理，掌握本地区和本部门新产品工作全面情况，包括相关政策的落实情况，特别对获得国家财政补助支持的重大项目要加强引导和监督。每年6月30日前将上一年度新产品工作情况及重大项目的实施情况报送国家科委。

第五章　附　　则

第二十条　各级政府和有关部门应结合地方、本部门的特点，组织实施本地方、本部门的新产品计划，并制定促进企业、科研单位开发新产品和实施新产品计划的财政支持与税收优惠政策和配套措施。

第二十一条　各地方、各部门应加强新产品计划的宣传，并根据本地方、本部门具体情况，参照本办法的原则，制定实施细则及本地方、本部门的管理办法。

第二十二条　本规定自发布之日起施行。

2. 关于组织申报2003年度国家重点新产品计划项目的要求

国家重点新产品计划是一项促进新产品开发，推动科技成果产业化的政策引导性计划。2003年新产品计划将按照国家科技产业化环境建设的总体要求，继续采取国家政策引导和财政补助措施，引导和支持科研单位和企业的新产品开发和试制工作。现将2003年新产品计划项目申报和评估（评审）工作具体要求列示如下：

一、2003年新产品计划将重点支持创新性强、技术含量高，对行业共性技术有较大带动作用，积极采用国际标准或国内外先进标准，拥有自主知识产权的新产品研究开发工作。主要包括对我国重点产业发展具有整体影响和基础作用的高新技术产品；对传统产业提升具有重大意义的新产品；推动社会公益事业发展的公共新产品；促进农业和农村经济发展的新产品；支持西部开发的有优势、有特色的新产品。

二、项目的申报范围、申报程序参照《国家重点新产品计划申报指南（2003）》（以下简称《指南》，另附）。

三、2003年新产品计划项目的申报仍采用网上申报和书面申报并行的方法。

申报表电子数据统一采用新产品计划项目申报软件（2003版）录入，并由各地方（部门）统一发至新产品申报信箱。申报软件及相关文件可在新产品网站相关栏目中下载。书面申报表要求按 A4 纸打印，其内容必须与申报表电子数据完全一致，否则不予受理。每个项目的全套书面申报材料要求一式两份。

四、新产品评审应按《指南》中的有关要求进行，评估应按《国家重点新产品评估规范》（另发）执行。

五、各地方科技厅（科委、科技局）和部门科技司（局）报送 2003 年新产品计划项目总数原则上不超过本地方（部门）前两年列入国家重点新产品计划项目平均数的 120%，其中重点推荐（A 类）项目，不超过申报总数的 30%。对报送项目择优排序后，按报送排序编写项目编号及填写《报送项目汇总表》（此表见《指南》）。

六、对曾列入科技部《国家重点新产品计划》或经贸委《国家级重点新产品试产计划》的项目，不得再次申报；同一项目不得同时申报《国家重点新产品计划》和《国家级重点新产品试产计划》的项目；同一项目不得重复申报同一年度火炬计划、星火计划、科技成果推广计划等科技产业化计划项目和中小企业创新基金的项目；同一项目不得从地方和部门同时申报科技部《国家重点新产品计划》的项目。凡发生以上情况者取消申报资格。

七、2003 年新产品计划项目受理截止日期为 2002 年 12 月 31 日。

请各单位接到通知后，抓紧组织 2003 年国家重点新产品计划项目的申报和评估（评审）工作。

申报材料报送地址：北京市复兴路 15 号　中国科技信息研究所 431 室

邮编：100038

联系人：卓俪影　电话：(010)68529542,68515544－2436

新产品申报信箱：gjxcp@ chinanp. gov. cn

新产品网站网址：www. chinanp. gov. cn

科技部发展计划司　联系人：王云霏

电话：68512085，68515544－1616

3. 立项及实施

2003 年共有1 503个项目列入《2003 年度国家重点新产品计划》，获得《国家重点新产品证书》，占申报项目总数的 64. 5%。其中由地方申报的项目1 383项，由部门申报的项目 120 项。在立项项目中，有重点项目 487 项得到国家财政经费的支持。

2003 年光机电一体化、新型材料和电子信息三大技术领域共立项1 002项，占立项总数的 66. 7%。

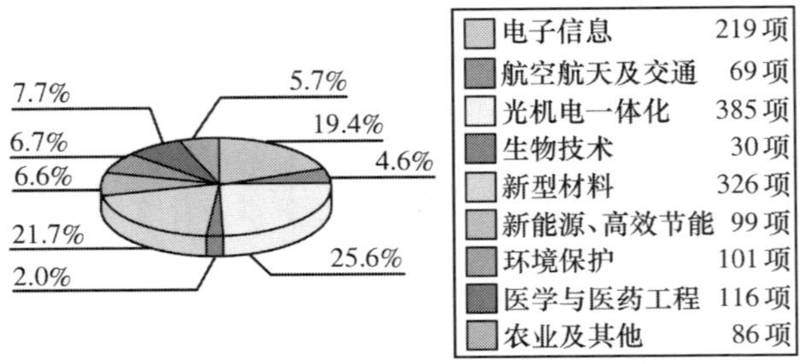

图 12　2003 年国家重点新产品计划项目按技术领域分布

2003 年新产品计划项目具有明显的创新特点，以独立开发为主。

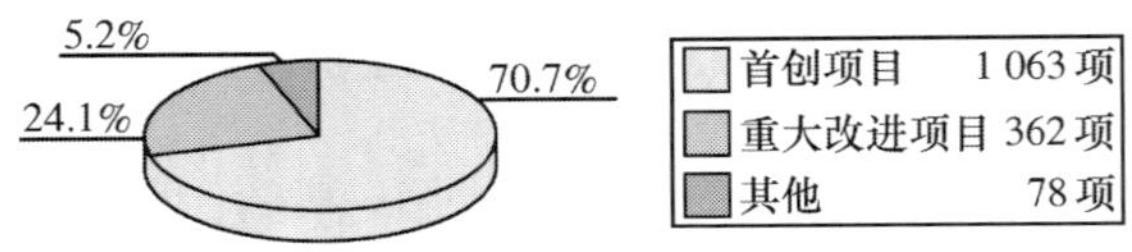

图 13　2003 年国家重点新产品计划项目按创新性分布

2003 年，新产品计划安排财政拨款 1. 38 亿元，对 487 个重点项目进行研发补助，其中用1 000万元对 10 个重大项目进行研发补助，每个项目平均补助 100 万。

项目承担单位研发经费投入约 180 亿元，平均每个项目经费投入约为1 200万元。

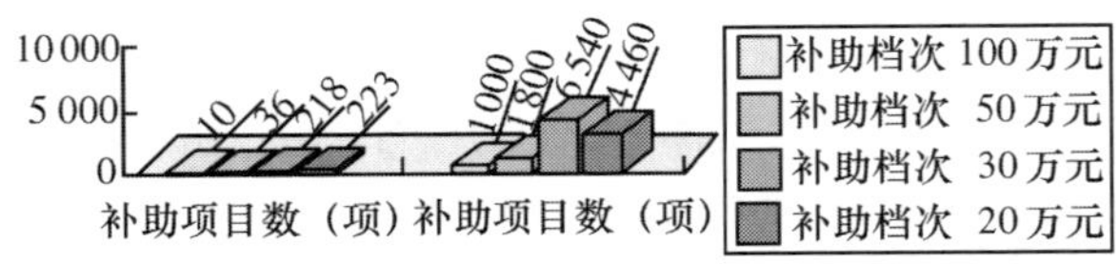

图 14　2003 年国家重点新产品计划补助项目、补助额度按补助档次分布

2003 年参与新产品计划项目研发的人员总数为 3 万余人。

2003 年项目情况

项目编号	产品名称及型号	单位名称
2003ED105009	丝束线密度可变海岛型超细纤维	江南大学、无锡海丝路纺织新材料有限公司
2003ED113002	钢塑复合管（DN15～DN100）	上海市劳动钢管厂
2003ED120001	“众选”牌推拉平开外旋 180 度多功能组合窗	南宁众选窗业有限公司
2003ED120002	钢网复合保温节能板和玻纤网复合保温节能板	北京亿丰豪斯沃尔新型建材有限公司
2003ED120003	缓膨型遇水膨胀止水条	成都赛特防水材料有限责任公司
2003ED120004	YA208 改性沥青防水卷材冷胶黏剂	北京迎奥庆工贸有限公司
2003ED147002	1. 5－萘二酚	丹东锦龙染料化工有限责任公司

续表

项目编号	产品名称及型号	单位名称
2003ED147004	真空镀连续卷式发泡镍	沈阳金昌普新材料股份有限公司
2003ED147005	纳米级 A－200 气相法白炭黑	沈阳化工股份有限公司
2003ED147011	合金弹簧钢剥皮材 $60Si_2CrVAT$	大连钢铁集团有限责任公司
2003ED169002	低黏度、低分子聚酰胺 200#、300#、400#	中国林业科学研究院林产化学工业研究所
2003ED181001	LHHM40、LHMM33、LHLM33 型粉末丁腈橡胶	中国石油兰州化学工业公司
2003ED181005	原油清防蜡剂（DQ）、降凝降黏剂（BEM、EAP）	中国石油集团科学技术研究院
2003ED182002	热灌装瓶用聚酯切片	中国石化仪征化纤股份有限公司
2003ED182004	聚酰胺热熔胶	中国石化集团抚顺石油化工研究院
2003ED182005	减压渣油加氢脱金属催化剂 FZC－24	中国石化集团抚顺石油化工研究院
2003ED233001	纳米石墨碳素复合材料微电热膜及制品	贵州航天天科机电制造有限责任公司
2003ED238001	化学改性 PVC 专用树脂	新疆石河子开发区中发化工有限责任公司
2003ED238002	纳米材料聚乙烯吹塑地面覆盖薄膜	新疆天业（集团）有限公司
2003ED252001	激光全息薄型金属板	绍兴京华激光制品有限公司
2003ED252002	轻型薄壁特种包装钢桶	东莞振华特种包装有限公司
2003ED293001	含退役火药粉状、浆状炸药	吉林三三○五机械厂
2003ED304001	纳米铝粉包覆的复合型镍铝涂层材料（KF－6）	北京矿冶研究总院
2003ED600006	锂离子电池正极材料钴酸锂	中信国安盟固利电源技术有限公司
2003ED600013	辰兴牌 BA101 多功能特种防火涂料	北京辰兴环宇高新技术发展有限公司
2003ED600042	高速度高精度高耐用度铰刀 KKJ	北京科勘工具制造有限公司
2003ED600046	复合稀土钼材料（LaMo－100 型）	北京工大智源科技发展有限公司
2003ED600048	大功率内燃机用高合金电镦模锻气门	钢铁研究总院
2003ED600051	海藻酸钠微球血管栓塞剂（简称 KMG）	北京圣医耀科技发展有限责任公司
2003ED600056	NQ 型纳米改性涂料	北京纳美科技发展有限责任公司
2003ED600067	路桥专用高耐热塑性体改性沥青防水卷材	北京东方雨虹防水技术股份有限公司
2003ED600081	Φ100mm 注氧隔离硅绝缘片	北京师大科技园科技发展有限责任公司
2003ED610003	高档有机颜料红 179、190（P. R 179、P. R 190）	天津理工产业股份有限公司
2003ED610004	THJ－02 型通信电缆灌封胶（堵塞剂）	天津市合成材料工业研究所
2003ED610005	H－H 型新型单氟磷酸钠（牙膏级）	核工业理化工程研究院华核新技术开发公司
2003ED610009	六氟磷酸锂	天津化工研究设计院
2003ED610010	活性黄 3R、活性红 3B、活性蓝 BF、活性黑 N	天津市德凯化工有限公司
2003ED610018	低温高韧性药芯焊丝 SQJ501Ni	天津市三英焊业有限责任公司
2003ED620003	空腹拉挤玻璃钢（FRP）型材及门窗	河北绿奥玻璃钢制品有限公司
2003ED620005	低坍损混凝土泵送剂	石家庄市太行特种水泥与防水工程研究所、石家庄市功能建材有限公司
2003ED620008	水转移印花小膜底纸	沧州意达花纸印刷材料有限公司
2003ED620010	竹材黏胶纤维及浆粕	河北吉藁化纤有限责任公司
2003ED620012	高效 CSA 膨胀剂	唐山北极熊特种水泥有限责任公司
2003ED620013	微晶板真空吸水箱	河北邢台晶牛玻璃股份有限公司
2003ED620017	电子铜带	河北省安平电工合金厂
2003ED620028	4－氨基吡啶	河北亚诺化工有限公司
2003ED620035	超细碳氮化钛粉末 HT1－80	石家庄华泰纳米陶瓷材料厂
2003ED620036	天然苯甲醛	河北美珠生化技术有限公司

续表

项目编号	产品名称及型号	单位名称
2003ED620038	金皇冠釉中彩强化高档瓷	邯郸华玉瓷业有限责任公司
2003ED630001	铁道车辆用 LZ50 车轴钢	太原钢铁（集团）有限公司
2003ED630004	纳米改性超高分子量聚乙烯管材	太原瑞丰塑料管道有限公司
2003ED630013	H100 高支纯大麻湿纺布	山西绿洲纺织有限责任公司
2003ED630023	精密铸造专用合金 FeSiMgCa（Ba）RE	山西晋城钢岭地稀土金属有限公司
2003ED630024	煤矿许用粉状乳化炸药	山西广灵精华化工有限责任公司
2003ED630029	ZHF100.27 高纯度还原铁粉	左权冶金矿山有限公司
2003ED630031	SXJT 系列新型盖板针布	山西金星纺织器材有限公司
2003ED640007	机场道路专用水泥（PⅡ型低碱）	内蒙古西水创业股份有限公司
2003ED640011	12－羟基硬脂酸锂	通辽市通华蓖麻化工有限责任公司
2003ED640013	抗静电羊绒制品	内蒙古鄂尔多斯羊绒集团有限责任公司
2003ED640014	126 支精纺丝绒（丝 55/绒 45）混纺高支棱织织物	维信深喜（临河）绒毛纺织有限公司
2003ED640020	棉/山羊绒混纺抗皱机织物	内蒙古鄂尔多斯东华羊绒精纺织有限公司
2003ED640021	加筋高密度聚乙烯（HDPE）管材	乌海市五湖泵业有限责任公司
2003ED650004	“金朵”牌环保型射击飞碟靶	鞍山广大体育器材有限公司
2003ED650006	DKM－8 铬镁尖晶石	营口成龙实业有限公司
2003ED650010	JWG－1 型渗透式表面不成膜高效环保防水剂	铁岭市久固防水技术研究所
2003ED650013	挤出缠绕无焊缝塑料储罐（100L－600 000L）	鞍山阿丽贝塑料储罐有限公司
2003ED650016	新型连铸用功能耐火材料	大石桥市荣源镁矿有限公司
2003ED652001	黏合增进剂 AIR－1（专利改性膨润土及其应用）	大连天宝化学工业有限公司
2003ED660006	2.4－二（正辛基硫亚甲基）－6－甲基苯酚	吉林省九新实业集团化工有限公司
2003ED660010	Y45S20 钢热轧圆钢	通化钢铁集团有限责任公司
2003ED660012	医用聚丙烯酰胺水凝胶 A 型、B 型、C 型	吉林富华医用高分子材料有限公司
2003ED660050	弹力牛仔布	辽源纺织集团有限公司
2003ED661016	汽车拖拉机散热器用低锡钎料 8#	长春大通焊接有限责任公司
2003ED670011	高寒地区用节能型塑料异型材及门窗（65）	牡丹江市华安塑料型材有限公司
2003ED670013	立体曲面水转印披覆膜	牡丹江双兴化工有限公司
2003ED670034	聚乙烯复合保护膜	大庆祥云塑胶制品有限公司
2003ED670042	HAT 型烟用改性聚丙烯丝束	佳木斯合成实业有限责任公司
2003ED671003	出口 5083 合金板材	东北轻合金有限责任公司
2003ED671009	亚麻色织透地布	哈尔滨永泰亚麻股份有限公司
2003ED671014	无 Co 高硬及超硬高速钢 M2－R35 及 M2－R42	哈尔滨鑫铁冶金工业有限公司
2003ED680010	108 型亚光型聚酯薄膜	上海紫东化工塑料有限公司
2003ED680016	φ2 和 φ3 英寸蓝宝石外延衬底基片	上海中科嘉浦光电子材料有限公司
2003ED680022	C401 无溶剂复合型流延聚丙烯薄膜	上海紫藤包装材料有限公司
2003ED680023	103 中铬黄（N）	上海涂料有限公司铬黄颜料厂
2003ED680026	变性高速同步复合包装材料	上海四环复合材料有限公司
2003ED680027	稳定同位素 15N（高丰度）	上海化工研究院
2003ED680035	多层聚对苯二甲酸乙二醇酯啤酒瓶	上海紫江企业集团股份有限公司
2003ED680039	KNT821 阳离子电沉积涂料	上海金力泰化工股份有限公司
2003ED680041	HB－1 高阻隔镀铝复合膜	上海紫江彩印包装有限公司

续表

项目编号	产品名称及型号	单位名称
2003ED680044	t－OVD 光角变色防伪产品	上海复旦天臣感光材料有限公司
2003ED680054	水性氟硅纳米溶胶自分层超耐候耐污涂料	上海大学科技开发总公司
2003ED680059	SV－3 减振器油	上海海联润滑材料科技有限公司
2003ED680060	SC－A04 钯催化剂	上海苏鹏实业有限公司
2003ED680067	BRL2K3D 软磁铁氧体材料	上海宝钢天通磁业有限公司
2003ED680068	形状记忆环抱接骨板	上海昕昌记忆合金科技有限公司
2003ED680075	采煤机用低污染高阻燃橡套软电缆	上海胜华电缆厂
2003ED680077	NH－210E 125℃辐照交联低烟无卤阻燃聚烯烃电缆料	上海至正企业发展有限公司
2003ED680079	WZAH－1 增安型防爆恒电位仪	上海海诺科技发展有限公司
2003ED680083	RL－Ⅱ型激光照排胶片	上海海鸥照相机有限公司感光材料厂
2003ED680085	MS 自流平洁净地面涂料	华东理工大学华昌聚合物有限公司
2003ED680096	铁路轨道上专用 ε－高性能复合材料制品	上海塑料制品十八厂
2003ED690003	熔纺细旦氨纶长丝	江苏南黄海实业股份有限公司
2003ED690004	EJ311 高效抗腐蚀环境友好型金属加工液	启东尤希路化学工业有限公司
2003ED690005	高光泽高白度高涂布量铜版纸	金东纸业（江苏）有限公司
2003ED690009	改性美化木（科技木）	德华建材（苏州）有限公司
2003ED690012	环保铜水管	高新张铜股份有限公司
2003ED690015	高压锅炉合金冷拔无缝管（10Cr9Mo1VNb）	江苏诚德钢管股份有限公司
2003ED690020	环保防火型壁布 H0101 H0490 H0918	常州华碧宝特种新材料有限公司
2003ED690022	九孔三维卷曲中空涤纶短纤维	江苏金雪集团有限公司
2003ED690024	激光器用石英玻璃管	连云港福东正佑照明电器有限公司
2003ED690029	超高强度低松弛预应力混凝土用钢绞线	江阴法尔胜钢铁制品有限公司
2003ED690030	活性艳兰 49	泰兴市锦鸡染料有限公司
2003ED690033	双弹可机洗花呢	江苏阳光股份有限公司
2003ED690037	TBH－511 建筑装饰环保型改性纯丙乳液	江苏日出化工有限公司
2003ED690040	N－苄基甘氨酸乙酯	南通市东昌化工有限公司
2003ED690044	PTT 极细复合纤维织物	扬州华源有限公司
2003ED690053	（竹 40/绢 60）120 支/2 竹绢纤维纱线	吴江市建丰丝纺厂
2003ED690054	6022 型电容器用聚酯薄膜	仪化东丽聚酯薄膜有限公司
2003ED690057	聚氨酯汽车机械建筑密封胶	扬州市神龙化工有限公司
2003ED690061	玻璃纤维自黏增强土工格栅	江苏九鼎集团股份有限公司
2003ED690062	不吹氩防堵塞浸入式水口	无锡市南方耐材有限公司
2003ED690067	高强度陶粒支撑剂	宜兴东方石油支撑剂有限公司
2003ED690070	高性能稀土纳米氧化钇铕复合材料	江苏卓群纳米稀土股份有限公司
2003ED690074	EB 水性超薄型钢结构膨胀防火涂料	江苏兰陵化工集团有限公司
2003ED690084	高纯金属有机化合物（MO 源）	江苏南大光电材料股份有限公司
2003ED690091	超柔绒	江苏东升艾克科技股份有限公司
2003ED690097	核 1 级（含 2、3 级）奥氏体不锈钢管道配件	江苏华阳金属管件有限公司
2003ED690099	F4BK 型宽介电常数聚四氟乙烯玻璃布覆铜箔层压板	泰州市旺灵绝缘材料厂

续表

项目编号	产品名称及型号	单位名称
2003ED690106	XGF－2 加氢裂化阻垢剂	宜兴市星光化工厂
2003ED690107	光伏屋顶组件 STP－W－080/A	无锡尚德太阳能电力有限公司
2003ED690112	左旋 1－乙基－2－氨甲基吡咯烷	如皋市恒祥化工有限责任公司
2003ED690117	高压容器、电力用合金焊条钢	无锡华润制钢有限公司
2003ED690119	新一代光选择多功能膜——阳光膜	江苏米可多农膜发展有限公司
2003ED690122	XE2020 高分子树脂	无锡西神日化用品厂
2003ED690127	1E0963 保切削合结钢	江阴兴澄特种钢铁有限公司
2003ED690138	漂白硫酸盐苇木混合浆	镇江金河纸业有限公司
2003ED690140	HIPS 高光泽复合板材	常州丰盛塑料有限公司
2003ED690143	高性能滑动水口 HBL HBLTG	江苏苏嘉集团新材料有限公司
2003ED690147	扁桃酸（α－羟基苯乙酸）	姜堰市环球化工厂
2003ED690151	低铜稀土合金波浪带	江苏浩大铜业股份有限公司（上海沪江铜厂海门分厂）
2003ED690160	1Cr_7SiAl 锅炉用耐热扁钢	江苏龙鑫特殊钢实业总公司
2003ED690162	9765 抗菌环保功能型衬布	江苏欣捷衬布有限公司
2003ED690174	PVCY 蓄电池隔板	江苏三环实业股份有限公司
2003ED690177	电容器级壬二酸	南通江海高纯化学品有限公司
2003ED690183	第二代羊毛＋PVA 全毛高支轻薄面料——维克呢	凯诺科技股份有限公司
2003ED690206	超高分子量聚乙烯增强聚丙烯（PP 合金）	仪征市工程塑料厂
2003ED690209	光伏玻璃幕墙组件 STP－M080－01/A	无锡尚德太阳能电力有限公司
2003ED690216	光电子器件封装树脂	无锡惠利合成材料有限公司
2003ED690229	额定电压 450/750V 及以下橡皮绝缘综合深水阻水电缆 ZSEF	无锡远东电缆厂
2003ED690232	纳米级氧化物膜电极	苏州新区化工节能设备厂
2003ED690233	HT135 电热合金	盐城市鑫洋电热合金厂
2003ED690237	气相法制备的荧光灯用新型电子粉	新光飞利浦照明有限公司（原江苏仪征新光照明电器有限责任公司）
2003ED700002	热转印成像材料	杭州天地数码科技有限公司
2003ED700006	异氰酸异丙酯	浙江工业大学
2003ED700008	抗高频电磁干扰（EMI） NiZn 铁氧体材料	浙江天通电子股份有限公司
2003ED700011	1－甲磺酰基－2－咪唑烷酮	浙江利民化工有限公司
2003ED700013	抗菌不锈钢 Q/TBS－001	浙江天宝实业有限公司
2003ED700015	3，3，3－三氟丙烯	浙江三环化工有限公司
2003ED700017	仿正面牛二层沙发革	浙江卡森实业股份有限公司
2003ED700022	常压可染细旦聚丙烯长丝（DT）（55dtex～111dtex）	浙江大普集团有限公司
2003ED700027	高性能聚丙烯经编土工格栅	浙江锦达新材料股份有限公司
2003ED700028	氟节胺原药	浙江省化工研究院
2003ED700034	抗紫外线纤维面料 HAU	浙江工程学院、绍兴县恒美花式丝有限公司
2003ED700035	纸张真空镀铝用水溶性涂料	浙江大发包装材料有限公司
2003ED700036	Ce 铝 FBE 复合耐蚀钢管	浙江佳隆防腐工程有限公司
2003ED700041	纺织用竹纤维（竹原棉）球	浙江南方竹木制品有限公司

续表

项目编号	产品名称及型号	单位名称
2003ED700054	（120 支）竹绢色织针织面料	湖州市南浔阳光针织制衣有限公司
2003ED700055	LM－T 高炉炉前脱硅摆动流嘴浇注料	长兴煤山新型炉料有限公司
2003ED700056	抑菌保健呢	浙江富润股份有限公司
2003ED700064	锦涤复合超细微坑穴纤维	浙江南方科技股份有限公司
2003ED700076	大变形量免退火高强度冷镦钢	杭州钢铁集团公司
2003ED700082	复合高效抗磨减摩剂	青田三辰化工有限公司
2003ED700087	维生素 A 棕榈酸酯	浙江新和成股份有限公司
2003ED700092	氨噻肟酸	横店集团得邦化学有限公司
2003ED700098	氰酸钠	三门华丽医药化工有限公司
2003ED700099	2—氰基吡嗪	浙江大学
2003ED700102	TLD 荧光灯用荧光粉	湖州荧光材料厂
2003ED700105	耐辐射特种水性防护涂料	嵊州市电缆防火附件厂
2003ED700113	Q－8 高纯度、高精度石英环	湖州雄燕光电石英有限公司
2003ED700116	高性能有机颜料喹吖啶酮红 1171	杭州百合化工有限公司
2003ED700126	弹力丝特绸	杭州金富春丝绸化纤有限公司
2003ED700136	感光级银锭	浙江台州仙峰贵金属有限公司
2003ED700137	吸水透气革	浙江禾欣实业股份有限公司
2003ED700139	梦棱纱线	杭州中汇棉纺织有限公司
2003ED700168	双拉柔密丽羔绒	海宁德俊织染集团有限公司
2003ED700169	“天昌牌” 涤丝/紬丝装饰绸	湖州华源天昌印染有限公司
2003ED700179	125℃耐油低烟无卤阻燃辐照料	临海市亚东特种电缆料厂
2003ED700187	索他洛尔盐酸盐	台州市东东医药化工有限公司
2003ED701002	热压注反应烧结碳化硅密封环	奉化市华标工业陶瓷有限公司
2003ED701004	聚四氟乙烯微孔膜	宁波登天氟材有限公司
2003ED701007	MRQ－HJR－15 型可埋式金属软管	宁波市圣宇机械制造有限公司
2003ED701014	FN28104 全羊毛高支印花衬衫面料	宁波锦生毛纺织有限公司
2003ED701028	黏接性聚烯烃	宁波能之光新材料科技有限公司
2003ED701029	LR6 碱性锌锰电池差厚缶	宁波光华电池有限公司
2003ED710021	锂离子电池用 10 微米铜箔	铜陵中金铜箔有限公司
2003ED710025	二乙醇胺法合成亚氨基二乙酸	安徽省黄山市祁门凯丰化工有限公司
2003ED710027	橡胶整芯输送带	安徽淮北天力橡胶有限责任公司
2003ED710028	改进型涤纶膨体长丝	安徽华源化纤有限公司
2003ED720006	机械矫直白钨丝	厦门虹鹭钨钼工业有限公司
2003ED720018	汽车安全气囊专用超细硝酸胍	三明科飞技术开发有限公司
2003ED720021	纳米抗菌功能运动鞋	泉州寰球鞋服有限公司
2003ED720042	高聚物/层状硅酸盐纳米复合材料	福建亚太建材有限公司
2003ED730001	MP－5007 钒钝化剂	江西师大化工有限公司
2003ED730002	高纯芥酸酰胺	永丰县永友化工有限公司
2003ED730030	防水阻燃无甲醛谷糠板	江西华春企业集团有限公司

续表

项目编号	产品名称及型号	单位名称
2003ED740001	聚丙烯酰胺准反相微胶乳	莱芜市华星化工有限公司
2003ED740012	“合力”牌丙烯酸酯类 PVC 耐候抗冲改性剂	潍坊永力化工有限公司
2003ED740013	SiCp/Al 复合材料活塞	中国轻骑集团曲阜活塞厂
2003ED740015	钻井液用增效膨润土	潍坊华潍膨润土有限公司
2003ED740017	改性羟乙基甲基纤维素（改性 HEMC）	山东瑞泰化工有限公司
2003ED740020	高钙强化贝壳瓷	山东省无棣珍贝瓷业有限公司
2003ED740023	柔性连续碳纤维复合材料抽油杆	东营市东辰集团有限公司
2003ED740030	聚氨酯超细纤维家具革	烟台万华超纤股份有限公司
2003ED740038	ABS 阻燃改性剂 CPE2135	潍坊亚星化学股份有限公司
2003ED740041	多层陶瓷电容器用水热钛酸钡电子陶瓷粉体	山东省国腾功能陶瓷材料有限公司
2003ED740043	三氟丙烯	威海新元化工有限公司
2003ED740046	HL－A016 高含水原油破乳剂	东营市华龙化工厂
2003ED740047	增强 FRTP 用无碱玻璃连续纤维	泰山玻璃纤维股份有限公司
2003ED740057	LAP100·29 水雾化纯铁粉	莱芜钢铁集团粉末冶金有限公司
2003ED740064	3，4，5－三甲氧基甲苯	潍坊海天盐化有限公司
2003ED740068	1，3－丙二醇	山东省邹平铜业有限公司
2003ED740075	2－氯－6－氟苯甲醛	龙口市龙海精细化工有限公司
2003ED740077	高速造纸机用氧化物增韧陶瓷耐磨部件	山东硅苑新材料科技股份有限公司
2003ED740087	三微可膨胀石墨及其制品	枣庄新方圆实业有限公司
2003ED740094	1.8－二氮双杂环［5.4.0］十一烯－7（简称 DBU）	山东新华万博化工有限公司
2003ED740131	永固黄 5GX（Y－74）	龙口太行颜料有限公司
2003ED741002	封闭式高采光高密度海藻养殖塔	青岛宏达塑胶总公司
2003ED741009	耐焊高强度铜箔专用树脂	青岛昊成实业有限公司
2003ED741013	弹性盲道板（包覆型　贴片型）	青岛北海密封技术有限公司
2003ED741016	太阳热反射涂料	海洋化工研究院
2003ED741031	PDS 复合型高效保湿剂	青岛久润精细化工有限公司
2003ED741034	单组分有机氟树脂涂料	青岛新材料科技工业园发展有限公司
2003ED741036	高纯度 4，4’－二氯甲基联苯	青岛天元化工股份有限公司
2003ED741047	天然彩色棉毛巾	青岛喜盈门集团公司
2003ED741050	镁合金手机屏蔽罩	青岛金谷镁业股份有限公司
2003ED741059	JBS 环保型桥梁防水涂料	青岛市润邦化工建材有限公司
2003ED750003	高纯高导单晶体铜杆及超细丝	焦作市森格高新材料有限责任公司
2003ED750012	固定室带式真空过滤机用橡胶滤带	开封铁塔橡胶（集团）有限公司
2003ED750014	半导体材料线切割专用刃料	河南醒狮高新技术股份有限公司
2003ED750016	高性能 HP、UHP 电炉用整体预制炉盖	濮阳濮耐高温材料有限公司
2003ED760004	高速全息定位烫印箔	华工科技产业股份有限公司图像分公司
2003ED760005	EC 型干混砂浆	湖北省建筑材料工业研究设计院
2003ED760009	镁晶材料	宜昌科博橄榄石有限公司
2003ED760012	锑硒合金	湖北金洋冶金股份有限公司

续表

项目编号	产品名称及型号	单位名称
2003ED760013	高纯双季戊四醇（含量≥90%）	湖北宜化集团有限责任公司
2003ED760015	高折射率（1.6）光学树脂材料	湖北华光新材料有限公司（原湖北华光器材厂）
2003ED760016	IPN 密封阻尼材料	仙桃市赫司特科技有限公司
2003ED760018	ZC－3185 新型高效破乳剂	仙桃市中楚化工有限责任公司
2003ED760032	纳米氧化锆粉体	湖北葛店开发区地大纳米材料制造有限公司
2003ED760040	HEC 高强高耐水土体固结剂	武汉路德材料有限责任公司
2003ED760053	高性能改性聚丙烯酰胺乳液（乳液大分子 RY－A02）	湖北凯龙化工集团股份有限公司
2003ED761006	长效带锈防腐装饰涂料	武汉现代工业技术研究院
2003ED761012	高性能环保型复合铁钛防锈漆	武汉市华福化工新材料有限公司
2003ED770004	连续式宽幅高强高模聚乙烯（HSHM－PE）纤维无纬布	湖南中泰特种装备有限责任公司
2003ED770005	粉末注射成型医疗器械及移动通信关键异型零部件	湖南英捷高科技有限责任公司
2003ED770006	高强金属纤维及电磁防护材料制品	湖南惠同新材料有限责任公司
2003ED770011	新型混凝土节水保湿养护膜	长沙圣华科技发展有限公司
2003ED770012	速生杨木生产阻燃防潮环保装饰板材	湖南省汉寿县国珍木业有限公司
2003ED770015	颜料黄 150 高档有机颜料	湘潭华莹精化有限公司
2003ED770020	新型高效净水剂——“佑华”牌固体聚合硫酸铁	邵阳市佑华净水材料有限公司
2003ED770021	银系列无机层状抗菌材料	湖南石门佳林有限责任公司
2003ED770022	HEDP 酯多功能油品添加剂	岳阳有昌化工科技有限公司
2003ED770024	麻杆实芯轻质板材	湖南省林业科学院
2003ED770027	1，2－环氧环已烷（双法）	岳阳昌德化工实业有限公司
2003ED770030	纳米抗菌增韧增强 PP－R 塑管	湖南金大乘化轻集团
2003ED770032	储水式热水器内胆耐腐蚀涂搪釉	湖南立发颜料化工有限公司
2003ED780001	高性能钢铁基粉末冶金材料（含复合材料）及其零件（HGF2、HGF3、HGF1、HGFF1、	广东华金合金材料实业有限公司、华南理工大学
2003ED780004	APPAM－1 型高效两性聚丙烯酰胺	顺德市杏坛镇恒业精细化工有限公司、华南理工大学
2003ED780006	建筑物天面隔热防渗涂料	茂名市日化涂料研究所
2003ED780007	复合塑料编织人参农用棚膜	佛山塑料集团股份有限公司
2003ED780013	尼龙—钢复合输油管道	潮安县科技尼龙制品厂
2003ED780015	大规格超强复合玉晶石板材	三水市博德精工建材有限公司
2003ED780020	TC 脂肪族聚氨酯水性分散体	揭阳市天银化工实业有限公司
2003ED780026	GMP－Ⅰ型环氧树脂	东莞理工学院
2003ED780028	48/66kV 交联聚乙烯电缆硅橡胶干式终端	广东长园电缆附件有限公司
2003ED780029	环保型制革化工材料（不浸酸铬鞣剂）	新会市皮革化工厂有限公司
2003ED780031	高强度单片低辐射镀膜防火玻璃	广东金刚玻璃科技股份有限公司
2003ED780032	高透明本色聚苯乙烯树脂（SG－26）	汕头海洋第一聚苯树脂有限公司
2003ED780033	低氧钽粉	从化钽铌冶炼厂
2003ED780034	高黏聚酯切片纺制新型造纸网用单丝	新会市工业胶丝厂有限公司
2003ED780035	预应力混凝土用钢棒 SBPDL1275/1420	珠海和盛特材股份有限公司
2003ED780037	低温热塑材料	广州科莱瑞迪医疗器材有限公司
2003ED780038	团状、线状仿天然石材抛光砖	广东东鹏陶瓷股份有限公司

续表

项目编号	产品名称及型号	单位名称
2003ED780040	高流动 PC/ABS 合金	从化市聚赛龙工程塑料有限公司
2003ED780041	无规共聚聚丙烯（PP－R）抗菌防霉新型管材、管件	高明市顾地塑胶有限公司
2003ED780045	香烟包装用高光泽耐磨双向拉伸聚丙烯薄膜	佛山塑料集团股份有限公司
2003ED780046	丝绸胶黏带	广州宏昌胶黏带厂
2003ED780052	新型抗磨蚀渣浆泵过流件	广州有色金属研究院
2003ED780054	隐形胶黏带	广州宏昌胶黏带厂
2003ED780055	铝塑复合管 1216、1418、1520、2026、2632、3340	珠海汉胜工业有限公司
2003ED780056	用真空喷铝新涂层技术生产的喷铝卡纸	汕头市龙湖区东南实业有限公司
2003ED780057	长效夜光粉 GL－2	广州有色金属研究院
2003ED780059	塑料热转印花膜	澄海市东田转印有限公司
2003ED780076	橡塑型刮涂万能胶	顺德市华润涂料厂有限公司
2003ED782029	Φ2～3 英寸外延用蓝宝石衬底晶体	深圳市淼浩高新科技开发有限公司
2003ED782030	镍电池用功能镍粉材料	深圳市格林美高新技术有限公司
2003ED782031	蜂窝铝板	方大集团股份有限公司
2003ED782033	金刚石膜钻石手机视窗	深圳市雷地科技实业有限公司
2003ED790003	P－Ⅱ型高速感光 PS 版（0.10～0.30mm）	广西玉林金龙 PS 版印刷材料有限公司
2003ED810012	科嘉生态猪皮服装革	四川科嘉皮业有限责任公司
2003ED810037	线性高分子量注塑级聚苯硫醚树脂	四川省华拓实业发展股份有限公司
2003ED810043	Y33H－2 永磁铁氧体材料	宜宾金川电子有限责任公司
2003ED810044	纤维素纤维织物形态记忆整理面料	四川省纺织工业研究所、四川省绵阳南山印染有限责任公司
2003ED811015	新型高分子膜 pH 电极	重庆亚通化工技术有限公司
2003ED811027	AR－78 沥青抗剥落剂	重庆乐德新材料有限公司
2003ED812009	通信电缆用开启式架空套管（KJ32、KJ42、KJ50、KJ62、KJ75）	成都电缆双流热缩制品厂
2003ED812015	抗皱防污 BOPP 包装薄膜	四川中达新材料有限公司
2003ED820001	阻燃高强聚乙烯吹塑材料（ZCPE2601）	贵州省工程复合材料中心
2003ED820003	改性纳米氧化锌产品	贵州省纳米材料工程中心
2003ED830002	YFZZ101 矿物复合纤维	云南省非金属矿产应用研究所
2003ED830003	高光泽 18μm 卷烟包装 BOPP 薄膜	云南红塔塑胶有限公司
2003ED830004	超分子模板法生产球状纳米银粉	昆明西智电子材料有限公司
2003ED850030	H08A 系列碎焊丝	咸阳五星科技开发有限公司
2003ED850033	氯化釜	西研稀有金属新材料股份有限公司
2003ED850047	纳米远红外羊绒、丝绒衫	西安金峰保健制品有限公司、西安工程科技学院
2003ED850049	M/DBT 绝缘油	合阳龙源化工有限责任公司
2003ED860002	高纯超细活性氧化锌	白银红鹭粉体材料有限责任公司
2003ED860016	莱武氏相强化铁基硬面合金（Y5 合金）焊条、焊丝	甘肃省机械科学研究院
2003ED860017	超高纯级氧化铕	甘肃稀土集团有限责任公司
2003ED860023	R1216－02 酞菁蓝 BGS	甘肃天虹化工有限责任公司
2003ED860026	络离子 DAE 浸取剂和 DBE 分离剂	兰州金钰铜业有限公司

续表

项目编号	产品名称及型号	单位名称
2003ED860028	高温耐碱陶瓷填料	兰州瑞玛化机有限公司
2003ED860029	高强轻质复合隔热板	甘肃颐和新型材料有限责任公司
2003ED880002	高性能钽带材	西北稀有金属材料研究院
2003ED890002	精梳纯棉卡摩纱	新疆溢达纺织有限公司
2003ED890003	天然彩石硅丙树脂涂料	新疆昌吉市鸿发科技开发有限责任公司

4. 重大项目

经专家认定，在2003年新产品计划项目中推荐了10个项目作为重大项目。这些项目的特点是：与行业及市场需求紧密结合，代表当前行业技术发展及市场需求的方向，发展前景较好，在相关技术领域取得新突破或较大进展，技术含量高，并具有自主知识产权，成功实现科技成果的转化，且产品均已具有相当的产业规模，已取得良好的经济、社会效益，项目承担单位具有较强的研发和生产综合实力，大多数在经营规模和竞争力上属行业内的骨干企业。

5. 经济效益

2003年度新产品计划项目创产值约390亿元，利润约54亿元，创汇约6亿美元，增值税约31亿元。另外，增加就业48.9万人。

科技型中小企业技术创新基金

2003年科技型中小企业技术创新基金（以下简称“创新基金”）的工作思路和支持重点是：坚持“市场导向、鼓励创新、支持创业”，突出创新基金“雪中送炭”的政策引导作用，重点对初创期科技型小企业，特别是孵化器内企业的扶持。对有自主知识产权、技术含量高、竞争力强、市场前景好的项目给予重点支持；对西部地区及绵阳科技城项目、软件项目，以及归国留学人员创办的企业继续实行倾斜支持的政策。

立项情况

科技型中小企业技术创新基金申请须知

一、创新基金支持的对象

（一）创新基金支持的项目须符合以下条件

1. 符合国家产业、技术政策，技术含量高，创新性较强，技术处于国内领先水平。

2.《2003年度科技型中小企业技术创新基金若干重点项目指南》中所列的项目范围。

3. 必须是以生产、销售和盈利为目的，产品有明确的市场需求和较强的市场竞争力，可以产生较好的经济效益和社会效益，并有望形成新兴产业。

（二）承担创新基金支持项目的企业应具备以下条件：

1. 具备独立企业法人资格。

2. 主要从事高新技术产品的研究、开发、生产和服务业务，申请支持的项目必须在其企业法人营业执照规定的主营范围内。

3. 领导班子有较强的市场开拓能力和较高的经营管理水平，并有持续创新的意识。

4. 职工人数不超过500人；具有大专以上学历的科技人员占职工总数的比例不低于30%，直接从事研究开发的科技人员占职工总数的比例不低于10%。

5. 有良好的经营业绩，资产负债率不超过70%；每年用于高新技术产品研究开发的经费不低于销售额的5%。申请当年注册的新办企业不受此款限制。

6. 有健全的财务管理机构、严格的财务管理制度和合格的财务管理人员。

（三）创新基金重点支持的对象

1. 重点支持的项目

（1）高新技术领域中自主创新性强、技术含量高、具有竞争力、市场前景好的研究开发项目；

（2）科技成果转化，特别是“863”计划、攻关计划、重大科技专项相关成果的产业化项目，以及利用高新技术改造传统产业的项目；

（3）具有一定技术含量，在国际市场上有较强竞争力，以出口为导向的项目；

（4）有一定基础的初创期企业，尤其是孵化器内孵化企业的项目，海外留学人员回国创办企业的项目；

（5）西部地区具有一定技术含量、市场前景好、技术成熟、有优势、有特色的项目。

2. 重点支持的企业

（1）技术水平高、持续创新能力强、管理科学、产品市场前景好和成长性好的企业；

（2）科技人员或海外留学人员携带具有良好产业化前景的高新技术项目创办的企业。

（四）创新基金不支持的对象

1. 不支持的项目

（1）不符合国家产业政策的项目；

（2）无自主创新的单纯技术引进的项目；

（3）低水平重复项目、一般加工工业项目和单纯的基本建设项目；

（4）知识产权不清晰或有权属纠纷的项目；

（5）实施周期过长或投资规模过大的项目；

（6）对社会或自然环境有不良影响的项目；

（7）国防专用项目。

（8）未列入《2003 年度科技型中小企业技术创新基金若干重点项目指南》范围中的项目。

2. 不支持的企业

（1）外商独资企业和中方拥有股权未超过 50% 的中外合资企业（留学人员创办的企业除外）；

（2）已经上市的企业以及上市企业占有 50% 以上股份的企业等。

二、创新基金支持方式

根据企业的不同特点和项目所处的不同阶段，创新基金分别以贷款贴息、无偿资助等不同方式支持科技型中小企业的技术创新活动。

（一）贷款贴息

1. 主要用于支持产品具有一定的创新性，需要中试或扩大规模，形成批量生产，银行已经给予贷款或意向给予贷款的项目。2003 年度贷款贴息项目的贷款有效期（以贷款合同签订日期为准）自 2002 年 3 月 1 日起至项目计划完成时间止。

2. 项目计划新增投资额一般在3 000万元以下，资金来源基本确定，投资结构合理，项目执行期为一年以上（执行期从项目申报之日起计），三年以内。

3. 贷款贴息的贴息总额可按贷款有效期内发生贷款（近期完成投资额加上计划新增投资额中的贷款部分）的实际利息计算；贴息总额一般不超过 100 万元，个别重大项目不超过 200 万元。

4. 企业经科技担保机构进行担保所获得的贷款，项目符合条件时，创新基金重点进行贴息支持。

（二）无偿资助

1. 主要用于技术创新产品在研究、开发及中试阶段的必要补助。

2. 企业注册资本最低不得少于 30 万元。

3. 申请无偿资助的项目，目前尚未有销售或仅有少量销售。

4. 无偿资助支持的项目执行期为两年（医药类的项目可以放宽至三年），项目计划实现的技术、经济指标应按满两年进行测算；项目完成时要形成一定的生产能力，并且在项目完成当年实现销售（医药类项目除外，但必须有明确的、可以考核的目标。如：获得临床批文、获得新药证书、获得生产批文，等等）。创新基金一般不支持实施期不满两年的项目，也不支持项目完成时仍无法实现销售的项目。

5. 项目计划新增投资在1 000万元以下，资金来源确定，投资结构合理。

6. 在项目计划新增投资中，企业须有与申请创新基金数额等额以上的自有资金匹配。一般情况下，企业申请资助数额不应大于企业的净资产数额。

7. 为了达到共同支持创新项目的目的，地方政府部门对项目应有不低于创新基金支持数额 50% 的支持资金（西部地区可以少于 50%）；同等条件下，地方政府部门支持多的项目，创新基金将重点支持。

地方政府的支持资金应为项目申请创新基金当年或创新基金支持之后对该项目的资助；地方政府所承诺的支持资金必须在创新基金正式立项之后的半年内下达给企业 50% 以上，并在项目完成验收之前全部下达企业。

8. 创新基金资助数额一般不超过 100 万元，个别重大项目不超过 200 万元。为保证项目资金的落实，对申请数额超过 100 万元的项目，当申请额与拟支持数额差距大于 50 万元时，企业需重新提供资金筹措方案及相应的证明，审核合格后才确定是否支持。

9. 企业应独立或共同拥有申请项目的知识产权。

三、创新基金的申请

（一）申请时间

2003 年度项目的申请时间为 3 月 1 日至 10 月 31 日，接受申请截止时间以申请材料寄出地的邮戳日期为准；其中专题评审项目（目录详见《2003 年度科技型中小企业技术创新基金若干重点项目指南》）的申请截止时间为 9 月 10 日，按收到申请材料邮戳日期为准。

（二）申请程序

符合创新基金申请条件的项目，企业可按下列程序提出申请：

1. 到管理中心指定的申请资料发行机构或当地科技主管部门、国家高新技术产业开发区管理委员会购买《科技型中小企业技术创新基金申请材料汇总》，并认真阅读和了解有关要求。

2. 按要求准备申请材料，并按规定格式录制软磁盘（具体要求详见“申请材料”部分）。

3. 企业将申请材料送推荐单位。推荐单位按有关文件及本须知要求进行审核，对通过审核的项目进行推荐，并按统一要求填写推荐意见表，按规定格式录制软磁盘。

4. 装订申请材料（具体要求详见“申请材料”部分），并在规定时间内将申请材料邮寄管理中心。申请材料寄出后，非经管理中心要求，不得更改或增减。

为帮助企业把握拟申请的项目，申请企业可在正式申请前通过创新基金网站（www. innofund. gov. cn）的“项目预申请”栏目进行预申请。预申请不作为项目申请的必须程序。

（三）申请材料

申请创新基金支持的企业，应实事求是地认真撰写、组织和提交以下申请材料：

1.《科技型中小企业技术创新基金项目申请书》

（1）申请企业需在计算机中安装管理中心提供的申请

软件（软件及软件使用说明在《科技型中小企业技术创新基金申请材料汇总》中提供）；认真按填写说明规定录入相关内容，并打印出完整的《科技型中小企业技术创新基金项目申请书》。非按创新基金系统软件填写并打印的《科技型中小企业技术创新基金项目申请书》无效。

（2）企业必须使用本年度管理中心制定的申请书格式，不得擅自更改，使用过期格式或更改格式的申请书无效。

（3）企业申请项目的“起始时间”应是企业提出申请的时间，起始时间应与申请书封面的“填报日期”一致。

（4）企业应明确选择一种创新基金的支持方式。本年度一些技术领域的项目，创新基金只以贷款贴息方式支持，请特别注意《2003 年度科技型中小企业技术创新基金若干重点项目指南》中相关条目的具体要求。

（5）申请无偿资助支持的项目，项目执行期应写满两年，即项目“计划完成时间”为项目申请时间后的两年（如 2003 年 6 月提出申请，项目计划完成时间为 2005 年 6 月）。项目计划实现的技术、经济指标均按上述时间测算。申请贷款贴息支持的项目，项目执行期应为项目申请时间后的一至三年，项目计划实现的技术、经济指标均应按上述时间测算。

（6）申请贷款贴息支持的项目，贴息的总额可按贷款有效期内（自 2002 年 3 月 1 日起，至项目计划完成时间止）发生贷款（近期完成投资额中银行贷款加上计划新增投资来源中的贷款部分）的实际利息计算。

申请贷款贴息支持的项目，必须分别由企业开户所在地银行信贷部门和贷款审批银行（必须是经中国人民银行批准的可以经营信贷业务的金融机构）在申请书的“信贷部门意见”栏目中签署详细、明确的承贷意见。自 2002 年 3 月 1 日起至企业申请时，企业如与信贷机构签订了借款合同，应将借款合同（复印件）作为申请材料附件，并在申请书的“信贷部门意见”栏目中加以说明。项目立项后，企业应积极联系和配合所在地银行办理贷款手续。一年内未能与银行签订借款合同的，管理中心将取消对其的贴息计划。

（7）申请书中的“认证密码”是企业提交申请后在创新基金网站了解、跟踪项目状态和结果的“钥匙”，务必填写准确无误，不设置“认证密码”的，将无法了解项目状态和结果。管理中心不负责项目申请后的查询。

2.《科技型中小企业技术创新基金项目可行性研究报告》

（1）《科技型中小企业技术创新基金项目可行性研究报告》是创新基金项目评审依据的主要文件，企业必须按《科技型中小企业技术创新基金项目可行性研究报告编制提纲》（《科技型中小企业技术创新基金申请材料汇总》中提供）要求编制。报告中所涉及的有关数据（经济指标、技术指标）必须与《科技型中小企业技术创新基金项目申请书》一致，其阶段目标要可以考核监理。报告编制完成后，由企业自行组织或由项目推荐单位组织三名以上具有高级职称的同行专家对该报告进行论证，该论证不得以其他形式替代。论证意见及论证专家名单附在《科技型中小企业技术创新基金项目可行性研究报告》后。

（2）《科技型中小企业技术创新基金项目可行性研究报告》编制完成后，须将主要内容摘要按要求录制在申请软磁盘相应栏目中。为保证内容的完整和翔实，不允许将软磁盘录入格式直接打印成文作为申报的《科技型中小企业技术创新基金项目可行性报告》书面材料。专家论证意见和专家名单亦应要求录制在申请软盘中。录入软盘的数据及主要内容必须与书面材料一致。

（3）申请无偿资助方式支持的项目（研发阶段、中试阶段），在项目完成时要有销售收入。在可行性研究报告中应有明确的、实事求是的销售测算。

3.《科技型中小企业技术创新基金申请项目概要》

按《科技型中小企业技术创新基金申请项目概要编制提纲》（《科技型中小企业技术创新基金申请材料汇总》中提供）编制。其内容须与《科技型中小企业技术创新基金项目可行性研究报告》一致，可以直接从《科技型中小企业技术创新基金项目可行性研究报告》中摘取。

4.《科技型中小企业技术创新基金项目合同》草本

（1）为帮助申请企业了解立项后企业所具有的权利和义务，以及对项目实施目标的管理要求，申请企业在录入《科技型中小企业技术创新基金项目申请书》和《科技型中小企业技术创新基金项目可行性研究报告》后，可使用申请软件中的“合同草本”功能浏览并打印出《科技型中小企业技术创新基金项目合同书》草本。

（2）《科技型中小企业技术创新基金项目合同》草本中的数据和内容全部取自《科技型中小企业技术创新基金项目申请书》和《科技型中小企业技术创新基金项目可行性研究报告》。若企业修改其内容，只能通过修改《科技型中小企业技术创新基金项目申请书》或《科技型中小企业技术创新基金项目可行性报告》中的相关内容来实现。申请企业在打印合同草本前，要认真核实申请书和可行性研究报告，准确无误后打印出《科技型中小企业技术创新基金项目合同》草本。企业法定代表人须在合同草本上签字并加盖企业公章。

（3）项目立项公告后，管理中心将依据《科技型中小企业技术创新基金项目合同》草本与企业签署正式的《科技型中小企业技术创新基金项目合同》。

5.《科技型中小企业技术创新基金项目推荐意见表》

《科技型中小企业技术创新基金项目推荐意见表》由推荐单位出具并加盖公章。由推荐单位或推荐单位指定的单位按要求将《科技型中小企业技术创新基金项目推荐意见表》中的内容录入到申请软盘中，并确保软盘内容与书面意见一致。

推荐意见表中要求填写所有的地方支持资金。推荐单位要如实填写本单位是否承诺支持资金、支持方式以及金额；对于非推荐单位承诺或落实的地方政府支持资金，推荐单位有义务进行核实，并在《科技型中小企业技术创新基金项目推荐意见表》中加以说明。

6. 申请材料附件

申请材料主要附件包括：

（1）企业法人营业执照（复印件）。

（2）经会计师事务所（或审计师事务所）审计的企业2001年、2002年年度的会计报表和相应的审计报告（含会计师事务所营业执照、注册会计师证书的复印件），2003年度最近一个月的会计报表。会计报表必须包括资产负债表、损益表、现金流量表及报表附注等；经过审计的财务报表每页须加盖审计单位印章（或盖骑缝章）。

当年注册的新办企业，须报送企业注册时的验资报告和本年度最近一个月的企业会计报表。

（3）可以说明项目情况的证明文件（如技术报告、查新报告、鉴定证书、检测报告、用户使用报告等）。

（4）高新技术企业认定证书（限高新技术企业提供）。

（5）国家专卖、专控及特殊行业的产品，须附相关主管机构出具的批准证明。

（6）留学人员投资（含独资和合资）创办的企业，须提供留学就读学校出具的学位（学历）证书、本人有效身份证明、中国驻外使领馆教育处或省级以上留学人员服务中心出具的有效证明文件、投资资金证明或股权证明等文件。

（7）能说明项目知识产权归属及授权使用的具有法律效力的证明文件（如：专利证书，软件著作权登记证书、技术合同等）。企业与技术持有单位合作的项目签订技术合同时，技术持有单位必须是具有法人资质的单位。

（8）与项目和企业有关的其他参考材料（如列入国家或地方计划的有关批准文件、环保证明、奖励证明、用户订单、产品照片等）。

一些技术领域的项目，由于评审项目需要，必须特别提供部分附件或说明，务请申请企业认真阅读《2003年度科技型中小企业技术创新基金若干重点项目指南》，并按相关栏目的具体要求提供材料。

7. 2003年在全国范围内开展贷（款）、（担）保、贴（息）一体化服务工作。对有担保机构担保的申请贷款贴息项目，将简化申报材料和评审程序。申请企业应提交以下申请材料：

（1）《科技型中小企业技术创新基金项目申请书》；

（2）《科技型中小企业技术创新基金项目可行性研究报告》编制提纲中的“总论”、“项目的技术可行性和成熟性分析”材料；

（3）《科技型中小企业技术创新基金申请项目概要》；

（4）《科技型中小企业技术创新基金项目合同》草本；

（5）《科技型中小企业技术创新基金项目推荐意见表》；

（6）担保公司的评审报告；

（7）担保公司与企业签订的担保合同或意向；

（8）有关附件（会计报表和相应的审计报告可以不报）。

（以上材料用创新基金统一制作的申请材料封皮封装，并在封皮右上角注明“贷、保、贴”字样，并加盖担保公司印章。其中的《科技型中小企业技术创新基金申请项目概要》须单独装订）

（9）按创新基金申报光盘要求，将上述申请材料中的第1~5项录入并制成软盘（两份）。

8. 申请材料的装订和报送方式

申请材料按A4纸张尺寸印制。用管理中心统一提供的申请材料包装封面和装订成册，一式五份。材料装订顺序为：《科技型中小企业技术创新基金项目申请书》、《科技型中小企业技术创新基金项目可行性研究报告》、《科技型中小企业技术创新基金项目合同》草本、《科技型中小企业技术创新基金项目推荐意见表》、申请材料附件目录、申请材料附件等。材料装订成册后要在书脊上标明项目名称。《科技型中小企业技术创新基金申请项目概要》独立装订和包装，一式四份。录有完整信息（企业的申请书、可行性研究报告、推荐单位意见和推荐单位信息等）的软磁盘一式两张，软盘标签上要注明申请企业名称和申请项目名称。

以上书面材料和软磁盘在规定时间内同时邮寄管理中心。管理中心不接受企业或推荐单位来人报送的材料。

管理中心的通讯地址：

北京3823信箱　北京复兴路甲1号

科技部科技型中小企业技术创新基金管理中心受理部

邮政编码：100038

E-mail：shoul2@innofund.gov.cn

企业提供的材料必须真实可靠。如发现弄虚作假，管理中心将不再受理该企业的申请，并将保留进一步追究其法律责任的权力。

（四）推荐单位

1. 企业提出的项目申请须经一个推荐单位推荐。推荐单位一般应在企业所在地区选择。推荐单位必须是熟悉企业及申请项目情况的地市以上（含地市）人民政府的科技主管部门、地市以上（含地市）人民政府的行业主管部门、各国家高新技术产业开发区管理委员会。

2. 推荐单位须对企业提交申请材料的真实性、可靠性作出评价；对地方政府提供或承诺的支持资金进行核实；并认真填写《科技型中小企业技术创新基金项目推荐意见表》。

3. 推荐单位必须严肃、认真、科学、公正、高效地履行其职责，积极、热情地为企业做好服务工作。如发现有重大失误或虚假行为，管理中心将不再受理其推荐的项目。

（五）申请咨询和申请资料的获取

创新基金的有关文件、信息和资料等可从创新基金网站上浏览；同时可向各省、自治区、直辖市、计划单列市、副省级城市科技主管部门、各国家高新技术产业开发区管理委员会咨询和购买；也可直接向管理中心指定的申请资料发行机构购买。

（六）注意事项

1. 在同一年度内，同一个企业只能申请一个项目。企业应根据申请支持的项目所处的阶段和企业的具体情况，明确选择一种相应的支持方式。

2. 经受理审查确定为不受理的项目，修改补充后可在当年再申请一次；经立项审查确定为不立项的项目，当年不得再次申请，申请企业也不能再申请其他项目。

3. 已获得创新基金支持的企业，必须在已立项项目验收合格后，方可申请新项目。验收基本合格的项目，承担企业当年不得申请新项目；验收不合格的项目，承担企业原则上三年内不得申请新项目。

四、受　理

（一）受理审查

1. 管理中心负责受理创新基金项目的申请，并对企业提交的申请材料进行受理审查。

2. 经受理审查需要补充相关材料的，管理中心将与企业或推荐单位联系，企业须在自管理中心通知之日起一个月内补齐有关资料，过时管理中心将按不受理处理，并在当年内不再次受理此项目。

3. 企业申请材料一律不退还。申请企业应根据需要预留备份申请材料。

（二）受理情况查询

1. 管理中心原则上不负责项目申请后的查询。

2. 企业可通过企业法人代码和在《科技型中小企业技术创新基金项目申请书》中自设的认证密码，从创新基金网站的“在线服务及网上办公”栏目上查询申请项目在受理和立项审查过程中的状态信息。

3. 受理审查不合格的项目，管理中心原则上在收到申请之日（专题评审项目自专题评审受理截止之日）起两个月内，通过创新基金网站上发出《不受理通知书》，不再发出书面《不受理通知书》。

4. 推荐单位可通过推荐单位代码（由管理中心提供）和《科技型中小企业技术创新基金项目推荐意见表》中自设的认证密码，从创新基金网站的“在线服务及网上办公”栏目上查询所推荐的项目受理和立项审查过程中的状态信息。

五、立项及监理验收

（一）立项审批

1. 受理审查合格的项目，管理中心将组织有关专家和机构对其进行立项审查，并根据需要组织部分项目进行答辩。

2. 通过立项审查并报经科技部、财政部批准的创新基金支持的项目，管理中心将在创新基金网站以及《科技日报》、《中国财经报》、《中国高新技术产业导报》等相关新闻媒体上发布立项项目公告。立项审查未通过的项目，管理中心一般自对该项目进行受理审查之日（专题评审项目自专题评审截止之日）起四个月内，在创新基金网站上发出《不立项通知书》（通过“在线服务及网上办公”栏目查询）。不再发出书面《不立项通知书》。

3. 立项项目公告发布之日起的四周内为立项项目异议期，管理中心受理项目异议。项目异议受理电话：（010）68520424，E-mail：tous@innofund.gov.cn

异议期内，项目推荐单位负责立项项目的实地审验、地方政府匹配资金的落实。项目有重大异议、项目及项目承担单位发生重大变化、地方政府匹配资金不能落实等的项目，管理中心将推迟与项目承担单位签订项目合同，直至取消支持计划。

4. 管理中心在异议期后向立项项目承担企业或推荐单位寄送《科技型中小企业技术创新基金项目合同》（以下简称“《合同》”），并与企业、推荐单位签订《合同》；《合同》一经生效，管理中心将分期拨付项目资金。

5. 为能准确反映创新基金、地方匹配及企业自筹资金的到位情况和使用情况，确保专款专用，并有利于对其进行监督检查，无偿资助项目的承担单位，须对项目的创新基金、地方匹配及企业自筹资金进行单独核算。

（二）监理验收

1. 管理中心对创新基金项目的实施全过程进行监督管理，《合同》是监理工作的主要依据。监理的要求与相关文件将与《合同》一并寄送企业。

2. 管理中心委托项目所在地区的省、自治区、直辖市、计划单列市、副省级城市科技主管部门和国家高新技术产业开发区管理委员会作为基金项目的监督管理单位（以下简称“地方监理单位”），并根据项目推荐与属地管理相结合的原则，对项目实施监督管理。

3. 基金项目承担企业须在项目执行期内，根据管理中心的要求，按时上报《科技型中小企业技术创新基金项目监理信息调查表》和《统计快报》。地方监理单位按要求上报《项目监理意见表》。

4. 基金项目执行期间，如发生在《合同》中未做明确规定、或因不可抗拒因素需对《合同》有关内容进行修改和补充的情况，基金项目承担单位需及时向管理中心提出申请，并附相关证明文件。

5. 基金项目《合同》到期时均应进行项目验收，《合同》是验收工作的主要依据。管理中心根据项目验收结果，确定基金经费余款拨付数额。

2003年度新材料领域申请指南

2003年度创新基金坚持市场导向、支持创新、鼓励创业、突出重点、规范管理、竞争择优的原则，重点支持相关高新技术领域中自主创新性强、技术含量高、具有竞争力、市场前景好的研究开发项目，培育、形成一批能够在经济结构调整中发挥重要作用、具有自主知识产权的产品群及产业；支持科技成果转化，特别是“863”计划、攻关计划、重大科技专项相关成果的产业化项目及利用高新技术改造传统产业的项目；支持具有一定技术含量，在国际市场上有较强竞争力，以出口为导向的项目，特别是具有我国传统优势，加入WTO后能带来更多市场机遇的项目；发挥创新基金雪中送炭的作用，加大对有一定基础初创期的科技型中小企业尤其是孵化器内企业的支持；加大对海外留学人员回国创办企业的项目支持，培育一批成长性好、核心竞争力强的科技型中小企业；支持西部地区具有一定技术含量、市场前景好、技术成熟、有优势、有特色的科技型中小企业的项目。新材料领域将重点支持下列六个方面的技术和产品：①金属材料；②无机非金属材料；③高分子材料；④材料的先进制备、成型、加工技术及高性能产品；⑤生物医学材料；⑥精细化工材料。本年度将具有原创性发明，产业关联度大的新材料及产品列入重中之重项目。将生物医学材料及产品、电子信息材料及产品、汽车业关键新材料产品列入重点支持项目。本年度不支持技术含量低、环境污染严重、单纯劳动密集型的传统材料及制品项目；不支持无产品检测报告、无用户试用报告的项目；不支持简单借用纳米概念、不具有明显纳米材料尺寸效应的项目（其他不支持项目详见相关章节）。

（一）金属材料

金属材料通常具有高强度、高弹性模量和高韧性等优异的性能，在传统材料产业中占有重要的位置。具有特殊高性能的新型金属和金属基复合材料，更是发展现代电子信息、生物医学、航空航天、交通运输、新能源等高技术领域的重要基础。发展具有自主知识产权、环境友好、资源有利于可持续发展的高性能金属材料及其先进制备、成型与加工技术，并且能够进行低成本的规模化制造，是十分必要的。

金属结构材料

金属结构材料主要是指具有高强、高韧、耐高温、耐腐蚀、耐磨损，或结构功能一体化的新材料。它不仅对冶金、石化、能源动力、机械制造、交通运输等支柱产业的发展和航空航天等国防尖端科技起着关键性的作用，而且还可影响和带动一大批基础材料和传统产业的升级改造。本年度重点支持：

1. 深加工镁、铝、钛轻合金结构材料及制品　镁、铝、钛轻合金材料因其具有比重小、比强度和比刚度高、耐腐蚀性强，易于加工成型，废料易回收，资源丰富等特点。我国虽然资源丰富，但目前主要是初级原材料产品，深加工产品处于落后状态。本年度重点支持：

（1）高强、耐蚀镁合金的深加工产品，应用于信息行业用和汽车工业的镁合金压铸件及表面改性技术；

（2）精密压铸铝合金及高性能异型铝合金材；

（3）高性能的钛及钛合金民用产品。

本年度不支持常规铝合金建材和一般民用铝制品项目。

2. 高性能金属结构材料　包括高性能钢铁和有色金属材料、先进高温合金和金属间化合物材料、超细晶粒硬质合金等材料。该类产品市场具有量大面广的显著特点，能够低成本、规模化制造和应用是本项目的基本要求。本年度重点支持：

（1）先进高温合金材料及其民用制品；

（2）低成本批量制造的金属间化合物及其制品；

（3）超细晶粒硬质合金材料及其制品；

（4）特殊功能铜合金材料；

（5）超细晶粒的高强度、高韧性、强耐蚀钢铁材料；

（6）高强度预应力钢绞线，截面型钢等新型建筑构件钢材（本项目以贷款贴息方式支持）。

3. 低成本、高性能金属复合材料　金属复合材料具有功能多样，节约材料，应用广泛，市场容量大的特点。其优异的性能和较低的制造成本，显著提高了传统金属材料的发展潜力和竞争力。本年度重点支持：

（1）耐高压、耐磨损、抗腐蚀、改善导电、导热性的金属与金属、金属与非金属、金属与高分子材料复合的新型材料及结构件；

（2）低密度、高强度、高弹性模量、耐疲劳的颗粒增强铝基复合材料及低成本高性能的增强剂。

本年度不支持铝塑复合管材、钢塑门窗。

金属功能材料

金属功能材料是指在电、磁、光、声、热等方面具有特殊性质、表现出特殊功能的新型材料，是信息、生物、能源等高技术领域和国防建设的重要基础材料，特种功能材料种类繁多，用途广泛，有着十分广阔的市场前景，对我国高技术产业获得突破性和跨越性的发展具有重要的推动作用。本年度重点支持：

4. 信息和电力电子器件用金属功能材料　我国信息和电力电子器件基础材料产业已形成一个门类比较齐全，规模较大的行业。但在先进的框架基体、封装、集成电路引线与焊接、光与磁信息存储、发光显示、传感等器件方面的基础材料仍大部分需要从国外进口。为使元器件产品升级换代，提高整机的本地化率和国际市场的竞争力，需要大力发展片式化、微小型化和多功能化的新型元器件相关基础材料。本年度重点支持：

（1）高档电解电容器用高压、超高比容钽粉及铌粉和高压、高比容阳极铝箔材料；

（2）特种导电和焊接用集成电路引线材料、电子级无铅焊料、贱金属专用电子浆料和异型接触点材料和大功率无银触头材料；

（3）高性能铁氧体永磁材料和高导磁、低功耗、抗电磁干扰的软磁体材料；

（4）高性能屏蔽材料；

（5）规模化生产的电真空用无夹杂、无气孔不锈钢及无氧铜材料。

本年度不支持常规电力电工用金属电线、电缆及漆包线材料，贵金属浆料及电容器用阴极铝箔。

5. 高性能稀土功能材料及其应用　稀土在冶金、玻璃与特种陶瓷、石油化工、农业、电子信息、绿色能源和环境保护等领域有着广泛的应用。高性能稀土永磁材料、催化材料、储氢材料、发光显示材料、超磁致伸缩材料、高温超导材料等产品有着广泛的市场前景。应开发具有我国自主知识产权的稀土功能材料和工艺制备技术，使我国的稀土资源优势转化为产业优势和经济优势。本年度重点支持：

*（1）开发具有自主知识产权和出口创汇的高性能烧结及黏结钕铁硼永磁材料（采用专题评审，并以贷款贴息方式支持）；

（2）各种钕铁硼磁体的高水平表面处理防护技术；

（3）新型高性能稀土发光显示材料；

（4）大尺寸超磁致伸缩材料及应用产品；

（5）应用于汽车尾气、燃气、石化和环保领域的新型高效稀土催化剂。

本年度不支持性能为 N45 以下的常规烧结 NdFeB 永磁体项目。不支持节能灯用三基色荧光粉、绿黄色长余辉稀土发光粉和普通 CRT 荧光粉，不支持国内已形成规模化生产的稀土催化剂。

（二）无机非金属材料

无机非金属材料包括工程陶瓷、人工晶体、玻璃、水泥、耐火材料、日用陶瓷等。随着科学技术进步，又出现了许多具有优异性能的新型无机非金属材料。新型无机非金属材料是经过结构设计，精确的化学计量和先进制备技术而达到特定性能的材料。新型无机非金属材料主要分为结构材料和功能性材料两大类。本年度不支持一般建材、耐火材料、混凝土助剂、普通的建筑玻璃和日用陶瓷产品。

2003 年度重点支持的技术创新项目如下：

新型无机非金属结构材料

具有机械功能、热功能和部分化学功能为无机非金属结构用材料，分为氧化物和非氧化物，结构包括单晶、多晶、玻璃、复合材料和涂层及薄膜。鼓励开发具有较大市场、产业化技术较成熟和经济效益好的新型无机结构材料。本年度重点支持：

1. 高性能结构陶瓷　高性能结构陶瓷具有比强度高、耐高温、耐磨损、耐腐蚀等优越性能。由于近年的技术进步，结构陶瓷的性能提高，使其对传统金属材料的优势日益显示出来，国际上使用结构陶瓷部件已经形成很大的市场。本年度重点支持：

（1）航空、汽车、火车等交通车辆用的陶瓷零部件；

（2）石油化工和电力行业用耐高温、耐磨损、耐腐蚀等高性能陶瓷结构件；

（3）可替代进口和特殊用途的高性能陶瓷结构件；

（4）电子陶瓷高温烧结用高级窑具材料与制品。

无机非金属功能材料

无机非金属功能材料是指具有电导性、半导体性、光电性、压电性、铁电性、耐腐蚀、化学吸附性、吸气性（能）、耐辐射性等许多功能的一类材料。这类材料品种多，具有技术含量高、产品更新换代快、附加值高、经济效益明显的特点。本年度重点支持：

2. 电子功能陶瓷材料　微电子工业是世界经济发展的一个热点。我国已将微电子产业列入“十五”计划的发展重点，电子功能陶瓷是微电子器件的基本材料之一，用途广泛。本年度重点支持：

（1）大规模集成电路用新型封装材料和高频绝缘用新型高性能绝缘陶瓷；

（2）可代替进口的新型微波陶瓷和陶瓷电容器用介电陶瓷与铁电陶瓷；

（3）大规模集成电路用高性能贴片元件专用电子陶瓷原料与制品。

3. 敏感功能陶瓷材料　敏感功能陶瓷在机电一体化用的传感器和微动作执行机构等方面有广泛的应用，近年我国在这方面有很大的进步，但一些关键的高性能传感器等产品与国外同类产品仍有差距，整体技术水平亟待提高。本年度重点支持：

（1）新型高性能工业温度、湿度检测、汽车传感器用的陶瓷；各类气体探测用功能陶瓷；温度补偿器、热传感和自控加热元件等功能陶瓷；

（2）超声转换、微位移器、新型压电马达、滤波器用压电陶瓷材料。

4. 光功能陶瓷材料　新型功能陶瓷材料具有独特的光电性能，已成为光通信产业不可缺少的材料。目前我国光通信用功能陶瓷材料与国外水平相比有较大差距，已成为我国信息技术和产业发展的瓶颈之一。本年度重点支持：

（1）激光元件用功能陶瓷材料（包括激光调制、激光窗口材料），红外辐射与接收材料，实用化的光转换材料；

（2）光存储、视频显示和存储系统、光开关等用光功能陶瓷；

（3）薄膜显示、PDP 材料、高亮度超高效发光管用材料；

（4）新型高性能的光传输材料、光放大、光电耦合材料的功能陶瓷制品。

5. 人工晶体　人工晶体又称合成晶体。单晶及多晶具有各种独特的物理性质，能实现电、光、声、热、力等不同能量形式的交互作用和转化，在现代科学技术中应用十分广泛。人工晶体按其物理性质和物理效应可分为半导体晶体、压电晶体、闪烁晶体、激光晶体等。人工晶体的发展方向之一是低维化，需要多种衬底晶体。本年度重点支持：

（1）新型非线性光学晶体、激光晶体材料及制品；

（2）高机电耦合系数、高稳定性、铁电、压电晶体的材料及制品；

（3）技术含量高、性能优异的类金刚石膜和金刚石膜制品；

（4）新型基底晶体材料；

（5）特殊应用的光学晶体（如光刻用氟化物晶体；紫外、红外窗口材料及激光输出窗口等）。

本年度不支持钽酸锂、铌酸锂、钒酸钇和六面顶金刚石。

6. 功能玻璃　功能玻璃是指采用精制、高纯或新型原料，并采用新工艺技术制成的具有特殊性能和功能的玻璃或无机非晶态材料，是高技术领域特别是光电技术不可缺少的基础材料。本年度重点支持：

（1）光传输功能玻璃；

（2）光电、压电、激光、电磁、耐辐射等功能玻璃；

（3）特殊用途的高强度玻璃；

（4）生物体和固定酶生物化学功能玻璃。

7. 催化及环保用陶瓷　催化剂载体既要有良好机械性能，又要求有化学环境稳定性和特定化学物质反应选择性。在汽车尾气和化工环保行业得到广泛应用。本年度重点支持：

（1）代替进口、可形成批量生产的高性能汽车尾气催化剂载体；新型石化及医药工业用催化载体；

（2）环保用高性能多孔陶瓷材料。

（三）高分子材料

高分子材料是新材料领域的重要组成部分，由于其具有优良的物理、化学性能和优异的加工特性，被广泛应用于信息产业、航空航天、生物医药、交通运输、建筑和能源等国民经济重要领域。随着新型高分子合成、改性与加工等高技术的发展，高性能高分子材料迅速崛起，新产品、新技术不断涌现。新型高分子材料的开发和广泛应用，对于推动传统产业的升级换代、新兴产业的发展壮大会起到积极的作用，必将对推动我国国民经济的发展发挥重要的作用。2003 年度重点支持的技术创新项目如下：

1. 高性能高分子结构材料　高性能高分子结构材料具有比强度高、耐腐蚀、耐磨损优异性能和易加工等特点，在各行业应用广泛，对国民经济的发展和国家安全具有重要意义。本年度重点支持：

（1）低成本化的特种工程塑料；

（2）通用工程塑料高性能化；

（3）热塑性树脂基连续纤维复合材料；

（4）热塑性树脂结构微孔材料；

（5）热塑性工程塑料的灌封技术；

（6）无卤阻燃、低密度、高流动性的聚合物专用料。

2. 新型高分子功能材料　高分子功能材料由于其特有的功能性和专用性，在生态环境保护、信息功能化、生物医用器材、物质分离膜、能量转换和储能技术等工业领域有着极为广泛的应用。本年度重点支持：

（1）液晶高分子材料；

（2）高效低成本新型高分子功能膜；

（3）电子封装用高分子材料；

（4）导电高分子材料；

（5）形状记忆高分子材料。

（6）光学高分子材料；

（7）电磁屏蔽高分子材料。

3. 高分子材料的低成本化和高性能化　通用塑料的高性能化和工程塑料的低成本化，仍然是当前高分子材料领域研究、开发的重点之一，同时也是扩大通用塑料和工程塑料应用范围的一个重要措施。鼓励开发产业化制备技术和工业化应用技术。本年度重点支持：

（1）纳米技术改性制备的高性能高分子材料；

（2）高刚性、高韧性、低成本的聚合物合金材料；

（3）高透明、高阻隔性、低磨耗的包装材料；

（4）新型热塑性弹性体；

（5）低成本、耐盐碱、高吸水性高分子材料。

4. 新型纤维材料　纤维是高分子材料的重要表现形式。它一方面为纺织行业提供原料，另一方面由于纤维的广泛应用而推动信息、航空、汽车、环保、卫生、建筑等领域的发展。

我国纤维及纺织品的产量均居世界第一，但产品性能差、档次低、国际竞争力弱，高档产品需大量进口，常规产品产能过剩，产品创新仍处于跟踪国外技术和产品的层次上。新型纤维品种的开发及其成纤高分子新品种的产业化是纺织新产品创新的源头，因此必须加大技术含量高、市场前景好的新品种开发力度，加快产业化进程，推进全行业产品的升级换代。

本年度重点支持具有技术含量高的新型纤维、成纤聚合物项目。

（1）用新型成纤聚合物制备的具有特殊性能或功能的纤维；

（2）高性能纤维；

（3）新型成纤聚合物的产业化；

（4）天然纤维的高性能化及新型天然纤维的产业化；

（5）环保及可生物降解型纤维。

本年度不支持服装面料、衬布、纱线、常规或性能仅略有改善的纤维（如：有色、异形、细旦、功能粉体添加等）及服装项目；不支持常规的非织造布、涂层布或层压纺织品、一般功能性纤维材料产品项目。

本年度不支持：

（1）普通塑料的一般改性专用料；

（2）普通电线、电缆专用料；

（3）流延、吹塑、拉伸法生产的通用薄膜；

（4）普通管材、管件及异型材（如普通塑钢窗）；

（5）普通橡胶制品；

（6）以聚乙烯、聚丙烯为基材的部分降解材料；

（7）普通的 PS 和 PU 泡沫塑料。

（四）材料的先进制备、成型、加工技术及高性能产品

高性能结构、功能和结构功能一体化材料的发展，除了采用先进的方法获得高质量的原料外，要保证新材料制品能够批量、稳定和高效生产，更离不开先进的工艺、装备以及精确的在线控制和产品的后续检测与评价技术。我国在新材料的基础研究水平方面，处于国际先进水平，但往往进入生产阶段，新材料的制品性能处于不稳定或落后状态，根源在于忽视材料的先进制备、成型与加工技术的综合协调发展。

创新基金鼓励发展具有自主创新的、先进的材料制备、成型和加工技术并规模化生产高性能新型材料及制品。所申请项目要以产品销售额为合同的主要考核指标，仅以开发技术为考核指标的项目不予支持。

2003 年度重点支持的技术创新项目：

1. 冶金新材料的制造与加工技术　新一代冶金材料及制品以高纯净度、高均质、超细组织、高外观质量和材料制品的近终成型一体化制造为主要特征。通过先进的制造与加工技术，可大幅度提高材料的性能，同时大幅度节能降耗和节约原材料。本年度重点支持：

（1）为获得超细和纳米晶粒组织的快速凝固制造技术；

（2）材料制品半固态成型和近终成型技术。

2. 超细、纳米粉体制备、成型及加工技术　近几年金属、无机非金属粉末材料成型加工技术制备材料朝高纯、超细、致密化、组织均一、或结构和功能的一体化和梯度化方向发展，开发出许多先进技术和性能优异、品种繁多的产品。目前，我国在超细粉体（纳米）材料的制备、成型及加工技术方面与国外尚有相当差距。本年度重点支持：

（1）高压水、气雾化制粉、激光、等离子体气相反应、有机前躯体热解法等制备高纯超细粉和纳米粉体；

（2）温压成型、注射成型、喷射成型等先进粉体成型技术；

（3）微波、激光、放电、等离子等快速致密化烧结技术及低温烧结技术。

3. 高分子材料的加工技术　通过某些物理化学和机械手段将各种形态的聚合物成型为不同用途的制品，现代科技进步迫切需要成型加工具有优异性能和指定型样的高分子材料及制品，成型加工工艺及设备正在向高效、节能、省料、优质方向发展。本年度重点支持：

（1）结构微孔材料的多层复合注射成型；

（2）大型复杂制品失芯加工技术；

（3）模内优质修饰注塑成型。

4. 先进的材料表面改性技术　材料表面通过施加覆盖层或改变形貌、化学组分、相组分、微观结构等改性技术处理，赋予材料优异物理化学性能和各种特殊功能。材料表面改性技术应用非常广泛，可制备出具有导电、磁性、压电、屏蔽、耐蚀、耐磨等单功能或多功能应用产品。本年度重点支持：

（1）金属蒸汽真空弧（MEWA）源离子注入技术；

（2）MEWA 源等离子体沉积技术；

（3）激光熔覆技术；

（4）微弧氧化技术；

（5）各种先进的高效的、低成本的物理和化学气相沉积膜技术。

本年度不支持电弧喷涂、镀锌磷化、电镀硬铬（铜）、火焰喷涂、喷焊、渗氮渗碳等中低档表面工程技术用以修复部件的项目。

（五）生物医学材料

生物医学材料是一类具有特殊性能，用于疾病治疗、康复、预防，替换人体组织、器官或增进其功能的材料。这类材料在与人体组织、体液或血液接触和相互作用时，具有良好的生物相容性、优异的耐腐蚀性以及良好的可加工性，制成具有维护生命功能、修复、替换或补偿人体器官功能的产品，具有广阔的市场前景。目前我国多数生物材料及制品的质量稳定性和可靠性与国际先进水平差距很大，生物医学材料发展重点应集中在临床应用广泛、用量大的材料及其产品，通过高科技手段对材料进行改性、修饰，增强其安全性、有效性，生产出符合国际标准的生物医学材料及产品。

2003 年度重点支持的技术创新项目如下：

1. 介入治疗器具材料　介入治疗是通过导管等器具对人体局部病损进行明确诊断和治疗的方法，因其有效而创伤小已越来越广泛地在临床上应用。介入治疗器材的不断改进很大程度上取决于生物医学材料的发展，尤其近年药物洗脱性支架的问世可能为介入治疗带来一次新的突破。这类产品在我国目前仍主要依赖进口，我国曾在“九五”计划中支持介入诊疗及器具的研究，具备一定的研发基础，因此，要大力开发具有我国自主知识产权的药物洗脱性支架产品。本年度重点支持：

（1）减少血栓形成或在狭窄的金属表面涂层或改性的血管内支架；

（2）减少在狭窄的药物洗脱性血管内支架；

（3）具有特殊功能的非血管空腔脏器支架；

（4）介入封堵器械及材料；

（5）造影导管、引导导管、引导钢丝及介入治疗时应用的各种附件，如三通、接头等。

本年度不支持一般性能的支架。

2. 心血管外科用新型生物材料及产品　应用理化改性、涂层或纳米技术研制的人工机械瓣、人工成形环等具有比现有的产品更好的血液相容性，更好的组织相容性和良好的耐久性，明显降低血栓形成发生率，植入后的寿命较传统的同类产品有明显提高，是现有产品的换代产品。申请的项目应具有自主知识产权，较强的市场竞争能力，能形成规模化生产。本年度重点支持：

（1）新型材料编织的人工血管；

（2）生化改性的人工心脏瓣膜；

（3）带瓣管道。

本年度不支持性能一般的单叶、双叶金属人工心脏瓣膜及传统生化改性技术处理的生物瓣膜或其他产品。

3. 骨科内置物　骨科手术材料及使用器械有其独特的要求。近年来发展迅速，大量进口材料及器械靠坚实的研发基础和优良的质量占领了国内市场，但其价格昂贵，加之其设计源于西方人种的解剖特点，在中国人群使用还存在一定问题，尤其是无法让中小城市及农村患者接受。因此，这方面的产品开发将带来巨大的经济效益和社会效益。本年度重点支持：

（1）生物相容性良好的金属内置物；

（2）具有生物活性的骨、神经修复材料；

（3）可吸收的修复用生物材料。

本年度不支持无自主知识产权的仿制技术的制品。

4. 口腔材料　口腔材料是用于牙齿缺损、缺失或牙列的修复和替代，以及口腔保健和正畸。随着人们的生活水平提高和口腔医学的发展，临床上对低技术口腔材料产品需求量明显减少，对高技术口腔材料产品的需求明显增加。要大力发展被国外产品垄断市场的高技术、高附加值、临床应用面广的产品。本年度重点支持：

（1）高耐磨复合树脂充填材料；

（2）非创伤性牙体修复材料（ART）；

（3）金属烤瓷；

（4）硅橡胶类印模材料；

（5）易滑动正畸托槽。

本年度不支持一般的复合树脂充填材料、银汞合金、藻酸盐印模材料、种植体。

5. 新型手术器械材料　外科广泛应用的具有国际同类产品水平、有较强市场竞争能力，并能形成规模生产的新型外科手术器械。本年度重点支持：

（1）各类微创外科器械；

（2）血管、骨科、眼科等外科用手术器械。

6. 其他生物医用材料　医学领域广泛应用的具有国际同类产品水平、有较强市场竞争能力，并能形成规模生产的新型医用材料及制品。本年度重点支持项目：

（1）新型止血海绵、止血纱布；

（2）高性能促进伤口愈合的材料；

（3）高档次医用缝合线；

（4）表面修饰人工晶体。

7. 生物可降解材料　生物可降解材料作为药物、生物活性物质、激素等控制释放体系的载体材料，体内埋植材料，支撑修复材料，特别是组织工程技术中的支架材料，在生物医学各领域中的应用已经越来越受到重视，随着其产业化实施及其下游产品的开发，将促进药物新剂型，人体组织器官缺损修复治疗等方面的发展。本年度重点支持：

（1）组织工程用可降解支架材料；

（2）生物活性物质载体材料、药物控释系统用材料。

（六）精细化工材料

精细化工是石油和化学工业中的新兴产业，精细化工产品种类多、附加值高、用途广泛、产业关联度大，是新材料的重要组成部分，直接服务于国民经济的诸多行业。大力发展精细化工已成为世界各国调整化学工业结构的战略重点。我国精细化工产业虽然经过几十年的发展有了较大的进步，但总体技术水平较低，与发达国家相比差距明显，精细化工应通过突破系列精细合成、精细加工技术和新催化技术等，不断开发高附加值、高性能的新品种，以满足国民经济各行业发展的需求。

2003 年重点支持的技术创新项目如下：

1. 电子化学品　电子化学品是一类加工精细、技术含量高，为电子信息产业配套的化工材料。按使用范围可分为集成电路和分立器件用材料、印刷线路板生产与组装用材料、显示器件用材料三大类。本年度重点支持：

（1）高分辨率光刻胶；

（2）印制电路板（PCB）用化学品；

（3）超净高纯试剂及特种气体；

（4）高档封装材料；

（5）彩色液晶显示器用化学品。

2. 新型催化剂　催化技术是现代石油和化学工业最重要的高新技术和关键技术之一。据统计，60% 以上的化学品、90% 的化学合成工艺均与催化有着密切联系。催化剂在石油加工工业、化肥工业、化学品合成和高分子材料制备以及环境保护中起着非常重要的作用。当前，该领域技术创新重点是，以实现清洁生产工艺和生产高性能、高附加值化工产品为目标，开发新工艺、新型催化技术、高性能催化剂及催化新材料。本年度重点支持：

（1）新型煤、天然气和生物质化工催化剂；

（2）新型精细化学品合成催化剂；

（3）新型环保催化剂；

（4）新型石油加工催化剂（炼油催化剂重点支持贷款贴息项目）；

（5）新型催化材料。

本年度不支持污染环境的催化剂及催化工艺。

*3. 专用精细化学品（采用专题评审）　专用精细化学品是指相对农药、染料、涂料等而言，属于起步和发展较晚、基础较薄弱的新领域的产品，主要包括工业水处理

剂、造纸化学品、油田化学品、食品添加剂、饲料添加剂、皮革化学品等。由于其具有卓越的功能性和突出的专用性，已成为化学工业最具活力的新领域之一。当前应加强技术创新，努力开发新品种，并加大产业化力度，满足相关行业需求。本年度重点支持：

（1）环境友好的新型水处理剂；

（2）新型造纸专用化学品；

（3）适用于保护性开采和提高石油采收率的新型油田化学品；

（4）新型表面活性剂。

本年度不支持生物降解性能差或毒性大的表面活性剂（如：支链烷基苯磺酸钠，烷基酚聚氧乙烯醚等）；不支持有毒有害的皮革助剂（如：普通丙烯酸树脂涂饰剂，溶剂型硝化棉等）。

4. 功能性涂料（采用专题评审）　涂料在我国属于发展较早的精细化工行业，与国民经济多行业密切相关，是重要的精细化工行业之一。涂料产品正向高性能、多功能、低污染方向发展。实现涂料产品的水性化、无溶剂化、粉末化、功能化，满足汽车、电子信息、石油化工等领域的需求，是当今涂料领域发展的重点。涂料领域本年度采用专题评审，以贷款贴息方式支持为主。本年度重点支持：

（1）高性能、高装饰性水性汽车面漆；

（2）特种功能涂料（包括导电涂料、耐高温涂料、隔音涂料、电磁屏蔽涂料等）。

本年度不支持的项目：

（1）通用溶剂型涂料；

（2）通用水性建筑涂料及普通防锈涂料；

（3）低档涂料及助剂。

5. 超细功能材料　超细功能材料是化学工业中传统无机材料经产业升级、产品结构调整后崛起的一类新型材料。因其特殊的结构和性能，可广泛应用环境、安全、健康等众多领域。超细功能材料往往具有较有机材料更为明显的优势和其结构和性能的不可替代性，已发展成为当今国际科学研究、技术开发的热点领域。超细功能材料技术创新的重点是材料的产业化制备及工业应用，主要包括结构控制、形态及尺寸控制和表面性质控制技术和高分散均匀复合技术及产品。本年度重点支持：

（1）分子组装制备超细功能材料；

（2）结构、形态及尺寸可控和表面性质可控超细无机功能材料的应用；

（3）具有电子转移特性的分子材料（如光、电、磁致变色、导电材料等）。

本年度不支持仅具有填料功能的常规粉体。

6. 其他精细化学品　精细化工所涵盖的领域和门类多，产品品种复杂，范围广，产业关联度大。在精细化工各行业中，由于其产品服务的产业对象发展速度不一，因此其发展也不平衡。2003 年度精细化工在上述 6 个领域外，还应对其中技术密集、科技含量高、产业关联度大和经济拉动效应明显的部分精细化工品种，有选择性地重点支持。本年度重点支持：

（1）新型高性能聚合物助剂（采用专题评审）；

（2）新型感光材料；

（3）新型油墨；

（4）专用化学试剂。

本年度不支持含卤素阻燃剂；不支持染（颜）料（含中间体）。不支持三废难以解决的香精香料。不支持有毒、有害的皮革助剂。不支持普通打印墨水。

2003 年创新基金立项项目1 197项，其中无偿资助 963 项，占 80.5%，贷款贴息 234 项，占 19.5%。

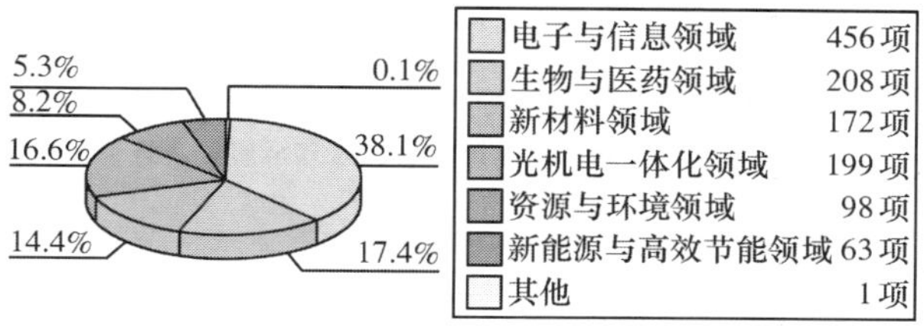

图 15　2003 年创新基金项目按技术领域分类

2003 年创新基金项目按性质分为：鼓励软件产业发展 227 项，支持西部大开发战略 313 项，安排绵阳科技城 49 项，资助留学生创办企业 137 项，支持高新区内项目 537 项，安排小额资助项目 152 项，分别占项目总数的 19.0%、26.1%、4.1%、4%、44.9% 和 12.7%。

资助情况

2003 年，创新基金安排资金66 382万元资助项目实施。其中无偿资助51 677万元，贷款贴息14 705万元，分别占资金总额的 77.8% 和 22.2%。经费资助的重点是电子与信息领域。

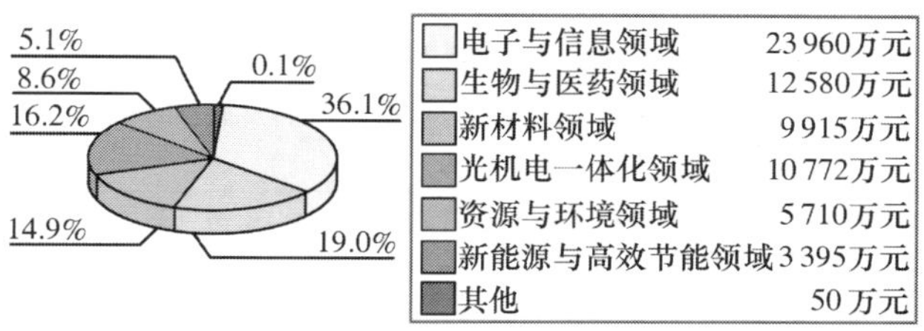

图 16　2003 年创新基金项目资助资金按技术领域分类

2003、2004 年立项项目目录

立项代码	项目名称	企业名称	支持方式	支持金额（万元）
03C26211100009	聚环氧琥珀酸盐阻垢剂	北京联众大地科技有限公司	无偿	50
03C26211100013	牛颈静脉用作人工生物血管及带瓣通道	北京普惠生物医学工程公司	无偿	70
03C26211100018	雾化氧化还原技术生产低松比铜粉	北京恒源粉末合金厂	无偿	70
03C26211100025	全血血糖试纸	北京博智康科贸有限公司	无偿	60
03C26211200044	电子陶瓷烧成用氧化锆高级窑具	天津市天宁新材料有限公司	无偿	50
03C26211200045	中空纤维膜连续微滤成套装置	天津膜天膜工程技术有限公司	无偿	60
03C26211300047	轻质高强低成本新型复合材料管	枣强县永固复合材料有限公司	无偿	50
03C26212110057	高性能特种金属陶瓷塑料造粒模板、切粒刀制备技术及产品	沈阳金锋特种刀具有限公司	无偿	60
03C26212110058	单列螺旋槽干运行非接触气体密封	沈阳万得孚工业有限责任公司	无偿	60
03C26212120060	新法制三氟氯乙烯用催化剂	大连振邦氟涂料股份有限公司	无偿	60
03C26212120062	苦卤法年产1 000吨镁基高抑烟无机纳米阻燃剂的产业化技术开发	大连富美达新材料科技有限公司	无偿	60
03C26122120065	涤棉复合及海岛型超细纤维	大连华纶化纤工程有限公司	贴息	40
03C26212200066	高碳钒高速钢离心铸造双金属复合近终形型材轧辊	吉林省临江市万隆实业有限公司	无偿	60
03C26212200067	高纯度镁合金	吉林临江镁业股份有限公司	无偿	60
03C26212200068	SDA 环保型废纸脱墨剂	延吉新东亚化学有限公司	无偿	40
03C26212300073	天然混合羧酸盐 SD 驱油剂	黑龙江双星化工有限责任公司	无偿	50
03C26212300074	年产 500 吨耐碱玄武岩纤维试验生产线	黑龙江省宁安市镜泊湖耐碱玄武岩纤维有限公司	无偿	40
03C26213100088	新型高分子功能膜	上海大通热转移高分子材料有限公司	无偿	50
03C26213100098	心血管缺损、畸形封堵器	上海形状记忆合金材料有限公司	无偿	60
03C26213100100	厚膜 SOI 晶片	上海新傲科技有限公司	无偿	40
03C26113100106	高频低损耗软磁铁氧体磁芯材料（HP－FEL1）	上海华埔科技有限责任公司	贴息	40
03C26113100104	生产抗肿瘤新药的中间体——三环吡啶	上海子能高科股份有限公司	贴息	40
03C26213200113	3，4－亚甲二氧基苯酚	海门兆丰化工有限公司	无偿	60
03C26213200117	锂离子动力电池用快速充放电阴极材料	江苏省海门市天宝精细化工厂	无偿	50
03C26213200120	敏感压电驱动器件（微位移器）及相关材料	江苏联能电子技术有限公司	无偿	70
03C26113200127	MD1700 水基型无缝钢管轧制芯棒润滑剂	启东兴宇化工有限公司	贴息	40
03C26113200130	新型高效耐高温 a－淀粉酶	无锡赛德生物工程有限公司	贴息	70
03C26113200131	多用途高效破乳剂	江苏省宜兴市化学厂	贴息	70
03C26113200132	反相微乳液相合成法生产高纯超细金红石型二氧化钛功能粉体	江阴市亚星电子材料有限公司	贴息	60
03C26113200133	废弃镍网资源回收与开发利用	江阴市镍网厂	贴息	70
03C26113200134	400 吨/年 2，3－二氢呋喃	盐城市华派化工有限责任公司	贴息	40
03C26113200136	水相光催化法氯化橡胶	宜兴市昌吉利化工有限公司	贴息	70
03C26133200137	冷精锻轿车变速箱结合齿齿坯	江苏太平洋精密锻造有限公司	贷款贴息	70
03C26213210138	高支柔性大麻纤维制取及产品开发	南京恒益麻业技术开发有限公司	无偿	60

续表

立项代码	项目名称	企业名称	支持方式	支持金额（万元）
03C26213210141	1 500平方米陶瓷超滤膜及其成套装置	南京九思高科技有限公司	无偿	70
03C26213300146	琼脂糖系列生化专用离子交换剂	杭州争光树脂有限公司	无偿	50
03C26213300149	医药中间体氢化可的松琥珀酸钠	浙江省仙居县捷大医药化工有限公司	无偿	60
03C26113300150	高纯醋酸异丙烯酯	湖州新奥特医药化工有限公司	贴息	70
03C26113300152	微生物酶拆分法制备 D - 泛醇	浙江鑫富生化股份有限公司	贴息	40
03C26113300154	膨体弹力真丝材料	浙江天信丝绸有限公司	贴息	70
03C26113300155	关键中间体邻氯苯甲腈	浙江联化科技股份有限公司	贴息	60
03C26113300157	WS2 型电解电容器纸	浙江凯恩特种材料股份有限公司	贴息	70
03C26213310159	年产 150 吨 2 - 甲氧基丙烯中试	宁波华纳化工有限公司	无偿	70
03C26113310161	12#高效多功能絮凝剂	奉化南海药化集团有限公司	贴息	40
03C26113310162	稀土锌镍镁多元合金镀层产品	宁波沪甬电力器材制造实业公司	贴息	70
03C26213400164	用造纸废液中的木质素制备香兰素	淮南市广明化工产品开发有限公司	无偿	70
03C26223400167	HQ - 400 乳制品设备专用洗净剂	合肥华清金属表面处理有限公司	无偿	60
03C26213500169	建陶窑炉余热回收利用与排污净化技术	福建省闽清汇达陶瓷有限公司	无偿	60
03C26213500171	隐形导轨平移式载重子午胎硫化机	福建华橡自控技术股份有限公司	无偿	60
03C26113500173	铝材表面热转印处理技术	福建省南安市闽发铝厂	贴息	40
03C26113600177	稀土金属生产与应用中固体废弃物综合利用	江西南方稀土高技术股份有限公司	贴息	70
03C26213700181	铁—镁—铝新型复合脱色絮凝剂	潍坊中环绿源净水剂有限公司	无偿	60
03C26113710189	膜法新工艺提取甘露醇	青岛胶南明月海藻工业有限责任公司	贴息	70
03C26214100190	新型生物絮凝剂 NUST01 的中试	河南赊店饲料有限公司	无偿	50
03C26114100192	新型组合式活塞环	焦作市科达活塞环有限公司	贴息	40
03C26114100193	真空热法新工艺冶炼特种金属钙及合金	南阳巨能金属钙有限公司	贴息	40
03C26214210202	高性能机动车尾气催化剂金属载体	武汉新中汽车尾气净化器有限公司	无偿	50
03C26224210203	废气分离式自焙侧插铝电解槽	武汉铝电高科技工程有限公司	无偿	40
03C26214300207	醇烃化精制及低压低能耗氨合成系统项目	湖南安淳高新技术有限公司	无偿	40
03C26114300209	新型无机非金属功能材料——一次涂搪特种耐腐蚀搪瓷釉	湖南立发颜料化工有限公司	贴息	70
03C26124300211	高性能超细晶粒硬质合金	湖南银洲有色高技术有限公司	贴息	70
03C26214400212	中高速凹版光变防伪油墨（OVI）	惠州市华阳光学技术有限公司	无偿	40
03C26114400216	塑料合金电磁动态反应挤出机	汕头市光华机械实业有限公司	贴息	40
03C26114400218	粉末喷涂热转印（木纹/石纹）金属装饰材料	佛山市季华铝业公司	贴息	70
03C26114420229	贱金属电极材料微型片式多层陶瓷电容器	深圳市宇阳科技发展有限公司	贴息	70
03C26215100238	低品位铜矿生物提取新技术	四川会理大铜有限责任公司	无偿	40
03C26215100239	*完全生物降解葡甘聚糖包装薄膜	西南科技大学绵阳科技开发研究所	无偿	80
03C26215100240	*生态化利用粉煤灰制备超细氧化铝粉体	绵阳西科高新材料有限公司	无偿	50
03C26215100242	*超细粉碎—表面改性一体化技术与设备	绵阳同康科技有限公司	无偿	80

续表

立项代码	项目名称	企业名称	支持方式	支持金额（万元）
03C26215100244	＊GR－568有机硅灌封料及GNB－594底涂料项目	绵阳西博科技有限公司	无偿	50
03C26215100245	直接皂化法以蚕沙制叶绿素铜钠新工艺	自贡市亚欧桥成佳蚕丝有限公司	无偿	40
03C26215100253	＊高纯超细球形硅微粉成型技术	绵阳市三慧硅质材料有限公司	无偿	50
03C26115100260	人工合成牛黄酸新工艺产业化示范工程	绵阳市立洁日化有限公司	贴息	70
03C26215110262	钢板锻制金属密封球阀	重庆白市驿锻制阀门研究所	无偿	40
03C26115110272	纳米复合电镀工艺及纳米电镀缸体	重庆阿波罗机电技术开发公司	贴息	70
03C26115110273	超舒适针织及仿真面料	重庆三五三三印染服装总厂	贴息	40
03C26215120275	新法提取4－羟基异亮氨酸工艺及中药葫芦巴综合利用中试开发	成都华高天然产物有限责任公司	无偿	60
03C26225120279	密集波分复用器（DWDM）基片材料	成都贝瑞光电子材料技术有限公司	无偿	40
03C26225120280	锂离子电池电极材料环保水性黏合剂	成都茵地乐电源科技有限公司	无偿	70
03C26215300286	生物可吸收医用胶水	昆明贝依玛生物医学材料有限公司	无偿	50
03C26115300287	耐热植酸酶产业化	云南康和生物工程股份有限公司	贴息	40
03C26215400288	氮化硅精密陶瓷抽油泵	西藏华冠特种陶瓷有限公司	无偿	70
03C26216100291	灰熔聚流化床粉煤气化制取合成氨原料气	陕西城化股份有限公司	无偿	50
03C26216110298	复合胶体煤层自然火灾防灭火材料及设备	西安森兰科贸有限责任公司	无偿	50
03C26216110299	含氟二苯乙炔类系列液晶单体	西安瑞联近代电子材料有限责任公司	无偿	60
03C26216110303	酶洗纺织品新型专用酶的研究	西安市海涛酶工程有限责任公司	无偿	60
03C26216110304	高性能纳米氧化物复合钨电极制品	陕西瑞信电子有限责任公司	无偿	50
03C26216200313	300吨/年细菌浸出—萃取—电积铜	西北矿冶研究院	无偿	50
03C26226200315	铝电解厂过程化数据在线管理系统	兰州联创科技股份有限公司	无偿	60
03C26216300316	改进兑卤脱钠制取优质氯化钾技术新工艺	青海东方优质氯化钾工业实验厂	无偿	70
03C26216300318	QHS－3钠、钙复合型浮选剂	青海省化工设计研究院	无偿	40
03C26216400319	高效率、低成本、大功率单晶硅太阳能电池组件	宁夏宁沪太阳能科技有限公司	无偿	60
03C26211100326	电子陶瓷烧成用刚玉－莫来石与碳化硅复合窑具产品	北京创导工业陶瓷有限公司	无偿	75
03C26211100327	聚烯烃催化剂配制用镁粉BL－928	北京斯伯乐科技发展有限公司	无偿	85
03C26221100330	利用废油及油脚生产可生物降解抑尘剂	北京精诚博桑科技有限公司	无偿	65
03C26213100341	高性能钛合金材料制成保安防暴手套	上海三浦科技发展有限公司	无偿	50
03C26213100343	无剥离、微负压热裂解废旧轮胎高值化利用	上海绿人生态经济科技有限公司	无偿	85
03C26113200359	高性能耐磨陶瓷微珠	无锡市陶都锡阳实业公司	贴息	80
03C26113200360	宽频、超低功耗MnZn铁氧体	无锡克力司磁性器件有限公司	贴息	50
03C26113200362	高强度陶粒支撑剂	宜兴东方石油支撑剂有限公司	贴息	80
03C26213300366	耐腐伴热采样复合管	浙江华源电热有限公司	无偿	85
03C26113300372	水溶性胃溶型药用薄膜包衣预混辅料	温州小伦包衣技术有限公司	贴息	80
03C26113300376	阿伐他汀关键中间体	台州市东港精细化工厂	贴息	80
03C26113300380	制剂新辅料聚丙烯酸树脂IV	湖州展望化学药业有限公司	贴息	80
03C26113300381	7－氨基去乙酰氧甲基头孢烷酸	浙江天台药业有限公司	贴息	80

续表

立项代码	项目名称	企业名称	支持方式	支持金额（万元）
03C26213600389	DDS 脱硫催化剂开发	江西永丰县博源实业有限公司	无偿	50
03C26213700392	B 特性高介电常数瓷粉料	沂南同皓电子元件有限公司	无偿	55
03C26224210400	超大规模集成电路封装料用球形硅微粉	武汉帅尔光电子粉体新材料有限公司	无偿	75
03C26214300402	氨基醇脱氢用新型催化剂制备及一步法连续合成氨基酸（盐）新工艺	湖南永新科技实业开发公司	无偿	65
03C26214420408	非晶硅叠层太阳能电池	深圳市创益科技发展有限公司	无偿	65
03C26215100416	生物柴油生产技术与装置	四川古杉油脂化学有限公司	无偿	80
03C26215100418	苎麻脱胶新工艺及天然纤维的高性能化	梓潼林江苎麻纺织有限责任公司	无偿	50
03C26115100421	高纯度晶体铬酸酐	四川省绵阳市华意达化工有限公司	贴息	70
03C26225100420	常温收缩 15kV 电缆附件及其高性能形状记忆高分子材料	绵阳市英联高新技术有限责任公司	无偿	50
03C26115120428	秸秆“五防”轻质板材	四川星河建材有限公司	贴息	50
03C26225120425	超大规模集成电路以太网路由器、交换机系统芯片 SoC	四川南山之桥微电子有限公司	无偿	75
03C26215200431	高强碳化硅多孔泡沫陶瓷	贵州新材料矿业发展有限公司	无偿	65
03C26226100434	埋弧焊管用高速、高韧性焊剂	宝鸡市永定石油钢管焊接材料有限公司	无偿	55
03C26216110436	高电阻碲锌镉（CdZnTe）晶体材料	西安西凯光电子材料技术发展有限责任公司	无偿	50
03C26116500446	500 吨/年酶法生产低聚木糖	新疆纵横股份有限公司	贴息	50
03C26211100450	高性能粉末冶金摩擦材料 BM－218G 及制品	北京摩擦材料厂	无偿	75
03C26211100454	新型环保节能高分子复合材料	北京中海润达科贸有限公司	无偿	50
03C26211100456	新型可见光催化净化剂——光触媒液的研发及应用产品	北京英特雅光高科技有限公司	无偿	20
03C26211100461	新型高性能电子电器用聚合物合金	北京合科高分子材料有限公司	无偿	75
03C26221200482	三维编织复合材料生物活性骨内置物的生产	天津天大天隆科技有限公司	无偿	25
03C26221200491	纯金属纤维高效屏蔽材料	天津市纳维斯科技发展有限公司	无偿	25
03C26221200492	适用于磨蚀性料浆工况的环保型密封	天津市合润科技有限责任公司	无偿	25
03C26211500495	高性能铝合金焊丝及表面光亮净化处理新工艺	内蒙古包头市天利焊业有限责任公司	无偿	55
03C26212110498	微功耗薄膜磁传感器	沈阳汇博思宾尼斯传感技术有限公司	无偿	30
03C26212110502	高耐磨性连续复合金刚石切割微线	沈阳晶通金刚石复合材料有限公司	无偿	30
03C26212110504	多功能薄膜材料沉积装置	沈阳超空科技有限责任公司	无偿	25
03C26222200511	轻质柔软型薄片状电磁波吸收体	长春恒威电磁兼容技术有限公司	无偿	20
03C26213100540	高纯铝提纯工艺与设备	上海市源泉金属新材料科技有限公司	无偿	70
03C26213100542	处理含油废水的 CNM 膜分离设备	上海西恩环保设备有限公司	无偿	20
03C26213100553	高强螺栓连接面专用水性无机涂料	上海暄洋化工材料科技有限公司	无偿	25
03C26113100558	高折射光学树脂镜片	上海康耐特光学有限公司	贴息	85
03C26213200564	高性能多孔陶瓷壁流式过滤体	宜兴市绿星催化净化器有限公司	无偿	85
03C26113200577	新型多官能团缓蚀阻垢剂（DPSC）	南京化工学院常州市武进水质稳定剂厂	贴息	85
03C26113200579	防腐型双导流筒式非金属补偿器	江阴市石油化工设备有限公司	贴息	55
03C26223200571	香榧假种皮提取制备高纯度紫杉醇	苏州新诺生物科技有限公司	无偿	30
03C26223200572	CNL－I 型污水处理除磷脱氮反应器	苏州海宏环保科技工程有限公司	无偿	30

续表

立项代码	项目名称	企业名称	支持方式	支持金额（万元）
03C26213300584	硅纳米复合镀膜玻璃的化学气相制备技术及专用镀膜气	杭州浙大高特材料科技有限公司	无偿	30
03C26213300585	P-N 改性纳米氢氧化镁（铝）低成本制备高性能无卤阻燃聚乙烯料	杭州浙大多元新材料有限公司	无偿	30
03C26213300591	食品添加剂新品种——竹叶抗氧化物	杭州浙大力夫生物科技有限公司	无偿	30
03C26113300596	煤制工业合成气一步合成二甲醚产业化	浙江东阳化学工贸有限公司	贴息	85
03C26113300599	氟灭酸醚酯关键中间体——氟灭酸	上虞市恒升化工有限公司	贴息	55
03C26213510604	新型导电高分子材料电解电容器	厦门量子星科技有限公司	无偿	25
03C26213510612	用于精密加工的特种热熔胶及其黏接工艺	厦门泰硕科技有限公司	无偿	20
03C26213600616	复合海绵生物敷料	江西省科学院住友生物工程技术有限公司	无偿	75
03C26213700617	酶法生产棕榈酸异辛酯	东营市源聚生物制品有限公司	无偿	50
03C26213700618	高 TEX 数无碱无捻玻璃纤维直接纱浸润剂专用成膜剂	泰安华岳复合材料科技有限公司	无偿	65
03C26213700620	高品质低腐蚀隧道密度石英晶体材料	山东电波（集团）厂	无偿	65
03C26213700621	MEVVA 源及磁过滤弧源对工模具表面优化技术的应用	龙口市比特有限公司	无偿	75
03C26223700628	高效改性滤料在降氟改水中的应用研究	济南福能达环保设备有限公司	无偿	30
03C26215100665	6 300kVA密闭电炉冶炼酸溶性钛渣中试	攀枝花市营欣实业有限责任公司	无偿	75
03C26225100671	集成电路用抗腐蚀极细键合铝丝	绵阳高新区芯联有限责任公司	无偿	70
03C26225100674	宽温色散型软磁铁氧体材料	四川绵阳赛亚磁业有限责任公司	无偿	20
03C26225100675	连续法固定化脂肪酶催化合成长链脂肪酸酯	四川西普油脂化工有限公司	无偿	70
03C26225120692	新型水溶性铑-膦络合催化剂新材料	成都欣华源科技有限责任公司	无偿	25
03C26225120696	超硬多层纳米镀膜技术产业化开发与应用	成都凯贝克纳米镀膜技术有限公司	无偿	25
03C26225120698	高性能铬鞣助剂的研制及在清洁制革技术中的应用	成都高新区深博新材料有限公司	无偿	25
03C26225120700	MZS130 型高性能贴片用热敏电子陶瓷粉体材料	成都顺兴电子有限公司	无偿	20
03C26215200706	数据总线控制新型高速金属拉拔设备	贵州航天南海机电有限公司	无偿	55
03C26215200707	阻燃高强聚乙烯等系列高性能聚合物改性材料中试	贵州省工程复合材料中心	无偿	50
03C26215300708	微电子工业用复合铜粉及复合铜浆制备技术与产业化	昆明理工恒达科技有限公司	无偿	65
03C26225300715	中高温嗜热嗜酸菌-冶炼高砷铜精矿	昆明易明兴矿冶设备有限公司	无偿	20
03C26225300717	精制黄磷清洁生产新工艺及新设备	昆明金凌冠科技有限公司	无偿	30
03C26125300718	新型医用即溶止血纱布	云南德华生物药业有限公司	贴息	55
03C26226110729	无氧化冷拉高质量钛及钛合金丝、型材	西安博诚新材料技术有限公司	无偿	30
03C26216200736	高效湍流磨超细粉体设备	甘肃雷诺换热设备有限公司	无偿	55
03C26216200737	高速高性能同向双螺杆挤出机	兰州兰泰塑料机械有限责任公司	无偿	55
03C26211100765	车用树脂基复合材料大型构件快速成型技术及产品	北京玻璃钢研究设计院	无偿	60
03C26211100776	精细有机氮源——药媒	北京中棉紫光生物科技有限公司	无偿	50
03C26111100828	真空水平连铸高温合金材料及制品	北京钢研高纳科技有限责任公司	贴息	70

续表

立项代码	项目名称	企业名称	支持方式	支持金额（万元）
03C26111100830	电解电容器阳极高压用箔	北京伟豪铝业有限责任公司	贴息	70
03C26221100802	新型改性 PET 树脂系列的研制和应用	北京崇高纳米科技有限公司	无偿	60
03C26221100823	太阳能电池用多晶硅料研制及生产	北京中联阳光科技有限公司	无偿	60
03C26121100833	新型 KTP 晶体	烁光特晶科技有限公司	贴息	70
03C26211200834	绿色阻垢分散剂工业化研究开发	天津化工研究设计院	无偿	60
03C26211200835	激光打印及数字复印显影剂专用共聚树脂	天津市合成材料工业研究所	无偿	70
03C26211300837	无铅 BGA 焊锡球	霸州邦壮电子材料有限公司	无偿	60
03C26111400841	无磷洗涤助剂－4A 合成沸石	山西榆次昶力高科有限公司	无偿	70
03C26211500842	荧光级氧化铕清洁生产及资源综合回收利用中试	包头市京瑞新材料有限公司	无偿	70
03C26221500846	多种规格尺寸稀土磁致伸缩材料研究	内蒙古希苑稀土功能材料工程技术研究中心	无偿	60
03C26212100853	超细、高纯无定形硼粉	丹东市化工研究所有限责任公司	无偿	70
03C26212110856	电真空用发泡镍丝材料	沈阳合金材料有限公司	无偿	70
03C26212120860	光电子材料高纯氨和高纯三甲基镓规模化生产	大连保税区科利德化工科技开发有限公司	无偿	50
03C26222120862	电动车等用小功率质子交换膜燃料电池	大连新源动力股份有限公司	无偿	60
03C26222120863	变压吸附制氧 La－Ce－Mg－X 型分子筛中试	大连瑞克科技有限公司	无偿	70
03C26112200874	2000 吨/年分散剂 NAS	吉化集团吉林市星云工贸有限公司	贴息	50
03C26212300877	年产 300 吨新型三效稀土 FCC 助剂（RE－Ⅱ）	肇东市东盛稀土复合氧化物燃烧催化剂有限责任公司	无偿	60
03C26112310880	年产1 000吨钛纳米聚合物防腐防垢涂料	哈尔滨鑫科纳米科技发展有限公司	贴息	50
03C26213100888	安大燃气用直埋式聚乙烯（PE）球阀	上海安大燃气设备有限公司	无偿	50
03C26213100893	刀具复合钢锭的铸造及其复合钢	上海泛屹复合钢有限公司	无偿	60
03C26213100897	天然级 β－苯乙醇及其酯类	上海香料研究所	无偿	70
03C26213100903	高效复合光催化空气净化过滤器材	上海过滤器有限公司	无偿	60
03C26213100908	t－OVD 可透视光学高分子新材料及其防伪应用	上海复旦天臣感光材料有限公司	无偿	60
03C26113100919	蓝光 GaN 外延片	上海兰宝光电材料有限公司	无偿	70
03C26213200932	改性壳聚糖处理红霉素发酵液	镇江新宇化工有限责任公司	无偿	50
03C26213200934	锂离子电池凝胶电解质	张家港市国泰华荣化工新材料有限公司	无偿	60
03C26113200936	电气化铁道用铜镁合金绞线	江阴市电工合金有限公司	贴息	70
03C26113200938	DVD 用智能化锂离子电池	南通硬派电池有限公司	贴息	50
03C26113200939	BM 微生态制剂	宜兴市碧程环保设备有限公司	贴息	70
03C26113200945	长棒形瓷绝缘子	无锡华能塞拉姆绝缘子有限公司	贴息	70
03C26113200946	左旋 1－乙基－2－氨甲基吡咯烷	如皋市恒祥有限公司	贴息	50
03C26123200948	4～6 英寸无籽晶石英基片规模化生产	常州松晶电子有限公司	贴息	50
03C26213210950	高浓度水溶性有机化工废水治理及资源化的胺基修饰复合功能树脂	江苏南大戈德环保科技有限公司	无偿	60
03C26213300955	高辐射取向的高性能永磁铁氧体磁瓦	东阳市李氏磁电有限公司	无偿	70
03C26213300959	纳米材料钝化芯片	绍兴科盛电子有限公司	无偿	60
03C26113300966	N－［1（s）－乙氧羰基－3－苯丙基］－L－丙氨酸－N－羧酸酐合成新技术	天台昌明化学制品有限公司	贴息	50

续表

立项代码	项目名称	企业名称	支持方式	支持金额（万元）
03C26113300968	废橡胶综合利用成套设备——FCS 废旧轮胎常温法精细胶粉成套生产线	浙江绿环橡胶粉体工程有限公司	贴息	50
03C26113300972	原位聚合法制造纳米改性不饱和聚酯树脂	上虞市宇达化工有限公司	贴息	50
03C26113300973	高性能贴片元件三氧化二铝片式电阻专用陶瓷基板	横店集团电子陶瓷有限公司	贴息	50
03C26113300974	新型高耐蚀、高效换热、超长铜合金冷凝管	海亮集团浙江铜加工研究所有限公司	贴息	50
03C26223300962	6－去氢黄体酮中试	杭州久恒生物化学科技有限公司	无偿	60
03C26113310984	铜基高锡硼合金	宁波甬灵有色合金有限公司	无偿	70
03C26213400985	新型高性能低成本汽车、电气用聚合物合金	芜湖市普兰士新材料有限公司	无偿	60
03C26213400986	基因重组葡萄糖异构酶	安徽中科大易元生物技术有限公司	无偿	60
03C26113500992	人工合成大环类麝香环十五酮	福建省南平天富精细化工有限公司	无偿	50
03C26213510995	温差发电模块的研制	厦门纳米克热电电子有限公司	无偿	60
03C26213600999	利用分子蒸馏技术从糠蜡中提取二十八烷醇中试	江西亿仁油脂有限公司	无偿	60
03C26213601000	用纸筒管的化纤单丝分丝机中试	江西抚州市新鑫差别化纤维有限公司	无偿	50
03C26113601006	双溶剂萃取、智能闭环实时控制提钇新工艺	江西金世纪新材料股份有限公司	贴息	70
03C26113601007	新法合成2，3－二氯苯甲醛产业化	江西省奉新化工有限公司	贴息	70
03C26213701011	低品位含铈混合稀土制备高性能储氧材料	淄博华庆粉体材料技术有限公司	无偿	60
03C26213701012	氰尿酸生产联产硫酸铵新技术	滕州市瑞得丰精细化工有限公司	无偿	50
03C26213701013	深井、超深井碳纤维复合材料连续抽油杆	龙口博德复合材料有限公司	无偿	50
03C26213701014	1，4－萘醌	滕州市辛绪化工原料有限责任公司	无偿	60
03C26213701016	酶法合成维生素 A 棕榈酸酯	淄博康宏工贸有限公司	无偿	60
03C26113701024	动态全硫化热塑性硫化胶（TPV）的工业化	山东道恩化学有限公司	贴息	70
03C26113701025	黄金冶炼氰化尾渣去氰提金及综合利用	蓬莱市黄金冶炼厂	贴息	70
03C26113701027	年产2 000吨复合橡胶塑解剂 HTA	山东阳谷华泰化工有限公司	贴息	70
03C26113701028	耐热型高抗冲击韧性金刚石聚晶复合片	东营市胜通超硬材料有限公司	贴息	70
03C26113701029	碳化硅超细粉体	潍坊六合微粉有限公司	贴息	70
03C26223701019	用于油田管壁双不亲纳米金属高分子复合新材料	济南名泉科技开发有限公司	无偿	60
03C26213711031	纳米多微孔陶瓷复合膜海水淡化装置	青岛科瑞特机电集团有限公司	无偿	60
03C26213711033	xz168 大型胶囊及胎冠移模注射成型生产线	青岛国盛达科技股份有限公司	无偿	60
03C26214201040	310 酸铜光亮剂	汉川新隆化工有限责任公司	无偿	70
03C26214201043	微波聚合技术合成聚己内酯和聚己内酯多元醇	武汉天生成科技有限公司	无偿	60
03C26114201047	新型耐磨金属陶瓷离合器	湖北省麻城市飞碟离合器有限公司	贴息	70
03C26114201048	5#特低黏性精制棉	钟祥市金汉江纤维素有限公司	贴息	50
03C26114201049	电子气体刻蚀剂——三氟化氮	湖北沙隆达天门农化有限责任公司	贴息	50
03C26114201052	混合集成电路 PLLSXX1 系列片式晶体锁相环	湖北东光电子股份有限公司	贴息	70
03C26214211055	聚合物电压诱变材料	武汉普力玛新材料技术有限责任公司	无偿	70
03C26214211056	新工艺、新产品——L－鸟氨酸盐酸盐	武汉武大弘元股份有限公司	无偿	60
03C26214211058	AJ 建筑保温隔热材料	武汉奥捷新型建材有限公司	无偿	60

续表

立项代码	项目名称	企业名称	支持方式	支持金额（万元）
03C26214301063	酮咯酸氨丁三醇原料及制剂	湖南华纳大药厂有限公司	无偿	60
03C26214401068	方型高容量锂－亚硫酰氯电池	惠州亿纬电源科技有限公司	无偿	70
03C26214401069	数码光盘注射成型技术和装备	广东泓利机器有限公司	无偿	60
03C26114401074	陶瓷废渣回收利用	潮州绿环陶瓷资源综合利用有限公司	贴息	50
03C26114401076	采用碱分解、抑制逆反应新工艺从白钨矿制取氧化钨	潮州翔鹭钨业有限公司	贴息	70
03C26214421084	TOMORI 光触媒材料喷涂液	深圳市东森环境技术有限公司	无偿	60
03C26114421094	锂离子电池用改性球形石墨负极材料生产技术	深圳市贝特瑞电子材料有限公司	贴息	50
03C26214501096	注射用醋酸亮丙瑞林缓释微球研制	广西半宙制药股份有限公司	无偿	60
03C26215101107	高性能 95% 氧化铝陶瓷真空管壳技术	宜宾金洋电子陶瓷厂	无偿	50
03C26215101108	电子陶瓷高温烧结用新型承烧板	宜宾红星敏感电器有限公司	无偿	70
03C26215101109	羰基纳米铁粉的研制与开发	江油核宝纳米材料有限公司	无偿	50
03C26115101127	基于热塑性树脂微孔材料的高耐磨道路反光标带	四川省江油夜视丽反光材料有限公司	贴息	70
03C26225101123	N－甲酰吗啉脱除天然气凝析油中硫新工艺	西南化工研究设计院	无偿	60
03C26225101124	电波暗室用宽带 NiZn 铁氧体吸波材料	绵阳市新欣电子有限责任公司	无偿	50
03C26215121134	背投电视机冷却腔 PECC 黑色陶瓷膜层技术的开发及应用	成都三利亚中瓷有限责任公司	无偿	70
03C26115121143	片式 NTC 热敏电阻器	成都顺康电子有限责任公司	无偿	50
03C26215201146	大型真空泵不锈钢铸锻总成	遵义拓特铸锻有限公司	无偿	70
03C26215301147	太阳能光伏电池导电无铅涂锡合金铜带	昆明三利特科技有限责任公司	无偿	70
03C26215301148	铜火法精炼清洁生产用——高效还原剂生产新技术新设备	昆明理工精诚科技有限责任公司	无偿	70
03C26215301149	清洁型、短流程制备高品质高纯氧化铝新技术	昆明贵金属研究所	无偿	50
03C26216101153	新型环保消毒剂产品过（一）硫酸氢钾复盐	陕西宝化化工有限责任公司	无偿	70
03C26216101155	氧化锌陶瓷线性电阻材料及器件	陕西东太科技实业有限公司	无偿	60
03C26216111166	长寿命超高比能量蓄电池板栅材料——稀土铅基合金	陕西大禹有色金属发展有限公司	无偿	60
03C26216201180	电解冶金复合隔膜	甘肃省膜科学技术研究院	无偿	60
03C26226201183	CCD 光学镜头	兰州鑫泰光学有限公司	无偿	50
03C26216401187	35V－18000～20000μFV/g 中压高比容钽粉	宁夏东方特种材料科技开发有限责任公司	无偿	70
03C26216401190	高性能复相结合碳化硅窑具	宁夏协成冶金制品有限公司	无偿	60
03C26216501192	WR－510 高效再生胶活化剂	吐鲁番市国星橡胶工贸有限责任公司	无偿	60
04C26211100001	溶液雾化蒸发法纳米粉体生产与设备开发	北京嘉益亨元科技发展有限公司	无偿	30
04C26211100003	催化裂化微爆活化剂	北京惠尔三吉绿色化学科技有限公司	无偿	20
04C26222100022	光催化水质净化反应罐	鞍山市新兴科学技术开发有限责任公司	无偿	20
04C26222100031	磁铁矿高效精选设备研制应用	鞍山金裕丰选矿科技有限公司	无偿	20
04C26222110038	纯净化的真空熔炼技术制取镍钛记忆合金驱动的消防报警灭火器	沈阳天翊忆金新材料开发有限公司	无偿	30
04C26222120042	陶瓷绝热防腐涂层	大连绿陶节能新材料有限公司	无偿	20

续表

立项代码	项目名称	企业名称	支持方式	支持金额（万元）
04C26222120047	定影废液再生及银离子智能电化学回收技术及设备	大连科思特固态化学材料有限公司	无偿	30
04C26222200053	多功能弹性高分子密封涂层材料	吉林市正安科技开发有限公司	无偿	20
04C26222300076	新型深度调剖交联剂	大庆诚远化工科技开发有限公司	无偿	20
04C26222310086	纳米流质添加剂改性的微弧氧化技术	哈尔滨凯思达科技有限公司	无偿	30
04C26222310089	聚合物纳米粉添加分散装置	哈尔滨君威科技有限公司	无偿	20
04C26213100097	ER65 松香乳液施胶剂	上海上大玲珀化工科技有限公司	无偿	20
04C26213100100	高热变形温度液晶高分子材料	上海半坡新材料技术有限责任公司	无偿	20
04C26213310143	多用途智能锂电池 PACK	宁波市科技园区普马电子有限公司	无偿	20
04C26213310144	耐热改性剂 IP 树脂	宁波市科技园区贝源塑化有限公司	无偿	20
04C26224100172	电子陶瓷用塑性相结合刚玉莫来石窑具	洛阳意诺耐火材料有限公司	无偿	20
04C26225100207	HFC 网络用 R3K 射频宽带 NiZn 铁氧体材料	绵阳市新兴磁业有限公司	无偿	30
04C26225110221	高亮度电致发光（EL）显示屏	重庆艾迪维尔科技有限公司	无偿	20
04C26225120227	高纯超细硅微粉新材料	成都托飞科技有限责任公司	无偿	20
04C26225120229	臭氧+生化处理天然气生产厂含防冻剂废水技术	成都科勒环保科技有限公司	无偿	30
04C26225200238	环保型金属和工程塑料表面处理剂	贵阳精化新材料开发有限公司	无偿	30
04C26225300243	电沉积新型高耐蚀 $Zn-Fe-SiO_2$ 复合镀层	昆明福莱茵科技有限公司	无偿	30
04C26226110252	接触式表面电子润滑保护油	西安首拓新材料有限责任公司	无偿	30
04C26226110253	高磁导率、低损耗、抗 EMI 材料	西安三联磁业科技有限公司	无偿	30
04C26216400260	二氧化硅微粉的深加工（增密技术）	宁夏聚合硅合金有限公司	无偿	20
04C26216400261	新型高强防水洁净燃料型煤加工技术	宁夏天贶型煤机械有限公司	无偿	20
04C26216400263	抗菌形状记忆高分子材料	宁夏西隆科技开发有限公司	无偿	30
04C26211100299	光纤行业用石英玻璃把持棒	北京金格兰石英玻璃有限公司	无偿	80
04C26211100300	去离子水制备技术与设备开发	北京柏图美加科技发展有限公司	无偿	100
04C26211100303	新型热塑性弹性体的制备	北京市北化研化工新技术公司	无偿	80
04C26211200342	电阻、电容器专用环保型环氧粉末包封料	天津市凯华绝缘材料有限公司	无偿	60
04C26211200343	金属注射成型工艺生产反向器	天津泰达电气设备有限公司	无偿	80
04C26221200346	8Ah/7Ah 动力型锂离子电池中试生产	天津蓝天电源公司	无偿	80
04C26111200347	B-H 型系列活性染料	天津市大港区天成化工厂	贴息	70
04C26111200348	环保型 THV 氟树脂燃油胶管	天津大港鹏翎胶管股份有限公司	贴息	70
04C26121200349	Sc3500 高功率型金属氢化物镍电池生产线建设	天津蓝天高科电源股份有限公司	贴息	70
04C26211300351	高纯微细球形雾化镁粉	唐山威豪镁粉有限公司	无偿	80
04C26211300352	超长防腐搪瓷螺旋鳍片管	河北郁宏搪瓷有限公司	无偿	100
04C26211300358	新型材料防喷器胶芯	河北省景县景渤石油机械有限公司	无偿	60
04C26111300359	高强度建筑钢拉杆的研制与应用	巨力集团徐水锻造索具有限公司	贴息	70
04C26111300360	低色温照明用半导体白光 LED	鑫谷光电股份有限公司	贴息	70
04C26211500366	新型造纸专用化学品超细片状轻质碳酸钙中试推广试验	内蒙古吉兰泰吉洁化工有限公司	无偿	50

续表

立项代码	项目名称	企业名称	支持方式	支持金额（万元）
04C26211500369	系列高镁合金包芯线及喂线处理新技术	包头文鑫实业有限公司	无偿	60
04C26111500371	优质大规格“四高”石墨产品质量稳定性研究及产业化开发	内蒙古兴和兴永碳素有限公司	贴息	50
04C26121500372	高性能阀控密闭稀土蓄电池	内蒙古洛克高科技股份有限公司	贴息	70
04C26212100374	超细球形镁粉制备	营口恒大实业有限公司	无偿	60
04C26112100377	涂层颗粒镁脱硫剂生产规模化	大石桥宝钢金宝镁制品有限公司	贴息	70
04C26212110380	动力型镍氢电池发泡镍用纳米级石墨导电涂料	沈阳天润化工有限公司	无偿	100
04C26212110382	系列矿岩高压辊磨机开发与应用	沈阳华安环保科技有限公司	无偿	50
04C26212110383	稀土陶瓷型壳钛合金熔模精密铸造技术中试生产	沈阳铸造研究所	无偿	70
04C26212110388	高性能氮化硅结合碳化硅复相结构陶瓷工艺技术及制品	沈阳星光技术陶瓷有限公司	无偿	80
04C26212120403	高效复合型中空玻璃干燥剂	大连海鑫化工有限公司	无偿	50
04C26212120404	高性能钛合金材料中试研究	大连盛辉钛业有限公司	无偿	60
04C26212120405	新型（钴铬）冠状动脉金属支架	大连大学医学院生物医学研究所	无偿	60
04C26122120408	纳米导电微粒子功能材料	大连三科科技发展有限公司	贴息	70
04C26212200414	高品位碳化硼微粉	敦化市正兴磨料有限责任公司	无偿	80
04C26212200415	铁基黏结软磁材料	梅河口市赛德利亚汽车电器有限公司	无偿	80
04C26222200418	中高档锂离子电池用改性人造石墨负极材料	吉林市联创科技开发有限公司	无偿	50
04C26112200420	2.4－二正辛基硫亚甲基－6－甲基苯酚	吉林省九新实业集团化工有限公司	贴息	70
04C26213100444	石油行业新型专用激光加工设备——SLCFG 型石油激光筛管加工机	上海团结百超数控激光设备有限公司	无偿	60
04C26213100451	复合导电薄膜	上海大智三花薄膜有限公司	无偿	50
04C26213100452	稀土铝镁合金（RMAL）防蚀新材料	上海润实防蚀新材料科技有限公司	无偿	50
04C26213100459	微纳米相控功能乳液	上海居宁高分子材料有限公司	无偿	100
04C26213100470	铝一锌铝一体高真空高端电容器用薄膜专用镀膜机	上海致创真空镀膜有限公司	无偿	50
04C26213200487	纳米亲水铝箔涂覆材料	常州光辉高科技化工有限公司	无偿	50
04C26213200488	高比容硬态腐蚀低压阳极箔	扬州宏远电子有限公司	无偿	60
04C26213200491	微位移器用高线性、低蠕变、耐高温、单双极性压电陶瓷材料	昆山攀特电陶研发中心有限公司	无偿	80
04C26213200492	15 分钟特快充型镍氢动力电池	江苏省新动力电池及其材料工程技术研究中心有限公司	无偿	80
04C26213200496	铝包股钢加强芯倍容量输电导线	南通江东通信设备有限公司	无偿	50
04C26213200499	110～160A/1200～1400V 方形芯片功率晶闸管研发及中试项目	扬州晶来电子有限公司	无偿	80
04C26213200500	高强度气体放电灯用滤紫外线低羟基管中试	东海县海王石英制品有限公司	无偿	60
04C26113200507	电力机车受电弓用碳纤维增强碳滑板	宜兴市溢洋墨根材料有限公司	贴息	70
04C26113200508	中小模数正齿轮分流锻造精密成型	江苏森威集团大丰精密锻造有限责任公司	贴息	70
04C26113200509	特殊用途高强度除霜玻璃	江阴市京澄高级装饰玻璃厂	贴息	70

续表

立项代码	项目名称	企业名称	支持方式	支持金额（万元）
04C26113200510	8 000kW/30t高效节能中频感应熔炼炉	苏州振吴电炉有限公司	贴息	70
04C26113200511	数码相机用高功率锌镍一次电池	江苏海四达化学电源有限公司	贴息	50
04C26113200513	新一代冷轧钢板用环境友好型湿平整液	启东尤希路化学工业有限公司	贴息	70
04C26113200515	预钎焊层包覆无缝铝合金管	江苏亚太铝业有限公司	贴息	70
04C26113200517	硫酸吸收塔承重条梁	江苏省宜兴非金属化工机械厂	贴息	70
04C26113200520	高分子聚合物片式固体铝电解电容器产业化	南通江海电容器有限公司	贴息	70
04C26113200521	罐用板材覆膜铁及其留空技术	无锡市伙伴日化科技有限公司	贴息	70
04C26113200522	AC2008 新型丙烯酸聚氨酯透明阴极电泳涂料	江阴市恒源涂料有限公司	贴息	70
04C26113200523	三羟甲基丙烷三丙烯酸酯	南通市丰田助剂厂	贴息	70
04C26123200524	年产 10 兆瓦高效超薄多晶硅太阳电池	无锡尚德太阳能电力有限公司	贴息	70
04C26213210528	高性能大尺寸氧化铝电子陶瓷材料	南京云溪电子陶瓷有限公司	无偿	50
04C26213210540	阵列有机聚合物可调光衰减器	南京凯圣光通信技术有限公司	无偿	50
04C26213300546	阴离子染料内添加型匀染增艳（深）剂	上虞市舜隆化工有限公司	无偿	80
04C26213300551	传感器用高可靠性、高一致性、恒磁矩永磁铁氧体	浙江省东阳市电磁器材厂	无偿	50
04C26213300552	混合式光纤电流互感器	江山市三江互感器有限公司	无偿	60
04C26213300556	新型纸用干增强剂	杭州市化工研究所有限公司	无偿	60
04C26223300557	安全、环保型表面活性剂—甲基葡萄糖苷聚氧乙烯（120）醚双油酸酯	杭州天成化工有限公司	无偿	80
04C26113300580	无菌级药用程控过滤、洗涤、干燥机	温州亚光机械制造有限公司	贴息	70
04C26113300587	聚烯烃（PO）衬里管道与设备	温州市双屿防腐设备制造公司	贴息	50
04C26113300588	高聚合度结晶Ⅱ型聚磷酸铵阻燃剂产业化	浙江化工院科技有限公司	贴息	70
04C26113300589	阻燃 ABS 专用热塑性弹性体——CPE135C	杭州科利化工有限公司	贴息	50
04C26113300590	耐热阻燃高抗冲酚醛注塑料	浙江嘉民塑胶有限公司	贴息	50
04C26113300591	QH－90 室温自硫化丁基橡胶衬里	杭州顺豪橡胶工程有限公司	贴息	70
04C26113300592	$1Cr_{22}Mn_{15}N$ 高氮奥氏体不锈钢	湖州久立特钢有限公司	贴息	50
04C26113300593	高温浓硫酸设备用 XDS 特种不锈钢	宣达实业集团有限公司	贴息	50
04C26113300594	高性能屏蔽用铝镁合金圆线	临安市新联线缆材料有限公司	贴息	70
04C26113300595	低成本 0.5/3 铜钢复合板产业化	温州市瓯海合金材料厂	贴息	70
04C26113300596	高稳定、高可靠、高性能永磁铁氧体材料	浙江省东阳市磁钢厂	贴息	70
04C26113300597	药用辅料——微粉硅胶	浙江中维药业有限公司	贴息	50
04C26113300604	TSOP54L 集成电路 LOC 工艺封装技术及产品	浙江华越芯装电子股份有限公司	贴息	70
04C26113300609	用替代光气的绿色化学技术合成 1－氯甲酰基－3－甲磺酰基－2－咪唑烷酮	浙江利民化工有限公司	贴息	50
04C26113310614	FY 系列高精度高强度粉末冶金成型机	宁波汇众粉末机械制造有限公司	贴息	50
04C26213400617	离子交换－液相合成法生产八钼酸铵新工艺	安徽省冶金科学研究所有限公司	无偿	80
04C26213400618	己二酸二异壬酯	巢湖香枫塑胶助剂有限公司	无偿	80
04C26113400622	轿车用 WXH 型涡旋式空调电磁离合器	安徽昊方汽车空调电磁离合器有限公司	贴息	50
04C26113400623	高阻隔真空镀铝薄膜	黄山永新股份有限公司	贴息	50

续表

立项代码	项目名称	企业名称	支持方式	支持金额（万元）
04C26113510629	半导体超高亮度发光二极管	厦门华联电子有限公司	贴息	70
04C26213600630	AS39A 松香中性施胶剂	吉安上大玲珀造纸助剂有限责任公司	无偿	60
04C26213600631	SMD 陶瓷滤波器（455/450kHz）用压电材料中试	景德镇同惠电子有限公司	无偿	60
04C26213600635	高性能、纳米级钨粉制备技术及产品开发	崇义章源钨制品有限公司	无偿	80
04C26113600636	石化工业脱硫催化剂用高铝质蜂窝陶瓷载体产业化	萍乡市三元蜂窝陶瓷制造有限公司	贴息	70
04C26213700637	生物转化法生产硫酸皮肤素中试	东营天东生化工业有限公司	无偿	60
04C26213700638	Φ8″掺镓硅单晶	嘉祥县正大碳素制品有限公司	无偿	95
04C26223700642	秸秆生物质富氧气化制气设备中试生产	济南百川同创实业有限公司	无偿	50
04C26223700644	二氧化碳共聚物医用药品包装材料	威海赛绿特科技发展有限公司	无偿	80
04C26223700645	无溶剂高强度单组分湿固化聚氨酯黏接密封胶	淄博海特曼化工有限公司	无偿	50
04C26223700646	铁基高温耐磨堆焊合金材料及其堆焊制品	威海三盾焊接材料工程有限公司	无偿	80
04C26113700657	新型废纸脱墨剂	东营市海星化工有限公司	贴息	70
04C26113700658	橡胶助剂中间体 RT 培司清洁生产工艺	山东圣奥化工股份有限公司	贴息	50
04C26113700659	10 000 吨/年高性能水性超薄型钢结构防火涂料	山东圣光化工集团有限公司	贴息	70
04C26113700660	钻井液用增效膨润土	潍坊华潍膨润土有限公司	贴息	60
04C26113700661	微型压扁海鸥贴片二极管	淄博美林电子有限公司	贴息	70
04C26213710663	增碱法海水脱硫技术及关键设备产业化	青岛四洲电力设备有限公司	无偿	50
04C26214100668	四氢苯酐和六氢苯酐的合成新工艺	郑州市奇创化工有限公司	无偿	100
04C26214100669	中热值、规模化生物质干馏制炭制气技术及设备	郑州华达燃气设备有限公司	无偿	60
04C26214100670	高强低密度陶粒支撑剂	渑池县方圆陶粒砂厂	无偿	60
04C26114100678	车用空调喷锌扁管	新乡天禄工业有限公司	贴息	70
04C26214200683	轻合金铸造用高强度易溃散新型基体材料	武汉力发化工有限责任公司	无偿	100
04C26214200690	燃料电池组合测试系统	武汉力兴测试设备有限公司	无偿	50
04C26114200696	环保型高性能 TE300 系列双组分阴极电泳漆	湖北天鹅涂料化工股份有限公司	贴息	70
04C26114200698	更昔洛韦钠水合物及其冻干粉针剂产业化	湖北潜龙药业有限公司	贴息	70
04C26214210703	光催化空气净化器系列产品	武汉市吉星环保科技有限责任公司	无偿	50
04C26114210720	年产 800 吨对氯苯腈项目	武汉市银冠化工有限公司	贴息	50
04C26214300725	新型节水保湿混凝土养护材料	长沙圣华科技发展有限公司	无偿	80
04C26214300726	纳米云母导线	湖南长沙黄花电线有限公司	无偿	80
04C26114300731	APG 有机复合绝缘子	株洲电力机车广缘科技有限责任公司	贴息	70
04C26124300732	高能铅布水平电池	湖南科力丰新能源科技有限公司	贴息	70
04C26214400733	熔融挤出法生产聚乙烯醇流延薄膜系列产品	江门市宝德利环保材料有限公司	无偿	100
04C26214400737	稀土化合物类 β 晶型成核剂及聚丙烯的高性能化	广东炜林纳功能材料有限公司	无偿	100
04C26224400740	QNYD8000 - HP 氢镍动力型蓄电池的中试和生产	中山中炬森莱高技术有限公司	无偿	50

续表

立项代码	项目名称	企业名称	支持方式	支持金额（万元）
04C26214410742	废旧轮胎催化裂解制炭黑和燃料油成套技术和设备	广州市荣益环保科技有限公司	无偿	50
04C26214410743	高伸长率硅酮密封胶	广州市高士实业有限公司	无偿	60
04C26214420762	动力电池用超细镍粉	深圳市格林美高新技术有限公司	无偿	50
04C26215100771	PPE－HSB 垃圾渗滤液处理成套技术	四川科远实业有限责任公司	无偿	50
04C26215100774	用柑橘渣制备细菌纤维素	四川省绵阳市真源科技有限公司	无偿	50
04C26215100776	锂离子电池正极材料镍酸锂生产技术	绵阳市龙山科技有限责任公司	无偿	50
04C26215100781	电子束辐照烟气脱硫脱硝工业化技术和设备开发	四川恒泰环境技术有限责任公司	无偿	80
04C26215100782	新型废旧橡胶微波脱硫再生利用技术及系统	四川力合瑞微波科技有限公司	无偿	50
04C26215100788	水性纳米隔热环保涂料	四川省德圣科技发展有限公司	无偿	50
04C26215100789	两面顶晶种法合成粗粒度高品级金刚石	四川艺精长运超硬材料有限公司	无偿	80
04C26215100790	多金属隔膜复合材料	江油益达特种耐磨材料有限公司	无偿	50
04C26215100791	二次钨资源制备亚细/超细晶粒硬质合金材料	自贡科瑞德新材料有限责任公司	无偿	60
04C26215100802	SMD 表面贴装石英晶体振荡器	四川省三台博雅科技有限公司	无偿	50
04C26215100803	液体硅橡胶电力电缆附件	四川久远科技股份有限公司	无偿	50
04C26215100806	高频无极灯用高频高功率 MnZn 铁氧体材料	绵阳市维奇电子技术有限公司	无偿	60
04C26225100807	球磨固相化学反应法制备纳米稀土氧化物规模化生产关键技术及应用	四川宇泽科技有限公司	无偿	50
04C26225100811	高性能、低成本埋地排水管用晶须增强聚烯烃复合材料	绵阳市仁智奇微新材料有限公司	无偿	50
04C26225100812	基于气流粉碎及高分散技术制备可喷涂超微粉末涂料	绵阳高新区奥峰粉体技术有限公司	无偿	50
04C26225100813	苯并环丁烯单体的制备及其研究应用	绵阳高新区达高特科技有限公司	无偿	50
04C26225100814	多孔陶瓷吸声板	绵阳及时雨保温隔音技术有限公司	无偿	50
04C26215120843	电子精密模具制造及嵌塑封装类精密件加工技术	成都宏明双新精密模具零件有限责任公司	无偿	60
04C26215200857	亲水性生物黏附凝胶及其贴剂应用	贵州太和制药有限公司	无偿	50
04C26215200858	GDL 系列高强韧微变形金属材料	贵州工大鼎立科技有限公司	无偿	50
04C26216100866	环境友好型多金属醋酸盐皮革化工材料	咸阳银河无机材料有限公司	无偿	60
04C26216110872	新型 TDR－80AY 型单晶炉的研制	西安理工大学工厂	无偿	60
04C26216110873	阴极保护用高性能钛阳极复合材料	西安泰金工业电化学技术有限公司	无偿	50
04C26216110876	“高费尔德常数抗（逆）磁性磁旋光玻璃材料”	西安奥法光电技术有限公司	无偿	80
04C26216110877	高效耐磨双金属复合旋流器	西安中星材料有限责任公司	无偿	80
04C26216110887	太阳能电池用多晶硅硅碳分离技术	西安新盟电子科技有限公司	无偿	60
04C26216200906	薄形 PQFP 集成电路高密度塑料封装技术	天水华天科技股份有限公司	无偿	60
04C26211100922	混凝土用增强型改性聚丙烯粗纤维	北京中纺纤建科技有限公司	无偿	50
04C26211100960	科研教学用小型燃料电池	北京飞驰绿能电源技术有限责任公司	无偿	50
04C26221100976	超高亮度散射型显示屏材料	北京中电金蜂显示技术有限责任公司	无偿	50
04C26221100996	CVD 金刚石膜高精度镜面光洁度刀具	北京天地东方超硬材料股份有限公司	无偿	50

续表

立项代码	项目名称	企业名称	支持方式	支持金额（万元）
04C26111201027	造纸用直接红4B（液体）染料	天津市亚东化工染料厂	贴息	50
04C26211301035	高锰钢辙叉与钢轨焊接材料的模锻制造	秦皇岛燕大耐磨材料有限公司	无偿	80
04C26211301036	微电子工业特种气体——高纯三氟化氮	中国船舶重工集团公司第七一八研究所	无偿	80
04C26111301041	新型高强度银基钎料（BAG3＊29D）	河北省东光县宇光焊业有限公司（原东光县金属焊接材料厂）	贴息	70
04C26211401043	绿色高透明牙膏级二氧化硅	山西同德化工有限公司	无偿	60
04C26211501052	利用玉米芯替代木炭作还原剂冶炼工业硅生产工艺开发	鄂尔多斯市新华结晶硅有限责任公司	无偿	60
04C26111501053	癸二酸单钠盐研制与开发	内蒙古通辽市通华蓖麻化工有限责任公司	贴息	50
04C26212101060	钨、钼及其合金制品的研制与生产	辽阳市粉末冶金研究所	无偿	50
04C26212121068	特种电子气体－5N高纯一氧化二氮的规模化生产技术研究	光明化工研究设计院	无偿	50
04C26212121069	黏合增进剂AIR－1技术开发中试生产	大连天宝化学工业有限公司	无偿	60
04C26212121070	小型一体化废旧日光灯管无害化处理技术及设备	大连力达环境工程有限公司	无偿	50
04C26212301083	Φ4″～Φ6″半绝缘砷化镓抛光片	大庆佳昌科技有限公司	无偿	80
04C26112301085	低温辐射电热膜	黑龙江中惠科技发展集团有限公司	贴息	50
04C26112311086	HTK－499型高速红外线轴温探测系统	哈尔滨威克科技股份有限公司	贴息	70
04C26213101088	SC－A05高活性异型钯催化剂	上海苏鹏实业有限公司	无偿	50
04C26213101089	自反射、低折射、低电压型TFT液晶材料七氟三苯醚（3BFFXF3）	上海康鹏化学有限公司	无偿	60
04C26213101090	高性能真丝（筒子）染色增重纤维	老正和染厂	无偿	60
04C26213101122	汽车制造业精密复合孔加工刀具和高效复合涂层刀具	上海上工国际精密工具有限公司	无偿	60
04C26213101123	中央空调高效空气杀菌净化器	上海胜洁空气净化设备有限公司	无偿	60
04C26213101124	环保型陶瓷移印墨杯	上海硅佳陶瓷有限公司	无偿	80
04C26213101125	邦成肽能	上海邦成生物科技有限公司	无偿	60
04C26113101140	抗微生物黏泥污水深度处理高效纤维过滤装置产业化	上海凡清环境工程有限公司	贴息	50
04C26113101143	连续玄武岩纤维	横店集团上海俄金玄武岩纤维有限公司	贴息	50
04C26113101145	淤浆加料气相法聚乙烯高效催化剂	上海立得催化剂有限公司	贴息	70
04C26223101134	研制用于集成电路芯片制造的钨CMP研磨剂	上海月旭半导体科技有限公司	无偿	60
04C26213201157	自动旋转式微型角膜刀	无锡市康明医疗器械有限公司	无偿	100
04C26213201161	高性能钛及钛合金管中试项目	江阴市钛业制管有限公司	无偿	60
04C26113201169	铝质电磁屏蔽门	无锡市海联舰船附件有限公司	贴息	70
04C26113201173	高压直流输电用超大功率高真空陶瓷管壳	江阴九华集团有限公司	贴息	70
04C26113201174	立式离心铸造高速钢高性能轧辊	宜兴市共昌轧辊有限公司	贴息	70
04C26113201175	NFR－W999型表面不处理分离辊	如东纺织橡胶有限公司	贴息	70
04C26113201176	新型低温破乳剂NJ－2090	句容市宁武化工有限公司	贴息	70
04C26113201177	高速高产梳棉机用齿条	南通金轮针布有限公司	贴息	70

续表

立项代码	项目名称	企业名称	支持方式	支持金额（万元）
04C26113201178	高亮度白色发光二极管产业化	江苏稳润光电有限公司	贴息	70
04C26213301183	基于集成膜技术的重金属废水处理及资源回收系统	杭州（火炬）西斗门膜工业有限公司	无偿	60
04C26213301184	四钼酸铵（制造细钼丝专用）	浙江剑石化工有限公司	无偿	50
04C26113301196	非索非那定关键中间体对溴（α，α－二甲基）苯乙酸乙酯产业化	浙江启明药业有限公司	贴息	70
04C26113301200	N－甲基羟胺盐酸盐的全绿色电催化工业合成	湖州狮王精细化工有限公司	贴息	70
04C26113301203	高效引发剂－过氧化2－乙基己酸叔丁酯	上虞绍风化工有限公司	贴息	50
04C26113301204	高性能钛合金阀门	良精集团阀门有限公司	贴息	70
04C26113301205	非洛地平和拉莫三嗪的关键中间体－2，3－二氯甲苯产业化	浙江一帆化工有限公司	贴息	50
04C26113311211	耐蚀镁合金深加工产品的中试	宁波市北仑海伯精密机械制造有限公司	贴息	50
04C26213401217	内燃机车柴油机陶瓷活塞环、活塞	合肥金陶科技有限责任公司	无偿	80
04C26113401218	粗粒永磁辊式强磁选机产业化	安徽天源科技股份有限公司	贴息	50
04C26213501221	高耐磨合金铸铁气缸套	泉州特库克汽车零部件有限公司	无偿	50
04C26213501222	竹炭素板材	福州黑金刚炭业有限公司	无偿	50
04C26213601230	介电常数76和21微波陶瓷材料及器件中试	江西省井冈山市吉祥瓷业有限责任公司	无偿	50
04C26213601233	铜冶炼还原终液中回收铼酸铵	江铜贵冶华信金属有限责任公司	无偿	70
04C26213601235	高性能氧化锆基复相陶瓷螺旋轴套的中试	景德镇市特种陶瓷公司	无偿	80
04C26213601236	非晶纳米晶软磁合金高性能铁芯	江西大有科技有限公司	无偿	60
04C26213601238	高活性高分散性纳米ZrO_2（3Y）粉体	江西微亿高科技材料有限公司	无偿	100
04C26213701248	高铬耐磨耐蚀粉碎辊	淄博桓台金泰轧辊有限公司	无偿	60
04C26213701249	粗馏废液潜热及有机物回收技术和设备	肥城金塔机械有限公司	无偿	60
04C26213701250	室内空气质量提高技术及高效空气净化机	烟台宝源净化有限公司	无偿	60
04C26213701251	无汞碱性电池用膨胀石墨微粉	山东普利华粉体工程有限公司	无偿	50
04C26213701252	绿色环保型无毒橡胶硫化促进剂XT580生产技术开发	烟台新特耐化工有限公司	无偿	50
04C26213701256	欧Ⅱ型钢质薄壁缸套技术的开发	烟台万斯特有限公司	无偿	90
04C26213701259	半导体功率型集合新型光源散热技术及防静电技术研究与应用	威海美能科工贸有限公司	无偿	50
04C26113701262	医药中间体原甲酸酯创新工艺的产业化	淄博万昌科技发展有限公司	贴息	50
04C26223701260	电磁屏蔽软体材料	济南中化纺科技开发有限公司	无偿	80
04C26123701265	高强高韧镁合金车轮	威海万丰镁业科技发展有限公司	贴息	70
04C26214101271	高精度超薄超硬材料切割砂轮	郑州磨料磨具磨削研究所	无偿	50
04C26214101274	陶瓷隔热减震密封垫	河南省西峡开元冶金材料有限公司	无偿	80
04C26214101276	热型连铸技术制备单晶铜	焦作市森格高新材料有限责任公司	无偿	60
04C26214201281	新型电子封装材料	武汉赫司特科技有限公司	无偿	80
04C26114201288	1000吨/年新型感光材料中间体PDTA	荆州市沙隆达维迅化工有限公司	贴息	70
04C26114201289	5000吨/年高强度BF活性染料	湖北楚源精细化工集团股份有限公司	贴息	50
04C26214211290	汽油挥发气复合回收技术及其装置	湖北楚冠石化工程有限公司	无偿	60

续表

立项代码	项目名称	企业名称	支持方式	支持金额（万元）
04C26124211293	彩色液晶显示器专用UV固化胶黏剂	武汉华利科技有限公司	贴息	70
04C26214301295	循环再生型退锡剂	长沙意贯环保高新技术有限公司	无偿	60
04C26214301296	电镀钨基非晶态合金代镀铬	长沙高新技术开发区英才科技有限公司	无偿	50
04C26114301309	DTD生物陶瓷人工骨	湖南共创生物功能材料有限责任公司	贴息	70
04C26114301310	新一代波音737型飞机国产刹车副产业化	湖南博云新材料股份有限公司	贴息	70
04C26114301311	5分钟室温快速固化环氧胶黏剂	湖南神力实业有限公司	贴息	50
04C26214401319	铝塑软包装锂二氧化锰电池	广州微宏电源科技有限公司	无偿	50
04C26114401321	小型化汽车双轴减速起动机	潮州市伟辉汽车零件制造有限公司	贴息	60
04C26214411327	固体颗粒冲头润滑珠技术	广州市启哲压铸铸造材料有限公司	无偿	60
04C26214411329	超微细无机载银抗菌粉体的制备技术研究	广州擎天新材料研究开发有限公司	无偿	60
04C26214421340	光纤连接器用高性能纳米氧化锆陶瓷套筒	深圳市爱尔创科技有限公司	无偿	60
04C26214501349	含砷尾矿真空提取金属砷技术及设备的研究与开发	广西柳城县亿博真空矿冶有限责任公司	无偿	60
04C26215101356	电子级Sn-Cu无铅钎料	四川省有色冶金研究院	无偿	50
04C26215101358	超低渗透PR合金汽车空调软管	四川川环科技有限公司	无偿	50
04C26215101359	华威纶（卤代、芳杂环纤维）纤维的制备	四川省华拓实业发展股份有限公司	无偿	50
04C26215101360	工业节水节能双效新技术——大型无填料喷雾冷却装置中试试验研究	四川蓝光伟业高新技术有限公司	无偿	50
04C26215111365	高温、高强多层陶瓷复合材料及制品	重庆利迈陶瓷技术有限公司	无偿	50
04C26215121374	800孔以上的高孔位铂金漏板	成都光明派特贵金属有限公司	无偿	50
04C26215121375	采用爆炸成形技术制造与修复连铸结晶器铜管	四川省冶金机械厂	无偿	50
04C26215121377	Φ4”超薄单晶硅磨片	成都青洋电子材料有限公司	无偿	50
04C26215121378	H-FK61氟磷酸盐光学玻璃	成都光明光电信息材料有限公司	无偿	80
04C26215121385	四氟化碳的产业化生产	中核红华特种气体股份有限公司	无偿	50
04C26225121390	稀土镧碲铜高导合金材料	四川莱特新材料科技有限责任公司	无偿	60
04C26215201398	湿法磷酸（替代热法磷酸）高效节能生产新工艺制三聚磷酸钠	黔南州剑峰磷酸盐开发有限公司	无偿	50
04C26215301401	用煤矸石制备沥青改性剂工业化可行性研究报告	昆明陆升改性材料有限公司	无偿	50
04C26215301402	低浓度二氧化硫烟气吸收氧化利用一体化工艺及装置	云南亚太环境工程设计研究有限公司	无偿	60
04C26115301405	天然标胶加工新工艺产业化开发	孟连县金桥橡胶厂	贴息	70
04C26216111413	胶片洗印废液集中处置	陕西康泰物资回收处理有限公司	无偿	50
04C26216111420	MDIC纯钛自攻螺旋型牙种植体	西安英普莱特医疗器械有限责任公司	无偿	60
04C26216111421	环保多功能重油助燃催化剂	西安兵器工业二〇四研究所燃烧爆破工程公司	无偿	50
04C26226111439	消酶除胶新工艺制备芦丁技术	西安惠丰生化股份有限公司	无偿	50
04C26226111440	高纯生物活性多肽系列试剂规模化合成和制备	西安蓝晶生物科技有限公司	无偿	50
04C26216201445	铜精矿蒸汽管回转干燥技术及装备	兰州瑞德干燥技术有限公司	无偿	50
04C26216201446	石棉尾矿高效综合利用	阿克塞县富利达非金属开发有限责任公司	无偿	50

续表

立项代码	项目名称	企业名称	支持方式	支持金额（万元）
04C26216201448	锌基超分子结构 PVC 热稳定剂的产业化技术开发	白银红鹭粉体材料有限公司	无偿	80
04C26216201449	聚烯烃催化剂载体用硅胶中试	兰州瑞欧石化科技有限公司	无偿	50
04C26216301453	冻干生物活性添加剂	青海藏宝资源有限责任公司	无偿	50
04C26216401458	无镍耐热钢镁合金熔炼及镁精炼坩埚	宁夏银海镁业有限公司	无偿	50
04C26116401459	覆铜板用电子级双氰胺创新技术产业化	宁夏大荣化工冶金有限公司	贴息	50
04C26216501460	难选硫化矿高硫铜锌浮选分离工艺	托克逊县雪银硫铜开发总厂	无偿	50
04C26216501461	年产2 000吨高纯蒙脱石中试	和布克赛尔县雪山化工有限责任公司	无偿	50
04C26216501462	“路赛”砂土固化剂中试	新疆赛里斯科技开发有限公司	无偿	50
04C26116501464	年产 20MW 8 英寸单晶太阳能电池硅片的研制	新疆新能源股份有限公司	贴息	70

成果和效益

创新基金强调企业的自主知识产权，2003 年立项项目共拥有各种专利 913 项，其中发明专利 327 项。

全部项目完成后，将新增就业人数 4 万人。

表 20　2003 年立项项目完成后可产生的经济效益　　（单位：亿元）

累计实现销售总收入	净利润	上缴税金	创汇（亿美元）
269	47	33	4.3

项目进展

2003 年度上报《监理信息调查表（年报）》的创新基金项目2 018个项目，占应上报总数的 89.5%。其中1 358个项目按计划完成了阶段目标，151 个项目提前完成了阶段目标，合计占 74.8%。

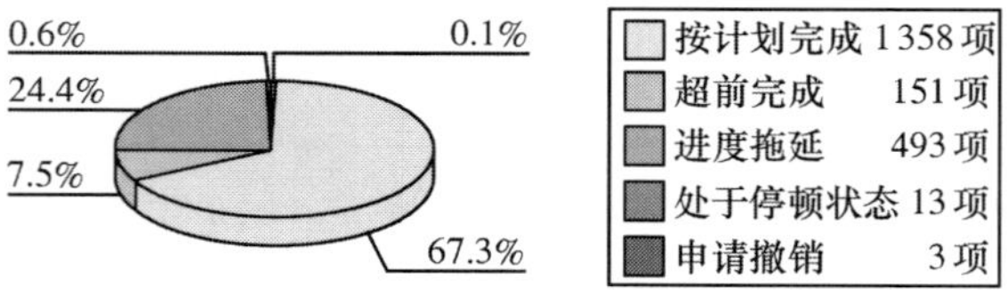

图 17　2003 年创新基金项目进展情况

至 2003 年底，创新基金累计已验收项目1 447项，验收合格率达 81%。按领域分析项目实施进度，新能源与高效节能领域的基金项目执行情况较好，按计划完成或进度超前的项目占 82%，其次是新材料和光机电一体化领域。生物医药领域项目整体执行情况不理想，有 143 个项目（占 36.48%）进度拖延、停顿或申请撤项。主要是由于医药项目新药和生产许可证的审批周期比较长，行业规范比较严格，而企业在制定目标时对风险分析不足，实际进度拖延现象严重。

表 21　按领域分析项目进度

技术领域	上报数	按计划完成		未按计划完成	
		数量	百分比	数量	百分比
电子与信息	666	505	75.83%	161	24.17%
生物医药	392	249	63.52%	143	36.48%
新材料	305	241	79.01%	64	20.99%
光机电一体化	402	317	78.85%	85	21.15%
资源与环境	144	109	75.69%	35	24.31%

续表

技术领域	上报数	按计划完成		未按计划完成	
		数量	百分比	数量	百分比
新能源与高效节能	100	82	82.00%	18	18.00%
其他高技术	9	6	66.66%	3	33.34%
合计	2 018	1 509	74.78%	509	25.22%

小额资助

为加大对初创期科技型小企业的支持，2003 年创新基金依托部分国家高新技术创业服务中心以及国家留学人员创业园示范建设试点、国家大学科技园、国家火炬软件产业基地、火炬创业园中的孵化器等机构（简称依托机构），开展对初创期科技型小企业进行小额资助的试点工作。经推荐、评审确定了 16 家创新基金小额资助试点依托机构。16 家依托机构共申报小额资助项目 265 项，立项资助 152 项，支持金额 3 757 万元，平均每个项目支持 24.7 万元。

2003～2004 年验收合格的新材料相关项目

立项代码	项目名称	企业名称
00C26211101129	构造滤芯精密过滤器水处理系统	北京大格林环保技术开发公司
00C26221101121	新型多用途大尺寸 LASAT 单晶中试生产	北京物科光电技术有限公司
00C26221101132	金属氢化物氢回收净化和固态储存运输装置的开发	北京浩运工贸有限公司
00C26231100701	移动龙门式交流伺服自动仿形喷涂系统开发及应用	北京利玛自动化技术公司
01C26121100436	声表面波器件用石英基片	烁光特晶科技有限公司
01C26211100012	微波流态化技术提取优质壳聚糖	北京健尔康生物技术开发有限公司
01C26221100024	高效节能低污染高温空气燃烧系统	北京神雾科华工业炉技术有限公司
01C26111200043	多复合挤出联动生产线	天津赛象科技股份有限公司
01C26211200285	医用介入疗法系列塑料导管	天津市塑料研究所
01C26211300287	大口径不锈钢四、六、十通管件	霸州市石油化工机械厂
00C26221401145	异形、精密金属多孔元件制造技术	太原艺星科技有限公司
99C26111500388	超临界 CO_2 萃取沙棘油科技成果产业化	内蒙古科迪高技术产业有限责任公司
01C26212110058	纳米技术在齿科生物陶瓷材料中的应用	沈阳巨龙高新科技开发有限公司
00C26113100542	锂离子电池负极材料（中间相炭微球）	上海杉杉科技有限公司
00C26113100759	废弃铅酸蓄电池工业化无污染再生技术	上海飞轮有色冶炼厂
00C26213100168	自固化磷酸钙人工骨系列产品开发及临床研究	上海瑞邦生物材料有限公司
00C26113200564	高等级船用防火玻璃	江阴市京澄高级装饰玻璃厂
00C26113201196	高强度高性能子午线轮胎用钢丝帘线	江苏兴达钢帘线股份有限公司
00C26213200546	X380－WD 型微机控制 X 光胶片洗片机中试项目	江苏省泰兴市苏星有限责任公司
00C26213200549	微生物发酵法生产生物可降解塑料的中试研究	无锡轻大工程技术研究院有限公司
01C26113200109	粉末冶金稀土铁铜合金含油轴承	海安县鹰球集团有限公司
01C26213200091	TS 飞机碳刹车预制件中试	宜兴市天鸟高新技术有限公司
01C26213200095	MCM 塑料封装技术开发	南通富士通微电子有限公司
01C26213200325	发酵工业清洁生产技术	无锡轻工大学科技开发工程总公司
01C26213200326	全固态聚合物锂离子电池及其专用电解质膜	南通硬派电池有限公司
01C26213200487	无汞高压物性分析仪	扬州华宝石油仪器有限公司
00C26113300808	新型铝塑复合管管件产业化	浙江铭仕机械有限公司

续表

立项代码	项目名称	企业名称
00C26113300812	激光全息转移纸项目	绍兴京华激光制品有限公司
00C26113301019	高性能钐钴稀土永磁材料	浙江天女集团稀土永磁有限公司
00C26113301229	无磷洗涤剂用新型表面活性剂 - α - 烯基磺酸盐（AOS）的开发	浙江吉利达化工有限公司
00C26213300602	聚合物正温度系数热敏电阻材料及相关器件	杭州富阳华源电热有限公司
00C26213301219	多媒体液晶投影光学引擎	杭州科汀光学技术有限公司
00C26213310823	高压气体基因枪的研制与开发	宁波新芝科技有限公司
00C26213310825	蚀刻荧光显示屏栅网	鄞县华东集成电路元件厂
00C26213401236	新型 ZnO 微粉压敏材料及高性能压敏元件中试项目	合肥科聚高技术有限责任公司
01C26213400136	智能型光电光谱比对分析仪	芜湖光学仪器有限公司
01C26213400138	化学接枝改性魔芋飞粉多功能绿色抗旱保水剂	合肥新峰建材有限责任公司
01C26213510374	Φ0.018mm 不锈钢微丝	厦门科诺特种材料有限公司
99C26113510256	以萜烯为原料生产苯甲醛系列香料	厦门涌泉集团有限公司
01C26113700538	MB424 型钢丝起毛机	山东墨龙石油机械股份有限公司
01C26213700152	HY - I 型高效复合水泥添加剂	临沂市宏艺科技开发有限公司
01C26213700694	φ4″掺锢硅单晶	嘉祥县正大碳素制品有限公司
01C26213700695	高稳定性锆钛酸铅粉体材料及元器件	济南建亚功能粉体材料有限公司
99C26213700495	合成聚四氢呋喃国产化新催化剂和新工艺	济南圣泉集团股份有限公司
00C26224101263	低成本控制释放肥料研究开发与中试	郑州乐喜施磷复肥技术研究推广中心
99C26214100287	超大规模集成电路用高纯二氯硅烷生产线	沁阳市凌空特种气体厂
00C26214200850	高频、超高频、宽带吸波材料中试研究	荆州市宝浓磁业有限公司
01C26214200173	陶瓷厚膜压力传感器研发及中试	襄樊市信诚电气有限责任公司
01C26214200174	三超柔性石墨板	湖北恒达石墨股份有限公司
99C26114200292	基于 CAD/CAM 技术的精密注塑模具产业化	湖北鄂州鄂丰精密模具有限公司
00C26214210640	可控电抗器的中试生产	武汉市长江变压器厂
00C26214210855	内调制光纤比色温度仪	武汉金荷科技发展有限公司
00C26224211062	氮化碳超硬涂层中试	武大弘毅新材料有限公司
01C26214300191	玻纤蜂窝材料及其制品制造新技术	湖南天联复合材料有限公司
99C26114300554	1 200 吨/年霉克星（高纯度富马酸二甲酯）新工艺	平江县化工厂
00C26214400649	YP4280 型液压自动压砖机	广东佛陶集团力泰陶瓷机械有限公司
01C26214420205	脉冲抛式炉排炉升级开发（15000 型抛式炉排垃圾焚烧炉开发研制）	深圳市道斯垃圾处理技术开发有限公司
01C26214420930	新型单组分聚氨酯黏接密封胶系列产品	深圳市奥博胶粘剂化工有限公司
01C26234420573	稀土、金属纳米 Sm - Co 复合电磁波吸波工程塑料	深圳市新科联纳米技术有限公司
00C26135101090	黏结钕铁硼稀土永磁体洁净化生产项目	成都银河新型复合材料厂
01C26115100968	KP44 高频低功耗 MnZn 铁氧体	绵阳开元磁性材料有限公司
02C26215100116	医药含铬废料直接制备碱式硫酸铬	绵阳市安剑皮革化工有限公司
00C26115120445	汽车专用氧传感器（空燃比氧传感器）	康达（成都）电子有限公司
00C26216110884	一次性无菌皮肤缝合器	陕西瑞森医疗器械有限责任公司
99C26216110600	工模具 PCVD 表面陶瓷化成套工业技术的产业化开发与应用	西安宇杰科技开发公司

续表

立项代码	项目名称	企业名称
01C26116300746	脱水光卤石高技术	青海民镁科技股份有限公司
01C26231100033	新型磺酸共聚物水处理剂（AMPS）工程化开发	中化化工科学技术研究总院
01C26211200286	高分散高耐热色母粒专用酞菁蓝	天津市成虹染料化工有限公司
00C26212201169	100 吨/年高强度单组分聚氨酯黏接剂/密封胶	长春依多科化工有限公司
00C26113200779	细旦丙纶短纤维产业化项目	江阴市第二化纤厂
00C26113201207	JLJS－中央臭氧洁净水制水设备	江阴市嘉龙天一环境工程设备有限公司
00C26213200557	WR 系列超细硫化胶粉及其改性产品中试项目	江阴市台联超细胶粉厂
00C26213200559	煅烧型湿法云母粉中试项目	江阴市森义珠光云母材料厂
01C26133200348	2，4，6－三氟溴苯规模化项目可行性研究报告	武进市庙桥合成化工厂
01C26213200092	电磁干扰（EMI）抑制器	江苏省金坛市电子元件厂
01C26213200101	特质聚合物固体铝电解电容器	南通江海电容器厂
99C26213200436	同步油缸陶瓷等离子喷涂新工艺	常州冷拔油缸厂
00C26213300800	ALT－NAS 型气体泄漏检测器	浙江三花通产实业有限公司
00C26213301017	高纯度多聚磷酸	浙江星火化工有限公司
99C26113300235	含氟有机中间体——间三氟甲基苯胺产业化	浙江省东阳市化工二厂
00C26213701249	巴玛格导丝胶圈	滕州市山鹰纺织器材有限责任公司
01C26123700164	多级超声云雾发生器	威海双丰电子传感有限公司
01C26213700153	5 000 吨/年轿车用水雾化合金钢粉末中试开发	山东莱芜粉末冶金厂
01C26213700377	开发轿车用注射成型粉末冶金零件	乳山金珠粉末注射制造有限公司
01C26213700533	智能化高效节能换热器	济南市宏达供热设备有限公司
00C26214201273	500 吨/年 JLX 水基防塌润滑剂	湖北汉科新技术股份有限公司
00C26224411078	高光泽、快速成型阻燃增强聚对苯二甲酸丁二醇酯（PBT）	广州金发科技发展有限公司
01C26225120730	安全防暴型表面声波触摸屏	成都吉锐触摸电脑有限公司
01C26115300733	新型冰纹涂料涂装新型金属复合板材的生产工艺技术	云南金盛新型材料有限公司
00C26221101117	机械合金化（MA）材料	钢铁研究总院
00C26111200929	高效价 15% 杆菌肽锌预混剂规模化生产	天津市新星兽药厂
00C26211300087	氟化镁—高纯原料及光学晶体镀膜材料	承德晶体技术研究所
00C26212110946	玉米秸秆皮、瓤分离及综合利用技术	蓝星沈阳轻工机械设计研究所
01C26213100079	渐进多焦点光学树脂镜片研制	上海康耐特光学有限公司
00C26113200780	年产 1 000 万平方米偏光片基产业化	无锡阿尔梅感光化学公司
00C26113201206	激光高精度防伪凹印版辊产业化项目	江阴申龙制版有限公司
00C26213200192	镍钛形状记忆合金	江阴法尔胜吉特有限公司
01C26113200337	HD 系列铝塑复合防火板	江阴利泰装饰材料有限公司
01C26213200320	TFH－1 加氢阻垢剂	江阴市金马溶剂化工厂
00C26114201279	大规模锂电池化成测试系统	武汉力兴测试设备有限公司
01C26114200387	稀土铝及铝合金空调冷凝器蒸发器管	湖北白莲高新有色材料股份有限公司
00C26214301289	锑杂废料冶炼高纯超细三氧化二锑	湖南省桃江县虎山锑锌制品厂
99C26224300549	500 吨/年高密度氢氧化镍。	金瑞新材料科技股份有限公司
99C26115110579	年产 2 000 吨高档永磁铁氧体生产线	重庆荣昌中亚磁性材料有限公司

续表

立项代码	项目名称	企业名称
00C26216110885	钕铁硼复合磁体地震检波器	西安塞舍尔石油勘探仪器有限公司
00C26216201354	微孔轻质墙板及复合板式砌块	兰州宏建科技实业有限公司
01C26216200258	智能磁致伸缩式振动时效装置	甘肃天星稀土功能材料有限公司
00C26221200927	聚丙烯汽车保险杠及聚烯烃塑料涂料	天津市科威实业公司
00C26211300708	高清晰度背投屏幕	秦皇岛昌隆银幕有限公司
00C26212200720	工业用半导体激光泵浦全固体蓝光激光器	长春新产业光电技术有限公司
00C26212200958	500 吨/年新催化体系聚异丁烯	吉化集团公司研究试验厂
00C26213100973	高频感应加热淬火中的屏蔽导流技术	上海（工业）大学嘉定通用机械厂
00C26113200212	纬编全圈大提花汽车座椅内饰面料规模化生产	武进市旷达汽车织物有限公司
00C26113200565	均向记忆性热收缩型包装新材料产业化项目	江阴市申达包装材料厂
00C26133201197	超高温抗渗碳乙烯裂解炉管	江苏标新特钢制品总厂
01C26113200339	生活垃圾高效生化处理技术	江阴升泰机械有限公司
01C26213200674	渗浸陶瓷活塞环	仪征六方金属渗浸陶瓷有限公司
01C26223200333	无汞（绿色环保）系列碱锰电池生产线	常州达立电池有限公司
00C26113210589	年产 6 000 吨子午线轮胎专用有机硅烷偶联剂	南京曙光化工总厂
00C26213300794	竹叶黄酮医药中间体	安吉圣氏生物制品有限公司
01C26213710704	海洋生物澄清剂	青岛东易科技发展有限公司
00C26214100839	高纯度超细碳化硅微粉生产技术	信阳市南电科技有限公司
01C26115100222	DDH 牌无氯、低铝、低钙高纯度工业硅	四川石棉县大渡河工业硅厂
00C26211200925	FA/O 抛光液及抛光技术	天津新技术产业园区晶岭高科技有限公司
00C26212120120	电子特种气体生产	化工部光明化工研究设计院
00C26212121162	50 吨/年荧光增白剂 OB 中试开发	大连化工研究设计院
01C26112200824	绿碳化硅微粉	通化宏信研磨材有限责任公司
00C26213700832	全瓷抛光弧面板连续成型系统	山东天虹弧板有限公司
00C26213700834	肥料包膜控释技术	山东龙口双龙化工有限公司
01C26213700157	合成骨粉及高级骨质瓷	山东省硅酸盐研究设计院
01C26213700376	新材料氨纶抗紫外线单体 DEAM	烟台科源化工有限公司
01C26223700378	厌氧颗粒菌种和 EGSB 反应器技术	济南十方环保有限公司
99C26233700506	年产 500 吨红外隐身及辐射材料生产线建设	山东工业陶瓷研究设计院
99C26214100524	新增年产 500 吨石墨乳生产项目	河南省淮滨合谊化工有限公司
00C26114300648	高强高模聚乙烯纤维工程	湖南中太高新材料股份有限公司
01C26114400567	应用硼酸体系化成技术生产高比容铝箔	深圳市东阳光化成箔股份有限公司乳源分公司
00C26214420871	金属陶瓷复合膜（CCF）	深圳市黄金屋真空科技有限公司
01C26225100220	R15K 高导 MnZn 铁氧体材料研制	绵阳市新欣电子有限责任公司
01C26216200259	LHP——新型瓷质蓄热填料	兰州瑞玛化机有限公司
00C26216510484	棉仁蛋白 300 吨/年中间试验项目	石河子浙江大学联合科技开发中心
01C26121100636	大功率半导体激光二极管	海特光电有限责任公司
01C26211100620	超高温氧化锆陶瓷发热材料	新冶电气工程有限公司

续表

立项代码	项目名称	企业名称
02C26211100002	10Gb/s 光接收组件	北京世维通光通讯技术有限公司
02C26211100003	新型银盐 CTP 材料	北京桑瑞特影像科技有限公司
02C26211100012	新型高温合金气门材料	北京钢拓冶金技术研究所
02C26221200287	SU－CJT01 高炉炉顶红外摄像系统	天津新技术产业园区三泰电子有限公司
00C26211301139	压力蒸汽灭菌指示胶黏带中试项目	承德压敏胶厂
01C26211300793	SF260 钻井液用硅氟高温降黏剂	河北省邯郸市春风科技发展有限公司
02C26211300289	软式弹性透水导管	衡水三维科技开发有限公司
00C26212100943	新型复合表面活性剂工业性试验	抚顺市化工研究设计院化工实验厂
01C26112120815	大方坯结晶器铜管	大连大山结晶器厂
00C26112311358	年产 300 吨单氯代苯酐生产装置	哈尔滨市时代科技发展有限公司
01C26113100670	环保型电子化学品 TFP 产业化项目	上海中科合臣股份有限公司
02C26213100050	污水深度处理高效纤维过滤器	上海凡清环境工程有限公司
02C26113200194	镍氢动力电池正极材料球形氢氧化镍	无锡万达金属粉末有限公司
02C26113200196	电池绝缘隔膜材料	江阴市海江无纺布包装材料有限公司
02C26113200588	SF 超薄型钢结构膨胀防火涂料	江苏兰陵高分子材料厂
02C26213200055	纳米材料传感器	江苏华泰纳米器件有限责任公司
02C26213200575	高值合金 PTC 管状电热元件	无锡恒业电热电器有限公司
02C26213200578	负载型高分散钯蒽醌氢化催化剂	江阴市瑞法化工厂
03C26113200127	MD1700 水基型无缝钢管轧制芯棒润滑剂	启东兴宇化工有限公司
00C26133210227	镁合金快速凝固 DC 铸造棒材和挤压型材产业化	南京云海特种金属有限公司
01C26113300512	年产 1000 吨 HFC－143a 工业化实验项目	浙江蓝天环保高科技股份有限公司
01C26213300868	SOT－143 四引线表面贴装多晶片组合半导体器件	杭州百事特电子有限公司
02C26213300595	耐辐射特种水性防护涂料	嵊州市电缆防火附件厂
02C26213300597	高性能电机转子用铁氧体径向磁体	浙江省东阳市剑华磁业有限公司
01C26113310371	高硅奥—贝铸钢	宁波浙东精密铸造有限公司
01C26213700899	极大提高石油采收率的纳米有机金属活性复合物的制备	山东油化化工科技有限公司
02C26113700642	低噪声圆锯片基体	日照海恩锯业有限公司
02C26213700213	两性聚电解质反相微乳液	东营市华龙化工厂
01C26114200179	高强度、超光滑、大容量磁盘微晶玻璃基板	湖北新华光信息材料股份有限公司
01C26114200551	减振降噪用宽温域高阻尼材料	湖北省麻城市降噪材料厂
01C26114200914	光纤电力互感器	武汉华工电气自动化有限责任公司
01C26114400568	高强度单片铯钾防火玻璃	广东金刚玻璃科技股份有限公司
02C26214410418	铝塑管用新型热熔胶	广州市鹿山化工材料有限公司
02C26214420424	南方工程创伤岩石边坡快速生态修复技术开发	深圳市万信达环境绿化建设有限公司
01C26115100967	10 000吨/年无钙焙烧生产重铬酸钠	绵阳市剑南化工厂
02C26215100720	96%氧化铝陶瓷致冷片低温金属化技术	宜宾金洋制冷器件厂
02C26215110236	测温传感器用耐高温氧化腐蚀热电偶保护管	重庆仪表材料研究所
03C26115110272	纳米复合电镀工艺及纳米电镀缸体	重庆阿波罗机电技术开发公司
02C26225120240	钢体刀翼式复合片石油及天然气钻井钻头	成都百施特金刚石钻头有限公司

续表

立项代码	项目名称	企业名称
01C26215300989	造纸用超细硅灰石复合改性矿物纤维新材料	云南省非金属矿产应用研究所
02C26216100447	高效、节能新材料——碎焊丝	咸阳五星科技开发有限公司
02C26216300776	盐湖低品位硼矿富集加工技术	青海利亚达化工厂
01C26211100006	珊瑚羟基磷灰石（CHA）植入新材料创新技术的产业化	北京市意华健科贸有限责任公司
01C26112120815	大方坯结晶器铜管	大连大山结晶器厂
01C26112200302	4.6－二硝基邻仲丁基苯酚	吉林省九新化工厂
01C26113100670	环保型电子化学品 TFP 产业化项目	上海中科合臣股份有限公司
03C26113200127	MD1700 水基型无缝钢管轧制芯棒润滑剂	启东兴宇化工有限公司
01C26213300868	SOT－143 四引线表面贴装多晶片组合半导体器件	杭州百事特电子有限公司
01C26213700899	极大提高石油采收率的纳米有机金属活性复合物的制备	山东油化化工科技有限公司
01C26114200550	无污染再生铅技术	湖北金洋冶金股份有限公司
01C26114200551	减振降噪用宽温域高阻尼材料	湖北省麻城市降噪材料厂
01C26114200914	光纤电力互感器	武汉华工电气自动化有限责任公司
00C26214300359	活塞环等离子喷涂用梯度耐磨涂层材料的开发	先导（益阳）等离子粉末有限公司
01C26215100574	高性能医用 X 射线管旋转靶盘	四川省科学城神工实业总公司
02C26215100720	96% 氧化铝陶瓷致冷片低温金属化技术	宜宾金洋制冷器件厂
03C26115110272	纳米复合电镀工艺及纳米电镀缸体	重庆阿波罗机电技术开发公司
02C26216100447	高效、节能新材料——碎焊丝	咸阳五星科技开发有限公司
00C26221100045	KHK—1 型电子级液体硅橡胶	北京科化新材料科技有限公司
01C26211100422	玄武岩、高炉干渣超微纤维制备与造纸	北京玄辉科技发展有限公司
01C26211100430	新型高效高 Alb 聚合氯化铝	北京市普兰达水处理制品有限公司
99C26211100133	水质锌基铬盐金属防腐技术项目	北京永泰和金属防腐技术有限公司
01C26211200638	Ni－Mo－S 复合金属涂层水电解制氢节能新技术	天津市大陆制氢设备有限公司
00C26211300506	微机控制方圆两用立体泡沫塑料发泡机	河北省奥乐实业有限公司
01C26111300643	柔性抗磨高压管汇	河北省景县液力柔性管汇厂
00C26211400937	300 吨/年 N45 高牌号烧结 NdFeB 稀土永磁材料	山西运城恒磁新材料有限公司
00C26211401144	年产 3500 吨黄腐酸抗旱增产剂工业性试验	山西言成绿色农科有限公司
99C26212100173	高红外快速加热技术	辽宁科发高红外技术开发有限公司
99C26112110075	荧光增白剂 CF－351	沈阳新纪化学有限公司
00C26213100742	AMF 抗菌纤维及其制品	上海合纤抗菌新材料有限公司
00C26113200781	连铸用高耐蚀水口产业化项目	无锡市南方耐材（集团）有限公司
01C26233200855	高频大电流薄膜电容器	常州常捷电子有限公司
01C26113300516	年产 180 万件出口专用纳米银系光活化复合抗菌陶瓷内胆	杭州民生陶瓷有限公司
01C26113300519	平板荧光显示屏（VFD）新型栅网	嵊州市华飞精密器件有限公司
00C26213310610	高清晰度显示器件用防眩液	余姚市特种橡塑制品厂
00C26213310820	热解石墨合金	宁波市镇海明通工程化合物有限公司
01C26213310522	高功率、长寿命、动力金属氢化物－镍电池用贮氢合金粉	宁波申江实业有限公司
99C26213400478	AEI－160 型高亮度高分辨率小型彩色显示器	芜湖天诚科技开发有限公司
01C26223600150	紫外发光二极管	江西省昌大光电科技有限公司

续表

立项代码	项目名称	企业名称
01C26113700160	高效塑料抗冲剂 AMBS	垦利县万达高分子材料有限责任公司
01C26214300919	EF－2 型氧化铁精脱硫剂	长沙市望岳化工厂
00C26114400870	半导体电容器瓷片和被银片（表面层）	东莞宏明南方电子陶瓷有限公司
01C26214400395	废弃纸塑复合包装饮料盒回收分离再循环利用技术与设备开发	广东远东食品包装机械有限公司
01C26214400922	片式三极管	佛山市蓝箭电子有限公司
00C26224500875	高精度陶瓷容栅位移传感器电子组件	桂林市晶瑞电子有限责任公司
99C26235100574	高能型氧化锌压敏电阻器技术创新项目	铁道部第二工程局兴达电子电器厂
01C26215110973	直接法制取软磁铁氧体粉料	重庆超思信息材料股份有限公司
99C26211100134	石油催化裂化用高效环保型催化剂保护剂	北京汉方时尚科技有限公司
01C26111200447	汽车电喷 FKM 燃油软管	天津市大港胶管股份有限公司
01C26213100665	新型胶布基材	上海亚迪塑胶新材料有限公司
01C26113200344	高性能阳离子絮凝剂（CPF－8XX）系列产品	无锡新宇化工有限公司
01C26113200345	HTG 陶瓷过滤机	江苏省宜兴非金属化工机械厂
01C26113200346	化学合成 L－苯丙氨酸	江阴市华亚化工有限公司
01C26213200486	高性能硼酸酯型合成汽车制动液	张家港迪克汽车化学品有限公司
01C26213200845	LCD 液晶显示背光源组件	金坛市晨辉电子有限公司
00C26113301230	高性能轿车等速驱动轴产业化项目	浙江万向机械有限公司
00C26113310611	阻燃低烟无卤六类智能数据电缆	宁波东方集团有限公司
00C26213600616	功能性蚕丝纤维及其产品中试开发	江西省金溪县第三丝厂
99C26133700520	年产 800 吨高强耐磨抗冲击氧化铝陶瓷衬片	淄博中博陶瓷技术公司
99C26214100522	珍珠岩矿砂尾矿高值利用——助滤剂生产技术	河南省信阳中南助滤剂有限公司
02C26114210398	信息化学品新材料——高纯超细电荷调节剂	湖北鼎龙化工有限责任公司
01C26214300558	采用粉末注射成型技术生产精密不锈钢铁基高比重合金异形零件	湖南英捷高科技有限责任公司
01C26214400199	无碳复写纸用新型显色剂	湛江市丽科有限公司
01C26215110970	医用灭菌袋	重庆博迈生物医学技术有限公司
00C26215120430	背投影屏幕	成都菲斯特科技有限公司
02C26216100139	彩色显示器 QH800B 型热熔电子黏接剂	咸阳秦河复合材料有限责任公司
01C26211100420	光导纤维光锥生产技术	北京康润强光电子技术有限责任公司
01C26222120062	杂环联苯型高性能树脂 PPESK 中试项目	大连宝力摩新材料有限公司
01C26212200820	高纯度光学镀膜特种材料——氟化镁	长春奥普光电技术股份有限公司
01C26213100469	二氧化硅背封硅片	晶华电子材料有限公司
01C26113200499	难燃级聚醚多元醇	江阴友邦化工有限公司
02C26223200586	汽车、电子用高性能聚酯工程塑料	苏州市凯米克新材料有限公司
00C26113301227	超高速纺三叶异形超有光细旦锦纶新合纤	杭州华欧锦纶有限公司
01C26113300363	高折射率（$nD \geq 2.25$）玻璃微珠	台州市定向反光材料有限公司
01C26213310366	5 英寸、6 英寸重掺 As 单晶硅锭项目	宁波立立电子股份有限公司
01C26213600894	高性能盾铃型钢纤维	江西省国贸科技有限公司
00C26113701043	高档电解铜箔	烟台市招远电子材料厂
01C26223700698	低膨胀钛酸铝陶瓷升液管批量化制备技术	山东中博先进材料股份有限公司

续表

立项代码	项目名称	企业名称
02C26213700377	数控真空非等轴压缩等离子束流熔覆高耐磨耐蚀涂层	泰安市科大金纳等离子科技有限公司
01C26223710906	中空壁缠绕管生产线	青岛德意利机械有限公司
01C26214200706	新型高效 TH—3 尿素脱氢催化剂	湖北省化学研究所
02C26214200089	年产 500 吨新型高装饰性汽车面漆——PE 各色聚酯氨基高固体分烘漆	武汉怡兴化工有限公司
99C26114200531	抗辐射低腐蚀隧道压电石英晶体材料及 UM、SMD 频率片	石首市无线电器材厂
01C26214420931	有机泡沫导电化处理的真空蒸镀法及设备	深圳市坦达尼真空表面技术有限公司
02C26224500114	激光焊接超薄金刚石钻头	桂林漓江特种材料有限责任公司
02C26215200136	大容量绿色锌空电池	遵义梅岭锌空电池有限责任公司
01C26116110414	灯丝预热用智能电阻	西安无线电二厂
01C26216201006	催化裂化分子筛电热式焙烧技术及装备	兰州瑞德干燥技术有限公司
02C26231300025	电力半导体模块结构件	河北省景县华北整流器件厂
00C26213100160	Pt100 - Pt500 - Pt1000 型厚膜铂电阻温度传感器	上海都华实业有限公司
01C26213100656	大功率高压型高分子 PTC 热敏电阻器	上海顺安通讯防护器材有限公司
01C26213100666	热管用于电力电子器件和装置	上海威特力焊接设备制造有限公司
02C26213100179	高通量绝对除菌气体用氟聚物微孔膜及其过滤元件	上海一鸣过滤技术有限公司
02C26213100315	纳米材料改性酚醛模塑料	上海双树塑料厂
01C26213200100	超高频塑封高压硅堆	南通皋鑫电子股份有限公司
02C26113200066	PP - 5AY（聚丙烯超低旦降焦型）烟用过滤材料丝束	江阴市长寿滤材有限公司
02C26113200186	LZ - 02 液体型 FCC 硫转移剂	江阴桦林石化科技发展有限公司
02C26213210071	超细冷阴极荧光灯管	南京杰瑞特光源有限公司
01C26113300129	轿车后制动器产业化项目	杭州自立汽车制动器有限公司
01C26113300130	石墨基复合系列密封材料与制品	浙江国泰密封材料股份有限公司
01C26113300518	准高速粉末冶金闸瓦	乐清市粉末冶金厂
01C26113700539	轿车内饰用聚氨酯新材料产业化及应用	烟台华润汽车内饰件有限公司
01C26113700901	开发利用贝壳砂资源研制高档贝瓷	山东省无棣县贝壳资源开发总公司
02C26213700375	环保型橡胶非污染硫化活化剂 MJ	烟台新特耐化工有限公司
99C26113700279	全塑多层复合高阻隔性软管扩产项目	烟台西蒙西塑料包装品有限公司
02C26114400410	超薄系列铜箔产业化	联合铜箔（惠州）有限公司
02C26215100717	高性能油气管道补口防腐热缩带（套）	四川久远科技股份有限公司
02C26215110237	镁合金汽车、摩托车零部件	重庆镁业科技股份有限公司
01C26215120401	新型交流高压陶瓷电容器瓷料	成都宏明电子科大新材料有限公司
02C26225120131	新方向安全中间件	成都新方向科技发展有限公司
01C26216110992	真空压力浸胶管及板	西安立达合成材料开发有限公司
00C26116400905	氧化铟锡（ITO）超细粉体及靶材	西北稀有金属材料研究院
01C26216400748	高分子聚合物钽电解电容器	宁夏星日电子股份有限公司
02C26116400153	电子级无水氟化钾	石嘴山金联实业有限责任公司
02C26211100003	新型银盐 CTP 材料	北京桑瑞特影像科技有限公司
00C26211301139	压力蒸汽灭菌指示胶黏带中试项目	承德压敏胶厂

续表

立项代码	项目名称	企业名称
02C26211300289	软式弹性透水导管	衡水三维科技开发有限公司
00C26212100943	新型复合表面活性剂工业性试验	抚顺市化工研究设计院化工实验厂
01C26113200678	58s 半导体抑制栅	宜兴市东大微电子有限公司
01C26213200099	新型农药中间体 100 吨/年 3，5－二甲基苯甲酸中试	泰兴市化工七厂
02C26113200194	镍氢动力电池正极材料球形氢氧化镍	无锡万达金属粉末有限公司
02C26113200196	电池绝缘隔膜材料	江阴市海江无纺布包装材料有限公司
02C26113200588	SF 超薄型钢结构膨胀防火涂料	江苏兰陵高分子材料厂
02C26213200578	负载型高分散钯蒽醌氢化催化剂	江阴市瑞法化工厂
00C26133210227	镁合金快速凝固 DC 铸造棒材和挤压型材产业化	南京云海特种金属有限公司
01C26114200179	高强度、超光滑、大容量磁盘微晶玻璃基板	湖北新华光信息材料股份有限公司
01C26114400568	高强度单片铯钾防火玻璃	广东金刚玻璃科技股份有限公司
02C26214410418	铝塑管用新型热熔胶	广州市鹿山化工材料有限公司
02C26225120240	钢体刀翼式复合片石油及天然气钻井钻头	成都百施特金刚石钻头有限公司

农业科技成果转化基金

农业科技成果转化资金（以下简称“农转资金”）实施以来，有力地推动了农业科技成果的快速转化，经过三年的实践，取得了预期效果，已有一批中试转化后的新技术、新装备应用于生产实践，为促进农业生产的发展和解决“三农”问题做出了贡献。

2003 年农转资金在原有基础上增设了农业高新技术等领域，并确定了重点支持农产品加工，农林植物优良新品种与优质高效种植技术，畜禽、水产优良品种与优质高效养殖技术等领域的项目。

1. 项目与经费

2003 年农转资金资助项目 359 项，计划投资总额为 16.0 亿元，其中国拨资金 2 亿元，项目承担单位自筹资金 10.1 亿元，银行贷款 3.2 亿元，其他经费投入 0.7 亿元。三年共支持了1 463个农业科技成果转化项目，累计投入国拨资金 8 亿元。

从资助项目的技术领域分布看，继续保持了农林品种和农业装备等物化技术成果的较高录取比例，尤其是对农业结构调整和农民增收有较大影响的农产品加工项目比前两年增加了近 6 个百分点。

从资助项目的区域分布看（河北省按中部地区统计），西部地区资助项目数占 21%，中部地区占 36%，东部地区占 43%，中西部地区资助项目占资助项目总数的 57%。

从项目承担单位的性质看，由企业承担的项目占 47%，由科研单位和大专院校承担的项目占 53%。

参加项目工作的主要技术人员达3 212人。

2. 成果和效益

“农转资金”所资助的项目进展顺利。转化了一批以优质、专用、高产为特点的农作物新品种，有力推动了全国范围新一轮农作物品种的更新换代，扶持和培育了一大批种业龙头企业，促进了优质农产品的区域化生产：转化了一批畜禽、水产良种扩繁和养殖重大成果，加速了养殖业优质、高效发展，提高了我国养殖业整体效益，为产品出口提供了有力保障，转化了一批以提高技术含量、实现农产品增值为目标的农产品深加工技术及配套设备，大幅度提高了我国农产品加工水平和农业整体效益。转化了一批以信息技术、生物技术为技术关键的农业高技术成果，大大加快了用现代化技术改造传统农业的步伐，取得了显著效果。

预计 2003 年项目执行期内因新技术中试应用将产生约 166 亿元人民币的新增产值，相应上缴税款约 12.4 亿元、创汇约 5.4 亿美元，完成全部项目将产生约 37 亿元的利润。

截止到 2003 年底，通过转化资金项目的实施，共开发出各类动植物新品种1 623个，开发新产品1 803个，建立中试生产线1 387条，获得各种专利授权 351 项（其中发明专利 167 项），实现工业增加值 43.36 亿元，产品销售收入 113.24 亿元，技术服务收入 3.99 亿元，出口创汇 1.79 亿美元，利税 25.27 亿元，新增近 5 万个工作岗位，有力地促进了农业剩余劳动力的转移。

科技兴贸行动计划

1. 科技兴贸政策与发展环境建设

2003 年商务部、科技部等 8 部门共同制定了《关于进一步实施科技兴贸战略的若干意见》，提出了新时期科技兴贸工作的指导思想、奋斗目标和工作原则。从金融、保险、税收、通关、检验检疫等方面制定了促进高新技术产品研发和出口的优惠政策，为推动科技兴贸战略向纵深发展提供了政策支撑。

为扩大出口，优化结构，对2000年版《中国高新技术产品出口目录》进行了修订，发布了2003年版《中国高新技术产品出口目录》，并决定今后每年修订一次。为引导外商投资高新技术产业，促进高新技术产品出口，科技部与商务部共同编制了《鼓励外商投资高新技术产品目录》。

2003年科技兴贸行动计划坚持“有限目标、突出重点、面向市场、发挥优势”的原则，围绕“自主知识产权”、“科技型企业走出去”实施科技兴贸行动计划，加大了对具有自主知识产权和“走出去”重点项目的支持力度，为科技兴贸下一步的工作奠定了基础和积累了宝贵经验。

“非典”期间，为减小“非典”对出口的影响，加快应急反应速度，建立了高新技术产品出口预警监测体系和机制。并加快对科技兴贸信息网的改版工作，2003年新版网站开通，推出了科技兴贸信息共享平台和地方科技兴贸网站孵化服务。

2. 关于组织申报2003年度科技部科技兴贸行动计划项目的要求

为实施科技兴贸战略，按照“有限目标、突出重点、面向市场、发挥优势”的高新技术产品出口发展思路，推动科技兴贸工作，促进高新技术产品的出口，2003年科技兴贸行动计划项目申报要求和安排如下：

一、支持重点

1. 科技兴贸环境体系建设项目（如：出口基地公共技术基础设施建设、政策措施研究制订，出口产品质量认证体系建设和中小企业走出去战略研究等）；

2. 高新技术领域的技术贸易措施体系建设和技术支撑项目（高新技术产品国内外标准研究与制订）；

3. 软件、中医药产业国际化项目；

4. 面向国际市场的电子信息、软件、生物医药和医疗器械、中医药、新材料领域的科技开发项目。

二、所选项目应当同时具备的条件

1. 技术水平高、项目成熟；

2. 国际市场竞争力强、国外市场前景好；

3. 不是国家禁止出口、限制出口的技术及产品；

4. 不是申报和推荐当年的星火、火炬、推广计划、重点新产品计划和科技型中小企业创新基金的项目。

三、申报具体要求

1. 按照《科技部科技兴贸行动计划项目申报表》填报项目内容，同时附项目的相关材料（2份）。

2. 各地科技部门要对申报的项目进行认真的评选，同时按要求推荐2～3个项目并按《科技部科技兴贸项目申报书提纲》编写申报书上报。项目要求（1）必须是重点城市、出口基地推荐的项目；（2）对科技兴贸工作具有推动和示范作用；（3）拥有我国自主知识产权或具有良好的经济效益；（4）环境建设项目优先。

3.《科技兴贸行动计划项目申报表》和《科技部科技兴贸项目申报书》（2份）须经省科技厅或计划单列市科技局签署意见后上报。

希望有关部门做好项目的申报和选项工作，并于2003年3月31日前报送科技部火炬中心计划处。

联 系 人：阿　荣　赵广达
联系电话：（010）68511568（兼传真）
（010）68511133－1356
通信地址：北京市西城区三里河路54号
科技部火炬中心
邮政编码：100045

4. 科技兴贸行动计划项目的实施

2003年科技兴贸行动计划共安排项目116项，投入经费2 000万元，61.3%的经费重点支持科技型企业“走出去”和科技兴贸体系与出口基地建设。

表22　2003年科技兴贸专项资金支持的研究项目和经费情况

	科技型企业走出去和科技兴贸体系与出口基地建设	科技兴贸体系建设和出口基地建设	出口示范项目	软件国际化项目
项目（项）	31	16	72	13
支持经费（万元）	1 225	450	550	225
占专项经费比重（%）	61.3	22.5	27.5	11.2

5. 科技兴贸重点城市的发展与高新技术产品出口基地建设

2003年，20个科技兴贸重点城市高新技术产品出口总额734.3亿美元，比上年增长67.3%，占全国高新技术产品出口总额的66.6%，比上年提高1.8个百分点。其中有16个城市高新技术产品出口增长20%以上，上海、苏州、广州、兰州、深圳、南京、沈阳、宁波、西安等重点城市高新技术产品出口同比增长50%以上。

2003年科技部和商务部新认定了长沙、株洲、南京高新区为高新技术产品出口基地，使出口基地总数达25家，同时建立和完善了“出口基地”信息网络和高新技术产品出口平台网站，加快信息的沟通和交流，更好地为各出口基地和高新技术出口企业提供服务。

2003 年，25 个出口基地累计出口创汇 396.7 亿美元，占全国高新技术产品出口额的 36%。64% 的出口基地高新技术产品出口比去年同期增长 30% 以上。

6. 高新技术产品出口概况

2003 年，我国高新技术产品进出口总额2 296.2亿美元，比 2002 年同期增长 52.4%。其中，出口突破1 000亿美元，达到1 103.2亿美元，同比增长 62.6%，高出全国外贸出口增幅 28 个百分点，年增长速度达到历史最高水平，占全国外贸出口总额比重达到 25.1%，自 9 月份起连续三个月单月出口超过 100 亿美元。全年高新技术产品贸易逆差 89.8 亿美元，比 2002 年降低 60.2 亿美元。

高新技术产品出口中加工贸易占 89.9%，信息技术领域（光电技术、计算机与通信技术、电子技术、计算机集成制造技术）占 96.2%，外资独资企业占 62%。

2003 年成功举办了第六届北京高新技术产业国际周暨中国北京国际科技产业博览会、第五届中国国际高新技术成果交易会（深圳）、第五届上海国际工业博览会和第十届陕西杨凌农业高新科技成果博览会，4 个交易会成交额分别达到 46.82 亿美元、128.38 亿美元、397.69 亿元和 156.16 亿元。

生产力促进中心

为推动生产力促进中心朝着组织网络化、功能社会化、服务产业化的方向再上新台阶，2003 年生产力促进中心建设的重点转向提高服务质量和结构调整。

2003 年度生产力促进中心建设的重点任务是：与星火计划结合，支持为“三农”服务，积极推进生产力促进中心进入国家高新技术产业开发区和开展“西部生产力促进行动”，继续抓好国家级示范生产力促进中心的建设，集中力量建设若干家有强大服务能力、特色鲜明、现代管理模式的国家重点生产力促进中心：对国家级示范生产力促进中心实行动态管理。

1. 全国生产力促进中心概况

2003 年，新认定了中商流通生产力促进中心等 23 家为国家级示范生产力促进中心，使国家级示范生产力促进中心的数量达到 88 家。

据不完全统计，截至 2003 年底，全国共有生产力促进中心1 071家，其中地方中心 991 家，国家行业中心 80 家。在地方中心中，省级中心 29 家，地市级中心 248 家，区县级中心 559 家，乡镇级中心 9 家，地方行业中心 146 家。

表 23　2003 年国家级示范生产力促进中心按行业分布　（单位：家）

机械	化工	冶金	轻工行业	纺织服装	航天	航空	内贸	有色冶金	农业	其他
20	15	9	5	3	3	2	2	2	12	17

据对 977 家生产力促进中心的统计（下同），2003 年全国生产力促进中心从业人员总数达14 198人，其中具有大专以上学历者11 735人，具有学士以上学位者7 173人，分别占从业人员的 82.7% 和 50.5%。

2003 年全国生产力中心拥有资产总额达 67 亿元，各级政府全年共投资 8.37 亿元支持生产力促进中心建设和发展。

2003 年生产力促进中心专项经费共计2 550万元，其中用于支持新认定的 23 家国家级示范生产力促进中心服务条件和能力建设 690 万元；优化生产力促进中心结构，积极培育和发展主要为高新技术中小企业服务的专业性生产力促进中心、支持生产力促进中心进高新区及为“三农”服务、支持“西部生产力促进行动”以及生产力促进中心发展战略研究1 860万元。

2. 服务业绩与经济效益

2003 年生产力促进中心在服务业绩与经济效益等方面取得了令人瞩目的成绩。

表 24　2003 年全国生产力促进中心服务业绩

咨询服务（项次）	技术服务（项次）	信息服务（万条）	引进人才（人）	导入技术（项）	技术交易（次）	培训服务（万人次）	培育企业（个）
6 991	1 481	1 432	5 666	2 027	1 537	145.8	5 246

表 25　2003 年全国生产力促进中心服务业绩

联系科研机构（家）	联系专家（名）	服务企业（万家）	国际交流（人次）	为企业引进项目（项）	协助企业申报计划（次）	为社会增加就业（万人）
9 107	20 613	6.45	24 480	946	7 354	150.2

表 26　2003 年全国生产力促进中心经济效益

总服务收入（亿元）	企业增加销售额（亿元）	增加利税（亿元）	为企业引进资金（亿元）
13.6	477	66	37.2

科研院所技术开发研究专项资金

科研院所技术开发研究专项资金（以下简称“技术开发专项资金”）的实施，在推动科研院所的战略调整和结构优化，拓宽技术服务领域，增强科研院所的抗风险能力，加快科研院所的成果转化和产业化进程，保持和提高科研院所的研究开发能力和持续创新能力，锻炼和培养一批科研骨干，稳定科研队伍等方面发挥了重要作用。

为了提高技术开发专项资金的投入效果，技术开发专项资金建立了职责分工明确、程序规范的决策机制、引入中介机构为项目立项提供咨询的评估机制、政府资助与单位自筹相结合的多渠道融资机制、强化项目承担者的自我约束机制和管理部门检查与中介机构审计相结合的监督机制。

1. 项目与经费

2003 年度技术开发专项资金立项项目 212 项，资助项目资金总额约 1.907 亿元。平均资助强度为 98.95 万元/项。

表 27　2003 年技术开发专项资金支持的项目、资助资金按行业分布

领　域	化工	机械	建材	煤炭	农林	信息	铁路	冶金	有色	轻工	其他	合计
项目（项）	26	49	18	18	11	17	9	15	14	11	24	212
拨款（万元）	2 470	4 305	1 755	1 590	965	1 555	880	1 345	1 390	795	2 020	19 070

2. 项目进展

据 2002 年调查问卷统计，1999 年立项的项目大部分完成研究开发任务，其中成果已进入市场、开始进行成果转化、并已开始产生经济效益的项目占 52%；已提前进入产业化或工程阶段，有的已成为该院所支柱产业的项目占 17%。承担单位的自筹资金能按要求到位的项目占 87%，单位自筹资金占新增投入的平均比重为 45%。

重大科技项目

重大科技专项的总体目标是集中攻克一批制约我国国民经济和社会可持续发展的“瓶颈”技术问题；在国家层面上组织科技攻关，实现关系国家战略的关键技术的突破；推动科技创新支撑平台的建设，加速提升国家竞争力，通过关键核心技术突破，抢先拥有一批具有商业价值的发明专利和自主知识产权。2003 年，12 个重大科技专项围绕各自的总体规划，确定重点研究内容，以目标为导向全面启动课题。

在管理上，2003 年重大科技专项的实施要求进一步强化企业的参与力度，强调上下联动和跨部门、跨领域、跨地方的协调与合作推进，突出项目的综合与集成，重视自主知识产权的获得。截止到 2003 年年底，在克服“非典”等不利因素的影响后，专项总体进展顺利，各专项进展情况良好，取得了一些令人鼓舞的重要阶段性成果，体现了在社会主义市场经济条件下，科技工作集成资源办大事的宗旨。

总体情况

1. 资金投入

2003 年，12 个重大科技专项实际到位资金总额为 60.36 亿元，其中国拨资金 14.58 亿元，部门配套 1.80 亿元，地方配套 5.06 亿元，企业自筹（含贷款）38.65 亿元和其他资金 0.27 万元。企业自筹资金占投入总额的近三分之二，是国拨资金的 2.7 倍，表明国家资金的投入对企业投入起到了引导的作用。

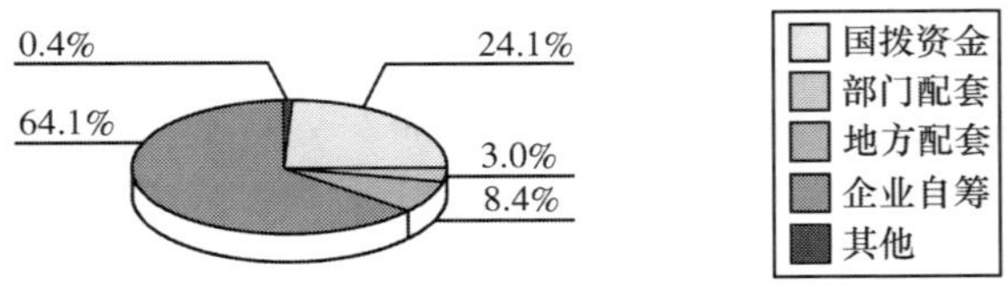

图 1　2003 年重大科技专项到位资金结构

2. 参与单位性质和人员结构

2003 年，众多的科研院所、高校和企业都积极参与了重大科技专项的申请和执行工作。在众多参加单位中，按第一承担单位计算，科研院所和高校分别占 26.1% 和 23.4%，二者比较接近；企业占 41.3%，表明重大科技专项突出了企业的参与、发挥了企业的主导作用。2003 年，在重大科技专项中，具有高级职称的占 38.4%，具有中级职称的占 32.6%，中高级职称的比例之和占到了七成以上，表明各个参加单位都投入了优秀的科研人员进行研究工作。

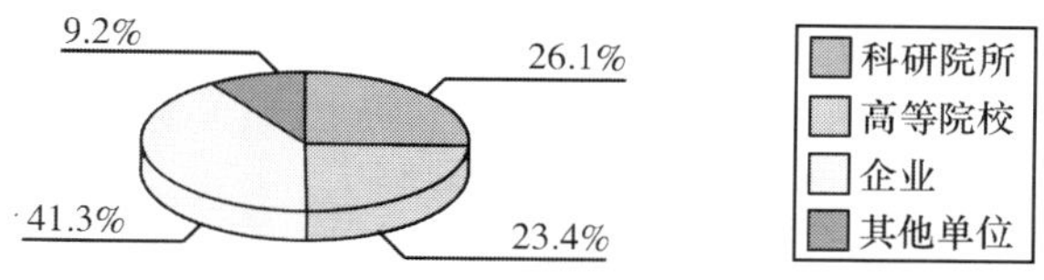

图 2　2003 年重大科技专项第一承担单位按性质分布

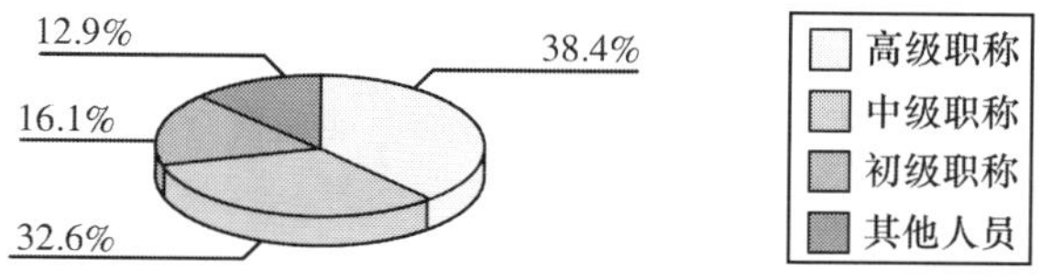

图 3　2003 年重大科技专项参加人员结构

3. 科技产出

2003 年，重大科技专项在专利申请、论文发表、人才培养和技术标准等产出方面，都取得了较大的成果。12 个专项共申请专利1 559项，其中申请发明专利为1 218项，占申请专利的 78%；共获得专利授权 342 项，其中发明专利为 189 项，占专利授权的 55%。从发明专利申请和获得专利授权的数量的比例来看，各个重大科技专项的实施单位都把获得自主知识产权作为项目实施的重要目标。

2003 年，各个重大科技专项已发表各类论文4 587篇，共培养研究生2 522人；制定国际标准、国家标准、行业标准、地方标准和企业标准分别为 9 项、507 项、147 项、80 项和 542 项。这些成果体现了重大科技专项在实施“人才、专利和标准”三大战略的作用和贡献。

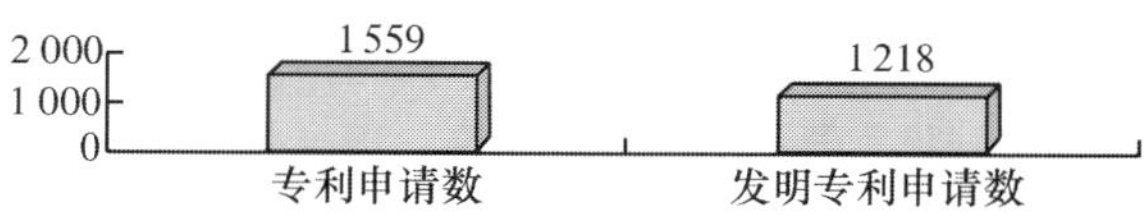

图 4　2003 年重大科技专项申请专利数和发明专利

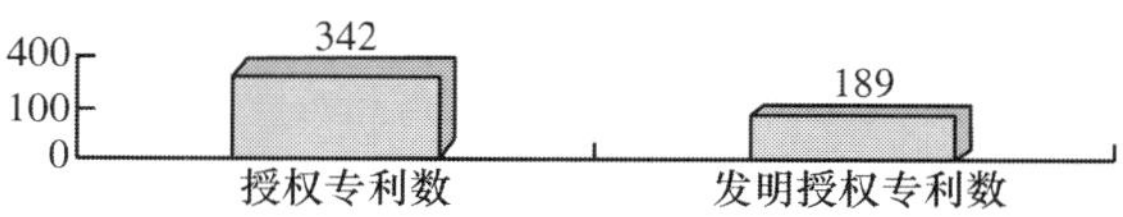

图 5　2003 年重大科技专项专利授权数和发明专利

重大科技专项的进展

现代节水农业技术体系及新产品研究与开发专项在现代节水农业新产品、新技术、新工艺、新材料的研制、中试生产线建立、节水农业等方面安排项目 55 项。抗旱节水型与水分高效利用型新品种的审定、技术标准与技术操作/实施规程的研究制定、现代节水农业技术体系集成示范区的建设都取得较大进展。已申请专利 107 项，其中发明专利 42 项。

高速磁浮交通技术重大专项在宏观技术经济、运输组织、车辆、运行控制、牵引供电、线路轨道、环境、安全以及中长线中路案例研究等近 50 个专题方向开展研究工作，完成了适应性研究。提出了磁浮线路、车辆、牵引供电、运行控制、运输组织和维护系统等六个部分的适用模式。提出了高速磁浮交通适用于长大干线和城市群区域内城际交通两种应用模式，分析了磁浮长大干线的运营收益能力。提出了高速磁浮交通应采用“枢纽辐射、干支分离”的运输组织模式和“干支分离、网运分离”的运营管理模式。在国产化创新研究方面，通过引进消化，自主攻关，已初步掌握了磁浮系统特有关键部件的核心技术。16 项国家发明专利已被受理，21 项专利在申请之中。

在创新药物与中药现代化专项中，技术平台硬件体系已日趋完善，部分标准规范已与国际接轨，覆盖了新药发现、临床前研究，临床研究、产业化的整个过程，已有 4 个具有自主知识产权的创新一类新药取得了新药证书，另有一批创新药物品种已进入临床试验阶段；支持了 46 种中药材规范化种植、50 种中药材炮制、20 个中药提取物、30 个配方颗粒、3 种濒危药材的研究，开展了中药注射剂指纹图谱、在线检测技术、中药制剂防潮技术等关键技术研究，建立了中药农残和重金属检测、中药材病虫害防治技术等技术平台。

在超大规模集成电路和软件专项中，龙芯、众志、方舟等 CPU 芯片已流片成功。龙芯 2 号也已研制完成，支持了用于多媒体处理、主频 450M Hz 的方舟 3 号 CPU 开发；已推出基于 Linux 内核的嵌入式操作系统，跨平台（Linux 和 Windows）的办公软件也取得重大突破；用于 NC 的 CPU 的开发工作进展顺利；启动了 0. 1 微米光刻机、刻蚀机和离子注入机的研发；关键配套材料 12 寸硅单晶抛光工程化制备技术取得突破进展；我国已形成了以北京 - 天津地区为代表的和以上海、无锡、苏州地区为代表的北南两大微电子生产基地，在“数据库新技术研究”方面完成了基于机群系统的并行数据库管理系统等覆盖数据库最新技术的 6 个课题的部署。

在水污染治理专项中，围绕湖泊受污染水体修复、城市水环境质量改善、饮用水安全、城市污水处理设备成套等重大问题，选择太湖开展工程规模的综合技术示范，开发并集成湖泊污染控制与水体修复急需的关键技术及治理方案：选择武汉等 11 个典型城市，开展城市水环境改善综合示范；选择上海、天津和深圳，开发并集成饮用水微污染去除、安全消毒、输配过程水质稳定的关键技术，建立饮用水安全保障的综合技术示范工程，选择三种城市污水处理主导工艺，开展城市污水处理设备成套化研究和示范。

在电动汽车专项中，纯电动汽车、混合动力汽车、燃料电池汽车等整车技术研发技术有显著进展，燃料电池发动机、动力蓄电池、电机及其控制系统、多能源动力总成控制系统等关键零部件技术有了进步，建立了动力蓄电池、燃料电池发动机等公共检测试验平台；启动了电动汽车首批示范运行城市课题，其中 4 辆混合动力公交车已在武汉投入运营，已完成 20 辆纯电动公交车在北京示范运营工作的准备工作；加强了专利的申请和技术标准制定等工作。

在重要技术标准专项中，重点开展了我国技术标准发展战略和国家技术标准体系建设的研究，已取得阶段性成果，围绕保证国家安全、保障公众健康、保护民族产业和国家利益、冲破国际贸易技术壁垒、促进高新技术快速发展等方面开展了几百项的重要技术标准及其检测方法的研制工作，并在重点领域的技术标准工作实现突破性进展，一些标准已在国际上产生了较大的反响。专项课题总数达到61项，其中及时增加的“防治非典相关技术产品标准的研究与制定”课题，有效地应对了SARS突发事件，确定了15个第二批试点城市，组织了多种形式研讨，加强标准界与国内外科技界、经济界的沟通交流，成功举办了“中国技术标准发展战略暨国家技术标准体系建设高层论坛”和“中美技术标准研讨会”等。

重大科技专项的管理创新

重大科技专项具有目标导向明确、投入强度大、协调性强、跨部门参与、强调知识产权等特点。2003年重大科技专项的实施，推动了科研项目组织管理上的创新，展现出一些新的特点。

1. 推动了社会各方面资源联合

在政府的指导和协调下，每个专项都联合了多个部门，包括地方省市、行业协会、科研院所、大学和企业，使社会各界凝聚在一起，共同创业，有利于集中力量办大事。如参加创新药物和中药现代化专项的第一批课题工作单位共有467个，其中企业150个、研究院所159个、大专院校122个和其他单位36个，分别占参加单位总数的32.1%、34.0%、26.1%和7.7%。其中，企业牵头作为课题主要承担单位的课题75个，占课题总数的49.6%。食品安全专项示范区坚持以各示范区省政府牵头、科技厅协调、相关部门包括农业、卫生、质检、法制、经贸等全面参与，结合本地区相关计划，开展食品安全综合示范。

2. 实现项目、基地、人才协同发展

各个重大科技专项都把项目研究与人才凝聚培养相结合作为一项重要内容来抓，同时在实施过程中特别注重研发基地与产业化基地的统筹兼顾、共同发展。例如，农产品的加工示范普遍采取“企业+科研+基地+农户”的模式；超大规模集成电路和软件专项目前已经形成了内地7家IC产业化基地、香港科学园和9家IC培训基地的7+1+9的IC设计环境总体格局，为我国IC设计的长远发展奠定了基础；食品安全专项形成了8个对我国进出口贸易和国民经济有重大影响的大宗食品的综合示范区，各个示范区内基本形成了“公司+基地+农户”的现代化食品供应模式。

3. 结合项目特点进行组织方式创新

一些项目引入科技项目“业主制”的组织方式，规范和明确了项目实施主体及参与项目各方的责任、权利和义务，实行科研项目企业化运作。如电动汽车专项重新组织优势研发力量，成立了股份制公司。

4. 加强项目过程管理和中期评估

大部分重大科技专项在实施过程中引入第三方监理机制，不仅改变了以往科技系统封闭式的过程管理模式，而且还促进了科技评估咨询等中介机构的发展，引入了更多的社会监督。例如，各个重大科技专项采取项目管理办公室、课题承担单位主管部门和课题承担单位分级管理的体制，实行年度汇报与考核、定期及不定期检查等过程管理制度，针对共性课题与示范类课题的特点，确定了各自的考核侧重点，将两类课题的紧密结合作为重要考核指标。

国家自然科学基金

国家自然科学基金是国家创新体系的重要组成部分，它在国家创新体系的定位是：支持基础研究，坚持自由探索，发挥导向作用。基础研究是指以认识自然现象、探索自然规律，获取新知识、新原理、新方法为主要目的的研究。基础研究的科学问题有两个来源：一是从科学自身发展提出的问题；二是从经济社会发展提出的问题。基础研究的发展既有来自科学系统自身不断拓展和深化的内部需求，又有来自经济社会发展的需要。国家自然科学基金坚持面向全国，自由申请，以广泛的学科为基础，鼓励自由探索，充分发挥科学家的首创精神；坚持“依靠专家，发扬民主，择优支持，公正合理”的评审原则，有效地促进科技资源的优化配置；它通过依靠专家进行“同行评议”的工作模式，集中并体现科学共同体的战略共识和智慧，发现和培养优秀科技人才。近年来，国家自然科学基金委员会不断优化有利于自由探索和创新的环境，保证科学基金最基本的资助类型——面上项目的经费投入，在适当控制批准率的基础上，逐步增加面上项目的资助强度；为了支持和培育探索性较强、风险较大的研究，对于一些研究方案不够完善，或前期研究基础略有不足，但其研究思路在科学合理性的前提下具有鲜明的创新性的项目，实行了小额探索项目的资助方式；同时采取切实措施，保护非共识创新项目。国家自然科学基金委员会根据基础研究的规律和特点，于2000年开始试点实施重大研究计划，这是提高我国科技持续创新能力的一项新举措。重大研究计划针对科学发展的核心问题，整合与集成不同学科背景、不同学术思路和不同层次的项目形成具有统一目标的项目群，实施相对长期（6~8年）的支持。这一资助方式具有较强的导向性，有助于科学家的创新思想与国家战略需求相结合，促进学科交叉和学术争鸣，激励创新。继青年科学基金、杰出青年科学基金之后，国家自然科学基金委员会于2000年又启动了一类人才基金——创新研究群体科学基金，其目的是导向群体的学术带头人，使其能凝聚一批学术骨干，形成一种合力，围绕一个重要方向进行学科交叉和合作研究，达到创新的目的，在经过一段时间的持续支持后，希望这个创新团队能够冲击世界水平。从 1986 年自然科学基金委建立至 2005 年，中央财政拨款累计达 170 多亿元（参见图 6），其中“十五”（2001 ~ 2005 年）期间已经超过 100 亿元。

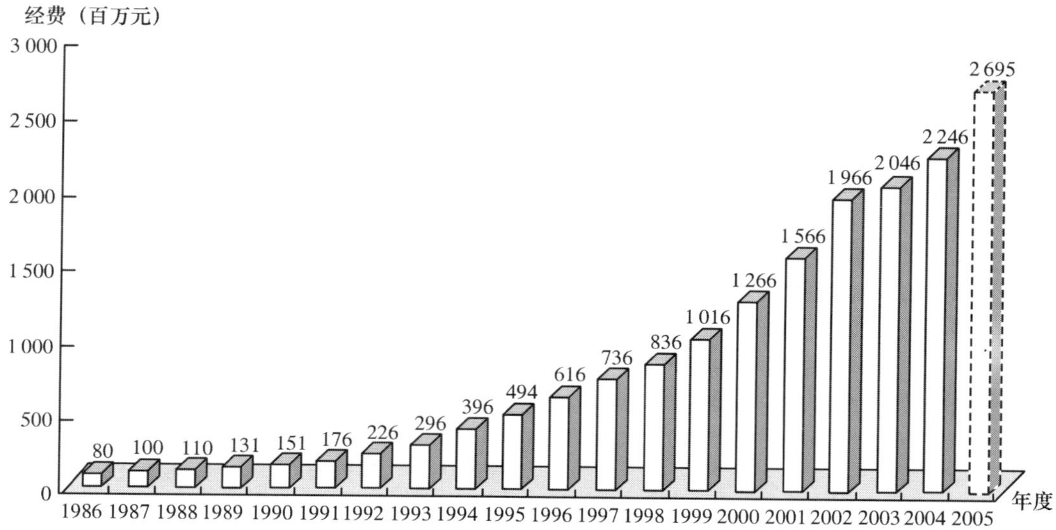

图 6　1986 ~ 2005 年自然科学基金财政拨款增长示意图

申请指南（材料部分）

本部分收集了国家自然科学基金在 2003、2004 两年度的与材料相关项目的申请指南，鉴于这两年的申请指南差异不大，这里统一合编，如果有差异，在内容中将注明。这里要求申请人和项目组主要成员必须提供过去曾承担的国家自然科学基金项目所取得的具体研究成果，注明近几年在 SCI、EI 收录的和国内影响因子前 500 名学术刊物中发表论文的情况、论著被国内外同行专家引用的概况，以及申请人在国际学术会议作邀请报告的情况。所提供的基本情况务必客观和实事求是，否则将直接影响申请项目的批准。

面上项目

金属材料学科

主要资助有关金属及其合金、金属基材料的基础研究和应用基础研究。面上项目的研究内容，应明确涉及所研究的金属材料对象；对于有关科学知识在金属材料研究中的应用，应明确提出拟解决的材料科学问题和相关的科学技术问题；对金属材料的组织结构、性质和服役性能有重要影响的制备过程中关键基础问题的研究，也给予支持。资助的范围主要包括：金属及其合金的制备科学、微观结构、表面与界面、杂质与缺陷等及其对金属材料性能影响的机理；金属材料的合金相图、相变及合金设计的研究，并为发展新材料提供依据；金属材料与环境的交互作用、失效与功能退化的机制及其控制有关的基础研究和应用基础研究；新型金属功能材料和结构材料的相关科学问题；结合金属材料基础研究和应用基础研究发展现代分析测试技术。“十五”期间，将重点支持材料科学（含材料物理）研究领域有基础研究积累的研究队伍和研究条件良好的科研单位。随着国家对基础研究的投入增加，资助的研究经费有望大幅度提高，但目前资助经费仍然限于科研费用，不包括较多的设备购置和实验室改造等费用。鼓励研究提高传统金属材料性能和使用寿命的关键科学问题；结合我国资源，探索新型金属材料及其相关科学问题和镁基合金强韧化等方面的基础问题；金属材料多功能化、多功能复合以及结构与功能复合的探索；金属和金属基电子材料的关键科学问题；超常条件下材料凝固理论的研究。

无机非金属材料

主要资助无机非金属材料领域的基础研究和应用基础研究。鼓励结合我国资源状况的新型无机非金属信息功能材料的制备科学与应用基础研究；低维材料和纳米材料制备新技术及其物理与化学基础问题的研究；外场诱导相变材料及应用基础研究；纳米材料物性表征技术的研究；复合材料的表面、界面、连接度和相容性的研究；梯度功能材料和原位复合材料的研究；“结构 - 功能”一体化复合材料的基础研究；高性能、低成本、高可靠性的材料制备科学；智能材料、能源新材料、生物医用材料和生态环境材料的组成、结构、性能及其表征；无机非金属材料结构（宏观、介观、微观）设计的理论基础研究和相应的制备科学；用新理论、新技术、新工艺提高和改造传统无机非金属材料的应用基础研究。

有机高分子材料学科

主要资助有机高分子材料领域的基础研究和应用基础研究。主要任务和发展方向为：（1）通用高分子材料：通用高分子材料的高性能化、功能化，加工成型与聚集态结构的关系，使用过程中材料结构及性能的变化；（2）功能高分子材料和有机固体功能材料；（3）聚合物基复合材料：高性能化、界面、复合新工艺、计算机辅助技术和低成本技术等；（4）特种高分子材料与工程塑料等。鼓励在不同层次上与生命科学、信息技术、能源和环境等科学的交叉研究，鼓励申请者大胆提出自己的创新思想，尤其鼓励年轻学者提出青年基金项目申请；鼓励在以下领域开展基础研究和应用基础研究：通用高分子材料的高性能化、功能化；功能高分子材料和有机固体功能材料；高分子材料制备科学和工艺学（如：制备和加工成型新技术与新工艺；增强增韧、疲劳断裂、摩擦润滑的新理论；多组分材料聚集态结构与性能；复合材料基体树脂与界面特性；计算机辅助设计和成型）；新型胶黏剂、涂料和助剂；生物医用高分子材料；有机纳米材料；智能材料与仿生高分子材料；生态环境材料（如：防辐射、降噪音、污染防治材料；环境友好材料；可再生材料）。

冶金和矿业学科

资助领域主要包括冶金与矿业两大研究领域，涉及从矿产资源开发利用到工程材料制备之宽广的研究领域，跨度大，综合性强。资助的特点是以应用基础研究为主（占85%以上），以过程、工程为主；基础研究集中在冶金物理化学等理论性相对强的一些学科分支。主要任务和发展方向是：（1）资源开采引起的岩层复杂性和多变性移动与破坏规律；提高资源采收率与经济性的研究；开采安全工程与深部开采关键技术的基础研究；工业及民用地下工程稳定与控制技术基础研究；空间、海洋资源开采新方法探索；（2）物质分离与纯化特别是矿物与环境作用相关基础；矿物的转化、矿物材料与化合物材料制备方法；研究特色资源与矿产资源全组分利用、冶金废弃物再资源化、无污染冶金和环境友好的洁净生产系统的基础研究；（3）冶金短流程及高效、节能、降耗冶金新技术的研究；冶金与新兴学科的交叉，特别是与信息技术的交叉；冶金信息学、矿冶生态与产品、技术的综合集成研究；（4）冶金反应工程学、计算（机）物理化学、冶金物理化学与材料物理化学新规律、新方法、新理论；（5）材料制备工程中深化湿法合成与反应器的研究；探索新的材料制备方法；提高传统材料性能和质量的新技术；（6）外场及极端条件下（超高、低温，超高、低压，超强、弱电场，超强磁场，超速过程，超重、微重力场、超高浓度等）的冶金及加工过程理论研究；精细冶金、高纯净、高性能、高附加值冶金工程研究及超大、超小尺寸、超高性能及特殊要求材料制备方法探索；（7）矿冶工程装备与传感、检测、控制新原理、新方法，太空冶金、海洋冶金方法与技术研究。对于部分需要较多经费的研究项目，如火法冶金、电（化学）冶金、金属塑性加工等，将给予较高强度的资助。

力学学科

资助的范围包含一般力学、固体力学、流体力学、交叉与边缘领域力学四个分支学科。在此领域，一方面资助处于国际前沿、具有创新学术思想的基础研究项目，另一方面侧重于资助与工程紧密结合、能推动工程技术发展的应用基础研究项目；鼓励利用国内现有实验设备和重点实验室条件开展力学的实验研究；鼓励与相关学科的科学家一道进行交叉问题的研究；提倡利用国外先进的实验和计算条件开展实质性的国际合作研究。一般力学主要包括动力学、振动与控制。该分支学科的研究要针对科技发展中提出的复杂系统动力学与控制问题，注意非线性动力学理论和方法上的突破，注意刚、柔、液、控制耦合动力学建模理论的突破；鼓励结合我国一些重大工程项目（特别是航空、航天、船舶、车辆等），研究其中的动力学关键问题；要使理论分析、数值计算和实验研究相协调，从而促进探索新现象和新规律的创新研究。固体力学主要包括材料的宏细观本构理论与破坏过程；复合材料细观力学和性能控制；结构的分析、优化、稳定性研究和安全评估；冲击动力学；岩土类材料的破坏与地质灾害的防治；制造工艺中的力学问题；流固的非线性强耦合问题等研究领域。该领域的申请项目应更多地考虑其创新性和交叉性。应加强与物理、材料、工程等领域的结合，以增强固体力学解决实际问题的能力。流体力学包含湍流、空气动力学、水动力学、多相流与非牛顿流、渗流、高温热与化学非平衡流等研究领域。应力争对湍流的形成机制及内在规律的研究有所突破；在继续研究航空航天、航海、机械、兵器、水利、化工等方面的流体力学问题的同时，还要在普遍受到重视的能源、环境、材料以及高技术等领域中加强流体力学的研究。交叉与边缘领域力学（包含物理力学、爆炸力学、环境流体力学、生物力学、电磁流体力学与等离子体动力学），一直备受关注。尤其对生物力学的发展，给予经费倾斜。鼓励从国防技术中提炼基础问题开展探索研究；鼓励有竞争实力的青年学者申报国家杰出青年科学基金；欢迎在面上项目资助下已取得较好进展的学者提出重点项目建议。近几年鼓励资助研究方向：湍流和复杂流动；跨物质层次的固体变形和强度理论；高维动力系统的复杂运动和控制；生物体中应力与生长的关系及应用；计算力学和虚拟设计；制造技术中的关键力学问题；国家安全中的关键力学问题；灾害预测和防治中的关键力学问题等。

物理Ⅰ学科

支持的范围包括凝聚态物理、光物理、原子分子物理和声学，以及这4个学科与其他学科相互交叉、渗透所形成的新的研究领域。对新交叉领域的支持，更侧重于探索性和基础性物理研究。凝聚态物理领域近几年重视对奇异量子现象，突破传统“物理极限”的各种低维度、小尺度系统（器件）以及与生命科学相关的物理理论、实验和方法等方面的研究；鼓励对低维与量子受限体系中的物理问题，软物质中的基本物理问题，电子强关联系统的实验与理论，表面、界面和薄膜结构与物理性质，凝聚态物质结构、物性表征的先进技术和方法，功能材料的结构形成与制备过程中的物理问题，与凝聚态物理相关的交叉科学问题等的研究。在交叉领域，特别关注与化学交叉的聚合物和聚合物光电子学（polymers and polymer opto – electronics）；与信息科学交叉的光电子器件、磁电子学（magneto-electronics）；与材料科学交叉的分子和纳米材料（molecular and nanomaterials）、软材料（soft materials，如有机和生物材料）等新一代高新技术发展中急需解决的物理问题。希望加强理论研究与国内实验工作的有机结合，支持利用国家和部委重点实验室的条件以及国家大科学工程所提供的实验设备开展的基础研究，提倡实验室之间、实验室与其他相关研究单位之间的合作，希望逐步形成一些在国际上有很强竞争力的研究群体，并在某些方面取得国际先进水平的研究成果。

无机化学学科

无机化学当前的发展趋势和方向的特点是：无机化学与材料科学和生命科学的交叉、融合越来越突出并可能孕育着新的突破。无机化学在合成和制备研究中，力求在发展新的合成方法及路线上下工夫；强调运用分子设计和分子工程思想，推进新型化合物的合成及特殊物质聚集状态的研究；重视无机功能材料的复合、组装及杂化的研究；加强功能性无机物质的结构与性能关系研究，理论研究深入到微观过程；无机化学与生命科学的交叉要进一步深化研究的内涵，突出无机元素生物效应的化学基础的研究；大力开展新型金属元素结合生物大分子、无机仿生过程及分子以上层次生物无机化学基础研究。鼓励研究领域：新型无机化合物的合成、反应、结构与性能；新型无机材料的分子设计及合成；信息光电材料化学基础；新型功能配合物、超分子化学和配位聚合物化学；无机生物效应化学基础，无机仿生及金属结合生物大分子；新型无机药物和放射药物化学基础；与奥运科技相关的领域；与其他相关学科交叉的研究领域。

物理化学学科

物理化学作为化学的理论基础学科，在步入新世纪之后，正以强劲的发展势头、鲜明的动向显示自身的生命力。物理化学的研究项目，需要瞄准学科发展前沿和国家目标，加强创新性、系统性和有深度的研究，鼓励更密切地与其他学科领域的交叉融合，并注意发挥本学科的特点，发展物理化学的新概念、新理论和新方法。同时鼓励其他相关学科在本学科申请交叉项目。鼓励研究领域：运用现代物理化学和谱学的理论与技术，研究生命体系中的物理化学问题；纳米组装、纳米结构、纳米器件等纳米体系中的基本物理化学问题；理论化学新方法及其在生命、材料、环境和信息等领域中的应用基础研究；新催化材料、新催化反应、催化反应机理及原位表征技术及其在能源、资源与环境领域的应用研究；电化学反应调控及有重要应用前景的新电化学体系的基础研究；光、电、磁等功能材料的合成过程以及液相和固相中基本物理化学过程的研究；化学信息学和计算机化学中的新思路和新方法；与奥运科技行动计划相关的应用物理化学研究。

有机化学学科

有机化学新理论、新方法、新反应的发展促进了与生命科学、材料科学和环境科学更大程度的交叉，并在交叉中进一步推动了有机化学的发展。其特点是：（1）有机化学中的分子设计、分子识别与自组装等概念正在影响着各个领域的发展；（2）有机化学与生命科学领域的交叉为认识和理解生命体系中复杂现象提供了新的研究方法；（3）新型功能物质（例如：材料、药物、农药等）的发现、制备和利用，使有机化学在满足人类的需求方面进一步做出重要贡献；（4）选择性反应尤其是不对称合成，已成为有机合成研究的热点和前沿；（5）绿色有机合成化学和原子经济性反应正成为化学研究的一个重要的内容，将为21世纪人类生活质量的改善做出独特的贡献；（6）时间分辨技术的发展与普及将推动对有机反应机理的深入认识。鼓励研究领域：有机合成新反应、新试剂、新技术、新方法的研究（特别是高选择性、高效有机合成反应和绿色化学）；新型有机功能物质的合成和应用基础研究；具有生理活性的、结构比较新颖复杂的天然有机化合物的合成以及仿生合成研究；化学生物学的基本问题的研究，特别是生物大分子（蛋白质、核酸、多糖）与小分子的相互识别、作用和酶、模拟酶催化的有机合成及生物转化；有机化学与相关学科交叉结合中基本理论问题研究。

高分子科学学科

高分子科学是研究高分子的形成、化学结构与链结构、聚集态结构、性能与功能及利用的学科门类，研究对象包括合成高分子、天然大分子和生物大分子等。在高分子化学领域，一方面是由小分子合成高分子的各种方法学研究和共聚物的合成、产物结构可控的共聚合反应研究；另一方面是高分子参与的化学过程，如高分子加工和使用过程中的化学问题、服役后的可降解性或回收利用化学或物理化学方法；大分子的生物化学效应；第三方面是功能高分子，对具有电、光、磁特性、医用、换能等功能的高分子开展研究，特别要注重超支化高分子等各种新结构高分子构筑和高分子立体化学研究。高分子物理方面，主要方向是提出高分子凝聚态物理新概念、应用现代研究手段，深入研究聚合物结构和相转变，加深对聚合物结晶、液晶和玻璃化等转变过程的认识，从单链、寡链高分子聚集态到成型过程前后聚集态的研究都应注重；对受限空间高分子结构、表面与界面结构与性能、高分子微结构与尺度效应、聚合物结构的动态变化研究、形态、结构与宏观性能的关系研究都是值得关注的；聚合物流变学（包括复杂流体流变学与化学流变学）也是值得加强的方向。鼓励高分子科学与信息、生命、物理和材料等学科的交叉研究，应特别注重吸收物理新理论与思想，发展软物质理论、聚合物电子学和聚合物光子学；应特别注重从天然高分子和生物大分子研究中寻找高分子科学发展的切入点和生长点，在合成高分子与生物大分子之间的空白区寻找发展空间，重视仿生高分子、超分子结构、大分子组装与有序结构调控的研究，发展高分子化学生物学。

化学工程学科

重点支持以增强国家综合实力和创新为目标的化工及精细化工、能源化工、环境化工等工业化学的应用基础研究，并着重考虑以下两方面的研究：（1）结合我国国情，努力开拓化工高新科学技术和新兴学科领域中前沿课题的研究，在科学思想和技术手段上有所发展和创新；（2）对于涉及国民经济中量大面广或/和与国计民生相关的关键技术项目，要加强基础方面的系统研究，发挥基础研究的指导作用。鼓励研究领域：分子热力学理论模型的研究，统计力学和非线性理论在化工中的应用，界面传递现象及微观本质的研究，多组分多相流的流型、机理和流动规律的研究，在外“场”作用下流体流动性能和传递过程，微系统中的传递现象和化学反应工程的应用基础研究，超细粉体的制备技术、特性及应用研究，流态化理论及技术基础，膜分离，超临界流体过程，化学（催化）反应过程的动力学研究，催化剂工程，反应器的模拟和放大，生物化工和食品化工中的发酵动力学与酶动力学，高效分离纯化技术，仿生及生物催化剂的分子设计、合成及应用基础理论、规律的研究，绿色化学及生态化工的基础理论研究，煤炭高效洁净转化机理及关键技术研究，废气、废水和废渣的处理新技术的科学原理，洁净、节能的化工技术基础研究，过程强化研究，与奥运科技相关的化学工程与工业化学领域。

半导体学科、光学与光电子学科

受理范围主要包含信息科学中的半导体科学和光学与光电子学两方面。近年来，半导体科学、光学与光电子学技术的发展对我国信息、材料、生物医学光子学等领域的发展起到了积极的推动作用，有些形成了较大的产业。但与相关领域在当今社会中的支柱作用相比，目前这方面的基础研究与应用尚显不够。鼓励新兴分支学科领域研究，鼓励跨学科、跨学部的交叉研究、鼓励有实质性国际合作的研究；继续加大力度，在资助率和资助强度两方面向青年基金倾斜，以鼓励符合条件的青年科研人员申请青年基金；继续对具有重要应用前景的优秀项目予以倾斜资助，促进其为国防和国民经济发展作贡献。根据学科发展动态和总体布局，在广泛征求专家意见的基础上，将着重鼓励以下领域的研究：0.1 微米级 MOS 器件中的物理、工艺和技术问题，微纳机械器件与技术，基于量子效应的人工微结构材料、物理与器件，半导体自旋电子材料、物理与器件，有机（聚合物）和有机/无机复合半导体材料、器件及机理，量子信息和计算，高速光通信、光交换与全光网络单元技术与器件，高密度光存贮、光显示新技术与器件，高速实时光信息和图像获取与处理，光量子信息理论与实验研究，激光物理与新型激光技术，超高精度光学工艺技术，超快激光与超快过程的新现象与新技术研究。

重点项目

金属材料学科 2003 年度受理下列领域的重点项目申请

1. 高性能金属材料激光制备与成型中的关键科学问题：研究高性能金属材料激光制备和成型过程中非平衡多相熔体的传输行为、相析出与相选择规律、组织和性能的优化等相关基础问题。

2. 多元体系合金相的形成判据及新型亚稳材料：以非晶、准晶合金为主要研究对象，利用价电子理论和合金相图特征等为判据，研究具有功能特性或结构特性的新型合金体系及相关科学问题。

3. 新一代高性能稀土永磁薄膜材料的基础研究：在纳米尺度下探索和设计新型稀土永磁材料，制备具有复合结构的永磁薄膜，研究其性能及相关机理。

4. 非平衡晶界偏聚动力学和晶界脆性断裂：通过理论计算和实验验证，完善已有的非平衡晶界偏聚动力学理论模型，并弄清合金元素的非平衡晶界偏聚规律，为控制晶界脆性提供依据。

本年度重点项目总经费 800 万元，拟资助重点项目 6 项。其中拟在 4 个定向研究领域内资助 3 项，另资助自由申请重点项目 3 项。

金属材料学科 2004 年度受理下列领域的重点项目申请

1. 超高强度纳米金属及强化机制：超高强度金属纳米材料中，晶粒尺寸、晶界结构及其他结构参量对本征力学性能的影响及纳米金属材料的强化理论。

2. 金属材料的表面合金化、强韧化及耐磨性机制研究：金属材料表面处理或表面改性中的表面合金化及其材料表面强韧化或提高耐磨性等方面的机制研究。

3. 空天环境下，金属材料的疲劳与损伤：研究空天环境下使用的金属材料的疲劳与损伤特点及机制，提出空天材料优化途径。

4. 应力场、磁场和温度场下马氏体相变理论：建立多场下马氏体相变晶体学、热力学和动力学理论模型，探索理论模型在新材料设计中的应用。

5. 可在鼓励的研究范围内提出的自由申请重点项目：在“新型亚稳金属材料”领域中提出拟研究的重点科学问题。

6. 可在鼓励的研究范围内提出的自由申请重点项目：在“金属材料多功能化、多功能复合以及结构与功能复合的探索”领域中提出拟研究的重点科学问题。

本年度总经费 600 万元，拟择优资助重点项目 4 项。其中，指定研究领域选 3~4 个，自由申请领域选 1~2 个。

无机非金属材料学科 2003 年度受理下列领域的重点项目申请

1. 微波介质陶瓷的关键基础问题：探索新的超低介电

常数的材料，研究微波介质陶瓷体系的结构—性能的关系以及各项性能指标间的相互关系、找到其协调改性的有效途径；研究非线性电介质的微波响应特性以实现微波介质陶瓷的高介电常数化、低损耗化与介电常数可调化的有效途径。

2. 洁净能源中的中高温离子传导膜材料的研究（与工程科学三处交叉立项，由材料科学二处受理申请）：拟探索和改进中高温氧离子和质子传导材料和透氧透氢膜材料，研究和发展相关的材料制备和加工方法，研究新型中高温氧分离器、氢分离器和固态燃料电池和其他涉氢涉氧的能源和化工过程。

3. 可在材料科学二处无机非金属材料鼓励研究领域提出自由申请重点项目（与工程科学一处交叉立项，由材料科学二处受理申请）：在鼓励研究领域“用新理论、新技术、新工艺提高和改造传统无机非金属耐火材料的应用基础研究”中提出拟研究的重点科学问题。

4. 聚合物胶束的制备及其功能化材料的基础研究：研究可控、高效的聚合物胶束制备方法，胶束化机制；研究用于药物、光电活性物质、催化剂等负载的聚合物胶束功能化材料。

5. 可在材料科学二处有机高分子材料鼓励研究领域提出自由申请重点项目：在“仿生高分子材料”领域中提出拟研究的重点科学问题。

6. 可在材料科学二处有机高分子材料鼓励研究领域提出自由申请重点项目：聚合物基复合材料中的重要问题：界面或基体树脂。

无机非金属材料学科 2004 年度受理下列领域的重点项目申请

1. 高性能钙钛矿型铁电材料固溶体的制备科学和结构本质：通过对以铌镁酸铅（PMN）和铌锌酸铅（PZN）为代表的弛豫铁电体（包括单晶和陶瓷）和钛酸铅固溶体在准同型相界附近的结构特征，及其对外界条件响应过程结构变迁的研究，在理论上促进对这一族材料出现超高性能本质的深入了解，并为制备高质量的压电铁电材料提供科学依据。

2. 西部特殊环境下材料损伤与防护研究：研究材料在沙尘、盐碱、冰雪、电磁场等特殊条件下的摩擦、磨损及损伤防护的原理与方法，探讨纯净化、微细化、复合化对材料损伤性能的影响，为新型防护材料设计、制备提供理论和技术指导。（与工程科学二处交叉立项，由本科学处受理）

3. 大颗粒流态化理论及用于水泥熟料煅烧的机理性研究：将开展大颗粒流化床中流体动力学、传热与传质、床层稳定等特性的研究工作，并且在上述基本理论的指导下，重点研究采用大颗粒流态化技术煅烧水泥熟料的新型水泥熟料煅烧工艺所涉及的相关基础性问题。（与工程科学四处交叉立项，由本科学处受理）

4. 在无机非金属材料科学鼓励研究领域的自由选题重点项目：提高化合物半导体体单晶性能的研究。在 1 ~ 4 领域中选出了 3 ~ 4 个领域予以资助。

5. 通用高分子材料表面改性及形态控制：研究通用高分子材料及制品表面改性新方法、新技术，深入研究共性的基础科学问题。

6. 在有机高分子材料优先资助领域“高分子材料多层次结构可控制备”里自由申请：研究可较精确控制高分子链结构或聚集态结构的高分子材料制备新技术、新方法。

7. 在有机高分子材料领域里自由申请：拟从以上 5 ~ 7 领域中选出 2 个领域予以资助。

冶金和矿业学科 2003 年度受理下列领域的重点项目申请

1. 隧道与地下空间工程结构物的稳定性与可靠性

2. 大宽厚比钢铁材料连铸连轧过程组织性能控制与检测

冶金和矿业学科 2004 年度在以下 5 个领域的重点项目申请中，根据申请与评审情况选择 4 个领域给予资助：

1. 与环境协调的矿物资源开采

2. 稀有金属提取与材料加工

3. 液体能源储存关键问题

4. 新型冶金装备的工艺原理

5. 特殊环境下材料制备与性能

物理 I 学科 2003 年度受理下列领域的重点项目申请

1. 纳米结构材料的光、电、磁学性质：研究纳米结构由于量子尺寸效应所引起的各种新颖的电学、光学和磁学性质，包括单体以及一维、二维组装结构（阵列、点阵）的各种物理效应；研究与各种物理效应相关的纳米结构稳定性与生长动力学。

2. 磁、铁电、超导异质结构的物理研究：利用“能带工程”和“应变工程”的方法来改变外延层的各种磁性、铁电和超导异质结构，并研究新型结构的磁学、超导、微波与光学特性。

3. 凝聚态物质中超快过程的研究：利用超短脉冲激光光谱学研究凝聚态物质内部的非平衡动力学过程；研究相关电子系统和准粒子系统中的多体相互作用和弛豫过程。

4. 超冷原子物理及应用研究：研究超冷原子的性质及其应用，如原子激光、原子干涉等。

5. 量子相干系综的光学性质：原子、分子和固体材料等量子相干系综中的电磁感应透明、光速变化等物理过程的理论及实验研究。

6. 高离化态原子物理：高离化态原子的产生；高离化态原子结构和动力学特性的理论和实验研究。

7. 光、声波与材料的相互作用：激光激发冲击波及其诱导材料形变的机理与应用研究，非线性光学效应及强声场力学效应的研究和激光超声的材料检测与材料标征。

8. 超快超强激光的组束技术及其与物质相互作用的新现

象研究：(1) 采用组束的新方法，实现对多路皮秒激光的组束，如实现对多路10^{12}W的皮秒激光并成10^{13}W的激光光束（包括多级多路的Raman放大链、光束质量控制、窗口镀膜破坏阈值的提高等）；(2) 单束高功率激光(10^{12}W～10^{13}W)的光束传输特性研究（包括和激光介质、窗镜物质的相互作用及非线性效应，激光介质宽度频带对激光脉冲宽度的影响等)；(3) 研究短波长超短超强的皮秒级激光在固体靶中吸收以及超热电子产生的机制，辐照团簇或液体靶高效率地产生VUV光源及其物理机制；(4) 研究短波长超短超强的皮秒级激光和物质相互作用产生的高次谐波；(5) 研究亚皮秒强激光辐照掺氘薄膜靶和泡沫靶及其可能发生的核反应过程（与物理科学二处交叉，由物理科学一处受理申请）。

物理Ⅰ学科2004年度受理下列领域的重点项目申请

1. 声空化物理特性与应用基础的研究：本课题的主要研究内容包括：(1) 研究不同液体参数与环境参数下单泡的形成与破裂，单气泡物理特性和化学组分的调整与分析；(2) 气泡（球形、非球形、单泡、多泡）动力学模型、物理及化学效应与发光机理的研究；(3) 研究超强超声驱动下的瞬态声致发光、声空化促进中子辐射与聚变的可能性；(4) 声空化在声能学中作用机理的研究。

2. 有机/无机复合新型光功能材料的物理研究：研究有机、无机复合改善材料发光、非线性光学响应等光学性能的新途径和新方法；有机/无机复合光功能体系中不同组分之间相互作用的微观过程以及所导致的多种新颖光学性质的内在机理，揭示光功能复合体系结构－功能的关系。

3. 高空间分辨率飞秒近场光谱学：将飞秒激光和近场光学显微术相结合，可以以高时间－空间分辨率研究光与物质相互作用的机理。此项研究包括研究飞秒激光和近场光学结合中的关键物理和技术问题；实现飞秒激光和近场光学显微术相组合形成高时间－空间分辨率的实验系统；利用实验系统进行光与物质相互作用研究，在介观或大分子尺度上揭示飞秒光与物质相互作用的机制。

4. 高温稠密等离子体环境下的原子结构和原子过程（拟与物理Ⅱ科学处交叉）：理论研究：高温稠密等离子体环境下边界条件和动态相互作用对原子能级结构，光子、电子和原子相互作用的影响；高温稠密条件下相对论效应和其他高阶相互作用。实验研究：利用超快超强激光，EBIT等产生高温稠密等离子环境；利用超快光谱和透射光谱研究能级结构和谱线线型与环境的关系（相关学科：等离子体、天体物理）。

5. 高离化态原子物理（拟与物理Ⅱ科学处交叉）：高离化态原子的产生；高离化态原子结构和动力学特性的理论和实验研究。

无机化学学科2003年度受理下列领域的重点项目申请

1. 无机体系主－客体材料化学与物理基础研究

2. 金属离子对某些重要生命过程的调控作用研究

无机化学学科2004年度受理下列领域的重点项目申请

1. 全组分、多水平、高通量分析方法与技术研究：针对生物体系、中草药或绿色食品等高度复杂样品体系，发展全组分、多水平、高通量和多维的分析技术与方法。

2. 纳米生物传感技术的分析化学基础研究：应用纳米技术，研究并建立有效而实用的实时、在线和高灵敏度、高选择性的新型分析方法与技术。

物理化学学科2003年度受理下列领域的重点项目申请

1. 大气污染瞬变物种的实验模拟及其理论研究：利用瞬态能谱、波谱和光电离质谱等实验手段探测城市光化学烟雾和臭氧层破坏过程中存在的关键瞬变物种，提出相应反应通道。通过高精度的理论化学计算方法和新程序的发展来确定关键瞬变物种的结构和反应机理，并跟踪其演变过程。找出和探讨控制关键瞬变物种及反应通道的方法和技术。

2. 复杂体系中量子化学计算方法及其应用研究：发展量子化学组合计算等高精度、高效率的计算方法和程序，并将其用于含重元素大分子或复杂大分子体系（如生物大分子、高聚物体系及溶液中的化学反应体系等）的理论研究，探讨其特殊光、电、磁及催化性能的理论解释。

3. 奥运科技相关的环境催化重要反应基础和应用研究：针对“奥运科技（2008）行动计划”，研究城市固体废弃物综合治理过程中的相关催化反应机理和催化技术的应用；研究清洁汽车和洁净能源技术过程中高效、低成本汽车尾气三效催化剂及相关材料的制备和应用以及硫、氮氧化物的高效脱除反应催化剂及其应用。项目执行期：2004.1～2006.12（3年）

4. 全固态化学电源的基础研究：研究全固态化学电源的新型电极及电解质材料的合成与制备，及其电极嵌入反应的热力学、动力学和结构化学，建立和完善固/固电化学界面原位谱学表征的手段，发展微型化全固态电池，如薄膜制备等技术

物理化学学科2004年度受理下列领域的重点项目申请

1. 线性标度量子化学方法及应用研究：发展适合于处理共轭大分子体系的线性标度量子化学计算方法，编制有自主知识产权的计算软件，并且对有重要科学意义和技术背景的共轭聚合物体系，如导电聚合物、有机发光材料、非线性光学材料及有机高自旋分子等开展系统的微观结构与性能关系的理论研究，为改进材料的性能，设计出综合性能指标更优的有机共轭材料提供依据。

2. 低碳烷烃活化与催化选择转化：研究内容主要包括对甲烷、乙烷和丙烷（特别是甲烷）的C－H键的活化和定向转化，特别在临氧条件下的选择氧化，结合多相催化和均相催化的科学基础，利用原位、动态的谱学技术研究催化剂及催化反应，采用理论计算方法对C－H键活化和反应进行研究，在此基础上设计和构筑催化剂活性相和活性中心结构，发展低碳烷烃活化和催化选择转化的科学，

为低碳烷烃资源优化利用奠定理论基础。

3. 醇类燃料电池的（应用）基础问题研究：研究内容包括直接醇（或其他有机小分子）类燃料电池新型催化剂的探索；相关电极反应的机理及动力学；电极（或电极/电解质膜组合）结构优化；寻找燃料穿透电解质膜影响因素及其抑制途径。

4. 功能聚合物分子的多体效应与激发态理论：本项目将致力于有机分子与聚合物光电超快过程中高激发态的贡献以及与之相关的导电性、非线性光学响应、激光与生物传感器的量子理论研究。主要研究内容为发展 Coupled-Cluster Equation-of-Motion 方法处理大分子体系；发展从头计算和半经验模型的密度矩阵重整化群理论，用于计算有机光电功能材料的激发态和光电效应；光电功能体系中各种电子过程中起主导作用的电－声子相互作用。

5. 多原子分子体系动力学实验及理论研究：利用电喷雾技术、低温冷却技术等与超快时间分辨光电子能谱技术相结合的新实验手段和方法，研究多原子分子及分子团簇体系解离电离过程、激发态分子和离子的能量重新分配和非绝热过程、在气相条件下电子和离子溶剂化动力学过程以及分子和离子于低温环境中在溶剂或基质影响下结构特征及物化性质和反应等，并发展和完善研究复杂分子体系动力学的手段。

6. 复杂体系中重要非线性化学问题的研究：本项目以生命体系为主要研究对象，瞄准其中的非线性动力学行为及相互转变，重点研究基因表达、信号放大、化学波传播及控制、混沌特性及介观机制等问题，期望获得系统的规律性认识。

7. 纳米电化学体系的构筑与应用研究：设计和建立各种新型低维纳米电化学体系，例如，采用电化学技术结合自组装、模板法、化学修饰或微探针等方法，制备可控的二维图案纳米结构电极；或结合微电子芯片技术制备一维纳电极芯片体系。运用各种纳米技术表征研究纳米尺度下的双电层结构和其他电化学基本问题；针对微系统、微芯片、微传感器、微电池的关键问题，揭示纳米尺度限域区间里的电化学反应和传质的特殊行为和规律；并发展相关理论模型和计算方法。

有机化学学科 2003 年度受理下列领域的重点项目申请

1. 含碳不饱和键在催化反应中的活化与控制：拟开展以含碳不饱和键为对象的化学键的选择性活化及其反应性能的调控研究。研究的重点是设计和发展在温和条件下具有原子经济性的，高选择性的催化反应。

2. 导向有机合成的杂原子化学研究：拟开展杂原子在有机合成中的特殊化学反应行为及其在有机合成反应中的应用研究，发展以杂原子有机分子为反应底物或催化剂的新的合成反应。

3. 环境友好介质中有机合成反应的研究：拟开展以环境友好介质中有机反应的一些基本化学问题的研究。研究的重点包括环境友好反应介质中的 Lewis 酸和金属有机试剂催化的碳－碳键形成反应和相关的不对称反应，以及各类非传统反应介质的交叉结合和新的反应行为。

4. 以 RNA 为靶的药物研究：本项目拟重点开展与 RNA 相互作用的有机小分子的发现与合成，有机小分子与 RNA 相互作用及对 RNA 功能影响的方法学研究；有重要生物学意义的小分子 RNA 的结构修饰及功能研究以及 RNA 三维结构的计算机模拟和小分子配体的设计。

5. 生物活性复杂天然产物的全合成研究

6. 与生命科学相关的几个物理有机化学问题

有机化学学科 2004 年度受理下列领域的重点项目申请

1. 生物活性复杂天然产物的全合成研究

2. 高效快速新颖结构天然产物的发现及其生物活性研究

3. 生物合理设计绿色农药的分子基础研究

4. 导向有机合成的自由基反应研究

高分子科学学科 2003 年度受理下列领域的重点项目申请

1. 配位聚合反应新方法：研究新型催化体系（如茂金属、后过渡金属配合物）作用下的烯烃聚合反应，研究极性单体与烯烃的共聚合反应及聚合物结构调控。

2. 高分子纳米图案化：研究聚合物自组装形成纳米图案化方法与机理，研究聚合物规则图案调控。

3. 微生物法合成高分子：研究由微生物合成高分子的新方法，研究所获得聚合物的功能与特性。

高分子科学学科 2004 年度受理下列领域的重点项目申请

1. 稀土新型催化剂和可控聚合反应：运用组合化学的思想和计算机优化方法开展分子设计并合成新型稀土聚合催化剂，研究在稀土催化剂作用下的可控聚合反应、聚合机理和聚合方法，研究聚合物结构性能。

2. 智能微胶囊的组装、特异识别与填充释放：研究模板聚合法原位制备聚合物中空微胶囊的技术，制备均一结构的功能化微胶囊；阐明功能化微胶囊，尤其是环境响应性微胶囊的性能与微结构变化，实现模型化合物或药物的可控包埋与可控释放。

3. 天然丝素凝聚态基本问题：研究不同种类的动物丝和丝蛋白结构与性能之间的关系。研究天然和再生丝蛋白水溶胶浓度变化对其构象转变过程的影响。研究丝蛋白分子链在其中的形态和结构特点、形成规律及其控制方法。

4. 环境污染控制新技术、新原理：针对我国突出的环境污染问题，研究有实际应用前景的污染控制新技术、新原理。

5. 环境检测分析新方法新原理研究：研究痕量有毒污染物的分离检测；环境污染物的原位、实时、动态分析；环境安全和生态风险诊断技术。申请者可选择其中部分内容申请。

化学工程学科2003年度受理下列领域的重点项目申请

1. 新型气体吸附材料和吸附过程基础研究：研究吸附材料表面性质与多相间物质传递的规律，重点是用新的科学思想或新技术手段研究多孔介质材料物理结构和表面化学性质对气体分子吸附容量、吸附选择性、吸附扩散速率、吸附质释放（再生）和两相间的质量传递的影响规律和理论，为形成新型的气体能源储存、气体分离或大气污染治理技术奠定科学基础，并研制新型吸附材料、研究新型吸附过程。

2. 新型生物催化剂的研制及应用基础研究：研究活性高、稳定性强、智能型的生物催化剂（包括酶和细胞）制备的新方法、新技术，提高生物催化剂的效率，延长使用寿命，降低使用成本。本项目还将研究多相生物催化新方法、新思路及新理论，提出适合多相生物催化的新型反应器和催化过程，为生物催化剂的工业应用提供基础数据。

3. 工业废水处理过程中的化工新技术和新方法研究：选择典型工业废水处理的过程，运用物理、化学和生物学原理研究环境污染物转化的新途径；同时发挥多种化工过程的耦合作用，研究多种污染物质的相互影响及其在高效控制中发生的多种过程的交互作用，建立污染物结构/形态与性质/循环过程间的定量关系模型框架，应用于难降解有毒有害等工业废水的处理，为解决我国若干重大环境水污染问题提供重要的基础数据和主导性技术。

4. 清洁化工过程的基础研究：针对重污染过程的换代技术及绿色化工新过程开展基础研究，建立清洁化工过程的基本理论和方法。研究资源高效－清洁－循环利用的关键共性科学问题，如重要资源高效转化微观机制、完全替代有毒有害原料的化工新过程、多元耦合清洁过程的微观机理、无毒介质中新反应－分离过程、零排放化工过程集成等。

化学工程学科2004年度受理下列领域的重点项目申请

1. 清洁化工过程的基础研究：针对重污染过程的换代技术及绿色化工新过程开展基础研究，建立清洁化工过程的基本理论和方法。研究资源高效－清洁－循环利用的关键共性科学问题，如重要资源高效转化微观机制、完全替代有毒有害原料的化工新过程、多元耦合清洁过程的微观机理、无毒介质中新反应－分离过程、零排放化工过程集成等。

2. 工业过程生态化的系统科学问题：针对传统过程工业向生态化转型，深入研究过程工业生态化的大尺度复杂性的系统科学问题。研究建立过程工业生态化自适应系统模型的策略和方法，系统成员间的共生耦合关系、自适应反馈机制和外部环境的影响，过程工业生态化系统自组织演化规律，系统发展的外部条件和最优结构，以及具有操作柔性的系统集成方法。

3. 生物质洁净高效转化利用中的化工基础问题：研究生物质直接（植物）与间接（微生物或酶）高效、洁净地转化为环境友好化工材料与能源过程中的化工基础问题，为生物质的综合利用以及太阳能转化、储存的永续利用开辟新思路，建立新方法与新过程。

4. 食品加工过程中关键化工技术及科学问题：以若干符合现代食品工业发展要求的食品加工过程为研究对象，针对涉及其产品的品质特性、营养性和安全性等化工共性和关键基础科学与技术问题，结合相关学科的研究技术与方法，在细胞和分子层次上开展探讨，获取普适性规律。

5. 催化剂制备与应用中的非常规技术及其科学问题：研究催化剂制备与应用中等离子体，仿生催化等非常规技术及其相关基础科学问题，重点是用新的科学思想或新的技术手段，解决烃类部分选择氧化催化剂的基础理论与应用两方面的难题，以在常温或较低温度下高选择性地实现烃类物质的部分氧化。

6. 新型分离材料的制备与应用的关键科学问题：研究以新型材料为基础的分离过程的关键科学问题和新技术，重点研究涉及过程工程学科与材料学科交叉的相关科学问题。在理论研究的基础上，结合方法与技术的创新研究，在若干新型分离过程与分离材料研究方面形成优势与特色。

半导体学科、光学与光电子学科2003年度受理下列领域的重点项目申请

1. 全光网波长交换关键技术研究

2. 微光学/微结构用于成像系统的研究

3. 可擦重写有机光子材料与光信息存储：研究内容：（1）研究可擦重写有机光子材料的分子设计、合成及其光物理和光化学性质；（2）研究适合于不同激光波长的可擦重写有机光子材料的光信息写入和擦除过程的反应动力学；（3）研究解决可擦重写有机光子材料读出破坏性的新方法；（4）研制适用于并行光存储和全息光存储的原理性器件；（5）研究并行写入、读出及擦除的原理和实用化新技术。

半导体学科、光学与光电子学科2004年度受理下列领域的重点项目申请

1. 基于化合物半导体材料高速光开关的研究：1.3～1.55μm光波段化合物半导体材料光开关机理研究，无阻塞新型全内反射光开关单元研究，提高注入效率与降低器件功耗的新技术措施研究，全内反射型光开关及阵列研究。

2. 单片功率系统集成（PSOC）的基础理论和技术研究：研究将电源、传感器、控制和大功率驱动电路集成于同一芯片上，形成具有部分或完整功能的单片功率系统（PSOC）。主要研究内容为：适用于PSOC的新型高耐压大电流器件和驱动电路的结构和原理，大功率系统控制的新方法及相关技术，PSOC设计技术，PSOC的关键工艺技术如高低压隔离技术等。研制出能验证主要创新点的原型电路样品。

3. 高速光通信系统中的偏振模色散补偿及相关技术与基础研究。

4. OLED有机显示屏中P－Si TFT的关键技术研究。

5. 新视觉光学矫正的基础研究：研究人眼光学系统各组元参数与系统波前像差的关系，基于高阶像差对视觉的影响研究，建立超视觉评判方法和标准；研究人眼波前像差测量方法和实用化设备；基于精确的高阶像差测量，研究对个体人眼进行矫正的先进设计与技术。

2003 年度跨科学部重点项目（材料相关部分）

1. 新型氧化物功能材料中电荷、自旋和轨道自由度的耦合与关联效应（与工程与材料科学部交叉，由数理科学部物理科学一处受理申请）：理论（微观及唯象）与实验相结合，研究新型氧化物功能材料中电荷、自旋和轨道有序相结构的光、电、磁等物理问题，研究电荷、自旋和轨道自由度的耦合与关联效应在氧化物高温超导体及氧化物巨磁阻体系中的作用机理。

2. 半导体自旋电子学的物理基础（与信息科学部交叉，由数理科学部物理科学一处受理申请）：研究离子自旋组态的变化（如 Mn 离子的二种自旋态、Co 离子的三种自旋态）对自旋输运行为的影响，并探索新材料；研究电荷、自旋和轨道有序相结构的形成机制以及它们对金属－绝缘体转变的影响，如阈值磁场和转变温度等；研究极化自旋隧道效应。

3. 界面（包括固液界面）的结构、生长和控制（与工程与材料科学部交叉，由数理科学部物理科学一处受理申请）：利用各类微观分析和表征手段以及有关的理论模型研究界面的结构以及结构变化对材料的物理性质和生长规律的影响。

4. 软凝聚态物质研究（与化学科学部交叉，由数理科学部物理科学一处受理申请）：研究复杂液体、液晶、聚合物、高分子溶液、生命物质等的结构、形态、电学、磁学、光学等性质。从理论和实验上深入认识这些体系物理和化学特性的本质，发展有特色的研究方向和研究方法。特别要重视与化学和生命科学的交叉领域。

5. 低温等离子体制备纳电子器件单元的机理研究（与化学科学部交叉，由数理科学部物理科学二处受理申请）：低温等离子体化学气相法制备纳电子器件单元的工艺，基片表面附近的等离子体气相中活性粒子浓度分布的检测方法，产生等离子体的外部物理参数对活性粒子的浓度和分布状况的影响，活性粒子种类及浓度对纳器件单元的纳束点和线的形貌、结构、相互间结合状态以及电化学性能的影响，纳电子器件单元生长的物理模型及单元形态的控制方法。

6. 过渡金属化合物的合成及其特殊性质研究（与工程与材料科学部交叉项目，由化学科学部化学科学一处受理申请）：项目选题应避免与“光电信息功能材料”重大研究计划研究内容重叠。

7. 新型簇合物的设计合成、结构调控及其性能的研究（与工程与材料科学部交叉项目，由化学科学部化学科学三处受理申请）：新型功能性团簇的合成、结构及性能研究。包括具有特定功能，如光、电、磁及催化特性团簇材料的定向设计、制备、结构特点及性能调控研究，以及金属簇合物的基本物理化学问题。为在分子器件等方面的应用奠定基础。

8. 光电功能材料中的重要光化学及光物理问题（与工程与材料科学部交叉项目，由化学科学部化学科学三处受理申请）：光电功能材料及其聚集态所涉及的光化学和光物理问题，包括载流子的产生和输运，如光诱导电子转移、电荷分离和能量传递等；有机化合物的双光子吸收和上转换发射；有机化合物的光致互变异构；极端条件下有机光电子材料的光化学和光物理行为。为设计综合性能优良的新型有机光电功能材料提供依据。

9. 新型医用闪烁晶体材料的分子设计和制备（与化学科学部交叉项目，由工程与材料科学部材料科学二处无机材料学科受理申请）：以形成我国具有自主知识产权的新材料体系为目的，采用计算机辅助设计，结合当前先进的无机材料合成方法，选用我国价廉的丰产元素体系，探索新型医用闪烁晶体材料并研究与晶体生长有关的制备科学问题。

10. 类钙钛矿磁性与铁电材料及其异质结在特殊条件下的合成与性能研究（与数理学部科学部交叉立项，由工程与材料科学部材料科学二处受理申请）：利用特殊条件研制类钙钛矿结构磁性和铁电材料、磁性隧道结及异质结，通过引入不同的纳米第二相研究表面、界面结构对磁性和磁输运性质的影响，合成新型低磁场磁电阻纳米复合材料。

11. 高温 Raman 谱创新技术及高温下物质微结构与性能（与数理科学部、地球科学部交叉立项，由工程与材料科学部工程科学一处受理申请）。

12. 硅基光电子学关键器件的基础研究（与数理科学部交叉项目，由信息科学部信息四处受理申请）：研究内容：（1）硅基材料高效发光和 Pockel 效应增强物理研究；（2）硅基高效发光量子结构能带设计和材料生长技术与机理研究；（3）硅基高效光源和高速光开关原理性器件研究。

13. ZnO 基单晶薄膜材料、物性及器件研究（与数理科学部交叉项目，由信息科学部四处受理申请）：研究高质量 ZnO 单晶薄膜制备技术，ZnO 基超晶格制备及激子光电特性，ZnO 掺杂的自补偿效应及相关结型光电器件中的基本物理问题。

2004 年度跨科学部重点项目（材料相关部分）

1. 计算凝聚态物理新方法研究和探索：本项目以研究复杂凝聚态体系的物理和基本的材料性能为目标，建立和发展新的理论计算方法，系统开发和完善我国有特色的计算方法和程序，为形成有自己知识产权的算法和软件打下基础。项目将开展以下几方面的研究工作：（1）复杂凝聚态体系物性的第一性原理计算及其他新方法；（2）多尺度模拟方法的探索和发展；（3）强关联体系计算方法的探索和发展。主管科学部：数理科学部（物理科学一处），相关交叉科学部：工程与材料科学部。

2. 纳电子材料与器件的物理基础：研究内容：（1）纳电子材料与器件的制备与表征，其中包括功能性纳电子结构的制备与性能优化，新型制备方法与表征手段的探索等；（2）纳电子结构体系的物理特性研究，其中包括电子－电子相互作用、复杂边界条件对电子态的影响、杂质态、准一维导体中输运行为等；（3）纳电子结构体系的基础理论研究，特别是真实纳电子结构尺度下针对若干基本物理问题的计算方法与模型研究，其中的基本物理问题包括电子态、输运过程和金属、半导体接触等。主管科学部：数理科学部（物理科学一处），相关交叉科学部：信息科学部。

3. 低维半导体功能结构的物理特性研究：研究内容：具有光、电和磁等功能的低维半导体结构的制备与表征；重点研究低维半导体物理性质；鼓励研究与半导体新型器件和高性能器件相关的物理研究。主管科学部：数理科学部（物理科学一处），相关交叉科学部：信息科学部。

4. 加速器、电镜联机及其在材料科学研究中应用：研究内容：（1）建立加速器－电镜联机装置，包括离子束连续系统原位 CCD 观测系统；（2）远离平衡态条件材料微结构的形成和演变研究，包括：离子注入合金相的形核与生长动力学研究，离子注入形成纳米晶、准晶结构的动力学研究等；（3）近地空间环境中航天材料表面防护技术研究等。主管科学部：数理科学部（物理科学二处），相关交叉科学部：工程与材料科学部。

5. 半导体材料的控制合成及表面组装：主管科学部：化学科学部（化学科学一处无机化学学科），相关交叉科学部：数理科学部。

6. 大环配合物分子材料的设计制备和构效关系研究：主管科学部：化学科学部（化学科学一处无机化学学科），相关交叉科学部：工程与材料科学部。

7. 有机体系中无机功能材料的合成及形成机理研究：主管科学部：化学科学部（化学科学一处无机化学学科），相关交叉科学部：数理科学部。

8. 光诱导电荷分离过程的化学调控及应用研究：研究光电功能材料和光催化材料在光诱导过程中光生电荷的激发、分离、传递、复合及界面反应的基本规律和控制因素，通过化学方法实现对光生电荷分离过程的调控，提高光生电子－空穴的分离效率和载流子迁移速率，在此基础上研制出具有更高量子效率的新型光电功能材料（模型器件）和光催化材料。主管科学部：化学科学部（化学科学三处物理化学学科），相关交叉科学部：信息科学部。

9. 高温超导氧化物定向凝固及单晶生长机理的基础理论研究：研究高温氧化物超导体定向凝固过程中的组织演化、超导相的生长规律、晶体取向等凝固形态学和动力学等机理方面的基础问题。主管科学部：工程与材料科学部（材料科学二处），相关交叉科学部：数理科学部。

10. 中国古陶瓷的分析与研究：利用现代分析技术对中国古陶瓷进行研究，建立并健全中国历代古陶瓷的元素组成数据库，探索我国历代名瓷在组成、结构方面的鉴定和判别依据。主管科学部：工程与材料科学部（材料科学二处），相关交叉科学部：数理科学部。

11. 无机化合物半导体、有机半导体复合材料：研究无机化合物半导体－有机半导体有序复合功能材料的制备，揭示复合材料的界面匹配过程，阐明界面电子结构的转变与调节机理，探索其在光电器件上的应用。主管科学部：工程与材料科学部（材料科学二处），相关交叉科学部：信息科学部。

12. 聚合物光纤及其器件的关键应用基础研究：通过对聚合物光纤及其光子器件深入的基础研究，解决宽带低损耗聚合物光纤的设计和工艺难点，形成具有自主知识产权的宽带低衰减渐变型聚合物光纤制备新技术。研究聚合物光纤在信息传输中的相关器件及其实用化技术。主管科学部：信息科学部（信息科学四处），相关交叉科学部：数理科学部、工程与材料科学部。

“十五”国家自然科学基金重大项目申请指南

国家自然科学基金委员会根据国家经济、社会、科技发展的需要，重点选择具有前瞻性、基础性、战略性的重大科学问题，组织实施国家自然科学基金重大项目。以下是材料相关的项目指南：

一、核技术在分子水平上研究典型环境污染物的毒理

本项目拟重点研究环境毒理学领域中一些具有重要科学意义和社会效益，但尚未解决的典型问题：如汞与脑组织中生长抑制因子结合及其与神经系统中毒的关系，稀土是否进入脑组织及其与认知功能的关系，低剂量的有机化合物甲基叔丁基醚（MTBE）（无铅汽油的含氧添加剂）等的基因毒性，大气中可吸入颗粒物的重金属和有机卤族污染物的毒性，以及碳纳米材料在生物体中的分布和分子毒理等。这些科学问题都具有典型性，既属国际前沿，有创新性和前瞻性，又符合我国国情。研究目标：用先进核技术在分子水平上重点研究我国典型的环境污染物（重金属、大气细颗粒物、有机物等）的毒理作用机制和科学的、定量的危险性评价，以及新型碳纳米材料的毒理。瞄准当前国际环境科学发展动向，结合我国解决实际环境问题的重要需求，为我国有关的环境治理和决策提供科学依据。主要研究方向：金属的毒理研究。用分子－中子活化分析等核技术研究汞与生长抑制因子（MT－Ⅲ）的结合和稀土是否进入脑组织及其作用于中枢神经系统的机理。可吸入大气颗粒物的细胞毒理研究。用扫描质子微探针等核技术研究 PM10 和 PM2.5 中重金属和有机卤族污染物对肺和呼吸道以及细胞的毒理。环境低毒有机物的毒理研究。用加速器质谱法研究 MTBE、甲酸等的基因毒性和蛋白质毒性及其

反应机制。新型碳纳米材料的细胞和分子毒理研究。用多种核技术研究富勒烯和碳纳米管的放射性标记和在生物体内的吸收、分布、代谢、排泄和分子毒理。发展用于分子水平环境毒理学研究的核技术。重点发展分子－中子活化分析技术、加速器质谱技术和基于核微探针的全元素分析等先进核技术方法。本领域由数理科学部、化学科学部联合提出，由数理科学部受理申请。

二、分子固体材料的控制合成及功能性质研究

分子固体是指以分子为结构单元，通过配位共价键和非共价键作用，如氢键、p－p键、静电作用、范德华力等弱相互作用而构筑的固态物质。分子固体材料的合成和性质研究是一个跨学科的前沿研究领域。本项目拟以分子固体的控制合成方法研究为基础，通过不同的相互作用和反应条件控制合成具有不同组成、结构和形态的分子固体，研究分子固体的组装、复合和稳定性等规律及其对功能性质的影响。利用理论化学和凝聚态物理的方法，研究其功能的来源和机理等基础科学问题，发现和认识新型功能材料体系，为凝聚态物理、材料科学、信息科学和技术的研究和发展提供新的物质基础。科学目标：研究配体与金属离子间的成键及分子单元间的弱相互作用规律，建立具有特殊价态和电子自旋态、特定晶体结构和复合形式的分子固体材料的高效、可控的合成方法。开展对分子固体磁性及其他功能性质的基础理论研究，为材料科学、信息科学等相关学科的重要基础问题研究提供模型体系。利用分子固体材料可裁剪、易调控、便于复合的特点，改善分子固体材料的稳定性，开发其在磁性、导电、发光及非中心对称等功能材料和器件中的应用。将性能表征和机理研究相结合，初步揭示不同尺度（分子、团簇、纳米和亚微米等)、不同形貌和形态（介孔和微孔、颗粒、薄膜）分子固体材料的形成规律和功能特性，为开发功能材料和器件提供理论依据。主要研究方向：研究超临界与亚临界、仿生合成和其他非常规合成方法在分子固体材料制备中的应用，发展具有特殊磁、电、光等性质及其复合功能分子固体的新型、高效和可控合成与制备方法。在合成与制备方法研究的基础上，结合材料科学、凝聚态物理等领域的研究手段和理论基础，着重研究磁分子固体，特别是低维磁分子材料及其量子行为，磁性分子单元与具有导电或发光特性的分子单元间的组装和复合，分子固体材料的功能来源和不同功能间的相互关联规律及机理。从晶体工程和超分子组装原理出发，利用分子固体材料的可裁剪、易调控性，开展分子固体材料的可控构筑研究，制备体相和薄膜分子固体材料，研究不同情况下分子成键特点和化学反应机理，调控和优化这些材料的物理化学性能，改善分子固体材料的稳定性，探索其在自旋电子学、导电和发光等功能材料和器件中的应用。运用现代表征技术，开展分子固体形成过程、结构和性能关系、表面和界面相互作用及其规律的研究。发展分子固体的电子态理论，借助分子动力学、分子轨道理论和密度泛函等理论对与材料结构和性能相关的问题进行解析和模拟，指导材料的设计、合成及优化，探索分子固体材料在不同制备条件、不同结构和状态下的功能特性及其变化规律。本领域由化学科学部、工程与材料科学部和数理科学部联合提出，由化学科学部受理申请。

三、聚合物凝聚态的多尺度连贯研究

聚合物的基本特征是链式结构，因而具有其他材料所没有的标度性，是最典型的多尺度体系。聚合物的多尺度包括空间尺度，即从单分子到最终的成型材料，也包括时间尺度，即跨越了一二十个数量级的松弛时间谱。从单分子设计一路贯通地到材料加工这样一个跨接多个尺度的科学问题，是一个具有前瞻性、挑战性的课题，同时也是高分子科学、凝聚态物理、材料科学和计算数学等新的学科交叉点和生长点，具有重要的科学意义和应用前景。科学目标：解决各个尺度上遗留的困难，如高阶涨落问题、非线性效应问题、流场中的本构方程问题等；发展和建立不同尺度间的衔接方法，即从微观到介观的衔接、从介观到宏观的衔接、从宏观到材料设计、加工间的衔接，研究界面相问题等。切实与国际保持同步，并在一些方面取得领先地位。在这一研究过程中，将发展一系列理论、模拟方法，完善相应实验表征手段；最终的目标，是建立从单分子设计到聚合物材料加工的一致贯穿的平台，以期对聚合物材料的设计、加工、应用给出理论上的指导。主要研究方向：以典型的聚合物体系为例，建立和完善微观、介观、宏观尺度上的理论和模拟，尤其是超越平均场近似的理论体系、远离平衡态时的非线性非平衡态热力学、分相存在时的本构方程等；同时建立相应的实验－理论/模拟反馈平台。建立从微观到宏观的衔接。由小到大做粗粒化近似，建立理论/模拟上不同尺度之间的输入、输出接口；发展和建立实验方法，实现微观与介观、介观与宏观过渡区的在线观测，用实验结果来填补不同尺度间理论、模拟上的断层。建立从宏观到微观的衔接。由大到小做细粒化，实现从宏观到介观、再到微观的逆向衔接；体现在加工问题上，要能从构件来反推出微观或介观的结构、形貌及化学环境。界面相的衔接与关联以及流场中的本构方程问题。寻求普遍性规律来研究过渡层中的界面相问题；建立非线性非平衡态热力学理论与本构方程的结合；建立包含高分子内部自由度以及非连续相颗粒尺寸可变时的本构方程；发展聚合物体系的新的有限元方法。对弹性共混体系进行相应的多尺度理论、模拟、实验研究。参比实验结果对理论预测结果进行反馈与校正，以调整预测与结果的偏差。

对聚烯烃共混体系进行相应多尺度的理论、模拟、实验研究。建立预测－实验反馈机制，实现全尺度材料设计上的突破。本领域由化学科学部、数理科学部和工程与材

料科学部联合提出，由化学科学部受理申请。

四、半导体集成化芯片系统基础研究计划

“半导体集成化芯片系统基础研究计划”的宗旨在于：以超过当前国际微电子生产水平2至3代的芯片系统（SOC：system on chip）需要解决的重要科学问题为研究对象，开展广泛、深入的基础研究，为我国2005年至2010年及其后的微电子科技与IC产业发展提供解决关键问题的科学方法，从而促进我国电子信息工业高速、持续地发展。“半导体集成化芯片系统基础研究”反映了微电子领域在本世纪最现实、最迫切的发展方向，即由集成电路（IC）向集成系统（IS）方向的转变。本计划的科学目标是通过对科学发展趋势和国家长远需求的分析，结合微电子学科国际研究现状与发展趋势，部署SOC集成方法学，SOC综合、验证与测试理论，用于SOC的集成微传感系统，面向SOC的小尺寸器件科学问题，适于SOC的新材料及新器件探索与集成等五个关键的基础研究方向；争取在理论和实验的源头创新上有所突破，提高我国在芯片系统研究领域的整体创新能力。通过探索和解决SOC所面临的科学难题，在系统集成、设计方法、器件与材料方面力争取得重大突破，为发展具有我国自主知识产权的SOC芯片产品提供科学方法和技术来源，服务于国民经济和现代化国防建设，为改变我国微电子领域的落后面貌出力。与材料相关的研究内容：

1. 用于SOC的小尺寸器件与材料的科学问题（涉及领域：物理、材料、微电子）。科学目标：通过研究新型器件结构和材料，为SOC提供小尺寸、高性能、低功耗、长寿命的新器件和特殊器件，探索生长高晶体完整性、大尺寸硅材料的途径。研究内容：（1）用于SOC的高速低功耗器件：研究用于SOC的各种高速低功耗器件的结构、模型和参数提取，并利用现有条件研制器件及相应试验IC。（2）新型不挥发存储器件：研究新型不挥发存储器，例如铁电存储器（FeRAM）、铁磁存储器（MRAM）等的材料、结构、集成、工艺及可靠性等问题。（3）0.1微米级器件用硅材料的缺陷问题：研究纳米级微观缺陷在硅晶体生长和后工艺过程中的演变特征、消除与控制缺陷的有效方法，探索生长高晶体完整性、大尺寸硅材料的途径。本领域受理如下重点项目：用于SOC的新一代嵌入式铁电存储器材料、器件与兼容工艺。研究内容必须包括但不限于：

●适于SOC嵌入式应用的铁电存储器介质、电极材料与工艺研究；

●铁电存储器与CMOS的工艺兼容性研究；

●存储单元结构研究与建模；

●含嵌入式铁电存储器的SOC集成与实现技术。

2. 面向SOC的新材料及新器件探索与集成（涉及领域：物理、材料、微电子）。科学目标：通过研究新材料和新器件，探索工艺兼容、极低功耗、超高密度、超高频率的器件，为SOC的发展开辟新天地。研究内容：（1）硅基射频新器件和相关材料问题：通过将能带工程的原理和方法应用于硅基材料，重点研究新型硅基异质结构材料及器件，解决工艺兼容性等问题，实现适于SOC高频端的新器件和电路。（2）纳米器件及其集成基础：研究纳米结构的物理机制，提出可集成的器件结构和工作模式，建立相关器件物理模型和模拟方法。研究发展适合于未来SOC的极低功耗、超高密度、超高频率的纳米器件。

五、光电信息功能材料研究计划

光电信息功能材料是具有信息产生、传输、转换、检测、存储、调制、处理和显示等功能的材料。光电信息功能材料不仅是现代信息社会的支柱，也是信息技术革命的先导；光电信息功能材料的研究是当代科学的前沿，具有多学科交叉的特点，是一个极富创新和挑战的领域。科学目标：以光电信息功能材料的设计、性能、制备与加工过程中所涉及的新概念、新结构、新方法、新技术以及新材料为突破口，在理论和实验的源头创新上有所突破，提高我国在光电信息材料研究领域的整体创新能力。解决对我国的科学技术进步和国民经济发展以及国防建设具有重大意义的光电信息功能材料领域所涉及的关键材料、关键技术等问题，形成我国自己的知识产权，为我国信息技术产业发展打下基础。研究内容：

1. 材料尺寸效应及其相关科学问题。基于量子理论（如：量子尺寸效应、量子隧穿、量子干涉和库仑阻塞效应等），通过在原子、分子或纳米尺度水平上的操纵与调控，研究新型光电信息功能材料，发展相关理论和制备技术。

2. 信息载体与新材料。基于电子和光子的基本属性，如电子的自旋与波动性特征，光波的位相和偏振状态等，探索新型信息载体，发展新型光电信息功能材料。

3. 能带结构设计新自由度的引入与新材料：研究自由度以及新自由度的引入对固体电子能带、光子能带、声子能带结构的影响，探索新材料的微结构设计和制备技术；研究具有强相互作用电子系统的各种窄能带结构光电材料，发展并建立适用于相互作用电子系统的新的材料理论。

4. 有机光电信息功能材料及其相关科学问题：研究具有光电信息功能的有机软物质材料，有机非晶、介晶以及晶体材料，开展聚集态结构、能态理论、激发态过程以及相关科学问题的系统研究，在此基础上探索、研制新型有机光电信息材料与相关器件。

5. 电子、光电子微结构材料：开展新型Ⅲ－Ⅴ、Ⅱ－Ⅵ族等化合物半导体微结构材料、硅基光电集成芯片材料和高温、宽带隙材料以及大失配半导体异质结构体系的结构－电子行为－信息功能的内在关联与规律及其生长动力学的理论与实验研究，优化信息功能材料的结构设计和生长技术，研制新一代通信网络、高速信息处理和国防建设所需的信息功能材料。

6. 全光型与耦合型微结构材料：研究能够实现光调控光的全光型微结构材料和具有电子 - 声子、光子 - 声子耦合效应的微结构材料，如准相位匹配（QPM）材料、光子晶体、声子晶体、多层介质薄膜、相位栅等及其在光波导系统、光纤系统中的新效应。

7. 分子光电信息功能材料：研究具有光电性能的分子设计与合成，分子与体系各种聚集态的微结构调控以及分子原型器件的制备。

8. 光电信息材料的新型制备技术：研究微结构可控的光电材料的新型制备技术，如原位合成技术、外场对结构的调控与修饰技术、等离子体增强技术、湿法化学技术、关键信息功能晶体和单晶薄膜生长技术等。发展全新的组装与自组装技术，在分子或纳米层次上开拓材料制备的新途径；运用分子自组装、自组织和模板技术，探索如何在纳米甚至分子尺度上构筑点、线、面，如何调控低维有序体系的结构与性能，从而在基质上实现可控的有序化阵列或图案。

9. 功能集成与微细加工技术。研究具有不同的信息功能集成在一个芯片上的原理与技术，对这种具有大量组元的材料芯片进行高效、并行的性能测试，进行材料、器件结构与性能的优化；提出微细加工技术的新思路，发展实现纳米图案的理论方法和实验技术。

六、纳米科技基础研究计划

纳米科技是20世纪80年代末逐步发展起来的前沿交叉学科领域。纳米科技在信息、材料、能源、环境、化学、生物、医学、微电子、微制造和国防等方面具有广泛的应用前景，已成为全世界关注的重要科技前沿，显示出巨大的潜在应用前景。纳米科技将大大拓展和深化人们对客观世界的认识，使人们能够从原子、分子水平上制造材料及器件，并将带来信息、材料、能源、环境、医疗与卫生、生物与农业等领域的技术革命。纳米科技的研究和发展既依赖于众多学科的理论、实验研究的现有基础和进步，也为这些领域的发展提供了新的机遇。科学目标：纳米科技是近年来迅速崛起和飞速发展的研究领域，无论是从理论还是实验方面都仍处于探索阶段。“纳米科技基础研究计划”以探索和发展纳米科技的基本理论和建立新的研究方法及新的实验技术为基本出发点，提倡多学科交叉，注重基础研究，拟实现以下目标：（1）综合运用现代物理学、生命科学、信息科学、化学的理论和方法，以纳米科技所涉及的新概念、新结构、新方法、新技术以及新材料为突破口，在理论和实验的源头创新上有所突破，提高我国在纳米科技研究领域的整体创新能力。（2）解决对我国的科学技术进步和国民经济发展以及国防建设具有重大意义的纳米科学问题，为国家科技长远发展做储备。（3）通过重大研究计划的实施，稳定支持一批具有创新意识、思维活跃、立足国内的科研人才队伍，培养和造就一批在纳米科技研究领域国内外同行公认的我国科学家队伍。为实现本计划的科学目标，主要研究下述的科学问题：（1）纳米材料的设计和制备。设计制备具有特定形态、组成和结构，并具有特定性能的纳米材料，并进行纳米材料制备过程中科学问题的研究，以及探讨纳米材料的各种可能的应用。（2）表征纳米体系的新原理和新手段和微区探测。建立表征纳米体系结构和特性的新概念、新理论和新方法，发展一些适用于纳米体系表征的新技术和新仪器，为纳米科技研究提供技术支撑。（3）纳米器件和纳电子学。发展纳电子学及纳米器件的基本理论，构筑各种纳米器件，探索纳米器件的组装和联用，并研究其性能。（4）纳米生物体系和仿生纳米结构。研究纳米生物体系和仿生纳米结构的特性，探索纳米科技在医学（诊断技术、制剂载药、基因治疗）、农业等领域的应用。（5）纳米体系构筑的新理论和新方法。研究特定结构纳米体系形成及构筑的基本原理，通过体系自组织及人为操控来构筑各种纳米结构，为构筑各种功能性纳米体系及器件提供基础。（6）纳米体系的介观物理基础及其特异性能的科学基础。研究纳米体系各种特殊性质的科学基础，为纳米科技研究提供理论依据。2003年度的研究内容：（1）纳米材料的设计和制备；（2）表征纳米体系的新原理和新手段及微区探测；（3）纳电子学和纳米器件（纳米器件、集成的基础科学研究）；（4）纳米生物体系和仿生纳米结构；（5）纳米体系的介观物理基础及其特异性能的科学基础。2004 年度的研究内容：纳电子器件和纳米生物学。

人才资助项目

国家杰出青年科学基金

国家杰出青年科学基金旨在促进青年科学技术人才地成长，鼓励海外学者回国工作，加速培养造就一批进入世界科技前沿的优秀学术带头人。该基金资助国内及尚在境外即将回国定居工作的45周岁以下的优秀青年学者，在国内进行自然科学基础研究和应用基础研究。

申请国家杰出青年科学基金应按照《关于编写国家杰出青年科学基金申请书的要求与说明》的规定，认真编写申请书，并提交有关附件材料；所在单位学术委员会或专家组对申请人严格按照规定条件择优遴选，经审核并签署推荐意见后，将《申请书》和附件材料报送国家自然科学基金委员会的对口科学部。

海外青年学者合作研究基金

为鼓励部分海外优秀青年学者回国工作，国家自然科学基金委员会特设立海外青年学者合作研究基金。该基金资助在海外从事科学研究、暂不回国定居的、45 岁以下优秀青年学者每年在国内进行一定期限的自然科学基础研究和应用基础研究。

申请海外青年学者合作研究基金须落实在国内的合作者及合作研究单位，并与其签订合作研究协议书；申请者应按照《关于编写海外青年学者合作研究基金申请书的要求与说明》的规定，认真编写海外青年学者合作研究基金申请书，并提交有关附件材料，向合作单位提出申请；合作单位的学术委员会或专家组对申请人严格按照规定条件择优遴选，经审核并签署推荐意见后，将《申请书》和附件材料（包括协议书）报送国家自然科学基金委员会的对口科学部。

香港、澳门青年学者合作研究基金

为鼓励部分香港、澳门优秀青年学者回内地工作，国家自然科学基金委员会特设立香港、澳门青年学者合作研究基金。该基金资助在香港、澳门从事科学研究、暂不回内地定居的、45岁以下优秀青年学者每年在内地进行一定期限的自然科学基础研究和应用基础研究。

申请香港、澳门青年学者合作研究基金需落实在内地的合作者及合作研究单位，并与其签订合作研究协议书；申请者应按照《关于编写香港、澳门青年学者合作研究基金申请书的要求与说明》的规定，认真编写香港、澳门青年学者合作研究基金申请书，并提交有关附件材料，向合作单位提出申请；合作单位的学术委员会或专家组对申请人严格按照规定条件择优遴选，经审核并签署推荐意见后，将其《申请书》和附件材料（包括协议书）报送国家自然科学基金委员会的对口科学部。

创新研究群体科学基金

为稳定地支持基础科学的前沿研究，培养和造就具有创新能力的人才和群体，国家自然科学基金委员会于2000年开始试行设立创新研究群体科学基金。创新研究群体科学基金资助国内以优秀科学家为学术带头人、中青年科学家为骨干的研究群体，围绕某一重要研究方向在国内进行基础研究和应用基础研究。参加评审和遴选的候选创新研究群体由相关部委及自然科学基金委科学部推荐产生，不受理自由申请。

资助项目情况（材料部分）

2003年国家自然科学基金面上项目申请与资助情况（材料相关，金额单位：万元）

科学部	受理申请		批准资助					资助率（%）	
	项　数	金　额	项　数	金　额	资助金额比例（%）		单项平均资助金额	项　数	金　额
					占全委	占学部			
数理科学部	2 396	57 826.90	715	16 430.75	12.43	100	22.98	29.84	28.41
物理学Ⅰ	546	14 574.78	150	3 911.00	2.96	23.8	26.07	27.47	26.83
化学科学部	3 021	76 658.33	643	13 751.00	10.4	100	21.39	21.28	17.94
无机化学	310	7 823.53	72	1 539.00	1.16	11.19	21.38	23.23	19.67
有机化学	514	13 000.26	112	2 416.00	1.83	17.57	21.57	21.79	18.58
物理化学	513	12 836.12	120	2 676.00	2.02	19.46	22.3	23.39	20.85
高分子化学	343	8 807.34	80	1 731.00	1.31	12.59	21.64	23.32	19.65
分析化学	298	7 452.03	66	1 403.00	1.06	10.2	21.26	22.15	18.83
化学工程及工业化学	685	17 524.73	125	2 586.00	1.96	18.81	20.69	18.25	14.76
环境化学	358	9 214.32	68	1 400.00	1.06	10.18	20.59	18.99	15.19
生命科学部	13 310	315 991.53	2 438	44 697.00	33.81	100	18.33	18.32	14.14
生物物理与医学工程	577	13 941.68	122	2 259.00	1.71	5.05	18.52	21.14	16.2
工程与材料科学部	5 482	142 573.62	997	22 265.00	16.84	100	22.33	18.19	15.62
金属材料学科	579	15 699.01	128	3 129.00	2.37	14.05	24.45	22.11	19.93
无机非金属材料学科	687	17 795.98	105	2 443.00	1.85	10.97	23.27	15.28	13.73
高分子材料学科	468	12 182.47	74	1 567.00	1.19	7.04	21.18	15.81	12.86
冶金学科	500	13 338.04	105	2 157.00	1.63	9.69	20.54	21	16.17
建筑、环境与结构工程学科	835	21 352.85	129	2 975.00	2.25	13.36	23.06	15.45	13.93
信息科学部	3 041	74 318.35	647	13 019.00	9.85	100	20.12	21.28	17.52
半导体科学	255	6 674.78	54	1 132.00	0.86	8.69	20.96	21.18	16.96
光学和光电子学	493	12 979.01	103	2 142.00	1.62	16.45	20.8	20.89	16.5

2004年国家自然科学基金面上项目申请与资助情况（材料相关，金额单位：万元）

科学部	受理申请		批准资助					项目资助率（%）
	项数	金额	项数	金额	资助金额比例（%）		单项平均资助金额	
					占全委	占学部		
数理科学部	2 869	73 227.88	825	19 586.00	11.69	100.00	23.74	28.76
物理学Ⅰ	676	18 475.39	182	4 817.00	2.88	24.59	26.47	26.92
化学科学部	3 543	1 122 436.41	784	17 551.00	10.48	100.00	22.39	22.13
无机化学	411	10 771.74	89	1 986.00	1.19	11.32	22.31	21.65
有机化学	617	16 052.55	150	3 328.00	1.99	18.96	22.19	24.31
物理化学	556	309 620.84	146	3 283.00	1.96	18.71	22.49	26.26
高分子化学	401	10 644.09	95	2 156.00	1.29	12.28	22.69	23.69
分析化学	383	269 120.14	89	1 960.00	1.17	11.17	22.02	23.24
化学工程及工业化学	741	19 711.88	137	3 081.00	1.84	17.55	22.49	18.49
环境化学	434	486 515.17	78	1 757.00	1.05	10.01	22.53	17.97
生命科学部	16 659	3 834 512.60	3 064	60 525.00	36.13	100.00	19.75	18.39
生物物理与医学工程	720	257 807.92	156	3 189.00	1.90	5.27	20.44	21.67
工程与材料科学部	6 758	2 272 780.04	1 170	26 735.00	15.96	100.00	22.85	17.31
金属材料学科	688	507 245.17	137	3 278.00	1.96	12.26	23.93	19.91
无机非金属材料学科	841	52 841.65	130	3 155.00	1.88	11.80	24.27	15.46
高分子材料学科	583	15 438.23	96	2 133.00	1.27	7.98	22.22	16.47
冶金学科	614	277 191.92	117	2 498.00	1.49	9.34	21.35	19.06
建筑、环境与结构工程学科	1 120	507 833.45	167	3 876.00	2.31	14.50	23.21	14.91
信息科学部	4 106	1 594 709.52	784	16 311.00	9.74	100.00	20.80	19.09
半导体科学	304	8 412.93	58	1 243.00	0.74	7.62	21.43	19.08
光学和光电子学	608	16 739.55	123	2 534.00	1.51	15.54	20.60	20.23

2003年度获国家自然科学基金面上项目资助的前20所高等院校名单

（按资助经费排序，经费单位：万元）

单位名称	申请项数	资助项数	项目资助率（%）	资助经费
北京大学	688	224	32.6	4 829.6
浙江大学	940	225	23.9	4 590.8
清华大学	608	168	27.6	3 564.6
复旦大学	631	139	22.0	2 832.0
上海交通大学	593	122	20.6	2 356.0
武汉大学	575	110	19.1	2 248.0
华中科技大学	756	116	15.3	2 179.8
南京大学	280	89	31.8	2 131.0
西安交通大学	539	105	19.5	2 060.15
四川大学	537	100	18.6	2 031.5
中国科学技术大学	294	80	27.2	1 991.0
中山大学	525	94	17.9	1 857.0

续表

单位名称	申请项数	资助项数	项目资助率（%）	资助经费
吉林大学	422	80	19.0	1 727.0
山东大学	348	83	23.9	1 701.0
中南大学	514	89	17.3	1 691.0
中国人民解放军第四军医大学	446	84	18.8	1 616.0
中国人民解放军第三军医大学	455	86	18.9	1 601.0
天津大学	343	73	21.3	1 556.1
中国农业大学	273	79	28.9	1 521.0
哈尔滨工业大学	289	59	20.4	1 318.0

2004 年度获国家自然科学基金面上项目资助的前 20 所高等院校名单

（按资助经费排序，经费单位：万元）

单位名称	申请项数	资助项数	项目资助率（%）	资助经费
北京大学	728	245	33.65	5 478.00
浙江大学	1 046	246	23.52	5 115.00
清华大学	741	214	28.88	4 590.00
华中科技大学	944	175	18.54	3 558.00
上海交通大学	758	168	22.16	3 422.50
复旦大学	713	159	22.30	3 293.20
南京大学	361	114	31.58	2 865.00
中国科学技术大学	368	116	31.52	2 790.00
中山大学	684	132	19.30	2 725.50
西安交通大学	678	119	17.55	2 528.80
武汉大学	684	115	16.81	2 508.00
四川大学	632	110	17.41	2 355.00
中国人民解放军第三军医大学	524	106	20.23	2 153.00
中南大学	608	100	16.45	2 049.00
大连理工大学	336	87	25.89	1 962.60
山东大学	467	91	19.49	1 950.00
吉林大学	466	85	18.24	1 860.00
中国农业大学	296	86	29.05	1 746.00
中国人民解放军第四军医大学	484	84	17.36	1 699.00
同济大学	398	70	17.59	1 574.00
合　计	11 916	2 622		56 222.60

2003 年度获国家自然科学基金面上项目资助的前 20 名科研院所名单

（按资助经费排序，经费单位：万元）

单位名称	申请项数	资助项数	项目资助率（%）	资助经费
中国医学科学院	283	61	21.6	1116.0
中国人民解放军军事医学科学院	316	57	18.0	1115.0
中国科学院地质与地球物理研究所	66	32	48.5	921.0

续表

单位名称	申请项数	资助项数	项目资助率（%）	资助经费
中国科学院物理研究所	70	31	44.3	878.0
中国科学院化学研究所	83	38	45.8	823.0
中国科学院地理科学与资源研究所	86	27	31.4	664.0
中国科学院地球化学研究所	46	21	45.7	612.0
中国科学院金属研究所	53	21	39.6	547.0
中国科学院动物研究所	54	25	46.3	523.0
中国科学院广州地球化学研究所	66	18	27.3	489.0
中国科学院植物研究所	79	25	31.7	482.0
中国科学院寒区旱区环境与工程研究所	46	15	32.6	458.0
中国科学院大气物理研究所	42	16	38.1	448.0
中国原子能科学研究院	31	14	45.2	416.0
中国科学院海洋研究所	65	15	23.1	387.0
中国科学院南京地理与湖泊研究所	24	12	50.0	376.0
中国科学院上海有机化学研究所	26	14	53.9	365.0
中国科学院力学研究所	43	13	30.2	358.0
中国科学院大连化学物理研究所	56	16	28.6	355.0
中国气象科学研究院	30	12	40.0	339.0

2004 年度获国家自然科学基金面上项目资助的前 20 名科研院所名单

（按资助经费排序，经费单位：万元）

单位名称	申请项数	资助项数	项目资助率（%）	资助经费
中国医学科学院	387	87	23.02	1 778.00
中国人民解放军军事医学科学院	227	81	35.68	1 645.00
中国科学院地质与地球物理研究所	79	36	45.57	1 219.00
中国科学院化学研究所	95	49	51.58	1 148.00
中国科学院物理研究所	84	36	42.86	1 002.00
中国科学院寒区旱区环境与工程研究所	88	26	29.55	792.00
中国科学院植物研究所	105	36	34.29	740.00
中国科学院地理科学与资源研究所	85	26	30.59	698.00
中国科学院广州地球化学研究所	71	22	30.99	678.00
中国科学院大气物理研究所	56	21	37.50	640.00
中国科学院高能物理研究所	52	23	44.23	624.00
中国科学院金属研究所	52	23	44.23	577.00
中国科学院力学研究所	53	20	37.74	557.00
中国科学院上海有机化学研究所	33	23	69.70	547.00
中国科学院大连化学物理研究所	76	21	27.63	497.00
中国科学院生态环境研究中心	49	19	38.78	486.00
中国科学院海洋研究所	79	19	24.05	475.00
中国科学院长春应用化学研究所	57	22	38.60	474.00
中国科学院动物研究所	62	23	37.10	432.00
中国科学院数学与系统科学研究院	40	24	60.00	415.00
合　计	1 821	637		15 424.00

2003年度材料相关面上项目情况

金属材料学科

项目负责人	项目名称	依托单位
祖方遒	合金熔体结构及性质随温度发生非连续变化的普适性探索	合肥工业大学
朱鸣芳	共晶和包晶凝固过程中显微组织演变的模拟仿真	东南大学
朱　敏	二元不互溶体系中纳米相复合结构在外场作用下的稳定性	华南理工大学
朱金华	塑变诱导纳米结构及其力学行为	西安交通大学
周张健	用于聚变堆的W/Cu功能梯度材料的研究	北京科技大学
周邦新	合金成分对锆合金腐蚀时吸氢行为影响机理的研究	上海大学
赵九洲	恒定磁场作用下难混溶合金凝固机制研究	中国科学院金属研究所
赵见高	双自旋过滤和自旋极化隧道结的共振隧穿	中国科学院物理研究所
赵海雷	二次锂离子电池纳米晶SnSb系合金负极的研究	北京科技大学
章桥新	微波高效表面渗层制备、结构与性能研究	武汉理工大学
张湘义	具有强织构复合纳米晶材料的制备及织构控制研究	燕山大学
张曙光	块体非晶合金/纤维复合材料低温强加工变形机理	北京有色金属研究总院
张庆安	新型钙铝基合金的结构与贮氢特性	安徽工业大学
张丽娜	电子能量损失谱对钢铁材料界面微观力学性质的研究	清华大学
张康侯	Ag－Au－M（Zr，Y）三元系相图及合金研究	昆明贵金属研究所
张久兴	高耐蚀烧结NdFeB合金晶间腐蚀机理研究	北京工业大学
张　静	高锌新型Mg－Al－Zn基镁合金的研究	重庆大学
张　光	镍基单晶高温合金晶体滑移应变梯度塑性变形与损伤	西北工业大学
张　帆	金属基复合材料微区性能不均匀性及对宏观性能的影响	上海交通大学
张　荻	遗态材料的制备科学研究	上海交通大学
曾潮流	二相Ni－Dy合金在熔融碳酸盐中的腐蚀机理研究	中国科学院金属研究所
于福晓	单晶AlPdMn二十面体准晶表面的扫描探针显微研究	东北大学
尹志民	微量银、锆、稀土在高强导电铜合金中的存在形式和作用机制	中南大学
杨　峥	铁基氧化物弥散强化合金的再结晶机制研究	钢铁研究总院
杨元政	大块非晶合金的载能粒子作用效应及其性能研究	广东工业大学
杨延清	SiC纤维增强Ti基复合材料界面反应机理	西北工业大学
杨　涛	垂直磁化薄膜材料中晶粒间磁相互作用的研究	北京科技大学
宣天鹏	稀土金属介入化学沉积钴基软磁薄膜的研究	合肥工业大学
许　斌	金属包覆膜微观结构与金刚石合成机理的相关性研究	山东建筑工程学院
徐永波	在不同尺度上研究镁－锂合金的屈服与塑性“反常”行为	中国科学院金属研究所
徐　坚	初晶型晶化钛基非晶态合金的结构演化与控制	中国科学院金属研究所
徐惠彬	具有Heusler结构的新型高温形状记忆合金研究	北京航空航天大学
徐　晖	利用大块非晶合金晶化制备永磁材料的研究	上海大学
夏长清	Nb－Mo－W－Zr－C五元系扩散通道的研究	中南大学
吴世丁	块状稳态亚微米铜的制备和疲劳机制研究	中国科学院金属研究所
吴建民	$LaCo_{13}$基化合物的结构和电化学特性研究	钢铁研究总院
吴光恒	强制高有序合金磁性材料的研究	中国科学院物理研究所

续表

项目负责人	项目名称	依托单位
吴二冬	利用中子衍射技术研究 Ti - Mo 合金氢（氘）化物相的晶体结构及氢（氘）原子的占位特征	中国科学院金属研究所
王晓伟	在热应力下铝合金中空位型缺陷的聚集行为的研究	中国科学院金属研究所
王伟民	铝合金熔体的流变机械模型及初生相的析出	山东大学
王三胜	低能离子束轰击诱发金属材料织构形成机制及其在高温超导导线制作领域的应用基础研究	清华大学
王茂才	高能微弧火花作用下镁合金表面稀土合金化研究	中国科学院金属研究所
王　浩	取向受控的 FePt 和 CoPt 纳米复合膜超高密度垂直磁记录介质的研究	上海交通大学
王德志	$La_2O_3/MoSi_2$ 复合纳米微粒强韧化烧结钼的界面反应及微结构研究	中南大学
王德庆	铝熔体的泡沫特性与泡沫铝的胞结构控制	大连铁道学院
王博文	超磁致伸缩合金 Tb - Dy - Zn 系相图及 CsCl 型化合物的磁性与磁化过程研究	河北工业大学
王　飚	（WC - M）纳米涂层复材的制备及其纳米效应与相关理论	昆明理工大学
汪卫华	新型大块非晶合金的研制及形成规律研究	中国科学院物理研究所
万见峰	磁场下结构转变的分子动力学模拟和第一性原理研究	上海交通大学
唐少龙	巨磁致伸缩纳米线材料的研究	南京大学
唐　宾	摩擦电化学噪音法研究表面改性钛合金磨损腐蚀机理	太原理工大学
孙占波	熔体快淬 Cu - Cr 合金的控制相分解与电性能研究	西安交通大学
孙　琦	保形性等离子体基离子注入数值模拟及实验研究	复旦大学
孙民华	大块金属非晶形成液体的微观动力学不均匀性质研究	中国科学院高能物理研究所
孙嘉奕	低温沉积金属薄膜的结构及摩擦学性能研究	中国科学院兰州化学物理研究所
孙东立	氢在钛 - 氢合金中的行为及氢致热塑性机理研究	哈尔滨工业大学
苏玉长	原位 X 射线衍射法研究铝基金属间化合物及其嵌锂机制	中南大学
施惠基	颗粒增强金属基复合材料热机械疲劳损伤分析	清华大学
尚家香	具有巨磁电阻效应的纳米多层膜界面原子结构与电子结构	北京航空航天大学
任慧平	铜在新一代钢铁材料中析出规律的研究	包头钢铁学院
饶光辉	稀土过渡金属化合物中轻重稀土混合效应研究	中国科学院物理研究所
秦晓英	Mg_2Si 金属间化合物增韧途径的探索及增韧机理的研究	中国科学院固体物理研究所
潘明祥	非晶钢的形成、微结构与物性关系	中国科学院物理研究所
潘　峰	薄膜中亚稳磁性相的形成及其磁化行为	清华大学
宁远涛	大变形原位复合 Cu - Ag 纳米纤维增强复合材料的显微结构与强化机制	昆明贵金属研究所
孟　亮	稀土元素对双相纤维复合 Cu - Ag 合金无热障碍控制转变的作用	浙江大学
马贤锋	高硬度钨铝新合金的制备、性质及反应机理研究	中国科学院长春应用化学研究所
马胜利	（TiAl）N/Si_3N_4 纳米复合超硬薄膜的稳定性研究	西安交通大学
罗顺忠	特种金属氚化物中氦热解析行为研究	中国工程物理研究院核物理与化学研究所
罗承萍	高氮奥氏体的中温转变及其对钢的超高强化的影响	华南理工大学
卢建树	基于热障和结垢原理的复合防护层形成过程及其高温高压下对合金防护性能的研究	浙江工业大学
柳得橹	低碳高强钢中纳米尺寸非平衡相的析出研究	北京科技大学
刘文庆	第二相粒子影响 Zr - Sn - Nb 锆合金耐腐蚀性能机理的研究	上海大学

续表

项目负责人	项目名称	依托单位
刘　伟	各向异性纳米复合稀土永磁薄膜的制备、结构与磁性	中国科学院金属研究所
凌国平	纳米改性高分子与金属附着机理的研究	浙江大学
林建国	TiAl 合金与 Ti 合金的超塑扩散连接及其焊件的高温蠕变性能研究	湘潭大学
李志强	低温机械合金化制备复相纳米永磁材料基础研究	上海交通大学
李　卫	稀土永磁材料的强韧化研究	钢铁研究总院
李世春	相界扩散溶解的 TFDC 模型	石油大学（华东）
李淼泉	氢处理－塑性变形条件下钛合金超细晶的形成机制	西北工业大学
李美栓	Al_2O_3 膜亚稳相向稳态相转变规律的 ESEM 原位研究	中国科学院金属研究所
李路明	应力集中、地磁场在形成磁记忆场中的作用机制研究	清华大学
李　泉	高活性镁基储氢合金的氢化燃烧合成机理	南京工业大学
李均钦	稀土 Gd 基室温磁致冷材料相关三元系合金相图与磁致冷性能的研究	深圳大学
李建功	片状磁性纳米颗粒的制备、磁性与吸波特性研究	兰州大学
李凤英	高质量 MgB_2 超导体的高压合成及高压性质研究	中国科学院物理研究所
李长荣	金属－GaN 半导体接触材料体系的相平衡与相稳定性研究	北京科技大学
寇生中	热型连铸铜基块状非晶的制备及力学和电学性能研究	兰州理工大学
柯　伟	微观缺陷对 TiAl－Nb－B 合金疲劳行为的影响	中国科学院金属研究所
金展鹏	锡基无铅焊料与基材间界面反应的热力学和动力学研究	中南大学
解文军	声悬浮条件下偏晶合金的相分离与组织形成规律	西北工业大学
姜启川	颗粒参与下镁合金熔体的超常凝固行为	吉林大学
江建军	强各向异性磁性复合膜及微波磁损耗调控机理研究	华中科技大学
黄泽文	具有非平衡微结构的高合金含量 TiAl 合金的热稳定性研究	西南交通大学
黄继华	Sn 基无 Pb 合金/Cu 界面热－剪切循环组织演变与损伤	北京科技大学
黄成江	深过冷奥氏体变形法细化晶粒的工艺与机理	中国科学院金属研究所
胡望宇	纳米铝化物涂层的力学性能与原子模拟	湖南大学
何积铨	混凝土中带锈钢筋表面状态对其后期腐蚀规律的影响	北京科技大学
郝玉琳	合金元素亚点阵占位对钛铝化合物点缺陷形成和扩散行为的影响	中国科学院金属研究所
韩雅芳	钌稳定定向和单晶高温合金显微组织的作用	北京航空航天大学
韩秀君	极端条件下熔体微观结构与热物理性质本征关系研究	清华大学
国为民	粉末高温合金中非金属夹杂物存在的特性及对性能影响机理的研究	钢铁研究总院
郭敬东	脉冲电流诱导晶粒细化的微观机理	中国科学院金属研究所
耿浩然	金属熔体的非牛顿流变行为及其与熔体微观结构的关系	山东大学
葛世慧	用核磁共振研究室温透明铁磁半导体 CoxTi（1－x）O_2 的微结构和宏观性质	兰州大学
高学平	纳米管及其复合储氢材料的电化学储氢研究	南开大学
高汝伟	纳米复合永磁合金的有效各向异性和矫顽力	山东大学
杜翠薇	西北土壤环境中碳钢缝隙腐蚀机理及行为预测	北京科技大学
董星龙	碳/金属复合纳米粒子及其功能涂层的电磁响应特性	大连理工大学
董俊慧	抗内蒙天然碱腐蚀稀土合金铸铁材料的研究	内蒙古工业大学
董建新	高温合金体系黑斑形成的准确表征及判据	北京科技大学
邓　文	合金元素对 TiAl 合金中 3d－3p 电子交互作用的影响	广西大学

续表

项目负责人	项目名称	依托单位
丛洪涛	AlN/Al 双纳米复合材料的制备及其结构 - 力性关系	中国科学院金属研究所
陈志永	高层错能面心立方金属活化滑移系模糊性问题的研究	中南大学
陈业新	有序金属间化合物的环境氢脆与催化性能和电子结构的关系	上海大学
陈敬超	银 - 锡 - 氧体系中纳米氧化锡颗粒的形成机制与应用研究	昆明理工大学
陈成澍	多轴非比例加载高周疲劳特性的研究	同济大学
蔡　伟	Ni - Mn - Ga 磁驱动形状记忆合金薄膜研究	哈尔滨工业大学
蔡克峰	填充原子对Ⅰ - 型锗基笼形物的热电性能的影响机制	同济大学
白新德	敏化氧化钛纳米涂层对钢铁海水腐蚀的光生阴极保护研究	清华大学
白海力	反应溅射多晶四氧化三铁薄膜的电子输运特性研究	天津大学
Andrew Godfrey	形变金属退火初期微观组织结构变化及回复机理的研究	清华大学

无机非金属材料学科

项目负责人	项目名称	依托单位
邹广田	高温高压下 C_3N_4 合成与性质的研究	吉林大学
周和平	织构化弛豫铁电陶瓷的研究开发	清华大学
郑伟涛	新型超硬氮化物纳米复合无机薄膜材料的研究	吉林大学
赵　勇	用纳米钉扎中心提高 YBCO 熔融织构大块超导材料的磁浮性能	西南交通大学
赵高凌	兼具低辐射和自清洁功能的镀膜玻璃的制备及其机理研究	浙江大学
章天金	红外探测器阵列中组分梯度铁电薄膜的界面特性研究	湖北大学
张中太	$LiFePO_4$/锂钛系纤维复合型锂离子电池正极材料的制备与电化学性能	清华大学
张曰理	高取向钨青铜结构铁电、电光薄膜材料研究	中山大学
张文生	掺杂有机大分子水化硅酸钙的键合原理与结构	中国建筑材料科学研究院
张青红	可见光激发的纳米氮化物/二氧化钛复合光催化材料的制备与性能	中国科学院上海硅酸盐研究所
张俊英	ZnO：Ln，M 薄膜的自组装制备与电致发光机理研究	北京航空航天大学
张　杰	磁性双稳态分子组装体的设计合成及性能研究	中国科学院福建物质结构研究所
张海燕	碳包纳米晶的合成、结构与性能研究	广东工业大学
张国春	新型非线性光学晶体 $Na_3La_9O_3$（BO_3）8 的研制	中国科学院理化技术研究所
张承乾	$MxNyBO_3F_2$ 族化合物非线性光学新晶体探索	中国科学院理化技术研究所
曾跃武	层状 Li（Mn1 - xMx）O_2（M = Al，Co，Cr 等）的制备、结构稳定性和电化学性能研究	浙江大学
袁海荣	热壁 - 等温气相外延锑化铟/碲镉汞/碲化镉/硅材料	云南师范大学
袁多荣	新型压电材料 CNGS 晶体生长、性能及应用研究	山东大学
俞书宏	复杂超结构无机纳米材料的可控制合成及性能研究	中国科学技术大学
余其俊	水泥与粉煤灰中有害组分的溶出机理、预测模型及溶出抑制材料的研究	华南理工大学
余　萍	钙钛矿和白钨矿薄膜的软溶液制备技术研究	四川大学
于伟东	单晶氧化锌纳米线的掺杂及其相关物理特性研究	中国科学院上海硅酸盐研究所
叶　枫	原位自生棒晶增强 BAS 玻璃陶瓷基复合材料显微结构的优化及高温损伤机理	哈尔滨工业大学
杨　桦	新型稀土石榴石型纳米铁氧体磁光信息存储记忆材料	吉林大学
徐　政	微波协同层离剂制备高岭石片晶纳米材料	同济大学

续表

项目负责人	项目名称	依托单位
徐岳生	半导体硅、砷化镓熔体物性参数及结构的研究	河北工业大学
徐家跃	宽带半导体 ZnO 单晶新生长方法研究	中国科学院上海硅酸盐研究所
谢志鹏	聚合物前驱体制备纳米/纳米型 Si_3N_4/SiC 复相陶瓷和 SiCN 晶须的研究	清华大学
谢　毅	温和溶剂热合成条件下生长非氧化物单晶的探索	中国科学技术大学
夏长荣	中温固体氧化物燃料电池的梯度阴极	中国科学技术大学
缪国庆	非致冷 InAsSb 中红外探测器材料的研究	中国科学院长春光学精密机械与物理研究所
苗鸿雁	水热条件下陶瓷粉体形成过程中的物理化学变化与在线热分析研究	陕西科技大学
毛卫民	金刚石薄膜宏观应力与薄膜织构的关系	北京科技大学
刘晓霞	电化学共沉积法制备氧化物－聚苯胺有机陶瓷膜	东北大学
刘泉林	稀土掺杂的Ⅲ族氮化物的合成与发光性能	中国科学院物理研究所
刘　茜	具碱性催化功能的 Si－Al－O－N 介孔材料制备和表征	中国科学院上海硅酸盐研究所
刘俊成	强迫对流控制三组元化合物大直径单晶体生长组分偏析的研究	山东理工大学
刘　军	碳化硅纤维多孔吸波材料研究	中国人民解放军国防科学技术大学
刘洪波	过渡金属－石墨层间化合物的制备及原位催化合成金刚石的研究	湖南大学
李玉良	基于富勒烯新的聚集态结构及其物理特性研究	中国科学院化学研究所
李　阳	纳米笼状化合物新型材料研究	北京科技大学
李亚栋	稀土化合物纳米线、管及富勒烯结构的制备及性能研究	清华大学
李　泉	连续氧化铝陶瓷纤维的研究	钢铁研究总院
李木森	高品质半导体金刚石单晶的合成机理与微观结构表征	山东大学
李江涛	连续化悬浮燃烧合成硅基陶瓷粉体的应用基础研究	中国科学院理化技术研究所
李建保	压电陶瓷高频振荡对水电解制备氢气的作用机理及应用研究	青海大学
李贺军	C/C 复合材料的两种新型界面研究	西北工业大学
李河清	PVT 法 SiC 单晶生长过程中微管形成机制研究	中国科学院物理研究所
李春福	纳米掺杂 Al_2O_3 基等离子喷涂自强韧陶瓷复合材料涂层研究	西南石油学院
李长生	超固体润滑机理的新探	江苏大学
江　莞	抗低温氧化型二硅化钼电热材料的设计	中国科学院上海硅酸盐研究所
贾德昌	$LiTaO_3/Al_2O_3$ 复合陶瓷中压电相电畴结构特征及其对性能的影响机制	哈尔滨工业大学
惠　春	激光扫描纳米 TiO_2－ZnO 嗅觉阵列传感器基础研究	上海交通大学
黄艺东	1 550nm波段高效激光晶体材料研究	中国科学院福建物质结构研究所
黄春辉	稀土配合物电致发光中的若干基础问题的研究	北京大学
胡慧芳	准一维纳米材料中的拓扑缺陷效应和输运特性	湖南大学
郝霄鹏	氮化硼纳米晶体溶剂热合成反应机理和物相控制技术研究	山东大学
韩建军	高密度纳米孔微晶玻璃/玻璃载体研究	武汉理工大学
葛昌纯	燃烧合成法制备高吸水树脂新技术研究	北京科技大学
高　濂	碳纳米管的分散及功能性碳纳米管复相陶瓷的制备研究	中国科学院上海硅酸盐研究所
吴季怀	氧化物半导体纳米插层光催化材料研究	华侨大学
吴　迪	钙钛矿氧化物纳米管的水热合成及其结构、性能表征	南京大学

续表

项目负责人	项目名称	依托单位
王志兴	锂离子电池用橄榄石结构 $LiMnPO_4$ 的基础研究	中南大学
王玉霞	在垂直冷壁 LPCVD 反应器中外延生长优质单晶 SiC 薄膜	中国科学技术大学
王艳辉	硅原子层镀覆的纳米金刚石制备与烧结	燕山大学
王秀峰	柔版显示器件用二氧化钛纳胶囊的制备与性能	陕西科技大学
王喜章	AlN 以及 Al－Ⅲ族元素氮化物合金低维纳米结构新材料的合成及其光电性能研究	南京大学
王习东	硅（镁）铝氧氮系氧氮化物热力学性能测定与评估	北京科技大学
王为民	高强韧、可加工二硼化钛基复合材料制备新工艺及其界面结构研究	武汉理工大学
王士维	稀土离子掺杂透明氧化物陶瓷的上转换研究	中国科学院上海硅酸盐研究所
王民权	光子晶体用银包覆亚微米玻璃微球的制备与性能研究	浙江大学
王连军	纳米氮化钛原位包裹制备导电氮化硅复合陶瓷材料	中国科学院上海硅酸盐研究所
王开明	钛酸盐纳米粉体连续有序可控爆发成核共沉淀制备研究	鞍山科技大学
王京阳	第一原理方法研究二元、三元碳化物陶瓷的力学和热力学性质	中国科学院金属研究所
王　芬	古瓷釉复相显微结构定量分析与应用研究	陕西科技大学
王殿勋	高能量密度材料（HEDM）制备与性能	中国科学院化学研究所
汪　信	《支持向量机》算法在纳米粒子催化加聚反应中的应用研究	南京理工大学
汪国忠	Ⅱ－Ⅵ族半导体纳米胶囊的软化学法合成与物性研究	中国科学院固体物理研究所
田永君	触媒作用下 B－C－N 三元晶体的合成	燕山大学
唐新峰	多原子复合填充方钴矿基化合物的热电传输特性研究	武汉理工大学
孙旭东	多晶 Nd：Y_2O_3 激光晶体的纳米制备技术研究	东北大学
孙晓莉	磁性卟啉液晶的分子设计、合成及性能研究	中国人民解放军第四军医大学
孙良成	多功能稀土铬酸镧纳米材料的膨胀机理	包头稀土研究院
孙　景	激光冲击法制备纳米金刚石的研究	天津大学
苏海全	低聚物修饰蒙脱土的制备及应用	内蒙古大学
时　亮	钌系高温超导体输运性质和磁性质的研究	中国科学技术大学
茹红强	基于共沉淀法原位合成纳米 TiB_2/B_4C 陶瓷复合材料的研究	东北大学
秦　永	碳/碳复合材料膺复体联合自体空肠移植喉气管重建的实验研究	北京大学
蒲明华	离子缺陷掺杂提高 Bi2223 银包带材磁通钉扎性能的研究	西北有色金属研究院
欧阳世翕	阳离子取代对 TB 型微波介质陶瓷结构及性能影响的研究	中国建筑材料科学研究院
范慧俐	纳米上转换荧光探针的制备及其表面结构的研究	北京科技大学
杜丕一	溶胶－凝胶法高性能 PST 薄膜材料制备与性能研究	浙江大学
杜懋陆	新型 1.54μm 饱和吸收晶体的研究	西南民族学院
杜海燕	氧化锆基陶瓷的寿命控制及其弱界面设计	天津大学
邓　元	碲化铋片式棒纳米结构的自组装合成与热电性能研究	北京航空航天大学
戴　英	半导体氧化物纳米材料形态控制生长及机理研究	武汉理工大学
程晓农	负热膨胀薄膜的制备、形成机理和性能的研究	江苏大学
程晋荣	微型传感－驱动器用锆钛酸铅压电薄膜/金属原型结构的制备科学和表征	上海大学
陈小龙	无机化合物多晶衍射结构分析方法	中国科学院物理研究所
陈小华	碳纳米管的改性与修饰及其高性能复合材料研究	湖南大学
陈　文	钒氧化物纳米管的流变相－自组装合成及拓扑反应修饰	武汉理工大学

续表

项目负责人	项目名称	依托单位
陈春华	海绵状微孔电极薄膜的静电喷雾沉积（ESD）及其在微型锂离子电池中的应用	中国科学技术大学
常爱民	纳米晶钛酸锶钡材料的微波水热合成机理及工艺研究	中国科学院新疆理化技术研究所
才庆魁	低成本 SiC 纳米粉液相化学反应制备与研究	沈阳大学

有机高分子材料学科

项目负责人	项目名称	依托单位
左保齐	生物可降解再生丝素纤维及其三维支架的研究	苏州大学
俎建华	双功能阳离子交换膜的辐射接枝法制备及其评价	上海大学
朱秀玲	新型高效燃料电池用质子交换聚合物电解质膜	大连理工大学
周绍兵	口服靶向重组人干扰素控制释放体系的研究	中国科学院成都有机化学研究所
郑　强	LCST 型高分子共混体系非线性相分离行为的研究	浙江大学
赵季若	氯化接枝法对 PVC 的接枝改性	中国科学院长春应用化学研究所
张拥军	聚合物自聚集与微相分离构造微纳二次结构超疏水表面	中国科学院化学研究所
张　明	杂化弹性体的制备及其智能化研究	扬州大学
张爱清	低介电常数聚酰亚胺纳米泡沫薄膜的制备与性能	中南民族大学
袁　直	血液灌流用内毒素吸附材料结构与性能研究	南开大学
袁金颖	共价型有机聚合物/无机纳米管、线杂化材料的研究	清华大学
于澍燕	超分子金属有机聚合物的精确控制自组装及功能化	中国科学院化学研究所
叶光斗	胶原蛋白复合纤维结构设计及其表征	四川大学
杨士勤	栅网诱导的抗原子氧效应的梯度涂层制备及其侵蚀机理	哈尔滨工业大学
杨开霞	聚合物 FET 结构注入型电发光器件的探索性研究	华南理工大学
杨　兵	主链型含金属离子共轭聚合物设计、合成及光电性能研究	吉林大学
谢兴益	高分子生物材料表面的仿生物膜设计及其生物相容性研究	四川大学
谢邦互	低应力下高分子结构与材料断裂性能的关系研究	四川大学
肖迎红	导电高聚物纳米线及其在神经元传感器中的应用	南京理工大学
肖　茹	大豆蛋白质和聚氨酯改性聚丙烯腈纤维原理的研究	东华大学
肖谷雨	耐高温型聚苯并咪（噁）唑基掺杂质子交换膜的研制	上海交通大学
夏延致	阻燃相变防护性纤维的制备及结构与性能的研究	青岛大学
夏和生	超声波原位乳液聚合制备聚合物包覆碳纳米管的研究	四川大学
吴友平	弹性体中填料网络结构的模型构建及其影响性能的机制	北京化工大学
吴　刚	借助湿法纺丝方法制备聚合物梯度支架材料	北京化工大学
王延梅	用于 DNA 分离及测序的聚合物介质的制备及其形成非交联互穿网络行为的研究	中国科学技术大学
王双青	偶氮有机金属螯合物的非线性光学特性研究	中国科学院化学研究所
王继刚	酚醛树脂高温结构、性能演变特性及改性研究	东南大学
汪秀丽	聚乙烯醇/聚对二氧环己酮梳状接枝共聚物的合成及结构与性能的研究	四川大学
庹新林	高度有序碳纳米管/聚电解质自组装膜光控导电材料	清华大学
唐爱民	纤维素/磁性纳米复合材料的制备、结构及性能研究	华南理工大学

续表

项目负责人	项目名称	依托单位
谭天伟	聚天门冬氨酸固沙改善植被新材料的研究	北京化工大学
史铁钧	有机无机杂化梯度玻纤的制备和成纤性能研究	合肥工业大学
施德安	具有稳定相态结构的PP/PA6合金的制备及结构性能的研究	湖北大学
申屠宝卿	燃料电池中聚合物/钴卟啉络合材料的氧可逆结合特性研究	浙江大学
邱树毅	共价修饰的纳米抗菌材料及其抗菌作用机理研究	贵州工业大学
彭宇行	具有形状记忆性能的聚合物网络复合物的研究	中国科学院成都有机化学研究所
彭　静	纳米级IPN型粉末橡胶的辐射合成及其改性热塑性塑料的研究	北京大学
裴梅山	超塑化剂的分子结构与其塑化混凝土泌水性关系的研究	济南大学
吕亚非	组合摩擦材料的研究	北京化工大学
刘正平	具有电磁功能核壳结构聚合物复合微球的可控制备	北京师范大学
刘亚青	细微观尺度上的粒子设计——超临界法制备膨胀型微胶囊阻燃剂的研究	华北工学院
刘晓非	油溶性O-壳聚糖衍生物的制备与应用基础研究	天津大学
李永舫	共轭聚合物光伏材料的研究	中国科学院化学研究所
李　鑫	高取向聚对苯二甲酸乙二酯纤维的弛豫与转变	中国纺织科学研究院
李　敏	腰接型棒-线低聚物的设计、合成与自组织行为研究	吉林大学
李礼夫	基于形态学的成型中聚合物层析结构与性能的图像化研究	华南理工大学
李春成	含马来海松酸酰亚胺等单元的可生物降解聚酯的合成、结构表征及降解性能研究	中国科学院化学研究所
李滨耀	高有序高分子微/纳米孔的制备与应用	中国科学院长春应用化学研究所
瞿保钧	聚合物/无机纳米复合材料的原位制备和结构性能研究	中国科学技术大学
景遐斌	可生物降解高分子超细纤维药物控制释放体系	中国科学院长春应用化学研究所
金永灿	功能性木质素固沙材料的特性及其作用机制	南京林业大学
蒋世春	剪切诱导聚合物及其混合物相转变和相分离行为	中国科学院长春应用化学研究所
贾叙东	纳米孔超低介电常数材料的设计合成和性能研究	南京大学
计　剑	超分子静电自组装制备基因介入支架涂层材料的研究	浙江大学
黄微波	喷涂聚脲仿生减阻材料的研究	海洋化工研究院
韩志超	相结构稳定的剥离型聚烯烃/蒙脱土纳米复合材料的制备及稳定机制研究	中国科学院化学研究所
郭晓霞	燃料电池用新型高性能聚合物质子导电膜的研究	上海交通大学
傅　强	通过高剪切相容与低剪切动态保压控制共混物形态与性能	四川大学
范　勇	聚合物基化学陷阱材料的结构及其分布与介电性能关系研究	哈尔滨理工大学
范　琳	新一代牙根管修复用纤维增强聚合物基复合材料	中国科学院化学研究所
党智敏	LTNO陶瓷粉末填充的铁电聚合物基复合材料介电特性探索	北京化工大学
陈　新	基于蜘蛛和蚕生物体内环境的丝蛋白构象转变的研究	复旦大学
陈文兴	模拟酶仿生消臭纤维的分子设计和催化性能	浙江工程学院
陈水挟	燃料电池催化剂负载材料多孔碳纤维的结构设计及还原机理研究	中山大学
陈军武	高电子迁移率Metallole新材料的设计合成、光电性能及其机理研究	华南理工大学
陈国华	石墨纳米微片的自组装及其纳米复合材料的特性研究	华侨大学

续表

项目负责人	项目名称	依托单位
曹　亚	应用高分子表面活性剂超声辐照乳液聚合制备聚合物纳米粒子的研究	四川大学
安秋凤	有机硅整理剂的成膜形态及与生态纤维作用机理的研究	陕西科技大学
安立佳	压力诱导嵌段共聚物及其混合体系的相转变和相分离行为	中国科学院长春应用化学研究所

冶金与矿业学科中材料相关部分

项目负责人	项目名称	依托单位
张廷安	基于铝热还原的电渣熔铸法制备难混溶合金的基础研究	东北大学
袁文霞	GaN 与助熔剂体系的热力学及相关氮化物合成研究	北京科技大学
杨院生	直流电场作用下镍基单晶合金的生长机制	中国科学院金属研究所
谢水生	阻尼冷管法制备半固态镁合金浆料的研究	北京有色金属研究总院
孙冬柏	空化场中纳米镍基合金材料高速电化学还原制备机理研究	北京科技大学
苏志坚	电磁场对促进渣－铁界面反应的作用	东北大学
李　垚	Ni/Ni_3Al 微叠层复合材料离子束辅助 EBPVD 制备技术研究	哈尔滨工业大学
杜云慧	铜－石墨复合材料半固态制备与理论的研究	北京交通大学
崔建忠	镁合金凝固的电磁过冷理论	东北大学
王世俊	氮在冶金过程中的变化规律及物理化学基础研究	安徽工业大学
崔小朝	方坯连铸结晶器内钢水涡流流动形成原理与试验研究	太原重型机械学院
于先进	基于惰性电极的铝电解阳极过程研究	山东理工大学
许　茜	熔盐中电脱氧制备铌和铌基合金的研究	东北大学
谢雁丽	氧化钾对铝酸钠溶液种分过程的毒害机理研究及其消除	东北大学
王海北	加压湿法直接合成超细四氧化三钴的研究	北京矿冶研究总院
李　劼	铝电解槽内衬应力的形成、演变及其与槽破损关系的研究	中南大学
李红卫	稀土萃取两相物在电场作用下的传质过程研究	北京有色金属研究总院
高炳亮	铝电解过程中预焙阳极气体所致振动频率与电流分布的关系的研究	东北大学
张清岑	水系超分散剂的定量构效关系基础理论与应用研究	中南大学
严红革	气相蒸发法制备合金纳米粉末的过程原理研究	湖南大学
王从曾	空心阴极等离子快速高温烧结机理研究	北京工业大学
沈　军	单壁纳米碳管增强纳米 WC/Co 硬质合金的 SPS 烧结及强韧化机理	哈尔滨工业大学
贺跃辉	W 和 WC 纳米线的制备技术及 W 纳米线生长机理	中南大学
郑　其	液桥诱导凝聚用于废纸脱墨的研究	北京有色金属研究总院
曾青云	基于模糊神经网络的铜熔炼过程智能优化控制模型研究	南方冶金学院
毛卫民	半固态铝合金浆料的复合制备和流变成形研究	北京科技大学
路贵民	新型轻合金的液相线铸造与触变成形过程的物理化学	东北大学
卢惠民	铝电解槽碳阴极表面等离子喷涂硼化钛－硅化钼复合材料涂层研究	北京科技大学
刘　波	暗挖地铁隧道诱发复杂岩土层环境损伤机理与预控研究	中国矿业大学（北京校区）

无机化学学科中材料相关部分

项目负责人	项目名称	依托单位
周百斌	稀土对多金属氧酸盐的气相扩渗及导电机理的研究	哈尔滨师范大学
仲维清	金属配合物与致病菌铁结合蛋白相互作用及其抗菌机制	中国人民解放军第二军医大学
赵杉林	含硫油品储罐中硫化亚铁自然氧化倾向性的研究	辽宁石油化工大学
赵琦华	金属－自由基配合物的组装及分子磁性研究	云南大学
赵建社	后过渡金属聚烯烃催化剂的设计合成与活性研究	西北大学
张有明	新型合成受体的阴离子识别及超分子晶体结构	西北师范大学
张卫新	基于氢氧化铜纳米管与纳米纤维阵列控制合成相关半导体纳米结构阵列	合肥工业大学
张　岐	金属原子簇与糖类化合物的反应条件、产物结构及机理研究	海南大学
张　宏	稀土、多金属氧酸盐超分子配合物的设计合成及性质研究	东北师范大学
岳　斌	多酸纳米材料的模板法合成及性质研究	复旦大学
余承忠	新型多元复合功能介孔材料的制备及其光化学性能研究	复旦大学
于海涛	Ag（Cu）同步沉积与掺杂的 TiO_2 的表面态和光电性质与光催化性能的关系	黑龙江大学
叶保辉	新型金属卟啉多孔聚合物的合成及性质研究	中山大学
杨文胜	二氧化锰插层组装超分子插层结构材料及其电化学特性	北京化工大学
杨　林	生物大分子自组装影响无机盐结晶的超分子协同作用	河南师范大学
杨楚罗	含有载流子传输单元的多功能重金属配合物电致磷光材料的合成及其性能研究	武汉大学
杨斌盛	中心蛋白及与稀土离子作用的化学研究	山西大学
闫　冰	新型稀土多元分子杂化发光功能体系的设计组装	同济大学
许　林	基于分子设计的多酸基无机－有机聚合物的合成	东北师范大学
徐　正	辐照辅助的形状化金属纳米粒子的可控合成和结构研究	南京大学
徐安武	稀土氧化物纳米管合成、表征及发光性能研究	中山大学
谢素原	以组合思想和极端反应合成含碳、硅、锗的二元团簇	厦门大学
谢安建	功能自组装膜的设计及仿生合成研究	安徽大学
夏传琴	新型酶水解沉积抗癌放射性药物的合成和评估	四川大学
吴　刚	金属配合物的跨细胞膜转运和吸收的手性选择性	包头医学院
王晓钟	光学透明的无裂纹介孔二氧化硅凝胶独石的制备化学	太原理工大学
王如骥	纳米有序多孔晶体材料的设计、合成与结构研究	清华大学
王科志	功能集成的光电活性金属配合物的研究	北京师范大学
王　君	超声场中靶向修饰卟啉镓（Ⅲ）类配合物对生物分子作用的研究	辽宁大学
王恩波	可控合成多金属氧酸盐纳米晶及其纳/微系统的组装	东北师范大学
陶　军	金属簇基配位聚合物的合成与性质研究	厦门大学
唐凯斌	多元金属氟氧化物合成新途径的研究及其新材料的设计	中国科学技术大学
孙国新	预组织构象的螯合萃取剂的设计与性能研究	济南大学
施祖进	单层碳纳米管的填充和 Peapod 研究	北京大学
施　展	树枝状多元羧酸－金属配位聚合物的设计合成与应用	吉林大学
裘式纶	金属有机刚性骨架微孔晶体材料的设计与合成	吉林大学
齐传民	糖原化肽－188Re /99mTc 络合物的制备及其肿瘤放射性药物研究	北京师范大学
庞广生	无机氧化物纳米晶体的形貌与晶粒尺寸控制	吉林大学
那　平	外场强化层柱化合物微结构材料的设计及其光催化反应的研究	天津大学

续表

项目负责人	项目名称	依托单位
孟宪伟	半导体纳米晶－功能分子器件组装及原理研究	中国科学院理化技术研究所
孟淑兰	稀土萃取过程的快速反应动力学与分离效率相关性研究	中国科学院长春应用化学研究所
毛江高	化学修饰金属膦酸盐功能材料的合成与性能	中国科学院福建物质结构研究所
马　颖	过渡金属氧化物/有机复合光电材料的多元协同原位合成	中国科学院化学研究所
马万红	可见光诱导金属离子配合物活化分子氧	中国科学院化学研究所
鲁统部	链状金属配合物的轴向取代与磁交换特性	中山大学
刘　欣	含重过渡与稀土元素的多金属配合物的磁、光性质研究	南开大学
刘　卫	中低温氧化物混合导体透氧分离膜的研究与制备	中国科学技术大学
刘伟生	新型稀土大环多核超分子配合物及其作为功能分子材料的研究	兰州大学
刘韩星	锂插层氧化物在微波场中的固相反应机理研究	武汉理工大学
林建华	新型三方钙钛矿过渡金属复合氧化物合成、结构与性质	北京大学
林华宽	新型高效氟阴离子受体的合成及其性质研究	南开大学
廖春生	电解还原镱并从铥镱镥富集物分离高纯单一稀土的研究	北京大学
廉世勋	超微/纳米日光转换材料的尺度与表面改性效应	湖南师范大学
李瑞祥	水溶性双齿膦铑配合物的合成和对阿维菌素的选择加氢反应研究	四川大学
李朝晖	基于 QCA 的分子电子器件的研究——QCA 分子的合成，表征和表面自组装	福州大学
江　涛	金属糖配合物的合成结构及其作为磷酸酯模拟酶的研究	中国海洋大学
黄　伟	新型大环席夫碱配位化合物的钠模板合成与性质研究	南京大学
黄如丹	扩展结构多金属氧酸盐孔材料的控制合成及功能特性研究	北京理工大学
黄开勋	硝基化对胰岛素及其受体结构、功能的影响及硒的抑制作用的研究	华中科技大学
方　云	软物质团簇制备金属原子簇的可调控软模板作用研究	江南大学
范彬彬	有机锡中孔材料的制备及在 CO_2 和甲醇合成 DMC 中的催化性能	太原理工大学
段　雪	层状前体法组装高性能尖晶石型铁氧体	北京化工大学
杜祖亮	有序分子膜诱导生长特殊纳米结构材料研究	河南大学
窦建民	硼烷、碳硼烷－金属簇“熔合”物的设计合成、结构及催化活性研究	聊城大学
董育斌	金属有机配位聚合物的合成及其性质研究	山东师范大学
戴　洁	有机－无机富硫功能化合物的设计及组装	苏州大学
褚泰伟	新型乏氧组织显像剂	北京大学
陈友存	具有分子双稳性的一维自由基磁相变材料的研究	安庆师范学院
柏正武	硅胶表面手性树型分子的合成及其手性识别的研究	武汉化工学院
白俊峰	分子纳米材料的组装、结构和性质	南京大学

有机化学学科中材料相关部分

项目负责人	项目名称	依托单位
朱士正	氟烷基磺酰叠氮的化学反应研究	中国科学院上海有机化学研究所
周永贵	杂芳香化合物的不对称氢化	中国科学院大连化学物理研究所
周锡庚	空气敏感稀土有机化合物的控制氧化	复旦大学

续表

项目负责人	项目名称	依托单位
赵伟杰	乌苏里藜芦生物碱活性成分与抗血栓机理研究	大连理工大学
赵梅欣	固载1，3－偶极试剂的反应及多取代唑类化合物库的合成	中国科学院化学研究所
赵　刚	海洋天然产物大环内酯类化合物 Amphidinolide T 全合成	中国科学院上海有机化学研究所
张洪杰	新型稀土有机/无机杂化材料发光性能的研究	中国科学院长春应用化学研究所
张衡益	功能性多环组装体的构筑及其分子调控	南开大学
张德清	手性分子磁体的设计、合成、结构和物性研究	中国科学院化学研究所
翟宏斌	Aphanorphine 的手性合成研究以获得海洋药物先导化合物	中国科学院上海有机化学研究所
袁承业	官能团化烷基膦酸酯的立体选择性酶催化反应	中国科学院上海有机化学研究所
俞　飚	抗肿瘤皂甙 OSW1 的化学生物学研究	中国科学院上海有机化学研究所
杨国强	超高压条件下有机光化学反应研究	中国科学院化学研究所
闫文鹏	新型多功能集成有机光致变色分子设计、合成与性能研究	中国科学院理化技术研究所
谢光勇	含卤素取代基的新型非茂过渡金属烯烃聚合催化剂的合成及应用研究	中国科学院上海有机化学研究所
席婵娟	过渡金属配合物催化炔烃和烯烃的磷酰化反应	清华大学
伍贻康	某些具有重要生理活性的天然内酯类化合物及类似物的高对应体选择性全合成	中国科学院上海有机化学研究所
文孟良	二株放线菌一氧化氮合酶抑制成分研究	云南大学
王有名	5，6－二氢－2H－2，4－吡喃二酮类先导化合物的设计与合成	南开大学
王　暄	基于非等温技术的有机光折变材料陷阱态及极化弛豫研究	哈尔滨理工大学
王　磊	有机－无机杂化材料负载活性镍在洁净反应介质中催化有机反应的研究及应用	淮北煤炭师范学院
王恒山	松香基手性试剂的合成及其在手性分离中的应用	广西师范大学
屠树江	利用微波技术构建活性骨架合成杂环化合物	徐州师范大学
田伟生	喷脑皂甙元及其糖苷化合物合成研究	中国科学院上海有机化学研究所
田桂玲	有机溶剂中非天然底物的酶催化反应及其规律性的研究	北京大学
陶京朝	可溶性聚合物支载小分子催化剂的合成及其模拟酶催化性能研究	郑州大学
孙秀丽	新型非茂类烯烃聚合催化剂的合成与催化性能研究	中国科学院上海有机化学研究所
孙丽娟	新型离子型有机锡化合物的研究	南开大学
孙怀林	硅－过渡金属化合物均相催化新型聚合反应的研究	南开大学
孙宏建	离子型过渡金属双亚胺配合物的合成及其在离子液体中的催化作用	山东大学
宋礼成	一类新奇的蝶状桥——CO 铁硫簇合物的合成及反应研究	南开大学
邵士俊	新型杯吡咯超分子组装体及其性能研究	中国科学院兰州化学物理研究所
渠桂荣	微波技术合成核苷类化合物的新方法研究	河南师范大学
秦　勇	不对称环丙烷化反应在吲哚生物碱骨架合成中的应用	四川大学
彭　玲	动态组合化学合成和筛选反抗性的绿色农药先导物	武汉大学

续表

项目负责人	项目名称	依托单位
马玉新	新型固态长寿命有机光致磁性变色化合物合成及应用研究	南开大学
马淑涛	平行液相组合合成抗耐药菌酮内酯化合物的研究	山东大学
罗美明	咪唑衍生的新型手性 N－杂环卡宾及其金属配合物的合成与催化性质	四川大学
陆文军	新的芳香烃 C－H 键直接活化的过渡金属催化偶联反应研究	上海交通大学
陆国元	核酸酶模型化合物的合成和酶模拟	南京大学
龙亚秋	HIV－1 整合酶天然抑制剂 Cyclodidemniserinol 的合成研究	中国科学院上海药物研究所
刘亚君	二株真菌发酵三七抗菌活性增效机理研究	云南大学
刘　博	氧化偶氮苯类化合物的绿色化学合成研究	山西大学
李　靖	金属锡参与的烯丙基化反应研究	南开大学
李金山	新型手性双核镧系金属配合物的合成、结构及催化活性研究	南开大学
李保国	高效、不迁移二茂铁衍生物燃速催化剂的研究	内蒙古大学
黄吉玲	ⅣB 族金属分子内配位定向调控烯烃齐聚反应	华东理工大学
何永炳	阴离子中性荧光受体的设计、合成、识别和传感性质研究	武汉大学
高大彬	光促进温和条件下羰基化反应研究	大连大学
冯小明	新型手性氮氧偶极双功能催化剂催化酮的不对称硅腈化反应研究	四川大学
丁奎岭	新型 C2 对称性手性配体的设计、合成及其应用研究	中国科学院上海有机化学研究所
邓金根	新型手性双－特丁基亚磺酰基邻二亚胺的不对称反应研究	中国科学院成都有机化学研究所
单自兴	新型手性催化剂的开发及在不对称合成中的应用研究	武汉大学
陈祖兴	可溶性聚合物支载手性试剂的制备及其应用研究	湖北大学
陈　煜	多光子吸收有机分子设计、制备及性能研究	中国科学院化学研究所
陈传峰	基于三蝶烯的新型大环化合物合成及其性质研究	中国科学院化学研究所
陈安齐	新型光学活性 β－内酰胺的合成及其抗生素活性筛选	厦门大学
包伟良	用砌块法从天然原料合成手性离子液及其在不对称反应中的应用	浙江大学

高分子学科

项目负责人	项目名称	依托单位
甄　珍	新型无机纳米颗粒复合塑料光纤材料的制备方法研究	中国科学院理化技术研究所
张秋禹	可控制游离基无皂乳液聚合制备磁性高分子复合微球及其机理研究	西北工业大学
张洪涛	氧化还原低温引发超浓乳液薄层聚合及成型一体化的研究	湖北大学
张海良	旋光性嵌段共聚物的设计、合成与性能研究	湘潭大学
张宝砚	侧链胆甾液晶聚合物蓝相的结构与性能研究	东北大学
张阿方	结构规整型树枝化聚合物的合成和表征	郑州大学
姚金水	手性高分子的合成及其手性识别性能研究	山东轻工业学院
杨万泰	梯度引发自由基聚合体系研究	北京化工大学
杨建文	光引发前线聚合	中山大学
杨纪元	高分子避孕疫苗的研究	国家计划生育委员会科学技术研究所
杨　柏	利用活性自由基聚合构造结构规整的功能性无机/有机纳米复合材料	吉林大学

续表

项目负责人	项目名称	依托单位
阎虎生	具有分子识别特征的吸附树脂的合成及在天然产物分离中的应用	南开大学
闫寿科	表面蒸涂修饰聚合物薄膜的熔融与结晶行为研究	中国科学院化学研究所
薛庆斌	巨大旋光和高速电光调制螺旋聚合物高取向材料的设计与制备	山东大学
薛　奇	“耗尽”效应作用下高分子在表界面的形态	南京大学
徐君庭	嵌段共聚物在薄膜中的结晶	浙江大学
吴林波	基于生物质资源的新型可生物降解高分子的设计与合成	浙江大学
王晓工	光响应性偶氮聚合物胶束研究	清华大学
王　维	树枝状－线形嵌段共聚物微相结构的研究	南开大学
王继君	聚合物均质复合与自诱导结晶行为的研究	中国科学院化学研究所
王国杰	刺激响应性高分子的制备及表面功能研究	中国科学院化学研究所
王　波	聚合物气体渗透性自由体积机理的正电子研究	武汉大学
汪长春	碳纳米管表面的可控自由基聚合反应	复旦大学
唐　萍	非平衡态剪切场下高分子复杂流体相行为研究	复旦大学
孙昭艳	嵌段共聚物溶液可逆物理溶胶－凝胶转变与有序化凝胶网络形成的模拟	中国科学院长春应用化学研究所
孙维林	联噻唑软磁性超分子聚合物制备及其性能的研究	浙江大学
孙平川	软态核磁共振波谱研究具有残余偶极相互作用的高分子材料	南开大学
孙俊全	多核茂金属结构与催化烯烃聚合特性关系的研究	浙江大学
孙俊奇	光调制和光功能超薄膜的制备及研究	吉林大学
宋存江	生物降解环境材料降解参数及其测定理论和方法的研究	南开大学
石高全	导电高分子微结构材料	清华大学
任碧野	聚二茂铁硅烷聚电解质－表面活性剂自组装纳米有序复合物的研究	华南理工大学
邱　枫	复杂嵌段高分子的拓扑结构、嵌段序列和微相形态	复旦大学
平郑骅	分子间相互作用对溶剂在致密膜中的溶解扩散性质的影响	复旦大学
潘才元	环状聚合物的合成与表征	中国科学技术大学
倪旭峰	稀土催化异氰酸酯聚合研究	浙江大学
母　瀛	新型中性后过渡金属烯烃聚合催化剂的合成与应用研究	吉林大学
莫志深	二氧化碳共聚物及其共混物结构性能和加工的研究	中国科学院长春应用化学研究所
宓怀风	用克隆蛋白质作为模板用于吸附相应天然蛋白质的分子印迹聚合物的研究	南开大学
卢　江	活性聚合合成含 β－蒎烯无规、交替共聚物研究	中山大学
刘志敏	用超临界技术制备高分子纳米复合材料的新方法研究	中国科学院化学研究所
刘晓亚	大豆蛋白接枝共聚物自组装胶束化研究	江南大学
刘承美	反应性无机高分子聚（二氯）磷腈的开环聚合制备及功能化	华中科技大学
梁好均	大分子单链的相转变和折叠	中国科学技术大学
励杭泉	摩擦聚合过程机理研究	北京化工大学
李　晓	微乳液聚合体系形态演变及其 ANN 表达研究	福州大学
李齐方	三维硅基主链结构杂化高分子的设计、合成及性能研究	北京化工大学
郎美东	第三代生物医用材料——具有生物活性的生物降解性医用高分子材料的设计和合成	华东理工大学
金龙一	大环氮杂冠醚及其聚轮烷的合成	延边大学

续表

项目负责人	项目名称	依托单位
蒋宏亮	生物降解组织工程支架中生长因子的局域持续释放研究	浙江大学
姜宏伟	树形高分子改性的纳米磁体在肿瘤治疗中的应用	华南理工大学
黄　勇	生物质的结构和形态及其结构构筑	中国科学院化学研究所
何军坡	新型二硫代酯对基于 RAFT 过程的可控自由基聚合的影响	复旦大学
何　慧	多单体固相接枝插层法聚烯烃/层状硅酸盐纳米复合材料的制备、结构与性能	华南理工大学
韩丙勇	有机铜引发（甲基）丙烯酸酯负离子活性聚合的理论研究	北京化工大学
郭少云	聚合物熔体的超声化学反应及其机理的研究	四川大学
郭海清	烯类单体的可控聚合与金属有机化合物	北京大学
高　超	梯度极性超支化聚合物刷的合成及其超分子行为研究	上海交通大学
府寿宽	由改进的微乳液聚合制备富间同立构 PMMA 的基础研究	复旦大学
冯增国	环糊精自组装超分子结构可降解水凝胶的研究	北京理工大学
冯　俊	生物可降解聚碳酸酯的酶促合成和聚磷酸酯的稀土合成及性能研究	武汉大学
方鹏飞	具有可调制紫外光学性能的富勒烯/壳聚糖复合材料的研究	武汉大学
杜　森	复合场下粒子对具有临界相行为的高分子体系相分离的诱导作用	浙江大学
董金勇	结合烯烃配位聚合与控制/活性自由基聚合合成新型聚烯烃嵌段共聚物	中国科学院化学研究所
淡　宜	基于共价键结合的聚合物/多元无机物复合粒子的制备、结构调控及性能	四川大学
陈永明	可控自由基聚合合成星状聚合物的方法研究.	中国科学院化学研究所
陈利民	聚合物压力管道多层次缺陷演化与低应力破坏机理及强韧化技术研究	四川大学
陈尔强	以高分子自组装体系为模板的相结构和相转变研究	北京大学
薄志山	新型含卟啉功能化树枝状分子的合成与界面组装	中国科学院化学研究所
毕韵梅	智能型可生物降解聚膦腈水凝胶的研究	云南师范大学
白雪峰	丙烯醛水合加氢法合成 1，3 - 丙二醇工艺过程及相关催化剂的研究	黑龙江省石油化学研究院

物理化学（催化和电化学部分）

1. 催化部分

项目负责人	项目名称	依托单位
邹志刚	可见光氧化物半导体的多孔薄膜光电极制备及分解制氢系统的研究	南京大学
朱建华	原位镀饰法直接合成介孔结构功能化材料	南京大学
赵　震	低碳烷烃选择氧化高分散隔离活性位催化剂的设计及反应机理研究	石油大学（北京）
张玉红	介相化学催化剂的制备和不对称催化性质研究	浙江大学
杨启华	有机 - 无机中孔材料的合成与应用研究	中国科学院大连化学物理研究所
颜学武	骨架含沸石二次结构单元的三维介孔分子筛的合成与性能	复旦大学
肖丰收	高温合成超稳介孔分子筛催化材料	吉林大学
夏文生	低碳烷烃选择氧化反应中氧化物催化性质的理论研究	厦门大学
夏春谷	环境友好的模拟酶催化氧化反应	中国科学院兰州化学物理研究所
吴自力	过渡金属磷化物催化剂的制备、反应和表征	中国科学院大连化学物理研究所
王　野	分子筛限域纳米过渡金属粒子的研制及其催化性能	厦门大学

续表

项目负责人	项目名称	依托单位
王绪绪	表面富含高分散非毗邻过渡金属－氧结构单元的沸石分子筛类新型光催化剂的研究	福州大学
王晓东	过渡金属氮（碳）化物用于航天姿控肼分解反应的研究	中国科学院大连化学物理研究所
沈俭一	酸碱性和氧化－还原性双功能催化剂研究	南京大学
刘盛林	乙烯与丁烯反歧化制丙烯常温 Mo/MCM－22 催化剂研究	中国科学院大连化学物理研究所
刘　平	负载型单分散二氧化钛纳米晶粒的制备及其光催化性能研究	福州大学
李忠瑞	非晶态合金催化石油加氢精制机理的同步辐射研究	中国科学技术大学
李金林	钴基费－托合成催化剂失活机理及费－托合成产物分布规律的同位素研究	中南民族大学
黄应平	金属/有机配体超分子光催化降解有机污染物的研究	中国科学院化学研究所
华伟明	低碳烷烃在固体强酸上的氢/氘交换反应和活化机理研究	复旦大学
贺德华	异构合成催化剂及反应机理的研究	清华大学
韩怡卓	甲醇偶联脱氢制乙二醇新催化过程的研究	中国科学院山西煤炭化学研究所
高景星	手性多功能团配体的开发与在合成手性药物中间体的应用	厦门大学
冯兆池	时间分辨红外和荧光光谱用于催化剂的原位表征研究	中国科学院大连化学物理研究所
董晋湘	有机碱体系中新型沸石的合成与特性研究	太原理工大学
丛　昱	高浓度过氧化氢在纳米粒子上的催化行为	中国科学院大连化学物理研究所
丑凌军	天然气及液化石油气选择氧化制高碳烃	中国科学院兰州化学物理研究所
陈建刚	表面亲水－亲油性对多相加氢催化剂结构、反应性能的影响	中国科学院山西煤炭化学研究所

2. 电化学部分

项目负责人	项目名称	依托单位
张恒彬	甲基吡啶在固体高聚物电解质－金属氧化物组合电极上的电氧化研究	吉林大学
喻敬贤	碱金属硼氢化物的电化学制备方法	武汉大学
杨　军	液态有机锂盐用作二次锂电池电解质的研究	上海交通大学
颜佳伟	AFM 纳米“蘸墨笔”－电化学还原法－光刻技术联用纳米构筑和电学测试新方法	厦门大学
闫慧忠	La_2Mg_{17}/$LaNi_5$ 复合贮氢材料电极容量衰减的研究	包头稀土研究院
邢　巍	直接甲醇燃料电池阳极稀土助催化剂的电化学研究	中国科学院长春应用化学研究所
夏永姚	锂离子电池用高容量合金材料的量子设计和开发	复旦大学
王鸿飞	电极/溶液界面上分子取向电位调控的准确测量	中国科学院化学研究所
王红森	直接甲醇燃料电池阳极催化剂及催化机理研究	北京师范大学
孙世刚	分子水平层次电催化表面过程和反应动力学	厦门大学
林仲华	纳米结构半导体电极和氧化还原聚合物的固态太阳能电池	厦门大学
林　原	二氧化钛纳晶薄膜电池的光散射和限光效应	中国科学院化学研究所
李则林	涉及金属阳极/溶液界面相变的电化学振荡	浙江师范大学
李伟善	锂锰氧化物嵌脱锂离子动力学及其结构稳定表面修饰机理	华南师范大学

续表

项目负责人	项目名称	依托单位
冷文华	光照条件下不锈钢腐蚀电化学及其控制研究	浙江大学
何业东	水溶液中电极表面气膜微弧放电的机理及其物理化学效应研究	北京科技大学
郭玉忠	氧化锡基纳米结构锂离子电池负极材料制备技术与表征	昆明理工大学
郭永榔	现场电化学扫描研究电池极板电流电位分布及反应机理	山东大学
顾仁敖	抗体/抗原相互作用的表面增强拉曼光谱识别研究	苏州大学
董全峰	多电子交换高容量电极活性材料的研究	厦门大学
刁　鹏	纳米粒子的电位调控组装及其电化学研究	北京航空航天大学
刁国旺	超分子主体化合物在纳米粒子上的自组装及其应用	扬州大学
陈慎豪	全息术研究电极过程中固/液界面固相侧与液相侧的动态变化	山东大学
蔡称心	酶在有序碳纳米管电极上的直接电化学	南京师范大学
艾新平	电氧化聚合反应用于锂离子电池过充安全保护的研究	武汉大学

化学工程学科（材料密切相关部分）

项目负责人	项目名称	依托单位
余立新	脉冲电场下手性物质的膜法分离	清华大学
杨庆峰	反渗透系统中膜结垢的非线性动力学研究	上海交通大学
徐铜文	新型催化水解离双极膜制备研究及脱硫应用探索	中国科学技术大学
夏正斌	聚合物涂膜干燥与固化动态耦合过程研究	华南理工大学
吴　洪	仿生分子印迹复合膜的制备及传递机理研究	天津大学
王晓琳	新型质子交换膜的制备及其传递机理研究	清华大学
钱锦文	高分子在溶液中的链形态对膜的聚集态及其渗透汽化性能的调控作用	浙江大学
彭跃莲	纳米增强 PVDF 超滤膜及其机理研究	北京工业大学
宁桂玲	铝醇盐中含铁低沸点有机物的形成机理与分离研究	大连理工大学
马光辉	尺寸均一的高分子磁性微球的新制备法及其应用研究	中国科学院过程工程研究所
林　晓	硅沸石分子筛晶体生长及膜合成研究	南京工业大学
李　军	倾斜型晶析塔内有机物的精制纯化过程及机理研究	四川大学
黄可龙	中空纤维支载液膜双有机相手性分离药物对映体的研究	中南大学
高瑞昶	有机介质中蛋白质电泳分离理论与实验研究	天津大学
范益群	膜反应器中 CO_2 热分解研究	南京工业大学
陈文梅	水力旋流器分离过程的非线性随机特性研究	四川大学
曹学丽	高速逆流色谱分离纯化生物大分子的方法研究	北京工商大学
祝琳华	新型抗热震 NZP 族磷酸盐陶瓷催化剂载体的制备研究	昆明理工大学
张新胜	微量有机添加物的铅阴极原位活化——微观和宏观行为	华东理工大学
张济宇	无烟粉煤－纸浆黑液清洁气化关键技术研究	福州大学
阳永荣	微化学环境的模拟与烯烃聚合催化剂的负载化研究	浙江大学
辛　峰	超细钛硅分子筛环已酮浆态氨肟化反应动力学分析	天津大学
温少红	酿酒酵母积累谷胱甘肽代谢网络分室模型的构建与体外分子定向进化	北京化工大学
王　军	沸石类中孔丰富的强酸性催化剂研究	南京工业大学
唐建华	天然气等离子体反应器模拟与分析	四川大学
马淳安	芳族多环硝基化合物的电还原反应特性及其机理研究	浙江工业大学
刘素琴	模板组装薄膜电极及其电化学特性	中南大学

续表

项目负责人	项目名称	依托单位
林建平	黑暗环境中光合细菌异养培养产5－氨基乙酰丙酸的代谢工程与过程优化研究	浙江大学
李永红	等离子体辅助合成纳米分子筛膜的基础研究	天津大学
李　英	微通道反应器的计算流体力学（CFD）模拟	中国科学院大连化学物理研究所
李小年	元素掺杂维氏体的微结构、结构稳定性与宏观性质	浙江工业大学
李文英	新型 M_xTi 催化剂在乙苯二氧化碳氧化脱氢中的催化研究	太原理工大学
李清彪	微生物还原法制备负载型贵金属催化剂的基础研究	厦门大学
李成岳	长链烷烃脱氢与催化燃烧反应直接耦合的科学与技术基础	北京化工大学
李　冰	磁场三相流态化壳聚糖酶解反应的基础研究	华南理工大学
戴迎春	可控结构纳米碳纤维的表面气相氧化及相关催化性能	华东理工大学
崔英德	可生物降解高吸水性树脂的结构设计与高性能化研究	仲恺农业技术学院
程　易	复杂气固流动体系时空动态流动模式的实验研究和分子动力学模拟	清华大学
陈胜利	一种新型重油催化裂化催化剂孔结构的研究	石油大学（北京）
陈立功	醇的催化胺化反应的研究	天津大学
王兴国	凹凸棒石油脂脱色机理及其对油脂品质的影响	江南大学
刘　浪	工业纳米微粉的低热固相合成及其工艺放大研究	新疆大学
李　峰	新型掺杂贵金属多元复合金属氧化物设计、结构和性能	北京化工大学
黎铉海	机械活化强化含铟物料铟浸出的机理研究	广西大学
冯绍彬	"电位活化"现象与金属电沉积初始过程的研究	郑州轻工业学院
崔秀兰	煤系高岭土制备高纯纳米 Al_2O_3 和白炭黑过程中团聚及反团聚机理研究	内蒙古工业大学
章鹏飞	D－（+）－葡萄糖诱导的若干不对称合成反应的研究及其在"Pril"类药物合成中的应用	杭州师范学院
张军营	多官能侧链双酚型环氧树脂的设计、合成及性能的研究	北京化工大学
詹晓力	低表面能微相分离氟硅嵌段聚合物的合成与结构性能表征	浙江大学
孙宝国	含硫香料分子结构与肉香味关系规律的研究	北京工商大学
宋　健	多元醇衍生物的成核和凝胶性能研究	天津大学
宋恭华	微波－超声复合场促进含液相非均相化学反应的协同效应	华东理工大学
彭孝军	光驱动氧化反应模拟光合作用研究	大连理工大学
马玉龙	非均相液相氨氧化一步合成热敏性芳腈衍生物的新方法研究	武汉大学
卢俊瑞	新型生物还原化合物的设计、合成及乏氧细胞毒研究	天津理工学院
姜玄珍	不对称酰胺羰基化反应的催化体系研究	浙江大学
郭灿城	金属卟啉仿生催化空气选择氧化碳氢化合物功能化研究	湖南大学
高建荣	新型稠杂环功能色素的结构与三阶非线性光学性能	浙江工业大学
冯亚青	负载型环芳烃催化剂的制备及其在芳烃氟化反应中应用基础研究	天津大学
方岩雄	离子液体可控相转移催化 Blanc 反应研究	广东工业大学
宗敏华	醇腈酶催化手性含硅氰醇不对称合成	华南理工大学
徐　岩	醇脱氢酶催化手性醇的去消旋化过程反应稳态动力学研究	江南大学
魏远安	制备功能性材料蔗糖凝胶的新方法及其机理的探索	广西大学
孙君社	超临界体系中亚油酸异构酶反应特性及催化动力学研究	中国农业大学
史清洪	共聚焦激光扫描显微镜辅助多组分蛋白质吸附和色谱机理研究	天津大学
沈树宝	高固液比生物催化体系中纳米尺寸效应及规律	南京工业大学

续表

项目负责人	项目名称	依托单位
齐　崴	基于蛋白质结构知识解析活性多肽的酶解制备反应行为	天津大学
卢英华	高密度培养重组盘基网柄菌生产人类可溶性 Fas 配体的研究	厦门大学
娄　恺	纤维素多酶复合超分子的自组装	清华大学
刘　铮	表面活性剂介导的蛋白质体外折叠过程基础研究	清华大学
金征宇	Aspergillus ficuum 果聚糖酶降解菊粉机理的研究	江南大学
贾士儒	界面性质与陆生蓝细菌生长活性的关系	天津科技大学
杜竹玮	聚电解质自组装膜用于仿生设计层状复合材料的研究	中国科学院过程工程研究所
杜先锋	淀粉类食品的品质与玻璃化相变相关性的研究	安徽农业大学
堵国成	用于生物合成谷胱甘肽的 ATP 再生系统的高效运行机制	江南大学
陈　玲	抗消化淀粉超分子结构修饰及其靶向控释载药特性研究	华南理工大学
郑诗礼	亚熔盐液相法钽铌清洁冶金新过程的基础研究	中国科学院过程工程研究所
徐　聪	复合式流化床氯化高钙镁原料制取四氯化钛的研究	中国科学院过程工程研究所
陈晓晖	有机催化定向结晶法组装无机功能涂层的研究	福州大学

力学科学（固体力学部分）

项目负责人	项目名称	依托单位
郑哲敏	影响纳米压痕和纳米硬度读数若干因素的研究	中国科学院力学研究所
赵国忠	压电材料结构振动噪声的优化和控制	大连理工大学
张青川	合金材料拉伸滑移变形的实验机理研究	中国科学技术大学
张　平	聚合物－无机纳米复合材料的微结构与力学行为的研究	湘潭大学
张俊乾	金属基复合材料热/机械变形与破坏的多尺度连续介质力学研究	上海大学
张怀新	黏弹性柔性表面覆盖层减阻降噪机理的研究	上海交通大学
张博明	复合材料液体成型工艺微孔隙形成机理的宏细观力学研究	哈尔滨工业大学
曾庆敦	纤维复合材料拉伸破坏的多尺度建模与分析	华南理工大学
于桂兰	压电介质中的滑移界面波及其稳定性	北京交通大学
叶正寅	含分离流翼型的流固耦合力学性质研究	西北工业大学
姚学锋	功能梯度材料裂尖应力奇异性及其静动态断裂力学行为的实验研究	清华大学
杨显杰	电子封装中钎焊接头的时间相关变形、疲劳与断裂	西南交通大学
杨吉新	纳米材料与结构分析的并行元胞单元法研究	武汉理工大学
杨　超	飞行器刚性/弹性/气动力耦合动力学及控制对策研究	北京航空航天大学
许金泉	薄膜涂层材料的界面强度与寿命	上海交通大学
徐　泳	颗粒离散元法可应用性的数值与实验研究	中国农业大学
熊　杰	组分材料应变率效应和抗冲击侵彻三维增强复合材料研究	浙江工程学院
谢志民	基于填料网络理论的填充橡胶疲劳特性研究	哈尔滨工业大学
武文华	环境土力学中多物理耦合过程的理论与数值方法研究	大连理工大学
王世斌	纳米尺度薄膜破坏机理的实验研究	天津大学
王清远	超长寿命加速疲劳实验方法及其应用	四川大学
王敏中	华－吴－林理论、华－王方法在弹性力学、计算力学中的应用	北京大学
王福军	结构在灾害荷载作用下破坏的新计算模式研究	中国农业大学
汪海英	统计细观损伤力学中的封闭近似与微损伤耦合效应	中国科学院力学研究所
童小燕	空天飞行器陶瓷基复合材料部件的结构完整性研究	西北工业大学

续表

项目负责人	项目名称	依托单位
宋　凡	生物层状陶瓷中的纳米结构及其强韧化效应研究	中国科学院力学研究所
宋笔锋	大型复杂结构系统的易损性指标预测模型与计算方法研究	西北工业大学
树学峰	电磁材料动态本构关系及电磁结构非线性动力行为的研究	太原理工大学
施绍裘	多轴应力和大变形下非均质高聚物冲击行为的研究	宁波大学
倪玉山	计及不规则界面断裂模拟及其尺寸效应研究	复旦大学
龙述尧	无网格局部彼得洛夫－伽辽金方法及其在非线性力学中的应用	湖南大学
刘　勇	芯片封装中的电子漂移与瞬态热循环应力计算力学模型	浙江工业大学
刘　颖	胞体材料在冲击载荷作用下的力学行为	北京大学
刘天云	结构－地基动力分析的时域半解析算子解法	清华大学
刘人怀	焦炭塔变形机理分析及剩余寿命的预测	暨南大学
刘高联	哈密顿原理的重大革新及其对一般初边值问题的推广	上海大学
李之达	工程聚合物非线性流变的温度效应及其细观机理	武汉理工大学
李喜德	微纳米散斑技术研究及其在 MEMS 器件和微电子封装中热失效问题的应用	清华大学
李　青	抗撞击结构零部件的形状及拓扑优化设计	湖南大学
李剑荣	高分子填充泡沫金属的力学行为	中国科学技术大学
柯孚久	多尺度系统灾变的不确定性和不确定关系	北京航空航天大学
金基铎	输流管的不稳定现象与失稳振动研究	沈阳航空工业学院
金　波	高速移动荷载下多孔饱和固体的动力响应	同济大学
霍永忠	多阱势能与界面能影响下材料相变微结构的演化规律研究	复旦大学
黄筑平	孔隙介质的非线性力学行为	北京大学
胡时胜	混凝土材料动态力学性能的实验研究	中国科学技术大学
胡宏玖	水乳化异氰酸酯交联乙烯基聚合物的断裂与疲劳研究	上海大学
侯振德	分形相关法的研究及在生物材料力－电性质研究中的应用	天津大学
贺鹏飞	微小尺度材料力学性能的理论和试验研究	同济大学
何吉欢	静电纺丝的力学模型	东华大学
何存富	块体纳米材料弹性常数超声测量方法研究	北京工业大学
辜　萍	含纳米有序孔阵列的薄膜材料的力学性能研究	中国科学技术大学
高原文	金属结构磁致成形的磁塑性力学基础研究	兰州大学
方　菲	聚合物铁电薄膜的结构特性与可靠性研究	清华大学
范天佑	准晶断裂力学	北京理工大学
范镜泓	弹塑性的多尺度模型	重庆大学
董建国	软黏性土剪切带形成及其破坏机理的研究	同济大学
党发宁	高能复合射孔岩石控制开裂计算方法与射枪参数优化研究	西安理工大学
戴　瑛	界面端应力奇异性失效判据研究	同济大学
陈忠辉	深部高应力下岩体失稳破坏及滞后规律的研究	中国矿业大学（北京校区）
陈正汉	非饱和膨胀土的结构损伤本构模型及其应用	中国人民解放军后勤工程学院
陈云敏	波浪荷载下海底粉质土力学特性的试验研究及应用	浙江大学
陈伟球	多场耦合问题的三维势理论方法及其应用	浙江大学
陈　前	阻尼单元体技术进行振动噪声控制的研究	南京航空航天大学

续表

项目负责人	项目名称	依托单位
陈梦成	复合异种压电材料尖劈/接头端部附近电弹性场研究	华东交通大学
陈　建	压电功能梯度材料断裂力学行为研究	上海交通大学
陈常青	轻质泡沫金属材料的本构行为研究	西安交通大学
白瑞祥	含损伤先进复合材料格栅结构（AGS）破坏机理研究	大连理工大学

物理学Ⅰ（不包括声学部分）

项目负责人	项目名称	依托单位
邹宪武	软物质自组织构象的形成和演化动力学研究	武汉大学
邹　健	场与超导约瑟夫森结器件耦合系统	北京理工大学
朱自强	新型单晶纳米硅薄膜及其场发射效应研究	华东师范大学
朱梓忠	表面上有序排列的金属团簇：电子结构和稳定性的理论	厦门大学
朱震刚	简单熔体的多晶型相转变及其机制的研究	中国科学院固体物理研究所
朱嘉麟	掺杂半导体低维结构和碳纳米管量子特性的预测与调控研究	清华大学
朱邦芬	时间域的介观系统及其量子相位相干的控制	清华大学
周雅君	中能范围正电子同复杂原子碰撞过程的理论研究	吉林大学
周　强	高温高压布里渊散射研究	吉林大学
周建英	固体量子光子器件中的飞秒拉比反转与诱导感应透明	中山大学
钟　凡	一级相变的重正化群研究	中山大学
赵宏武	磁性超薄膜中近邻效应对自旋重取向的影响	中国科学院物理研究所
赵凤岐	氮化物抛物量子阱中电子—声子相互作用及相关问题	内蒙古师范大学
张月蘅	谐振腔质增强的同质结远红外探测器的物理研究	上海交通大学
张永生	量子光学方法对量子点相干性质的研究	中国科学技术大学
张向东	光子晶体及其无序系统中磁场可控的导波	北京师范大学
张卫平	光栅汇合光谱特性及双光栅成像研究	广西大学
张天才	微腔中单原子的光学偶极俘获	山西大学
张胜利	B－M动力学模型与碳纳米管构象及球蛋白质折叠	西安交通大学
张劭光	脂类双层中间相的研究	陕西师范大学
张明生	纳米晶铁电介电膜的尺寸效应和应力效应研究	南京大学
张竞夫	应用核磁共振实验研究量子计算机的算法及相关问题	北京师范大学
张　杰	吸积盘辐射对周围星际物质的光离化作用	中国科学院物理研究所
张家森	高密度全息数据存储方法的研究	北京大学
张　酣	Fe_2O_3 纳米线研究	北京大学
张　芳	稀土和铁族化合物磁光和磁性量子理论研究	青岛大学
张道中	双光镊系统研究微管聚合及解聚机理	中国科学院物理研究所
曾　雉	超微系统量子输运的第一原理研究	中国科学院固体物理研究所
曾和平	稳定的长距离 Sagnac 干涉型量子密钥分发系统	华东师范大学
袁松柳	颗粒铁磁金属中颗粒间磁耦合与自旋极化隧道	华中科技大学
于　剑	纳米铁电材料的量子特性研究	中国科学院上海技术物理研究所
叶长辉	新型无机纳米管的制备、微观结构及热电子发射特性研究	中国科学院固体物理研究所
杨宏顺	有机导体（TMTCF）2X 的量子效应及低温强磁场下的物理性质研究	中国科学技术大学

续表

项目负责人	项目名称	依托单位
薛德胜	准一维铁氧体纳米线阵列磁特性的尺寸效应	兰州大学
许　晨	磁性流体的相行为和动力学特性	苏州大学
徐　征	有机光电子材料场诱导发光的几个物理问题	北京交通大学
徐　骏	基于硅基纳米结构的可变波长光发射与微腔效应	南京大学
邢定钰	超导体和半导体中的自旋注入	南京大学
夏曰源	束缚于碳纳米管内的分子系统及其物理特性研究	山东大学
吴忠华	应用同步辐射技术研究原位加热过程中的纳米颗粒结构及热稳定性规律	中国科学院高能物理研究所
翁征宇	高温超导相位弦理论	清华大学
文小明	辐射探测材料碘化汞的超快光谱学研究	云南大学
王选章	磁性多层膜中非线性静磁波，电磁极化子，与磁光性质研究	哈尔滨师范大学
王为忠	磁性有机固体中的电子关联	武汉大学
王　沁	低维关联电子系统的光吸收和光电导率的研究	上海交通大学
王楠林	用红外光谱研究有关高温超导机理的几个关键问题	中国科学院物理研究所
王　牧	电结晶过程中自组织生长机制的研究	南京大学
王　谨	超冷锶原子的制备及其精密光谱研究	中国科学院武汉物理与数学研究所
王恩哥	水在固体表面的动力学行为	中国科学院物理研究所
王　兵	分立能级结构对单电子输运性质影响的研究	中国科学技术大学
万贤纲	高压下物体性质的数值计算模拟研究	南京大学
滕　冰	三硼酸铋（BiB_3O_6）晶体的非线性光学性能研究	青岛大学
谭立英	小波光学理论研究	哈尔滨工业大学
覃绍京	准一维无序强关联系统的物理性质	中国科学院理论物理研究所
孙真荣	飞秒相干控制选择激发 Raman 光谱及其应用	华东师范大学
孙聆东	纳米发光材料表面对称性研究及应用	北京大学
孙洁林	基于振动模式极化力显微镜技术研究柔软生物分子的局域弹性	上海交通大学
隋　郁	二氧化铬纳米结构的隧道磁电阻效应研究	哈尔滨工业大学
苏文辉	地表柯石英的模拟合成及其形成机制的研究	哈尔滨工业大学
宋宏伟	氧化钇掺铕纳米材料中光诱导电荷迁移态变化	中国科学院长春光学精密机械与物理研究所
史庭云	离子（原子）－原子碰撞理论方法	中山大学
盛六四	Ar－NO 范德瓦尔斯分子同步辐射光电离研究	中国科学技术大学
沈学础	强磁场、深低温下显微、超快、自旋分辨多维光谱实验系统研制	复旦大学
沈临江	高压下导电高聚物的合成及其性能研究	南京工业大学
佘卫龙	复合光伏空间孤子及其相互作用的研究	中山大学
乔豪学	高次谐波的产生效率及原子中快电子过程动力学的理论研究	武汉大学
钱士雄	半导体/金属复合纳米材料的飞秒非线性光学特性研究	复旦大学
彭茹雯	电磁波在亚波长的金属/介电微结构中传播行为	南京大学
潘佰良	纳秒脉冲放电的卤化铜和卤化钙紫外激光研究	浙江大学
孟国文	一维纳米结构异质结及其阵列的合成与物性研究	中国科学院固体物理研究所
马凤才	原子与分子系统碰撞诱导转动传能中的量子干涉效应研究	辽宁大学
吕　品	嵌于半导体中稀磁半导体量子点列阵的铁磁性理论	吉林大学

续表

项目负责人	项目名称	依托单位
吕 力	碳纳米管物性及器件物理	中国科学院物理研究所
陆 明	离子束刻蚀生成的自组织半导体量子点：形貌调控及发光性质研究	复旦大学
陆坤权	颗粒介质监测仪检测地震前兆方法和机理研究	中国科学院物理研究所
鲁 欣	台面型类镍铌、钼 X 射线激光的实验研究	中国科学院物理研究所
柳百新	合金相稳定性的物理多尺度理论计算的基础研究	清华大学
刘治国	铁电磁体和铁电－磁性微结构中磁电耦合新效应研究	南京大学
刘晓峻	光诱导相变研究和光可控功能氧化物材料的优化设计	南京大学
林圣路	强外场中原子和分子光吸收谱的含时理论研究	山东师范大学
李 劲	双层薄膜中传质速度的尺寸效应及机理研究	复旦大学
李海洋	半金属低维体系的微结构和电子态研究	浙江大学
兰 胜	非线性光子晶体与超短脉冲的相互作用	汕头大学
邝小渝	分子合金磁滞自旋转换理论研究	四川大学
阚世海	Ⅳ－Ⅵ族半导体纳米晶体的合成、表征与性质研究	吉林大学
金庆原	特殊磁结构的自旋动力学研究	复旦大学
蒋寻涯	光在无规活性介质中的传播及动态过程	中国科学院上海微系统与信息技术研究所
蒋 青	铁电磁材料的磁电性质及磁电耦合作用	苏州大学
黄世华	稀土离子作为纳米晶表面结构的光谱探针	北京交通大学
胡 林	颗粒物质与界面摩擦性质的研究	贵州大学
胡碧涛	低速，高电荷态离子在固体表面散射时的非弹性能损	兰州大学
韩宝善	微小磁性图形纳米磁结构的磁力显微学（MFM）研究	中国科学院物理研究所
郭方敏	高量子效率窄带光谱响应的新型量子阱红外探测器研究	中国科学院上海技术物理研究所
桂永胜	HgMnTe 磁性二维电子气的自旋输运特性	中国科学院上海技术物理研究所
关晓旭	交叉电磁场中的氢原子与氦原子	中国科学院武汉物理与数学研究所
顾国庆	悬浮体电输运和流变性质研究	华东师范大学
古 英	复合材料的介电共振和光学性质	北京大学
苟秉聪	原子多重高激发共振态的能级和光谱研究	北京理工大学
龚昌德	铜（锰）氧化物强关联电子系统中的异常物理现象	南京大学
傅盘铭	用共振四波混频研究超快过程及原子相干性	中国科学院物理研究所
费广涛	用内耗方法研究纳米金属颗粒的熔化性质	中国科学院固体物理研究所
都有为	高自旋极化率材料的探索	南京大学
丁大军	极性分子在双色激光场中的光激发及调制过程	吉林大学
戴 瑛	金刚石半导体材料电子性质研究	山东大学
戴 伦	III 族氮化物半导体单根纳米线微腔电致发光和激光	北京大学
戴建明	双钙钛矿结构室温低场巨磁电阻薄膜的制备与物性研究	淮北煤炭师范学院
崔一平	树型双光子泵浦荧光分子及其能量传输机理的研究	东南大学
崔明启	基于同步辐射软 X 射线能量范围的气体与薄膜的光吸收截面研究	中国科学院高能物理研究所
丛书林	分子在飞秒激光场中电离及其相关动力学研究	大连理工大学

续表

项目负责人	项目名称	依托单位
陈兆甲	纳米管导电高聚物的金属—绝缘体转变及导电机理研究	中国科学院物理研究所
陈宇光	低维有机铁磁体磁性的理论研究	同济大学
陈良惠	频率高度稳定的单模852nm 半导体激光器	中国科学院半导体研究所
曹望和	X－射线存储硫化物荧光材料发光效率提高研究	大连海事大学
曹立民	硼基一维纳米结构的制备、性能及应用	燕山大学
蔡　群	硅基金属纳米结构的制备及其物理性质	复旦大学
蔡金华	稀磁半导体的铁磁性机理研究	上海交通大学
鲍世宁	有机半导体分子在金属表面的有序结构及其电子态研究	浙江大学
白雪冬	原位透射电镜测量单个一维硼碳氮纳米结构的力学性能	中国科学院物理研究所

半导体学科

项目负责人	项目名称	依托单位
左　然	利用电晕放电控制化学气相沉积输运过程的探索	江苏大学
郑瑞生	多元氮化物外延薄膜材料中组分不均匀结构的研究和应用	深圳大学
赵　毅	高效率白色有机电致发光器件的研究	吉林大学
章壮健	掺钼氧化铟高价态差透明导电薄膜的开发与研究	复旦大学
张玉明	注钒（V）制备半绝缘碳化硅层的研究	西安电子科技大学
张翔九	微区分子束外延生长 SiGe/Si 异质结构中边缘效应研究	复旦大学
张五星	一种提高钛酸锶钡（BST）薄膜铁电性的新工艺研究	华中科技大学
张万荣	微波功率异质结晶体管（HBT）自加热效应的补偿技术研究	北京工业大学
张海霞	DRIE 工艺及其复杂现象的机理与建模研究	北京大学
张海鹏	新结构 SOI LIGBT 器件的基础研究	杭州电子工业学院
张国义	GaN－based 稀磁半导体材料与自旋电子共振隧穿器件的研究	北京大学
张国艳	基于 SOI 的射频（RF）电路相关特性研究及射频电路模块研制	北京大学
张德骏	在工作电流下用 PN 结正向压降 VF 实时测量结温的方法	山东大学
杨晓红	新型长波长谐振腔增强型电光调制器	中国科学院半导体研究所
晏长岭	新型超晶格/半导体分布布拉格反射镜，及其在垂直腔面发射激光器中应用的研究	长春理工大学
阎鹏勋	磁过滤等离子体制备高质量纳米尖点阵列研究	兰州大学
徐静平	低漏电高性能纳米级叠层氮化高 k 栅介质 MOSFET 研究	华中科技大学
夏建新	杂质原子和注入缺陷的相互作用机理研究	电子科技大学
吴麟章	高效率量子阱半导体太阳能电池的研制	武汉科技学院
吴根柱	四极子量子级联微腔激光器	内蒙古大学
王永谦	纳米结构的硅发光二极管	中国科学院物理研究所
王基庆	离子注入 GaAs 基自旋源的材料芯片方法研究	华东师范大学
王冠中	低电压高迁移率有机半导体薄膜器件制备和性能研究	中国科学技术大学
王高峰	基于时域多分辨分析的光集成电路电磁建模与仿真	武汉大学
王存达	氮化镓基发光器件的电学频率特性	天津大学
孙　霞	角度限制散射投影电子束光刻的蒙特卡洛模拟	中国科学技术大学
石艳玲	射频硅基开关线型 MEMS 移相器的研究	华东师范大学
冉广照	在硅衬底上用单根Ⅱ～Ⅵ族化合物半导体纳米线组装发光器件	北京大学

续表

项目负责人	项目名称	依托单位
潘立阳	新型低压低功耗快闪存储器技术研究	清华大学
吕燕伍	氮化物半导体子带带间红外发光性质的研究	北京交通大学
刘益春	等离子体氧化 Zn_3V_2（V：N，P，As）制备高质量 p－型 ZnO 薄膜及 ZnO p－n 结发光器件研究	中国科学院长春光学精密机械与物理研究所
刘星元	有机电致发光器件中载流子传输层性能改进的研究	中国科学院长春光学精密机械与物理研究所
刘祥林	硅基无应变 InGa（Al）N/InGaAlN 量子阱的研究	中国科学院半导体研究所
刘　明	100nm 分辨率交替式移相掩模设计中的关键技术研究	中国科学院微电子中心
刘爱民	InP 规则纳米阵列的制备及相关性质的研究	大连理工大学
林殷茵	新型不挥发铁电可编程逻辑器件研究	复旦大学
廖显伯	硅纳米线 p－n 结的研究	中国科学院半导体研究所
廖　波	系统芯片的高效定点微机电热电制冷技术研究	北京理工大学
李新奇	固态量子测量器件的设计与性能分析	中国科学院半导体研究所
李昕欣	集成纳机电探针阵列超高密度数据存储器技术研究	中国科学院上海微系统与信息技术研究所
亢宝位	制造超快恢复、超软、超低漏电流高压功率二极管新技术研究	北京工业大学
康俊勇	III 族氮化物异质界面的缺陷	厦门大学
金　鹏	隧穿注入量子点激光器	中国科学院半导体研究所
蒋　江	基于 EPIC 的动态同时多线程微体系结构研究	中国人民解放军国防科学技术大学
胡陈果	碳纳米管压阻效应的研究	重庆大学
郝　跃	超深亚微米新型槽栅 CMOS 器件及相关技术研究	西安电子科技大学
高玉竹	截止波长 8～12μm 的 InAsSb 单晶	中国科学院上海技术物理研究所
杜小龙	ZnO 单晶薄膜的极性控制生长及 MgZnO 中紫外探测器的研制	中国科学院物理研究所
杜　磊	VLSI 金属互联电迁移失效的多参量表征方法	西安电子科技大学
杜惊雷	数字光刻新技术研究	四川大学
邓金祥	立方氮化硼薄膜的 p 型掺杂和薄膜 p－n 结的研制	北京工业大学
陈治明	在 SiC 衬底上生长 SiCGe 及其在光控 SiC 功率器件中的应用	西安理工大学
陈长虹	高速大容量微波开关电路新结构研究	华中科技大学
常　凯	稀磁半导体量子点光学性质的理论研究	中国科学院半导体研究所

光学及光电子学科（材料部分）

项目负责人	项目名称	依托单位
王克逸	偶氮聚合物光致异构转化的近场观察和定量分析	中国科学技术大学
梁忠诚	波导多层三维光存储机理研究及器件研制	南京师范大学
江竹青	光折变晶体存储器的双色多重存储技术研究	北京工业大学
胡礼中	用于超高密度光存储的集成式 SNOM 微探尖的选择生长研究	大连理工大学
杨中民	包层泵浦玻璃光纤上转换荧光的研究	中国科学院上海光学精密机械研究所
周树云	对紫激光敏感的计算机直接制版材料的研究	中国科学院理化技术研究所

续表

项目负责人	项目名称	依托单位
周国清	β－BBO/α－BBO 复合非线性光学材料的制备及其性能研究	中国科学院上海光学精密机械研究所
张昌龙	掺铌磷酸钛氧钾（Nb：KTP）晶体的水热法合成技术及其性能的研究	桂林矿产地质研究院
曾兆华	感光性高折光指数有机—无机杂化体系及其用于三维光子晶体的制作	中山大学
徐　雷	飞秒激光照射硫系玻璃和碲玻璃产生增强三阶光学非线性效应的机理及直写光波导的光—光开关效应研究	复旦大学
吴以成	新型非线性光学晶体 CBO 高功率紫外输出研究	中国科学院理化技术研究所
王　辉	光调节磁自旋阀材料的研究与制备	上海交通大学
王国富	新型可调谐激光晶体材料的研究	中国科学院福建物质结构研究所
童利民	亚波长直径氧化硅线型光波导及其微光子学应用研究	浙江大学
潘守夔	超快强激光诱导晶态材料功能微结构研究	中国科学院上海光学精密机械研究所
马世红	掺杂有序组装有机分子超薄膜热释电特性及应用	复旦大学
刘俊峰	具有三维网状结构共轭高聚物电致发光性质的研究	西安交通大学
刘春旭	在 $Gd_4O_3F_6$：X，Tb_3＋纳米晶中离子对的量子剪裁研究	中国科学院长春光学精密机械与物理研究所
何赛灵	负折射率介质的前沿研究	浙江大学

2004 年度材料相关面上项目情况

金属材料

项目负责人	项目名称	依托单位
于广华	具有垂直磁各向异性的交换耦合多层膜材料的研究	北京科技大学
杨　扬	绝热剪切形变过程晶粒瞬间细化的微观机制	中南大学
杨贤金	NiTi 形状记忆合金表面仿生生长 HA/胶原生物活性层的研究	天津大学
杨王玥	纳米复合材料的制备、结构与力学行为研究	北京科技大学
杨　柯	针状铁素体管线钢中的复相结构及其对强韧性能的影响	中国科学院金属研究所
杨君友	电化学原子层外延沉积铋化碲/锑化碲纳米超晶格热电材料及其基础研究	华中科技大学
杨大智	生物医用 Ti－Ni 形状记忆合金超弹性的研究	大连理工大学
严　文	工业单晶线材正反方向传输性能差异的微观机制	西安工业学院
严　密	磁化成形法制备 ZrO_2/Ni 与 ZrO_2/Co 功能梯度材料研究	浙江大学
闫牧夫	纳米化表面等离子体稀土低温掺杂与氮化相形成及其演化机理研究	哈尔滨工业大学
徐　洲	动态再结晶奥氏体晶粒超细化及其马氏体相变	上海交通大学
徐可为	基于小波分析的表面形态表征及其与薄膜体特征参量的关系	西安交通大学
徐东生	钛铝金属间化合物形变孪晶形核长大动力学计算研究	中国科学院金属研究所
谢佑卿	Ti－Al 合金系的基本原子团序列和亚稳相高温结构材料的设计	中南大学
夏　雷	Nd－Al－Fe（Co）金属玻璃的相分离和磁性研究	上海大学
武晓雷	剧烈塑性变形过程中六方结构纳米金属的变形机制研究	中国科学院力学研究所
吴素君	中子辐照下钢显微亚结构演变机理的实验模拟研究	北京航空航天大学
吴开明	低碳微合金化钢中晶内铁素体的三维形态及其长大动力学	武汉科技大学

续表

项目负责人	项目名称	依托单位
卫英慧	金属材料表面纳米化对离子注入及表面改性的影响	太原理工大学
王雨晨	纳米材料中晶界结构特征和 Hall－Petch 关系的研究	中国科学院金属研究所
王轶农	变形镁合金倾转基面织构形成机制与织构增韧研究	大连理工大学
王沿东	块状亚微米 FeCo 合金反常再结晶织构形成机制的研究	东北大学
王学敏	微量元素亚晶界偏聚机制研究与钢的耐候性	北京科技大学
王新华	镍粉促进形成非晶态稀土—镁系合金的微结构与电化学吸放氢性能研究	浙江大学
王卫国	基于低Σ重位点阵晶界的铅合金晶界结构优化研究	山东理工大学
王天民	中高温太阳能选择性吸收涂层的热稳定性及其机理研究	北京航空航天大学
王隆保	钛基金属氚化物的氦聚集和缺陷结构	中国科学院金属研究所
王　亮	基于中频交流等离子体放电的铝及其合金表面改性技术研究	大连海事大学
王均安	硅钢中立方织构的形成机理和关键控制技术	上海大学
王锦程	液/固相变过程的相场法数值模拟	西北工业大学
王建强	高热稳定性纳米铝颗粒/非晶铝合金的结构控制与强化机理	中国科学院金属研究所
王建波	磁性纳米线阵列膜的反常矫顽力温度特性研究	兰州大学
王俭秋	钛镍形状记忆合金在模拟口腔溶液中的应力腐蚀机制	中国科学院金属研究所
王　佳	干湿循环加速涂层劣化和涂层下金属腐蚀机理与控制方法研究	中国海洋大学
王华明	$Cr1_3Ni_5Si_2$ 三元金属硅化物合金高温耐磨涂层组织与性能研究	北京航空航天大学
王德仁	热障涂层中强附着性 TGO 的生成机理和抗热冲击特性研究	北京科技大学
涂江平	溅射沉积 IF－WS_2/Ag 纳米复合薄膜的环境摩擦磨损	浙江大学
孙泽明	纳米块体材料形变过程中晶界和缺陷的行为	北京有色金属研究总院
孙文儒	磷、硼对 IN718 合金高温晶界氧脆机制及蠕变性能的影响	中国科学院金属研究所
孙　超	金属材料防护薄膜残余应力若干问题的研究	中国科学院金属研究所
苏旭平	连续镀锌中富铝抑制层和合金体系相平衡的研究	湘潭大学
宋义全	内蒙古西部土壤中碳钢腐蚀规律与机理研究	包头钢铁学院
宋晓艳	金属纳米晶的稳定相及其晶粒长大的热力学和动力学研究	北京工业大学
宋武林	金属纳米铝粉活性变化规律及其活性保持机制的研究	华中科技大学
沙玉辉	取向硅钢超薄化的织构控制新技术研究	东北大学
全明秀	Fe 基合金自生纳米晶/非晶复合材料形成及其力学性能	中国科学院金属研究所
羌建兵	准晶和块体非晶合金形成体系中的特征变电子浓度线研究	大连理工大学
齐卫宏	金属纳米晶材料晶格畸变的尺寸效应和形状效应研究	中南大学
齐　民	非晶合金在强磁场中硬磁相和软磁相析出行为与机制	大连理工大学
潘洪革	储氢电极合金本征衰退、非本征衰退及其交互作用机理探讨	浙江大学
欧阳柳章	MgNiRE 复合薄膜的微观结构与电致变色性能研究	华南理工大学
孟庆平	纳米合金中的沉淀相变	上海交通大学
马学鸣	放电辅助高能机械球磨研究	华东师范大学
鲁连涛	高强度钢超长寿命疲劳行为及试验方法的研究	西南交通大学
龙　毅	FeB 系非晶态块体软磁合金的损耗机理和频率特性	北京科技大学
柳　林	大块非晶基复合材料在过冷液态区中的形变行为	华中科技大学
刘志林	用电子结构参数探索非调质钢屈服强度理论计算的研究	辽宁工学院

续表

项目负责人	项目名称	依托单位
刘永长	快速凝固大尺寸超导化合物 MgB_2 形成机理与单晶制备	天津大学
刘晓涛	强磁场作用下金属与合金的固态扩散理论	东北大学
刘　磊	电沉积制备晶须定向分布增强金属基复合材料	上海交通大学
刘　晖	磁性金属——绝缘体颗粒薄膜的巨霍尔效应研究	天津理工大学
刘华山	稀土 Y 对高强高电导铜合金中第二相沉淀过程的热力学影响	中南大学
林　莉	高温防护涂层质量无损评价及其物理机制研究	大连理工大学
李　瑛	一段式热压法下各向异性钕铁硼的形成机理研究	上海大学
李双明	可控非稳态凝固过程对高梯度定向凝固共晶高温合金组织的作用机制	西北工业大学
李守新	金属材料强度与伸长率尺寸效应的物理机制与验证	中国科学院金属研究所
李谋成	钢表面纳米晶锌镀层的大气腐蚀行为研究	上海大学
李　明	表面微纳米级针锥晶布阵材料的形成与表征	上海交通大学
李　麟	纳米级硬质合金相结构的热力学估算	上海大学
李均钦	稀土 R－（Fe、Co）－Sb 三元系相关系及稀土填充 Skutterudite 化合物热电性能的研究	深圳大学
李劲风	时效析出相在铝锂合金局部腐蚀中的动态作用机制研究	中南大学
李　箭	SOFC 金属连接体材料的氧化和导电机理及其改性探索	华中科技大学
李洪晓	Mg－Zn－Re（Re＝La，Ce，Nd）系相图富 Mg 角的研究	东北大学
李殿中	低碳钢热变形奥氏体分解过程中铁素体形核长大机理的实验研究与模拟计算	中国科学院金属研究所
李成明	金属双过渡层界面结构及其在沉积金刚石厚膜中的力学行为	北京科技大学
李长生	MS_2（M＝Mo，W，Ti，Ta，Zr，Nb）型纳米管的制备及摩擦行为的研究	江苏大学
赖文生	二元亚稳合金相稳定性及力学性能的理论和实验研究	清华大学
蒋成保	新型 FeGa 亚稳合金取向晶体的结构和磁致伸缩性能	北京航空航天大学
霍德璇	锡基包合物单晶体中的声子散射及其对热电性能的影响	东华大学
黄泽文	高合金含量 TiAl 合金中 B_2 和 W 相的形成、影响与控制	西南交通大学
黄卫东	凝固枝晶形态选择 MSC 原理的实验检验	西北工业大学
何德坪	球形孔泡沫铝合金及球形泡沫形成规律	东南大学
郝玉琳	Ti－Nb－Zr－Sn 系超弹性低模量医用钛合金弹性行为	中国科学院金属研究所
郭兴蓬	金属/溶液界面纳米尺度下缓蚀膜的力学－电化学行为及机理研究	华中科技大学
高玉来	微小液滴凝固组织及其形成规律研究	上海大学
高义民	固—固复合钢/铝双金属材料的界面结构设计	西安交通大学
高克玮	氧化铬薄膜微观摩擦磨损性能的表征及机制	北京科技大学
甘复兴	聚苯胺对铁基金属伽伐尼阳极保护效应及机理研究	武汉大学
傅万堂	剧烈变形条件下钢中渗碳体的结构演变规律与机制研究	燕山大学
杜振民	大块非晶合金体系亚稳相关系及非晶形成能力判据研究	北京科技大学
杜　楠	金属早期腐蚀的激光干涉法动态、连续、原位监测	南昌航空工业学院
董超芳	电化学充氢裂纹愈合过程中晶界动力学行为与机理	北京科技大学
丁向东	温度以及应力作用下马氏体相变机理的原子模拟与实验验证	西安交通大学
丁文江	镁合金强韧化的关键基础性问题研究	上海交通大学
丁　剑	同步辐射光的生态材料组织动态演化规律研究	上海交通大学
丁秉钧	纳米结构对真空电弧阴极斑点特性的影响	西安交通大学

续表

项目负责人	项目名称	依托单位
崔立山	形状记忆合金与弹性体耦合作用及非均匀体系相变研究	石油大学（北京）
褚武扬	连铸洁净钢“白点”敏感性升高的规律和机理	北京科技大学
陈　瑶	激光熔覆碳纳米管增强生物活性涂层力学性能研究	中国科学院力学研究所
陈康华	Al－Zn－Mg－Cu 系铝合金高温近平衡预析出韧化及机理	中南大学
陈京兰	CoNiFeGa 四元磁场可控超弹性单晶的研究	中国科学院物理研究所
陈剑虹	TiAl 金属间化合物的断裂及损伤行为的研究	兰州理工大学
陈华辉	摩擦磨损过程中微－纳米复合涂层的析出强化研究	中国矿业大学（北京校区）
陈国良	高过饱和度高温合金脱溶分解新现象研究	北京科技大学
柴东朗	有机纤维增强镁基高强韧、高阻尼复合体界面模型、界面效应及其复合设计	西安交通大学
蔡　伟	新型高密度快擦写相变光存储 TiNi 合金薄膜研究	哈尔滨工业大学
蔡建旺	纳米氧化层原子扩散阻挡势垒的微结构与磁交换作用	中国科学院物理研究所
边秀房	二元合金熔体团簇与晶胚形成过程的实验研究	山东大学
左孝青	无脆性相、均匀孔结构泡沫铝的连续制备基础研究	昆明理工大学
邹化民	微结构对金属介观尺度上力学性能影响的研究	武汉大学
宗亚平	颗粒复合体显微组织演变与力学性能预测结合的计算机模拟基础研究	东北大学
朱衍勇	La，Ce 对镍基高温合金中元素表面和界面偏聚行为的影响	钢铁研究总院
朱　涛	具有大振荡隧穿磁电阻的磁隧道结的制备及其振荡机制	中国科学院物理研究所
朱鸣芳	流场作用下枝晶生长行为的计算机模拟研究	东南大学
朱　静	一些金属间化合物的表面电子结构及其对 H_2 催化裂解机理的影响	清华大学
朱金华	金属材料的合金化，强韧性及耐磨性机制研究	西安交通大学
朱定一	Ni－Al－C 合金中石墨的生长机理及球化理论研究	福州大学
周尧和	大塑性变形作用下大块非晶合金微观组织的演化规律	上海交通大学
钟　伟	软模板法自组装新型磁性金属纳米结构及其性能研究	南京大学
赵玉涛	基于磁化学反应合成金属基原位纳米复合材料的机制研究	江苏大学
赵新青	Co 纳米晶体的非平衡结构稳定性与马氏体相变特征	北京航空航天大学
赵新兵	Bi_2Te_3 纳米管及纳米复合热电材料	浙江大学
赵　杰	强磁场下界面金属间化合物层生长规律的研究	大连理工大学
张志峰	纳米涂层热生长氧化膜的力学行为研究	中国科学院金属研究所
张哲峰	非晶合金复合材料的断裂机理	中国科学院金属研究所
张　昭	镁合金腐蚀失效及其表面改性过程的电化学分形研究	浙江大学
张新平	生物医学材料超弹性形状记忆合金的疲劳、断裂和失效行为	华南理工大学
张喜燕	锆合金组织超细化处理对抗腐蚀性能的影响	广西大学
张文征	基于界面性质的相变晶体学演化——对双相不锈钢体系的研究	清华大学
张葳葳	超高压综合在位测试在超导体的压力效应研究中的应用	中国科学院物理研究所
张　涛	非晶合金在过冷液体区间的变形及成形加工机理	北京航空航天大学
张三平	水环境混凝土体系腐蚀介质扩散动力学及钢筋界面腐蚀特征	武汉材料保护研究所
张　坤	基体表层离散强化对涂层开裂和剥落的控制机理	中国科学院力学研究所
张　钧	α2 相与硅化物的临界尺寸效应及其协同强化机理	沈阳大学
张海峰	金属熔体与非晶、纳米晶间润湿性及其液/固界面特性	中国科学院金属研究所

续表

项目负责人	项目名称	依托单位
张广平	亚微米厚金属薄膜疲劳行为及其尺寸效应的研究	中国科学院金属研究所
禹日成	高压下纳米半金属材料的复合研究	中国科学院物理研究所
于荣海	铁磁纳米触点的弹射磁阻效应	清华大学

无机非金属材料

项目负责人	项目名称	依托单位
易茂中	合金化和纳米复合化制备（Mo，W）Si_2－SiC 材料及其性能研究	中南大学
叶　宏	相变材料在红外示假技术中的应用基础研究	中国科学技术大学
姚　斌	Th_3P_4 和尖晶石结构金属氮化物新型超硬材料的制备、表征和性能	吉林大学
杨久俊	粉煤灰厚壁微珠活化、强化机理及其应用研究	郑州大学
杨建虎	用于实现蓝绿光输出的卤氧玻璃材料研究	中国科学院上海光学精密机械研究所
阎殿然	反应等离子喷涂纳米晶 TiN 涂层的研究	河北工业大学
许小亮	ZnO 基纳米复合激光材料的制备及其近场增强激发效应	中国科学技术大学
徐　卓	等静压、电场和温度多场耦合诱导的铁电/反铁电相变陶瓷及其应用基础研究	西安交通大学
徐志成	晶体/薄膜复合结构法拉第旋转器带宽和温度特性研究	浙江大学
徐　骏	高密度纳米硅平面阵列的研制及其场电子发射效应	南京大学
徐洪耀	有机—无机杂化高分子为模板制备多孔低介电材料	安徽大学
肖　谧	新型高致密钛酸钡介质膜的制备及其介电性能的研究	天津大学
向卫东	可见和近红外钠硼硅发光玻璃材料的研究	温州大学
夏长泰	氮化物导电衬底 $MgIn_2O_4$ 晶体的生长与性能研究	中国科学院上海光学精密机械研究所
席文君	超重力场中 TiC－FeNiCr 纳米复合材料的铝热反应合成机制	北京航空航天大学
吴裕功	原位复合锆钛酸铅基复合材料的研究	天津大学
温广武	SiBONC 非晶与微晶陶瓷的制备及热稳定性研究	哈尔滨工业大学
温戈辉	高压下半金属铁磁物质的研究	吉林大学
温　斌	强磁场炭黑催化法制备纳米金刚石和新金刚石粉的基础研究	大连理工大学
魏晓勇	电场对铁电微区调制作用的研究	西安交通大学
韦志仁	水热法合成 $Mn_xZn_{1-x}O$ 稀磁半导体晶体	河北大学
王兆翔	硬碳负极材料的初次循环效率提高及相关问题研究	中国科学院物理研究所
王友法	生物医用纳米磷灰石的掺杂与改性研究	武汉理工大学
王永谦	纳米 Si－in－SiN_x 和 Si－in－SiC 高效发光薄膜	中国科学院物理研究所
王欣宇	新型经皮通路材料的制备、性能及其应用研究	武汉理工大学
王晓慧	新型高温钙钛矿型压电陶瓷材料的研究	清华大学
王晓红	一种深海“玻璃光纤”状物的基本特性及仿生学探索	国家地质实验测试中心
王先友	钠离子电池新型正极材料的制备及性能研究	湘潭大学
王维坤	二次锂电池新型正极材料——多硫化碳炔	中国人民解放军防化研究院第一研究所
王绍青	第一原理计算研究Ⅲ族氮化物的相变机制	中国科学院金属研究所
王佩玲	稀土等价掺杂钛酸铋织构化陶瓷的制备与性能研究	中国科学院上海硅酸盐研究所

续表

项目负责人	项目名称	依托单位
万昌秀	分子自组装 RADA16 - RGD/CPP 纳米仿生基质骨修复材料的研究	四川大学
童　华	基于有机模板调控的生物活性骨水泥原位增强研究及其生物学评价	武汉大学
唐子龙	新型全固态锂离子电池及其锂离子传输机理	清华大学
唐敬友	立方氮化硅的合成及烧结研究	西南科技大学
唐　电	活性氧化物电催化载体材料的研究	福州大学
孙晓丹	丝素蛋白自组装调制生物矿化的研究	清华大学
宋朝瑞	高介电常数 $HfSi_xO_yN_z$ 薄膜材料制备及氮元素作用机制研究	中国科学院上海微系统与信息技术研究所
水中和	控制水泥基材料传输性质的研究	武汉理工大学
石士考	以无机层状材料为框架设计与组装光子天线	河北师范大学
施祖进	低价金属富勒烯包合物的研究	北京大学
邱介山	煤基双壁纳米炭管的制备、结构及其催化性能的应用基础研究	大连理工大学
邱东江	新型 ZnO 基稀磁半导体薄膜的制备及性能研究	浙江大学
秦晓英	重元素夹层化合物 M_xTiS_2（M = Bi，Pb，Hg，La，Ce，Eu 等）的热电性能及机理研究	中国科学院固体物理研究所
潘　颐	Fe - Si 助溶剂法碳化硅单晶生长研究	浙江大学
潘礼庆	稀磁氧化物半导体薄膜的制备和磁性研究	北京科技大学
宁晓山	高热导率高强度氮化硅陶瓷研究	清华大学
马衍伟	强磁场下制备 MgB_2 新型超导体的研究	中国科学院电工研究所
马静红	沸石基超分子材料的制备及性能研究	太原理工大学
马　瑾	高质量氧化锡薄膜的制备及其发光性质的研究	山东大学
栾伟玲	高性能热电薄膜氢气传感器的研究	华东理工大学
吕笑梅	SPM 诱导非线性光学晶体中有序纳米畴阵列的研究	南京大学
陆路德	纳米金刚石聚合物基复合材料的组构及作用机理研究	南京理工大学
刘　陟	新型钙钛矿结构的有机—无机杂化光电功能材料	山东大学
刘志敏	用超临界流体制备碳纳米管复合物研究	中国科学院化学研究所
刘应亮	新型稀土长余辉发光材料及其机理研究	暨南大学
刘雪芹	镁离子二次电池氧化物正极材料的制备和特性研究	兰州大学
刘　敏	纳米碳管电化学氧化行为的研究	中国科学院金属研究所
刘韩星	类钙钛矿结构对材料介电特性影响的机理研究	武汉理工大学
梁开明	金属、半导体纳米颗粒掺杂非线性光学纳米微晶玻璃的制备和研究	清华大学
梁敬魁	GaN 相关的三元体系相关系研究及助熔剂探索	中国科学院物理研究所
廉永福	金属性和半导体性单层碳纳米管的溶液化学分离法	黑龙江大学
李宗全	碳纳米管与硬质合金复合材料的研究	浙江大学
李养贤	直拉硅的快中子辐照效应	河北工业大学
李效民	氧化锌基光电信息功能薄膜的载流子传输机制及应用研究	中国科学院上海硅酸盐研究所
李铁虎	纳米级中间相沥青小球体的合成及其工艺研究	西北工业大学
李玲霞	新型超高介（$\varepsilon>500$）、低损耗 ANNT 系的介电性能机理性研究	天津大学
李俊杰	碳纳米管锥的场电子发射研究	中国科学院物理研究所
李　洁	利用平面霍尔效应研究庞磁阻薄膜及稀磁半导体薄膜的磁性质	中国科学院物理研究所
李　宏	微机电系统超低温阳极键合用微晶玻璃的研究	武汉理工大学

续表

项目负责人	项目名称	依托单位
李　峰	单壁纳米碳管束绳排列的自相似模型	中国科学院金属研究所
李敦钫	可见光响应型纳米结构光催化剂的能带设计及高效率化研究	南京大学
李德军	超硬纳米多层膜的微观设计以及高温稳定性研究	天津师范大学
李　勃	电场诱导溶胶—凝胶方法组装可调带隙陶瓷基光子晶体	清华大学
李炳生	铁磁/半导体双垒磁异质结生长及自旋共振隧穿特性研究	中国科学院长春光学精密机械与物理研究所
靳喜海	阈值强度三维相同的 Si_3N_4-TiN 纤维独石陶瓷	中国科学院上海硅酸盐研究所
黄松涛	锂离子电池锰酸锂基阴极材料改性机理研究	北京有色金属研究总院
黄　辉	定向 CNTs/$MTiO_3$（M = Sr，Ba，Ca，La）复合电极的制备及光充电嵌锂特性	浙江工业大学
胡中华	高比表面积中孔活性炭作为双电层电容器电极材料的研究	同济大学
胡章贵	新型非线性光学晶体 $BaAlBO_3F_2$ 的晶体生长及性能研究	中国科学院理化技术研究所
胡小波	升华法生长氮化铝单晶	山东大学
何莉萍	纳米纤维网状 HAp/Al_2O_3 钛基生物陶瓷复合涂层的制备与机理研究	湖南大学
何巨龙	缺电子化合物 B_2CN 的研究	燕山大学
郝建华	发蓝光的稀土掺杂氧化物薄膜的低温制备和发光特性	华中科技大学
郭　福	具有高优值系数的新型高温热电材料及提高其能量转换效率机理的研究	北京工业大学
顾长志	金属硅化物的低维人工结构与物性研究	中国科学院物理研究所
高玉周	矿物粉体的纳米化修饰及金属自适应修复机理的研究	大连海事大学
高发明	纳米多层膜超硬效应的理论预测和实验研究	燕山大学
高道江	$LiNixCo_1-xO_2$ 和 $LiMn_2O_4$ 薄膜的软溶液制备技术研究	四川师范大学
傅竹西	Si 基片 SiC 过渡层的 ZnO 异质外延及其光电特性	中国科学技术大学
傅仁利	氮化硅陶瓷颗粒增强聚合物复合电子基板制备和性能表征	南京航空航天大学
符若文	炭气凝胶制备新工艺研究及在超级电容电极中的应用	中山大学
冯　勇	MgB_2 超导线带材中引入纳米磁通钉扎中心研究	西北有色金属研究院
冯艳全	纳米材料简单组装结构的电子输运理论	北京理工大学
封东来	强相互作用体系光学特性的电子结构起源	复旦大学
樊先平	稀土掺杂纳米生物体荧光标记材料的制备技术研究	浙江大学
杜希文	硅量子点的异常结构及其高效率蓝光发射研究——制备、表征及电致发光	天津大学
董绍明	纤维增强含纳米相碳化硅基复合材料的压力辅助烧结与后处理新工艺研究	中国科学院上海硅酸盐研究所
楚珑晟	纳米材料在氧化锌晶须表面原位合成及其隐身机理研究	西南交通大学
仇卫华	新型锂离子电池电解质双乙二酸硼酸锂的研究	北京科技大学
程晋荣	高温低铅铋系压电、铁电—铁磁多功能材料的设计、制备科学与性能机理	上海大学
成来飞	空天飞行器防热结构一体化陶瓷基复合材料及其应用基础问题	西北工业大学
陈延学	Ⅳ族铁磁性半导体材料的制备、结构和性能	山东大学
陈晓原	一种新的制备多元氧化物薄膜的湿化学方法及其在庞磁电阻及稀磁半导体氧化物中的应用	南京大学
陈晓峰	智能型高生物响应特性骨齿科修复材料的研究	华南理工大学
陈湘明	MFe_2O_4/（Sr，Ba）Nb_2O_6 系磁电复相陶瓷及其介电异常	浙江大学
陈立富	固态/液态混合聚碳硅烷制备高性能 SiC 纤维关键基础问题的研究	厦门大学
陈广超	纳米二次晶对自支撑金刚石膜力学/光学复合性能影响的研究	北京科技大学

续表

项目负责人	项目名称	依托单位
车仁超	金属填充碳纳米管的制备、表征与微波吸收	中国人民解放军国防科学技术大学
曹亚安	新型结构高活性的纳米 TiO_2 可见光催化剂的制备	南开大学
曹文斌	流态化煅烧合成 SiC 新工艺及超快反应动力学研究	北京科技大学
曹 荣	纳米分子化合物的有机—无机复合膜	中国科学院福建物质结构研究所
白雪冬	原位透射电镜研究单根纳米管/纳米线的场电子发射机制	中国科学院物理研究所
朱英杰	微波离子液体法快速合成第一过渡系氧化物一维纳米材料及性能	中国科学院上海硅酸盐研究所
朱晓东	（类）金刚石薄膜特征表面制造与机理研究	中国科学技术大学
朱贤方	原位电镜观察电子束辐照下低维纳米结构稳定性和焊接技术研究	厦门大学
朱伯铨	以熔盐法合成复杂氧化物粉体研究	武汉科技大学
周延春	高温陶瓷基复合材料界面弱结合相的第一原理设计及性能预测	中国科学院金属研究所
周 廉	高温超导氧化物定向凝固及单晶生长机理的基础理论研究	西北有色金属研究院
周 静	塑性聚合物方法压电纤维复合材料机理与性能研究	武汉理工大学
周 建	含金属相的无机非金属材料在微波磁场中烧结机理研究	武汉理工大学
郑利强	二氧化硅介孔材料的合成与反应机理的研究	山东大学
赵彦明	LaB_6 – 基低维纳米材料的微结构及场发射性能研究	华南理工大学
赵 鹏	高温自加压合成无机富勒烯结构纳米材料的研究	西安建筑科技大学
赵明文	氧化物纳米结构自催化生长的动力学模拟和量子力学计算	山东大学
赵广军	高分辨率 X 射线相位成像单晶薄膜的制备及性能研究	中国科学院上海光学精密机械研究所
赵高扬	感光薄膜与微光学器件制备	西安理工大学
赵斌元	生物质衍生碳质中间相形成机理研究	上海交通大学
张希艳	红外—可见转换荧光屏的研究	长春理工大学
张勤远	光敏有源铒玻璃光纤用特种光学玻璃研究	华南理工大学
张 梅	锆钛酸铅纤维复合压电、铁电功能陶瓷结构与性能基础研究	北京科技大学
张 杰	用含钯高温钎料钎焊氮化硅陶瓷的界面结构及连接机理	哈尔滨工业大学
张海龙	陶瓷/金属功能梯度压电驱动器的微结构设计与熔浸法制备研究	清华大学
张高科	新型铌钾复合氧化物光催化剂的合成及其光催化性能研究	武汉理工大学
张 东	多孔石墨基相变储能复合材料制备技术和蓄（放）热行为研究	同济大学
张 弛	硫系簇合物骨架构型与其三阶非线性光学性能构效关系的研究	南京理工大学
詹红兵	无机基纳米碳管复合固态光限幅材料制备与性能研究	福州大学
翟 亚	高磁损微米、纳米材料磁性及磁感应发热机制的研究	东南大学
翟洪祥	钛硅碳/钛铝碳复相导电陶瓷及其带电摩擦学特性	北京交通大学
曾人杰	$Ti1-xMxO_2-yNy$ 特殊润湿性能薄膜的研制	厦门大学
俞大鹏	准一维半纳米结构的掺杂效应研究	北京大学
印万忠	低成本多形状纳米氢氧化镁阻燃剂制备研究	东北大学
殷绍唐	熔体法晶体生长边界层结构以及晶体生长微观机理研究	中国科学院安徽光学精密机械研究所

有机高分子材料

项目负责人	项目名称	依托单位
吴骊珠	多吡啶铂（Ⅱ）络合物光限幅性能的研究	中国科学院理化技术研究所
吴　健	基于金属卟啉的分子印迹复合膜研究	浙江大学
吴　刚	利用仿生合成构建软骨—骨复合组织工程支架的研究	华南理工大学
吴大诚	用静电纺丝方法制备纳米纤维器件的理论基础	四川大学
吴驰飞	金属配位交联的新型橡胶材料的研究	华东理工大学
翁履谦	聚醚醚酮—纳米羟基磷酸钙梯度生物材料界面及断裂机理	南京航空航天大学
韦　春	在网络型聚合物中反应型热致性液晶/玻璃纤维的原位混杂对基体材料的强韧化作用研究	桂林工学院
王　哲	基于界面黏附力的软刻蚀及其在有机光电器件加工中的应用	中国科学院长春应用化学研究所
王　勇	仿生树根型结构纤维增强增韧复合材料的理论研究	西南交通大学
王夏琴	运用八丙铵基八硅氧烷制备自组装纳米结构和纳米合金	东华大学
王立铎	Teflon 用作新型 OLED 电极修饰材料的结构及其性能的研究	清华大学
王海侨	新型超支化发光聚合物分子的设计、合成与性能研究	北京化工大学
王春喜	生物降解高分子材料输尿管支架的研制	吉林大学
王　策	高压电场诱导下的高分子连续化自组装和图案化	吉林大学
田　明	高减摩抗磨的 MoS_2/橡胶纳米复合材料的制备、结构与性能	北京化工大学
唐　涛	熔融法制备无序剥离型聚合物纳米复合材料的机理新探索	中国科学院长春应用化学研究所
汤克勇	皮革中胶原高分子材料的干热收缩与热降解机理研究	郑州大学
谭松庭	液晶性共轭聚合物取向膜的制备和光电性能研究	湘潭大学
苏朝晖	生物降解高分子材料表面结构的精确调控及生物相容性研究	中国科学院长春应用化学研究所
宋义虎	小麦面粉蛋白凝胶结构与流变特性的研究	浙江大学
宋　磊	多面寡聚倍半硅氧烷（POSS）/聚合物复合材料制备及阻燃机理研究	中国科学技术大学
宋国君	聚合物/金属同轴纳米电缆的组装及结构与性能研究	青岛大学
石高全	结晶性共轭聚合物纳米结构材料的制备与光电性能研究	清华大学
施敏敏	氟代有机半导体材料的聚集态结构和能级结构	浙江大学
沈一丁	无皂微乳液聚合新技术及其在中性施胶和表面施胶中的应用	陕西科技大学
申开智	高压贯穿式中频振动场对聚烯烃成型性能和产品结构性能的影响及仿真	四川大学
阮文红	应力双渗逾结构设计在纳米无机粒子填充聚合物中的应用研究	中山大学
乔　娟	新型有机电致发光混配金属络合物的分子设计与性能研究	清华大学
彭　汉	基于炔－腈环三聚反应的新颖超支化共轭聚芳烃及其金属络合物	华南理工大学
裴　坚	全共轭树枝状有机材料的合成和表征	北京大学
聂　俊	新型光固化牙科复合充填树脂	武汉大学
罗祥林	侧链型全降解磷脂高分子的设计、合成及性质研究	四川大学
吕英莹	功能化聚烯烃的设计、合成和共混相容性研究	中国科学院化学研究所
陆　丹	纳米 SiO_x/共轭聚合物复合物材料发光性质的研究	吉林大学

续表

项目负责人	项目名称	依托单位
刘天西	功能性高分子材料的自组装纳米结构/形态及其与光物理性能之间的关系研究	复旦大学
刘金刚	结构新颖的含氟芳杂环高分子材料的分子设计与制备研究	中国科学院化学研究所
刘宾元	不含氟的低介电常数纳米孔聚降冰片烯的合成及性能研究	河北工业大学
林金火	天然生漆的水基化及其复合体系的研究	福建师范大学
李悦生	超支化聚合物的简便合成及作为高分子加工助剂的研究	中国科学院长春应用化学研究所
李　扬	共轭导电聚合物/碳纳米管复合气敏材料和气体传感器	浙江大学
李国文	糖响应可降解聚合物囊泡的制备和性能研究	吉林大学
旷亚非	纳米纤维结构导电聚合物的无模板电化学合成与应用研究	湖南大学
贾玉玺	聚合反应挤出过程的化学流变模拟及材料设计	中国科学院长春应用化学研究所
黄志雄	低压片状模塑料增稠规律及模压理论的研究	武汉理工大学
黄　勇	具有手性结构膜的制备与性能	中国科学院化学研究所
黄骏廉	含靶向分子的新型多臂聚乙二醇载体材料在蛋白质药物中的应用	复旦大学
华　静	钼催化配位聚合“原位复合”ATRP 制备部分支化 1，2 聚丁二烯	中国科学院长春应用化学研究所
侯　信	多孔聚蔗糖微球的制备及应用基础研究	天津大学
洪春雁	分子导线的设计及合成	中国科学技术大学
郭颖志	功能性聚酯共聚物材料及其靶向光动力治疗系统	国家人口计生委科学技术研究所
郭天瑛	中药组成物分离用软印迹聚合物材料	南开大学
管蓉	模压法微孔发泡片材的制备及其机理研究	湖北大学
顾忠泽	全光可调制液晶光子材料	东南大学
顾　宜	用于三维编织热防护材料制备的 RTM 成型烧蚀树脂的基础研究	四川大学
顾嫒娟	碳纳米管预制体的制备及其增强双马来酰亚胺树脂基结构复合材料的研究	浙江大学
高建平	可逆抗原响应性凝胶光子晶体构制及响应机制研究	天津大学
高　超	碳纳米管表面聚合物可控功能化及其材料的再功能化研究	上海交通大学
甘　欣	新型双核 Cu（I）原子转移自由基聚合催化剂的合成、结构、性能及作用机理研究	云南师范大学
方征平	聚合物基复合材料微损伤的自修复研究	浙江大学
范红松	材料表面/界面结构和特征与成骨相关蛋白的选择性吸附研究	四川大学
董丽松	完全生物降解高分子泡沫塑料的结构与性能研究	中国科学院长春应用化学研究所
丁永涛	SEBS 合金材料的功能化与高性能化研究	烟台大学
丁训民	自旋极化的有机光电材料	复旦大学
崔秀国	具有均一形状和尺寸的超微介孔硅片的制备及其聚合物复合体系研究	延边大学
楚增勇	富含分子尺度纳米隧道的新型吸附纤维与吸附机理研究	中国人民解放军国防科学技术大学
陈永明	反应性嵌段共聚物的自组装及有机/无机杂化纳米颗粒	中国科学院化学研究所
陈义旺	可控/“活性”自由基接枝聚合对含氟聚合物薄膜表面功能化	南昌大学
贲　腾	手性识别能力可控的手性聚芳醚酮材料	吉林大学
白永平	碳纤维上浆料的合成及其对复合材料界面的增效的研究	哈尔滨工业大学

续表

项目负责人	项目名称	依托单位
邹应全	免显影热敏计算机直接制版版材研究	北京师范大学
邹德春	光电器件中的能量及载流子调控基本问题研究	北京大学
朱卫国	三基色树枝状电磷光材料的合成及其性能的研究	湘潭大学
朱美芳	含有定向阵列一维纳米孔的智能凝胶的合成与结构性能表征	东华大学
周晓文	离子液体高分子电解质的设计合成及在固态染料敏化纳晶薄膜太阳能电池中的应用	中国科学院化学研究所
郑知敏	含过渡金属聚硅氮烷陶瓷前驱体的合成及其热解研究	中国科学院化学研究所
赵榆霞	香豆素酮类双光子染料的研制及其在光存储与微加工中的应用	中国科学院理化技术研究所
赵　莹	梳型、树形等另类高分子的凝聚态结构研究	中国科学院化学研究所
赵可清	全氟烃链高分子盘状液晶的分子设计、合成、及介晶性	四川师范大学
赵长生	DNA 杂化聚醚砜微球清除环境毒素的研究	四川大学
张玉忠	杂化中空纤维膜吸附剂的制备及其表面形态结构调控	天津工业大学
张　艺	新型高可纺性液晶聚酯酰亚胺的制备及其共混改性研究	中山大学
张万金	以苯胺低聚物为基础的有机纳米结构材料的分子设计与性能研究	吉林大学
张　军	结构可控的新型纤维素功能材料的制备及其性能研究	中国科学院化学研究所
张景萍	从头算密度泛函及能量解析法在有机电致发光材料中的应用	东北师范大学
张　菁	新型单晶氟碳聚合物纳米管/线的等离子体定向聚合结晶研究	东华大学
翟茂林	羧甲基壳聚糖的敏化辐射降解及其应用基础研究	北京大学
曾　钫	微凝胶/纳米金复合物的研究及在过氧化物酶催化反应中的应用	华南理工大学
余鼎声	高性能聚苯并噁嗪分子杂化材料的制备与性能的研究	北京化工大学
尹静波	生物可降解聚电解质水凝胶的制备及其组织工程载体应用探索	上海大学
杨武利	具有多重响应的无机/有机复合微球、空心球的研究	复旦大学
杨俊和	利用聚合物纺丝技术制备碳纳米管	上海应用技术学院
杨　钧	高压下尼龙 1010/碳纳米管复合材料结构与性能的研究	中国科学院长春应用化学研究所
杨　兵	主链型含金属离子（配合物）共轭聚合物的设计、合成及光电性能研究	吉林大学
杨　柏	发光 CdTe 纳米晶/二氧化硅复合微球的制备、有序组装与控光功能研究	吉林大学
阳明书	聚合物/层状硅酸盐纳米复合材料的环境老化机理研究	中国科学院化学研究所
宣　丽	基于分子自组装技术的光控取向膜研究	中国科学院长春光学精密机械与物理研究所
徐友龙	多壁碳纳米管接枝聚噻吩甲烯的合成与非线性光学性质	西安交通大学
吴琪琳	具有双孔径分布的新型活性碳纤维材料的可控制备及其复合孔的分形结构	东华大学

冶金与矿业学科中材料相关部分

项目负责人	项目名称	依托单位
谢建新	镍钛形状记忆合金丝材智能化制备加工理论与工艺基础	北京科技大学
谢　兵	低红外辐射非晶态保护渣膜生成机理的研究	重庆大学
吴国华	镁合金消失模铸造多相界面交互作用及其协同调控机理研究	上海交通大学
吴　超	化学抑尘剂与粉尘微颗粒界面耦合的研究	中南大学
王经涛	纳米/微米晶复合韧化制备高强度大延伸块体纳米材料	南京理工大学
童　雄	综合回收文山都龙锌锡矿中稀贵金属的理论与应用研究	昆明理工大学

续表

项目负责人	项目名称	依托单位
唐祖全	钢渣用于制备机敏混凝土的机理研究	重庆大学
孙恒虎	硅铝基胶凝材料——凝石成岩机理研究	清华大学
沈湘黔	有机凝胶原位还原制备亚微米金属纤维	江苏大学
沈　军	Seeding 法制备 TiAl 金属间化合物定向片层组织的非平衡晶向选择机制研究	西北工业大学
沈厚发	高雷诺数曲面结晶器多股钢水非稳定流动与凝固的基础研究	清华大学
沈峰满	矿物微粉造粒与填充过程的基础研究	东北大学
邱新平	生物质制氢燃料技术的研究	清华大学
彭会芬	基于计算机辅助设计的高性能超高碳钢研究	河北工业大学
马少健	膨润土与塑料原料的复合行为及新型粒状膨润土复合吸附剂研究	广西大学
鲁世强	高强高韧 Laves 相 $NbCr_2$ 基合金的机械活化反应合成及其氧化行为的研究	南昌航空工业学院
刘振宇	应用控制理论优化组织演变以制定超级钢热轧板带的最优 TMCP	东北大学
刘　源	金属—气体定向共生制备藕状规则多孔金属的研究	清华大学
刘　伟	电磁场作用下液/固相界面复合机理研究及其应用于电磁铸造高速钢复合轧辊	清华大学
刘清才	垃圾焚烧飞灰金属元素熔融还原分离机制研究	重庆大学
刘家祥	涡流空气分级机的分级理论及应用基础	北京化工大学
刘常升	激光快速渗硅过程与机理研究	东北大学
李运姣	C/$LiFePO_4$ 体相复合正极材料的制备及其基础研究	中南大学
李运刚	熔盐电化学法制备钼基二硅化钼梯度功能材料的基础研究	河北理工大学
李廷举	复合场作用下液体金属的运动行为及控制	大连理工大学
李联生	用新型固体电解质电池资源化处理二氧化碳的研究	北京科技大学
李敬生	从溶液微观结构研究金属微粒高效提取机理	江苏大学
李建玲	PCVI 表面修饰的锂铁磷酸盐基复合物表面结构、电化学性能及脱嵌锂机理研究	北京科技大学
李家新	混合喷吹天然气和煤粉纯氧高炉新工艺的基础研究	安徽工业大学
李　冰	采用室温熔盐电沉积 Al－La 合金的研究	华东理工大学
金　涛	单晶高温合金瞬态液相连接过程的润湿行为和微观机制	中国科学院金属研究所
蒋训雄	深海锰结核的锂离子交换吸附机理及改性研究	北京矿冶研究总院
蒋开喜	湿法炼锌浸出渣综合回收镓锗新工艺及产品深加工技术研究	北京矿冶研究总院
黄　昆	加压氰化法处理低品位铂钯浮选精矿的应用基础研究	昆明贵金属研究所
胡岳华	矿物基复合导电粉末制备与表面修饰的应用基础研究	中南大学
胡文彬	胶体自催化组装制备超细空心镍球粉末的研究	上海交通大学
洪　新	铁矿微粉在低温还原中的微空间尺度传输问题研究	上海大学
何新波	SiCw/SiC 复合材料制备新技术的研究	北京科技大学
何　林	贵州坡缕石改性及其作为汽车制动器材料增强组分的研究	贵州大学
韩　庆	水电解用高活性长效复合型 Ni 基合金析氢阴极的研究	东北大学
盖国胜	矿物颗粒表面纳米化调控及在聚合物中的填充特性	清华大学
冯可芹	电场作用大热流密度条件下低温燃烧合成铁基复合材料的机理研究	四川大学
方　觉	高炉炉料高温强度研究	河北理工大学
崔小朝	基于结晶器内钢水内外复合冷却原理高效连铸技术的研究	太原科技大学
池汝安	稀土在黏土矿物上吸附动力学及迁移的分馏效应	武汉化工学院

续表

项目负责人	项目名称	依托单位
陈伟庆	超声波多点引入钢液改善高碳钢质量的基础研究	北京科技大学
陈　津	含碳铬铁矿粉微波体还原动力学研究	太原理工大学
曹顺华	WC 晶须在 YG 硬质合金烧结过程中的原位形成机理	中南大学
毕学工	有添加剂铁矿石烧结过程中 SO_2 和 NOx 行为的研究	武汉科技大学
班春燕	磁场作用下二元铝合金相图及凝固行为	东北大学
周康根	Ti 催化氢铝化钠储氢材料的添加剂组成优化及储氢性能研究	中南大学
钟云波	超强磁场中纳米铁氧体颗粒形核及形态控制的基础研究	上海大学
赵　沛	低温快速还原炼铁新工艺的热力学	钢铁研究总院
赵德文	成形功率泛函积分线性化方法及在金属加工中应用研究	东北大学
张　昭	超分子诱导硫酸钛水解合成有序介孔 TiO_2 机理和性能研究	四川大学
张　胤	高合金钢喷射成形过程中金属液滴的雾化和沉积机理研究	包头钢铁学院
张晓明	双辊铸轧复合带材制备方法的基础研究	东北大学
张士宏	连铸铜管坯行星旋轧工艺中的材料流动行为与组织演变规律	中国科学院金属研究所
张培新	化学沉淀法合成纳米 $LiFePO_4$ 过程机理及分子动力学模拟研究	深圳大学
张金柱	钢中稀土元素与低熔点金属铅、锡的作用规律研究	贵州大学
张海鸥	高温梯度材料等离子激光复合创形创质并行无模成形技术基础	华中科技大学
张广积	细菌还原处理低浓度重金属硫酸盐溶液的基础研究	中国科学院过程工程研究所
曾小勤	强电磁场作用下 Mg－Al 系合金析出相的调控	上海交通大学
岳文正	润湿性对饱和多相流体岩电特性影响的数值模拟	清华大学
袁章福	静滴法测量镧、钕等稀土表面张力和润湿性的研究	中国科学院过程工程研究所
余　江	嵌段共聚物调控天然蒙脱石矿吸附降解浮选剂的机理	中国科学院过程工程研究所
尹　琳	臭氧化净水技术中的矿物催化剂研究	南京大学
叶绍龙	功能梯度金属陶瓷惰性阳极电物理、电化学与结构优化综合研究	中南大学
杨声海	电化学合成钽醇盐及纯化基础研究	中南大学
杨　军	露天台阶爆破边坡地震效应及控制研究	北京理工大学
杨　辉	稀土萃取分离过程组分含量软测量研究	江西省科学院

建筑、土木学科中的材料部分

项目负责人	项目名称	依托单位
袁迎曙	钢筋混凝土结构基本性能退化速率研究	中国矿业大学
姚立宁	纤维混凝土中纤维结构构成的耗能作用研究	广州航海高等专科学校
杨鼎宜	混凝土中延时钙矾石生长特性以及在其作用下混凝土损伤失效机理的研究	扬州大学
杨朝晖	基于 16SrRNA/rDNA 序列分析的城市生活垃圾堆肥过程中的微生物群落研究	湖南大学
闫　波	纳米锌基脱硫剂性能及机理的研究	哈尔滨工业大学
薛建阳	钢—混凝土组合结构黏结滑移统一理论及其破坏准则的研究	西安建筑科技大学
徐世法	再生沥青再度老化机理的微观研究	北京建筑工程学院
肖诗云	钢筋混凝土多轴动态损伤本构行为研究	大连理工大学
武　岳	预应力玻璃结构的新体系与关键理论问题研究	哈尔滨工业大学
吴　波	钢筋混凝土异型柱结构的抗火性能研究	华南理工大学
王震宇	外包碳纤维机敏高强混凝土柱抗震性能研究	哈尔滨工业大学

续表

项目负责人	项目名称	依托单位
王庆利	圆截面 CFRP 钢管混凝土构件的静力性能研究	沈阳建筑大学
王春生	既有钢桥疲劳剩余寿命概率性评估理论与方法研究	长安大学
童乐为	钢管混凝土桥梁焊接节点疲劳性能及断裂力学数值模拟	同济大学
田小革	老化沥青混合料的应力松弛特性与沥青路面的低温开裂研究	长沙理工大学
唐鸣放	建筑绿化隔热技术研究	重庆大学
孙珮石	液相催化氧化—微生物法同时脱除烟气中 SO_2 和 NO_x 应用基础研究	云南大学
苏幼坡	防止钢筋混凝土框架建筑竖向连续倒塌的研究	河北理工大学
秦国彤	粉煤灰基微滤膜制备及分离性能研究	北京航空航天大学
朋改非	纤维增韧高性能混凝土的高温断裂性能与抗爆裂性、抗热冲击性的研究	北京交通大学
吕子义	具有控释功能的混凝土裂缝补丁外加剂控释环节关键技术研究	上海交通大学
陆铁坚	多维随机地震作用下高层钢—混凝土混合结构抗震性能及动力可靠性分析	中南大学
刘玉擎	波折腹板梁与混凝土桥面板组合连续梁桥的研究	同济大学
李　悦	混凝土自收缩的诊治理论与方法	北京工业大学
李四平	方钢管膨胀混凝土构件的自应力状态与承载性能研究	上海交通大学
傅宇方	持续温升诱致混凝土细观损伤和开裂过程的 SEM 实时观测及其数值模拟研究	交通部公路科学研究所
冯　健	预应力空间结构的可靠度与倒塌分析	东南大学
方　志	配置碳纤维（CFRP）预应力筋超高性能混凝土梁的受力性能	湖南大学
樊健生	钢—混凝土组合梁桥负弯矩区开裂机理及控制方法研究	清华大学
朱志良	污水厂污泥中重金属的绿色处理技术及资源化研究	同济大学
朱　涵	弹性混凝土工程与力学性能及应用研究	天津大学
赵　军	高性能纤维混凝土剪力墙受力性能研究	郑州大学
赵国华	金刚石膜电极直接电催化氧化降解难生化难氧化的污染物	同济大学
张争奇	基于胶浆理论的沥青混合料设计体系研究	长安大学
张耀春	新型薄钢—混凝土组合结构体系的研究	哈尔滨工业大学
张其林	建筑膜材预张力值测试的理论和实验研究	同济大学
张建仁	既有钢筋混凝土桥梁时变可靠度研究	长沙理工大学

信息学部中材料相关项目

项目负责人	项目名称	依托单位
王建涛	硅表面金属纳米结构的动力学模拟计算研究	中国科学院物理研究所
司玉娟	基于多晶硅 TFT 的有源 OLED 显示屏驱动电路关键技术的研究	吉林大学
任天令	用于 SOC 的新一代嵌入式铁电存储器材料、器件与兼容工艺	清华大学
曲胜春	有序、可控纳米图形化衬底制备与生长研究	中国科学院半导体研究所
曲炳郡	非磁激励庞磁电阻效应型不挥发存储器研究	清华大学
秦志新	肖特基型 AlGaN 太阳光盲紫外光探测器的研究	北京大学
秦国刚	硅/有机化合物杂化电致发光	北京大学
秦福文	GaN 基稀磁半导体量子点的自组织生长与特性	大连理工大学
宁永强	InGaAsP 量子阱电泵浦光子晶体 WGM 微腔激光器与输出光波导的集成	中国科学院长春光学精密机械与物理研究所

续表

项目负责人	项目名称	依托单位
吕　翔	低维结构热学性质对纳米器件特性的影响	中国科学院上海技术物理研究所
陆　卫	GaAs/AlGaAs 量子阱热红外上转换焦平面材料研究	中国科学院上海技术物理研究所
刘技文	一维纳米 SiC 材料制备及场致电子发射性质研究	天津理工大学
林成鲁	SiGe－OI 新材料的研究	中国科学院上海微系统与信息技术研究所
李国华	与 Mn 有关的半导体的光学性质研究	中国科学院半导体研究所
李　丹	量子点和有机材料集成的复合结构发光二极管	北京交通大学
雷啸霖	二维半导体辐射激发磁输运和零电阻态	上海交通大学
康晋锋	高 K/金属栅 CMOS 器件的性能退化机理研究	北京大学
金仲和	微/纳机械器件的辐射损伤及其机理研究	浙江大学
江若琏	III 族氮化物 InxGa1－xN 太阳能电池的基础研究	南京大学
贾　刚	球型硅双光子响应光电探测器研究	吉林大学
高　欣	近衍射极限光束质量大功率半导体激光器研究	长春理工大学
杜小龙	ZnO 基稀磁半导体单晶薄膜以及稀磁/非磁/稀磁三明治结构的制备与物性研究	中国科学院物理研究所
戴宪起	氮化铟基化合物半导体量子结构研究	河南师范大学
程知群	新型半导体基带隙结构毫米波集成振荡器关键技术研究	中国科学院上海微系统与信息技术研究所
陈效双	HgCdTe 材料中杂质和缺陷对其结构和光电子性质的影响	中国科学院上海技术物理研究所
杨洸陈	激光制造中高功率激光束与金属粉末流相互作用机理研究	天津工业大学
杨冬晓	THz 波在塑料光子晶体光纤中传播特性的研究	浙江大学
许　军	基于喷墨打印法的新型高分子电致发光显示技术的研究	复旦大学
王一丁	3.3 微米激光二极管和发光二极管的研究	吉林大学
王新兵	玻璃的双光束 CO_2 激光切割技术	华中科技大学
王希军	用于光显示磁流体的双位相扫描激光散斑干涉方法	中国科学院长春光学精密机械与物理研究所
王廷云	半导体薄膜内包层光纤放大机理与传输特性的研究	上海大学
王丽莉	聚合物光纤及其器件的关键应用基础研究	中国科学院西安光学精密机械研究所
陶世荃	新型光致聚合物材料及其海量全息存储的研究	北京工业大学
孙　剑	N－Ga 共掺 p 型 ZnO 薄膜的制备及其性质研究	复旦大学
阚文修	具有光存储和开关功能的有机—无机复合光子材料应用基础研究	华东师范大学
彭　波	新型量子信息载体材料研究	复旦大学
宁提纲	基于纳米技术的光学偏振玻璃的研究	北京交通大学
满石清	稀土掺杂的铋镓酸盐玻璃波导放大器	暨南大学
吕惠宾	光反射差法探测原子尺度控制氧化物薄膜生长机理研究	中国科学院物理研究所
刘中凡	脉冲激光沉积掺铒多元氧化物薄膜和光子晶体波导放大器研究	大连大学
刘丽英	有机/无机复合材料热光效应增强机理及光波导器件制备研究	复旦大学
李　毅	非致冷二氧化钒红外传感器的新运行模式	华中科技大学

续表

项目负责人	项目名称	依托单位
黄志明	室温型铁电薄膜红外探测器光学共振腔结构研究	中国科学院上海技术物理研究所
黄　维	无机/有机纳米杂化材料的光电器件制备和研究	复旦大学
胡雄伟	紫外写入技术制备光波导器件基础研究	中国科学院半导体研究所
胡晓东	二元光学微结构 GaN 基发光器件研究	北京大学
侯延冰	电子自旋可控的有机电致发光器件	北京交通大学
杭　寅	Al_2O_3/Ti：Al_2O_3/Al_2O_3 复合激光晶体的制备和性能研究	中国科学院上海光学精密机械研究所
郭康贤	纳米结构材料中极化子效应对非线性光学特性的影响机理研究	广州大学
郭　冰	碳纳米管/氧化锌核壳异质结纳米线短波光电特性飞秒光谱研究	浙江大学
池　灏	光子晶体光纤的结构设计和在微波光子学中的应用研究	浙江大学
陈志坚	采用溶胶—凝胶和自组装方法制备有机/无机复合多层稳定发光器件	北京大学
曹　霞	半导体准一维纳米结构的制备及发光性能的研究	浙江大学
朱洪亮	MOVPE 长波长 InAs/GaAs 量子点及其激光器件的研究	中国科学院半导体研究所
朱长纯	新型小波变换式二氧化硫气体传感器的研究	西安交通大学
周　嘉	超高灵敏度光致形变微梁——纳米膜气敏传感器的研究	复旦大学
赵新为	铒硅纳米线的制备技术和光电特性研究	中国科学院微电子研究所
张希清	锌铅钡氧化物等薄膜及其量子阱的 MBE 生长和特性研究	北京交通大学
张伟风	纳米管氧化钛的嵌锂特性及其在锂离子电池中的应用研究	河南大学
张书明	AlGaN/GaN 超晶格材料生长及其子带间跃迁机理研究	中国科学院半导体研究所
郁　可	基于硅衬底的低温定向生长 ZnO 纳米线阵列及其场发射研究	华东师范大学
姚江宏	半导体量子点激光材料瞬态光谱特性及超快现象研究	南开大学
杨盛谊	用有机/无机异质结提高Ⅱ～Ⅵ族发光性能的研究	北京交通大学
许　东	几种可用于光电子器件的配合物型导体、半导体材料及其波导性能的研究	山东大学
吴兴龙	硅纳米结构中蓝光发射特性与机制研究	南京大学
王　圩	全光逻辑单元器件用 InP 基功能材料研究	中国科学院半导体研究所
王明湘	金属诱导低温多晶硅薄膜晶体管器件退化模型和机制研究	苏州大学
王明华	基于化合物半导体材料高速光开关的研究	浙江大学
左玉华	$Si_{1-x}Ge_x$/Si 非对称多量子阱及超晶格电光效应人工增强改性及其应用	中国科学院半导体研究所
庄欣欣	新紫外光晶体材料 CNSH 的设计、单晶生长与光谱特性研究	中国科学院福建物质结构研究所
庄松林	负折射率材料的基础研究	上海理工大学
朱鹏飞	超短激光光谱的任意整形研究	上海交通大学
周次明	双包层光纤激光传感机理和特性研究	武汉理工大学
赵　雷	有机纳米发光材料的设计、制备与性能研究	复旦大学
赵军武	纳米点薄膜电子俘获光存储材料的研究	西安交通大学
张道中	有机非线性光子晶体超快速光开关研究	中国科学院物理研究所
叶　辉	硅基 C 轴高择优取向铌酸锶钡铁电薄膜的生长和光电性能的研究	浙江大学
杨延强	有机光电信息功能材料中激子声子耦合及弛豫动力学过程的 fs－CARS 光谱研究	哈尔滨工业大学

化学学部中与材料相关项目

项目负责人	项目名称	依托单位
王笃金	改性天然高分子控制碳酸钙结晶的成核和生长机理研究	中国科学院化学研究所
王　丹	新型层状过渡金属磷酸盐的合成、主客体化学及性质研究	中国科学院过程工程研究所
王　琛	纳米科技平台上纳米材料和器件的若干基础研究	国家纳米科学中心
童明良	二—四连接体配位导向的功能配位高分子的构筑与拓扑学研究	中山大学
陶庭先	纳米金属/腈纶复合纤维的制备和性能研究	安徽工程科技学院
唐　瑜	多足配体稀土超分子配合物作为活性中心的新型发光功能杂化材料的研究	兰州大学
孙聚堂	金属—芳环碳复合物纳米团聚材料的分子设计、合成和功能特性研究	武汉大学
沈　珍	共轭卟啉类衍生物的合成与光物理性质研究	南京大学
沈玉华	分子有序膜在生物功能高分子/无机纳米复合材料制备中的应用	安徽大学
任奇志	新型手性刚性卟啉的合成与不对称羟化的催化研究	上海交通大学
乔正平	一维纳米线阵列多级有序组装体系研究	中山大学
钱逸泰	有机体系中非氧化物功能材料制备及形成机理	中国科学技术大学
彭　卿	单分散无机半导体纳米复合微球的制备、组装及其性能研究	清华大学
欧雪梅	磷光铜（I）配合物中 Cu – Cu 相互作用的结构和光谱证明	中国科学院理化技术研究所
马建方	新型 Sn – O 簇及功能化 Sn – O 簇的研究	东北师范大学
龙腊生	水簇合物和水聚合物的合成及其对温度和主体依赖性研究	厦门大学
刘宗怀	叠加态无机纳米层的剥离/再配列反应模型化研究	陕西师范大学
刘旭光	纳米洋葱状富勒烯的表面修饰与功能化	太原理工大学
刘晓旸	新型稀土元素焦硅酸盐的超高压合成、结构、性质和反应规律的研究	吉林大学
刘天府	单链磁体的合成，结构和磁性质研究	北京理工大学
林　君	钙钛矿型有机/无机杂化半导体材料的分子剪裁与组装	中国科学院长春应用化学研究所
梁福沛	基于金属有机羧酸配体的高自旋簇合物的研究	广西师范大学
李　彦	基于 AFM 沾笔刻蚀的纳米结构和纳米器件的制备、修饰及特性研究	北京大学
李亚栋	生物兼容的核/壳纳米材料的合成与应用探索	清华大学
李首建	一种新型三维开架微孔无机离子交换材料的合成和机理研究	四川大学
李立存	基于各向异性金属的一维磁性纳米分子材料的研究	南开大学
李国宝	新型铟、铋、碱金属和碱土金属硼酸盐的合成、结构和性质	北京大学
姜建壮	大环配合物分子材料的设计制备和构效关系研究	山东大学
黄　伟	浆态床甲醇、二甲醚催化剂液相合成新技术的基础研究	太原理工大学
黄齐茂	新型金属卟啉光敏剂及其生物活性	武汉化工学院
黄富强	新型 p 型透明导电陶瓷的合成与性能研究	中国科学院上海硅酸盐研究所
黄春辉	稀土配合物近红外光致发光和电致发光性质的研究	北京大学
胡　征	拓展的气—液—固生长机制制备多组元一维纳米材料及相关问题研究	南京大学
胡文华	金属离子—有机分子团簇的形成过程、机理和光诱导反应	广东工业大学
胡满成	重稀有碱金属离子与蛋白质的模型分子在水溶液中的相互作用研究	陕西师范大学
胡长文	限域空间内低维纳米结构材料的定向制备及其功能特性研究	北京理工大学
洪茂椿	非心对称配位聚合物的合成和非线性光学性能研究	中国科学院福建物质结构研究所

续表

项目负责人	项目名称	依托单位
贺军辉	薄膜和其他固相介质中纳米粒子的原位制备和性能研究	中国科学院理化技术研究所
何俊翔	具有手性识别功能的纳米单层有机—无机复合膜的自组装合成及其应用	温州师范学院
郭向云	高比表面积介孔碳化硅材料的孔尺寸控制合成	中国科学院山西煤炭化学研究所
高胜利	含氮杂环金属盐类含能燃烧催化剂的合成和催化性能研究	西北大学
樊耀亭	功能性活性基团构筑的新型金属有机膦酸配合物的研究	郑州大学
杜　淼	基于多功能柔性配体的新型配位聚合物设计及性能研究	天津师范大学
杜晨霞	稀土配合物和单壁碳纳米管复合的有机电致发光材料的设计、合成	郑州大学
陈忠宁	炔碳金属有机光电信息功能材料研究	中国科学院福建物质结构研究所
陈翌庆	自催化 VLS 法选择定位生长 GaN 纳米线阵列及其发光特性	合肥工业大学
陈　玲	新型富主族金属纳米分子材料的合成、结构及性质研究	中国科学院福建物质结构研究所
陈　军	直接甲醇燃料电池阳极新型纳米电催化剂	南开大学
陈　景	固相萃取从碱性氰化液中萃取金及其机理的研究	云南大学
陈　洁	乳状液中多不饱和脂肪酸氧化机制的研究	江南大学
陈春华	纳米金属粒子的电化学细化制备与新型锂离子电池负极材料	中国科学技术大学
陈昌能	镍铁氢酶或纯铁氢酶的人工酶化学基础研究	中国科学院福建物质结构研究所
曹学强	高温热障涂层材料的设计与合成	中国科学院长春应用化学研究所
曹敏花	低维纳米结构材料的化学与物理研究	东北师范大学
曹传宝	夹层结构单分散纳米 ZnO 复合材料的制备及应用研究	北京理工大学
毕　红	磁性纳米线的表面修饰及在免疫磁性分离中的应用研究	安徽大学
鄢　明	重氮化合物与烯胺的新型加成反应研究	苏州大学
徐玉芳	碱性环境长波长高灵敏荧光 pH 检测探针	华东理工大学
徐善生	双桥连环戊二烯基金属有机化合物的结构及反应性研究	南开大学
徐利文	手性路易斯酸催化剂的合成及其不对称催化氮杂偶联加成反应的研究	中国科学院兰州化学物理研究所
肖文精	高原子经济性和对映选择性的有机催化环化反应研究	华中师范大学
向建南	氟碳基分子标记法及其在手性创制中的应用研究	湖南大学
夏　敏	智能聚合物支持的亚胺参与的催化反应研究	浙江理工大学
席振峰	稀土双金属有机合成试剂的研究及应用	北京大学
吴永明	铜离子导向的高区域选择性合成 1，4，5－三取代－1，2，3－三氮唑及产物的化学转化	中国科学院上海有机化学研究所
吴养洁	过渡金属催化的碳—碳键、碳—杂原子键生成反应研究	郑州大学
王绍武	新型连续稀土金属—氮键断裂/攫氧反应研究	安徽师范大学
汪志勇	纳米催化的水相有机反应及其不对称合成的研究	中国科学技术大学
唐良富	极性金属—金属键合的金属有机杂大环化合物研究	南开大学
任天辉	有机多硫化物极压抗磨添加剂构效关系及其合成工艺研究	上海交通大学
渠　瑾	由具有稳定二级构象的寡肽诱导的不对称催化反应	南开大学

续表

项目负责人	项目名称	依托单位
卿凤翎	含氟脯氨酸和焦谷氨酸的合成及其应用	中国科学院上海有机化学研究所
彭以元	绿色溶剂中氨基酸及多肽催化不对称直接 aldol 类反应研究	江西师范大学
彭孝军	酶导入型高灵敏 DNA 杂交荧光探针研究	大连理工大学
潘远江	抗氧化生物活性植物多酚的逆流色谱分离研究	浙江大学
骆开均	小分子液晶发光材料的合成及其偏振光性能的研究	四川师范大学
罗永明	宽叶金粟兰抗肿瘤活性成分的研究	江西中医学院
陆熙炎	钯催化反应选择性的控制研究	中国科学院上海有机化学研究所
柳　红	计算机虚拟筛选用于新型钾离子通道阻滞剂发现的研究	中国科学院上海药物研究所
刘云圻	分子晶体管：材料，模型器件及性能	中国科学院化学研究所
刘元红	过渡金属杂环化合物参与的新型有机合成方法学研究	中国科学院上海有机化学研究所
刘盛华	可开关共轭双金属有机化合物的研究	华中师范大学
刘　强	金属卟啉磁性纳米粒子复合物合成及其仿生催化反应研究	湖南大学
黎星术	亚胺衍生物与有机金属试剂的不对称催化加成反应及其应用	中山大学
贾学顺	新型双核二价稀土金属试剂的合成及其促进的合成反应的研究	上海大学
甘良兵	富氧富勒烯衍生物的合成	北京大学
方　奇	多向电荷转移型共轭分子的合成及上转换发光	山东大学
杜锡光	一类具有近红外光电功能材料的合成及性能研究	东北师范大学
程晓红	官能团化 PAH 及其大环类似物的合成、积聚及液晶行为研究	云南大学
成　莹	手性杂环烯胺和多羟基氮稠杂环生物碱新合成方法研究	北京师范大学
杨家振	稀散元素化合物在离子液体中的热力学性质研究	辽宁大学
薛宽宏	碳原子线的制备、表征及其电化学性能研究	南京师范大学
徐　明	一类新型的太阳能制氢体系——均相溶液中光催化制氢	中国科学院理化技术研究所
徐　立	分子金属（合金）的合成，结构与反应性	中国科学院福建物质结构研究所
徐　杰	有机氮氧化物合成及其在催化氧化中的应用	中国科学院大连化学物理研究所
谢兆雄	电极表面的配位聚合物组装及其自组装膜结构与性能的研究	厦门大学
吴立新	表面活性剂/多酸静电复合物组装与功能特性	吉林大学
王艳华	智能过渡金属纳米簇催化剂的研究	大连理工大学
王修建	用新型含 N、P、O 配体调控的多核稀土、稀土—过渡金属超分子配合物的组装及功能研究	广西师范大学
王家强	用时间分辨红外光谱研究高效可见光催化剂的作用机理	云南大学
王　琛	二维复合分子自组装结构的构筑与性质研究	国家纳米科学中心
王　兵	二氧化钛表面吸附分子的扫描隧道显微术研究	中国科学技术大学
田　禾	光控分子开关、逻辑门及分子“梭”	华东理工大学
唐　颐	具有三明治夹层结构分子筛复合膜的合成和催化性质	复旦大学
索掌怀	金基双金属催化剂的制备与加氢脱硫反应的研究	烟台大学
孙祉伟	利用模拟微重力条件研究胶体晶体生长	中国科学院力学研究所

续表

项目负责人	项目名称	依托单位
孙文华	镍配合物催化制备支化聚乙烯的研究	中国科学院化学研究所
孙立贤	多微孔金属有机化合物热化学研究	中国科学院大连化学物理研究所
孙建军	半导体芯片金属化工艺过程中的相关电化学问题研究	福州大学
孙 淮	创制新一代可迁移、可扩展分子力场的基础研究	上海交通大学
苏红梅	质子位移和氧原子 O（3P）态—态反应动力学	中国科学院化学研究所
宋凌春	分子间作用力的理论研究	厦门大学
石志强	基于富勒烯的超分子自组装及光诱导电子转移与能量传递研究	山东师范大学
施继成	氧化硅上担载的咪唑基－2－卡宾配位的钯、铂、钌催化剂的研制及其在 C－C 和 C－Si 键形成反应中的应用	中国科学院大连化学物理研究所
申文杰	二甲醚异构化制乙醇的催化剂研制和反应机理探索	中国科学院大连化学物理研究所
秦张峰	不同相态下多相催化烷基化反应的比较研究	中国科学院山西煤炭化学研究所
钱东金	纳米二极管界面结构对电子/能量转移效率的影响研究	复旦大学
齐利民	利用生物模板合成具有复杂形态的无机材料	北京大学
齐 飞	利用同步辐射和分子束质谱研究碳氢化合物的燃烧	中国科学技术大学
罗孟飞	铈基固溶体表面氧缺位和晶格畸变的原位 Raman 和 XRD 研究	浙江师范大学
吕文彩	半导体（Si、Ge）原子簇结构的紧束缚势方法研究	吉林大学
陆维敏	深入研究高效复合金属氧化物催化剂在丙烷选择氧化中的作用	浙江大学
陆君涛	PtRu 催化剂的多因子研究	武汉大学
刘振宇	碳硅溶胶—凝胶中胶体粒子自组织及其化学反应行为的调控	中国科学院山西煤炭化学研究所
刘昭铁	超临界氟代烃纳米微粒的可控合成	陕西师范大学
刘 平	单分散二氧化钛及其复合纳米晶粒的制备及其光催化性能研究	福州大学
刘建勇	溶剂对溶质分子超快过程的影响	中国科学院大连化学物理研究所
刘辉彪	有机低维纳米材料的性质与合成研究	中国科学院化学研究所
刘化章	$Fe_{1-x}O$ 基氨合成催化剂的微结构演变和高活性机理研究	浙江工业大学
刘彩明	新型叠氮桥联分子磁体的合成、结构和性能研究	中国科学院化学研究所
李永旺	费托合成反应中铁基催化剂的活性及其催化反应机理的研究	中国科学院山西煤炭化学研究所
李象远	超快过程溶剂效应的连续介质模型	四川大学
李 牛	亚磷酸作磷源合成新型微孔磷基分子筛	南开大学
李 丽	连续激光双共振研究钾分子铷分子光谱和电磁感应透明	清华大学
李广涛	有序绝缘有机分子导线制备的基础研究	清华大学
李根喜	纳米材料与蛋白质相互作用的电化学研究	南京大学
李旦振	可见光催化剂研制中关键基础问题的研究	福州大学
雷志斌	过渡金属氧硫化物催化剂的合成及其光催化分解水制氢	中国科学院大连化学物理研究所
寇 元	过渡金属/离子液体催化体系的研究	北京大学

续表

项目负责人	项目名称	依托单位
金先波	熔盐电解固态二氧化硅制备单质硅的基础研究	武汉大学
解廷献	氯原子与氢分子及其相关反应的非绝热理论研究	中国科学院大连化学物理研究所
姜　涛	CO_2/离子液体混合介质中的化学反应和热力学	中国科学院化学研究所
贾明君	无机/有机杂化介孔材料的合成、表征及催化性能研究	吉林大学
贾建光	半导体纳米多孔材料表面微结构对其能级结构及光电化学性能的影响	北京化工大学
季生福	SBA－15介孔分子筛孔中碳化物的原位合成及其催化性能的研究	北京化工大学
嵇天浩	双异磁性金属离子半导体（稀释磁性半导体）纳米晶体的合成和光磁性能	北京航空航天大学
胡志国	手性嵌段共聚物拆分手性药物及直接纳米粒子化的应用基础研究	河南师范大学
何　龙	超临界水作用下吸热碳氢燃料热化学转化过程研究	浙江大学
郭学锋	二元金属氧化物复合纳米管的控制合成、表征及催化性能研究	南京大学
甘礼华	碳泡沫的结构控制及其特性研究	同济大学
方智敏	三维有序多级孔纳米网新型催化材料的纳米构筑	厦门大学
杜荣归	氯离子对混凝土中钢筋腐蚀机理影响的研究	厦门大学
丁万见	硫代羰基化合物及相关体系光化学反应机理的理论研究	北京师范大学
丁传凡	电喷雾电离生物质谱技术研究气相蛋白质的构象和折叠状态	复旦大学
邓辉球	负载型纳米钯和铂颗粒表面氢的吸附与催化特性理论研究	湖南大学
戴洪兴	高分散MO*x*/介孔分子筛（M＝Cr，Ni，Mo，V）丁烷氧化脱氢催化剂的可控制备、表征及催化性能研究	北京工业大学
崔得良	溶剂热合成超硬材料过程中物相控制新方法的探索	山东大学
陈鹏磊	气/液界面上分子组装体的自分行为以及表面形貌的调控研究	中国科学院化学研究所
陈明旦	二元非金属团簇结构规律的理论研究	厦门大学
陈　淼	基于PNA与DNA杂交识别的表面组装及其应用研究	中国科学院兰州化学物理研究所
曹　勇	核－壳式纳米复合催化剂的设计合成及其分子识别催化性能研究	复旦大学
曹更玉	树枝状高分子包覆的金属纳米团簇的物理化学性质研究	中国科学技术大学
蔡文斌	电化学表面增强红外吸收光谱法的新拓展	复旦大学
包建春	具有特殊形状的金属纳米粒子的合成及其性质研究	南京师范大学
徐凯天	温和条件下制备生物可降解性脂肪族聚酯的研究	安徽大学
徐　虹	一种聚氨基酸生物高分子的代谢途径和代谢工程	南京工业大学
谢美然	离子液体负载钌络合物催化环烯烃开环易位聚合	华东师范大学
吴宇平	核/壳结构纳米复合负极材料的制备及其电化学行为的研究	复旦大学
吴一弦	微量水引发可控正离子聚合设计合成软段全饱和热塑弹性体SIBS	北京化工大学
王新平	分离环境下渗透气化膜表面重构行为研究	浙江理工大学
王命泰	纳米结构高分子膜中结晶动力学及相关链行为的研究	中国科学院等离子体物理研究所
王佰全	茂金属催化的活性自由基聚合反应研究	南开大学
田文晶	共轭聚合物给体/分子受体复合体系的制备及光伏特性研究	吉林大学
陶　诚	热敏聚合物/生物分子复合膜与温度敏感型微胶囊的制备及研究	中国科学院化学研究所
潘则林	天然高分子发泡材料的仿生研究	中国科学院化学研究所

续表

项目负责人	项目名称	依托单位
卢嘉春	以硫化碳炔为正极的新型高储能电化学体系	西北核技术研究所
凌启淡	用RAFT制备的多功能合一型嵌段共聚物及其电致发光器件的研制	复旦大学
林　权	用于有机波导放大器的近红外发光聚合物材料研究	吉林大学
李子臣	用可控/“活性”自由基聚合的方法直接制备核—壳结构的高分子纳米微球	北京大学
李滨耀	半结晶性嵌段共聚物自组装及其薄膜的不稳定性	中国科学院长春应用化学研究所
李宝会	嵌段共聚物自组装形态结构及其受限结晶行为的模拟退火研究	南开大学
解孝林	液晶高分子接枝碳纳米管及其在聚合物基体中的场致取向	华中科技大学
贾成国	高分子形态对其所担载催化剂催化性能的影响	西北师范大学
黄宗浩	PPV类电子聚合物高取向纳米纤维阵列的研制及光电特性研究	东北师范大学
侯豪情	聚合物修饰的可溶性碳纳米管及其高性能电纺纳米纤维功能膜的研究	江西师范大学
郭海清	用“超分子板块构筑法”构筑高分子基功能材料	北京大学
耿延候	高迁移率单分散共轭液晶齐聚物	中国科学院长春应用化学研究所
甘志华	高分子材料的分子运动性与生物降解性	中国科学院化学研究所
房宽峻	阳离子型超细颜料水性分散体系的制备及性质	江南大学
房建华	直接甲醇燃料电池（DMFC）用新型质子交换膜材料的研究	上海交通大学
范仲勇	气相诱导表面蒸涂修饰聚碳酸酯薄膜的结晶行为	复旦大学
范志强	调控自由基引发聚丙烯固相接枝聚合的新途径	浙江大学
樊春海	基于共轭导电高分子材料的高灵敏度生物传感器研究	中国科学院上海应用物理研究所
杜福胜	基因输送用含聚乙二醇链段光裂解型聚阳离子共聚物	北京大学
董宇平	基于双炔环三聚反应的超支化二茂铁聚芳烃分子设计、合成及其性能	北京理工大学
董常明	细胞靶向型纳米高分子药物控释载体的设计、合成与组装	上海交通大学
程延祥	高效金属有机配合物电致发光材料	中国科学院长春应用化学研究所
程巳雪	可生物降解高分子仿生材料及其在药物控制释放和组织工程中的应用	武汉大学
成义祥	新颖手性功能高分子设计、结构与性能研究	南京大学
陈英红	反应性挤出原位制备阻燃尼龙6纳米复合材料的研究	四川大学
陈鸣才	丙烯酸/疏水性单体共聚物的绿色合成及疏水性缔合作用研究	中国科学院广州化学研究所
曹学君	光敏感可再生两水相成相材料的研制	华东理工大学
曹继壮	RAFT聚合链转移剂的结构设计及在可控聚合中的作用	华东理工大学
白如科	超分子两亲性星形聚合物的分子设计、合成与自组装	中国科学技术大学
魏开华	新型分子成像技术——质谱扫描成像及其应用	中国人民解放军军事医学科学院
王宗花	碳纳米管的手性功能化及其应用研究	青岛大学
唐　波	一维纳米材料的控制合成与组装及其作为光学探针获取生物大分子信息的研究	山东师范大学
司士辉	纳米拓扑界面、纳微介孔约束下生物大分子靶向识别的特异性	中南大学
牛　利	具有类交联结构的导电聚合物——合成、表征及其在分析化学中的应用	中国科学院长春应用化学研究所
孟建新	稀土配合物掺杂硅基纳米粒子及其在近红外荧光免疫分析中的应用	暨南大学

续表

项目负责人	项目名称	依托单位
罗国安	芯片上的多维分离技术	清华大学
孔继烈	紫细菌光合反应中心仿生复合膜的光电化学分析	复旦大学
金文睿	扫描电化学显微镜技术构建生物分子纳米图案及表征方法	山东大学
金葆康	低温时间分辨光谱电化学研究及其在多核桥联配合物电子转移机理研究中的应用	安徽大学
黄卫华	纳米电极电化学及荧光显微成像时空分辨监测单细胞释放	武汉大学
胡乃非	氧化还原酶在纳米粒子上的核—壳型层层组装及其直接电化学	北京师范大学
何晓晓	基于纳米颗粒成像方法实时监测胃癌微转移的研究	湖南大学
吴思忠	离子液体为介质的异氰酸酯的催化合成研究	中国科学院大连化学物理研究所
魏子栋	抑制直接甲醇燃料电池电压反转的催化电极研究	重庆大学
王　志	固定载体促进传递膜载体分布优化理论和技术研究	天津大学
王延吉	新型双功能催化剂及对氨基酚洁净合成过程的研究	河北工业大学
王雅琼	超声对电化学氧化制高铁酸钾过程速率和电流效率的影响	扬州大学
王亭杰	超临界流体环境下颗粒表面的化学修饰研究	清华大学
王树东	整体催化剂上强吸热与强放热耦合反应行为研究	中国科学院大连化学物理研究所
王丕新	水性树脂分散聚合的研究	中国科学院长春应用化学研究所
王　军	改性沸石负载杂多酸盐催化剂与重要催化反应研究	南京工业大学
王靖岱	受限空间的烯烃聚合过程和高聚物的微通道挤出聚合	浙江大学
王建林	混合智能建模发酵过程生物量软测量新方法研究	北京化工大学
王广建	组装烟道气同时脱硫脱氮耐氧催化剂反应机理的研究	青岛科技大学
王　戈	微反应器的构筑及特殊形貌纳米聚合物的制备研究	北京科技大学
童少平	电化学氧化降解有机污染物过程中聚合物膜的形成及防止措施	浙江工业大学
田宜灵	双耦合机制合成碳酸酯绿色工艺研究	天津大学
田　禾	全光子型可擦重写信息存储有机材料	华东理工大学
唐新村	低热固相反应机制中的基础问题研究	中南大学
谭　欣	纳米 Fe_3O_4/TiO_2 磁性复合体光催化材料基础研究	天津大学
孙彦平	液相进料甲醇直接氧化燃料电池多孔阳极中传递过程的影响	太原理工大学
孙家跃	不球磨蓝、红色长余辉超细粉体材料的制备技术与应用	北京工商大学
宋永吉	逆微乳液合成新型天然气燃烧催化剂研究	北京石油化工学院
沈培康	液体燃料电池的促进传质研究	中山大学
彭昌军	偶联表面活性剂与嵌段共聚高分子相互作用的研究	华东理工大学
欧阳福生	催化裂解过程的分子尺度反应动力学模型研究	华东理工大学
马紫峰	低碳醇电氧化反应宏观动力学在线测量及其催化剂研究	上海交通大学
马淳安	纳米 WC/纳米碳管复合材料制备及其电化学性能研究	浙江工业大学
骆广生	液液微混合制备超细颗粒的基础研究	清华大学
吕阳成	溶剂化效应对植物材料微结构和传质过程影响规律的基础研究	清华大学
刘秀凤	应用超临界流体技术合成分子筛膜	天津大学
刘温霞	阳离子氢氧化铝镁对树脂酸的分散与稳定机理	山东轻工业学院

续表

项目负责人	项目名称	依托单位
刘春江	气液传质系统多尺度关联的计算传质学方法研究	天津大学
廖学品	基于胶原纤维的新型吸附材料研究	四川大学
廖世军	多组分燃料电池阳极催化剂的制备及其研究	华南理工大学
李　欣	水处理过程的催化臭氧化催化剂的分子设计研究	哈尔滨工业大学
李　钢	钛硅分子筛催化汽油空气氧化脱硫研究	大连理工大学
黄征青	磁场对超滤膜微观结构与性能影响的研究	湖北工业大学
黄　源	超临界流体强化传质制备高分子量聚乳酸的基础研究	浙江大学
黄世萍	分子模拟负载型金属纳米催化剂的结构	北京化工大学
黄如丹	天然矿物型金属—有机孔结构材料的制备及功能特性研究	北京理工大学
黄　健	脉冲等离子体法亲水化改性乙烯基聚合物多孔膜的结构设计与控制	南京工业大学
贺跃辉	钯合金/孔径梯度 TiAl 合金多孔支撑体复合分离膜制备及其基础研究	中南大学
郭志猛	利用自蔓延高温合成技术处理放射性废物	北京科技大学
郭绪强	二氧化碳法开发水合物资源的应用基础研究	石油大学（北京）
郭文跃	同步辐射－分子束质谱在重质油分子结构测定中的应用	石油大学（华东）
郭锦棠	可控溶解钯/稀土复合催化剂及催化 CO 和烯烃共聚的研究	天津大学
冯雅丽	直接利用生物质的无介体微生物燃料电池的基础研究	北京科技大学
方少明	基于聚合物的金纳米化学及其纳米材料制备	郑州轻工业学院
范　宏	颗粒反应器新技术制备新颖热塑性聚烯烃弹性体与合金	浙江大学
樊栓狮	天然气水合物形成机理及抑制机制	中国科学院广州能源研究所
樊彩梅	氧电极在 TiO_2/C 流化床光电催化水处理过程中的性能及协同效应	太原理工大学
段爱军	含 Ti 纳米复合载体及其加氢精制催化剂分子设计研究	石油大学（北京）
窦　涛	新颖的聚合物/介孔硅酸盐杂化纳米复合材料的设计和制备	石油大学（北京）
褚道葆	纳米结构催化电极电解固定 CO_2 为 C9 以上新有机物的研究	安徽师范大学
陈启元	氧化铝生产中铝酸钠溶液种分过程添加剂的分子设计	中南大学
陈长林	高稳定性固体超强酸型烷烃异构化催化剂研究	南京工业大学
陈标华	低温常压下生物质催化制氢和合成气的催化剂及反应技术基础	北京化工大学
常志东	有机物稀溶液处理中的气液两相多尺度传递规律	中国科学院过程工程研究所
曹吉林	水热法合成磁性沸石分子筛及其应用	河北工业大学
孙丽娜	污染土壤/底泥中重金属的活化机理与生物有效性研究	沈阳大学
沈学优	水体复合污染中表面活性剂的作用和机理	浙江大学
尚　静	新型光催化二极管器件及其降解挥发性有机污染物的研究	北京大学
马子川	污染物在新生态二氧化锰/水界面上的吸附与降解特性研究	河北师范大学
柳丽芬	纳米材料光催化氧化还原耦合反应脱除水中无机氮	大连理工大学
刘咸德	北京市大气铅污染综合分析表征和来源识别	中国环境科学研究院
刘景富	环境中痕量极性有毒有机污染物的平衡采样技术	中国科学院生态环境研究中心
刘杰民	微型低温气相色谱原位检测空气中的挥发性有毒污染物	北京科技大学
金朝晖	乳化炭载纳米铁原位修复地下水中有机氯代烃的研究	南开大学
江　明	纳米金属氧化物的多界面化学行为及其 DNA 损伤效应	华中科技大学

续表

项目负责人	项目名称	依托单位
江桂斌	金属元素甲基化机理及其在环境生物地球化学循环中的作用	中国科学院生态环境研究中心
贾金平	掺硼金刚石薄膜芯片复式电极电化学转盘的新方法研究	上海交通大学
吉艳琴	纳米磁性颗粒技术分离模拟高放废液中锶的研究	中国疾病预防控制中心辐射防护与核安全医学所
黄玉明	人工湿地废水处理中有机污染物降解及其机理研究	西南师范大学
何孟常	微量有机污染物在矿物/微生物膜界面的吸附和降解的微观机理	北京师范大学
郭红岩	土壤有机物—重金属复合污染的同时修复研究	南京大学
郭博书	内蒙古西部水域颗粒物与沙尘对磷的吸附—解吸研究	内蒙古师范大学
葛茂发	城市光化学烟雾形成中重要大气瞬变物种的产生、表征和减控研究	中国科学院化学研究所
郜洪文	污染物高灵敏光谱检测新方法研究	同济大学
付时雨	超氧负离子自由基控制与纸浆高选择性深度氧脱木素的研究	中国科学院广州化学研究所
董德明	有毒重金属在天然水环境多相体系中分布规律的研究	吉林大学
邓南圣	湖泊水中藻类引发元素形态光化学转化的多因子机制	武汉大学
戴友芝	超声波/零价铁协同降解氯代有机物的选择性及其机理	湘潭大学
戴维林	含铀新型复合金属多相催化剂的研制及其在生物质有机物氧化重整制氢反应中的应用	复旦大学
陈永亨	资源利用中铊的环境污染控制研究	广州大学
陈　威	土壤和沉积物中持久性有机污染物的生物可利用性	南开大学
陈　晖	核电站放射性气态污染物 14C 的环境行为研究	浙江理工大学
陈　锋	高稳定染料敏化 TiO_2 可见光光催化剂的制备及其光催化性能研究	华东理工大学
陈春城	用瞬态变温 ESR 对 AOT 光降解有机污染物中活泼自由基的研究	中国科学院化学研究所
赵永亮	掺杂的稀土有机超分子配合物的合成及荧光性能研究	内蒙古大学
赵新华	立方 AM_2O_8 结构类型取代固溶体的合成，结构及性质的研究	北京师范大学
张献明	配位化合物的超分子异构体的合成、结构与性质	山西师范大学
张现忠	锝－99m 标记 5－HT1A 脑受体显像剂的研制	北京师范大学
张同来	贮氢含能配位聚合物研究	北京理工大学
张晟卯	室温离子液体介质中纳米微粒的制备与摩擦学行为研究	河南大学
曾和平	长寿命有效电荷分离态富勒烯 C60－钌配位化合物的设计合成与光电应用	华南师范大学
姚建年	有机纳米微结构的能量传递及其应用基础研究	中国科学院化学研究所
杨新亚	硫酸钙复盐结构形成机理、特性及无水硫酸钙水化机理研究	武汉理工大学
杨士姚	新型多核离子金属中心配位聚合物的组装和性质	厦门大学
燕　红	饱和金属硼烷簇合物的反应性及潜在应用性	复旦大学
薛冬峰	温和反应制备特殊聚集态铌酸锂材料及其缺陷研究	大连理工大学
徐甲强	金属氧化物一维纳米材料的合成与气敏特性研究	郑州轻工业学院
熊仁根	烯烃铜配位聚合物及其应用	南京大学
武志坚	类钙钛矿结构化合物的构建规律及其对性能的影响	中国科学院长春应用化学研究所
武海顺	羰基硼化合物的合成、结构与性质研究	山西师范大学
吴庆生	同质异构纳米/超结构材料的活体生物膜双模板法同步合成及其性能研究	同济大学

续表

项目负责人	项目名称	依托单位
吴立明	硼的硫族化合物置换法合成金属硫族纳米材料	中国科学院福建物质结构研究所
翁家宝	分子骨架含金属配合物的杂化高聚物合成研究	福建师范大学
韦天新	表面等离子体波共振技术对固态/准固态电解质渗入多孔电极过程的研究	北京理工大学
王　梅	光解水放氢人工酶复合体系的研究	大连理工大学
王连英	有机阴离子型层状材料诱导生长与在位组装Ⅱ～Ⅵ族半导体纳米粒子	北京化工大学
王利亚	手性自由基导向的手性分子磁体的合成、结构及性能研究	洛阳师范学院
王科志	多功能光电金属配合物的研究	北京师范大学
王吉德	Co－多胺配合物的固相法合成及其氧合性能和氧合机理的研究	新疆大学
邹　刚	金属促进下高稳定性有机硼参与的碳碳键形成反应研究	华东师范大学
朱士正	含氟重氮化合物性质及反应研究	中国科学院上海有机化学研究所
张兆国	铑、钯烯丙基物种的新反应研究	中国科学院上海有机化学研究所
张　炜	光诱导电子转移反应在杂环化合物合成中的应用	兰州大学
张亮仁	cADPR 模拟物的合成与性质研究	北京大学
张丽萍	光敏氧化肟生成羰基化合物反应的研究	中国科学院理化技术研究所
张俊祥	n－型含氟功能分子的合成及其聚集态行为和光电性能的研究	中国科学院上海有机化学研究所
尹炳柱	手性双介晶结构液晶化合物的合成及物性研究	延边大学
姚英明	以桥联芳氧基、胺基为辅助配体的新型稀土金属配合物的合成、结构及反应性能	苏州大学
朱珍平	管中管碳纳米结构的组装，结构和性质	中国科学院山西煤炭化学研究所
朱　涛	功能化金纳米晶光电性质的化学调控	北京大学
朱　华	HRgY 型化合物构型及振转光谱的溶剂化效应的理论研究	四川大学
周鸣飞	低温基质隔离红外光谱研究简单碳氢自由基与氧气的反应	复旦大学
郑军伟	金属纳米粒子及其二维组装体的表面增强光谱研究	苏州大学
赵　震	同时消除柴油车排放碳颗粒和 NO*x* 的反应机理和催化剂的研究	石油大学（北京）
赵　冰	基于半导体纳米粒子的 SERS 活性基底的研究	吉林大学
章　浩	纳米粉体的层组装有序膜和新型光电器件基础研究	华南理工大学
张志颖	微接触印刷技术制备卤化银二维有序阵列	中国科学院理化技术研究所
张晓东	固液界面纳米气泡及其对生物分子吸附影响的研究	上海交通大学
张明慧	负载型填隙金属化合物催化剂制备新方法的研究	南开大学
张建玲	离子液体为微环境、超临界 CO_2 为溶剂的新型微乳液研究	中国科学院化学研究所
张慧敏	利用纳米阵列和电化学 SPM 研究金属纳米材料的电催化性能及催化机理	中国科学院化学研究所
张鸿斌	多壁碳纳米管促进加氢/脱氢催化剂研制及其促进作用机理研究	厦门大学
张冬菊	硼、氮掺杂碳纳米管气相传感器气敏机制的理论研究	山东大学
袁忠勇	高比表面多尺度孔结构氧化物材料的表面活性剂诱导合成研究	南开大学
袁友珠	表面和介孔固定化离子液体中的配位催化研究	厦门大学
袁淑萍	钛硅分子筛的结构及其催化丙烯环氧化反应机理的量子化学研究	中国科学院山西煤炭化学研究所

续表

项目负责人	项目名称	依托单位
余家国	一维氧化钛和钛酸盐纳米材料的制备和光催化性能	武汉理工大学
杨　勇	锂聚合物电解质电化学固固界面原位显微谱学方法研究	厦门大学
朱庆增	功能聚硅氧烷聚合物微球的构筑、性能与应用研究	山东大学
周其凤	硅杂化聚芳醚（酮）类耐温基体树脂的分子设计、合成与性能研究	北京大学
郑思珣	经反应诱致的微相分离制备的具有纳米尺度上微结构的热固性聚合物	上海交通大学
赵　新	新疆罗布麻纤维的辐射接枝改性	新疆大学
张所波	聚酰亚胺的共聚合成及性质研究	中国科学院长春应用化学研究所
张　琴	无机纳米粒子增容不相容聚合物共混物的研究	四川大学
张俐娜	耐水性大豆蛋白塑料的结构与性能研究	武汉大学
张广照	高分子胶体粒子的玻璃化行为	中国科学技术大学
张超灿	液晶型螯合树脂的制备及其对金属离子吸附选择性研究	武汉理工大学
俞燕蕾	高分子液晶型智能材料光致弯曲行为的影响因素	复旦大学
杨楚罗	金属有机配合物磷光染料接枝型多功能聚合物的合成及其光电性能研究	武汉大学
闫东航	由两种分子构成高迁移率有机半导体的研究	中国科学院长春应用化学研究所
薛　奇	高分子/中分子溶液体系中的熵致有序效应	南京大学
许　群	超临界流体中固体酸催化剂的制备及其在催化聚合中的应用	郑州大学
邹汉法	毛细管电色谱新型分离材料的研制与应用	中国科学院大连化学物理研究所
赵广超	基于碳纳米管功能化修饰的新型生物探针的研究	安徽师范大学
张丽华	基于新型整体材料的微流控芯片用于蛋白组学研究	中国科学院大连化学物理研究所
杨黄浩	分子印记纳米材料的合成及其仿生识别研究	国家海洋局第一海洋研究所
徐　芳	应用纳米分子筛组装体分离分析磷酸化蛋白质分子的研究	上海交通大学
卓广澜	无配体负载型钯催化的氯代芳烃偶联反应研究	浙江大学
朱庆山	固体氧化物燃料电池密封材料设计及其反应性研究	中国科学院过程工程研究所
周兴贵	还原法胶体金属制备过程中粒径大小与分布的控制	华东理工大学
仲崇立	生物降解型复合药物控释系统的微相结构及药物自组装研究	北京化工大学
钟　璟	有机蒸气透过陶瓷膜的分子动力学研究	江苏工业学院
钟　宏	聚酯基硫脲树脂的合成及其对贵金属离子的螯合性能	中南大学
章莉娟	可生物降解聚合物载药微球的结构、控制释放和模型化设计	华南理工大学
张秀玲	等离子体催化协同作用 CO_2 选择氧化低碳烷烃反应机理研究	大连大学
张晓镭	皮革感官特性的参数化控制及其数学模型研究	陕西科技大学
张淑芬	配体聚合的新型长余辉发光材料研究	大连理工大学
张前程	新型规整光催化剂的制备方法及光催化反应动力学和反应机理的研究	内蒙古工业大学
张国亮	新型中空纤维膜结构化精馏填料的制备及优化研究	浙江工业大学
张东翔	铜反萃体系相界面沉淀反应传质动力学研究	北京理工大学
尹鸽平	二甲醚的电化学氧化机理及其高活性催化剂研究	哈尔滨工业大学
邢丹敏	燃料电池用新型复合质子交换膜的研究	中国科学院大连化学物理研究所

续表

项目负责人	项目名称	依托单位
朱南文	废旧干电池中重金属的生物法溶出与资源化技术研究	上海交通大学
赵慧敏	TiO_2 纳米管电极制备及电助光催化分解典型 PTS 应用研究	大连理工大学
张爱茜	氧化亚铜机械—可见光催化降解典型有机污染物机制研究	南京大学
熊治廷	重金属胁迫下金属型植物的资源分配及其机理	武汉大学
王东升	无机高分子絮凝剂的颗粒粒度效应、形成与影响机制及其应用	中国科学院生态环境研究中心
万　颖	纳米结构有机金属催化剂的制备及应用于绿色化学	上海师范大学
唐世荣	二氧化碳诱导植物超积累铜的机理研究	广州大学

数理学部中材料相关项目

项目负责人	项目名称	依托单位
岳珠峰	平头压痕蠕变疲劳理论体系及其在热障涂层中的应用研究	西北工业大学
谢惠民	电子束云纹新技术研究及其在多孔 NiTi 形状记忆合金材料力学行为研究中的应用	清华大学
夏源明	多晶纯 Ti 高温冲击拉伸力学性能和变形机理研究	中国科学技术大学
武湛君	微重力环境下复合材料旋转壳液固耦合研究	哈尔滨工业大学
王宇新	多层材料复合的防爆机理及数值模拟	大连理工大学
王峰会	测试氧化生长应力的纳米级应力传感器方法研究	西北工业大学
万永平	磁致伸缩材料和器件的关键力学问题	同济大学
唐少强	纳米半导体载流子输运的计算研究	北京大学
孙宇新	陶瓷材料抗侵彻机理研究	中国科学技术大学
孙　毅	POSS 有机—无机纳米杂化材料的力学模型与性能表征	哈尔滨工业大学
施惠基	运动流体对管道内壁腐蚀损伤的计算模型研究	清华大学
沈　真	聚合物基复合材料冲击阻抗性能研究	中国飞机强度研究所
沈亚鹏	1~3 型压电/铁电复合材料机电耦合特性及其工程应用研究	西安交通大学
沈新普	混凝土损伤塑性梯度依赖本构理论与数值计算	沈阳工业大学
任九生	大跨度变温下类橡胶材料稳定性的理论与实验分析	上海大学
秦庆华	压电生物材料等效多场理论和动态力学性能	天津大学
鹿晓阳	变壁厚等强度弯管塑性成形理论与实验研究	山东建筑工程学院
刘又文	广义位错与压电磁复合材料微结构干涉的模型与分析方法	湖南大学
刘向东	基于压电陶瓷执行器的纳米定位系统迟滞/蠕变补偿与非线性动力学研究	北京理工大学
刘金喜	含电极压电陶瓷层状介质的电致变形与断裂	石家庄铁道学院
凌　中	微孔 Al_2O_3 陶瓷的纳微力学行为与表征	中国科学院力学研究所
李世荣	功能梯度材料结构在热冲击下的动力响应	兰州理工大学
李世海	地质体材料破坏演化过程试验与数值模拟研究	中国科学院力学研究所
李录贤	用新型有限元法研究功能梯度材料中的多裂纹扩展	西安交通大学
李海梅	注塑制品成型尺寸预测理论与算法研究	郑州大学
匡震邦	铁电与电致伸缩材料的本构，破坏与多场分析	上海交通大学
黄小清	泡沫铝填充构件在冲击条件下的能量吸收机理研究	华南理工大学
黄树新	黏弹性聚合物熔体挤出胀大和熔体破裂的力学机理研究	上海交通大学
黄风雷	陶瓷材料抗弹性能表征研究	北京理工大学

续表

项目负责人	项目名称	依托单位
胡影影	分层复合连续纳米纤维的成型机理研究	同济大学
洪友士	微细化纳米化表层的金属材料微结构和力学性能表征	中国科学院力学研究所
贺鹏飞	基于控制破坏过程演化的层状陶瓷热震性能研究	同济大学
何陵辉	软弹性固体变形中的表面效应	中国科学技术大学
国凤林	压电介质中波的传播特性及应用	上海交通大学
郭兴明	多相非均匀材料多尺度能量变分方法	上海大学
郭荣鑫	氧化锡颗粒增强银基复合材料加工变形机理与组织控制基础研究	昆明理工大学
巩建鸣	微小型过程机械高温封装的仿真研究	南京工业大学
冯　露	外延薄膜生长过程的力学表征和连续相场模拟	上海交通大学
方钦志	高分子材料蠕变疲劳交互作用的过载效应	西安交通大学
杜善义	空天飞行器材料与结构的性能评价及关键理论研究	哈尔滨工业大学
丁皓江	磁电体弹性力学及应用	浙江大学
戴兰宏	探索大块金属玻璃剪切带形成机制	中国科学院力学研究所
程　军	梯度功能材料燃气舵的高温力学性能实验分析	同济大学
陈启生	碳化硅晶体生长过程中的流场及应力场模拟	中国科学院力学研究所
陈金龙	金属表面纳米陶瓷化改性中力学问题的细观实验研究	天津大学
陈飙松	复合材料结构宏细观热力力学性能数值模拟与优化设计	大连理工大学
白树林	纳米粒子填充高聚物复合材料的力学行为	北京大学
詹明生	碱土金属原子单重S之间的双光子光频标跃迁	中国科学院武汉物理与数学研究所
詹　黎	亚波长周期性结构金属薄膜中的二阶非线性效应研究	上海交通大学
于栋利	触媒法立方 BC_2N 晶体的高温高压合成	燕山大学
杨学锋	亚稳态双原子氢/氘负离子的产生、检测及稳定性研究	大连理工大学
杨金龙	贵金属原子团簇的理论研究	中国科学技术大学
杨国伟	非晶金刚石的纳米金刚石相变	中山大学
杨柏峰	掺Er离子周期结构材料的近红外负折射的研究	武汉大学
徐　雷	介孔环境中掺杂液晶主—客体相互作用诱导光学非线性效应增强的原初动力学过程研究	复旦大学
徐春凯	微探针固体表面俄歇谱测量	中国科学技术大学
熊诗杰	纳米尺寸多粒子体系中量子态的纠缠和相关效应研究	南京大学
肖敬忠	弛豫铁性单晶精细结构及多重畴耦合行为的同步辐射研究	复旦大学
吴懿平	集成电路引脚无铅覆层的锡须生长抑制	华中科技大学
吴小山	锰氧化物/铜氧化物异质结构界面结构、晶格应变与电磁输运	南京大学
吴长勤	有机固体与聚合物器件的新效应	复旦大学
王元明	固体中轻原子成像的超高分辨电子显微学研究	中国科学院金属研究所
王晓平	氧化物半导体纳米探针的设计、制备及对单分子的检测	中国科学技术大学
王建波	层状钙钛矿材料中电荷和轨道电子有序的电子显微学研究	武汉大学
王广厚	高Tc稀磁半导体氧化物纳米线的研究	南京大学
王恩哥	盐（NaCl）溶解过程的第一性原理研究	中国科学院物理研究所
王春雷	铁电体表面界面的第一性原理研究	山东大学
谭平恒	单根双壁碳纳米管的光学性质研究	中国科学院半导体研究所

续表

项目负责人	项目名称	依托单位
孙治湖	XMCD 和 XAFS 研究 Mn（Co） - Ge（GeSi）稀磁半导体的结构及磁性	中国科学技术大学
孙玉平	4d 过渡族 Mo 基金属氧化物的物性与电子结构研究	中国科学院固体物理研究所
孙家林	用超离子导体薄膜在直流电场诱导下生长金属（铜、银）纳米线的机理和单根纳米线的物性研究	清华大学
孙继荣	锰氧化物基 p - n 异质结磁场效应研究	中国科学院物理研究所
孙　华	多相无序体系的逾渗驱动磁电阻研究	苏州大学
苏　刚	磁性多层纳米结构中自旋相关输运问题理论研究	中国科学院研究生院
屈绍波	基于电畴与磁畴共振特性的左手复合材料的研究	西安交通大学
邱祥冈	高温超导体电子态物理性质的研究	中国科学院物理研究所
秦伟平	稀土离子在纳米空间中的定位镶嵌及其光学性质	中国科学院长春光学精密机械与物理研究所
乔东海	硅微超声换能器的研究	中国科学院声学研究所
戚泽明	高效稀土长余辉发光材料的微结构、发光性质与机理研究	中国科学技术大学
倪　军	纳米管表面吸附有序结构研究	清华大学
明　海	纳米光子器件中的近场光学能量传递和量子调控研究	中国科学技术大学
罗洪刚	电子型高温超导体电子配对对称性研究	中国科学院理论物理研究所
吕　嵘	超冷原子体系物理性质的理论研究	清华大学
吕　劲	新型一维纳米材料的理论表征及设计	北京大学
陆　昉	锗硅量子点分子的耦合效应研究	复旦大学
卢朝靖	$Bi_4Ti_3O_{12}$ 基铁电体中的畴结构、极化翻转与疲劳特性研究	湖北大学
刘要稳	磁电阻生物传感器的微磁模拟研究	同济大学
刘俊明	类钙钛矿氧化物铁电薄膜变温极化疲劳机理的研究	南京大学
刘　濛	新型材料 Al - C - N 薄膜的制备与结构物性表征	中国科学院物理研究所
刘邦贵	与半导体相容的半金属铁磁体及其纳米结构的计算研究	中国科学院物理研究所
林志方	多重散射理论及非常规电磁合成材料的理论设计	复旦大学
林碧霞	ZnO 薄膜的发光中心及其激发机理研究	中国科学技术大学
梁　颖	氧化物三角晶格超导材料正常态反常物理性质和超导机理的研究	北京师范大学
李振亚	高自旋极化氧化物颗粒复合体系的磁输运	苏州大学
李玉良	具有光电转换特性的有机、有机/无机杂化的凝聚态结构研究	中国科学院化学研究所
李向亭	金属纳米透镜理论研究	上海交通大学
李建新	新型非常规超导体自旋和电荷元激发及超导性质的研究	南京大学
李建奇	Na_xCoO_2 和 $Na_xCoO_2 . yH_2O$ 系统的结构特性、电子相分离和超导电性研究	中国科学院物理研究所
李广海	铋锑合金单晶纳米线和超晶格阵列的制备和输运性能研究	中国科学院固体物理研究所
李方华	提高场发射高分辨电子显微镜图像分辨率的研究	中国科学院物理研究所
李定平	高温超导体的涡旋玻璃态及涡旋动力学相图理论	北京大学
李淳飞	具有环形共振腔结构的非线性全光开关	哈尔滨工业大学
靳常青	类钙钛矿结构多铁性化合物的高压研究	中国科学院物理研究所
解士杰	自旋极化电子注入有机材料的基本性质研究	山东大学
黄光明	自由基分子的远红外激光磁共振光谱结构特性研究	华中师范大学
胡　湛	激光双光束位相调制相干控制分子反应研究	吉林大学

续表

项目负责人	项目名称	依托单位
胡梁宾	电子的自旋轨道耦合特性在半导体自旋电子学中的应用	华南师范大学
胡凤霞	混合价锰氧化物外延薄膜的电子相分离和巨大电场电阻	首都师范大学
胡　安	磁隧道结偏压性质及反常隧道磁电阻的研究	南京大学
厚美瑛	对颗粒物质的撞击及引起的喷流	中国科学院物理研究所
何豫生	高温超导薄膜非线性微波表面阻抗及相关物理问题研究	中国科学院物理研究所
龚新高	计算凝聚态物理新方法研究和探索	复旦大学
公　勋	FBAR 中氮化铝薄膜的制备及其声学特性的研究	南京大学
冯小兵	铁磁半导体的杂化密度泛函方法的理论研究	大连交通大学
冯世平	氧化物高温超导材料反常物理性质与超导机理的研究	北京师范大学
冯继文	热敏高分子材料的结构及相变的核磁共振研究	中国科学院武汉物理与数学研究所
段昌奎	稀土发光材料双光子跃迁的多体微扰理论	重庆邮电学院
董锦明	纳米碳管“能带工程”和机—电耦合效应的数值模拟研究	南京大学
丁铁柱	钙钛矿薄膜/YSZ 界面微结构对电输运性能的影响	内蒙古大学
邓罗根	偶氮物掺杂液晶的超大光学非线性机制和光限幅特性研究	北京理工大学
戴振宏	低维纳米器件电学性质的第一性原理模拟研究	烟台大学
成昭华	低维受限体系中磁性纳米团簇的磁各向异性和磁矩增强效应研究	中国科学院物理研究所
陈　鸿	负折射率材料中光子奇异传播行为的理论研究	同济大学
陈　弘	氮化镓基 LED 材料发光机理的研究	中国科学院物理研究所
陈光德	$In_xGa_{1-x}N$ 半导体材料的发光机理研究	西安交通大学
陈东敏	量子尺寸效应晶体管器件	中国科学院物理研究所
蔡伟平	金属纳米颗粒阵列的激光形态操控及其光学性质研究	中国科学院固体物理研究所
周志敏	基于纳米压痕仪技术和 MEMS 技术对微纳米厚度金属薄膜力学特性的研究	上海交通大学
周又和	超导悬浮的热耗散失超机制及其对悬浮稳定性的影响研究	兰州大学
周储伟	纺织复合材料多尺度耦合的非线性渐进损伤分析	南京航空航天大学
郑学军	铋层状钙钛矿铁电薄膜的制备及其热冲击下断裂失效行为	湘潭大学
郑晓静	超磁致伸缩型智能结构的力—磁—热—电的耦合行为	兰州大学
赵剑衡	磁压加载下材料等熵压缩和驱动高速飞片实验研究	中国工程物理研究院流体物理研究所
赵　华	表面涂层的疲劳磨损失效机理与数值仿真	西南交通大学
张　颖	电畴畴变的现场微观检测和铁电陶瓷材料的疲劳损伤机理	厦门大学
张田忠	纳系统和器件中纳米基元的力学行为研究	上海大学
张克实	高温双相合金晶粒——相结构的细观力学行为	西北工业大学
张　恒	空心颗粒供胶自修复材料的断裂力学实验研究	郑州大学
资　剑	光子晶体中的负折射和超透镜成像现象研究	复旦大学
朱永元	电磁波与微结构金属表面等离激元耦合效应的研究	南京大学
朱颀人	高频强激光场中原子畸变态的控制与剪裁	吉林大学
朱林繁	锂原子的双电子和三电子激发态的快电子碰撞研究	中国科学技术大学
朱　弘	自旋自由度对层状钙钛矿结构锰氧化物结构和物性的影响	中国科学技术大学
周玉琴	低温纳米晶硅的微结构和生长动力学研究	中国科学院研究生院

续表

项目负责人	项目名称	依托单位
周　刚	纳米管线及其阵列电子输运和发射特性的理论研究	清华大学
郑　杭	多电子系统中间极化子态及其物理效应的研究	上海交通大学
赵忠贤	超高真空低温原位制备测量系统研制	中国科学院物理研究所
赵士平	基于超导量子干涉器件的磁通型量子比特的研究	中国科学院物理研究所
赵家民	原位测量技术研究金属电极对有机薄膜发光的淬灭	复旦大学
赵国忠	太赫兹（THz）波段局域共振光子功能材料的机理研究	首都师范大学
赵柏儒	钙钛矿结构材料异质结界面相互作用的研究	中国科学院物理研究所
章维益	压电、压磁超晶格中类激化激元能谱、禁带及其可能的应用	南京大学
章建辉	二、三维磁性光子晶体的制备及其光学和磁学性能的研究	南京大学
章　东	超声治疗中的温度场及无损测温的研究	南京大学
张　益	基于分子操纵和蘸笔纳米刻蚀技术的单分子 DNA 生化反应研究	中国科学院上海应用物理研究所
张文清	金属合金/Al_2O_3 界面的结构和性能及杂质效应的第一原理研究	中国科学院上海硅酸盐研究所
张卫平	超冷原子的相干原子光学和高精密测量研究	华东师范大学
张善涛	多功能型钙钛矿氧化物薄膜超晶格的制备及其结构和性能表征	南京大学
张庆刚	基于量子理论的大分子过程的理论与计算研究	山东师范大学
张留碗	载流（La，Ca）MnO_3 薄膜中磁畴行为的研究	清华大学
张立德	纳米线、纳米管有序阵列的合成及其光偏振研究	中国科学院固体物理研究所
张家雨	光学镜面、光子晶体和谐振腔对量子点光学性质的调制	东南大学
张凤鸣	硅基磁性半导体的制备及其磁学和电子学性质研究	南京大学
张朝晖	硅表面图形化掺杂及其对纳米结构自组装的影响	北京大学

生命学科中的材料相关项目

项目负责人	项目名称	依托单位
周　廉	表面磁性膜对血管内支架生物学效应的影响与机制	西北有色金属研究院
张黎明	自组装形成可降解新型纳米药物载体的研究	中山大学
严伟祺	纳米仿生涂层组合 TGF－β 材料的生物学特性研究	浙江大学
孙　皎	分子水平上探讨纳米陶瓷颗粒对细胞的作用及其机制	上海第二医科大学
冷永祥	Ta－O－N（H）系无机生物薄膜材料的制备及其表面生物分子固定	西南交通大学
郭晓东	载骨形态发生蛋白 2 活性肽的纳米仿生骨基质材料的研制	华中科技大学
陈德敏	锶磷灰石多孔陶瓷孔隙结构因素与材料生物活性之间的相关性研究	上海第二医科大学
常　江	复合天然交联剂对动物心脏瓣膜交联作用的研究	中国科学院上海硅酸盐研究所

重点项目情况

2003 年重点项目申请与资助情况（材料相关，金额单位：万元）

科学部学科组	受理申请		批准资助					资助率（%）	
	项数	金额	项数	金额	资助金额比例（%）		单项平均资助金额	项数	金额
					占全委	占学部			
物理学Ⅰ	34	5 861.00	11	1 750.00	4.86	35.14	159.09	32.35	29.86
无机化学	15	2 251.00	3	560	1.56	10.97	186.67	20	24.88
有机化学	17	2 849.00	6	970	2.7	19	161.67	35.29	34.05
物理化学	29	4 095.90	8	1 380.00	3.84	27.03	172.5	27.59	33.69
高分子化学	14	1 719.20	3	655	1.82	12.83	218.33	21.43	38.1
分析化学	15	2 693.50	4	540	1.5	10.58	135	26.67	20.05
化学工程及工业化学	26	4 088.69	4	640	1.78	12.54	160	15.38	15.65
环境化学	6	963.75	2	360	1	7.05	180	33.33	37.35
生物物理与医学工程	19	3 144.60	2	270	0.75	2.96	135	10.53	8.59
金属材料学科	20	2 882.00	4	608	1.69	9.67	152	20	21.1
无机非金属材料学科	22	3 420.00	5	860	2.39	13.68	172	22.73	25.15
高分子材料学科	19	3 808.00	4	520	1.45	8.27	130	21.05	13.66
冶金学科	10	1 590.50	6	800	2.22	12.72	133.33	60	50.3
建筑、环境与结构工程学科	14	2 094.80	4	630	1.75	10.02	157.5	28.57	30.07
半导体科学	8	1 463.00	2	400	1.11	13.11	200	25	27.34
光学和光电子学	14	2 511.00	3	560	1.56	18.36	186.67	21.43	22.3

2004 年重点项目申请与资助情况（材料相关，金额单位：万元）

科学部	受理申请		批准资助					项目资助率（%）
	项数	金额	项数	金额	资助金额比例（%）		单项平均资助金额	
					占全委	占学部		
物理学Ⅰ	31	6 052.40	10	1 370.00	4.11	28.10	137.00	32.26
无机化学	10	1 371.00	3	600.00	1.80	13.42	200.00	30.00
有机化学	14	2 386.00	3	560.00	1.68	12.53	186.67	21.43
物理化学	32	4 836.92	8	1 250.00	3.75	27.96	156.25	25.00
高分子化学	9	1 259.00	3	450.00	1.35	10.07	150.00	33.33
分析化学	11	1 758.50	3	500.00	1.50	11.19	166.67	27.27
化学工程及工业化学	28	4 637.69	5	790.00	2.37	17.67	158.00	17.86
环境化学	16	2 758.00	2	320.00	0.96	7.16	160.00	12.50
生命科学部	549	78 223.44	80	10 760.00	32.28	100.00	134.50	14.57
生物物理与医学工程	19	2 490.50	1	130.00	0.39	1.21	130.00	5.26
金属材料学科	16	2 317.00	3	440.00	1.32	8.50	146.67	18.75
无机非金属材料学科	14	2 296.57	5	840.00	2.52	16.23	168.00	35.71

续表

科学部	受理申请		批准资助					项目资助率（%）
	项数	金额	项数	金额	资助金额比例（%）		单项平均资助金额	
					占全委	占学部		
高分子材料学科	22	3 559.00	4	570.00	1.71	11.01	142.50	18.18
冶金学科	22	3 403.45	5	750.00	2.25	14.49	150.00	22.73
建筑、环境与结构工程学科	13	1 970.17	2	380.00	1.14	7.34	190.00	15.38
半导体科学	7	1 257.70	3	560.00	1.68	11.89	186.67	42.86
光学和光电子学	18	3 633.00	6	1 140.00	3.42	24.20	190.00	33.33

2003 年度材料相关重点项目

项目负责人	项目名称	依托单位
张志东	新一代高性能稀土永磁薄膜材料的基础研究	中国科学院金属研究所
徐庭栋	非平衡晶界偏聚动力学和晶界脆性断裂研究	钢铁研究总院
王华明	高性能金属材料激光制备与成形关键科学问题研究	北京航空航天大学
金蔚青	凝固过程中微观对流效应及其对组织形成的影响规律	中国科学院上海硅酸盐研究所
赵景泰	新型医用闪烁晶体材料的分子设计和制备	中国科学院上海硅酸盐研究所
孙加林	用新理论新工艺新技术改造传统耐火材料的应用基础研究	北京科技大学
吕永根	聚丙烯腈炭纤维结构形成、演变机制及其性能与原丝结构性能相关性	中国科学院山西煤炭化学研究所
刘俊明	类钙钛矿磁性与铁电材料及其异质结在特殊和超常条件下合成与性能研究	南京大学
陈湘明	微波介质陶瓷的关键基础问题	浙江大学
陈初升	洁净能源中的中高温离子传导膜材料的研究	中国科学技术大学
徐樑华	具有优异力学性能聚丙烯腈碳纤维原丝结构调控与演变机理研究	北京化工大学
潘　鼎	高性能聚丙烯腈碳纤维优质原丝与聚合物结构形成及其可控预氧化机理的探讨	东华大学
江　明	聚合物胶束的制备及其功能化材料的基础研究	复旦大学
胡巧玲	仿生医用高分子材料的研究	浙江大学
高连勋	异构聚酰亚胺基体树脂及其与增强剂的界面特性	中国科学院长春应用化学研究所
邹广田	高温高压 Raman 谱创新技术及高温高压下物质微结构与性质	吉林大学
尤静林	高温 Raman 谱创新技术及高温下物质微结构与性能	上海大学
殷瑞钰	钢铁工业生态化模式及其管理和评价体系	钢铁研究总院
李晓红	隧道与地下空间工程结构物的稳定性与可靠性	重庆大学
康永林	薄钢板连铸连轧过程组织性能控制与检测	北京科技大学
曲晓刚	金属离子对某些重要生命过程的调控作用研究	中国科学院长春应用化学研究所
孟　健	过渡金属化合物的合成及其特殊性质的研究	中国科学院长春应用化学研究所
陈接胜	无机材料主－客体组装化学与物理	吉林大学
王　东	环境友好介质中有机反应的研究	中国科学院化学研究所
佟振合	分子间相互作用及分子聚集体中的化学反应	中国科学院理化技术研究所

续表

项目负责人	项目名称	依托单位
唐　勇	导向有机合成的杂原子化学	中国科学院上海有机化学研究所
麻生明	过渡金属催化的含碳化学键的活化和反应性控制	中国科学院上海有机化学研究所
张　希	高分子纳米图案化	清华大学
陈国强	新型高分子材料聚羟基脂肪酸酯的微生物合成和应用研究	清华大学
赵新生	生物大分子特征识别技术的基础研究	北京大学
吴新涛	新型簇合物的设计合成、结构调控及其性能的研究	中国科学院福建物质结构研究所
吴骊珠	光电子功能材料中的几个基本光化学问题	中国科学院理化技术研究所
王安杰	根据含硫和含氮化合物的本征反应特性构建高效脱硫和脱氮催化反应体系	大连理工大学
刘文剑	含重元素复杂大分子体系的理论与计算化学研究	北京大学
李泽生	大气污染瞬变物种的理论和实验研究	吉林大学
江志裕	全固态化学电源的基础研究－超薄打印锂离子电池研究	复旦大学
周　理	新型气体吸附材料和吸附过程基础研究	天津大学
欧阳平凯	新型生物催化剂的研制及应用基础研究	南京工业大学
郑泉水	纳米材料和器件的力学建模、原型和实验研究	清华大学
程耿东	超轻质结构设计新理论	大连理工大学
马余强	软凝聚态物质研究	南京大学
解思深	准一维纳米功能材料	中国科学院物理研究所
王启明	Si 基光电子学关键器件基础研究	中国科学院半导体研究所
申德振	氧化锌基单晶薄膜材料、物性及器件研究	中国科学院长春光学精密机械与物理研究所
陈　懿	可擦重写有机光子材料和光信息存储	中国科学院理化技术研究所

2004 年度材料相关重点项目

项目负责人	项目名称	申请单位	批准金额
顾　宜	聚合物纤维和薄膜制备中多层次结构控制的研究	四川大学	140
杜凤山	特大件成形制造技术基础研究	燕山大学	160
陈启元	非水环境中材料制备的机械化学行为及其精细调控机制	中南大学	130
罗宏杰	中国古陶瓷的分析与研究	陕西科技大学	200
卢　柯	超高强纳米金属及其强化机制	中国科学院金属研究所	160
韩恩厚	空天环境下金属材料的疲劳与损伤	中国科学院金属研究所	140
徐世烺	混凝土结构裂缝的形成与发展机理及控制技术研究	大连理工大学	180
周　晶	海底管线的损伤机理和健康诊断研究	大连理工大学	150
陈红征	有机－无机半导体有序复合光电功能材料的研究	浙江大学	200
柯映林	大型航空整体结构件加工变形机理及精度保障技术	浙江大学	140
周　明	机械非光滑表面仿生设计制造关键技术研究	江苏大学	120
薛群基	西部特殊环境下材料损伤与防护研究	中国科学院兰州化学物理研究所	140
汤　勇	机电表面功能结构及相关热物理问题的基础研究	华南理工大学	150
曹　镛	新型高效聚合物太阳能光电材料及器件的基本科学问题及其实现途径	华南理工大学	130

续表

项目负责人	项目名称	申请单位	批准金额
成永红	强电磁场作用下电介质材料破坏机理及其性能提高	西安交通大学	150
杨万泰	通用高分子材料表面改性及其形态控制——聚合物表面的光接枝工程	北京化工大学	100
罗豪甦	高性能钙钛矿型铁电固溶体材料的制备科学和结构本质	中国科学院上海硅酸盐研究所	140
徐德龙	大颗粒流态化理论及用于水泥熟料煅烧的机理性研究	西安建筑科技大学	160
张寅平	室内有机化学和微生物污染去除新方法关键机理问题研究	清华大学	150
聂建国	新型钢－混凝土组合结构体系研究	清华大学	200
惠希东	超大本征过冷度金属材料纳米亚稳相形成的基础问题	北京科技大学	140
奚正平	稀有金属钛、锆提取与加工	西北有色金属研究院	180
周　廉	高温超导氧化物定向凝固及单晶生长机理的基础理论研究	西北有色金属研究院	200
杨院生	钢亚快速凝固机理、控制方法及对材料性能的影响	中国科学院金属研究所	150

2003 年度材料相关重大研究计划项目

项目负责人	项目名称	依托单位
杨国伟	二元互不相溶金属系统中二维纳米阵列图案自组装	中山大学
庄惠照	Si 基溅射 ZnO/Ga_2O_3 膜反应自组 GaN 晶体膜的研究	山东师范大学
周祚万	四针状氧化锌晶须吸波隐身材料的吸波机理研究	西南交通大学
周万城	掺杂氮的纳米 SiC 吸收剂研究	西北工业大学
许并社	纳米洋葱状富勒烯/金属插嵌物的物理与化学问题研究	太原理工大学
夏建白	材料尺寸效应及其相关科学问题	中国科学院半导体研究所
王红洁	炭/陶双向梯度材料的微结构设计及协同强韧化机理	西安交通大学
王崇愚	碳纳米管物性与场致发射特性的多尺度耦合方法研究	清华大学
刘忠范	STM 热化学烧孔存储技术及材料研究	北京大学
闫东航	异质结型有机晶体管	中国科学院长春应用化学研究所
马东阁	稀土有机配合物电致发光材料与器件及其相关的基本物理问题研究	中国科学院长春应用化学研究所
郭志新	有机功能化碳纳米管及其组装	中国科学院化学研究所
张千峰	基于半导体元素所组装的新型光电分子簇材料	安徽工业大学
王海水	核壳结构金属纳米颗粒的制备和性能调控研究	中国科学院长春应用化学研究所
江　雷	特殊浸润性纳米界面材料的制备、结构及性能研究	中国科学院化学研究所
段　雪	无机－有机电子转移体系的构建及功能性纳米材料的超分子插层组装	北京化工大学
杜祖亮	光诱导纳米探针扫描的建立及特殊结构纳米体系的表面界面光电特性研究	河南大学
刘　育	基于合成受体的分子纳米线/管的构筑及其功能	南开大学
姚建年	有机微结构的构筑及其对光电性能的调控	中国科学院化学研究所
帅志刚	有机光电材料聚集态的理论化学研究	中国科学院化学研究所
刘鸣华	一维有机或有机/无机纳米结构在气液界面的原位形成、排列以及功能化组装	中国科学院化学研究所
刘春艳	支撑金属纳米颗粒的界面结构与反应性	中国科学院理化技术研究所
张广照	高分子链在溶液中的折叠	中国科学技术大学

续表

项目负责人	项目名称	依托单位
童　真	离子交联诱导高分子溶胶－凝胶转变临界行为研究	华南理工大学
马　晶	有机聚合物和固体导电机理的理论研究	南京大学
朱岳麟	冲压发动机萘烷系吸热性碳氢燃料的研究	北京航空航天大学
赵亚溥	空天飞行器相关微系统的动态失效模式和机理	中国科学院力学研究所
袁慎芳	基于多主体协作的分布式结构健康监测技术	南京航空航天大学
余雄庆	空天飞行器隐身结构的吸波机理和设计方法研究	南京航空航天大学
武　哲	空天飞行器天线舱隐身新概念及力学行为和电磁波耦合作用研究	北京航空航天大学
宁建国	钛基复合材料抗冲击性能与材料新构型研究	北京理工大学
亢　战	考虑飞行控制成本和性能的 KKV 结构布局和拓扑优化	大连理工大学
黄克智	碳纳米管复合材料的多尺度力学研究	清华大学
方岱宁	机翼机身轻质点阵材料的设计分析	清华大学
戴　耀	成分、结构连续分布大体积功能梯度材料研制与力学分析	中国人民解放军装甲兵工程学院
应和平	低维无序磁性系统的物理特性的蒙特卡罗研究	浙江大学
汪汉廷	低维量子磁性的理论研究	中国科学院物理研究所
孙庆丰	纳米体系在近藤区的量子输运	中国科学院物理研究所
刘次全	从 mRNA 到蛋白质三维遗传信息流机理的研究	云南大学
李　涛	高温超导微观机理理论研究	清华大学
方　忠	第一原理计算材料设计及其对过渡金属氧化物中一些基础物理的理论研究	中国科学院物理研究所
朱大中	光敏微像素象限阵列和磁敏线阵列融合型 CMOS 数模混合传感器集成电路	浙江大学
周　锋	防碰撞算法的低功耗 VLSI 实现方案研究	复旦大学
张玉林	电子束光刻生成三维结构的研究	山东大学
曾　璇	互连线的建模、仿真和综合	复旦大学
杨德仁	快速热处理下大直径单晶硅中过渡族金属行为的研究	浙江大学
吴文刚	射频 MEMS 无源元器件铜互连及其建模技术研究	北京大学
温志渝	集成生化分离分析芯片系统集成技术研究	重庆大学
汪　蕙	SOC 中信号完整性问题及混合信号与射频模拟电路设计方法	清华大学
吕铁良	快速傅立叶变换的低功耗异步实现	中国科学院微电子中心
刘晓彦	双栅肖特基隧道晶体管研究	北京大学
李　丽	动态可重构 SoC 中数据通信问题的研究	南京大学
陈坤基	基于量子效应的硅基光电信息材料的构筑原理与新技术	南京大学
陈　杰	新结构高性能光电检测器及其低功耗读出电路的研究	中国科学院微电子中心

2003 年度科学仪器基础研究专款资助项目（经费单位：万元）

项目名称	负责人	专业技术职务	单位名称	资助经费
毫开及亚毫开温度测量的建立	金　铎	研究员	中国科学院物理研究所	80
基于生物质谱检测的微孔列阵硅芯靶体的研制与应用	邹汉法	研究员	中国科学院大连化学物理研究所	90
新型 COD 分析方法、理论的研究及其仪器的开发	金利通	教　授	华东师范大学化学系	90
催化组合反应器及检测系统的设计研究	周小平	教　授	湖南大学化学化工学院	80

续表

项目名称	负责人	专业技术职务	单位名称	资助经费
单细胞离子光电联合测量系统	瞿安连	教　授	华中科技大学生命科学与技术学院	90
高精度管道漏磁在线检测系统的研制	杨理践	教　授	沈阳工业大学信息科学与工程学院	110
二维 CCD 快速成像光谱仪研制	陈良尧	教　授	复旦大学信息科学与工程学院	70

国家杰出青年科学基金

2003 年度共有 876 名青年学者申请国家杰出青年科学基金，经专家评审，159 名获得资助，其中 58 名来自中国科学院所属研究所，78 名来自教育部所属院校，23 名来自各部委或地方所属研究院所。2003 年度国家杰出青年科学基金资助经费为15 570万元。

2003 年度国家杰出青年科学基金获资助者名单（材料相关）

姓　名	专业技术职称	所在单位
李　明	研究员	中国科学院物理研究所
任劲松△	研究员	中国科学院长春应用化学研究所
俞书宏	教　授	中国科学技术大学
曹　荣	研究员	中国科学院福建物质结构研究所
李超忠	研究员	中国科学院上海有机化学研究所
范青华	研究员	中国科学院化学研究所
龚流柱	研究员	中国科学院成都有机化学研究所
李　林	研究员	中国科学院化学研究所
张　涛	研究员	中国科学院大连化学物理研究所
陈建峰	教　授	北京化工大学
谭天伟	教　授	北京化工大学
马秀良	研究员	中国科学院金属研究所
左　良	教　授	东北大学
刘日平	教　授	燕山大学
韩秀峰	研究员	中国科学院物理研究所
潘　峰	教　授	清华大学
吴文彬	教　授	中国科学技术大学
李敬锋	研究员	清华大学
陈立东	研究员	中国科学院上海硅酸盐研究所
张　跃	教　授	北京科技大学
邱　勇	教　授	清华大学
陶绪堂	教　授	山东大学
马东阁	研究员	中国科学院长春应用化学研究所
杨振忠	研究员	中国科学院化学研究所
冯夏庭	研究员	中国科学院武汉岩土力学研究所
吴爱祥	教　授	中南大学
李元元	教　授	华南理工大学
冯吉才	教　授	哈尔滨工业大学
贾金锋	研究员	中国科学院物理研究所
李树深	研究员	中国科学院半导体研究所

注：标△为女性；此表排名不分先后。

2004 年度国家杰出青年科学基金获资助者名单（材料相关）

姓　名	专业技术职务	单　位
方　忠	研究员	中国科学院物理研究所
帅志刚	研究员	中国科学院化学研究所
郭国聪	研究员	中国科学院福建物质结构研究所
姚祝军	研究员	中国科学院上海有机化学研究所
裴　坚	副教授	北京大学
王鸿飞	研究员	中国科学院化学研究所
闫寿科	研究员	中国科学院化学研究所
刘昌胜	教　授	华东理工大学
刘兴军	教　授	厦门大学
蒋建中	教　授	浙江大学
杜　勇	教　授	中南大学
周　济	教　授	清华大学
赵永刚	教　授	清华大学
刘正猷	教　授	武汉大学
李言荣	教　授	电子科技大学
成来飞	教　授	西北工业大学
陈学思	研究员	中国科学院长春应用化学研究所
刘世勇	教　授	中国科学技术大学
高长有	教　授	浙江大学
徐　坚	研究员	中国科学院化学研究所
孙旭东	教　授	东北大学
刘炯天	教　授	中国矿业大学
王习东	教　授	中国科技大学
褚福磊	教　授	清华大学
赵国群	教　授	山东大学
李新奇	研究员	中国科学院半导体研究所
陈　杰	研究员	中国科学院微电子研究所
徐　骏	教　授	南京大学
曹俊诚	研究员	中国科学院上海微系统与信息技术研究所
徐　军	研究员	中国科学院上海光学精密机械研究所
韩林海	教　授	福州大学
陈云敏	教　授	浙江大学

海外及中国香港、澳门青年学者合作研究基金

2003 年度海外及中国香港、澳门青年学者合作研究基金申请人数为 346 人，共有 78 人获得资助。其中海外 70 名（美国 53 名，加拿大 4 名，澳大利亚 3 名，英国 2 名，法国 2 名，瑞典 2 名，日本 2 名，德国 1 名，丹麦 1 名），中国香港、澳门 8 名，资助经费为3 120万元。

2003 年度海外青年学者合作研究基金获资助者名单（材料相关）

姓　名	专业技术职称	现供职单位	合作者	国内合作单位
卢天键	教　授	University of Cambridge	方岱宁	清华大学
吴　跃	教　授	University of North Carolina	汪卫华	中国科学院物理研究所
黄焕中	副教授	University of California - Los Angeles	马余刚	中国科学院上海应用物理研究所
祝介平	研究员	Institute de Chimic des Substances Naturelles，CNRS，91198Gif - Yvette，France	王梅祥	中国科学院化学研究所
蒲　林	副教授	University of Virginia	余孝其	四川大学
任晓兵	研究员	National institute for materials science，Japan	孙　军	西安交通大学
周建十	研究员	University of Texas at Austin	靳常青	中国科学院物理研究所
沈志坚	副教授	Stockholm University，Sweden	南策文	清华大学
逯高清	教　授	The University of Queensland，Australia	成会明	中国科学院金属研究所
孙守恒	研究员	IBM Thomas J. Watson Research Center，USA	庞世瑾	中国科学院物理研究所
陈志刚	副教授	San Francisco State University，USA	许京军	南开大学
汪林望	研究员	Lawrence Berkeley National Laboratory	李树深	中国科学院半导体研究所

2004 年度海外青年学者合作研究基金获资助者名单（材料相关）

姓　名	职称	现供职单位	合作者	国内合作单位
龚　兵	教　授	State University of New York at Buffalo	邓金根	中国科学院成都有机化学研究所
许国勤	教　授	National University of Singapore	彭　波	复旦大学
潘晓晴	副教授	University of Michigen	朱永元	南京大学
裴启兵	教　授	University of California. Los Angeles	黄　维	复旦大学
陈　涌	教　授	University of California. Los Angeles	刘治国	南京大学
许国勤	教　授	National University of Singapore	彭　波	复旦大学
潘晓晴	副教授	University of Michigen	朱永元	南京大学
裴启兵	教　授	University of California. Los Angeles	黄　维	复旦大学
陈　涌	教　授	University of California. Los Angeles	刘治国	南京大学

2003 年度中国香港、澳门青年学者合作研究基金获资助者名单（材料相关）

姓　名	专业技术职称	现供职单位	合作者	内地合作单位
林海青	教　授	香港中文大学	王鼎盛	中国科学院物理研究所

2004 年度中国香港、澳门青年学者合作研究基金获资助者名单（材料相关）

姓　名	专业技术职称	现供职单位	合作者	内地合作单位
肖旭东	副教授	香港科技大学	侯建国	中国科学技术大学
李涵雄	副教授	香港城市大学	韩　雷	中南大学

创新研究群体科学基金

由有关部委及我委各科学部推荐，2003 年度候选研究群体共有 67 个。经同行评议、科学部专业评审组评审、专家小组实地考核及委务会议审议，共有 21 个研究群体获得资助，经费为7 320万元。

2003 年度创新研究群体科学基金资助统计表（材料相关，经费单位：万元）

学术带头人	研究方向	所在单位	资助经费
侯晓远	低维凝聚态物理理论与实验研究	复旦大学	360
谢　毅	纳米材料和纳米结构的化学制备与性质	中国科学技术大学	360
马大为	化学生物学导向的有机合成	中国科学院上海有机化学研究所	360
李　灿	催化新材料、新反应和新研究方法的探索研究	中国科学院大连化学物理研究所	360
汪卫华	极端条件下亚稳材料合成、结构及物性研究	中国科学院物理研究所	360
邱冠周	硫化矿生物提取的基础研究	中南大学	360
高鸿钧	纳米电子器件的材料、构造与物性研究	中国科学院物理研究所	360
张　杰	超短超强激光科学的若干前沿问题研究	中国科学院物理研究所	360

2004 年度创新研究群体科学基金资助统计表（材料相关，经费单位：万元）

学术带头人	研究方向	所在单位	资助经费
张德清	分子材料与器件的制备和性能研究	中国科学院化学研究所	360
程津培	功能有机分子的构筑和构效关系研究	南开大学	360
赵东元	纳米体系下新型介孔分子筛组装和制备科学及其应用研究	复旦大学	360
李晓光	新型类钙钛矿氧化物功能材料的合成、微结构与性能研究	中国科学技术大学	360
刘维民	空间润滑材料与技术研究	中国科学院兰州化学物理研究所	360
张　荣	新型低维量子结构与器件	南京大学	360

国家自然科学基金委员会机关各部门领导、直属单位及挂靠单位领导名单

国家自然科学基金委员会机关各部门领导名单

单　位	主任（局长）	副主任（副局长）	主任（局长）助理
办公室	经大平	王铁强（兼信息中心主任）	
计划局	何鸣鸿	朱大保、孟宪平	
政策局	赵学文（委正局级调研员，主持日常工作）		韩　宇
财务局	郑仲文	徐玉娣（女）	
国际合作局	韩建国	常　青、白　鸽（女）	
人事局		高体玙	
数学物理科学部	苏肇冰（兼）	汲培文（常务）	
化学科学部	张礼和（兼）	梁文平（主持工作）、陈拥军	
生命科学部	洪德元（兼）	杜生明（主持工作）	冯　锋、冯雪莲
地球科学部	周秀骥（兼）	柴育成（主持工作）、陆则慰	
工程与材料科学部	周孝信（兼）	黎　明（主持工作）、高瑞平	
信息科学部	侯朝焕（兼）	刘志勇（常务）、秦玉文	
管理科学部	成思危（兼）	陈晓田（常务）、黄海军（兼）	
纪检监察审计监督联合办公室	彭连明	高文淑（女）、岳忠厚	
监督委员会	张存浩（兼）	钱祥麟（常务，兼）、彭连明、张华、赵广民、岳忠厚	

中国材料科学、化学工程和金属冶金研究领域论文分布情况

此项研究依据中国科学技术信息研究所（ISTIC）建设的“中国科技论文引文数据库”（CSTPCD）和美国科学信息研究所（ISI）出品的“科学引文索引扩展版”（SCI－E），分别对中国科学家在纳米科学研究领域内发表的国内科技论文和国际科技论文进行统计，得到相应的地区分布、机构分布和发表论文较多的高产作者排名。

CSTPCD 收录了1 500余种国内最高质量的学术类和技术类期刊，是国内历史最久，收录最全，统计结果最具权威性的数据库系统。SCI－E 收录了5 000余种世界优秀期刊，被公认为是用于进行科学计量研究的有力工具。

此项研究采用上述数据库 2003 年度检索结果，这是目前可以采集到并且能用于统计分析的最新数据。

论文的学科划分，依据国家技术监督局发布的学科分类与代码（GB/T 13745－92）进行划分。

论文的地区分布，依据第一作者著录单位的所在省、市、自治区划分，其中不包含香港、澳门和台湾地区。

机构类型划分分为高等院校、中国科学院所属研究机构、工业研究机构和其他研究机构。各个机构的论文数包括其所有的附属医院、国家重点实验室等二级研究机构的论文数。

依据姓名和署名单位对科学家发表的论文数进行统计。对姓名和署名单位相同的数据记录，认定为同一个科学家。SCI－E 中作者姓名为英文缩写格式。

中国材料科学、化学工程和金属冶金研究领域国内论文的分布

依据对 CSTPCD 2003 数据库的统计，2003 年中国科学家作为主要研究者（第一作者）共发表国内论文274 604篇，其中在材料科学、化学工程和金属冶金领域发表论文有22 189篇，所占比例为 8.08%。

1. 地区分布

2003 年全国共有 30 个省市自治区的科学家在材料科学、化学工程和金属冶金领域发表论文，表 1 列出了各个地区发表的论文数。

表 1　各个地区材料科学、化学工程和金属冶金领域国内论文数

论文数	地　区	论文数	地　区	论文数	地　区
2 980	北京	906	河南	288	福建
1 651	上海	891	四川	252	云南
1 591	辽宁	880	黑龙江	190	重庆
1 551	江苏	695	浙江	160	广西
1 330	湖北	605	河北	126	内蒙古
1 284	山东	522	安徽	99	贵州
1 194	湖南	453	山西	84	新疆
1 171	陕西	342	江西	41	宁夏
1 078	广东	332	吉林	24	青海
959	天津	324	甘肃	15	海南

2. 机构分布

表 2 列出了不同机构类型的论文数分布：

表 2　各个类型机构材料科学、化学工程和金属冶金领域国内论文数

机构类型	论文数	所占比例
高等院校	15 097	68.04%
中国科学院所属研究机构	753	3.39%
工业研究机构	1 627	7.33%
其他机构	4 712	21.24%
总　计	22 189	100.00%

表 3～表 5 分别列出了各个类型中发表论文数较多的研究机构的排名。其中表 3 列出论文数前 40 位的高等院校，表 4 列出了论文数前 20 位的中科院研究机构，表 5 列出论文数前 20 位的工业研究机构。

表 3　材料科学、化学工程和金属冶金领域国内论文数较多的 40 个高等院校

排　位	高等院校	论文数	排　位	高等院校	论文数
1	清华大学	550	21	重庆大学	159
2	天津大学	533	22	北京航空航天大学	157
3	华南理工大学	506	23	昆明理工大学	154
4	中南大学	484	24	郑州大学	145
5	哈尔滨工业大学	473	25	燕山大学	144
6	上海交通大学	464	26	同济大学	143
7	北京科技大学	397	27	合肥工业大学	141
8	华中科技大学	364	28	湖南大学	133
9	四川大学	354	29	吉林大学	131
10	北京化工大学	347	30	上海大学	126
11	山东大学	313	31	石油大学	118
12	浙江大学	312	32	北京理工大学	115
13	东北大学	309	32	南京理工大学	115
14	西北工业大学	303	34	东华大学	112
15	西安交通大学	282	34	太原理工大学	112
16	大连理工大学	262	36	北京工业大学	110
17	武汉理工大学	248	36	江苏大学	110
18	华东理工大学	219	38	武汉科技大学	106
19	南京工业大学	190	39	广东工业大学	99
20	青岛科技大学	162	40	河南科技大学	95

表 4　材料科学、化学工程和金属冶金领域中科院所属研究机构发表的国内论文数

排　位	研究机构	论文数	排　位	研究机构	论文数
1	中国科学院金属研究所	256	10	中国科学院广州化学研究所	15
2	中国科学院山西煤炭化学研究所	67	10	中国科学院广州能源研究所	15
3	中国科学院上海硅酸盐研究所	62	10	中国科学院力学研究所	15
4	中国科学院过程工程研究所	55	14	中国科学院上海微系统与信息技术研究所	12
5	中国科学院兰州化学物理研究所	42	15	中国科学院理化技术研究所	10
6	中国科学院大连化学物理研究所	26	16	中国科学院等离子体物理研究所	8
7	中国科学院上海光学精密机械研究所	25	17	中国科学院长春光学精密机械与物理研究所	7
8	中国科学院化学研究所	19	17	中国科学院固体物理研究所	7
9	中国科学院成都有机化学研究所	17	17	中国科学院物理研究所	7
10	中国科学院长春应用化学研究所	15	17	中国科学院新疆理化技术研究所	7

表 5　材料科学、化学工程和金属冶金领域国内论文数较多的工业研究机构

排　位	研究机构	论文数	排　位	研究机构	论文数
1	钢铁研究总院	117	10	中国工程物理研究院化工材料研究所	22
2	北京航空材料研究院	91	12	西安近代化学研究所	21

续表

排　位	研究机构	论文数	排　位	研究机构	论文数
3	北京有色金属研究总院	64	13	石油化工科学研究院	20
4	西北有色金属研究院	36	13	中国建筑材料科学研究院	20
5	洛阳船舶材料研究所	30	15	黑龙江省石油化学研究院	19
6	中国工程物理研究院机械制造工艺研究所	29	16	长沙矿冶研究院	18
7	北京矿冶研究总院	28	16	中国日用化学工业研究院	18
7	天津水泥工业设计研究院	28	18	北京航空制造工程研究所	17
9	天津化工研究设计院	24	18	中国石化上海石油化工研究院	17
10	攀枝花钢铁研究院	22	20	中国石化北京化工研究院	16

3. 发表论文较多的科学家

表 6　材料科学、化学工程和金属冶金领域国内论文数较多的科学家

排　位	研究机构	科学家	论文数
1	青岛建筑工程学院	田福祥	18
2	湖北师范学院	杨水金	14
3	成都电焊机研究所	何　立	12
4	合肥工业大学	尤显卿	11
4	重庆工学院	张　鹏	11
6	合肥工业大学	程和法	10
6	湖南大学	唐明华	10
6	南京工程学院	王章忠	10
6	华南理工大学	夏正斌	10
6	华南理工大学	游长江	10
11	东北大学	胡贤磊	9
11	沈阳工业大学	李荣德	9
11	常熟高等专科学校	林朝平	9
11	哈尔滨工业大学	罗守靖	9
11	大连轻工业学院	王承遇	9
11	东北大学	张　勤	9
11	淮海工学院	张田林	9

中国材料科学、化学工程和金属冶金研究领域国际论文的分布

依据对 SCI－E 2003 数据库的统计，2003 年中国科学家作为主要研究者（第一作者）共发表国际论文38 092篇，其中在材料科学、化学工程和金属冶金领域发表论文有6 447篇，所占比例为16.92%。

1. 地区分布

2003 年全国共有 30 个省市自治区的科学家在材料科学、化学工程和金属冶金领域发表国际论文，表 7 列出了各个地区发表的论文数。

表 7　各个地区材料科学、化学工程和金属冶金领域国际论文数

论文数	地　区	论文数	地　区	论文数	地　区
1559	北京	223	天津	22	云南

续表

论文数	地　区	论文数	地　区	论文数	地　区
787	上海	223	吉林	21	重庆
490	辽宁	192	广东	16	广西
474	湖北	176	福建	15	江西
322	陕西	161	四川	14	内蒙古
321	江苏	147	安徽	3	新疆
303	山东	77	山西	3	贵州
235	黑龙江	72	甘肃	2	海南
230	湖南	63	河北	1	宁夏
291	浙江	43	河南	1	青海

2. 机构分布

表 8 列出了不同机构类型的论文数分布：

表 8　各个类型机构材料科学、化学工程和金属冶金领域国际论文数

机构类型	论文数	所占比例
高等院校	5 143	79.77%
中国科学院所属研究机构	1 070	16.60%
工业研究机构	207	3.31%
其他机构	27	0.42%
总　计	6 447	100.00%

表 9～表 11 分别列出了各个类型中发表论文数较多的研究机构的排名。其中表 9 列出发表 25 篇以上论文的高等院校，表 10 列出全部中科院研究机构，表 11 列出发表 3 篇以上论文的工业研究机构。

表 9　材料科学、化学工程和金属冶金领域国际论文数较多的高等院校

排　位	高等院校	论文数	排　位	高等院校	论文数
1	清华大学	623	19	东北大学	81
2	上海交通大学	271	20	华南理工大学	72
3	浙江大学	253	21	武汉大学	69
4	山东大学	236	22	北京大学	68
5	哈尔滨工业大学	227	23	北京航空航天大学	65
6	北京科技大学	187	23	复旦大学	65
7	武汉理工大学	183	25	中山大学	64
8	中南大学	171	26	华东理工大学	54
9	中国科技大学	168	27	兰州大学	44
10	南京大学	156	28	北京工业大学	42
11	西安交通大学	145	28	上海大学	42
12	天津大学	142	28	同济大学	42
13	吉林大学	133	31	南开大学	39
14	西北工业大学	94	32	厦门大学	31
15	四川大学	93	33	东南大学	28

续表

排　位	高等院校	论文数	排　位	高等院校	论文数
16	大连理工大学	92	33	苏州大学	28
17	华中科技大学	90	35	湖南大学	26
18	北京化工大学	83	35	郑州大学	26

表 10　材料科学、化学工程和金属冶金领域中科院所属研究机构发表的国际论文数

排　位	研究机构	论文数	排　位	研究机构	论文数
1	中科院金属所	257	18	中科院力学所	10
2	中科院上海硅酸盐所	209	19	中科院广州化学所	9
3	中科院化学所	131	20	中科院上海技术物理所	7
4	中科院长春应化所	74	21	中科院海洋所	5
5	中科院物理所	69	21	中科院生态环境中心	5
6	中科院山西煤化所	49	23	中科院半导体所	4
7	中科院过程工程所	38	23	中科院高能物理所	4
8	中科院固体物理所	33	23	中科院南京土壤所	4
9	中科院上海光机所	27	23	中科院研究生院	4
10	中科院大连化物所	16	27	中科院地理与自然资源所	3
11	中科院福建物质结构所	14	28	中科院安徽光机所	2
12	中科院等离子体物理所	13	28	中科院电工所	2
12	中科院上海微系统与信息技术所	13	28	中科院电子所	2
14	中科院成都有机化学所	12	28	中科院工程热物理所	2
14	中科院理化技术所	12	28	中科院广州地球化学所	2
16	中科院长春光机与物理所	11	28	中科院武汉物理数学所	2
16	中科院兰州化物所	11	28	中科院岩土力学所	2

表 11　材料科学、化学工程和金属冶金领域国际论文数较多的工业研究机构

排　位	研究机构	论文数	排　位	研究机构	论文数
1	钢铁研究总院	33	8	中国原子能科学研究院	5
2	北京航空材料研究院	30	9	中国防化研究院	4
3	西北有色金属研究院	28	9	农业部华南热带农业所	4
4	有色金属研究总院	17	11	宝山钢铁集团公司研究院	3
5	中国建材研究院	9	11	北京矿冶研究总院	3
6	中国工程物理研究院	8	11	山东工业陶瓷研究所	3
7	西南物理研究所	7			

3. 发表论文较多的科学家

表 12　材料科学、化学工程和金属冶金领域国际论文数较多的科学家

排　位	研究机构	科学家	论文数
1	清华大学	Guo, D	9
1	同济大学	Huang, ZM	9
1	清华大学	Wang, XH	9

续表

排　位	研究机构	科学家	论文数
4	北京航空航天大学	Chen, Y	8
4	哈尔滨工业大学	Liu, Y	8
4	山东大学	Wang, HR	8
4	上海交通大学	Yan, ZJ	8
8	清华大学	Gong, JH	7
8	西安交通大学	He, ZR	7
8	西安交通大学	Li, CJ	7
8	清华大学	Xie, D	7
8	清华大学	Xie, ZP	7
8	华侨大学	Xu, XP	7
8	西北工业大学	Yue, ZF	7
8	郑州大学	Zhang, HJ	7
8	山东大学	Zhang, ZH	7
8	上海交通大学	Zhou, M	7

资料来源：中国科学技术信息研究所

材料相关科技成果情况

2003 年全国科技成果统计概况

2003 年，我国科技投入继续大幅增加，科技创新体系逐步完善，产业化步伐进一步加快，高技术产业快速发展，科学技术对经济社会发展的贡献日益突出。2003 年全国登记的科技成果继续大幅度增加，统计总体情况如下：

一、基本情况

1. 成果总量明显增长

2003 年全国共登记科技成果 3.0 万项，比上年增长（下同）14%。从科技成果获奖情况看，获得各种奖励的项目为1 986项，占登记成果总量的 6.5%。其中，获得国家级奖励的科技成果共 254 项（国家自然科学奖 19 项，国家技术发明奖 19 项，国家科学技术进步奖 216 项）。在获得国家级奖励的通用项目类科技成果中，地方推荐获奖的项目 82 项（其中香港特别行政区有 3 项获奖），部门推荐获奖的项目达 98 项，专家推荐获奖的项目有 6 项。

此外，2003 年首次对登记的科技成果所获得的发明专利授权和制定标准的情况进行了统计。获得发明专利授权的项目数为2 501项，占登记项目总数的 8%，其中，医疗机构的发明专利授权项目比例最高，近 32%，大专院校和企业比例次之，均在 11.5% 左右，独立科研机构比例最低，仅为 5%。在全部科技成果中，新制定标准数为 486 项，约占 2%。其中：国际标准 43 项，国家标准 138 项，行业标准 102 项，地方标准 37 项，企业标准 166 项。

2. 成果来源仍以各级科技计划项目成果为主

2003 年登记的科技成果中，来源于各级科技计划项目的成果占 54%。其中，国家科技计划项目成果占 13%，地方科技计划项目成果占总数的 24%，部门科技计划项目成果占 17%。国家科技计划项目成果中，“863”计划和科技攻关计划项目登记成果数均呈较快增长，尤其是 863 计划，数量达1 735项，增幅高达 5 倍以上，攻关计划项目成果登记1 715项，增长 42%。数据表明自 2003 年 6 月《关于加强国家科技计划成果管理的暂行规定》发布后，加强对国家主体科技计划重大成果管理工作取得了明显的效果。

3. 成果类别以应用技术类为主，软科学类成果增长明显

2003 年全国共登记基础理论成果2 006项，比上年增长 11%，占登记成果总数的 7%；共登记应用技术成果26 837项，增长 14%，占登记成果总数的 88%；共登记软科学成果1 643项，增长 33%，占登记成果总数的 5%。可见，全部登记的科技成果中绝大多数成果属于应用技术类成果。

4. 企业仍是主要成果完成单位

在 2003 年统计的 3.0 万项科技成果中，成果完成单位按成果数量排序依次是：企业完成成果 1.0 万项，占 33%；独立科研机构完成成果6 794项，占 22%；大专院校完成成果6 546项，占 22%；医疗机构完成成果3 783项，占 12%。与 2002 年相比，各类成果完成单位所占比例变化很小。

5. 科技成果累计投入显著增长

2003 年登记的科技成果累计投入5 383亿元，比上年增

长142%。其中，国家、部门、地方、自有资金、基金和其他方面的累计投入分别为1 396亿元、1 288亿元、768 亿元、1 357亿元、81 亿元和493 亿元，分别占投资总额的26%、24%、14%、25%、2%和9%。上述各研究主体投入份额有较大幅度调整，部门和国家所占比例增长幅度较大，分别比上年提高11 和8 个百分点，地方和基金比例基本保持不变，自有资金比例下降明显，减少15 个百分点。

二、应用技术成果

1. 高新技术成果分布向自然、生态和环境领域偏移

从自然、生态和环境领域的分布看，2003 年登记的自然、生态、环境领域的成果比例稍有下降，占36%。主要原因是新能源和高效节能类应用技术成果所占比例下降了1.3 个百分点；非自然、生态、环境领域的高新技术类应用技术成果占登记成果总数的比例为64%，比上年稍有增长，其中，电子信息和软件等高新技术类应用技术成果所占比例分别提高1.8 和2.1 个百分点。

2. 成果体现形式仍以新技术和新产品为主

2003 年登记的应用技术成果中，新技术和新产品类应用技术分别占登记总量的41%和24%，二者合计近65%；农业、生物新品种类占5%，新工艺等其他应用技术类合计约占30%。与上年相比，新技术类应用技术比例略有下降，新产品和农业、生物新品种比例略有增长。

从成果体现的标准构成看，2003 年登记的应用技术成果，标准构成比例依次是：国家标准、行业标准、企业标准、国际标准和地方标准，其中，国家标准和行业标准合计占登记标准总数的59%。

从成果获得的知识产权分布看，2003 年登记的应用技术成果，知识产权中发明专利授权比例微降，软件著作权比例微升，二者比例分别为22%和78%。

3. 成熟应用阶段成果比例明显提高

2003 年全国登记应用技术成果26 837项，处于成熟应用阶段的成果15 289项，占应用技术成果总数的比例比2002 年提高近10 个百分点，达到57%；处于中期阶段和初期阶段的成果分别为7 793项和3 755项，所占比例分别减少6 个百分点和4 个百分点，降为29%和14%。

附表　2003 年全国科技成果统计结果

项目名称	合　计	独立科研机构	大专院校	企　业	其中：科研转制企业	医疗机构	其　他
登记成果数	30 486	6 794	6 546	10 084	438	3 783	3 279
按评价方式分（项）							
鉴定项目数	22 885	4 517	4 264	8 561	303	3 287	2 256
验收项目数	2 997	1 038	605	797	77	91	466
评审项目数	2 166	529	1 031	123	15	159	324
行业准入数	672	205	75	329	28	17	46
评估项目数	1 011	302	140	249	8	201	119
结题项目数	755	203	431	25	7	28	68
按成果类别分（项）							
应用技术成果	26 837	5 683	4 820	9 886	412	3 601	2 847
基础理论成果	2 006	671	1 015	106	3	107	107
软科学成果	1 643	440	711	92	23	75	325
按课题来源分（项）							
国家科技计划	4 214	1 958	1 030	770	74	291	165
863 计划	1 735	1 069	321	283	40	17	45
国家科技攻关计划	1 715	599	450	367	29	210	89
基础研究计划	566	263	202	58	3	32	11
研究开发条件能力建设	72	16	12	31	2	4	9
科技产业化环境建设计划	126	11	45	31	0	28	11
部门计划	5 550	2 313	1 255	1 134	105	188	660
地方计划	7 613	1 598	1 776	2 105	98	1 098	1 036
部门基金	993	242	475	123	10	111	42
地方基金	1 591	206	889	136	16	258	102

续表

项目名称	合　计	独立科研机构	大专院校	企　业	其中：科研转制企业	医疗机构	其　他
民间基金	92	7	31	38	1	4	12
国际合作	225	67	100	31	0	21	6
横向委托	923	159	499	221	39	4	40
自　选	8 839	629	879	4 888	113	1 543	900
其　他	2 210	397	294	845	14	327	347
奖励项目数（项）	1 986	242	693	666	24	231	154
发明专利授权数（项）	2 501	354	762	1 162	140	115	108
制订标准数（项）	486	61	76	275	30	21	53
国际标准	43	8	9	16	8	4	6
国家标准	138	21	26	68	4	7	16
行业标准	102	14	24	52	15	6	6
地方标准	37	13	7	4	1	1	12
企业标准	166	5	10	135	2	3	13
经费实际投入额（亿元）	5 383.05	970.08	1 747.79	1 795.53	51.45	360.57	509.08
国家投入	1 395.74	373.70	507.64	481.16	0.99	1.67	31.57
部门投入	1 287.65	230.62	956.59	53.01	21.54	12.56	34.88
地方投入	767.77	250.68	127.21	138.25	1.08	49.06	202.56
基金投入	81.49	36.13	39.41	2.99	0.06	0.32	2.65
自有资金	1 357.06	65.96	67.89	749.72	25.52	262.35	211.13
银行贷款	22.38	1.72	0.23	17.46	0.40	1.78	1.20
国外资金	1.63	0.21	0.37	0.26	0.00	0.02	0.78
其　他	469.33	11.06	48.46	352.69	1.85	32.81	24.31

2003 年地方和部门科技成果统计分析

在 2003 年全国登记的科技成果中，地方和部门登记的成果数量分别为22 708项和7 778项，分别占 3/4 和 1/4。以下是对地方和部门科技成果的初步分析：

一、地方科技成果

1. 地方科技成果主要集中在东部地区

2003 年度，在地方登记成果中，东、中、西部成果比例差距较大，东部地区成果共有13 328项，近地方登记总数的 60%；中、西部地区登记成果分别为5 435项和3 945项，二者比例相对较少，分别仅占 24% 和 17.3%。

几大重点经济地带中，环渤海地区成果所占比例最大，约为地方登记总数的三分之一，共7 388项；长三角地区共登记成果4 254项，占地方登记成果总数的 19%；东北地区登记的成果2 542项，占 11%；珠三角地区共登记成果1 054项，所占比例最少，仅 5%。

2. 地方成果来源以自选课题和地方计划项目为主

据 2003 年登记成果统计，自选课题和地方计划两类成果分别占地方成果登记总数的 34% 和 30%，该比例均比上年提高近 3 个百分点；其他成果来源中，部门计划项目比例比上年略有上升（占 9%），国家计划项目比例下降 5 个百分点（占 8%）。

具体到东、中、西部地区：自选项目和地方计划项目仍然是主要成果来源，合计分别占各自总量的 63%、63% 和 67%。其中，西部比例增长最大，比上年提高近 12 个百分点；东部比例增长相对较小，约提高 4 个百分点。国家科技计划项目成果比例均有所下降，分别减少 5 个、4 个和 8 个百分点，占地方成果来源总量的 8%、8% 和 5.6%。但在国家科技计划中，三个地区“863”计划成果比例均稍有提高，分别达到 1.3%、1.2% 和 1.2%。

几个主要经济地带中，珠三角和环渤海地区自选课题比例相对较高，分别占 43% 和 35%；长三角和东北地区地方计划项目比例相对较高，分别占 33% 和 30%。

3. 成熟的应用技术成果达半数以上，尤其以东部地区增长最快从成果所处阶段来看，在2.0万项地方应用技术成果中，处于成熟应用阶段的科技成果为11 270项，所占比例突破5成，比上年增加13个百分点。而处于初期阶段和中期阶段的应用成果则比上年分别减少了4个和10个百分点。

2003年东、中、西部地区各应用阶段成果比例有较大幅度调整，其中，东部变化最大。三个地区成熟应用阶段成果比例均有不同幅度提高，分别占地方登记应用技术成果总量的59%、52%和50%，比上年分别提高了18个、7个和6个百分点。处于中期阶段的成果比例比上年分别下降12个、7个和4个百分点，达到26%、32%和36%。初期阶段的成果比例下降幅度不大，分别为15%、16%和14%。

从主要经济地带看，环渤海和珠三角地区成熟应用阶段的应用技术成果比重最高，均超过60%，东北地区的比例最低，不到50%。长三角地区和东北地区处于初期阶段和中期阶段的应用技术成果比例较高，分别都超过15%和30%。

二、部门科技成果

1. 部门成果总量增长显著

2003年，由国务院有关部门科技成果管理机构登记的科技成果共7 778项，比上年增长32%，占全国登记成果总数的25%。其中，基础理论成果、应用技术成果、软科学成果分别为796项、6 645项和337项，在全国登记的同类成果中所占比例分别为40%、25%和20%。

应用技术成果在部门统计成果总数中的比例稍有增长。2003年部门登记的科技成果中，基础理论成果、应用技术成果、软科学成果所占比例分别为10%、85%和4%，其中，应用技术成果比例提高1.6个百分点，基础理论成果比例下降1.5个百分点，软科学成果比例基本不变。

2. 成果来源以部门计划和国家计划为主

2003年部门登记科技成果来源构成中，部门计划和国家计划两类项目的比例最高，分别为39%和28%；其次是自选课题与地方计划项目，分别占部门成果总数的10%和8%。“863”计划和部门计划项目在全部部门成果中的比例分别提高15和5个百分点，其他增长比较显著的项目还有国家科技攻关计划项目、地方计划项目和民间基金项目。

3. 成熟应用阶段的成果是主体

2003年，在国务院有关部门的6 645项应用技术成果中，处于初期阶段的成果744项，占11%；处于中期阶段的成果1 882项，占28%；处于成熟应用阶段的成果4 019项，占60%。与2002年相比，所处各阶段成果的比例变化较大，其中，中期阶段成果比例增长8个百分点，成熟阶段应用成果和初期阶段成果比例呈下降趋势，分别下降5个百分点和3个百分点。

表1　2002～2003年地方科技成果数量

省　市	总　数		基础理论		应用技术		软科学	
	2002年	2003年	2002年	2003年	2002年	2003年	2002年	2003年
北京市	443	955	51	221	354	641	38	93
天津市	1 020	1 203	73	61	907	907	40	235
河北省	1 009	1 087	33	41	942	1 011	34	35
辽宁省	411	408	13	18	369	351	29	39
沈阳市	137	233	3	9	112	194	22	30
大连市	129	148	—	5	118	133	11	10
上海市	1 418	1 508	110	97	1 250	1 281	58	130
江苏省	1 255	1 268	101	74	1 153	1 184	1	10
南京市	117	150	—	—	111	139	6	11
浙江省	902	1 013	135	11	722	977	45	25
杭州市	48	41	—	—	48	41	—	—
宁波市	125	274	—	7	117	260	8	7
山东省	3 018	2 896	45	51	2 853	2 744	120	101
济南市	220	226	—	—	216	222	4	4
青岛市	165	232	—	4	146	224	19	4

续表

省　市	总　数		基础理论		应用技术		软科学	
	2002 年	2003 年	2002 年	2003 年	2002 年	2003 年	2002 年	2003 年
福建省	420	442	10	34	392	407	18	1
厦门市	92	105	3	5	88	100	1	0
广东省	622	669	50	61	560	604	12	4
广州市	186	103	9	—	167	100	10	3
深圳市	272	282	4	6	262	272	6	4
海南省	71	85	10	9	59	76	2	—
东部小计	12 080	13 328	650	714	10 946	11 868	484	746
山西省	359	282	22	35	294	247	43	—
吉林省	374	538	20	32	349	492	5	14
长春市	17	82	—	—	17	78	—	4
黑龙江省	996	986	37	54	916	860	43	72
哈尔滨市	95	147	1	2	90	134	4	11
安徽省	406	436	38	22	363	407	5	7

表 2　2001～2003 年部门科技成果数量

部　门	总　数		基础理论成果		应用技术成果		软科学成果	
	2002 年	2003 年	2002 年	2003 年	2002 年	2003 年	2002 年	2003 年
教育部	720	767	273	265	431	485	16	17
国防科学技术工业委员会	2 018	2 100	37	100	1 930	1 914	51	86
公安部	50	74	—	—	50	65	—4	9
民政部	—	—	—	—	—	—	—	—
劳动和社会保障部	16	6	—	1	4	1	12	4
国土资源部	200	307	67	119	103	143	30	45
建设部	51	36	2	—	47	36	2	—
铁道部	66	48	—	—	66	48	—	—
交通部	35	92	1	—	23	68	11	24
信息产业部	54	1 074	—	—	54	1 074	—	—
水利部	57	45	—	—	57	45	—	—
农业部	91	77	—	3	86	67	5	7
商务部	7	—	—	—	—	—	7	—
文化部	2	2	—	—	2	2	—	—
卫生部	27	29	1	1	26	26	—	2
国家人口和计划生育委员会	—	3	—	—	—	3	—	—
中国人民银行	75	89	—	—	75	89	—	—
海关总署	35	196	—	—	35	196	—	—
国家质量监督检验检疫总局	133	77	—	1	121	70	12	6
国家环境保护总局	104	134	1	3	52	81	51	50

续表

部　门	总　数		基础理论成果		应用技术成果		软科学成果	
	2002 年	2003 年	2002 年	2003 年	2002 年	2003 年	2002 年	2003 年
中国民用航空总局	31	17	—	—	18	13	13	4
国家广播电影电视总局	—	—	—	—	—	—	—	—
国家新闻出版总署	—	673	—	19	—	627	—	27
国家体育总局	—	—	—	—	—	—	—	—
国家林业局	47	160	—	—	46	160	1	—
国家食品药品监督管理局	2	5	1	—	1	4	—	1
国家安全生产监督管理局	18	15	—	—	18	9	—	6
中国科学院	639	582	235	222	393	359	11	1
中国地震局	68	48	21	12	40	32	7	4
中国气象局	17	6	—	—	17	6	—	—
国家电力监管委员会	151	205	3	—	146	201	2	4
国家粮食局	7	21	—	—	7	21	—	—
国家烟草专卖局	36	23	—	—	36	23	—	—
国家海洋局	59	57	17	20	36	34	6	3
国家测绘局	23	20	2	1	19	18	2	1
国家邮政局	53	64	—	—	29	30	24	34
国家文物局	6	—	—	—	6	—	—	—
国家中医药管理局	—	15	—	6	—	7	—	2
中国石油化工集团公司	276	266	—	—	276	266	—	—
中国石油天然气集团公司	656	437	30	23	626	414	—	—
中国海洋石油总公司	3	—	—	—	3	—	—	—
中国包装总公司	5	—	—	—	5	—	—	—
中国建筑工程总公司	—	8	—	—	—	8	—	—
中国有色金属工业协会	72	—	—	—	72	—	—	—
合　计	5 910	7 778	691	796	4 956	6 645	263	337

2004 年与材料相关的获奖项目目录

国家级科技奖项包括国家最高科学技术奖，现获奖者每年不超过两名，是我国科技界的最高荣誉。国家科学技术奖还包括自然科学奖、技术发明奖、科学技术进步奖和国际科学技术合作奖四大奖项。

经国家科学技术奖评审委员会严格评审、国家科技奖励委员会审定和科技部审核，报国务院批准，2004 年度国家自然科学奖授奖项目二等奖 28 项，其中材料相关获奖项目有 13 个；国家技术发明奖授奖项目 28 项，一等奖 2 项，分别被中南大学黄伯云院士领导的课题组研究的“高性能炭/炭航空制动材料的制备技术”和西北工业大学张立同项目组完成的“耐高温长寿命抗氧化陶瓷基复合材料应用技术”摘取，两个获奖项目都属于新型复合材料的重大原创性研究成果。二等奖 26 项，其中材料相关获奖项目有 8 个；国家科学技术进步奖授奖项目 244 项，其中一等奖 16 项，材料相关 2 个项目获奖。二等奖 228 项，其中材料相关获奖项目有 28 项；授予 5 名外籍科学家中华人民共和国国际科学技术合作奖。

2004 年国家最高科学技术奖首次出现了空缺。

注：2004 年材料相关国家级科技奖励情况中材料项目获奖统计数据及 2004 年与材料相关的获奖项目目录不包括未公开的保密项目

国家自然科学奖

二等奖

序号	项目编号	项目名称	主要完成人	推荐单位
1	Z-101-2-03	张量函数表示理论与材料本构方程不变性研究	郑泉水、黄克智	教育部
2	Z-102-2-01	2-5GeV 能区正负电子湮没产生强子反应截面（R 值）的精确测量	赵政国、黄光顺、胡海明、陈江川、吕军光	北京市
3	Z-102-2-02	原子尺度的薄膜/纳米结构生长动力学：理论和实验	王恩哥、薛其坤、贾金锋、刘邦贵、张青哲	北京市
4	Z-102-2-03	高温超导体磁通动力学研究	闻海虎、李世亮、杨万里	中国科学院
5	Z-103-2-01	有机、聚合物体系的层状组装与功能	沈家骢、张希	专家推荐
6	Z-103-2-02	有序排列的纳米多孔材料的组装合成和功能化	赵东元、唐颐、余承忠、屠波、高滋	上海市
7	Z-103-2-03	光电功能配位化合物及其组装	游效曾、熊仁根、左景林、张勇、余智	教育部
8	Z-103-2-04	若干新型光功能材料的基础研究和应用探索	姚建年、樊美公、付红兵、叶成、沈玉全	专家推荐
9	Z-103-2-06	有机杂环化合物在金属表面的化学及电化学聚合	薛奇、石高全、金士、张峻峰、陆云	教育部
10	Z-107-2-01	新型半导体异质结构和器件物理研究	郑有炓、张荣、施毅、沈波、顾书林	江苏省
11	Z-107-2-02	半导体纳米结构物理性质的理论研究	夏建白、李树深、常凯、朱邦芬	中国科学院
12	Z-108-2-01	新型的氧化物磁制冷工质与隧道型磁电阻材料	都有为、郭载兵、张宁、钟伟、冯端	江苏省
13	Z-108-2-02	若干低维材料的拉曼光谱学研究	张树霖、顾镇南、蔡生民、施祖进	北京市

国家技术发明奖

一等奖

序 号	项目编号	项目名称	主要完成人	推荐单位
1	F-214-1-01	高性能炭/炭航空制动材料的制备技术	黄伯云、熊翔、易茂中、黄启忠、张红波、邹志强	湖南省

二等奖

序 号	项目编号	项目名称	主要完成人	推荐单位
1	F-211-2-01	新型光敏水解褪色材料的研究及应用	董川、刘滇生、双少敏、林培华、李笃信、任志刚	山西省
2	F-212-2-01	新型鞋靴材料与模压工艺设备	张建春、郝新敏、梁高勇、严自力、周国泰、郭玉海	总后勤部
3	F-213-2-01	润滑油基础油脱氮精制成套技术及其应用	沈喜洲、夏明桂、舒运贵、严一民、杨旦平、史济义	湖北省
4	F-213-2-02	JW 低压均温甲醇合成塔技术	楼寿林、楼韧、徐荣良、任筱娴、姜殿臣、任宝生	中国石油和化学工业协会
5	F-213-2-03	新型离子筛的研制及其应用	王榕树、王林双、那平、赵丽丽、张裕卿、孙岩	天津市

续表

序　号	项目编号	项目名称	主要完成人	推荐单位
6	F-214-2-01	陶瓷胶态成型新工艺	黄勇、杨金龙、谢志鹏、马利国、马天、周龙捷	教育部
7	F-214-2-02	具有抗菌、净化空气及产生负离子的功能材料	金宗哲、梁金生、王静、冀志江、颜学武、范为	中国建筑材料工业协会
8	F-215-2-01	镧钼等热阴极材料及制备技术	周美玲、张久兴、王金淑、聂祚仁、左铁镛、周文元	教育部

国家科学技术进步奖

一等奖

序　号	项目编号	项目名称	主要完成人、主要完成单位	推荐单位
1	J-215-1-01	低碳铁素体/珠光体钢的超细晶强韧化与控制技术	翁宇庆、王国栋、董瀚、孙祖庆、杨忠民、刘清友、康永林、田志凌、李殿中、张丕军、王全礼、张晓刚、陈邦文、王中丙、宋立秋钢铁研究总院、北京科技大学、东北大学、中国科学院金属研究所、宝山钢铁股份有限公司、首钢总公司、武汉钢铁（集团）公司、鞍山钢铁集团公司、广州珠江钢铁有限责任公司、攀枝花钢铁（集团）公司	中国钢铁工业协会
2	J-216-1-01	100MN油压双动铝挤压技术与装备研制	谢东钢、张培良、张培栋、苏振佳、何养民、韩炳涛、朱军、吕亚臣、宁丙辰、王孟君、赵清明、殷玮光、成先飚、张君、祝伟忠　山东丛林集团有限公司、西安重型机械研究所、上海重型机器厂、中国航空工业第一集团公司第304研究所、中南大学、西北工业大学	山东省

二等奖

序　号	项目编号	项目名称	主要完成人、主要完成单位	推荐单位
1	J-211-2-01	制浆和碱回收过程优化控制系统的研究与应用	杨化庭、刘载文、张远峰、苏维均、朱元春、李凤遂、陈宏亮、郭星臻、刘忠侠、丁熙元　北京工商大学、山东（临清）银河纸业集团有限公司、山东华泰（纸业）集团有限公司、大宇制纸有限公司	中国轻工业协会
2	J-212-2-01	功能化系列共聚酯和纤维的研究开发	顾利霞、施丹琴、孙苏榕、郑琪贞、肖茹、杨卫忠、仲蕾兰、解德诚、张斌、张根敏　东华大学、上海第十化学纤维厂、北京服装学院、上海芳可馨化纤有限公司	中国纺织工业协会
3	J-213-2-01	大型料浆浓缩法磷铵国产化装置	钟本和、应建康、林乐、叶绍华、张允湘、何浩明、蒋远华、朱家骅、龚鸣、孙国超　四川大学、中国磷肥工业协会、涪陵化工股份有限公司、南化集团设计院、湖北宜化集团有限责任公司、江苏瑞和化肥有限公司、贵州宏福实业开发有限总公司	四川省
4	J-213-2-02	丙烯酸及酯新工艺生产关键技术	邵敬铭、马建学、张培璋、蒋兆飞、褚小东、印俊、杨蓓兰、郑相潮、袁青、赵旭涛　上海华谊丙烯酸有限公司、中国石油兰州石化公司石油化工研究院、中国华陆工程公司	上海市

续表

序　号	项目编号	项目名称	主要完成人、主要完成单位	推荐单位
5	J－213－2－03	子午线轮胎专用高性能新结构钢帘线生产技术开发	刘锦兰、胡自明、刘祥、陶进祥、蒋日勤、崔明生、刘桂安、陈玉勇、马兴祥、刘湘慧　江苏兴达钢帘线股份有限公司	中国石油和化学工业协会
6	J－213－2－04	多产异构烷烃的催化裂化工艺（MIP）工业应用	许友好、徐惠、郝希仁、张久顺、马伯文、赵升、龙军、袁裕铭、张瑞弛、陆磐谷　中国石油化工股份有限公司石油化工科学研究院、中国石油化工股份有限公司上海高桥分公司、中国石化集团洛阳石油化工工程公司	中国石油化工集团公司
7	J－213－2－05	高速双轴拉伸聚丙烯（BOPP）专用料生产技术的基础研究及工业应用	杨玉良、乔金樑、何天白、施培明、张红东、薄淑琴、杨德才、陆秋欢、卢红斌、郭梅芳　中国石化上海石油化工股份有限公司、复旦大学、中国科学院长春应用化学研究所、中国石油化工股份有限公司北京化工研究院	中国石油化工集团公司
8	J－213－2－06	5 万吨/年氯化聚乙烯（CPE）生产技术及装备的开发	陈华森、刘建平、唐文军、王景春、刘文虎、孙岩、赵永、李树军、隋树鹏　潍坊亚星集团有限公司	中国石油和化学工业协会
9	J－213－2－07	高黏度、易自聚等特殊物系精馏新技术的研究开发与应用	李群生、张泽廷、陈标华、雷志刚、仲崇立、张卫东、王宝华、严国均、贺正龙、李剑秋　北京化工大学、中国石化上海石油化工股份有限公司化工研究所、云南云维股份有限公司、湖南省湘维有限公司	中国石油和化学工业协会
10	J－213－2－08	1 500 吨/年呋喃酚技术的研究与开发	王晓光、刘卫东、张建宇、徐道庄、蒋彪、杜升华、吴光群、王晓岚、王艳丽、龙洁　湖南化工研究院	中国石油和化学工业协会
11	J－213－2－09	亲核芳环取代氢新途径及液相催化氢化新方法连续制备 RT－培司	王农跃、史鸿鑫、冯晓根、余瑞标、瞿雄伟、茅晓晖、唐志民、赵汝银、焦仁平、王兴路　山东圣奥化工股份有限公司	山东省
12	J－213－2－10	高精度自动物料输送称量配料系统研发及产业化应用	袁仲雪、杭柏林、高彦臣、李培祥、王金健、李志华、李勇、王延书、杨殿才、张君峰　青岛高校软控股份有限公司	中国石油和化学工业协会
13	J－213－2－11	化工设备预测性维修规划关键技术的研究	涂善东、巩建鸣、凌祥、张礼敬、周昌玉、王正东、耿鲁阳、陈嘉南、柳雪华、喻红梅　南京工业大学、华东理工大学	江苏省
14	J－213－2－12	新型 FCC 汽油降烯烃催化剂的研制与工业化开发	高雄厚、刘从华、秦松、赵旭涛、邹旭彪、张海涛、郭洪明、许延、赵春林、申建华　中国石油天然气股份有限公司兰州石化分公司	中国石油天然气集团公司
15	J－214－2－01	混凝土耐久性关键技术研究及工程应用	姚燕、胡曙光、田培、李金玉、刘克忠、刘光华、王武祥、何积铨、丁威、张利俊　中国建筑材料科学研究院、中国水利水电科学研究院、武汉理工大学、北京科技大学、中国建筑科学研究院、同济大学、苏州混凝土水泥制品研究院	中国建筑材料工业协会
16	J－214－2－02	铝电解槽用氮化硅结合碳化硅制品的研制	王文武、董建存、程竹、唐骞、谢青松、刘国华、吴吉光、李右津、李兵、龚春雷　洛阳耐火材料研究院、中国铝业广西分公司、中国铝业贵州分公司	河南省
17	J－214－2－03	神舟飞船用先进复合材料主承力结构及特种无机非金属材料	陈辉、林再文、康子与、李新华、刘金芝、祖成奎、路明坤、张晓明、张淑萍、方晓敏　哈尔滨玻璃钢研究院、北京玻璃钢研究设计院、南京玻璃纤维研究设计院、中国建筑材料科学研究院	中国建筑材料工业协会

续表

序 号	项目编号	项目名称	主要完成人、主要完成单位	推荐单位
18	J-214-2-04	锂离子二次电池正极材料钴酸锂的合成	其鲁、尹天一、晨晖、安平 中信国安盟固利电源技术有限公司、北京大学	北京市
19	J-215-2-01	高性能铁基粉末冶金零件成型系列技术及其应用	李元元、夏伟、温利平、张文、肖志瑜、陈维平、邱诚、吴苑标、邵明、龙雁 华南理工大学	广东省
20	J-215-2-02	氧气底吹熔炼—鼓风炉还原炼铅（SKS）新工艺及工业化装置开发研究	蒋继穆、王忠实、王根银、杨安国、王建铭、高常春、孙中森、李东波、何德明、张煌 中国有色工程设计研究总院、水口山有色金属有限责任公司、河南豫光金铅集团有限责任公司、安徽科威金属材料股份有限公司	中国有色金属工业协会
21	J-215-2-03	宝钢2号RH（多功能钢水真空处理装置）的工艺与装备技术的开发和应用	金大中、康复、徐汉明、丛力群、朱齐、丁山、吴伟民、董伟光、柴长健、丁正平 宝山钢铁股份有限公司、上海宝钢工程技术有限公司、上海宝信软件股份有限公司、上海宝钢集团公司设计研究院、西安重型机械研究所、重庆钢铁设计研究总院、上海宝冶建设有限公司	上海市
22	J-215-2-04	西气东输工程用X70板卷、螺旋埋弧焊管、涂敷作业线及涂料的研制与应用	丁晓军、郑磊、王晓香、崔靖全、霍春勇、于洪波、钟裕敏、林竹、丁建华、罗超 宝鸡石油钢管厂、宝山钢铁股份有限公司、华北石油钢管厂、中国石油天然气管道局钢管厂、中国石油天然气集团公司管材研究所、中油管道防腐工程有限责任公司、中国石油集团工程技术研究院	中国石油天然气集团公司
23	J-215-2-05	高质量包装用铝箔毛料与铝箔产品的研究及产业化	潘复生、张静、王文高、丁培道、汤爱涛、林林、陈文、蔡辉、彭速中 重庆大学、西南铝业（集团）有限责任公司	教育部
24	J-215-2-06	铝电解过程智能控制系统及推广应用	冷正旭、李劼、赵庆云、李晋宏、刘钢、陈志南、李金鹏、刘永刚、胡长平、吴智明 中国铝业公司、中南大学、北方工业大学、中国有色金属工业技术开发交流中心	中国有色金属工业协会
25	J-215-2-07	太钢含氮不锈钢生产工艺及品种开发	胡玉亭、刘承志、王立新、李志斌、李国平、赵阳囤、韩泉生、薄世明、曹维、刘洪涛 太原钢铁（集团）有限公司	中国钢铁工业协会
26	J-216-2-01	基于新型工程复合材料的高效传动系统关键技术及产业化	王家序、秦大同、陈小安、田凡、孙冬野、王邦长、吴德沛、陈战、胡建军、余江波 重庆大学、重庆奔腾科技发展有限公司、重庆贝特尔实业有限公司	教育部
27	J-221-2-02	钢—混凝土组合结构关键技术的研究及应用	聂建国、余志武、李勇、蒋丽忠、欧阳政伟、周凌宇、罗小勇、樊健生、陈宜言、郭风琪 中南大学、清华大学、深圳市市政工程设计院、中铁二局股份有限公司、湖南中大建科土木科技有限公司	湖南省
28	J-231-2-02	无机高分子絮凝剂及高效絮凝技术	汤鸿霄、曲久辉、栾兆坤、李大鹏、高宝玉、李志国、孙成彦、王东升、刘会娟、雷鹏举 中国科学院生态环境研究中心	中国科学院

材料领域科技专家

中国科学院

中国科学院学部（以下简称“学部”）成立于1955年，是国家在科学技术方面的最高咨询机构，负责对国家科学技术发展规划、计划和重大科学技术决策提供咨询，对国家经济建设和社会发展中的重大科学技术问题提出研究报告，对学科发展战略和中长期目标提出建议，对重要研究领域和研究机构的学术问题进行评议和指导。

学部由中国科学院院士组成。中国科学院院士从国内外最优秀的科学家中选出，每两年增选一次，目前有院士

687人，其中外籍院士41人。学部的最高权力机构是全体院士大会，其常设领导机构是学部主席团，由中国科学院院长担任执行主席。学部现设有数学物理学部、化学部、生物学部、地学部和技术科学部五个学部。

学部当选的687名院士中，材料领域院士88名，占总数的12.81%。其中数学物理学部13人，化学部30人，科学技术部44人，信息技术科学部1人。其中侯祥麟、闵恩泽、严东生、邵象华、师昌绪、王淀佐6人为中国科学院与中国工程院两院院士。

本书对2004年学部现任院士进行介绍，以下内容按照院士姓名拼音排序。

与材料相关的中国科学院院士情况

姓名	性别	出生年	出生地	工作单位	专业特长	当选时间
数学物理学部						
陈难先	男	1937	上海	清华大学	材料计算机模拟	1997
甘子钊	男	1938	广东信宜	北京大学	超导材料、凝聚态物理	1991
解思深	男	1942	山东青岛	中国科学院物理研究所	纳米材料	2003
黄昆	男	1919	北京	中国科学院半导体研究所	半导体物理学	1955
李方华	女	1932	香港	中国科学院物理研究所	电子衍射、高分辨电子显微像衬度理论	1993
闵乃本	男	1937	江苏如皋	南京大学	人工晶体、微米级微结构	1991
陶瑞宝	男	1937	上海市	复旦大学	凝聚态物理	2003
王迅	男	1938	上海	复旦大学	半导体表面物理、多孔硅	1999
王业宁	女	1919	安徽安庆	南京大学	固体中相变与缺陷的内耗声衰减、高温超导体	1991
杨国桢	男	1932	湖南湘潭	中国科学院物理研究所	光学信息处理、光与物质相互作用、非线性光学	1999
杨应昌	男	1937	北京	北京大学	物质磁性	1997
赵忠贤	男	1938	辽宁新民	中国科学院物理研究所	超导材料	1991
邹广田	男	1919	吉林长春	吉林大学	高压物理	2001
化学部						
白春礼	男	1953	辽宁丹东	中国科学院化学研究所	纳米材料结构	1997
曹镛	男	1941	湖南长沙	华南理工大学	导电高分子	2001
程镕时	男	1927	江苏宜兴	南京大学、华南理工大学	高分子材料	1991
冯新德	男	1915	江苏吴江	北京大学	高分子材料	1980
郭景坤	男	1933	广东新会	中国科学院上海硅酸盐研究所	陶瓷材料	1991
何炳林	男	1918	广东番禺	南开大学	高分子化学	1980
侯建国	男	1959	福建平潭	中国科学技术大学	结构分析、表面物理化学	2003
侯祥麟	男	1912	广东汕头	中国石油天然气集团公司	炼油工业技术、喷气燃料腐蚀燃烧、新型润滑材料	1955
黄葆同	男	1921	上海	中国科学院长春应用化学研究所	生漆结构和干燥机理、以聚烯烃为组分的多相聚合物	1991
黄维垣	男	1921	福建莆田	中国科学院上海有机化学研究所	甾体化学合成和中草药成分分离鉴定、硼氢高能燃料、有机氟	1980
黄志镗	男	1928	浙江黄岩	中国科学院化学研究所	机硅化合物和有机硅高分子	1991
蒋锡夔	男	1926	上海	中国科学院上海有机化学研究所	机氟化学、自由基化学	1991

续表

姓　名	性　别	出生年	出生地	工作单位	专业特长	当选时间
梁敬魁	男	1931	福建福州	中国科学院物理研究所	晶体结构化学、材料科学	1993
闵恩泽	男	1924	四川成都	中国石油化工股份有限公司石油化工科学研究院	催化剂、新催化材料和新化学反应工程	1980
倪嘉缵	男	1932	上海	中国科学院长春应用化学研究所	铂的络合物、重铀酸铵、稀土络合物	1980
钱人元	男	1917	江苏常熟	中国科学院化学研究所	聚合物、有机固体电导、高分子凝聚态	1980
钱逸泰	男	1941	江苏无锡	中国科学技术大学	纳米材料化学制备、超导新材料	1997
沈家骢	男	1931	浙江绍兴	吉林大学	高分子材料	1991
沈之荃	女	1931	上海	浙江大学	渡金属和稀土络合催化聚合	1995
苏　锵	男	1931	广东广州	中国科学院长春应用化学研究所，中山大学	稀土的配位化学、萃取化学等溶液化学	1995
王佛松	男	1933	广东兴宁	中国科学院上海有机化学研究所	高分子材料	1991
吴　奇	男	1955	安徽芜湖	香港中文大学，中国科学技术大学	高分子材料	2003
徐　僖	男	1921	江苏南京	四川大学、上海交通大学	高分子化学	1991
严东生	男	1918	浙江杭州	中国科学院上海硅酸盐研究所	无机材料	1955
杨玉良	男	1952	上海	复旦大学	高分子材料	2003
殷之文	男	1915	江苏吴县	中国科学院上海硅酸盐研究所	无机功能材料	1993
游效曾	男	1934	江西吉安	南京大学	高分子材料	1991
周其凤	男	1947	湖南浏阳	北京大学	高分子材料	1999
朱道本	男	1942	上海	中国科学院化学研究所	高分子材料、纳米材料	1997
卓仁禧	男	1931	福建厦门	武汉大学	有机硅化学、生物医学高分子	1997
技术科学部						
蔡其巩	男	1932	印尼泗水	北京钢铁研究总院	金属结构和力学性能关系	1980
曹楚南	男	1930	江苏常熟	中国科学院金属研究所	腐蚀电化学	1991
曹春晓	男	1934	浙江上虞	北京航空材料研究院	新型钛合金和钛—铝系金属间化合物	1997
陈能宽	男	1923	湖南慈利	中国工程物理研究院	金属物理、特殊材料冶金、实验核物理等	1980
陈创天	男	1937	浙江奉化	中国科学院理化技术研究所	新型非线性光学晶	2003
党鸿辛	男	1929	广西北流	中国科学院兰州化学物理研究所	摩擦学、摩擦表面物理与化学、润滑材料	1997
范守善	男	1947	山西晋城	清华大学	纳米材料	2003
干福熹	男	1933	浙江杭州	中国科学院上海光学精密机械研究所	非晶态物理、激光玻璃	1980
葛昌纯	男	1934	上海	北京科技大学	无机材料	2001
顾秉林	男	1945	黑龙江哈尔滨	清华大学	材料微观结构设计	1999
郭可信	男	1923	福建福州	中国科学院物理研究所	晶体结构、晶体缺陷及准晶	1980
姜中宏	男	1930	广东台山	中国科学院上海光学精密机械研究所	Ⅱ型和Ⅲ型磷酸盐钕玻璃、玻璃玻璃结构等	1999

续表

姓　名	性　别	出生年	出生地	工作单位	专业特长	当选时间
蒋民华	男	1935	浙江临海	山东大学	功能晶体、半有机非线性光学材料	1991
金展鹏	男	1938	广西荔浦	中南大学	相图热力学与相变动力学	2003
卢　柯	男	1965	甘肃华池	中国科学院金属研究所	金属纳米材料及亚稳材料	2003
柯　俊	男	1917	浙江黄岩	北京科学技术大学	合金中相变、微量硼在钢中作用机理等	1980
雷啸霖	男	1938	广西桂林	中国科学院上海微系统与信息技术研究所	材料物理	1997
李依依	女	1933	江苏苏州	中国科学院金属研究所	特种合金制备工艺与计算机模拟等	1993
林励吾	男	1929	广东汕头	中国科学院大连化学物理研究所	加氢异构裂化催化剂及工艺、催化剂制备科学、烃类转化等	1993
柳百新	男	1935	上海	清华大学	二元金属系统中非晶态合金形成的经验模型、亚稳合金相	2001
秦国刚	男	1934	南京	北京大学	半导体材料物理研究、光致发光和电致发光	2001
阙端麟	男	1928	福建福州	浙江大学	半导体材料、氮作为保护气直拉硅单晶技术	1991
邵象华	男	1913	浙江杭州	钢铁研究总院	钢铁冶金、钢铁工程技术	1955
师昌绪	男	1920	河北徐水	中国科学院金属研究所	高温合金	1980
唐叔贤	男	1942	香港	香港城市大学	材料表面科学与技术	2001
王崇愚	男	1932	丹东	北京钢铁研究总院、清华大学	金属缺陷电子结构、材料设计	1993
王淀佐	男	1934	辽宁凌海	中南大学、北京有色金属研究总院	矿物工程、硫化矿浮选	1991
王占国	男	1939	河南镇平	中国科学院半导体研究所	半导体材料	1995
吴自良	男	1917	浙江浦江	中国科学院上海微系统与信息技术研究所	金属材料	1980
肖纪美	男	1920	湖南凤凰	北京科技大学	应用金属物理	1980
徐采栋	男	1919	江西奉新	贵州科学院	冶金、钒钛磁铁矿冶金	1980
徐祖耀	男	1921	浙江宁波	上海交通大学	马氏体相变、形状记忆材料	1995
颜鸣皋	男	1920	河北定兴	北京航空材料研究院	钛合金、航空材料的疲劳与断裂	1991
杨　卫	男	1954	北京	清华大学	断裂力学、细观与纳米力学、力电耦合失效等	2003
姚　熹	男	1935	江苏苏州	西安交通大学	功能陶瓷、机敏材料	1991
叶恒强	男	1940	广东番禺	中国科学院金属研究所	晶体学、原子尺度研究材料精细结构、合金结构	1991
张　泽	男	1953	天津	北京工业大学	晶体结构、纳米硅线生长机理	2001
张沛霖	男	1917	山西平定	中国核工业总公司	核燃料冶金、核材料	1980
张兴钤	男	1921	河北武邑	中国工程物理研究院	金属物理、核材料研究、内爆动力学	1991
钟香崇	男	1921	广东汕头	洛阳耐火材料研究院	耐火材料	1991
周国治	男	1937	广东潮阳	北京科技大学	冶金、熔体热力学	1995
周尧和	男	1927	北京	西北工业大学、上海交通大学	金属凝固	1991
朱　静	女	1938	上海	清华大学	高温结构材料、纳米材料和技术	1995

续表

姓　名	性　别	出生年	出生地	工作单位	专业特长	当选时间
邹世昌	男	1931	江苏太仓	中国科学院上海微系统与信息技术研究所	砷化镓、氮化硅、氮化钛薄膜	1991
信息技术科学部						
郑有炓	男	1935	福建大田	南京大学	新型半导体异质结构材料与器件	2003

中国工程院

中国工程院是我国工程技术界的最高荣誉性、咨询性学术机构。成立于1994年6月。新中国成立后，党和政府十分重视工程技术的发展，早在1955年成立中国科学院学部时，就设立了技术科学部。几十年来，在各条战线上已经成长起一大批优秀的工程技术专家，从而为工程院的建立创造了条件。近年来，许多科学家、工程技术专家积极倡议建立中国工程院。党中央国务院对此非常重视，于1994年初决定成立中国工程院，并组成以宋健为组长，由工程技术界各方面45人组成的筹备领导小组负责筹建工作和遴选首批院士。主要任务是对国家重要工程科学技术问题开展战略性研究，提供决策咨询，致力于促进我国工程科学技术事业的发展。

工程院现院士总数663名，材料领域院士108名，占总数的16.28%。其中机械与运载工程学部10人，信息与电子工程学部3人，化工、冶金与材料工程学部88人，能源与矿业工程学部2人，土木、水利与建筑工程学部1人，农业、轻纺与环境工程学部4人。本书对2004年工程院现任院士进行介绍，以下内容按照院士姓名拼音排序。

与材料相关的中国工程院院士情况

姓　名	性　别	出生年	出生地	工作单位	专业特长	当选时间
机械与运载工程学部						
杜善义	男	1938	辽宁大连	哈尔滨工业大学	复合材料力学与断裂、智能材料	1999
黄崇祺	男	1934	江苏常熟	上海电缆研究所	电工导电材料及其裸电线	1997
李鹤林	男	1937	陕西南郑	中国石油天然气集团公司石油管材研究所	石油机械用钢及石油管工程	1997
柳百成	男	1933	上海	清华大学	铸造过程模拟仿真研究	1999
阮雪榆	男	1933	广东中山	上海交通大学	冷挤压、模具CAD/CAM/CAE技术	1994
涂铭旌	男	1928	四川巴县	四川联合大学	材料强度与断裂及失效分析	1995
徐滨士	男	1931	黑龙江哈尔滨	装甲兵工程学院	表面工程、离子弧喷涂技术	1995
张立同	女	1938	重庆	西北工业大学、厦门大学	特种高温陶瓷、航空航天结构陶瓷及其复合材料等	1995
钟　掘	女	1936	江西南昌	中南工业大学	冶金机械、轧机驱动理论、高速轧机振动理论	1995
钟群鹏	男	1934	浙江上虞	北京航空航天大学	冷脆断裂的机理及控制、压力容器的失效分析	1999
信息与电子工程学部						
梁骏吾	男	1933	武汉	中国科学院半导体研究所	半导体、SiC外延生长和CaN基材料的生长	1997
徐元森	男	1926	浙江江山	中国科学院上海微系统与信息技术研究所，华东师范大学	冶金、微电子	1995
许祖彦	男	1940	四川邛崃	中国科学院物理研究所	光电子材料、激光物理	2001
赵梓森	男	1932	上海	武汉邮电科学研究院	光纤通信	1995

续表

姓名	性别	出生年	出生地	工作单位	专业特长	当选时间
化工、冶金与材料工程学部						
才鸿年	男	1940	北京	北京理工大学、北京航空航天大学	金属材料	2001
曹湘洪	男	1945	江苏江阴	中国石化总公司	高分子，乙烯、高压聚乙烯等化工设备等	1999
陈国良	男	1938	安徽颍上	北京科技大学	高温合金、铁基合金	1999
陈　景	男	1935	云南大理	昆明贵金属研究所	贵金属化学冶金及其应用基础	1997
陈立泉	男	1940	四川南充	中国科学院物理研究所	锂离子电池、纳米离子学	2001
陈清如	男	1926	浙江杭州	中国矿业大学	选矿、空气重介质稳定流化的选矿	1995
陈蕴博	男	1935	上海	机械科学研究院、华北电力大学	金属材料、热处理和模具技术	1999
崔　崑	男	1925	山东济南	华中理工大学	钢的合金化	1997
董海山	男	1925	河北滦县	中国工程物理研究院化工材料研究所	含能材料	2003
戴永年	男	1929	云南昆明	昆明理工大学	重有色金属真空冶金	1999
丁传贤	男	1936	江苏海门	中国科学院上海硅酸盐研究所	无机涂层、离子喷涂涂层、电弧等离子喷涂设备	1995
傅恒志	男	1929	河南开封	西北工业大学、哈尔滨工业大学	凝固理论与技术及高温合金	1995
干　勇	男	1947	北京	钢铁研究总院	薄板坯连铸技术、宽度薄板坯连铸连轧成套技术	2001
高从堦	男	1942	山东即墨	国家海洋局杭州水处理技术研究开发中心	功能膜及工程技术	1995
关兴亚	男	1932	辽宁沈阳	上海石油化工研究院	石油化工催化剂及工艺技术、丙烯腈成套技术	1995
顾真安	男	1936	江苏无锡	中国建筑材料科学研究院	石英玻璃	1997
何季麟	男	1945	河南开封	宁夏有色金属冶炼厂	有色金属钽、铌、铍等冶炼	2001
侯芙生	男	1923	江苏无锡	中国石化集团公司	炼油、石油化工及化纤	1995
侯祥麟	简介同中科院介绍					1994
张文海	男	1939	福建福州	南昌有色冶金设计研究院、江西理工大学	闪速强化冶金	2003
赵连城	男	1938	江苏阜宁	哈尔滨工业大学	形状记忆与超弹性材料及其工程和生物医学应用等	2003
胡永康	男	1940	云南曲靖	抚顺石油化工研究院	加氢裂化催化剂、加氢技术	1997
胡壮麒	男	1929	上海	中国科学院金属研究所	高温合金、纳米金属	1995
桑凤亭	男	1942	辽宁大连	中国科学院大连化学物理研究所	固液火箭推进剂燃烧	2003
黄伯云	男	1945	湖南南县	中南大学	粉末冶金、飞机刹车材料	1999
黄培云	男	1917	北京	中南大学	粉末冶金、非规则溶液活度系数计算模型等	1994
江东亮	男	1937	上海	上海硅酸盐研究所	先进陶瓷	2001
孙传尧	男	1945	北京	北京矿冶研究总院	矿物加工	2003
金　涌	男	1935	北京	清华大学	亚微米与纳米粉体技术	1997

续表

姓　名	性　别	出生年	出生地	工作单位及职称	专业特长	当选时间
柯　伟	男	1932	辽宁沈阳	中国科学院金属研究所	腐蚀疲劳、寿命评估技术、新型耐蚀合金和涂料	1997
雷廷权	男	1928	陕西西安	哈尔滨工业大学	形变金属动态再结晶、亚组织形成及强化机制等	1997
李大东	男	1938	北京	石油化工科学研究院	炼制催化剂及工艺	1994
李东英	男	1920	北京	中国有色金属工业协会	稀有金属	1995
李冠兴	男	1940	上海	中国核工业集团公司	核材料，铀材料	1999
李恒德	男	1921	河南洛阳	清华大学	核材料	1994
李俊贤	男	1928	四川眉山	黎明化工研究院	有机化工品的合成	1995
李龙土	男	1935	福建南安	清华大学	无机非金属功能陶瓷材料	1997
李正邦	男	1933	江苏南京	钢铁研究总院	电渣冶金、超纯净钢及直接还原生产合金钢	1999
李正名	男	1931	上海	南开大学	有机化学、农药化学的研究	1995
刘伯里	男	1931	江苏常州	北京师范大学	放射化学和放射性药物	1997
刘业翔	男	1930	湖北武汉	中南大学	有色冶金	1997
陆钟武	男	1929	上海	东北大学	冶金炉、冶金热能	1997
毛炳权	男	1933	广东东莞	北京化工研究院	高效催化剂及聚合工艺	1995
闵恩泽	简介同中科院介绍					1994
欧阳平凯	男	1945	广西平乐	南京工业大学	生物催化制备手性化合物及其过程装备技术	2001
邱定蕃	男	1941	香港	北京矿冶研究总院	重有色金属冶金、化工冶金、矿浆电解新工艺	1999
邱竹贤	男	1921	江苏海门	东北大学	炼铝节电、节能技术	1995
邵象华	简介同中科院介绍					1994
沈德忠	男	1940	贵州贵阳	北京人工晶体研究所、清华大学	人工晶体	1995
沈寅初	男	1938	浙江嵊县	上海市农药研究所	生物化工和生物农药	1997
师昌绪	简介同中科院介绍					1994
时铭显	男	1933	江苏常熟	石油大学（北京）	高温气固分离技术	1995
舒兴田	男	1940	上海	石油化工科学研究院	分子筛、分子筛配制催化剂	1999
唐明述	男	1929	四川安岳	南京工业大学	混凝土工程寿命	1995
王淀佐	简介同中科院介绍					1994
王静康	女	1938	河北秦皇岛	天津大学	熔融结晶技术	1999
汪燮卿	男	1933	浙江龙游	石油化工科学研究院	催化裂解	1995
汪旭光	男	1939	安徽枞阳	北京矿冶研究总院	工业炸药及新产品、粉状炸药和爆破技术	1995
王泽山	男	1935	吉林吉林	南京理工大学	含能材料	1999
王震西	男	1942	北京	中国科学院物理研究所	磁性材料	1995
闻立时	男	1936	湖北武汉	中国科学院金属研究所	耐高温防护层、纳米多层膜电磁功能材料等	1999
魏可镁	男	1939	日本九州	福州大学	工业催化剂、氨合成、低铬、无铬高温变换催化剂	1997
武　胜	男	1934	黑龙江阿城	中国工程物理研究院	特种材料与工艺	1999
吴慰祖	男	1932	江苏南通	总参谋部	精细化工学科理论体系	1999
徐更光	男	1932	浙江东阳	北京理工大学	爆炸理论及炸药应用技术	1994

续表

姓　名	性　别	出生年	出生地	工作单位及职称	专业特长	当选时间
徐匡迪	男	1937	浙江崇德	上海大学	电炉炼钢、喷射冶金、钢液二次精炼及熔融还原	1995
徐端夫	男	1934	浙江杭州	中国科学院化学研究所	高聚物形态学和化学纤维	1995
徐承恩	男	1927	浙江诸暨	中国石化北京设计院	炼油厂的工程设计、炼油工艺技术	1994
徐德龙	男	1952	甘肃兰州	西安建筑科技大学	硅酸盐工程及相关学科	2003
薛群基	男	1942	山东沂南	中国科学院兰州化学物理所	特种润滑材料、摩擦学	1997
严东生	简介同中科院介绍					1994
杨锦宗	男	1932	福建莆田	大连理工大学	染料、表面活性剂、精细化工	2001
杨启业	男	1932	江苏镇江	中国石化工程建设公司	炼油设计、催化裂化技术	1997
殷国茂	男	1932	山东龙口	东北大学	轧管工艺与设备、研制新钢种	1995
殷瑞钰	男	1935	江苏杭州	钢铁研究总院	钢铁冶金	1994
余永富	男	1932	河南南召	长沙矿冶研究院	难选红铁矿、多金属共生矿、稀有金属矿铜钴硫化矿的选矿	1995
袁晴棠	女	1938	河南南召	中国石化集团公司	乙烯裂解技术	1995
袁渭康	男	1935	上海	华东理工大学	工业反应器	1995
张国成	男	1931	云南昆明	北京有色金属研究总院	稀土精矿冶炼和单一稀土元素分离	1995
张寿荣	男	1928	河北定县	武汉钢铁集团公司	钢铁冶金	1995
张耀明	男	1943	江苏无锡	南京玻璃纤维研究设计院	非通信光纤和特种玻纤、全自动跟踪太阳的采光装置	2001
曾苏民	男	1932	湖南双峰	西南铝业集团	精密模锻工程技术、模锻用铝合金	1999
谢克昌	男	1946	山西五台	太原理工大学	煤燃烧等	2003
朱永赡	男	1929	上海	清华大学	核燃料萃取化学及工艺和高放射性废液分离化学	1995
周　廉	男	1940	吉林舒兰	西北有色金属研究院	超导及稀有金属材料	1994
周光耀	男	1935	浙江鄞县	中国成达化学工程公司	纯碱工程技术	1995
邹　竞	女	1936	上海	中国乐凯胶片公司	感光材料	1994
左铁镛	男	1936	北京	北京工业大学	难熔金属材料和金属塑性加工	1995
能源与矿业工程学部						
余永富	男	1932	河南南召	长沙矿冶研究院	难选红铁矿、多金属共生矿、稀有金属矿铜钴硫化矿的选矿	1995
周邦新	男	1935	江苏吴县	上海大学	核材料和核燃料元件	1995
土木、水利与建筑工程学部						
陈肇元	男	1931	浙江宁波	清华大学	抗爆结构	1997
农业、轻纺与环境工程学部						
季国标	男	1932	江苏无锡	中国纺织工业协会	化纤	1994
孙晋良	男	1946	上海川沙	上海大学	碳/碳复合材料、特种纤维及特种纺织材料等	1997
郁铭芳	男	1927	浙江宁波鄞县	上海市合成纤维研究所	合成纤维的技术	1995
张高勇	男	1942	湖北咸宁	中国日化所	表面活性剂/洗涤剂	1997

国内材料相关研究机构

2003 年我国民口自然科学和技术领域独立研究与开发机构科技活动概况

根据对 2003 年科技统计数据的分析，我国民口自然科学和技术领域独立研究与开发机构科技活动情况呈现以下主要特点：

一、研究与开发机构百分之九十集中在地方

2003 我国有民口自然科学技术领域政府独立研究与开发机构3 214个，其中中央属机构 383 个，地方属机构2 831个。在3 214个机构中，根据研究机构主要服务的国民经济行业分，有1 302个属于农业类机构，620 个属于工业类机构，106 个属于建筑与交通类机构，53 个属于计算机服务和软件类机构，180 个属于综合科学研究类机构，284 个属于专业科技服务类机构，559 个属于社会公益类机构，110 个属于其他社会服务类机构。

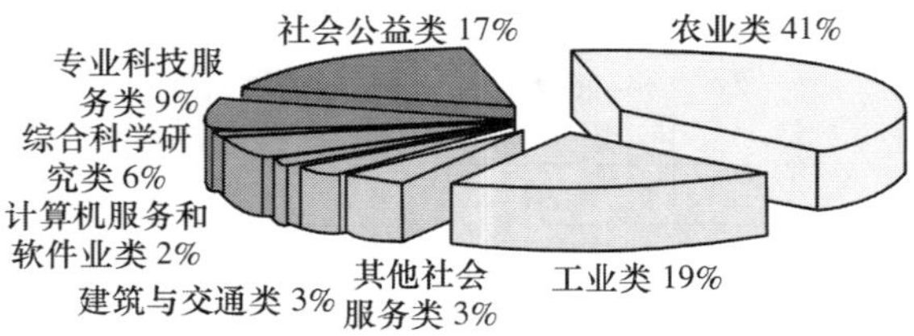

图 1　研究与开发机构的数量按服务行业的分类情况（2003 年）

二、科技活动的总体规模稳步增长，近三分之一科技经费集中在综合科学研究类机构

2003 年3 214个研究与开发机构科技经费支出额共计 334 亿元，按可比口径计算比上年增长 15%，其中人员费用 111.3 亿元，科研业务费 101.2 亿元，资产购建支出 66.5 亿元。科技活动人员人均科技经费支出额为 17.0 万元，比上年增长了 1.8 万元。

从 334 亿元的科技经费的分布看，农业类机构的科技经费占总量的 19.9%，综合科学研究类机构占总量的 30.6%，二者已占科技经费支出总额的二分之一；工业类机构占总量的 10.7%，建筑与交通占总量的 3.5%，计算机服务和软件类机构占总量的 2.1%，专业科技服务类机构占总量的 10.3%，社会公益类机构 21.8%，其他社会服务类机构 1.1%。

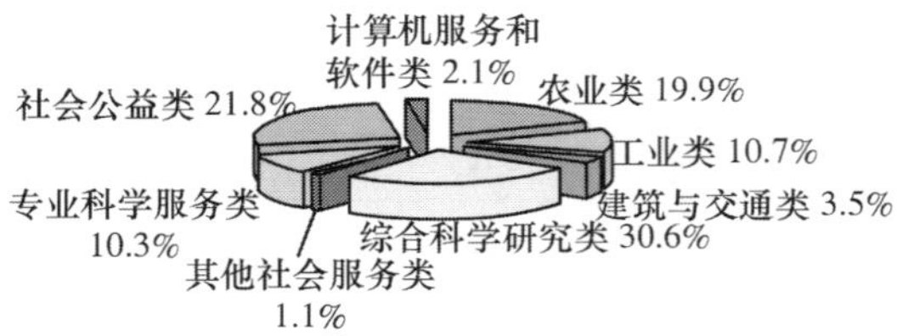

图 2　研究与开发机构科技经费按服务行业的分类情况（2003 年）

三、科技活动人员素质不断提高

2003 年研究与开发机构科技活动人员为 19.6 万人，其中科学家和工程师 13.6 万人，占科技活动人员的比重为 69%。人员素质逐渐提高，科技活动人员中具有博士和硕士学位的人员有 2.6 万人，占科技活动人员的比重为 13%，比上年增加 0.6 个百分点；大学毕业及以上学历的人员所占比重为 54%，比上年提高了 2 个百分点。

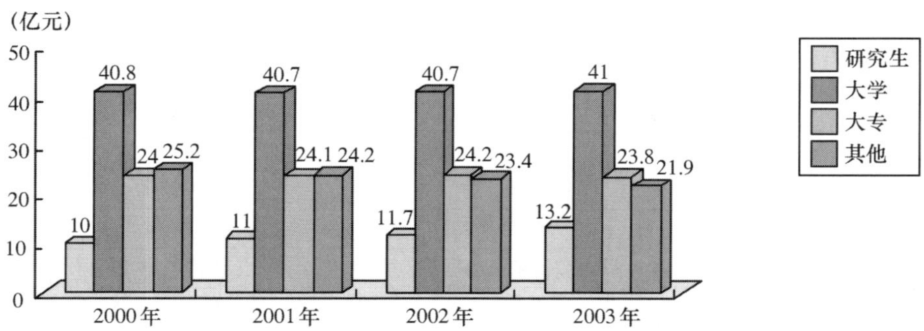

图 3　研究与开发机构科技活动人员的学历情况（2000 ~ 2003 年）

四、R&D 经费增速变缓，但投入强度进一步加大

2003 年我国研究与开发机构 R&D 活动经费支出为 137 亿元，按可比口径计算，比上年增长 9%，但增幅下降了 25 个百分点。由于中科院 R&D 活动经费占全部研究与开发机构 R&D 活动经费的份额达 61%，中科院 R&D 活动经费的增幅下降，带动了全部研究与开发机构 R&D 活动经费的

增幅下降。中科院 R&D 活动经费仅比去年增长 9%，其增幅下降了 34 个百分点。

R&D 人力为 8.2 万人年，比上年增加了 0.1 万人年，其中科学家和工程师所占比重为 79%，与上年基本持平。R&D 经费投入强度持续了近年来的增长势头，按 R&D 人年平均，2003 年人均 R&D 经费为 17 万元/人年，比上年增加 2 万元/人年。

五、R&D 经费以政府资金为主，政府投入的份额已接近百分之八十

随着大批技术开发类研究与开发机构转制成为企业，我国现有的科研实力比较强的研究与开发机构，大多数是为政府目标服务的科学研究型、公益型机构，因此我国研究与开发机构的 R&D 资金来源主要以政府资金为主。2000 年研究开发机构的 R&D 经费中，政府资金已占 70%。近年来，政府对 R&D 的投入持续增长。2003 年研究与开发机构 R&D 经费支出中，政府资金为 109 亿元，企业资金为 6 亿元，国外资金为 2 亿元，研究与开发机构的自有资金和其他来源的资金为 20 亿元，分别占总量 137 亿元的 79%、5%、1% 和 15%。

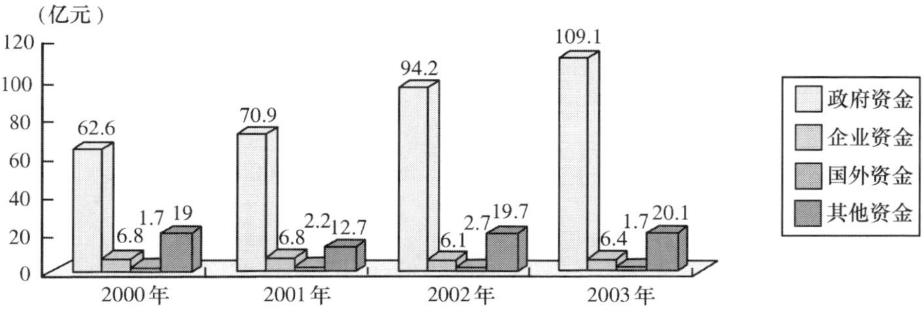

图 4　研究与开发机构 R&D 经费来源结构的变化（2000～2003 年）

六、基础研究经费主要集中在中国科学院，增速有所变缓

2003 年研究与开发机构 R&D 经费支出中，基础研究、应用研究、试验发展经费分别为 35 亿元、62 亿元和 40 亿元，与上年相比，分别增长 14%、17% 和 3%。

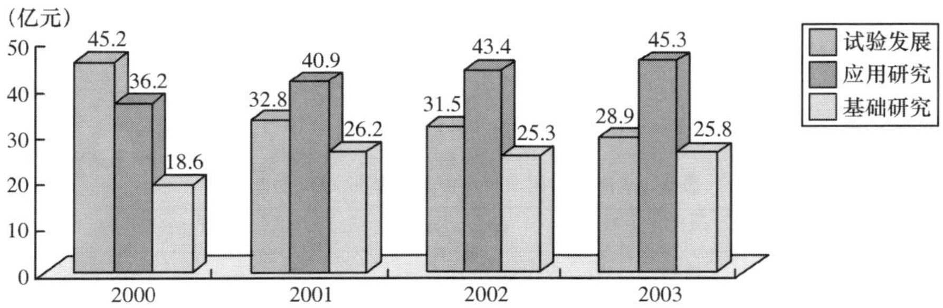

图 5　研究与开发机构 R&D 经费支出的活动类型（2000～2003 年）

基础研究经费主要集中于中科院。由于知识创新工程的实施，近年来中科院的基础研究经费一直保持较快增长，但今年增速有所变缓。2003 年其基础研究经费为 29 亿元，比上年增加 2 亿元，增长 6%，但增幅下降了 21 个百分点。中科院在研究与开发机构基础研究经费中的份额也由上年的 88% 下降到 82%。

七、向国外发表论文所占比重略有增长，发明专利授权所占比重大幅上升

研究与开发机构全年共发表科技论文 6.5 万篇，其中向国外发表论文 1.0 万篇，占 16%。出版科技著作1 696种。专利申请受理数4 374件，其中发明专利3 270件，占 75%。获专利授权2 010件，其中发明专利1 305件，占 65%；获国外专利授权 13 件，占 0.7%。与上年相比，向国外发表论文所占比重增长了 1.5 个百分点，发明专利授权所占比重增长了 11 个百分点。

2003年我国政府部门属研究与开发机构人员素质不断提高，科技经费继续增长

一、分布特征

政府部门属研究与开发机构由自然科学与技术领域研究与开发机构、社会科学与人文领域研究与开发机构、科技信息与文献机构三部分组成，是我国从事科技活动的主要部门，是进行科学研究的重要基地。

从领域分布看，自然科学与技术领域所占比重最大，其从事科技活动人员、科学家工程师数占全国总量的比例约为93%，科技经费支出与政府拨款约为95%。

从隶属关系看，中央部门属研究与开发机构与地方部门属研究与开发机构的科技人员、科学家工程师的比例均为6:4，科技经费支出、政府科技拨款的比例约为8:2（见表1）。

表1　政府部门属研究与开发机构的组成　（2003年，单位：万人、亿元）

	科技活动人员		科学家工程师		科技经费支出		政府拨款	
	万　人	%	万　人	%	亿　元	%	亿　元	%
合　计	40.64	100	26.64	100	681.29	100	535.02	100
按领域分								
自然科学与技术领域	37.92	93.3	24.55	92.2	648.70	95.2	507.97	95.0
社会科学与人文领域	1.56	3.8	1.26	4.7	16.47	2.4	14.62	2.7
科技信息与文献机构	1.16	2.9	0.83	3.1	16.12	2.4	12.43	2.3
按隶属关系分								
中央部门属	25.41	62.5	16.60	62.3	521.33	76.5	435.39	81.4
地方部门属	15.23	37.5	10.04	37.7	159.96	23.5	99.63	18.6

从地域分布看，呈现东高中低的特征。研究与开发机构主要分布在东部地区，其次是西部地区，中部地区的比例最低。在人员指标方面，东部地区占全国的比例为50%左右，西部地区为26%左右，中部地区为22%左右；在经费指标方面，东部地区的比例已超过60%，西部地区超过20%，中部地区仅占14%左右，明显低于西部地区（见表2）。

地域分布的这一特征特别是西部地区高于中部地区的这一状况，主要是由中央部门属研究与开发机构的分布格局决定的。中央部门属研究与开发机构地域分布的集中度较高，主要集中于东部地区，西部次之，中部地区最少。

表2　政府部门属研究与开发机构的地域分布　（单位：万人、亿元、%）

	合　计		东部地区		中部地区		西部地区	
	数　量	%	数　量	%	数　量	%	数　量	%
科技活动人员	40.64	100	20.11	49.5	9.33	23.0	11.2	27.5
科学家工程师	26.64	100	13.99	52.5	5.82	21.9	6.83	25.6
研究与发展人员	20.39	100	10.70	52.5	4.43	21.7	5.26	25.8
科技经费支出	681.29	100	440.09	64.6	94.34	13.8	146.86	21.6
政府拨款	535.02	100	326.55	61.1	77.24	14.4	131.23	24.5
研究与发展经费	399.0	100	255.93	64.1	50.20	12.6	92.86	23.3

二、人员数量趋于稳定，素质不断提高

2003年，研究与开发机构的科技活动人员及其中的科学家工程师比上年分别下降2.2%和1.1%。1999年开始的技术开发类研究机构的转制以及2000年开始的公益类研究机构的分类改革，使其后几年政府部门研究与开发机构的科技活动人员大幅度下降。1991年以来，科技活动人员及其中的工程师科学家分别下降了约49%和35%。近年来，

上述人员虽仍在减少，但下降幅度趋于稳定。

2003 年的数据表明，研究与开发机构科技人员的素质进一步提高。科技活动人员中科学家工程师比重由上年的65.1%提高到65.8%，具有博士、硕士学位的比例由上年的3.8%和8.2%分别提高到4.5%和9.1%，1991 年这两项指标仅为0.4%和4.2%。

表 3　政府部门属研究与开发机构人员的变化趋势　（单位：万人、%）

	1991	1994	1996	1998	2000	2001	2002	2003
科技活动人员（A）	79.7	66.1	63.2	58.8	47.2	42.7	41.5	40.6
科学家工程师（B）	40.8	38.6	38.5	36.6	29.7	27.6	27.0	26.7
B/A（%）	51.2	58.4	60.9	62.2	62.9	4.6	65.1	65.8

表 4　政府部门属研究与开发机构人员结构的变化趋势　（单位:%）

	1991	1994	1996	1998	2000	2001	2002	2003
科技活动人员	100	100	100	100	100	100	100	100
具有博士学位	0.4	0.77	1.02	1.49	2.60	3.28	3.83	4.54
具有硕士学位	4.17	5.69	5.98	6.47	7.48	7.85	8.18	9.11

三、科技经费继续增长，经费来源以政府拨款为主

2003 年研究与开发机构用于科技活动的经费支出为681.3 亿元，比上年增长9.9%，政府对研究与开发机构拨款535 亿元，比上年增长7.4%。

我国政府部门研究与开发机构的经费来源主要以政府拨款为主。2003 年，科技经费总量中来源于政府拨款的比例由上年的70.9%上升到71.3%，1996 年这一比例为44.2%。1996 年以来，研究与开发机构的经费结构出现了明显的变化，科技经费来源以非政府资金为主已转变为以政府资金为主。其原因，一是国家经济实力不断增强，增加了对研究与开发机构的经费投入，使政府资金的比例提高；二是机构的转制和分类改革导致非政府资金的比例进一步下降。现有的研究与开发机构系统的结构已经发生了很大的变化，目前主要包括综合科学研究型、农业、公益型研究机构以及国防系统的研究机构，这些机构的性质决定了科技经费以政府资金为主的特点。

表 5　政府部门属研究与开发机构经费的变化趋势

	1991	1994	1996	1998	2000	2001	2002	2003
科技经费支出（亿元）	170.7	308.9	409.1	479.7	495.7	557.9	620.2	681.3
政府拨款（亿元）	93.5	158.2	192.9	244.7	377.4	434.9	498.0	535.0
占科技经费筹集额（%）	53.2	48.87	44.24	45.29	67.46	69.47	70.86	71.28

四、研究与发展活动规模进一步增长，基础研究与应用研究的比例不断提高

2003 年研究与发展经费支出为399 亿元，比上年增长13.8%，该经费支出占科技经费支出的比例为58.6%，比上年提高了2 个百分点。研究与发展活动中，基础研究与应用研究的比例进一步上升，分别为11.8%和35.3%，比例合计比上年增加了1 个百分点。研究与发展人员为20.4 万人，与上年基本持平，占科技活动人员数量的比例达到50.3%。

表 6　政府部门属研究与开发机构的研究与发展活动　（单位：亿元、万人）

	1991	1994	1996	1998	2000	2001	2002	2003
研究与发展经费	78.8	128.7	172.9	234.3	258.0	288.5	351.3	399.0
占科技经费支出（%）	46.16	41.66	42.26	48.84	52.05	51.71	56.64	58.56

续表

	1991	1994	1996	1998	2000	2001	2002	2003
研究与发展人员	27.4	25.7	23.0	22.7	22.7	20.5	20.6	20.4
占科技活动人员（%）	34.38	38.88	36.39	38.61	48.09	48.01	49.64	50.25

表7　政府部门属研究与开发机构的研究与发展活动结构　（单位：亿元、%）

	1991	1994	1996	1998	2000	2001	2002	2003
研究与发展经费	78.8	128.7	172.9	234.3	258.0	288.5	351.3	399.0
基础研究（%）	6.2	8.2	6.5	7.5	9.8	11.6	11.6	11.8
应用研究（%）	27.4	29.8	27.4	28.1	25.9	27.7	34.5	35.3
试验发展（%）	66.4	62.0	66.1	64.4	64.3	60.6	53.9	52.9

五、经费强度不断提高，人均经费偏低的状况已得到扭转

2003年，人均科技活动经费支出和政府拨款分别达到16.8万元和13.2万元，比上年分别增长12.3%和9.8%。人均研究与发展经费为19.6万元，比上年增长14.7%。近10年，研究机构的各项人均经费持续增长，特别是1998年以来的5年，人均科技经费支出、人均研究与发展经费支出增长了一倍，科技人员人均政府拨款增长了3倍，研究与开发机构人均经费偏低的状况已经得到扭转。

表8　政府部门属研究与开发机构人均经费的变化趋势　（单位：万元）

	1991	1994	1996	1998	2000	2001	2002	2003
按科技人员平均科技经费支出	2.14	4.67	6.47	8.16	10.5	13.07	14.94	16.78
按科技人员平均政府拨款	1.17	2.39	3.05	4.16	8.00	10.19	12.00	13.17
按R&D人员平均研究与发展经费	2.87	5.01	7.52	10.32	11.37	14.07	17.05	19.56

部分材料相关科研院所

名　称	特长领域	地　址	所　长	网　址
中科院系统				
中国科学院物理研究所	凝聚态物理，光物理，原子分子物理，等离子体物理，理论物理等	北京市603信箱	王恩哥	www.iphy.ac.cn
中国科学院理化技术研究所	有机化学、物理化学、凝聚态物理、制冷与低温工程等	北京市中关村北一条2号	刘新厚	www.ipc.ac.cn
中国科学院力学研究所	非线性力学，高温气体动力学，微重力等	北京市北四环西路15号	洪友士	www.imech.ac.cn
中国科学院化学研究所	化学反应动态学和结构化学、分子聚集体化学等	北京市中关村北一街2号	万力骏	www.icas.ac.cn
中国科学院过程工程研究所	环境、材料和生物技术等	北京市中关村北二条1号	李静海	www.icm.ac.cn
中国科学院半导体研究所	光电子及其集成技术，体材料、薄膜和微结构半导体材料科学技术等	北京市林大北路中科院半导体研究所	李晋闽	www.semi.ac.cn

续表

名　称	特长领域	地　址	所　长	网　址
中国科学院电工研究所	工电能新技术；先进能源电力技术、现代电气驱动技术、应用超导技术、生物医学工程和微纳电加工技术等	北京市中关村北二条六号	孔　力	www. iee. ac. cn
中国科学院山西煤炭化学研究所	煤化学化工、催化化学、新型炭材料和化学工程，已形成能源与环境、新型炭材料、绿色化学3个优势学科领域	山西省太原市桃园南路27号	孙予罕	www. Sxicc. ac. cn
中国科学院大连化学物理研究所	催化化学、工程化学、有机合成化学、化学激光和分子反应动力学、以色谱为主的近代分析化学和生物技术等学科领域	大连市中山路457号	包信和	www. dicp. ac. cn
中国科学院金属研究所	材料科学与工程、腐蚀科学与防护	沈阳市沈河区文化路72号	卢　柯	www. imr. ac. cn
中国科学院长春光学精密机械与物理研究所	基础研究、应用基础研究和工程技术研究	长春经济技术开发区东南湖大路16号	宣　明	www. ciom. ac. cn
中国科学院长春应用化学研究所	高分子化学与物理，稀土化学与物理和电分析化学等领域	吉林省长春市人民大街159号	王利祥	www. ciac. jl. cn
中国科学院上海微系统与信息技术研究所	集成微光机电系统、天地一体化通信技术与系统，信息功能材料与器件、微型与新型能源等	上海市长宁路865号	封松林	www. sim. ac. cn
中国科学院上海技术物理研究所	先进空间遥感技术及小卫星技术；凝视成像技术；红外焦平面技术及光电功能新材料、新器件；相应的信息处理与网络技术等	上海市中山北一路420号	王建宇	www. sitp. ac. cn
中国科学院上海光学精密机械研究所	强激光技术、强场物理与强光光学、信息光学、量子光学、激光与光电子器件、光学材料等	上海市嘉定区清河路390号	朱健强	www. siom. ac. cn
中国科学院上海硅酸盐研究所	人工晶体、高性能结构与功能陶瓷、特种玻璃等无机非金属材料领域	上海定西路1295号	施剑林	www. sic. ac. cn
中国科学院上海有机化学研究所	有机化学、高分子化学、分析化学、金属有机等领域	上海市徐汇区枫林路354号	姜　标	www. sioc. ac. cn
中国科学院上海应用物理研究所（上海原子核研究所）	先进光源和束线，先进离子束，核物理实验和理论研究，基于核技术与纳米技术的交叉与边缘科学，放射性药物研究，辐射改性新材料，应用加速器的研制及先进探测技术研究等	上海嘉定嘉罗公路2019号	徐洪杰	www. sinap. ac. cn
中国科学院福建物质结构研究所	结构化学和新晶体材料领域	福建省福州市鼓楼区杨桥西路155号（西河）	洪茂椿	www. fjirsm. ac. cn
中国科学院合肥物质科学研究院	凝聚态物理和新材料的制备与物理的实验和理论及计算凝聚态物理的研究	安徽省合肥市科学岛1129信箱	王英俭	www. hfcas. ac. cn
中国科学院西安光学精密机械研究所	瞬态光学、空间光学、光电工程、生物医学光学、光信息功能材料、光电子学	西安市友谊路234号	相里斌	www. opt. ac. cn
中国科学院兰州化学物理研究所	资源化学、新材料和化学生物学三大学科领域	甘肃省兰州市天水路342号	刘维民	www. licp. ac. cn
中国科学院青海盐湖研究所	盐湖资源研究；盐湖资源成盐演化规律和可持续开发利用，西北干旱区气候、环境演变、荒漠化机理和环境整治	青海省西宁市新宁路18号	马海州	www. isl. ac. cn

续表

名 称	特长领域	地 址	所 长	网 址
中国科学院新疆理化技术研究所	固体辐射物理、敏感材料与器件、计算机应用、石油天然气开采的相关领域、生物化学以及基因育种等	新疆乌鲁木齐市北京南路40附1号	任迪远	www. xjipc. ac. cn
中国科学院近代物理研究所	远离稳定线新核素合成及其衰变性质和核结构研究；放射性束物理研究；中、低能重离子碰撞和热核性质研究等	甘肃省兰州市南昌路363号	詹文龙	www. impcas. ac. cn
中国科学院高能物理研究所	高能物理、宇宙线和高能天体物理、同步辐射及其应用、加速器物理及技术、核分析技术	北京市石景山区玉泉路19号乙院	陈和生	www. ihep. ac. cn
中国科学院电子学研究所	微波成像雷达技术、微波毫米波器件与技术、高功率气体激光技术、微传感技术与系统	北京市海淀区北四环西路19号	阴和俊	www. ie. ac. cn
中国科学院微电子研究所	微电子学和固体电子学	北京市朝阳区北土城西路3号	钱 鹤	www. ime. ac. cn
中国科学院光电技术研究所	微光学及微电子光学技术、自适应光学技术、光束控制技术、目标监测与识别、能动光学制造技术等	四川省成都市人民南路四段9号	姚汉民	www. ioe. ac. cn
中国科学院光电研究院	光学光电子领域和空间工程技术领域	北京中关村东路95号自动化大厦4层	曹健林	www. aoe. ac. cn
工业研究院所（冶金类）				
钢铁研究总院	材料科学、冶金工艺与工程、分析测试与质量认证等	北京市海淀区学院南路76号	干 勇	www. cisri. com
北京有色金属研究总院	微电子与光电子材料、稀有及贵金属材料、稀土材料、特种合金粉末与冶金材料等	北京市新街口外大街2号	屠海令	www. grinm. com. cn
机械科学研究院	先进制造技术及设备，机械工业新技术及机电一体化设备，环保技术及装备，机械工业标准化及质量监督技术，机械基础零件研究开发	北京首体南路2号	李新亚	www. camst. com. cn
西北有色金属研究院	超导材料、钛合金、核材料、难熔金属材料、金属复合材料、金属纤维材料及多孔材料等	西安市未央路96号	奚正平	www. c－nin. com
广州有色金属研究院	材料表面工程技术、粉末冶金、矿产资源综合利用以及稀土、稀有金属提取冶金技术及应用	广州市长兴路	邱显扬	www. gzrinm. com
昆明贵金属研究所	贵金属	云南昆明市北郊下马村	孙加林	www. ipm. com. cn
北京矿冶研究总院	有色金属、黑色金属、稀有金属、贵金属和非金属矿产	北京西直门外文兴街一号	孙传尧	www. bgrimm. com
包头稀土材料研究院	以稀土选矿、稀土冶金分离提取、新型稀土功能材料及器件的开发应用	内蒙古自治区包头市昆区团结大街129号	张安文	www. brire. com
洛阳耐火材料研究院	耐火材料使用技术、新产品开发、应用基础及行业共性关键技术研究	河南省洛阳市西苑路43号	李红霞	www. lirr. com. cn
桂林矿产地质研究院	地质科学研究、新材料研发和环境保护与治理	桂林市辅新路2号	吕 智	www. rigm. ac. cn
长沙矿冶研究院	大洋海底资源开发、超硬材料、电子基础材料、化工、环境工程等	湖南省长沙市麓山南路1号	张泾生	www. crimm. com. cn
西北矿冶研究院	重有色金属行业及相关学科；采矿的工艺、机械、矿用钎具、炸药；选矿的工艺、设备、新药剂、过程自动化等	甘肃省白银市人民路19号	雷思维	www. nwimm. com
西北稀有金属材料研究院	钽、铌、铍粉末、粉末冶金加工、合金、化合物	宁夏石嘴山大武口	何季麟	www. nnms. com. cn

续表

名　称	特长领域	地　址	所　长	网　址
郑州磨料磨具磨削研究所	磨料磨具、超硬材料及制品、工程陶瓷、行业专用仪器及成套设备	河南郑州市华山路121号	朱　峰	www.zzsm.com
重庆仪表材料研究所	测温材料、耐腐蚀材料、弹性材料、高温合金等	重庆市北碚区龙凤桥南	蒋幼夫	www.ycs.com.cn
中国铝业股份有限公司郑州研究院	铝镁工业的新工艺、新技术、新设备、新材料研究开发和工程咨询服务	郑州市上街区济源路82号	李旺兴	www.rilm.com.cn
沈阳铝镁设计研究院	有色冶金、建筑工程、冶金、市政公用、环境治理专项、环境评价、水土保持、工程造价等工程设计	辽宁省沈阳市和平北大街184号	栾书伟	www.sami.com.cn
冶金工业信息标准研究院	矿业、冶金及工程材料文献资料的收集、加工与开发利用；科技、经济、政策信息研究与咨询服务等	北京市东城区灯市口大街74号	杨德泽	www.metalinfo.com.cn
有色金属技术经济研究院	有色金属信息资源开发、加工、研究、报道、咨询服务工作	北京西直门内大街西章胡同9号	吴庆宏	www.atk.com.cn
中南大学粉末冶金研究院	粉末冶金基础理论研究、先进高技术材料及其零部件的研制与生产工作	湖南省长沙市岳麓山中南大学	黄伯云	pmri.csu.edu.cn
工业研究院所（建材类）				
中国建筑材料科学研究院	建材与无机非金属新材料	中国北京市朝阳区管庄东里1号	姚　燕	www.cbma.com.cn
北京玻璃钢研究设计院	玻璃钢	北京261信箱	李新华	www.frp.com.cn
中非人工晶体研究院	光电功能晶体材料，超硬材料，先进功能复合材料，合成云母材料等	北京市朝阳区东坝红松园1号(北京市733信箱)	余明清	www.risc.com.cn
秦皇岛玻璃工业研究设计院	集科研、设计、生产为一体的玻璃工业科研设计	中国河北秦皇岛市燕山大街269号	杨　健	www.qgrdi.cn
南京玻璃纤维研究设计院	玻璃纤维、绝热隔音材料、新型建筑材料、特种玻璃纤维、玻璃光导纤维、石英光导纤维等	南京市雨花西路安德里30号	朱建勋	www.fiberglasschina.com
天津水泥工业设计研究院	水泥工业工程，水泥工业新工艺、新技术、新材料的开发、研制及应用等	天津市北辰区引河里北道1号	刘志江	www.tcdri.com.cn
中国新型建筑材料工业杭州设计研究院	新型建材、玻璃、水泥、陶瓷、玻璃纤维等	中国杭州市中山北路450号		www.cnhdi.com
山东工业陶瓷研究设计院	特种陶瓷、工业陶瓷、新型建筑材料、建筑卫生陶瓷、高档陶瓷熔块和色釉料、高档耐火材料、陶瓷机械设备及窑炉	中国山东省淄博市柳泉路西三巷五号	阎法强	www.zoomber.com
工业研究院所（化工类）				
北京化工研究院	乙烯技术和有机化工、聚烯烃催化剂和工艺研究、高分子材料、化工环境保护四大研究领域	北京市朝阳区北三环东路14号	杨元一	www.brici.ac.cn
天津化工研究院	无机化工、工业水处理药剂及应用技术、催化剂及载体、环境评价及环保工程、精细化工等	天津市红桥区丁字沽三号路85号	郑书忠	tjep.ep.net.cn
广州合成材料研究院	合成材料及制品的老化与防老化研究；合成材料的加工应用与生产；合成材料助剂的开发与应用；精细化工产品的开发和生产等	广州市天河区	孙　卫	www.chinaageing.com
黎明化工研究院	化工新材料和化学推进剂原材料	洛阳市054信箱	郑保安	lrici.com
石油化工科学研究院	原油评价和石油加工流程方案、石油炼制和石油化工工艺及催化剂、石油产品及添加剂等	北京市学院路18号	龙　军	www.ripp-sinopec.com

续表

名　称	特长领域	地　址	所　长	网　址
西北橡胶塑料研究设计院	橡胶密封制品	陕西省咸阳市西华路1号	乐贵强	www. fastrubber. com
上海石油化工研究院	基本有机原料、有机原料二次加工产品及高分子材料合成等石油化工成套技术及相关催化剂等	上海市浦东新区浦东北路1658号	谢在库	www. sript. com. cn
抚顺石油化工研究院	加氢裂化催化剂及工艺技术开发、馏分油及蜡类产品加氢精制催化剂及工艺技术开发等	辽宁省抚顺市望花区丹东路东段31号	方向晨	www. fripp. com. cn
沈阳化工研究院	农药、染料及其中间体、有机颜料和助剂等精细化学品	辽宁沈阳市沈阳化工研究院	李　彬	www. syrici. com. cn
海洋化工研究院	海洋防污涂料、防腐涂料、功能材料、民用装饰涂料、防火涂料、胶粘剂等	山东省青岛市金湖路4号	祝　伟	www. sino – mrici. com
兰州石油化工研究院	合成橡胶、合成树脂、石油化工催化剂、石油炼制催化剂等	兰州市西固区合水北路1号	赵旭涛	www. lpcr. ac. cn
中蓝晨光化工研究院	高分子化工新材料研究、设计、生产和销售	四川成都市人民南路四段三十号	付　旭	www. cg – chem. com
中国日用化学工业研究院	表面活性剂/洗涤剂	太原文源巷34号	张高勇	www. dcchina. net
中国化工建设总公司常州涂料化工研究院	涂料、颜料技术	江苏省常州机场路	张俊智	www. jecc. cn
北京橡胶工业研究设计院	轮胎、橡胶制品	北京海淀区阜石路甲19号	祝　伟	www. china – rp. com. cn
国防类				
北京航空材料研究院	航空工业在研和未来飞机、发动机、直升机先进材料、工艺、检测评价	北京市海淀区太舟坞(北京81信箱)	葛子干	www. biam. ac. cn
洛阳船舶材料研究所（中船总公司第七二五研究所）	高强度可焊接船体钢及焊接材料；钛合金材料、真空铸造钛合金产品、焊拦工艺；高强度可焊接耐腐蚀铝合金型材板材等	河南省洛阳市涧西区西苑路21号(洛阳市023信箱)	孙建科	www. shipmatl. com. cn
中国原子能科学研究院	核科学技术基础研究、先进核能技术开发与核技术应用	中国原子能科学研究院（北京市275信箱73分箱）	赵志祥	www. ciae. ac. cn
核工业北京化工冶金研究院	铀矿选冶和湿法冶金技术	北京市通州区九棵树145号（北京234信箱）	王德林	www. bricem. com. cn
中国船舶重工集团公司第十二研究所	金属材料及辅料、特殊热处理、精密成型、金属零件和构件的失效分析、精密复杂铸锻件的国产化	陕西省兴平市44号信箱	许永春	www. chinahotwork. com
中国兵器工业集团第五二研究所	黑色与有色金属材料、复合材料、陶瓷材料、特种功能材料、粉末冶金材料等	内蒙古包头市四号信箱	赵宝荣	www. norincogroup. com. cn
山东非金属材料研究所	开发树指合成、塑料增强、掺混改性、烧蚀隔热、动态力学、无损检测等；	济南市天桥区田家庄东路3号	陈开来	www. i53. com. cn
中国核工业总公司西南物理研究院	受控核聚变理论和实验研究以及等离子体技术应用	成都市二环路南三段三号（成都市432信箱）	潘传红	www. swip. ac. cn
中国工程物理研究院	冲击波与爆轰物理；核物理、等离子体与激光技术；工程与材料科学；电子学与光电子学；化学与化工等	四川省绵阳市919信箱10分箱	朱祖良	www. caep. ac. cn
北京航天材料及工艺研究所	无损检测工艺技术中心、复合材料构件加工工艺技术中心、特种焊接工艺技术中心、表面工程工艺技术中心（分部）	北京市9200信箱	郭玉明	www. spacetalent. com. cn

续表

名 称	特长领域	地 址	所 长	网 址
北京航空制造工程研究所	航空制造技术研究和工艺装备开发	北京朝阳区八里桥北	郭恩明	www.bamtri.com
西安航天复合材料研究所	复合材料工艺，固体火箭发动机非金属部件	西安市101信箱	邓红兵	www.ht43.com
工业研究院所（其他类）				
中国纺织科学研究院	纺织、化纤、机械制造、生物化工、机电自动化、房地产开发、进出口贸易等领域	北京朝阳区延静里中街3号	赵 强	www.cta.com.cn
中国制浆造纸研究院	造纸工业开发新原料新工艺和新产品	北京市朝阳区光华路12号	曹振雷	www.piric.com.cn
中国电子科技集团公司第四十六研究所	半导体材料和光纤研究开发	天津市河西区陈塘庄岩峰路1号	管丕恺	www.emri.com.cn
华北光电技术研究所	材料生长、器件工艺研究、整机设计制造以及配套的光学镀膜、光学冷加工、精密机械加工等	北京市朝阳区酒仙桥路四号	张伟忠	www.ncrieo.com.cn
轻工业化学电源研究所	化学电源新产品、新技术、新设备的研究、开发、生产和经营	江苏省苏州市葑门庄先湾7号	邱建平	9619.2.cn1b.com
中国铁道科学研究院	先进技术装备我国铁路，解决铁路运输生产建设中的重大、关键技术问题	北京西直门外大柳树路二号	陈国芳	home.rails.com.cn
中国化工信息中心	化工系统展览交流中心、音像出版中心、节能中心	北京市安定门外小关街53号	杨晋庆	www.cncic.gov.cn

部分材料相关的国家工程研究中心

国家工程研究中心项目管理办法

国家发展和改革委员会2004年6月发布了国家工程研究中心项目管理办法（讨论稿），现全文如下：

第一章 总 则

第一条 为加强和规范国家工程研究中心建设与运行管理，提高产业关键共性技术研发和重大科技成果的工程化能力，加快科技成果向现实生产力转化，促进科技经济有效结合，根据《中华人民共和国科学技术进步法》、《政府投资条例》等相关法规，特制定本办法。

第二条 本办法所称国家工程研究中心（以下简称工程中心），是指根据国民经济和社会发展的重大战略需求以及产业技术政策，以增强产业核心竞争能力和发展后劲，培育新兴产业，促进产业结构调整升级和可持续发展为目标，以产业关键共性技术和重大科技成果工程化研究开发、系统集成与技术扩散为任务，以具有技术及综合优势的高校、科研机构和企业为主体，按照现代企业制度，以公司制法人形式组建的不以营利为主要目的的新型实体。

第三条 工程中心是国家创新能力基础设施的重要内容，是国家创新体系的重要组成部分。其宗旨是通过建立工程化研究、验证的设施和有利于技术创新、成果转化的机制，培育、提高持续创新能力，着力开发产业关键共性技术，并将具有重要市场价值的重大科研成果进行完整的工程化研究和系统集成，从而搭建产业与科研之间的“桥梁”，加快科研成果向现实生产力转化，促进产业技术进步和核心竞争能力的提高。

第四条 工程中心的主要任务是：

（一）面向国家和产业发展的重大需求，研究开发产业技术进步和结构调整急需的关键共性技术；

（二）以市场为导向，把握技术发展趋势，开展具有重要市场价值的重大科研成果的工程化研究和系统集成，基本上完成产业化开发的全部过程；

（三）通过对引进技术的消化、吸收、集成创新和国际合作交流，促进自主创新能力的提高；

（四）通过市场机制实现技术转移和扩散，持续不断地为规模化生产提供成套成熟的先进技术、工艺及其技术产品和装备；

（五）为行业培养工程技术研究与管理的高层次人才；

（六）为行业和相关领域提供工程技术验证和信息咨询服务。

第五条 工程中心应具备的主要特点：工程中心总体上要以“科技成果产业化、运行机制企业化、发展方向市场化”为原则，通过优势组合，形成持续技术创新能力，重大科技成果的工程化和产业化能力。

1. 工程中心要在该领域中具有国内一流水平的技术创新、研究开发的能力、设施及人才队伍；

2. 工程中心要在该领域中能以市场为导向，围绕经济和社会发展的重大需求，进行重大科研成果的工程化、产业化研究开发，要在该领域中具有国内一流的技术集成能力及相应的人才队伍；

3. 工程中心要在该领域中具有将重大科技成果向规模生产转化的工程化研究验证环境和能力，确保科研成果通过工程化和产业化研究开发向规模生产的转移，完成产业化过程；

4. 工程中心要通过市场机制实现技术转移和扩散获得回报，形成持续发展能力，但不应以营利为主要目的；

5. 工程中心要在该领域中具有对科技成果产业化进行技术经济分析和工程设计、咨询、评估及建设的能力；

6. 工程中心要在该领域中具有对技术、产品、工艺、装备等持续不断创新与消化国外先进技术的能力。

第二章　组织、申报与审批程序

第六条　国家发展和改革委员会（以下简称国家发改委）是工程中心项目的行政主管部门，负责制定（修订）并发布工程中心建设项目有关政策办法、建设重点领域等指导性文件，组织工程中心项目审批、运行评估等管理工作。

第七条　国务院有关部门，各省、自治区、直辖市、计划单列市及新疆生产建设兵团投资主管（发展改革）部门，计划单列中央企业（集团）是工程中心项目的主持部门，负责本地区或所属单位工程中心的申报、组织实施与运行管理等工作。

第八条　根据《国家高技术产业发展规划》和《国家创新能力基础设施建设规划》，国家发改委定期制定并发布工程中心年度重点建设领域，明确工程中心建设重点方向和申报时限要求等事项。

第九条　申报工程中心项目应具备以下条件：

（一）符合国家发改委发布的工程中心年度建设重点领域；

（二）具有适应该领域发展要求、明确可行的工程中心发展思路、发展战略与经营方针；

（三）在该领域中有坚实的工程技术开发与成果转化工作基础、特色和业绩；

（四）拥有一批有待工程化开发转化、具有自主知识产权和良好市场前景的重大科技成果；

（五）已有科研成果工程化所需要的部分装备和基础设施，并能够为项目的建设、运行提供必要的配套保障；

（六）具有较强市场意识和科技成果转化能力的精干管理班子和技术带头人，在该领域有一支结构合理、工程化研究开发与转化素质较高的技术创新队伍；

（七）具有符合该领域发展要求的工程中心运行机制和有效的激励机制；

（八）具有培养高层次工程技术与管理人才的能力。

国家鼓励由该技术领域中的优势科研单位、高校与该产业领域中强势企业以及社会投资机构共同投资申请组建工程中心。鼓励跨地区、跨行业的组建形式，鼓励引进海外一流技术人才和管理人才。科研单位在工程中心组建过程中必须有资金、资产、技术、人才等实质性的投入。

第十条　项目申报单位依据第八、九条的要求，结合本单位的优势和具体情况，提出工程中心项目法人组建方案并签署相关协议，向上级主持部门提出工程中心建设项目建议书（编制大纲见附件一）。

第十一条　主持部门认真审核本地区（部门）所属单位提出的项目建议书，将符合条件的工程中心建设项目建议书（一式四份）及相关推荐文件报送国家发改委。

第十二条　国家发改委对符合本办法第九、十、十一条的工程中心建设项目建议书组织专家进行评审。评审的重点是：

（一）项目建设意义与必要性（所选择技术领域和发展方向的当前及长期市场价值，对行业发展的推动作用等）；

（二）申报单位的条件（科研开发与产业化工作基础、技术特色和持续创新能力，技术开发、系统集成与产业化工程技术队伍与管理班子能力，经营管理、资金筹措等方面的能力，项目法人组建是否体现强强联合、优势互补的原则等）；

（三）方案可行性（目标任务、发展思路、经营计划、建设方案及运行机制的合理性和可行性）。

第十三条　国家发改委根据专家评审意见，经综合研究后择优批复项目立项。

第十四条　主持部门依据国家发改委的立项批复，组织项目申报单位按照批复的项目建议书组建工程中心项目法人，完成项目法人注册登记。项目法人委托有相应资质的机构编制工程中心建设项目可行性研究报告（编制大纲见附件二），报主持部门审查。

第十五条　主持部门审查通过后，将工程中心建设项目可行性研究报告报送国家发改委审批。国家发改委委托有关评估咨询机构对项目可行性研究报告进行评估，必要时也可请有关部门提出项目审查意见或组织专家进行论证。国家发改委根据评估、论证意见进行综合研究，在符合工程中心建设有关要求的情况下，批复项目可行性研究报告。

第三章　资金安排与使用

第十六条　工程中心建设项目经费来源为项目法人自有资金、国家投资、银行贷款以及项目法人筹集的其他资金等。资金来源必须有合法的资金落实证明等。国家投资主要从产业技术研究与开发资金、中央预算内资金或其他资金中安排，并根据项目建设进度分期下达。

第十七条　工程中心建设项目经费主要用于工程中心购置工程化研究开发所需的仪器设备，改善工艺设备、测试条件；建设工程化验证成套装置；建设必要的配套基础设施；引进必要的软件，开展人员培训；从事近期工程化研究开发等。

第十八条 国家投资计划安排的产业研发资金，要严格按照《产业技术研究与开发资金管理办法》（财建［2002］30号）进行使用和管理；安排的中央预算内资金，要严格按照中央预算内资金的相关规定进行使用和管理。

第十九条 主持部门接到国家投资计划后，要尽快将国家投资下达到项目法人单位，做好建设实施的组织协调工作。任何部门和单位不得截留、挤占和挪用国家投资。

第二十条 工程中心法人单位必须保证国家投资足额用于工程中心项目的建设，专款专用、开设专户、专账管理。

第四章 建设管理与验收

第二十一条 主持部门要根据国家有关规定建立项目管理制度，开展项目的管理、检查、稽察等各项工作，配合财政、审计等部门的检查和审计，确保项目按照国家批复要求进行建设，以及国家投资的正确使用。

第二十二条 工程中心的建设期限一般不超过3年。主持部门应建立工程中心建设定期报告制度和中期评估制度，项目建设期内，于每年1月和7月底前，以书面形式向国家发改委提交项目进展报告，如实反映项目建设、资金使用、科研开发及工程化等情况。对急需解决的问题应及时提出处理意见上报国家发改委。项目建设中期，国家发改委（或委托主持部门）将组织对工程中心建设情况进行中期评估，并将中期评估结果作为下达投资计划的重要参考。

第二十三条 工程中心主要建设内容和技术方案等没有发生重大变化，建设地点在所在行政区（市、县）内调整、项目法人名称变动、调整投资规模幅度累计不超过30%的，由主持部门负责审批，报国家发改委备案；主要建设内容、技术方案发生重大变化，包括：项目法人变更，建设地点变化超出所在行政区（市、县）范围，投资规模变化超出30%以上的，由主持部门报国家发改委审批，国家投资将根据具体情况做相应调整。

第二十四条 工程中心完成建设内容与目标后，应编制工程中心建设项目竣工验收报告（编制大纲见附件三），及时向主持部门提出项目竣工验收申请，由主持部门负责主持工程中心的竣工验收工作。竣工验收的依据包括：工程中心管理办法，项目建议书、可行性研究报告及审批文件，项目初步设计和概算、合同以及有关审批、修改、调整文件，其他相关文件。竣工验收的内容包括：基本建设工作完成情况及所形成的持续创新能力，财务决算，组织机构与管理，建设期间的主要业绩等。主持部门要保存完整的项目竣工验收材料，并向国家发改委报送竣工验收结论。工程中心要按国家有关规定妥善保管好建设和验收的档案材料。

第二十五条 国家发改委对主持部门报送的工程中心竣工验收结论进行审核确认后，行文正式授予“国家工程研究中心”称号并授牌，纳入工程中心序列管理，允许其享受国家相关优惠政策。在未通过验收前，各工程中心只能以“××国家工程研究中心（筹）”的名义对外开展活动。

第五章 运行管理与评估

第二十六条 工程中心实行董事会领导下的主任负责制。董事会是工程中心的决策机构，负责审议工程中心建设与发展的重大事项，对工程中心的建设与发展负有全面责任。董事会成员由工程中心股东单位代表、工程中心主任和两名独立董事组成。

第二十七条 独立董事由主持部门选派，负有监督工程中心按照国家发改委批复的方向、目标和任务进行建设与发展的责任。

第二十八条 工程中心主任负责工程中心的全面日常工作，由董事会聘任。

第二十九条 工程中心应成立技术委员会作为董事会技术咨询机构，对工程中心董事会负责。技术委员会由本领域科技界、企业界的专家组成，由工程中心董事会聘任。

第三十条 工程中心建成验收后实行运行情况年报制度。工程中心必须按时将年度运行总结报告报送主持部门，主持部门汇总审核后于每年5月15日前将上年度运行总结报告报送国家发改委。国家发改委将每年向主持部门和社会发布工程中心年度进展综合报告。

第三十一条 工程中心实行优胜劣汰、动态调整的运行评估管理机制。国家发改委将根据《国家工程研究中心运行评价办法》（另发），对建成后的工程中心每满3年进行一次运行评估。

第六章 持续创新能力建设

第三十二条 国家发改委将依据工程中心运行评估结果，有重点地选择一批具有突出的科研成果和人才基础、具备较强的行业影响力、已建立了良好的运行机制、发展前景广阔的工程中心，围绕新的发展方向和目标进一步支持其持续创新能力建设。

第三十三条 运行评估结果优良的工程中心，可围绕经济社会发展的新需求、技术发展的新方向，结合本工程中心的实际情况提出持续创新能力建设项目申请。参照“工程中心建设项目可行性研究报告编制提纲”，编写工程中心持续创新能力建设项目可行性研究报告，报主持部门审查批准。

第三十四条 主持部门批复工程中心持续创新能力建设项目可行性研究报告后，可提出资金补助申请报送国家发改委审批。国家发改委组织专家对工程中心持续创新能力建设项目进行评审，并根据专家评审意见进行综合研究，择优批准项目资金补助申请。

第三十五条 工程中心持续创新能力建设项目资金和建设管理等工作参照第三章和第四章有关要求进行处罚。

第三十六条 工程中心建设项目出现下列情况的，主持部门要迅速纠正。情况严重的，国家发改委将暂停安排该主持部门的其他项目，对项目法人要暂停安排国家投资或追回国家投资。

（一）项目建议书、可行性研究报告等申请报告有重大虚假内容的；

（二）擅自改变项目建设规模、内容和项目法人的；

（三）财务管理制度不健全、会计核算不规范的，资金未按规定要求实行专款专用、专户存储的，违反项目资金使用规定，截留、挤占和挪用项目资金的；

（四）有重大工程质量问题，造成经济损失和社会影响的。

第三十七条 对逾期不能验收的工程中心建设项目，主持部门应向国家发改委提出推迟验收报告，说明原因、拟采取的措施和计划验收日期；对逾期 2 年不验收的，国家发改委将根据具体情况给予通报批评直至追回国家投资的处罚。

第三十八条 对于由于不可抗拒原因导致无法继续实施的工程中心建设项目，主持部门要及时上报国家发改委，国家发改委将根据具体情况给予终止执行项目的处理。

第三十九条 对于因重大违规行为导致失败或无法继续的工程中心建设项目，主持部门要及时上报国家发改委，国家发改委将根据具体情况给予撤项处理，并收回全部国家投资。主持部门应认真总结，找出失败原因和教训，为今后解决类似问题提供可借鉴的经验。

第四十条 对于运行评估结果较差、存在较多问题的工程中心，将撤销其工程中心称号，不再享受有关优惠政策。

第七章 附 则

第四十一条 工程中心命名统一为：“××国家工程研究中心”，英文名称为：“National Engineering Research Center of ××”。

第四十二条 本办法自发布之日起施行。原《国家工程研究中心管理办法（试行）》（计科技［1992］2239 号）和《国家计委关于建设国家工程研究中心的指导性意见》（计办高技［2002］767 号）同时废止。

第四十三条 各主持部门可据此制定相应的细则和实施办法。并可参照此办法制定本省市（部门）级工程研究中心项目管理办法。

第四十四条 本办法由国家发改委负责解释。

附件一：《国家工程研究中心建设项目建议书》编制大纲

附件二：《国家工程研究中心建设项目可行性研究报告》编制大纲

附件三：《国家工程研究中心建设项目竣工验收报告》编制大纲

附件一：《国家工程研究中心建设项目建议书》编制大纲

一、项目摘要（2500 字左右）

二、项目背景与必要性

1. 在国民经济建设中的地位与作用；
2. 国内外技术发展状况、产业发展状况与市场分析；
3. 本领域成果转化与产业化存在的主要问题及原因；
4. 本领域当前亟待解决的关键技术问题；
5. 本项目所要解决的关键问题。

三、申报单位概况和建设条件

1. 各申报单位概况；
2. 拟产业化的重要科研成果及其水平；
3. 现有建设条件（参见管理办法第九条）。

四、主要任务与目标

1. 工程中心的主要发展方向；
2. 工程中心的主要功能与任务；
3. 工程中心的发展战略与经营思路；
4. 工程中心的近期和中期目标。

五、管理与运行机制

1. 建设项目法人组建方案；
2. 工程中心的机构设置与职责；
3. 工程中心的运行机制。

六、建设方案与投资估算

1. 建设地点、内容、规模与方案；
2. 各申报单位提供的配套与支撑条件；
3. 投资估算；
4. 资金筹措方案。

七、经济性初步分析

八、其他需要说明的问题

九、附件

1. 工程中心建设项目法人组建协议；
2. 项目法人公司章程；
3. 前期科技成果证明文件；
4. 其他配套证明文件等。

附件二：《国家工程研究中心建设项目可行性研究报告》编制大纲

一、项目摘要（4000 字以内）

1. 项目名称
2. 项目法人概况
3. 可行性研究报告编制依据

4. 项目提出的主要理由与过程
5. 发展战略与经营计划
6. 建设内容、规模、方案和地点
7. 主要建设条件
8. 项目总投资、投资构成及资金筹措方案
9. 经济性分析与主要技术经济指标
10. 目前存在的问题与建议
11. 可行性研究的结论与建议
二、项目建设的依据、背景与意义
三、技术与市场分析
1. 技术的主要发展状况与趋势预测、项目的优势与问题
2. 国内外市场状况与发展趋势预测、项目的目标市场与市场占有率分析
3. 技术与市场的竞争力分析（国内外主要竞争对手情况、技术与市场的竞争力优势和劣势）
4. 技术风险与市场风险分析
四、主要方向、任务与目标
1. 工程中心的主要发展方向；
2. 工程中心的主要功能与任务；
3. 工程中心的发展战略与经营思路；
4. 工程中心拟产业化的重要科研成果；
5. 工程中心的近期和中期目标。
五、组织机构、管理与运行机制
1. 建设项目法人组建方案；
2. 项目法人各组成单位概况；
2. 工程中心的机构设置与职责
3. 主要技术带头人、管理人员概况及技术队伍情况；
4. 运行机制和激励机制。
六、建设方案
1. 建设内容、建设规模、建设地点与环境
2. 技术方案、设备方案和工程方案及其合理性；
3. 总图布置与公用辅助工程；
4. 原材料、动力、供水等配套及外部协作条件；
5. 科研开发的主要技术、工艺设计方案；
6. 内部设施的功能及合理性分析。
七、环境影响
八、劳动安全卫生与消防
九、项目实施进度
1. 建设工期；
2. 项目实施进度安排与进度表（横线图）；
3. 建设期的项目管理。
十、投资估算及融资方案
1. 项目总投资估算表及融资方案
2. 建设投资估算（包括土建、设备、安装、工程建设其他费用、科研开发、预备费、建设期利息、资料、技术援助、培训等）
3. 流动资金估算
4. 单项工程投资估算表
5. 分年投资计划表
6. 项目资金筹措方案及其落实情况
7. 国家安排资金的具体使用方案
十一、项目财务评价
十二、项目风险分析
十三、其他需说明的问题
十四、相关附件、附图、附表

附件三：《国家工程研究中心建设项目竣工验收报告》编制大纲

一、摘要
二、建设工作概述
三、主要建设内容和质量评定
1. 建安工程
主体工程完成情况
配套设施的完成情况
工程质量的评定情况
文档资料
2. 实验室仪器设备配置
完整性、合理性
仪器设备到货、安装、调试以及验收情况
运行状况记录
文档资料
3. 工程化验证单项工程
主要技术、工艺路线及形成的能力
配置的合理性与完整性
单调、联调、负荷联机运转情况
工艺文件（工艺及技术规范）
4. 配套条件
水、电、气等支撑条件
其他配套条件
四、财务决算
1. 资金到位情况
2. 工程决算
3. 科研经费
4. 流动资金
5. 投资效果评价
6. 其他
五、运行机制
1. 组织机构
2. 规章制度
3. 管理与激励机制
4. 主要负责人和骨干队伍
六、建设期的工作业绩
1. 科研开发

2. 工程化
3. 合作关系
4. 技术转移与扩散
5. 经济效益

七、近中期任务、目标与经营决策

1. 近三年的主要任务与目标
2. 近期经营战略
3. 中远期发展安排

八、初步验收意见

九、其他需说明的事项

十、相关附件

部分材料相关国家工程研究中心

名　称	重点研究领域	依托单位	地　址	主　任	电　话
染料国家工程研究中心	商品染料、有机颜料、中间体新品种；开发染料专业的新型反应器和化工单元操作用设备等	沈阳化工研究院	辽宁沈阳铁西区沈辽东路8号	李　彬	（024）2963062
光电子器件国家工程研究中心	光通信、光信息处理、光存储、光显示和其他光电子技术	中科院半导体研究所	北京市海淀区肖庄北京912信箱	陈良惠	（010）82305060
工程塑料国家工程研究中心	工程塑料的研究、开发和产业化	中科院化学研究所	北京市朝阳区大屯路甲3号	严　庆	（010）64864322
水煤浆气化及煤化工国家工程研究中心	煤气化和煤化工试验研究及工程开发基地	山东鲁南化学工业（集团）公司	山东省腾州市木石镇	张鸿林	（0632）2362705
粉末冶金国家工程研究中心	金属粉末注射成型技术、钨基合金产品及挤压技术、新一代碳/碳航空制动材料、高性能半金属（无石棉）汽车刹车材料	中南工业大学	湖南省长沙市岳麓山中南大学	黄伯云	（0731）8879943，8876147
炼油工艺与催化剂国家工程研究中心	高辛烷值汽油生产技术，利用重质原料生产气体烯烃的深度催化裂解技术，以及与之相关的新型催化材料和催化剂生产技术	中石化股份有限公司石油化工科学研究院	北京市海淀区学院路18号	张占柱	（010）69725150
精馏技术国家工程研究中心	精馏过程、设备和技术	天津大学	天津市南开区卫津路92号天津大学内	李鑫钢	（022）27404701
连铸技术国家工程研究中心	以高效连铸技术、近终形连铸技术和与连铸相关技术	北京钢铁研究总院	北京市海淀区学院南路76号	干　勇	（010）62188424
精密成型国家工程研究中心	以塑性精密成型工艺研究的成果为基础，将优化设计、模具、自动化、材料、现代检测以及现代精密加工技术通过工程化研究和中间试验集合为一体	北京机电研究所	北京海淀区学清路18号	顾向阳	（010）62920621
半导体材料国家工程研究中心	超大规模集成电路的优质直拉大直径硅单晶及抛光片	北京有色金属研究院	北京市新街口外大街2号	周旗纲	（010）82241100
高性能均质合金国家工程研究中心	高性能金属材料、生物医用材料、环保材料及其相关制品	沈阳金属研究所	沈阳市义化路72号，中科院金属所工程中心	杨　柯	（024）23843537
激光加工国家工程研究中心	高功率激光器及器件、大型激光加工成套设备、医疗激光设备的研发、生产与销售	华中理工大学	湖北省武汉市东湖高新技术开发区华中科技大学科技园华工科技激光产业园	阮海洪	（027）87180200
聚烯烃国家工程研究中心	乙烯工艺和有机化工、聚烯烃催化剂和工艺研究、塑料改性和加工应用、化工环境保护	中石化股份有限公司北京化工研究院	北京市朝阳区北三环东路14号	陈　伟	（010）64273136

续表

名 称	重点研究领域	依托单位	地 址	主 任	电 话
无污染有色金属提取及节能技术国家工程研究中心	矿山开发与复垦；清洁选矿；无污染冶金；高效粉碎及节能；“三废”治理和利用	北京矿冶研究总院	北京西直门外文兴街一号	孙传尧	（010）68333366
精细石油化工中间体国家工程研究中心	多相催化选择氧化、匀相催化碳基合成、不对称催化、酶催化、光催化等	兰州化学物理研究所	甘肃省兰州市天水路342号	素继栓	（0931）8271737
耐火材料国家工程研究中心	高纯 Cr_2O_3 制品、高级堇青石－莫来石窑具制品、高性能透气砖等耐火材料行业	洛阳耐火材料研究院	河南省洛阳市西苑路43号	李红霞	（0379）4205835
稀有金属材料加工国家工程研究中心	航空用钛材、核电用锆材、电子和电光源用钨钼材三大类材料以及这些材料的深加工和装备制造	西北有色金属研究院	西安市未央路96号（西安市51号信箱）	周 廉	（029）6224474
传感器国家工程研究中心	MEMS技术、硅微芯片及力、热、磁传感器、传感器工程化技术	沈阳仪表科学院研究院	沈阳市大东区北海街242号	徐开先	（024）88712710
稀土材料国家工程研究中心	矿石处理及冶金和稀土光、磁、生物、催化稀土材料研发、工程化和产业化基地	北京有色金属研究总院	中国北京市新街口外大街2号	李卫红	（010）82241180
合成纤维国家工程研究中心	合纤技术工程化研究	中石化股份有限公司上海石油化工股份有限公司	上海市金山卫经一路95号	吴海军	（021）57941941
橡塑新型材料合成国家工程研究中心	新型橡塑合成材料	中石化股份有限公司北京燕山分公司	北京市房山区凤凰亭路15号	李 杨	（010）69342452
新型电源国家工程研究中心	新型化学与物理电源	信息产业部电子第18所	天津市296信箱33分箱		（022）23959366
纤维基复合材料国家工程研究中心	纤维基复合材料的开发和生产	纺织科学研究总院	北京市朝阳区延静里中街3号	武宇鹏	（010）65007204
高效焊接新技术国家工程研究中心	焊接设备及工艺，焊接自动化及控制，焊接机器人及应用，焊接材料及制备等	哈尔滨焊接研究所	哈尔滨市南岗区和兴路111号	张彦敏	（0451）6334865
表面活性剂国家工程研究中心	两亲分子有序组合材料，纳米、亚微米粉体材料及纳米介孔材料的制备以及纳米微胶囊材料研究等	中国日用化学研究院	太原市文源巷34号	张高勇	（0351）4046718
橡塑模具计算机辅助工程国家工程研究中心	模具及橡塑制品成型技术	郑州大学	河南省郑州市文化路97号	申卡雨	（0371）3887600
造纸与污染控制国家工程研究中心	高效高白度清洁漂白技术与设备、大幅度节能的中浓磨浆技术与装备、制浆造纸废水治理技术与装备、新型纸页成型装置等	华南理工大学	广州市天河区五山华南理工大学造纸与环境工程楼	陈中豪	（020）87112986
磁性材料国家工程研究中心	钕铁硼永磁材料、钕铁硼生产的技术和设备、新型稀土永磁电机及系列电动车等磁应用产品	中科院物理研究所 北京中科三环新材料高技术公司	北京中关村南三街8号	王震西	（010）62553366
高效轧制国家工程研究中心	轧钢技术装备和工艺流程的国产化	北京科技大学	北京市海淀区学院路30号	徐金梧	（010）62332598

续表

名　称	重点研究领域	依托单位	地　址	主　任	电　话
化肥催化剂国家工程研究中心	化肥等工业催化剂	福州大学	福建省福州市工业路523号福州大学工厂规划区	魏可镁	（0591）3720534
基本有机原料催化剂国家工程研究中心	以基本有机原料催化技术为核心，着重基本有机原料领域中合成技术的工艺和工程开发	中国石油化工股份有限公司上海石油化工研究院	上海浦东北路1658号	谢在库	（021）68462197
固体废弃物资源化国家工程研究中心	各种固体废弃物变为新资源的技术	昆明理工大学	云南省昆明市一二.一大街文昌巷1号	孙可伟	（0871）5163654
聚合物新型成型装备国家工程研究中心	高分子材料成型加工及成型机械研究	华南理工大学	广州市五山华南理工大学聚合物新型成型装备国家工程研究中心	瞿金平	（020）87111148
炼焦技术国家工程研究中心	炼焦技术新工艺等	鞍山热能研究院	辽宁省鞍山市铁东区绿化街43号	徐立伟	（0412）5830332
膜技术国家工程研究中心	膜分离技术研究、开发、生产、经营	大连化学物理研究所	大连市高新园区七贤岭火炬路28号膜技术国家工程研究中心	吴　鸣	（0411）84795522
稀土冶金及功能材料国家工程研究中心	对稀土冶金大型化、自动化的新技术、新装置及成套装备进行研制开发	包头稀土研究院	包头市昆都仑区团结大街129号	史志岩	（0472）5179318
轻合金精密成型国家工程研究中心	新型镁合金的开发、镁合金熔炼和加工技术、镁合金精密成型技术、镁合金表面处理技术和变形镁合金研究等	上海交通大学	上海市华山路1954号上海交通大学轻合金精密成型国家工程研究中心	丁文江	（021）62933139
生物芯片北京国家工程研究中心	电磁式生物芯片、多力式生物芯片等	北京博奥生物芯片有限责任公司	北京市昌平区生命科学园路18号	程　京	（010）80726868
纳米技术及应用国家工程研究中心	纳米技术及应用	上海纳米技术及应用国家工程研究中心	上海市华山路2018号汇银广场北楼1903室	韩　杰	（021）54070866
先进钢铁材料技术国家工程研究中心	先进钢铁材料	中联先进钢铁材料技术有限责任公司	北京市海淀区学院南路76号	田志凌	（010）62182220

教育发展篇

综　　述

2003年全国教育事业发展统计公报（高等教育部分）

2004年5月27日教育部发布了2003年全国教育事业发展统计公报，现摘选高等教育部分。

2003年全国共有普通高等学校和成人高等学校2 110所，比上年增加107所。普通高等学校1 552所，比上年增加156所，其中中央各部委所属学校111所。成人高等学校558所，比上年减少49所，其中中央各部委所属学校19所，比上年减少1所。全国共有培养研究生单位720个，其中高等学校407个，科研机构313个。

高等教育的招生和在校生规模继续快速增加。2003年全国各类高等教育总规模达到1 900多万人，高等教育毛入学率达到17%。全国招收研究生26.89万人，比上年增加6.63万人；其中博士生4.87万人，硕士生22.02万人。在学研究生65.13万人，比上年增加15.03万人；其中博士生13.67万人，硕士生51.46万人。毕业研究生11.11万人，比上年增加3.03万人；其中博士生1.88万人，硕士生9.23万人。

普通高等教育共招生382.17万人，比上年增加61.67万人，增长19.24%；在校生1 108.56万人，比上年增加205.2万人，增长22.72%；毕业生187.75万人，比上年增加54.02万人，增长40.39%。成人高等教育在校生559.16（2002年）万人；毕业生159.34（2003年）万人。

普通高等学校校均规模有较大提高。普通高等学校全日制本、高职（专科）在校生平均规模由上年的6 471人提高到7 143人；对研究生、留学生、进修生和夜大生、函授生、成人脱产班等各类学生，按国家规定折合为本、高职（专科）学生计算，生师比为17.0:1。

普通高等学校教职工145.26万人，比上年增加14.9万人；专任教师72.47万人，比上年增加10.63万人。成人高等学校教职工15.35万人，比上年减少1.46万人；专任教师8.51万人，比上年减少0.38万人。

全国高等教育自学考试报考1 156.2万人次，取得毕业证书70.5万人。

民办教育得到进一步发展。2003年，全国共有民办普通高等学校173所，在校生81万人；民办的其他高等教育机构1 104所，各类注册学生100.40万人。民办普通高中2 679所，在校生141.37万人；民办中等职业学校1 382所，在校生79.38万人。民办普通初中3 651所，在校生256.57万人；民办职业初中53所，在校生2.28万人。民办普通小学5 676所，在校生274.93万人。民办幼儿园5.55万所，在校生480.23万人。

教育部关于印发《高等学校中长期科学和技术发展规划纲要》的通知

教技［2004］3号

各省、自治区、直辖市教育厅（教委），有关部门（单位）教育（人事）司（局），部属各高等学校：

为了进一步贯彻落实科教兴国战略和人才强国战略，推动国家创新体系建设，提高高等学校创新能力，促进高等学校科技创新和高层次创造性人才培养协调、持续、快速发展，为全面建设小康社会提供强大的知识贡献和人才支持，我部制定了《高等学校中长期科学和技术发展规划纲要》，现印发给你们。

请你们结合实际，认真组织实施，并将实施中的情况、问题和意见及时报我部。

附件：高等学校中长期科学和技术发展规划纲要

二〇〇四年十一月十五日

附件：高等学校中长期科学和技术发展规划纲要

本世纪头20年，是我国经济社会发展的重要战略机遇期，也是高等学校科技发展的重要机遇期。为抢抓机遇，迅速提升高校科技创新能力，实现跨越式发展，全面推进国家创新体系建设，引领和支撑“创新型”国家和全面小康社会目标的实现，特制定本规划纲要。

一、高等学校科技发展面临的形势与挑战

（一）科技创新成为引领经济和社会发展的主导力量，创新人才的竞争成为国际竞争的焦点

在近代历史上，科学发现和技术发明的革命性突破，促进了社会生产力的发展和工业文明的兴起，也成为世界竞争格局改变、强国崛起与更替的关键因素。在知识经济不断发展的今天，世界各国围绕知识要素展开的竞争更加激烈，这预示着国家间的力量有可能发生新的变化。一个国家不管现在处于何种地位，如果不重视创新，都有可能面临被淘汰出局的挑战与危机。世界经济论坛的《国际竞争力报告》认为，20 世纪 90 年代以来，发达国家提升竞争力的途径，已经全面转向依靠科技创新。

纵观世界近代发展历史，后发国家一般都是通过技术的跨越实现社会生产力的跨越发展。芬兰曾经是一个以森林资源加工业为主的国家，70 年代开始选择发展通信产业，一举实现了国家的战略转型和经济腾飞，在全球竞争力排名中位居前列。韩国也是如此。科技创新已经成为后发国家寻求突破与跨越的根本途径。

20 世纪 90 年代以来，发达国家把促进科技创新作为国家发展的基本战略，把争夺科技制高点作为国家发展战略的重点，把科技投资作为战略性投资。美国政府把保持其在科技最前沿的领先地位作为最重要的目标。英国政府把创新作为提高生产效率和加快经济增长的核心，启动了英国历史上第一个由政府主持制定的科学技术长远发展规划。日本政府 2001 年提出，要以科技创新立国为目标，2002 年又进一步提出知识产权立国的国家战略。韩国政府于 2000 年公布了科技发展长远规划，提出到 2005 年韩国科技地位世界排名达到 12 位，超过其他所有亚洲国家。强化科技创新能力是世界各国提升竞争力的首要选择。

先进生产力的发展在于科技创新，科技创新在于创新人才。人才资源是先进生产力的核心要素，创新人才培养是国家强盛、屹立于世界先进民族之林的根本大计。综合国力强弱与大学的发展水平密切相关。世界一流强国都拥有世界一流水平的大学培养人才和提供科学基础。在新的历史时期，大学将处于越来越重要的战略地位，许多国家都把办好一批高水平大学作为一项重要国策。美国一直把办好一批世界领先水平的研究型大学作为保持其强国地位的重要战略。大力发展高等教育，持续不断地培养大批具有创新精神、创新意识和创新能力的人才，造就大批具有国际竞争力的拔尖人才，已成为非常紧迫的战略任务。

（二）当代科学技术发展的主要特征与趋势

1. 学科交叉融合和技术集成，引发新的科学和技术革命。现代科学技术的发展，越来越多地依赖学科的交叉融合和技术集成，重大的创新突破更多地发生在交叉学科领域。学科之间、科学和技术之间、自然科学和人文社会科学之间相互交叉渗透，导致众多新学科领域的诞生。同时，先进仪器和设备的广泛应用，使科学技术在宏观和微观两个尺度上，向着最复杂、最基本的方向发展，正在突破人类传统认识的极限，预示着科学技术进入一个前所未有的创新密集时代。

2. 科学技术加速发展，科技成果商品化速度加快。当代科研成果转化为现实生产力的周期越来越短，技术更新速度日益加快。著名的摩尔定理和吉尔德定理验证了技术创新周期加快的趋势，即“单位面积芯片的存储量每 18 个月增加一倍”，“主干网的带宽将每 6 个月增加一倍”。这充分说明，科学与技术泾渭分明的传统界限已日趋模糊，科技竞争的焦点不断前移。原始性创新能力已经成为国家间科技竞争成败的重要标志，成为决定国际产业分工和地位的一个基础条件。

3. 科技全球化深刻改变科学研究的传统组织模式。近年来，科技全球化正在成为经济全球化的重要表现形式，科技创新资源在全球范围内的整合和有效配置，使得传统的科研组织结构和创新方式发生了重大变化。一方面，国际大科学工程研究方式的出现，使得世界范围内的科学家能够在大规模、大尺度或是跨学科的前沿性研究领域开展合作研究；另一方面，跨国公司加速在不同国家建立研发机构，从而成为促进科技全球化的主要力量。

4. 科学技术将更加关注人类自身发展及其与自然协调发展的关系。发展科学技术事业的目的不再仅仅是对改造自然的追求，而将更加考虑人与自然的协调发展和社会可持续发展之间的关系。科技发展以人为本，把满足广大人民不断增长的物质和精神需求作为出发点，努力使所有社会成员都能分享到科技进步的福祉和新的发展机会，在不断取得科技进步的同时，建立一个可持续性发展与公平竞争的社会。

此外，科学技术发展的综合化趋势不断加强，科技创新出现群体突破态势；科学技术发展的一体化趋势更加明显；自然科学与社会科学的结合日益深入；科技发展“寓军于民”的趋势进一步加强；科技创新与高等教育的结合日益紧密。

（三）高等学校科技工作的地位与使命

大学，特别是研究型大学，是科学研究最重要的力量，是基础研究和高技术前沿领域原始性创新，特别是有望摘取诺贝尔奖桂冠的原始性创新成果的重要来源，是培养高素质创新性人才的主要基地。高校科学研究能力是衡量一个国家基础研究和高技术前沿领域原始性创新能力的重要标志，对各国未来能否在日趋激烈的全球科技竞争中占据有利地位具有举足轻重的影响。高校基础科学研究突破和新兴学科交叉成果不断催生出代表未来产业发展方向的高新技术群体，是提高国家竞争力取之不尽、用之不竭的力量源泉。

高等学校是知识创新的主体。高校既是培养人才的摇篮，又是知识创新的源头。在知识创新的过程中产出优秀

人才，在培养人才的过程中产出创新成果。高校科学研究与人才培养的互动是现代高等教育的一个重要特征。高校多学科综合交叉，知识生产和传播相结合以及高校自由的学术氛围，决定了高校是最具活力的知识生产的发源地。纵观世界科技、教育发展的历史与现状，高等学校都是知识创新的主体。全世界的大学获得四大诺贝尔科学奖的人次占同期诺贝尔科学奖获奖总人次的3/4左右；高等学校作为第一作者单位在《Nature》和《Science》上发表的论文占同期论文总数的2/3左右，如果包括大学作为参与单位的论文则占总数的80%；科学引文索引（SCI）收录论文的情况也非常相似。

高等学校是解决国民经济重大科技问题，实现技术转移、成果转化的生力军。经济全球化使知识，特别是具有经济价值的知识成为国家重要的财富；政府提供研究资助的目的不仅仅是为了追求科学真理，而且是为了新知识带来的直接经济社会效益和提升国家竞争力的重要贡献，从而，在全球范围出现了各国政府高度重视科学研究的国家利益的新格局。将自由探索基础上产生的可能具有重大潜在应用价值的研究课题，以及具有重要应用前景的跨学科研究等纳入体现国家目标的资助计划，以加快原始性创新成果向现实生产力的转化，将更加有效地实现高校科技工作与经济建设的紧密结合。高等学校日益成为经济增长的发动机。美国斯坦福大学、哈佛大学、麻省理工学院和杜克大学等对硅谷、波士顿、北卡三角园区等区域高科技发展提供了有力的知识贡献和人才支持。

高等学校是推动社会发展的重要力量。各国的高等学校不仅培养了大批社会发展需要的创新人才，而且取得了大批高水平的科研成果，提供了多样化的社会服务。随着终身教育体系的形成，高等学校成为人们学习和接受各类教育的重要场所，是学习型社会不可或缺的组成部分。高等学校的开放性及包容性，使其与社会建立了广泛的联系，从国内到国外，在服务社会的同时成为先进文化的重要发源地和国际交流的桥梁。高等学校充分发挥其人才学科环境优势，利用其智力集成、创新思维针对国家、地方、社会重大问题进行研究分析，提出对策，成为实施公共管理、制定内政外交政策的智囊团和思想库。

（四）我国高等学校科技发展存在的主要问题和面临的重大挑战

新中国成立后，特别是改革开放20多年来，我国高等学校的科技工作获得了巨大发展，科教结合日趋紧密。目前高等学校从事科技活动人员达31.5万人，占全国的8.2%；建有国家重点实验室103个，占全国总数近2/3；承担国家自然科学基金面上项目2/3以上，承担国家“863”、“973”计划项目为2/5左右；全国有80%以上的大中型企业与大学建立了合作关系。高等学校为国家科技进步作出了重大贡献。发表的科技论文，被“SCI”和“EI”收录的，均占全国的70%左右。国家自然科学奖、发明奖、科技进步奖，高等学校获奖项数分别占全国的1/2、2/3、1/4以上，而且总趋势呈现逐步增长势头。事实充分显示：我国高等学校是基础研究的主力军，高新技术研发的重要方面军，成果转化与产业化的强大生力军，已经成为国家科技创新体系的重要组成部分。

然而，目前我国高等学校科技创新工作还存在着几个突出问题。一是体制障碍，国家科教分割、军民分割的体制性问题还没有从根本上解决，某些方面甚至还有强化趋势，科技与经济脱节的问题也尚未根本改变，科技成果转化为现实生产力的渠道不畅，无论科技体制或是高等教育内部体制，都有待进一步改革完善；二是竞争力较弱，高等学校缺乏战略层面的科技发展规划和组织、引导的调控手段，科技队伍整合、科技资源和成果共享问题没有很好解决，科技创新平台的综合性、交叉性以及国际化程度普遍较低，科研力量分散、低水平重复现象仍较严重；三是人才和条件不足，缺少科学大师和战略科学家以及缺乏必要的资金和设施，难以开展高水平的重大科技前沿研究，不能适应时代发展需要，等等。这些问题不仅影响着高等学校科技潜力的发挥，难以取得重大科技成果，特别是高水平原创性成果，也制约着创新人才尤其是博士生培养质量的提高。

同时，高等学校科技发展面临重大挑战，表现为：第一，国民经济和社会发展的重大需求与高等学校创新能力严重不足的挑战；第二，高等教育持续快速发展的需要与高等学校教师队伍素质提高缓慢的挑战；第三，高等学校科技创新体制和机制不适应现代高等教育和科学技术发展的挑战；第四，国家全面建设小康社会宏伟目标的实现迫切需要建设若干所世界一流大学和一批世界知名高水平研究型大学的挑战等。

二、高等学校科技发展的指导方针与目标

高等学校科技发展坚持面向现代化、面向世界、面向未来，坚持科学发展观，以落实科教兴国、人才强国和可持续发展战略为主线，以制定和实施《国家中长期科学和技术发展规划》和实施《2003～2007年教育振兴行动计划》为契机，从实施重点突进战略、交叉集成战略、科教互动战略和人才强校战略入手，建立适合我国国情的高等学校科技创新体系，成为国家创新体系的重要组成部分。

（一）指导方针

高等学校科技发展的指导方针是加强原创，鼓励交叉，聚集人才，强化组织，科教结合，贡献社会。

加强原创。原创性研究往往孕育着科学技术质的变化和发展，是科技创新能力的重要基础和科技竞争力的源泉，也是一个民族对人类文明进步作出贡献的重要体现。高校应切实加强基础研究和前沿高技术研究，大力支持科学家的自由探索和在国家需求与科学前沿紧密结合的基础研究领域开展创新性研究，积极抢占关系国计民生和国家安全

的前沿高技术制高点。

鼓励交叉。充分发挥高等学校多学科综合优势和特色，建立具有高度灵活性和适应性的交叉学科研究基地，支持交叉学科研究项目和群体，促进学科间相互渗透和交叉，培育新的学科生长点，增强原始创新和集成能力。

聚集人才。深化高校内部人事分配制度改革，大力推动有利于集聚人才的体制和机制的创新，改革人才遴选评价制度，完善人才激励机制，加强创新文化建设。加强科技创新平台建设，为优秀人才施展才华搭建舞台，以事业发展的空间和环境汇聚优秀人才和团队。制定集聚人才的特殊政策，加大对优秀拔尖人才的支持力度，进一步提高集聚杰出科学家和拔尖创新人才的能力。

强化组织。进一步加强高等学校科技管理队伍建设，创新管理机制，完善管理制度。充分发挥高校的人才优势和多学科综合优势，围绕国家中长期科学和技术发展规划确定的战略任务，选择有限目标，组织优势力量，进行重点培育，形成科技创新能力强大的创新团队，更多地承担国家重大、重点任务，取得一批重大科技成果。

科教结合。大力推进高等教育和科技创新紧密结合，形成科学研究与人才培养密切结合的有效机制，把科学研究作为创新人才培养的关键环节，创新人才培养作为增强创新能力的有效途径，充分发挥高等学校巨大的人才优势和创新潜力。以高水平的研究保证高质量的教育，以高质量的教育保证创新能力持续提高。

贡献社会。坚持走产学研合作的道路，建立多种模式的产学研联盟，实现优势互补、资源共享、共同发展，加大为经济社会发展和国家安全服务的力度，加快建设以企业为核心、产学研结合的技术创新体系，通过市场需求导向形成具有竞争力的产品和产业。

（二）发展目标

2010 年目标。建立自由探索式研究、战略高技术研究和有组织重大科研相结合的高等学校科技创新体系，建成一批国际知名的研究型大学和高水平研究基地，形成高等学校全方位多层次面向经济社会发展服务的新格局，为国家现代化建设提供强有力的科技支撑和人才支撑。创新体制机制，形成资源优化配置、充满活力的创新体系。

2020 年目标。全面提高、协调发展，建成一批世界一流水平的学科基地和若干所世界一流水平的研究型大学，涌现一批世界一流水平的人才和创新成果，在基础研究和战略高技术的若干领域取得重大突破，成为国家知识创新体系的主体和国家技术创新体系的生力军，形成高等学校全面支撑和服务于国家整体发展与建设的新局面。

三、高等学校科技发展战略和重点任务

构建以研究型大学为骨干，各类高等学校为基础，以重点创新平台为核心阵地的富有活力的科技创新体系，重点实施四大战略，突出四大重点任务。

（一）实施重点突进战略，建设一批高水平研究型大学

实施重点突进战略，选择一批高水平的研究型大学进行重点建设。经过一个时期的努力，形成一批高水平、研究型、国际化的世界知名高水平大学，使其成为科学前沿研究和重大战略领域攻关的基地。

根据竞争择优、分期分批、有重点地逐步建设的发展方针，支持一批高等学校建设高水平研究型大学，集中力量重点支持若干所高等学校创建世界一流大学。使若干所研究型大学的学术实力和影响力快速跻身世界先进大学行列，成为世界知识创新的重要部分，为迅速提升中国科技和教育的国际竞争力，全面建设小康社会作出重要贡献。

以人才队伍建设为根本。通过深化人事分配制度改革，完善科技人才的评价标准和制度，逐步实行杰出人才的全球公开招聘制度等措施，营造培养和凝聚高层次优秀人才的良好环境，汇聚一批学术大师和战略科学家及大批的拔尖人才，为建设高水平研究型大学提供根本保证。

以学科和创新基地建设为突破口。认真抓好发展战略规划，结合各自的学科优势，跟踪国际科学发展的主流学科方向，重视交叉学科和新兴学科，努力形成各自的学科特色，争取在若干学科跻身世界先进行列。创建一批科技创新基地，为高层次优秀人才施展才华提供良好的学术平台，全面提升高等学校科技创新能力。

以拓展学术内涵和提高学术声誉为目标。注重文化底蕴，培养良好学风，努力形成鲜明的办学特色和明确的办学理念，主动适应教育、科技和社会、经济发展的需要。积极参与国际科技计划和国际学术组织，努力扩大国际合作，广泛利用全球资源。通过对科技创新、经济社会发展、高质量人才培养的贡献，不断提升国际学术声誉。

（二）实施交叉集成战略，加强国家重大科技问题研究，实现新突破

实施学科交叉、综合集成的研发战略，发挥高等学校的学科综合优势，克服资源分散、缺乏有效配置的弱点，促进跨学科集成、多学科合作和新学科开创，推动跨校跨系统的联合、协作。瞄准科技前沿和经济社会发展、国家安全相关的重大科技问题，集中优势力量重点突破。在广泛发动专家预测和研究的基础上，提出以下科技领域和重大科技问题，作为重大科技研究的战略重点：

数理科学领域。核心数学及若干前沿应用，非线性科学与复杂系统，深层次的物质结构和大尺度的物理规律，纳米科学技术，空天环境与安全，空间科技系列卫星群，量子调控与未来信息科学技术基础，凝聚态物质及其新奇量子现象，重大经济社会问题的数学模型和数学与哲学社会科学的交叉。

化学化工科学技术领域。新物质绿色创制科学与现代产业化技术基础，绿色农药与化肥的创制理论、方法与技术，现代药物的合成、精制与靶向可控释放技术，超高纯精细化学试剂制备新原理、新方法与新工艺，超高精度化

学计量表征和测量新原理与新技术等。

资源环境科学技术领域。中国内地地球系统动力学及其成矿作用与环境－生态演化，我国自然环境宏观格局的形成与变化趋势，水资源－水环境－水循环－水安全系统及其人类活动耦合效应，人工生态系统及其优化范式，城市化进程中资源与环境发展战略，海洋－大气耦合系统，海水淡化等。

生命科学技术领域。人类和主要动植物、微生物的基因组学与蛋白质组学，生物多样性及生物遗传资源保护，生物信息学与系统生物学，生物入侵和综合防治，人类重大疫病的生命科学基础及其综合防治，中枢神经系统发育及其损伤修复，社会性疾病防治，创新药物与中医药现代化，生物组织工程的科学基础和应用，医学与人类资源基因库、信息库等。

农业科学技术领域。生态与抗干旱节水农林业，重要农业生物的功能基因组与分子遗传改良，动植物育种及种质资源基因库、信息库，现代农畜产品深加工技术与食品质量安全，农林业生物质能与生物质材料，农田、草原与森林生态系统及受损生态修复等。

信息科学技术领域。下一代互联网技术和网络安全技术，未来移动通信理论、技术与体系结构，高性能新一代计算机体系与低价位网络终端，高可靠、高可用、标准化、可扩展的软件，微纳电子和集成光电子制造技术，现代远程教育服务平台支撑技术，量子通信与量子计算，脑科学与认知科学，复杂多源信息融合与智能信息处理，建立在自主技术体系下的信息系统基础平台，信息媒介和人机交互关系研究等。

材料科学技术领域。面向国家重大需求的超级结构材料，纳米材料与器件，器件小型化、高集成化用的信息功能材料，材料行为计算模拟和优化设计原理与方法，生物医学材料，重要国防和能源工程用材料等。

能源科学技术领域。高效率、低污染、洁净煤技术，新一代先进核反应堆，进行可控热核聚变能源技术的基础性研究，生物质能、太阳能、风能及氢能等可再生能源与新能源，互联大电网高效传输和网络安全技术，重大电力装备的关键技术，以煤气化为基础的多联产技术，节能技术等。

先进制造科学技术领域。数字化设计制造技术、工作母机、生产系统数字化管理技术，重大装备关键技术与成套集成技术，先进电子制造技术与装备，新一代汽车制造技术与装备，先进医疗设备，机器人技术，现代监控技术与装备，绿色制造理论与技术等。

交通运输科学技术领域。大运输机设计与制造技术，交通运输高速化、重载化和环保理论与技术，综合交通系统规划理论与方法，交通运输系统管理理论与技术，智能交通理论与技术等。

土木与水利科学技术领域。重大土木工程建设关键技术与信息土木工程，工程结构的防灾、减灾技术，大型或特大型水利水电工程建设的关键技术，土木、水利工程的新材料、新技术开发与应用，水利工程与生态环境的相互作用与协调发展，城市与城镇化规划和建设，宇宙空间建筑技术，绿色建筑技术，现代建筑设备系统及其技术，长江上游巨型水电站群的联合优化调度理论与方法等。

公共安全科学技术领域。突发性自然灾害的形成过程及区域规律的研究，突发性事故灾难的形成过程及预防对策研究，突发性公共卫生事件传播过程及预防控制技术研究，突发性社会安全事故形成、预防研究和应急机制。

国防科学技术领域（略）。

（三）实施科教互动战略，构建高校科技创新平台体系

科学研究和人才培养是高等学校的重要职能。实施科教互动战略，建设一批具有国际影响力的科技创新基地，实现科研活动与教学活动、科技创新与人才培养的完美结合，成为国家科技创新体系的重要部分，为中国早日进入创新型国家作出重要贡献。

根据国家构建创新体系的要求，建设以原创性科学研究和战略高技术研究为主要目标的创新研发平台，以行业共性技术、产品开发和技术转移为主要目标的技术创新与成果转化基地，以公共服务和科技资源共享为主要目标的公共服务基地，形成知识创新、技术创新与成果转化和公共服务三类平台为主体的高等学校创新平台体系。

创新研发平台。以加强和提升原始性创新能力为重要任务的创新基地体系包括：国家实验室（大学研究院）、国家重点实验室、省部级重点实验室。国家实验室（大学研究院）是包含多个一级学科，汇聚若干学术大师、创新团队和一批拔尖人才，科研设施精良，学术氛围宽松，开放式的大型原始性科技创新基地。在引领中国若干学科跻身世界先进行列、承担国家重大战略科技任务、培养高水平创新人才等方面发挥不可替代的重要作用。

国家重点实验室要在多年建设和发展的基础上，根据国际学科发展的主流方向，完成整合提升。国家重点实验室要在其学科领域和研究方向上，作出科学发现和技术发明的原创性科技成果，加强战略高技术前沿研究和竞争前的技术创新和集成，培养大批高层次创新人才，提升该领域的学术水平和国际影响力，带动高等学校整体科研水平和能力的提高。

省部级重点实验室是高等学校科技创新基地的重要基础，力求在各自的研究领域和学科上形成一定的特色和优势，为提高高等学校整体科研水平和人才培养质量作出重要贡献，同时要积极为区域经济的发展提供科技支撑。

技术创新与成果转化基地。高等学校要根据各自的学科特色和优势，加强产学研合作，将应用研究和高技术产业化与国民经济建设的重大需求紧密结合，通过学科交叉和技术融合，加强集成创新，争取为行业的关键性和共性技术的突破作出重要贡献。技术创新基地体系包括：国家工程研究中心、国家工程技术研究中心和省部级工程（技

术）研究中心。建设高等学校技术创新基地，要根据国家经济社会发展和经济结构战略性调整的需求，围绕促进高技术产业发展和高新技术产业化以及保障可持续发展战略的实施，明确各自的主攻领域和目标，发挥高等学校的优势，在国家技术创新中发挥其应有的作用。

高等学校在源源不断产出大量科技成果的同时，大力提高科技成果转化的水平。建立大学技术转移中心、科技服务中心、大学－产业联盟等各类中介服务机构和合作组织，开展多层次、多形式的成果转化、科技服务和培训活动。进一步建设和发展大学科技园，着眼于孵化高素质、高成长性的高新技术企业，培育新的经济增长点。

高等学校坚持以为国家安全作出重大贡献为己任，根据寓军于民、军民结合的方针，充分发挥已有的基础和优势，争取与国防军工部门联合建设国防科技研究基地，开展国防科技应用研究和工程化研究，为提高我国国防科技水平和国家安全作出贡献。

公共服务平台体系。抓住信息化建设的发展机遇，以信息化带动教育、科研工作现代化，并以此为基础搭建教育科研公共服务平台。具体包括：高水平的计算机网络服务平台，以科技成果信息、科技期刊信息、图书馆和博物馆为主体的数字化科研信息资源平台，大型仪器设备共享平台，成果转化综合服务平台。

（四）实施人才强校战略，大力推进教师队伍建设

构建定位明确、层次清晰、衔接紧密、促进优秀人才可持续发展的培养和支持体系；力争培养和汇聚一批具有国际领先水平的学科带头人、一大批具有创新能力和发展潜力的青年学术骨干，带动高等学校教师队伍的整体素质的提升；积极探索以创新平台、重点科研基地、重点学科为依托，以学科带头人为核心，以重大项目牵引、凝聚学术队伍的人才组织模式，形成一批优秀创新团队，促进学科交叉融合和集成发展；积极支持优秀人才为经济社会发展、全面建设小康社会作出重要的知识贡献。

加强战略科学家培养。重点培养和造就一批具有战略眼光，能够把握世界科技发展趋势和国家战略需求，具有卓越领导才能，善于组织大规模科技创新活动和承担国家重大科技任务，具有崇高道德风尚和人格魅力，能够团结大批科技人才共同奋斗的战略科学家。积极为战略科学家的成长创造条件，在创新基地建设、重大科技项目组织、科技宏观决策、重要国际学术交流等实践中，不断地提高其国际学术地位、战略眼光、学术洞察力、领导和组织管理水平。培养战略科学家要注意开拓选才视野，在国际人才竞争中吸引和凝聚战略科学家。

支持一批具有世界一流水平的创新团队。大力倡导科技人员的团结、协作、奉献精神，营造良好的工作环境与创新文化氛围。积极推动以重点实验室和工程（技术）研究中心等创新基地为依托，以优秀学术带头人为核心，以科技创新群体建设为目标的高等学校科技创新团队计划，面向国内外吸引、汇集一批著名学者和专家，逐渐形成一批具有世界一流水平的创新团队，成为我国攀登科技高峰和解决重大科技问题的国家队。创新团队计划首先要在优先发展的科技前沿领域和围绕经济社会发展的重大科技领域中组织实施。

加速培养造就一大批青年拔尖创新人才。鼓励青年学术带头人勇于攀登科学高峰，大力增强高等学校原始创新能力，提高高等学校的学术水平和人才培养质量。培养、吸引和稳定大批优秀青年骨干教师，不断涌现青年拔尖人才和优秀骨干人才，造就高水平科研队伍，为实现全面小康的奋斗目标提供强大的人才支持。

研究生和博士后是科技创新的生力军。目前，大学培养了全国90%以上的研究生，储备了雄厚的科研力量，有着明显的优势。进一步加强研究生和博士后队伍的建设，改善生活待遇，提高培养质量。同时，也要不断激发他们勇于献身科学的精神。积极鼓励大学生尽早介入科研活动。

积极探索培养人才的新机制。努力挖掘科研机构的创新资源，将实力雄厚的研究机构与研究型大学合作培养高级科技人才，纳入高等教育体系。鼓励企业、高等学校、研究机构共同设立培养青年科技人才的计划，支持企业参与培养大学硕士、博士研究生的教学活动，联合培养高层次创新人才，鼓励高等学校的教师和学生参与企业的科技创新活动。通过建立产学研联合培养人才机制，实现教育和科技资源共享和优化组合，打破高层次创新人才培养中的部门和单位所有制的局限性，提高全国的高层次创新人才培养质量和效益。

在经济和科技发展全球化趋势下，必须将高层次创新人才培养的国际化作为提高高等学校创新能力和国际影响力的重要战略举措。积极支持学术带头人参加国际大科学计划，重点支持学术带头人发起和牵头的重大国际合作研究计划和项目，大力促进我国高等学校与国际高水平大学和研究机构建立实质性合作。积极为学术带头人和青年学术骨干创造条件到国际高水平大学进行学术交流和开展合作研究。鼓励和吸引国际优秀科学家和教授到国内的大学兼职，开展教学和科研活动，联合培养研究生。吸引外国优秀青年，特别是海外优秀华人学生和发展中国家优秀学生来我国学习，吸纳其中高水平的优秀科技人才为我所用。

四、高等学校科技发展的政策措施

（一）大力推进体制创新，营造良好的创新环境

进一步加快高等学校的改革步伐，建立现代大学制度。高等学校要找准自己的位置，优化教育结构和科技工作结构，创新运行机制和完善管理制度，逐步形成同经济社会发展相适应并具有各自优势特色的教育、科技体制。这种新的体制要能保障多学科队伍的凝聚、多学科综合问题的研究，基础研究、应用研究和技术开发与集成的有效连接，有利于解决重大综合性科技问题，有利于将政府部门、产

业界和科技教育界的意志与智慧结合起来。同时要针对不同类型高等学校实行分类指导，确立不同的评价标准，营造良好的科技创新环境。

（二）增加科技投入，提高经费效率

积极争取多渠道、多形式对高校科技创新工作的投入，同时呼吁国家加大对高等学校的科技投入，特别是要增加基础研究的投入强度，至2020年，政府对高等学校基础研究的投入比例，达到国际上同类投入的比例水平，国家对高等学校的预算拨款中列科技专项。进一步加强对重点建设的若干所世界一流大学的支持力度。教育部在“教育振兴行动计划”中，设立“科技创新引导资金”，主要支持与实现国家目标密切相关的重点科技创新平台建设，科技前沿探索和战略高技术育苗，高层次创新骨干人才培养。希望中央财政拨专款支持引导资金的建立，并促进地方财政共同支持创新计划的实施。有条件的高校要设立“自由探索基金”、“专利基金”和“国际合作与交流基金”等。

（三）改善科技创新基础条件，加快实现资源共享

加强科技创新的基础性工作，在大学建设一批大科学工程和野外台站，加强科学数据的收集和采集，在部分优势基础科学或特色学科领域建立全国性的科学数据中心，为基础科学研究提供信息平台。支持在高校建立国家大型仪器中心，推动科学仪器和科学数据的共享。择优支持一些能够与国际期刊接轨的高水平的学术期刊。支持大学图书馆的电子化和网络化。

（四）加强组织和协调，积极承担国家重大科技任务

为更好地发挥高等学校人力资源丰富和学科综合的优势，克服力量比较分散、缺乏围绕重大目标凝聚力量有效地组织科技攻关和前沿领域研究的弱点，要采取有力的政策措施，充分发挥专家系统的作用，大力加强重大项目的培育和组织管理。

（五）坚持产学研合作，加快科技成果转化和产业化工作

高校科技工作坚持面向国民经济建设主战场，通过联合、共建、融合等方式，加强与企业和科研院所的多种形式合作，广泛开展人员交流，合作研发，合办科技创新机构、人员培训机构等，形成产学研结合的有效机制，积极建立与企业、科研机构之间有效的联系渠道，积极参与以企业为核心，高等学校和科研机构共同参与的技术创新体系。

（六）扩大国内外科技交流与合作，充分利用国际科技资源

积极扩大对外开放，加强国际科技交流与合作，利用全球科技资源提升自主创新能力，有效服务于国家战略需求。鼓励高等学校与世界著名大学、科研机构和实力雄厚的企业合作开展科学研究、人才培养，建立科技机构，乃至战略联盟。支持高等学校参与全球或区域性的双边、多边科技合作计划和人员交流，学习世界各国的领先科技，及时分享最新知识、技术创造和研究开发条件。

（七）大力加强地方高校科技创新工作

地方高校是我国高等教育体系的重要组成部分，是我国科技创新队伍中的有生力量、区域创新体系的核心组成部分。国家通过政策引导、计划支持等方式加强地方高校科技创新能力建设，推动地方高校融入区域创新体系之中。地方教育行政部门要统筹指导本地区各类高等学校的改革和发展，多方面争取对高等学校的支持，推动和组织地方高校为区域经济社会发展服务。地方高校应制定计划，出台政策措施，进一步加强科技创新工作，努力实现学校的快速发展。

高等学校R&D活动加强，论文和专利增长较快

高等学校在科学研究活动中占有重要地位。近年我国政府实施了多项大力发展科技和教育事业、促进技术创新的战略和举措，对我国高等学校的发展产生较大影响，其科技活动呈现出一些新的特点和变化。

一、R&D经费增长速度明显加快

2003年高等学校的R&D经费为162.3亿元，比上年增加了31.8亿元，增长24.4%。从R&D经费结构看，应用研究经费增幅最大，比2002年增长33.7%，基础研究和试验发展经费各增长18.4%和11.5%（见图1）。

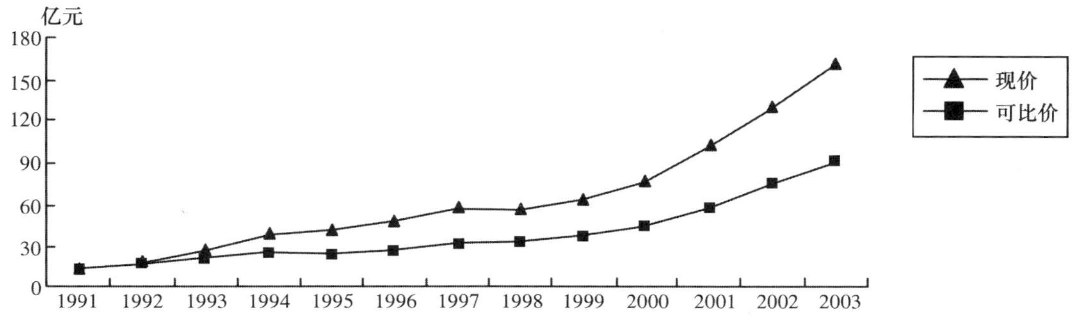

图1　高等学校的R&D经费（1991~2003）

最近几年高等学校 R&D 经费增长速度明显加快，以实际增长率看，1991～1999 年期间为 13.2%，1999～2003 年期间提高了近一倍，达到 25.2%。在我国 R&D 活动的三个主要执行部门之间比较，1999～2003 年的 5 年间，高等学校是 R&D 经费增长较快的部门，其实际增长率略低于企业（28.7%），大大高于研究机构（10.2%）。高等学校 R&D 经费的快速增长对全国 R&D 经费总量提高起到了一定的推动作用。

二、基础研究活动呈加强趋势

2003 年，高等学校 R&D 经费中基础研究经费所占比重为 20.3%，比 1991 年提高 6.5 个百分点；试验发展经费所占比重为 24.5%，比 1991 年降低 6.6 个百分点；应用研究所占比重为 55.3%，大多数年份在 53%～56% 之间变化。总体上呈趋于加强公共 R&D 活动的特点（见图 2）。

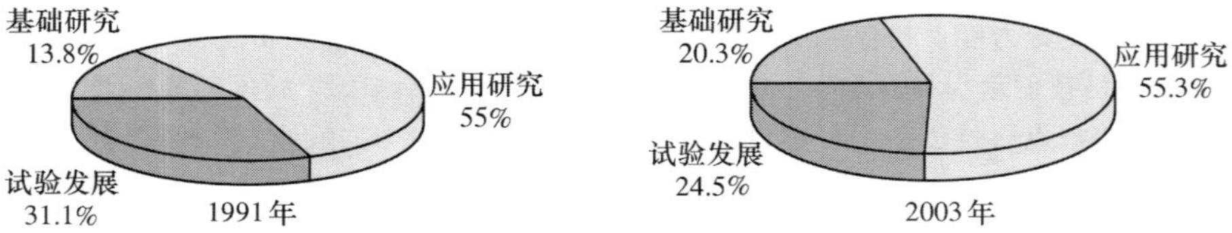

图 2　高等学校 R&D 经费按活动类型分布

三、政府投入大幅增加

“九五”以来，政府为提升我国高等教育水平多次加大对高校的投资，其中投资规模较大的有“九五”初期开始实施的“211 工程”，以及 1998 年开始实施的“985 工程”。与这两项工程实施相对应，政府部门资助高等学校科技活动的经费出现两次大幅增长，一次是 1997 年，比 1996 年增加 10.6 亿元，增长 41.2%；另一次是 2000 年，比 1999 年增加 48.3 亿元，增长 98%。自 2000 年起，高等学校科技经费筹集额中来源于政府的资金超过 50%，2003 年为 164.8 亿元（见图 3）。

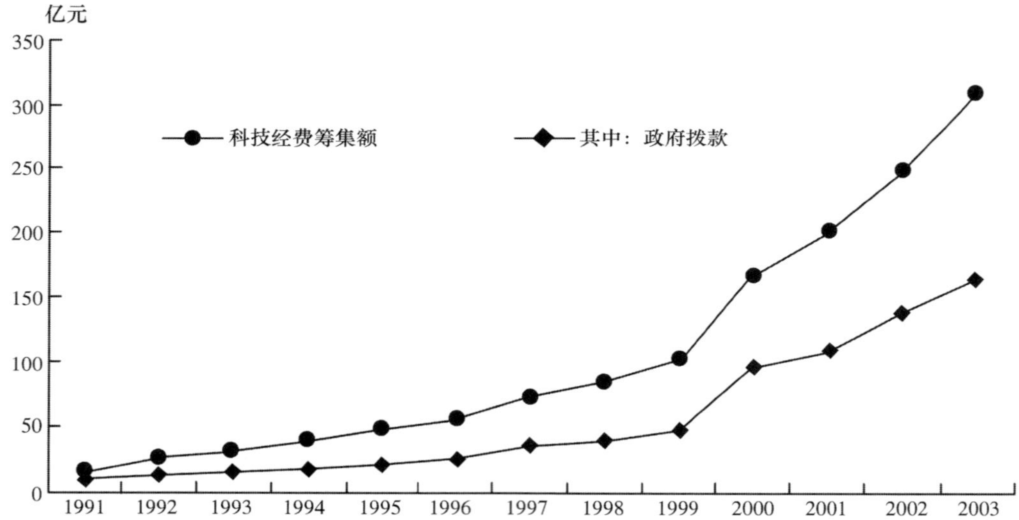

图 3　高等学校科技经费筹集额及来源于政府的资金（1991～2003）

政府为高等学校 R&D 活动提供的资金也有较大增长。2003 年高等学校 R&D 支出 162.3 亿元中有 87.7 亿元来源于政府，比 2000 年将近翻了一番。

在基础研究领域，高等学校获得的政府资助显著提高。90 年代中期以前，高等学校每年获得国家自然科学基金资助项目经费为几亿元，2002、2003 年都超过了 15 亿元。

四、R&D 人员连续三年稳步增长

2003 年高等学校投入到 R&D 活动的人力资源达到 18.9 万人年，为历史最高水平，比 2002 年增长 4.6%。除 2000 年高等学校 R&D 人员略有下降外，已连续三年稳步增长。

90 年代以来，高等学校 R&D 人员数量出现过几次较明显的波动，但其总体状态呈上升趋势，R&D 队伍逐步扩充和加强。从人员分布看，增加的 R&D 人员几乎都投入到包括基础研究和应用研究在内的科学研究活动，科学研究人员的数量 2003 年比 1991 年增加 4.4 万人年；而从事试验发展活动人员的数量相对稳定，十几年来一直保持在每年 2

万~3万人的水平。上述变化表明高等学校R&D人员配置逐渐向科学研究活动聚集。2003年R&D人员中科学研究人员和试验发展人员的比例各占84%、16%。

五、发表论文增长较快，占全国的比重稳中有升

2003年被“SCI”、“EI”和“ISTP”三系统收录的我国第一作者论文中，高等学校的论文6.4万篇，比2002年增加1.5万篇。近年高等学校在三大检索系统发表论文增长较快，表现为两个逐年提高：一是增长速度逐年提高，2001~2003年分别比上年增长22.4%、28.6%和31.1%；二是占我国第一作者发表论文的比重逐年提高，2001~2003年分别为75.8%、77.6%和78.8%。

高等学校在国内发表论文数也在增长，2003年为18.1万篇，比2002年增加2.3万篇，增长19.1%。在国内发表论文占国内发表论文总数的66%，与上年持平（见图4）。

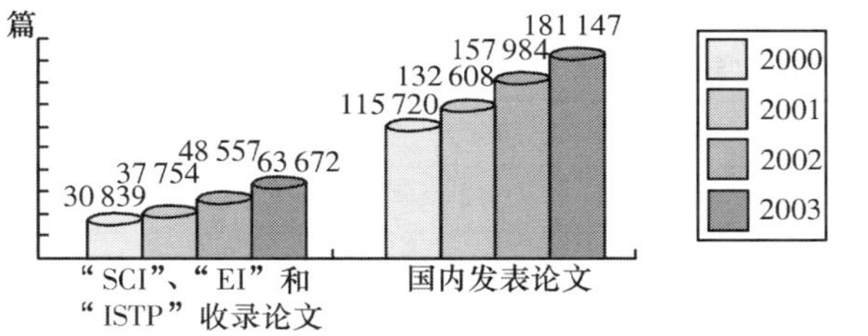

图4　高等学校发表论文数（2000~2003年）

六、发明专利增长迅猛

高等学校的专利活动进入活跃状态。1988~1999年，高等学校每年申请专利数在1 300~1 800项左右。从2000年起，高等学校的专利活动变得十分活跃，每年申请专利数都有较大幅度增长。2000~2003年，高等学校申请专利数年增长率分别是65%、30%、57%和71%；发明专利申请增长更快，年增长率分别是97%、36%、62%和79%。2003年高等学校共提出专利申请10 252项，其中发明专利占75%。高等学校发明专利申请占国内职务发明专利申请的比重也逐渐上升，2003年占22%。

高等学校专利授权数从2000年开始一改多年在1 000项左右变化的局面，提高到1 500项以上水平，2003年增至3 416项，比2002年几乎增长了一倍。增长部分有61%是由于发明专利授权数的增长。2003年高等学校获得发明专利授权增至1 730项，比2002年增加1 033项，增长148%。发明专利授权数占国内职务发明专利授权数的比重2003年为25%，比2002年提高3个百分点。

我国高等学校R&D活动与部分国家比较

在世界各国，高等学校都是开展R&D活动的重要部门。国际比较表明，我国高等学校R&D活动的规模和强度都有待进一步提高。

一、R&D经费规模仍处较低水平

按汇率折算，2003年我国高等学校的R&D经费支出为19.6亿美元。同年，美国作为世界第一科技大国，其高等学校R&D经费高达477亿美元，继续保持遥遥领先的地位；近年R&D经费超过百亿美元的国家还有日本和德国，分别为172亿美元（日本，2002年）和103亿美元（德国，2003年）；英国、法国、加拿大、意大利等国高等学校的R&D经费在40亿~66亿美元之间。上述七国高等学校R&D活动的规模多年来一直位于世界各国前列，与之相比，我国高等学校R&D活动规模在世界上仍处于较低水平，科研实力和总体水平都与它们存在较大差距，目前与西班牙、瑞典、瑞士和韩国基本处在同等规模（见图1）。

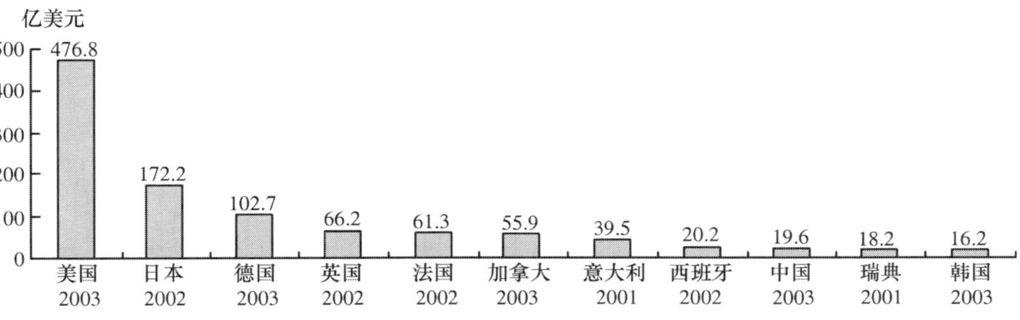

图1　部分国家高等学校R&D经费支出

二、R&D经费增长速度世界领先

在不同时期，世界各国高等学校R&D经费表现出不同的发展趋势。OECD国家近期以增长为主：90年代以来，高等学校R&D经费年均增长率不断提高的有美国、加拿大和德国；法国增长较稳定；意大利在1995~2000年、英国和西班牙在2000~2002年增长加快；韩国经历了一段时期的较高增长后增速减慢；这些国家2000~2002年的年均增长率为4%~10%。日本则相反，呈负增长，高等学校R&D经费规模自1996年起开始萎缩。总的说来，OECD国家的总体

水平呈现为上升，年均增长率1991～1995年为3.3%，1995～2000年升至4.2%，2000～2002年达5.5%。

与其他国家相比，我国是近十余年来世界上高等学校R&D经费支出增长最快的国家之一，特别是2000～2002年期间，我国高等学校R&D经费的年均实际增长率高达30%。这一时期增长较快的还有俄罗斯，为25%（见表1）。

表1　部分国家高等学校R&D经费实际增长率　（单位:%）

	中国	OECD总体	美国	日本	英国	加拿大	意大利	法国	德国	西班牙	韩国	俄罗斯
1991～1995	16.4	3.3	2.4	5.0	4.6	1.3	0.4	3.0	1.3	9.9		
1995～2000	12.0	4.2	3.6	-4.9	3.6	7.7	7.4	3.9	1.4	5.3	11.6	3.5
2000～2002	29.8	5.5	7.9	-0.1	7.2	9.7		3.8	4.1	7.8	4.0	24.8

资料来源：OECD《主要科学与技术指标》2004-2。

我国高等学校R&D经费以高于其他国家的速度持续增长，使我国与上述国家的差距明显缩小。按照汇率折算，1998年我国高等学校R&D经费大约为美国高等学校R&D经费的1/46，2002年提高到1/28。在上述期间我国高等学校R&D经费相当于其他工业化国家的比例也明显提高，对日本从1/25提高到1/11，对德国从1/12提高到1/5，对英国和法国从1/8左右提高到1/4，对加拿大和意大利、韩国的比例也在提高。2002、2003年我国高等学校R&D经费从小于韩国转为超过韩国（见表2）。

表2　我国高等学校R&D经费支出与部分国家高等学校R&D经费支出的比例

	美国	日本	德国	英国	法国	加拿大	意大利	韩国
1998	1/46	1/25	1/12	1/7	1/8	1/4	1/6	3/4
2000	1/39	1/22	1/8	1/6	1/6	1/4	1/4	2/3
2002	1/28	1/11	1/5	1/4	1/4	1/3		11/10

资料来源：OECD《主要科学与技术指标》2004-2。

三、R&D经费占本国R&D总经费的比例有待提高

高等学校R&D经费占本国R&D总经费的比例（HERD/GERD）是反映高等学校R&D强度的一项重要指标，可用于衡量高等学校在本国R&D活动中的作用。近期美国、日本、德国、英国和法国该指标为14%～23%。高等学校在本国R&D的地位较高的是加拿大和意大利，其比例为33%～35%，我国与韩国相近，仅略高于10%，处在较低水平。我国高等学校在国家R&D活动中的作用有待加强（见图2）。

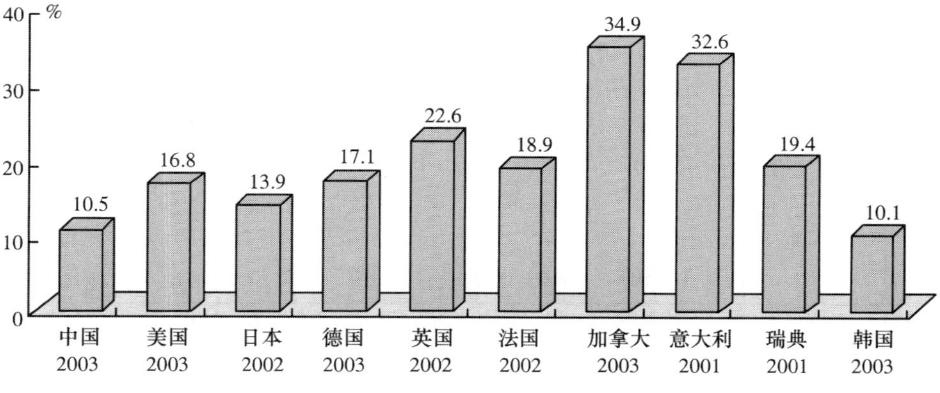

图2　高等学校R&D经费支出占本国R&D总支出的比例

四、R&D经费占国内生产总值的比例不断提高

高等学校R&D经费占国内生产总值的比例（HERD/GDP）也是反映高等学校R&D强度的指标，它表明在本国经济规模下对高等学校R&D活动的投资力度。在七个主要工业化国家中，美国、日本、英国、德国和法国该项指标近年为0.42%～0.44%，较高的是加拿大，达0.62%，意大利较低，为0.36%（2001年）。瑞典是OECD国家中高

等学校 R&D 经费占 GDP 比例最高的，高达 0.83%（2001 年），韩国则是其中较低的，为 0.27%（2003 年）（见图 3）。

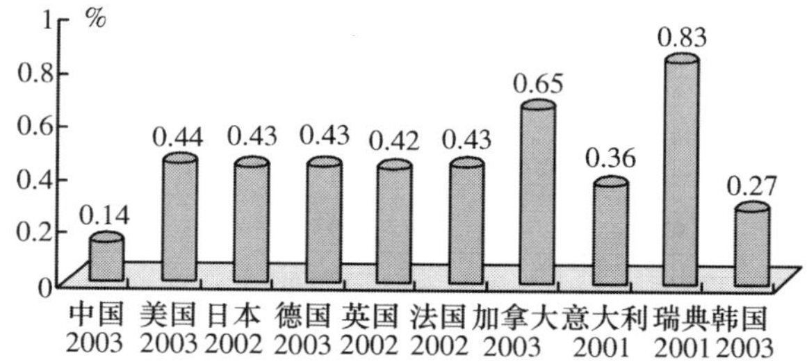

图 3　高等学校 R&D 经费支出占 GDP 的比例

在我国，伴随着 1998 ~ 2003 年以来 R&D 占 GDP 的比例逐年提高，高等学校 R&D 经费占 GDP 的比例也从 0.07% 升至 0.14%。导致这种变化的一个重要原因是，政府和民间对 R&D 活动在国家经济社会发展中重要性的认识不断提高，从而对高等学校 R&D 活动的投资也加快增长。但目前我国高等学校 R&D 经费占 GDP 的比例仍远远低于发达国家，几乎只有韩国的一半，表明我国对高等学校 R&D 活动的投资力度与我国经济规模仍存在一定程度的不协调。

2003 年高等教育状况统计

高等教育学校（机构）数

	计	中央部委			地方部门			民　办
		计	教育部	其他部委	计	教育部门	非教育部门	
1. 研究生培养机构	720	371	73	298	349	295	54	
普通高校	407	94	73	21	313	292	21	
科研机构	313	277		277	36	3	33	
2. 普通高校	1 552	111	73	38	1 268	767	501	173
本科院校	644	104	73	31	531	470	61	9
高职（专科）院校	908	7		7	737	297	440	164
其中：高职院校	711	2		2	554	195	359	155
3. 成人高等学校	558	19	1	18	537	250	287	2
4. 民办的其他高等教育机构	1 104							1 104
其中：学历文凭考试机构	384							384

高等教育学校（机构）教职工情况（总计）

	教职工数（注：成人高校为 2002 年数据）													
	总计	校本部教职工										科研机构人员	校办企业职工	其他附设机构人员
		总计	专任教师（Full－time Teachers）						行政人员	教辅人员	工勤人员			
			总计	正高级	副高级	中级	初级	无职称						
总计	1 505 160	1 322 176	749 201	73 586	223 037	248 491	150 026	54 061	238 988	165 855	168 132	42 446	58 284	82 254
其中：女	678 737	602 911	335 203	13 501	86 200	122 400	82 696	30 406	109 721	92 650	65 337	15 332	19 217	41 277
普通高校	1 452 623	1 271 567	724 658	70 063	216 161	240 555	146 092	51 787	225 725	160 180	161 004	42 240	57 166	81 650
成人高校	168 069	162 641	88 861	1 999	23 438	39 577	19 365	4 482	34 579	19 446	19 755	630	2 627	2 171
民办的其他高等教育机构	52 537	50 609	24 543	3 523	6 876	7 936	3 934	2 274	13 263	5 675	7 128	206	1 118	604

高等教育学校（机构）学生数

	毕（结）业生数	授予学位数	招生数			在校学生数	预计毕业生数
			合计	其中			
				应届生	春季招生		
研究生	111 091	108 109	268 925	133 688		651 260	178 748
博士	18 806	17 362	48 740	17 762		136 687	45 636
硕士	92 285	90 747	220 185	115 926		514 573	133 112
普通本科、专科生	1 877 492	814 759	3 821 701	3 246 536	24 312	11 085 642	2 477 931
本科	929 598	814 759	1 825 262	1 511 627	8 788	6 292 089	1 235 436
专科	947 894		1 996 439	1 734 909	15 524	4 793 553	1 242 495
成人本科、专科生	1 174 979	35 945	2 223 211	414 465		5 591 573	1 630 196
本科	229 072	35 945	610 181	99 006		1 542 743	384 045
专科	945 907		1 613 030	315 459		4 048 830	1 246 151
网络本科、专科生	11 633	1 297	223 855	56 874	107 875	500 727	
本科	6 332	1 297	179 838	48 297	89 118	417 867	
专科	5 301		44 017	8 577	18 757	82 860	
研究生课程进修班	104 355		102 623			172 169	
在职人员攻读博士硕士学位		17 663	59 747			149 695	
学历文凭考试	98 663		157 967			393 759	
电大注册视听生							
自考助学班	213 792		275 177			748 838	
普通预科生	12 169		22 186			22 151	
证书教育	140 538		113 464			108 202	
岗位培训	673 256		534 669			263 985	
进修及培训	800 981		710 979			356 920	
留学生	33 318	2 901	39 118		13 314	52 349	

注：除普通本专科以外不含成人高校任何数据。成人本科、专科生数为2002年数据。

“211”工程学校名单（截至2004年12月22日）

北京大学	中国人民大学	清华大学	北方交通大学
北京工业大学	北京航空航天大学	北京理工大学	北京科技大学
北京化工大学	北京邮电大学	中国农业大学	北京林业大学
北京中医药大学	北京师范大学	北京外国语大学	北京广播学院
对外经济贸易大学	中央民族大学	中央音乐学院	南开大学
天津大学	天津医科大学	河北工业大学	太原理工大学
内蒙古大学	辽宁大学	大连理工大学	东北大学
大连海事大学	吉林大学	延边大学	东北师范大学

续表

哈尔滨工业大学	哈尔滨工程大学	东北农业大学	复旦大学
同济大学	上海交通大学	华东理工大学	东华大学
上海第二医科大学	华东师范大学	上海外国语大学	上海财经大学
上海大学	南京大学	苏州大学	东南大学
南京航空航天大学	南京理工大学	中国矿业大学	河海大学
江南大学	南京农业大学	中国药科大学	南京师范大学
浙江大学	安徽大学	中国科学技术大学	厦门大学
福州大学	南昌大学	山东大学	中国海洋大学
中国石油大学	郑州大学	武汉大学	华中科技大学
中国地质大学	武汉理工大学	湖南大学	中南大学
湖南师范大学	中山大学	暨南大学	华南理工大学
华南师范大学	广西大学	四川大学	重庆大学
西南交通大学	电子科技大学	四川农业大学	西南财经大学
云南大学	西北大学	西安交通大学	西北工业大学
西安电子科技大学	长安大学	兰州大学	新疆大学
第二军医大学	第四军医大学	国防科学技术大学	

2003年全国教育经费执行情况统计公告

教育部、国家统计局和财政部于2004年12月30日发布了教财［2004］45号文件，对全国教育经费预算及使用情况进行了披露，摘要如下：

一、全国教育经费情况

2003年，全国教育经费为6 208.27亿元，比上年的5 480.03亿元增长13.29%。其中，国家财政性教育经费（包括各级财政对教育的拨款、城乡教育费附加、企业办中小学支出以及校办产业减免税等项）为3 850.62亿元，比上年的3 491.40亿元增长10.29%。

二、落实《教育法》规定的“三个增长”情况

1. 中央和地方各级政府预算内教育拨款增长情况

中央和地方各级政府预算内教育拨款（不包括城市教育费附加）为3 453.86亿元，比上年的3 114.24亿元增长10.91%；全国教育支出2 937.34亿元，比上年2 644.98亿元增长11.05%，其中：中央本级教育支出240.20亿元，比上年的210.25亿元增长14.24%，高于财政经常性收入增长比例。

2. 高等教育生均预算内教育事业费支出增长情况

2003年全国普通高等学校生均预算内教育事业费支出情况是：普通高等学校生均预算内事业费支出为5 772.58元，比上年的6 177.96元下降6.56%。普通高等学校生均预算内事业费支出增长最快的是安徽省（15.70%）。

3. 高等教育生均预算内公用经费支出增长情况

2003年全国普通高等学校生均预算内公用经费支出情况是：高等学校生均预算内公用经费支出为2 352.36元，比上年的2 453.47元下降4.12%。普通高等学校生均预算内公用经费支出增长最快的是安徽省（250.46%）。

三、预算内教育经费占财政支出比例情况

按预算内教育经费包含城市教育费附加的口径计算，2003年全国预算内教育经费占财政支出24 650亿元（2004年《中国统计年鉴》公布数）比例为14.68%，比上年14.76%减少了0.08个百分点。从全国情况看，有17个省、自治区、直辖市预算内教育经费占财政支出比例比上年有不同程度的下降。

四、国家财政性教育经费占国内生产总值比例情况

据统计，2003年全国国内生产总值为117 252亿元，国家财政性教育经费占国内生产总值比例为3.28%，比上年的3.32%减少了0.04个百分点（根据我国改革后的GDP核算和数据发布制度，即GDP数按初步核算数、初步核实数和最终核实数分三次发布，国家统计局将2002年全国GDP数由原先公布的102 398亿元调整到105 172亿元，同年

国家财政性教育经费占GDP的比例也相应由2003年公告的3.41%调整为3.32%）。

2003年全国教育经费执行情况监测结果表明，政府教育投入总量继续增加，但预算内教育经费占财政支出比例和国家财政性教育经费占GDP的比例均比上年有所下降，有一些省、自治区、直辖市没有达到《教育法》规定的教育投入增长要求。

2004年，各级政府坚持把教育作为财政支持的重点，依法安排教育投入。在安排年初预算和分配预算执行过程中的超收部分时，各级财政部门调整财政支出结构，优先保证教育投入，依法做到不仅在年初预算而且在年终决算时，中央本级和地方各级财政预算内教育经费拨款的增长高于财政经常性收入增长。同时，中央和省级政府加大财政转移支付力度，使大多数财政比较困难县增强义务教育经费的保障能力，有力地支持这些县建立和完善农村中小学教职工工资、公用经费和校舍维护的投入保障机制。此外，增加了专项资金，扩大了对农村义务教育阶段贫困家庭学生免费提供教科书的范围。由于采取了这一系列有效措施，2004年全国财政性教育经费占GDP的比例有望高于2003年。

材料相关学科高等教育状况

材料专业的高校学生情况

本科生

根据材料相关学科的设置情况，初步统计，截至2004年6月28日，全国共有普通高等学校1 683所。其中，本科学位的高校为679所，占40%。招收材料类专业（仅统计冶金工程、金属材料工程、无机非金属材料工程、高分子材料与工程、材料科学与工程、复合材料与工程、焊接技术与工程、宝石及材料工艺学、粉体材料科学与工程、再生资源科学与技术、稀土工程、高分子材料加工工程、生物功能材料、材料类新专业等14个专业）本科生的高校约208所，占本科学位高校的31%。表1列出了2003～2004年全国材料类专业的招生、毕业和授予学位情况。

表1　招收材料类专业本科生的全国普通高校

	序　号	学校名称	主管部门	所在地	2003年			2004年		
					毕业数	学位数	招生数	毕业数	学位数	招生数
北京市										
	1	清华大学	教育部	北京市	115	110	115	117	116	115
	2	北京科技大学	教育部	北京市	360	285	285	277	257	541
	3	石油大学	教育部	北京市	48	42	91	46	45	92
	4	北京化工大学	教育部	北京市	353	328	370	328	303	440
	5	北京理工大学	国防科工委	北京市	85	77	58	109	99	132
	6	北京航空航天大学	国防科工委	北京市	135	118	149	139	128	136
	7	北京工商大学	北京市	北京市	59	56	68	58	54	105
	8	北京工业大学	北京市	北京市	124	108	106	99	78	103
	9	北京服装学院	北京市	北京市	24	24	58	55	53	61
	10	北京石油化工学院	北京市	北京市	91	79	115	94	89	114
	11	北京联合大学	北京市	北京市	108	66	56	73	62	51
	12	北京建筑工程学院	北京市	北京市				0	0	57
天津市										
	1	天津大学	教育部	天津市	198	189	257	211	204	278
	2	天津工业大学	天津市	天津市	141	121	107	126	100	103
	3	天津科技大学	天津市	天津市	58	36	62	56	35	120
	4	天津理工学院	天津市	天津市	131	89	62	132	82	63
	5	天津城市建设学院	天津市	天津市	67	59	128	104	90	113
河北省										
	1	河北大学	河北省	保定市	0	0	40	0	0	38

续表

	序　号	学校名称	主管部门	所在地	2003 年			2004 年		
					毕业数	学位数	招生数	毕业数	学位数	招生数
	2	河北工业大学	河北省	天津市	118	112	179	175	155	176
	3	燕山大学	河北省	秦皇岛市	155	147	148	188	176	146
	4	河北科技大学	河北省	石家庄市	78	72	143	101	98	175
	5	河北理工大学	河北省	唐山市	292	286	195	201	188	273
	6	石家庄铁道学院	河北省	石家庄市	60	46	84	72	54	88
	7	石家庄经济学院	河北省	石家庄市	0	0	47	0	0	50
	8	河北工程学院	河北省	张家口市	0	0	53	0	0	56
	9	河北工业大学城市学院	河北省	天津市	0	0	106	0	0	210
	10	华北电力大学	河北省	石家庄市	0	0	59	0	0	61
	11	河北科技大学理工学院	河北省	石家庄市				0	0	64
山西省										
	1	中北大学	山西省	太原市	97	91	349	180	168	345
	2	太原理工大学	山西省	太原市	218	158	133	181	140	175
	3	太原科技大学	山西省	太原市	56	53	32	0	0	29
内蒙古										
	1	内蒙古科技大学	内蒙古自治区	包头市	96	76	201	96	94	224
	2	内蒙古工业大学	内蒙古自治区	呼和浩特市	69	66	147	63	61	228
辽宁省										
	1	大连理工大学	教育部	大连市	59	47	88	72	63	144
	2	东北大学	教育部	沈阳市	304	303	250	251	251	252
	3	沈阳大学	辽宁省	沈阳市	40	34	32	28	22	30
	4	辽宁工程技术大学	辽宁省	阜新市	59	57	78	80	71	88
	5	沈阳工业大学	辽宁省	沈阳市	88	84	205	81	75	261
	6	辽宁石油化工大学	辽宁省	抚顺市	0	0	25	46	45	30
	7	鞍山科技大学	辽宁省	鞍山市	217	208	281			
	8	沈阳建筑大学	辽宁省	沈阳市	63	59	175	120	112	176
	9	大连交通大学	辽宁省	大连市	45	42	122	91	85	88
	10	沈阳理工大学	辽宁省	沈阳市	143	127	205	133	113	132
	11	沈阳化工学院	辽宁省	沈阳市	244	235	179	138	123	242
	12	大连轻工业学院	辽宁省	大连市	151	124	119	127	105	122
	13	辽宁工学院	辽宁省	锦州市	75	74	58	23	23	55
	14	沈阳航空工业学院	辽宁省	沈阳市	28	25	31	22	21	55
	15	沈阳工业大学工程学院	辽宁省	沈阳市	0	0	55	0	0	25
	16	沈阳化工学院科亚学院	辽宁省	沈阳市	0	0	64	55	44	27
	17	辽宁科技学院	辽宁省	本溪市				0	0	74
吉林省										
	1	吉林大学	教育部	长春市	176	147	211	184	149	212
	2	吉林化工学院	吉林省	吉林市	0	0	66	27	25	70

续表

	序号	学校名称	主管部门	所在地	2003年			2004年		
					毕业数	学位数	招生数	毕业数	学位数	招生数
	3	长春理工大学	吉林省	长春市	50	49	74	32	32	170
	4	长春工业大学	吉林省	长春市	171	170	147	126	124	158
	5	吉林建筑工程学院	吉林省	吉林市	0	0	98	24	23	139
黑龙江省										
	1	哈尔滨工业大学	国防科工委	哈尔滨市	335	318	230	327	315	302
	2	哈尔滨工程大学	国防科工委	哈尔滨市	69	69	70	69	69	84
	3	佳木斯大学	黑龙江省	佳木斯市	42	42	176	117	117	139
	4	东北林业大学	教育部	哈尔滨市	0	0	51	0	0	56
	5	齐齐哈尔大学	黑龙江省	齐齐哈尔市	120	93	154	124	100	230
	6	哈尔滨理工大学	黑龙江省	哈尔滨市	255	247	172	198	192	227
	7	大庆石油学院	黑龙江省	安达市	30	29	90	26	26	137
	8	黑龙江科技学院	黑龙江省	鸡西市	0	0	76	0	0	53
	9	黑龙江工程学院	黑龙江省	哈尔滨市				0	0	70
	10	黑龙江大学	黑龙江省	哈尔滨市	0	0	55	46	46	68
	11	哈尔滨工业大学华德应用技术学院	黑龙江省	哈尔滨市				0	0	96
上海市										
	1	复旦大学	教育部	上海市	26	24	46	37	37	49
	2	同济大学	教育部	上海市	249	254	183	236	224	110
	3	上海交通大学	教育部	上海市	117	117	108	115	113	126
	4	华东理工大学	教育部	上海市	212	193	331	277	245	319
	5	东华大学	教育部	上海市	85	77	164	136	125	170
	6	上海大学	上海市	上海市	177	150	171	168	147	196
	7	上海工程技术大学	上海市	上海市	81	60	131	52	43	127
	8	上海应用技术学院	上海市	上海市	0	0	214	0	0	166
江苏省										
	1	东南大学	教育部	南京市	45	42	94	43	41	122
	2	中国矿业大学	教育部	徐州市	118	101	148	104	96	211
	3	河海大学	教育部	南京市	27	19	125	61	47	119
	4	江南大学	教育部	无锡市	29	21	77	60	51	126
	5	南京理工大学	国防科工委	南京市	102	73	162	171	147	238
	6	南京航空航天大学	国防科工委	南京市	107	107	150	144	113	157
	7	苏州大学	江苏省	苏州市	121	63	78	92	64	125
	8	南京林业大学	江苏省	南京市	0	0	90	0	0	85
	9	南京工程学院	江苏省	南京市	0	0	74	32	22	79
	10	江苏工业学院	江苏省	常州市	47	32	265	126	87	302
	11	扬州大学	江苏省	扬州市	32	21	80	45	36	42
	12	江苏大学	江苏省	镇江市	79	38	265	131	105	283
	13	南京工业大学	江苏省	南京市	311	224	388	377	309	296

续表

	序　号	学校名称	主管部门	所在地	2003 年			2004 年		
					毕业数	学位数	招生数	毕业数	学位数	招生数
	14	江苏科技大学	江苏省	镇江市	79	74	196	66	55	231
	15	盐城工学院	江苏省	盐城市	129	103	218	138	118	253
	16	南通大学	江苏省	南通市	0	0	65	23	18	68
	17	常熟理工学院	江苏省	常熟市	0	0	31	0	0	118
	18	苏州科技学院	江苏省	苏州市				0	0	58
浙江省										
	1	浙江大学	教育部	杭州市	113	108	141	141	138	167
	2	浙江工业大学	浙江省	杭州市	46	34	108	45	36	118
	3	浙江理工大学	浙江省	杭州市	50	38	53	69	58	58
	4	温州师范学院	浙江省	温州市	0	0	39	60	51	155
	5	浙江大学宁波理工学院	浙江省	宁波市	0	0	52	0	0	70
	6	浙江理工大学科技与艺术学院	浙江省	杭州市	0	0	28	0	0	30
	7	浙江科技学院	浙江省	杭州市				0	0	30
安徽省										
	1	合肥工业大学	教育部	合肥市	334	261	578	254	199	314
	2	中国科学技术大学	中国科学院	合肥市	11	10	43	20	18	0
	3	安徽大学	安徽省	合肥市	0	0	60	0	0	78
	4	安徽理工大学	安徽省	淮南市	60	51	119	61	57	235
	5	安徽工业大学	安徽省	马鞍山市	283	128	349	254	241	375
	6	安徽建筑工业学院	安徽省	合肥市	72	69	148	71	64	187
	7	巢湖学院	安徽省	巢湖市	0	0	53	0	0	49
	8	合肥学院	安徽省	合肥市				0	0	39
福建省										
	1	厦门大学	教育部	厦门市	0	0	123	28	23	80
	2	华侨大学	国务院侨办	泉州市	0	0	74	52	42	70
	3	福建农林大学	福建省	福州市	0	0	60	0	0	60
	4	福州大学	福建省	福州市	115	88	150	105	83	147
	5	福州大学至诚学院	福建省	福州市	0	0	40	0	0	38
	6	福建师范大学	福建省	福州市				0	0	57
江西省										
	1	南昌大学	江西省	南昌市	64	42	239	108	89	277
	2	南昌航空工业学院科技学院	江西省	南昌市	0	0	24	0	0	49
	3	江西理工大学	江西省	赣州市	181	167	267	147	146	292
	4	景德镇陶瓷学院	江西省	景德镇市	134	64	155	110	77	170
	5	南昌航空工业学院	江西省	南昌市	109	104	162	178	173	275
	6	九江学院	江西省	九江市	0	0	24	0	0	37
	7	东华理工学院	江西省	抚州市	54	43	66	67	51	52

续表

	序　号	学校名称	主管部门	所在地	2003 年			2004 年		
					毕业数	学位数	招生数	毕业数	学位数	招生数
	8	南昌大学科学技术学院	江西省	南昌市	0	0	21			
	9	景德镇陶瓷学院科技艺术学院	江西省	景德镇市	0	0	62	0	0	82
	10	江西理工大学应用科学学院	江西省	赣州市	0	0	42	0	0	78
山东省										
	1	山东大学	教育部	济南市	260	269	288	311	306	288
	2	中国海洋大学	教育部	青岛市				0	0	31
	3	青岛大学	山东省	青岛市	54	43	87	85	75	85
	4	山东科技大学	山东省	泰安市	32	33	63	28	27	102
	5	青岛科技大学	山东省	青岛市	269	227	195	215	162	248
	6	济南大学	山东省	济南市	252	252	380	265	265	386
	7	山东轻工业学院	山东省	济南市	154	120	247	153	134	147
	8	山东理工大学	山东省	淄博市	91	86	0			
	9	烟台大学	山东省	烟台市	0	0	90	0	0	93
	10	山东建筑工程学院	山东省	济南市	0	0	96	75	69	117
	11	青岛科技大学四方学院	山东省	青岛市	0	0	49			
	12	青岛理工大学	山东省	青岛市				0	0	65
	13	泰山医学院	山东省	泰安市				0	0	61
	14	烟台师范学院	山东省	烟台市				0	0	80
河南省										
	1	郑州大学	河南省	郑州市	325	302	267	335	310	285
	2	河南工业大学	河南省	郑州市				0	0	90
	3	河南科技大学	河南省	洛阳市	65	63	221	65	48	277
	4	河南理工大学	河南省	焦作市	86	83	108	78	72	93
	5	郑州轻工业学院	河南省	郑州市	84	70	58	110	91	117
	6	中原工学院	河南省	郑州市	0	0	80	0	0	74
湖北省										
	1	武汉大学	教育部	武汉市	24	22	26	31	31	64
	2	华中科技大学	教育部	武汉市	20	17	77	33	30	74
	3	武汉理工大学	教育部	武汉市	463	455	493	503	493	444
	4	中国地质大学	教育部	武汉市	208	195	315	240	226	274
	5	湖北大学	湖北省	武汉市	53	46	65	36	36	99
	6	长江大学	湖北省	荆州市	43	43	161	55	41	78
	7	武汉科技大学	湖北省	武汉市	202	181	282	251	224	335
	8	湖北工学院	湖北省	武汉市	64	49	98	71	56	105
	9	武汉化工学院	湖北省	武汉市	110	99	200	195	153	219
	10	武汉科技学院	湖北省	武汉市	0	0	39	0	0	37
	11	湖北汽车工业学院	湖北省	十堰市	0	0	62	39	34	79

续表

	序号	学校名称	主管部门	所在地	2003年			2004年		
					毕业数	学位数	招生数	毕业数	学位数	招生数
	12	武汉科技学院外经贸学院	湖北省	武汉市	0	0	26	0	0	18
	13	三峡大学	湖北省	宜昌市	0	0	142	50	45	66
	14	武汉化工学院邮电与信息工程学院	湖北省	武汉市				0	0	55
湖南省										
	1	中南大学	教育部	长沙市	553	476	489	457	360	864
	2	湖南大学	教育部	长沙市	123	105	208	137	105	210
	3	湘潭大学	湖南省	湘潭市	66	65	126	107	107	105
	4	湖南科技大学	湖南省	湘潭市	0	0	108	45	45	136
	5	长沙理工大学	湖南省	长沙市	0	0	68	0	0	64
	6	湖南工程学院	湖南省	湘潭市	0	0	67	77	71	84
	7	株洲工学院	湖南省	株洲市	0	0	38	0	0	37
	8	中南林学院	湖南省	株洲市	0	0	62	60	59	68
	9	南华大学	湖南省	衡阳市	0	0	80	0	0	115
	10	衡阳师范学院	湖南省	衡阳市				0	0	44
广东省										
	1	中山大学	教育部	广州市	0	0	34	0	0	56
	2	华南理工大学	教育部	广州市	193	193	167	152	152	210
	3	暨南大学	广东省	广州市	0	0	17	0	0	32
	4	广东工业大学	广东省	广州市	143	134	113	221	205	277
	5	深圳大学	广东省	深圳市	36	36	46	54	54	46
广　西										
	1	广西大学	广西壮族自治区	南宁市	36	23	0	42	40	0
	2	桂林工学院	广西壮族自治区	桂林市	105	80	172	125	106	185
	3	桂林电子工业学院	广西壮族自治区	桂林市	0	0	54	0	0	58
海南省										
	1	华南热带农业大学	海南省	海口市	55	46	89	81	49	67
	2	海南大学	海南省	海口市	0	0	50	0	0	68
重庆市										
	1	重庆大学	教育部	重庆市	216	170	315	355	293	319
	2	重庆交通学院	重庆市	重庆市	0	0	60	0	0	60
	3	重庆工学院	重庆市	重庆市	0	0	69	0	0	137
	4	重庆科技学院	重庆市	重庆市				0	0	58
四川省										
	1	四川大学	教育部	成都市	301	228	432	353	268	453
	2	西南交通大学	教育部	成都市	77	44	139	93	57	129
	3	成都理工大学	四川省	成都市	32	24	148	60	53	75
	4	西华大学	四川省	成都市	31	21	135	31	30	108

续表

	序　号	学校名称	主管部门	所在地	2003 年			2004 年		
					毕业数	学位数	招生数	毕业数	学位数	招生数
	5	西南科技大学	四川省	绵阳市	188	136	131	118	87	182
	6	攀枝花学院	四川省	攀枝花市	0	0	77	0	0	41
	7	西南石油学院	四川省	南充市	0	0	133	0	0	268
	8	四川理工学院	四川省	自贡市	50	45	95	79	74	102
贵州省										
	1	贵州大学	贵州省	贵阳市	87	42	184	173	137	319
云南省										
	1	昆明理工大学	云南省	昆明市	241	145	329	185	162	381
陕西省										
	1	西安交通大学	教育部	西安市	53	53	124	63	59	123
	2	长安大学	教育部	西安市	32	24	70	40	33	56
	3	西安电子科技大学	教育部	西安市	0	0	51	0	0	51
	4	西北工业大学	国防科工委	西安市	73	73	120	85	85	132
	5	西安理工大学	陕西省	西安市	142	134	117	111	109	122
	6	西安建筑科技大学	陕西省	西安市	207	182	237	233	233	230
	7	西安科技大学	陕西省	西安市	131	113	116	101	94	189
	8	陕西科技大学	陕西省	咸阳市	158	140	260	165	130	234
	9	西安工业学院	陕西省	西安市	124	124	167	178	174	267
	10	陕西理工学院	陕西省	汉中市	25	25	97	53	53	120
	11	西安工程科技学院	陕西省	西安市	0	0	60	0	0	58
甘肃省										
	1	兰州理工大学	甘肃省	兰州市	119	109	335	126	118	240
	2	兰州交通大学	甘肃省	兰州市	0	0	39	0	0	39
	3	兰州理工大学技术工程学院	甘肃省					0	0	25
青海省										
	1	青海大学	青海省	西宁市	30	23	31	64	49	64
宁　夏										
	1	西北第二民族学院	国家民委	银川市	0	0	35	0	0	40
新　疆										
	1	新疆大学	新疆维吾尔自治区	乌鲁木齐市	25	13	31			
总　计					16 408	14 158	25 176	17 700	15 668	28 753

硕士生

表 2 列出了 2003 ~ 2004 年全国材料类专业（仅统计材料物理化学、材料学、材料加工工程、材料科学与工程新专业等 4 个专业）硕士的招生、毕业和授予学位情况。

表 2　招收材料类专业硕士生的全国普通高校

	序　号	学校名称	主管部门	所在地	2003 年			2004 年		
					毕业数	学位数	招生数	毕业数	学位数	招生数
北京市										
	1	清华大学	教育部	北京市	143	146	150	118	116	168
	2	北京印刷学院	北京市	北京市	2	2	6	2	2	10
	3	北京交通大学	教育部	北京市	0	0	11	0	0	30
	4	北京科技大学	教育部	北京市	100	100	241	131	131	286
	5	石油大学	教育部	北京市	0	0	35	1	1	42
	6	北京化工大学	教育部	北京市	44	42	130	79	75	207
	7	北京服装学院	北京市	北京市	8	7	18	15	15	19
	8	北京师范大学	教育部	北京市				0	0	9
	9	北京理工大学	国防科工委	北京市	10	10	58	32	34	71
	10	北京航空航天大学	国防科工委	北京市	48	48	127	74	74	170
	11	北京工商大学	北京市	北京市	3	3	4	5	5	7
	12	北京工业大学	北京市	北京市	57	57	105	74	74	100
天津市										
	1	南开大学	教育部	天津市	0	0	4	0	0	8
	2	天津大学	教育部	天津市	59	74	189	107	107	188
	3	天津工业大学	天津市	天津市	11	9	21	19	20	32
	4	天津科技大学	天津市	天津市	7	7	11	11	11	9
	5	天津理工学院	天津市	天津市				0	0	9
	6	天津师范大学	天津市	天津市				0	0	1
河北省										
	1	河北大学	河北省	保定市				0	0	4
	2	河北工业大学	河北省	天津市	21	21	67	45	45	86
	3	燕山大学	河北省	秦皇岛市	16	16	78	26	26	83
	4	河北科技大学	河北省	石家庄市	0	0	7	0	0	5
	5	河北理工学院	河北省	唐山市	7	7	13	16	16	26
	6	石家庄铁道学院	河北省	石家庄市				0	0	11
山西省										
	1	山西师范大学	山西省	临汾市				0	0	5
	2	太原理工大学	山西省	太原市	12	12	50	20	20	42
	3	中北大学	山西省	太原市	13	13	27	9	9	49
	4	太原科技大学	山西省	太原市	8	8	25	17	17	29
内蒙古										
	1	内蒙古科技大学	内蒙古自治区	包头市	6	6	11	15	15	29
	2	内蒙古工业大学	内蒙古自治区	呼和浩特市	12	12	26	20	20	31
	3	内蒙古农业大学	内蒙古自治区	呼和浩特市				0	0	1
辽宁省										
	1	大连理工大学	教育部	大连市	47	65	124	56	65	109

续表

	序　号	学校名称	主管部门	所在地	2003 年			2004 年		
					毕业数	学位数	招生数	毕业数	学位数	招生数
	2	东北大学	教育部	沈阳市	57	57	137	96	96	140
	3	沈阳大学	辽宁省	沈阳市				0	0	15
	4	辽宁工程技术大学	辽宁省	阜新市	12	12	22	13	13	20
	5	沈阳工业大学	辽宁省	沈阳市	24	24	38	27	27	71
	6	辽宁石油化工大学	辽宁省	抚顺市				0	0	10
	7	鞍山科技大学	辽宁省	鞍山市	6	6	22	15	15	29
	8	沈阳建筑大学	辽宁省	沈阳市	2	2	10	9	9	15
	9	大连交通大学	辽宁省	大连市	12	12	44	21	21	45
	10	沈阳理工大学	辽宁省	沈阳市	11	11	19	10	10	27
	11	沈阳化工学院	辽宁省	沈阳市	5	5	23	8	8	31
	12	大连轻工业学院	辽宁省	大连市	9	9	22	11	11	27
	13	辽宁工学院	辽宁省	锦州市	2	2	30	7	7	29
	14	大连海事大学	辽宁省	大连市				0	0	11
	15	沈阳师范大学	辽宁省	沈阳市				0	0	2
吉林省										
	1	吉林大学	教育部	长春市	37	35	115	75	75	132
	2	东北师范大学	吉林省	长春市				0	0	12
	3	长春理工大学	吉林省	长春市	7	7	19	8	8	19
	4	长春工业大学	吉林省	长春市	8	8	28	24	24	38
黑龙江省										
	1	哈尔滨工业大学	国防科工委	哈尔滨市	120	108	239	164	122	339
	2	哈尔滨工程大学	国防科工委	哈尔滨市	7	11	32	17	22	31
	3	佳木斯大学	黑龙江省	佳木斯市	0	0	10	0	0	11
	4	哈尔滨师范大学	黑龙江省	哈尔滨市				0	0	1
	5	齐齐哈尔大学	黑龙江省	齐齐哈尔市				0	0	6
	6	哈尔滨理工大学	黑龙江省	哈尔滨市	14	14	41	24	24	34
上海市										
	1	复旦大学	教育部	上海市	13	12	24	20	19	24
	2	同济大学	教育部	上海市	23	19	110	63	51	91
	3	上海交通大学	教育部	上海市	66	66	109	77	77	121
	4	华东理工大学	教育部	上海市	35	38	118	86	84	108
	5	东华大学	教育部	上海市	36	36	99	62	62	83
	6	上海大学	上海市	上海市	22	22	53	50	46	55
	7	华东师范大学	上海市	上海市				0	0	11
江苏省										
	1	南京大学	教育部	南京市	5	9	10	8	7	14
	2	东南大学	教育部	南京市	23	12	61	35	31	66
	3	中国矿业大学	教育部	徐州市	0	0	25	0	0	28

续表

	序　号	学校名称	主管部门	所在地	2003 年			2004 年		
					毕业数	学位数	招生数	毕业数	学位数	招生数
	4	河海大学	教育部	南京市	5	5	20	7	7	26
	5	江南大学	教育部	无锡市				0	0	16
	6	南京理工大学	国防科工委	南京市	13	13	71	36	36	71
	7	南京航空航天大学	国防科工委	南京市	3	3	68	6	6	65
	8	苏州大学	江苏省	苏州市	5	5	23	12	12	28
	9	南京林业大学	江苏省	南京市				0	0	10
	10	江苏科技大学	江苏省	镇江市	4	4	11	12	12	33
	11	江苏工业学院	江苏省	常州市				0	0	18
	12	扬州大学	江苏省	扬州市				0	0	5
	13	江苏大学	江苏省	镇江市	12	12	55	21	21	61
	14	南京工业大学	江苏省	南京市	39	39	93	35	35	107
浙江省										
	1	浙江大学	教育部	杭州市	47	47	115	80	80	119
	2	浙江工业大学	浙江省	杭州市	8	8	16	17	17	22
	3	浙江理工大学	浙江省	杭州市	0	0	7	0	0	15
安徽省										
	1	合肥工业大学	教育部	合肥市	37	37	81	44	41	84
	2	中国科学技术大学	中国科学院	合肥市	8	5	34	17	12	35
	3	安徽大学	安徽省	合肥市	7	7	8	9	9	7
	4	安徽工程科技学院	安徽省	芜湖市				0	0	8
	5	安徽师范大学	安徽省	芜湖市				0	0	1
	6	安徽工业大学	安徽省	马鞍山市	6	6	24	9	9	30
福建省										
	1	厦门大学	教育部	厦门市	3	1	22	5	4	24
	2	华侨大学	国务院侨办	泉州市	5	5	19	10	11	17
	3	福州大学	福建省	福州市	8	8	34	11	11	40
	4	福建师范大学	福建省	福州市	0	0	3	0	0	6
江西省										
	1	南昌大学	江西省	南昌市	12	11	36	30	30	23
	2	南昌航空工业学院	江西省	南昌市	12	12	35	26	26	47
	3	江西理工大学	江西省	赣州市	8	8	15	11	9	8
	4	景德镇陶瓷学院	江西省	景德镇市	5	5	24	16	15	28
山东省										
	1	山东大学	教育部	济南市	62	62	109	90	90	113
	2	中国海洋大学	教育部	青岛市				0	0	22
	3	青岛大学	山东省	青岛市	14	13	20	12	12	22
	4	山东科技大学	山东省	泰安市	0	0	14	0	0	13
	5	山东建筑工程学院	山东省	济南市				0	0	6

续表

	序　号	学校名称	主管部门	所在地	2003 年			2004 年		
					毕业数	学位数	招生数	毕业数	学位数	招生数
	6	青岛科技大学	山东省	青岛市	20	20	46	30	30	39
	7	济南大学	山东省	济南市	7	7	26	11	11	25
	8	山东轻工业学院	山东省	济南市	0	0	10	0	0	8
	9	山东理工大学	山东省	淄博市				0	0	13
	10	烟台大学	山东省	烟台市				0	0	2
河南省										
	1	郑州大学	河南省	郑州市	20	20	92	40	40	71
	2	河南大学	河南省	开封市				0	0	1
	3	河南科技大学	河南省	洛阳市	19	19	41	39	39	47
	4	河南理工大学	河南省	焦作市				0	0	10
	5	郑州轻工业学院	河南省	郑州市	0	0	6	0	0	6
湖北省										
	1	武汉大学	教育部	武汉市	15	15	27	27	27	18
	2	华中科技大学	教育部	武汉市	79	80	154	98	87	184
	3	武汉理工大学	教育部	武汉市	66	66	166	176	176	233
	4	中国地质大学	教育部	武汉市	0	0	24	5	5	24
	5	武汉化工学院	湖北省	武汉市				0	0	22
	6	湖北大学	湖北省	武汉市	6	6	17	6	6	23
	7	武汉科技大学	湖北省	武汉市	22	22	53	36	36	55
	8	湖北工业大学	湖北省	武汉市	11	11	11	10	10	15
湖南省										
	1	中南大学	教育部	长沙市	68	68	122	103	102	141
	2	湖南大学	教育部	长沙市	13	13	66	29	29	53
	3	湘潭大学	湖南省	湘潭市	7	7	22	8	8	20
	4	株洲工学院	湖南省	株洲市				0	0	12
广东省										
	1	中山大学	教育部	广州市	2	2	7	0	0	13
	2	华南理工大学	教育部	广州市	80	80	190	116	116	197
	3	汕头大学	广东省	汕头市	3	3	11	4	4	11
	4	广东工业大学	广东省	广州市	14	13	45	18	18	35
	5	暨南大学	广东省	广州市				0	0	10
	6	深圳大学	广东省	深圳市				0	0	6
广　西										
	1	广西大学	广西壮族自治区	南宁市	1	1	26	16	15	28
	2	桂林工学院	广西壮族自治区	桂林市	0	0	13	12	12	23
	3	桂林电子工业学院	广西壮族自治区	桂林市				0	0	13
海南省										
	1	华南热带农业大学	海南省	海口市				0	0	2

续表

	序　号	学校名称	主管部门	所在地	2003 年			2004 年		
					毕业数	学位数	招生数	毕业数	学位数	招生数
重庆市										
	1	重庆大学	教育部	重庆市	63	63	118	59	59	94
	2	西南师范大学	教育部	重庆市				0	0	4
	3	重庆交通学院	重庆市	重庆市	0	0	4	0	0	10
	4	重庆工学院	重庆市	重庆市				0	0	8
四川省										
	1	四川大学	教育部	成都市	63	59	139	78	66	174
	2	西南交通大学	教育部	成都市	7	8	38	12	12	43
	3	电子科技大学	教育部	成都市	16	16	68	23	23	43
	4	西南民族大学	国家民委	成都市	1	1	3	1	1	1
	5	成都理工大学	四川省	成都市	0	0	8	8	8	9
	6	西华大学	四川省	成都市	10	10	33	17	17	32
	7	西南科技大学	四川省	绵阳市	4	4	33	12	12	29
	8	四川师范大学	四川省	成都市	2	2	7	4	4	6
	9	西南石油学院	四川省	南充市				0	0	6
贵州省										
	1	贵州大学	贵州省	贵阳市	13	12	24	20	20	21
云南省										
	1	云南大学	云南省	昆明市	3	2	12	5	5	23
	2	昆明理工大学	云南省	昆明市	23	19	66	69	69	77
陕西省										
	1	西安交通大学	教育部	西安市	52	52	80	86	86	110
	2	长安大学	教育部	西安市	5	5	38	15	16	49
	3	西安电子科技大学	教育部	西安市	3	3	25	8	8	30
	4	西北工业大学	国防科工委	西安市	51	51	169	90	90	210
	5	陕西师范大学	教育部	西安市				0	0	12
	6	西安理工大学	陕西省	西安市	19	19	64	27	27	73
	7	西安建筑科技大学	陕西省	西安市	17	17	51	34	34	50
	8	西安科技大学	陕西省	西安市	0	0	22	0	0	18
	9	西安石油大学	陕西省	西安市	4	4	11	10	10	12
	10	陕西科技大学	陕西省	咸阳市	5	5	22	9	9	31
	11	西安工业学院	陕西省	西安市	4	4	11	10	10	25
	12	西北农林科技大学	教育部	杨凌市				0	0	1
甘肃省										
	1	兰州大学	教育部	兰州市	5	5	19	13	13	21
	2	兰州理工大学	甘肃省	兰州市	20	20	88	59	59	112
	3	兰州交通大学	甘肃省	兰州市	0	0	3	0	0	8
新　疆										

续表

	序　号	学校名称	主管部门	所在地	2003 年			2004 年		
					毕业数	学位数	招生数	毕业数	学位数	招生数
	1	新疆大学	新疆维吾尔自治区	乌鲁木齐市	1	1	10	4	4	10
总　计					2 357	2 362	6 305	3 948	3 857	7 777

博士生

表 3 列出了 2003～2004 年全国材料类专业（仅统计材料物理化学、材料学、材料加工工程、材料科学与工程新专业等 4 个专业）博士的招生、毕业和授予学位情况。

表 3　招收材料类专业博士生的全国普通高校

	序　号	学校名称	主管部门	所在地	2003 年			2004 年		
					毕业数	学位数	招生数	毕业数	学位数	招生数
北京市										
	1	清华大学	教育部	北京市	56	47	80	69	65	80
	2	北京科技大学	教育部	北京市	35	33	109	33	34	125
	3	北京化工大学	教育部	北京市	9	5	25	12	8	32
	4	北京理工大学	国防科工委	北京市	16	14	25	20	6	38
	5	北京航空航天大学	国防科工委	北京市	8	8	53	16	16	49
	6	北京工业大学	北京市	北京市	13	13	20	9	9	13
天津市										
	1	南开大学	教育部	天津市				0	0	8
	2	天津大学	教育部	天津市	9	30	32	25	9	36
	3	天津工业大学	天津市	天津市				0	0	11
河北省										
	1	河北工业大学	河北省	天津市	6	6	12	14	14	7
	2	燕山大学	河北省	秦皇岛市	4	4	20	10	10	18
山西省										
	1	太原理工大学	山西省	太原市	0	0	14	3	3	19
内蒙古										
	1	内蒙古工业大学	内蒙古自治区	呼和浩特市				0	0	2
辽宁省										
	1	大连理工大学	教育部	大连市	13	15	41	8	9	34
	2	东北大学	教育部	沈阳市	28	28	63	26	26	74
	3	沈阳工业大学	辽宁省	沈阳市	0	0	13	2	2	17
	4	大连交通大学	辽宁省	大连市	0	0	6	1	1	7
吉林省										
	1	吉林大学	教育部	长春市	23	11	43	22	22	49
黑龙江省										
	1	哈尔滨工业大学	国防科工委	哈尔滨市	43	43	103	51	51	107
	2	哈尔滨工程大学	国防科工委	哈尔滨市	0	0	14	1	1	29
	3	哈尔滨理工大学	黑龙江省	哈尔滨市				0	0	4

续表

	序　号	学校名称	主管部门	所在地	2003 年			2004 年		
					毕业数	学位数	招生数	毕业数	学位数	招生数
上海市										
	1	复旦大学	教育部	上海市	1	1	5	2	1	7
	2	同济大学	教育部	上海市	12	12	26	13	10	22
	3	上海交通大学	教育部	上海市	46	50	138	60	60	107
	4	华东理工大学	教育部	上海市	8	9	19	6	6	42
	5	东华大学	教育部	上海市	5	10	26	8	8	22
	6	上海大学	上海市	上海市	4	2	15	6	7	23
江苏省										
	1	南京大学	教育部	南京市	3	2	3	2	3	5
	2	东南大学	教育部	南京市	8	5	16	6	6	18
	3	南京理工大学	国防科工委	南京市	9	3	20	0	0	33
	4	南京航空航天大学	国防科工委	南京市				0	0	7
	5	苏州大学	江苏省	苏州市	0	0	3	0	0	1
	6	江苏大学	江苏省	镇江市	0	0	7	1	1	6
	7	南京工业大学	江苏省	南京市	4	4	13	5	5	22
浙江省										
	1	浙江大学	教育部	杭州市	9	9	51	29	29	54
安徽省										
	1	合肥工业大学	教育部	合肥市	0	0	8	0	0	22
	2	中国科学技术大学	中国科学院	合肥市	0	2	22	1	10	25
	3	安徽大学	安徽省	合肥市				0	0	3
福建省										
	1	华侨大学	国务院侨办	泉州市				0	0	3
	2	福州大学	福建省	福州市	0	0	5	0	0	2
江西省										
	1	南昌大学	江西省	南昌市	5	5	18	6	6	18
山东省										
	1	山东大学	教育部	济南市	38	38	61	42	42	50
	2	青岛大学	山东省	青岛市	0	0	1	0	0	8
	3	青岛科技大学	山东省	青岛市				0	0	5
河南省										
	1	郑州大学	河南省	郑州市	2	2	12	8	5	17
湖北省										
	1	武汉大学	教育部	武汉市				0	0	7
	2	华中科技大学	教育部	武汉市	5	12	48	21	20	54
	3	武汉理工大学	教育部	武汉市	7	7	51	16	16	71
	4	湖北大学	湖北省	武汉市				0	0	5
	5	武汉科技大学	湖北省	武汉市	4	4	12	5	5	10

续表

	序　号	学校名称	主管部门	所在地	2003 年			2004 年		
					毕业数	学位数	招生数	毕业数	学位数	招生数
湖南省										
	1	中南大学	教育部	长沙市	19	19	56	16	12	68
	2	湖南大学	教育部	长沙市	5	5	26	0	0	20
	3	湘潭大学	湖南省	湘潭市				0	0	3
广东省										
	1	中山大学	教育部	广州市				0	0	16
	2	华南理工大学	教育部	广州市	31	31	71	25	25	68
	3	广东工业大学	广东省	广州市	0	0	8	1	1	8
重庆市										
	1	重庆大学	教育部	重庆市	6	6	44	9	9	30
四川省										
	1	四川大学	教育部	成都市	31	31	51	35	34	48
	2	西南交通大学	教育部	成都市				0	0	11
	3	电子科技大学	教育部	成都市	0	0	11	3	3	12
云南省										
	1	昆明理工大学	云南省	昆明市	11	2	5	6	1	16
陕西省										
	1	西安交通大学	教育部	西安市	7	7	52	12	12	47
	2	西北工业大学	国防科工委	西安市	23	23	79	37	37	109
	3	西安理工大学	陕西省	西安市	0	0	9	0	0	7
	4	西安建筑科技大学	陕西省	西安市	0	0	15	3	3	17
	5	陕西科技大学	陕西省	咸阳市				0	0	4
	6	西北农林科技大学	教育部	杨凌市				0	0	2
	7	陕西师范大学	教育部	西安市				0	0	4
甘肃省										
	1	兰州大学	教育部	兰州市	2	2	6	1	1	12
	2	兰州理工大学	甘肃省	兰州市	0	0	18	0	0	11
总　计					568	560	1 704	843	796	2 187

部分高校材料院系情况

名　称	地　址	现任院/系/主任	网　址
清华大学材料科学与工程研究院	北京海淀区清华园 1 号逸夫技术科学楼	朱　静	qhcly. tsinghua. edu. cn
北京大学化学与分子工程学院材料化学系	北京市海淀区成府路 202 号	林建华	www. chem. pku. edu. cn
北京科技大学材料科学与工程学院	北京海淀区学院路 30 号	曲选辉	www. ustb. edu. cn
中国地质大学（北京）材料科学与工程学院	北京海淀区学院路 29 号	廖立兵	www. cugb. edu. cn
石油大学（北京）机电工程学院	北京市昌平区府学路	高万夫	jdxy. bjpeu. edu. cn

续表

名　称	地　址	现任院/系/主任	网　址
北京化工大学材料科学与工程学院	北京朝阳区北三环东路 15 号	余鼎声	www. cmse. buct. edu. cn
北京师范大学材料科学与工程系	北京市新街口外大街 19 号	周宏余	mse. bnu. edu. cn
北京理工大学材料科学与工程学院	北京海淀区中关村南大街	王富耻	www. bit. edu. cn
北京航空航天大学材料科学与工程学院	北京市海淀区学院路 37 号	王　涛	mse. buaa. edu. cn
北京工商大学高分子材料与工程系	北京海淀区阜成路 11 号	刘万蝉	www. btbu. edu. cn
北京工业大学材料学院	北京市朝阳区平乐园 100 号	聂祚仁	www. bjut. edu. cn
北京石油化工学院材料与化工分院	北京市大兴清源北路 19 号	赵如松	www. bipt. edu. cn
北京联合大学生物化工学院	北京市海淀区垡头西里三区 28 号	马榴强	www. bvv - bec. com
天津工业大学材料化工学院	天津市河东区程林庄路 63 号	程博闻	www. tjpu. edu. cn
天津大学材料科学与工程学院	天津市南开区卫津路 92 号	成国祥	www. tju. edu. cn
天津科技大学材料科学与化学工程学院	天津市河西区大沽南路 1038 号	陈夫山	www. tust. edu. cn
河北工业大学材料科学与工程学院	天津市红桥区光荣道 8 号	崔春翔	www. hebut. edu. cn
燕山大学材料科学与工程学院	秦皇岛河北大街 438 号	田永君	www. ysu. edu. cn
河北科技大学材料科学与工程学院	石家庄市新华路 505 号	毛　磊	depart. hebust. edu. cn
太原理工大学材料科学与工程学院	太原市迎泽西大街 79 号	许并社	www. tyut. edu. cn
太原重型机械学院材料科学与工程学院	山西省太原市窊流路 138 号	刘建生	www. tyhmi. edu. cn
华北工学院材料工程系	山西省太原市学院路 1 号	党惊知	www. ncit. edu. cn
山西大学化学化工学院	太原市坞城路 36 号	赵永祥	www. sxu. edu. cn
山西师范大学化学与材料科学学院	山西省临汾市贡院街 1 号	刘二保	www. sxtu. edu. cn
华北工学院分校材料工程系	山西省太原市 154 号信箱	谭英基	—
内蒙古科技大学材料学院	内蒙古科技大学材料学院	张捷宇	mec. btu. edu. cn
内蒙古大学化学化工学院	内蒙古呼和浩特市大学西路 235 号	苏海全	www. imv. edu. cn
大连理工大学材料工程系	辽宁省大连市甘井子区	张兴国	cailiao. dlut. edu. cn
东北大学材料与冶金学院	辽宁省沈阳市和平区文化路 3 号巷 11 号	刘春明	www. neu. edu. cn
沈阳建筑大学材料科学与工程学院	沈阳市浑南新区	唐　明	www. sjzv. edu. cn
沈阳理工大学材料科学与工程分院	沈阳市浑南新区	王承志	www. syit. edu. cn
大连交通大学材料科学与工程系	大连市沙河口区黄河路 794 号	任瑞铭	www. dlrin. edu. cn
大连轻工业学院化工与材料学院	大连市甘井子区轻工苑	翟　滨	www. dlili. edu. cn
沈阳化工学院材料科学与工程学院	沈阳市经济开发区 11 号	李三喜	www. syict. edu. cn
沈阳工业大学材料科学与工程学院	沈阳铁西区兴华南街 58 号	刘　正	www. sypu. edu. cn
辽宁石油化工大学石油化工学院	抚顺市望花区丹东路西段 1 号	姜　恒	www. lnpu. edu. cn
吉林大学材料科学与工程学院	吉林省长春市人民大街 142 号	姜启川	dmse. jlu. edu. cn
长春理工大学材料与化工学院	吉林省长春市卫星路 7083 号（东）	董相廷	www. cust. edu. cn
长春工业大学化学工程学院	吉林省长春市延安大路 17 号	张　龙	Design. ccut. edu. cn
长春工业大学化学工程学院	哈尔滨市和兴路 26 号	王逢瑚	www. nefu. edu. cn
哈尔滨工业大学材料科学与工程学院	黑龙江省哈尔滨市南岗区西大直街 92 号	冯吉才	mse. hit. edu. cn
哈尔滨工程大学化学工程学院	哈尔滨市南岗区南通大街 145 号	张密林	www. hrbeu. edu. cn
佳木斯大学材料工程学院	黑龙江省佳木斯市学府街 148 号	李慕勤	www. jmsu. org
齐齐哈尔大学化学与化学工程学院	黑龙江省齐齐哈尔市文化大街 30 号	邓启刚	hgxy. 99hrv. net

续表

名　称	地　址	现任院/系/主任	网　址
哈尔滨理工大学材料科学与工程学院	哈尔滨市南岗区学府路52号	郭二军	www. hrbust. edu. cn
黑龙江工程学院材料与化学工程系	哈尔滨市太平区东直路234号	郝晨声	www. hgc. hl. cn
复旦大学材料科学系	上海市邯郸路220号	李越生	mse. fudan. edu. cn
上海交通大学材料科学与工程学院	华山路1954号	卢　柯	smse. sjtu. edu. cn
华东理工大学材料科学与工程学院	上海市梅陇路130号391#	郑安呐	clxy. ecust. edu. cn
同济大学材料科学与工程学院	上海市四平路1239号	王培铭	mat. tongji. edu. cn
东华大学材料科学与工程学院	上海市延安西路1882号	朱美芳	www. dhu. edu. cn
上海大学材料科学与工程学院	上海市闸北区延长路149号	夏义本	www. mat. shu. edu. cn
上海工程技术大学材料工程学院	松江区大学城人民北路2999号	焦馥杰	www. sues. edu. cn
南京大学材料科学与工程系	南京市汉口路22号	陈延峰	www. nju. edu. cn
东南大学材料科学与工程系	南京四牌楼2号	蒋建清	www. seu. edu. cn
河海大学材料工程系	江苏省南京市西康路1号科学馆四楼	蒋林华	cce. hhu. edu. cn
南京理工大学材料科学与工程系	江苏省南京市孝陵卫200号	陈　光	www. njust. edu. cn
南京航空航天大学材料科学与技术学院	南京市御道街29号	陶　杰	msc. nuaa. edu. cn
苏州大学材料工程学院	江苏省苏州市干将东路178号	陈国强	www. suda. edu. cn
江南大学化学与材料工程学院	无锡市惠河路170号	曹光群	www. sytu. edu. cn
江苏大学材料科学与工程学院	江苏省镇江市学府路301号	戴起勋	www1. ujs. edu. cn
南京工业大学材料科学与工程学院	南京市浦口区浦珠南路一号	许仲梓	www. njut. edu. cn
江苏科技大学材料科学与工程学院	江苏镇江环城路2号	王加友	202. 195. 195. 156
浙江工业大学化学工程与材料学院	浙江杭州朝晖六区	李小年	www. ce. zjut. edu. cn
浙江大学材料与化学工程学院	杭州浙江大学玉泉校区	沈家骢	www. cmsce. zju. edu. cn
浙江理工大学材料与纺织学院	浙江杭州下沙高教园区	陈建勇	www. zist. edu. cn
合肥工业大学材料学院	安徽省合肥市屯溪路193号	吴玉程	www1. hfut. edu. cn
中国科学技术大学材料科学与工程系	安徽合肥中国科学技术大学材料科学与工程系	李晓光	mse. ustc. edu. cn
中国科学技术大学化学与材料科学学院	安徽省合肥市中国科学技术大学	钱逸泰	scms. ustc. edu. cn
安徽大学材料科学与工程学院	安徽合肥安徽大学物理与材料科学学院	史守华	210. 45. 208. 81
安徽大学化学化工学院	安徽省合肥市安徽大学化学化工学院	谢安见	210. 45. 208. 81
安徽工业大学材料学院	安徽省马鞍山市安徽工业大学材料学院	何宜柱	www. ahut. edu. cn
厦门大学材料科学与工程系	厦门市思明区	张　颖	210. 34. 0. 12
华侨大学材料科学与工程学院	福建省泉州市华侨大学材料科学与工程学院	方柏山	info. hqu. edu. cn
福建师范大学化学与材料学院	福建省福州市仓山区上三路8号	胡炳环	chem. fjnu. edu. cn
福州大学材料科学与工程学院	中国福建省福州市工业路523号	程贤甦	www. fzu. edu. cn
南昌大学材料科学与工程学院	江西南昌大学材料科学与工程学院	周　浪	material. ncu. edu. cn
南昌航空工业学院材料科学与工程系	南昌市上海路173号	王高潮	www. niat. edu. cn
山东大学材料科学与工程学院	山东大学材料科学与工程学院	王琪珑	www. cmse. sdu. edu. cn
青岛大学化工学院	青岛宁夏路308号	夏延致	cems. qdu. edu. cn
中国海洋大学材料科学与工程研究院	山东省青岛市鱼山路5号	尹衍升	www. ouc. edu. cn
济南大学材料科学与工程学院	山东省济南市济微路106号	芦令超	www. ujn. edu. cn

续表

名　称	地　址	现任院/系/主任	网　址
山东科技大学机械电子工程学院	山东泰安岱宗大街223号	曾庆良	cmee. sdkd. net. cn
山东理工大学材料科学与工程学院	山东省淄博市张店区张周路12号	田贵山	xcl. sdut. edu. cn
聊城大学材料科学与工程学院	山东省聊城市文化路34号	邵鑫	www. lctu. edu. cn
哈尔滨工业大学（威海）材料科学与工程系	山东威海市哈尔滨工业大学（威海）分校7号信箱	王卫卫	www. hit. edu. cn
河南科技大学材料科学与工程学院	河南洛阳市西苑路48号	文九巴	www2. haust. edu. cn
郑州大学材料工程学院	郑州市大学路75号	关绍康	www2. zzu. edu. cn
河南大学化学化工学院	河南省开封市明伦街85号	张治军	ccce. henu. edu. cn
焦作工学院资源与材料工程系	河南省焦作市焦作工学院资源与材料工程系	景国勋	—
中国地质大学（汉口）材料科学与化学工程学院	武汉市武昌鲁磨路31号	周火平	unit. cug. edu. cn
华中科技大学材料科学与工程学院	湖北省武汉市洪山区珞瑜路1037号	李德群	clxy. hust. edu. cn
武汉理工大学材料科学与工程学院	武汉市洪山区珞狮路122号	陈　文	public. whut. edu. cn
武汉化工学院材料科学与工程学院	中国湖北武汉卓刀泉路366号	刘长生	mse. whict. edu. cn
武汉科技大学材料与冶金学院	武汉市青山区和平大道947号	朱佰铨	www. wust. edu. cn
湖北工业大学	湖北省武汉市武昌南湖李家墩特1号	彭少贤	www. hubpu. edu. cn
中南大学材料科学与工程学院	湖南长沙中南大学材料科学与工程学院	易丹青	mse. csu. edu. cn
湖南大学材料科学与工程学院	长沙市岳麓山	陈振华	clxy. hnu. net. cn
湘潭大学材料与光电物理学院	中国湖南湘潭大学材料与光电物理学院	周益春	web. xtu. edu. cn
中山大学化学与化学工程学院	广州市新港西路135号	陈小明	ce. sysu. edu. cn
华南理工大学材料科学与工程学院	广州市天河区五山路	童　真	www2. scut. edu. cn
广东工业大学材料与能源学院	广州市东风东路729号	张海燕	bill. gdut. edu. cn
深圳大学理学院材料系	广东省深圳市南山区深圳大学理学院材料系	马晓翠	science. szu. edu. cn
海南大学理工学院物理与材料工程系	海南省海口市人民大道58号	吴现成	www. hainu. edu. cn
桂林工学院材料与化学工程系	广西桂林市建干路12号	邹正光	www. glite. edu. cn
广西大学化学化工学院	广西南宁市大学路100号	童张法	www. gxu. edu. cn
重庆大学材料科学与工程学院	重庆市沙坪坝区沙正街174号	高家诚	www. cmse. cqu. edu. cn
西南师范大学材料科学与工程学院	重庆北碚西南师范大学材料科学与工程学院	曾苏民	cyber. swnu. edu. cn
重庆工学院材料科学与工程学院	重庆市九龙坡区杨家坪兴胜路4号	张　津	cl. cqit. edu. cn
四川大学材料科学与工程学院	成都市望江路29号（一环路南一段24号）第一理科楼	尹光福	www. scu. edu. cn
西南交通大学材料科学与工程学院	四川成都二环路北一段111号	周仲荣	clxy. swjtu. edu. cn
成都理工大学材料与生物工程学院	成都市成华区二仙桥东三路1号	汪　灵	www. cmb. cdut. edu. cn
电子科技大学微电子与固体电子学院	成都建设北路二段4号	李言荣	—
西华大学材料科学与工程学院	—	栾道成	www. xhu. edu. cn
西南科技大学材料科学与工程学院	四川绵阳西南科技大学材料科学与工程学院	经福谦	www. swust. edu. cn

续表

名　称	地　址	现任院/系/主任	网　址
西南石油学院材料科学与工程学院	四川省南充市西南石油学院材料科学与工程学院	李春福	www. swpi. edu. cn
四川理工学院材料与化学工程系	四川自贡汇东高新区学苑路	颜　杰	www. suse. edu. cn
昆明理工大学材料与冶金工程学院	云南省昆明市学府路 253 号	刘中华	www. kmust. edu. cn
西安交通大学材料科学与工程学院	陕西省西安市咸宁西路 28 号	邢建东	mse. xjtu. edu. cn
西北工业大学材料科学与工程学院	西安市友谊西路 127 号	李贺军	www. nwpu. edu. cn
西安理工大学材料科学与工程学院	西安金花南路 5 号	范志康	clxy. xaut. edu. cn
西安电子科技大学	陕西省西安市太白南路 2 号	曾晓东	www. xidian. edu. cn
西安建筑科技大学	西安市雁塔路 13 号	许启明	www. xauat. edu. cn
西安科技大学材料科学与工程系	西安市雁塔路中段 58 号	王晓刚	www. xust. edu. cn
陕西科技大学材料科学与工程学院	陕西省咸阳市人民西路 49 号	王秀峰	dell. sust. edu. cn
陕西理工学院材料科学与工程系	陕西省汉中市朝阳路	冯小明	www. snut. edu. cn
兰州大学物理科学与技术学院	兰州市天水路 298 号	刘映琦	phy. lzu. edu. cn
兰州理工大学材料学院	兰州市七里河区兰工坪 85 号	樊　丁	www. gsut. edu. cn

第五届教育部科技委学部委员

序　号	学部任职	姓　名	性　别	工作单位	称号或职称	学科名称
1	主任	朱　静	女	清华大学	中科院院士	材料科学与工程
2	常务副主任	左　良	男	东北大学	教授	材料学
3	副主任	梅良模	男	山东大学	教授	材料物理
4	副主任	邱冠周	男	中南大学	教授	矿物加工
5		朱　星	男	北京大学	教授	凝聚态物理
6		左铁镛	男	北京工业大学	工程院院士	材料科学
7		徐惠彬	男	北京航空航天大学	教授	材料学
8		杨嘉陵	男	北京航空航天大学	教授	固体力学
9		左　禹	男	北京化工大学	教授	材料科学与工程
10		杨万泰	男	北京化工大学	教授	材料合成与改性
11		陈国良	男	北京科技大学	工程院院士	材料学
12		孙冬柏	男	北京科技大学	教授	材料学
13		薛向欣	男	东北大学	教授	冶金工程
14		朱世根	男	东华大学	教授	材料加工工程
15		顾　宁	男	东南大学	教授	生物医学工程
16		赵东元	男	复旦大学	教授	物理化学
17		冯吉才	男	哈尔滨工业大学	教授	材料加工工程
18		来国桥	男	杭州师范学院	教授	高分子材料
19		童　真	男	华南理工大学	教授	材料学
20		李元元	男	华南理工大学	教授	材料机械制造
21		王迎军	女	华南理工大学	教授	无机非金属材料

续表

序　号	学部任职	姓　名	性　别	工作单位	称号或职称	学科名称
22		陈　岗	男	吉林大学	教授	材料物理与化学
23		汪　信	男	南京理工大学	教授	材料学
24		许京军	男	南开大学	教授	物理学材料科学
25		潘　伟	男	清华大学	教授	材料科学与工程
26		蒋民华	男	山东大学	中科院院士	材料学
27		丁文江	男	上海交通大学	教授	材料加工
28		潘健生	男	上海交通大学	工程院院士	材料学
29		李光宪	男	四川大学	教授	高分子材料
30		肖定全	男	四川大学	教授	材料科学与工程
31		孙　军	男	西安交通大学	教授	材料学
32		张立同	女	西北工业大学	工程院院士	材料科学与工程
33		郑　强	男	浙江大学	教授	高分子材料
34		曹少魁	男	郑州大学	教授	材料学
35		熊　翔	男	中南大学	教授	材料科学与工程

教育部重点实验室

截至2003年，教育部共批准建立部重点实验室157所，其中与材料相关的有40所，占26%。具体见表1。

表1　与材料相关的教育部重点实验室

序　号	实验室名称	依托高校
1	生物有机分子工程	北京大学
2	纳米器件物理与化学	北京大学
3	先进材料	清华大学
4	结构工程与振动	清华大学
5	先进反应堆工程与安全	清华大学
6	生命有机磷化学	清华大学
7	破坏力学	清华大学
8	原子分子纳米科学	清华大学
9	有机光电子与分子工程	清华大学
10	新型功能材料	北京工业大学
11	可控化学反应科学与技术基础	北京化工大学
12	环境断裂	北京科技大学
13	射线束材料工程	北京师范大学
14	生物活性材料	南开大学
15	光电信息技术科学	南开大学　天津大学
16	高温结构陶瓷及工程陶瓷加工技术	天津大学
17	绿色合成与转化	天津大学
18	仪器科学与动态测试	华北工学院
19	材料电磁过程研究	东北大学

续表

序　号	实验室名称	依托高校
20	超分子结构与谱学	吉林大学
21	汽车材料	吉林大学
22	聚合物分子工程	复旦大学
23	高温材料及高温测试	上海交通大学
24	薄膜与微细技术	上海交通大学
25	固体力学	同济大学
26	超细材料制备与应用	华东理工大学
27	混凝土及预应力混凝土结构	东南大学
28	材料液态结构及其遗传性	山东大学
29	胶体与界面化学	山东大学
30	生物医用高分子材料	武汉大学
31	硅酸盐材料工程	武汉理工大学
32	材料物理	郑州大学
33	有色金属材料科学与工程	中南大学
34	聚合物复合材料及功能材料	中山大学
35	聚合物成型加工工程	华南理工大学
36	皮革化学与工程	四川大学
37	电子陶瓷与器件	西安交通大学
38	电子物理与器件	西安交通大学
39	磁学与磁性材料	兰州大学
40	纺织面料技术	东华大学

教育部工程研究中心

截至2003年，教育部共批准建立部工程研究中心46个，其中与材料相关的有19所，占40%。具体见表2。

表2　与材料相关教育部工程研究中心

编　号	名　称	依托高校
1	教育部快速成型制造技术工程研究中心	西安交通大学
2	教育部材料先进制备技术工程研究中心	东北大学
3	教育部敏感陶瓷工程研究中心	华中科技大学
4	教育部半导体发光工程研究中心	南昌大学
5	教育部金属电子信息材料工程研究中心	北京科技大学
6	教育部有机硅化合物及材料工程研究中心	武汉大学
7	教育部超重力工程研究中心	北京化工大学
8	教育部油气加工新技术工程研究中心	石油大学
9	教育部先进涂料工程研究中心	复旦大学
10	教育部生态水泥工程研究中心	西安建筑科技大学
11	教育部医用生物材料工程研究中心	华东理工大学
12	教育部膜与水处理技术工程研究中心	浙江大学

续表

编　号	名　称	依托高校
13	教育部化工过程模拟与优化工程研究中心	湘潭大学
14	教育部稀土永磁应用工程研究中心	沈阳工业大学
15	教育部铝合金强流变技术与装备工程研究中心	中南大学
16	教育部模塑建材制品工程研究中心	大连理工大学
17	教育部特种工程塑料工程研究中心	吉林大学
18	教育部形状记忆材料工程研究中心	天津大学
19	教育部太阳能发电及制冷工程研究中心	上海交通大学

2003～2004 年度材料相关学科全国优秀博士学位论文

一级学科代码及名称	单位名称	姓　名	导师姓名	论文题目
0702 物理学	北京大学	毛伟华	杨应昌	ThMn12 型间隙型化合物的结构与磁性
	清华大学	刘志荣	顾秉林	复合钙钛矿型弛豫铁电体原子有序化和介电性质研究
	中山大学	陈　建	许宁生	界面特性对非晶、纳米晶金刚石薄膜场致电子发射的影响
	中国科学院长春光机所	洪自若	李文连	稀土配合物电致发光材料与器件研究
	北京大学	王树峰	龚旗煌	超快光谱学技术在非线性光学和荧光动力学上的应用
	南京大学	王保林	王广厚	金属纳米线奇异结构和物理性质的理论研究
0703 化学	北京大学	王忠胜	黄春辉	染料敏化 TiO_2 纳米晶太阳能电池的光电化学性质研究
	吉林大学	刘云凌	庞文琴	新型钛硅酸盐及磷酸盐分子筛的合成研究
	中山大学	陶　军	陈小明	系列含混合酸碱的配位聚合物的水热合成、结构与性质
	华东师范大学	徐　春	方禹之	新型 DNA 电化学生物传感器研究
	湖南大学	杨荣华	王柯梅	光化学传感器超分子识别体系及新生液滴测量技术的研究
	中国科学院大连化学物理研究所	叶明亮	邹汉法	离子交换电色谱和动态改性电色谱的研究
	浙江大学	孙爱明	黄　宪	金属或杂原子取代的烯基硒化合物的制备及其在多取代烯烃合成中的应用
	北京大学	黄岩谊	黄春辉	铽配合物光学微腔及双发色团芪唑盐分子的光电功能研究
	复旦大学	余承忠	赵东元	嵌段共聚物导向下新型介孔分子筛材料的合成与表征
	中国科学院福建物质结构研究所	赵颖隽	洪茂椿	新型含氮、硫、氧配体及其超分子化合物的设计合成
	中国科学技术大学	袁岚峰	朱清时	分子、团簇和凝聚体系中相互作用的计算研究
	中山大学	张献明	陈小明	系列含氮氧配体的功能配（聚）合物的水热合成、结构、性质和机理研究

续表

一级学科代码及名称	单位名称	姓　名	导师姓名	论文题目
0709 地质学	中国地质大学	侯书恩	薛君治	纳米 ZrO_2 的制备工艺及测试技术研究
0801 力学	西安交通大学	田文叶	陈宜亨	先进材料界面断裂力学中多裂纹干涉和损伤机理
	西安交通大学	黄佩珍	李中华	材料微结构演变和损伤微裂纹愈合过程的研究
	清华大学	姜汉卿	黄克智	应变梯度塑性理论断裂和大变形的研究
	哈尔滨工业大学	程锦泉	杜善义	多晶铁电材料的本构关系及其构件的可靠性研究
0802 机械工程	山东大学	许崇海	艾　兴	复相陶瓷刀具材料设计、仿真及其应用研究
	山东大学	陈元春	艾　兴	粉末表面涂层陶瓷的硬质合金刀具材料的研制和性能研究
	国防科技大学	胡茑庆	温熙森	转子碰摩非线性行为与故障辨识的研究
	西南交通大学	朱旻昊	周仲荣	径向与复合微动的运行和损伤机理研究
0805 材料科学与工程	清华大学	张迎九	朱　静	若干一维纳米材料的制备和表征
	清华大学	张　青	柳百新	Ni－Mo（Nb，Ta）系统界面反应与非晶形成能力的分子动力学研究
	北京科技大学	于广华	朱逢吾	巨磁电阻多层膜的界面研究及性能改进
	电子科技大学	蒋亚东	杨邦朝	电子聚合物气、湿敏特性及机理研究
	西北工业大学	王　楠	魏炳波	深过冷液态金属的比热及无容器快速凝固研究
	中国科学院金属研究所	郭志军	张志东	稀土过渡金属化合物磁致伸缩和混合价态
	天津大学	万怡灶	王玉林	骨折内固定用复合材料的性能控制及溶胀/降解行为的研究
	哈尔滨工业大学	宁聪琴	周　玉	Ti/HA 生物复合材料的力学性能与生物学行为
	上海交通大学	隋　郁	朱子康	高温稳定极化聚合物二阶非线性光学材料的研究
	浙江大学	吴勇军	陈湘明	微波介质陶瓷的结构与性能
	四川大学	夏和生	王　琪	超声辐照制备聚丙烯酸正丁酯和聚苯胺纳米材料的研究
	中国科学院上海硅酸盐研究所	郑　珊	郭景坤	介孔分子筛 MCM－41 的孔道修饰、结构表征及性能研究
	中国科学院金属研究所	赵永好	卢　柯	非晶晶化、机械研磨和磁控溅射制备纳米晶体材料的结构特征
	中南大学	梁叔全	黄伯云	粉末注射成形流变学及其相关问题的研究
	清华大学	曹安源	吴德海	定向生长碳纳米管薄膜的研究
	燕山大学	高发明	李东春	复杂晶体化学键介电理论及其在材料科学中的应用
	中国科学院上海硅酸盐研究所	刘宣勇	丁传贤	等离子喷涂生物活性硅灰石涂层研究
	哈尔滨工业大学	刘黎明	吴　林	铝基复合材料非夹层液相扩散焊接机理研究
0806 冶金工程	北京科技大学	张　建	王新华	反向凝固法薄带连铸技术基础研究
	中南大学	彭　兵	张传福	不锈钢电弧炉粉尘处理的基础理论及工艺研究
	清华大学	时　宇	张贤达	特征估计与提取方法研究及在雷达目标识别中的应用

续表

一级学科代码及名称	单位名称	姓　名	导师姓名	论文题目
0817 化学工程与技术	华东理工大学	刘幽燕	胡　英	脂肪酶催化拆分 2 - 芳基丙酸的研究
	华东理工大学	周炜星	于遵宏	分形和应用多重分形理论及其在气液两相湍射流中的应用
	北京理工大学	傅　强	朱鹤孙	溶液化学法制备碳基材料的基础性研究
	石油大学	孙长宇	郭天民	水合物法分离气体混合物相关基础研究
	天津大学	高　健	钟顺和	二氧化碳和环氧乙烷合成碳酸乙烯酯负载型双核桥联配合物催化剂的研究
0820 石油与天然气工程	大庆石油学院	康万利	刘永建	大庆油田三元复合驱化学剂作用机理研究
0821 纺织科学与工程	东华大学	李明忠	严灏景	多孔丝素膜的制备及结构、性能研究
0829 林业工程	东北林业大学	王清文	李　坚	新型木材阻燃剂 FRW

长江学者奖励计划

“长江学者奖励计划”，是中华人民共和国教育部与香港爱国实业家李嘉诚先生为提高中国高等学校学术地位，振兴中国高等教育，共同筹资设立的专项计划。该计划包括实行特聘教授岗位制度和长江学者成就奖两项内容。李嘉诚先生及其领导的长江基建（集团）有限公司第一期投入港币6 000万元，教育部筹集相应配套资金，用于在高等学校实行特聘教授岗位制度。李嘉诚先生还另行捐赠港币1 000万元，用于设立“长江学者成就奖”。其主要宗旨在于通过特聘教授岗位制度的实施，延揽大批海内外中青年学界精英参与我国高等学校重点学科建设，带动这些重点学科赶超或保持国际先进水平，并在若干年内培养、造就一批具有国际领先水平的学术带头人，以大大提高我国高校在世界范围内的学术地位和竞争实力。同时，通过特聘教授岗位制度的实施，对于推动我国高等学校的用人制度和分配制度改革，打破人才单位所有制、职务终身制，改变分配中存在的平均主义等弊端将起到有力的促进作用。

实施“长江学者奖励计划”的第一期，教育部将在三至五年内在全国高等学校国家重点建设学科中设置 300 ~ 500 个特聘教授岗位，明确岗位职责和招聘条件，由获准设置特聘教授岗位的高等学校面向国内外公开招聘学术造诣深、发展潜力大、具有领导本学科在其前沿领域赶超或保持国际先进水平能力的中青年杰出人才。学校遴选、推荐的特聘教授候选人经专家评审委员会评审通过后，由学校与之签订聘约，规定聘期及聘任双方的权利和义务。受聘特聘教授岗位的人员在聘期内享受每年人民币 10 万元的特聘教授岗位津贴，同时享受学校按照国家有关规定提供的工资、保险、福利等待遇。其中，任职期间取得重大学术成就、作出杰出贡献的人员，还可以获得每年颁发一次的“长江学者成就奖”。每次奖励一等奖 1 名，奖励人民币 100 万元，二等奖 3 名，每人奖励人民币 50 万元。

为顺利实施“长江学者奖励计划”，制订了《高等学校特聘教授岗位制度实施办法（试行）》、《“长江学者成就奖”实施办法（试行）》。教育部将聘请若干名国际著名学者成立“长江学者奖励计划”专家评审委员会，负责评审有关高等学校提出的设置特聘教授岗位申请，评审高等学校遴选推荐的特聘教授候选人及“长江学者成就奖”候选人等。“长江学者奖励计划”实施过程中的申报、评审工作分为特聘教授岗位设置申请、特聘教授候选人推荐、“长江学者成就奖”候选人推荐三部分。其中特聘教授岗位设置申请及特聘教授候选人推荐工作每年进行两次，“长江学者成就奖”候选人推荐工作每年进行一次。

“长江学者和创新团队发展计划”长江学者聘任办法

第一章　总　　则

第一条　为加强高等学校高层次人才队伍建设，吸引、遴选和造就一批具有国际领先水平的学科带头人，形成一批优秀创新团队，大力实施人才强校战略，教育部决定实施“长江学者和创新团队发展计划”，支持高等学校聘任长江学者。

第二条　长江学者包括特聘教授和讲座教授，聘任范围包括自然科学和人文社会科学。

第三条　长江学者实行岗位聘任制。坚持按需设岗、公开招聘、专家评审、择优聘任、合同管理，实现设岗、选人和做事的有机统一。

第四条 每年招聘特聘教授100名、讲座教授100名，聘期为三年。长江学者在聘期内享受长江学者奖金。

第五条 教育部人事司负责长江学者聘任的日常工作。

第二章 岗位设置

第六条 特聘教授岗位设置必须与国家科学研究规划相结合，与“985工程”科技创新平台和哲学社会科学创新基地建设相结合，与高等学校重点学科和新兴交叉学科建设相结合。特聘教授岗位应明确重点突破的研究方向或研究任务。讲座教授原则上在设置特聘教授岗位的学科领域聘任。

第七条 教育部每年下达一次特聘教授、讲座教授申报限额。有关高校根据学校发展战略目标、创新平台、重点科研基地和学科建设规划，按照申报限额数具体确定招聘岗位并组织招聘工作。

第八条 特聘教授的职责

1. 讲授本学科核心课程，指导博士生、硕士生；

2. 正确把握本学科的发展方向，提出具有战略性、前瞻性、创造性的研究构想，带领本学科在其前沿领域赶超或保持国际先进水平；

3. 面向国家重大战略需求和国际科学与技术前沿，积极争取并主持国家重大科研项目研究；在本学科领域开展原创性、重大理论与实践问题研究和关键领域攻关，力争取得重大标志性成果；

4. 领导本学科学术梯队建设，根据学科特点和学科发展需要，组建并带领一支创新团队进行教学科研工作。

第九条 讲座教授的职责

1. 开设本学科前沿领域的课程或讲座，指导或协助指导博士生、硕士生；

2. 对本学科的发展方向和研究重点提供重要咨询建议，促进本学科跟踪国际学术前沿；

3. 面向国家重大战略需求和国际科学与技术前沿，积极组建或参与组建一支具有国际先进水平的创新团队。

第三章 招聘条件

第十条 特聘教授招聘条件

1. 热爱中华人民共和国，科学道德高尚，学风严谨，为人正派；

2. 一般具有博士学位，在教学科研第一线工作，自然科学类原则上45周岁以下，人文社会科学类原则上50周岁以下，特别突出和紧缺的人才，可适当放宽年龄要求；

3. 国外应聘者一般应担任高水平大学助理教授及以上职位或其他相应职位，国内应聘者应担任教授或相应职位；

4. 胜任核心课程讲授任务；

5. 学术造诣高深，在科学研究方面取得国内外同行公认的重要成就；

6. 具有发展潜力，对本学科建设具有创新性构想和战略性思维，具有带领本学科在其前沿领域赶超或保持国际先进水平的能力；

7. 具有较强的团结协作、拼搏奉献精神和相应的组织、管理、领导能力，善于培养青年人才，注重学术梯队建设，能带领一支创新团队协同攻关。

8. 保证聘期内每年在受聘高校工作9个月以上。

第十一条 讲座教授招聘条件

1. 热心为中国服务，科学道德高尚，学风严谨；

2. 在国外教学科研第一线工作，一般应担任高水平大学副教授及以上职位或其他相应职位；

3. 学术造诣高深，在国际上本学科领域具有重大影响，取得国际公认的重大成就；

4. 保证每年能在国内受聘高校一般工作3个月以上，因特殊原因，最少不得低于2个月。

第四章 聘任程序

第十二条 高等学校根据设置的具体岗位，面向海内外公开招聘。

第十三条 高等学校应针对每个招聘岗位成立由知名专家组成的同行专家评审委员会，严格按照规定条件进行评审。同行专家评审委员会一般由7位以上在本学科领域学术造诣高深的知名专家组成，其中本校以外的专家不少于一半。属于自然科学类的，聘请的评审专家中院士不少于一半。有条件的高等学校应聘请海外著名同行专家参与评审。

第十四条 高等学校根据同行专家的评审意见和教育部下达的申报限额择优确定推荐人选，并按有关要求，与推荐人选协商确定支持配套措施。

第十五条 高等学校于每年4月15日之前向教育部正式报送设岗方案、推荐人选的有关材料及拟提供的支持配套措施。

第十六条 教育部委托部科学技术委员会和部人文社会科学咨询委员会分别对高等学校报送的自然科学类、人文社科类设岗方案和推荐人选进行评审，并提交由著名专家组成的长江学者聘任顾问组进行审核。

第十七条 教育部对评审通过的拟聘人选进行公示，公示期一般为两周。公示期结束后无异议的，高校可与之签订特聘教授、讲座教授聘任合同及工作任务书，并报教育部备案。

第十八条 教育部每年召开一次“长江学者”授聘仪式，统一公布招聘结果并授予“长江学者”特聘教授、讲座教授证书。

第五章 支持方式

第十九条 特聘教授奖金为每人每年人民币10万元，同时享受学校按照国家有关规定提供的工资、保险、福利待遇。讲座教授奖金为每人每月人民币1.5万元，按实际工作月支付。

第二十条 高等学校必须为聘任的特聘教授、讲座教授配套必要的科研经费，并提供良好的工作和生活条件。其中，自然科学特聘教授科研配套经费不低于200万元，人文社会科学特聘教授科研配套经费不低于50万元。

第二十一条 特聘教授、讲座教授在聘期内研发高新技术、转化科技成果、发展高新技术产业取得成就者，按照国务院办公厅转发科技部等部门《关于促进科技成果转化的若干规定的通知》（国办发〔1999〕29号）获得有关产权收益。

第二十二条 教育部和高等学校支持特聘教授、讲座教授申请国家重大科研项目，并通过项目牵引组建创新团队。对其中优秀创新团队，教育部将给予重点资助。

第六章 考核管理

第二十三条 高等学校与特聘教授、讲座教授通过签订聘任合同和工作任务书的办法明确聘任双方的责、权、利关系。特聘教授、讲座教授在岗工作期间的科研成果按照国家有关知识产权法律、法规的规定执行。

第二十四条 特聘教授、讲座教授实行聘期目标管理。高等学校在聘期结束后应根据聘任合同和工作任务书对特聘教授、讲座教授进行评估，并报教育部备案。在聘期内，教育部组织有关专家对特聘教授、讲座教授履职情况进行检查。

第二十五条 教育部根据当年特聘教授、讲座教授受聘情况，于每年12月份向高等学校统一拨付特聘教授、讲座教授当年奖金。高等学校于每年11月底前将本校聘任的讲座教授实际在岗工作时间和履职情况向教育部进行书面报告。

第二十六条 对于在聘期内到岗工作时间不足的特聘教授，一经查实，教育部将撤销其长江学者称号，停发并追回已发放的特聘教授奖金。聘任学校应解除与其签订的聘任合同。

第二十七条 特聘教授、讲座教授如有违反学术道德规范，或触犯刑律，或在申报中有弄虚作假等行为的，教育部将撤销其长江学者称号，停发并追回已发放的特聘教授奖金。聘任学校应解除与其签订的聘任合同。

第二十八条 特聘教授在聘期内一般不得担任高等学校实质性领导职务（包括校级领导及学校有关职能部门负责人）或调离受聘岗位。对因特殊原因担任领导职务或调离受聘岗位的特聘教授，教育部将停发其特聘教授奖金。

第二十九条 聘期结束时，高等学校与特聘教授、讲座教授可自行选择是否续聘，续聘期间的奖金由学校承担。

第三十条 对在任职期间作出重大成就的特聘教授，推荐参评“长江学者成就奖”。

第三十一条 对于聘期结束取得突出成绩的特聘教授、讲座教授，可授予“荣誉长江学者”称号。

第七章 附 则

第三十二条 本办法自发布之日起实行，《高等学校特聘教授岗位制度实施办法》、《“长江学者奖励计划”讲座教授实施办法》同时废止。

第三十三条 本办法由教育部负责解释。

高等学校特聘教授岗位制度实施办法

第一章 总 则

第一条 为了加强高等学校骨干教师队伍和学术梯队建设，吸引和遴选中青年杰出人才，培养、造就有国际领先水平的学科带头人，带动一批重点学科赶超或保持国际先进水平，提高我国高校在世界范围内的学术地位和竞争实力，教育部决定与香港爱国实业家李嘉诚先生及其领导的长江基建（集团）有限公司合作，投入专项资金，实施“长江学者奖励计划”，建立特聘教授岗位制度。

第二条 在高等学校国家重点建设的学科设置特聘教授岗位，明确岗位职责和招聘条件，在国内外公开招聘，平等竞争，择优聘任，严格考核，动态管理。

第三条 特聘教授实行岗位聘任制。人选由学校推荐，专家评审，学校聘任，聘期内颁发特聘教授奖金。

第四条 设置特聘教授岗位的学科和特聘教授人选，由国内外知名学者组成的专家评审委员会审定。

第二章 岗位设置

第五条 特聘教授岗位原则上在二级学科设置，分期进行。每一获准设置特聘教授岗位的学科设特聘教授岗位一至二个。第一期，三至五年内，全国高校特聘教授岗位总数计划达到500～1 000个。

第六条 设置特聘教授岗位的学科范围：

（1）对我国经济社会发展具有重大意义，在学术上达到或最有可能达到国际先进水平的国家重点建设学科；

（2）教学科研实力雄厚，处于国际学科发展前沿，有望实现重大突破的新兴学科。

第七条 申请设置特聘教授岗位的学校应具备支持设岗学科发展的学科优势和综合实力，并能够为特聘教授岗位提供良好的工作和生活条件。

第八条 特聘教授岗位职责：

（1）讲授本学科核心课程；

（2）主持国家重大科研项目研究；

（3）领导本学科学术梯队建设；

（4）带领本学科在其前沿领域赶超或保持国际先进水平。

第九条 特聘教授岗位属流动岗位，五年一期。由专家评审委员会根据学科发展和学术梯队建设需要，按规定程序定期评审确认。

第三章　招聘条件

第十条　特聘教授招聘条件：

（1）从事科研教学第一线工作，年龄一般在45周岁以下（特殊情况下不超过55周岁）；

（2）一般应具有博士学位；

（3）胜任核心课程讲授任务；

（4）学术造诣高深，在科学研究方面取得国内外同行公认的重要成就；

（5）具有发展潜力，对本学科建设和学术研究工作有创新性构想，具有带领本学科在其前沿领域赶超或保持国际先进水平的能力；

（6）具有团结、协作精神及相应的组织、管理和领导能力。

第四章　聘　　任

第十一条　获准设置特聘教授岗位的高等学校通过新闻媒体等各种途径面向国内外公开招聘符合条件的人选。

第十二条　高等学校学术委员会严格按照规定条件对应聘人员进行评议、遴选，并提出初选意见。

第十三条　设岗高等学校向教育部提出特聘教授人选推荐意见，并请三名以上国内外著名同行专家对推荐人选提出评价意见。

第十四条　教育部组织同行专家对学校推荐的候选人进行评审，提出同行专家评审意见。

第十五条　专家评审委员会根据同行专家评审意见对高等学校推荐的候选人进行审定。

第十六条　高等学校根据专家评审委员会审定意见，决定聘任特聘教授。

第十七条　学校与受聘者签订聘任合同，规定聘期及聘任双方的权利和义务。特聘教授聘期为五年，采取分段聘任方法，首次聘期为三年，考核合格的，续聘两年。聘任期满，聘任合同自动解除。

第五章　程　　序

第十八条　特聘教授岗位设置申请审定程序：

（1）每年受理一次高等学校的设岗申请。有关高等学校于每年的4月15日前提出设岗申请，并报送《高等学校特聘教授岗位设置申请表》；

（2）专家评审委员会对学校的申请进行审定。获准设置特聘教授岗位的学科名单于每年的7月15日前通知有关高等学校，并向国内外公布，公开招聘。

第十九条　特聘教授候选人推荐审定程序：

（1）已获准设置特聘教授岗位的学科由设岗高等学校面向国内外公开招聘，并于每年的4月15日前报送《高等学校特聘教授候选人推荐表》；

（2）教育部组织有关同行专家对高等学校推荐的特聘教授候选人进行会议评审，提出同行专家评审意见；

（3）专家评审委员会审定特聘教授人选，并于每年的7月15日前通知有关高等学校；

（4）获准设置特聘教授岗位的高等学校根据专家评审委员会审定意见确定特聘教授聘任人选，并于每年的9月1日前与受聘人员签订聘任合同。

第六章　待　　遇

第二十条　特聘教授在聘期内享受特聘教授奖金。第一期特聘教授奖金标准为每人每年人民币10万元，同时享受学校按照国家有关规定提供的工资、保险、福利待遇。

第二十一条　特聘教授奖金由“长江学者奖励计划”专项资金支付。

第二十二条　在聘期内学校应为特聘教授配备助手，并提供良好的工作和生活条件。

第七章　考　　核

第二十三条　特聘教授岗位实行严格的聘期目标管理。聘任学校每年对受聘特聘教授岗位的人员按确定的岗位职责进行考核。考核结果报教育部备案。

第二十四条　教育部组织有关同行专家对特聘教授履职情况和学科发展情况进行定期或不定期评估，评估办法另行制定。

第二十五条　对在任职期间作出重大成就的特聘教授，推荐参评“长江学者成就奖”，奖励办法另行制定。

第八章　附　　则

第二十六条　为实施“长江学者奖励计划”，设北京办事处（“长江学者奖励计划”办公室）和香港办事处。“长江学者奖励计划”办公室挂靠教育部人事司，负责计划实施的日常事务工作。

第二十七条　本办法自发布之日起实行。

“长江学者奖励计划”讲座教授岗位制度实施办法（试行）

1. 为了加强高等学校骨干教师队伍和学术梯队建设，吸引和遴选更多海外杰出中青年学者为国服务，培养、造就有国际领先水平的学科带头人，带动一批重点学科赶超或保持国际先进水平，提高我国高校在世界范围内的学术地位和竞争实力，根据《高等学校特聘教授岗位制度实施办法》，特制定本办法。

2. “长江学者奖励计划”讲座教授根据国家学科发展的需要，在批准设置特聘教授岗位的学科设置，实行聘任制。人选由获准设置特聘教授岗位的学校推荐，专家评审，学校聘任，聘期内颁发讲座教授奖金。

3. 讲座教授职责为：

（1）开设本学科前沿领域的课程或讲座；

（2）主持国家重大科研项目研究；

（3）领导本学科学术梯队建设；

（4）带领本学科在其前沿领域赶超或保持国际先进水平。

4. 讲座教授的招聘条件为：

（1）在国外从事科研教学第一线工作，年龄一般在45周岁以下（特殊情况下不超过55周岁）；

（2）具有博士学位；

（3）学术造诣高深，在国际上本学科领域具有重大影响，取得国际公认的重大成就；

（4）对本学科建设和学术研究工作有创新性构想，具有带领本学科在其前沿领域赶超或保持国际先进水平的能力；

（5）热心为国内服务，每年能在国内讲座教授岗位上工作3个月以上，特殊情况下至少不得少于2个月。

5. 聘任讲座教授的学校必须具备支持其工作的学科优势和综合实力。学校必须指定一位或几位学术造诣较高的教授或副教授与讲座教授进行合作；必须有合作开展的科研项目和明确的工作目标（包括合作培养博士、硕士研究生及合作指导博士后研究人员、高级访问学者）。

6. 讲座教授聘期内享受讲座教授奖金。讲座教授奖金标准为每人每月人民币1.5万元，按实际工作月支付。

7. 讲座教授的招聘、推荐、评审、聘任、考核的程序与时间要求参照《高等学校特聘教授岗位制度实施办法》执行。

8. 讲座教授每年聘任人数为10人。

9. 讲座教授奖金由“长江学者奖励计划”专项资金支付。

10. 本办法自发布之日起施行。

“长江学者成就奖”实施办法

第一条　为了奖掖英才，崇尚创新，激励特聘教授履行岗位职责，带领本学科在其前沿领域赶超或保持国际先进水平，教育部决定与香港李嘉诚基金会合作，设立“长江学者成就奖”。

第二条　奖励范围：在任职期间作出重大贡献的特聘教授。

第三条　获奖人员条件：

（1）认真履行特聘教授岗位职责；

（2）任职以来在本学科领域取得国际公认领先水平的重大科研成果或者突破性进展，对学科建设做出重大贡献；

（3）学术水平达到国际领先水平，任职以来获得过较高级别的国际学术奖励或者荣誉称号。

第四条　奖励方式：“长江学者成就奖”每年奖励一次，原则上每次奖励一等奖1名，奖励人民币100万元，二等奖3名，每人奖励人民币50万元。

第五条　推荐：设岗学校均可推荐候选人。每年4月15日前申报。申报学校按规定报送《“长江学者成就奖”候选人推荐表》等有关材料。

第六条　评审：教育部组织有关同行专家对高等学校推荐的“长江学者成就奖”候选人进行会议评审，提出同行专家评审意见；“长江学者奖励计划”专家评审委员会审定“长江学者成就奖”人选。

第七条　教育部会同李嘉诚基金会决定并联合公布获奖人员名单，进行奖励。

第八条　“长江学者成就奖”所需经费由李嘉诚基金会支付。

第九条　本办法自发布之日起实行。

材料相关学者历年获得“长江学者奖励计划”特聘教授名单

北京大学	来鲁华、席振峰、杨震、王龙、俞大鹏、高松、刘忠范、彭练矛、严纯华、沈波、邵元华
清华大学	杨卫、曾攀、韩征和、南策文、郑泉水、袁俊、李亚栋、方岱宁、薛其坤、张政军、李隽
北京科技大学	张济山、乔利杰、朱鸿民、谢建新、杨槐
南开大学	许京军、刘育、卜显和
天津大学	张志刚、孙彦、秦庆华、赵康、包建民、刘昌俊
大连理工大学	钱旭红、孙立成、张洪武、董闯
吉林大学	陈接胜、贾晓鹏、李泽生、杨柏、陈岗、蒋青、郑伟涛
北京理工大学	黄风雷
东北林业大学	王清文
复旦大学	杨玉良、赵东元、侯晓远、金国新、韩平畴、周鸣飞、钟国富、黄维
上海交通大学	沈文忠、陈善本、张荻、姚忻、张亚非、车顺爱
同济大学	孙利民、李新贵、黄争鸣

续表

华东理工大学	田禾、肖文德、钟建江、刘洪来、施敏
南京大学	王牧、谭成忠、王汝成、郭子建、邹志刚、熊仁根、刘俊明、于扬
东北大学	余艾冰、吴立新、唐春安
浙江大学	樊建人、杨德仁、李伯耿、李有泉、戴伟民、麻生明、陈湘明、郑强、许祝安、华跃进
山东大学	胡季帆、陶绪堂
中南大学	曲选辉、李夕兵、胡岳华、李义兵
武汉大学	彭玲、陈政、刘正猷、赵兴中
武汉理工大学	赵修建、傅正义、顾而丹
中山大学	许宁生、陈小明、章明秋
华南理工大学	瞿金平、童真、朱敏
四川大学	王琪、石碧、傅强
西安交通大学	孙军、王铁军
兰州大学	周又和、涂永强
北京航空航天大学	傅惠民、徐惠彬、杨嘉陵、张涛
哈尔滨工业大学	王彪、阿布拉依莫夫
北京化工大学	段雪、谭天伟、杨万泰、陈建峰
南京航空航天大学	郭万林
中国矿业大学	孙恒虎、赵阳升、陶东平、赵跃民
中国科技大学	章伟、高大勇、谢毅、杨金龙、陈乾旺、陈仙辉、潘建伟、卢建新
中国地质大学	毛景文
湖南大学	谭蔚泓
北京工业大学	段晓曼、张久兴
西南交通大学	赵勇
西北工业大学	魏炳波、介万奇、李玉龙、黄卫东、岳珠峰、杨合
上海大学	任忠鸣、钱跃竑
厦门大学	郑兰荪、田中群、吴玮
燕山大学	田永君、刘日平
河北工业大学	殷福星
电子科技大学	李言荣
中国海洋大学	尹衍升

材料相关学者获得“长江学者奖励计划”讲座教授名单

北京大学	程正迪、汤超、曲建民
清华大学	文小刚、张守晟、高华健、王中林、华泰立、黄永刚、杨伟涛、戴宏杰
浙江大学	朱世平
南京大学	张增辉、薛子陵、叶金花
西安交通大学	任晓兵、锁志刚
北京科技大学	陈龙庆
大连理工大学	崔占峰
南开大学	朱晓夏
四川大学	蒲林
天津大学	杨志民
武汉大学	张绪穆

产业发展篇

产业发展综述

2004 年我国高技术产品进出口分析

2004 年，我国高技术产品进出口总额达到3 269.7亿美元，占全国外贸进出口总额的 28.3%。其中，进口1 614.3亿美元，占全国外贸进口的比重达到28.8%，比2003 年低0.1个百分点；出口1 655.4亿美元，占全国外贸出口的比重为27.9%，比2003 年高2.7个百分点。同年，高技术产品进出口增速高出全国外贸进出口增速 6.7 个百分点，其中进口增速相当，出口增速高出 14.1 个百分点，拉动外贸出口增长 13 个百分点。可以看到，高技术产品已成为我国商品贸易的支柱之一，尤其在出口方面更是以前所未有的规模带动整个商品出口的发展。从 2004 年我国高技术产品贸易在技术领域、企业类型、贸易伙伴和地区的分布上看，呈现出以下特点：

一、高技术产品进出口集中在少数技术领域

2004 年，我国高技术产品进出口依然集中在计算机与通讯技术和电子技术两领域，其中出口所占比重达到93.5%，进口达到79.2%。计算机与通讯技术类产品一直是我国出口海外市场最主要的高技术产品。其中计算机类产品的出口更为突出，在全部高技术产品出口的比重达到50.7%，主要包括自动数据处理设备、显示器、打印机和驱动器等产品。通讯类产品主要包括移动通讯设备、光盘播放机、彩色电视机和电话机等，其中移动通讯设备是此类产品中出口的主力，出口额占全部高技术产品出口额的13.8%。同年，电子技术类产品是我国市场对外需求量最高的高技术产品。这类产品主要包括集成电路和印刷电路，其中仅集成电路的进口额就占全部高技术产品进口额的37.4%（见表1）。

表1　高技术产品进出口按技术领域分布（2004 年）

（单位：亿美元）

技术领域	出口额	占总额（%）	比上年增长（%）	进口额	占总额（%）	比上年增长（%）
合计	1 655.4	100.0	50.1	1 614.3	100.0	35.3
计算机与通讯技术	1 363.7	82.4	48.3	507.2	31.4	25.8
生命科学技术	32.4	2.0	29.4	37.9	2.3	23.9
电子技术	184.4	11.1	61.4	772.0	47.8	44.0
计算机集成制造技术	15.0	0.9	45.6	174.0	10.8	53.3
航空航天技术	10.0	0.6	32.1	63.7	3.9	15.9
光电技术	38.0	2.3	110.6	32.1	2.0	47.1
生物技术	2.2	0.1	15.0	1.1	0.1	2.2
材料技术	6.7	0.4	62.4	22.9	1.4	-6.0
其他技术	3.0	0.2	10.5	3.2	0.2	-57.5

光电技术和计算机集成制造技术分别是我国出口和进口年增长速度最快的产品领域。光电技术类产品的出口额2004 年增长 110.6%，实现出口 38 亿美元，在各类技术的出口中排名第三。同年，计算机集成制造技术类产品的进

口增长速度达到 53.3%，排在各类技术进口额的第三位，所占比重达到 10.8%。

从高技术产品进出口的技术领域分布可以看到，我国高技术产品进出口的高速增长和贸易规模的不断扩大主要依靠少数技术领域的产品贸易。我国作为制造业生产大国，要实现以高技术产业带动传统产业的发展、以高技术产品贸易带动全部商品贸易的目标，需要高技术的全面发展。因此在发展我国优势领域的高技术产品贸易的同时，迅速扩大其他技术领域的产品市场，提升其他技术产业的生产水平是我国高技术产业和产品贸易发展亟待解决的问题。

二、手机、笔记本电脑和液晶显示器是贸易顺差的主导产品，集成电路是贸易逆差的关键产品

2004 年，我国高技术产品首次扭转了以往贸易逆差的局面，实现贸易顺差 41.1 亿美元。其中占出口总额 82.4% 的计算机与通讯技术产品起到了主导作用，尤其是手机（包括手持无线电话机）、笔记本电脑和液晶显示器分别以 242 亿美元、200 亿美元和 111 亿美元的贸易顺差，高居我国高技术产品贸易顺差的前列。同年，生产上述产品不可缺少的集成电路则呈明显贸易逆差，差额高达 496 亿美元，位居我国各种高技术产品进口额和贸易逆差的榜首。

随着信息时代的到来，手机、笔记本电脑等作为承载信息、接收信息最重要的终端产品已经逐步成为必需品走入人们的日常生活。这类产品需求量大、技术更新速度快，为满足市场需求必须不断提高其技术水平、扩大生产规模，这为发展中国家带来了前所未有的发展机遇。我国丰富的人力资源、改革开放政策，以及对高技术产业发展的优惠政策，使我国已成为上述产品在全球主要生产基地之一。值得注意的是，集成电路作为生产上述产品的重要支撑，其市场需求量更是成倍增长。由于此类产品的核心技术仍然掌握在少数发达国家手中，我国企业为了生产这类高技术终端产品，只能依靠原件进口，这势必扩大我国对高技术产品原件的进口需求。

三、三资企业进出口额均突破千亿美元，私营企业出口增幅最大

2004 年，在我国高技术产品进出口的各类企业中，三资企业依然占据主导位置。进、出口分别突破千亿美元，在全部高技术产品进口与出口的比重分别达到 77.6% 和 87.3%。其中外商独资企业的进出口占全部高技术产品的比重均在 50% 以上，合资企业所占比重均在 20% 左右。与去年相比，外商独资、合资企业和我国私营企业的进出口额增长速度都很快，超过 40%。尤其是私营企业高技术产品的出口额比上年增长 67.6%，分别高于外商独资、合资企业 10 个和 23 个百分点，在各类企业中出口增长速度最快（见图 1）。

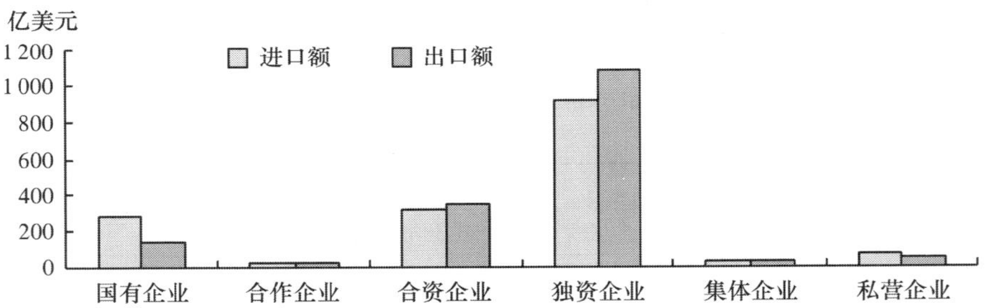

图 1　高技术产品进出口按企业类型分布（2004 年）

随着高技术产品需求量在全球的急剧增加，很多发达国家的跨国公司为了满足市场需求，不断扩大生产规模。我国加入 WTO 以来，贸易政策和国内对高技术产业的扶持政策，使得越来越多的外资企业将高技术产品的加工基地转入我国，如 IBM、戴尔、惠普、诺基亚、摩托罗拉等都在我国设立了众多的生产加工基地。这不但促进了我国高技术产业的发展，更繁荣了高技术产品的贸易市场，目前三资企业已成为我国高技术产品进出口的主力军。与此同时，内资企业也在不断开拓创新，为我国高技术产品打造国有品牌、提高自主创新能力贡献力量。

四、欧盟成为最大贸易伙伴，美国仍然是我国高技术产品出口的最大市场

2004 年，我国与欧盟高技术产品进出口总额达到 549.6 亿美元，超过美国的 547.9 亿美元，欧盟已经成为我国高技术产品最大的贸易伙伴。日本和东盟国家位居第三、四位，贸易额分别为 456.4 亿美元和 435.4 亿美元。

从出口来看，美国依然是我国最大的高技术产品出口国家，出口额达到 402.1 亿美元，比上年增长 50.6%。欧盟则以 53% 的增长速度成为我国第二大高技术产品出口市场，出口额为 372.3 亿美元。从进口来看，东盟国家已经超过日本，成为我国最大的高技术产品进口来源地，其进口额达到 304.7 亿美元，比上年增长 37.4%。日本位居第

二，其进口额为298.4亿美元，比上年增长25.6%。可以看到，高技术产品贸易已呈多元化发展，不再为少数发达国家所垄断（见图2）。

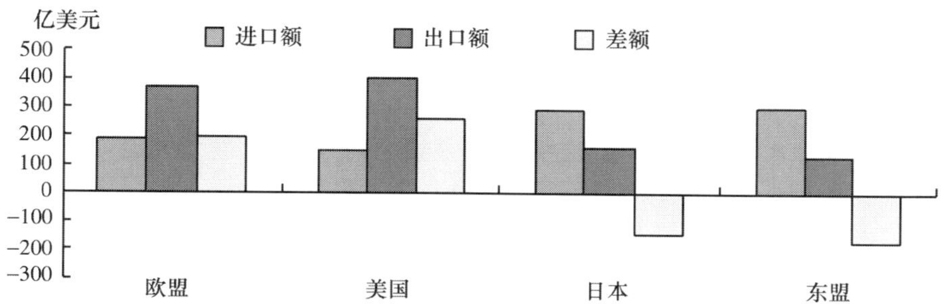

图2　我国高技术产品进出口的主要贸易伙伴（2004年）

同时，贸易差额的分布可以说明，我国高技术产品的进口与出口市场有明显的区域特点。产品出口以欧美市场为主导，进口则以东南亚地区为主体，这主要是由于我国高技术产品的进口多以原件（为加工高技术终端产品服务的零配件）为主，而出口多为终端产品（如笔记本电脑、手机、液晶显示器等）为主。由此也可以看出，我国国内市场对高技术终端产品的需求远没有零配件高，说明我国正处在高技术产品加工生产阶段。

五、东部沿海地区成为进出口贸易的集中地，部分内陆省市贸易高速增长

按高技术产品出口的货源地统计，2004年出口上百亿美元的地区有广东、江苏、上海和天津，总额占全国出口额的85.4%；同年，按产品进口的目的地统计，进口上百亿美元的地区也有四个省市，除广东、上海和江苏外还有北京，总额占全国进口额的81.9%。

2004年，在东部地区贸易发展的带动下，部分内陆地区呈现高速发展的趋势。内蒙古和贵州分别以235%和128%的增长速度排在全国高技术产品出口增速的前两位。

可以看到，东部沿海地区已经成为我国高技术产品进出口的集中地，并且由南到北呈跳跃式分布，这有利于推进以点带面、由东部沿海向内陆全方位扩散的区域发展模式。

我国高新技术产业发展及对外贸易情况

“高新技术产业”是通过高新技术的产业化发展起来的新兴产业，国际上对此尚没有一个统一的界定。我国按照OECD的产业分类方法（即包括航空航天制造业、计算机与办公设备制造业、电子与通信设备制造业和医药制造业）对高新技术产业进行统计核算。高新技术产品分类则依据《中国高新技术产品出口目录》，主要包括计算机与通信技术、电子技术、生命科学技术、计算机集成制造技术、航空航天技术、光电技术、生物技术、材料技术、其他技术等9个技术领域的产品。

高新技术产业发展中形成了以下特点：它是经济发展的先导力量；呈现集成化、国际化趋势；创新、转化周期加快，产业竞争激烈；信息产业成为其中规模最大、影响最为深远的产业；创新能力是高新技术产业竞争成败的决定性因素；制度创新是实现高新技术产业发展的有力保障。

在过去的20年中，全球高新技术产品比其他制造业产品的增长速度都快，2000年全球高新技术产业规模约2万亿美元，占制造业产品产量的15%左右。其中，信息产业总产值几乎占整个高新技术产业规模的一半，是规模最大的高新技术产业；医药制造业的地位也在不断提高。美国的高新技术产业规模居世界第一，日本处于第二的位置。相比而言，欧洲国家的高新技术产业规模要小些。另外，新加坡、韩国、中国香港、中国台湾等一些新兴国家和地区高新技术产业发展很快。

高新技术产业成为推动国际贸易高速发展的主导力量。20世纪90年代以来，世界高新技术产业出口年增长率在10%以上。在世界高新技术产业贸易格局中，美、日等发达国家依然占据着主导地位，仅美国就占世界高新技术产业贸易的1/3以上。日本高新技术产业的出口规模居世界第二，欧洲国家在高新技术产业出口中的地位也很重要。此外，新加坡、韩国和中国台湾等东亚国家和地区在全球高新技术对外贸易中的地位正日益提升。

我国高新技术产业发展和对外贸易成效显著。1991～2002年，我国高新技术产业的工业产值从3 000亿元左右增加到21 065亿元，年均增长20%，高新技术产业增加值占GDP的比重提高到2002年的3.68%。培育了一大批充满活力的民营中小企业和知名大企业，建立了一批高新技术产业发展基地。高新技术产品进出口增势迅猛，2002年进出口总额突破1 500亿美元大关。贸易平衡状况有所改善，贸易逆差减少。在对外贸易中的地位不断提高，2002年高新技术产品出口占全部商品和工业制成品出口的比重双双首次突破1/5。高新技术产品已成为扩大出口新的增长点，2002年其出口增加额占商品出口增加额的36.0%。高新技术产品出口主要集中在计算机等电子产品领域，计算机与

通信类产品顺差增势迅猛。加工贸易是主要出口方式，外资企业是出口主导力量。不过，我国高新技术产业发展中还存在整体效益下滑，科技创新能力不足，与发达国家差距较大，风险投资市场不完善，政策措施不配套等问题。

从产业发展和外贸关系理论出发，我国高新技术产业与对外贸易之间存在着相互促进、相互制约的关系。高新技术产品对外贸易的发展取决于产业持续健康发展，高新技术产业的国际化道路促进了产业规模的持续扩张。产业链的国际分工位置决定了产品出口的方式和主体，在进口主导阶段、跨国公司主导阶段、民族产业崛起阶段和民族产业主导阶段，我国高新技术产品出口的方式和主体是不同的。跨国公司仍然主导着高新技术产业发展和外贸结构。

高新技术产业分工格局出现由垂直分工向混合分工转变，产业分工向产品工序分工转变，递次转移向直接投资转变，跨国公司在全球产业分工中的地位和作用进一步加强，高新技术产业国内分工国际化和产业集群化等新特点和趋势。我国高新技术产业发展既有机遇也有挑战。国际分工步伐的加快促进了我国高新技术产业投资规模的持续扩张，高新技术产业生产的集群特征促进了我国高新技术产业链的延伸，高新技术产业外贸调整步伐加快，出口方式进一步调整，实施“走出去”战略的条件更加成熟。但与此同时，高新技术产业基于先发优势基础上的技术研发及产业化封闭系统仍难以打破，高新技术产业及贸易发展的波动性将影响产业发展的可持续性，非关税贸易壁垒正成为阻碍我国电子信息产品出口的新因素，高新技术产业全方位竞争的格局将会形成，制约战略高新技术产业发展的因素将长期存在。中国高新技术产业要在全球高新技术产业发展和对外贸易中处于主导地位，仍有很长的路要走。

党的十六大提出了GDP到2020年翻两番的宏伟目标，对外经贸工作提出了新的要求和任务。高新技术产品出口到2020年必须实现翻三番半的奋斗目标，力争达到4 500亿美元，占外贸出口总额的比重达到45%。实现总目标要经过3个阶段：到2005年力争高新技术产品出口达到1 400亿美元；到2010年力争达到2 500亿美元；到2020年力争达到4 500亿美元。由于我国高度重视并大力支持高新技术发展，为我国高新技术产业发展提供了政策和制度保障；以IT产业为主的高新技术产业迎来前所未有的大发展，将成为带动我国高新技术产品出口增长的主力军；“科技兴贸”战略为我国科技企业出口提供重要支撑，同时促进高新技术产业外贸结构进一步调整；市场多元化战略——传统出口市场得到进一步巩固，新兴市场开拓力度不断加大，将推动高新技术产品出口持续增长，因此使我国高新技术产品出口目标的实现具有可行性。

加快我国高新技术产业对外贸易发展能够采取的发展战略和政策措施是：促进产业发展与扩大产品出口有机结合，真正实现出口产品从“量”到“质”的全面突破；推进高新技术产品出口的金融与税收政策，加大金融支持，优化融资环境，改善财税政策；推进外贸出口企业实现技术升级，把政策支持向源头延伸，强化知识产权保护，创造更多优质名牌出口产品；积极应对反倾销和技术性贸易壁垒；加快企业“走出去”；以技术标准的“国际化”带动产业的国际化；通过加强法制建设，加强进口管理，完善市场服务体系、社会服务体系、人才培训体系等，改善高新技术产品出口的软环境。

世界高新技术产业发展及对外贸易现状

一、高新技术产业发展的特点

1. 高新技术产业成为经济发展的先导力量

20世纪70年代后期，在新技术革命的驱动下，出现了一批高新技术产业。随着世界科学技术的全面推进，信息技术、生物技术、能源技术和纳米技术等高新技术已经成为发展的热点，并且由于凝聚了新科技革命的成果，使现代高新技术产业代表着先进生产力的发展方向，成为世界经济发展的先导力量。这主要表现为：

首先，信息技术、生物技术、新材料技术等高新技术直接催生了信息产业等一批新兴产业。作为高新技术产业代表的信息产业迅速崛起，成为世界第一支柱产业和带动世界经济增长的火车头，极大地促进了世界经济结构的变革。

其次，信息、生物、能源、纳米等技术与传统产业有机结合，以强大的渗透性、带动力和成长性，推动着传统产业升级换代；促使各种生产要素紧密结合，大幅度提高劳动生产率；使科技成果产业化速度空前加快，生产发展的技术平台不断提升，新兴产业不断涌现。高新技术产业在与传统产业的结合中引发了工业、农业、医药、材料、能源等产业结构的新一轮变革，加速传统产业的高技术化，带动社会生产力实现更大发展。据有关资料统计，美国20世纪90年代长达10年的经济持续高速增长，其中35%来自于高新技术等新兴产业的发展，而65%则是由于传统产业的技术升级和生产率的提高。最近美国官方公布的数据显示，尽管美国经济处于周期性低谷，其生产率却继续保持飞速增长，2002年达到5%（1991～1995年为1.8%，1996～2001年为2.6%）。

第三，高新技术向经济、社会各领域渗透和扩散，使经济全球化和社会知识化进程加快。新一代网络通讯技术进一步加快了经济全球化进程；通过自身的创新增值，高新技术产业创造新技术、新信息和新知识，使知识资源正成为主要的财富源泉；以科技创新为主的知识创新活动，将成为人类的主导性社会活动，带动劳动力结构的重大调整；国民的知识水平将越来越高，终身学习成为必然要求，整个社会将成为学习型社会。这些都对社会经济活动和生产方式产生深刻影响。

2. 高新技术产业发展呈现集成化、国际化趋势由于各种先进仪器设备的发展，为科技研发提供了前所未有的条件，大大提高了人类认识和改造世界的能力，因此高新技术创新和更替周期不断缩短，这使得：一方面，高新技术研发不再仅局限于单一技术的突破，而是越来越表现为技术群的协同发展与集成应用，高新技术创新表现出群体突破的态势，新的技术群和新的产业群蓬勃发展；另一方面，由于建立在多学科基础上的复杂系统研究已经列入科学研究的议程，对微观系统的深入探索完全突破了人类的传统认识和传统学科界限，因此使各个领域内的高新技术和产业彼此交叉融合的趋势也在进一步增强，重大创新更多地出现在学科和技术交叉领域，综合集成成为高新技术产业发展的一大重要特征。

技术的综合集成与交叉融合增大了高新技术的研发难度，随着高新技术产业的不断发展，一些大型的高难度研究开发项目单靠某个国家或地区难以胜任，各国为了有效降低研发成本，分散研发风险，在许多重大技术研发和产业发展问题上，多采取国际合作、联合攻关的方式，利用全球资源加强本国或本企业的研发工作，以更低的成本、更高的效率获得更强大的竞争力，因此各种合作形式广泛产生，尤其表现为跨国公司加速在不同国家建立研发机构，实现生产经营的本地化。不仅联合攻关及多层次、全方位的合作模式较多地被西方工业发达国家发展高新技术产业时所采用，而且联合生产和销售也成为新兴工业化国家和地区参与高新技术产业发展的主要途径，这些都是高新技术产业发展呈现国际化趋势的重要表现。

3. 高新技术创新、转化速度加快，产业竞争日趋激烈

高新技术对经济发展的重大意义在于其产业化应用，高新技术产业化是一个新产业不断产生，现有产业不断优化升级的过程。由于高新技术的创新周期缩短，因此使得科技成果转化成现实生产力的周期越来越短，技术更新速度也日益加快。在 19 世纪，电从发明到应用时隔近 300 年，电磁波通信时隔近 30 年；到了 20 世纪，集成电路仅用了 7 年的时间就得到应用，而激光器仅仅用了 1 年多。今天，人类基因组、超导、纳米材料等本属于基础研究的成果，在中间成果阶段就申请了专利，有些甚至迅速转化为产品走进人们的生活。在计算机技术方面，每 5 到 7 年速度就增加 10 倍，体积减小到原来的 1/10，价格下降到原来的 1/10。高新技术产业从技术到产品的时间快，从产品的生产到衰退时间短，这一特征表明高新技术产业竞争已前移到原始性创新阶段，并且竞争日趋激烈和残酷，抢占技术制高点和市场份额也变得更加重要。

发展高新技术产业对保证国家安全、保持经济持续快速发展、减轻资源环境压力、增加新的就业岗位至关重要。为了争取在全球经济结构调整中占据主导地位，拥有发展的主动权，许多国家都将发展高新技术产业作为国家战略的重要组成部分，采取各种措施推动高新技术及其产业的发展，这种状况加剧了高新技术产业的竞争力度，各国对高新技术、标准和人才等各种资源的争夺日益激烈。

4. 信息产业成为高新技术产业发展规模最大、影响最为深远的产业

高新技术产业中，以计算机、通信和电子为主的信息产业发展的规模最大。世界计算机和通信产品生产已从 1996 年的5 058.6亿美元增长到 2000 年的6 139.6亿美元，2000 年全球信息产品市场销售额为 1.14 万亿美元，2002 年市场总额已达 1.3 万亿美元，信息产业已是全球第一大产业。发达国家的信息产业及其紧密相关产业的增加值比重已达 60% ~70%。未来信息技术及产业仍具有巨大的发展潜力，将在相当长的时期内，保持着国民经济主导产业的地位。

信息技术的飞速发展和信息产业的迅速崛起，使信息技术及其产业的渗透性和带动性得以充分发挥作用，驱动着产业结构、就业结构的变化，成为推动传统产业改造和产业优化升级的主要力量，使整个经济和社会向信息化、网络化方向发展。以信息技术为代表的高新技术成为未来经济、社会和科技发展的技术基础，信息产业也成为整个高新技术产业发展中影响最为深远的产业。

5. 创新能力成为高新技术产业竞争成败的决定性因素

高新技术产业由于本身是技术发展的产物，因此创新能力，尤其是原始创新能力在产业竞争中起着决定性作用。根据“胜者全得”理论，一个企业在高新技术领域领先一步，哪怕是一小步，就有可能占领绝大多数市场份额，其他竞争者将很难生存。最为典型的是英特尔和微软，他们分别占有世界微处理器、系统软件 90% 的市场份额，后来者似乎连参与竞争的机会都没有。实际上，这种“胜者全得”不仅体现在企业间的竞争中，还越来越明显地体现在国家间竞争的层面上。在世界产业体系中，居于“中心”的少数发达国家利用科技优势，向不发达的“外围”国家转移低端技术及低技术含量产业，并通过资本力量、金融手段、舆论引导甚至军事手段来固化这种格局，其结果是强者恒强，弱者愈弱。总体来看，高新技术产业的竞争中，由于在创新能力，尤其是原始创新能力上的落后，发展中国家基本处于国际产业分工的下游或附属地位，面临着日趋严峻的挑战。

6. 制度创新是实现高新技术产业发展的有力保障

高新技术产业是集高成长、高投入、高效益、高风险等特性于一体的产业。高新技术产业的重要地位和成长特点决定了需要有一个利于汇聚大量资金、产生大量人才、推进技术研发、加快技术产业化的制度环境，但产业发展的高竞争和高风险又注定了创业过程的复杂性，因此必须有制度上的创新提供保障，以促进资金、人才、技术与市场的有机结合。

在高新技术产业发展的初创期和成长期等关键阶段，由于技术风险、市场风险、融资风险和管理风险并存，投资风险很高。为了分散风险、增加投入、加快产业化进程，

各国纷纷加强了风险投资、高技术园区、创业中心、政府采购、中小企业发展促进中心、二板市场等制度环境的建设，来多方保证高新技术产业化的顺利实现。因此制度创新不仅是高新技术产业发展的一个鲜明特色，而且从某种意义上说，没有这些制度上的创新，就没有今天高新技术产业的繁荣。

二、高新技术产业发展的状况

1. 世界高新技术产业发展速度及规模

在过去的20年中，全球高新技术产品比其他制造业产品的增长速度都快，其他制造业产品的增长速度大约只有不到3%，而高新技术产品增长速度则接近6%。尤其在1995年之后，高新技术产业的增长速度更是年递增10%以上，是同期其他制造业增长速度的3倍。

据统计资料测算，2000年全球高新技术产业规模约为2万亿美元，占全球制造业产品产量的15%左右，而1980年，这一比例仅为7.6%。从20世纪80年代开始，美国的高新技术产业规模就居世界第一，目前约占全球高新技术产品产量规模的1/3。2002年美国有24.2万家从事高新技术产业的企业，比1995年增长了69%；从业人员580万人，比1995年增长了45%。

2. 世界高新技术产业内部结构

从部分国家高新技术产业研发经费占制造业研发经费的比重结构来看，高新技术产业中对电子及通信设备制造业的研发投入最多，大大推进了信息技术及其产业的发展。根据统计资料测算，2000年，高新技术产业领域中的信息产业总产值超过9 000亿美元，几乎占整个高新技术产业规模的一半，在其内部结构中所占比重最大，因而是规模最大的高新技术产业。

自2000年开始，全球信息产业进入结构调整期，美、日等国甚至出现了负增长。2001年，美国信息产业全年增速由2000年的39.5%降为-15.9%。其中，计算机和办公设备制造业降为-10.4%，通讯设备制造业降为-24.3%，半导体和相关电子部件制造业则降为-14.2%。不过这种下降的趋势在2003年出现缓解迹象。信息产业仍保持了其第一高新技术产业的地位。

2000年，全球信息产业中属于高新技术产业的计算机类产品产值为3 243.58亿美元，通信技术类产品产值为3 738.24亿美元（包括雷达通信1 719.37亿美元，电信1 341.98亿美元，消费电子676.89亿美元），电子技术产品产值为2 388.3亿美元，包括集成电路、印刷电路板等。

与此同时，其他高新技术产业，如生物技术产业增长势头良好。近几年，世界上主要国家纷纷加大对生命科学和生物技术的投入力度，取得众多突破性成果，生物技术产业化加速推进。据不完全统计，近两年生命科学研究占全世界自然科学总研究经费60%以上，生命科学论文数占全世界科学论文总数的一半以上，生物技术专利数占专利总数的30%。美国生物技术产业2001年的销售额达到181亿美元，同比增长12.4%；总收入达到250亿美元，比2000年增长12.1%；从业人员174 000人，比上年增长7.4%。欧洲、日本生物技术产业也保持大约10%的增长率。生物技术产业的发展使医药制造业在高新技术产业中的地位不断提高。

3. 世界高新技术产业的国际分工

美国高新技术产业总体规模居世界第一，高新技术产业的增加值率也是世界上最高的，2000年为42.6%，比制造业平均水平高出7个百分点。2000年，美国高新技术产业中仅IT产业的总产值就达2937亿美元。

三、高新技术产业发展的趋势

1. 高新技术产业成为推动国际贸易高速发展的主导力量

高新技术产业的发展以及信息技术革命赋予全球商品市场和商品贸易以不同的内涵。由科学技术状况决定的生产和贸易比较利益的重要性日益增长；大量新资源、新材料被发明并投入使用；合成材料代替了天然原料和材料，这一切改变了传统国际贸易结构，电子信息产品及服务、生物制药、转基因产品等高新技术产品成为国际市场上重要的交易对象。高新技术产业的快速增长，大大推动了高新技术产品对外贸易的发展，全球高新技术产品市场从广度到深度都发生了飞跃，高新技术产业贸易日益蓬勃发展，即使在20世纪90年代全球经济衰退时期，高新技术及产品出口也呈加速发展之势。近十几年来，主要工业化国家高新技术产品出口的增长速度均高于全部出口增长的速度，这表明高新技术产品出口已经成为国际贸易新的增长点，高新技术产业已经成为推动国际贸易高速发展的主导力量。

据统计，20世纪90年代以来，世界高新技术产业出口年增长率在10%以上，比中低技术和低技术产业出口年增长速度高5~6个百分点，2000年全球高新技术产业出口规模约为9 000多亿美元。世界制造业出口结构也由此产生重大变化，高新技术产业在制造业出口总额中的份额呈加速增长趋势，到2002年约占制造业出口总额的1/4；而中低技术产业和低技术产业的份额则呈下降趋势，从1985年的58%降至2002年的不足50%。

2. 发达国家依然主导高新技术产业贸易格局

早在20世纪70年代，主要工业化国家的对外贸易就开始向高新技术产业贸易方向发展，其中以美国的技术出口增长最快。自1985年起，主要工业化国家的技术出口增长明显加快；进入90年代后，技术出口额的增长幅度是80年代5~6倍。当前，在世界高新技术产业贸易格局中，美、日等发达国家依然占据着主导地位。全球高新技术产业贸易的80%以上是在发达国家之间进行，美、英、德、法、日五国又占发达国家贸易额的90%以上，仅美国就占了世界高新技术产业贸易的1/3以上。

根据美国商务部统计，美国高新技术产品的出口额多年来保持世界第一。2000 年，美国高新技术产业出口占世界高新技术产业出口总额的 19.7%，美国的四类高新技术产业出口规模均在世界上数一数二。其主要出口产品有：计算机及软件、办公设备、电视设备、通讯设备、飞机及零部件、科学仪器、药品、发动机和涡轮机、导弹及航天飞机等。

日本高新技术产业的出口规模居世界第二，2000 年，其出口比重达到 12.7%。欧洲国家在高新技术产业出口中的地位也很重要。2000 年，德国高新技术产业出口排名世界第三，所占份额为 8.3%，英国、法国等占世界高新技术产业出口的比重都在 5% 以上。因此，多年来在世界高新技术产业对外贸易领域中，发达国家主导的格局依然存在。

3. 东亚在全球高新技术产业对外贸易格局中的地位不断提高

尽管发达国家依然在全球高新技术产业贸易格局中占据主导地位，1993 年 OECD 国家高新技术产业出口总额中，美国占 23.6%，日本占 21.3%，德国占 12.6%，英国占 8.5%，法国占 7.9%，但是到 2000 年，这些发达国家所占比重均有所下降，其中一个重要原因是由于亚洲，尤其是东亚一些新兴工业化国家和地区在高新技术产业及外贸领域的崛起。

新加坡、韩国和中国台湾等东亚国家和地区在战后短短 30 年多年的时间就走过了西方发达资本主义国家 200～300 年的工业化历程，并使高新技术产业及其对外贸易获得了飞速发展。新加坡目前已是世界办公设备和通信设备的主要出口国之一，硬盘、半导体、集成电路等高新技术产品的出口量也很大。2000 年，新加坡高新技术产业出口额占制造业出口额的比重达到 63%。韩国从 20 世纪 90 年代以来，出口结构持续向高新技术产品尤其是电子信息产品倾斜，仅办公用品和通讯设备就占了出口总额的 23% 以上。2000 年，韩国高新技术产业出口额占制造业出口额的比重达到 34.8%。在中国的台湾地区信息产业已经成为其第一大出口产业，台湾的高新技术产业出口占到了世界高新技术产业出口总额的 5% 以上。东亚在全球高新技术对外贸易中的地位正日益提升。

因此，世界高新技术产业在发展中形成了自身的特点。高新技术产品比其他制造业产品的增长速度都快，2000 年全球产业规模约为 2 万亿美元，信息产业规模最大，美国高新技术产业规模全球第一。高新技术产业推动了国际贸易高速发展，贸易格局由美日等发达国家主导，东亚在全球高新技术对外贸易中的地位正日益提升。

我国高新技术产业发展及对外贸易现状

在 21 世纪的今天，尽管各国在历史文化、现实国情和发展水平方面存在着种种差异，但在重视科技进步上却是完全一致的。当前，我们面对的是一个以科技创新主导的世纪，是以科技实力和创新能力决定兴衰的国际格局。一个在科学技术上无所作为的国家，将不可避免地在经济、社会和文化发展上受到极大制约。因此，各国政府都在认真思考和积极部署新的科技与经济社会发展战略。

早在 20 世纪 80 年代，在邓小平同志“科学技术是第一生产力”思想和“发展高科技，实现产业化”方针引导下，中国先后启动了国家高技术研究发展计划（即 863 计划）和旨在促进高新技术产业化的火炬计划。20 世纪 90 年代，江泽民同志又深刻指出：“本世纪在科技产业化方面最重要的创举是兴办科技园区。这种产业发展和科技活动的结合，解决了科技与经济脱离的难题，使人类的发现或发明能够畅通地转移到产业领域，从而实现其经济和社会效益。”这一系列重要思想和重大措施，使我国在高新技术研究领域取得重要进展，一批具有自主知识产权和一定竞争优势的产业正在形成，一批具有创新能力和竞争实力的高新企业迅速成长壮大。

在中央领导的深切关怀下，经过社会各方面的共同努力，我国高新技术产业从小到大、由弱变强，取得了很大成就，已经开始步入发展的快车道。

一、我国高新技术产业发展的总体状况

1. 规模迅速扩大，成为拉动国民经济增长的重要力量

1991～2002 年，我国高新技术产业的工业产值从3 000亿元左右增加到21 065亿元，年均增长 20%，超过同期全部工业产值年均增长速度 10 多个百分点，成为我国经济发展中最有活力的部分。国家火炬计划项目实施的销售收入从 1992 年的 129 亿元增长到 2002 年的1 883.1亿元，年平均增长率达到 30.75%。我国高新技术产品出口 677 亿美元，增长 45.7%，高于全国外贸出口增幅近 23.4 个百分点。高新技术产业已成为国民经济中成长最为迅速的产业。

2. 在国民经济中比例提高，促进了经济结构的调整

我国高新技术产业产值占工业总产值的比重，已经由 10 年前的 1% 左右提高到现在的接近 15%，高新技术产业增加值占 GDP 的比重由 1995 年的 1.85% 提高到 2002 年的 3.68%。计算机、通讯、生物医药等高新技术产业迅速成长。高新技术产业的快速发展，对用现代技术改造传统产业，促进中国制造业结构的优化升级起到了积极作用。

3. 培育了一大批充满活力的民营中小科技企业

到 2001 年底，全国民营科技企业超过 8 万个，技工贸总收入15 000亿元，从业人员 500 多万人，其中科学家和工程师 90 万人左右。他们依靠“自愿组合，自主经营，自负盈亏，自我约束”的良好运行机制，为我国高新技术产业和经济发展注入了强大活力，也为国有企业改革提供了可资借鉴的经验。

4. 培育和成长起一批知名的高新技术大企业

在我国高新技术产业蓬勃发展的潮流中，涌现出一大批规模大、实力强、增长速度快的高新技术企业，反过来

这些企业又不断带动整个高新技术产业的发展，如通讯领域的巨龙、大唐、中兴、华为以及计算机领域的联想、四通、北大方正、清华同方、东大阿尔派等，都是近年来发展起来的知名高新技术企业。据国家高新区的统计，1991年高新区内年产值上亿元的企业还只有7家，到2001年已增加到1 539家，过十亿元的185家，过百亿的10家。

5. 建立了一批高新技术产业发展基地

20世纪90年代初开始建设的国家高新技术产业开发区，已经成为我国经济发展中的亮点。到2002年，高新区有28 338家（其中经认定的高新技术企业19 353家）企业进入统计，年末从业人员349万人；实现营业总收入15 326.4亿元、工业总产值12 937.1亿元、工业增加值3 286.1亿元、净利润801.1亿元、实际上缴税费766.4亿元、出口创汇329.2亿美元。

（1）主要经济指标增长迅猛

自1992至2002年间，我国高新技术产业开发区营业总收入、工业总产值、净利润、实际上缴税费、出口创汇等指标的年均增长率分别为52.1%、52.8%、42.1%、54.5%和55.1%，显示了高新区经济的快速发展态势，及对国家和区域经济发展所产生的重要影响。工业增加值从1998年初次统计的1 060.7亿元，增长到2002年的3 286.1亿元，4年的平均增长速度为32.7%，是全国制造业工业增加值同期增长速度的2.5倍以上，2002年高新区企业工业增加值的新增部分占全国工业增加值新增部分的22%。

另外，高新区人均经济指标也有很大提高，2002年我国高新区企业实现人均营业收入达45.1万元；人均工业总产值38.1万元；人均工业增加值9.7万元；人均净利润2.4万元；人均上缴税费2.3万元；人均出口创汇0.97万美元，与2001年的同指标比较，均有不同幅度的提高。

（2）基础建设投资为下一步发展奠定了坚实基础

2002年高新区的基本建设投资共计951亿元，其中用于生产业务用房建设304.5亿元，占32%；用于公共设施和基础设施建设163.9亿元，占17.2%；用于住宅建设125.5亿元，占13.2%。当年新开发土地面积114.7平方千米，当年竣工建筑面积2 197.4万平方米。从1991年建区到2002年这12年间，高新区已累计新开发面积549.3平方千米，累计竣工建筑面积1.3亿平方米。各国家高新区不仅完成了创业初期的建设规划，在建设创新发展的生产、科研、人文、生活环境方面，奠定了比较好的基础。

（3）制度环境完善，企业活力增强

高新区经过十几年的发展，特别是在探索适宜高新技术企业发展的环境建设方面进行了成功的实践，推动了一批新兴企业、产业群的成长，为企业扩大规模和国际化发展提供了良好的环境与政策条件。2002年，高新区在营业总收入、工业总产值、利润、缴税、出口创汇方面分别是1992年的66.4倍、69.3倍、33.5倍、77.4倍、80.3倍。一批骨干企业迅速成长，2002年营业收入超亿元的企业已达到1 874家，这些企业实现营业总收入达到12 833.7亿元，占当年高新区营业总收入的83.7%，已经成为高新区发展的中坚力量，充分显示了高新区在培育高新技术企业成长中的有效作用。

从资产情况看，2002年我国高新区企业年末资产合计21 069.4亿元，同比增长22.5%；其中，资产上亿元企业数达到2 668亿元，同比增长20.2%。

（4）企业纳税呈现节节上升的新态势

2002年高新区28 338家企业共上缴税金766.4亿元，同比增长20%。其中营业总收入超亿元企业的税金达到了629.7亿元，占高新区上缴税金的82.2%；外商和港澳台投资企业的税金291.4亿元，占高新区上缴税金总额的38%。2002年经认定的19 353家高新技术企业共上缴税金602.3亿元，占高新区上缴税金总额的78.6%。

（5）高新区人才资源素质不断提高

高新区建区初期从业人员只有14万人，到2002年，高新区就业人员已达349万人。在营业总收入超亿元的企业中，实现就业人员数209.8万人，占从业人员数的60.2%；外资企业（含港澳台企业）实现就业人数82.3万人，占从业人员数的23.6%。大专学历以上人员占到从业人员的1/3左右，达到了36.5%；其中硕士生8万人，博士生1.4万人，并吸引了2.4万名留学回国人员。从业人员的高素质化，充分体现了高新区企业在人力资源上的集聚作用，越来越多的高素质人才到高新区参加创业创新发展。

（6）高新区企业的创新能力不断提升

2002年，高新区企业R&D经费支出为314.5亿元，占到高新区技术收入与产品销售收入之和的2.37%，比2001年高0.25个百分点。我国约有1/5的R&D活动资金投入在国家高新区企业的创新项目上，区内企业R&D投入占产品销售收入的比例平均在2.5%以上。

经认定的19 353家高新技术企业中，R&D活动经费投入达303.2亿元，占产品销售收入比例达2.9%；占我国高新区全部R&D活动经费投入的96.4%。

我国高新技术产业取得巨大成就的原因在于党和政府高度重视，大力扶持我国高新技术产业的发展。近5年，政府加大了对高新技术产业化的投入，我国高新技术产业化步伐进一步加快。1998年以来，政府组织实施了20个专项，约1 000多项高新技术产业化示范工程，国家用少量引导性资金以1∶13的比例带动了大量社会投资，总投资达1 400多亿元人民币，使多年来积累的一大批具有自主知识产权的重大科技成果在短期内实现了产业化。部分制约经济发展的产业技术瓶颈实现重大突破，我国自主开发和生产的装备及产品市场占有率明显提高，大幅度提升了传统产业的技术水平，增强了发展后劲和竞争力。

高新技术产品出口已经成为带动中国经济增长的重要因素，与此同时，我国经济的高速发展创造了对高新技术产品的巨大市场需求。近年来，随着科技兴贸计划的实施，我国高新技术产品进出口贸易快速增长，高新技术产品在我国商品进出口中的地位不断提高。在全球高新技术产业出口增长乏力、高技术产业发展普遍不景气的环境下，我国高新技术出口依然保持高速增长态势，成为全球关注的亮点。近年来我国高新技术产品进出口贸易主要呈现出以下特点：

（1）进出口增势迅猛

2002 年以来，我国高新技术产品进出口贸易继续呈现良好的发展势头。根据海关统计，2002 年我国高新技术产品出口额为 678.65 亿美元，进口额 828.47 亿美元，进出口总额在 2001 年突破1 000亿美元的基础上又突破了1 500亿美元大关，达到1 507.12亿美元。出口、进口和进出口总额分别比上年增长了 46.1%、29.2% 和 36.3%，显示出我国高技术产品进出口贸易具有良好的发展前景。

在连续 10 多年高速增长，且出口基数接近 500 亿美元的情况下继续保持 40% 以上的增长速度，显示出我国高新技术产业发展已进入鼎盛的发展时期。“十五”计划实施的头两年我国高新技术产业发展迅速，高新技术产品出口额累计已突破1 000亿美元，达到1 143.17亿美元，超过了整个“九五”期间的1 109.6亿美元，是“八五”期间的 4 倍。与 1992 年相比，我国高新技术产品出口额 10 年翻了 4 番，年均递增 32.7%，是同期 GDP 增长速度的 3 倍多。

（2）贸易平衡状况有所改善

2002 年，我国高新技术产品进出口贸易的另一个重要特点是贸易逆差开始减少，由上年的 176.55 亿美元减少到 149.82 亿美元，减少了 26.73 亿美元，扭转了 5 年来贸易逆差持续扩大的趋势。长期以来我国高新技术产品一直出现贸易赤字，“八五”中后期贸易逆差突破 100 亿美元，“九五”前期逆差开始下降，但从 1997 年起贸易逆差又呈逐年增加的趋势，由 75.8 亿美元增加到 2001 年的 176.6 亿美元，5 年增加了 100 亿美元。这些年来，在高新技术产品出口快速增长的同时，进口增加的速度更快，因而导致了贸易逆差的持续扩大。然而，从贸易特化系数（TSC）来看，我国高新技术产品的国际竞争力处于不断的提升的阶段。20 世纪 90 年代初期高新技术产品的贸易特化系数大约在 -0.5 左右，从 1995 年后有较大幅度提高，1998 年和 1999 年虽然略有下降但 2000 年起又步入上升的轨道，2001 年已经达到 -0.16，2002 年上升到 -0.10。

（3）在对外贸易中的地位不断提高

随着高新技术产品进出口的持续高速增长，高新技术产品在我国对外贸易中的地位不断提高，我国对外贸易结构已经得到较大改善。2002 年高新技术产品出口占全部商品和工业制成品出口的比重双双首次突破 1/5，分别达到 20.8% 和 22.8%。10 年前 1992 年高新技术产品出口在工业制成品中的比重只有 5.9%，10 年提高了近 17 个百分点。

（4）高新技术产品已成为扩大出口的新增长点

2002 年我国商品出口额为3 255.7亿美元，进口额为2 952亿美元，分别比上年同期增加了 594.67 亿美元和 516.50 亿美元。在商品出口和进口新增额中，高新技术产品的贡献分别为 214.13 亿美元和 187.40 亿美元。高新技术产品出口额增加额占商品出口额增加额的 36.0%。这表明约占全部商品出口额 1/5 的高新技术产品对出口增长的贡献超过 1/3，高新技术产品对我国出口增长的贡献十分突出。

与同期我国机电产品相比，高新技术产品的出口增长速度高出 13.8 个百分点。与全部商品和工业制成品的出口增速相比，高新技术产品分别高出 23.8 和 22.2 个百分点。这些数据表明，我国的“科技兴贸”行动计划的实施取得了较好的效果，我国高新技术产品已经成为我国扩大出口的新的增长点和改善出口结构的转换器。

（5）出口主要集中在计算机等电子技术类产品

在高新技术产品出口中，计算机与通信类产品的出口额达到 545.33 亿美元，占 80.4%（比上年提高了 2.4 个百分点），表明计算机与通信类产品在高新技术产品中所占的比重越来越高。这类产品的出口额比上年同期增长了 50.6%，高出高新技术产品出口平均增速 4.5 个百分点。电子技术类产品出口额达到 79.17 亿美元，占 13.0%（比上年提高了 1 个百分点），为第二大类出口高新技术产品。计算机与通信和电子类产品是我国高新技术产品出口中最主要两大类产品，二者合计的出口额占全部高新技术产品出口额 93.4%。生命科学技术类和光电技术类产品的出口额都超过 10 亿美元，分别为 20.3 亿美元和 12.68 亿美元。值得注意的是，在各类高新技术产品中，唯有材料技术的出口出现下降，下降了 0.69 亿美元，降幅为 23.3%。

（6）计算机与通信类产品顺差增加迅猛，逆差主要来自电子技术、计算机集成制造技术和航天航空技术类产品

2002 年计算机与通信类产品的贸易顺差增加迅猛，从上年的 126.42 亿美元增加到 262.64 亿美元，增幅高达 107.8%。电子技术、计算机集成制造技术和航天航空技术则是造成我国高新技术产品贸易逆差的主要来源，2002 年这三类产品的逆差分别为 274.15 亿美元、75.53 亿美元和 42.27 亿美元。表明国内市场对电子技术、计算机集成制造技术和航天航空技术类产品需求巨大，而且国内企业不能满足这些需求，今后应着重提高这几个领域产品的国际竞争力。电子技术类产品的巨大逆差和计算机与通信类产品的巨大顺差在一定程度上反映了我国高新技术产业以加工和组装为主的发展模式。

（7）加工贸易是出口的主要方式

从贸易方式看，以加工贸易方式出口占我国高新技术产品出口总额的 89.6%，而以一般贸易方式出口所占的比重仅为 7.4%。这表明我国高新技术产业的生产方式以加工装备为主要形式，缺乏自主知识产权和自主品牌竞争力。

从近10来的情况看，在我国高新技术产业高速发展的过程中，加工贸易所占的比重呈不断上升的趋势，由1993年的70.2%上升到89.6%，而同期一般贸易所占的比重却由27.6%下降到7.4%。

（8）外资企业是出口的主导力量

外资企业在我国高新技术产品出口中具有重要作用，三资企业所占的比重达到82.2%，特别是外商独资企业所占的比重首次超过50%，达到55.4%。近年来，外资企业在我国高新技术产品出口中所占的比重不断上升，成为我国高新技术产品出口的主导力量；另一方面，国有企业所占的比重呈逐步下降的趋势。1996年，国有企业、中外合资企业和外商独资企业在高新技术产品出口中大约是“三分天下”，各占1/3左右；到2002底，这一格局已经发生较大变化，外商独资企业已占据“半壁江山”，而国有企业所占的比重下降了一半，中外合资企业也下降了10个百分点。这种变化与我国加入WTO后的环境变化有一定的关系。加入WTO以后，我国的投资环境不断优化，成为全球最具吸引力的投资国家，2002年我国吸收利用的外资居全球之首。跨国公司纷纷将高新技术产业的加工制造转移到我国，成为推动我国高新技术产品出口的主要力量。

我国高新技术产品出口保持快速增长的主要原因如下：

（1）中央、地方政府各项促进高新技术产品出口的政策基本落实到位，如技改贴息、退税、出口商品贴息、便捷通关等，特别是退税资金到位，加快了企业资金的周转率，降低了高新技术产品的出口成本，提高了出口企业的积极性。

（2）我国国民经济总体运行情况良好，为高新技术产品出口的快速增长营造了积极的外部环境。

（3）美国经济波动对我国出口的影响没有预想的严重，高新技术产品出口也没有传统出口商品受到的影响大，部分高新技术产品国际需求有所回升。

（4）2002年是我国入世第一年，部分进口产品税收下调，使得高新技术产品出口加工企业产品成本下降，对于以加工贸易方式为主的高新技术产品出口十分有利。

（5）随着全球信息化浪潮，各国加快了电子信息产业发展与信息化推进的步伐，为电子信息产品市场创造了较大需求，许多跨国公司将研发中心和生产基地转移到我国，这些都促进了我国以信息产品为主的高新技术产品出口。

（6）在20个科技兴贸重点城市和22个高新技术产品出口基地的基础上，抓重点商品和重点企业，取得初步成效。

（7）积极采取措施，解决高新技术产品出口的知识产权问题，保持和扩大国际市场份额。

近年来我国高新技术产业发展速度很快，但实践中也还存在一些问题需要逐步解决，主要有：

（1）近年来整体效益出现下滑趋势

我国高技术产业近年来主要依靠数量规模扩张带动，结构调整和效益优化效果不明显，突出表现在效益增长落后于规模增长，质量增长滞后于规模增长。产业增加值率从2000年达到最高点（26.5%）以后开始下降，2002年下降到24.96%；同样，与2000年相比，销售利润率也从6.71%下降到5.07%，下降了1.6个百分点。按照发展经济学理论，这只是产业的粗放型增长，还谈不上产业的发展。产业的发展应该在数量规模扩张基础上，逐步进行结构优化、升级和效益提升，实现由依靠数量扩张的粗放型经济增长过渡到经济增长和效益提升并行的经济发展。

（2）科技创新能力不足的问题日益突出

随着全社会发展高新技术产业的热情不断高涨，科技成果不受重视的情况有了根本改变，社会对科技成果的渴求日益强烈。但目前在产业化过程中，科技成果需求和供应的矛盾十分突出，技术水平较高、市场前景较好、拥有自主知识产权的项目十分难求，大量风险资金由于找不到好项目而闲置。而且，部分发达国家开始利用知识产权手段来压制中国高新技术产业的发展。科技持续创新能力不强、技术后劲不足已经成为影响我国高新技术产业持续发展的重大问题。

（3）产业发展及出口能力与发达国家还有不小差距

1995年到2000年，我国高技术产业增加值占制造业增加值的比重从6.2%增加到9.3%，提高了3.1个百分点。但与发达国家相比，我国高新技术产业在制造业中的比重还不高，发达国家一般在20%左右，如美国在2000年就已经达到了23%，韩国达20.9%，日本也达到18.7%。

从高技术产业增加值率来看，我国高技术产业还处于较低的水平，如2001年增加值率为25.2%，等于韩国2000年的水平，与美国2000年的42.6%还有很大差距。

我国高技术产业有许多是以加工贸易为主发展起来的，在国际高技术产业链中处于较低的位置。而组装加工环节也决定了我国高技术产业在国际贸易中只赚取微薄的组装加工费，增加值率很低，而高利润部分都被拥有核心技术的跨国公司赚取。

从高技术产业出口在世界上的地位来看，我国所占比重还很小，2000年我国高技术产品出口占世界高技术产品出口的4.1%，居韩国之后列世界第八位，仅为美国的1/5，不到日本的1/3。

另外，从高技术产品出口占本国制造业出口比重来看，2000年我国高技术产品出口占制造业出口的比重为18.6%，低于同期的世界平均水平（20%）。

（4）风险投资市场发育不完善，技术和风险资本结合困难

风险投资是促进高新技术产业化的推进济，但在我国风险投资体系和机制尚未形成，致使风险投资机构不多，风险资金量不大，技术和风险资金结合困难。究其原因：①国家相关法律法规建设及引导扶持政策滞后；②风险资金筹措渠道单一，大量民间资金难以进入风险投资市场；

③与风险投资密切相关的中介服务体系尚未形成，缺乏专业化的服务机构和人才；④社会上期待已久的创业板市场尚未建立，缺少市场化的风险投资撤出机制。

（5）对高新技术产业发展规律认识不足，思想意识存在偏差

当前，我国尚处于观念转型期，还有部分领导和科技人员的思想认识跟不上高新技术产业发展的变化特点。一些管理干部对高新技术产业发展的特点认识不足，仍然自觉、不自觉地沿用计划经济的思维模式指导和推进高新技术产业发展，表现在具体工作中就是重视抓具体项目，轻视环境条件建设，重视财政资金投入，轻视市场的作用；一些科研机构和高校的领导片面强调单位利益，对支持科技人员出去创业缺乏应有的热情，各级政府鼓励科技人员创业的政策措施难以落实；一些科技人员过分看重科技成果在整个创新链中的作用，对产业化开发与市场开拓的重要性和存在的风险认识不足，在成果转化中技术要价过高，影响了科技成果的及时转化。

（6）政策措施不配套，落实不彻底

这方面存在的问题比较多，情况也比较复杂。主要有以下几种情况：①一些政策在执行中手续繁、周期长、不利于落实；②有些地区政策执行中对非国有企业不能一视同仁。如一些地方在集体科技企业进行公司制改组时，要求将国家给予的税收减免资金转为国有股，并要参与企业管理和收益分配；③有关政策缺乏配套操作措施。如中央《决定》明确要对高新技术产品实行增值税扶持，但除软件和集成电路外，对其他高新技术产品的扶持措施尚未落实。

随着经济全球化和全球信息化的加快，跨国公司快速发展给世界经济发展带来了深刻的变化。20 世纪 90 年代末，IBM、微软、英特尔、摩托罗拉、朗讯、索尼、松下等跨国公司纷纷在我国开设研究机构。据商务部统计，到目前为止，外国公司在我国开设的研究机构已达 100 多个，其中 30 多个已形成相当规模。未来 5 年，跨国公司在中国投资的研究机构还会比现在增长一倍多。这些跨国公司的研发中心除了做本地化产品的研发之外，一部分已开始为公司的全球市场服务，比如微软最近就把微软中国技术研究中心升格为微软亚洲技术中心，使服务对象不再局限于中国。

跨国公司的境外投资正在从原来的以新建投资为主向兼并收购转变，并购开始成为跨国公司对外投资的主要形式。引进外资是我国发展高新技术产业的重要途径。特别是引进具有全球战略的跨国公司，其先进技术、管理经验的益处效应会使我国企业受益，通过学习、吸收达到缩小与发达国家差距，实现我国高新技术产业的跨越式发展。因此，外商独资企业是我国高新技术产品出口的主力军，本土企业在高新技术产品出口中还处于配角地位。2002 年中国出口额最大的 200 家企业中，鸿富锦精密工业（深圳）有限公司出口额达 43.9 亿美元，增长 115.9%，列 200 家之首；摩托罗拉（中国）电子有限公司出口 27.8 亿美元，增长 72.1%，排名由上年的第 7 位上升到第 2 位。鸿富锦、摩托罗拉、希捷国际、戴尔和诺基亚 5 家合计出口 106.84 亿美元，占我国高新技术产品出口的 16%。

在我国从事高新技术产业发展的跨国公司多来自欧、美、日等发达国家，决定了我国高新技术产品出口对象也主要是发达国家，高新技术产品的市场结构偏重于发达国家和地区。2003 年前三季度我国高新技术产品出口市场前 5 位依次是美国、中国香港地区、欧盟、日本和东盟，分别为 178.38 亿美元、170.52 亿美元、140.12 亿美元、81.82 亿美元和 59.27 亿美元，合计占出口的 85.94%。

我国高新技术产业对外贸易展望

（一）我国高新技术产业分工格局的特点和规律

世界高新技术产业的发展改变了传统的产业分工格局，并形成了自身的特点和规律，概括起来，包括以下几个方面：

1. 垂直分工向混合分工转变

传统产业间的分工主要表现为产业间的垂直分工，即产业间的分工。其最典型的特征是发展中国家从事资源类初级产品的生产，发达国家从事制成品的生产；或者是发展中国家从事劳动密集型产品的生产，而发达国家从事资本与技术密集型产品的生产。在传统产业的分工格局下，产业边界是清晰的，形成以垂直分工为特征的国际分工体系。随着以电子信息产业为代表的一批高新技术产业的发展，国际间传统垂直分工体系正在向混合分工转变。而所谓混合分工，就是国际在保持垂直分工传统的基础上，出现了产业间的分工与产业内分工格局。

所谓产业内分工是指，国际分工依据同一产业内部产业链条的不同环节来进行，具体而言，一个产业的生产可以分为三大环节：一是技术环节：研究与开发、设计、生产及加工技术的提高和技术培训；二是生产环节：采购、终端加工、测试、包装和库存管理；三是营销环节：分销物流、批发及零售、品牌管理及售后服务。在全球高新技术产业分工体系中，发达国家逐渐把研发和品牌营销作为发展重点，控制核心技术和市场资源，把加工制造环节转移出去，生产呈现出典型的“哑铃”型；发展中国家在全球的产业分工体系充当加工制造的角色。

2. 产业分工向产品工序分工转变

高新技术产业的发展不仅加快了全球的垂直分工向水平分工，而且进一步加快了产业分工向产品工序分工的转变。国际高新技术产业的分工正在呈现按照同一产品不同工序或零部件的不同的技术含量进行，不再体现在某个特定或某项特定产品上，而是体现在产业链条中所占据的环节或工序上，从产品生产的产业链的角度来看，技术密集型的产业有它的劳动密集型环节（如高科技产品的加工装配环节），劳动密集型产业有它的知识技术密集型环节（如

产品设计）。产品生产的不同产业链环节，其技术水平和附加值也不同，全球的生产企业只能根据自己的核心能力和优势资源，从事产业链上的某一环节或某一工序。

伴随着国际分工的深化，国际分工的产业边界在弱化，产业链条或产品工序的作用在提升。在新型的国际分工体系中，一个国家或地区国际分工地位的提升，不仅表现为产业层次的高度化，由劳动密集型产业向资本密集型的递进，而且表现为产业链条或产品工序所处地位及增值能力的提升。国际分工地位的提升表现为：在全球的产业链分工体系中由生产环节向研发设计和品牌营销环节的转移；在生产环节中由下游生产环节（终端的加工组装）向上游生产环节（关键零部件的生产）的转移。

3. 递次转移向直接投资转变

20 世纪 90 年代以来，随着世界以电子信息产业为代表的高新技术产业的高速发展，全球范围内产业转移步伐进一步加快。20 世纪六七十年代以来，世界的信息产品制造业加工制造业经历由美国—日本—韩国、中国台湾—泰国、马来西亚—中国内地的转移模式，但这种递次转移的模式正在改变，世界电子信息产品制造业正在从美国、欧洲直接向中国及东南亚国家转移。

高新技术产业由递次转移向直接投资的转变，一方面是因为高新技术产业自身的特点所决定的。在日益激烈的市场竞争条件下，高新技术产品周期短的特征决定了，当新产品进入成熟期后，必须在尽可能短的时间内降低成本，不可能再通过递次转移降低成本，中国正在成为全球综合生产成本最低的国家，正在成为许多跨国公司的直接投资地；另一方面，中国庞大的、高速成长的市场和多层次的市场结构满足了高新技术企业快速回收成本的要求，它决定了只有在中国投资才能有效降低企业经营的风险；第三，经过几十年的改革开放，中国已在生产工艺制造、投融资环境、人才积累、制度积累等方面为国际产业转移创造了条件，以电子信息技术为代表的高新技术产业向中国的直接转移是我国产业升级的必然结果。

4. 跨国公司在全球高新技术产业分工中的地位和作用进一步加强

全球高新技术产业的分工格局事实上是由跨国公司来主导的，在电子信息产业领域，全球 IT 企业前 40 强的销售收入达到 1 万亿美元，约占全球 IT 产业的 60%，而且这些企业大多分布在美国、欧、日等发展国家和地区。在全球主要电子信息产业的主要领域，大多是由少数几家大型跨国公司所控制，如在计算机领域的 IBM、惠普、戴尔电脑等，电子信息产品制造领域的西门子、索尼、松下，在通信及网络设备制造领域的摩托罗拉、诺基亚、爱立信等，软件及信息服务领域的微软、EDS，集成电路领域的英特尔。在全球 500 强中的 IT 企业中，美国拥有年销售收入超过 100 亿美元的企业 19 家；日本形成年销售收入超过 400 亿美元的企业 6 家，100 ~ 400 亿美元的企业 3 家；韩国也拥有年销售收入超过 300 亿美元的三星和 200 亿美元的 LG。

跨国公司是通过控制全球高新技术产业发展中的标准与技术、市场与营销、核心部件生产等高附加值环节来主导产业的发展。全球信息技术领域内的专利有 92.6% 是由日本、美国、德国等 10 国的跨国公司所提出。在高新技术产业发展最快的移动通信领域，主要的专利被日本、美国的高通、松下等跨国公司所控制。

在第三代移动通信的标准中，中国大唐和西门子提出了 TD - SCDMA 标准，与 WCDMA 及 CDMA2000 共同构成了第三代移动通信的三大标准，但是即使是大唐提出了 TD - SCDMA移动通信的标准，大唐也仅占整个专利的 7% 左右，许多专利仍被许多国外跨国公司所控制。

跨国公司控制了全球主要 IT 产品的标准及专利，而且控制全球 IT 产业中高技术含量及高附加值的产品的生产，而把低附加值的产品环节向发展中国家转移，这样发达国家和发展中国家形成了两个完全不同的生产系统。

发达国家的跨国公司：高投入研发及营销—控制全球产业中的高附加值产业链环节（标准、专利、营销、渠道、核心部件生产）—高利润率—高投入研发与营销。

发展中国家企业：有限的研发及营销投入—被动的承接发达国家低附加值产业环节（组装加工、低附加值配件）—低利润率—低研发投入与营销。

跨国公司主导的高新技术产业分工格局，事实上已形成了一个基于先发优势基础上的封闭系统，跨国公司已形成了一个良性的生产循环，在这一背景下，发展中国家要提升产业结构，促进产业升级，需要在人才、资金、技术上进行长期积累，培养一批具有国际竞争力的跨国公司，才有可能打破跨国公司基于先发优势的封闭系统。

5. 高新技术产业国内分工的国际化与产业集群化

高新技术产业是一个高度国际化的产业，不同国家基于自身的比较优势，在高新技术产业领域占据不同的分工环节。虽然高新技术产业国际分工特征非常明显，但从整个产业空间分工格局来看，高新技术产业仍然集中在全球几个主要的国家和地区，呈现出产业在一定的空间范围内高度集群的特征。这是由高技术产品具有运输成本低、规模经济明显、技术外溢效应强的特点所决定的。因此，高新技术产业正在在全球范围内逐步形成以产业链为基础，相关配套产业高度聚集的产业基地。以电子信息产业为例，在全球范围内逐步形成一批以产业链为基础，相关配套产业高度聚集的产业基地，如美国的硅谷、北卡三角、波士顿 128 公路、得州的奥斯汀，墨西哥的 Guadalajara 电子工业基地、Tijuana 视听产业基地，欧洲英国的剑桥工业园、苏格兰工业园、德国慕尼黑工业园、法国的索非亚工业园及北欧洲瑞典的 Kista 工业园，以及亚洲的马来西亚的多媒体走廊、印度班加罗尔的软件外包基地以及中国台湾地区的计算机及集成电路产业代工基地等。这些以产业链为基础的电子信息产业基地已经成为全球电子信息产业生产的基本格局。

20 世纪 80 年代，我国外贸出口依靠的是纺织、服装和轻工产品；90 年代，外贸出口依靠的是机电产品；在 21 世纪，要实现我国对外贸易的新突破，必须大力推进高新技术产品出口，而我国高新技术产品出口也迎来了一个难得的发展机遇。

（二）我国高新技术产业对外贸易的机遇及发展趋势

1. 国际分工步伐的加快促进了我国高新技术产业投资规模持续扩张

随着高新技术产业发展及国际新分工体系的形成，世界范围内投资与贸易规模进一步扩张，中国在过去 20 年逐步成为世界产业转移的重要基地，展望未来中国产业的发展，维持跨国公司转移条件依然存在，而且优势仍进一步加强，世界产业向中国转移的步伐将进一步加快：

一是，中国高新技术产业发展的生产要素成本优势依然存在。生产要素成本是决定产品成本的重要因素，我国在初级劳动力、技术研发人才、高层管理等高级人才、土地、资本等生产要素成本的优势依然存在，在新一轮的全球制造业转移中，我国已成为外商投资的首选地。与我国的人均工资水平相比，美国是 47.8 倍，日本是 29.9 倍，韩国是 12.9 倍，中国台湾约是 10 倍，墨西哥是 7.8 倍，这表明，在美国、日本本土制造产品将导致成本过高，竞争力下降，同时韩国、中国台湾也已失去制造成本优势，不再具备作为制造基地的条件。

二是，产业的规模经济与聚集经济已开始显现，并初步形成了相对完善的配套产业体系，它进一步降低了产业的交易成本与运营成本。从产业分工体系来看，基于规模经济的分工格局已经形成，这也成为跨国公司在全球转移的重要因素。

三是，不断扩张的市场规模成为跨国公司转移的另一个重要因素。从全球主要高新技术产品来看，中国的市场规模已成为全球最重要的市场之一，在产品周期日益缩短的背景下，规模庞大的、高速成长的及多元化的中国市场成为跨国公司转移的重要因素。

中国作为全球高新技术产品生产基地格局将会形成，它也将促进我国高新产业进出口贸易的持续扩张。

2. 高新技术产业生产的集群特征促进了我国高新技术产业链延伸

中国的高新技术产业是建立在组装加工的基础之上的，但是应当看到，随着世界产业向中国的转移，中国高新技术产业链正在不断拉长，在组装加工产业规模不断扩张的基础上，未来重要零部件的生产也不断地向中国转移。

一是，从高新技术产业发展的内在规律和客观要求来看，建立相关完整的产业链是产业链上不同类型企业提高其竞争力的重要手段，因此，在组装加工基础上的高新技术产业具有不断延伸产业链内在动力。如在中国日渐成为全球的计算机产业组装加工基地的同时，跨国公司也不断把部分计算机产业链中的硬盘驱动器、光盘驱动器、显示器及计算机 CPU 向中国转移，如 INTEL 的集成电路封装厂（上海、四川），希捷的硬盘驱动器（广东、江苏），三星的显示器（天津）等不断向中国转移，这是产业发展的内在规律和客观要求。

二是，中国承接世界高新技术产业转移的能力不断提高，技术创新开始进入自主开发和引进并举的新阶段。我国高新技术产业发展呈现出几个新的变化。首先，高新技术领域的科研院所加大改革力度，技术进一步加强了与产业相结合；其次，一批高新技术领域的国家工程中心和重点实验室建成运行，加速推动科技成果向生产力转化；第三，大批高水平的海外技术人才纷纷回国创业，带来了国外的先进技术和研发管理经验；第四，高新技术骨干企业加大对核心技术研发的投入力度，建立和加强研发队伍，许多高新技术企业的研究开发费用已占其销售收入的 5% 以上。一批国内优势企业不断发展壮大，海尔、华为、中兴、联想、TCL、长虹、波导等国内品牌已在市场中占据重要位置，正在成为具有国际竞争力的公司，国内企业的快速发展为高新技术产业发展，提供了技术积累、人才积累、资源积累。

三是，在跨国公司不断把生产基地向中国转移的同时，研发基地转移的格局也正在形成。研发向产业和市场靠拢是技术发展的客观要求，随着我国信息产业的飞速发展，我国丰富的智力资源开始对跨国公司产生越来越强的吸引力。在生产线加速向我国转移的同时，越来越多的欧美跨国公司，如摩托罗拉、诺基亚、爱立信、英特尔、IBM、微软、朗讯、阿尔卡特等纷纷在华设立研发中心和运营中心，增加对华投资，同时研发中心正逐步由地区中心向全球中心方向发展，研发重点也由产品开发为主向产品开发和核心技术研发并重转变。我国正成为跨国公司未来的技术策源地之一。

3. 高新技术产业的对外贸易结构调整步伐加快

高新技术产业是我国对外贸易中增长最快的产业，2002 年我国高新技术产品进出口总额累计 1 504.12 亿美元，比去年同期增长 36.05%，占全国外贸进出口总额的 24.2%。随着我国高新技术产业的发展及相关配套产业的持续向中国转移，我国高新技术产业对外贸易结构调整的步伐将进一步加快。

从进出口结构来看，2002 年我国高新技术产品进口 827.05 亿美元，出口总额 677.07 亿美元，逆差 150 多亿美元。我国高新技术产品逆差较大的重要原因之一在于，中国已成为全球重要高新技术产品的组装加工基地，但其高附加值的技术与资本密集型产品的生产仍在国外，高新技术配套产品主要依赖进口，如集成电路。2002 年我国集成电路进口额达到 261 亿美元；2003 年上半年进口达到 157 亿美元。但是随着中国作为世界高新技术产品的组装加工基地地位的不断加强，世界电子信息产品配套工业向中国转移的趋势进一步加快，配套产业有更大的空间。如集成电路产业，我国大陆集成电路产业规模仅相当于韩国的4.7%，台湾地区的7.5%，产值规模不到全球的2%。但集成电路产业高速发展的趋势已经体现出来，2000年6月到2002年8月已完成投资30亿美元，相当于过去近40年我国半导体投资的总和。初步估计，从2000年到2010年，国内集成电路投资总额达到278亿美元。因此，我国高新技术产品进出口结构会随着配套产业的持续发展而不断调整。

从贸易的产品结构来看，产业分工的进一步向生产环节方向转移，跨国公司在不断把劳动密集型环节向中国转移的同时，不断把资本和知识密集型生产环节向中国转移，完成从价值链低端向价值链高端的攀升，这将是产业分工的必然趋势。在这一背景下，我国高新技术产品中高技术含量的比重将会增加，如集成电路、新型元器件、手机、移动通信基地站、路由器、数字视听产品等出口将会快速增长。

从贸易主体结构看，外资企业在我国高新技术产品出口中处于主导地位，而且近几年，外资企业在我国高新技术产品出口中所占的比重不断上升，2002年三资企业出口所占的比重达到82.2%，其中外商独资企业达到55.4%。但是应当看到，中国高新技术产品发展及出口有自身的规律，产业一般经历了进口主导阶段、跨国公司主导阶段、民族企业崛起阶段和民族企业主导产业发展阶段。随着我国内资企业竞争力不断提高，高新技术产品的出口结构会随着我国高新技术产业的发展而不断调整，国内企业在高新技术产品出口中所占的比例将不断提高。

4. 高新技术产业出口方式将进一步调整

长期以来，中国高新技术产业对外贸易以加工贸易为主，而且从近10来发展来看，加工贸易所占的比重呈不断上升的趋势，由1993年的70.2%上升到89.6%，而同期一般贸易所占的比重却由27.6%下降到7.4%。无论从产业发展的内在规律、国际产业分工格局形成要求，还是从我国高新技术产业发展基础和条件来看，以加工贸易为主导的高新技术产品出口方式有其存在的必然性，而且在很长的一段时间内，这一问题仍将长期存在。但是，应当看到，一方面，在产业规模经济与聚集经济的作用下，高附加值的前端生产环节具有向中国转移的客观要求；另一方面，随着中国在技术研发方面的资本积累、人才积累、技术积累和制度积累进一步成熟，可以预见，高新技术产业链中更多高附加值生产环节将会向中国转移，它将使得本地加工环节不断增加，本地采购的比例将不断提高，将在很大程度改变高新技术产品加工贸易的方式，不断提高一般贸易的比例。

5. 实施“走出去”战略的条件更加成熟

改革开放以来，我国高新技术产业规模的扩张在一定程度上得益于跨国公司在中国的投资，随着我国高新技术产业规模的不断扩大，培育一批具有国际竞争力的跨国公司，壮大我国高新技术产业微观经营主体已显得更为迫切和必要，实施“走出去”战略将是培养具有国际竞争力企业的重要途径，目前，我国实施“走出去”战略的条件更加成熟。一方面，中国加入世贸组织，降低了我国企业“走出去”制度壁垒，中国企业“走出去”的政策性障碍正在消失和弱化；另一方面，随着国内产业的持续发展，我国也初步形成了若干具有一定国际竞争力的企业，不仅开始实现高新技术产品出口，而且部分企业还到国外设立办事处及投资建厂。华为、中兴在全球设立了40多个办事处，2002年华为公司在境外的业务收入全年可达8亿美元以上。海尔、长虹、康佳、TCL等均已在境外投资办厂，建立彩电、空调、冰箱、洗衣机生产线，已具一定规模，特别是彩电企业在国内市场供过于求的压力下，不断加快境外市场开拓步伐；第三，世界高新技术产业正处于调整期，国内企业可以通过较低的成本实施“走出去”战略。如一批国内企业开始利用世界电子信息产业调整机遇，通过并购国外的技术及研发类公司，提高整个企业的技术研发的规模、层次和水平，提高企业国际竞争力，如2002年浙江华立收购菲利浦的芯片研发机构，TCL收购了德国电视制造商施耐德电子公司，2003年TCL又收购了美国DVD播放机制造商Go-Video。可以预见，在全球经济一体化的背景下，我国的高新技术产业实施“走出去”战略的条件将更加成熟，在高新技术产业全国新的产业分工体系的形成过程中，中国企业将充分利用“两种资源、两个市场”，开拓新的国际市场，在国际产业竞争力不断发展壮大。

（三）我国高新技术产业对外贸易的挑战

1. 高新技术产业基于先发优势基础上的技术研发及产业化封闭系统仍难以打破

改革开放20多年使我国的高新技术产业形成了一定的规模，部分产品也正在成为全球的制造中心，但是这并没能从根本上解决高新技术产业发展过程中的低技术含量、低附加值问题。在全球的产业化体系中，我国高新技术产业在低层次上循环发展格局并没有从根本上得到改变。一方面，我国企业的创新能力不足，在移动通信、集成电路和数字电视等核心技术领域，我国企业申请的专利数量尚不及外国企业的1/10。2002年我国电子信息百强企业研发经费投入总额217.2亿元（合26亿美元），尚不及IBM的60%，微软公司的50%，有限的研发投入制约了我国的技术创新；另一方面，技术的产业化水平仍很低。即使电子信息产业的核心技术领域的技术研发有所突破，其在产业化方面没有突破性进展，我国信息技术发展综合指标仅为第43位。因此，在现有的格局下，中国的高新技术产业在全球分工体系中只专注于低附加值部分。

从未来高新技术产业发展来看，在近期这一格局仍将长期存在，因为在全球高新技术产业新的分工格局下，发达国家高新技术产业基于先发优势基础上的技术研发及产业化的封闭系统仍难以打破。高新技术产业分工的精细化及产业链不断拉长是市场竞争的必然结果，也是产业发展的客观要求，其在客观上造成了高新技术产业的每一个领域的研发及产业化往往由少数几个跨国公司控制，发达国家的跨国公司基于优势基础上的技术研发及产业化的封闭系统将难以打破，发展中国家高新技术研发及产业化将面临着资本积累、技术积累、人才积累和制度积累等一系列问题，其面临着一个不断被抬高的进入门槛。在这一背景下，发展中国家要打破现有的、既定的分工格局将是十分困难的，它对产业研发及产业化进程的技术积累、人才积累、资本积累及机制积累提出了更高的要求，这一问题在多大程度上的解决将在很大程度上影响到我国高新技术产业未来发展过程中的质和量的问题。

中国科技研发及产业化的良性机制尚未形成，而且在一个更加开放的经济系统中，产业的技术研发竞争也进一步加剧。改革开放以来，国内企业技术研发的水平和能力有限，可以用来参与竞争的手段和策略相对有限，国内企业迫于竞争压力纷纷调低产品价格，各种价格战愈演愈烈，企业的盈利较低，企业难以完成对中长期产品进行研发的资本积累和人才积累，使得整个技术创新的良性运行机制长期以来难以形成。而且随着中国加入 WTO，关税的下降及政府保护及促进产业发展手段和策略的削弱，在市场竞争日益激烈的背景下，提高国内企业技术创新能力的难度进一步加大。与此同时，跨国公司纷纷在国内设立研发机构，在政策、资金、人才等方向与国内企业展开研发领域的竞争，要实现高新技术产业研发及产业化的历史性跨越将是十分困难的，这也将从根本上决定我国高新技术产品的出口格局。

2. 高新技术产业及贸易发展的波动性将影响产业发展的可持续性

纵观近几十年来世界高新技术产业的发展，可以看出，高新技术产业发展充满了不确定性，呈现了周期性和波动性的特征。以世界半导体产业为例，全球半导体市场 1999 年和 2000 年连续实现了两位数增长，2000 年全球半导体市场规模达2 265亿美元，比上年增长了 31.3%。但进入 2001 年后，全球半导体产业遭遇了寒流，销售额出现负增长。美国半导体行业协会（SIA）估计，2001 年全球半导体销售总额减少 31% 左右，芯片销售额将下跌 27%，超过了 1985 年创下 20% 的最高下跌纪录；而世界通信及设备制造业在高速增长与高速下滑间循环，1999 年随着网络泡沫的破灭，大批的设备制造企业倒闭或大规模裁员，网络产品形成了过度供给的格局。随着中国加入世界贸易组织，高新技术产业国际化的特征更加明显，我国也将面临着世界高新产业发展固有的周期性及波动性问题，如何解决产业发展的周期性和波动性将是我国高新技术产业发展面临的重大挑战。

3. 非关税贸易壁垒正成为阻碍我国电子信息产品出口的新因素

加入 WTO 后，国外也对我国高新技术产品出口提供相关的优惠待遇，如下调关税、取消配额、实行国民待遇等，而同时，世贸成员国频频利用反倾销、技术贸易壁垒和知识产权保护等非关税壁垒在全球市场进行排挤和打压我国企业，非关税贸易壁垒对我国电子信息产品出口影响越来越明显。如彩电、节能灯、DVD 等产品出口均遭到反倾销与技术壁垒的制约。中国彩电 2002 年 9 月份刚刚有条件重返欧盟市场，10 月又遭遇法国汤姆逊公司专利侵权诉讼；国内 DVD 企业由于尚无核心技术专利，只是加工生产，从而遭遇欧盟成员国海关扣押，6C 联盟高额的专利使用费已使国内 DVD 产品的成本大幅上升。随着我国高新技术产业出口规模的持续扩张，这一问题将更加突出。

4. 高新技术产业全方位竞争的格局将会形成

在中国加入 WTO 后，中国的高新技术产品将面临着全面竞争时代的到来，入世对高新技术产品的影响已不仅仅局限在产品的关税下降，更重要的是，产品的批发、零售、金融、进出口及维修等服务业的开放，使国内高新技术产品将面临更严峻的挑战。就电子信息产品而言，涉及电子信息产品制造业的承诺主要是 ITA 协议，由于我国电子信息制造业的市场化改革较早，入世前的实际关税水平也不太高，所以关税下降对整个电子信息产品制造业的影响是有限的，也是可以预期的。但是加入 WTO 后，与电子信息产品相关的批发、零售、金融、进出口及维修等服务业也随之开放，外商投资企业便拥有了产品分销权和销售渠道，这些企业能利用其独特的营销策略迅速组建自己的分销网络，将产品及其售后服务通过自己的销售网络发售给消费者，把从生产到消费者之间的整个流通过程变成一个高效的有机整体。跨国公司通过流通领域的全面竞争将提高其竞争手段，市场竞争手段已经从单纯的价格竞争，发展到质量竞争、技术竞争、销售渠道方面的竞争。这样，中国电子信息产品制造企业现有的销售网络优势会随着跨国公司入世后的竞争策略的逐步调整而被削弱，这将会对我国电子信息产品制造业带来较大的冲击。

高新技术产品国内市场竞争的加剧使得我国培育具有国际竞争力的跨国公司的难度加大。大型企业集团是代表一个国家参与全球产业竞争的重要载体，培育大型企业集团，是提高整个国家产业竞争力的重要手段，因此形成一批在国内外有竞争力的大企业集团一直是各个国家推进产业发展的一个重要战略。在美国、日本、韩国等国家，在产业发展过程中都形成一批具有国际影响力的跨国公司。美国 2002 年的电子信息产业销售3 987亿美元，但国内拥有年销售收入超过 100 亿美元的企业 19 家，如 IMB、惠普等；日本 2002 年电子信息产业销售收入1 640亿美元，但国内形成一批年销售收入超过 400 亿美元的企业 6 家，100 亿 ~ 400亿美元的企业 3 家；韩国的电子信息产业规模仅相当于中国的50%，但韩国也拥有年销售收入超过300亿美元的三星和200亿美元的LG。在过去的20多年，我国电子信息产品制造业领域初步形成一批具有一定规模的大企业集团，但国内还没有一家企业销售收入超过100亿美元，销售收入超过50亿美元的企业也仅有2家。我国具有国际竞争力的大型企业培育进展缓慢，骨干企业的优势地位仍不突出，IT十强企业销售收入仅占全国的22%，国内的IT骨干企业尚不具备与国际跨国公司全面展开竞争的能力。在过渡时期及今后很长一段时间，市场竞争加剧，政府扶持做强做大的手段被削弱，培育大型企业的难度将进一步加大。

5. 制约战略高新技术产业发展的因素将长期存在

目前，电子及通信技术是高技术产业中的最重要组成部分，而在电子信息产业最核心的战略高技术产业是集成电路和软件产业，而目前，集成电路和软件是我国电子信息产业中最薄弱的两个环节。2002年我国电子信息产业规模（不包括软件）已占到全球的13%，部分产品已成为全球重要的生产基地，如打印机产品占到全球的39.5%，显示器产业占到全球的32.3%，手机产量占全球的27.5%，而电子信息产业最重要的集成电路产业和软件产业仅仅占到全球的1.82%和1.5%。2002年全球的集成电路产业规模约2 000亿美元，而软件产业规模约6 500亿美元，全球的软件产业在未来10年仍将保持13%，因此，中国的集成电路和软件产业仍有很大的增长空间，其发展仍面临一系列新挑战：一是国际市场竞争的加剧。软件产业的国际市场分工格局已初步形成，在美国等发达国家占据高端市场的同时，印度等一些发展中国家已在软件产业的中低端市场站稳了脚跟，中国软件产业的发展面临更为严峻的挑战；二是发达国家在战略高技术产业对中国的封锁和禁运将长期存在，如在集成电路制造装备业及集成电路生产制造方面都存在技术封锁；三是在可以预见的将来，无论是国家的技术创新体系和企业现有的研发规模尚不足以支撑战略高技术产业的跨越式发展，制约中国高新技术产业发展的技术供给瓶颈问题将长期存在。这些问题的存在将在很大程度上影响我国高新技术产业对外贸易格局。

因此，世界高新技术产业发展加快了全球经济一体化的进程，同时也形成了新的产业分工格局，在这一过程中，高新技术产业分工也形成了新特点；垂直分工向混合分工转变、产业分工向产品工序分工转变、递次转移向直接投资转变、产业集群化的特点更加明显等，这些新的特点既给中国高新技术产业发展带来了新的机遇，促进高新技术产业规模的扩张、产业链延伸、产业结构升级等，但同时，中国的高新技术产业发展也面临着更严峻的挑战，要在全球高新技术产业发展和对外贸易中处于主导地位，仍有很长的路要走。

上市公司2004年报聚焦：五大行业遭遇调控风险

在中国经济与世界经济融合程度日渐加深的背景下，国际生产资料“涨”声急，几乎牵动了中国所有行业的神经。全球性生产资料价格的持续上涨，我国工程机械、家电、房地产、水泥、钢铁等行业不可避免地卷入钢材涨价和宏观调控的连锁效应中。

工程机械业：回调不可怕，行业长线趋好

在国家急促降温的宏观政策的影响下，2004年度大部分工程机械上市公司的业绩不尽人意，销售收入同比增长8.21%，利润总额却同比下降22.80%。虽然《国家高速公路网规划》使工程机械行业中长期看好，但短期内该行业依然看淡。尽管2005年下半年国家宏观调控的力度将在区别对待的基础上可能有所缓和，但是全年业绩受到中性偏紧的宏观政策和高企的原材料及能源价格的双重负面影响，仍较2004年有较明显的降幅。预计2005年工程机械上市公司整体业绩回落幅度可能达到15%以上。其中主营工程起重机、商品混凝土机械和叉车等机种的优势民营企业的业绩较好。

挑战之一——原材料价格上涨，经济环境总体趋紧

国家实施的宏观调控紧缩政策无疑会使2005年固定资产投资增速放缓，对工程机械行业运行产生较大影响，而基础原材料（钢材、铜铝、塑料、涂料、橡胶等）价格的高位运行以及能源供应紧张（电力短缺、运力紧张）、资金收紧及利息费用上升（拖欠货款现象出现、行业平均负债比率为65.72%、应收账款增长11.6%）也会增加工程机械行业企业的经营成本。主要原材料、能源价格居高不下，供应趋紧，对行业发展的约束增强。

挑战之二——从长远看，更具根本性影响的是创新能力弱

目前竞争格局将由原来的“外资企业之间争中高端市场，本土企业之间争低端市场”转变为“中外企业之间的混战”，今后中低端市场的竞争将进一步加剧。

挑战之三——人才培养跟不上

企业家人才、高水平研发人员、高技能人才不足，影响了我国工程机械由制造大国向创造大国的升级。

挑战之四——国产工程机械可靠性与细节较差，自主化面临挑战

近年来我国产品技术进步逐步得到了认可，但我国产品的可靠性比国外先进水平却要低得多。另外，国内产品与国外产品差距还表现在设计细节上。

家电行业：主要分行业陆续走出低谷

综观2004年家电行业的运行状况，我们认为传统家电

业尤其是彩电业正处于更新换代的发展阶段，背投、液晶和等离子等新型平板彩电的市场消费需求增长明显加快。同时，以空调、洗衣机和冰箱为主流产品的白色家电行业则正面临国内市场需求增长乏力的局面，在过去的一年中，从事白色家电制造的国内企业在开拓海外市场方面实现了较大的突破和成功。

彩电产量平稳增长：2004 年国内彩电产量达到7 328万台，同比增长 26.4%，全年出口量达到2 772万台，出口金额同比增长 25%。

空调产销两旺，出口增长显著：2004 年家用空调器累计产销量分别达到5 705万台和5 343万台，同比增长率为 38.2% 和 39.5%。大幅增长的主要动因是出口的快速增长。去年国内空调出口量达2 569万台，同比增长 53%，高出内销增长率近 14 个百分点，占空调销售总量 48%。

冰箱和洗衣机出口增长显著：2004 年家用电冰箱和洗衣机的产量分别达到3 033万台和2 349万台，同比增长 30% 和 19%，主要是由出口增长带动的。去年冰箱出口量达到1 286万台，同比增长 46%，洗衣机出口量为 629 万台，同比增长 72%。就出口地区分布情况来看，冰箱出口主要集中在欧美和亚洲经济发达的国家和地区；洗衣机出口主要集中分布在亚洲和南美的国家和地区。

家电行业上市公司目前已公布年报的有 20 家，其中有 3 家公司出现亏损，亏损面比上一年度有所下降。从主要盈利指标来看，由于受原材料价格上涨和家电产品价格下降的负面影响，空调和彩电行业上市公司的毛利率水平分别出现了不同程度的下降。就行业总体业绩表现来看，2004 年度由于四川长虹的巨额亏损，家电行业整体业绩表现不如上一年度。

钢铁行业：宏观调控加速行业调整

2004 年全球钢铁产量稳定增长，中国继续成为全球最具成长性的钢铁市场。2004 年累计粗钢、生铁、钢材产量分别为27 279.79万吨、25 185.05万吨和29 723.12万吨，同比增长 22.69%、24.12% 和 23.29%。国内钢铁产量高速增长的主要原因在于需求的旺盛。2004 年我国累计钢材表观消费量达到了31 246万吨，比 2003 年增加4 142万吨，增长 15.3%。

板材价格大幅上涨，行业效益创历史新高。2004 年全年，重点大中型冶金企业实现利润 811.8 亿元，增长 68.3%。

国内钢铁进出口形势逆转。近年来中国钢材进口剧增，并连续两年成为世界最大的钢材进口国。

2004 年钢铁行业上市公司业绩继续保持增长态势。对已经公布年报的 28 家钢铁类上市公司统计显示，每股收益达到了 0.62 元，高于 2003 年 0.52 元的每股收益，考虑到股本扩张的因素，实际增长 30% 多；28 家公司平均主营业务收入达到了 152.57 亿元，比 2003 年 98.05 亿元的主营业务收入增长了 55.6%；28 家公司平均净利润达到了 11.82 亿元，比 2003 年 8.46 亿元的平均净利润增长了 39.7%；净资产收益率 15.46%，高于2003 年 14.55% 的平均水平。

近期，国家对钢铁行业的调控力度明显加大，直接导致最近国内钢材价格下跌，同时可能会加快 2005 年我国钢铁产能部分产品供大于求局面的形成，促进行业分化。

2005 年一季度我国粗钢产量仍高达7 778.6万吨，同比增长 23.8%，占世界粗钢产量的比重达到了 29.11%。展望 2005 年全年，出口受到抑制、需求增速放缓，国内钢铁产量增长速度将回落到 15% 左右；由于美元贬值、高成本支撑等因素，钢材价格总体将维持高位；钢铁企业分化将进一步加剧，预计板材类企业业绩好于 2004 年，但建筑类钢铁企业业绩差于 2004 年。

从长期看，钢铁产业是国民经济的重要基础产业，是国家经济和社会发展水平、综合实力的重要标志。预计未来 5 ~ 10 年内中国钢铁工业仍有成长空间，未来行业发展的重点将转向产品结构的调整和行业内钢铁企业的战略性并购重组。

房地产业：政策挤压泡沫，经营风险闪现

目前，我们认为 2005 年的房地产行业在宏观环境偏冷的条件下，再加之影响因素仍具有很大的不确定性，的确具有一定的风险。唯一出路就是关注公司业务发展正常，具有良好市场品牌和较多储备土地、资产结构良好的公司。

2004 年是房地产业绩辉煌的一年，得益于需求旺盛，房地产上市公司主营业务收入较 2003 年增加 21.4%，而且由于 2004 年房地产公司竣工项目成本较低，同时各地区房价普遍上涨，上市公司的平均毛利率由 2003 年的 27.9% 上升到 2004 年的 29.4%，由此行业主营业务利润较 2003 年增加 25.8%，净利润也上涨 29.9%。

从需求方面看，我国房地产行业依然具有广阔的发展空间，仅城市化发展所带来的房地产需求在未来几年内就达几十亿平方米，尽管这些只是账面上的潜在需求，但从中我们也可以看到行业坚实的需求基础。

2005 年 1 ~ 2 月份的数据显示房地产又出现了供小于求的局面，可以说我国房地产的需求基础是非常深厚的，这是行业长期依然看好的最重要原因。

不过在短期内，尽管 2004 年的施工面积增速和竣工面积增速都呈现逐月下滑的趋势，且按照这种趋势，2005 年房地产行业的投资增速将减缓。但国家的宏观调控似乎并没有妨碍房地产行业 30% 的投资增速，根据一般规律，今年的施工面积将会成为明年和后年的竣工面积，那么近两年来 30% 房地产投资增速将带来 2005 年、2006 年的供给大幅增加，房地产将出现供大于求的局面，部分地区的房地产价格调整已经势不可挡。

但管理层一只手在采取系列措施抑制房价的过快增长

时，另一只手似乎又在收紧土地供应的口子，尤其是土地的出让转变为政府完全垄断后，土地由于垄断而走向了供给刚性，加之我国地域性差异极大，在经济发达的地区，土地的稀缺性更加显著，土地供应的收缩和土地开发成本的增加将在长期内促使房价上升。

同时，对人民币升值的预期似乎在一定程度上能够抵消宏观调控给行业带来的影响，而且，实际利率的变动的确会给房地产行业带来重要影响。但作为局外人，我们无法预计政府何时加息，也无法揣测人民币汇率何时并且如何变化。总而言之，2005 年房地产行业仍将是宏观调控重点的关照对象，宏观政策环境依然偏紧。

水泥行业：受下游行业影响，仍将在谷底徘徊

2004 年我国水泥总产量为 9.70 亿吨，同比增长 12.4%，受投资需求变化、国内宏观调控等因素影响，2004 年水泥价格呈现先扬后抑、总体下降的走势。进入 2005 年，水泥价格初现止跌企稳，P42.5、P32.5 水泥价格出现盘整微升。

水泥行业主营业务成本主要包括煤、电、运输、石灰石等几大类，近年价格变动较大、对公司利润总额、毛利率产生最重要影响的是煤（30%），其次是电（30%），二者合计的能源支出在 2004 年水泥行业上市公司主营业务成本中的比重一般都超过了 60%，而这一数值在 2003 年一般在 54% 左右，平均提高了 6 ~ 7 个百分点，能源支出的大幅增加直接影响了水泥行业上市公司的利润总额与毛利率水平。

2004 年 10 月 1 日国家针对国内的电解铝、铁合金、电石、烧碱、水泥、钢铁等 6 个高耗能行业将用电价格上浮 0.02 元 ~ 0.05 元/千瓦时，电价的上浮使每吨水泥相应提高用电成本 2 ~ 5 元。

2004 年国家实行新的道路交通法规后，对超载实现严格控制，影响了大部分企业原燃材料的进厂和产品的出厂，增加了运输成本。

水泥市场的竞争虽然是价格的竞争，其实质是成本的竞争，2004 年能源上涨使得水泥行业上市公司 2004 年每股收益比 2004 年初预期水平出现了 30% ~ 50% 的下降，能源供应紧张是制约 2004 年水泥行业发展的主要瓶颈。

水泥需求量的增长与国民经济发展、固定资产投资增速及建筑、房地产等产业的发展有密切关系。

预计 2005 年国民经济增长速度仍在 9.5% 左右，固定资产投资增幅约为 17%，因此水泥总需求量也会有相应的增长。“十一五”期间将投入1 000亿元用于公路建设。每亿元投资约需水泥 1.99 万吨，我国公路建设项目约需水泥 2 000万吨；2005 年铁路建设投资规模约在1 000亿元以上；房地产业可能会持续上一年的紧缩，国家对房地产的调控还会继续，全国房地产业水泥需求量呈下降趋势。

2004 年水泥总产量达到 9.34 亿吨，2005 年将继续呈增长势头，增速会有小幅回落，预计产量能突破 10 亿吨。

2005 年水泥价格将以平稳略降的运行态势为主，不同地区、不同时间、不同品种的水泥价格变化可能略有差别。

具体地说，2005 年上半年水泥价格将继续保持惯性下降的态势，第 4 季度水泥价格有可能回升。

总体而言，2005 年水泥生产中煤电运紧张的状况还难以缓解，其制约“瓶颈”仍会继续。

区域比较优势产业科技资源配置研究——以东北地区为例

一、研究背景

在《国民经济和社会发展第十个五年计划纲要》中，国家明确提出了在“十五”期间以结构调整为主线，以体制创新和科技创新为动力，推进经济发展和产业结构调整的发展战略。围绕国家的总体发展战略，各地区在制定“十五”发展战略时也将产业结构调整与升级作为“十五”期间区域经济发展的重中之重。

应该说，适时调整产业结构，使得产业和产品结构适应市场需求的变化，这一发展思路是十分正确的。但是，我们也应该看到，在我国地区经济发展过程中存在着较为严重的产业结构趋同问题，各地在制定产业政策时所确定的主导产业或支柱产业有很大的相似性。分析各省市的“九五”计划，可以发现：有 22 个省市将汽车产业定为支柱产业，有 24 个省市将电子产业定为支柱产业，16 个省市把机械化工定为支柱产业。在“十五”发展规划中，虽然这一现象有所改观，但存在的问题仍然比较严重，如：绝大多数省市（无论是否具备相应的产业发展条件）都将电子信息、医药等所谓高新技术产业作为“十五”期间地区发展或者培育的重点产业。产业结构趋同既造成地区间的过度竞争，同时也造成资源（包括科技资源）配置的不协调及浪费。

造成地区间产业同构的重要原因之一是各地在制定发展规划时不是从地区的比较优势出发，而是按照所谓的“高关联度、从而带动作用大”、“收入弹性高、从而未来增长潜力大”、“技术水平高”、“高附加值”等原则以及一切被国家确定为重点发展的产业来确定地区的主导产业。殊不知，用这些“理想产业”标准确定的产业或行业未必能在所有地区都获得地区禀赋的支持，而不能获得禀赋支撑的所谓“主导产业”不仅给区域发展造成损失，同时也为国内区域发展的分工与协调发展设置了障碍。这方面的教训是比较多的。我们经常可以看到，在地区产业发展规划中，作为重点发展的产业并未发展起来（这些产业在资源的获得方面往往得到政府更多的支持），而一些没有被列入重点发展的产业反而在不经意中发展壮大起来。

因此，地方政府在制定区域的产业发展政策时，应该

从比较优势出发。各地区真实的主导产业，即使不是全部，也应当主要是从该地区具有比较优势的产业或行业中产生。当然，产业具有一定的比较优势，只能说明其目前的发展状况，为了继续保持优势，必须提高其持续发展的能力，这一点又与下面讨论的竞争优势有关。

二、总体分析框架：产业的比较优势与竞争优势

（一）决定产业竞争能力的因素

产业自我淘汰、自我发展的良性循环与产业竞争力的内生更替密切相关，而产业竞争力是由比较优势（comparative advantage）和竞争优势（competitive advantage）两方面因素所决定。比较优势最终归结为一国或地区的资源禀赋，竞争优势则与产业技术水平及制度等因素密切相关。

进一步分析，发挥比较优势只是被动地适应资源禀赋特点，而创造竞争优势则是主动地催生新的比较优势或获得动态比较优势，竞争优势是比较优势和规模优势及技术优势的综合。因此，一个地区在选取重点发展的主导产业时，其发展战略目标应当是“有限目标，有所为、有所不为”。大力发展具有比较优势的产业和产品，有目的地退出和放弃那些不具比较优势的产业和产品，把发挥比较优势与提高竞争优势结合起来，一方面立足本地区的现实区情，充分利用国际国内分工的积极因素，另一方面依据产业竞争和产业替代的因果关系，在充分发挥比较优势的同时，将比较优势转化为竞争优势，通过创新不断创造新的竞争优势，这样才能保持优势产业的持续发展。

按照上述理论框架，研究的思路可以概括为：首先确定各地区具有比较优势的行业到底有哪些，然后对这些具有比较优势行业的技术创新能力进行分析，考察其竞争优势，为制定区域产业发展政策提供一些依据。

（二）地区比较优势产业的识别方法

新古典贸易理论认为，在市场经济条件下国民经济的空间格局是自发形成的，无须政府计划者去进行优势产业的识别、规划以及利用产业政策推动优势产业的发展。国外关于国际及区际比较优势的研究课题，重点在于验证贸易理论和对贸易格局、分工格局的形成原因进行解释。在具体的研究路径上，则是通过国际市场呈现的贸易结构数据直接对优势产业进行判断。在市场条件下，厂商可以无障碍地直接根据各行业在不同区位的利润水平状况进行生产区位的配置与调整，地区优势产业正是庞大的厂商群体选择和竞争的结果。既定行业厂商的区位选择和既定区位厂商的行业选择，在地区间形成的具体产业活动的密度差异，也就是构成区域间产业结构的差异，赋予各个地区与其禀赋条件高度相关的、能够占有区外市场的优势产业。

而在我国计划经济时期，虽然政府的计划也强调生产力布局要遵循“社会劳动地域分工”的基本规律，但由于没有市场提供的合理的价格信号和区位成本信号，各地区的优势只能通过价格信号以外的途径进行“识别”，使得各个产业的区位优势以及各个区域的优势产业都难以得到合理的认识。在向市场经济转轨的初期，虽然产品市场及要素市场开始形成，但由于产品和生产资料计划价格还相当普遍地存在，严重地扭曲着各地区的产品价格体系和各地区的区位成本信号。因此，虽然中央政府一再要求各地区在发展过程中要“发挥地区优势”，为了本地区的利益，依然出现各地区对“价高利大”产品生产的追逐，各地区纷纷把区域优势定位在“产业关联度高、从而带动作用大”、“收入弹性高、从而未来增长潜力大”以及一切被国家确定为主导、支柱、重点发展的产业上。由此形成种种“热点”产业的大规模重复建设和区域产业结构的趋同化。

20 世纪 90 年代以来，我国的经济体制改革迅速深化。到目前为止，我国国民经济的市场化程度已经大大提高，这主要表现在：

（1）绝大部分产品的价格已经由市场决定，价格人为扭曲的现象已基本消除；

（2）各个地区的要素（劳动、资本、土地以及其他要素）报酬差异，大致反映了各地区要素边际贡献差异和供求关系差异，已经能够基本反映不同地区的真实区位成本；

（3）市场参与主体中由于非国有部门成分的迅速成长，国有企业部门的相对萎缩，使得整个市场参与主体的行为理性化；

（4）外国直接投资的介入、非国有投资者的壮大以及国有资本在竞争性领域投资的减少，使得我国竞争性资本投资的空间配置大多由市场完成。

这样，在激烈的市场竞争下，在具体产品市场份额争夺中，只有具备特定“要素禀赋优势”的地区才有可能为特定“要素密集度”的产业发展提供廉价要素组合的条件，才能提供特别有利的生产条件；进而只有那些能够凭借有利条件获得利润的厂商才能扩大其市场份额。因此，在大多数产品领域，对于既定的区域来说，在市场竞争日益激烈的背景下，逐渐占有同行业更大市场份额的产业就是该地区所拥有的优势产业。这种较大份额既反映着市场对具体地区、具体产品的需求程度，同时意味着市场对具体地区具体产业（或产品）的认可程度。谁也没有理由拒绝和否认市场对地区优势的鉴别与判定。作为地区优势的识别者，不能撇开市场选择的结果，试图在厂商群体的选择之外，更“科学”地从各地资源禀赋或其他条件中找到有别于这个结果的“真实优势”所在。

鉴于以上认识，我们认为，应该从市场竞争格局中识别和判断区域的比较优势产业。粗略地说，我们可以根据各地区某种产业的市场份额来判定该产业是否是这一地区的优势产业。然而，由于区域规模的差异较大，直接进行市场占有率的比较会低估幅员较小区域的优势，因此应根据相对份额来判断区域比较优势。“区位商”正是反映一个地区产业比较优势的较好的指标。其定义如下：

$$LQ_{ij}=\frac{L_{ij}/\sum_{i}L_{ij}}{\sum_{j}L_{ij}/\sum_{i}\sum_{j}L_{ij}}$$

其中，i——表示第 i 个地区；

j——表示第 j 个行业；

L_{ij}——表示第 i 个地区、第 j 个行业的产出指标；

LQ_{ij}——表示第 i 个地区、第 j 个行业的区位商。

区位商是 i 地区 j 行业在本地总产出中的份额与整个行业占全国经济产出的份额之比。其含义是：

当 $LQ_{ij}>1$ 时，意味着 i 地区的 j 行业供给能力除满足本地区需求之外，还可以对外提供产品，有对外扩张的能力，意味着 i 地区在 j 行业上具有优势地位；

当 $LQ_{ij}<1$ 时，意味着 i 地区的 j 行业供给能力不能满足本地区的需求，需要由区外调入；

当 $LQ_{ij}=1$ 时，意味着 i 地区的 j 行业供给能力恰好能够满足本地区需求。

（三）产业竞争优势的衡量

从本质上说，区域的比较优势是一个静态的概念，它是指到目前为止区域在这些优势行业占有比其他区域更高的相对份额。这种优势能否继续保持下去则还取决于这些行业的竞争优势。按照迈克尔·波特的观点，一个区域或企业基本的竞争优势有两种：一是低成本，二是差异化。低成本优势是指区域或企业具有比竞争对手更有效率地进行设计、生产与营销同样产品的能力，价位一样时低成本将带来超额回报。差异化是指企业具备较其竞争对手在产品质量、特点和售后服务等方面向顾客提供独特和优越价值的能力。当企业成本与对手相近时，差异化能给企业带来高价格，进而创造高盈利。两种竞争优势都能为企业带来较竞争对手更高的生产力。

那么，如何获取竞争优势？波特认为，企业可以通过创新获取竞争优势。这里创新既包括技术创新，也包括制度创新。就企业而言，增加研究与开发活动的投资，进行技术创新，将有助于企业提高企业的竞争实力。因此，企业应该积极主动地投入资金和人力，从事直接同企业经营活动和生存相关的研究与开发活动，特别是以新产品开发为主的研究与开发活动。因此，从一定程度上说，一个区域中产业的技术创新能力是该产业取得竞争优势的关键。

在本研究中，我们利用2000年全国R&D清查的资料，从产业的科技经费及R&D投入水平、产业技术创新人力资源、新产品开发等方面对各地区工业行业的技术创新能力和水平进行分析。选取的指标有以下5个：

（1）科技经费占产品销售收入比重；

（2）R&D投入与工业增加值比例；

（3）新产品开发经费占产品销售收入比重；

（4）科技活动人员占从业人员比重；

（5）工程技术人员占从业人员比重。

我们的基本分析方法是将各地区具有比较优势的工业行业的上述指标与该行业相应指标的全国平均水平进行比较，从而考察各地区优势工业行业的竞争能力及持续发展能力。

如果套用衡量比较优势时所使用的“区位商”的概念，这里我们测度竞争优势时实际上计算了各地区具有比较优势行业的“科技区位商”，其目的主要是考察各地区经济上具有比较优势的行业，在技术创新能力上是否也具有比较优势，从而具有持续发展的能力。

三、东北地区比较优势行业及其竞争优势分析

东北三省曾经是我国重要的工业基地，为我国的国民经济建设作出过巨大的贡献。但是，自从改革开放以来，东北三省发展的步伐已经大大落后于其他沿海地区。为了加快东北的发展，党中央作出了振兴东北老工业基地的重大决策，并将其列为与西部大开发同等重要的战略举措。这里我们利用上述分析框架和分析方法来分析东北三省在工业领域里到底还有哪些优势行业，这些优势行业是否具有一定的竞争优势及继续发展的潜力。

（一）辽宁

1. 比较优势工业行业的识别

表1是1996～2000年辽宁省工业行业的区位商的变动状态。从表中我们可以看到，辽宁省优势工业行业具有以下特点：

（1）具有比较优势行业占的比重较低，从增加值看，只占该省全部工业的40%左右。这一比例与其他省市相比是比较低的，甚至低于一些西部省区。这在一定程度上说明，辽宁工业在全国具有的比较优势不多。

（2）具有比较优势的行业大多集中在一些资源依赖型行业。在占全省工业增加值40%的比较优势行业中，石油和天然气开采业、黑色金属冶炼及压延加工业、有色金属冶炼及压延加工业占全省工业增加值的29.5%，其余比较优势行业只占10%。

（3）在部分装备制造业，如专用设备制造业、交通运输设备制造业等只具有微弱的比较优势（两行业的区位商只略微大于1），且占本省工业的比重不到10%。这在一定程度上说明，从市场的表现来看，原来在人们印象中装备制造业具有较强优势的辽宁已经优势不再。

（4）从区位商变动的结果看，大部分具有比较优势行业的区位商呈下降趋势。

表 1　1996～2000 年辽宁工业比较优势行业的区位商及科技区位商

	1996 年区位商	2000 年区位商	优势扩张或萎缩	科技区位商	2000 年占全省工业增加值比重（%）
石油和天然气开采业	1.828	1.670	−	2.510	15.47
橡胶制品业	0.815	1.115	+	1.041	1.02
黑色金属冶炼及压延加工业	2.492	2.182	−	1.344	11.89
有色金属冶炼及压延加工业	1.168	1.003	−	0.751	2.16
专用设备制造业	1.109	1.007	−	0.638	2.38
交通运输设备制造业	0.815	1.030	+	1.091	5.72

2. 从“科技区位商”看比较优势产业的竞争优势

辽宁具有比较优势工业行业的技术创新指标以及与全国同行业平均水平比较的科技区位商见表 1 第 4 列。从计算结果可以看到，在 6 个具有比较优势的行业中：

技术创新水平高于全国同行业平均水平的有 4 个：石油和天然气开采业、橡胶制品业、黑色金属冶炼及压延加工业、交通运输设备制造业。这在一定程度上说明：这 4 个行业不仅具有比较优势，同时还具有一定的竞争优势。但是，从科技区位商的数值可以看到，其中橡胶制造业、交通运输设备制造业仅有微弱优势。

技术创新水平低于全国同行业平均水平的有两个：有色金属冶炼及压延加工业、专用设备制造业。若用技术创新指数来衡量，这两个行业的技术创新水平与全国平均水平相比存在较大差距，分别只有全国同行业平均水平的 75.1% 和 63.8%。这两个行业的持续发展能力令人担忧。

在全国具有比较优势的工业行业仅有 6 个，且其中还真正具有一定竞争优势的只有石油和天然气开采业、黑色金属冶炼及压延加工业两个行业，看来辽宁这一老工业基地确实存在较大的问题。

（二）吉林

1. 比较优势工业行业的识别

从区位商判断，2000 年吉林的比较优势工业行业有 7 个：食品加工业，食品制造业，木材加工及竹、藤、棕、草制品业，化学原料及化学制品制造业，医药制造业，化学纤维制造业，交通运输设备制造业。这些行业既有依赖当地自然资源优势发展起来的，又有一些重化工业和装备制造业。从区位商的变化可以看到，吉林省比较优势工业行业的变化呈现以下特点：

（1）到 2000 年，虽然比较优势行业仅有 7 个（只比辽宁多 1 个），但是比较优势行业占本省的比重比较高（达到 63%，远远高于辽宁省的水平）。这说明，从规模看，吉林工业的比较优势还是比较明显的。

（2）大部分比较优势行业的优势呈现扩张之势。除石油和天然气开采业、化学原料及化学制品制造业两个行业的区位商下降外，其余行业的区位商均呈上升之势。这在一定程度上说明，“九五”以来，吉林工业总体的比较优势在上升。

（3）部分行业在全国具有很强的比较优势。交通运输设备制造业 2000 年的区位商达到 5.117，且占吉林工业的比重达到 28.16%，这是吉林工业的首要支柱行业。医药制造业的区位商也达到 2.726，占全省工业增加值的 7.19%。

2. 从“科技区位商”看比较优势产业的竞争优势

从表 2 中列出的吉林省具有比较优势工业行业的技术创新水平指标以及与全国同行业平均水平比较的技术创新指数看，在吉林具有比较优势的工业行业中：

技术创新水平高于全国同行业平均水平的有两个：医药制造业和化学纤维制造业。这两个行业既有一定的比较优势，也有具有一定的竞争优势和持续发展能力。

表 2　1996～2000 年吉林工业比较优势行业的区位商及科技区位商

	1996 年区位商	2000 年区位商	优势扩张或萎缩	科技区位商	2000 年占全省工业增加值比重（%）
石油和天然气开采业	1.412	0.936	−	1.281	8.59
食品加工业	1.001	1.150	+	0.228	3.99
食品制造业	1.090	1.475	+	0.992	2.55
木材加工及竹藤棕草制品业	1.991	2.106	+	0.680	1.38
化学原料及化学制品制造业	1.744	1.666	−	0.538	9.81
医药制造业	2.618	2.726	+	1.124	7.19
化学纤维制造业	0.548	1.074	+	2.638	1.32
交通运输设备制造业	4.547	5.117	+	0.452	28.16

技术创新水平低于全国同行业平均水平的有6个，其中食品加工业的技术创新水平只有全国同行业平均水平的22.8%，在吉林工业中起着重要作用的化学原料及化学制品业的技术创新水平只相当于全国该行业平均水平的53.8%。特别值得注意的是，吉林首屈一指的支柱行业——交通运输设备制造业的技术创新水平还不到全国同行业平均水平的一半，在该行业中，吉林的3个科技投入指标（科技经费占产品销售收入比重、R&D投入与工业增加值比例、新产品开发经费占产品销售收入比重）均大大低于全国平均水平，应该引起注意。

（三）黑龙江

1. 比较优势工业行业的识别

从表3可以看到，煤炭采选业、石油和天然气开采业、石油加工及炼焦业一直是黑龙江的比较优势产业，而且黑龙江具有比较优势的工业行业也只有这3个资源依赖型行业，其他的重化工业及加工工业在全国并无优势。

3个具有比较优势工业行业的增加值占全省工业增加值的比重达到75.8%，如果单从此数据看，似乎黑龙江的工业比较优势很明显。但是随着自然资源的日益枯竭，这些行业的比较优势也将日趋减弱。从表3所列数据不难看出，这3个行业1996～2000年区位商均呈下降趋势、且下降幅度较大。这预示着黑龙江在未来的发展中存在着危机。

表3　1996～2000年黑龙江工业比较优势行业的区位商及科技区位商

	1996年区位商	2000年区位商	优势扩张或萎缩	科技区位商	2000年占全部工业增加值比重（%）
煤炭采选业	1.406	1.049	-	0.437	2.56
石油和天然气开采业	8.212	7.276	-	0.769	67.39
石油加工及炼焦业	2.546	1.781	-	0.644	5.88

2. 从“科技区位商”看比较优势产业的竞争优势

从3个具有比较优势行业的技术创新水平看，由于行业的比较优势呈萎缩状态，这3个具有比较优势行业的科技投入水平也较低，尤其是科技财力投入的水平与全国同行业相比存在较大差距。

这些资源依赖型行业进一步扩张的余地已经不大，对黑龙江而言，培育新的优势行业、增加新的经济增长点已经刻不容缓。

四、关于振兴东北的一点思考

通过对东北三省比较优势工业行业的识别以及对各比较优势行业技术创新能力的分析，我们大致可以发现东北地区的优势工业行业的一些特点：

（1）三省在一些自然资源依赖型行业均有一定的比较优势，但是随着自然资源的日益枯竭，这些优势行业的发展余地已经不大。从前面我们对三地区资源型行业区位商的分析可以看到，它们的区位商都呈下降趋势。

（2）许多人认为，东北在装备制造业方面具有很强的优势。确实，在新中国建立后，我国政府以行政计划的力量推行重工业优先发展的赶超战略，而东北三省就是实施这一战略的主要基地之一，特别是一些重型装备制造业、精密仪器制造业、汽车制造业等主要建立在东三省。但是，改革开放以后，市场在资源配置中起的作用越来越大，东三省靠计划形成的优势逐渐消失，现在东三省装备制造业的优势已经不明显。真正有一定比较优势的只有吉林的交通运输设备制造业，而且其技术创新水平偏低的状况若不解决，在激烈的市场竞争环境下，它的持续发展能力会受到一定的影响。

随着国家振兴东北老工业基地战略的实施，东北地区迎来了一个极好的发展机遇。但是，由于多年积累下来的问题和矛盾较多，从总体上看，东北老工业基地改造和振兴的任务是十分艰巨的。

（一）加强战略分析和长期规划，重新评估发展的条件和发展目标

东北老工业基地的问题是长期以来不断积累形成的，解决这些问题应当从长计议。环境条件的变化，要求对东北老工业基地改造和振兴的基础、条件和目标进行重新评估。特别是应当深入分析和研究到底有哪些优势和劣势，然后在此基础上通过制定长期规划，确定要支持和发展的重点领域。例如对于装备制造业的优势的看法。如我们前面所述，大部分人都认为，东北在此领域具有较强的优势，但我们的分析发现，若用市场表现来衡量，东北在此行业已经无多少优势可言。实际上，现代装备制造业对产业化分工协作有着很高的要求，而东北老工业基地内的企业大而全，小而全，企业间条块分割，形式上看一个区域内集中了大批同行业的企业，但专业化分工程度很低，并未形成“产业集聚”。实际上，装备制造业的产业中心可能已经转移到其他区域。

（二）弱化政府“改造主体”的角色，将选择产业的权力还给市场

在一个区域的发展过程中到底要以哪种产业为主导，以前往往是由政府来进行规划。但是许多地方的经验已经证明，政府往往事先是说不准的，许多原先被政府看不见或看不起的产业，反而发展得很好；一些政府刻意去培育的产业，却往往并未发展起来。因此，在振兴东北的过程中，应该弱化政府“改造主体”的角色，将选择产业的权力交给市场。政府的主要作用在于创造良好的市场环境，吸引资源的流入。

（资料来源：国家统计局统计科学研究所　石庆焱）

产业发展统计数据

2004年1~12月我国高新技术产品进出口总额统计

（金额单位：亿美元）

月份	进出口总额			累计统计						当月统计			
	进出口金额	同比增长（%）	占全国比重（%）	累计出口	同比增长（%）	占全国比重（%）	累计进口	同比增长（%）	占全国比重（%）	各月出口	同比增长（%）	各月进口	同比增长（%）
1月	192.9	27.4	27	96.3	43.8	27	96.7	14.5	27	96.3	43.8	96.7	14.5
2月	218.1	79.6	28.6	202.9	63.4	29	208.1	40.1	26.8	106.6	86.1	111.5	73.8
3月	254.4	54.5	27.6	331.1	67.5	28.6	334.3	39.5	26.9	128.2	74.3	126.2	38.5
4月	260.9	47.4	27	456.4	63.2	28	469	39.8	27	126.1	55.7	134.8	40.4
5月	237.2	43.7	27.1	572.6	59.9	27.6	589.9	39.8	27.3	116.2	48.1	120.9	39.7
6月	265.3	56	26.8	706.3	60.5	27.4	721.5	41.4	27.2	133.8	63.3	131.5	49.2
7月	274.1	40.5	27.4	838	58	27.1	864.6	40.6	27.5	131.8	45.8	142.4	35.9
8月	277.5	44.7	28.2	974.7	57	27	1 006.7	40.6	27.8	136.6	50.9	141	39.1
9月	314.1	29.5	29.5	1 129.5	54	27.1	1 165.3	37.7	28.3	155.3	38	158.8	22.1
10月	298.3	33.6	30.4	1 283.4	51.7	27.4	1 309.6	36.9	28.6	154	36.4	144.3	30.6
11月	335.5	42.4	30	1 469	51.4	27.7	1 459.4	36.7	28.7	185.7	49	149.8	34.9
12月	341.3	32	29.3	1 655.4	50.1	27.9	1 614.3	35.3	28.8	186.5	40.5	154.9	23.1

2004年中国企业100强名单

名次	企业名称	营业收入（万元）	名次	企业名称	营业收入（万元）
1	国家电网公司	48 295 173	14	中国粮油食品进出口（集团）有限公司	11 000 167
2	中国石油天然气集团公司	47 528 703	15	中国农业银行	10 871 300
3	中国石油化工集团公司	46 667 311	16	上海汽车工业（集团）总公司	9 729 364
4	中国工商银行	17 433 500	17	广东省广电集团有限公司	9 250 355
5	中国移动通信集团公司	17 187 091	18	东风汽车公司	9 003 200
6	中国人寿保险（集团）公司	16 170 825	19	海尔集团公司	8 064 840
7	中国电信集团公司	16 110 952	20	中国网络通信集团公司	8 049 408
8	中国中化集团公司	15 599 085	21	中国远洋运输集团总公司	7 584 285
9	中国建设银行	15 452 561	22	中国五矿集团公司	7 434 076
10	中国银行	12 719 100	23	中国铁路工程总公司	7 156 028
11	中国南方电网有限责任公司	12 598 338	24	中国建筑工程总公司	7 087 653
12	上海宝钢集团公司	12 041 545	25	中国铁道建筑总公司	6 885 000
13	中国第一汽车集团公司	11 917 884	26	中国平安保险（集团）股份有限公司	6 745 919

续表

名　次	企业名称	营业收入（万元）	名　次	企业名称	营业收入（万元）
27	中国联合通信有限公司	6 670 456	64	熊猫电子集团有限公司	2 632 697
28	飞利浦（中国）投资有限公司	6 291 816	65	中国铁路物资总公司	2 631 269
29	中国海洋石油总公司	5 385 800	66	上海建工（集团）总公司	2 631 099
30	国家邮政局	5 272 554	67	中国国电集团公司	2 612 697
31	上海大众汽车有限公司	5 241 613	68	上海纺织控股（集团）公司	2 600 298
32	中国兵器工业集团公司	5 218 034	69	国家开发银行	2 559 500
33	中国兵器装备集团公司	5 015 909	70	中国南方航空集团公司	2 559 387
34	首钢总公司	4 791 338	71	中国船舶工业集团公司	2 553 361
35	北京铁路局	4 566 166	72	东方国际（集团）有限公司	2 474 246
36	中国华能集团公司	4 514 087	73	中国对外贸易运输（集团）总公司	2 468 409
37	百联集团有限公司	4 154 001	74	广东省粤电集团有限公司	2 456 173
38	中国华源集团有限公司	4 102 871	75	华晨汽车集团控股有限公司	2 413 000
39	联想控股有限公司	4 033 096	76	中国航空油料集团公司	2 388 681
40	天津市中环电子信息集团有限公司	4 004 975	77	广州铁路（集团）公司	2 338 344
41	中国冶金建设集团公司	3 901 207	78	海信集团有限公司	2 211 327
42	摩托罗拉（中国）电子有限公司	3 860 000	79	上海埃力生（集团）有限公司	2 201 354
43	TCL 集团股份有限公司	3 820 434	80	广州钢铁企业集团有限公司	2 102 981
44	上海广电（集团）有限公司	3 819 340	81	广州本田汽车有限公司	2 091 260
45	神华集团有限责任公司	3 444 051	82	上海华谊（集团）公司	2 080 754
46	浙江省物产集团公司	3 365 077	83	太原钢铁（集团）有限公司	2 073 985
47	交通银行股份有限公司	3 206 627	84	中国机械装备（集团）公司	2 054 720
48	北京汽车工业控股有限责任公司	3 158 583	85	沈阳铁路局	2 047 471
49	鞍山钢铁集团公司	3 147 476	86	江苏沙钢集团有限公司	2 040 198
50	广州汽车工业集团有限公司	3 100 455	87	邯郸钢铁集团有限责任公司	2 018 900
51	中国铝业公司	3 100 368	88	珠海格力集团公司	1 984 290
52	上海铁路局	3 051 911	89	天津市物资集团总公司	1 950 473
53	中国华电集团公司	3 002 681	90	春兰（集团）公司	1 914 945
54	郑州铁路局	2 968 030	91	中国水利水电建设集团公司	1 907 971
55	本溪钢铁（集团）有限责任公司	2 948 530	92	南京钢铁集团有限公司	1 856 343
56	中国船舶重工集团公司	2 913 945	93	哈尔滨铁路局	1 855 453
57	中国海运（集团）总公司	2 748 631	94	成都铁路局	1 829 744
58	玉溪红塔烟草（集团）有限责任公司	2 733 621	95	广东省广新外贸集团有限公司	1 823 409
59	武汉钢铁（集团）公司	2 731 316	96	大连大商集团有限公司	1 818 260
60	中国港湾建设（集团）总公司	2 727 458	97	北京城建集团有限责任公司	1 813 022
61	上海复星高科技（集团）有限公司	2 696 921	98	上海医药（集团）有限公司	1 812 538
62	中国中煤能源集团公司	2 645 275	99	济南铁路局	1 792 720
63	攀枝花钢铁（集团）公司	2 634 533	100	中国路桥（集团）总公司	1 768 736

中国企业联合会、中国企业家协会按照国际通行方式，以 2003 年企业营业收入为入围标准，经专家委员会审定，排出了 2004 年中国企业 100 强。

2003、2004 年度全球 500 强企业排名

2003 年度全球 500 强企业

排名	公司名称	主要业务	营业收入（百万美元）	排名	公司名称	主要业务	营业收入（百万美元）
1	Wal－Mart Stores	零售	246 525.0	2	General Motors	汽车	186 763.0
3	Exxon Mobil	炼油	182 466.0	4	Royal Dutch/Shell Group	炼油	179 431.0
5	BP	炼油	178 721.0	6	Ford Motor	汽车	163 871.0
7	DaimlerChrysler	汽车	141 421.1	8	Toyota Motor	汽车	131 754.2
9	General Electric	电子电气	131 698.0	10	Mitsubishi	贸易	109 386.1
11	Mitsui	贸易	108 630.7	12	Allianz	保险	101 930.2
13	Citigroup	金融	100 789.0	14	Total	炼油	96 944.9
15	ChevronTexaco	炼油	92 043.0	16	Nippon Telegraph & Telephone	电信	89 644.0
17	ING Group	金融	88 102.3	18	Itochu	贸易	85 856.4
19	Intl. Business Machines	计算机	83 132.0	20	Volkswagen	汽车	82 203.7
21	Siemens	电子电气	77 205.2	22	Sumitomo	贸易	75 745.2
23	Marubeni	贸易	72 164.8	24	Verizon Communications	电信	67 625.0
25	American Intl. Group	保险	67 482.0	26	Hitachi	电子电气	67 228.0
27	U. S. Postal Service	邮政服务	66 463.0	28	Honda Motor	汽车	65 420.4
29	Carrefour	零售	64 978.6	30	Altria Group	烟草、食品	62 182.0
31	AXA	保险	62 050.8	32	Sony	电子	61 334.6
33	Nippon Life Insurance	保险	61 174.5	34	Matsushita Electric Industrial	电子	60 744.3
35	Royal Ahold	零售	59 454.6	36	ConocoPhillips	炼油	58 384.0
37	Home Depot	零售	58 247.0	38	Nestle	食品	57 279.1
39	McKesson	药品批发、保健	57 129.2	40	Hewlett－Packard	计算机办公设备	56 588.0
41	Nissan Motor	汽车	56 040.8	42	Vivendi Universal	娱乐、水务	54 977.1
43	Boeing	航空航天设备	54 069.0	44	Assicurazioni Generali	保险	53 598.9
45	Fannie Mae	金融	52 901.1	46	Fiat	汽车	52 612.5
47	Deutsche Bank	银行	52 133.2	48	Credit Suisse	银行	52 121.7
49	Munich Re Group	保险	51 980.0	50	Merck	制药	51 790.3
51	Kroger	零售	51 759.5	52	Peugeot	汽车	51 465.7
53	Cardinal Health	保健	51 135.7	54	BNP Paribas	银行	51 127.3
55	Deutsche Telekom	电信	50 759.5	56	State Farm Insurance	保险	49 653.7
57	Aviva	保险	49 533.3	58	Metro	零售	48 714.5
59	Samsung Electronics	电子	47 605.6	60	Vodafone	电信	46 987.0
61	AT&T	电信	46 727.0	62	Toshiba	电子电气	46 415.8
63	ENI	炼油	46 328.2	64	Bank of America Corp.	银行	45 732.0
65	Electricite De France	电力	45 720.3	66	Unilever	家用化学品	45 636.2
67	AmerisourceBergen	医疗保健品批发	45 234.8	68	E. ON	贸易	44 941.3
69	China National Petroleum	炼油	44 864.4	70	Sinopec	炼油	44 503.2

续表

排名	公司名称	主要业务	营业收入（百万美元）	排名	公司名称	主要业务	营业收入（百万美元）
71	France Télécom	电信	44 085.7	72	Target	零售	43 917.0
73	Fortis	银行	43 597.5	74	Suez	水务	43 574.9
75	J. P. Morgan Chase	银行	43 372.0	76	SBC Communications	电信	43 138.0
77	Dai – ichi Mutual Life Insurance	保险	43 134.2	78	Berkshire Hathaway	保险	42 353.0
79	UBS	银行	42 329.7	80	AOL Time Warner	娱乐	41 676.0
81	Sears Roebuck	零售	41 366.0	82	Rwe	电力	41 114.1
83	Zurich Financial Services	保险	40 638.0	84	Tesco	零售	40 387.2
85	Tokyo Electric Power	电力	40 370.1	86	Procter & Gamble	化学用品	40 238.0
87	BMW	汽车	39 974.9	88	Deutsche Post	邮政服务	39 956.0
89	HSBC Holding	银行	39 730.0	90	Freddie Mac	金融	39 663.0
91	Tyco International	电子	38 971.3	92	Costco Wholesale	零售	38 762.5
93	NEC	电子电气	38 531.2	94	Hyundai Motor	汽车	38 458.5
95	Pemex	炼油	37 973.9	96	Nissho Iwai	贸易	37 907.8
97	Fujitsu	计算机	37 895.5	98	Crédit Agricole	银行	36 745.3
99	HypoVereinsbank	银行	36 355.8	100	Sumitomo Life Insurance	保险	36 304.5
101	Johnson & Johnson	制药	36 298.0	102	Royal Bank of Scotland	商业与储蓄银行	36 035.0
103	Albertson' s	食品、药品店	35 916.0	104	Prudential	人寿健康保险	35 818.6
105	Dell Computer	计算机办公设备	35 404.0	106	Pfizer	制药	35 281.0
107	Safeway	食品、药品店	34 799.2	108	SK	炼油	34 683.3
109	ABN AMRO Holding	商业与储蓄银行	34 590.6	110	Repsol YPF	炼油	34 498.9
111	Renault	汽车与零件	34 353.3	112	MetLife	人寿健康保险	34 104.0
113	Thyssen Krupp	工业农业设备	33 723.0	114	Robert Bosch	汽车与零件	33 068.5
115	Samsung	贸易	32 960.0	116	Morgan Stanley	证券	32 415.0
117	J. C. Penney	一般商品零售	32 347.0	118	Mitsubishi Motors	汽车与零件	31 882.4
119	GlaxoSmithKline	制药	31 874.2	120	United Parcel Service	邮递包裹、货运	31 272.0
121	Kmart Holding	一般商品零售	30 762.0	122	Statoil	炼油	30 545.4
123	BASF	化学品	30 457.7	124	Royal Philips Electronics	电子、电器设备	30 083.8
125	HBOS	商业与储蓄银行	29 911.7	126	Mitsubishi Electric	电子、电器设备	29 865.1
127	Olivetti	电信	29 694.2	128	Allstate	财产意外保险	29 579.0
129	Aegon	人寿健康保险	29 444.6	130	BT	电信	29 301.4
131	Sumitomo Mitsui Financial Group	商业与储蓄银行	28 776.2	132	Walgreen	食品、药品店	28 681.1
133	Saint – Gobain	建材玻璃	28 622.1	134	Wells Fargo	商业与储蓄银行	28 473.0
135	Veolia Environnement	水务	28 437.5	136	Nokia	网络通讯设备	28 378.2
137	Microsoft	计算机软件	28 365.0	138	Enel	天然气与电力	28 341.3
139	EADS	航天国防	28 269.5	140	Merrill Lynch	证券	28 253.0
141	United Technologies	航天国防	28 212.0	142	Mizuho Financial Group	商业与储蓄银行	28 198.5
143	Bayer	化学品	28 007.6	144	ConAgra	食品	27 629.6

续表

排名	公司名称	主要业务	营业收入（百万美元）	排名	公司名称	主要业务	营业收入（百万美元）
145	Dow Chemical	化学品	27 609.0	146	Marathon Oil	炼油	27 470.0
147	Delphi	汽车与零件	27 427.0	148	Ito – Yokado	食品、药品店	27 206.6
149	Sprint	电信	27 180.0	150	Valero Energy	炼油	26 976.3
151	J. Sainsbury	食品、药品店	26 962.4	152	Telefónica	电信	26 861.0
153	Lockheed Martin	航天国防	26 806.0	154	Prudential Financial	人寿健康保险	26 797.0
155	Intel	半导体	26 764.0	156	Motorola	网络通讯设备	26 679.0
157	Barclays	商业与储蓄银行	26 589.4	158	Nippon Oil	炼油	26 492.3
159	Lowe's	专业零售	26 490.9	160	Santander Central Hispano Group	商业与储蓄银行	26 311.6
161	Meiji Life Insurance	人寿健康保险	26 228.2	162	Groupe Auchan	食品、药品店	26 058.1
163	Groupe Pinault – Printemps	一般商品零售	25 881.7	164	DZ Bank	商业与储蓄银行	25 559.8
165	Walt Disney	娱乐	25 329.0	166	PepsiCo	食品	25 112.0
167	UnitedHealth Group	保健	25 020.0	168	International Paper	林产品、纸制品	24 976.0
169	Aeon	食品、药品店	24 744.8	170	New York Life Insurance	人寿健康保险	24 720.7
171	Viacom	娱乐	24 605.7	172	DuPont	化学品	24 522.0
173	Société Générale	商业与储蓄银行	24 205.0	174	CVS	食品、药品店	24 181.5
175	Millea Holdings	财产意外保险	24 037.8	176	American Express	多元化金融	23 807.0
177	Wachovia Corp.	商业与储蓄银行	23 591.0	178	Canon	计算机办公设备	23 481.3
179	Archer Daniels Midland	食品生产	23 453.6	180	Tyson Foods	食品生产	23 367.0
181	Sysco	食品杂货批发	23 350.5	182	Georgia – Pacific	林产品、纸制品	23 271.0
183	Arcelor	金属产品	23 194.4	184	KDDI	电信	22 858.7
185	ABB	电子、电器设备	22 855.0	186	Goldman Sachs Group	证券	22 854.0
187	Mitsubishi Tokyo Financial Group	商业与储蓄银行	22 753.6	188	Best Buy	专业零售	22 673.0
189	Petrobrás	炼油	22 612.0	190	Nippon Steel	金属产品	22 563.0
191	Indian Oil	炼油	22 506.2	192	Ingram Micro	电子办公设备批发	22 459.3
193	BellSouth	电信	22 440.0	194	Foncière Euris	一般商品零售	22 424.8
195	Lloyds TSB Group	商业与储蓄银行	22 391.0	196	Standard Life Assurance	人寿健康保险	22 375.6
197	Honeywell International	航天国防	22 274.0	198	Bank One Corp.	商业与储蓄银行	22 171.0
199	Swiss Reinsurance	财产意外保险	22 109.2	200	Electronic Data Systems	计算机软件与数据服务	21 782.0
201	Centrica	天然气与电力	21 510.4	202	Kansai Electric Power	天然气与电力	21 462.0
203	CNP Assurances	人寿健康保险	21 450.9	204	Petronas	炼油	21 430.1
205	LG International	贸易	21 394.2	206	Mitsubishi Heavy Industries	工业农业设备	21 287.6
207	Alstom	工业农业设备	21 237.1	208	Franz Haniel	保健品批发	21 236.2
209	Toyota Tsusho	贸易	21 144.4	210	East Japan Railway	铁路运输	21 055.9
211	Bouygues	工程与建筑	21 033.1	212	SNCF	铁路运输	20 966.0
213	Banco Bilbao Vizcaya Argentaria	商业与储蓄银行	20 823.2	214	Novartis	制药	20 822.5

续表

排名	公司名称	主要业务	营业收入（百万美元）	排名	公司名称	主要业务	营业收入（百万美元）
215	UFJ Holdings	商业与储蓄银行	20 686. 5	216	Alcoa	金属产品	20 618. 0
217	FedEx	邮递包裹、货运	20 607. 0	218	Fuji Photo Film	科学、摄影设备	20 563. 8
219	Rabobank	商业与储蓄银行	20 508. 4	220	TUI	旅游	20 431. 0
221	Norsk Hydro	金属产品	20 412. 9	222	Mass. Mutual Life Ins.	人寿健康保险	20 247. 1
223	Caterpillar	工业农业设备	20 152. 0	224	Johnson Controls	汽车零件	20 103. 4
225	Delhaize Group	食品、药品店	19 932. 2	226	JFE Holdings	金属产品	19 917. 0
227	Cigna	保健	19 915. 0	228	Aetna	保健	19 878. 7
229	TIAA – CREF	人寿健康保险	19 791. 0	230	China Mobile Communications	电信	19 783. 3
231	Commerzbank	商业与储蓄银行	19 763. 4	232	HCA	保健	19 729. 0
233	Royal & Sun Alliance	财产意外保险	19 699. 7	234	Coca – Cola	饮料	19 564. 0
235	Gazprom	能源	19 551. 5	236	Samsung Life Insurance	人寿健康保险	19 536. 1
237	Industrial & Commercial Bank of China	商业与储蓄银行	19 528. 5	238	Aventis	制药	19 496. 8
239	AutoNation	专业零售	19 478. 5	240	Mazda Motor	汽车与零件	19 405. 1
241	Groupe Caisse d' epargne	商业与储蓄银行	19 350. 2	242	Supervalu	食品杂货批发	19 160. 4
243	Volvo	汽车与零件	19 158. 8	244	Denso	汽车零件	19 144. 5
245	Roche Group	制药	19 096. 2	246	Washington Mutual	商业与储蓄银行	19 037. 0
247	Cisco Systems	网络通讯设备	18 915. 0	248	Sinochem	贸易	18 763. 0
249	Weyerhaeuser	林产品、纸制品	18 521. 0	250	Visteon	汽车零件	18 395. 0
251	Crédit Lyonnais	商业与储蓄银行	18 176. 9	252	Bristol – Myers Squibb	制药	18 119. 0
253	AstraZeneca	制药	18 032. 0	254	China Telecommunications	电信	18 012. 6
255	British American Tobacco	烟草	17 959. 7	256	Bridgestone	轮胎橡胶	17 951. 8
257	Sanyo Electric	电子、电气设备	17 911. 8	258	Daiei	一般商品零售	17 884. 4
259	Chubu Electric Power	天然气与电力	17 858. 6	260	Northrop Grumman	航天国防	17 837. 0
261	LG Electronics	电子、电气设备	17 836. 0	262	Nippon Mining Holdings	炼油	17 752. 0
263	Abbott Laboratories	制药	17 684. 7	264	Deutsche Bahn	铁路运输	17 665. 5
265	Dexia Group	商业与储蓄银行	17 655. 0	266	Sara Lee	食品	17 628. 0
267	Fleming	食品杂货批发	17 561. 5	268	Banca Intesa	商业与储蓄银行	17 555. 8
269	George Weston	食品、药品店	17 476. 0	270	Vinci	工程与建筑	17 437. 5
271	Almanij	商业与储蓄银行	17 410. 3	272	WellPoint Health Networks	保健	17 338. 5
273	Bertelsmann	娱乐	17 312. 8	274	AMR	航空公司	17 299. 0
275	SK Global	贸易	17 152. 0	276	Landesbank Baden – Wurttemberg	商业与储蓄银行	17 138. 9
277	Japan Airlines System	航空公司	17 098. 7	278	Tomen	贸易	17 093. 9
279	Korea Electric Power	天然气与电力	17 074. 9	280	Raytheon	航天国防	16 962. 0
281	Pharmacia	制药	16 929. 0	282	Coca – Cola Enterprises	饮料	16 889. 0
283	Loews	财产意外保险	16 827. 8	284	Lehman Brothers Holdings	证券	16 781. 0
285	Idemitsu Kosan	炼油	16 587. 9	286	Suzuki Motor	汽车、摩托车	16 539. 2
287	Japan Tobacco	烟草	16 475. 4	288	Sharp	电子、电气设备	16 439. 9

续表

排名	公司名称	主要业务	营业收入（百万美元）	排名	公司名称	主要业务	营业收入（百万美元）
289	La Poste	邮递包裹货运	16 386.3	290	China Lift Insurance	人寿健康保险	16 379.3
291	3M	多样化	16 332.0	292	Kingfisher	专业零售	16 282.1
293	Banco Bradesco	商业与储蓄银行	16 125.2	294	Adecco	人力资源服务	16 116.0
295	Yasuda Mutual Life Insurance	人寿健康保险	16 105.4	296	Lufthansa Group	航空公司	16 045.4
297	Nationwide	财产意外保险	15 949.3	298	Asahi Mutual Life Insurance	人寿健康保险	15 933.4
299	Publix Super Markets	食品、药品店	15 930.6	300	Northwestern Mutual	人寿健康保险	15 916.4
301	Hartford Financial Services	财产意外保险	15 907	302	BHP Billiton	采矿、原油生产	15 906
303	FleetBoston Financial	商业与储蓄银行	15 868	304	Xerox	办公设备	15 849
305	Endesa	天然气与电力	15 825.6	306	Rite Aid	食品、药品店	15 800.9
307	Mitsui Sumitomo Insurance	财产意外保险	15 760.2	308	Abbey National	商业与储蓄银行	15 744.8
309	Tech Data	电子办公设备批发	15 738.9	310	Duke Energy	天然气与电力	15 663
311	Alcatel	电信	15 644.1	312	AT&T Wireless Services	电信	15 632
313	Compass Group	饮食服务	15 609.6	314	American Electric Power	能源	15 583
315	AdvancePCS	保健	15 540.5	316	Nichimen	贸易	15 495.5
317	Mitsubishi Chemical	化学品	15 490.3	318	Qwest Communications	电信	15 487
319	Federated Department Stores	一般商品零售	15 435	320	U. S. Bancorp	商业与储蓄银行	15 422.3
321	McDonald’s	饮食服务	15 405.7	322	Kajima	工程与建筑	15 386.1
323	Sun Life Financial Services	人寿健康保险	15 311.1	324	Bayerische Landesbank	商业与储蓄银行	15 307.9
325	Michelin	轮胎橡胶	15 221.7	326	News Corp.	娱乐	15 183.5
327	Man Group	汽车与零件	15 164.8	328	Anglo American	采矿、钻石	15 145
329	Bombardier	航天国防	15 115.9	330	Kookmin Bank	商业与储蓄银行	15 075.3
331	UniCredito Italiano	商业与储蓄银行	15 033.5	332	Bank Of China	商业与储蓄银行	15 030.9
333	L. M. Ericsson	网络通讯设备	14 999.3	334	Skanska	工程与建筑	14 979
335	Exelon	天然气与电力	14 955	336	KarstadtQuelle	一般商品零售	14 951.7
337	Royal Bank of Canada	商业与储蓄银行	14 771.7	338	Banco Do Brasil	商业与储蓄银行	14 679.2
339	Household International	多元化金融	14 671.6	340	Wyeth	制药	14 584
341	Liberty Mutual Insurance Group	财产意外保险	14 544	342	Gap	专业零售	14 454.7
343	Lear	汽车零件	14 424.6	344	Onex	半导体、其他元器件	14 424.1
345	Hyundai	贸易	14 323.7	346	UAL	航空公司	14 286
347	Ricoh	办公设备	14 266.3	348	Sompo Japan Insurance	财产意外保险	14 261.7
349	Cendant	不动产、酒店、租车服务	14 243	350	Swiss Life Insurance & Pension	人寿健康保险	14 124.5
351	National Australia Bank	商业与储蓄银行	14 109.6	352	TXU	能源	14 086
353	Bunge	食品生产	14 074	354	Deere	工业农业设备	13 947
355	Tenet Healthcare	保健	13 913	356	Dentsu	广告传播	13 893.7
357	General Dynamics	航天国防	13 863	358	Goodyear Tire & Rubber	轮胎橡胶	13 850
359	Schlumberger	石油天然气设备与服务	13 824.7	360	Emerson Electric	电子、电气设备	13 824

续表

排名	公司名称	主要业务	营业收入（百万美元）	排名	公司名称	主要业务	营业收入（百万美元）
361	Lafarge	建筑材料、玻璃	13 812. 8	362	PG&E Corp.	天然气与电力	13 784
363	Nippon Express	邮递包裹、货运	13 762. 1	364	Gaz de France	天然气与电力	13 752. 3
365	Electrolux	电子、电气设备	13 700. 4	366	Old Mutual	人寿健康保险	13 650. 1
367	Groupama	财产意外保险	13 648. 3	368	Lucent Technologies	网络通讯设备	13 568
369	Anheuser – Busch	饮料	13 566. 4	370	Kimberly – Clark	家居个人用品	13 566. 3
371	China Construction Bank	商业与储蓄银行	13 539. 4	372	Coles Myer	食品、药品店	13 537. 7
373	L’ oreal	家居个人用品	13 508. 4	374	Mitsui Mutual Life Insurance	人寿健康保险	13 508. 1
375	Taisei	工程与建筑	13 497. 2	376	May Department Stores	一般商品零售	13 491
377	Lukoil	炼油	13 453	378	Flextronics International	半导体、其他元器件	13 378. 7
379	Safeway	食品、药品店	13 363. 2	380	Delta Air Lines	航空公司	13 305
381	Anthem	保健	13 282. 3	382	Legal & General Group	人寿健康保险	13 239. 8
383	Akzo Nobel	化学品	13 238	384	COFCO	贸易	13 218. 1
385	Diageo	饮料	13 215. 9	386	KT	电信	13 101. 5
387	Tohoku Electric Power	天然气与电力	13 080. 3	388	Woolworths	食品、药品店	13 075
389	Cathay Life	人寿健康保险	13 071. 5	390	BCE	电信	13 020. 7
391	Magna International	汽车零件	12 971	392	Migros	食品、药品店	12 968. 7
393	Winn – Dixie Stores	食品、药品店	12 942. 9	394	Eastman Kodak	科研、摄影设备	12 841
395	Royal Mail Group	邮递包裹、货运	12 837. 7	396	Groupe Danone	食品	12 815. 4
397	Otto Versand	专业零售	12 771. 4	398	Shimizu	工程与建筑	12 717. 5
399	Air France Group	航空公司	12 619. 3	400	Halliburton	石油天然气设备与服务	12 572
401	Sunoco	炼油	12 550	402	Alcan	金属产品	12 540
403	El Paso	能源	12 503	404	Sun Microsystems	计算机办公设备	12 496
405	Lagardere Groupe	出版、印刷	12 495. 3	406	Marks & Spencer	一般商品零售	12 494. 6
407	Union Pacific	铁路运输	12 491	408	Comcast	电信	12 460
409	Christian Dior	服装服饰	12 449. 5	410	San Paolo Imi	商业与储蓄银行	12 337
411	RAG	采矿、原油生产	12 314. 7	412	Solectron	半导体、其他元器件	12 276. 2
413	Itausa – Investimentos Itau	商业与储蓄银行	12 273. 7	414	Express Scripts	保健	12 260. 6
415	Firstenergy	天然气与电力	12 274. 4	416	Sumitomo Electric Industries	电子电气	12 219. 2
417	BAE Systems	航天国防	12 135. 4	418	Power Corp. of Canada	人寿健康保险	12 108. 9
419	Stora Enso	林产品、纸制品	12 085. 1	420	Nordea	商业与储蓄银行	12 068. 5
421	Alliance Unichem	保健品批发	12 056. 5	422	LVMH	服装服饰	12 000. 4
423	Norinchukin Bank	商业与储蓄银行	11 992. 4	424	Cinergy	能源	11 990. 1
425	TJX	专业零售	11 981. 2	426	Edison	能源	11 950. 3
427	Amerada Hess	炼油	11 932	428	Royal KPN	电信	11 929. 5
429	British Airways	航空公司	11 892. 6	430	Carso Global Telecom	电信	11 681. 9
431	Kyushu Electric Power	天然气与电力	11 664. 4	432	Bank of Nova Scotia	商业与储蓄银行	11 633. 1

续表

排名	公司名称	主要业务	营业收入（百万美元）	排名	公司名称	主要业务	营业收入（百万美元）
433	Cosmo Oil	炼油	11 609.6	434	Staples	专业零售	11 596.1
435	Wolseley	—	11 586.2	436	Accenture	咨询公司	11 574.3
437	WestLB	商业与储蓄银行	11 573.5	438	Edison International	天然气与电力	11 562
439	Reliant Resoources	能源	11 558	440	Aisin Seiki	汽车零件	11 555.3
441	Sodexho Alliance	饮食服务业	11 517.3	442	Taiyo Mutual Life Insurance	人寿健康保险	11 504.6
443	POSCO	金属产品	11 472.1	444	Office Depot	专业零售	11 437.5
445	Pechiney	—	11 395.3	446	Eurohypo	商业与储蓄银行	11 389.1
447	Tokyu	工程与建筑	11 370	448	Computer Sciences	计算机软件与数据服务	11 346.5
449	Toys "R" Us	专业零售	11 305	450	Fuji Heavy Industries	汽车与零件	11 262.5
451	Humana	保健	11 261.2	452	Central Japan Railway	铁路运输	11 186.1
453	PacifiCare Health Systems	保健	11 156.5	454	Waste Management	废物处理	11 142
455	TPG	邮递包裹、货运	11 139.1	456	Eli Lilly	制药	11 077.5
457	Isuzu Motors	汽车	11 074.6	458	GUS	专业零售	11 054.1
459	Whirlpool	电子、电气设备	11 016	460	Obayashi	工程与建筑	11 005.3
461	Yukos	炼油	10 914	462	Telstra	电信	10 886
463	Seiko Epson	计算机办公设备	10 853.1	464	Canadian Imperial Bank of Commerce	商业与储蓄银行	10 835.8
465	Edeka Zentrale	食品杂货批发	10 818.2	466	Corus Group	金属产品	10 801
467	Great Atlantic & Pacific Tea	食品、药品店	10 794.4	468	Continental	车辆与零部件	10 785.8
469	Dai Nippon Printing	出版、印刷	10 742.7	470	Nortel Networks	网络、通讯设备	10 701
471	Kinki Nippon Railway	铁路运输	10 698.2	472	Textron	航天国防	10 658
473	Asahi Glass	建筑材料、玻璃	10 627.9	474	Marriott International	酒店	10 619
475	Manpower	人力资源	10 610.9	476	Toronto – Dominion Bank	商业与储蓄银行	10 597.5
477	Southern	天然气与电力	10 549	478	Fortum	炼油	10 539.7
479	Manulife Financial	人寿健康保险	10 526.6	480	Thales Group	航天国防	10 499.1
481	Kreditanstalt Fur Wiederaufbau	商业与储蓄银行	10 492.8	482	Sekisui House	工程与建筑	10 481.1
483	Kuraya Sanseido	保健品批发	10 459.6	484	Marsh & Mclennan	多元化金融	10 440
485	MBNA	商业与储蓄银行	10 430.9	486	Vattenfall	天然气与电力	10 394.9
487	AES	天然气与电力	10 346	488	Agricultural Bank of China	商业与储蓄银行	10 335.3
489	Resona Holdings	商业与储蓄银行	10 334.5	490	Dana	车辆与零部件	10 283
491	Gasunie	能源	10 282.2	492	Toppan Printing	出版、印刷	10 271.7
493	AFLAC	人寿健康保险	10 257	494	Xcel Energy	天然气与电力	10 253.8
495	Nippon Yusen	海运	10 252.3	496	Dominion Resources	天然气与电力	10 218
497	Health Net	保健	10 201.5	498	Fluor	工程与建筑	10 190.4
499	Schering – Plough	制药	10 180	500	Kawasaki Heavy Industries	工业农业设备	10 173.1

（信息来源：美国《财富》杂志）

2004 年度全球 500 强企业

排名	公司名称	主要业务	营业收入（百万美元）	排名	公司名称	主要业务	营业收入（百万美元）
1	Wal - Mart Stores	一般商品零售	263 009. 0	2	BP	炼油	232 571. 0
3	Exxon Mobil	炼油	222 883. 0	4	Royal Dutch/Shell Group	炼油	201 728. 0
5	General Motors	汽车与零件	195 324. 0	6	Ford Motor	汽车与零件	164 505. 0
7	DaimlerChrysler	汽车与零件	156 602. 2	8	Toyota Motor	汽车与零件	153 111. 0
9	General Electric	多元化公司	134 187. 0	10	Total	炼油	118 441. 4
11	Allianz	财产意外保险	114 949. 9	12	ChevronTexaco	炼油	112 937. 0
13	AXA	人寿健康保险	111 912. 2	14	ConocoPhillips	炼油	99 468. 0
15	Volkswagen	汽车与零件	98 636. 6	16	Nippon Telegraph & Telephone	电信	98 229. 1
17	ING Group	人寿健康保险	95 893. 3	18	Citigroup	商业与储蓄银行	94 713. 0
19	Intl. Business Machines	计算机办公设备	89 131. 0	20	American Intl. Group	财产意外保险	81 303. 0
21	Siemens	电子、电气设备	80 501. 0	22	Carrefour	食品、药品店	79 773. 8
23	Hitachi	电子、电气设备	76 423. 3	24	Hewlett - Packard	计算机办公设备	73 061. 0
25	Honda Motor	汽车与零件	72 263. 7	26	McKesson	保健品批发	69 506. 1
27	U. S. Postal Service	邮递包裹、货运	68 529. 0	28	Verizon Communications	电信	67 752. 0
29	Assicurazioni Generali	人寿健康保险	66 754. 9	30	Sony	电子、电气设备	66 365. 7
31	Matsushita Electric Industrial	电子、电气设备	66 218. 4	32	Nissan Motor	汽车与零件	65 771. 1
33	Nestle	食品	65 414. 6	34	Home Depot	专业零售	64 816. 0
35	Berkshire Hathaway	财产意外保险	63 859. 0	36	Nippon Life Insurance	人寿健康保险	63 840. 7
37	Royal Ahold	食品、药品店	63 455. 8	38	Deutsche Telekom	电信	63 195. 5
39	Peugeot	汽车与零件	61 384. 6	40	Altria Group	烟草	60 704. 0
41	Metro	食品、药品店	60 656. 9	42	Aviva	人寿健康保险	59 719. 4
43	ENI	炼油	59 304. 4	44	Munich Re Group	财产意外保险	59 082. 6
45	Credit Suisse	商业与储蓄银行	58 957. 1	46	State Grid	电力	58 348. 0
47	HSBC Holding	商业与储蓄银行	57 608. 0	48	BNP Paribas	商业与储蓄银行	57 271. 8
49	Vodafone	电信	56 844. 5	50	Cardinal Health	保健品批发	56 829. 5
51	Fortis	商业与储蓄银行	56 695. 2	52	China National Petroleum	炼油	56 384. 0
53	State Farm Insurance	财产意外保险	56 064. 6	54	Sinopec	炼油	55 062. 0
55	Samsung Electronics	电子、电器设备	54 400. 2	56	Kroger	食品、药品店	53 790. 8
57	Fannie Mae	多元化金融	53 766. 9	58	Fiat	汽车与零件	53 499. 6
59	France Télécom	电信	52 198. 1	60	Tesco	食品、药品店	51 570. 2
61	Zurich Financial Services	财产意外保险	51 357. 0	62	Electricite De France	天然气与电力	50 837. 7
63	Boeing	航天国防	50 485. 0	64	AmerisourceBergen	保健品批发	49 657. 3
65	Toshiba	电子、电器设备	49 395. 5	66	Pemex	原油生产	49 240. 1
67	E. ON	贸易	48 708. 9	68	Deutsche Bank	商业与储蓄银行	48 670. 4
69	Rwe	能源	48 406. 7	70	Unilever	食品	48 318. 4
71	Target	一般商品零售	48 163. 0	72	Bank of America Corp.	商业与储蓄银行	48 065. 0
73	UBS	商业与储蓄银行	47 741. 0	74	BMW	汽车与零件	46 996. 5
75	Deutsche Post	邮递包裹、货运	46 651. 3	76	PDVSA	炼油	46 000. 0

续表

排名	公司名称	主要业务	营业收入（百万美元）	排名	公司名称	主要业务	营业收入（百万美元）
77	Pfizer	制药	45 950. 0	78	Crédit Agricole	商业与储蓄银行	45 928. 1
79	Dai - ichi Mutual Life Insurance	人寿健康保险	45 065. 6	80	Suez	能源	44 842. 5
81	J. P. Morgan Chase	商业与储蓄银行	44 363. 0	82	Meiji Life Insurance	人寿健康保险	44 064. 0
83	AOL Time Warner	娱乐	43 877. 0	84	Royal Bank of Scotland	商业与储蓄银行	43 757. 6
85	NEC	电子、电器设备	43 440. 2	86	Procter & Gamble	家居个人用品	43 377. 0
87	Tokyo Electric Power	天然气与电力	42 971. 0	88	Costco Wholesale	专业零售	42 545. 6
89	Renault	汽车与零件	42 469. 5	90	Fujitsu	计算机办公设备	42 201. 4
91	Repsol YPF	炼油	42 031. 5	92	Johnson & Johnson	制药	41 862. 0
93	Dell	计算机办公设备	41 444. 0	94	Robert Bosch	汽车与零件	41 147. 6
95	Sears Roebuck	一般商品零售	41 124. 0	96	SBC Communications	电信	40 843. 0
97	Thyssen Krupp	工业农业设备	39 188. 3	98	Hyundai Motor	汽车与零件	39 100. 8
99	Valero Energy	炼油	37 968. 6	100	BASF	化学品	37 757. 0
101	ABN AMRO Holding	商业与储蓄银行	37 682. 1	102	Marathon Oil	炼油	37 137. 0
103	Sumitomo Life Insurance	人寿健康保险	36 913. 0	104	Freddie Mac	多元化金融	36 839. 0
105	Tyco International	电子、电器设备	36 801. 3	106	MetLife	人寿健康保险	36 261. 0
107	HBOS	商业与储蓄银行	36 023. 6	108	Safeway	食品、药品店	35 552. 7
109	Prudential	人寿健康保险	35 472. 6	100	Enel	天然气与电力	35 443. 5
111	Albertson' s	食品、药品店	35 436. 0	112	Statoil	炼油	35 241. 8
113	Telecom Italia	电信	35 221. 6	114	GlaxoSmithKline	制药	35 050. 9
115	Morgan Stanley	证券	34 933. 0	116	AT&T	电信	34 529. 0
117	Medco Health Solutions	保健	34 264. 5	118	EADS	航天国防	34 103. 5
119	SK	炼油	33 768. 5	120	Saint - Gobain	建材玻璃	33 488. 9
121	United Parcel Service	邮递包裹、货运	33 485. 0	122	Nokia	网络通讯设备	33336. 1
123	J. C. Penney	一般商品零售	32 923. 0	124	Royal Philips Electronics	电子、电器设备	32 863. 0
125	Dow Chemical	化学品	32 632. 0	126	Walgreen	食品、药品店	32 505. 4
127	Groupe Auchan	食品、药品店	32 488. 4	128	Veolia Environnement	水务	32 371. 9
129	Bayer	化学品	32 331. 1	130	Microsoft	计算机软件	32 187. 0
131	Aegon	人寿健康保险	32 174. 9	132	Allstate	财产意外保险	32 149. 0
133	Deutsche Bahn	铁路运输	31 947. 4	134	Lockheed Martin	航天国防	31 844. 0
135	Wells Fargo	商业与储蓄银行	31 800. 0	136	BT	电信	31 668. 6
137	Telefónica	电信	31 541. 7	138	Sumitomo Mitsui Financial Group	商业与储蓄银行	31 450. 5
139	Lowe' s	专业零售	31 263. 0	140	Aeon	食品、药品店	31 161. 2
141	United Technologies	航天国防	31 034. 0	142	Barclays	商业与储蓄银行	30 843. 0
143	CNP Assurances	人寿健康保险	30 805. 9	144	Petrobrás	炼油	30 797. 0
145	Archer Daniels Midland	食品生产	30 708. 0	146	Intel	半导体	30 141. 0
147	LG Electronics	电子、电气设备	29 873. 9	148	Arcelor	金属产品	29 338. 7
149	Ito - Yokado	食品、药品店	29 332. 7	150	Centrica	天然气与电力	29 312. 9

续表

排名	公司名称	主要业务	营业收入（百万美元）	排名	公司名称	主要业务	营业收入（百万美元）
151	Mitsubishi Electric	电子、电器设备	29 300.4	152	J. Sainsbury	食品、药品店	29 034.6
153	Vivendi Universal	娱乐	28 839.6	154	UnitedHealth Group	保健	28 823.0
155	Northrop Grumman	航天国防	28 686.0	156	DZ Bank	商业与储蓄银行	28 663.1
157	Nippon Oil	炼油	28 560.6	158	Société Générale	商业与储蓄银行	28 556.7
159	Mizuho Financial Group	商业与储蓄银行	28 335.2	160	Delphi	汽车与零件	28 096.0
161	HVB Group	商业与储蓄银行	28 082.5	162	Prudential Financial	人寿健康保险	27 907.0
163	Merrill Lynch	证券	27 745.0	164	DuPont	化学品	27 730.0
165	Canon	计算机办公设备	27 591.7	166	Groupe Pinault – Printemps	一般商品零售	27 570.7
167	Gazprom	能源	27 526.5	168	MCI	电信	27 331.0
169	Swiss Reinsurance	财产意外保险	27 086.8	170	Walt Disney	娱乐	27 061.0
171	Motorola	网络通讯设备	27 058.0	172	Foncière Euris	一般商品零售	27 005.0
173	PepsiCo	食品	26 971.0	174	Santander Central Hispano Group	商业与储蓄银行	26 956.8
175	CVS	食品、药品店	26 588.0	176	Viacom	娱乐	26 585.3
177	Mitsui	贸易	26 385.0	178	Sprint	电信	26 202.0
179	Sysco	食品杂货批发	26 140.3	180	Franz Haniel	保健品批发	26 073.6
181	TIAA – CREF	人寿健康保险	26 016.2	182	Nippon Steel	金属产品	25 902.9
183	American Express	多元化金融	25 866.0	184	Mazda Motor	汽车与零件	25 816.6
185	New York Life Insurance	人寿健康保险	25 699.7	186	Petronas	炼油	25 660.9
187	SNCF	铁路运输	25 490.7	188	Lloyds TSB Group	商业与储蓄银行	25 378.0
189	Indian Oil	炼油	25 316.3	190	KDDI	电信	25 196.6
191	International Paper	林产品、纸制品	25 179.0	192	Best Buy	专业零售	24 901.0
193	Novartis	制药	24 864.0	194	Bouygues	工程与建筑	24 697.4
195	Millea Holdings	财产意外保险	24 573.5	196	Marubeni	贸易	24 559.8
197	Tyson Foods	食品生产	24 549.0	198	Wachovia Corp.	商业与储蓄银行	24 474.0
199	Norsk Hydro	金属产品	24 276.3	200	Rabobank	商业与储蓄银行	24 124.7
201	A. P. Moller – Maersk Group	海运	23 887.9	202	Goldman Sachs Group	证券	23 623.0
203	Kmart Holding	一般商品零售	23 485.0	204	Duke Energy	天然气与电力	23 483.0
205	Roche Group	制药	23 212.9	206	Honeywell International	航天国防	23 103.0
207	ABB	电子、电器设备	23 079.0	208	Groupe Caisse d' epargne	商业与储蓄银行	23 077.8
209	Caterpillar	工业农业设备	22 763.0	210	TUI	旅游	22 730.4
211	UFJ Holdings	商业与储蓄银行	22 722.9	212	Volvo	汽车与零件	22 692.4
213	Denso	汽车零件	22 685.1	214	Fuji Photo Film	科学、摄影设备	22 667.2
215	Johnson Controls	汽车零件	22 646.0	216	BellSouth	电信	22 635.0
217	Mitsubishi Tokyo Financial Group	商业与储蓄银行	22 621.1	218	Ingram Micro	电子办公设备批发	22 613.0
219	East Japan Railway	铁路运输	22 507.0	220	Kansai Electric Power	天然气与电力	22 488.1
221	FedEx	邮递包裹、货运	22 487.0	222	Merck	制药	22 485.9
223	Bunge	食品生产	22 345.0	224	Mitsubishi Motors	汽车与零件	22 304.7

续表

排名	公司名称	主要业务	营业收入（百万美元）	排名	公司名称	主要业务	营业收入（百万美元）
225	Sanyo Electric	电子、电气设备	22 203.5	226	ConAgra Foods	食品	22 052.5
227	JFE Holdings	金属产品	21 900.0	228	HCA	保健	21 808.0
229	Alcoa	金属产品	21 728.0	230	Delhaize Group	食品、药品店	21 719.9
231	Standard Life Assurance	人寿健康保险	21 711.9	232	Electronic Data Systems	计算机软件与数据服务	21 596.0
233	Bank One Corp.	商业与储蓄银行	21 454.0	234	Vinci	工程与建筑	21 363.2
235	Comcast	电信	21 263.0	236	Mass. Mutual Life Ins.	人寿健康保险	21 075.8
237	Coca – Cola	饮料	21 044.0	238	Mitsubishi Heavy Industries	工业农业设备	21 012.1
239	Bristol – Myers Squibb	制药	20 894.0	240	George Weston	食品、药品店	20 838.4
241	China Life Insurance	人寿健康保险	20 782.1	242	China Mobile Communications	电信	20 764.7
243	Industrial & Commercial Bank of China	商业与储蓄银行	20 757.3	244	La Poste	邮递包裹、货运	20 376.3
245	WellPoint Health Networks	保健	20 359.7	246	Georgia – Pacific	林产品、纸制品	20 255.0
247	Supervalu	食品杂货批发	20 209.7	248	Aventis	制药	20 162.4
249	Sharp	电子、电气设备	19 983.7	250	Bridgestone	轮胎橡胶	19 877.3
251	Weyerhaeuser	林产品、纸制品	19 873.0	252	Almanij	商业与储蓄银行	19 745.5
253	British American Tobacco	烟草	19 684.1	254	Abbott Laboratories	制药	19 680.6
255	Alstom	工业农业设备	19 627.1	256	Suzuki Motor	汽车及零件	19 467.7
257	China Telecommunications	电信	19 464.5	258	AutoNation	专业零售	19 381.1
259	Lukoil	炼油	19 345.0	260	Landesbank Baden – Wurttemberg	商业与储蓄银行	19 270.8
261	Williams	能源	19 265.6	262	Royal & Sun Alliance	财产意外保险	19 259.1
263	Samsung Life Insurance	人寿健康保险	19 159.0	264	Banco Bilbao Vizcaya Argentaria	商业与储蓄银行	19 144.9
265	Korea Electric Power	天然气与电力	19 144.3	266	Bertelsmann	娱乐	19 014.8
267	Dexia Group	商业与储蓄银行	18 889.1	268	Cisco Systems	网络通讯设备	18 878.0
269	AstraZeneca	制药	18 849.0	270	Sinochem	贸易	18 846.1
271	Gaz de France	天然气与电力	18 840.5	272	Cigna	保健	18 808.5
273	Endesa	天然气与电力	18 768.0	274	Hartford Financial Services	财产意外保险	18 733.0
275	Anglo American	采矿、钻石	18 637.0	276	Washington Mutual	商业与储蓄银行	18 629.0
277	Chubu Electric Power	天然气与电力	18 600.8	278	Adecco	人力资源服务	18 391.2
279	Mitsui Sumitomo Insurance	财产意外保险	18 294.8	280	Sara Lee	食品	18 291.0
281	3M	多样化	18 232.0	282	Cendant	不动产、酒店、租车服务	18 192.0
283	Groupama	财产意外保险	18 155.8	284	Raytheon	航天国防	18 109.0
285	UniCredito Italiano	商业与储蓄银行	18 092.2	286	Compass Group	饮食服务	18 072.0
287	Lufthansa Group	航空公司	18 059.6	288	Michelin	轮胎橡胶	18 047.6
289	Aetna	保健	17 976.4	290	Japan Tobacco	烟草	17 881.4
291	Banca Intesa	商业与储蓄银行	17 789.1	292	Idemitsu Kosan	炼油	17 669.6

续表

排名	公司名称	主要业务	营业收入（百万美元）	排名	公司名称	主要业务	营业收入（百万美元）
293	Visteon	汽车零件	17 660.0	294	Daiei	一般商品零售	17 518.3
295	News Corp.	娱乐	17 493.9	296	AMR	航空公司	17 440.0
297	Japan Post	邮递	17 430.8	298	Tech Data	电子办公设备批发	17 406.3
299	Coca - Cola Enterprises	饮料	17 330.0	300	Commerzbank	商业与储蓄银行	17 316.0
301	Lehman Brothers Holdings	证券	17 287.0	302	KarstadtQuelle	一般商品零售	17 282.5
303	Royal Bank of Canada	商业与储蓄银行	17 203.9	304	Old Mutual	人寿健康保险	17 145.4
305	McDonald' s	饮食服务	17 140.5	306	Japan Airlines System	航空公司	17 101.8
307	Northwestern Mutual	人寿健康保险	17 059.7	308	Mitsubishi Chemical	化学品	17 045.0
309	Man Group	汽车与零件	17 000.2	310	Bombardier	航天国防	16 996.2
311	Liberty Mutual Insurance Group	财产意外保险	16 914.0	312	Publix Super Markets	食品、药品店	16 848.3
313	Nationwide	财产意外保险	16 808.0	314	Sompo Japan Insurance	财产意外保险	16 794.9
315	Anthem	保健	16 771.4	316	Tenet Healthcare	保健	16 746.0
317	AT&T Wireless Services	电信	16 695.0	318	General Dynamics	航天国防	16 617.0
319	Rite Aid	食品、药品店	16 600.4	320	Skanska	工程与建筑	16 451.1
321	Groupe Danone	食品	16 376.6	322	Halliburton	石油天然气设备与服务	16 271.0
323	Hanwha	化学	16 181.8	324	Coles Myer	食品、药品店	16 042.8
325	Swiss Life Insurance & Pension	人寿健康保险	16 035.6	326	Sunoco	炼油	15 930.0
327	L' oreal	家居个人用品	15 877.6	328	Magna International	汽车零件	15 870.0
329	Gap	专业零售	15 853.8	330	Wyeth	制药	15 850.6
331	China Construction Bank	商业与储蓄银行	15 824.8	332	National Australia Bank	商业与储蓄银行	15 819.5
333	Exelon	天然气与电力	15 812.0	334	Loews	财产意外保险	15 809.6
335	Ricoh	办公设备	15 760.6	336	Lear	汽车零件	15 746.7
337	Sun Life Financial	人寿健康保险	15 741.2	338	Legal & General Group	人寿健康保险	15 729.7
339	Xerox	办公设备	15 701.0	340	Woolworths	食品、药品店	15 681.8
341	BHP Billiton	采矿、原油生产	15 608.0	342	Nippon Mining Holdings	炼油	15 551.1
343	Bayerische Landesbank	商业与储蓄银行	15 549.4	344	Deere	工业农业设备	15 534.6
345	Dentsu	广告传播	15 484.9	346	Lafarge	建筑材料、玻璃	15 457.6
347	American Electric Power	能源	15 441.0	348	Itochu	贸易	15 393.2
349	Electrolux	电子、电气设备	15 361.4	350	U. S. Bancorp	商业与储蓄银行	15 354.4
351	National Grid Transco	天然气与电力	15 300.7	352	Federated Department Stores	一般商品零售	15 264.0
353	Banco Bradesco	商业与储蓄银行	15 179.5	354	Travelers Property Casualty	财产意外保险	15 139.2
355	Sumitomo	贸易	15 126.2	356	Goodyear Tire & Rubber	轮胎橡胶	15 119.0
357	Kookmin Bank	商业与储蓄银行	15 112.4	358	Bank Of China	商业与储蓄银行	15 021.6
359	Yukos	炼油	14 966.0	360	Qwest Communications	电信	14 936.0
361	POSCO	金属产品	14 930.2	362	Migros	食品、药品店	14 880.2
363	Banco Do Brasil	商业与储蓄银行	14 844.2	364	Lagardere Groupe	出版、印刷	14 790.7

续表

排名	公司名称	主要业务	营业收入（百万美元）	排名	公司名称	主要业务	营业收入（百万美元）
365	Akzo Nobel	化学品	14 770.7	366	Computer Sciences	计算机软件与数据服务	14 767.6
367	Nippon Express	邮递包裹、货运	14 757.5	368	Royal Mail Group	邮递包裹、货运	14 623.2
369	Hilton Group	酒店	14 599.2	370	L. M. Ericsson	网络通讯设备	14 576.6
371	RAG	采矿、原油生产	14 559.2	372	Shanghai Baosteel Group	金属产品	14 548.0
373	Kingfisher	专业零售	14 536.4	374	Flextronics International	半导体、其他元器件	14 530.4
375	Air France Group	航空公司	14 509.8	376	FleetBoston Financial	商业与储蓄银行	14 442.0
377	Royal KPN	电信	14 420.9	378	Amerada Hess	炼油	14 408.0
379	Alliance Unichem	保健品批发	14 384.7	380	Kajima	工程与建筑	14 357.5
381	Kimberly – Clark	家居个人用品	14 348.0	382	Schlumberger	石油天然气设备与服务	14 278.8
383	KFW Bankengruppe	商业与储蓄银行	14 240.3	384	Aisin Seiki	汽车零件	14 211.3
385	Alcatel	电信	14 161.8	386	Taisei	工程与建筑	14 151.7
387	Anheuser – Busch	饮料	14 146.7	388	BCE	电信	14 119.0
389	Mitsubishi	贸易	14 116.4	390	Christian Dior	服装服饰	14 108.6
391	Marks & Spencer	一般商品零售	14 061.6	392	Emerson Electric	电子、电气设备	13 999.0
393	Vattenfall	天然气与电力	13 858.2	394	Tohoku Electric Power	天然气与电力	13 835.1
395	Cathay Life	人寿健康保险	13 804.6	396	Stora Enso	林产品、纸制品	13 776.2
397	Shimizu	工程与建筑	13 727.1	398	UAL	航空公司	13 724.0
399	BAE Systems	航天国防	13 710.7	400	Otto Versand	专业零售	13 708.0
401	Countrywide Financial	金融	13 659.5	402	San Paolo Imi	商业与储蓄银行	13 658.1
403	Sumitomo Electric Industries	电子电气	13 654.9	404	Alcan	金属产品	13 652.0
405	AMP	人寿健康保险	13 515.7	406	KT	电信	13 485.4
407	Hutchison Whampoa	多样化	13 473.5	408	TPG	邮递包裹、货运	13 429.5
409	May Department Stores	一般商品零售	13 343.0	410	TJX	专业零售	13 327.9
411	Eastman Kodak	科研、摄影设备	13 317.0	412	Agricultural Bank of China	商业与储蓄银行	13 303.1
413	Delta Air Lines	航空公司	13 303.0	414	Express Scripts	保健	13 294.5
415	COFCO	贸易	13 290.1	416	Nordea Bank	商业与储蓄银行	13 194.1
417	Staples	专业零售	13 181.2	418	Wolseley	多样化	13 084.9
419	Continental	轮胎橡胶	13 054.2	420	Corus Group	金属产品	13 001.2
421	Gasunie	能源	12 973.2	422	Fortum	炼油	12 893.1
423	British Airways	航空公司	12 805.6	424	Union Pacific	铁路运输	12 792.0
425	GUS	专业零售	12 785.3	426	Fuji Heavy Industries	汽车与零件	12 743.5
427	Cosmo Oil	炼油	12 691.5	428	Isuzu Motors	汽车	12 662.8
429	El Paso	能源	12 653.0	430	Telstra	电信	12 641.6
431	Plains All American Pipeline	能源	12 589.8	432	Cepsa	炼油	12 588.6
433	Eli Lilly	制药	12 582.5	434	Sodexho Alliance	饮食服务业	12 532.1
435	Seiko Epson	计算机办公设备	12 511.5	436	Nippon Yusen	海运	12 379.4

续表

排名	公司名称	主要业务	营业收入（百万美元）	排名	公司名称	主要业务	营业收入（百万美元）
437	Office Depot	专业零售	12 358. 6	438	Onex	半导体、其他元器件	12 352. 6
439	Kyushu Electric Power	天然气与电力	12 320. 6	440	Mitsui Mutual Life Insurance	人寿健康保险	12 318. 7
441	Firstenergy	天然气与电力	12 317. 7	442	Central Japan Railway	铁路运输	12 253. 1
443	Humana	保健	12 226. 3	444	CRK	建筑材料、玻璃	12 194. 0
445	Manpower	人力资源	12 184. 5	446	Whirlpool	电子、电气设备	12 176. 0
447	Winn – Dixie Stores	食品、药品店	12 168. 4	448	Edison International	天然气与电力	12 156. 0
449	Dominion Resources	天然气与电力	12 078. 0	450	Bharat Petroleum	炼油	12 053. 7
451	Dai Nippon Printing	出版、印刷	11 987. 9	452	Thales Group	航天国防	11 962. 1
453	Bank of Nova Scotia	商业与储蓄银行	11 960. 0	454	Hochteif	工程与建筑	11 922. 4
455	Obayashi	工程与建筑	11 918. 8	456	PTT	炼油	11 904. 6
457	Progressive	财产意外保险	11 892. 0	458	Manulife Financial	人寿健康保险	11 887. 3
459	Canadian Imperial Bank of Commerce	商业与储蓄银行	11 863. 7	460	Accenture	咨询公司	11 818. 0
461	Shanghai Automotive	汽车	11 754. 6	462	Hindustan Petroleum	炼油	11 750. 5
463	Reliant Energy	能源	11 707. 3	464	Solectron	半导体、其他元器件	11 700. 4
465	MBNA	信用卡	11 684. 4	466	SHV Holdings	贸易	11 624. 9
467	Marsh & Mclennan	保险经纪	11 588. 0	468	Waste Management	废物处理	11 574. 0
469	Toys “R” Us	专业零售	11 566. 0	470	Asahi Mutual Life Insurance	人寿健康保险	11 550. 6
471	Sekisui House	工程与建筑	11 544. 6	472	Diageo	饮料	11 537. 6
473	Eurohypo	商业与储蓄银行	11 535. 8	474	Kintetsu	铁路运输	11 489. 9
475	Toppan Printing	出版、印刷	11 485. 5	476	Danske Bank Group	商业与储蓄银行	11 479. 4
477	AFLAC	人寿健康保险	11 447. 0	478	Sun Microsystems	计算机办公设备	11 434. 0
479	Chubb	财产意外保险	11 394. 0	480	Kuraya Sanseido	保健品批发	11 366. 6
481	Public Service Enterprise Group	天然气与电力	11 340. 0	482	Reliance Industries	炼油	11 327. 7
483	TXU	能源	11 325. 0	484	Taiyo Life Insurance	人寿健康保险	11 275. 1
485	UPM – Kymmene	林产品、纸制品	11 258. 8	486	Southern	天然气与电力	11 251. 0
487	Power Corp. of Canada	人寿健康保险	11 238. 5	488	PG&E Corp.	天然气与电力	11 221. 0
489	Masco	家居个人用品	11 134. 0	490	Iberdrola	天然气与电力	11 111. 2
491	Asahi Kasei	化学品	11 097. 6	492	Health Net	保健	11 062. 5
493	Samsung	贸易	11 051. 4	494	Abbey National	商业与储蓄银行	11 041. 2
495	Great Atlantic & Pacific Tea	食品、药品店	11 033. 7	496	PacifiCare Health Systems	保健	11 008. 5
497	Daiwa House Industry	工程与建筑	10 841. 8	498	Swisscom	电信	10 841. 3
499	Tokyu	工程与建筑	10 830. 8	500	Toronto – Dominion Bank	商业与储蓄银行	10 827. 2

（信息来源：美国《财富》杂志）

部分行业发展状况

电子信息材料

2004年1~12月电子信息产业经济运行分析

2004年我国经济发展受到了国内国外的普遍关注，在2003年宏观紧缩经济政策的作用下，我国国民经济进行了一次大范围的“软着陆”尝试。正是由于政府采取及时、果断、有力的宏观调控措施，在深化改革和加强经济结构调整的同时，使经济运行中的一些不健康不稳定因素在2003年得到了遏制。从而保证了2004年经济的平稳较快增长，使我国经济进入了十几年来发展的最好时期。

一、基本情况

1~12月份，全国电子信息产业完成产品销售收入26 550亿元，同比增长41.7%；工业增加值为5 650亿元，同比增长410；实现利润112亿元，同比增长49.3%；上缴国家税金380亿元，同比增长31.9%；全行业完成进出口总额3 884亿美元，同比增长41.6%，其中：出口2 075亿美元，增长46.0%。

二、经济运行主要特点

1. 电子信息产业仍是全国第二产业增长的主要动力。2004年，1~12月电子信息产业完成工业增加值5 650亿元，同比增长41%，电子信息产业仍高出全国工业增长速度24.3个百分点，对全国工业增长的贡献率为20.9%，在全国工业增长速度的16.7个百分点中拉动了3.5个百分点。

2. 经济运行质量稳步提高，全行业经济效益综合指数显著攀升。从整个产业来看，2004年1~12月电子信息产业经济效益快速发展，完成产品销售收入26 550亿元，同比增长41.7%；实现利税1 500亿元，同比增长44.6%；其中制造业完成销售收入24 126亿元，同比增长40.3%；软件产业完成销售收入2 424亿元，同比增长48.4%。

（1）从经济类划分来看，外商与港、澳、台投资企业整体规模继续高出全行业总体水平。三资企业在我国信息产业完成本年累计投资823.1亿元，本年新开工项目共计577个，本年投产项目个数为326个。全年完成工业增加值3 865.8亿元，同比增长58.7%，高于全行业12.2个百分点，占全行业总体的74.4%。

（2）从行业结构来看，通信设备制造业实现利税383.2亿元，同比增长60.3%，其中完成利润311.4亿元；电子元件制造业实现利税225.9亿元，同比增长37.6%；雷达制造业比去年同期增长了40.0%；电子器件制造业完成利税总额191.9亿元，同比增长64.6%。以上4个行业利税增长均高于全国平均增长情况。

3. 软件产业通过逐步调整产业结构，市场竞争实力显著提高。2004年，随着我国软件产业政策的陆续出台和市场环境的不断改善，软件产业的规模显著扩大，保持高速的发展态势。软件和信息技术在国民经济和社会各领域得到广泛应用，进一步推动了产业结构调整，极大地推进了我国信息化建设进程。2004年1~12月份，电子信息产业软件市场完成销售额2 424亿元，比去年同期增长48.4%，其中软件产品销售收入为1 490亿元，占软件产业销售收入总量的61.5%；系统集成销售收入为934亿元，同比增长75.73%。

4. 我国电子信息产品继续高出全国出口增速10.6个百分点。第四季度开始，电子信息产品出口增长迅速，1~12月累计进出口额达到3 884.3亿美元，同比增长41.6%，其中完成出口额2 075亿美元，同比增长46.0%，比全国外贸出口平均增速的35.4%高出了10.6个百分点，占全国出口总额的35.0%，对全国外贸出口增长的贡献率为42.2%，在全国外贸出口增长35.4个百分点中拉动了14.9个百分点。

5. 消费结构的升级有力推动产业结构的进一步升级。2000年以来，我国居民消费水平逐步由温饱型向小康型过渡，提升生活质量已经成为当前的消费重点，汽车、住房、电子通讯器材、数码等新兴消费持续升温，增长迅速。从中长期来看，新兴消费品的市场需求将保持较长时间的持续增长，特别是汽车、电信产品和住宅等。

从我部重点检测的产品来看，大部分电子产品生产形势良好，其中移动通信手机产品市场发展更为强劲，各大企业为了进一步扩大市场份额，不断提升新型产品的研发能力，使该领域的经济效益继续保持快速增长，全年累计生产23 345万部，同比增长28.1%，其产销率为98.7%。微型电子计算机累计生产4 512万部，同比增长40.3%。

三、存在的问题

1. 资源紧缺和生态保护对工业发展的约束作用日益显著，走循环经济之路是我国经济可持续发展道路的唯一选择。一直以来，中国经济增长是以高速度、高资源消耗和高污染排放为基本特征的。推进循环经济主要是为了解决经济增长、资源短缺和生态环境之间的矛盾，从而使我国经济保持持续高速增长。

2. 信息产业技术创新能力和意识有待进一步提高。信息技术及产业的发展水平是衡量一个国家经济综合实力、现代化程度的重要标志。信息产业的竞争力关键在于核心技术。

（1）技术创新已成为现代制造业发展的重要基础和动力。就制造业而言，技术创新包括两个层面：一是指含有高新技术的新兴制造业；二是指利用新技术对传统制造业进行提升，增加其技术附加值，提高其竞争力。

（2）软件产业自主创新能力不足，知识产权意识有待加强。随着信息化程度在传统产业的加深，要实现我国软件产业跨越式发展，就必须抓住软件技术发展的龙头。目前，我国尚未形成自主知识产权的技术体系，多数行业的关键核心技术与装备基本依赖国外，核心硬件、系统软件大量依赖进口。这样的情况，不仅导致国内资源包括外汇大量流失，而且将导致我国在经济支柱产业受制于人，危及国民经济安全与发展。基于此，我国应当加大对民族软件产业的扶持力度，并尽快掌握具有自主知识产权的关键产业核心技术。

轻工纺织材料

2003 年，中国纺织工业纤维加工能力已经突破2 000万吨大关，2002 年我国人均纤维消费量 6. 6 千克，而 2003 年我国人均纤维消费量已经超过了 10 千克，增长了 50%，远远超过纤维加工的增长速度。

内需是拉动纺织工业生产能力增长的主要因素，外需是促进行业兴旺的重要支撑。美国、欧盟和日本经济的复苏，纺织品服装消费市场逐步繁荣，中国纺织品服装进出口也快速增长。

2003 年，中国纺织行业产品产销率达到 97. 8%，比去年提高了 0. 35 个百分点；流动资产周转 2. 21 次，比上年增加 0. 1 次；利润率和成本费用利润率分别比去年增长 0. 16、0. 18 个百分点；净资产收益率提高了 1. 07 个百分点，规模以上企业盈亏相抵后实现利润达 444 亿元，比去年增长 30. 26%。

入世之后纺织品服装出口增长迅猛，进口也在上升。2003 年全年纺织品服装累计进出口总额为 960. 70 亿美元，较上年增长 24. 15%，其中出口 804. 84 亿美元，增长 27. 72%，进口 155. 86 亿美元，增长 8. 47%。

2003 年纺织行业实现出口交货值4 186亿元，同比增长 21. 98%；对行业总产值贡献率达到了 34. 45%，较入世前的 2001 年提高了 1. 6 个百分点；纺织品服装外贸顺差占国内生产总值的 4. 56%，比 2001 年提高了 1 个百分点。外贸对纺织行业的贡献加大，纺织品服装外贸的飞速发展对国民经济和行业发展起到了越来越积极的作用。

2004 年纺织行业总体面临的困难会比 2003 年多一些，但有利因素依然存在，发展潜力仍然巨大。首先，2004 年国内消费市场的稳步增长，为纺织工业发展提供了较好的外部环境；其次，2004 年世界经济增长率可望提高到 3%，发达国家经济增长率将回升到 2. 5%。发达国家经济的增长将直接带动消费和贸易的增长，为我国的纺织品出口带来更多的机遇；三是我国纺织企业适应国际市场变化的能力进一步增强，加上我国纺织行业劳动力成本、产业配套能力、市场潜力三方面的比较优势，纺织品服装出口仍有较强的国际竞争力；四是 2004 年是纺织品服装出口受配额限制的最后一年，我国纺织行业将继续收益于取消部分纺织品服装配额限制带来的好处，加入 WTO 的积极效应将进一步释放。进口关税的进一步降低以及关税配额的增加，有利于纺织企业充分利用国内外两种资源，优化原料配置，提高竞争力。

钢铁材料

2003 年我国产钢22 234万吨，同比增长 22. 38%；产生铁20 231万吨，同比增长 19. 65%；产钢材（含重复材）24 119万吨，同比增长 24. 3%。2003 年我国钢产量首次突破 2 亿吨，并连续第八年钢产量居世界第一位，也是全球第一个年产钢量突破 2 亿吨的国家，在中国钢铁工业发展历史上具有里程碑式的重大意义。

钢铁工业对国民经济快速增长作出了巨大贡献。2003 年我国 GDP 比上年增长 9. 1%，总量达116 694亿元，按现行汇率计算，相当于 1. 4 万亿美元。国民经济的快速增长主要是靠固定资产投资和进出口的超常增长拉动的。2003 年全社会固定资产投资总额达55 118亿元，比上年增长 26. 7%。由于固定资产投资的高速增长，使全年重工业的增长幅度高达 18. 6%，比上年加快了 5. 5 个百分点。其中，增长幅度较大的主要是需要大量消耗钢材的制造业，如冶炼及压延设备制造业、发电设备制造业、机床制造业、汽车及其他运输设备制造业等，均处在超常高速增长状态。

中国在国际钢铁市场中的作用不可忽视。2003 年全世界新增钢铁的 85% 是由中国消费的。但是，目前美国经济呈现强劲复苏，欧盟经济和日本经济踏上复苏之路，2004 年全球经济增长率很可能会由 3% 上升到 4%。由此，2004 年以来钢铁的市场价格出现了国际价格比国内价格高的趋势。这表明，中国市场之外的全球钢铁市场需求也将比 2003 年有明显增长。

2004 年中国钢铁市场需求仍将保持比较旺盛的态势，钢产量将达到 2. 6 亿吨，比 2003 年增加3 800万吨，增长 16. 9%；钢材产量将达到 2. 77 亿吨，比上年增加3 580万吨，增长 14. 84%。钢材表观消费量（扣除重复统计）达到 2. 8 亿吨左右，比 2003 年增长 13% 左右；钢材、钢坯进出口数量预计可保持 2003 年的水平。

前不久，国务院办公厅转发的《关于制止钢铁行业盲目投资的若干意见》，对钢铁行业市场准入条件提出了明确的行政性法规的要求。目前国家发改委正在具体研究制订钢铁产业政策和“十一五”发展规划，明确钢铁产品中哪些是需要保护和发展的，哪些是属于不鼓励不支持的。

中国钢铁工业协会2004年工作报告（摘要）

一、2003年钢铁行业运行情况及工作回顾

2003年，是我国经济快速发展，人均国内生产总值首次突破1 000美元，达到1 090美元，跨上新台阶的一年；也是中国钢铁工业为此作出巨大贡献，钢产量首次突破2亿吨，达到2.223 4亿吨，在钢铁工业发展史上具有里程碑式重大意义的一年。

据国际钢铁协会（IISI）公布的统计资料，2003年全球粗钢产量达96 250万吨，比2002年增加5 960万吨，增长6.6%，中国增加的钢产量和中国净进口增加的钢材、钢坯折合成钢量两项合计约5 146万吨，占世界增钢量的86.34%，而世界其他地区消费钢量只增加了814万吨。

2003年是世界钢铁的“中国年”，中国改变了世界钢铁市场，使之由低迷转向景气旺盛。

1. 钢铁工业对国民经济快速增长做出了巨大贡献

2003年我国GDP比上年增长9.1%，总量达116 694亿元，按现行汇率计算，相当于1.4万亿美元。国民经济的快速增长主要是靠固定资产投资和进出口的超常增长拉动的。2003年全社会固定资产投资总额达55 118亿元，比上年增长26.7%，增幅比上年加快了10.6个百分点，固定资产投资的绝对额比上年增加1.16万亿元。由于固定资产投资的高速增长，使全年重工业的增长幅度高达18.6%，比上年加快了5.5个百分点。其中大幅度增长的主要是需要大量消耗钢材的制造业，如冶炼及压延设备制造业、发电设备制造业、机床制造业、汽车及其他运输设备制造业等，均处在超常高速增长状态。2003年我国外贸出口4 383亿美元，增长34.6%，其中机电产品出口2 274.6亿美元，增长44.8%，占全国外贸出口总量的比重首次超过一半，达到51.9%，占外贸出口增量的62.4%。房地产投资2003年1～11月的增长幅度达到32.5%，比上年增长幅度高4.3个百分点。如果没有钢铁产品供给量的大幅度增长，固定资产投资和外贸出口的超常增长是难以实现的，房地产等大量消费钢材的行业快速发展也是难以实现的。

2003年我国钢产量达到22 234万吨，比上年增加4 065万吨，增长22.38%；这不仅是我国钢产量连续第8年居世界第一，也使我国成为世界上第一个钢产量突破2亿吨的国家。这是全国冶金战线几代人艰苦奋斗的结果。2003年生产的成品钢材（包括部分重复统计钢材在内）达24 119万吨，比上年的19 404万吨增加4 715万吨，增长24.30%；进口钢材3 717万吨，同比增加1 268万吨，增长51.8%；出口钢材696万吨，同比增加151万吨，增长27.5%；钢材表观消费量（包括部分重复统计钢材在内）达到27 140万吨，由于生产和进口钢材品种结构的变化，估计表观消费量中约有2 415万吨是重复统计的，扣除后的实际表观消费量为24 725万吨，比上年增加5 003万吨，增长25.37%。

为满足市场需求，中厚板产量高速增长，全年中厚板产量达到3 279万吨（其中47.6%是热连轧机生产的），同比增加817万吨，增长33.23%；小型材的产量达到6 819万吨，同比增加1 426万吨，增长26.45%；优质型材产量达到1 377万吨，同比增加242万吨，增长21.36%。全年石油、天然气用无缝钻套管进口22.06万吨，同比下降了31.57%；出口27.09万吨，同比增长了84.33%，我国已从石油套管的净进口国变成净出口国。全年普通盘条进口60.34万吨，而出口则达到110.65万吨，增长35.74%；普通条杆进口36.96万吨（其中螺纹钢进口约23.72万吨），出口则达到97.54万吨，同比增长113.76%，其中螺纹钢出口68.80万吨。

2. 钢铁工业结构调整、技术改造、技术进步又有新进展

初步统计，通过新建和技术改造，我国热连轧宽带钢轧机生产能力由2002年的3 200万吨上升到2003年的4 608万吨，增加1 408万吨，增长44%；冷轧宽带钢轧机能力由1 129万吨上升到1 414万吨，增加285万吨，增长25.2%；镀锌板机组能力由330万吨上升到583万吨，增加253万吨，增长76.6%；彩涂板机组能力由446万吨上升到873万吨（其中钢协会员企业为104万吨，占12%），增加427万吨，增长95.7%。冷轧不锈钢薄板机组能力不完全统计约由70多万吨上升到100多万吨，增加30多万吨，约增长42.8%。同时又有一批新的板带材轧机、涂镀层生产线及型线材生产线开工建设。由于新建机组多数设备制造拖期，调试时间长，当年大部分能力没有发挥。

占全国钢产量85.26%的重点统计的大中型钢铁企业连铸比由92.89%上升到95.30%。因铁、钢比下降，吨钢综合能耗由807千克标准煤降到770千克标准煤，下降3.8%。高质量要求、高附加值产品产量有显著增长。其中，低合金中厚板产量增长62%，压力容器板增长65%，锅炉钢板增长48.6%，集装箱板增长40%，管线钢板增长45%，桥梁钢板增长26%，造船板增长10%，不锈钢材增长59.3%，轴承钢材增长39.1%，齿轮钢材增长22%，模具钢材增长31.5%，合金结构钢材增长19.9%。

节能、节水、环境保护先进技术得到了进一步推广。

3. 钢铁产品市场总体呈供不应求态势，价格上涨，企业实现利税大幅度增加

国内钢材综合价格指数由2002年12月末的84.43点，上升到2003年12月末的105.86点，上涨21.43点。协会监测的8种钢材价格指数，除热轧板卷和热轧无缝钢管两个品种指数接近100点外，其余品种钢材价格指数均超过100点，创1994年以来新高。由于产量增加，品种结构改善和销售价格上涨，企业实现利税大幅度增加。重点统计的大中型钢铁生产企业全年累计实现销售收入6 330亿元，同比增长49.15%；实现利税927亿元，同比增长

64.75%，其中实现利润471.5亿元，同比增长100.32%以上。上海宝钢集团实现销售收入1 151.31亿元，按现行汇率约为139亿美元，比上年增长48.12%，有望进入世界500强行列。

4. 铁、钢产能扩张迅猛，产品结构调整仍然艰巨，原燃料供应等制约因素显现

初步统计，2003年新建成炼铁高炉81座，能力约3 542万吨，其中>1 000立方米高炉只有6座，能力1 000万吨，占28%；新建炼钢炉60座，能力3 475万吨，其中>100吨转炉8座，能力940万吨，占27%。

2003年产品结构矛盾仍然比较突出，国产板材产品仍不能满足国内经济发展的要求。在2003年全年进口钢材中，有近90%是板材，普薄板全年进口量达到2 424.79万吨，其中冷轧普薄板964.67万吨，热轧普薄板697.54万吨，镀锌板和各种镀层板760万吨，冷轧硅钢片158万吨，不锈钢板275万吨，合金钢板材及型材75万吨。这些高附加值产品的进口量占国内消费量的比重在35%~70%。这说明产品结构调整的任务依然艰巨，我国现代化冷连轧薄板生产线的建设速度仍然滞后于市场需求。

由于钢铁生产的快速增长，造成铁矿石、焦炭、焦煤等原燃料供应紧张，价格暴涨；部分地区电力供应短缺，铁路运输和港口接卸能力不足，制约我国钢铁工业发展的矛盾日益突出；炼焦煤供应不足，特别是焦煤质量下降导致焦炭质量下降，自改革开放以来首次出现了吨钢可比能耗上升的现象。2003年，钢铁企业炼铁工序能耗上升了9千克标准煤/吨。平均电炉钢冶炼电耗由吨钢416千瓦时上升到421千瓦时。因铁、钢比下降，吨钢综合能耗有所下降，但吨钢可比能耗却上升了11千克标准煤。由于铁精矿、焦煤、焦炭价格大幅上涨，资源供不应求，以及运输费用大幅上升，使国内钢铁企业成本竞争优势受到削弱。

二、2004年钢铁行业面临的新机遇和新挑战

（一）2004年中国钢铁市场需求预测

2004年是充满发展机遇和挑战的一年。各方面的预测显示，全球经济增长率将由3%上升到4%，美国经济呈现强劲复苏，欧盟经济有望实现温和增长，日本经济踏上复苏之路，亚洲经济将继续呈加速增长趋势；全球经济结构调整加快，世界贸易可望增长5%以上；除中国外的世界钢铁产品市场需求将比2003年有明显增长。

2004年我国经济将继续快速发展，国内生产总值将增长7%以上；外贸进出口总额增长8%以上；全社会固定资产投资将增长12%以上。许多经济学家和研究机构认为，2004年国内生产总值将增长8%以上，外贸进出口总额将增长15%左右，全社会固定资产投资将增长20%左右，但考虑生产资料价格上涨，实际增长率约15%左右。

依据上述分析，预测2004年中国钢铁市场需求仍将保持比较旺盛的态势，钢产量将达到2.6亿吨，比2003年增长16.9%；钢材表观消费量（扣除重复统计）达到2.8亿吨左右，比2003年增长13%左右；钢材、钢坯进出口数量预计可保持2003年的水平。

（二）紧紧抓住发展的新机遇

一是产品结构优化发展的新机遇。

2002年和2003年两年我国经济的强劲增长和钢材市场的旺盛需求说明，我国经济已进入新一轮以重化工业为主导的增长期，并形成了以汽车、房地产、装备制造业为主的高增长的产业群；国外制造业正加快向我国转移；我国社会消费结构将向发展型、享受型升级，从而推动产业结构的升级，必然要求钢材品种结构和质量水平要与之相适应，给我国钢铁产品结构优化提供了发展新机遇。我们要坚持在调整产品结构中发展总量，扩大市场，提高竞争力，避免低水平重复建设。

二是企业深化改革的新机遇。

党的十六届三中全会作出的《关于完善社会主义市场经济体制若干问题的决定》，为国企深化改革指明了方向。当前是国有企业深化改革，解决深层次矛盾最有利的时机。钢铁企业应抓住深化改革的新机遇，以建立现代产权制度和规范的法人治理结构为核心内容，全面推进改革，建立健全规范的现代企业制度。尽快使股份制成为国有和国有控股钢铁企业的主要实现形式，通过规范上市、中外合资、互相参股、并购重组等方式实现投资主体多元化。企业应积极寻找战略投资者，吸引外资和民营资本，发展混合所有制经济；提倡企业联合重组，组建具有较强国际竞争力的大型钢铁集团；采取多种形式推进辅业改制，让民营企业更多地进入辅业经营。

三是企业加大科技开发和环境保护投入的新机遇。

目前是钢铁企业经营状况最好的时期，大多数企业销售利润率、资产负债率等主要财务指标达到了历史最好水平，企业自有资金充足，盈利能力和抵御风险能力明显增强。因此，企业应抓住加大科技开发和环境保护投入的新机遇，转变增长方式，提高增长质量和效益。

（三）积极应对新的挑战

一是资源、能源、交通运输等制约因素的挑战。

由于钢铁工业的快速发展，从去年下半年开始出现了铁矿石、焦炭、焦煤供应，以及电力、交通运输紧张的情况，这些制约因素在短期内难以得到根本缓解，对此我们必须认真研究，拿出切实有效的对策。

首先，从铁矿石、焦煤、焦炭资源情况看：

铁矿石资源：目前国内铁矿石资源储量有400多亿吨，可供开采的有200多亿吨，而达到经济开采规模的只有80多亿吨，如按照年产铁矿石3亿吨计算，可供开采不足30年。预计今年总产量将达到3.2亿吨，比2003年增加6 000万吨，折合铁精矿可增加2 857多万吨。从今年铁矿石（精矿）进口资源情况看，印度今年可增产500万吨精矿；力拓铁矿增加1 200万吨精矿，BHP增加600万吨；CVRD增

加1 400万吨，全球海运贸易量共增加4 500万吨左右，如果新增铁精矿75%供给中国，2004年我国可能增加进口3 300万吨左右。也就是说，国内国外新增铁精矿约6 100万吨左右，基本可满足新增生铁3 800万吨的需要。随着澳大利亚、巴西两国扩大铁矿生产能力，预计到2005年第四季度，铁矿石资源供应紧张的情况可得到缓解。

焦煤和焦炭资源：我国煤炭资源丰富，但主焦煤资源相对不足，2003年我国共生产焦炭13 879万吨，增长20.75%，其中，出口焦炭1 472万吨，由于焦炭和煤炭大量出口，造成国内焦炭供应紧张。国家已经决定，今年将适当减少煤炭和焦炭出口量，并从1月1日起将动力煤、无烟煤的出口退税率由13%调至11%，炼焦煤由13%调至5%，焦炭由15%调至5%，这些措施将有助于增加国内市场焦炭供应量。但由于我国焦煤生产能力不足，煤矿建设跟不上市场需求增长，从总体上看，焦炭供应偏紧的情况近期难于得到根本缓解。

第二，从电力供应情况看：

国民经济持续快速增长，带动用电需求全面高涨。高耗能行业高速增长，用电结构重型化和电力投资连年偏低，造成电力供应能力不足。据国家电力总公司公布的电力分析报告称，2003年末全国装机容量3.85亿千瓦，2004年预计增加3 500万千瓦，2005年将增加5 000万千瓦，2006年将增加6 200万千瓦，电力供应紧张的状况要到2005年下半年才可能缓解，到2006年才能够实现基本平衡。

第三，从交通运输情况看：

钢铁行业作为资源密集型产业，原料和产品大进大出，形成对运输特别是铁路、水路运输的极大依赖。2003年国有铁路运量为19.9亿吨，比上年增长6.5%；主要港口吞吐量20.26亿吨，比上年增长18.7%。由于铁路运力不足，给钢铁企业正常生产经营带来很大影响，今年铁路运输紧张状况不会有明显缓解。

二是国际竞争日趋激烈的挑战。

2003年12月初美国、欧盟先后宣布取消钢铁保障措施，12月26日我国商务部宣布取消钢铁保障措施。由于国际贸易形势的变化，给中国钢铁市场增加了不确定因素，今年进口钢材全面放开，既没有配额也没有高关税；从总体上讲，世界钢铁产能过剩状况仍未改变，尤其是生产高附加值产品的产能尚未完全释放；目前我国钢材价格正处于高价位区运行，易刺激钢材过量进口；国内一批生产高附加值产品的新建和技改项目新增产能将逐步发挥。受上述因素影响，国产钢材与进口钢材争夺中国国内市场的竞争将日趋激烈。

三是国内市场部分钢材品种可能出现供求失衡的挑战。

从总体上来看，今年钢铁行业不会出现严重供求失衡的情况，主要是因为原料不足，运力不足抑制了产能的发挥。初步调查，2004年新建高炉产能增加约5 200万吨，新建炼钢产能增加3 900万吨。铁、钢产能扩张势头虽然很猛，但受资源和运输、电力等外部条件制约，投入高、产出低的风险增大，要增强忧患意识，早做应对思想准备。今年由于国内新建项目在5、6月份以后投产的较多，部分品种将有可能出现供求失衡，价格下滑。初步调查显示，今年有可能出现产能过剩的产品有窄带钢、中小型材和彩涂板。

三、促进钢铁工业全面协调可持续发展——2004年协会重点工作

2004年中国钢铁工业协会工作的指导思想是：坚持以"三个代表"重要思想为指针，认真学习贯彻党的十六大、十六届三中全会和中央经济工作会议精神，紧紧抓住新机遇，积极应对新挑战，坚持以结构调整为主线，努力提高钢铁行业增长的质量和效益，维护市场公平竞争，有效协调原燃料供应，不断提高协会的工作水平，为促进钢铁工业全面、协调、可持续发展作贡献。

2004年协会将重点开展以下工作：

1. 积极促进企业深化改革、改制、重组，提高产业集中度

继续深化企业改革是促进钢铁工业持续发展，提升钢铁工业竞争力的客观要求。今年协会将把促进企业深化改革作为一项重点工作来抓，组织力量到企业调研，了解和总结企业在改革、改制、改组方面的经验，重点总结企业建立现代产权制度，规范现代企业制度，实现投资主体多元化；加快主辅分离，辅业改制；进一步转换经营机制，进行薪酬制度改革；贯彻中央人才工作会议精神，实施人才强企战略，发现、培养、使用、留住人才等方面的经验。根据会员企业要求，组织制定行业人才流动准则，避免人才无序竞争，依法维护企业商业秘密。开展企业并购重组，提高产业集中度，发展具有国际竞争力大型钢铁集团方面的调查研究。

2. 促进在生产高附加值产品领域的国际合作，推进我国钢铁工业生产技术水平的跨越式发展

在更高层次、更宽领域加强与世界一流钢铁企业集团合作，是尽快缩小与世界先进水平差距，提高我国钢铁工业竞争力，实现跨越式发展的必然选择。协会建议合作的重点应放在生产高技术含量、高附加值产品方面，有条件的企业应认真做好调研，抓住有利时机，积极寻找合作伙伴，进行各种方式的合资合作。特钢企业应积极寻找生产汽车零部件等专用特殊钢材的合作者。

3. 研究制定钢铁行业走新型工业化道路，实行可持续发展战略的技术支撑措施建议

今年上半年协会将组织行业力量，研究制定钢铁行业走新型工业化道路，实行可持续发展战略的技术支撑措施建议。把加快企业技术进步，提高产品质量，推广包括新型高强度钢、节能、节水、环保技术等方面的国内外先进经验，实施采用这些先进技术可供企业选择的专利技术、

设计和制造单位具体应用实例和效果等为企业提供信息服务。

4. 组织协调建立稳定的原燃料供应基地

从长远发展战略着想，协会将把配合企业建立稳定原燃料供应渠道作为一项重要工作：一是在做好联合买矿工作的同时，加快实施在国内外联合办铁矿、煤矿工作；二是要加强与运输企业、有关部门及行业协会的协调与合作，建立稳定的长期战略合作关系。

5. 认真贯彻市场准入条件等行政法规，抑制盲目、低水平产能扩张

国务院办公厅转发的《关于制止钢铁行业盲目投资的若干意见》，对钢铁行业市场准入条件提出了明确的行政性法规的要求。协会将认真做好《意见》贯彻落实情况调研，和通过行业信息发布让投资者和金融机构了解产能扩张情况，增强对市场风险的忧患意识。目前国家有关部门正在研究制订钢铁产业政策和“十一五”发展规划，协会将积极参与有关工作，及时反映企业的意见。

6. 维护市场公平竞争秩序

除继续加强进口钢铁产品可能对我国钢铁产业造成严重损害或严重损害威胁的预警监督外，今年从维护市场公平竞争原则出发，组织开展企业税费负担调研。就钢铁联合企业、独立炼铁企业、独立轧材企业、特钢企业，国有和国有控股企业与民营企业、外资企业、合资企业，中央直管国有和国有控股企业与地方省、市直管国有及国有控股企业、上市公司等各类企业税费负担进行调研，并提出评价意见和建议。同时，协会还将在调查研究的基础上，依据《反不正当竞争法》等法律、法规，抓紧制订符合钢铁行业的行规行约，进一步加强行业自律，规范钢铁企业的市场经营行为。

在做好上述六项工作的同时，要继续发挥协会各专业委员会和信息与自动化推进中心的作用，认真搞好市场监测和分析、进出口协调、反倾销起诉和应诉、加工出口专用钢材、行业统计、对标挖潜、新产品推介、科技开发、环境保护、信息化建设、国际交流与合作及协会自身建设等方面的工作。

（资料来源：中国钢铁工业协会会长吴溪淳，2004 年 2 月 16 日）

中国钢铁工业协会 2005 年工作报告（摘要）

一、2004 年我国钢铁行业发展状况

2004 年是我国钢铁工业发展史上又一个不平凡的一年。在党中央、国务院的正确领导下，由于加强和改善宏观调控，使钢铁工业低水平盲目扩张的势头得到遏制，以法律手段和经济手段为主的宏观调控政策措施，对保证我国钢铁工业今后的健康发展奠定了坚实的基础。

2004 年是我国钢铁工业连续实现高速发展的第三年，是结构调整取得显著进展的第二年，也是我国钢铁工业走新型工业化道路，实现可持续发展取得新成绩的一年。全年产钢 2.72 亿吨，比上年增加5 046万吨，是历史上增产数量最多的一年。由于技术进步，品种结构改善，质量稳定提高，出现了进口钢材减少，出口钢材增多，净进口钢材大幅度下降的可喜局面，为我国经济的稳定快速增长做出了新的巨大贡献。

2004 年我国钢铁行业发展出现了以下新变化：

1. 在钢铁产量继续高速增长的同时，钢材消费增长幅度显著回落

由于我国各地方统计局系统的钢材统计不够严格、规范，没有认真统计钢材重复加工量，导致不能准确地计算出全国的成品钢材产量，无法准确分析成品钢材生产和消费的情况。因此，有必要用分析钢的表观消费来代替分析钢材的表观消费。

2004 年我国生产钢 27 279.79 万吨，比上年增长 22.7%。进口钢材2 930万吨，同比下降 21.2%，出口钢材1 423万吨，同比增长 104.60%，净进口钢材1 507万吨，比 2003 年减少1 514万吨，下降 50.12%；进口钢坯 386 万吨，出口钢坯 606 万吨，净出口钢坯 220 万吨。把净进口钢材和净出口钢坯折算成净进口钢约1 383万吨，比 2003 年的净进口钢3 655万吨，减少2 272万吨，下降 62.16%，这是具有重大意义的历史性转折。一方面说明这几年钢铁工业发展总体上是健康的、积极的、卓有成效的；另一方面也提示我们，钢铁工业进一步扩大产能的空间比以前缩小了，2004 年增加的钢产量中有 45% 是用于顶替进口和扩大出口的。2004 年按钢计算的表观消费增长率由 2003 年的 25.8% 降到了 10.71%。根据我们对社会钢材库存的调查，由于社会库存的大量减少，钢材实际消费增长率约在 13% 左右。

钢材消费增长幅度回落的原因主要是 2004 年固定资产投资增幅比 2003 年回落 4 个百分点（实际值，名义值回落 1.9 个百分点），特别是消费钢材强度较大的钢铁、电解铝、水泥等行业投资增幅回落较大；制造业中用于钢铁和有色工业自身发展的“冶炼设备”增长幅度由 2003 年的 103.4%，回落到 18.7%；汽车制造增幅由 2003 年的 33.34%，回落到 14%。

按钢计算的表观消费增长率，2002 年为 21.2%，2003 年为 25.8%，2004 年回落到 10.71%，是否表明我国经济增长对钢的需求由前两年的超常增长转入稳定较快增长，值得认真研究。

2. 钢铁工业固定资产投资增幅得到控制，投资结构进一步优化

国家出台的一系列宏观调控措施，使钢铁工业固定资产投资增长势头得到了一定的控制。2004 年钢铁工业固定资产投资额累计完成1 780.82亿元，比上年增长 26.9%，

增速比上年回落65.1个百分点。

据初步的不完全统计，全国新增炼铁能力5 600多万吨，炼钢能力5 500多万吨，轧钢能力5 600多万吨。投资结构进一步优化，钢协会员企业全年新建投产1 000立方米以上大型高炉16座，产能占新增总量的62.8%；新增热连轧宽带钢轧机及炉卷轧机生产能力914万吨/年，新增冷轧宽带钢轧机生产能力434万吨/年，新增镀锌板生产能力291万吨/年；新增彩涂板生产能力143万吨/年；新增不锈钢冶炼能力72万吨/年，不锈钢热轧板卷能力70万吨/年，不锈钢冷轧板卷能力57万吨/年；改造新建现代化的钢轨生产线2条；棒线材生产线11条；高速线材轧机生产线4条。此外，还有一大批先进的节能降耗和环保技改措施及提高产品质量和实行管理信息化的项目建成投产。我国钢铁工业主体的现代化水平又迈上了一个新台阶。

3. 产品结构调整取得成效，板材和特殊钢材增长幅度较大

2004年钢铁产品结构调整又有新的进步，全国生产热连轧及炉卷轧机板卷4 844万吨，比上年增加1 104万吨，增长29.52%；生产冷轧板卷1 246万吨，比上年增加327万吨，增长35.65%；中厚板轧机生产的中厚板2 071万吨，比上年增加320万吨，增长18.30%；厚板轧机生产的特厚板221万吨，比上年增加45万吨，增长26.9%。生产镀层板497万吨，比上年增长33.16%。钢铁会员企业生产的冷轧不锈钢薄宽带和薄板合计首次超过100万吨，比上年增长33.76%。

2004年我国特殊钢产品结构进一步优化，生产的合金钢材比上年增长21.16%，不锈钢产量达230万吨，比上年增长30%，继续保持世界前4名，特殊钢比例达到占全国钢产总量的14.2%，接近工业发达国家15%的平均水平，其中，合金钢比例达到7.28%，改变了多年来我国特殊钢比例仅占全国钢产量8%～10%，合金钢比例仅为4%～5%的徘徊局面。

4. 钢铁产品进出口形势出现历史性转折，钢材（坯）出口大幅度增长，创历史新高

从1998～2003年，我国年进口钢材量从1 241万吨逐年上升到3 717万吨，增长199.5%。2004年出现了历史性转折，进口钢材6年来首次出现负增长，比上年下降21.20%；出口钢材增长104.60%；由上年净进口钢坯441万吨转为净出口钢坯220万吨，结束了多年来我国钢坯净进口的历史；我国钢消费量的自给率由上年的85.88%，上升到95.17%，提高9.29个百分点。

2004年5～12月，连续8个月进口钢材同比下降，平均日进口6.46万吨，相当于年进口2 358万吨水平；出口钢材2004年4～12月连续9个月同比上升，平均日出口4.58万吨，相当于年出口1 672万吨水平。但进出口钢材的品种结构差异仍然较大，进口钢材中板材比例仍高达85.6%，一些高技术含量、高附加值产品进口比例仍然较高。进口热轧合金钢条杆增长44.3%，冷轧合金钢条杆增长61.8%，热轧合金中厚宽钢带增长171.1%，镀锡板增长13%；石油天然气钻探无缝管增长23.5%，高压锅炉钢管增长90.4%。

我国钢材出口在2004年实现了历史性突破，首次超过1 000万吨，比上年翻一番。出口钢材结构也出现了可喜变化，出口高附加值的板带材比例由2003年的26.1%上升到40.6%，超过长材出口比例，成为我国出口钢材中的主要品种。

5. 钢铁生产成本大幅上升

2004年受原燃料、电力及运输涨价影响，钢铁企业生产成本大幅上升，企业的资源、供应链、区位、规模优势在成本竞争中开始显现。生产规模小、没有自产矿或自产矿比例很小、远离原燃料产地、运距长的企业，成本压力增大。

2004年1～11月重点大中型钢铁企业炼钢生铁制造成本与2003年同期相比上升了46%。

自有矿使用量在70%以上的企业，平均炼钢生铁制造成本只上升了29.87%；自有矿在30%～70%的企业，上升了39.31%；而自有矿在30%以下的企业则上升了51.67%。

华北地区钢铁企业平均炼钢生铁制造成本上升了42.48%，东北地区上升了32.38%，华东地区上升了49.37%，华中地区上升了58.41%，西南地区上升了56.84%，西北地区上升了39.05%。500万吨以上企业炼钢生铁制造成本低于重点大中型企业平均成本，增幅5个百分点。

6. 受国际钢材市场影响，国内钢材价格处于高位运行，企业盈利创历史最高水平

2004年由于世界经济复苏强劲，钢材市场需求旺盛及原料价格上涨，使全球钢材价格不断攀升。CRU国际钢材价格综合指数由2003年末的106.8点上升到2004年末的152.18点，上涨42.4%，从而带动国内市场钢材价格攀升，虽出现阶段性波动，但总体在高位运行。

2004年国内市场钢材综合平均价格比2003年上涨24.10%。其中，普通线材平均价格涨幅23.53%，螺纹钢平均涨幅20.72%，中厚板平均涨幅25.50%，冷轧薄板平均涨幅21.02%，热轧板卷平均涨幅为34.25%。但2004年12月份钢材价格与年初1月份比较，品种之间差距拉大。线材和螺纹钢低于年初价格，分别降低了12.13%和11.15%，而中厚板上升了15.25%，热轧板卷上升了23.13%，冷轧薄板上升了30.10%，镀锌板上升了18.08%，热轧无缝管上升了19.16%。

由于产量增长，结构改善，消耗下降，产品价格大幅度上升，企业效益取得历史最好水平。

2004年协会会员钢铁企业实现销售收入10 052.3亿元，同比增长52.42%；实现利税1 376.2亿元，同比增长

44.74%；实现利润811.8亿元，同比增长68.31%，均创历史最好水平。

实现利润超过15亿元的宝钢、鞍钢、武钢、马钢、沙钢、华菱、唐钢、济钢、太钢、南钢、莱钢、首钢等12家企业，它们的实现利润占钢铁企业实现利润总额的69.42%。

7. 钢铁企业向大型化发展和与国外先进企业合作步伐加快

2004年钢铁协会会员企业生产的钢占全国产量的85.11%，其中年产钢超过200万吨的企业由上年的35家上升到43家，超过300万吨的企业由上年的18家上升到26家，超过500万吨的企业由上年的13家上升到15家，超过700万吨的8家，超过800万吨的5家，超过900万吨的3家，超过1 100万吨的2家。年产超过300万吨以上钢铁企业的钢产量已占全国钢产量的60%以上。

特钢企业资产重组，做大做强取得重大进展。大连、抚顺、北满三个特钢企业联合重组为东北特殊钢集团公司；中信泰富收购冶钢组建湖北新冶钢集团公司，与兴澄特钢供销实现整合，为在华东—中南地区组建大型特殊钢集团公司创造了条件；上海宝钢集团一钢公司不锈钢生产线投产和五钢公司特殊钢技术改造基本完成以及太钢100万吨不锈钢生产线技改完成等等，由此四大特殊钢企业集团已初见端倪，在东北、华北、上海、华东—中南等老工业基地形成新的特钢格局，从而改变了我国特殊钢行业的面貌，提高了竞争力。

鞍钢与蒂森克虏伯合资合作组建的专门生产汽车用镀锌板生产线在大连投产；宝钢与新日铁、阿塞洛联合组建的年产170万吨冷轧板（主要是汽车用镀锌板）生产线即将建成；广钢与日本JFE合资合作组建的广州JFE钢板有限公司的南沙镀锌钢板厂和本钢与浦项钢铁合资合作组建的冷轧板厂正在抓紧建设；宝钢集团五钢公司与日本大同特殊钢公司联合生产汽车用特殊钢的战略合作协议已经开始实施。

8. 民营钢铁企业发展进一步加快

2004年我国民营企业生产钢8 013.5万吨，占全国钢产量的29.37%。其中14家民营会员企业生产钢3 952.23万吨，占全部会员钢铁企业钢产量的17.02%，产量比上年增加1 051.84万吨，增长36.27%，高于全国增长幅度13个百分点，高于会员企业平均增幅17个百分点。

二、2005年我国钢铁行业面临的形势及协会重点工作安排意见

（一）2005年钢铁行业面临的形势

中央经济工作会议指出：2005年是贯彻落实科学发展观、巩固宏观调控成果、保持经济社会良好发展态势的关键一年，也是全面实现“十五”计划目标、衔接“十一五”发展的重要一年。按照中央经济工作会议精神，对我国钢铁行业而言，2005年也是我国钢铁工业实现历史性转折关键的一年。2005年我国钢产量将达到或超过3亿吨，这将是一个历史的大跨越。它标志着今后的发展必须更加谨慎，必须由注重数量的增长，转向更加注重增长质量的提高和结构的优化，更加注重全面、协调、可持续的发展。

2005年钢铁行业保持健康平稳运行主要取决于以下几个方面：

生产能力

2004年第四季度，我国平均日生产钢已经达到了年产钢3亿吨的水平。但从2005年还将有新的生产能力投入运行看，今年将具有再增加4 300多万吨钢的生产能力，决定新增能力能否完全释放，将最终取决于国内外市场需求和原燃料、电力、运输等生产条件的保障程度。

市场条件

2005年市场能不能消化新增的4300多万吨钢。主要看三个方面：第一，进口钢材还能减少多少；第二，国内消费能够增加多少；第三，出口能够增加多少。从顶替进口、扩大出口和国内消费增长三方面看，2005年国内外钢材市场需求增长幅度比2004年均将有所回落，同时不确定因素增多。如果新增钢材品种结构不完全适应国内外市场需求，也将出现部分产能过剩的局面。

生产条件

（1）铁矿石。2004年进口2.08亿吨，实际消费进口矿约1.84亿吨，其余为港口增加了库存和企业增加了库存。2005年国内铁矿增产幅度将高于2004年，特别是国内低品位铁矿在进口矿价大幅上涨情况下能得到更多的利用。因此，总的铁矿资源量偏紧的情况比2004年有所缓解。进口铁矿价格如再大幅度上涨，生产长材的企业将难以承受，对进口矿的需求将随之减少。

（2）焦煤。预计2005年国内增产焦煤数量不如2004年，部分企业将增加进口焦煤数量。进口焦煤大幅度涨价，国内焦煤也有较大幅度提价，部分企业也将难于承受。

（3）电力。电力建设2004年新增发电装机容量5 100多万千瓦，2005年预计新增6 000万千瓦，电力供应紧张状况将有较大缓解。

（4）运输。从各方面情况看，2005年铁路运输紧张的形势将更为严重，将更多依赖公路，这将导致运输成本进一步增加。

根据以上分析，2005年钢铁生产形势的特点是：一方面市场消费增长幅度回落和全球钢铁产能继续增长，意味着钢材价格除个别品种外，进一步上涨的可能性已经很小；而另一方面企业生产成本将进一步上升。即使2005年钢材价格保持在2004年的水平，由于原燃料大幅度涨价，制造成本大幅度上升，将使钢铁行业的利润空间大大压缩，国内外市场将会出现激烈竞争的局面。

当前我国钢铁工业正处于一个新的历史转折期，就是按照党的十六大和十六届三中全会提出的树立和贯彻落实

以人为本，全面、协调、可持续的科学发展观，走新型工业化道路，实现由钢铁大国向钢铁强国的转变，建设具有强大竞争力的可持续发展的中国钢铁工业。

面对钢铁行业出现的新形势，要高度重视解决好四个方面的问题：第一，必须高度重视在总体上（包括在建项目）钢铁产能对国内市场而言已供大于求的情况下，新上项目必须有强大竞争力，能够淘汰落后和进入国际经济大循环。第二，必须高度重视牢固建立原燃料供应基地，与合作者建立战略联盟，并努力降低运输成本。这是关系到具有3亿吨钢生产能力的中国钢铁工业今后稳定发展的全局性问题。第三，必须高度重视按照中国的国情，推进国有和国有控股企业的联合重组和包括民营企业在内的投资主体多元化，提高产业集中度，增强大企业集团调控市场的能力，推行专业化分工，提高自主开发创新能力和大力降低成本。当务之急，是国有资产出资人代表担负起历史重任，抓住有利时机推进企业的联合重组。第四，必须高度重视建立比较稳定的产品销售网络和加工配送中心，与用户建立牢固的战略合作关系。

（二）2005年协会重点工作安排意见

2005年中国钢铁工业协会工作总的要求是：认真贯彻中央经济工作会议精神，按照科学发展观的要求，继续加快产业结构调整，努力转变增长方式，把提高市场竞争力作为行业和企业的第一要务，把为用户创造价值最大化和实现生产要素配置利用效率最大化作为企业的追求目标，着力提高产品质量，积极开发新品种，不断提高国产钢材的国内外市场占有率；着力加强节能降耗、降低成本，改善环保，提高可持续发展的能力。

2005年协会的重点工作如下：

1. 转变增长方式，大力推进节能降耗，改善环保

一要大力宣传推进节能降耗，改善环保，在保护知识产权的前提下，加大总结交流推广先进经验的工作力度。推广上海宝钢集团发布“年度环境报告”的经验，希望年产钢500万吨以上的大企业集团都实行“年度环境报告”制度。

二要进一步完善和规范“对标挖潜”指标，并把国外先进钢铁企业的指标纳入“对标挖潜”指标体系；要着手研究确立钢铁企业竞争力评价体系；继续搞好主要工序制造成本“十佳”单位的评选工作。

三要认真贯彻落实国家有关建设节约型社会的方针政策，组织编制《钢铁行业节能中长期专项规划》；加快技术创新，组织关键技术开发和产业化示范工程，突破资源节约的技术瓶颈。组织推广重大节能节水和资源综合利用技术，重点是高炉、转炉干式除尘技术，转炉负能炼钢技术，减少高炉炉渣的综合技术；进一步完善钢铁行业能耗指标统计范围。

2. 加强对国内外钢铁市场的分析研究和钢材出口监测工作

（1）改进国内钢铁市场分析工作，加强对原燃料和钢材消费强度变化的原因分析，及时掌握新增产能的投产达产情况；加强对国内制造业的发展态势以及电力建设、造船、煤炭、铁路建设、城市轨道交通等新增市场需求以及传统制造业向中国转移，机电产品扩大出口的系统调研工作。进一步加强和改善钢材社会库存的统计分析工作。

（2）对“十一五”期间钢材市场需求做深入研究，结合国家“十一五”规划和钢铁产业发展规划，提出《中国钢铁市场2006～2010年需求预测报告》。

（3）加强对国际市场的分析研究和出口协调工作。要紧紧抓住世界经济复苏给钢铁工业发展带来的机遇，加强对出口对象国的市场需求和我国钢材出口出现问题的分析研究，要适时地协调出口工作，建立钢铁产品出口预警机制，汇总会员企业出口情况，定期通报进出口形势和出口结构。

3. 继续加强进口铁矿石协调工作和国内铁路运输疏通工作

积极支持企业“走出去”，以投资和其他合作方式参与国外铁矿资源的开发；继续做好进口铁矿石行业协调和自律工作。加强同国内铁矿、煤炭企业合作；抓住当前有利时机，促进国内铁矿山尾矿开发利用和低品位矿的采选。加强与铁路运输部门联系，协助会员企业解决有关煤炭和进口矿石运输方面出现的紧急问题。

4. 积极主动参与国际钢铁协会的活动

中国钢铁工业对全球钢铁工业的影响日益加大，同时国际钢铁市场对中国钢铁行业影响也日益加大，组织企业积极参与国际钢铁协会的活动，不仅有助于促进相互了解，也有利于我们在国际钢协中发挥应有的作用。协会今年将组织有关企业参加国际钢协的部分专项技术工作委员会的活动。

5. 促进产品质量提高，不断开发新品种

在钢铁行业深入推行全面质量管理、卓越绩效评价国家新标准，从培训入手，在会员企业中广泛导入卓越绩效模式和6σ精益管理方法。同时，对已获得的冶金产品实物质量认定“金杯奖”产品，加大“年度监督抽查”力度。继续做好X80管线钢、石油战略储备库建设用高强度钢以及新一代钢铁材料超细晶粒钢等新产品开发与推广应用工作。

6. 组织行业力量进行《“十一五”冶金产业技术发展规划》的编制工作，向政府有关部门提出建议，作为引导行业重大关键性技术与装备研究与开发的依据。

7. 继续做好“加工出口专用钢材”工作，提高国产钢材的市场占有率

搞好今年的“加工出口专用钢材”工作，首先要巩固成果，要在去年基础上，进一步增加“加工出口专用钢材”的数量。其次要积极满足用户的需求，扩大“加工出口专用钢材”的品种，进一步提高高技术含量、高附加值产品的比例，拟订“加工出口专用钢材”空缺产品目录，引导

企业产品结构调整。

8. 继续加强国际交流与合作

做好第四届中国钢材市场与贸易国际研讨会（广州）；第四届上海国际不锈钢大会及展览会；第五届中国钢铁原料国际研讨会（青岛）等重要国际会议的筹备工作；继续搞好与有关国家（地区）钢铁界的交流和对话。

9. 充分发挥代管协会的作用

特钢、铁合金、炼焦、耐火、炭素等代管行业协会一年来在为本行业服务方面做了大量的工作，受到企业的欢迎。钢铁协会今后将进一步加强对代管协会的支持和指导。

此外，要继续做好新的《中国钢铁工业统计指标体系》的推行工作，切实解决新统计指标体系在执行过程中出现的问题，根据行业和企业发展的需要，拓展信息统计数据范围，不断提高统计数据的质量；贯彻落实《国务院关于鼓励支持和引导非公有制经济发展的若干意见》精神，对我国民营钢铁企业现状进行调研，加强对民营钢铁企业的信息咨询服务，促进民营钢铁企业健康发展；继续推进企业信息化建设；做好冶金产品实物质量“金杯奖”、冶金科学技术奖、冶金企业管理现代化创新成果奖的评选工作；加强代管协会建设和各专业工作委员会的工作。

（资料来源：中国钢铁工业协会会长吴溪淳，2005 年 1 月 29 日）

世界 500 强中的钢铁企业及其特点

一、世界 500 强中钢铁企业 10 年入榜综述

如果不考虑主业逐渐退出钢铁领域的蒂森克虏伯和美国 USX 公司，自 1995 年起，10 年间进入世界 500 强的钢铁企业最多时达 10 家，最少时也有 5 家（详见表 1）。

在 1995 年公布的世界 500 强排行榜上，全世界有 8 家钢铁企业上榜，亚洲 5 家，欧洲 3 家。其中一直以来十分注重培养和提高企业国际知名度的日本有四家——新日铁、NKK、神户和川崎。德国有两家，分别为蒂森和克虏伯。其余两家为法国的于齐诺尔和韩国的浦项。在这 8 家企业中，浦项位次最低，以 1994 年 90.6 亿美元的销售收入在世界 500 强中排 432 位，排名最前的是日本新日铁，该企业以 1994 年 290 亿美元的销售收入成为唯一一家进入世界 500 强前百名的钢铁企业。这一年，美国最大的老牌钢铁企业 USX 虽也登上了世界 500 强排行榜，并位居 178 位，但却属炼油企业。

在 1996 年公布的世界 500 强排行榜上，全球上榜钢铁企业仍旧为 8 家，亚洲 6 家，欧洲 2 家，其中克虏伯和于齐诺尔跌出榜外，英国钢铁和日本住友入榜。这一年，日本国内当时“一强四弱”五大钢铁企业——新日铁、NKK、住友、川崎、神户在世界 500 强实现了大团圆，这不仅迅速提升了日本钢铁产品在国际市场的竞争力，而且进一步巩固了日本作为世界钢铁大国和强国的地位。另外，在这一年，蒂森和新日铁同时进入世界 500 强前 100 名，新日铁以 1995 年 301.7 亿美元的销售收入排第 88 位，蒂森排第 97 位。100～200 名间的企业只有一家，为日本的 NKK。位居 200～300 名间的是神户和住友，300～400 名的是川崎和浦项。位次最末的是英国钢铁，居第 404 位，销售收入为 110.3 亿美元。

表 1　1995～2004 年世界 500 强中的钢铁企业

公榜时间	企业名称及在世界 500 强中的排名
1995 年（8 家）	新日铁（77）、蒂森（111）、NKK（159）、于齐诺尔（226）、神户（249）、克虏伯（273）、川崎（313）、浦项（432）
1996 年（8 家）	新日铁（88）、蒂森（97）、NKK（180）、神户（246）、住友（255）、川崎（351）、浦项（389）、英国钢铁（404）
1997 年（10 家）	新日铁（110）、蒂森（113）、NKK（227）、克虏伯（244）、于齐诺尔（298）、神户（308）、住友（337）、浦项（371）、英国钢铁（389）、川崎（413）
1998 年（10 家）	新日铁（126）、蒂森（135）、NKK（224）、克虏伯（278）、神户（353）、于齐诺尔（361）、浦项（371）、住友（374）、英国钢铁（398）、川崎（450）
1999 年（7 家）	新日铁（166）、NKK（296）、于齐诺尔（419）、住友（423）、英国钢铁（427）、神户（435）、浦项（460）
2000 年（9 家）	新日铁（170）、NKK（304）、于齐诺尔（325）、住友（387）、克虏斯（417）、川崎（439）、阿尔贝德（437）、神户（442）、浦项（460）
2001 年（9 家）	新日铁（181）、NKK（305）、克虏斯（331）、于齐诺尔（356）、神户（417）、浦项（433）、川崎（435）、阿尔贝德（448）、住友（466）
2002 年（5 家）	新日铁（229）、NKK（384）、阿塞勒（391）、克虏斯（452）、浦项（494）
2003 年（5 家）	阿塞勒（183）、新日铁（190）、JFE（226）、浦项（443）、克虏斯（466）
2004 年（6 家）	新日铁（182）、浦项（361）、阿塞勒（148）、JFE（227）、宝钢（372）、克虏斯（420）

在1997年和1998年公布的排行榜上，进入世界500强的钢铁企业达10家，除维持原有阵容外，克虏伯和于齐诺尔重新入榜，欧洲钢铁企业增至4家，亚洲6家。这两年，世界500强中钢铁企业的领头雁均为新日铁，该企业以1996年271.8亿美元的销售收入在1997年榜上位居第110位，以1997年260.6亿美元的销售收入在1998年榜上居第126位。1997年位次最末的是川崎，以1996年109.4亿美元的销售收入居413位。1998年位次最末的是浦项，以1997年106.8亿美元的销售收入排第460位。

在1999年公布的榜单上，蒂森、克虏伯和川崎三家公司未能入榜，进入世界500强的钢铁企业减为7家，其中欧洲2家，亚洲5家。新日铁以1998年215.9亿美元的销售收入仍居钢铁行业之首，但排名却退居第166位。浦项居最末，位居460位，销售收入为106.8亿美元。

在2000年和2001年公布的榜单上，川崎重新入榜，并增加一名新成员——卢森堡的阿尔贝德。同时，英国钢铁与霍戈文合并重组为克虏斯入榜，蒂森和克虏伯重组为蒂森克虏伯公司后被划为工农业设备生产企业，不再作为钢铁企业入榜，世界500强中的钢铁企业又变为9家，亚洲6家，欧洲3家。2001年新日铁以2000年248.8亿美元的销售收入排第181位，排名最前，排名最后的住友以107.9亿美元的销售收入居466位。

在2002年公布的榜单上，未能见到法国于齐诺尔、神户、住友、川崎以及卢森堡阿尔贝德这5家钢铁企业，但却出现了一个新的成员——阿塞勒。至此，进入世界500强的企业变为5家，其中欧洲为阿塞勒和克虏斯两家，亚洲为新日铁、NKK和浦项3家。在这一年，排名最前的新日铁以206.5亿美元的销售收入位居229位，排名最后的浦项以101.6亿美元的销售收入排494位。

在2003年公布的榜单上，NKK与川崎重组形成的JFE公司上榜，世界500强中的钢铁企业仍保持5家，亚洲3家，欧洲2家。在这一年，阿塞勒以231.9亿美元的销售收入在钢铁企业中排最前位，新日铁退居第二。排名最后的克虏斯以2002年108.1亿美元的销售收入位居466位。

在2004年公布的榜单上，除上述五家企业外，首次出现了中国钢铁企业的身影——宝钢。至此，世界500强中的钢铁企业达6家，欧洲仍为阿塞勒和克虏斯，亚洲为新日铁、浦项、JFE和宝钢。阿塞勒以2003年293.4亿美元的销售收入位居148，在钢铁企业中仍排最前。排名最后的克虏斯位居420，其2003年销售收入为130.0亿美元。

10年来，进入世界500强的钢铁企业已经由10家逐渐降至2004年的6家，而且主要分布在亚洲的日本、韩国和中国，其中又以日本居多，几乎占总数的一半。同时钢铁企业在世界500强中的位次呈整体后移态势，除新日铁和蒂森在1995年和1996年进入前100名外，以后各年度钢铁企业在世界500强中排名最前的位次分别为110位、126位、166位、170位、181位、229位、183位和148位，几乎与世界500强前100名绝缘，而且各钢铁企业间的位次差距逐渐缩小，最前与最末企业的位次差由1995年的405逐年递减为2004年的272。另外，排名最前和排名最后的钢铁企业间的销售收入差也逐年缩小，由1994年的199亿美元逐年减为2003年的130亿美元，最小时曾降至101亿美元（详见表2）。究其原因，主要有：

（1）并购重组。到目前为止，欧洲、北美等国外钢铁企业已经经历了数次并购浪潮，如1998年德国蒂森与克虏伯合并重组后成为蒂森克虏伯公司，1999年英钢联与霍戈文公司联合成立克虏斯，2001年于齐诺尔、卢森堡的阿尔贝德以及西班牙的埃塞雷利亚合并为阿塞勒。近几年，随着世界钢铁业无国界竞争趋势的加强，亚洲钢铁企业开始加快合并重组的步伐，如2001年9月NKK与川崎合并成立JFE。这些合并不仅使欧洲进入世界500强的钢铁企业数比亚洲少，而且还导致进入世界500强的钢铁企业数净减3家。

（2）销售收入变化。10年来，进入世界500强的钢铁企业的销售收入发生了较大的变化。一种变化是逐年下降，如新日铁的销售收入从1994年的300亿美元下降为2003年的259亿美元，10年里下降41亿美元，年均下降率达1.6%。NKK销售收入从1995年的187亿美元下降为2001年的132亿美元，下降55亿美元，年均下降率高达6.6%。更有甚者，2002年受钢铁市场和工程机械市场疲软的影响，神户和住友两家钢铁企业销售收入大幅下降，以致未能入榜。

第二种变化是快速上升，如浦项销售收入从1994年的90亿美元增加到2003年的149亿美元，增加59亿美元，年均增长率高达5.7%；阿塞勒销售收入从2003年的232亿美元增加为2004年的293亿美元，增加61亿美元，年均增长率达26%。

表2　世界500强中排名最前和最末的钢铁企业位次差和销售收入差统计表

公榜时间	1995年	1996年	1997年	1998年	1999年	2000年	2001年	2002年	2003年	2004年
次位差	405	316	303	324	294	290	285	265	283	272
销售收入差（亿美元）	199	191	161.4	153.8	109.1	142.4	101	104.9	123.8	130.0

（3）主业调整。在世界500强的排行榜上，有两家具有百年以上历史的世界老牌钢铁企业，因主业改变未能以

钢铁企业的身份入榜，一是美国最大的钢铁企业USX，该公司从1982年起开始调整主业，先后收购了马拉松石油公司和德州石油和天然气公司，并把母公司改为USX公司，虽然该企业仍是美国最大的钢铁生产商，2003年粗钢产量仍居美国之首、世界第八，但随着其主业向炼油业的倾斜，其钢铁销售收入逐渐缩减至总销售收入的30%左右，故而在世界500强中被归为炼油企业。二是德国的蒂森与克虏伯重组后的蒂森克虏伯公司在重组后也对主业进行了调整，将重点放在工农业机械设备的生产上，虽然时至今日蒂森克虏伯公司的钢铁产量仍为德国之最、世界第九，但由于其钢铁在销售收入中所占的比例也退至三成左右，自1998年重组后，在世界500强的榜单上该企业就一直是一家工农业设备生产企业。

二、世界500强中钢铁企业特征

1. 新老企业并存。10年来，在进入世界500强的钢铁企业中，既有具有百年历史的世界老牌钢铁企业，也有建厂时间只有二三十年的新建企业。除众所周知的蒂森、克虏伯以及美国USX创建于19世纪外，卢森堡的阿尔贝德、日本的新日铁和川崎从事钢铁生产的历史也可追溯到19世纪。另外，还有几家成立于20世纪40～60年代钢铁企业，其钢铁生产的历史也可追溯到19世纪末和20世纪初，甚至更远，如法国于齐诺尔，该公司虽是由法国原于齐诺尔和萨西洛尔钢铁公司于1948年合并而成，但萨西洛尔公司却是一家创建于18世纪的法国老牌钢铁企业。正式成立于2002年2月28日的当今世界第一大钢铁企业阿塞勒公司，是由于齐诺尔、阿尔贝德和阿塞雷利亚合并而成；正式成立于2002年9月的JFE是由NKK和川崎合并而成。

在这些百年老企业长盛不衰的同时，还有出现于20世纪七八十年代的新建钢铁企业，即：韩国浦项和中国宝钢。

2. 规模大。在进入世界500强的钢铁企业中，除神户规模略小外，其余均是粗钢产量过千万吨的世界大型或特大型钢铁企业，规模不仅在其所在国数一数二，即使是在世界范围内也名列前茅，而且有进一步扩大规模的趋势。其中新日铁曾是集世界第一、亚洲第一、日本第一“三个第一大”于一身的世界顶尖级钢铁企业，2003年该企业粗钢产量甚至接近3 000万吨。NKK是日本第二大钢铁企业，钢产量一直居世界第8～9位，2000年甚至以2 056万吨的钢产量居世界第六。川崎是日本第三大钢，其粗钢产量最高时曾达1 300万吨，这两家公司合并后成立的JFE公司粗钢量达2 978万吨，2003年其粗钢产量甚至略高于浦项。浦项也是一家曾集韩国第一大、亚洲第一大和世界第一大“三个第一大”于一身的世界顶尖级钢铁企业，2003年其粗钢产量高达2 971万吨，在世界钢铁企业中排第五。由法国最大的钢铁企业于齐诺尔、卢森堡最大的钢铁企业阿尔贝德以及西班牙的阿塞雷利亚合并后组成的阿塞勒为近两年世界最大的钢铁生产商，2003年其粗钢产量超过4 000万吨居世界第一。英国钢铁粗钢产量一直在1 600～1 700万吨，曾是世界第四大钢铁企业，该公司与霍戈文公司合并后成立的克虏斯公司在1999年成为世界第五大钢铁企业，此后四年该企业粗钢产量虽一直未突破2 000万吨，但一直稳居世界第七。2004年入榜的宝钢，为中国目前最大的、世界第六大钢铁企业，2003年其粗钢产量高达1 900万吨，2004年已突破2 000万吨大关，并成为我国第一家钢产量超过2 000万吨的钢铁企业。

3. 销售收入均在百亿美元以上。所有进入世界500强的钢铁企业，除1994年浦项销售收入为90.6亿美元外，其余年度所有进入世界500强的钢铁企业的销售收入均在百亿美元以上，1995年新日铁的销售收入曾高达301.7亿美元，为10年来世界钢铁企业销售收入之最。其次为阿塞勒，该企业2003年销售收入达293亿美元。

4. 围绕市场需求不断调整产品结构，使其始终处于合理状态。进入世界500强的钢铁企业大都在其所在国或所在地区占据绝对领先的市场地位。如阿塞勒是欧洲最大的汽车用材生产商，据称每两辆汽车中就有一辆使用阿塞勒汽车板。浦项作为韩国最大的钢铁企业，在其70%产品出口的同时还控制了韩国近一半的钢铁市场。究其原因，主要是这些钢铁企业大都能围绕市场需求，顺应市场变化，及时调整产品结构并使之始终处于合理状态。如浦项，投产之初的主要产品是普碳钢，特殊钢大约只占总产量的17%。后来随着汽车、电子及新兴产业的发展，钢铁产品市场需求逐步向多品种、高档次、小批量方向发展，浦项为此及时地调整产品结构，不断增加冷轧带卷、镀层钢板及汽车用高级钢板的产量，目前其冷轧、电磁钢及不锈钢材等高级钢板占钢材总量的45%左右。

5. 坚持精品名牌战略。进入世界500强的钢铁企业大都十分注重提高产品质量和研发高技术含量、高附加值产品的力度。如新日铁，在不断推出质量改进措施的同时，十分注重国际权威组织的认证工作，几乎取得了ISO9000系列产品质量的所有认证书，并最终发展成拥有世界一流钢铁生产技术、一流产品质量的世界知名企业。又如浦项，抓住汽车、电子及新兴行业快速发展呈现出的对高质量、高技术含量钢铁产品需求快速增加的趋势，于20世纪80年代中期起，开始不断强化高技术含量、高附加值产品的开发，不仅于1989年下半年成立了“钢铁工业提高附加值促进委员会”、在全公司范围内开展“21世纪钢铁运动”，而且还及时调整产品结构，围绕汽车用钢板、不锈钢冷轧板等四大战略品种投资进行技术更新和技术改造。

6. 产品市场多元化。进入世界500强的钢铁企业其产品市场呈现出明显的市场多元化特点，产品不仅在其国内具有很高的市场占有率，而且还大量出口。不仅浦项、新日铁、JFE以及JFE重组前的NKK、川崎等亚洲地区钢铁企业与世界多个国家和地区建立贸易关系，克虏斯以及阿塞勒等欧洲钢铁企业的产品也延伸到欧洲以外的中国、泰国以及巴西。

7. 积极实施合并重组。由于收购一家钢铁企业涉及的资金动辄数亿美元，因此，进入世界500强的钢铁企业，除了采取投资新建或改造使企业实现竞争力持续提高、竞争优势持续增强外，还努力借助合并来实现规模的快速扩大或经营风险的有效化解。如20世纪60年代末，在日本钢铁业陷入产能过剩、政府宏观调控失效以及钢铁产品市场价格频繁波动的经营环境中，为化解经营风险，八幡制铁公司和富士制铁公司合并成立了新日铁。

在合并过程中，换股成为进入世界500强的钢铁企业实施合并重组的主要方式。如JFE就是在川崎与NKK按1:0.75的比例换股的基础上建立起来的。当今世界第一大钢阿塞勒也是通过于齐诺尔、阿尔贝德和阿塞雷利亚三家公司换股构建起来的，其中阿塞雷利亚公司的股东以持有的每7股阿塞雷利亚股票换取新公司的8股股票，阿尔贝德的股东以持有的每1股股票换取新公司的10股股票，而于齐诺尔的股东是每1股旧股票换1股新股票。

8. 将建立全球营销网络、在海外投资建厂和参（控）股作为实施国际化经营或化解国际竞争压力的三大策略。进入世界500强的钢铁企业大都具有积极构建海外贸易网点和网络的特点。如浦项在东京、大阪、纽约、洛杉矶、华盛顿、北京、香港、里约热内卢、布鲁塞尔、墨西哥城和新加坡等世界重要城市均设有办事机构。宝钢已围绕在海外形成接单中心、仓储物流中心、展示中心、品牌制造中心和研发中心这一目标，在国内外构建起了由近20个境外和国内贸易公司组成的全球营销网络。

部分进入世界500强的钢铁企业采取在海外投资新建钢铁厂的方式实现国际化经营。如浦项就在美国、中国、越南、印度尼西亚、泰国等国投资建设许多新的钢铁项目，2004年浦项又进一步提出了在海外投资建设一个年产钢1 000万吨的钢铁企业的计划。再如JFE，该企业除在美国、泰国等国投资建厂外，还将投资重点转向中国，在2003年与广钢合资建设一家生产汽车用热浸镀锌钢板公司的基础上，2004年又提出了与广钢合资140亿人民币建立一家大型钢厂的计划。于齐诺尔早在1995年就开始实施国际投资和发展计划，经过多年发展，于齐诺尔已经在西班牙、阿根廷、巴西、意大利、泰国等地建有合资企业，与于齐诺尔合并的阿尔贝德也是一家在西班牙和比利时等有着投资项目的国际化钢铁公司，合并后的阿塞勒更加快了国际化经营的步伐，不仅积极在世界各地展开并购活动，而且还与新日铁、宝钢合资在中国建厂。

另外，进入世界500强的钢铁企业大都通过参股或控股实施国际化经营或控制竞争对手。如于齐诺尔为进入巴西市场，曾投资6.5亿美元购得巴西伊塔比位特殊钢公司30%和图巴朗黑色冶金公司16%的股份。而新日铁原本和浦项是竞争对手，但在1997年浦项私有化过程中，新日铁通过收购浦项的股份成为浦项重要股东之一，而后两企业又通过相互持股结成战略伙伴。

9. 欧洲钢铁企业集中发展钢铁主体，亚洲钢铁企业大多实施多元化经营战略。与欧洲钢铁企业集中发展钢铁主业相比，亚洲钢铁企业在发展过程中十分注重实施多元化战略，它们有的积极向铁矿、煤炭、废钢贸易及钢材剪切配送、物流及钢结构等与钢铁行业相关度较大的行业延伸，有的大胆向民用建筑、电子通讯、半导体晶片制作、工业自动化、能源和环境保护等钢铁非相关行业拓展。如宝钢在多元化方面坚持实施适度多元化战略，浦项却是以无相关多元化战略为主，新日铁又是以相关多元化战略为主。

10. 积极挺进国际资本市场。进入世界500强的钢铁企业大都参与或正积极准备参与国际资本市场的运作，如宝钢，该企业在其发展战略中明确提出要在2010年直接进入国际资本市场，成为国际化、公众化公司。事实上进入国际资本市场已经成为进入世界500强钢铁企业的一个重要举措。如浦项于1994、1995年分别在纽约、伦敦证券市场募集资金，该企业借助从国际资本市场募集到的资金，顺利完成了在浦项钢厂建融熔还原炉和厚板机、扩建光阳厂第五个大高炉和短流程连轧厂等项目，这些项目的完工不仅成功地使浦项在1999年和2001年成为世界第一大钢，而且使其板材比超过80%。

综上所述，进入世界500强的钢铁企业最大的成功之处就是能适时地根据经营环境的变化实施动态竞争战略。在其发展过程中，这些企业均能抓住市场变化特点，有重点、有针对性地实施精品名牌战略、资本运作战略、多元化战略和国际化经营战略、低成本竞争战略和差异化战略。我国钢铁企业应结合自身特点有选择性地借鉴其成功经验，并尽快将自己培养成国际一流的钢铁企业，使我国成为继日本之后第二个在世界500强中拥有两上以上钢铁企业的国家。

（资料来源：武钢经济技术研究中心发展战略研究室廖美春）

入围2004年中国企业500强的钢铁企业分析报告

中国企业联合会、企业家协会联合评选的2004年中国企业500强，已于9月5日在重庆公布。按行业分类的企业情况来看，入围2004中国企业500强的黑色金属冶炼及金属制品加工业的企业个数最多，达到53家（以下简称入围钢铁企业），占500强企业的10.6%，比去年的52家企业增加1家，比去年的10.4%增长0.2%。

一、对入围钢铁企业的整体分析

从表1可以得出以下分析：

入围钢铁企业的个数略有增加，绝大部分企业的名次前移。今年入围钢铁企业为53家，连续两年入围的48家，另有5家新面孔荣登2004年中国企业500强的排行榜。它们是名列254位后的上海华冶钢铁集团有限公司，法尔胜集团公司，江苏新长江实业集团公司，天津荣程联合钢铁集团有限公司，长治钢铁（集团）有限公司。今年入围钢铁企业排名见表1，排序在第100位以前的有11家，排序在101位至第200位的有11家，排序在201位至第300位的有10家，排序在第301位至第400位的有17家，排序在第401位至第500位的有4家（详见表1）。在今年继续入围的48家钢铁企业中，与去年排序相比，名次前移的有44家，名次后移的有4家。

表1　入围钢铁企业各项指标的排序

序号	企业	营业收入（万元）				2004年500强排序	2003年500强排序	资产总额（万元）				所有者权益（万元）				实现利润（万元）				从业人员		人均营业收入		人均利润	
		数额		增长率（%）				数额		增长率（%）		数额		增长率（%）		数额		增长率（%）		（人）	排序	（万元）	排序	（元）	排序
		数额	排序	数额	排序			数额	排序	数额	排序	数额	排序	数额	排序	数额	排序	数额	排序						
1	上海宝钢集团公司	12041545	1	54.92	24	12	13	17209003	1	9.78	40	9266847	1			783153	1	96.23	34	102039	2	118.0	8	7.68	7
2	首钢总公司	4566166	2	88.82	7	34	49	6259571	3	31.66	18	2020005	3			102521	7	127.72	27	94786	4	50.55	21	1.08	35
3	鞍山钢铁集团公司	3147476	3	28.02	48	49	52	6741127	2	-1.45	49	2917779	2			509874	2	2108.01	2	115971	1	27.14	42	4.40	18
4	本溪钢铁（集团）有限责任公司	2948530	4	25.88	49	55	54	4460223	6	11.47	39	1852927	5			59330	15	45.22	39	95458	3	30.89	38	0.62	43
5	武汉钢铁（集团）公司	2731316	5	38.23	42	59	72	4661957	5	-0.46	48	1887792	4			183014	3	115.02	30	87914	6	31.07	37	2.08	27
6	攀枝花钢铁（集团）公司	2634533	6	88.18	8	63	105	3446705	7	17.08	32	690082	13			29518	33	509.62	8	91738	5	28.72	40	0.32	49
7	广州钢铁企业集团有限公司	2102981	7	69.38	16	80	118	2224021	13	21.24	26	703853	12			51460	19	134.15	26	15514	29	135.55	6	3.32	20
8	太原钢铁（集团）有限公司	2073985	8	52.63	28	83	108	2685513	10	10.11	41	888214	10			47704	22	155.37	24	54041	9	38.38	29	0.88	40
9	江苏沙钢集团有限公司	2040198	9	40.59	37	86	97	2140174	15	47.90	10	926037	9			78378	10	23.64	46	9853	42	207.06	2	7.95	6
10	邯郸钢铁集团有限责任公司	2018900	10	61.51	18	87	116	2673660	11	4.85	45	1011511	8			20490	41	501.06	9	38258	15	52.79	20	0.54	45
11	南京钢铁集团有限公司	1856343	11	28.11	47	92	99	1627058	19	0.63	47	538339	18			89062	8	212.59	16	20055	25	92.56	11	4.44	17
12	马钢（集团）控股有限公司	1636816	12	46.04	35	105	131	3072124	9	48.64	9	1117698	7			175779	4	628.62	7	65267	8	25.08	46	2.69	23
13	唐山钢铁集团有限责任公司	1630176	13	7042	15	107	148	2193695	14	33.06	14	762315	11			59162	16	270.43	14	39786	13	40.97	26	1.49	33
14	湖南华菱钢铁集团有限责任公司	1573513	14	39.31	40	117	128	2661147	12	32.87	16	576606	17			33519	29	18.24	48	46838	10	33.59	34	0.72	41
15	杭州钢铁集团公司	1526636	15	59.65	19	120	149	1409851	21	29.0	20	520089	19			47279	23	72.03	35	15985	28	95.50	10	2.96	21
16	天津天铁冶金集团有限公司	1461489	16	75.74	12	127	169	1191307	23	11.15	40	494080	20			40557	26	194.23	19	26155	20	55.88	19	1.55	32
17	包头钢铁（集团）有限责任公司	1402246	17	23.99	50	129	127	3175802	8	1.16	46	1147902	6			3325	51	338.65	12	67583	7	20.75	49	0.05	51
18	莱芜钢铁集团有限公司	1341629	18	79.20	10	135	186	1678964	17	26.60	22	362825	24			21594	38	645.99	6	37481	16	35.80	33	0.58	44
19	济南钢铁集团总公司	1288354	19	15.44	52	141	132	1660522	18	23.02	23	636933	16			70636	13	107.39	31	38403	14	33.55	35	1.84	30
20	青岛钢铁控股集团有限责任公司	1268542	20	72.82	14	144	190	863106	32	18.24	28	290878	31			39248	27	48.67	38	15397	30	82.39	12	2.55	24

续表

序号	企业	营业收入（万元）				2004年500强排序	2003年500强排序	资产总额（万元）				所有者权益（万元）				实现利润（万元）				从业人员		人均营业收入		人均利润	
		数额		增长率（%）				数额		增长率（%）		数额		增长率（%）		数额		增长率（%）		（人）	排序	（万元）	排序	（元）	排序
		数额	排序	数额	排序			数额	排序	数额	排序	数额	排序	数额	排序	数额	排序	数额	排序						
21	安阳钢铁集团有限责任公司	1264775	21	53.11	27	145	170	1196867	22	18.05	29	482546	21			41425	25	42.37	41	40243	12	31.43	36	1.03	38
22	广东省韵关钢铁集团有限公司	1008046	22	80.57	9	179	248	1175134	24	34.82	13	331189	26			102991	6	158.86	23	14727	33	68.45	15	6.99	8
23	酒泉钢铁（集团）有限责任公司	804433	23	89.35	6	217	320	1849240	16	37.39	12	643705	15			32264	30	1411.90	3	30477	18	26.39	45	1.06	36
24	新会钢铁有限责任公司	797985	24	52.60	29	220	266	889340	30	19.21	27	361056	25			11473	47	8.96	49	41551	11	19.20	51	0.28	50
25	上海华冶钢铁集团有限公司	700000	25		53	254		293429	52			84428	52			31799	31		51	500	53	1400.0	1	63.60	1
26	昆明钢铁集团有限责任公司	688312	26	46.59	34	256	292	1440108	20	17.84	30	673019	14			23247	36	165.01	21	26039	21	26.43	44	0.89	39
27	重庆钢铁（集团）有限责任公司	680465	27	31.75	44	259	271	1121520	26	−10.65	50	248723	37			50432	21	198.59	18	25446	22	26.74	43	1.98	28
28	建龙钢铁控股有限公司	653609	28	140.57	2	270	472	928621	29	103.72	4	293473	29			80946	9	193.34	20	9115	43	71.71	14	8.88	4
29	宣化钢铁集团有限责任公司	650194	29	67.22	17	271	354	685779	36	33.03	15	122142	46			14493	45	1362.46	4	34659	17	18.76	52	0.42	46
30	广西柳州钢铁（集团）公司	640566	30	76.21	11	273	371	738798	34	17.62	31	436133	23			72889	11	126.33	29	14774	32	43.35	25	4.93	15
31	江阴兴澄特种钢铁有限公司	583818	31	47.13	33	296	341	407721	46	27.41	21	243580	38			34060	28	38.46	42	3004	51	194.35	3	11.34	3
32	融化钢铁集团有限责任公司	576576	32	31.74	45	300	315	748497	33	17.0	33	285264	32			51618	18	768.84	5	29497	19	19.55	50	1.75	31
33	新疆八一钢铁集团有限责任公司	565611	33	53.55	25	301	368	1010258	28	5.23	44	305584	28			8102	49	105.22	32	20138	24	28.09	41	0.40	47
34	鄂城钢铁集团有限责任公司	547544	34	40.47	38	309	351	404434	47	14.15	36	266812	36			21707	37	21.83	47	18888	26	28.99	39	1.15	34
35	福建三钢（集团）有限责任公司	540010	35	58.73	20	311	390	524334	38	32.34	17	241601	39			72059	12	135.16	25	11456	37	47.14	23	6.29	9
36	新兴铸管股份有限公司	537013	36	38.43	41	316	355	686987	35	29.69	19	282255	33			55847	17	26.52	45	11407	38	47.08	24	4.90	16
37	江苏水钢集团有限公司	534570	37	89.44	5	317	460	476005	40	120.13	3	95008	49			28179	34	485.96	10	4669	48	114.49	9	6.04	11
38	河北津西钢铁股份有限公司	522815	38	98.75	4	325	483	351016	50	60.47	6	114197	48			116973	5	240.51	15	4258	49	122.78	7	27.47	2
39	辽宁特殊钢集团有限责任公司	517730	39	55.33	23	329	395	1170192	27	12.61	38	306484	27			502	52	0.0	50	13634	34	37.97	30	0.04	52
40	天津天钢集团有限公司	516806	40	57.49	21	330	400	462742	41	6.47	43	89903	50			50646	20	331.36	13	8497	44	60.82	18	5.96	12
41	山西海鑫钢铁集团有限公司	512291	41	55.40	22	338	399	5327134	4	1219.62	1	270601	34			59682	14	70.05	36	10237	41	50.04	22	5.83	13

续表

序号	企业	营业收入（万元）				2004年500强排序	2003年500强排序	资产总额（万元）				所有者权益（万元）				实现利润（万元）				从业人员		人均营业收入		人均利润	
		数额		增长率（%）				数额		增长率（%）		数额		增长率（%）		数额		增长率（%）		（人）	排序	（万元）	排序	（元）	排序
		数额	排序	数额	排序			数额	排序	数额	排序	数额	排序	数额	排序	数额	排序	数额	排序						
42	邢台钢铁有限责任公司	474380	42	73.15	13	360	471	421462	45	16.85	34	133164	43			47011	24	161.72	22	12524	35	37.88	31	3.75	19
43	天津钢管有限责任公司	473604	43	23.36	51	362	357	1167778	25	22.59	24	482339	22			17702	43	-5.58	52	6475	46	73.14	18	2.73	22
44	萍乡钢铁有限责任公司	461857	44	53.30	26	371	438	492029	39	80.53	5	88708	51			27293	35	63.72	37	11801	36	39.14	27	2.31	25
45	承德钢铁集团有限公司	447463	45	50.09	31	378	441	868188	31	14.08	37	225914	40			154	53	-97.89	53	18321	27	24.42	47	0.01	53
46	水城钢铁（集团）有限责任公司	438316	46	28.96	46	382	391	560499	37	22.50	25	291968	30			8870	48	205.65	17	25240	23	17.37	53	0.35	48
47	法尔胜集团公司	425064	47	50.67	30	385		364097	49			145807	42			18698	42	34.43	44	3056	50	139.09	5	6.12	10
48	南昌钢铁有限责任公司	425017	48	50.08	32	386	457	443406	44	53.81	8	133084	44			6956	50	36.69	43	10953	39	38.80	28	0.64	42
49	江苏新长江实业集团公司	419830	49	122.0	3	390		347073	51	57.52	7	115494	47			20989	40	101.86	33	2602	52	161.35	4	8.07	5
50	凌源钢铁集团有限责任公司	404711	50	40.12	39	406	449	461492	42	15.22	35	268820	35			21307	39	2201.28	1	10875	40	37.21	32	1.96	29
51	石家庄钢铁有限责任公司	399290	51	35.46	43	413	443	445459	43	42.83	11	173788	41			14161	46	43.84	40	6506	45	61.37	17	2.18	26
52	天津零程联合钢铁集团有限公司	375019	52	172.44	1	431		224329	53	192.34	2	80936	53			31474	32	442.28	11	5680	47	66.02	16	5.54	14
53	长治钢铁（集团）有限公司	351150	53	45.95	36	455		376978	48			130432	45			15399	44	127.59	28	14842	31	23.66	48	1.04	37
合计		70455416																							
平均		1329347																							

2. 入围钢铁企业的整体规模扩大，平均规模上升

与去年入围钢铁企业相比，今年入围钢铁企业的整体规模有很明显的扩大。从营业收入规模看，今年入围钢铁企业营业收入合计7 045.54亿元，比去年入围钢铁企业营业收入合计4 673.8亿元，增加2 371.4亿元，增长 50.75%，比去年入围 500 强企业营业收入增长 29.18% 要高出 21.57 个百分点。其中营业收入规模最大的是宝钢，达到1 204.15亿元；排在第 2 位至第 22 位的是首钢、鞍钢、本钢、武钢、攀钢、广钢、太钢、沙钢、邯钢、江苏南钢、马钢、唐钢、华菱、杭钢、天铁、包钢、莱钢、济钢、青钢、河南安钢、韶钢，其每家的营业收入均在 100 亿元以上。而营业收入增长率最高的是天津荣程，达到 174.44%；排在第 2 位至第 32 位的是建龙、新长江、津西、永钢、酒钢、首钢、攀钢、韶钢、莱钢、柳钢、天铁、邢钢、青钢、唐钢、广钢、宣钢、邯钢、杭钢、三钢、天钢、海鑫、辽特、宝钢、八钢、萍钢、河南安钢、太钢、新钢、法尔胜、承钢、江西南钢，其每家的营业收入增长率均在 50% 以上。

从资产规模看，今年入围钢铁企业资产合计11 049.41亿元，比去年入围钢铁企业资产合计8 207.38亿元增加2 842.03亿元，增长 34.63%，比去年入围 500 强企业资产增长 3.16% 要高出 31.47 个百分点。其中资产规模最大的是宝钢，达到1 720.9亿元；排在第 2 位至第 15 位的是鞍钢、首钢、海鑫、武钢、本钢、攀钢、包钢、马钢、太钢、邯钢、华菱、广钢、唐钢、沙钢，其每家的资产均在 200 亿元以上。而资产增长率最高的是海鑫，达到1 219.62%；排在第 2 位至第 18 位的是荣程、永钢、建龙、萍钢、津西、新长江、江西南钢、马钢、沙钢、石钢、酒钢、韶钢、唐钢、宣钢、华菱、三钢、首钢，其每家的资产增长率均在 30% 以上。

与去年入围钢铁企业相比，平均规模也有很大的上升。

平均每家营业收入规模达到132.93亿元，比去年入围钢铁企业平均营业收入规模91.71亿元增加41.22亿元，增长44.95%。从平均资产规模来看，今年入围钢铁企业平均资产规模为208.5亿元，比去年入围钢铁企业平均资产规模157.87亿元增加50.63亿元，增长32.07%。

3. 入围钢铁企业的经济效益有较大提高

今年入围钢铁企业实现利润合计363.69亿元，比去年入围钢铁企业实现利润合计201.67亿元增加162.02亿元，增长80.34%，其中实现利润最多的是宝钢，达到78.31亿元；排在第2位至第21位的是鞍钢、武钢、马钢、津西、韶钢、首钢、江苏南钢、建龙、沙钢、柳钢、三钢、济钢、海鑫、本钢、唐钢、新兴铸管、通钢、广钢、天钢、重钢，其每家实现利润均在5亿元以上（详见表1）。

从实现利润增长率来看，利润增长率最高的是凌钢，达到2 201.28%；排在第2位至第33位的是鞍钢、酒钢、宣钢、通钢、莱钢、马钢、攀钢、邯钢、永钢、荣程、包钢、天钢、唐钢、津西、江苏南钢、水钢、重钢、天铁、建龙、昆钢、邢钢、韶钢、太钢、三钢、广钢、首钢、长钢、柳钢、武钢、济钢、八钢、新长江，其每家的利润增长率均在100%以上。

4. 入围钢铁企业的劳动生产率有显著提高

反映企业劳动生产率的两个重要指标是人均营业收入和人均利润额。今年入围钢铁企业从业人员合计158.06万人，比去年入围钢铁企业从业人员合计164.26万人减少6.2万人，下降了3.77%，而营业收入和实现利润均有较大幅度增加，因此劳动生产率有显著提高。从人均营业收入来看，今年入围钢铁企业人均营业收入达到44.57万元，比去年入围钢铁企业人均营业收入28.45万元增加16.12万元，增长56.66%。其中人均营业收入最高的是华冶，达到1 400万元；排在第2位至第22位的是沙钢、兴澄、新长江、法尔胜、广钢、津西、宝钢、永钢、杭钢、江苏南钢、青钢、天管、建龙、韶钢、荣程、石钢、天钢、天铁、邯钢、首钢、海鑫，其每家的人均营业收入均在50万元以上。

从人均利润来看，今年入围钢铁企业人均利润达到2.3万元，比去年入围钢铁企业人均利润1.23万元增加1.07万元，增长86.99%，其中人均利润最高的是华冶，达到63.6万元；排在第2位至第20位的是津西、兴澄、建龙、新长江、沙钢、宝钢、韶钢、三钢、法尔胜、永钢、天钢、海鑫、荣程、柳钢、新兴铸管、江苏南钢、鞍钢、邢钢、广钢，其每家的人均利润均在3万元以上（详见表3）。

5. 入围钢铁企业的地域分布比较集中在东部

今年入围钢铁企业地域分布情况与地区经济发展情况基本一致，集中在东部，中部和西部加起来也没有东部的多。东部地区河北省9家，江苏省6家，辽宁省和天津市各4家，山东省3家，上海市和广东省各2家，北京市、浙江省和福建省各1家。中部地区山西省和江西省各3家，湖北省2家，吉林省、河南省、安徽省各1家。西部地区四川省、重庆市、云南省、贵州省、广西壮族自治区、内蒙古自治区、甘肃省、新疆维吾尔自治区各1家。详情如表2所示。

表2　入围钢铁企业地域分布情况及指标比重

	企业数		营业收入		实现利润		资　产		从业人员	
	（个）	%	（亿元）	%	（亿元）	%	（亿元）	%	（万人）	%
东部	33	62.4	4 964.81	70.47	273.27	75.13	7 418.49	67.14	84.71	53.59
中部	12	22.6	1 295.28	18.38	67.56	18.85	2 296.60	20.78	43.21	27.34
西部	8	15.1	785.45	11.15	22.86	6.79	1 334.32	12.08	30.14	19.09
合计	53	100	7 045.54	100	363.69	100	11 049.41	100	158.06	100

6. 入围钢铁企业所有制结构向产权多元化发展

今年入围钢铁企业的所有制结构，按国有及国有控股企业和非国有及非国有控股企业（包括集体和股份合作、私营、与港澳合资和外资合营等）来划分，前者为41家，占77.36%，后者为12家，占22.64%，与去年入围钢铁企业相比，前者持平，后者增加1家。这12家非国有及非国有控股企业是沙钢、江苏南钢、华冶、建龙、兴澄、永钢、津西、海鑫、萍钢、法尔胜、新长江和荣程，如表3所示。

表3　入围钢铁企业所有制分类及指标比重

	企业数		营业收入		实现利润		资　产		从业人员	
	（个）	%	（亿元）	%	（亿元）	%	（亿元）	%	（万人）	%
国有及国有控股企业	41	77.36	6 137	87.11	301.94	83.02	9 751.54	88.25	149.58	94.63
非国有及非国有控股企业	12	22.64	980.54	12.89	61.75	16.98	1 297.87	11.75	8.48	5.37
合　计	53	100	7 045.54	100	363.69	100	11 049.41	100	158.06	100

由表3不难看出，非国有及非国有控股钢铁企业从业人员所占比重较少，而营业收入和实现利润所占比重较高，即非国有及非国有控股钢铁企业的效率和效益明显好于国有及国有控股钢铁企业。从人均营业收入来看，国有及国有控股钢铁企业人均营业收入为41.03万元，而非国有及非国有控股钢铁企业的人均营业收入达到109.14万元，即后者为前者的2.6倍，再从人均实现利润来看，前者为2.02万元，后者为7.28万元，即后者为前者的2.6倍，再从资产利润率来看，前者为3.10%，后者为4.76%，后者比前者要多出1.66个百分点。

二、与入围2004年世界500强钢铁企业的对比分析

可喜的是，上海宝钢集团已进入2004年世界500强企业的前列，结束了我国钢铁企业长期没有入围世界500强企业的历史。根据《财富》杂志公布的2004年世界企业500强的资料，入围的钢铁企业有6家，它们是排名第148位的阿塞勒，排名第182位的新日铁，排名第227位的JFE控股公司，排名第361位的浦项制铁，排名第372位的上海宝钢集团，排名第420位的康力斯集团。其营业收入、利润、资产、所有者权益及雇员情况如表4所示。

表4　入围世界500强的钢铁企业指标情况

	国　别	营业收入		利润（百万美元）	资产（百万美元）	所有者权益（百万美元）	雇员（人）
		（百万美元）	在500强中排序				
阿塞勒	卢森堡	29 338.7	148	290.9	31 038.8	8 492.5	98 264
新日铁	日本	25 902.9	182	367.5	35 631.6	9 021.7	46 233
JFE控股公司	日本	21 900.6	227	946.1	35 799.7	7 173.5	52 557
浦项制铁	韩国	14 930.2	361	1 675.2	17 430.4	10 873.8	27 475
上海宝钢集团	中国	14 548	372	946.2	20 792.1	11 196.3	102 039
康力斯集团	英国	13 001.2	420	-498.6	11 421.1	5 007	49 400
合　计		119 621		3 727.3	152 113.7	51 764.8	375 968
平均值		19 936.8		621.2	25 352.3	8 627.5	62 661.3

注：2004年世界500强中排序第97位的德国蒂森克虏伯，被列为工农业设备行业，其营业收入为39 188.3百万美元，利润为555.2百万美元，资产为35 100.4百万美元，所有者权益为8 886.6百万美元，雇员为190 102人。其年产钢为1 702万吨，还是世界级钢铁强企，只因为其设备营业规模很大，而列入工农业设备行业。

从表1与表4看出，入围2005年中国500强的钢铁企业与入围2004年世界500强的钢铁企业相比，差距是很大的。其主要表现在以下几个方面：

1. 中国钢铁企业规模偏小

刚入围2004年中国500强的钢铁企业规模与入围2004年世界500强的钢铁企业规模相比，显然是偏小的。从营业规模看，前者营业收入合计为7 045.54亿元人民币，折合美元为850.9亿美元（按8.28元人民币兑换1美元计，下同），仅为后者营业收入合计1 196.21亿美元的71.1%。如果按平均营业规模计算，前者平均每家营业收入为16.1亿美元，仅为后者平均每家营业收入199.36亿美元的8.1%，相差12倍左右。从资产规模来看，前者资产合计为1 334.5亿美元，仅为后者资产合计1 521.13亿美元的87.7%。如果按平均资产规模计算，前者平均每家资产为25.2亿美元，仅为后者平均每家资产253.52亿美元的9.94%。

2. 中国钢铁企业劳动生产率偏低

入围2004年中国500强的钢铁企业劳动生产率与入围2004年世界500强钢铁企业相比，差距显然很大。从人均营业收入看，前者人均营业收入为5.4万美元，仅为后者人均营业收入31.8万美元的17.0%，相差6倍左右。从人均利润来看，前者人均利润为2 778美元，仅为后者人均利润9 914美元的28%，相差3.5倍左右。

3. 中国钢铁企业盈利能力不强

从企业盈利总额看，入围2004年中国500强的53家钢铁企业合计盈利43.92亿美元，而入围2004年世界500强6家钢铁企业合计盈利37.27亿美元，即企业个数相差9倍左右，企业盈利总额相差8.5%，已不难看出中国钢铁企业盈利能力不强了。

如果从平均每家企业盈利水平来看，前者平均每家盈利0.83亿美元，而仅为后者的平均每家盈利6.21亿美元的1/7左右。

4. 中国钢铁企业技术创新能力不足

据报道，2003年中国重点企业研究开发经费占销售收入的比重仅为1%，其中比重在1%以下的企业占75%。入围2004年中国500强钢铁企业情况可能要好一些，但距国家规定的研究开发经费占销售收入的比重达到3%～5%的目标，差距很大。按国际通用标准，该比值为2%企业是难以生存的，该比值为2%的企业可以简单维持生存，只有该比值为5%的企业才有竞争力。对此，入围2004年中国500强的钢铁企业，既缺乏必要的深刻认识，又没有切实执

行到位。

5. 中国钢铁企业产业集中度偏低

入围世界500强的中国钢铁企业——宝钢，2003年产钢1 978万吨，占全国产钢总量22 233.6万吨的8.9%，而入围2004年世界500强的新日铁和JFE控股公司，2003年合计产钢2 971万吨，占日本产钢总量的55.94%；浦项2003年产钢2 971万吨，占韩国产钢总量的64.17%；入围的阿塞勒和康力斯合计产钢6 165万吨，占欧盟（15国）的38.53%，由此看出其中中国宝钢所占比重最低。另据报道，2003年全球年产钢500万吨以上的钢铁企业共有47家，其中，日本4家，其钢产量占日本钢产量的74.29%；美国4家，其钢产量占美国钢产量的54.5%；俄罗斯4家，其钢产量占俄罗斯钢产量的69.02%；韩国2家，其钢产量占韩国钢产量的79.8%；欧盟7家，其钢产量占欧盟钢产量的87.46%；而我国有13家，其钢产量只占全国钢产量的44.48%。不比不知道，一比就清楚地看出，我国钢铁产业集中度偏低的问题是比较突出的。

（资料来源《中国企业发展报告（2004）》）

2003年全球钢铁市场走势

一、2003年是全球钢产量最高的一年，也是全球钢市最为火爆的一年。

1995～1999年5年中全球钢产量年均仅增长1.04%；2000～2003年4年中年均钢产量增长达5.24%；2003年全球钢产量达9.647亿吨，比上年增产6 179万吨，增长6.84%，再创历史新高。

1. 分国家看，年产钢量超过2 000万吨的国家10个。

中国钢产量2.22亿吨，占全球钢产量的23%，超过美国和日本之和；日本钢产量继2000年突破1亿吨以后，再次突破1.1亿吨，达11 051万吨；美国、德国钢产量再次出现下降；俄罗斯继1992年以后钢产量再次突破6 000万吨水平，达6 133万吨；印度、巴西钢产量分别增长10.3%和5.1%，双双突破3 000万吨的本国历史最高记录；我国台湾省钢产量达1 890万吨，比上年增长3.7%。

中国内地增钢4 009万吨，占全世界增钢总量的65.0%。除中国内地外，全球钢产量增加2 150万吨，增长2.98%。详见表1。

2. 分地区看，亚洲钢产量最高，增长幅度最大。

2003年亚洲地区生产钢42 983万吨，占全球钢产量的44.56%，年累计增钢4 796万吨，占全球增钢总量的77.62%。中国增钢4 009万吨，占亚洲增钢总量的83.59%。由于德国、法国、比利时、西班牙、卢森堡、瑞典、葡萄牙、希腊等国家钢产量下降，欧盟15国总计钢产量仅增长0.8%；由于乌克兰、俄罗斯、哈萨克斯坦等国全面增产，独联体国家钢产量总计增长6%；北美地区由于美国、加拿大的减产，总产量下降0.2%；由于伊朗、沙特阿拉伯、卡塔尔等国全面增产，使中东地区钢产量增长8%，仅次于亚洲的增钢幅度。详见表2。

表1　2003年部分国家钢产量情况

国别/地区	2003年（万吨）	上年同期（万吨）	增产量（万吨）	增长率（%）
中国	22 234	18 225	4 009	22.00
日本	11 051	10 775	276	2.6
美国	9 136	9 224	-88	-0.95
俄罗斯	6 133	5 859	274	4.70
韩国	4 631	4 539	92	2.0
德国	4 484	4 501	17	-0.4
乌克兰	3 671	3 406	265	7.80
印度	3 178	2 881	297	10.3
巴西	3 111	2 960	151	5.1
意大利	2 674	2 596	78	3.0
台湾	1 890	1 823	67	3.7

表2　2003年世界各地区钢产量情况

地区	累计产量（万吨）	上年同期（万吨）	增产量（万吨）	增长率（%）
亚洲	42 983	38 187	4 796	12.56
欧盟15国	15 976	15 856	120	0.80
欧洲其他国	4 847	4 501	346	7.70
独联体	10 589	9 991	589	6.00
北美	12 340	12 364	-24	-0.20
南美	4 270	4 087	183	4.50
非洲	1 607	1 568	39	2.40
中东	1 287	1 192	95	8.00
大洋洲	837	829	8	1.00
合计	96 472 *	90 293	6 179 *	6.84 *
其他63国	94 736	88 577	6 159	6.95

*估计数。资料来源：根据国际钢铁协会资料进行调整。

3. 全球钢材消费再创历史新高，欧美钢铁进口下降。

2003年全球钢材表观消费量将突破9亿吨，创造了历史以来的最高记录。中国进口钢材大幅度增加，进口坯（锭）材总量达4 310万吨，成为世界第一位的钢铁进口大国。据有关方面数字显示，美国全年进口钢材坯由2002年的2 965万吨下降到约2 360万吨（其中钢坯490万吨）；欧盟进口钢材下降；由于欧美等进口钢材的下降，日本钢材出口3 446.1万吨，比上年同期下降5.1%，同时日本国内钢铁需求增加，进口钢材达596万吨，同比增长13.3%；乌克兰全年生产钢3 692万吨，增长8.4%，但钢坯出口减少，轧钢生产2 916万吨，增长56.27%，国内钢铁需求约增加30%，出口钢铁产品2 870万吨，下降10.3%；韩国内需钢铁增加，自2002年转变为钢铁净进口国，2003年进口热轧钢板500万吨、钢筋近100万吨；中国钢材表观消费量达2.71亿吨，约占全球钢材表观消费总量的30%。

4. 美国201条款、欧盟、中国三大钢铁保障措施取消。

2002年3月20日起美国实施201条款钢铁措施，宣布对14种钢铁产品实施为期3年期限的进口限制，征收8%~30%高关税后，欧盟、日本、中国、韩国、瑞士、挪威、新西兰和巴西等国家和地区向世贸组织提出起诉，2003年3月26日，世贸组织裁定美国去年对进口钢铁征收30%的关税违反了国际贸易规则。由三人组成的世贸专家小组在中期报告指出："导致美国政府开征这些关税的调查报告中的论点不符合世贸组织有关保护条款"、"美国夸大了进口增长的数量，把从北美自由贸易协定国家加拿大和墨西哥的进口数量也计算在进口的总量中，实际上协定国之间不存在进口数量限制。"美国因此而于2003年8月11日再一次向世贸组织提出申诉；2003年11月10日，世贸组织最终裁决认为美国提高钢铁进口关税的做法违反世贸组织相关规则，在欧盟等国不断提出其报复清单和美国国内下游行业的极力反对等内外部压力，以及美国国内钢铁市场价格居高不下，布什的政治目的已经达到等多种因素作用下，2003年12月4日美国政府宣布取消201条款钢铁保护措施，提前12个月结束美国的钢材进口限制，随后欧盟、中国也相继宣布取消了各自的钢铁保障措施，放开了钢材进口的限制。但由于全球钢材市场需求强劲和钢铁生产原燃材料的大幅度涨价，因而没有因为三大钢铁保障措施的取消而出现钢材价格下降的情况。

5. 全球钢材市场火爆，钢材价格指数不断攀升。

2002年3月以后，美国、欧盟、中国等钢铁保障措施的实施，一些国家相继提高钢材进口关税，以及世界经济的回升带来钢材需求的增加，尽管多数国家提高设备开工率，钢铁产量再创历史新高，但全球钢市资源紧缺，钢材价格逐月攀升，尤其进入2003年以来，随着全球铁矿石、废钢、焦炭、炼焦煤、铁合金、耐火材料、海运费等的大幅度涨价，三季度以后，美国等经济复苏加快，钢材消费需求进一步增加，以及中国国内交通运输的紧张，南北资源调剂的受阻等，进一步推动了全球钢材价格的高位运行。尽管美国201条款和欧盟、中国钢铁保障措施先后宣布取消，但2003年底，CRU国际钢材价格指数继续强劲攀升至106.8点，到2004年一月中旬，再次攀升至109.9点，创下了自1994年以来的历史新高。详见附图1。

（资料来源：黄金干）

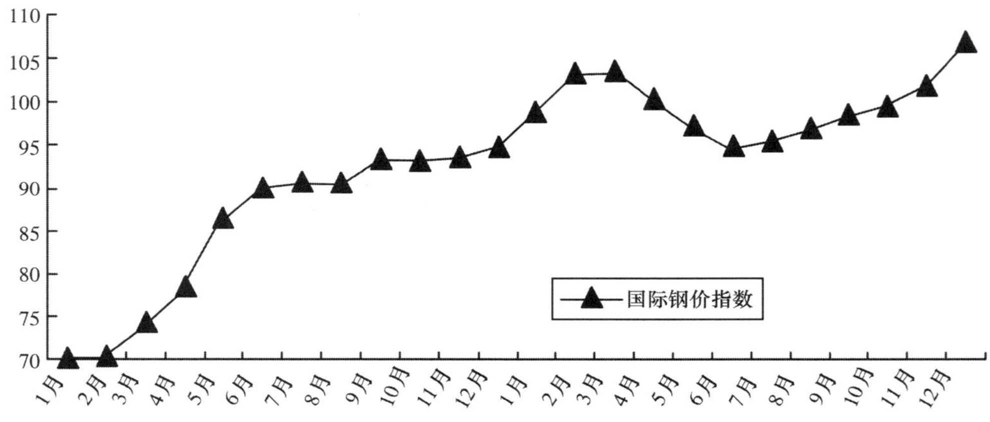

图1　2003年CRU国际钢材价格指数走势

2003年国内钢铁市场走势

市场需求强力拉动，我国钢铁生产大幅度增长，钢产量达到2.22亿吨，成为世界历史上唯一钢产量超过2亿吨的国家。

2003年是我国全面建设小康社会的开局之年，也是我国钢铁工业持续快速发展，取得巨大成就的一年，更是我国钢铁工业为国民经济快速增长作出巨大贡献的一年。汽车、通讯器材、商品房等一批新的消费热点持续升温，成为我国经济持续稳定快速增长新的推动力；房地产、汽车、机械制造、能源交通等高需求、高增长产业群的形成，全社会固定资产投资的大幅度增长，钢材市场的巨大需求，为我国钢铁工业快速发展提供了强大动力。

1. 适应市场需求，主要产品产量大幅度增长（表3）。

按企业分析看，13家钢铁企业（集团）钢产量超过500万吨，其总计钢产量达9 770万吨，占全国钢总产量的44.38%。其中宝钢集团钢产量1 987万吨，名列全国第一位；鞍钢集团达1 018万吨，名列全国第二位；武钢达843万吨，名列全国第三位，首钢和本钢产量达817万吨和720万吨，分别名列全国第四位和第五位。详见表4。

表3　2003年我国钢铁产量及种类情况

品　种	累计产量（万吨）	上年同期（万吨）	增产量（万吨）	增长率（%）
钢	22 234	18 225	4 009	22.00
其中连铸坯	20 897	16 748	4 149	24.78
生铁	20 231	16 908	3 323	19.65
钢材	24 119	19 250	4 869	25.29
焦炭	13 879	11 484	2 385	20.75
铁矿石	26 108	22 939	3 170	13.82
铁合金	634	473	161	34.05

（国家统计局快报，焦炭产量仅为规模以上企业产量。）

表4　2003年我国13家钢年产量超过500万吨钢铁企业产量情况

序号	企业	累计产量（万吨）	上年同期（万吨）	比上年同期		占总量比重（%）
				增产量	增长率（%）	
1	宝钢	1 987	1 948	38.47	1.97	8.94
2	鞍钢	1 018	1 007	11.03	1.10	前5名产量5 385万吨，占总量24.24%
3	武钢	843	755	88.44	11.71	
4	首钢	817	817	-0.38	-0.05	
5	本钢	720	621	99.10	15.97	
6	唐钢	608	507	101.59	20.06	前10名产量8 258万吨，占总量37.17%
7	马钢	606	538	68.18	12.67	
8	邯钢	606	501	104.94	20.95	
9	攀钢	534	500	33.26	6.65	
10	华菱	519	491	27.62	5.63	
11	包钢	525	482	43.47	9.03	
12	济钢	505	393	112.0	28.50	
13	沙钢	502	360	142.26	39.53	
小计		9 790	8 920	870	9.75	44.06

但从附表4分析看，13大集团公司总产量仅占全国钢总产量的44.06%，且增钢幅度仅9.75%，远低于全国钢产量的平均增长幅度。

钢产量达100万吨以上企业（集团）57家，详见表5。

表5　2003年我国钢产量达100万吨以上企业（集团）统计

企业分类（万吨）	企业个数	企业（集团）
1 000～2 000	2	1. 宝钢　2. 鞍钢
800～999	2	3. 武钢　4. 首钢
600～799	4	5. 本钢　6. 马钢　7. 唐钢　8. 邯钢
500～599	5	9. 攀钢　10. 华菱　11　包钢　12. 济钢　13 沙钢
300～499	5	14. 安钢　15. 莱钢　16. 南京　17. 太钢　18. 天铁
200～299	17	韶钢、杭州、新余、唐山、建龙、宣钢、昆明、津西、广钢、酒钢、通钢、三钢、柳钢、青钢、海鑫、鄂钢、重钢
100～199	22	八一、萍钢、邢钢、水城、承钢、兴澄、石家庄、南昌、天钢、凌钢、新临钢、长治、川威、冶钢、辽特、新抚钢、新兴铸管、苏钢、西林、国丰、龙门、新丰

按地区分析看，河北、辽宁、上海、江苏、山东、湖北、山西等7省（市）钢产量超过1 000万吨，河北省年增钢量超过1 400万吨。详见表6。

华北、西北、中南地区钢产量增长幅度大，详见表7。

2. 生产技术结构进一步优化。

2003年，我国钢铁工业一批具有现代化装备的高技术、高附加值产品生产线相继建成投产，从具有自主知识产权的鞍钢二冷轧生产线正式投产到宝钢与新日铁、阿塞洛合资兴建1 800mm冷轧薄板生产线，从首钢高水平彩涂钢板下线到武钢2 250mm热连轧机组的建成，以及一冷轧生产线的改造，从天津大无缝168机组的建成投产到鞍钢、包钢无缝管生产线的改造以及攀钢成都、华菱衡管大无缝机组的建设等一批冷、热连轧宽带钢轧机和镀锌、彩涂、镀络（无锡新大中）、冷、热轧不锈钢、无缝管生产线相继投产和开工建设以及大批落后装备的更新改造，全冶金行业累计固定资产投资达1 200多亿元，为尽快改变我国高技术、高质量板管带材生产能力不足、产品供不应求状况奠定了良好的基础。

表6　2003年我国部分省份钢产量情况

省份	钢产量（万吨）	增产量（万吨）	增长率（%）	省份	钢产量（万吨）	增产量（万吨）	增长率（%）
河北	4 065	1 436	54.62	山东	1 415	413	41.24
辽宁	2 228	284	14.61	湖北	1 254	145	13.08
上海	1 729	12	0.70	山西	1 003	233	30.26
江苏	1 742	281	19.23	小计	13 436	2 804	26.37

表7　2003年我国各地区钢产量情况

	年累计产钢（万吨）	同比增产量（万吨）	增长率（%）	占总产量比例（%）
全国总计	22 234	4 009	22.0	
华北	7 027	1 813	34.77	45.22
东北	2 776	438	18.73	10.93
华东	6 771	916	15.64	22.85
中南	3 526	563	19.00	14.04
西南	1 465	197	15.53	3.90
西北	669	139	226.23	3.47

2003年，标志钢铁工业技术进步水平的连铸钢坯生产量约达20 897万吨，同比增产约4 149万吨，增长约24.78%，其增长幅度超过钢的增长幅度；钢铁工业连铸比约达94.93%，接近世界先进水平，转炉炼钢企业（分厂）连铸比基本达到100%。

板管带材总产量约达9 887万吨，同比增长约23.70%，板管带比约41.5%，同比提高约0.37个百分；其中板带比为约34%，同比提高约0.65个百分点。

油井管、冷轧不锈钢薄板、彩涂板、小型线材、焊管等一批品种国产钢材自给率和国内市场占有率提高；型、线等长材，无缝管、焊管、铸铁管等管材市场竞争力不断增强，出口较快增长，总量上以出口大于进口。

3. 技术进步，管理加强，能源与物料消耗降低，技术经济指标进一步改善。

2003年，重点统计的大中型钢铁企业吨钢综合能耗770kg/t，比上年又下降38kg/t，这些企业全年钢产量增长14.74%，总能耗仅增长8.66%。高炉利用系数由上年同期的2.448t/m^3·d提高到2.474t/m^3·d；转炉炼钢平均炉衬寿命由上年同期的4 268炉提高到4 674炉；但由于焦炭市场的火爆，炼焦煤紧缺，炼焦生产中的配煤比例失调，焦炭质量下降，从而影响钢铁生产中炼铁工序技术指标下滑，高炉入炉焦比达433kg/t，同比提高18kg/t，高炉喷吹煤粉由以往的125kg/t下滑到120kg/t以下，炼铁工序能耗上升9.55kg/t标准煤，从而影响吨钢可比能耗上升1.1kg/t标准煤。

板、型、线材基本实现全连铸、全连轧，重点统计大中型钢铁企业轧钢综合成材率已达94.93%。

4. 适应市场，调整品种结构，产需衔接良好，钢材实物产销率超过100%。

2003年在全国城镇化建设以及房地产加快发展，能源交通、电力等大量基础设施兴建，各工业部门技术装备的更新改造等，全国全社会固定资产投资增长26.7%的强力拉动下，钢结构建筑快速发展，建筑钢材市场火爆，小型、线材、中厚钢板、焊管等钢材品种货紧价扬，钢铁企业积极适应市场，努力增产，满足市场需求。2003年小型钢材产量达到约6 820万吨，同比增长约26.45%，中厚钢板产量约达3 412万吨，同比增产约33.02%，重点统计大中型钢铁企业小型、线材等建筑用钢材产销率均超过100%；机电产品出口的大幅度增长，机械制造行业的兴旺景气，极大地带动了优质型线材和优质板材消费的巨大需求，全年优质型材产量达约1 377万吨，同比增产约21.36%；长期以来一批本来生产能力就不足的高技术含量、高质量要求的薄规格冷热轧薄板、冷轧硅钢片、镀锌板等品种，由于国内增产远远满足不了需求快速增长的需要，进口大幅度增长。

小型材约6 820万吨，增产约1 427万吨；线材约4 032万吨，增产约462万吨；薄板约2 396万吨，增产约159万吨；无缝管约700万吨，增产约90万吨。详见图2。

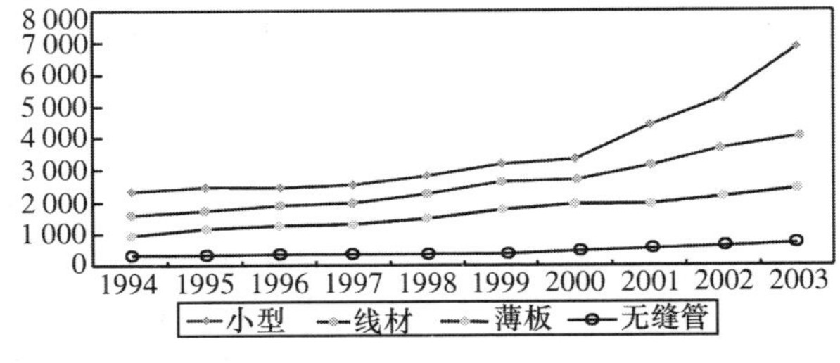

图2　近年来我国各种钢材产量走势

中厚板约3 412万吨，增产约847万吨；优质型材约1 377万吨，增产约242万吨；焊管约1 070万吨，增产约239万吨。详见图3。

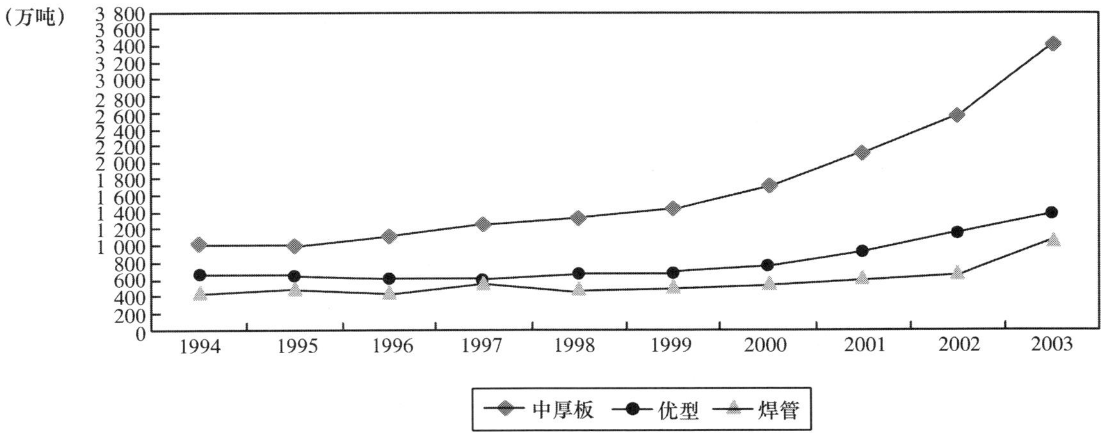

图3　近年来我国各类钢产量走势

带钢约2 015万吨，增产约525万吨；硅钢约193.22万吨，增产约14.59万吨。详见图4。

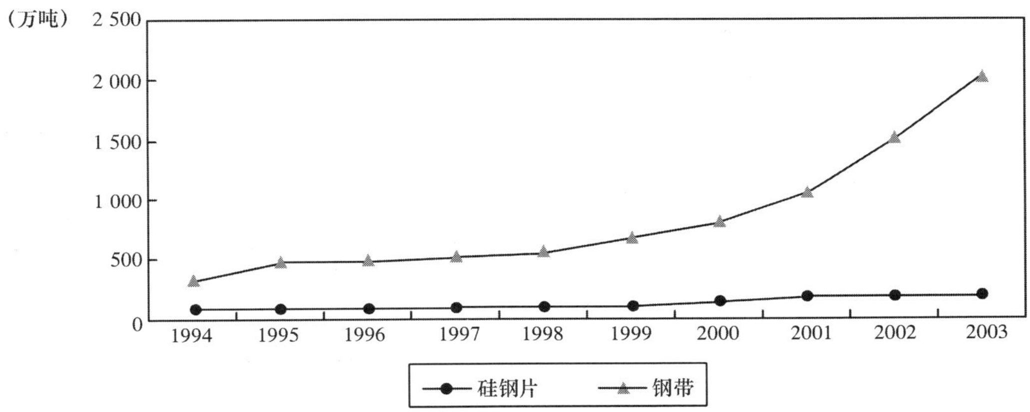

图4　近年来我国硅钢片和钢带产量走势

5. 自2002年3月以来，钢材价格指数逐步攀升，钢铁企业经济效益大幅度提高，资金状况明显改善。

2003年12月底世界钢材价格指数达106.8；我国钢材价格指数达105.86，均创历史新高。

2002年1月～2003年12月国际、国内钢材价格指数变化详见图5。

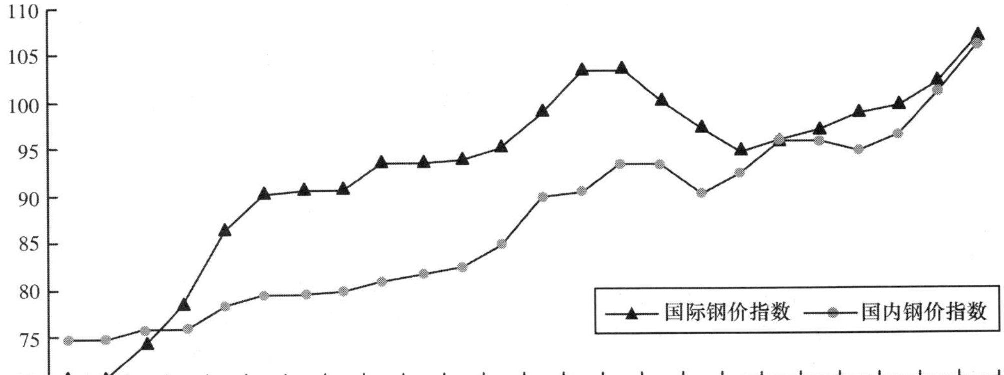

图5　2003年我国与世界钢价指数分析比较

随着技术进步，管理加强，单位能源物料消耗的下降，尤其是产量的大幅度增长，钢铁生产成本中固定费用下降，以及钢材市场的供不应求，钢材价格上涨，尽管原燃材料及运输价格的大幅度上涨，钢铁企业仍然获得了历史以来的最好经济效益。据有关方面数据显示，全国冶金行业实现利润达600多亿元，中国钢铁工业协会重点统计的大中型钢铁企业全年实现利润达到488亿元，比上年同期增长1.08倍，实现利税960亿元，同比增长68.5%。与此同时，钢铁企业折旧水平提高，资金状况进一步改善，更新改造以及科研开发费用等投入增加，职工收入增长，应收应付账款均下降，增强了企业的发展后劲。

6. 全球经济的复苏，国内外钢材消费增加，带动了我国钢铁产品进出口贸易的增加，尤其是我国钢材市场的严重供不应求，价格的持续高位运行，钢材进口再创历史新高。

出口平稳增长，2003年出口创汇31.05亿美元，同比增长42.25%；棒线材及管材出口较快增长。详见表8。

表8　2003年我国钢材出口情况

品　种	12月（万吨）	全年累计（万吨）	上年同期（万吨）	增减（%）
出口坯材总计	75	843	678	24.34
1. 钢材	66.63	695.57	545.47	27.50
棒线材	22.99	239.13	145.36	64.56
角型材	2.56	27.29	38.26	-28.26
板　材	16.91	182.19	179.58	1.45
管　材	12.69	144.16	95.85	50.40
其他材	11.48	102.73	86.42	18.87
2. 钢坯（锭）	8.52	149.09	135.16	10.31
钢　坯	8.46	147.03	133.35	10.26

进口大幅度增长。全年进口钢材、钢坯（锭）总计达4 311万吨，同比增加1 393万吨，增长47.74%，总计耗资214.94亿美元，同比增长62.08%；成为我国钢铁进口历史上最多的一年；其中进口钢材3 717万吨，同比增长51.78%，耗资199.16亿美元，同比增长61.06%；进口板材达3 324.94万吨，同比增长57.03%，占钢材总进口量的89.46%。

进口钢材结构出现新变化，型材、板材进口大幅度增加，管材进口开始下降。详见表9。

7. 钢铁原燃料进口增加，价格强劲攀升。

中国铁矿石等进口的大幅度增加，带动了全球钢铁炉料价格以及海运费的大幅度上涨。进口铁矿石到岸均价比上年同期上涨32.01%，12月份均价高达44.85美元，比年初上涨73.84%；进口废钢到岸均价达151.23美元，比上年同期上涨32.61%，12月高达166.70美元，比年初又上涨30%。详见表10。

表9　2003年我国钢材进口情况

品　种	12月（万吨）	全年累计（万吨）	上年同期（万吨）	增减（%）
进口坯材总计	365	4 305	2 909	47.99
1. 钢材	306.31	3 716.69	2 448.83	51.78
棒线材	10.93	122.01	102.54	18.99
角型材	11.01	86.10	22.61	280.86
板　材	264.12	3 324.94	2 117.37	57.03
管　材	14.10	112.71	137.03	-17.75
其他材	6.15	71.10	69.28	2.62
2. 钢坯（锭）	59.34	593.46	468.7	26.62
钢　坯	58.95	587.96	460.5	27.68

表10　2003年我国钢铁原燃料进口情况

品　种	1～12月进口量（万吨）	增长率（%）	平均到岸价（美元/吨）	增长率（%）	12月均价（美元/吨）
铁矿石	14 813	32.87	32.79	32.01	44.85
锰　矿	286.31	37.68	71.59	-1.74	74.91
铬　矿	177.91	55.83	84.78	22.66	104.20
生　铁	51.30	-20.86	149.79	27.29	184.28
废　钢	929.24	18.33	151.23	32.61	166.70
还原铁	168	29.44	138.48	32.61	124.58
铁合金	16.76	80.09	910.20	35.56	880.81

（资料来源：黄金干）

2003年国内钢材市场消费

国民经济建设的巨大需求，推动了我国钢铁产品消费强度的大幅度提高，全年钢材表观消费量达2.71亿吨，占全球钢材消费总量的约30%。

2003年我国国内生产总值（GDP）达到11.67万亿元，同比增长9.1%，人均达到1 090美元，是1997年以来我国国民经济增长最快的年份，尤其是大量消费钢材的基础设施建设、房地产业、机械制造业、交通运输等高速度发展，工业增加值增长16%；全社会固定资产投资5.5万亿元，同比增加26%，尤其是工业投资增长46%；出口贸易达4 384亿美元，同比增长34.6%，尤其是机电产品出口增长44.8%，均极大地拉动了钢材消费的大幅度增长。

2003年，我国钢材市场延续发展了2001年以来连续三年保持22%以上的消费高增长态势，全年钢材表观消费量达2.714亿吨，同比增加5 986万吨，增长28.30%，成为我国历史以来钢材消费最多、增长幅度最高的一年。

1. 我国成为名副其实的全球最大的钢材生产国、最大的钢材消费国、最大的钢材进口国（表1）。

表1　2003年我国钢材产出口情况

	总量（万吨）	上年同期（万吨）	增加量（万吨）	增长率（%）
表观消费	26 603	21 154	5 986	28.30
国内生产	24 119	19 250	4 869	25.29
进　口	3 717	2 449	1 268	51.78
出　口	696	545	151	27.52

2. 钢材消费多流向华东和中南地区，华北和东北地区钢铁生产量比重高于消费量比重，西部地区消费比重已大于生产量比重（表2）。

表2　2003年我国各地区钢材消费比较

地　区	钢		钢材		消费流向比重（%）
	产量（万吨）	占比重（%）	产量（万吨）	占比重（%）	
华北	6 991	31.76	6 803	28.85	17.51
东北	2 695	12.24	2 800	11.87	7.84
华东	6 746	30.65	8 367	35.48	37.42
中南	3 508	15.94	3 466	14.70	22.50
西部	2 081	9.45	2 145	9.10	11.91

3. 钢材消费结构出现新变化。

从消费总量看，小型材、线材、中厚板、薄钢板、优质型材、带钢、冷热轧薄板、优质型材、大中型材表观消费量在1 000万吨以上。详见表3。

表3　2003年我国各种钢材表观消费量比较

	小型材	线材	中厚板	带钢	普冷薄板	普热薄板	优质型材	大中型材
表观消费量（万吨）	6 759	3 982	3 797	2 055	1 671	1 624	1 355	1 051
上年同期（万吨）	5 378	3 542	2 675	1 524	1 362	1 298	1 126	946
增长率（%）	25.68	12.44	41.92	34.82	22.71	25.14	20.27	11.12

从消费增长幅度看，镀锌板、中厚板、冷轧硅钢片、彩涂板、带钢、小型材消费增长幅度最高，均高于表观消费量的平均增长幅度；镀锌板、中厚板消费增长幅度高达40%以上，冷轧硅钢片、彩涂板消费增长幅度接近40%，均为历史上增幅最高年。详见表4。

表4　2003年我国各类钢材表观消费量与增长率比较

	中厚板	镀锌板	冷硅钢片	彩涂板	带钢	小型材
表观消费量（万吨）	3 797	762	252	254	1 524	6 759
增长率（%）	41.92	41.67	40.29	36.49	34.84	25.68

从国产钢材自给能力看，从数量上国产钢材自给率达到100%左右的品种已有无缝管、线材、小型材、优型材、焊管、带钢等，尽管这些品种中仍有部分油井管和线材产品的少量进口，但总量上已经是出口大于进口，充分显示出这些品种在产品质量和品种规格以及数量上的市场竞争能力。

国产钢材自给率达到60%～90%的品种有热轧薄板、镀锡板、中厚板，其中中厚板国产品市场占有率为88.95%，比上年下降5.5个百分点，从而可以看出中厚板消费的大幅度增长，尽管这些中厚板绝大多数国内完全能够生产供应，但国产中厚板已出现供不应求，价格持续高位运行，进口大幅度增加，出口下降；一批薄板坯连铸连轧机组和热轧宽带钢生产线大量生产中厚板，减少了热轧薄板的生产量，使热轧薄板进口大幅度增加，国产热轧薄板自给率下降到64.6%，比上年下降15.24个百分点，镀锡板进口增长30.48%，国内市场占有率77.98%，同比又下降3.68个百分点。

硅钢片、彩涂板、冷轧不锈薄板、冷轧薄板、镀锌板、镀络板等品种，尽管这几年国内生产也有增加，但由于这些品种发展建设投资大，技术门槛高，在“钢多了”的影响下，这些投资大的项目长期难以得到批准实施，产能发展严重滞后，在国内市场需求不断增加情况下，国内生产自给率得不到提高，长期以来这些品种自给率低于60%。尤其冷轧硅钢片严重供不应求，进口逐年增加，进口冷轧硅钢片国内市场占有率高达62.79%，比上年又提高12.55个百分点。

（资料来源：黄金千）

我国钢材生产量与表观消费量比较分析

我国2003年钢材产量达到了24 119万吨，首次突破2亿吨。钢材表观消费量达到26 603万吨。我国不仅仅是世界上毋庸置疑的第一产钢大国，也是世界上毋庸置疑的第一钢材消费大国。我国钢材消费变化对世界影响很大。做好我国国内市场的产需平衡是保证我国钢铁工业稳定、协调、健康、持续发展的需要，也是对世界钢铁工业的贡献。本文想就对我国已有统计数据的分析，呈现我国产需发展变化现状，提出建议，供大家进一步研究参考。

一、我国国产钢材产量与钢材表观消费量比较

1. 新中国成立以来钢材产量与钢材表观消费量比较

新中国成立以来，我国钢材产量在需求量的拉动下不断增长。除1961年、1962年外，我国每年钢材表观消费量始终大于钢材年产量（图1）。

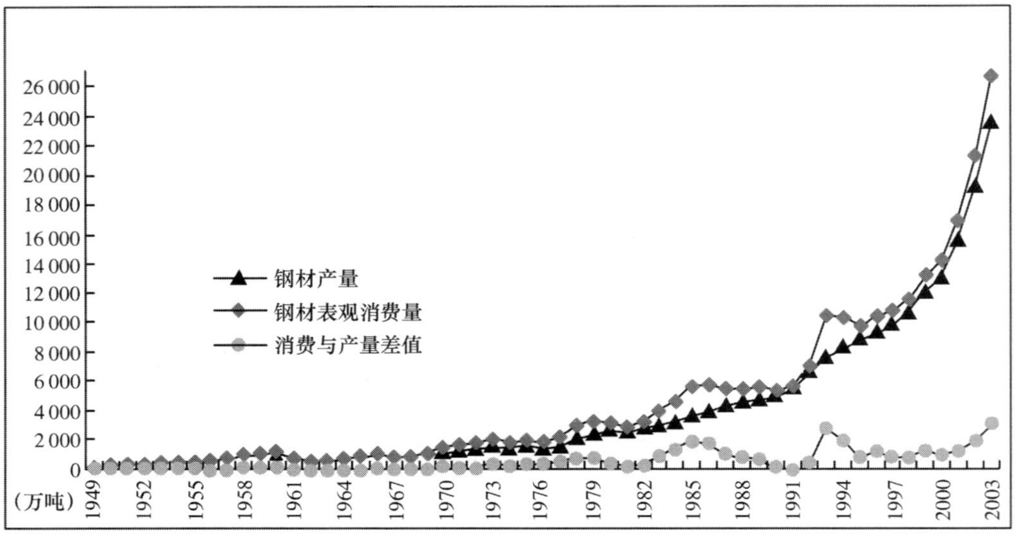

图1　新中国成立以来钢材产量与钢材表观消费量变化比较

新中国成立以来钢材产量占钢材表观消费量比率，除1961年、1962年外，始终保持在正值范围内（图2）。

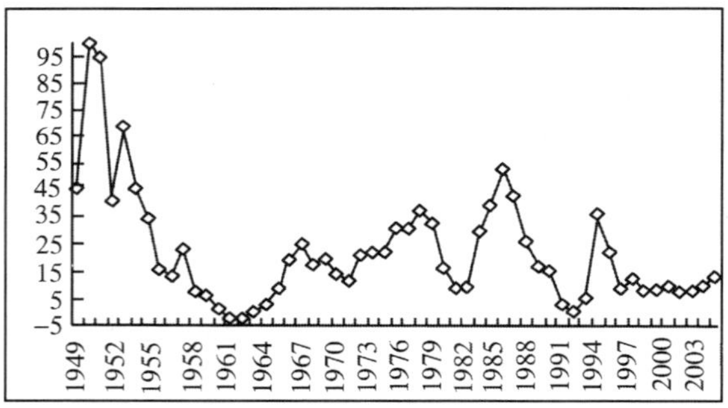

图2　新中国成立以来钢材产量占钢材表观消费量比率变化比较

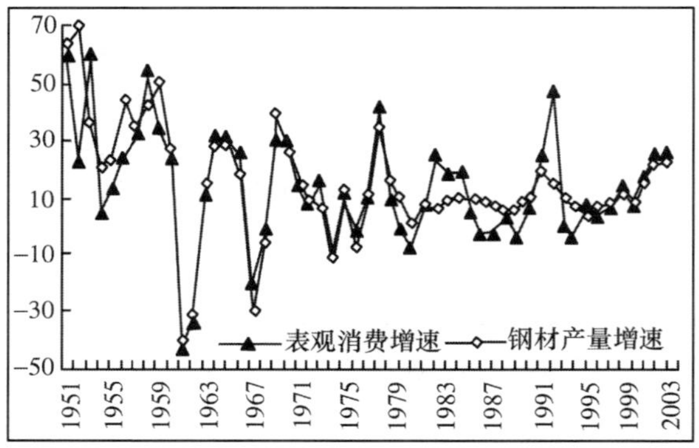

图3　新中国成立以来钢材产量增速与钢材表观消费量增速变化比较

我们将新中国成立以来的我国钢材产量增速与钢材表观消费量增速变化进行了比较。可以看出，钢材表观消费量增速变化幅度比较大；钢材产量增速可以分为2个阶段，1983年前后为分界线，在此之前钢材产量增速几乎是随着钢材表观消费量增速变化幅度而变化；在此之后，钢材产量增速摆脱了钢材表观消费量增速变化幅度的影响，保持了比较平稳增速幅度（图3）。

2. 我国近10年来钢材产量与钢材表观消费量比较

我国近10多年来，由于国民经济的发展，国家经济建设对于钢材需求量的增长大于钢材产量的增长。特别是近4年来，钢材年需求量的增速连年超过钢材年产量的增速，使钢材缺口由2000年的1 021万吨发展到2001年的1 248万吨、2002年的1 903万吨和2003年的3 021万吨。钢材缺口占当年钢材产量比率分别为8%、8%、10%、13%。2003年钢材缺口已经远远超过我国最大钢铁企业的年产量了（图4、图5）。

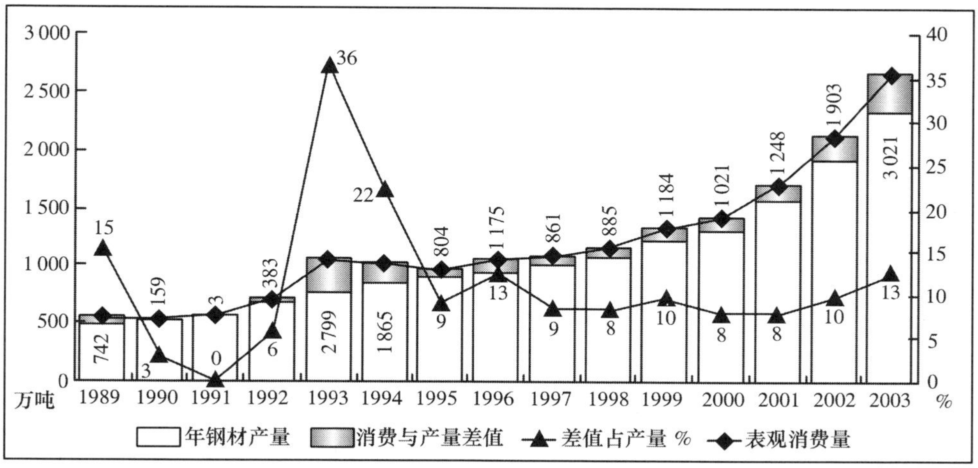

图4　10 来年我国钢材产量与钢材表观消费量变化比较

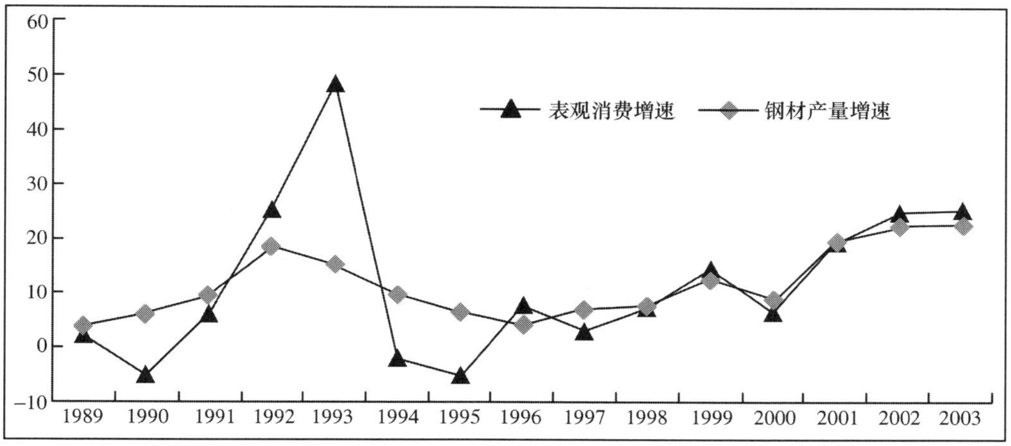

图5　10 来年我国钢材产量增速与钢材表观消费量增速变化比较

二、我国国产钢材几个主要品种的年产量与表观消费量比较

从以上分析可以看出，我国 2003 年钢材缺口已经达到 3 021万吨。但是品种不同其年产量与表观消费量之间的关系是不一样的。就 2003 年为例，线材品种年产量大于表观消费量 56 万吨；薄钢板年产量小于表观消费量2 518万吨（图 6）。下面我们分别分析它们 10 来年间年产量与表观消费量的变化关系。

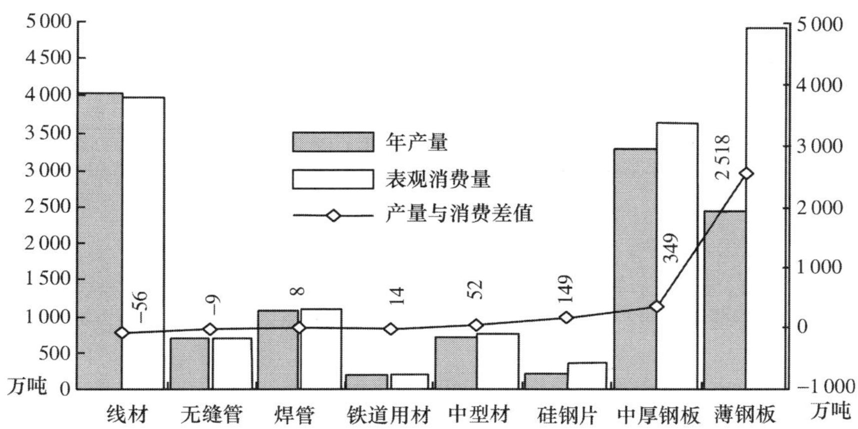

图6　2003 年钢材 8 个品种年产量与表观消费量比较

1. 线材年产量与表观消费量变化比较

从统计分析可以看出，线材自1996年后，年产量与表观消费量同向增长的同时，年产量增速一年比一年快于表观消费量增速；到2003年线材年产量大于表观消费量56万吨（图7）。

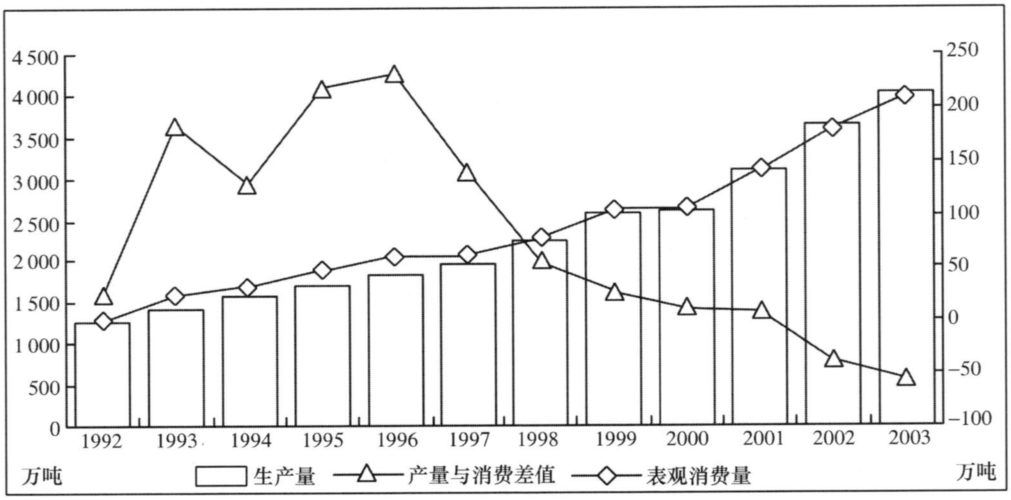

图7　10来年线材年产量与表观消费量变化比较

2. 无缝钢管年产量与表观消费量变化比较

从统计分析可以看出，无缝钢管自1992年以来，年产量与表观消费量同向增长的同时，年产量增速基本是一年比一年波动，总体上是快于表观消费量增速；到2003年无缝钢管年产量大于表观消费量9万吨（图8）。

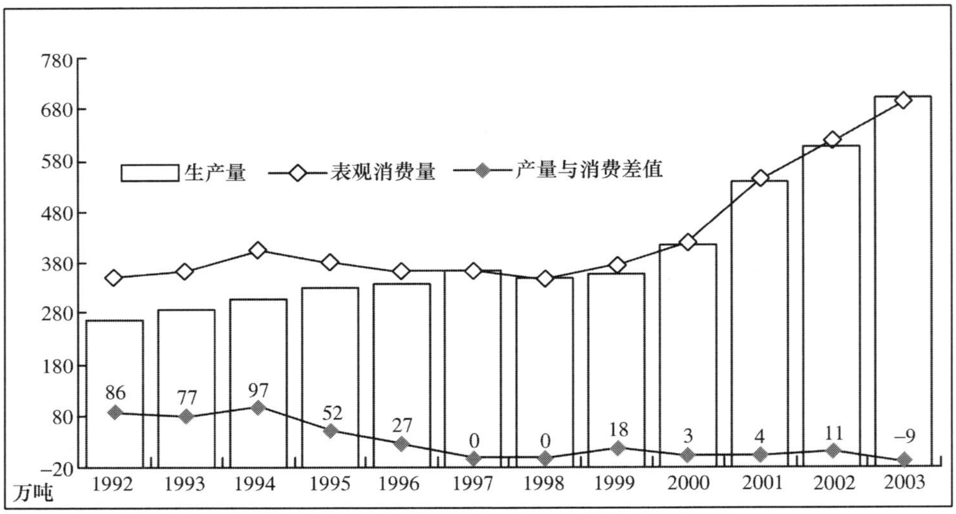

图8　10来年无缝钢管年产量与表观消费量变化比较

3. 焊接钢管年产量与表观消费量变化比较

从统计分析可以看出，焊接钢管自1992年以来，年产量与表观消费量交替增长，波动幅度不大；到2003年焊接钢管年产量小于表观消费量8万吨（图9）。

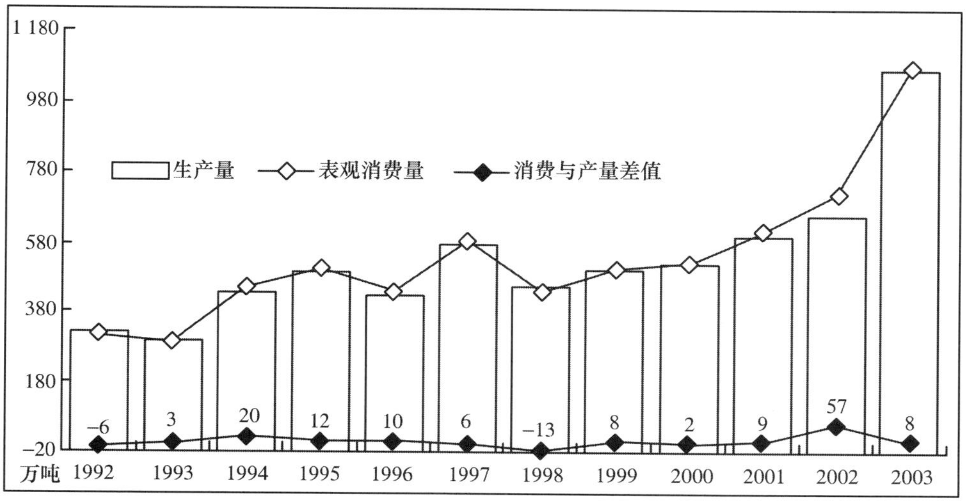

图 9　10 来年焊接钢管年产量与表观消费量变化比较

4. 铁道用材年产量与表观消费量变化比较

从统计分析可以看出，铁道用材变化与国家的政策有关，近三年铁路建设加快，铁道用材每年还有十几万吨缺口（图 10）。

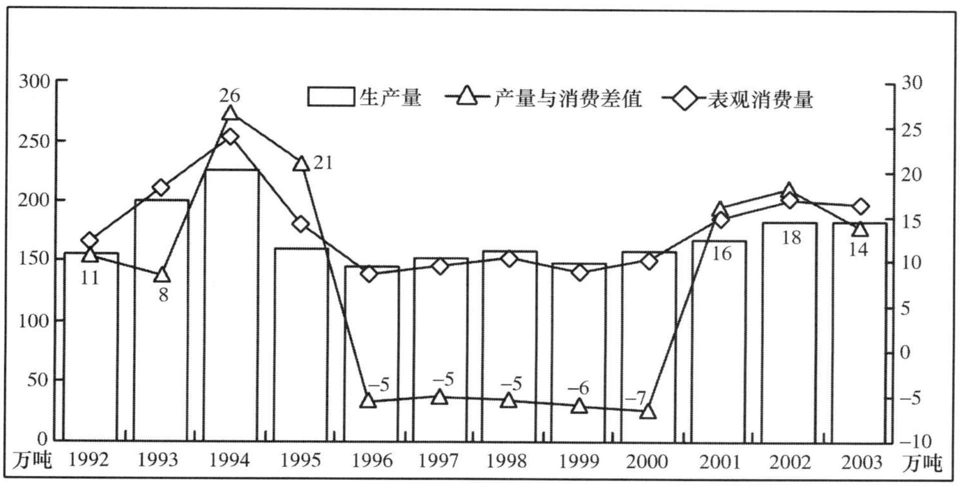

图 10　10 来年铁道用材年产量与表观消费量变化比较

5. 中型型材年产量与表观消费量变化比较

从统计分析可以看出，中型型材自 1995 年后，年产量与表观消费量交替上升；2000 年及以后 3 年中都是年产量大于表观消费量，只有 2003 年表观消费量超出 52 万吨（图 11）。

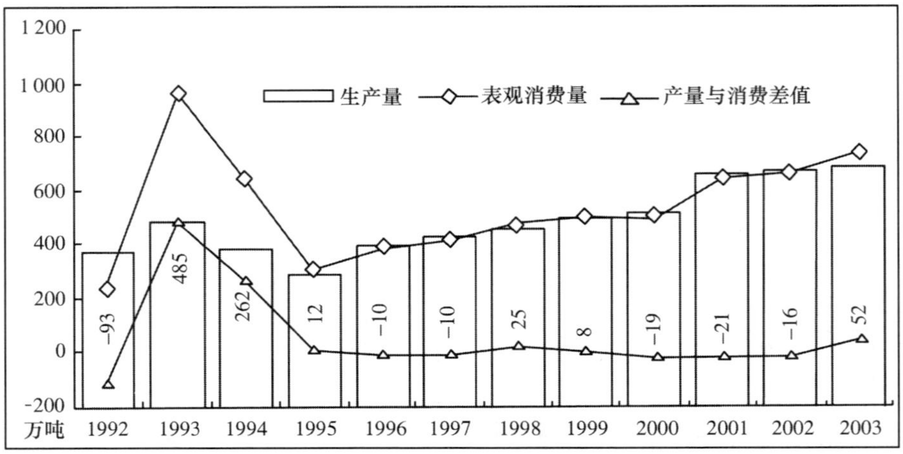

图 11　10 来年中型型材年产量与表观消费量变化比较

6. 中厚钢板年产量与表观消费量变化比较

从统计分析可以看出，自 2000 年后中厚钢板年产量与表观消费量同向增长的同时，表观消费量增速一年比一年快于年产量增速；到 2003 年线材年产量小于表观消费量 349 万吨（图 12）。

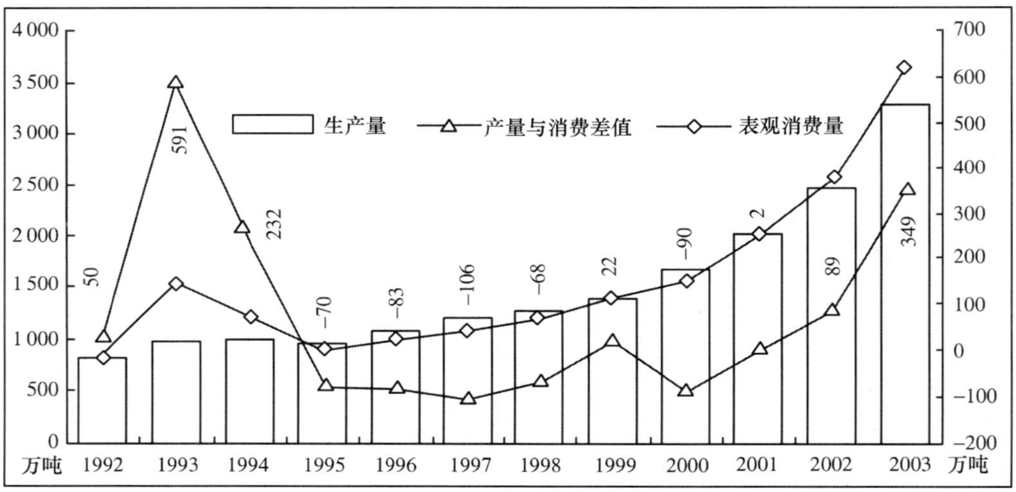

图 12　10 来年中厚钢板年产量与表观消费量变化比较

7. 硅钢片年产量与表观消费量变化比较

从统计分析可以看出，硅钢片自 1992 年以来，年产量由 1992 年的 69 万吨增长到 2003 年的 193 万吨，增长幅度是很大的；但是表观消费量年年大于年产量；且表观消费量的增速也年年大于年产量的增速，到 2003 年表观消费量超出 149 万吨，占硅钢片年产量的 77%（图 13）。

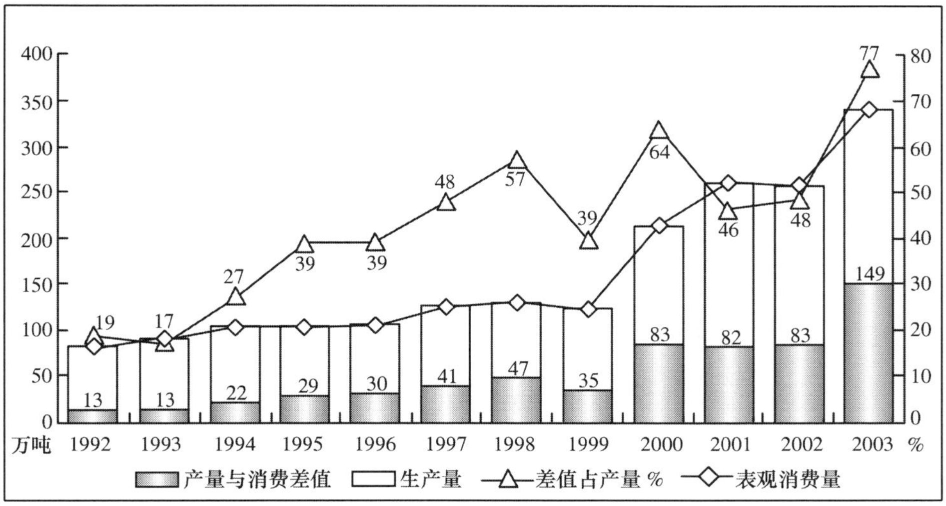

图 13　10 来年硅钢片年产量与表观消费量变化比较

8. 薄钢板年产量与表观消费量变化比较

从统计分析可以看出，薄钢板自 1992 年以来，年产量由 1992 年的 751 万吨增长到 2003 年的2 396万吨，增长幅度也是非常大的；但是表观消费量年年大于年产量；且表观消费量的增速也年年大于年产量的增速，到 2003 年表观消费量超出2 518万吨，占薄钢板年产量的 105%（图 14）。

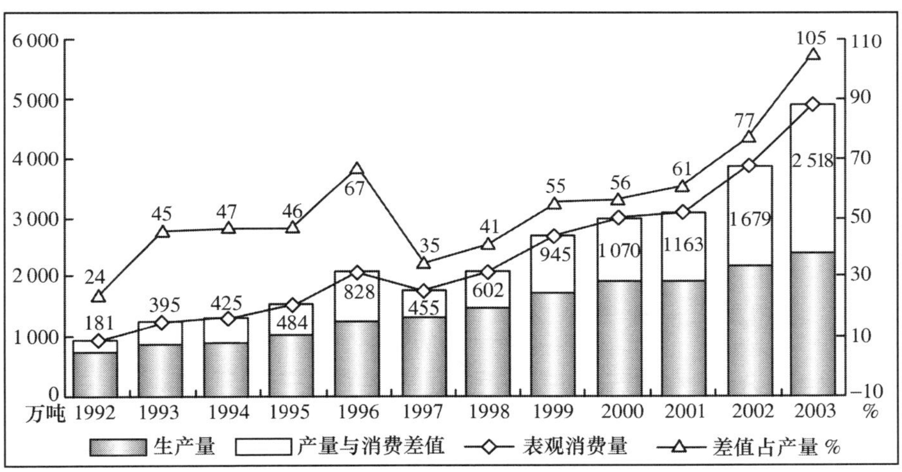

图 14　10 来年薄钢板年产量与表观消费量变化比较

9. 我国 8 个钢材品种的年产量与表观消费量综合比较

我们将我国 8 个钢材品种的年产量、表观消费量、年产量与表观消费量的差值、年产量与表观消费量的差值占其年产量比率以及它们 10 年来的变化比较如下。

从 8 个钢材品种的年产量变化比较可以看出，线材、中厚钢板和薄钢板的年产量远远大于其他钢材品种，同时增速很大；其次是焊接钢管开始抬头（图 15）。

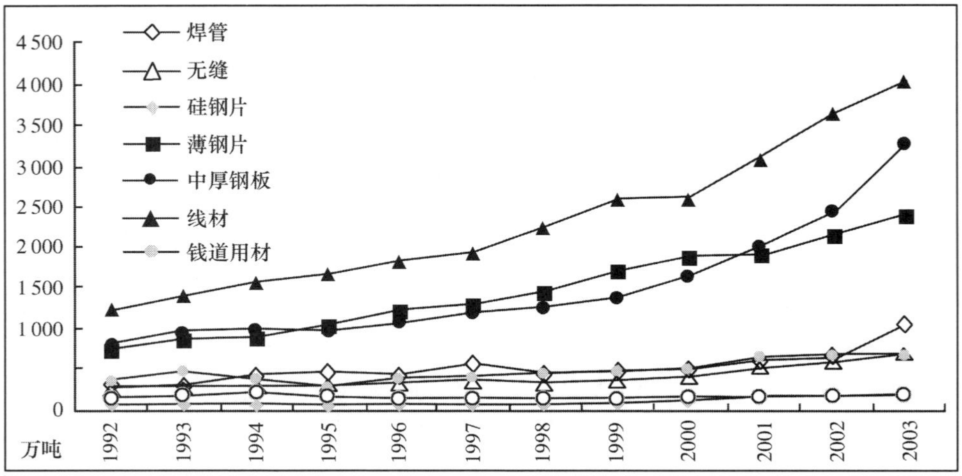

图 15　我国 8 个钢材品种的年产量变化比较

从 8 个钢材品种的表观消费量变化比较可以看出，其顺序是薄钢板、线材、中厚钢板的表观消费量远远大于其他钢材品种，同时薄钢板、中厚钢板表观消费量增速很大；其次是焊接钢管开始抬头（图 16）。

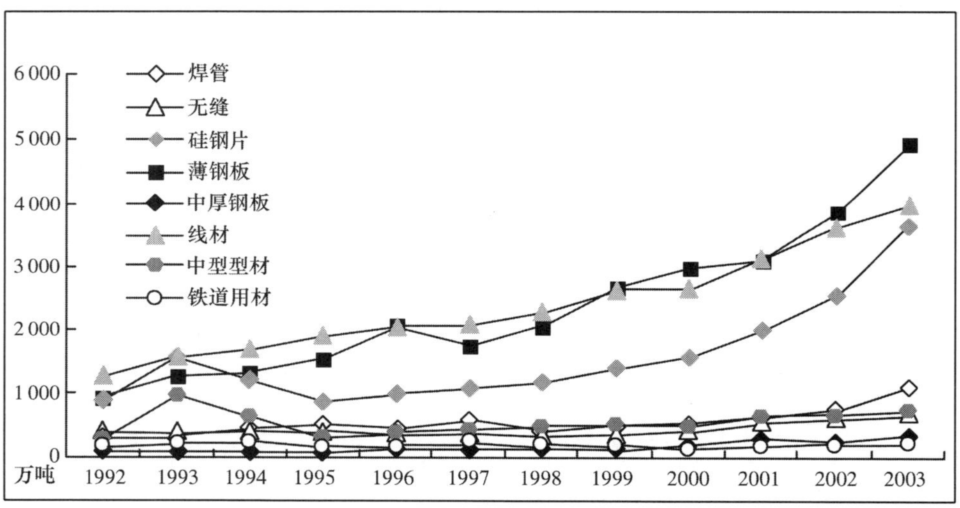

图 16　我国 8 个钢材品种的表观消费量变化比较

8 个钢材品种的年产量与表观消费量差值变化比较可以看出，薄钢板的年产量与表观消费量差值远远大于其他钢材品种，同时增速很大（图 17）。

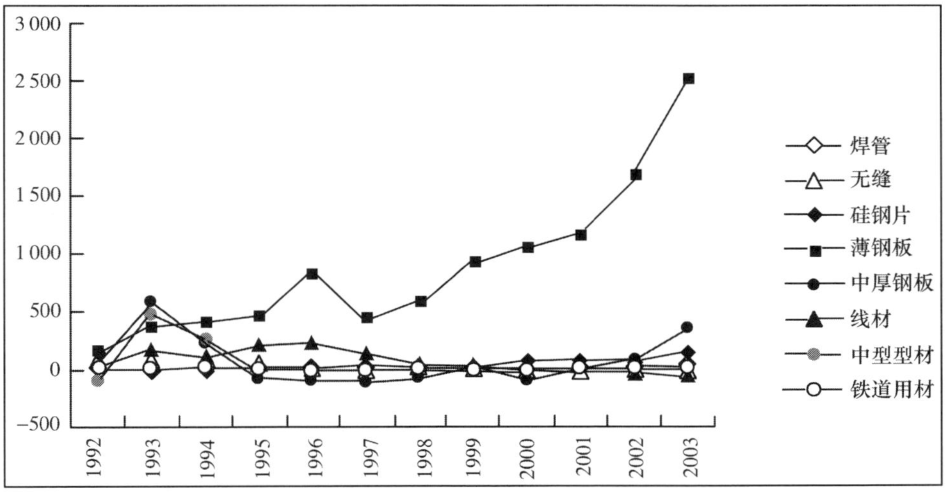

图 17 我国 8 个钢材品种年产量与表观消费量差值变化比较

由于薄钢板的年产量与表观消费量差值远远大于其他 7 个钢材品种，为了看清楚其他 7 个钢材品种的年产量与表观消费量差值变化比较，本人除薄钢板一项进行 7 个钢材品种比较。可以看出，各个品种变化不同，线材是逐年下降；无缝钢管是逐年缓慢下降；硅钢片逐年上升；中厚钢板近几年上升很快（图 18）。

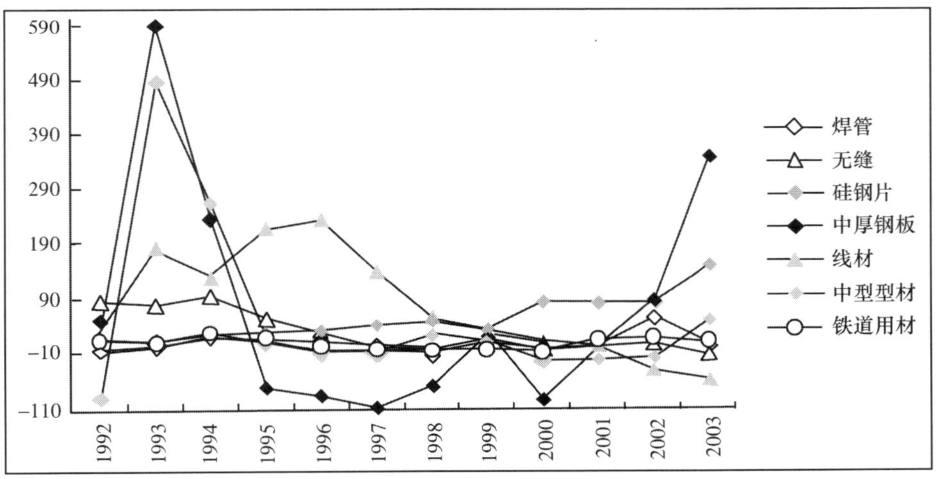

图 18 我国 7 个钢材品种年产量与表观消费量差值变化比较

8 个钢材品种的年产量与表观消费量差值占其年产量比率变化比较可以看出，其顺序是薄钢板、硅钢片的年产量与表观消费量差值占其年产量比率远远大于其他钢材品种，且增速很大（图 19）。

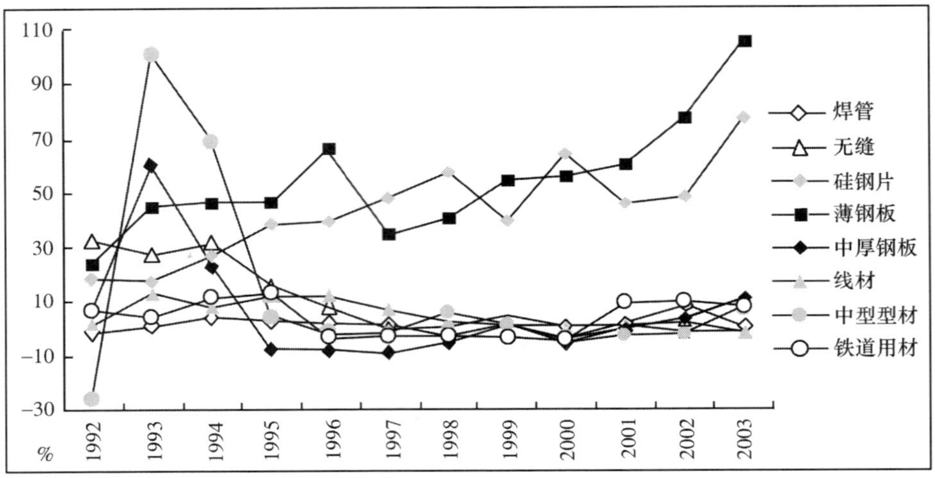

图 19　我国 8 个钢材品种年产量与表观消费量差值占其年产量比率变化比较

三、结　语

1. 新中国成立以来，钢材产量的发展是我国钢材消费需求拉动的结果；特别是近几年来，钢材年产量的高速发展同样是钢材消费需求拉动的结果；到 2003 年钢材消费需求量大于钢材年产量3 021万吨。

2. 近 3 年来，钢材表观消费量的增速高于钢材产量的增速，分别为 2001 年高出 0.2 个百分点、2002 年高出 2.2 个百分点、2003 年高出 3.26 个百分点，所以钢材产量的发展还有空间。

3. 钢材产品结构不合理，有的产品已经供大于求，如线材产品；有的缺口很大，如薄钢板、硅钢片等。

4. 所以建议我国政府有关部门在进行宏观调控时，对钢铁项目要区别对待。要鼓励特大型钢铁企业上国民经济建设中亟需钢材品种的项目。

5. 我国钢铁工业前几名特大型钢铁企业要抓住时机，进行钢材产品结构调整，多产国民经济建设需要的钢材产品；做强做大，为我国钢铁工业的稳定、健康、协调、持续发展做出自己的贡献。

（资料来源：中国钢铁工业协会信息统计部刘玉）

2004 年对我国铁矿石市场的分析

2003 年我国进口铁矿石14 812万吨，比 2002 年增长 33%，首次超过日本成为全球最大的铁矿石进口国。2004 年 1 ~ 11 月已进口18 734万吨，同比增长 39.8%，预计全年进口将超过 2 亿吨。与进口量飙升同时出现的，却是进口产品价高质低的畸形局面。

一、进口价格成倍增长

2004 年 1 月，国际主要铁矿石供应商宣布，将一年期的铁矿石合同价格提高近 19%，这是近年来国际市场铁矿石提价幅度最大的一次。国际铁矿石价格抬升与我国进口量的增长密切相关，对我国的进口和生产企业极为不利。

2004 年前三季度，我国铁矿石进口量同比增长 36.6%，进口金额则大幅增长了 184%。铁矿石进口量排名第二的宁波口岸，2004 年前三季度累计进口铁矿砂2 281万吨，价值 13.88 亿美元，同比分别增长 16.5% 和 1.3 倍；进口平均价格为 60.85 美元/吨，约为 2003 年同期 31.47 美元/吨的 1.9 倍。进口量排名第三的上海口岸 2004 年前三季度进口铁矿砂1 577万吨，同比增长 17%，平均每吨进口价格为 47 美元，同比大涨激增 76%。

不少专业机构预期，2005 年铁矿石价格将继续上涨，幅度在 20% ~ 30% 之间。在欧洲，铁矿石生产商和阿塞洛公司、科勒斯和德国蒂森—克虏伯公司 2005 年的铁矿石谈判 12 月 22 日结束。矿产公司仍然要求将 2005 年的铁矿石价格增幅调到最高，但没有透露具体增幅。在亚洲，日本钢铁厂商和澳大利亚矿产商之间进行的 2005 年第二轮铁矿石谈判 12 月中旬开始，截至 12 月 22 日仍无进展。下轮谈判定于 2005 年 1 月 6 日或稍晚时候进行。澳大利亚联邦证券公司称，受亚洲国家特别是中国需求增长的推动，2005 年 4 月 ~ 2006 年 4 月的日本财年内，铁矿砂合同价格预计将上涨 30%。

由于国际铁矿石运输持续紧张，国际散货运输市场价格也连连走高，《华尔街日报》认为，海运费用大幅上涨至数十年来的最高点。波罗的海综合指数 2 个月内增长了 100%。2004 年铁矿石等原材料的运输成本几乎增长了 200%。

二、进口产品合格率大幅降低

受价格飞涨的影响，众多企业纷纷涉足经营进口铁矿，市场变得鱼龙混杂。一些经营公司互相竞价抢购，不仅抬升了进口矿砂价格，也让国外一些低质量的矿石大量涌入。

厦门检验检疫局统计，2004 年截至 12 月 10 日，厦门口岸进口铁矿 34 批 110 万吨，货值 0.84 亿美元，其中八成不合格，批次、重量、货值不合格率分别达82%、85%、80%。江苏镇江检验检疫局统计，2004 年 1 ~ 10 月份，镇江口岸共进口铁矿石 161 万吨，货值 1.24 亿美元，共检出不符合合同规定的铁矿石 102 万吨，货值约7 000万美元，批次不合格率高达 69.1%。

2003 年以前，我国进口铁矿石贸易方式一般为大型冶炼企业和国外矿山企业合作的来料加工，质量较为稳定，铁含量一般为65%左右。现在，不合格铁矿含铁量一般在60%左右，整体品位降了一个台阶；有害杂质硫、铝、磷等含量偏高，尤其以印度矿和朝鲜矿的 SiO_2，Al_2O_3 超标现象较为普遍；另外，粒度和水分不合格问题也比较突出。不合格铁矿造成冶炼成本加大，且易产出低劣钢材。

业内人士分析认为，我国铁矿石资源不足，原矿品位较低，而近年钢产量连攀新高，国内铁矿石生产不能满足钢铁生产发展需要，这是导致铁矿石进口量大增，国际市场价格趁势抬高的主要原因。

此外，2004 年铁矿石进口贸易中出现的新现象更值得关注：一是现买现卖的短期合同增多。国内企业联合采购机制不完善是长期以来铁矿石进口价格偏高的原因，但近年大中型钢铁企业十分注意建立维护自己的产业链，纷纷与国外铁矿石供应商签订长期稳定的供应协议。而 2004 年，在钢铁业丰厚利润的吸引下，一些中小企业开始涉足铁矿石进出口贸易，签订的都是短期合同，不但价格高于三年及三年以上的中长期贸易合同，而且由于竞价抢购，产品质量良莠不齐；二是进口来源发生变化。最典型的是中国近邻印度的铁矿石市场份额上升，2004 年前三季度，印度的铁矿石市场份额已从 2003 年同期的不到 21%跃升到25%，取代巴西成为中国铁矿石进口的第二大贸易国。

中国钢铁工业协会有关人士指出，印度铁矿石企业与中国钢铁企业之间的直接贸易少，通过中间环节的转手贸易多。上海一家钢铁咨询机构提供的报告称，2004 年上半年进口的在世界上品位不算最高的印度铁矿石到岸价比平均价高出 30%，第三季度竟报出每吨 84.12 美元的高价，而世界上公认的最优矿澳矿同期到岸价不过为每吨 42.74 美元。据分析，这种“质价倒挂”的主要原因是国内企业竞相分散地到印度参与矿石竞价，可说是“自己把价格抬高了”。这种主体分散而时间集中的采购导致物流能力跟不上，全国主要港口的压港库存多是印度产铁矿石。

2004 年国际市场铁矿石合同价同比上涨 18%，价格上涨刺激许多企业纷纷涉足铁矿石进口贸易。专家提醒，虽然我国铁矿石依赖进口的局面短期不会改变，2005 年价格继续上涨似乎也已成定局，但高价也会刺激资源供给的加快增长，供求突出的矛盾趋向缓和，企业应冷静分析形势，切勿一拥而上、盲目炒矿。

我国铁矿石资源先天不足，平均品位仅 32.67%，大型矿床仅占 5%，可采储量有限。而钢铁工业的发展对铁矿石的需求与日俱增，这决定了未来几年我国铁矿石仍需大量进口。2004 年我国钢产量预计达 2.65 亿吨，进口铁矿石预计超过 2 亿吨。2005 年钢产量突破 3 亿吨计，进口铁矿石将达 2.4 亿吨以上。

世界最大的铁矿石生产商与出口商——巴西的多西河谷公司表示，由于中国市场需求强劲增长，2005 年铁矿石价格将上涨 20%。其他一些分析机构如花旗银行、高盛以及澳大利亚矿业经济公司（AME）都预测 2005 年铁矿石价格将上涨 20%，澳联邦证券的预测上涨幅度更高达 30%。但冷静分析可以发现，铁矿石价格上涨存在一些合理因素，也存在一些短期或非理性因素。因此，对 2005 年铁矿石市场形势应全面分析。

三、经济增速放缓与宏观调控将抑制铁矿石需求增长

全球经济复苏以及中国经济继续快速增长，是支撑铁矿石价格上涨的宏观因素。但国际权威研究机构认为，2005 年美国、日本以及欧盟经济增速都将较 2004 年放缓。国家发展改革委宏观经济研究院课题组公布的最新报告预测，2004 年我国 GDP 增速约为 9.1%，2005 年将回落到8%~8.5%，主要是因为投资增长将会继续放慢，以及出口增长将显著降温。

此外，我国 2004 年宏观调控已见成效，钢铁产能盲目扩张的势头得到不同程度的遏制，一批不符合条件的项目停建和缓建。2005 年，国家将继续加强宏观调控措施。国家发展改革委正在酝酿《钢铁产业发展政策》，原则上不再新批钢铁项目，由各地投资管理、外贸、环保、土地、银行等部门多头堵截，其中主要是在信贷方面予以限制。这对铁矿石需求的增长将有所抑制。

四、供给紧张局面趋向缓和

联合国贸发会议（UNCTAD）2004 年早些时候公布的《2003 ~ 2005 年铁矿石市场报告》显示，虽然今明两年全球铁矿石市场供给总体仍显紧缺，但随着新建产能逐步投产，2008 ~ 2009 年市场供给将出现过剩。世界主要铁矿石供应商正在不断增加投资。巴西的多西河谷公司（CVRD）计划在今后几年投资 25 亿美元，到 2006 ~ 2007 年，使其铁矿生产能力再增加 1 亿吨；澳大利亚的哈默斯利公司准备投资 13 亿美元，使铁矿生产能力增加4 000 ~ 5 000万吨；澳大利亚的布罗肯希尔控股公司（BHP）也准备投资 13 亿美元，使铁矿石生产能力增加6 000万吨左右。预计 2005 年全球铁矿石供应将增加5 500万吨。

据中国冶金矿山企业协会会长邹健介绍，2003 ~ 2005 年，全国铁矿累计可增加生产能力 815 万吨；2005 ~ 2010 年，可增加生产能力4 090万吨。

五、2005 年钢铁价格上涨空间有限

2004 年国际钢铁价格高位运行，是铁矿石价格大幅上

涨的重要原因。而2005年价格再度大幅攀升的动力不足。因为：第一，2005年钢铁需求增长速度将低于钢铁产量增长速度。国际钢协（IISI）预测，2005年全球钢材表观消费量将达9.878～9.978亿吨，同比增长4.0%～5.0%，粗钢产量将增加到10.7亿吨，同比增长7.0%。从供求关系看，2005年全球钢材市场资源供给基本平衡。第二，目前国际钢铁价格已在历史高位，上涨空间不会很大。实际上，2004年11月起，国际钢价已出现回落。第三，2005年世界钢铁原料供应短缺压力将出现缓和。

六、应高度重视铁矿石统计数字严重失实的情况

国内铁矿石资源增长能力有限，但产量统计数据存在失真的情况。国家冶金局邯邢矿山局教授级高工陈云鹤介绍，我国民营及群采矿山有6 000家以上，仅河北省就有2 700家之多。这一部分的实际产量比统计数字大。据估算，仅2001年，一年未计入产量的铁矿石就高达6 270万吨。如将这部分计算在内，我国2001年铁矿石产量应该是27 970万吨（21 700＋6 270＝27 970），误差达28.9%。统计失真将扩大铁矿石供求缺口，不利于科学安排产能。

综上所述，铁矿石市场价格经过2004年的大涨之后，2005年将逐步向平稳阶段发展，各个环节的行为都将趋于理性。市场中投机机会大大减少，企业应当摒弃炒矿的短视行为，同时努力改进技术，提高废钢铁的利用率，减少生铁消费量。

由于中国钢铁业持续2年多的高速发展，国内相对贫弱的铁矿业无法满足其需求，中国从国际市场进口的铁矿石大幅增加。业内人士认为，“中国因素”作为一个有影响的力量，将在国际铁矿石贸易中长期存在。但目前铁矿石进口存在一定的“高烧”现象，国际市场对“中国因素”也有一定的误解。

中国焦炭行业协会理事长黄金干最近在上海举行的一次研讨会上说，2004年中国进口铁矿石将首次突破2亿吨，增幅在35%以上。前三季度进口铁矿石平均到岸价同比增长1.07倍。这与中国钢铁业近两年来年均增钢4 000万吨以上的发展速度相对应。

中国对铁矿石的新增需求在国际市场上短时期内释放得过于强烈，而客观上存在的一些盲目进口行为又让人感到中国的需求不够透明，致使国际市场一时无法看清“中国需求”的总体轮廓，在供应上显得有点“措手不及”，因此对“中国因素”产生了一定的误解。西方权威咨询机构及一些媒体纷纷推出报告和预测，有些“把中国看成一只张着大口的狮子，似乎要把世上的金属原料资源一扫而光”，这种误解在传播中不断被放大，让人感到有点“中国金属原料威胁论”的味道。但也有国际机构比较理智。国际投资银行在一份预测中说，至2010年中国对铁矿石的需求将达到4.57亿吨，比2003年增长77.13%。即便如此，在未来5年的大部分时间里，国际铁矿石供求基本能够达到平衡。

中国钢铁工业协会有关人士表示，中国钢铁业虽然在宏观调控中调整了发展节奏，但至少到2010年，中国钢铁业还有相当的发展空间。与这种发展空间相对应的是，中国利用国际铁矿石资源的力度确实还会加强。其中一个重要因素是中国国内铁矿石资源状况不理想，铁矿平均品位仅32.67%，杂矿较多，大型矿床仅占5%，可采储量较低。由此看来，“中国需求因素”将长期在国际铁矿石贸易中占据重要地位。这个态势从中国新增钢铁产能逐渐偏向沿海的布局上也可以看得出来。中国老钢铁基地一般都分布在铁矿附近，宝钢当时在无矿的沿海城市上海建厂，曾引发了极大的争论。但现在国内钢铁业内的专家学者几乎一致建议，新建大型钢厂应选址在沿海地带，以利于铁矿石的进口和钢材贸易。

宝钢股份公司总经理艾宝俊2004年早些时候在接受记者采访时说，国际钢铁原料供应异常偏紧和价格“火爆”，是一个阶段性的现象，是此前长期低迷的国际矿业面对快速转向的市场一时适应不及所致。只要经过一个调整期，就会走上稳步发展的轨道。世界第一钢铁巨头阿塞洛公司也预测，未来几年世界铁矿石产能可增长50%，能够满足市场需求。

国内市场人士提醒说，中国企业大可不必急迫地在国际市场上自相争抢高价资源，而应及时转变国际采购模式，与宝钢等先期介入国际原料市场并与国际矿业巨头建立了牢固贸易和投资关系的大型企业一起，构建国际采购联合体，联合起来在国际市场采购铁矿石，以整体力量加重在国际市场的谈判砝码。

面对铁矿石价格大幅上涨的不利情况，国内大型钢铁企业与国际矿石供应商加强合作，签订长期合同，所涉及的铁矿石数量很大。例如宝钢与澳大利亚哈默斯利合资组建宝瑞吉，取得每年1 000万吨的铁矿供应。武钢、唐钢、沙钢、马钢等与澳大利亚必和必拓公司合作，每年获得1 200万吨铁矿砂。武钢集团2004年10月与澳大利亚国际矿业公司签订了价值200亿澳元、为期25年的铁矿砂供货的谅解备忘录。邯钢2004年继续与澳大利亚哈默斯利公司、必和必拓公司及中钢集团签订铁矿石进口长期协议后，11月又与多西河谷公司签订未来七年年供985万吨铁矿石的合同。这些合同铁矿石的价格往往只有市面报价的一半，长期合同有助于稳定市场，防止铁矿石价格大起大落。

有色金属材料

我国有色金属材料现状及发展战略

材料是人类赖以生存和发展、征服自然和改造自然的物质基础，也是人类社会发展的先导。特别是现代高技术

的发展，更是依赖于新材料技术的进步，如果没有现代超级结构材料的发展，就没有当今世界航空航天事业的辉煌灿烂；如果没有半导体材料的出现，也就不可能有今天计算机技术日新月异的蓬勃发展。有色金属材料是最重要的一类材料，总计60多种。地壳中含量最高的铝、镁均为有色金属。其他有色金属还包括钛、铜、铅、锌、锑、锡、镍、钨、钼等以及稀土元素。有色金属材料涉及结构材料、功能材料、环境保护材料和生物医用材料等，其应用几乎涉及国民经济和国防建设的所有领域。有色金属新材料是新材料的一个极其重要的组成部分，其地位和作用十分突出。大力发展有色金属新材料产业，加速有色金属新材料的研究和开发，对促进国民经济的可持续发展具有极其重要的战略意义。

1 我国有色金属材料发展现状

1.1 成绩显著，举世瞩目

1.1.1 产量规模发展迅速

我国有色金属工业经过50多年的发展，已经形成了比较完整的工业体系，建立了相当雄厚的物质基础。特别是近10年来，成绩显著，举世瞩目，产量和规模发展迅速，跃居世界前列，产品规格进一步增多，除基本满足国内需求外，还实现了部分出口。如2002年，我国10种有色金属产量首次突破1 000万吨，达到1 012万吨，成为世界有色金属第一生产大国；其中铝、钨、稀土、铅、锑、锌、镁和锡等产量居世界第一位，稀土产量占世界总产量的70%以上，镁产量占世界总产量的50%以上。另外我国还是世界有色金属贸易大国之一，2002年我国有色企业实现销售收入2 690亿元，实现利税187亿元，实现利润80亿元；出口量为205万吨，其中铅、锌、锡、锑、镁出口量居世界第一，预计2003年我国有色金属产量将达到1 120万吨，实现利税250亿元，实现利润150亿元。

1.1.2 研究开发取得重大进展

我国有色金属材料经过多年的发展，在高性能材料、新型材料加工技术等方面已取得了重大进展。

铝合金新材料的性能大幅度提高，部分高强高韧铝合金、铝锂合金、喷射沉积快速凝固耐热铝合金的性能达到国际先进水平。从20世纪80年代开始，我国先后研究开发了2×××系列和7×××系列高强高韧抗应力腐蚀铝合金，合金性能达到了美国相应标准的水平，并能提供小批量产品。研制的喷射沉积8009合金挤压棒 $\sigma_b = 395MPa$，$\sigma_{0.2} = 320MPa$，$\delta = 7.5\%$；8009/3% TiC挤压棒 $\sigma_b = 435MPa$，$\sigma_{0.2} = 330MPa$，$\delta = 7.0\%$。Al_2Li 合金被列为国家科技攻关项目，包括中强可焊和高强 Al_2Li 合金。含Sc铝合金的研究也取得了进展，研制出 $Al_2Zn_2Mg_2Sc_2Zr$ 合金板材，其性能与俄罗斯的01970合金性能相当。我国在近年已成功开发了高压阳极电容器铝箔，性能超过了日本同类产品，已能批量生产，并建成了大规模生产电子铝箔的工艺技术体系。在这种形势下，2002年从日本进口到我国的电容铝箔的价格被迫从15万～16万元/吨降至6万～7万元/吨。高速列车和地铁车辆用大型高性能铝合金型材已研制成功，并投入大批量生产。铝材制备技术也得到了迅速提升，铝合金在多元外场作用瞬时连续大变形下，凝固组织控制技术取得突破；电解铝大多采用200kA以上大型预焙电解技术，个别还采用了350kA大型预焙槽技术；铝锭综合交流电耗平均水平由1978年的17 146kW·h下降到2002年的15 362kW·h/t，即每吨铝节约用电1 784kW·h，按全国年产500万吨铝计算，每年节约用电 $8.92 \times 10^9 kW \cdot h$。

我国是镁资源丰富的国家，但对镁合金材料的研究与应用还处于起步阶段。到20世纪90年代，随着国际镁合金应用的扩大，镁的价格上升，在全国范围内出现了硅热法炼镁热潮，全国镁产量由1990年的0.59万吨猛增至1999年的16万吨。虽然我国原镁的产量和出口量剧增，但镁合金材料深度加工制品的发展相对滞后。近几年，国家将发展镁合金材料列为重大科技攻关项目，镁合金新材料的研究水平因而得到了明显提高，开发了 $ZM_1 \sim ZM_{10}$ 等十几个牌号的镁合金。通过细化、净化、微合金化等手段，使铸造镁合金的性能大幅度提高。镁合金铸件、压铸件已应用于汽车和摩托车等领域。2001年我国生产镁铸件1 040吨，压铸件2 120吨。镁合金制备技术得到了发展，现已装备2 000吨的镁合金压铸机，能生产出0.3mm厚的变形镁合金薄板，并开发了镁合金阻燃技术、镁合金熔体环保型保护技术和镁合金微弧氧化表面处理技术等先进制备技术。

到目前为止，我国研制的钛合金有近50种，已列入国家标准的钛及钛合金牌号有40余种。20世纪80年代以来，我国钛合金开始进入由纯仿制到独立研究与仿制相结合的阶段。经过“八五”、“九五”攻关，我国已形成四大钛合金系列：①具有不同使用温度的高温钛合金；②具有不同抗拉强度与塑性、韧性匹配的结构钛合金系列；③具有不同屈服强度的舰用钛合金；④适用不同环境（介质）的耐蚀钛合金。我国钛合金的研究水平大体与国外接近。在开发研究新材料的同时，我国也在钛加工技术方面开展了大量的工作。在钛熔炼方面，我国广泛采用两次真空电弧熔炼，航空级钛材采用三次熔炼，最大铸锭为 $d800mm \times 2\,600mm$（质量为6吨）。

目前我国已具备了自行设计制造大型真空电弧炉的能力，并在试验研究中采用冷壁铜坩埚感应熔炼和悬浮熔炼，正计划发展电子束冷床炉熔炼。我国开发的中强钛合金TC4已应用于J10、J11飞机和人造卫星。“九五”期间开发的中强TA15钛合金将应用于J11飞机的承力件、钣金、型材、铸件，TC18将用作J11系列飞机的承力构件，开发的TB8超高强钛合金将用作J11系列飞机后机身；“十五”期间开发的高强、高韧、损伤容限型TC21将应用于未来战斗机的重承力件和钣金。过去10年，我国在金属间化合物材料研究方面取得了突破性进展，已应用于水轮机、航空发动机和汽车发动机等。研制出的 Ti_3Al 合金棒材，其室温延伸率达 2% ~7%；TiAl 合金棒材其室温延伸率达 5%，K_{IC}为 34MPa · m1/2，超塑性达到 520%，并通过渗 C 表面处理，大大提高了合金的抗氧化性能，为 TiAl 合金的工程应用打下了良好基础。我国新近研制开发的定向凝固 Ni_3Al 基合金具有密度小、强度高、塑性好和高温抗蠕变性能优异等特性，是一种具有广泛应用前景的高温结构材料。该合金适合于在 950 ~ 1 100℃ 使用，可用作航空发动机的涡轮导向叶片材料，其工作温度比 K_3 铸造高温合金提高 50 ~ 100℃，在1 100℃的持久强度超过美国的 EX27 合金，现已应用于生产航空发动机 2 级涡轮导向叶片。

1.2　问题依然严重，与先进国家的差距较大

经过 50 年的发展，我国有色金属尽管在产量规模、研究开发、科研和工业体系以及人才培养等方面已取得了举世瞩目的成就，但在资源及资源利用、产品质量及结构、科研创新、产业结构和环境保护等方面，问题依然严重，与发达国家存在较大差距。

1.2.1　资源严重短缺

我国是有色金属大国，但铜、铝等有色金属资源短缺。随着大幅度的提高产量，原材料短缺的矛盾越来越突出。国内多数有色金属矿山的可采储量急剧下降，资源接近枯竭。近年来，我国大量进口铜精矿和氧化铝，导致全球原料紧张，价格上涨。

1.2.2　低效率、粗放型发展模式导致产品总体质量不高，结构不合理

我国有色金属产业深、精加工技术落后，低档次产品产量过大，高档产品依赖进口，如 2002 年我国有色金属出口 58.51 亿美元，而进口达 109.33 亿美元。具体表现在如下几个方面。

1）铝材　建筑用型材产量过大，供过于求，附加值低，而高精度饮料罐板铝材、高强高韧铝合金等基本依赖进口。铝合金饮料罐板已是发达国家铝板行业的主导产品，技术难度不断提高，罐板向越来越薄的方向发展。我国的饮料罐板在精度、制耳率控制等方面存在较大问题。目前我国饮料罐板绝大部分依赖进口，占整个进口铝合金总量的近 1/3。高性能铝合金，如高强高韧抗应力腐蚀铝合金、铝 2 锂合金、快速凝固粉末冶金铝合金和含钪铝合金是现代航空航天、汽车和武器系统的重要材料，而我国大多仍处于实验室研究或小批量试制阶段，不能进行大规模工业化生产。在合金品种牌号方面，我国与发达国家也存在较大差距。目前我国铝合金只有 143 个牌号，而美国有 350 个；我国热处理态铝合金只有 75 个品种，而美国有 356 个品种。

2）铜材　经过 40 多年的建设，我国目前已具有 260 万吨/a 的铜材生产能力，实际年生产铜材 130 ~ 150 万吨，基本能满足国民经济发展和国防建设对铜材的需要。但在高性能铜合金新材料的研究开发能力和生产水平方面，我国与发达国家相比还存在很大差距，表现在产品性能、精度、表面质量等达不到用户要求，品种、规格、数量也不能满足需要，所以年需要进口大量高性能、高精度、高质量铜材。如 1998 年我国共进口铜材 54.6 万吨，占当年我国铜材全年用量的 43.2%。特别是引线框架材料，薄的水箱铜带、宽幅带材、铜箔、空调管、冷凝管都需大量进口。

3）钨、钼材　我国钨、钼等难熔金属制品产量已占世界总产量的 1/3 左右，但存在中低档产品供大于求，产品积压等问题，而技术含量高的产品，如性能可靠的抗震、抗下垂钨丝、特种灯泡钨丝、显像管用钨合金丝、高精度的钨窄带和钼窄带、超大规模集成电路亚微元件用超高纯钨、钼材等又不能生产或产量很小，或质量达不到要求；缺乏高档管、棒、丝等深加工产品。我国每年出口低档钨制品1 200 ~ 1 500吨，但同时又以出口价的 5 倍从国外引进高档钨制品。我国钨、钼制品行业的利润也远低于先进发达国家，如我国硬质合金总产量为 Sandvik 公司的 2.5 倍，但总利润仅为其 1/4。

4）半导体有色金属材料　国外 IC 生产线主流产品采用 *d*8 英寸硅晶片，并正在向 *d*12 英寸硅晶片过渡；GaAs 单晶的研制水平为 *d*（6 ~ 8）英寸，*d*4 英寸和 *d*6 英寸 Si_2GaAs 单晶已分别达到商品化和批量生产；InP 单晶实验室已研制出 *d*4 英寸样品，*d*3 英寸晶片达商品化，*d*（2 ~ 3）英寸抛光片已达外延“开盒即用”。而在国内，单晶硅已具备 *d*8 英寸小批量生产能力，但目前只能作陪片使用。实用化水平为 *d*（4 ~6）英寸；GaAs 单晶已研制出 *d*4 英寸 Si_2GaAs 单晶样品，实用化水平为 *d*（2 ~3）英寸，抛光片达不到“开盒即用”；InP 单晶已研制出 *d*（2 ~3）英寸，实用化水平为 *d*2 英寸抛光片，但未达到外延“开盒即用”的水平。

1.2.3　环境和资源负担过重

由于我国有色金属行业产业结构不合理，企业规模小，资金缺乏，特别是许多主管部门和企业缺乏环境和资源保护意识，造成我国环境和资源负担过重。一方面，对有限资源实行破坏性开采，加速我国资源枯竭的速度；另一方面，生产工艺落后。据统计，我国目前电解铝产量中仍有 117 万吨（约占总产量的 22%）采用 60kW 自焙阳极电解槽生产；30% 以上的粗铅采用烧结锅、烧结盘生产；鼓风炉炼铜、竖罐炼锌等落后工艺仍占相当大的比例。这些落后的生产工艺效率低、能耗高、污染大。

2　我国有色金属材料发展战略

2.1　总体思路

1）加强技术创新、提升产业水平；

2）突出重点、有限目标；

3）实施精品战略，发展高附加值产品；

4）新材料与基础产业并重；

5）发挥资源优势，重视环境保护。

2.2 具体目标

2.2.1 发展铝合金材料仍是今后的重点

铝合金在国民经济各领域及国防建设中占有很大的比重。由于铝合金具有密度低、强度高、耐腐蚀、导电导热性能好、可铸造、可焊接以及加工性能好等优良品质而发展非常迅速，已广泛应用于国民经济和日常生活中，其用量之多、范围之广仅次于钢铁，成为第二大金属，其产量占整个有色金属产量的1/3以上。高性能铝合金主要用于航空航天和包装等领域。由于轻质的需要，铝合金一直是航空航天飞行器的主要结构材料，主要用于飞机蒙皮和舱体等部位，在军用飞机上，其用量达50%，在民用飞机上最高达到80%。我国在高性能铝合金方面主要应解决以下几个关键问题：①铝合金加工重大装备的研发。目前影响我国铝合金产品质量和产量的主要问题是加工装备研制能力弱，很多关键装备都需国外进口；②大力开发高强高韧轻质铝合金，如 Al_2Li、Al_2Mg_2Sc、快速凝固粉末冶金铝合金等等，其发展重点是降低成本、扩大产业化规模；③开发特种铝合金，如高性能电容铝箔、铝合金制罐板等。

铝合金的研究重点主要集中在如下几个方面。

1）高精度铝合金板、带、箔材加工技术、高性能饮料罐板铝合金的研究开发。饮料罐板是发达国家铝板行业的主导产品，可代表一个国家铝加工的技术水平，属高精技术产品，附加值高，需求量大。应在解决热连轧生产线后，尽快解决结构控制，降低制耳率以及其他质量问题，使产品具有国际竞争力，满足国内需求，实现部分出口。年产达20万吨以上。

电子铝箔的研究开发。电容器电极铝箔是技术含量高、附加值高的产品，特别是高压阳极电容器铝箔只有日、法、德等少数国家能生产，垄断了全球市场。我国已试制成功并实现批量生产，其综合性能基本达到日本水平。今后应开展稳定化研究，扩大生产规模；继续研究阴极箔，使性能达到国际先进水平，把电子箔作为我国的主产品参与国际竞争。陆地车辆用新型铝合金型材的开发。如高速列车、地铁车辆用大型多孔空心厚板铝合金型材及轿车车身板材、散热器材料等。

2）新型高性能铝合金。在高强、高韧、抗应力腐蚀铝合金方面，研究微合金化、超细化、高均匀度、高纯度的超级铝合金，降低成本，提高性价比是关键。重点发展2×××系和7×××系高强高韧抗应力腐蚀铝合金，实现批量生产，质量满足飞机制造要求和国防建设需要。在含Sc铝合金的研究开发方面，由于在铝合金中加入Sc，能大幅度提高铝合金的性能，因而含Sc铝合金成为最有吸引力的新型高性能铝合金。但Sc的价格昂贵，阻碍了含Sc铝合金的应用。采用低纯氧化钪取代金属Sc的研究目前已取得进展，可大幅度降低成本。继续加大Sc资源的提取利用力度，进一步降低氧化钪和铝钪中间合金的价格。

在快速凝固粉末冶金铝合金新材料的研究开发方面，喷射沉积耐热铝合金的研制已取得重大突破，在此基础上，应进一步提高其性能，尽快实现在航空航天器上的应用。进一步完善改进喷射沉积技术和装备，开发研究新的高合金化的快速凝固铝合金新材料。还可将喷射沉积技术扩大应用到镁合金、复合材料甚至镍合金的生产上。

2.2.2 镁合金材料的研究开发也是今后有色金属材料发展的重点

Mg在地壳中的含量为2.35%，仅次于Al和Fe，海洋中Mg含量极为丰富，达2 100万亿吨，我国Mg储量居世界第一。目前我国Mg年产量达26万多吨，居世界第一，出口量也为世界第一，但国内消耗不到30%。因此大力发展高性能镁合金材料，提高镁合金制品附加值是我国面临的艰巨任务。由于Mg的比强度、比刚度高，导热、导电性能好，电磁屏蔽、阻尼性能好，对环境友好，且价格低廉，而成为新世纪最有发展潜力的金属材料。近10年来，镁及镁合金的研究开发和应用得到了广泛关注，目前镁合金主要有 Mg_2Al_2Zn 系列、Mg_2Al_2Mn 系列、Mg_2Al_2Si 系列和 Mg_2Al_2Re 系列。特别是为了节能，世界各大汽车公司争相开发镁合金汽车零件，如福特汽车公司 Aerostar Mimi2Vans 牌号汽车的中座及后座支架采用镁合金，每年就需要100吨以上的AM60镁合金铸件。1997年全球十大汽车公司的Mg用量为4.5万吨，到2000年猛增至9万吨。目前全球用于汽车零部件的镁合金用量将以每年增长15%的速度发展。公开应用于航空航天飞行器的镁合金材料包括AZ91E、QE22（MSR）、ZE41（RZ5）、EQ21、EZ33（ZRE1）和WE43等。此外镁合金在笔记本电脑、手机、照相机等电器3C产品上的用量也越来越大。镁合金的研究和开发应围绕提高材料的强度、塑性、韧性、耐蚀性以及抗疲劳等综合性能来开展，新型合金的开发可以通过采用新的合金元素、采用新的抗腐蚀处理工艺等途径实现。镁合金研究的关键问题在于：①开发适合于镁合金大批量生产的重要装备，如真空压铸、挤压压铸装备等；②新型高性能镁合金体系的开发；③镁合金熔炼过程的气氛保护；④镁合金的阻燃技术和表面处理技术；⑤镁合金与异种材料的焊接问题。

镁合金的研究重点有：①开发汽车及3C产业用压铸及变形镁合金，包括应用于汽车等交通工具的压铸镁合金，应用于3C产品的变形镁合金等。②开展超轻、高强、耐蚀 Mg_2Li 合金的研究。Mg_2Li 合金的密度只有 $1.5g/cm^3$，具有“超轻合金”之称。通过添加合金元素可提高合金的强度和组织稳定性；但 Mg_2Li 系合金的高温性能和抗蚀性尚有待解决。③开发高强度耐热镁合金，如应用于未来航空航天领域的镁稀土合金、快速凝固镁合金。④开展镁合金制备与表面处理技术的研究，主要包括镁合金熔体净化技术、无污染镁合金熔体保护技术、压铸新工艺技术与装备、镁合金表面微弧氧化处理技术和镁合金表面钝化处理技术等。

2.2.3 大力发展高技术含量、高附加值的难熔金属材料

钨、钼、钽、铌四大难熔金属在我国的资源很丰富，

已探明的储量均居世界前列，特别是钨、钼具有很大的资源优势。钨、钼及其合金广泛应用于军事工业和民用工业，如照明用抗下垂抗震钨丝、W_2CeO_2 和 W_2La_2O 等电极材料、焊接电极用 W_2Cu 触头材料以及 W215Cu、W220Cu 电子封装材料、$W_{2(3\sim5)}$ Re 热电偶以及 γ 辐射屏蔽、平衡锤、陀螺转子、各种穿甲弹和手机震子等高比重合金等。

钽是钽电容器的关键材料，应用在电容器的钽粉、钽丝一直是钽的第一大消耗领域。我国难熔金属今后发展的重点是：

1）高性能钨、钼合金

重点开发新型掺杂抗震钨丝，把铼的软化效应同掺杂机制结合起来，使抗震钨丝的质量达到国际水平；在喷涂钼丝方面，提高钼丝锭坯单重（>20kg/根），适应汽车工业发展的需求；在稀土钨方面，单一型稀土钨（W_2Y、W_2La 电极）实现商品化生产；稀土钼方面，在用复合强化机制提高钼材的耐热性，改善钼材电性能；开发纯度≥99.999 9%的高纯钨和高纯钼，特种规格的钨材、钼材，钨≥450mm，钼≥1 000mm的特宽板材，直径≥100mm 的粗钼棒材，晶粒度小于 10μm（W）和 5μm（Mo）的薄带材以及 W_2Cu 功能材料，如电子封装材料、触头材料等。

2）钽、铌及其合金

重点开发高质量高比容钽粉；进一步提高细径钽丝质量，使我国成为电容器钽丝的生产强国；开发全钽电容器用钽杯，达到规模化生产，完全取代进口。

3）硬质合金

重点发展梯度结构硬质合金，达到规模生产水平，年生产量达2 000吨；扩大复合涂层硬质合金的品种与生产规模，达到年生产2 000吨以上；为适应汽车（轿车）工业及高新产业的发展，开发可转位涂层刀具和模块工具系统，满足国内汽车工业的需要；进一步稳定提高超细硬质合金制品质量，发展纳米硬质合金，达到年产2 000吨以上。

2.2.4　大力发展有色金属新型功能材料，满足国民经济建设的新需求

1）有色金属信息新材料

当今世界正处于信息时代，电子信息产业的发展推动着人类社会的进步，改变着人们的生活模式。半导体材料是信息技术的基础，Si 材料的研制引发了微电子技术革命。目前，95%以上的半导体器件和99%以上的集成电路都是用高纯优质的硅材料制成的。随着集成电路的特征尺寸逐年缩小，硅晶片尺寸不断扩大，集成度不断提高，对硅单晶片的质量要求也越来越高。GaAs 单晶是应用最广的化合物半导体材料之一，它具有禁带宽度大、电子迁移率高等特点，可用于制造超高速集成电路、微波器件、激光器件、光电以及抗辐射、耐高温等器件，对于国防和高科技研究具有重大意义。近年来，由于大量用于民用移动通信，已显示出广阔的市场前景。第三代半导体 GaN 材料的出现又将引发世界照明技术的革命。GaN 是固体照明光源的关键材料。

随着世界信息化浪潮迅猛发展和节能环保等可持续发展的需要，国外对高亮度 GaNLED 的市场需求剧增。预计 1999~2006 年间，年销售额每年增长 20.6%，2006 年将达到 20 亿美元，约占整个化合物半导体销售总额的 20%。因此，GaN 高亮度蓝、绿和白光 LED 等新型元器件是发展我国电子工业不可或缺的组成部分。

2）有色金属能源材料

目前化石能源占世界总能源的 80% 以上，高速度的消耗使得这些能源的储量剧减，化石能源的消耗过程排放出大量 CO_2，造成日益严重的温室效应。目前氢能、太阳能等清洁能源的开发与利用是研究热点。有色金属在新型能源利用和开发方面具有非常重要的作用。

为了有效利用各种能源，储能材料和能量转换材料无疑是极其重要的。以有色金属为主要原材料的 Ni_2H 电池和 Li 离子电池近年来发展非常迅猛。高功率 MH/Ni 电池是电动汽车的主要动力电源。电动汽车以其零排放、低噪声和节能等显著特点成为发展城市环保汽车的理想车型，美国、日本、法国、德国等国家的电动汽车已进入小批量商业化生产的实用化阶段。美国能源部调查显示，2020 年混合型电动汽车（HEV）将占世界汽车总数的50%，而 HEV 的发展将促进高功率 MH/Ni 动力电池的发展。锂离子电池在手提电脑、摄影机、手机等电器方面具有巨大的应用市场，开发生产锂离子电池需要大量的 Ni、Co 等有色金属。未来 10 年，低成本锂离子电池将可能被大规模使用于汽车上，并将占有 95% 的便携式计算机用电池市场。氢能是未来最受重视的清洁能源，而有色金属氢化物在氢的储存方面具有重要作用。Mg 及 Mg 基复合材料由于质量轻，储氢容量大（为 5%），在未来 10 年将成为发展热点。

3）超导材料

超导材料被认为是 21 世纪具有战略意义的高新技术材料。目前，超导材料主要有 NbTi 合金低温超导材料和 Bi 系高温超导材料，它们都需要大量有色金属原材料。NbTi 超导材料具有良好的加工性能和超导电磁性能，已占据整个超导材料用量的 90% 以上，主要应用于大型基础科研装置和民用项目以及大型低温工程装置，如高能粒子加速器、受控热核聚变装置、超导磁悬浮列车、超导储能系统、超导电机、磁分离装置等。每年 NbTi/Cu 超导线的需求量在 1 000吨以上，所需的 NbTi 合金棒在 700 吨左右。低温超导的民用市场主要是医用核磁共振成像仪（MRI），每年约有 2 000台投放市场，使用的 NbTi/Cu 超导线约1 500吨，所需的 NbTi 合金棒为 300 吨左右。高温超导自 1986 年发现以来，经过十几年的发展，已开始进入大规模应用研发阶段。Bi 系高温超导已用于核磁共振、卫星通信和石油勘探，正用于大型传输电缆、变压器、电机、限流器和储能器的试制。国外产业界预测，2020 年全球与超导相关产业的产值可能达到2 400亿美元。我国在超导研究领域已有相当的工作基础，获得了 108 项专利，为超导技术在中国的发展奠

定了很好的基础。"九五"期间我国研制成功了6m长、2 400A的Bi系高温超导直流输电电缆。

4）有色金属生态环境材料

现代工业的高速发展带来了严重的环境污染问题，有色金属在改善环境和促进工业可持续发展方面具有重要作用。例如，汽车尾气是城市大气污染的主要来源，全世界的汽车每年排出的CO、有机烃（HC）和氮化物（NO_x）总量约30亿吨。采用含稀土复合氧化型催化剂用于治理汽车尾气，可使汽车尾气的有害气体排放量减少70%以上。有色金属工业在我国国民经济中占有相当的比重，发展短流程、低能耗、零污染的有色金属生产工艺，也是改善生态环境的重要手段。此外，在许多有色金属工业废物中含有大量的有用成分，如氧化铝生产残留物赤泥含有大量Al、Ti、Fe以及少量的Si、Ca等，而世界每年大约产生3 000万吨赤泥，大部分作为填埋物而废弃。因此，综合利用有色金属工业的废气、废渣、废液，不仅可以化废为宝、节约资源，更重要的是能够明显降低环境污染。

（资料来源：国家"863"高技术新材料领域专家委员会黄伯云）

2004年中国有色金属及加工业运行状况

一、2004年我国十种常用有色金属产量1 398万吨

2004年，十种常用有色量（快报数）达到1 397.85万吨，比上年净增170万吨，同比增长17.53%。十种有色金属产量中，铜206.14万吨，铝683.70万吨，铅181.19万吨，锌251.94万吨，镍7.54万吨，锡11.71万吨，锑12.49万吨，汞424吨，镁42.61万吨，海绵钛4 964吨。十种有色金属产品产量自2002年超过美国后，连续3年总产量稳居世界第一位。

二、2004年我国氧化铝产量699万吨

2004年我国氧化铝产量（快报数）达到699.42万吨，比上年增加86万吨，同比增长14.53%，产量增加数及增长幅度都是近年来最高的。

三、2004年我国铜铝材产量分别达到416万吨和439万吨总计855万吨

2004年，我国铜材产量（快报数）达到416.52万吨，同比增长15.67%。铝材产量（快报数）439.66万吨，同比增长20.99%。

四、2004年我国有色金属进出口总额达362亿美元

2004年我国有色金属进出口贸易总额达362亿美元，比上年增加129亿美元，同比增长55.47%，其中进口230.47亿美元，同比增长51.42%，出口131.53亿美元，同比增长63.10%，出口增幅大于进口增幅。我国有色金属进出口总额连年大幅度增长，2004年有色金属进出口总额是2001年的2.6倍。

五、铜、铝材产量继续较快增长

铜材产量最大的3个省是：浙江（124.32万吨，同比增长2.89%）；江苏（104.39万吨，同比增长13.83%）；广东（61.09万吨，同比增长15.44%）。浙江、江苏两省产量均超过100万吨。浙江铜材产量占全国的29.85%，以上三个省铜材产量289.80万吨，占全国的69.57%。全国有7个省区市铜材增长幅度超过40%，同时有4个省市产量下降。

铝材产量最大的3个省是广东（114.15万吨，同比增长23.05%）；河南（60.48万吨，同比增长46.81%）；江苏（37.08万吨，同比增长20.05%）。产量超过30万吨的还有浙江（30.49万吨，同比增长18.13%）。产量超过20万吨的有4个省市：重庆（26.21万吨，同比增长21.33%），山东（23.10万吨，同比下降3.34%），辽宁（23.08万吨，同比增长4.01%），福建（21.63万吨，同比增长23.65%）。铝材增长幅度超过30%的有8个省、区、市。23个生产铜材的省、区、市有19个产量增长。29个生产铝材的省、区、市有22个产量增长。从企业来看，产量居前50位的铜加工企业有38家产量增长，而铝加工企业有46家产量增长。

六、2004年有色金属进出口贸易情况

2004年，有色金属进出口贸易总额达到362.00亿美元，同比增长55.47%。其中，出口131.53亿美元，同比增长63.10%；进口230.47亿美元，同比增长51.42%，进口、出口及进出口总额都大幅度增长。出口增幅高于进口增幅11.68个百分点，但有色金属进出口贸易逆差接近100亿美元，达98.93亿美元。

1. 有色金属进口

全年铜进口额124.16亿美元，同比增长50.9%。其中累计进口未锻轧铜126.61万吨，同比下降11.9%，但由于铜价大幅上扬，进口额增长34.9%；累计进口铜材119.54万吨，同比增长13.2%，进口额增长40.6%；累计进口铜精矿实物量288.10万吨，同比增长7.9%，但进口额增长了73.3%；累计进口铜废碎料实物量395.76万吨，同比增长25.1%，进口额增长了84.1%。全年铝进口额66.46亿美元，同比增长46.3%。其中累计进口未锻轧铝103.34万吨，同比增长17.3%，进口额增长28.0%；累计进口铝材61.06万吨，同比增长14.9%，进口额增长30.4%；累计进口氧化铝587.49万吨，同比增长4.8%，进口额增长48.5%；累计进口铝废碎料120.00万吨，同比增长83.6%，进口额增长143.0%。

2. 有色金属出口

全年铝出口额 39.70 亿美元，同比增长 58.4%；铜出口额 18.55 亿美元，同比增长 126.4%。

3. 有色金属进出口贸易的几个特点

（1）有色金属进出口贸易逆差继续扩大。进出口贸易逆差高达 98.93 亿美元，比 2003 年增加 27.5 亿美元，呈逐年增大的趋势。主要是我国资源短缺的铜、铝、镍产品的进口。其中，仅铜一种金属的逆差就高达 105.61 亿美元，超过有色金属进出口贸易逆差总额 6.68 亿美元。资源短缺金属的进口要集中在矿山原料及铜、铝再生原料的进口。进口额为 85.03 亿美元，占有色金属进口总额的 36.9%。2004 年进口铜精矿实物量 288.10 万吨，进口额 2.38 亿美元，进口铜废碎料实物量 395.76 万吨，进口额 4.55 亿美元；进口氧化铝 587.49 万吨，进口额 0.44 亿美元；进口铝废料实物量 120.00 万吨，进口额 10.75 亿美元。

（2）进出口产品结构的变化。从进口金属及加工产品到主要进口矿山初级原料。以铜而言，由过去主要进口精炼铜和粗铜转为现在的铜矿、铜废碎料、精炼铜、粗铜、铜材均大量进口。2004 年未锻轧铜进口额同比增长 34.9%，而出口额同比增长 199.2%；铜材进口额同比增长 40.6%。铝的情况为：2004 年未锻轧铝进口额同比增长 28.0%，出口额同比增长 67.5%，净进口量 17.96 万吨。但从总体上看，我国深加工、高附加值有色金属产品开发还比较薄弱。

（3）进出口贸易顺逆差情况。顺逆差情况见下表。2004 年进出口额较大的 13 种有色金属有 8 种顺差，5 种逆差，包括铜、铝、铅、锌、镍。

2004 年 13 种主要有色金属进出口品种顺逆差情况

品名	出口		进口		顺、逆差	
	序号	出口额（亿美元）	序号	进口额（亿美元）	序号	金额（+、-）
铝	1	39.695	2	66.465	12	-26.770
铜	2	18.546	1	124.158	13	-105.612
钼	3	15.582	7	1.392	2	14.190
金	4	15.220	10	0.545	1	14.675
银	5	9.181	8	1.148	3	9.033
镁	6	7.316	13	0.157	4	7.159
稀土	7	4.758	9	0.643	5	4.115
铅	8	4.608	5	5.214	9	-0.606
锌	9	3.896	4	8.325	10	-4.429
锡	10	3.264	6	2.781	8	0.483
钨	11	2.832	11	0.533	6	2.299
镍	12	2.202	3	12.841	11	-10.639
锑	136	1.739	12	0.197	7	1.542

（资料来源：《中国有色金属加工》）

2004 年中国钛工业发展分析报告

1 2004 年中国钛工业发展现状

1.1 经济运行情况综述

1.1.1 产能

截止 2004 年底，中国海绵钛产能为4 500吨，其中遵义钛厂3 000吨，抚顺金铭钛业有限责任公司（即原抚顺钛厂）1 500吨。

国家西部专项——遵义钛厂年产5 000吨海绵钛现代生产技术及装备研究项目，已于 2004 年第 4 季度完成设备安装，并进入调试阶段，2005 年 3 月验收，第 2 季度正式投产。

1.1.2 产量

海绵钛：2004 年遵义钛厂生产海绵钛3 393吨，抚顺金铭钛业生产海绵钛1 416吨，合计生产4 809吨，比 2003 年的4 112吨增长了 17.0%。

钛锭：根据中国有色金属工业协会钛业分会的统计，2004 年中国共生产钛锭11 820吨，比 2003 年的10 846吨增长了 9%（详见表 1）。

钛加工材：2004 年中国 16 家钛加工材生产企业的统计及与 2003 年产量的比较见表 2。

表 1 2004 年中国钛锭生产量

生产厂家编号	产量（吨）	生产厂家编号	产量（吨）	生产厂家编号	产量（吨）
1	3 700	8	350	15	230
2	1 500	9	370	16	200
3	1 000	10	600	17	200
4	400	11	300	18	150
5	500	12	150	19	80
6	400	13	230	20	100
7	800	14	500	21	60
合计（吨）	11 820				

表 2 2003 年与 2004 年钛加工材产量比较（吨）

年份	板材	棒材	管材	锻件	丝材	铸件	其他	合计
2003	3 692.5	542.8	1 242.1	451.4	50.1	529.8	571.5	7 080.2
2004	5 016.1	929.1	1 723.8	300.6	55.1	597.0	670.7	9 292.4
增减（%）	35.8	71.2	38.8	-33.4	10.0	12.7	17.4	31.2

从表 1 和表 2 数据可知，我国最大的钛加工材生产企业的产量已近4 000吨，板材、棒材、管材的产量均衡，已有相当规模；2004 年钛加工材产量的增幅达到 31.2%，其中板材增幅达 35.8%，棒材增幅高达 71.2%，管材增幅达到 38.8%，而丝材、铸件和其他材的增幅也在 2 位数以上，仅锻件的产量下降了约 1/3。2004 年是中国钛加工材生产快速成长之年。

沈阳金驰钛业、抚顺欣兴特钢、上钢三厂和长城特钢4家企业承接了大量的来料加工业务，其产量中分别有30%、20%、30%和30%的简单改轧量，对应的改轧量为85吨、360吨、228吨和106吨，合计779吨。

从所统计的9 292吨产量中剔除上述779吨简单改轧量，2004年中国钛加工材的实际产量为8 513吨。

钛粉：2004年，北京有色金属研究总院、西北有色金属研究院、凤翔钛粉厂和河北武邑凯美特公司等4家企业分别生产了15吨、2.8吨、690吨和90吨，合计共生产钛粉797.8吨，比2003年少生产了120吨。

1.2 产业结构

本节中包含的中国钛工业的地域布局、产业链上下游布局和产品结构等内容请参见《2003年钛工业发展报告》。

1.3 对外贸易情况

根据海关统计，2004年中国海绵钛、钛锭（坯）、钛碎废料及钛加工材的进出口数据见表3。

表3 2004年中国钛的进出口统计数据

品 种	进 口		出 口		净出口
	数量（吨）	金额（万美元）	数量（吨）	金额（万美元）	数量（吨）
海面钛	1 838.7	1 064.9	57.5	45.0	1 781.2
其他未锻轧钛、粉末	1 095.9	1 054.9	613.0	512.8	482.9
钛废碎料	57.7	23.1	159.8	79.1	-102.1
钛条、杆、型材及异型材	701.5	884.9	348.9	586.1	352.6
钛丝	106.1	285.1	51.8	107.6	54.3
厚度不超过0.8mm钛、片、带	855.9	904.1	45.2	178.7	810.7
厚度超过0.8mm钛、片、带	885.9	1 030.6	268.8	532.2	617.2
钛管	1 474.9	3 437.4	170.7	531.1	1 304.2
其他锻轧钛及钛制品	173.1	1 455.6	424.4	1 577.2	-251.3
钛材合计	4 197.4	7 997.4	1 309.8	3 512.9	2 887.6

从表3中可知，2004年中国进口海绵钛1 838.7吨，出口57.5吨，净进口1 781.2吨。海绵钛的净进口量比2003年的2 751吨少了970吨（小数点后的数字忽略）。

其他未锻轧钛、粉末一栏中，进口的主要应是钛锭和坯，出口的主要应是粉末和铸件等。

2004年钛加工材进口4 197.4吨，出口1 309.8吨，净进口2 887.6吨。2004年钛加工材的进口量、出口量和净进口量相对2003年的都有不同程度的增长（见表4），其中出口量增长18.2%。

表4 2003年和2004年钛的进出口数据对比

年 份	进口量（吨）	出口量（吨）	净进口量（吨）
2003	3 787	1 108	2 679
2004	4 197	1 310	2 887
增减（%）	10.8	18.2	7.8

1.4 市场及价格

1.4.1 销售量

根据钛业分会的统计，2004年中国生产海绵钛4 809吨，仅有2吨库存，实际销售4 807吨。

2004年中国生产钛加工材8 513吨（剔除了简单改轧量），库存771吨，实际销售7 742吨。

1.4.2 市场需求

2004年，中国钛行业共得到6 588吨海绵钛，其中国内企业供应了4 807吨，净进口了1 781吨。中国国内钛加工材的总销售量为10 629吨，其中国内企业供应了7 742吨，净进口了2 887吨。

中国钛加工材的实际需求量已超过万吨，达到创纪录的10 629吨。相应地，中国对以海绵钛为主的钛金属原料的需求也在万吨以上。中国已是一个钛消费大国。

1.4.3 需求分配

根据中国16家钛加工材生产企业的统计，中国国内生产并销售的钛加工材在不同应用领域的分配见图1。

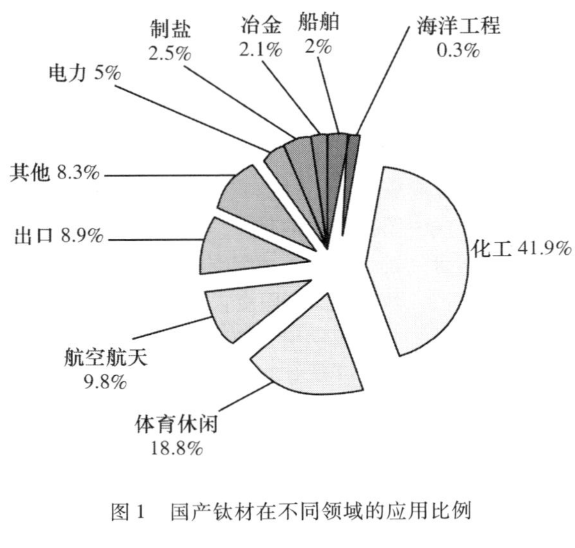

图1 国产钛材在不同领域的应用比例

1.4.4 价格

从大的方面说，由于美欧经济复苏与中国经济长期持续高速发展，国际航空业复苏，开始大量订购钛加工材，钢铁工业对海绵钛的需求增加，“9·11”事件后，国际航空业对新飞机需求锐减，从而导致世界钛工业减产、减能，因此2004年伊始，世界钛工业所面临的形势是海绵钛产能下降，而需求迅速增加。这就造成了2004年以来海绵钛价格一路上扬的现实。

2004年初，国际海绵钛价格为5.1~5.5美元/千克，2004年底，海绵钛价格升至10~11美元/千克，零售价已升至14美元/千克。中国海绵钛的价格也由年初的51~55元人民币/千克，涨至年底的100元人民币/千克，而且仍有继续上涨的趋势。

2 2004年钛工业经济运行情况分析

2.1 2004年中国钛工业经济运行总评价

2004年是中国钛持续高速发展的又一年。在这一年里，海绵钛的产量达到创纪录的4 809吨，年增长率为17%。然而更令人喜悦的是，遵义钛厂年产5 000吨海绵钛项目建设工程完工，预计2005年第2季度正式投产。届时中国将出现第一个达到基本经济规模的海绵钛大厂。

2004年，中国钛加工材产量达到创纪录的8 513吨，比上一年大幅增加31.2%，中国还是一个海绵钛和钛加工材的净进口国，钛加工材的进口量、出口量和净进口量都有较大的增加。

2004年，中国钛加工材的消费量（或需求量）首次超过万吨，达到10 629吨，中国已成为钛消费大国。

2004年，由于原料价格不断上涨（如氯气、金属镁和电力），又由于供应紧张，海绵钛价格不断上扬，这一方面有利于海绵钛企业，刺激其改进技术，扩大产能；另一方面也迫使钛加工材价格上扬，又不利于钛的普及、推广。

2.2 政策环境分析

国家科技部等有关部委仍将海绵钛及钛加工材列为应重点支持的高新技术产品，并把海绵钛、钛板列入国家高新技术产品目录，十分有利于钛行业的发展。

随着改革的深入，国家鼓励国有企业调整产权结构，实行股份制并建立现代企业制度，有利于促进遵义钛业股份公司、宝鸡钛业股份公司这类大型钛业集团的建立和发展，有利于形成中国钛行业的骨干企业。2004年6月，以西北有色金属研究院钛加工技术和装备为基础，结合各方面的力量成立了“西部钛业有限责任公司”，这类钛业公司有技术、有资金、有销售网络，有很好的机制，将是中国钛行业的一支有活力的重要力量。

中国实行的西部大开发和重振东北老工业基地的政策，有利于遵义、陕西和东北地区钛产业的发展和建设。属于这个地区的遵义钛厂、宝鸡有色金属加工厂及其宝鸡钛业股份有限公司和抚顺金铭钛业都承担了国家级项目，进行海绵钛和钛加工材的新技术、新设备研究和新产能建设。因此，国家西部大开发和重振东北老工业基地的政策，对中国钛行业是重大利好措施。

综上所述，目前中国钛行业发展的政策环境是好的、健康的。

2.3 产业结构分析

2004年，钛业分会所统计的海绵钛和钛加工材产量的18家企业中，只有2家属于民营企业，而且规模很小，中国钛行业的主要生产设备、技术和生产能力为国有企业所控制。

抚顺欣兴特钢、上钢三厂和长城特钢是3家钢铁企业，2004年它们利用加工设备，以来料加工的方式生产了2 220吨钛板（已剔除简单改轧量），而这部分钛板几乎全部是散布在东北、西北和长三角地区民营企业的杰作。这些企业的经营者利用所掌握的资金、购销渠道，利用它们的努力，推动了钛铸锭企业、钛锻造企业和上述3个钛轧制企业的运转，并取得了可观的业绩。这些小企业、民营企业也是中国钛工业的一支非常活跃的力量。

2.4 市场分析

国民经济持续快速发展，不断拉动各行业对钛材的需求，是促进中国钛工业快速发展的根本因素。2004年，中国化工、体育休闲、航空航天、电力、真空制盐和冶金等部门对钛材保持了强劲的需求，建筑用钛、汽车用钛、海洋工程用钛也已起步，这些多方面的需求，使中国对钛加工材的需求量达到创纪录的10 631吨。

2005年，钛市场将出现一系列新因素：

a）随着欧美经济的强劲增长，随着国际航空业的复苏，海绵钛将继续流向欧美，中国进口海绵钛的数量将继续走低；

b）中国经济持续发展，对钛的需求将还会有所增加；

c）电力不足以及电力、氯气等原材料价格上涨，将促使海绵钛价格居高不下，又有可能对钛的需求产生负面影响；

d）2005年上半年遵义钛厂新建的5 000吨海绵钛项目将正式投产运营。

因此，2005年中国乃至世界钛的需求仍很强劲，海绵钛和钛加工材的价格仍将在高位运行。

2.5 竞争力分析

2.5.1 海绵钛

我国工业级海绵钛质量与国外基本相当，但是存在以下差距。

a）生产规模小，目前我们最大海绵钛厂的年产能仅3 000吨，而国外在产的海绵钛厂年产能均超过万吨。产能和产量低使中国海绵钛企业的劳动生产率低。

b）技术经济指标比较落后。比如日本海绵钛的氯耗为0.9吨/吨海绵钛，还原蒸馏电耗为2 500千瓦时/吨海绵钛，而中国的氯耗指标为4.926吨/吨海绵钛，电耗5 000~

8 208千瓦时/吨海绵钛。

c）电价和原辅材料价格不断上升。

d）对外联系少，没有形成销售网络。

虽然中国的人工成本较低，但以上这些因素造成了中国海绵钛成本高于独联体国家的成本，而与美、日的基本相当，竞争力不强。

2.5.2　钛加工材

钛加工材存在与海绵钛基本类似的问题。

a）产能和产量较小；

b）电价和原辅材料价格上涨；

c）国外冷床炉技术已很成熟，通过大量使用废料，边角料来降低成本，而国内产业化的冷床炉要到2005年中才开始安装调试；

d）钛加工材产品有较大的缺项；

e）没有建立外销网络。

因此，中国钛加工材的竞争力也不强。

3　当前钛工业发展的突出问题

3.1　电力供应紧张是目前制约钛工业发展的一个突出因素

目前，中国海绵钛供应处在极度紧张之中，价格已突破100元人民币/千克，为缓解海绵钛供应的紧张状态，遵义钛厂员工积极工作，已于2004年底基本完成了该项目的建设，并积极筹措，计划在2005年将其海绵钛的产能扩大至10 000吨/年。

但是，电力供应不足已制约了该厂海绵钛生产。按遵义钛厂年产6 000吨海绵钛计算，需电力负荷3×10^4千瓦，日用电72×10^4千瓦时。可是该厂目前仅得到1.6×10^4千瓦时，日用电量38.4×10^4千瓦时的电力计划，只能满足年产6 000吨海绵钛需求的一半左右。这将严重制约中国钛工业的发展。

3.2　对研发新的钛冶炼和加工技术的重要性还没有足够的重视

由二氧化钛直接电解生产钛的FFC法将可能引起钛新冶炼方法的一场革命。在中国几所大学和研究机构里已在进行这方面的研究，但冷冷清清，资金不足，鲜有进展。这一是因为国内缺少财力雄厚的大型钛业集团；二是政府部门没有对此予以足够的重视，这将严重损害中国钛工业的发展潜力。建议国家积极支持该方法的研究。

（资料来源：中国有色金属工业协会钛业分会）

石油化工材料

我国是世界主要产油国之一，也是石油消费和进口增长速度最快的国家之一。1993年我国开始成为石油净进口国，而石化行业也在1995年达到鼎盛时期，其后的7年时间里因亚洲金融危机、全球经济衰退、“9·11”事件等的影响一直在走下坡路，直至2002年第一季度末，石化行业运行形势开始好转，整个行业呈现出良好的发展势头：生产增速有所加快，产销衔接顺畅，产品库存不断下降，企业经济效益明显改善。

2003年我国石化工业现价工业总产值18 402.9亿元，比上年增长25.5%，工业增加值5 703.8亿元，比上年增长23%；销售收入18 005亿元，比上年增长26.4%，实现利润1 763.7亿元，比上年增长43.6%。

2003年，我国原油一次加工能力达到2.7亿吨，居世界前3位。原油产量1.69亿吨，比上年增长1.5%；天然气产量341.3亿立方米，比上年增长6.8%；化肥产量3 924.6万吨，比上年增长6.7%；农药产量86.3万吨，比上年增长1.2%；轮胎外胎产量1.88亿条，比上年增长16.4%；染料产量86万吨，比上年增长17.4%。

国内经济发展形成的旺盛市场需求、产品结构调整和改善、民营企业快速发展增加的市场有效供给和市场活力、原油高价位运行形成的局部利好，以及国家宏观调控和反倾销力度的加强，是2003年石油和化工行业取得可喜成绩的五大主要促进因素。

2004年，世界经济、国际贸易高速增长，为中国国民经济的发展拓宽了良好的国际发展空间；中国经济持续在高位运行，为世界经济的增长增添了新鲜的活力。2004年，中国国内生产总值达到13.65万亿元，比上年增长9.5%；财政收入2.63万亿元，增长21.4%；社会消费品零售总额5.4万亿元，增长13.3%；进出口贸易总额1.15万亿美元，增长35.7%，由上年居世界第4位上升为第3位，成为世界贸易强国。

在国际、国内经济增长的大环境下，中国石油和化学工业承接上年的景气走势，伴随着国际油价的剧烈波动，2004年继续成为推动中国经济增长的一颗耀眼明星，为世人瞩目。行业坚持以“三个代表”重要思想为指导，以科学发展观统领全局，围绕发展第一要务，抢抓机遇，锐意创新，行业发展呈现出“速度加快、效益提高、结构优化、后劲增强”的特点。2004年，中国石油和化学工业规模以上企业17 856家，从业人员466.5万人，总资产达到21 925亿元。

生产持续快速增长。2004年，我国石油和化工生产保持快速增长势头，全年累计实现工业产值（现价）24 666.2亿元，比上年增长32.3%。重点跟踪的64种产品中，除丙纶纤维产量略有下降之外，其他产品均有不同程度的增长，其中化肥、无机产品以及合成材料产量增速较快。

经济效益成绩显著，对国家的贡献居功至伟。2004年全行业累计实现现价工业总产值24 666亿元，比上年增长32.3%；工业增加值达到6 684亿元，增长29.1%；实现产品销售收入24 250亿元，增长32.5%；实现利润总额2 793亿元，增长58.7%，这4个指标占全国规模以上工业企业的比例分别为13.2%、14%、12.9%和24.6%。中国工业利润的1/4来源于石油和化学工业，其地位和作用不可替代。

进出口贸易增长迅速，贸易逆差持续扩大。2004年，中国石油和化学工业进出口贸易保持快速增长势头，进出口贸易额和贸易逆差均创历史纪录，尤其是原油的进口屡创历史纪录，成为造成行业逆差扩大的主要因素。2004年石油和化工行业进出口贸易总额达到1 586亿美元，比上年增长40%，占全国进出口贸易总额的13.7%，其中，进口1 177.2亿美元，增长44.5%，占全国进口贸易总额的21%；出口409.2亿美元，增长28.4%，占全国出口贸易总额的6.9%。贸易逆差达768亿美元，比上年扩大54.8%。

产品结构继续改善，行业结构更趋合理。在保证生产的同时，行业继续抓紧结构调整，经过多年的努力，2004年效果进一步显现。主要产品中，柴汽比达到1.94:1，比2003年同期提高0.15个百分点；农药中，杀虫剂所占比重继续下降，杀菌剂、除草剂所占比重上升，分别为48.9%、10.5%和26.4%，与2003年同期相比，杀虫剂下降4.2个百分点，杀菌剂和除草剂分别提高0.53和1.1个百分点；轮胎产量中的子午线轮胎所占比例为43.6%，比2003年同期提高5.5个百分点。

投资速度加快，行业的发展后劲增强。2004年中国石油和化工行业完成固定资产投资3 001.2亿元，比上年增长34.6%；新开工项目4 500个，比上年增加309个；竣工项目2 735个，比上年增加50个。投资的热点行业主要是：原油和天然气、石油加工、有机化学原料、化肥、合成材料、专用化学品、轮胎等。

产品价格普遍上涨，行业渡过了一个高价年。2004年的原油价格延续2003年的高价位，呈现整体上扬的态势，尤其是原油期货的表现更可谓惊心动魄，屡次刷新历史纪录。在需求及国际石油行情飙升的推动下，石油和化工产品价格也明显攀升。2004年，中国石油和化学工业协会重点监测了153种石油和化工产品，从价格涨跌情况来看，价格上涨的有136种，几近90%，其中74%的产品价格涨幅在30%以下，有113种；涨幅在40%以上的有14种，涨幅在30%~40%的有9种，且涨幅较大的产品多为原油的下游产品，如：纯苯、甲苯、邻二氯苯、苯乙烯、聚苯乙烯等。从产品品种来看，价格上涨的主要集中在有机化工产品、合成材料以及化肥上，65种有机化工产品有59种价格上涨，15种合成材料中有14种价格上涨，仅此两类产品价格上涨的就有73种，占153种产品的47.7%，各种化肥价格呈普涨态势，涨幅在4.2%~25.4%之间。

中国石油和化学工业经历了自“一五”计划到“十五”计划半个世纪的发展，尤其是“入世”以来，不仅在总量上迅速发展，而且在产品结构、技术结构、投资结构、组织结构以及产品进出口结构等方面都得到进一步的调整优化。

迄今为止，中国石油和化学工业有十余种主要产品产量、产能居世界前列。2004年，中国原油产量达17 450.3万吨，连续13年继沙特阿拉伯、俄罗斯、美国和伊朗之后产量位居世界第五位；原油表观消费量2.9亿吨，已于2003年超过日本成为继美国之后第二大消费国。炼油能力超过3亿吨/年，是亚洲规模最大的，在世界上仅次于美国居世界第二位。乙烯生产能力达到630万吨，位居美国和日本之后排在第三位；五大类合成树脂生产能力居世界第四位，合成纤维生产能力居世界第一位，合成橡胶生产能力居世界第四位；聚丙烯和合成橡胶消费量居世界第一位。硫酸、合成氨、化肥、合成氨、电石、染料、磷矿、磷肥、胶鞋等产量居世界第一位，纯碱于2003年上升到第一位；农药、烧碱、轮胎等产量居世界第一位；涂料等产量居世界第一位。

2004年行业的经济运行情况

一、我国石油和化工行业经济发展形势

2004年总的形势可以概括为生产效益同步增长，销售收入均创历史最好水平。产品结构得到不断调整，市场需求旺盛，产销衔接良好，价格持续上扬，进出口贸易活跃。出口创汇增加，据统计2004年石油和化工行业现价的工业总产值完成了24 666.1亿元，比上年增长32.3%；增加价7 646.5亿元，比上年增长32%；产品销售收入24 249.6亿元，比上年增长32.5%；利润总额2 793亿元，比上年增长58.7%。这里面有一个价格因素，石油在涨价，我国下游很多产品也涨价，这有一个很大的价格因素。

进出口贸易额达到1 586亿美元，比上年增长40%，主要的经济指标增长的幅度均高于全国工业的经济水平。2004年我国原油的产量1.75亿吨，比上年增长2.9%；天然气的开采407.7亿立方米，比上年增长18.5%。原油的加工量2.73亿吨，比上年增长13.7%；乙烯生产了626.6万吨，比上年增长2.4%；合成树脂生产了1 791万吨，比上年增长10.1%；合成橡胶生产了147.58万吨，比上年增长11.7%；合成纤维聚合物生产788万吨，比上年增长8.1%；化肥4 519.8万吨，比上年增长16.2%；化学农药生产了87万吨，比上年增长12.6%；染料生产了84.3万吨，比上年增长11%；轮胎生产了2.39亿条，比上年增长18.7%，应该说橡胶的生产是大头，2亿多条。目前我们国家已经有20多种主要的石油化工产品的产量居世界的前列，其中化肥、合成氨、纯碱、硫酸、染料、合成纤维、胶鞋等产量居世界第一位，农药、烧碱、轮胎等产量分别居世界第二位。原油价中乙烯、涂料等居世界第三位，原油合成橡胶、合成树脂等产品的生产能力和产量都居世界的前列，规模很大、发展很快。

回顾2004年我国石油化工行业取得的令人瞩目的成

绩，主要有以下几个原因。

1. 我们国家经济快速增长，市场需求旺盛。我国有非常大的市场，这是我们国家经济发展能够保持多年持续高速发展非常重要的条件，所以国外很多大公司都看好这个市场。近几年来，国家通过经济和法律的手段对国民经济的运行进行了有利的宏观调控，取得了十分显著的成效。国内经济一直保持了持续快速的增长势头，居民收入稳定增加，促使各行各业的消费增长，以及消费结构的升级，对汽车、住房、电子通信等产品的旺盛需求形成对石油和化工产品的有利拉动。据经济学家分析，2004 年，经济的快速增长，很大程度上是由于消费结构升级带动重化工业发展引起的。应该可以认为经济增长是有实质性需求支撑的，我们的经济增长是有市场需求的。

居民的消费结构升级是一个市场化自发性的行为，具有较大的稳定性和可持续性。其对经济的推动作用在较长时间内都不会消失。这是我们国家经济保持长期发展非常重要的条件，这样可适应市场需求，积极调整产品结构。

2. 2004 年为了满足市场需求，全行业继续抓紧结构调整，经过一年的努力，效果无不显现，在成品油的生产中，柴油、汽油的比例为 1.94:1，比上年提高 0.15 个百分点，烧碱产量中，烧碱比例不断提高，已经达到 35%，尿素产量占氮肥比例达到 58.2%，磷酸铵肥料占磷肥的比例为 60.9%，比上年提高 8.1 个百分点。农药产品结构进一步改善，杀虫剂所占的比重继续下降，下降 4.2 个百分点；杀菌剂、除草剂所占的比重上升，分别提高了 0.3 和 1.1 个百分点。轮胎产量子午线轮胎所占比例 43.6%，比上年提高 5.5 个百分点。随着我国高速公路的快速发展，子午线轮胎的需求情况、销售情况、发展形势非常好，否则不能适应我们高速公路发展滞后对汽车的要求。

2004 年石油和化工企业大力开发产品，新产品创造的价值增长加快，全行业新产品产值 8.78 亿元，比上年增长 28.3%。其中化肥占 37.7 亿元，增长 45.2%；农业占 37.7 亿元，增长 48.7%；合成材料占 138.4 亿元，增长 21.6%；专用化学肥占 146.1 亿元，增长 65.9%。

3. 固定资产投资快速增长，新建的项目发挥出了能力，2004 年我国石油和化工行业实际完成投资3 001.2亿元，比 2003 年2 230.3亿元增长 46%。施工项目6 270个，比上年增加 436 个；新开工项目4 500个，比上年增加 309 个；竣工项目2 735个，比上年增加 50 个。2004 年投资的热点是市场亟须的行业，原油和天然气、石油加工、有机化工原料、化肥、合成材料、专用化学品、轮胎等固定资产投资等等一共是2 580.7亿元，占全行业总投资 86%。2004 年投资项目中达到经济规模建设项目增多，进一步提高了竞争能力。惠州的中海壳牌化工有限公司投资建设1 200万吨的炼油，80 万吨的乙烯，45 万吨的聚乙烯，25 ~ 50 万吨的苯乙烯等项目，总投资 333 亿元，2004 年实际完成投资 414.5 亿元。云南 120 万吨的磷氨项目，总投资 19.6 亿元。中山化肥 100 万吨的复合肥，总投资 11.6 亿元，青海盐湖工业集团公司 100 万吨的钾肥项目总投资 25.9 亿元。四川轮胎橡胶集团股份有限公司 750 万吨乙烯工程，总投资 32 亿元，这些均达到经济规模的建设项目，建成后对行业有很大的影响。2004 年投资项目中科学技术含量高，技术水平先进的项目有了增加，例如使用子午线轮胎的工业化，已形成单线生产形成 300 万套的生产线。产品质量达到和接近国外先进水平，山东 15 万吨磷氨，年产 30 万吨水泥项目，是具有自主知识产权的独创技术，解决磷氨生产过程中的处理，消除环境污染，扩大硫的利用，利用自主开发的 200 万吨年渣油，已经建成了生产装置，实现我国原油加工技术的更大突破。

4. 民营企业快速发展，为经济增长做出了贡献。据统计 2004 年石油和化工行业费波油及控股企业的现价产值达到9 184.8亿元，比上年增长 35.1%，比全国石油化工水平高 2.8 个百分点；销售收入8 650.2亿元，比上年增长 36.8%，比行业经济水平高 4.3 个百分点，实现利润 626.6 亿元，增长 56%。民营企业大多在无机盐、染料、涂料、实物化学品、信息用的化学品等精细化工领域，其强劲的增长带动我国精细化工发展和行业的结构调整。目前不少民营企业已经摆脱过去作坊式的生产，逐步做成做强做大，其经营管理水平已经有了很大的改善，有利于提高整个行业的发展水平。

5. 国际原油价格不断地攀升，对行业形成局部的利好。2004 年国际原油价延续 2003 年的高价位，呈现了整体上扬的态势，屡次刷新历史纪录。2004 年 9 月 27 日，原油期货价格涨到每桶 55.6 美元，国际原油油价石油的高位运行，一方面有利于原油和天然气开采，维持较高的利益水平；另一方面也推动国际化工原料，合成原料的产品价格稳步上扬。此外，高油价对于国际一些油气为原料的化工产品也产生了积极的影响，比方说化肥成本上升，使国外的产品竞争力下降，国外的产品竞争力降低，产生的直接效果是我国化肥进口减少，出口增长势头强劲，据海关统计 2004 年我国农药进口 3.8 万吨，与我们国家多年来进口化肥比较，这个 3.8 万吨几乎是零。进口化肥为什么？涨价之后，外国成本提高，所以进口很少，比上年下降 71.8%。2004 年国家出口 394.3 万吨，2003 年出口的化肥 394.3 万吨，比上年增长 44.4%，出口比较我们国家的价格有点优势。这是讲的第一个大问题的五点。

二、用科学发展观引导石油和化工经济发展，共建社会主义和谐社会

2004 年尽管石油和化工行业取得了令人瞩目的成绩，但在行业经济运行当中，也出现了一些问题和困难，主要是受到能源和资源的制约，煤、电、油、运以及盐，我们吃的盐，工业用盐更大了，生胶等原材料和能源供应紧张，价格上涨，推动生产成本上升，运输不畅等几个方面，能

源消耗过高，环境污染严重，低水平重复建设的问题，已经引起我们国家政府的重视。这些原料，一个是价格上扬，另外2005年预计我国经济还将保持持续较快的增长，温总理政府工作报告中提出的GDP增长目标8%，目前从国内发展形势看，汽车、房地产等相关行业仍将保持较快的发展。石油和化工产品市场需求依然旺盛。价格继续维持高价位，经济增长的基础得以保持。由于2003年石油需求持续增长，部分产油国局势动荡，国际石油市场投机严重。2005年国际石油价将继续保持在较高水平，这对我们石油和天然气工业的发展是有利的。

2005年国际化学工业上升的周期，需求稳定增加，只要我们产品适销对路，海外市场继续看好，化工产品出口贸易额有望继续保持两位数增长，在良好的内外部经济环境下，我国石油和化工行业的快速发展，仍然大有可为。不仅国内的发展趋势好，而且出口形势也很好。根据党中央、国务院对2004年经济工作的部署和最近人大通过温总理政府工作报告提出的要求，2004年石油和化工行业要保持促进结构调整，节约资源、能源、高耗环境治理和安全生产，以及应对全球一体化，作为贯彻科学发展观建立和谐社会的切入点，努力提高行业的发展水平。具体有以下几点想法。

1. 加快结构调整，促进行业升级换代。改革开放以来，虽然我国石油和化工行业取得较快发展，但是多年来旧的经济增长方式累计到现在，已经暴露出不少问题。特别是产业内部的结构性矛盾比较突出，已成为制约行业发展的“瓶颈”，要加快行业结构调整的步伐，应着重从以下四个方面着手。

（1）贯彻落实三农政策，搞好化肥农药农膜的农资产品生产，这是2003年以来国家采取一系列政策措施，促进化肥的生产，具体落实国家相关政策的同时，还应该特别注意抓好高浓度化肥的生产，加快化肥产品由低浓度向高浓度，由单一肥向复合肥的结构调整，一方面通过氮肥的改造，节能改造，努力降低消耗，提高尿素的产量，增加其在氮肥中的比重。另一方面要解决磷、硫矿的增加问题，促进磷肥发展。对国内资源不足的钾肥应充分利用国外资源，并积极组织进口，保证市场供应。对于农业行业在逐步停止高毒有机磷农药生产的同时，积极开发新的低毒低残留杀虫剂的品种，根据农业发展的需求，努力增加杀菌剂、除草剂的生产和供应，满足市场需求，加快农业科技成果从实验室向工业化转化的过程，提高农业行业的科技水平。

（2）国内供不应求，进口较大的产品应加快发展。这主要表现在有机化工原料和合成材料方面。2003年全国进口合成树脂2 131万吨，2004年比前年又增加了，前年1 900多吨，所以我们2003年进口2 131万吨，占国内消费量的55.9%。进口合成橡胶109.5万吨，占国内有关消费量的44%。苯乙烯、乙二醇占的消费量甚至高达70%。由于国内石化产品存在总量供给不足和品种质量不能满足市场要求。所以应重点加快发展。

这些产品的进口比例逐年增加，对于这些产品我们应重点加快发展，降低市场对国外产品的倚重度。同时我们应该警惕某些国家对于我国进口大宗矿产资源、石油、合成材料、有机化工原料等联手涨价的动向，要研究应对措施。我们国家经济发展很快，国外有些国家采取涨价。大家知道，最近澳大利亚的铁矿，价格比往年增长70%以上，如果在这方面再涨价，我们要提高警惕，防止在化工方面我们大量依靠进口的产品，它们也可能会涨价，我们要警惕，要研究对策，研究措施。

（3）促进传统优势产业的发展。我国在国际上具有比较优势的产业，比方说无机盐、橡胶制品、染料、部分生物化工等等产品出口量比较大，这是我国的优势，这些产品日益受到来自发展中国家的强烈竞争，我们要具有忧患和竞争意识，推进这些领域的技术进步，调整品种结构，实现产品升级换代，以应对不断变化的国际市场，巩固我们的优势地位。

在这些产品当中有些发展中国家与我们竞争非常厉害，比如印度，它的发展也不能小看，印度在我们的染料上，跟我们竞争很厉害。

（4）调整产业布局。我们国家东部地区经过20多年的快速发展，已经取得了令人瞩目的成绩，东部发展很快，但面临能源和资源短缺的平静，中西部地区拥有较为丰富的能源和资源，但缺乏资金和技术支持。产业发展比较落后，应加快中西部地区的发展，东部的大型企业应到中西部投资，实现产业的调整与转移。把这些地区的资源优势充分发挥出来，也有利于企业自身的发展壮大。

实际上我们企业这几年已经这样做了，过去将大量的中西部的资源用到东部，现在觉得不行。所以在中西部建厂，规模搞得很大，生产成本降低，又支持了中西部的发展。所以加快经济结构的调整，国有企业应该集中力量发展影响国计民生的主导性的优势产业，同时鼓励民营经济的发展，放宽民营资本的进入领域及进入的门槛，发挥民营企业在石油和化工行业当中的作用，完善资本市场的运作，鼓励企业通过联合兼并收购转让重组等做大做强，形成新的核心产品的优势，提高市场的占有率和竞争力。

2. 降低消耗、节约能源资源，石油和化学工业是高耗能产业，能源在石油和化学工业中，不仅作为燃料、动力，而且作为原料。当然有些原料通过化学工业的反映之后，我们为其他行业提供了产品，也不完全都消耗。在化学工业中目前用做原料的能源约占能源消费总量的40%，其中化肥能源消费，能源费用占总成本的60%~70%，烧碱能源成本占60%以上，黄磷能源成本占60%以上，电石能源成本占75%以上。这些都是典型的高能耗产品，其快速发展将加紧和能源供应不足的矛盾。近年来我国不少地区都出现了煤电油气等能源供应紧张的问题，因此石油和化工行业不能再盲目发展高能耗的产业，即便是西部地区，能源比较丰富，也不能仅仅发展高能耗的产品，摆在我们面前的选择只能是降低生产消耗，节约能源使用。我国石油和化工生产能耗普遍过高，资料显示，我国化工生产能源消耗损失是美国、加拿大、墨西哥的4倍。因而，节能的潜力很大，要在现有的生产水平上挖掘节能潜力，依靠科技进步，加强企业管理，达到以较低的能源消耗实现较高的产出的目标。不仅是能源，对于各种资源也是如此，重化工业，经济增长特点是资源高消耗必不可少，由于经济发展迅速，目前石油、天然气、煤炭、天然橡胶、水资源等各方面都呈现供应紧张的现象。与此同时我国单位产出的资源消耗大大高于西方国家的水平，节约资源已经刻不容缓，要充分利用市场机制和经济手段的有效配置资源，通过提高资源利用效率，改善资源的市场流向，实现资源保护与可持续利用的统一。资源回收和总的利用是节约资源非常重要的措施，我国废旧物资的回收利用水平很低，以废旧塑料为例，每年回收的废旧塑料只占当年塑料消费总量的大约7%，因此，回收利用率的空间很大，废旧物资如果得到有效的回收，既节约了资源，也有利于治理环境污染。为推动废旧资源的回收利用，我们认为，第一，国家应该加快制定相关的法律法规，实施依法管理；第二，利用税收的优惠、财政补贴手段，加大扶持力度；第三，国家通过各种渠道，加大科技投入，推动技术进步。

3. 加强环境治理，重视安全生产。化学工业是废水、废气、废渣的排放大户。2003年化工行业排放工业废水35亿吨，工业废气12 000亿立方米，产生工业固体废弃物6 800万吨，其废水的排放量占全国工业废水排放总量的16%，居第一位；废气排放量占全国废气工业排放总量的6.5%，居第四位；固体废物排放量占全国固体废物排放量4%，居第五位。尽管近年来有了很大改善，但从总体来看，问题仍然十分严重，我们应该进一步做好这个工作。党中央提出构建和谐的社会主义社会，其中内容之一就是人与自然环境要和谐共处，不顾环境污染的代价换取短期的经济增长，有如杀鸡取卵，无法长期维持。通过科技提高，增加产品附加值，产品更新换代，加大对废水、废物、废气的治理力度，推行清洁生产、重视环境资源的保护，使经济发展与自然环境和谐共处，国家一方面要加强对环境保护的宣传，使环保观念深入人心；另一方面应严肃查处有关事故，有意识淘汰一些落后的技术和装置，减少污染排放，加强对现有企业生产排放的规范管理，指定环保要求，同时提高新进入企业的环保门槛。安全生产是化工行业的薄弱环节，2004年以来，由于对安全生产不重视，多起涉及石油、化工生产的严重事故频繁发生，对社会和人民生命财产造成重大损失，在社会上造成很大的影响，如重庆的井喷事故，重庆天然化工厂爆炸等等，事故的频繁发生暴露问题，安全投入严重不足，工作人员对安全重视不够，生产过程中违规操作，特别是主要负责人重生产、轻安全的问题比较严重。

4. 有效应对国际经济一体化，减少贸易摩擦。随着世界经济一体化的加速和我国加入世界贸易组织，我国的对外经济交流日益增多，越来越深地融入到世界经济中去，成为全球经济活动中十分活跃的一员。经济一体化是一把双刃剑，对于作为发展中国家的中国来说，一方面我们可以更多地利用国际最先进的技术和先进的管理经验，加速我国工业化和现代化的进程，缩短与发达国家的差距。另一方面面对国际跨国企业大举进入国内市场，将形成国内市场的国际化竞争局面，这既是一种调整，也是一种机遇，将形成国内市场也是一种机遇，我们怕是没有用的，这种形势实际上已经来了。大家知道国外的很多企业已经到了中国，连银行界、金融界都进来了。我们要研究应对措施在竞争中取胜，同时经济一体化也使得保护主义盛行，不少国家和地区通过技术、环保、标准等各种壁垒，抬高国外企业进入的门槛。反倾销行为越来越多，贸易摩擦大幅增加，这对于我国企业进入海外市场也是一种巨大的挑战。外资的大量进入也是我们首先要直面的问题，如果说与内地逐渐合资和合作企业只是外资进入中国的第一步，那么现在这种形势显然已经无法满足它们的要求。目前国外企业在中国建立独资企业越来越多，包括三铃、杜邦大型跨国企业正在国内建立自己独立的企业，抢占内地市场。我们一方面要从法律上维护自己的合法权益，保证国外投资者的正当利益，因为我们国家政府允许开放，我们要堵是不行的，关键我们要有办法竞争。所以我们一方面从法律上维护企业的合法权益，保证国外投资者的正当利益，另一方面从国家安全角度为国内企业创造良好的发展条件，使之快速成长，能够与国外企业平等竞争。当然这个优良的好条件，对国内国外是同样的，也要创造好的条件，不管谁来。问题是我们的国内企业也要有利地进行竞争。

贸易摩擦的加剧也是我们常常遇到的问题，面对全球经济一体化的洪流，我们应该充分利用我们自身的权利，运用反倾销等手段，对国外的企业对我们不正当的竞争行为，要保护国内行业的安全。对于境外针对我国企业提出的反倾销，我们要积极组织企业做好应诉、取证等工作，争取到最有利的出口形势。中国石油和化学工业协会将与各专业协会一道加强与国外协会的磋商，尽量化解双边矛盾，先商量，碰到问题咱们坐下来先商量，有些问题不一定要用法律解决，用谈判解决。对重要的产品我们要建立预警机制，密切关注市场价格变化，采取有效措施，维护良好的经济秩序。有效地应对经济一体化的影响，要靠我们企业的积极参与，企业既要不断改进生产技术，减少能耗物耗，降低生产成本，同时加快新产品的研发，不断推出有自主知识产权的产品，才能够增强自身的竞争力。只要我们企业自身的竞争力不断提高，足以与国外企业展开公平竞争，那么在世界经济竞争的格局中，我们就能够从容地应对。

（资料来源：中国石油化工工业协会会长谭竹洲）

2004年我国石油和化工行业上市公司的资本运作分析

2004年是世界石油化学工业高速发展的一年，也是我国石油化学工业快速增长、良性发展的一年。这一年里，我国石油和化工行业整体经济运行状况良好，对国民经济发展贡献突出，各项主要经济指标均创历史最好水平。按照中国石油和化学工业协会统计预测，2004年预计完成工业总产值（现价）24 250亿元，比上年增长31.8%；完成销售收入23 300亿元，比上年增长29.4%；实现利润2 700亿元，比上年增长53.2%。产品生产稳步增长，产品结构调整成效显著，市场销售与价格同步上升，进出口贸易更为活跃，计划与实际完成投资增长较大。然而，2004年我国股市的表现却不尽如人意。沪深交易所发布的统计数据显示，2004年两市持续下跌，上证综指全年下跌15.4%，深成指全年下跌11.85%，沪深两市流通市值缩水近1 500亿元，两市7 000多万投资者平均每户亏损2 053元。沪市上市公司平均市盈率为24.23倍，较上年末大幅下降33.69%。深市上市公司平均市盈率也由上年末的36.19倍下降到24.23倍，跌幅达31.95%。截至2004年12月31日收盘，沪深两市所有上市公司股票的平均价格为5.52元。其中，沪市股票的平均价格为5.53元，较上年末下跌22.57%；深市股票的平均价格为5.51元，较上年末的6.93元下跌了21.44%。两市平均股价的跌幅均超过股指的跌幅，说明大多数个股的跌幅远远超过大盘。唯一上涨的是再融资金额，62家上市公司共计从沪市筹资456.9亿元。其中，新股发行融资237.24亿元，增发、配股等再融资219.66亿元，较2003年翻了一番。受行业景气度和股市低迷的双重影响，我国石油和化工行业上市公司（以下简称“行业上市公司”）度过了不平凡的一年。石油和化工行业是高度概括资源、市场、资金、技术、人才等各方面资源的行业。作为行业的先进代表，行业上市公司2004年整体上表现出了良好的营利性。据不完全统计，沪深两市111家行业上市公司（不含化纤）2004年中期平均每股收益为0.12元/股，平均净资产收益率为4.28%；第3季度平均每股收益为0.11元/股，平均净资产收益率为3.66%；大部分企业发布了业绩预增预告；英力特、西化机、ST吉化、天发石油、ST圣方等5家行业上市公司在年内撤销退市风险警示或特别处理，改善了行业不良股票结构；三大行业领军公司中国石油天然气股份有限公司（以下简称“中国石油”）、中国石油化工股份有限公司（以下简称“中国石化”）、中国海洋石油有限公司（以下简称“中海石油”）业绩优良，其股价在海外资本市场不断攀升。这些成绩的取得，与企业完善法人治理结构，提高资本市场利用率，把产品开发、产业升级与资本运作紧密结合。

1　股权变更——完善法人治理结构，向投资主体多元化转型

我国石油和化工行业企业多为国有制企业。随着我国市场经济的日趋成熟，国有企业已经从真正意义上进入了市场竞争的氛围。建立现代企业制度，向投资主体多元化的公司制转型势在必行。2004年是我国石油和化工行业企业进行结构调整、重组改制和主辅分离取得阶段性成果的一年。上市公司在这方面呈现出了积极的态势。公布的计划和已实施股权出让、参股控股事件30项。其中，60%涉及国有股股权出让，涉及股份近167亿股，涉及资产价值约220亿元。其中，中国石化（600028）原股东中国信达资产管理公司、国家开发银行将所持公司股份出让给中石化集团一项就达200亿元，详见表1。

表1　2004年沪深两市行业上市公司股权变更事件

时　间	股票名称及代码	事　件
1月	三九发展600614	三九企业集团（深圳南方制药厂）向三九医药股份有限公司出让其所持上海三九科技发展股份有限公司股份
2月	金路集团000510	德阳市国资公司将所持金路集团国家股81 240 141股（占公司总股本的13.34%）及由此衍生的所有权益出让给宏达集团。出让价格为1.75元/股，出让完成后宏达集团将成为公司第二大股东
2月	茂化实华000637	受让北京泰跃所持泰跃实华30%的出资，公司全资附属公司茂名市华宏服务公司受让北京泰跃持有泰跃实华10%的出资，出让价款分别为1 500万元、500万元
2月	明天科技600091	第一大股东包头北大明天资源科技有限公司向浙江恒际实业发展有限公司出让其所持3 384万股国有法人股权获国务院国资委批准

续表

时　间	股票名称及代码	事　件
2月	乐凯胶片600135	（柯达）中国/投资有限公司按照国家有关规定协议收购中国乐凯胶片集团公司在乐凯胶片股份有限公司中所持4 446万股国有法人股，占公司国有法人股的13%，柯达公司成为公司的第二大股东。公司变更为外资比例低于25%的外商投资股份有限公司
2月	兴发集团600141	宜昌汇友电子科技有限公司将所持公司1 000万股（占公司总股本的6.25%）社会法人股划转给中国民生银行股份有限公司武汉分行
2月	海油工程600583	公司三家发起人中海石油平台制造公司、中海石油海上工程公司、中海石油工程设计公司将所持股份全部出让给中国海洋石油总公司。中海石油总公司持有公司股份总数达15 923.38万股，占公司发行在外股份总数的57.9%成为公司第一大股东
3月	华源制药600656	豁免要约收购义务，“华源生命”完成一次性受让华源制药第一大股东中国华源集团有限公司所持公司全部国有法人股（5 362.56万股，占本公司总股本的41.1%），出让价格为1.608元/股
3月	渝钛白000515	中国长城资产管理公司将所持公司国家股900万股（占公司总股本的4.8%）出让给攀枝花钢铁（集团）公司，出让价格为3.341 5元/股
3月	三星石化600764	公司控股股东中国电子信息产业集团受让兰州天益特种润滑油脂厂法人股41 442 653股中的39 295 439股，占公司总股本的11.92%，出让价格为1.62元/股
4月	黔轮胎A000589	贵阳市国有资产投资管理公司因行政划转取得公司国家股129 706 825股完成过户
5月	威远生化600803	国家股股权出让获批准，由国有独资公司变为多元投资主体的有限责任公司，河北威远集团有限公司仍持有5 212.57万股，占总股本的44.09%；新奥集团股份有限公司通过河北威远集团有限公司间接控制公司
5月	亚星化学600319	厦门经济特区对外贸易集团公司将所持亚星化学国有法人股1 177.97万股（占总股本的3.73%）出让给衡平信托投资有限责任公司，使其成为公司第三大股东
5月	沧州化工600722	河北沧州化工实业集团有限公司将所持沧州化学工业股份有限公司社会法人股5 100万股（占其总股本的12.1%）出让给河北省建设投资公司，11月获国资委批准
7月	中国石化600028 中国凤凰000520	中国石化将所持211 425 651股中国凤凰国有法人股出让给清江投资公司（132 139 782股，占股份总数的25.45%）及国电集团（79 283 869股，占股份总数的3.73%）出让价为62 095.11万元
7月	青海明胶000606	天津泰达科技风险投资股份有限公司、天津泰达投资控股有限公司、北京国际信托投资有限公司受让青海企业技术创新投资管理有限责任公司所持公司35.43%股权
7月	盐湖钾肥000792	青海盐湖工业集团有限公司将所持公司15 351万股国有法人股（占总股本的20%）出让给中国中化集团有限公司，出让价格为3元/股
8月	焦作鑫安000719	原第二大股东中泰信托投资有限责任公司将所持非流通社会法人股3 622 593股（占公司总股本的28%）全部协议出让给河南永盛投资担保有限公司，出让价格为2.189 8元/股
8月	山西三维000755	控股股东山西三维华邦集团有限公司拟将所持66 110 128股公司（占总股本的21.253 6%）国家股有偿出让给民营企业吕梁东辉焦化煤气有限公司
9月	鲁润股份600157	第三大股东山东童海集团公司将所持公司法人股17 250 000股（占总股份的15.87%）协议出让给山东省石油集团总公司，出让价格为3.5元/股
9月	西北化工000791	第一大股东西北油漆厂（占公司总股本的58.09%）将所持部分国有法人股3 000万股（占公司总股本的15.87%）出让给成都成电正元（集团）有限公司，出让价格为2.01元/股

续表

时 间	股票名称及代码	事 件
10 月	中国石化 600028	中国信达资产管理公司将所持公司500 000万股国家股（占总股份的 5.767%）、国家开发银行将所持公司614 300万股国家股（占总股份的 7.085%）出让给中石化集团，协议出让价款分别为 90 亿元和 110.574 亿元，中石化集团均以现金支付。出让完成后，中石化集团合计持有公司5 888 556.1万股国家股，占总股份的 67.91%；国开行持有公司263 257万股国家股，占总股份的 3.03%；信达公司持有公司372 065万股国家股，占总股份的 4.291%
10 月	北京化二 000728	北化集团所持北京化二 69.87% 的国有法人股24 121万股行政划转归东方石化。东方石化成为北京化二控股股东，是北京市人民政府与信达公司、东方公司、中石化集团和北化集团债转股安排的结果
11 月	华鲁恒升 600426	华鲁控股集团有限公司（华鲁控股）成立，将山东华鲁所持中国香港华鲁、山东华鲁恒升集团有限公司、山东东明石化集团有限公司的国有产权和山东华鲁本身国有产权划转入，形成以华鲁控股为母公司，以山东华鲁、中国香港华鲁、华鲁恒升集团、东明石化为全资子公司的母子公司体制。华鲁恒升实际控制人由山东华鲁变更为华鲁控股
12 月	马龙产业 600792	国务院国资委批准马龙县国资局将所持公司国家股8 100万股中的4 772.25万股分别出让给云天化集团3 395.25万股、马龙万企1 147.5万股、云南省国有资产管理公司 229.5 万股，12 月燕化高新 000609 中国石化集团北京燕山石油化工有限公司将所持燕化高新国有法人股协议出让给呼和浩特北能能源科技有限责任公司（3 680万股）、天华国际投资服务有限公司（1 505.05 万股），出让价格为 3.80 元/股，出让后股份性质由国有法人股变更为社会法人股
12 月	沈阳化工 000698	第二大股东沈阳铁西改造经济技术开发总公司将所持的沈阳化工社会法人股 2 809.6万股（占总股份的 6.65%）司法拍卖给合正投资管理有限公司
12 月	*ST 农化 000950	实际控制人重庆化医控股（集团）公司与国泰颜料（中国）有限公司终止合资合同，国泰颜料将所持股权出让给化医控股，2005 年 1 月 7 日化医控股以行政划拨方式无偿划转至其全资下属企业中国核工业建峰化工总厂
12 月	亚星化学 600319	控股股东潍坊亚星集团有限公司将其49% 的国有股权出让给潍坊亚星投资有限公司，出让价格为6 052.39万元。出让后亚星集团由国有独资公司转变为国有控股公司，潍坊市国资委仍持有亚星集团 51% 的股权，仍为亚星集团的控股股东
12 月	中国石化 600028	拟以全资子公司北京飞天石油化工有限公司吸收合并北京燕化的方式，对北京燕化进行整合

表 1 所列上市公司的股权变更给出了企业发展战略走势信号：

（1）中国石化（600028）12.852% 的股权从中国信达资产管理公司和国家开发银行转移到中石化集团公司，海油工程（600583）部分股权从中海石油平台制造公司、中海石油海上工程公司、中海石油工程设计公司集中到中国海洋石油总公司，表明集团公司对股份公司领导力和控制力的加强，与主业突出的行业整合目标相一致，也必将更加有利于企业决策。

（2）中国中化集团有限公司（以下简称“中化集团”）从青海盐湖工业集团有限公司购入盐湖钾肥（000792）部分国有法人股，与其年内在韩国独资收购仁川炼油公司、控股上市公司中化国际（600500）在江苏太仓投资建设 2 万吨/年聚四甲撑醚二醇生产项目、中化国际控股子公司投资建设液体化工产品运输船等事项遥相呼应，表现出我国石油化工行业新贵——中化集团由贸易型企业向生产型企业的转型日臻成熟。

（3）柯达公司参股乐凯胶片（600135），成为继 2003 年新加坡佳通轮胎（中国）投资有限公司入主桦林轮胎（600182）后的又一外资并购典型案例。

（4）亚星化学（600319）控股股东股份性质的变更，据业内人士分析是曲线 MBO（管理层收购）的结果。

（5）金路集团（000510）、渝钛白（000515）、威远生化（600803）、中国凤凰（000520）、山西三维（000755）、西北化工（000791）、燕化高新（000609）出让部分国有股股份，使得更多的乃至行业外的投资主体参与到行业发展中来。

（6）从股权变更的辐射面来看，行业上市公司的股权变动目前仍基本处于整理阶段。基于对财富的追求或借壳上市等动机，行业外投资者对行业上市公司表现出极大兴趣，如原属钢铁行业的攀枝花钢铁（集团）公司参股渝钛白（000515），从燃气行业起家的新奥集团股份有限公司间接控股威远生化（600803），中国电子信息产业集团加强对三星石化（600764）的股权控制，以及投资公司、信托公司等参股行业上市公司等；华鲁恒升（600426）、北京化二（000728）、*ST 农化（000950）的股权变更，则只是在股权所属上做文章，暂没有迹象表明这些变动对企业经营与发展有何实质性影响。

2 并购重组——行业整合与低成本扩张之路

并购重组是全球近 10 年来直接投资的主要手段。近年来，我国对国内企业的并购重组政策也有了积极的变化，国有经济的内部整合成为并购重组的重要内容。2004 年沪深两市行业上市公司计划和已完成并购重组事件 46 项，涉及金额逾 39 亿元。其中，中国石化（600028）作为领军企业，收购其集团公司及附属企业资产一项就达 28.30 亿元，体现了大企业的超群实力。兴发集团（600141）4 项并购计划斥资21 899.57万元，居中等规模行业上市公司并购重组的首位，详见表 2。

表 2　2004 年沪深两市行业上市公司并购重组事件

时　间		股票名称及代码	事　件
资产收购	1 月	*ST 吉化 000618	以应收款项收购股东资产
	3 月	川化股份 000155	收购川化集团有限责任公司运输公司部分资产
	4 月	三九发展 600614	收购上海胶带实业有限公司所持上海市渡边大厦房地产，价格为 56 241 300 元
	6 月	ST 圣方	收购集团公司土地使用权资产
	8 月	兴发集团 600141	拟以现金12 979.37万元收购兴山天星供电有限公司下属满天星电站
	9 月	丰原生化 000930	收购丰原集团 2 万吨/年谷氨酸钠项目的生产装置
	9 月	上海石化 600688	按市价协议购买上海市内房屋产权作为公司总部在上海市区的办公用房及部分出租
	11 月	中国石化 600028	收购集团公司及其附属企业（公司及其附属企业除外）拥有的部分化工类、催化剂和加油站类资产，并向集团公司出售其拥有的部分井下作业资产及相关负债，两项相抵后，公司需向集团公司支付 28.30 亿元人民币
	12 月	马龙产业 600792	以4 556万元现金收购中轻依兰（集团）公司部分资产事项获云南省国资委批准
	12 月	威远生化 600803	收购公司控股股东河北威远集团有限公司（持有公司股份 52 125 710 股，占总股本的 44.09%）部分建筑物及土地使用权
	12 月	川化股份 000155	收购川化集团有限责任公司拥有的与川化股份生产相关部分资产，交易价格为1 940.50万元
	12 月	兴发集团 600141	收购保康楚烽化工有限责任公司部分资产，价格为4 385.36万元，并与宜昌楚磷化工有限公司共同投资组建
股权收购	1 月	亿利科技 600277	收购中信医药实业公司持有的北京信海丰园生物医药科技发展有限公司 56.67% 股权
	3 月	中国石化 600028	拟以自有资金23 000万元现金收购中石化集团公司全资子公司中石化北京燕山石油化工有限公司所持的其全资子公司燕化集团天津润滑油脂有限公司 100% 的股权
	6 月	乐凯胶片 600135	完成向柯达公司购买柯达股份汕头分公司的部分资产的全部权益、所有权以及利益的工作，价款为5 725 000美元（合人民币47 385 252.50元）
	8 月	皖维高新 600063	拟现金收购皖维集团所持国元证券有限责任公司 4.93% 的权益和安徽国元信托投资有限责任公司 0.62% 的权益，合计价款为11 000万元
	9 月	辽通化工 000059	拟以19 031万元收购控股股东辽宁华锦化工（集团）股份公司下属新疆阿克苏华锦化肥有限公司
	9 月	沙隆达 000553	拟购买集团公司所持荆州沙隆达财务咨询有限公司 90% 的股权
	10 月	泸天化 000912	拟以自有资金1 000万元收购四川天晟投资有限公司所持四川泸天化恒大动力有限责任公司 14.28% 的股权
	10 月	泸天化 000912	以自有资金16 309.65万元收购四川天然气化工厂所持四川天华股份有限公司 15 533 万股股权，占其总股本的 20.22%
	10 月	兴发集团 600141	拟收购宜昌兴发集团有限责任公司所持兴山县峡口港有限责任公司 95.24% 股权，价格为 2 368.84万元

续表

时间		股票名称及代码	事件
股权收购	11月	氯碱化工 600618	现金收购上海工业投资（集团）有限公司所持上海天原（集团）天原化工有限公司 23.78% 股份，完成后公司所持股份达 100%
	12月	兴发集团 600141	拟收购公司第二大股东兴山县水电专业公司（持 21.16% 股份）下属电站，交易价格为2 166万元
资产出让	4月	新疆天业 600075	将所属农业研究所整体资产出让给新疆天业（集团）有限公司，价格为1 980.102 082万元
	6月	天然碱 000683	向内蒙古吉兰泰盐化集团公司出售吉碱分公司，价格为8 985万元
	12月	上海石化 600688	向控股股东中国石化出让公司所属科技开发公司与催化剂业务相关的部分资产和负债
股权出让	1月	河池化工 000953	拟将所持国海证券有限责任公司4 000万股股权出让给广西桂东电力股份有限公司，出让价格为 1.17 元/股
	2月	河池化工 000953	将子公司广西南开天河科技发展有限公司所持上海苏鹏实业有限公司 409.65 万股股份出让给刘泓泽等人，价格为 850 万元
	2月	皖维高新 600063	向关联方安徽皖维集团有限责任公司出让公司所持二级市场股票
	5月	科苑集团 000979	将原委托给平安证券有限责任公司5 000万元委托资产管理权、收益权等各项权益等价出让给上海亚安投资有限公司
	5月	亿利科技 600277	拟将公司所持北京信海丰园生物医药科技发展有限公司 60% 股权、内蒙古亿利大药房连锁有限责任公司 80% 股权、鄂尔多斯市亿利医药有限责任公司 55% 股权出让给内蒙古亿利医药有限责任公司，合计为5 864.382 38万元
	5月	山西焦化 600740	出让山西赵城晋能新能源热电有限公司 15% 股权
	8月	威远生化 600803	将所持河北威远乐仁堂药业有限公司 70% 股权出让给河北常山生化药业股份有限公司
	8月	昌九生化 600228	拟出让公司所持华勤投资有限公司 30% 股权，价格为 1500 万元
	10月	氯碱化工 600618	将所持上海助剂厂有限公司 85.13% 股权，出让给上海天原（集团）有限公司，价格为4 381万元
	11月	沙隆达 A000553	将所持沙隆达蕲春有限公司 70% 股权出让给自然人倪亮，价格为 47 万元
	11月	江苏索普 600746	出让所持深圳市同田生化技术有限公司 32% 的股权，价格为 618 万元
	12月	岳阳兴长 000819	拟将所持湖南建长石化股份有限公司 10% 股权、深圳市深长实业股份有限公司 3.06% 的股权出让给中国石化
资产置换	3月	云天化 600096	拟用所持大鹏证券有限责任公司3 500万元股权、广东发展银行4 240万元股权和部分现金置换云天化集团 3 万吨/年甲醇生产装置、6.6 万吨/年甲醛生产装置、5 000吨/年乙醛生产装置及相应的生产技术楼和仓库等
	7月	中国凤凰 000520	与湖北清江水电开发有限责任公司签资产置换协议，使其控股股东清江投资公司成为本公司潜在的第一大股东
	11月	力诺工业 600885	公司以所属股权及部分债权资产计5 825.59万元，与莘县三威玻璃制造有限公司整体经营性资产5 838.80万元（评估值）进行资产置换
	12月	青海明胶 000606	以现有部分生产经营性资产与天津泰达部分房屋所有权和土地使用权进行置换
资产重组	3月	ST 西化机 000838	基本完成向中国二重集团（什邡）万方铸锻厂出售资产，向中蓝晨光化工研究院、广州合成材料研究院购买资产债务重组
债务重组	9月	天然碱 000683	以所持桐柏安棚碱矿有限责任公司 14% 的股权，抵偿欠付内蒙古博源投资管理有限公司债务4 410.32万元
债券出让	9月	威远生化 600803	将公司所持控股股东河北威远集团有限公司及其控制企业的其他应收款或应收账款等债权（合计80 792 862.38元）出让给新奥集团，价款为80 792 862.38元
股权置换	7月	天然碱 000683	以所持桐柏海晶碱业有限公司5 500万股权与内蒙古博源投资管理有限公司所持锡林郭勒苏尼特碱业有限公司7 800万股权进行置换

从并购交易的方式来看，两市行业上市公司以现金交易资产、股权为主，而国际市场上通行的股权并购，即以

换股方式进行的并购仅有一例。从并购交易的内容来看，并入的多为与企业生产经营直接相关的资产或与关联方的股权关联交易；售出的多为对外投资的股权，但也不乏生产经营相关资产或子公司股权。总的来看，这些行为基本与改制、主辅分离、主业整合的行业目标相吻合。

3 对外投资——企业成长的有力支撑

沪深两市上市公司公告显示，2004年两市行业上市公司计划和已完成对外投资事件36项，主要是对子公司增资或扩股，或与其他公司联手组建新公司投资新项目及为公司上下游发展配套，投资证券、申购基金、购买国债等短期投资行为所占比例较小，详见表3。

表3 2004年沪深两市行业上市公司对外投资事件

时间	股票名称及代码	事件
1月	新疆天业 600013	拟与江苏联冠科技发展有限公司、自然人吴斌共同出资组建江苏天业新型建材有限公司，公司出资960万元，占其注册资金的48%
1月	红太阳 000525	拟与长江生命科技集团有限公司之附属公司 Rimco Resources Limited 共同投资设立江苏科邦生态肥有限公司，其中公司出资人民币4 989万元，占其注册资本的47.12%
1月	中原油气 000956	投资南方证券股份有限公司4 950万元，占总股本的1.3%
2月	*ST 天发 000670	拟与湖北天发富洪石油化工有限公司成立组建武汉天发石油物流有限公司
2月	云天化 600096	投资490万元与云天化集团有限责任公司等五家公司共同发起组建云南云天化联合商务有限公司。该公司注册资本为人民币2 000万元，其中公司占24.5%的股份
2月	沧州化工 600722	与河北沧州化工实业集团及台湾中国石油化学工业开发股份有限公司共同出资组建沧州沧骅化工有限公司，收购沧化集团所持沧州沧骅化工有限公司13.5%的股权
3月	川化股份 000155	拟出资人民币2 000万元与其他四位股东共同设立四川省川化新天府化工有限责任公司
4月	天科股份 600378	与西南化工研究设计院合资设立四平天科气体有限公司，公司以现金方式投资3 360万元，占总投资的70%
4月	澄星股份 600078	拟向控股子公司云南宣威磷电有限责任公司增加注册资本6 500万元
4月	云天化 600096	拟用自筹资金16 000万元参与公司控股子公司天安公司的增资扩股，完成后天安公司注册资本变为46 000万元，公司持股比例由80%下降为52.17%
4月	赤天化 600227	利用自有资金6 000万元申购货币型基金进行短期投资，2004年9月15日赎回
4月	昌九生化 600228	拟参股子公司江西昌九金桥化工有限公司增资扩股及股权比例调整，公司所占股权由42.3%调整为34.375%
5月	红太阳 000525	拟与控股子公司南京红太阳农资商贸连锁有限公司双方共同投资5 000万元人民币设立马鞍山红太阳生物化学有限公司，建设4 000吨/年毒死蜱项目，其中公司出资4 750万元人民币，占95%
5月	黄海股份 600579	拟与山东鲁宝食品有限公司成立合资公司“山东黄海飞渡轮胎有限责任公司”，其中公司以全钢子午胎技术使用权和部分现金入股共2 550万元，占合资公司注册资本的51%
6月	天利高新 600339	控股子公司新疆天利期货经纪有限公司短期投资委托购买国债
6月	新安股份 600596	与中国水稻研究所、自然人尚阳共同出资在浙江省建德市科技工业园组建“浙江新安生物技术有限公司”，投资功能米产业化项目
7月	扬农化工 600486	拟以自有资金对公司控股子公司江苏优士化学有限公司增资5 000万元
8月	威远生化 600803	对控股子公司河北威远动物药业有限公司进行增资
8月	云天化 600096	拟投资5 820万元与云南省水富天盛有限公司共同组建云南天盟农资连锁有限公司，其中公司出资占总股份的97%
8月	乐凯胶片 600135	委托中信实业银行石家庄分行向铁道部资金清算中心发放5 000万元的委托贷款
8月	昌九生化 600228	与自然人郭平签订合作意向协议，共同投资设立江西昌九康平气体有限公司，新公司注册资本394万元，其中公司以实物资产出资200.94万元，占51%
9月	天发石油 000670	拟与湖北天发石油化工有限公司组建江西天发石油化工有限公司

续表

时　间	股票名称及代码	事　件
9月	新安股份600596	与镇江江南化工厂（江南化工）、镇江市华耀资产经营（控股）有限公司三方战略合作，公司对江南化工改制增资出资约2 500万元人民币，占江南化工增资后总注册资本的51%以上，成为江南化工的控股股东
9月	亚星化学600319	拟出资3 436万元人民币（折414万美元）同朗盛德国有限公司共同设立中外合资经营企业，建设120 000吨/年水合肼项目。合资公司注册资本为920万美元，其中公司出资占45%
10月	锦化氯碱000818	与北京北方高科创业投资有限公司合资设立辽宁北方锦化聚氨酯有限公司，锦化氯碱投资9 907.2万元，占注册资本的40%
10月	鲁西化工000830	拟与聊城蓝威化工有限公司共同出资组建聊城鲁西化工工业基地有限公司，鲁西化工出资1 680万元，占出资额的60%
10月	扬子石化000866	成立第一家控股子公司——南京扬子石化检维修有限责任公司
10月	云天化600096	拟投资885万元参与昭通天合有限责任公司增资扩股
10月	昌九生化600228	拟与江西青苑燃料有限公司、自然人孙显明、孙榆青共同出资设立江西昌九青苑热电有限责任公司，其中公司拟以现有江氨分公司热电装置及部分现金共出资3 000万元，占50%的股权
10月	轮胎橡胶600623	上海米其林回力股份有限公司拟新增三台密炼机和流动资金1亿元人民币，共计3亿元人民币，按股权融资公司需投入8 547万元人民币
12月	新疆天业600075	向控股子公司江苏天业新型建材有限责任公司增资500万元、向子公司玛纳斯澳洋科技有限责任公司增资300万元
12月	钱江生化600796	拟与海宁金潮实业有限公司、海宁市海昌投资开发有限公司三方共同投资，在海宁经济开发区设立海宁江潮热电有限公司，其中公司出资2 448万元，占注册资本的51%
12月	岳阳兴长000819	与中国香港先进（集团）、岳阳群泰化工科技开发有限责任公司、岳阳龙飞经贸有限公司、岳阳万府置业有限公司共同组建中外合资的湖南长进石油化工有限公司，岳阳兴长占注册资本的95%
12月	明天科技600091	国债投资延期
12月	宏达股份600331	拟增资控股子公司四川绵竹川润化工有限公司
12月	江山股份600389	拟对南通市东昌化工有限公司二期投资1 183.741 8万元

4　项目投资——企业发展的必由之路

沪深两市上市公司报告显示，2004年两市行业上市公司计划和已经完成项目投资事件9项，详见表4。

表4　2004年沪深两市行业上市公司项目投资事件

时　间	股票名称及代码	事　件
2月	云天化600096	自筹资金7 995万元拟新建10万吨/年甲醛技改项目
2月	皖维高新600063	拟投资兴建6 000吨/天水泥熟料生产线技改项目，工程总投资36 213万元
2月	昌九生化600228	自筹资金1 400万元拟建设17万吨/年煤棒装置和新增三台ϕ3000煤气发生炉
8月	威远生化600803	投资金额3 000万元，拟在鄂尔多斯100吨/年阿维菌素项目中与JOMAX投资有限公司进行合作，并合作组建内蒙古新威远生物化工有限公司
8月	沧州大化600230	总投资3.75亿元，拟投资建设3万吨/年三聚氰胺项目
8月	三爱富600636	总投资约为3.5亿元人民币，拟在上海漕泾化工区建立新的生产基地
9月	三爱富600636	项目总投资约1.5亿元人民币，拟向南亚某公司出让3 000吨/年的TFE技术，并在当地合资建立2 500吨/年的PTFE公司
10月	轮胎橡胶600623	批准上海轮胎橡胶（集团）如皋有限公司增加30万套项目的议案：公司将在原项目的基础上再增加30万套全钢胎生产能力，总投资为17 808万元人民币
12月	扬农化工600486	实施科技成果转化专项资金项目，拟投资8 910万元建设200吨/年联苯菊酯项目（总投资4 865万元）和50吨/年右旋反式氯丙炔菊酯项目（总投资4 050万元）

石油和化工行业是资金、技术密集型行业，新建项目往往需要很大的资金投入，一个项目决策失败，就会给企业带来非常不利的影响。因此，项目决策对企业来说是非常重要的，企业做出项目决策是非常慎重的。然而，项目投资是企业发展的必由之路，尤其是对石油和化工行业企业来说，做大、做强、规模化效益是提高企业竞争力的最有效途径之一。2004 年我国全行业计划投资6 604.2亿元，比 2003 年增长 28.1%；前 10 个月实际完成投资2 286.8亿元，同比增长 39.5%，可见投资力度是非常大的。而 2004 年两市公布的行业上市公司项目投资决策仅 9 项，投资总额 16.3 亿元，占全行业项目投资总额比例非常小，可见两市行业上市公司项目投资力度之小。

5　可转换债券——灵活的融资渠道

2004 年，山东海化（000822）成功发行可转换债券 10 亿元，澄星股份（600078）和扬农化工（600486）分别做出发行可转换债券 7.2 亿元和 2.5 亿元的计划，但尚未实施。可转换债券具有债权与股权双重特性，灵活度较高。对于上市公司来说，发行人大多是一些业绩优秀的公司，可把发行可转换债券作为配股、增发新股以外的第三种筹资方式。

6　内部职工股上市——改制的产物，历史的一页

内部职工股作为我国企业股份制改造中的历史产物，也是职工持股制度的一种形式。在我国进行股份制试点初期，出现了一批不向社会公开发行股票，只对法人和公司内部职工募集股份的股份有限公司，被称为定向募集公司，内部职工作为投资者所持有的公司发行的股份被称为内部职工股。1993 年，国务院正式发文明确规定停止内部职工股的审批和发行。内部职工股出现的意义，一是实现股权多元化，二是为内部激励制度创新提供可能性。2004 年里，5 家行业上市公司武汉石油（000668）、新安股份（600596）、青岛双星（000599）、湖北宜化（000422）、宏达股份（600331）、内部职工股共 9 983 万股上市流通，走完了内部职工股的历史历程。虽然内部职工股即将退出历史舞台，但企业探索激励机制的脚步却一刻也没有停歇。以或曲折或巧妙的途径完成的 MBO，以及近来备受关注的境外分拆上市等方式，无不隐含着对实现激励机制的渴望和努力。

7　五大公司的资本运作及股市表现

无论从哪个角度分析石油和化工行业企业，都不能不分析五大公司，即中国石油、中国石化和中海石油、中化集团和中国化工集团公司（以下简称“中国化工”）。这五大公司作为我国石油和化工行业的中流砥柱，2004 年表现不俗：中国石油进军俄罗斯等国石油勘探开发领域取得良好进展，西气东输管道全线贯通，入选美国《商业周刊》2004 年全球 1 000 强公司；中国石化预计 2004 年合并净利润与 2003 年合并净利润同比增幅 50% 以上，在整合上下游企业资产、股权方面力度最大；中海石油签署印尼天然气销售协议，顺利完成澳大利亚西北大陆架天然气项目收购，中海石油基地集团在北京成立；中化集团收购韩国仁川炼厂、下属子公司积极向生产型企业转变；中国化工组建时间不长，但已涉足化工新材料、石油化工、化工装备、化工清洗等多个领域，并着手研究石化基地、化工新材料基地、橡胶基地、盐化工基地的规划方案等等。现将中国石油、中国石化和中海石化三大公司的资本运作和股市表现概述于下。

7.1　中国石油

2004 年中国石油在中国香港股市的年初股价最高为 4.95 元/股，1 月中旬到 9 月中旬不高于 4 元/股，9 月中旬升到 4 元/股以上并一直保持；在纽约股市的年初股价最高为 63.7 美元/股，此后一路走低，5 月中旬下降到 50 美元/股，直到 9 月中旬都不高于 50 美元/股，9 月中旬后攀升，基本在 53 ~ 54 美元/股。12 月，中国石油确认 2005 年将 A 股上市，价格约在 4 元/股以上、融资规模约为 300 ~ 400 亿元人民币。作为一家投资回报很高的中国公司，中国石油的上市有望起到改善 A 股市场结构，促进市场发展的作用。

7.2　中国石化

2004 年中国石化在上海股市 1 ~ 5 月股价高于 5.00 元/股，最高达 5.87 元/股，5 月中旬后跌至 5.00 元/股以下，最低为 4.24 元/股，年终股价为 4.32 元/股。在中国香港股市年初股价最高为 3.90 元/股，1 ~ 3 月基本高于 3.00 元/股，4 ~ 8月基本低于 3.00 元/股，9 月后再次高于 3.00 元/股，年终收盘为 3.20 元/股。在纽约股市年初股价最高为 50.2 美元/股，此后一路走低，5 月中旬最低为 33.2 美元/股，9 月末以后在 40 美元/股波动，年终收盘为 41 美元/股。

2 月，中国石化公开发行 35 亿元人民币 10 年期固定利率公司债券，是中国石化首次在资本市场进行的债券融资举措，也是中国石化继顺利发行 H 股、A 股，实现纽约、伦敦、香港和上海四地上市以后的又一次重大资本运作。

7.3　中海石油

2004 年中海石油中国香港股市年初开盘价为 15.5 元/股，3 月 17 日正式实施一拆五方案，股价调整为 3.38 元/股，直到 7 月 19 日仍基本在这一水平。此后股价一路攀升，年终收盘为 4.25 元/股。在纽约股市年初开盘价为 41.47 美元/股，此后小幅振荡，6 月开始显现上升趋势并持续上涨，年终收盘于 55.2 美元/股。相比之下，中海石油是三大公司股价表现最好的一只。

2 月，中海石油第一次公开提出中海石油要“实现整体上市”，时间基本在 2008 年。为此中海石油在 2004 年里完成了一系列收购、整合、发债、对外投资等资本运作工作。

2月，中海石油受让三家海油工程法人股所持所有公司国有法人股，直接持有海油工程股份总数达57.9%；加上其全资子公司间接持有10.1%的股份，中海石油合计持海油工程68%的股份，成为第一大股东。

11月，宁波利万石化加盟中海石油，成为继滨州、泰州、泸州、湛江和海南之后的第6个中海石油控股生产厂家，使中海石油在长江以南濒临市场腹地有了最具地域优势的重交沥青和燃料油生产基地，进一步完善了公司的产业布局，提升了公司的市场竞争力。11月，中海石油在境外成功发行8.5亿美元可转换债券，完成了又一次具有重大意义的集资活动。

8 对行业上市公司资本运作的三点建议

8.1 股权变更、并购整合应向一体化战略方向发展

对于大多数企业而言，发展战略应是最基本的战略选择。对于石油和化工行业企业而言，在发展过程中选择一体化战略，将企业生产的上下游组合起来，做大、做强，通过扩大规模来控制成本，体现规模化效益，应是最佳发展方向。行业上市公司也不例外。石油和化工行业从上游石油勘探、开发、开采、运输、原油加工，直到中下游化工产品、精细化学品的生产和销售，是一条纵向延伸很长的产业链。沿着产业链发展应是合理的选择。在国内，中国石油、中海石油基本占据了产业链的上游即石油资源。但在巩固上游实力的同时，也都积极向下游延伸。中国石化在化工产品生产环节力量最强，但在加强优势能力的同时，也越来越注重上游石油资源、下游深加工和销售环节的投入。中化集团原本为贸易型企业，但在做好贸易的同时，也在积极地逐步向生产型企业转型。中国化工作为后起之秀，正在展开上、中、下游一系列的规划。同时，限于国内资源的有限性，五大公司都在不遗余力地进军海外市场，参与国际竞争。五大公司在一体化发展战略方面做出了表率。对于我国中等规模石油和化工企业而言，从产业链中、下游开始实行纵向一体化战略，是比较切合实际的选择。然而从2004年行业上市公司股权变更情况来看，多数股权转移到行业外投资者手中，而不是行业内企业联合或互补，似乎只是为了多元而多元，没有长远战略联盟的发展思维。好在并购重组事项多发生在行业内企业间、并入有利于企业生产经营的资产，出让与主业无关或关系不大的资产或证券，弥补了股权转让的不足，反映出一定的企业成长条理性。建议行业上市公司从产业链和一体化战略角度出发，加强上下游企业间的合作。

8.2 充分利用资本市场、重视债务融资

从世界各国的发展情况看，企业融资的渠道是多元化的，既包括以银行信贷为主的间接融资方式，也包括以证券市场融资为主的直接融资方式。债券市场和股票市场的出现，标志着按照市场准则运作的金融交易活动的诞生，并显示出巨大的市场活力。其发展水平已成为衡量一个国家资本市场化的重要标准。我国资本市场的快速发展，为我国经济增长提供了强大的资金支持，也极大地改善了我国企业的融资途径。当然，有实力的企业可以到更广阔的国际资本市场融资。然而从我国沪深两市公告来看，2004年公布的行业内9项项目投资计划和36项对外投资计划中，无一明确表示将从资本市场融资。而传统的融资方式——银行贷款，及相伴而生的担保、质押、冻结账户的公告却比比皆是。此外，即便在资本市场融资，也以增发新股、配股等股权融资方式居多，债券融资、股权转换等方式寥寥可数。在融资过程中过分倚重于股权融资，而相对忽视债务融资，其间优劣有待探讨。从国外股份公司的经验来看，它们对股本扩张是相当慎重的。如果只考虑股权融资的长期性和无需偿还性，会导致股本在短时间内过度扩张，业绩难以跟上股本的高速扩张，致使每股收益不断下降，企业形象变坏。2004年，国务院《关于投资体制改革的决定》中明确提出，要进一步拓宽企业投资项目的融资渠道。在严格防范风险的前提下，改革企业债券发行管理制度，扩大企业债券发行规模，增加企业债券品种。因此，建议我国行业上市公司重视从资本市场融资，尤其是从债券市场融资。这样做的好处，一是债券利率低于银行贷款利率，二是不会影响股权结构。

8.3 适时参与国际竞争，走向国际资本市场

随着我国经济的快速发展，国际资本在华投资继续呈增长态势。与此同时，我国政府积极鼓励和支持我国优势企业对外投资，我国不仅成为外国直接投资的主要接收国，也正逐渐成为资本的输出国。石油和化工行业中，除五大公司活跃在国际市场上之外，以石油化工为主业的企业也较多地进入了国际市场，但以化工为主业的企业及行业上市公司“走出去”的身影寥寥可数。今后一段时间内，我国部分大型企业将进一步利用国际资本市场，采取兼并收购等资本运作方式，低成本进入目标市场，拓展营销网络，获取资源储备，掌握先进技术。石油和化工行业企业，尤其是行业上市公司，也应积极提高参与国际竞争的能力，适时走向国际资本市场。

2004年是世界石油和化工行业强劲发展的一年。在行业景气的带动下，我国沪深两市行业上市公司基本保持了较为稳健的发展，本着各自的发展目标，进行了较为频繁的股权变更，并购重组，对外投资。结合石油和化工行业特点，建议行业上市公司资本运作沿着石油化工行业产业链的方向发展，适当考虑采用债券融资方式，抓住机遇，充分利用国际市场。

（资料来源：石油和化学工业规划院韩红梅）

2004年化工行业500强企业排序分析

2004年7月25日，中国化工企业管理协会和中国化工情报信息协会，在北京人民大会堂重庆厅隆重发布了2004年中国化工500强。这是两个协会继2003年7月26日发布

第一届《中国化工 500 强》之后，推出的第二届《中国化工 500 强》。本次排序活动由上述两个协会主办，委托世界企业实验室（WEL）和国家化工网具体承办。现介绍如下：

1 发布内容

这次发布的中国化工 500 强，内容比较多。不但有与第一届一样以销售收入为主排出的 500 大，而且为了展示中国化工企业的竞争力水平，以促进企业提高国际竞争力，还按综合指数排出了 500 强。同时为了与世界级化工企业相比较，世界企业实验室（WEL）还首次排出了世界化工 500 强，也在会上予以了发布。主要排序结果有以下几项：

（1）以企业竞争力评测模型（CVA）排出了 2004 年《中国化工 500 强》；

（2）以 2003 年销售收入为主，排出了 2004 年《中国化工 500 大》；

（3）以销售收入和竞争力指数，分别排出了各主要化工行业百大和百强企业；

（4）世界企业实验室（WEL）以销售收入排出了 2004 年世界化工 500 大。

上述各项结果均以中化企协［2004］017 号文正式予以发布。

2004 年《中国化工 500 大》的第 1 名为中国石化镇海炼油化工股份有限公司，销售收入为 290.7 亿元，第 500 名为浙江晓星氨纶（加兴）有限公司，销售收入 5.14 亿元。2004 年《中国化工 500 强》第 1 名也是中国石化镇海炼油化工股份有限公司，净资产利润率为 17.11%；CVA 值98.309 5；第 500 名为广东熊猫日化用品有限公司，销售收入为 1.25 亿元，净资产利润率 8%，CVA 值79.180 4。各主要行业的排头兵分别是，化肥行业为辽宁华锦化工（集团）有限责任公司（35 亿元）；农药行业为江苏化工农药集团有限公司（20.3 亿元）；无机盐行业为宜昌兴发集团有限公司（8.25 亿元）；合成材料行业为扬子石油化工股份有限公司（219.5 亿元）；化学医药行业为华北制药集团有限公司（70 亿元）；化学纤维行业为中国石化仪征化纤股份有限公司（95 亿元）；日用化工行业为安利（中国）日用品有限公司（106 亿元）；橡胶加工行业为安徽佳通轮胎有限公司（39.9 亿元）；塑料加工行业为浙江大东南塑胶集团公司（35.7 亿元）。需要说明的是，各行业是按销售收入和竞争力指数排的序，和以产品产量多少排序结果是不一样的。销售收入最大，不等于其该行业的产品产量最多。2004 年世界化工 500 强也是按销售收入排序的。其中第 1 名为英国 BP 公司，销售收入为2 325亿美元。第 200 名为中国石化镇海炼油化工股份有限公司，销售收入为 35 亿美元。这是中国企业最前的名次。第 500 名为中国浙江纳爱斯化工股份有限公司，销售收入 6.48 亿美元。进入 2004 年世界化工 500 大的中国化工企业有 48 家。

2 排序做法

从 2003 年开始的中国化工 500 强的排序工作，是由中国化工企业管理协会和中国化工情报信息协会首先发起组织的，也是由两家联合主办的。但 2003 年最后发布时加上了中国石油和化学工业协会的名义。两个主办协会一个对化工企业情况最了解，另一个对企业的数据信息最清楚，结合双方的优势组织开展的这项活动，是目前国内化工系统规模最大，也是最具权威性的一项企业排序活动。

世界上的企业排序活动，是从 20 世纪 50 年代美国工业 500 强开始的，至今已有 50 周年了。历经半个世纪而不衰，说明是有其生命力的。现在各种排序风云世界，形成了所谓排比经济。最有影响的是美国《财富》、《福布斯》和《商业周刊》3 家杂志社组织的几项世界性排序。近年来国内许多省市、行业也开展了多种企业排序。通过排序活动，不但扩大了企业的知名度和影响力，给入围企业增加了巨大的无形资产，更重要的是通过排序对比，借以激励企业做强做大。企业从排序中看实力、从排比中找差距，在排比中进行定位。一些企业还把进入 500 强作为奋斗目标。在各种排序中，同行业的排序，最能反映企业的实力和差距，因而最有可比性。自从两个协会推出第一届中国化工 500 强排名后，受到了广泛关注，一些化工行业协会，包括石油和化工协会也相继开展了排序活动，可见大家认同这一做法。但愿各种排序都能对企业有所促进，而不至于给企业增加过多的负担。

2004 年的排序工作从 4 月初开始，先由两个协会联合下发通知，然后设立专门办公室，组织调查申报工作；预选了销售收入 1 亿元以上的企业进行调查申报；根据调查申报数据进行核实，并计算综合指数，排出初步名单；再经协会领导审核确定后予以发布。前后历时 4 个月。中国工业防腐蚀技术协会、中国无机盐工业协会、中国染料工业协会等行业协会积极支持并参与了协办。

排序范围基本与第一届相同，遵循三条原则：一是涵盖化学工业整个行业，既包括石油化工和各传统化工行业，也包括化学医药、化学纤维、日用化工和橡胶塑料加工等行业在内，以体现化工的整体性；二是只排生产企业。不包括流通、施工企业，也不包括科研设计单位，以增强企业间的可比性；三是具体单位以国家统计部门有户头的为基础，根据化工企业实际予以调整。原则上集团公司排上了，其所属二级单位就不再列入。反之，上了二级单位，集团公司就不上了，以避免重复。但行政性公司不参与排序，凡是明确表示不愿参与排序的企业也不列入。

排序依据：500 大的依据就是销售收入，以 2003 年的销售收入大小为准，排出前 500 名。500 强的排序是用竞争力评测模型计算出综合指数（CVA），然后按指数大小进行排序的。综合指数则是参照国际通行的办法，结合我国情况，共选取了包括销售收入、实现利润、净资产利润率、增长率等15项指标项目，并经专家小组研究，结合化工实际，确定了各项指标的权重，然后逐一计算出来的。其中销售收入权重最大。至于原始数据的取得，主要采取问卷调查的方式，共调查了1 000多家企业，同时还参照了国家统计部门公布的有关数据，进行了核实。这种按综合指数的排序还是第一次，尚无经验，指标的选取和权重的确定都有待进一步完善，逐步做到与国际接轨。协会将把这项活动坚持年年开展下去，使之成为化工排序的第一品牌。

3 简要分析

中国化工500大和500强，是我国化学工业的主力军。500大的销售收入总计11 390亿元，占化工全行业的51%，资产总计10 466亿元，占全行业的45.4%，利润500亿元，占全行业的51%。500强的比重略小。而这500家企业数量在全部28 700多家化工企业中，所占比例不足2%。可见500大和500强在化工全行业中具有举足轻重的作用，确实是化学工业的脊梁。

2004年的500大与2003年500大相比，有以下特点。

3.1 企业规模明显增大

2004年中国化工500大，与2003年的500大相比，资产总额从10 183亿元增加到10 486亿元，增长2.9%，销售收入从9 229亿元增加到11 390亿元，增长了23.4%。2003年入围门槛是4.03亿元，2004年是5.14亿元，提高了整整1个亿以上；平均销售收入达到22.78亿元，比2003年的18.4亿元增加了4.38亿元；其中100亿元以上的有23个，50亿~100亿元的有30个，10亿~50亿元的有210个，分别比上年增加了6个、2个和58个。最大的中石化镇海炼油化工股份有限公司销售收入为290.7亿元，比上年最大的277亿元增长13亿元，增幅都很大，说明我国化工企业的成长性很好。而且有48家入围世界化工500强，占了近1/10。2004年进入化工500大和500强的企业中，东部地区占3/4左右；中部地区占1/6；西部地区不到1/10,其分布与地区经济发展状况相一致。

3.2 经济效益明显提高

2004年的500大，实现利润有大幅度增长。从2003年的282亿元增长到500亿元，增长了77.3%。在全国工业利润中的比重从5.0%增加到6.1%。平均盈利由上年0.6亿元增加到1.0亿元，增长了68%。可见2004年中国化工500强的盈利能力远比2003年大。另外销售收入和实现利润的增幅远大于资产总额的增幅，说明企业经营质量也有所提高。当然这与市场环境有利分不开。中国化工500大中，利润总额最高的首先是石化工业，其次是化学医药制造业和日用化学品业。经济效益最好的是外资及港澳台资企业，效益最低的是国有及国有控股企业。国有及国有控股企业平均资产利润率为4.3%，比私营企业低6个百分点，比外资及港澳台资企业低9个百分点，人均利润仅为外资及港澳台资企业的23%。销售利润率为外资及港澳台资企业的29%。在500强中，有75家是在500大之外的企业，它们的销售收入都在5.14亿元（500大的入围线）以下，有的才1亿元左右，但却进入了500强，说明其经济效益好、竞争力水平比较高。

3.3 还有很大差距

经过20多年的改革开放，中国化工企业已经有了一定的竞争实力，而且成长速度加快，实力进一步增强。中国化工500强在一些成长性指标上已经赶上或接近世界500强的水平。但应该看到，中国化工企业与世界化工企业的差距仍然很大。中国化工500大的销售收入总额只占世界化工500大的3.5%。平均只相当于世界化工500大的1/30。在世界化工500大中，中国化工企业（不包括港澳台地区）虽已占了近1/10，但最靠前的名次才200名，而且其中还有一些是外资企业。

我们自己与自己比，2003年的500大中有121个企业不能进入2004年的500大，说明这些企业的持续发展能力差；2004年的500大中，有75个企业不能进入500强，如果降低销售收入的权重，将会有更多的企业进不了500强。还有众多企业在500强中的名次比500大中落后，前20名中名次下降的就有12家。说明这部分企业的盈利能力相对不强，竞争力水平不高。

从以上简要分析中可以看出，我国化工企业发展速度很快，成长性较好。一年的变化令人惊喜，但喜中有忧。东部强、中西部弱的现象并未改变；国有企业效益不如三资企业和民营企业的状况依然如故；与世界水平比，更有不小的差距。总体竞争力水平不高。因此，必须认真贯彻可持续发展的方针，坚持科学发展观，加快国企改制的步伐，加速制度创新、技术创新和管理创新，不断提高化工企业的规模水平、产品水平、盈利水平，努力增强核心竞争力，尽快实现规模化、现代化和国际化。

（资料来源：朱永涛）

我国轮胎行业迎来发展机遇

2003年，我国轮胎工业积极应对资源不足以及天然胶、合成胶等原材料价格大幅上涨等不利因素的挑战，有效地抓住了汽车工业和工程机械工业持续高速增长所带来的轮胎市场跨越式发展的新机遇，通过科学地调整产业结构和产品结构，实现了轮胎工业持续健康大发展。国有及国有控股大企业走出逆境，初步形成了独有的竞争力，已成为全行业对国家贡献最大的生力军。其中上海、三角、成山、黄海、双星华青、贵州、华南、风神等8家国有及国有控股企业，逐步形成了知名品牌，确立了新的市场定位和市场优势，跨越式提升了生产集中度，较好地参与了全球化市场竞争。三资企业凭借技术、品牌和管理优势获得了长足的发展，并创造了很高的经济效益。2003年国内外轮胎市场供需两旺，预计全国轮胎产量要达到1.4亿条，天然胶和合成胶消耗量要达到290万吨的规模。

2004 年形势分析

在国内外轮胎市场的强劲拉动下，轮胎行业 2003 年前三季度的经济运行保持了高速发展。从经济运行情况看，产量、销售收入、出口交货值等参数均呈现大幅增长态势。虽然我国现有轮胎厂约 325 家，但是中国橡胶工业协会轮胎分会 46 家会员单位的总产量却占到全国轮胎产量的 80% 以上。据这 46 家轮胎企业统计，2003 年 1 ~ 9 月经营情况以及分析如下：

1. 产量分析。综合外胎产量7 455. 1万条，同比增长 8. 98%。其中全钢载重子午胎继续保持了相当高的增幅，同比增长高达 63. 98%，产量达到 707. 37 万条，预计全国全钢载重子午胎的产量将要超过1 100万条，再创历史新高。我国轮胎工业已经通过卓有成效的产品结构调整战略，大力加强产品创新活动巨大地推动了代表绿色、节约能源和高性能的子午线轮胎生产，目前子午胎产量已经占到轮胎总产量的 46. 54%。

2. 销售收入分析。全行业实现销售总收入 303. 17 亿元，比 2002 年 250. 02 亿元增长了 21. 26%，其中子午胎销售收入高达 133. 13 亿元，已经占到全部轮胎销售收入的 43. 91%。斜交胎的销售收入从 2002 年的 157. 5 万元缓慢增加到 170 万元，增长率为 7. 95%；而子午胎的销售收入则从 2002 年的 92. 5 万元猛增到 133. 1 万元，增长率达到了 43. 92%。

3. 出口和经济增长分析。1 ~ 9 月轮胎出口交货量为 2 560. 6万条，比上年同期的2 304. 1万条增长了 11. 13%；交货值同比也增长了 23. 93%，创造了出口创汇综合效益的新高。交货值的增长率远大于交货量的增长率表明我国轮胎工业通过结构调整，出口轮胎产品的附加值和科技含量有了很大提高。目前轮胎出口交货量已经占到全国总产量的 34. 35%，反映出我国轮胎工业的国际竞争力已经有了较大的提升。行业完成利润总额为 10. 34 亿元，与上年同期的 10. 36 亿元相比略有下降，为 0. 18% 的负增长率，也折射了橡胶等原材料涨价对轮胎工业的影响。斜交胎产量的增长率为 -7. 58%，而子午胎的增长率为 37. 25%，说明我国轮胎行业产品结构在向子午化跨越性发展；斜交胎产量的增长率为 -7. 58%，而销售收入增加 7. 95% 则说明大规格工程轮胎产量在大幅度提高；43. 92% 子午胎销售收入增长率远大于 37. 25% 的子午胎产量增长率也反映出载重子午胎的大幅度增长势头更加强劲。

4. 原材料涨价对行业的影响。原材料购进价格已经连续上涨 11 个月了，2003 年 1 ~9 月，天然橡胶因供不应求而上涨 3. 0%，其他原材料也有不同程度的上涨。虽然国家物资储备局向流通企业竞卖了 25 000 吨天然橡胶，但是各种橡胶价格还是居高不下。再加上其他原材料价格的提高对轮胎制造业生产经营产生了很大影响，特别是只生产斜交胎的企业，大多数产品处在微利生产状态，有的企业为了不失去市场甚至还在亏损的状态下生产。轮胎企业如果不对产品价格进行适时的市场化调整，还会进一步扩大亏损。

市场前瞻

我国汽车业持续快速增长。2004 年 1 ~ 9 月，全国汽车生产达 319. 89 万辆，同比增长 36. 20%。预计全年我国汽车产量在 420 万到 430 万辆之间，位居世界第四。我国经济发展强劲，轮胎企业正处于重要的机遇期，汽车工业的高速发展和公路建设的快速延伸，带动了轮胎市场的空前繁荣。2004 年汽车业仍将保持 25% ~30% 的发展速度。到 2010 年我国汽车产量将达到 800 万辆；此后汽车工业如保持年均 5% ~10% 的增长速度，2020 年中国汽车产量将达到1 200万辆。目前我国汽车保有量约为1 850万辆，2003 年用于配套的轮胎约2 000万条以上；预计 2004 年、2005 年汽车保有量分别为2 150万辆和2 340万辆，用于维修替换轮胎分别为 4 000万套、4 419万套。农用车 2003 年产量要达到 330 万辆，全国农用车保有量达2 000万辆，约需配套和维修替换农用胎 2 700万条以上。工程机械轮胎 2004 年预计约需 230 万条。

西部大开发、西电东送、西气东输、南水北调、青藏铁路等重大工程的建设，对工程机械轮胎和载重车胎的需求大幅度增加。另外北京申办 2008 年奥运会和上海申办 2010 年世博会成功，将拉动能源、交通、农业等行业的增长，而汽车、工程机械、拖拉机行业的快速发展，将扩大对轮胎的需求。

中国橡胶工业协会预测，2004 年轮胎总产量大约在 1. 5 亿条左右。有关专家测算全国天然胶和合成胶消耗量可超过 300 万吨。全钢载重子午胎和半钢乘用子午胎将继续产销两旺，半钢轻卡子午胎保持平稳发展，工程轮胎和大规格农业轮胎产量持续提高，这些产品有着很好的市场前景。斜交载重胎、斜交轻卡胎和斜交乘用胎市场萎缩，且市场竞争异常激烈。2005 年我国轮胎需求量将达到 1. 6 亿 ~1. 7 亿条，2010 年轮胎产量将达到 2. 5 亿条以上。由此可以知道近年来我国轮胎市场需求量还有很大的发展空间。21 世纪前 10 年，对我国轮胎行业来说是一个难得的发展战略机遇期。

我国轮胎企业面临的挑战和独特的竞争优势。从我国进入 2003 年度全球轮胎 75 强排行榜的 21 家企业的轮胎销售额总额来看只达到 45. 6 亿美元，仅占全球 706 亿美元销售总额的 6. 45%，其中我国内地入围的 16 家企业轮胎销售额总额只有 32. 9 亿美元。而世界三巨头的米其林轮胎销售额高达 138 亿美元、普利司通销售额约 135 亿美元、固特异轮胎销售额也达到 123 亿美元。三巨头销售额总额就高达 395. 167 亿美元，占全球轮胎销售份额的 56%。排行前 11 家轮胎公司的销售额合计为 578. 42 亿美元，占世界轮胎销售总额的 81. 9%。由此可以知道我国轮胎企业的规模和实力与国际大公司相比还有很大差距。在技术方面，国际大公司轮胎的原材料消耗比我国企业低 5% ~15%，轮胎的国际价格却比我们高30%以上，有的高性能轮胎我们还是空白。这些对我国轮胎企业也是一个挑战。

许多国有及国有控股大型轮胎企业积极参与国际合作和竞争走国际化的发展道路，与跨国公司进行广泛合作，较好地发挥了我们低成本的人力资源优势和低投入的基础设施建设优势。通过引进最新的全球轮胎制造技术，生产出了一流品质的轮胎产品，不但满足了我国对高档轮胎的需求，也出口到国外参与全球化市场竞争，实现跨越式发展，逐步使我国成为世界轮胎制造中心。三资轮胎企业在我国得到快速发展，目前这些企业的轮胎生产量约占我国轮胎总产量的50%，其中子午胎约占到70%以上的市场份额，主导着半钢乘用轮胎市场。但是国有及国有控股大型轮胎企业较好地发挥了本土化的成本优势，形成自己独特的竞争力，牢固地控制着全钢载重子午线轮胎的国内市场，占据着全国载重子午线轮胎总产量的76%份额。中外合作实现了双赢共生，取得了显著成效。

（资料来源：亚洲橡胶网）

全国塑料制品行业2004年经济运行及生产完成情况分析

一、2004年我国经济运行状况及轻工行业整体运行情况

2004年，我国采取的宏观调控取得明显成效。经济运行中的不稳定不健康因素得到抑制，农业、基础设施建设和社会事业等方面的薄弱环节得到加强，部分行业投资增长过快的势头得到初步遏制，各项改革稳步推进，对外开放进一步扩大，就业再就业和社会保障工作取得新进展，城乡居民生活继续改善，国民经济保持平稳较快发展，各项社会事业加快发展，较好地实现了国民经济和社会发展的预期目标。

根据国家统计局的初步核算，全年国内生产总值136 515亿元，按可比价格计算，比上年增长9.5%。其中，第一产业增加值20 744亿元，增长6.3%；第二产业增加值72 387亿元，增长11.1%；第三产业增加值43 384亿元，增长8.3%。

从轻工行业来看，整个行业的整体经济运行也保持着持续增长的态势，并且保持着较快的增长速度。2004年全年，全轻工行业（规模以上企业）的总产值达到37 448.8亿元，比上年同期增长26.13%；销售收入达到35 814.1亿元，比上年同期增长27.32%。经济效益有了显著提高，利税总额为2 762.08亿元，比上年同期增长20.84%，其中利润总额为1 566.66亿元，比上年同期增长24.07%；但亏损额也有所增加，2004年全年亏损企业（规模以上企业）亏损额为256.89亿元，比上年同期增长14.06%。在出口方面，2004年有了大幅的增长，根据海关总署统计，轻工产品全年出口额为1 576.67亿美元，比上年同期增长25.09%；而在进口方面，由于我国加入世贸组织后的承诺以及美元的贬值，轻工产品进口额也有所增长，累计进口额为490.03亿美元，比去年同期增长25.63%；实现贸易顺差1 086.64亿美元。

2004年是塑料行业较为动荡的一年，石油的价格不断飙升，虽然在三季度末和四季度初的时候略有下降，但到11月份以后，石油的价格一直处于上升的趋势，因此，作为石油副产品的塑料制品原料的价格也呈一路上涨的趋势。受此影响，虽然塑料制品行业各项经济指标的绝对值与2003年相比有所增加，但从增长速度上来看，却是有所放缓，企业亏损面有所扩大，亏损额上升。从2004年下半年开始，有些企业对此已有所认识，一部分企业的目光集中到了再生塑料上面。受此影响，从2004年第三季度末起，再生塑料的价格也呈上涨趋势。

二、塑料制品行业主要经济指标完成情况

近几年来，塑料制品行业的发展速度一直很快，据国家统计局统计，2004年1～12月份，塑料制品行业全部国有和年产品销售收入500万元及以上非国有独立核算工业企业共计9 473个，累计完成工业总产值（现价）3 794.27亿元，比上年同期增长24.93%，占轻工行业总产值的10.12%，产值总额在轻工19个主要行业中名列第三；实现产品销售率97.02%，高于轻工行业的平均水平。

1～12月份，塑料制品行业实现产品销售收入3 681.13亿元，比2003年同期增长25.68%；实现利税231.02亿元，比2003年同期增长9.96%；利润总额为141.67亿元，同期相比增长10.64%；新产品产值123.62亿元，比2003年同期增长24.47%；出口交货值964.49亿元，同比增长22.44%。

总体来看，虽然塑料制品行业一直保持着较高的发展速度，但是在行业内部也存在着激烈的竞争，加上2004年石油价格的攀升，致使塑料原材料价格上涨。对于一些企业来说，无疑是雪上加霜，塑料制品行业面临新的洗牌。因此2004年的亏损企业数量也有所增加，达到1 718个，占全国塑料制品企业的18.14%；而亏损额也大幅提升，达到了28.44亿元，比2003年同期增加了25.04%。

三、产品产量与产品结构

2004年1～12月份，塑料制品产量累计完成1 846.61万吨，比2003年同期增长11.98%；12月完成172.23万吨，增长8.38%（详见图1）。

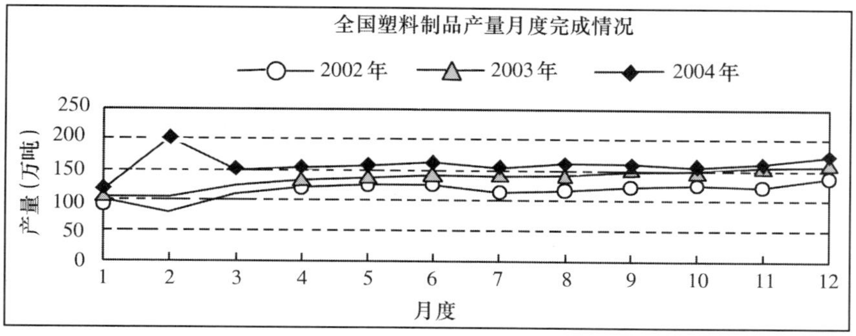

图 1　全国塑料制品产量月度完成情况图

总计中：2004 年 1～12 月份，塑料薄膜累计生产 365.89 万吨，比 2003 年同期增长 12.60%；占塑料制品总产量的 19.8%；塑料板片材 168.81 万吨，同比增长 10.57%，占塑料制品总产量的 9.1%；塑料棒管材 197.00 万吨，增长 18.68%，占塑料制品总产量的 10.7%；塑料丝及编织品 202.39 万吨，增长 110.05%，占塑料制品总产量的 11.0%；塑料人造革 65.99 万吨，增长 27.16%，占塑料制品总产量的 3.6%；塑料合成革 34.55 万吨，增长 16.23%，占塑料制品总产量的 1.9%；泡沫塑料 85.95 万吨，减少 0.22%，占塑料制品总产量的 4.7%；塑料包装箱及容器 84.54 万吨，增长 8.44%，占塑料制品总产量的 4.6%；日用塑料制品 224.78 万吨，增长 13.19%，占塑料制品总产量的 12.2%；其他塑料制品 415.71 万吨，占塑料制品总产量的 22.5%（图 2）。

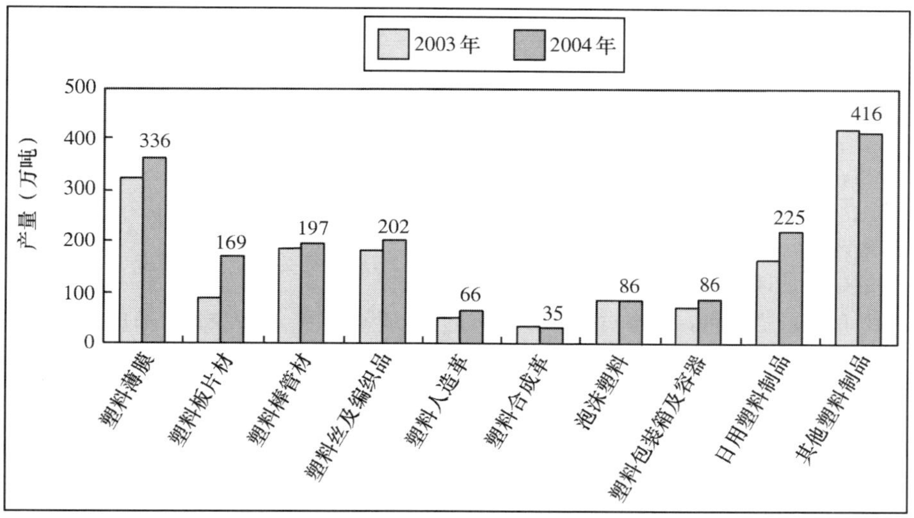

图 2　2004 年塑料制品产量行业分布图

2004 年农用薄膜的产量比 2003 年有所下降，1～12 月份累计生产 72.87 万吨，比 2003 年同期下降 3.28%，全年产量的下降主要是受到第四季度的大幅减产所影响；10 月、11 月、12 月的农用薄膜产量分别比 2003 年同期减少了 7.56%、28.8% 和 20.49%，12 月份的产量为 6.20 万吨。由于 2004 年第四季度的减产，从 12 月份开始，农用薄膜市场已经开始出现需求旺盛的势头，农膜的价格也处于上升趋势，因此从发展趋势上来看，2005 年农膜的产量应该有所回升。

四、地区分布

从塑料制品产量的地区分布上看，广东、浙江、江苏三省位居全国之首列，三省塑料制品产量合计为 1 041.8 万吨，占塑料制品产量总计的 56.4%（图 3）。

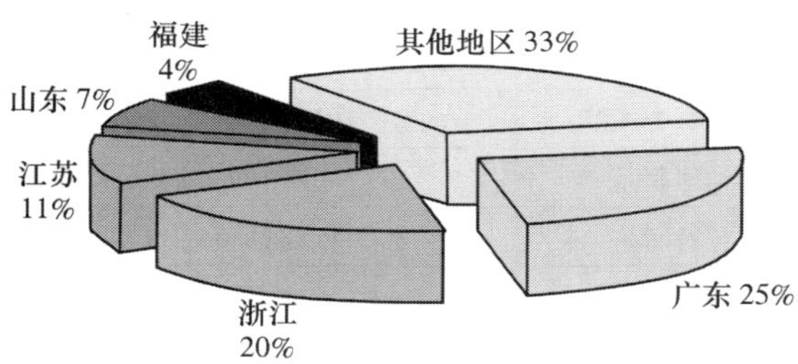

图 3　2004 年塑料制品产量地区分布图

从各省塑料制品分品种产量占全国同类产品产量的比

重看：广东省的塑料薄膜、塑料包装箱及容器、日用塑料制品、其他塑料制品产量居全国首位；浙江省的塑料棒管材、塑料人造革、塑料合成革位居全国之首，江苏省的泡沫塑料产量为全国第一。

同2003年相比，辽宁省的塑料板片材产量超过了安徽省，跃居全国榜首；山东省的塑料丝及编织品超过了浙江省而居全国之首。

2004年塑料制品分品种产量前三位的地区见表1。

表1　2004年塑料制品分品种产量前三位的地区

（单位：万吨）

行业名称	产品总产量	产量前三位地区合计占总产量比重（%）	第一位		第二位		第三位	
			地区	产量	地区	产量	地区	产量
塑料制品	1 846.61	56.4	广东	457.25	浙江	373.42	江苏	211.11
塑料薄膜	365.89	54.9	广东	82.26	浙江	69.08	江苏	49.56
其中：农用薄膜	72.87	42.3	山东	12.55	河南	12.28	河北	5.97
塑料板片才	168.81	54.3	辽宁	36.56	安徽	28.93	江苏	26.23
塑料棒管材	197	42.7	浙江	39.44	广东	24.25	福建	20.38
塑料丝及编织品	202.39	47.6	山东	41.06	浙江	37.66	河南	17.54
塑料人造革	65.99	81.2	浙江	21.48	江苏	20.91	广东	11.21
塑料合成革	34.55	79.5	浙江	10.05	辽宁	9.63	江苏	7.79
泡沫塑料	85.95	81.9	江苏	37.5	浙江	18.4	广东	14.49
塑料包装箱及容器	85.54	49.4	广东	20.27	上海	13.26	江苏	8.74
日用塑料制品	224.78	68.1	广东	65.89	浙江	58.85	江苏	28.41
其他塑料制品	415.71	79.7	广东	206.91	浙江	97.48	福建	26.78

从表1中可以看出，我国塑料制品行业的集约程度较高，而且具有明显的地域性，其主要生产地区基本上都集中于我国东南部沿海地区，但与2003年相比，我们可以看出，一些产品前三位的生产地区所占全国的比例已经有所下降，这是由于我国目前的经济政策，东南沿海地区劳动力成本较高的原因所造成。随着西部大开发的进行，西部内陆地区所生产的塑料制品的比重将有所加大，但由于西部地区交通状况的局限性，目前这种地域分布状况在短时间内还是很难改变的。

五、海关进出口情况

2004年，我国轻工产品的出口依然保持强劲的势头，出口总额1 576.67亿美元，比上年同期增长25.09%，实现贸易顺差1 086.64亿美元。

表2　2004年1~12月份塑料制品海关出口统计

产品名称	出口量		出口额	
	1~12月份累计（吨）	同比增长（%）	1~12月份累计（万美元）	同比增长（%）
塑料制品	10 784 346	22.77	1 277 374.2	31.21
1. 塑料丝及异型材	25 679.8	53.60	3 971.5	66.15
2. 塑料管材	121 160.5	38.92	23 315.8	60.96
3. 塑料板、片材	703 070.9	51.49	124 064.1	70.42
4. 人造革、合成革	191 731.0	21.84	50 244.6	31.65
5. 塑料铺地制品	376 891.9	33.60	32 798.2	44.76
6. 其他塑料制品	9 365 811.6	20.43	1 042 980.1	26.72

在这种势头下，塑料制品的出口也保持着快速的增长。根据海关的统计，2004年塑料制品累计出口1 078.4万吨，同比增长22.77%；出口额达127.7亿美元，同比增长31.21%，占轻工出口总额的8.1%，居轻工行业第五位。塑料制品累计进口178.1万吨，同比增长8.65%；累计进口额70.7亿美元，同比增长29.39%，贸易顺差57.02亿美元。近两年，塑料丝及异型材出口增长迅猛，2004年的出口量比2003年同期增长了一半以上，达到53.6%，出口

额更是增长了66.15%；另外，塑料板、片材的出口在2004年也有大幅增长，出口量比2003年同期增长51.49%，出口额增长70.42%。在进口方面，塑料丝及异型材进口呈下降趋势，进口量比2003年同期减少22.78%，进口额则减少了3.85%；人造革、合成革虽然进口量略有下降，同比减少了3.17%，但进口金额却有上升，同比增长9.44%，达到5.5亿美元（详见表2及表3）。

表3　2004年1～12月份塑料制品海关进口统计

产品名称	进口量		进口额	
	1～12月份累计（吨）	同比增长（%）	1～12月份累计（万美元）	同比增长（%）
塑料制品	1 781 338	8.65	707 237.5	29.39
1. 塑料丝及异型材	8 562.5	-22.78	2 714.5	-3.85
2. 塑料管材	36 168.6	15.87	25 447.0	43.79
3. 塑料板、片材	958 864.0	10.26	331 469.9	39.54
4. 人造革、合成革	114 633.9	-3.17	55 108.7	9.44
5. 塑料铺地制品	35 267.8	7.97	6 261.9	22.46
6. 其他塑料制品	627 841.0	8.92	286 235.5	22.81

总体来讲，我国出口的塑料制品大多是低附加值的低端产品，或者是一些国外出设计、出工艺的委托加工产品，与进口的同类产品相比，在技术含量、工艺设计等方面都有较大的差距。而且，由于国内企业缺乏对国外市场、政策的了解，出口的塑料产品甚至连安全、环保等要标准都达不到，从而在国外遭禁，2004年俄罗斯禁售从中国进口的部分塑料玩具就属于这种情况。因此，国内企业的眼光不能只局限于国内，而是要放眼世界，增加产品的技术含量和工艺水平，包括设计水平的提高。只有这样，才能改变我国轻工产品出口“以量取胜”的现状。

六、行业重点企业概况

2004年1～12月份，塑料制品行业全部国有和年产品销售收入500万元及以上非国有独立核算工业企业共计9 473个，实现产品销售收入3 681.13亿元，比2003年同期增长25.68%。其中销售收入亿元以上企业704个，占企业总数的7.43%；产品销售收入1 913.98亿元，占行业总销售收入的51.99%。销售收入超过10亿元的企业共有24家，居塑料制品企业的前列。企业销售收入最高值为41.45亿元。其中位列前10名的是：佛山塑料集团股份有限公司、浙江大东南集团有限公司、常州塑料集团、申达集团有限公司、烟台万华合成革集团有限公司、无锡市兴达泡塑新材料有限公司、芜湖海螺型材料技股份有限公司、新疆天业股份有限公司、安徽国风集团有限公司、河北宝硕集团有限公司。

塑料制品行业亏损企业1 718个，占全部塑料企业总数的18.14%，比2003年同期增长18.4%；亏损额28.44亿元，比2003年同期上升幅度较大，达到25.04%。

随着塑料制品应用越来越广泛，社会对塑料制品的需求量的不断扩大，未来将不断会有新的企业加入到塑料制品行业中来，同时，又将有大批落后的塑料制品企业被淘汰，我们预计，未来两三年内，塑料制品行业将完成这一轮的洗牌，形成新的市场格局，产业集约度进一步增强，市场竞争程度会越来越激烈，这种状况将不断地上演。诸如佛山塑料集团股份有限公司、浙江大东南集团有限公司、常州塑料集团等等这些龙头企业，无论是在资金、技术、工艺水平、市场营销等等各方面都有着较大优势，他们将在今后的发展中不断研发新的产品、提高产品质量、扩大市场份额，以继续保持在行业内的领先地位。而相对于其他塑料制品企业来说，也应找准在行业、市场中的定位，充分发挥自身的特点与优势，不断提高自身的综合素质，调整产品结构，以适应市场的发展。

（资料来源：中国轻工业信息中心张涌涛、富岩）

塑料包装材料行业状况分析

一、塑料包装材料行业概况

我国塑料包装材料经过20多年的发展，已形成一定规模，在包装市场中占有重要地位，对国民经济的建设起了积极作用。1980年产量仅有19.1万吨，产值30亿元；2002年产量达到401万吨，产值达到680亿元，占包装工业产值2 500亿元中的27%。行业装备水平不断提高，有的已经达到发达国家的先进水平，涌现了一批新产品、新技术、新材料，市场需求迅速增长，应用广泛，快速发展，平均年增长率为12%，2002年比2001年增长14.2%。复合包装基材克服了长期进口双向拉伸薄膜的局面，现在每年出口薄膜在30万吨左右，创汇达30亿美元。塑料包装材料乡镇以上的企业共有8 000多家，其中薄膜制造业2 240家，丝、绳编织制品4 300家，泡沫塑料500家，包装箱及包装容器679家。

23年快速发展之路，是改革开放之路，是社会主义市场经济之路，是全行业职工奋发图强、艰苦创业之路，特别是民营企业之兴起，从几千元发家达到10亿元以上的江阴申达集团、浙江大东南塑胶集团，都是经过艰难曲折，在市场经济中搏斗成长起来的龙头企业，成为国内外知名的大型包装民营企业，涌现一批民营企业家。而原有中小塑料包装企业经过调整结构，进行资产重组和技术改造也获得发展的生机，佛山东方包装材料公司、佛山杜邦鸿基包装材料公司以新的面貌在行业中起着重要作用。此外，外资企业的进入，增加了行业竞争对手，使国内企业进一步感受到优胜劣汰竞争机制的作用。因此，只有增加实力做强做大，提高质量，创名牌，才能在竞争中赢得主动。

二、2003年塑料包装行业经济运行情况良好

2003年，塑料包装行业摆脱“非典”的影响，继续保持稳定增长的发展趋势。

根据有关统计，预计2003年塑料原料增长16%，塑料制品增长15.8%，出口交货值增加21%。塑料包装材料产量预计达到460吨，比2002年401万吨增长15%，其中双向拉伸薄膜、软塑复合塑料包装材料和包装容器（瓶、箱、桶）增幅较大。

从上表可以看出，双向拉伸薄膜增长最快，一方面因为BOPP专用料国内已有六家企业生产，占需求总量50%，(包括上海石化、北京燕化、齐鲁石化、茂名石化、广州石化、九江石化）达到拉膜速度350~400m/min的要求，减少了依赖国外，缩短运输时间，争取了主动。另一方面，已引进的生产线投产新增加能力在10万吨以上，比如四川中达公司在成都开发区兴建的2.5万吨五层供给BOPP烟膜生产线在10月正式投产，江苏双良集团在都江堰市新建年产3.6万吨BOPET投产，常州武进金氏集团五层共挤BOPP薄膜于8月份投产，5月份抚顺石化公司年产2万吨BOPP生产线投产，福建现代塑料公司和安徽同凤公司也分别引进了年产2.5万吨和3万吨BOPP生产线，现在也在建设中。其中，广东顺德德冠公司、桂林集琦包装公司生产的高性能分子组装抗菌薄膜将投入市场，使两个企业在创新方面迈出了可喜的一步。总之，创新又成为塑料包装发展的推动力，上海紫江彩印公司的激光防伪薄膜、紫华公司的透气性流延薄膜、紫藤公司的抗静电流延聚丙烯薄膜都列入国家级火炬项目。南京中达共挤热封型双向拉伸聚丙烯薄膜，保持BOPP的热收缩，同时解决了热封性及香烟膜包装的难题，解决了中条包膜与小条包膜的黏合问题，采用开孔定位技术，解决了BOPP热封性问题（表1）。

塑料包装的迅速发展，离不开相关行业的市场开发，食品及软饮料包装市场的增速超过20%。因此，透明聚丙烯市场获得迅速拓展；农副产品加工实施绿色食品工程，为塑料包装市场提供新的机遇。以辽宁绿色食品产业链的启动为例，涉及辽宁、吉林、黑龙江、内蒙古、山东、河北、海南等9个省市区100个县100个生产基地，包括粮油、生鲜蔬菜、干鲜果品、鲜奶及奶制品、调味品、生鲜肉、禽蛋等3 000多个品种的包装，从生产、加工、包装、运输、储存、销售各个环节对包装都是一个挑战，所有这些都促进了塑料包装材料市场的拓展。

表1 2003年1~8月份主要产品实际产量及全年预测

		1~8月份（万吨）	全年预计（万吨）	比上一年增长（%）
软包装膜		150.5	200	18
其中	BOPP	40	60	20
	BOPET	8	12	20
编制制品		89.5	130	14
包装容器		50.5	70	16.5
泡沫包装材料		20.2	30	16
包装片材		18.3	30	16
合计		329	460	16

三、当前塑料包装发展趋势及其特点

（一）世界塑料包装材料发展展望

从国际上看，尽管塑料包装材料一直经受环境问题的严重挑战，但从近年来发表的数据看，塑料包装在包装工业中仍成为需求增长最快的材料之一。据美国Freedonia集团的统计分析和预测，美国包装领域中纸和塑料1996~2001年间平均增长率为2.4%，其中纸板为1.6%，塑料为3.4%。根据日本《包装技术》统计资料，日本塑料包装材料销售量在各类包装总销售量中所占比例为15.4%，仍位于纸和纸板（57.5%）之后居第2位，其余为金属12%，玻璃为9.2%，木制品为5.2%，其他为0.7%。

根据上述美、日、中大国的发展和预测，可以明显看出，21世纪塑料包装材料将持续稳步增长，在包装材料领域中仍然充满勃勃生机，在保护商品、提高商品价值方面继续发挥积极的作用。

21世纪是环保世纪，环境问题日显重要，资源、能源更趋紧张，塑料包装材料将迎来新的机遇，也将经受严峻的挑战，为适应新时代的要求，塑料包装材料除要求能满足市场包装质量和效益等日益提高的要求外，还进一步要求其节省能源、节省资源，用后易回收利用或易被环境降解为技术开发的出发点。为此塑料包装材料正向高机能、多功能性、环保适应性、采用新型原材料，新工艺、新设备及拓宽应用领域等方向发展。

高机能、多功能性塑料包装材料成为许多国家热点开发的包装材料，并已有部分产品投入了工业生产。这类材料包括高阻渗性、多功能保鲜性、选择透过性、耐热性、无菌（抗菌）性以及防锈、除臭、形状记忆、能再封、易

开封性等塑料包装材料，其中以高阻渗性多功能保鲜、无菌包装材料等发展更为迅速，将成为21世纪初发展的重点。另外，近年来正在研究开发的纳米复合包装材料，将受到更大的瞩目。

21世纪初，随着世界经济的日益增长，高科技不断发展。产品日新月异，人们生活更趋向方便、休闲。无论是日用品包装、食品包装，工业包装都有了更高的要求，另一方面随着环保呼声日烈，在满足包装功能的前提下，尽量减少垃圾的产生量，从而呈现包装薄膜、容器、片材向轻量化、薄壁化发展趋势，其关键技术是积极采用具有超韧性、能加工较薄较易加工的新型原料，如双峰高分子HDPE、茂金属催化剂的聚乙烯、聚丙烯和聚苯乙烯塑料合金等，给塑料包装提供了更多的原料选择。特别是聚乙烯、聚丙烯的开发进一步提高了软包装结构的许多性能，如韧度、透明性、阻渗性、耐热性和抗穿刺性能等，并可降低热封温度、改进加工性、提高包装生产线速度等。聚乙烯食品包装膜的特点之一是可以控制氧气、二氧化碳以及水蒸汽的渗透率，可用于可控气调包装，大大延长食品的货架寿命，主要用于超市色拉、胡萝卜片、椰菜花及肉类等半成品包装以及农产品保鲜袋、阻渗性收缩包装袋等。美国到2000年，此类半成品货架容量由20世纪90年代中期的3%增加到25%，农产品以新鲜采摘形式出售将达25%，对MPE可控气调包装薄膜的需求量将随之大大增长。

被喻为明日塑料之星的塑料共混物、塑料合金、无机材料填充增强的复合材料（ABC）在20世纪发展的基础上，通过基础研究两方面共同努力，生产和加工技术将获得进一步提高和完善，产品性能改进和系列化、功能化方面也将取得更大的进展，对提高塑料包装质量，附加值和环保适应性以及开发新产品将产生更大的影响，

随着塑料包装产品质量的提高，功能性增加及新品种的不断开发，其用途也进一步拓宽，特别是高阻塑料包装材料由食品包装为主逐步更多地拓宽非食品包装领域，其中工业包装、医药包装、农副产品包装、建材包装、航海用品包装等都将会获得进一步发展。

进入21世纪，世界经济大调整继续深化及可持续发展战略的转变是世界产业变革的总背景，也是塑料工业环境变化的背景。塑料包装材料与传统包装材料比较，从产品整个生命周期评价分析、节省能量、节约资源、废弃物产生量减少、环境负荷也较轻，因此在21世纪初发展仍占据重要地位和发挥重要作用，但塑料包装材料相当一部分为一次性消费品，用后在自然环境中较难降解，也不可忽视。

（二）国内塑料包装材料发展趋势

1. 高阻隔性、多功能性薄膜正在向新的技术水平发展

高阻隔性、多功能性软塑包装材料，已成为近几年发展的热点，2002年仍然在进步，涌现一批新的产品和新的技术，包括高阻渗性、多功能保鲜膜、无菌包装膜发展更快，原有的复合薄膜正在向更深层次发展，制袋、印刷技术上了一个新台阶，进入“彩色革命”时代。全行业已有胶版、凹版、柔版彩色系统，促进了软塑包装材料向深度发展：防伪包装膜正在日新月异发展，称为软塑包装的常开之花，特别是防静电的包装膜开发成功意义重大。电子产品、包括电子元器件、集成电路及印刷线路板等，由于静电放电破坏造成的损失十分严重，我国目前使用的防静电包装膜基本上由美国、日本进口，该产品由重庆兵器工业五九研究所、顺德诚信公司、中山市东升公司开发成功，并已投入生产。

干法复合薄膜技术水平的发展，离不开黏合剂和油墨的技术进步。复合膜的黏合剂有单组分和双组分聚氨酯、丙烯酸类黏合剂、无溶剂、醇溶剂、水溶性黏合剂等，从单组分到双组分是一个进步，2002年使用双组分黏合剂已达到3万吨，但仍然存在着排放大量的溶剂，污染环境。另外，在复合过程，有微量溶剂残留物，会在包装物内产生异味，卫生性能差，这些问题长时间来，遇到环境保护的挑战，当前，国外环保型黏合剂进入中国市场，国内有关黏合剂生产企业也积极进行开发。无溶剂生产线已引进近30条，无溶剂用量开始逐步增加，但在技术上还达不到涂布、烘干过程的要求，成本也偏高。因此，寻找一条符合行业发展，又能适应环境保护要求的新路子，是问题关键。2002年市场上推出的快速固化黏合剂，复合后，熟化时间从48小时，缩短到4~8小时就可以进行分切。此外，北京高盟化工公司开发成功高助剂含量的薄膜复合黏合剂，提高了复合强度，减少了残留量，是一个很大的进步。

2. 多层共挤技术的发展，改变了功能性薄膜和容器的产品结构，适应了市场需求

随着市场经济的发展，日用品包装、化妆品包装、食品包装、家用电器包装都提出了更高要求。另一方面随着环保呼声日益高涨，如何在满足包装功能性前提下，尽量减少垃圾的产生量，从而呈现包装薄膜、包装容器向轻量化、薄壁化方向发展，以干法复合为主的高阻隔性薄膜，在生产过程用黏合剂、溶剂的排放易污染环境，而发展共挤包装薄膜，其工艺设备投资省、成本低、适应性强、操作方便。国际上共挤技术发展很快，有关资料表明，发达国家共挤包装薄膜占整个软塑包装材料的40%，而我们仅占6%，仍然以干法复合膜为主，两者比例不合理。当前，我们的共挤技术也有新的长进。目前除了大连辽南东方机械公司的叠加机头技术得到推广和应用，国产的共挤吹塑技术设备已经通过产品鉴定，开始批量生产。广东金明塑胶设备公司开发的五层共挤高阻隔薄膜吹塑机组通过了新产品鉴定。共挤包装薄膜的发展，将改变多功能性薄膜的产品结构，它适应于液体食品、牛奶、鲜肉等食品包装。

共挤技术的发展，同样适应工业包装的需求。秦川机械公司开发成功六层共挤塑料中空容器，用于生产汽车燃油箱，最大容积为200升。该机采用新技术，确保型坯壁厚100个控制点，使容器厚壁均匀。电气、液压和气压稳

定无渗油漏气现象。上料系统确保六台挤出机连续稳定上料。该机的投产，改变了汽车燃油箱单层的局面，随着汽车工业的发展，多层油箱的市场将有较大的发展空间。

3. 蔬果保鲜包装薄膜市场前景广阔

我国2000年水果总产量达7 100万吨，蔬菜产量为3亿吨，是世界第一大果蔬生产和销售大国。然而有30%左右的水果在储存、运输、销售过程中损失。其中包装不当是引起水果腐烂损失的原因之一。在竞争激烈的市场条件下，包装的作用显得越来越重要。新鲜的果蔬是一个活体，采摘后仍在呼吸，有着旺盛的生命，靠消耗自身的营养和水分来维持生命。如果果实采后不及时进行保鲜处理，少则3~5天（草莓、荔枝、龙眼、樱桃等），多则10天半月（桃、李子、葡萄等）就会出现失水枯萎、品质恶化和腐烂而失去食用价值。尽管不同水果的生理属性不一样，但变色、失水变味和腐烂是共同存在的问题。因此，如何抑制代谢过程，减少营养物质的消耗，保持水果的风味质量是保鲜包装的重要课题。目前，聚乙烯薄膜和聚丙烯薄膜是新鲜水果蔬菜应用最广的包装材料。不同的水果蔬菜对保鲜包装袋的要求不同，选择什么样的薄膜袋主要考虑以下因素：

（1）适应的气体透过性，保持适宜的 O_2 和 CO_2 浓度。根据试验，如果透气性差，袋内 O_2 浓度太低（≤3%），易产生乙醇、乙醛挥发物，产生异味异臭；CO_2 浓度过高（>10%）也会对水果造成伤害。因此，新的聚乙烯保鲜膜也在不断产生，微孔薄膜的出现给热带水果的包装增添了新的选择余地，微孔薄膜市场的增加、应用不断扩大。

（2）添加乙烯气体吸收剂。水果在采后成熟过程中要释放乙烯气体，成植物生长荷尔蒙激素，乙烯在包装袋内积累，会加速果实衰老，减少贮藏期。因此，在薄膜制造过程中需加入硅素（沸石、大谷石、方英、SiO_2）等多孔性物质（具有吸附乙烯气体的作用），把水果释放出来的乙烯吸附了，就能减缓水果的呼吸作用，使水果保鲜。

4. 塑料饮料瓶市场潜伏着诱人商机

塑料包装容器应用市场广阔，其中，饮料行业有着诱人商机，2002年，饮料产量已达2 024万吨，汽水、果汁、蔬菜、饮料所需的塑料容器需求量与日俱增。

经调查，2002年我国饮料产量近2 384万吨，每年以20%以上速度增长，而碳酸饮料包装中PET瓶的应用比例占57.4%，市场前景看好。目前行业中PET聚酯瓶产量较大的企业，有珠海中富和上海紫江集团，分别占有国内PET瓶30%和20%的市场份额。珠海中富公司为最早获得可乐、百事认可的PET瓶生产厂家，2001年PET瓶达到32亿个，其中热灌装7亿个，销售额达到23.4亿元，在各地拥有30多家工厂；上海紫江集团近年来发展很快，设在各地的控股公司已发展到15家，占据了武汉、郑州、天津、长春、昆山、成都等市场，新建的年产1.2亿个PET灌装瓶生产线已投产，2002年又在上海、广州、成都、北京等地投资建厂，热灌装瓶的生产能力达到4.85亿个。

聚酯瓶在塑料包装行业的起步较晚。大量的注拉吹技术设备的引进，促进了PET瓶大幅度生产，并以其优良的性能，获得用户的欢迎，短短几年里，成为食用油饮料瓶等包装的主流包装材料。同时，在化妆品、医药等行业的需求也在增加。1996年PET瓶装产量为30亿个，而1998年上升为50亿个，2000年达到80亿个，2001年90亿个，2002年达到100亿个。年增长率为18%，成为塑料包装材料增长幅度最大的品种。特别是2001年起随着国内茶饮料市场异军突起，2001年茶饮料产量已达300万吨，因此热灌装85~90℃PET瓶已成为聚酯瓶增长最快的品种，年增长率超过50%。

聚丙烯透明包装瓶的开发是近几年国内外塑料包装的一个热点。随着透明改性剂——成核剂的开发成功，在普通PP中加入0.1%~0.4%山梨醇缩二甲苯（苯甲醛）成核剂（美国米利肯，新日本理化，二井东亚、牌号Mil-lad3988等），高透明PP可广泛用于注射、吹挤、吹拉、挤压、热型容器、食品、药品瓶等，其价格适宜，是PS、ABS、PET、PE瓶的竞争对手，有着广阔的市场前景。

5. 啤酒塑料包装瓶的应用已是春在枝头

啤酒包装业国际上近几年采用的耐热聚酯瓶（PET）的发展迅速，特别是PET瓶涂层技术（等离子技术）的应用，内涂0.21mm的碳层，它的阻透性几乎与玻璃一样，同时，能承受高温灭菌处理，使其应用范围扩大，适应热灌装茶饮料等包装。

此外，引起包装界注目的聚萘二甲酸乙二醇酯（PEN）新型聚酯瓶，正在步入啤酒业，引起啤酒包装的革命（克服啤酒瓶爆炸事件的良策）。由于PEN与PET分子结构相似，以萘环代替苯环，使PEN比PET更具有优异的阻透性、防紫外线性、耐热性好、耐高温度（非晶态PEN热变温度达100℃而PET仅为70℃）。由于萘是从煤焦油分离出来，我国有丰富来源，工业化生产即将实现。不久，PEN将大量进入包装领域，引发继PET之后，又一次包装革命。目前，国内少量进口，但价格是PET的5倍，阻碍了PEN的应用。

我国是啤酒生产大国，2002年以来，已达到2 386万吨，居世界第一位。以2 002万吨计算，每年需求包装瓶250亿~300亿个，为PET聚酯瓶提供了广阔的发展空间。近几年来塑料包装年会，多次进行技术交流，引导有关企业进行开发，从技术方面，啤酒不同于一般的碳酸饮料，即使是微量的氧气进入包装容器也会使啤酒的口味发生变化，而啤酒中 CO_2 的流失会影响泡沫特性，因此，如何满足保鲜度和保存期的要求，对阻隔性能要求很高。同时，在我国95%的啤酒通过巴氏灭菌方式生产，要求包装瓶的使用要耐62℃~67℃。这些要求成为塑料啤酒瓶开发中的关键问题。

上海紫江集团、珠海中富集团积极采用新技术，在研究和开发中投入大量资金，采用共注射技术和吹瓶技术，可使啤酒在PET瓶中保鲜期达100天，已试验生产了350毫升、500毫升的PET瓶，并正在开发1.5升和2升啤酒瓶。目前正在进行新厂建设，准备大批量投入生产，作为新的利润增长点，PET啤酒包装瓶进军的战鼓已敲响，值得同行高度重视，在新的领域有所作为。

6. 饮水包装瓶（桶）的市场

纯净饮用水，已进入千家万户。目前，市场的5加仑饮水桶以PVC、PET为主，带来不少问题，PVC饮水桶添加剂的毒性问题一直是有争议的，而PET饮水桶是符合卫生要求的，但由于市场秩序的混乱，以次充好，以旧料冒充新料，使桶装细菌含量超标。据抽查，有些地方1/2以上的桶装净水不合格，桶料属非食品级是主要原因。因此，发展食品级PC原料十分紧迫。上海与拜耳已签约建设10万吨级PC树脂，2003年第一期投产，年产5万吨，可以缓解PC长期靠进口的局面。近几年，PC饮水桶发展很快，仅上海、广东两地年产量超过5 000万个。因此，随着国内原料投产，发展PC饮料瓶，将是一个难得机遇。

全国瓶装水产量为554万吨，占饮料总量近1/4，经过多年的竞争，目前已形成规模化生产，涌现一批较强的企业，如娃哈哈、乐百氏等十强企业。而包装瓶的品种也由原来的矿泉水瓶发展到蒸馏水、活性水、富氧水、太空水等各种瓶装水，并向品牌发展，所需的包装瓶的品质的要求也愈高。这将是一个朝阳的市场，有着美好的前景。

7. 药用包装材料成为新的发展热点

（1）药品固体剂型包装发展前景广阔

据有关资料统计，我国医药包装年产值在150亿元左右。目前，药品包装正在成为我国包装领域分支。随着我国医疗体制的改革，药品种类增加，药品包装形式也在发生变化，由原来的纸袋包装、塑料袋包装、玻璃瓶到现在的聚乙烯瓶、聚丙烯瓶、聚酯瓶、铝塑包装、条形包装。扭转了药品包装落后的局面。

国外药品包装已大量采用汽罩PTP包装及条形SP包装，应用于片剂、胶囊等固体剂型包装。在国内，药品汽罩包装以及条形复合膜包装也将成为主流并有着广阔的发展前景。

（2）输液塑料包装成为新的发展热点

我国目前大输液90%采用玻璃瓶包装、软塑包装实际生产量不足2亿瓶（袋）。目前国外的输液剂大部分采用优质的塑料瓶或塑料袋包装。随着中国加入WTO组织，外资医院增多，来中国居住的外籍人数也不断增多，需求量增多。发达国家人均使用输液量为3.33瓶，这无疑是一个市场空间，目前全球申请的大输液生产量120亿瓶，中国仅为30亿瓶。因此，自2001年以来，改扩建、新建输液包装生产成为“热点”，塑料包装行业也不例外。

输液包装主要分为塑料瓶和塑料袋。去年以来BOPP瓶异军突起，随着东莞佳鸿机械公司开发出国产BOPP输液瓶制造设备，采用两步法注拉吹PP瓶生产设备，每小时生产2 200～2 500瓶，深受药业用户欢迎。与其他杀菌、灌装设备的配套，BOPP输液瓶呈现增长势头，改变玻璃瓶一统天下的局面。预计到明年已有的和在建的BOPP瓶生产能力（有17家引进20条塑料瓶生产线）将突破10亿瓶，将与玻璃瓶、软塑料袋一起形成药用液体包装的多样化。

软塑料袋方面，据不完全统计，目前，共有21家企业引进或签订软塑包装生产线25条，软塑袋生产能力将达到3亿袋。

综上所述，目前正在上马或准备上项目的塑料包装企业要慎重考虑，药包装实行准入制，对包装材料质量、技术有严格要求。但（药用塑料、输液塑料包材及容器标准）尚未出台，在质量保证上给用户选择包材产生困难，容易产生无序竞争。因此，必须慎重考虑，避免造成经济损失。

四、存在问题及对策

1. 重复引进、重复建设、产品雷同

塑料包装材料当前面临着许多困难和矛盾，最突出的是重复引进、重复建设，产品雷同。以双向拉伸薄膜为例，BOPP重复引进最为严重，BOPP从20世纪70年代末到90年代末，全国16省市31个企业共引进BOPP薄膜生产线37条，年生产能力共计为12.7万吨，改变了国内空白的面貌，单线生产能力3 000～6 000吨、线速度150～200米/分、宽4.2米，为塑料包装行业的发展做出了积极贡献，使塑料包装材料的生产从1980年19.1万吨，到1990年增加到107万吨，用10年时间增长了5倍，从1991～1999年底引进BOPP生产线共33条，单线能力6 000～10 000吨、宽幅6米以上、线速度在250米/分以上，这样到1999年底已有生产企业46家，共引进生产线70条，生产能力为40万吨，产量为30万吨。从2000年到2002年，3年的时间里这种过热现象没有下降，形成新一轮引进达到新高潮，这3年里共引进生产线20条，已签约的，在2003～2004年到货的有20条，使生产能力猛增至70万吨，2002年实际产量为50万吨，这些项目全部投产后预计BOPP生产能力将超过100万吨。这一阶段发展的特点是：在“十五”发展的新形势下，结合国际上BODP薄膜的应用正朝着多元化、高质量和非对称复合的方向发展，在大力发挥新型的包装材料的推动下，引进当代的先进技术水平，在线速度水平达350～400米/分，宽幅8.2米，年生产量在2.5～3万吨，有的企业双线引进，一次投产生产能力在6万吨左右。由此可见，重复引进的热潮并没有降温，值得引起大家的注意。

当前，BOPP薄膜的市场供大于求，市场饱和，普通的中低档产品相对过剩，造成市场无序竞争，以压低价格来推销产品。今年上半年更是雪上加霜，销售价格比去年市场平均下降23%，个别降低到成本价以下，仅有8 300元/吨，而原料价格为7 300元/吨，致使企业效益不佳，甚至出现亏损，无法偿还到期贷款，处于非常困难的境地。然而面对如此严峻的局面，某些企业仍然不顾风险在拼命扩大规模，今年盲目引进势头不减，特别是东南沿海地区又分别与德国布鲁克纳与日本三菱公司签订了10条生产线，进口年产能力近20多万吨的BOPP设备（个别企业一口气就签了4条生产线）。到2005年，群雄称霸，争抢市场份额，局面火爆。对于如此无序失控的BOPP薄膜竞争必将白热化，受害者肯定是生产厂家，犹如前几年生产冰箱、空调、彩电的家电行业出现过的现象一样。这就是重复建设、盲目引进带来的严重后果，值得吸取教训，慎重决策为好。

因此，BOPP行业当务之急是搞好市场开发，研究中国市场BOPP薄膜消费量有多大？根据世界AMI咨询公司发表的研究报告，2002年全世界BOPP薄膜消费量为300万吨，预测到2010年为570万吨，而中国市场用量为100万吨。从现有情况看，我国BOPP的应用市场主要预测下列几个方面的需求量：

产品	2000年（万吨）	2005年（万吨）
印刷、符合、涂布用光碟	30	41
胶黏带	5	7
珠光膜	5	7.5
烟膜	7	8.5
电容膜	0.8	1.4
金属化膜	1.5	2.2
专用膜	1	2.5
合计	50.3	70.1

从上表可以看出，当前企业的出路，除了加强管理，降低成本外，还要提高质量，努力开发新产品，生产多功能特种膜，如：烟膜、消光膜、珠光膜、镀铝膜、抗菌膜等；要努力开拓出口渠道，将薄膜销往国外。

而110条线全部投产后，设备生产能力将达100万吨。因此，在今后几年，引进设备更应慎之又慎，一套装置投资近1.8亿元，若市场需求发生变化，将造成更严重的经济损失。多年来，政府有关部门、行业协会在报刊上发表文章，引导防止过热，但始终未果，这是为什么？我想一个是市场有需要，一个是效益上有吸引力。BOPP属于量大面广，有着广泛的市场，食品包装、烟草包装、胶黏带行业、文具类及电容膜等随着市场经济迅速发展，需求量逐年增加，而生产BOPP的原料属于低价位（与尼龙聚酯比较而言），而薄膜的价格是原料的1~2倍，效益颇丰，刺激了BOPP的快速发展。因此尽管行政政策限制进口，企业仍然不断地引进，变着花样千方百计地进口，打着新型包装材料、新型透明包装、新型同步拉伸、新型药材包装等五花八门的旗号大摇大摆地进来了。同时，加入WTO后，许多外商、台商看中中国市场，外资独资建设的BOPP厂有十几条线，使国内市场竞争更加激烈，优胜劣汰的市场原则将是对BOPP老企业的新考验。谁也不能搞独此一家别无分店，只能大浪里淘沙，勇于搏击才能站稳。走规模化、专业化、系列化的发展方向，才能使企业与国际竞争，立于不败之地。

然而求生之道人皆知之，无奈违背了市场经济价值规律，无形之手还是会扼杀部分企业，或者停顿部分生产线，那时几亿乃至十几亿的财富损失将不可避免，势在必然，迟早而已！

为此，我们不得不大声呼吁：BOPP生产线重复引进之风应该停止！建议国家有关部门、海关、银行等应采取强有力的措施，防止盲目重复引进。

2. 塑料包装废弃物的回收利用管理和再生技术与社会环境保护的矛盾突出

随着塑料包装废弃物的增加，特别是一次性包装材料和泡沫餐盒，成为城乡环境治理的大难题。对废弃物的回收利用管理还缺乏完善的办法，再利用技术正处于发展阶段，尚未完全成熟，因此，科学地对待这一问题，已成为塑料包装企业生产和发展的重要课题。

塑料包装材料大部分用于食品和饮料包装，因此塑料的卫生安全问题与广大消费者的健康息息相关。近年来，卫生部、国家标准局和有关部门制定颁发了一些塑料材料的卫生安全标准：如食品包装材料PP树脂卫生检验方法，PE、PP、PS成型品卫生标准，食品用压延PVC硬片专业标准，PVC暂行卫生标准和检验方法等，但这方面的工作还有待加强和完善，而且必须有一些实施标准的具体措施和有一个强化执行的管理机构，监督实施，确保消费者的利益。

另外随着我国食品结构和商品流通的变化，塑料包装材料，特别是一次性消费包装材料将会更迅速地进入市场，随之而来的问题将是废弃的包装材料的处理问题。否则，废弃的塑料包装容器、瓶子、废膜、袋等到处乱丢和堆积，势必造成社会公害，污染环境。应尽快制定废弃塑料的回收和处理办法及大力研究高效的、适合国情的回收利用技术及设备。另外，在现实生活中，一些一次性包装材料很难收集，为减轻污染，对这些产品推荐采用降解塑料较为合适。因此也应对降解塑料包装材料的课题列入国家科研规划，进行技术开发非常必要。

我国醋酸工业发展现状

近年来随着我国经济的稳步发展，醋酸的需求呈现出较快的增长速度。在我国逐渐掌握先进的甲醇羰基化法合成醋酸技术之后，伴随国内天然气和新型煤化工的快速发展，醋酸成为近年来有机原料的投资热点。

1997年国内醋酸的消费量仅为67.57万吨，2002年增至118.82万吨，5年间增加了75%，年均增长15%。我国醋酸产量长期不满足国内需求，每年进口大量产品，2002年进口量为34.86万吨，约占国内总消费量的29.3%。国内醋酸产不足需说明我国醋酸需求增长速度较快，也说明国内醋酸工业整体水平较差，受到国外规模化装置产品的冲击日趋严重。我国不仅大量进口醋酸，而且醋酸下游衍生物的进口量也逐年增长。据预测，2005年我国醋酸需求量将达130万~140万吨，2010年将达150万~160万吨。我国醋酸消费结构与国外基本相同，主要用于合成醋酸乙烯/聚乙烯醇、对苯二甲酸、醋酸酯、醋酐、有机中间体和精细化工产品等领域。具体应用领域如下：

醋酸乙烯

醋酸乙烯是我国醋酸的主要应用领域，2002年消耗醋酸约25万吨左右，预计未来几年将保持年均8%~10%的增长速度，2005年将消耗醋酸30万~33万吨。醋酸乙烯的下游产品聚醋酸乙烯乳液、聚乙烯醇和乙烯-醋酸乙烯共聚物市场需求强劲，其中醋酸乙烯均聚后用于生产胶黏剂，由于不含甲醛成为被推荐使用的环保产品。世界聚乙烯醇总消费量的60%~70%用于生产涂料和黏合剂。我国大量基础设施建设为胶黏剂、涂料市场提供了发展机遇，而电子、造纸、医药、精细化工行业的稳步发展，也进一步推动了聚乙烯醇需求的上升。在建筑涂料和胶黏剂方面，环保、耐擦洗的乙烯-醋酸乙烯共聚物乳液发展速度很快。目前我国乙烯-醋酸乙烯共聚物产能仅为10万吨/年左右，而国内市场的年需求量达到25万吨，供求差距较大，市场前景乐观。

对苯二甲酸

对苯二甲酸主要用于生产聚酯，也是我国醋酸重要的消费领域。2002年对苯二甲酸消耗醋酸约14万吨。目前国内对苯二甲酸生产能力严重不足，年市场需求量约为500万吨，而产能在260万吨/年左右。2002年我国又投产了3套对苯二甲酸装置，其合计能力达到168万吨/年。2003年对苯二甲酸行业需要原料醋酸近20万吨，预计到2005年需消费醋酸约22万~23万吨，2000~2005年年均消费增长率为11%~12%。

醋酸酯类

醋酸酯类中比较常用的有乙酰乙酸甲酯、醋酸乙酯、醋酸甲酯、醋酸丙酯、醋酸丁酯、醋酸异戊酯等20余种，广泛用作溶剂、表面活性剂、香料、合成纤维、聚合物改性等，国内需求增长迅速。2002年国内醋酸酯类约消耗醋酸13万吨，未来几年我国有不少企业计划建设醋酸酯类生产装置，对醋酸的消耗将保持年均10%的高速增长，预计2005年我国醋酸酯类将消耗醋酸17万吨以上。

醋酐

醋酐是主要的乙酰化剂和脱水剂，主要用于生产醋酸纤维素，然后用于制造胶片、塑料、纤维制品，最大用途是制造香烟过滤嘴，国内产不足需。由于国内产量有限，不得不从国外进口，2002年进口量达到3.76万吨。2002年我国醋酐消耗醋酸约14万吨，预计未来几年将保持年均6%~7%的增长速度，2005年将消耗醋酸16万~17万吨。

有机中间体

以醋酸为原料可以合成多种有机中间体，主要品种有氯乙酸、双乙烯酮、双乙酸钠、过氧乙酸等。近年来国内氯乙酸产能增加较快，年产量约为10万吨，消耗醋酸约9万吨。2002年荷兰阿克苏公司在泰兴化学工业园建设2.5万吨/年的氯乙酸装置投产，而且国内尚有几套万吨级装置计划或正在建设，预计2005年我国氯乙酸将消耗醋酸11万吨。双乙烯酮是一种重要的有机中间体，用于新型染料中间体乙酰苯胺和食品防腐剂山梨酸生产的需求增加很快，预计2005年双乙烯酮将消耗醋酸5万吨，2000~2005年年均需求增长率接近6%。双乙酸钠作为优良的食品和饲料防霉剂增长速度也比较快，预计2005年双乙酸钠将消耗醋酸5万吨左右，有机中间体领域约消耗醋酸共21万吨。

其他领域

医药方面（除过氧乙酸）：醋酸作为溶剂和医药合成原料，2003年我国约消耗9万吨，预计2005年消费量将达到12万吨，2000~2005年年均需求增长率为6%~7%。

染料/纺织印染领域：2002年我国在该领域消耗醋酸5.8万吨，预计今后几年将保持年均7%左右的增长速度，2005年将消耗醋酸7万吨左右。

合成氨工业：未来我国在该领域的醋酸消耗量基本保持目前水平，2005年消耗量为1.5万吨左右。

其他：醋酸还用于合成醋酸盐、农药等多个领域，预计这些领域将保持平衡的增长态势，2005年消耗醋酸量约为15万吨。

据预测，2000~2005年我国醋酸消费年均增长率为8.0%~8.7%。醋酸乙烯/聚乙烯醇依然是醋酸第一消费大户，对苯二甲酸占第二位，醋酸酯将超过醋酐/醋片对醋酸的需求，成为第三大消费用户。据分析，考虑到国内醋酸下游产品的大量进口和醋酸下游产品的迅猛增长，2005年国内醋酸潜在需求量远远大于140万吨的预测值。

我国基本有机原料产业现状分析

乙烯、丙烯、丁二烯、苯、甲苯、二甲苯和甲醇及其一级衍生物称为基本有机原料。基本有机原料与合成材料一样，都是石油化工的重要组成部分，在国民经济中占有十分重要的地位，其产业发展水平和市场供需平衡情况，直接影响着整个石化工业的产业发展水平和产业规模。

一、产业规模已居世界前列

目前，我国石化产业正处于其生命周期的快速成长期，成为世界石化工业发展最快的国家。作为石化工业基础的基本有机化工原料的生产也保持着持续快速发展的势头。

1. 乙烯

截至2003年底，我国有乙烯生产企业16家，共18套生产装置，总生产能力已达到567万吨/年，同年产量611.77万吨，仅次于美国，居世界第二位。我国的乙烯生产能力基本集中在中石油和中石化两大集团公司。经过扩能改造，我国乙烯最大装置规模已经达到70万吨/年，分别为上海石化Ⅱ套和燕山石化装置。我国现有乙烯装置可分为三类：第一类是规模30万吨/年以上的大型乙烯装置，共7套，分别为：燕山、大庆、齐鲁、扬子、上海Ⅱ套、茂名乙烯、吉化Ⅱ套装置；第二类是20世纪90年代建成的具有一定技术水平、规模在15万~30万吨/年的乙烯装置，共有7套，即天津、中原、北京东方、广州、盘锦、独山子、抚顺乙烯装置；第三类是建设年代较早、规模较小、技术比较落后的15万吨/年以下的小乙烯装置，共4套：分别为：吉化Ⅰ套、上海Ⅰ套、辽阳、兰州乙烯装置。

2. 丙烯

目前，我国有丙烯主要生产厂家约50家，大部分是炼油厂丙烯生产企业，乙烯蒸汽裂解生产丙烯的厂家相对数量较少。生产主要集中在中石化和中石油两大集团。这两大集团丙烯产量占全国产量的94%以上。2003年，我国丙烯生产能力约640万吨/年，产量约593万吨，开工率为92.7%。2003年北京燕山石油化工公司丙烯产量47.9万吨，居全国第一，其次是上海石油化工股份有限公司，产量48.2万吨。

3. 苯

我国纯苯生产厂有70多家，总生产能力约300万吨/年，2003年产量240.8万吨，开工率为80.3%。其中，石油苯约占82.4%，生产企业20多家；焦化苯占17.6%，生产企业有40多家。国内最大的纯苯生产企业是中石化扬子石化分公司，生产能力为35万吨/年。2003年产量35.3万吨。焦化粗苯加工规模最大的是宝钢焦化厂，年加工粗苯11万吨。其余大多为1万~3万吨/年规模，甚至有3 000~5 000吨/年的小规模装置。

4. 甲苯

1999年以前，随着炼油工业和石油化工的发展，国内甲苯生产发展很快：1992年甲苯的生产能力为41.47万吨/年，到1999年增长到约75万吨/年。但1999年以后产能变化不大，没有新增装置，只有个别装置的小规模扩能改造，还有个别生产厂家退出甲苯生产领域，像巴陵石化公司、独山子石油化工厂等。甲苯生产厂家主要集中在中石化、中石油和冶金系统，现有生产企业60余家，2003年生产能力为87万吨/年，产量79%万吨，开工率为90.8%。其中，石油甲苯占我国甲苯总产量的95.1%（重整甲苯约占总产量的72%，裂解汽油甲苯占23%），焦化甲苯占总产量的4.9%。

5. 二甲苯

我国的对二甲苯工业近年经历了两次飞跃：2000年，中石化洛阳公司与中石化天津公司各20万吨/年大聚酯工程投产，配套对二甲苯能力40万吨/年；2003年4月，中石化镇海炼化45万吨/年对二甲苯装置建成，两套装置净增生产能力85万吨/年。至此，我国对二甲苯总生产能力达到了217.6万吨/年。我国对二甲苯的生产比较集中，共有8家生产企业，其中扬子石化是我国最大的对二甲苯生产企业，拥有55万吨/年的生产能力，占全国总生产能力的23.5%。由于对二甲苯装置与炼油厂之间有着紧密的联系，因此，我国对二甲苯生产装置基本集中在中石油和中石化两大集团。

国内邻二甲苯生产厂家有9家，2003年生产能力达到31.87万吨/年，同年产量45.9万吨。扬子石化15万吨/年的生产能力为国内最大，其次是中石油的吉林化工9万吨/年，其他企业的生产能力较小，基本在3万~9万吨/年之间。

表1　2003年国内基本有机化工原料生产情况

产品名称	生产能力（万吨/年）	产量（万吨）	开工率（%）	产量占世界份额（%）
乙　烯	567	611.77	107.9	6.78
丙　烯	640	593.2	92.7	10.0
丁二烯	90	85.8	95.3	10.6
纯　苯	300	240.8	80.3	6.78
甲　苯	87.0	79.0	90.8	4.93
邻二甲苯	31.9	45.9	143.9	16.4
对二甲苯	217.6	163.2	75.0	7.85
甲　醇	480.8	298.9	62.2	9.6

6. 甲醇

2003年我国甲醇生产能力已达480万吨/年，生产装置近200套，产量为298.9万吨。单套最大规模是上海焦化有限公司以煤为原料的20万吨/年装置。该公司也是目前我国最大的甲醇生产企业，另有一套15万吨/年装置，总生产规模达到35万吨/年。10万~20万吨/年规模的有14套，5万~10万吨/年（不含10万吨/年）的有17套。近年来，我国甲醇产量有较大的增长，2003年生产298.9万吨，1998~2003年间，甲醇产量的年均增长率为14.9%。虽然国内甲醇产量增长很快，但开工率一直较低，尤其是在1998~2002年间，开工率一直在40%~55%之间。2003年由于甲醇需求旺盛，开工率上升至近年来的高峰，达到62%。国内甲醇装置开工率低的主要原因是中国联醇装置能力约占总能力的50%，多数联醇装置规模小，产品成本高，缺乏竞争力，造成开工严重不足。

现将2003年石油化工基本有机原料的生产情况汇总列于表1。

二、当量消费自给率低，供求矛盾仍很突出

尽管我国近些年基本有机化工原料的产能和产量增速较快，但仍不能满足快速增长的下游消费需求。我国化工产品市场已成为世界化工业界瞩目的焦点。近两年，国内强劲的需求增长势头，再次显示出我国对化工产品巨大的需求潜能。

1. 乙烯

国内近年乙烯装置开工率较高，2003年乙烯产量达到了611.77万吨，较2000年的470万吨净增141.77万吨，而2003年国内乙烯的当量消费约1 600万吨，产品的自给率却由2000年的44.2%下降为38.2%，对进口的依存度逐年增长。其中，乙烯主要下游衍生产品聚乙烯、聚氯乙烯、乙二醇和聚苯乙烯2003年进口量分别高达468.9万吨、175.9万吨、251.6万吨和162.7万吨，折乙烯当量消费845.2万吨，加上其他下游衍生品的净进口2003年乙烯净进口下衍产品共折合乙烯当量消费达到1 000万吨左右。

2. 丙烯

2003年国内丙烯产量593.2万吨，比2000年净增166.8万吨，表观消费615.8万吨，自给率为96.3%。丙烯进口量虽然很小，但丙烯的下游产品进口量却很大，使得丙烯当量消费要远远高于表观消费。其中，主要下衍产品聚丙烯、丙烯腈和环氧丙烷2003年进口量分别为271.9万吨、38.2万吨和9.8万吨，折丙烯当量消费345万吨，加上其他下衍产品的当量消费，2003年丙烯下游衍生物净进口折合丙烯消费量约521万吨，使得2003年我国丙烯的当量消费高达1 130万吨左右，丙烯的当量消费自给率也只有54.5%左右。

3. 丁二烯

2003年我国丁二烯表观消费98.24万吨，主要用于生产各种合成树脂和合成橡胶如丁苯橡胶、顺丁橡胶以及ABS、MBS等。同年，丁二烯当量消费约150万吨，ABS成为丁二烯下游产品中自给率最低的产品，近几年情况虽有所改观，但2003年自给率也只有34%，净进口量177万吨，折丁二烯当量消费35.8万吨。自给率最高的是PVC，但2003年净进口也高达225万吨，自给率也只有64%。

4. 苯

2003年，我国纯苯进口量只有1万吨，出口量为10.9万吨，表观消费量231万吨，但纯苯的下游产品进口量很大，使得纯苯当量消费达到737万吨左右，产量只占当量消费量的31%左右。其中，苯乙烯和聚苯乙烯分别进口265万吨和150万吨，折纯苯当量消费349万吨。

5. 甲苯

2003年，国内甲苯产量79万吨，进口量98万吨，出口量0.2万吨，表观消费量176.8万吨，自给率只有44.7%。溶剂一直是我国甲苯的主要消费领域，主要用于胶黏剂、涂料、油墨、油漆等领域，约占总消费量的50%左右。在化工生产方面，主要用于生产苯甲酸、TDI、硝基甲苯、间甲酚、磺酰胺、苯甲醛、混合二硝基甲苯、邻甲苯等。这些中间体是合成纤维、药物、染料、农药、炸药等的原料。

6. 二甲苯

我国对二甲苯主要用于生产PTA和DMT，2003年表观消费256.2万吨，其中进口102万吨，同时2003年还净进口PTA454.6万吨，折对二甲苯当量消费318万吨，加上DMT等进口产品的当量消费，2003年对二甲苯的当量消费约580万吨，当量消费自给率只有27%，在7种基础有机化工产品中自给率最低。

2003年国内邻二甲苯产量45.88万吨，进口24.3万吨，表观消费70.18万吨。国内邻二甲苯的消费量增长较快，1995~2003年期间，表观消费量从9.2万吨增长到72.9万吨，年均消费增长率高达29.5%。消费增长主要来自苯酐产能的增加。到2003年，国内苯酐生产厂家有40多家，生产能力近90万吨/年，产量为63.8万吨，消耗邻二甲苯约60万吨，占邻二甲苯总消费量的84%。其余主要用于生产染料、杀虫剂、医药及润滑油添加剂等方面。

7. 甲醇

近年，我国甲醇需求增长迅速，消费量由1998年的215.1万吨增长到2003年的433.95万吨，1998~2003年年均增长速度为15%。我国甲醇生产能力虽已不算低，但由于规模小、竞争力差，每年都要有大量进口，2003年进口达140万吨。甲醇衍生物的消费量约占甲醇总消费量的65.5%。在甲醇消费结构中，甲醛是第一消费大户，MTBE占第二位，乙酸又次之。在甲醇的直接用途中，甲醇作为燃料使用在一些省份发展较快，多用于汽油掺烧和民用燃料方面。

2003年国内基本有机原料的供求平衡情况汇总如表2。

表2　2003年国内基本有机化工原料供求平衡情况

产品名称	产量（万吨）	出口量（万吨）	进口量（万吨）	表观消费（万吨）	产量/表观消费（%）	当量消费（万吨）	产量/当量消费（%）
乙　烯	611.77	4.66	3.21	613.23	99.8	1 600	38.2
丙　烯	593.23	22.64	0	615.87	96.3	1 130	52.5
丁二烯	85.82	13.59	1.18	98.24	87.4	150	57.2
苯	240.83	0.99	10.93	230.89	104.3	400	60.2
甲　苯	79	98	0.2	176.8	44.7	195	40.5
邻二甲苯	45.88	24.3	0	70.18	65.4	72	63.7
对二甲苯	157.08	101.86	8.9	250.04	62.8	580	27.1
甲　醇	298.87	140.16	5.08	433.96	68.9	480	62.3

三、宏观经济形势好，市场前景光明

石化工业是国民经济基础产业之一，与国民经济各领域及人民生活息息相关，具有举足轻重的地位和作用。在“十一五”和“十二五”期间，我国基本有机化工原料受快速增长的国民经济拉动，仍将保持快速增长的态势。其中，增速最快的当属对二甲苯，但甲苯由于受环保要求方面的限制，在溶剂方面的消费将逐渐减少，从而导致甲苯的消费增幅比较小。

1. 乙烯

在乙烯的下游衍生品中，聚乙烯具有优良的加工性能和使用性能，应用领域非常广泛，今后聚乙烯生产和消费的持续增长，将使其在乙烯消费结构中所占比例继续有所上升。预计2015年以前，我国聚乙烯消费的年均增长率约6.35%，2015年的消费需求将达到1 800万吨，折乙烯当量消费1 764万吨，在乙烯消费构成中所占的比例由2003年的57.3%上升至58.8%。聚氯乙烯、苯乙烯和乙二醇发展速度相对较慢，使其在乙烯消费结构中所占比例有所下降。预计2015年我国的乙烯当量消费将达到3 200万吨，2003～2015年年均增长率约5.87%。

2. 丙烯

聚丙烯一直是丙烯最大的衍生物，在2003年丙烯消费构成中，聚丙烯占60%。今后一段时间，随着我国几套大型乙烯联合装置的投产和两大公司乙烯装置的新一轮扩能改造的完成，我国聚丙烯的生产能力将有较大幅度的增加，预计2012年有望达到700万吨/年，聚丙烯占丙烯总需求量的比例今后还将进一步提高。另外，为满足腈纶装置及ABS装置需求，国内还将继续扩大丙烯腈的生产能力，丙烯在丙烯腈生产中的消耗量仍将在丙烯消费结构中保持较高比例。此外，随着聚醚、苯酚丙酮需求的不断增长，环氧丙烷及苯酚丙酮的需求量增长速度略快于其他丙烯衍生物，其消耗的丙烯占总需求量的比例将持续提高。预计2007年我国丙烯的表观消费约830万吨，2015年将增加到1 200万吨。

3. 苯

在未来几年内，我国纯苯将保持较高的增长速度，预计年均增长率将保持在10%左右。苯乙烯将是增长最快的下游产品。近年国内将有多套新建和扩建的苯乙烯装置投产，新建项目主要有扬巴的30万吨/年装置、南海壳牌的56万吨/年装置等。还有一批改扩建项目也将陆续投产。这使得我国纯苯的生产规模将有较大幅度的增长。预计到2010年以前，国内苯乙烯产能将增加250万吨/年以上，总生产能力达360万吨/年，届时纯苯的消费量将大幅上升。预计2007年和2015年我国纯苯在苯乙烯方面的消耗将分别达到135万吨和280万吨左右。加上其他方面的消费，预计2007年国内苯实际需求量可达到300万吨左右，2015年可达到480万吨左右，年均增长率约为7.6%和6.1%。

4. 甲苯

溶剂一直是我国甲苯的消费大户。溶剂甲苯消费量约占甲苯总消费量的50%。今后一段时间溶剂仍将是甲苯的主要消费领域。但随着环保力度的进一步加强，甲苯在溶剂方面的消费量会逐渐下降。不过由于今后一段时间我国涂料、黏合剂等还会保持较高速度的增长，因此从绝对量来讲，甲苯在溶剂方面的消费虽会有一定的减少，但减少幅度不会太大，预计2007年的消费量约70万吨，年均降幅约2.7%；2007年以后降幅会逐渐加大，到2015年将继续降至55万吨左右，年均降幅约4.9%。二异氰酸甲苯酯（TDI）将是甲苯消费增长较快的下游产品。另外，苯甲酸（钠）、氯化苄、硝基甲苯、间甲酚等对甲苯的需求也将略有增长。预计2003～2015年国内甲苯消费年均增长速度将不高于2%。

5. 二甲苯

对二甲苯的消费增长主要是由于目前国内纯对苯二酸（PTA）供应缺口较大，国内主要的PTA生产企业纷纷进行扩能改造。同时，随着国家放开对PTA装置建设的一些限制，一批外资和民营资本进入PTA产业，使得PTA生产能力迅速增长所致。预计2007年以前，我国将新增PTA产能约516万吨/年，总生产能力有望达到900万吨/年，2010

年将进一步增至1 100万吨/年，PTA 装置对对二甲苯的年需求量将达到700 万吨以上。随着一批新建、扩建 PTA 装置的投产，我国对二甲苯的缺口将进一步加大，预计到 2010 年将达 320 万吨左右。近几年国内苯酐需求增速较快，除一些新建装置以外，一些已有的苯酐生产企业，为了维持其竞争能力，也开始了一轮扩能改造。2007 年前，我国苯酐生产能力的进一步扩大，将会刺激邻二甲苯需求量的增长，国内邻二甲苯在染料、农药、医药及润滑油添加剂方面消费量增长较快，但相对数量不大，预测 2007 年和 2015 年邻二甲苯在染料、农药、医药及润滑油添加剂等方面消费量分别约为 14 万吨和 20 万吨，分别占邻二甲苯总消费量的不到 20%。

6. 甲醇

甲醇下游衍生物甲醛、乙酸的需求增长是甲醇需求增长的主要驱动力，尤其是甲醇汽油燃料对甲醇的需求潜力巨大，今后一段时间将成为甲醇消费增速最快的消费领域。另外，值得一提的是甲醇制烯烃工艺技术（MTO 和 MTP）的发展很快，Eurochem 在尼日利亚采用 UOP/Hydro 的 MTO 工艺建设的 40 万吨/年乙烯和 40 万吨/年丙烯装置正在进行设计工作，原计划在 2007 年投入运行。这套工业化装置一旦试验成功，对乙烯、丙烯和甲醇产业的影响将是巨大的。目前，我国已规划有多套 MTO 和 MTP 生产装置。

表 3 汇总了我国基本有机化工原料 2007 年和 2015 年的消费需求预测（不包括我国规划建设的 MTO 和 MTP 生产装置所带来的丙烯及甲醇的消费增长）。

表 3　我国基本有机化工原料消费需求预测

产品名称	表观消费量（万吨）			2003～2015 年年均增长率/%
	2003 年（实际）	2007 年	2015 年	
乙　烯	1 600	2 000	3 200	5. 87
丙　烯	615. 87	830	1 200	5. 72
丁二烯	98. 24	140	230	7. 35
苯	230. 04	300	480	6. 29
甲　苯	176. 8	185	218	1. 76
邻二甲苯	70. 18	84	120	4. 57
对二甲苯	250. 04	426	830	10. 52
甲　醇	433. 96	650	1200	8. 85

四、国家产业政策鼓励发展

石化产业是国民经济最基础的产业部门之一，与国民经济各部门关系密切。石化工业的持续高速发展，能有效地推动农业、机械、建筑、轻纺等相关产业的发展，从而促使整个国民经济高速发展。基本有机化工产业作为整个石化工业的龙头，起着至关重要的作用。因此，基础化工产业已成为国家产业政策重点支持的行业，在国家计委、原国家经贸委联合发布的，于 2000 年 9 月 1 日起执行的《当前国家重点鼓励发展的产业、产品和技术目录》和国家最新颁布的《外商投资产业指导目录》（2002 年 4 月 1 日起施行）中，均将基本有机化工产业产品作为鼓励发展类产品。国家产业政策的鼓励，为我国基本有机化工产业的发展提供了良好的宏观政策环境，可极大地推动基本有机化工产业的发展。

五、市场拉动投资，投资呈现多元化趋势

随着国家投融资体制的不断改革，国内基本有机化工原料产业已经由过去的以国有企业投资为主，转变为国有企业、港台、外商投资并举的局面，投资主体呈现多样化的趋势。国有企业以技术改造为重点继续加大投入，港台和国外跨国公司则通过合资或独资的方式进入。

目前由国有企业投资的大型乙烯装置已经和正在进行第二轮改造，中小型乙烯装置正在进行以节能为主的脱瓶颈挖潜改造。另有 4 套国内外联合投资的大型乙烯联合生产装置正在建设中。上海赛可 90 万吨/年装置由英国石油公司（BP）、中国石化和上海石化合资建设；南海—壳牌 80 万吨/年装置由英荷皇家壳牌公司与中国海洋石油天然气子公司合资建设；扬巴 60 万吨/年乙烯联合装置由中国石化与德国巴斯夫公司共同投资建设；福建炼化与美国埃克森美孚公司和沙特阿拉伯美国石油公司（Aramco）则联合在福建泉港投资建设 80 万吨/年乙烯联合装置。上述乙烯联合装置大都包括丁二烯抽提和芳烃装置，生产从乙烯、丙烯、丁二烯到苯、甲苯和二甲苯一系列产品。另外，台湾翔鹭集团正在厦门筹建 120 万吨/年的对二甲苯生产装置。该装置的原料全馏分石脑油和减压馏分油拟采用进口方式解决。海南中海石油化学有限公司与香港建滔化工集团合资建设的国内最大规模年产 60 万吨天然气甲醇项目已开工建设；香港中国能源环保集团有限公司拟在内蒙古鄂尔多斯市达拉特旗投资建设煤制甲醇项目。

投资主体的多元化，不但可以加快我国基本有机化工原料产业的发展速度，还可极大地提高整个行业的产业发

展水平。同时，也可降低企业的投资压力。

（资料来源：石油和化学工业规划院，解玉梅）

我国废橡胶资源利用的现状和发展趋势

废橡胶属于热固性聚合物材料，在自然条件下很难降解，若弃于地表或埋于地下十几年都不会腐烂变质。废橡胶的堆积占用土地，污染环境。整条废轮胎堆积在一起还会滋生蚊虫，不但损害居民健康，而且易引起火灾。因此，尽管废橡胶在固体废弃物总量中所占比例较小，却是固体废物处理的主要问题之一。废橡胶的回收利用成本较高，技术难度大，过去人们将其看作废物，只考虑如何处理干净。进入20世纪70年代以后，随着科技的发展，人们发现回收利用废橡胶可以节约生产合成橡胶所消耗的大量原油，开始千方百计对其进行回收利用，或者作为橡胶和塑料的填充材料，或者单用胶粉生产橡胶制品，开辟了废橡胶资源化利用的新时代。在能源相对紧缺的今天，回收利用废橡胶具有重大的意义。

1　废橡胶回收利用的分类

废橡胶利用是将废弃的轮胎、管、带、工业橡胶制品、胶鞋以及橡胶厂废料等经过回收、加工进行利用。废橡胶的回收利用大体有整体利用、再生利用和热利用三种方式。整体利用是对废轮胎进行整体的利用，如进行复原性的加工使之恢复原有用途的翻新轮胎、鱼礁、水土保持材、护舷、施工用泥桶、体育游戏器材、道路垫、轨道缓冲材、牧场栅栏等。再生利用是将废轮胎制成再生胶或胶粉。热利用分高温分解和直接燃烧两类：高温分解是将废轮胎在催化剂作用下经热裂解得到混合油、热解气及炭黑等多种干馏分解物；直接燃烧是将废轮胎作为燃料直接加以利用。

2　我国废橡胶资源化利用的现状

我国是一个橡胶消费大国。2001年共消耗生胶279万吨，仅次于美国（281.2万吨），居世界第二位。据国际橡胶研究组织统计，2002年我国生胶消费量（306万吨）首次超过美国（285.4万吨），成为世界橡胶消费第一大国，美国位居第二，日本（182.7万吨）第三。这就是说，我国在成为世界上最大的橡胶制品生产国及消费国的同时，也将成为世界上最大的废橡胶产生国。据估算，目前我国每年产生的废橡胶复合材料将近500万吨。如此大量的废橡胶材料若不及早处理，既污染环境又浪费资源。

我国是一个生胶资源相对短缺的国家，几乎每年生胶消耗量的45%左右需要进口，寻找橡胶原料来源及其代用材料是十分迫切的任务。因此，处理好废橡胶，对充分利用再生资源、摆脱自然资源匮乏、减少环境污染、改善人们的生存环境具有重要意义。我国废橡胶的利用率约为50%，低于工业发达国家水平。目前废橡胶的回收利用项目已列入《中国21世纪议程》方案中。我国加入世贸组织后，国内橡胶工业的发展将进一步加快，与此同时，废橡胶利用产业也将迎来新的发展机遇。

2.1　轮胎翻新

轮胎翻新具有较好的经济效益，旧轮胎翻新后其使用寿命一般为新轮胎使用寿命的60%～90%，平均行驶里程为5万～8万千米。当前世界名牌载重轮胎一般都可以翻新两三次，并且翻新轮胎的使用寿命接近于新轮胎，而翻新轮胎所用的原材料一般为新轮胎的15%～30%，可节约大量橡胶、帘布和炭黑等材料，其价格仅为新轮胎的25%～50%，因此，翻新轮胎是废轮胎利用的最有效方式。目前轮胎翻新已经实现工业化，主要集中在载重轮胎和轿车轮胎。轮胎翻新量大约是轮胎报废量的22%。

2.2　再生胶

20世纪80年代末以来，工业发达国家大多已从再生胶的生产转入胶粉活化改性或精细胶粉的直接利用；我国目前再生胶占95%，活化胶粉和精细胶粉只占5%，远滞后于发达国家。我国现有再生胶生产企业近500家，产量约为30万吨/年以上，居世界首位。尽管我国再生胶生产较好地解决了废水污染问题，但仍存在利润低、劳动强度大、生产流程长、能源消耗大、环境污染严重等缺点。目前，国内正在积极研究新的废橡胶脱硫技术，随着新技术的开发，有可能向橡胶工业提供物美价廉的再生胶，这将是再生胶工业发展的转折点。已经开发成功的微波脱硫技术就是一项突破性的再生技术，该方法是干态脱硫，没有污染，产品质量好。在橡胶制品中掺用再生胶有利于合成橡胶的加工。

2.3　胶粉

我国胶粉生产始于20世纪80年代后期，90年代初进入活跃期。我国现有胶粉生产厂40多家，产量约为5万吨/年。由于我国废橡胶是有偿使用的，且废橡胶冷冻粉碎工艺的制冷剂液氮价格十分昂贵，国内使用液氮低温冷冻粉碎技术十分困难，因此，“八五”规划列出“低温冷冻法生产微细胶粉及其应用研究”攻关项目。该项目由原青岛化工学院、山东高密再生胶厂和航空航天部第609研究所联合承担，已取得圆满成功，开发出的空气涡轮制冷法实现了废橡胶的低温粉碎。空气涡轮制冷法的技术核心是将飞机制造业中的涡轮膨胀技术应用到低温粉碎技术中，与国外的液氮法相比，具有细粉率高、成本低等优点。此后，中国科学院低温工程中心和北京航空航天大学也开展了这方面的研究。

这期间，一些生胶生产厂家利用粉碎后的粗胶粉（40目）经活化处理生产数量不多的活化胶粉，同时国内一些省市地区先后从美、意、法、德等国家引进10多条胶粉生产线及单机设备，我国的胶粉生产开始起步，但这些生产线多采用常温法生产，几乎都只能生产粗胶粉和细胶粉（60目）。为此，国内一些机械设备制造厂也开始研制常温法制备微细胶粉的设备，目前已有成功报道。例如，青岛绿叶橡胶有限公司开发的LY型液氮制冷系统具有独特的冷交换装置及多种冷能循环利用技术，使液氮的冷能得到充分有效的利用。利用该法生产lkg微细胶粉仅消耗液氮0.32kg，国际上同类液氮冷冻法生产1kg微细胶粉的液氮消耗量一般在0.5kg以上。液氮消耗量的降低使微细胶粉的成本大幅下降。深圳东部橡塑实业有限公司成功开发了常温法工业化生产精细胶粉新技术，该技术以物理手段为主，辅以化学手段，在常温条件下，以简化的工艺流程生产万吨规模的60～120目精细胶粉，产品粒度均匀，且能耗低，成本低，生产过程对环境无污染，达到了废轮胎胶料和骨架材料的全部综合利用。

最近，有资料报道国内正在研究用物理化学方法制备精细胶粉，该项技术的关键在于溶胀剂的配制回收和高能搅拌磨粉工艺。这种方法制备的胶粉比普通工艺制备的胶粉要细得多，且机械强度明显提高。这些有助于提高胶粉质量、降低胶粉成本的新技术应用将促进胶粉的进一步推广应用。

胶粉生产科技含量高，市场潜力大，具有广阔的发展前景。胶粉既可以直接或经过表面活化掺入胶料替代部分生胶制造轮胎和胶鞋等橡胶制品，又能制成橡胶地板或与沥青混合后用于铺路、装修、防震、密封和防水卷材，还可以用来改性塑料、改良土壤；精细胶粉还可用于涂料、油漆和黏合剂改性。同时，我们还可以大力开发胶粉在其他方面的应用，如与树脂并用来增韧改性树脂等。目前我国在这方面的研究还不是很多，有待加强。

2.4　热分解

热分解是在高温条件下打开废橡胶中的大分子链，使其分解所得的有机物得以分解、汽化，生成混合油、裂解气以及炭黑等一系列的裂解产物。热分解技术在很多国家都已经开发成功。我国山东、广东等省已有小型土法裂解废轮胎的生产，但是真正具有完善的技术设备、可靠的工艺流程、可观的经济效益的生产方法并未见报道。这主要是由于热解废轮胎一般要经过粉碎、热分解、油品回收、尾气处理、二次污染的防治等工序，成本较高。另外，目前回收的炭黑质量与原炭黑不同，只能用于一般橡胶制品，且价格很低。

各地清华大学粉体工程研究室针对上述问题进行了试验研究，提出对小型土法裂解工艺实施技术改造的具体方案。通过采用加载保护气、添加催化剂等方法，有效地降低了裂解温度，提高了油品回收率。为提高整套生产工艺的技术水平和相关产品的附加值，又对裂解炭黑进行了超细粉碎、分级和表面改性等深加工。橡胶厂的试用结果表明，超细改性的炭黑填料性能完全能够达到半强炭黑的指标，满足作为橡胶填料的各项要求，且具有比其他无机填料更优异的性能，这为裂解炭黑的高附加值利用带来了光明的前景。对裂解工艺的改进能够提高炭渣的活性，又为向制备活性炭方面发展找到一条新的出路。

台湾荣积工业股份有限公司现有一套年处理废轮胎3 000吨的裂解装置，整条轮胎先破碎为块状，然后进入裂解炉，最后获得重油、煤气、钢丝、炭黑和活性炭。目前该公司生产的炭黑已经在大陆销售。利用热解技术处理废轮胎可以把轮胎的成分全部回收，是废轮胎理想的利用方式，但是现有的裂解技术都要求对废轮胎进行粉碎等预处理，对生成的炭黑进行粉碎和分离等处理，生产成本较高，故有人提出采用流化床热解炉热解废轮胎的工艺。据悉，德国汉堡研究院已经研制出实验性流化床反应器，其流化床内部尺寸为900mm×900mm，整条轮胎不经破碎即能进行加工，可节省大量破碎费用。整条轮胎通过气锁进入反应器达到流化床后慢慢沉入流化介质内，几分钟内轮胎在流化介质的作用下分解完全，钢丝残留在流化床内，热解物被流化气体带出流化床，经分离得到油品、裂解气和炭黑。整个过程能量可以自给，且省却了预处理和后处理工艺，是废轮胎回收利用的极佳方式。这应是国内废橡胶热裂解研究发展的一个方向。其他的橡胶回收利用方式；如鱼礁、燃烧热利用等在我国鲜见报道。

从资源再生和环境保护出发，世界各国越来越重视废橡胶的资源化综合利用。但随着高分子材料科学的发展，橡胶制品的材料构成日趋复杂。如何处理和利用这些复杂的制品将是今后人们面临的一项重大课题。废橡胶的资源化利用有多种方式，究竟采取哪一种方式较好，不能一概而论，要根据具体的实际情况制定与之相适应的回收利用方案。

3　结语

回收利用废橡胶具有很高的经济效益和环保效益，应用前景广阔，潜力很大。我国目前在废橡胶资源化利用的研究方面手段落后，方法单一，与国外先进水平存在着很大的差距。我们应该借鉴国外的先进技术和经验，建立废轮胎资源化利用社会体系。这就需要在全国建立一个废轮胎回收、加工、利用的循环网络。在技术方面，应该努力改进再生胶和热解技术，降低再生胶和裂解产物的成本，积极开展再生胶和裂解产物的深加工，并努力拓展这些产品的应用领域，使再生胶和废轮胎的热解技术得到广泛的推广应用。

我国是一个生胶资源相对短缺的国家，应加强废橡胶的应用研究，大力提高胶粉质量，保持其在橡胶制品中的用量，通过利用胶粉和再生胶来解决橡胶原料及代用材料短缺问题。

（转摘自“亚洲橡胶网”）

2004年涂料行业经济运行质量分析

随着国民经济的迅速发展，我国涂料工业的经济形势已发生了很大的变化。国有企业通过改制、民营企业通过建立现代企业管理制度、国外企业纷纷进入等因素使我国涂料工业所有制结构发生了根本性的变化。同时，企业在经营模式、市场开发、技术进步、产业结构调整等方面取得了明显的进步和发展。市场形态的变化、原材料能源的大幅度涨价等因素，对涂料行业的冲击是多方面的。也使中国涂料行业的经济运行发生了很大的变化。在复杂多变因素的影响下，分析行业经济运行是十分必要的。下面就依据行业2004年统计资料，做经济运行质量分析。

1 产量分析

从国内部分企业统计资料看：2004年涂料总产量达到298.15万吨，较2003年254.52万吨，增加43.63万吨，增长率达到17.14%，增加的规模和比率均高于上一年度，同时也高于国内其他行业的平均发展速度，形势发展令人鼓舞。其中：2004年油漆产量达到184.78万吨，较2003年164.69万吨增加20.09万吨，增长率为12.20%，低于行业增长率4.94个百分点；油漆产量占行业产量比重为61.98%，较上年64.71%下降2.73个百分点；2004年建筑涂料产量达到113.37万吨，较上年89.83万吨增加23.54万吨，增长率为26.21%，高于行业增长率9.07个百分点，占全行业比重从上年35.29%上升到38.02%。受全国城市化建设和住房建设的影响，建筑涂料需求、增长速度已明显高于传统油漆产品，预计建筑涂料与油漆平分涂料市场天下的局面已经为期不远了。从国内地区分析，市场传统格局已经发生明显变化，总的形势是东部地区发展高于西部地区；东部地区的中南沿海经济发达地区高于北部包括京津地区。行业中油漆产量前三位的省（市）分别为：第一位广东省，34.90万吨，占油漆总量18.89%，占行业比例11.71%；第二位上海市，28.45万吨，占油漆总量15.40%，占行业比例9.54%；第三位江苏省，27.48万吨，占油漆总量14.87%，占行业比例9.22%；三省市油漆产量合计达90.83万吨，占油漆总量比例达49.16%，占行业比重为30.46%。建筑涂料产量前三位同样是广东省、上海市、江苏省，产量依次为32.43万吨、25.91万吨、14.23万吨，占建筑涂料总量比例分别是28.61%、22.85%、12.55%；占行业比例分别是10.88%、8.69%、4.77%；三省市合计产量达72.57万吨，占建筑涂料总量比例64.01%，占行业比例24.34%；三省市油漆、建筑涂料产量合计达到163.40万吨，占国内行业产量比重已达到54.80%（见表1）。

表1 广东省、上海市、江苏省油漆、涂料产量分布表

产品名称	排 位	地 区	产量（万吨）		同比（±%）	占行业比重（%）	
			本年累计	去年累计		本年累计	去年累计
油漆	第一位	广东	34.90	31.64	10.30	18.89	19.21
油漆	第二位	上海	28.45	24.67	15.30	15.40	14.98
油漆	第三位	江苏	27.48	21.91	25.40	14.87	13.31
合计			90.83	78.23	16.11	49.16	47.50
行业合计			113.37	89.83	26.20	100.00	100.00
建筑涂料	第一位	广东	32.43	24.93	30.10	28.61	27.75
建筑涂料	第二位	上海	25.91	20.40	27.00	22.85	22.71
建筑涂料	第三位	江苏	14.23	14.22	0.10	12.55	15.82
合计			72.57	59.54	21.88	64.01	66.28
行业合计			113.37	89.83	26.20	100.00	100.00
涂料行业	第一位	广东	67.33	56.57	19.02	22.58	22.23
涂料行业	第二位	上海	54.36	45.08	20.60	18.23	17.71
涂料行业	第三位	江苏	41.71	36.13	15.45	13.99	14.20
合计			163.40	137.77	18.60	54.80	54.13
行业合计			298.15	254.52	17.14	100.00	100.00

按企业分析，油漆和建筑涂料生产厂家中销售收入在前100位行业中共计200户，产量合计243.59万吨，其中油漆前100位产量137.37万吨，在油漆总量中比例为74.34%，占全行业中比例为46.08%；建筑涂料前100位产量106.06万吨，占建筑涂料产量比例93.57%，占行业总产量比例为35.63%；就单个企业讲，建筑涂料前三位厂家产量规模、在本行业的集中度、地位均优于油漆的前三位厂家，其地位、作用将更加重要。建筑涂料前三位厂家产量23.48万吨，占本行业比例20.71%，占全行业比例7.88%；油漆前三位厂家产量16.29万吨，占本行业比例

为8.82%，占全行业比例5.47%。涂料行业产量的高速发展，充分体现了百业兴、涂料兴，涂料行业必须依附其他行业发展而发展的产品特性。那种认为涂料市场萎缩的论点显然是不正确的。涂料行业产量的快速发展前提是企业实力的体现，而实力主要体现在具有雄厚的资本、先进的技术、充足的资金、全新的经营理念、品牌级服务优势等方面。

2 产品经营状况的分析

行业全年实现产品销售收入539.91亿元，比2003年429.48亿元增加110.43亿元，增长率为25.71%；产品销售利润65.04亿元，销售利润率为12.05%，较上年的64.40亿元，销售利润率14.99%，增加0.64亿元，产品销售利润增长率仅为1.01%，明显低于销售收入的增长幅度，产品销售利润率则比上年下降了2.94个百分点，利润率下降说明产品销售成本和营业费用有所增加。产品成本上升原因主要是受原油价格持续上涨，导致石油化工产品价格升高而影响。从行业统计资料看，2004年产品销售成本总额434.87亿元，占销售收入比率为80.55%，上年产品销售成本为334.21亿元，占产品销售收入比率为77.82%，比率上升了2.73个百分点。在两年产品销售成本总额增加100.66亿元中因销售数量增加而增加的成本金额为85.94亿元，因产品单位成本增加而影响成本总额增加的金额达14.72亿元。其次产品营销费用比率上升也是产品销售利润率下降的因素之一。2004年产品销售费用38.56亿元，占产品销售收入7.14%，2003年产品销售费用29.52亿元，占产品销售收入比率6.87%，提高了0.27个百分点，因营业费用率升高减少利润0.3亿元。随着市场经济的发展，企业注重产品推销，加大产品广告宣传力度和投入是非常必要的。企业管理费用和财务费用两项期间费用相比，2004年发生额分别为33.71亿元、3.69亿元，两项合计37.40亿元，占产品销售收入比率分别为6.24%、0.68%；2003年发生额分别为29.24亿元、3.57亿元，合计发生32.81亿元，占销售收入比率为6.81%、0.83%；两项费用比率降低了0.72百分点，其中财务费用绝对额仅上升了0.12亿元，升高率为3.36%，大大低于产品销售收入增长幅度，说明行业经营规模的扩张，没有过多依靠银行贷款，融资利息成本并没有大幅增加，更多的是依靠企业自身的资金和积累。部分企业不仅没有贷款利息，相反却有利息收入。就行业总体而言，经营资金短缺紧张的状态有所缓解。在行业中选择有代表性的销售收入居于企业前60位厂家进行分析，前60户产品销售收入合计达230.65亿元，占行业比例42.72%，与上年179.78亿元比较增加50.87亿元，增长率28.30%；其中产品销售利润率由上年28.71%下降为24.43%，减少了4.28个百分点，降幅高于行业平均数。产品销售收入居前三位厂家为立邦涂料（中国）有限公司、杜邦中国集团有限公司、廊坊立邦涂料有限公司，年产品销售收入分别是：14.60亿元、13.86亿元、9.79亿元，合计达38.25亿元，与上年同期比，增长率分别是21.36%、37.50%、42.50%，三户合计增长率为32.03%；占全行业收入比例是7.08%。较上年合计收入28.0亿元增加了10.25亿元；较上年占行业比例6.52%，提高了0.56个百分点。数据表明，尽管行业前三位外资企业规模、增长率显著，但尚没有达到对国内涂料市场进行垄断的程度。

3 资产状况分析

3.1 资产负债率

行业总资产金额474.35亿元，总负债金额250.18亿元，资产负债率为52.74%；上年总资产414.26亿元，总负债213.31亿元，资产负债率51.49%；两年比较资产总额增加60.09亿元，负债总额增加36.87亿元，资产负债率上升了1.25个百分点。企业自有资金比率将近50%，说明对外负债并不高，相对偿债能力比较充足，是很理想的。仍以行业产品销售收入总额前三位为例，2004年总资产年末余额35.46亿元，平均占用额为34.82亿元，总负债18.21亿元，资产负债率51.35%；上年资产负债率为51.38%，两年基本持平，2004年稍优于行业平均数。

3.2 应收账款周转率

2004年初应收账款净余额96.4亿元，年末为112.89亿元，平均余额104.645亿元，当年实现产品销售收入539.91亿元，应收账款周转率为5.16次/年，周转天数为69.8天。周转速度、资产运用效果基本尚可。

3.3 产成品周转率

行业统计资料没有提供存货平均余额，仅以产成品周转率作比较。2004年行业产成品资金占用平均余额为36.70亿元，当年产成品销售成本总额434.87亿元，产成品周转率为11.85次/年，周转天数为30.4天。

3.4 流动资产周转率

年度流动资产平均占用额295.83亿元，流动资产周转率为1.825次/年，其周转天数为197.3天，这一速率比较缓慢，可能与存货、应收账款占用金额过高有关。

3.5 总资产周转率

年初总资产414.26亿元，年末总资产余额474.35亿元，平均总资产余额为444.31亿元。总资产周转率为1.215次/年，该周转率略微缓慢了一些。

3.6 已获利息倍数

2004年行业实现利润总额（税前）32.08亿元，支付利息2.66亿元，获得利息倍数为13.06倍；2003年实现利润总额（税前）34.65亿元，支付利息2.75亿元，获得利息倍数为13.6倍。影响这项指标结果的因素是行业统计资料中利息支出是否包括企业为长期负债而支付的利息，如果已经包括或虽没有包括但长期负债不高，为其支付的利息并不多，则如此高的利息倍数应是十分理想的（一般企业能达到3～5倍即为良好），说明行业总体偿还债务的能力是十分充足的，具备扩大融资、促进发展的巨大潜力。以上有关资产周转速率的分析结果，总的情况还是比较理想的。其中利息倍数较理想，使行业有充足的能力偿付贷款利息。行业的平均值不代表先进值，流动资产占用额大且周转缓慢、管理不利是行业中老国有企业的通病。不少企业与行业先进企业比较差距很大，这就有必要逐项分析，搞清原因，切实在资金、资产管理方面举实招、下硬招，减少资金占用，加速资金周转，提高资金利用率。

4 盈利能力的分析

4.1 销售毛利率

产品销售收入539.91亿元，减除产品销售成本434.87亿元，其差额105.04亿元为毛利，2004年行业销售毛利率19.46%；而上年为22.18%，毛利率下降了2.72个百分点，获利水平有所下降。

4.2 销售净利率

行业统计资料中没有净利润额，仅参考全部实现利润总额，统一按33%企业所得税率计算所得税金额，推算净利润。结果两年净利润分别为21.49亿元、23.22亿元，销售净利率分别为3.98%和5.34%，相比较降低了1.36个百分点，获利水平下降了1/4，形势发展不容乐观。

4.3 资产净利率

2004年总资产平均占用额为444.31亿元，与净利润21.49亿元相较，资产净利率是4.84%。

4.4 净资产收益率

2004年初净资产余额200.95亿元，年末余额为224.17亿元，年度平均余额212.56亿元。年度实现净利润21.49亿元，净资产收益率为10.11%。

4.5 人均销售收入和实现利润

行业从业人员2004年与2003年分别是122 839人和120 401人。年人均销售收入分别为439 530元和280 341元，两年比较增加159 189元，增长率为56.78%；年人均实现利润分别是26 115元和25 400元，相比较下降了715元，降低率为2.81%。2004年行业盈利能力较2003年虽然有所下降，但总体看获利能力并不低，销售毛利率超过20%，净资产收益率达到10%以上，在其他行业中并不多见。但从市场预测分析，涂料产品生产成本仍然会呈上升的趋势。在计划经济时期，油漆行业是耗用一类的物资，生产出三类的物资；在市场经济的今天，涂料产品同样处于附属被动的地位，耗用的是资源、能源、基础原材料，而产成品不具备主导地位，受市场竞争影响，而销售价格很难提高。企业为保持经营效益必须未雨绸缪，策划应对措施，化解经营风险，保证涂料行业持续、稳步、健康地发展。

（资料来源：天津灯塔涂料有限公司，刘书文）

2004年化肥行业100大企业

排名	企业名称	地区	销售收入（千元）	排名	企业名称	地区	销售收入（千元）
1	辽宁华锦化工（集团）有限责任公司	辽宁	3 504 933	12	山东联盟化工有限公司	山东	1 122 547
2	山东省鲁北企业集团总公司	山东	3 003 512	13	泸天化集团有限责任公司	四川	1 053 905
3	湖北宜化集团有限责任公司	湖北	1 432 834	14	安徽淮化集团有限公司	安徽	1 006 029
4	河南灵化集团有限公司	河南	1 344 168	15	云天化股份有限公司	云南	999 108
5	铜陵市化学工业集团有限公司	安徽	1 260 000	16	江苏新苑集团公司	江苏	993 260
6	贵州西洋肥业有限公司	贵州	1 239 266	17	山西丰喜肥业（集团）股份有限公司	山西	968 448
7	江苏华昌集团有限公司	江苏	1 162 402	18	聊城市鲁西化肥厂	山东	920 571
8	川化集团有限责任公司	四川	1 152 824	19	山东红日集团有限责任公司	山东	890 994
9	中国—阿拉伯化肥有限公司	河北	1 138 235	20	云南三环化工有限公司	云南	881 255
10	山西省天脊煤化工集团有限公司	山西	1 131 964	21	河南省中原大化集团有限责任公司	河南	860 739
11	中国石油宁夏石化分公司	宁夏	128 770	22	湖北洋丰集团	湖北	856 358

续表

排　名	企业名称	地　区	销售收入（千元）	排　名	企业名称	地　区	销售收入（千元）
23	山东恒通化工股份有限公司	山东	852 769	45	安阳化学工业集团有限责任公司	河南	579 168
24	河南省骏马化工集团有限公司	河南	850 170	46	江西贵溪化肥有限责任公司	江西	572 011
25	福建石化集团三明化工有限责任公司	福建	820 360	47	云南沾化有限责任公司	云南	542 391
26	山东华鲁恒升集团有限公司	山东	815 306	48	云南云峰化学工业公司	云南	525 755
27	四川美丰化工股份有限公司	四川	792 265	49	山东聊城鲁西化工集团第二化肥厂	山东	514 339
28	中国核工业建峰化工总厂	重庆	784 261	50	云南解化集团有限公司	云南	501 042
29	兖矿鲁南化肥厂	山东	760 191	51	涪陵化工股份有限公司	重庆	500 448
30	平原县化工实业有限公司	山东	750 918	52	陕西陕化化肥股份有限责任公司	陕西	498 988
31	河北沧州大化集团有限责任公司	河北	742 141	53	山东省陵县绿源化工集团有限公司	山东	494 426
32	山东峄山化工集团有限公司	山东	685 734	54	柳州化工股份有限公司	广西	489 796
33	海南富岛化学工业公司	重庆	678 980	55	湖南金信化工有限责任公司	湖南	486 506
34	云南红磷化工有限责任公司	云南	678 270	56	胶南恒源化工厂	山东	482 263
35	贵州开磷集团息烽重钙厂	贵州	671 457	57	青海盐湖工业集团有限公司	青海	450 260
36	云南三环中化嘉吉化肥有限公司	云南	669 688	58	宁国市中化司尔特化肥有限公司	安徽	43 655
37	山东省瑞星化学工业集团总公司	山东	664 736	59	临泉县化工股份有限公司	安徽	429 094
38	江苏德邦化学工业集团有限公司	江苏	624 599	60	云南磷肥工业有限公司	云南	427 388
39	贵州赤天化集团有限责任公司	贵州	616 584	61	鲁西化工集团总公司阳谷化工厂	山东	419 863
40	四川天华股份有限公司	四川	615 960	62	湖北省黄麦岭磷化工集团公司	湖北	411 758
41	陕西省渭河煤化工集团有限公司	陕西	607 032	63	湖南湘氮实业有限公司	湖南	399 331
42	内蒙古天野化工(集团)有限公司	内蒙古	606 540	64	辽宁西洋特肥股份有限公司	辽宁	386 020
43	山东翔龙实业集团有限公司	山东	605 254	65	山东省肥城市化肥厂	山东	382 367
44	湖北楚星化工股份有限公司	湖北	582 059	66	新疆新化化肥有限责任公司	新疆	381 934

续表

排　名	企业名称	地　区	销售收入（千元）	排　名	企业名称	地　区	销售收入（千元）
67	广西河池化学工业集团公司	广西	373 777	84	浙江华强实业发展有限公司	浙江	309 470
68	甘肃金昌化工(集团)有限责任公司	甘肃	371 943	85	石家庄化肥集团有限责任公司	河北	305 271
69	安徽金禾化工有限责任公司	安徽	370 000	86	安徽昊源化工有限责任公司	安徽	303 721
70	宜兴化肥厂	江苏	368 762	87	河北新化股份有限公司	河北	300 618
71	江苏中东集团有限公司	江苏	350 560	88	安徽省涡阳县化肥厂	安徽	298 625
72	陕西兴化化学股份有限公司	陕西	349 428	89	烟台桃村化肥厂	山东	295 360
73	永安智胜化工联合公司	福建	343 837	90	江西昌九生物化工股份有限公司江氨分公司	江西	292 867
74	天脊集团晋城化工有限公司	山西	343 362	91	临沭县金星实业集团有限责任公司	山东	287 628
75	山西榆社化工股份有限公司	山西	337 352	92	四川银山化工(集团)股份有限公司	四川	283 884
76	明水化肥厂	山东	330 375	93	建德市新化化工有限责任公司	浙江	278 861
77	黑龙江省大龙生态肥股份有限公司	黑龙江	330 000	94	湖北祥云集团化工股份有限公司	湖北	275 079
78	临沂市金大地复合肥有限公司	山东	323 718	95	陕西秦岭化肥总厂	陕西	274 300
79	广西鹿寨化肥有限责任公司	广西	319 949	96	山东禹城润田化工有限公司	山东	267 767
80	甘肃刘化（集团）有限责任公司	甘肃	319 668	97	贵州化肥厂有限责任公司	贵州	266 516
81	福建省邵武化肥厂	福建	318 154	98	郴州化工集团有限公司	湖南	265 291
82	霍州市化学工业有限责任公司	山西	317 063	99	陕西秦岭化肥总厂	陕西	260 951
83	黑龙江省爱农复合肥饲料有限公司	黑龙江	311 215	100	吉林省长山化肥集团有限公司	吉林	259 324

2004 年化学医药行业 100 大企业

排　名	企业名称	地　区	销售收入（千元）	排　名	企业名称	地　区	销售收入（千元）
1	哈药集团有限公司	黑龙江	7 301 920	4	石家庄制药集团有限公司	河北	5 676 841
2	华北制药集团有限责任公司	河北	7 000 000	5	天津金耀集团有限公司	天津	3 418 410
3	江苏扬子江药业集团公司	江苏	6 055 420	6	山东新华医药集团有限责任公司	山东	3 378 000

续表

排　名	企业名称	地　区	销售收入（千元）	排　名	企业名称	地　区	销售收入（千元）
7	西安杨森制药有限公司	陕西	2 756 393	29	无锡健特药业有限公司	江苏	742 370
8	升华集团控股有限公司	浙江	2 320 263	30	江苏江山制药有限公司	江苏	726 687
9	天津太平（集团）有限公司	天津	1 856 481	31	杭州民生药业集团有限公司	浙江	702 975
10	浙江海正集团有限公司	浙江	1 836 988	32	齐鲁制药厂	山东	694 861
11	山东鲁抗医药集团有限公司	山东	1 823 650	33	辉瑞制药有限公司（中国·大连）	辽宁	689 020
12	东北制药总厂	辽宁	1 723 000	34	上海医药（集团）有限公司信谊制药总厂	上海	625 643
13	河北省高营企业集团公司	河北	1 471 330	35	红桃开集团股份有限公司	湖北	609 094
14	杭州华东医药集团有限公司	浙江	1 355 907	36	诺和诺德（天津）生物技术有限公司	天津	603 972
15	上海新亚药业有限公司	上海	1 326 106	37	浙江中贝九洲集团公司	浙江	594 096
16	上海新先锋药业有限公司	上海	1 317 384	38	张家口市制药（集团）有限责任公司	河北	589 640
17	利君集团有限责任公司	陕西	1 303 102	39	浙江仙琚制药股份有限公司	浙江	582 046
18	广州白云山制药有限公司	广东	1 173 135	40	罗氏（上海）维生素有限公司	上海	576 044
19	中美上海施贵宝制药有限公司	上海	1 053 413	41	拜耳医药保健有限公司	北京	558 704
20	江苏恒瑞医药股份有限公司	江苏	1 039 220	42	武汉人福高科技产业股份有限公司	湖北	554 222
21	浙江新和成股份有限公司	浙江	1 017 598	43	四川科伦大药厂	四川	548 789
22	上海罗氏制药有限公司	上海	1 006 578	44	武汉春天生物工程股份有限公司	湖北	542 134
23	阿斯丽康制药有限公司	江苏	1 004 104	45	北京双鹤药业股份有限公司	北京	536 435
24	中美天津史克制药有限公司	天津	1 000 300	46	石家庄市桃园企业集团公司	河北	534 170
25	浙江医药股份有限公司新昌制药厂	浙江	925 455	47	华瑞制药有限公司	江苏	533 917
26	山东西王集团公司	山东	897 834	48	天方药业股份有限公司	河南	532 162
27	葛兰素史克制药（苏州）有限公司	江苏	776 943	49	江苏济川药业有限公司	江苏	530 894
28	珠海联邦制药厂有限公司	广东	745 380	50	福建省福抗药业股份有限公司	福建	500 000

续表

排　名	企业名称	地　区	销售收入（千元）	排　名	企业名称	地　区	销售收入（千元）
51	北京诺华制药有限公司	北京	498 036	73	杭州回音必集团有限公司	浙江	387 284
52	江苏正大天晴药业股份有限公司	江苏	473 208	74	浙江永宁制药厂	浙江	387 140
53	肇庆星湖生物科技股份有限公司	广东	370 000	75	上海三维制药有限公司	上海	376 904
54	深圳市制药厂	广东	461 199	76	齐鲁安替比奥制药有限公司	山东	371 748
55	苏州惠氏—百宫制药有限公司	江苏	454 024	77	淄博金成实业股份有限公司	山东	370 100
56	诺维信（中国）生物技术有限公司	天津	453 815	78	山东北大高科华泰制药有限公司	山东	367 125
57	广东康美药业股份有限公司	广东	442 642	79	武汉东湖高新集团股份有限公司	湖北	365 105
58	苏州东瑞制药有限公司	江苏	439 600	80	浙江海翔医药化工有限公司	浙江	358 353
59	河南新乡华星药厂	河南	438 071	81	杭州赛诺菲圣德拉堡民生制药有限公司	浙江	349 200
60	山东瑞阳制药有限公司	山东	434 187	82	湖北多人多集团公司	湖北	346 503
61	上海生物制品研究所	上海	428 794	83	上海强生制药有限公司	上海	337 081
62	岳阳康神药业有限公司	湖南	427 323	84	四川制药股份有限公司	四川	336 942
63	北京紫竹药业有限公司	北京	421 070	85	广西北生药业股份有限公司	广西	336 820
64	湖北百科药业股份有限公司	湖北	418 630	86	湖州北港企业集团公司	浙江	335 870
65	山东正大福瑞达制药有限公司	山东	413 574	87	横店集团家园化工有限公司	浙江	333 583
66	上海华联制药有限公司	上海	411 961	88	礼来苏州制药有限公司	江苏	332 931
67	赤峰制药集团有限责任公司	内蒙古	411 264	89	西南合成制药股份有限公司	重庆	330 610
68	华北制药集团爱诺有限公司	河北	408 924	90	广州天心药业股份有限公司	广东	329 057
69	浙江京新药业股份有限公司	浙江	406 942	91	丽珠集团珠海保税区丽珠合成制药厂	广东	328 419
70	山东省禹王实业总公司	山东	402 986	92	双鸽集团有限公司	浙江	327 960
71	浙江亚东制药有限公司	浙江	401 672	93	连云港豪森制药有限公司	江苏	325 081
72	北京双鹤药业经营有限责任公司	北京	389 071	94	珠海联邦制药厂有限公司中山分厂	广东	325 005

续表

排名	企业名称	地区	销售收入（千元）	排名	企业名称	地区	销售收入（千元）
95	重庆药友制药有限责任公司	重庆	321 797	98	河南辅仁药业有限公司	河南	319 117
96	深圳海王药业有限公司	广东	321 531	99	河南省南阳普康集团化学制药厂	河南	315 601
97	眼力健（杭州）制药有限公司	浙江	319 613	100	广州天心药业股份有限公司	广东	309 088

2004 年染料行业 50 大企业

排名	企业名称	地区	销售收入（千元）	排名	企业名称	地区	销售收入（千元）
1	浙江龙盛集团股份有限公司	浙江	2 301 210	18	科莱恩（天津）有限公司	天津	176 293
2	浙江闰土化工集团有限公司	浙江	1 508 029	19	山西临汾染化集团有限责任公司	山西	164 401
3	巴斯夫染料化工有限公司	上海	1 149 963	20	杭州下沙恒升化工有限公司	浙江	162 830
4	东港工贸集团有限公司	浙江	1 023 098	21	珠海市东洋油墨有限公司	广东	151 735
5	杭州吉华化工有限公司	浙江	863 103	22	德司达无锡染料有限公司	江苏	149 260
6	天津市染料厂分厂	天津	630 640	23	上海染料有限公司（母体）	上海	146 572
7	山东龙口双龙化工有限公司	山东	587 320	24	招远市新亚化有限公司	山东	145 000
8	杭州帝凯化工有限公司	浙江	437 509	25	河北华煜化工股份有限公司	河北	139 873
9	浙江联化科技股份有限公司	浙江	435 100	26	上海科华染料工业有限公司	上海	137 842
10	大连染料化工有限公司	辽宁	314 270	27	常州市金隆化工厂	江苏	137 260
11	河北西海集团有限公司	河北	301 970	28	吴县市东吴染料厂	江苏	135 072
12	吴县林通染料化工有限公司	江苏	262 813	29	南通海佳化工有限公司	江苏	134 900
13	青岛双桃精细化工（集团）有限公司	山东	241 902	30	天津市津西北方福利化工厂	天津	134 610
14	上虞市长征化工有限公司	浙江	219 150	31	海宁佳进化工有限公司	浙江	132 561
15	上海万得化工有限公司	上海	215 163	32	泰兴市锦鸡染料有限公司	江苏	132 031
16	天津市胜利化工厂	天津	198 520	33	吴江市桃源染料厂	江苏	130 624
17	天津华士化工有限公司	天津	183 269	34	铜陵县亚邦公司	安徽	130 168

续表

排　名	企业名称	地　区	销售收入（千元）	排　名	企业名称	地　区	销售收入（千元）
35	宜兴市申新染料厂	江苏	129 552	43	江苏丹凤集团公司	江苏	106 410
36	天津市振兴化工厂	天津	128 260	44	上海科硕染料有限公司	上海	102 770
37	台州市椒江染料化工二厂	浙江	125 158	45	济南市平阴第二化工厂	山东	98 848
38	上海雅运纺织化工有限公司	上海	124 562	46	浙江省鄞州兴华化工厂	浙江	97 591
39	河南省新乡卫星染化厂	河南	123 568	47	上海染料化工厂	上海	95 740
40	杭州近江化工染料有限公司	浙江	120 168	48	围场自治县宏达化工有限公司	河北	94 923
41	海宁宝圆染化有限公司	浙江	110 211	49	张家港专捷染料化工有限公司	江苏	94 562
42	天津市三环化学有限公司	天津	108 780	50	杭州欣阳三友精细化工有限公司	浙江	94 125

2004 年涂料行业 50 大企业

排　名	企业名称	地　区	销售收入（千元）	排　名	企业名称	地　区	销售收入（千元）
1	立邦涂料（中国）有限公司	上海	1 202 554	13	海虹老人牌涂料（昆山）有限公司	江苏	486 547
2	杜邦中国集团有限公司	广东	985 687	14	广东华润涂料有限公司	广东	479 559
3	广州珠江化工集团有限公司	广东	862 860	15	湖南湘江涂料集团有限公司	湖南	453 084
4	上海涂料有限公司	上海	837 736	16	浙江天松集团有限公司	浙江	408 130
5	廊坊立邦涂料有限公司	河北	686 951	17	卜内门太古漆油（上海）有限公司	上海	385 288
6	PPG. 涂料（天津）有限公司	天津	624 832	18	卜内门太古油漆（中国）有限公司	广东	379 644
7	山东乐化集团有限公司	山东	588 300	19	立邦涂料（广东）有限公司	广东	365 358
8	河北新中企业集团	河北	579 382	20	上海关西涂料化工有限公司	上海	343 121
9	巴斯夫上海涂料有限公司	上海	570 314	21	海虹老人牌涂料（深圳）有限公司	广东	329 974
10	南京红太阳股份有限公司	江苏	555 410	22	贺柏兹. 阿克苏. 红狮汽车涂料有限公司	北京	317 988
11	上海国际油漆有限公司	上海	541 158	23	上海汉高表面技术有限公司	上海	311 112
12	中涂化工（上海）有限公司	上海	521 029	24	天津关西涂料化工有限公司	天津	306 267

续表

排名	企业名称	地区	销售收入（千元）	排名	企业名称	地区	销售收入（千元）
25	浙江天女集团有限公司	浙江	304 557	38	广州佐敦远洋制漆有限公司	广东	220 825
26	式玛涂料（昆山）有限公司	江苏	303 716	39	阿克苏．诺贝尔工业油漆（苏州）有限公司	江苏	218 407
27	阿克苏诺贝尔长诚涂料(广东)有限公司	广东	293 617	40	福禄（宁波）粉末涂料有限公司	浙江	216 396
28	中华制漆（深圳）有限公司	广东	289 737	41	上海华生化工有限公司	上海	214 760
29	金刚化工（昆山）有限公司	江苏	270 729	42	山东昌裕集团有限公司	山东	210 147
30	河北任远集团	河北	267 060	43	中涂化工（广东）有限公司	广东	209 171
31	武进兰陵化工集团公司	江苏	260 780	44	巴斯夫展宇聚胺酯（中国）有限公司	广东	191 695
32	东莞丽利涂料有限公司	广东	254 436	45	海虹老人牌涂料（烟台）有限公司	山东	189 982
33	广东嘉宝莉化工有限公司	广东	241 820	46	石家庄市油漆厂	河北	173 382
34	湖南省亚大新材料股份有限公司	湖南	238 593	47	苏州立邦涂料有限公司	江苏	168 107
35	重庆三峡油漆股份有限公司	重庆	232 626	48	中山武藏涂料有限公司	广东	167 900
36	铜陵市西瓦绝缘材料公司	安徽	228 377	49	苏州 PPG. 包装涂料有限公司	江苏	163 926
37	武汉力诺双虎涂料有限公司	湖北	226 793	50	建新防水粉末厂	四川	160 312

2004 年日化行业 100 大企业

排名	企业名称	地区	销售收入（千元）	排名	企业名称	地区	销售收入（千元）
1	广州宝洁有限公司	广东	11 416 301	8	上海家化联合股份有限公司	上海	1 548 521
2	安利（中国）日用品有限公司	广东	10 600 000	9	诚志股份有限公司	江西	1 499 296
3	浙江纳爱斯化工股份有限公司	浙江	5 365 150	10	雅芳（中国）有限公司	广东	1 449 624
4	江苏隆力奇集团有限公司	江苏	2 508 920	11	上海白猫有限公司	上海	1 163 727
5	广州高露洁棕榄有限公司	广东	1 979 747	12	杭州玫琳凯有限公司	浙江	952 169
6	联合利华股份有限公司	上海	1 841 990	13	纳爱斯益阳有限公司	湖南	788 289
7	湖北丝宝股份有限公司	湖北	1 759 375	14	山东龙口春龙集团公司	山东	683 410

续表

排　名	企业名称	地　区	销售收入（千元）	排　名	企业名称	地　区	销售收入（千元）
15	北京大宝化妆品有限公司	北京	665 794	37	重庆登康口腔护理用品股份有限公司	重庆	332 342
16	广州市浪奇实业股份有限公司	广东	651 860	38	柳州桂康日用化学品有限公司	广西	320 490
17	上海花王有限公司	上海	640 263	39	江苏爱特福气雾剂有限公司	江苏	304 071
18	浙江芳华日化集团公司	浙江	591 522	40	上海白猫股份有限公司	上海	301 530
19	安徽全力集团	安徽	576 000	41	广州市立白（番禺）有限公司	广东	299 769
20	浙江嘉兴中华化工集团有限责任公司	浙江	575 900	42	上海制皂有限公司	上海	294 484
21	资生堂丽源化妆品有限公司	北京	573 304	43	西安南风日化有限责任公司	陕西	287 523
22	好来化工（中山）有限公司	广东	572 329	44	靳羽西化妆品（深圳）有限公司	广东	275 061
23	上海庄臣有限公司	上海	571 616	45	南京佳和日化有限公司	江苏	274 460
24	苏州尚美国际化妆品有限公司	江苏	528 086	46	广州高露洁有限公司	广东	268 754
25	国际香料（广州）有限公司	广东	521 873	47	广西索芙特股份有限公司	广西	263 055
26	合肥利华洗涤剂有限公司	安徽	512 800	48	天津汇宇实业有限公司	天津	254 180
27	广西梧州奥奇丽集团股份有限公司	广西	500 740	49	广州市好迪化妆品厂	广东	252 463
28	广州丝宝精细化工有限公司	广东	491 810	50	青岛海源化妆品有限公司	山东	238 038
29	华宝食用香精香料（上海）有限公司	上海	471 863	51	安徽安庆南风日化有限责任公司	安徽	237 460
30	仙妮蕾德（广州）有限公司	广东	469 708	52	山东丽波日化股份有限公司	山东	30 237
31	上海奇华顿有限公司	上海	443 369	53	四川春飞日化股份有限公司	四川	228 250
32	山东九鑫日用化工有限公司	山东	432 370	54	浙江黑猫神蚊香集团有限公司	浙江	221 896
33	曼秀雷敦（中山）药业有限公司	广东	430 215	55	吴江市黎里沪江日用化学品厂	江苏	221 650
34	广州美晨股份有限公司	广东	429 908	56	国际香料香精（杭州）有限公司	浙江	221 321
35	丝宝精细化工（武汉）有限公司	湖北	375 327	57	成都蓝风（集团）股份有限公司	四川	217 428
36	淄博宝洋皮塑化工有限公司	山东	338 660	58	妮维雅（上海）有限公司	上海	215 802

续表

排　名	企业名称	地　区	销售收入（千元）	排　名	企业名称	地　区	销售收入（千元）
59	云南天宏香精香料有限公司	云南	215 786	80	上海万香日化有限公司	上海	164 409
60	石家庄市金马实业总公司	河北	215 757	81	湖北活力美洁时洗涤用品有限公司	湖北	159 973
61	德信行（珠海）香精香料有限公司	广东	214 473	82	中山市美日洁宝有限公司	广东	158 556
62	高丝化妆品有限公司	浙江	209 507	83	徐州汉高洗涤剂有限公司	江苏	158 338
63	利高曼（广州）有限公司	广东	206 621	84	雅嘉实业（集团）有限公司	广东	157 248
64	株洲兴隆化工实业有限公司	湖南	204 093	85	深圳市华粤宝电池有限公司	广东	155 560
65	上海爱普香料有限公司	上海	202 101	86	中山市小榄镇嘉丹婷化妆品厂	广东	153 447
66	河北古城香业集团股份有限公司	河北	195 542	87	杭州乐金化妆品有限公司	浙江	151 378
67	苏州芬美意香精有限公司	江苏	188 377	88	江苏雪豹日化有限公司	江苏	150 242
68	雅倩化妆品有限公司	广东	187 500	89	天津郁美净集团有限公司	天津	149 357
69	广东汽巴精化有限公司	广东	186 351	90	浙江欧诗漫集团公司	浙江	144 488
70	哈门及雷默高仕香精有限公司	上海	184 989	91	广东省江门市维达斯（集团）股份有限公司	广东	143 721
71	天津天智精细化工有限公司	天津	184 487	92	广东茂名港日化工有限公司	广东	143 180
72	奥妮化妆品有限公司	重庆	182 343	93	赵县维多丽日化有限公司	河北	143 170
73	淮阴光华化学厂	江苏	182 314	94	江苏东洋之花化妆品有限公司	江苏	142 419
74	浙江润爽日化有限公司	浙江	180 148	95	湖南中成化工有限公司	湖南	142 265
75	广州蓝月亮工程有限公司	广东	180 031	96	天津蓝天集团股份有限公司	天津	141 692
76	西安开米股份有限公司	陕西	179 863	97	白猫（重庆）有限公司	重庆	141 448
77	广州安利日用品制造有限公司	广东	178 948	98	石家庄南风日化有限公司	河北	138 080
78	汇中宜恒日化（宜昌）有限公司	湖北	176 790	99	上海西西艾尔气雾推进剂制造与罐装有限公司	上海	137 946
79	贵州南风日用化工有限公司	贵州	175 288	100	白猫（重庆）日化有限公司	重庆	134 714

2004 年试剂助剂行业 100 大企业

排名	企业名称	地区	销售收入（千元）	排名	企业名称	地区	销售收入（千元）
1	无锡格林艾普化工股份有限公司	江苏	1 281 409	23	中橡（马鞍山）化学工业有限公司	安徽	246 074
2	中国石化集团长炼公司（非上市）	湖南	1 271 245	24	乳山市兴育化工有限公司	山东	242 000
3	湖北楚源精细化工股份有限公司	湖北	1 169 540	25	上海化学试剂有限公司	上海	240 786
4	山东齐鲁增塑剂股份有限公司	山东	1 060 645	26	山东海化天合有机化工有限公司	山东	239 705
5	山东宏信化工股份有限公司	山东	1 023 727	27	泰兴市君泰稀土有限责任公司	江苏	238 281
6	潍坊弘润石化助剂有限公司	山东	1 020 697	28	江苏天音化工股份有限公司	江苏	237 930
7	中国石化集团南京化工厂	江苏	1 005 090	29	北京北化精细化学品有限责任公司	北京	236 467
8	浙江传化化学集团有限公司	浙江	971 702	30	茂名永业（集团）股份有限公司	广东	232 588
9	威海市金泓化工集团有限公司	山东	736 524	31	浙江五龙化工股份有限公司	浙江	230 946
10	苏州精细化工集团有限公司	江苏	703 283	32	常州化工研究所有限公司	江苏	229 580
11	河南庆安化工高科技股份有限公司	河南	486 963	33	大庆油田飞马有限公司	黑龙江	220 968
12	浙江建德建业有机化工有限公司	浙江	421 233	34	宜兴市汉光集团	江苏	219 520
13	招远市玲珑橡胶助剂总厂	山东	380 150	35	吉化集团吉林市锦江油化厂	吉林	219 143
14	昆山市合峰化工有限公司	江苏	377 130	36	北京华颖化工有限公司	北京	211 076
15	上海市卡博特化工有限公司	上海	377 123	37	建湖县美昌化工有限责任公司	江苏	207 440
16	宜兴市振丰化工厂	江苏	319 550	38	潍坊乐洪化工有限公司	山东	205 109
17	济南圣泉集团股份有限公司	山东	297 040	39	江阴市陆桥东风助剂厂	江苏	204 810
18	湖北葛店开发区化学研究所生产基地	湖北	265 914	40	辽河油田大力实业总公司	辽宁	204 031
19	上海联成化学工业有限公司	上海	261 383	41	江苏银燕化工有限公司	江苏	203 880
20	河南豫华精细化工有限公司	河南	260 420	42	高邮市助剂厂	江苏	200 729
21	天津海豚炭黑有限公司	天津	250 803	43	东莞宝田化工有限公司	广东	199 436
22	中国石油集团化学工业公司	甘肃	247 740	44	山东兴武集团有限公司	山东	196 020

续表

排　名	企业名称	地　区	销售收入（千元）	排　名	企业名称	地　区	销售收入（千元）
45	庄信万丰（上海）化工有限公司	上海	195 636	67	山东洁晶集团股份有限公司	山东	144 611
46	岳阳经济技术开发区高新创业园	湖南	185 000	68	常州市医药原料厂	江苏	144 540
47	沙索（中国）化学有限公司	江苏	184 940	69	上海助剂厂有限公司	上海	143 095
48	北京燕化高新技术股份有限公司	北京	184 437	70	杭州富春江化工有限公司	浙江	140 847
49	苏州宝化炭黑有限公司	江苏	183 187	71	山东清源集团有限公司	山东	139 375
50	济南圣泉海沃斯化工有限公司	山东	181 470	72	济南市遥墙实业公司	山东	139 300
51	营口市向阳化工厂	辽宁	180 715	73	镇江市东昌石油化工厂	江苏	138 280
52	淄博塑料助剂厂	山东	180 454	74	山东诸城市良丰化学有限公司	山东	137 964
53	青岛德固萨化学有限公司	山东	174 119	75	淄博市胜炼福利工厂	山东	136 965
54	天津阿克苏诺贝尔过氧化物有限公司	天津	172 636	76	中橡集团炭黑工业研究设计院	四川	136 512
55	浙江华泰精细化工有限公司	浙江	171 437	77	上海浦东新区星火化工厂	上海	128 400
56	招远市金岭镇雾云山化工厂	山东	166 380	78	东莞励乐精细化工有限公司	广东	128 176
57	山东省栖霞市选矿药剂厂	山东	166 000	79	莱茵化学（青岛）有限公司	山东	128 078
58	宁波金海雅宝化工有限公司	浙江	158 838	80	胶州市精细化工有限公司	山东	127 100
59	单县化工有限公司	山东	157 932	81	青岛崂塑建材集团公司	山东	126 286
60	嘉兴市山特莱化工有限公司	浙江	153 921	82	中橡（鞍山）化学工业有限公司	辽宁	125 490
61	龙口市龙牌精细化工有限责任公司	山东	153 420	83	天津市有机化工一厂	天津	124 546
62	乳山市化工助剂厂	山东	153 403	84	辽河油田恒泰利建筑安装工程总公司	辽宁	120 560
63	山东圣奥化工股份有限公司	山东	153 301	85	杭州富时特化工有限公司	浙江	116 951
64	德瑞皮革科技（青岛）有限公司	山东	151 029	86	石家庄农药化工厂	河北	116 357
65	温州三维集团公司	浙江	150 373	87	常熟市东南塑料有限公司	江苏	115 550
66	东莞兴宝化工有限公司	广东	148 647	88	利津县金水化工有限责任公司	山东	113 850

续表

排　名	企业名称	地　区	销售收入（千元）	排　名	企业名称	地　区	销售收入（千元）
89	中国纺织大学附属助剂厂	江苏	113 833	95	招远市东威化工有限公司	山东	110 400
90	天津市北辰区飞龙砼外加剂厂	天津	113 730	96	南昌化工（集团）有限责任公司	江西	110 185
91	淄博市临淄齐茂化工有限公司	山东	113 280	97	河北省邢台市沙河市炭黑厂	河北	109 540
92	番禺南沙股田化工有限公司	广东	112 439	98	江苏莱顿集团公司	江苏	108 886
93	罗地亚白炭黑（青岛）有限公司	山东	111 850	99	永嘉县化工厂	浙江	108 011
94	上海立事化工实业公司	上海	111 450	100	深圳三九精细化工有限公司	广东	104 799

化学纤维材料

2003 年，中国化学纤维产量达到创纪录的1 181.14万吨，比 2002 年同比增长 19.2%，占世界化学纤维总产量的30%以上，已超过美国、西欧、日本化学纤维产量的总和，位居世界首位。其中黏胶纤维产量 80.02 万吨，同比增长19.6%；合成纤维产量1 101.12万吨，同比增长 17.3%。合成纤维中，涤纶产量居绝对优势，2003 年产量为 933.18 万吨，占合成纤维总产量的 84.7%，同比增长 18.7%；腈纶产量为 62.86 万吨，占合成纤维总产量的 5.7%，同比增长 7.0%；锦纶产量 56.51 万吨，占合成纤维总产量的5.1%，同比增长 15.2%。涤纶产量中，长丝为 615.91 万吨，短纤维为 317.27 万吨。纺织纤维供需矛盾突出，使化学纤维工业获得了良好的发展机遇。化学纤维行业产销基本平衡，库存量波动幅度不大。

世界经济的发展对化学纤维产品的需求继续增加，促进了化学纤维产品的国际贸易。2003 年，我国进口化学纤维总量 184.66 万吨，同比增长 4.35%。其中黏胶纤维进口 8.62 万吨，同比增长 38.2%，合成纤维进口 175.04 万吨，同比增长 2.52%；化学纤维产品出口 5.06 万吨，其中短纤维 1.08 万吨，长丝 3.98 万吨。

进口合成纤维中，涤纶短纤维 57.71 万吨，同比减少 3.8%；涤纶长丝 41.53 万吨，同比增长 18.1%；腈纶 45.84 万吨，同比增长 8.3%；锦纶 25.04 万吨，同比增长 15.3%。化学纤维产品进口主要来自周边国家和地区，其中中国台湾省的合成纤维产品占了较大比重。

由于国内需求旺盛、原料价格上涨，除了维纶短纤维，多数化学纤维产品的销售价格高于 2002 年同期。黏胶短纤维价格不断上升，年末价格创历史最高。与 2002 年年末相比，黏胶短纤维价格上涨了 63.9%。

化学纤维行业经济效益良好，2003 年产品销售收入同比增长 27.4%，利润总额上升 66.1%，亏损总额减少 25.7%，出口交货值增加 28.2%。

目前，化学纤维行业还存在一些薄弱环节，如原料结构不够合理，原料缺口还在扩大，项目建设疏密失衡，科技创新含量普遍偏低，缺乏高起点、低投入的产业项目，在高性能高技术纤维的工程化和产业化方面与国际先进水平差距更为明显。

全球化学纤维发展状况统计分析

在市场强劲需求的推动下，全球化纤产量有了快速的增长，在 2003 年一年增长了 2.5% 达到3 080万吨（包括聚烯烃）。据日本化纤协会的统计，合成纤维达到2 850万吨，纤维素纤维（不包含烟用过滤嘴醋酰长丝束）达 230 万吨（见表 1）。

表 1　纺织纤维产量　　（单位：百万吨）

	2001	2002	2003	02/03 ± %
合成纤维1)	26.0	27.9	28.5	+2.2
纤维素纤维2)	2.1	2.2	2.3	+6.8
人造纤维总计	28.1	30.1	30.8	+2.5
棉	21.5	19.3	20.3	+5.3
羊毛	1.3	1.3	1.3	-0.6
总计	51.0	50.7	52.4	+3.5

1）包括 PP 纤维

2）包括烟用过滤醋酰丝束

1　全球纺织纤维6 300万吨

目前全球纺织用纤维保持在5 200万吨的水平上。如果全球接近 600 万吨的 PP 纤维（包括聚乙烯纤维），60 万吨的醋酰过滤嘴丝束以及 35 万吨的其他合成纤维（弹性纤维、芳纶、PTFE 以及 PVA 纤维等）也包括在其中的话，那么，全球范围的纤维产量早已超过6 000万吨。而纺织玻璃纤维的产量估计在280万吨。

对于纺织机械而言，这意味着全球将有接近6 300万吨的纺织纤维被加工，也就是说较去年增加了186万吨。

2 蓬勃发展的聚酯纤维

2003年，全世界聚酯纤维（长丝及短纤维）的产量增加了大约6%或者170万吨而达到了创纪录的2 210万吨（见表2），其中长丝增加量达到1 280万吨（+5.9%），超过短纤维的930万吨（+5.5%）。

表2 2003年聚酯纤维产量

	长丝		短纤维	
	百万吨	±%	百万吨	±%
中国	5.6	+18	3.5	+18
中国台湾省	1.0	-3	0.9	-2
韩国	1.3	-3	0.6	-1
印度	1.0	+7	0.6	+9
日本	0.3	-9	0.2	-3
ASEAN	1.1	-5	1.0	±0
美国	0.5	-7	0.9	-8
西欧	0.6	-2	0.6	-6
总计	12.8	+6	9.3	+6

聚酯纤维的增幅依旧明显取决于中国的高速扩张（+18%），印度纤维产量的增幅居其后。而对其他区域而言，可见明显的产量降低。这样，中国占世界的份额将从38%上升为41%，这与中国台湾省、韩国、印度以及美国之间形成明显的差距，而西欧的份额降为仅有5.9%。而从未来的发展趋势来看，这种差距还会扩大。从纤维制造用主要原料来看，据BP石化公司估计，2002年底全球对二甲苯产量为2 360万吨（其中BP公司占全球份额的13%），预计2007年产量增加至2 800～3 000万吨/年。在2003年已有两家较大的工厂投入运行；即中国台湾省的70万吨/年和中国内地的35万吨/年。预计另一家70万吨/年的大厂到2006年将在欧洲或在中国出现。另据估计，2002～2010年间PX的需求将增长74%，这意味着全球石化行业需新增1 370万吨的PX产能。

BP石化公司估计，2002年底全球PTA产能为2 630万吨/年，BP公司占有34%的份额，其次为中石化的7%，杜邦的5%以及日本三菱公司的5%。到2010年PTA产能将增加70%～80%，届时全球产能将达到4500万吨/年，这意味着今后每年将有3～4家世界级的工厂投入运行。仅仅在中国，2005～2008时间框架内将有11家新的PTA项目在计划中，届时产能将达到590万吨/年。

而对韩国现代石化而言，全球产能在2001及2003年度内并没有大的扩张，估计维持在1 587万吨/年的水平上（就其分布来看，美洲为584万吨/年，欧洲为223万吨/年，亚洲为777万吨/年），但是不断扩大的聚酯（特别是在中国）生产能力及其他需求却不断提升了对EG的进一步需求。自2001年起的3年里，世界EG的需求量（产量）一直是逐年上升的：1 250(1 222)万吨，1 319(1 330)万吨和1 426(1 391)万吨。2004年全球EG的需求与产量之间仍将存在一较大缺口，然而，即便如此，现有EG工厂目前亦没有大的扩能动作，只是将开工率提高到90%以上的高水平（高出其80%～85%的长期平均开工率）。目前看来，总产能约350万吨/年的新的工厂在2005及2006年度之前将不会投入运行，而据有关信息，世界前三位的EG工厂在2005年度将有大的扩能计划，包括壳牌化学（目前产能116.5万吨/年）2005年扩能32万吨/年，沙特基础工业（产能105.5万吨/年）2005年扩能7.5万吨，2006年扩能60万吨/年以及道化学（产能288.6万吨/年）的2007年扩能60万吨/年等动作。

中国作为目前全球最大的聚酯生产国，自然对EG存在更大的需求，但是较低的国内生产能力使得我国每年必须有较大的进口量（见表3），据估测，2010年国内EG的消耗量将达570万吨（占亚洲市场45%，全球量的25%），但国内的产量仅能满足200万吨，缺口巨大。

表3 中国EG需求 （单位：万吨）

	2002	2003	2005（估）
产能	97.3	125.3	185.3
消耗	281	346	426
进口	183.7	220.7	240.7

从聚酯纤维发展来看，到2010年，据BP石化公司的估计全球产量年增长率预计在7%的水平，届时将达到3 400万吨，其中亚洲占88%，欧洲及中东仅占7%，而美国以及拉美国家占5%。在2002年，亚洲聚酯纤维产量已占全球2 100万吨总产量份额的81%（美国为11%，欧洲为8%）。

在2003年，亚洲已拥有2 500万吨的聚酯纤维产能，其中的52%贡献源自中国，27%源自中国台湾省、韩国、日本，另外的21%来自于南亚以及东南亚区域。而实际上亚洲聚酯纤维产量仅为1 800万吨（中国46%，中国台湾省、韩国、日本占29%，南亚以及东南亚区域占25%），这意味着尚有700万吨的富余。

3 聚酰胺纤维停滞不前

与聚酯纤维的强劲增势相反，PA纤维（长丝及短纤维）的产量仅增加了2万吨或者0.4%，达到了393万吨（见表4），与上述发展趋势相同的是，中国内地依旧是最大的增长市场(+85 000吨)，中国台湾省的产量稍有增长，为5万吨。但在西欧及日本，PA纤维产量却是下降的。

表4　2003年PA及PAN纤维产量

	PA纤维		PAN纤维	
	千吨	±%	千吨	±%
中国内地	565	+14	629	+6
中国台湾省	469	+3	135	+5
韩国	238	-3	127	-7
印度	75	±0	111	+8
日本	127	-4	298	-17
ASEAN	160	-1	58	±0
西欧	588	-7	800	-6
美国	1100	-1	115	-3
总计	3932	+0.4	2574	-6

4　腈纶纤维下降6%

经过前几年的高速扩张之后，腈纶纤维2003年的产量大幅下降了13万吨或6%，降为260万吨（见表4）。特别是日本，AsahiKasei已于2003年3月停止了腈纶纤维的生产。虽然如此，中国、印度以及中国台湾省仍然有较大幅度的增产。

5　纤维素纤维增幅为7%

在上年度的化学纤维增长中，增幅最大的要数纤维素品种（包括雪茄滤嘴丝束用醋酸纤维以及Lyocell纤维），其中中国仍旧占支配地位（增加19%，为86.5万吨），除此而外仅有中国台湾省（+5%）以及ASEAN地区（特别是印尼）在产量上有所增长，另外其他地区则是停滞或稍有下降。Lyocell纤维的产量增幅明显，在2003年已越过10万吨。Lenzing公司已于2004年初使其产能翻番，达到4万吨/年。Tencell在英国及美国的产能总共达到8.5万吨/年。

6　中国：世界市场份额增大

中国化纤产量份额在2003年为36.6%（去年为33%），这与跟随其后的中国台湾省（10.3%），西欧（10.2%）以及美国的8.3%都有很大的差距。日本的世界份额仅占到3.6%。在2003年中国化学纤维产量达到1 160万吨，超过了美国、欧洲以及日本产量的总和，并且产量预计仍将有巨大增加，到2010年有望达到1 600万吨。

（资料来源：山东纺织职业学院徐润香、山东省化学纤维研究所刘越）

2004年中国化学纤维行业100强

排名	企业名称	所在地	销售收入（千元）	排名	企业名称	所在地	销售收入（千元）
1	中国石化仪征化纤股份有限公司	江苏	9 521 893	18	江苏万翔集团公司	江苏	1 261 926
2	江苏三房巷实业集团总公司	江苏	6 170 290	19	安徽皖维高新材料股份有限公司	安徽	1 182 600
3	浙江远东化纤集团	浙江	5 213 838	20	加兴超同化纤有限责任公司	浙江	1 180 256
4	万杰集团公司	山东	5 155 086	21	新乡白鹭化纤集团有限责任公司	河南	1 144 328
5	浙江桐昆化纤集团股份有限公司	浙江	5 079 266	22	浙江新凤鸣化纤有限公司	浙江	1 141 813
6	浙江荣盛化学纤维有限公司	浙江	2 855 250	23	山东潍坊海龙股份有限公司	山东	1 021 980
7	翔鹭涤纶纺纤（厦门）有限公司	福建	2 705 252	24	宜宾丝丽雅集团有限公司	四川	1 021 786
8	中国神马集团有限责任公司	河南	2 472 290	25	浙江江南涤化有限公司	浙江	997 350
9	浙江赐富化纤有限公司	浙江	2 316 579	26	桐乡市凤鸣合纤有限公司	浙江	997 134
10	远纺工业（上海）有限公司	上海	2 208 835	27	烟台氨纶集团有限公司	山东	920 930
11	吉林化纤集团有限责任公司	吉林	2 106 190	28	江阴市金达来集团	江苏	918 501
12	湖北化纤集团有限公司	湖北	1 869 012	29	浙江金甬腈纶有限公司	浙江	776 282
13	黑龙江省龙涤集团有限公司	黑龙江	1 846 245	30	高密化纤股份有限公司	山东	764 938
14	江苏江南化纤集团有限公司	江苏	1 634 750	31	南京化纤股份有限公司	江苏	760 360
15	南通醋酸纤维有限公司	江苏	1 333 223	32	丹东化学纤维（集团）股份有限公司	辽宁	741 945
16	广东新会美达锦纶股份有限公司	广东	1 326 722	33	东丽合成纤维（南通）有限公司	江苏	695 326
17	浙江大普集团有限公司	浙江	1 285 790	34	湖南金迪化纤有限责任公司	湖南	694 390

续表

排名	企业名称	所在地	销售收入（千元）	排名	企业名称	所在地	销售收入（千元）
35	保定天鹅化纤集团有限公司	河北	692 892	68	和顺（中国）实业集团有限公司	福建	381 608
36	无锡市宏达合成纤维厂	江苏	661 519	69	绍兴县华舍涤纶厂	浙江	378 727
37	杭州红剑聚酯纤维有限公司	浙江	660 293	70	绍兴县古纤道化纤有限公司	浙江	377 481
38	浙江展望控股集团有限公司	浙江	653 620	71	张家港市锦丰轧花剥绒有限公司	江苏	371 435
39	杭州红山化纤有限公司	浙江	652 831	72	辽源得亨股份有限公司	吉林	370 940
40	福建纺织化纤集团有限公司	福建	611 791	73	河南神力集团有限责任公司	河南	363 288
41	宜兴市华亚化纤有限公司	江苏	610 202	74	张家港市中港特种化纤厂	江苏	347 432
42	浙江振邦化纤有限公司	浙江	608 118	75	海宁广源化纤有限公司	浙江	341 608
43	河北吉藁化纤有限责任公司	河北	605 665	76	上海华源股份有限公司常州合成材料分公司	江苏	328 980
44	湖北新丰化纤工业有限公司	湖北	571 119	77	上海佳通超细化纤有限公司	上海	328 356
45	浙江华峰氨纶股份有限公司	浙江	535 010	78	海南翔业科技开发有限公司	海南	325 086
46	江西涤纶厂	江西	527 794	79	无锡大通化纤有限公司	江苏	322 121
47	河北省秦皇岛腈纶厂	河北	525 447	80	杭州华春化纤染织有限公司	浙江	311 498
48	张家港市欣欣化纤有限公司	江苏	518 314	81	福建百宏纺织化纤实业有限公司	福建	310 457
49	晓星氨纶（嘉兴）有限公司	浙江	514 654	82	中纺投资（无锡）分公司	江苏	307 810
50	张家港市天霸氨纶纱线纺织厂	江苏	510 088	83	九江白鹿化纤有限公司	江西	304 094
51	四川省聚酯股份有限公司	四川	464 411	84	江苏新纺实业股份有限公司	江苏	302 684
52	淄博三元集团有限公司	山东	457 261	85	江苏宏丽集团公司	江苏	293 228
53	无锡市长安高分子材料厂	江苏	452 300	86	江西化纤化工有限责任公司	江西	284 246
54	成都华明玻璃纸股份有限公司	四川	451 957	87	余姚双象化纤有限责任公司	浙江	284 210
55	湖南省湘维有限公司	湖南	450 840	88	九江化纤股份有限公司	江西	281 621
56	海盐县华明化纤厂	浙江	448 698	89	福建顺达涤纶有限公司	福建	278 468
57	连云港杜钟氨纶有限公司	江苏	430 914	90	南京九龙化纤有限公司	江苏	277 770
58	杜邦纤维（中国）有限公司	上海	418 154	91	无锡市太极实业股份有限公司	江苏	266 067
59	无锡明特化纤有限公司	江苏	417 120	92	西安惠大化学工业有限公司	陕西	259 478
60	苏州杜邦聚酯有限公司	江苏	412 880	93	浙江九花新合纤有限公司	浙江	258 709
61	福建省长乐市华威化纤有限公司	福建	402 061	94	海盐富华合纤有限公司	浙江	256 909
62	杭州蓝孔雀化学纤维有限公司	浙江	397 774	95	吉林晨鸣亚松浆纸有限公司	吉林	256 043
63	唐山三友化纤有限公司	河北	397 584	96	湖南太平集团公司	湖南	254 350
64	上海华源股份有限公司常州化纤公司	江苏	389 770	97	高要市华锦集团有限公司	广东	249 554
65	无锡市三鑫化纤有限公司	江苏	388 790	98	上海荣华涤纶有限公司	上海	249 208
66	珠海醋酸纤维有限公司	广东	384 398	99	福建侨成化纤有限公司	福建	246 313
67	昆明醋酸纤维有限公司	云南	383 209	100	无锡欣欣化纤材料有限责任公司	江苏	240 530

汽车材料

2003 年我国汽车工业继续延续了 2002 年的高增长态势。全年汽车产量达到 444.4 万辆，同比增长 36.7%，其中轿车产量 202.0 万辆，增长 85.0%；汽车销量 439.08 万辆，同比增长 35.2%，其中轿车销量达到 197.16 万辆，同比增长 75.1%。1～11 月累计完成工业增加值1 804.72亿元，同比增长 27.75%，汽车工业已成为国民经济第四大支柱产业。

在汽车产品构成上，轿车继续呈现“井喷”式增长，产销再创新高；客车中轻型客车保持较高增长，微型客车增幅明显下降；载货车行业产销增长整体呈下滑趋势，其中重型载货汽车增幅下降趋势最为明显。

汽车产业发展的外部环境得到了进一步改善。随着居民收入水平的提高、汽车价格的下调、进口关税下调和进口配额增加，以及国家不断出台的促进汽车消费的政策，我国汽车市场达到了空前的规模。2003 年国内市场需求量达到了 456.24 万辆，同比增长 35.1%，市场容量超过了同期的德国，成为世界上第三大汽车消费市场。

受汽车市场规模以及行业高利润的吸引，各地纷纷争上汽车项目，形成了汽车行业投资的热潮（2003 年我国汽车工业投资同比增长 87.2%）。今后 5 年各地在汽车整车方面的规划投资达2 000亿元左右，新增长生产能力 600 万辆。不仅原有的汽车厂商通过追加投资扩大生产规模，而且其他行业如家电、房地产企业纷纷涉足汽车行业。汽车业的暴利时代即将结束，汽车生产能力过剩和扩大出口将成为现实压力。

汽车行业发展的外部性日益明显，经营风险逐渐突出。伴随着国内建筑及汽车用钢的快速增长，矿石焦炭等已经成为制约钢铁业持续发展的瓶颈，这必然波及到汽车行业；汽车保有量的大幅度增加，加大了我国对国外石油资源的依赖，汽车燃油问题将越来越突出，国内燃油需求拉动国际油价上涨，会反过来抑制汽车消费；此外，对汽车牌照、停车和尾气排放的政府管制也将对汽车行业发展产生深远的影响。

从 2004 汽车材料年会看汽车材料的发展

中国汽车工程学会汽车材料分会第十四届年会于 2004 年 7 月在长春召开，作者从年会的论文等有关资料出发，对汽车材料的发展方向和某些新材料的应用研究情况做简要介绍。

1　轻量化材料的开发及应用是当前汽车材料技术发展趋势

资源和环境问题是当今人类社会面临的巨大挑战。为适应地球环境要求，实现人类社会的可持续发展，对新一代汽车产品在安全、环保和节能方面提出了更为严格的要求，而以轻量化为主导的先进汽车材料技术的发展战略——减轻汽车整备质量是实现这一目标的主要措施。

1.1　内高压成型技术的开发与应用

采用内高压成型技术改进零件结构是目前汽车设计中减轻零件质量的重要方法之一。其原理是通过内部加压和轴向加力补料把管坯压入到模具型腔使其成型的；对于轴线为曲线的零件，要先把管坯预弯成接近零件形状，然后加压成型。国外于 20 世纪 70 年代末开始进行内高压成型技术的研究，20 世纪 90 年代初用于生产。应用的典型零件如轿车的发动机排气系统异型管件、发动机托架中的管件、底盘结构件、车身框架、座椅骨架、散热器支架、副车架、翼型管件等结构件及载货汽车上的排气系统异型管件和结构管件等。我国长春一汽与哈尔滨工业大学从 2001 年合作研制内高压成型设备，并试制轿车转向节壁、副车架，系统地研究了内高压成型设备、成型用管材、模具设计、预成型工艺和内高压成型工艺，现已进入实用阶段。内高压成型技术的优点是减轻零件质量，减少零件数量，降低生产成本。如轿车副车架，用冲压焊接工艺生产，将 6 个冲压件焊为 1 个零件。用内高压成型技术生产，只用一根管坯通过弯曲成型、预成型、内高压成型即可完成。副车架减轻质量 20% 以上；生产成本比冲压件平均降低 15% ~ 30%，提高了零件强度和刚度。

1.2　轻量化材料的开发与应用

轻量化材料是当今汽车材料技术发展的主导方向。目前轻量化材料的开发与应用具有以下特点。

1.2.1　高强度钢板

钢铁材料在汽车材料中仍占主导地位，但其内部结构将发生变化。高强度钢板和超高强度钢板的用量将较大增长，中、低强度钢板的比例将会逐步下降。应用高强度钢板不仅减轻汽车质量，由于其具有吸收撞击能量的特性，还会改善汽车的安全性能。先后开发出高强度钢板（屈服强度≥210MPa）、超高强度钢板（屈服强度≥550MPa）和先进高强度钢板。高强度钢板由于材料强度提高，钢板的厚度可以减薄，如用350MPa 级的低合金高强度钢板制作汽车前梁、发动机支架、保险杠和车门等，板的厚度可以减少 15% ~25%。

高强度钢板包括冷轧和热轧两种类型。冷轧高强度钢板主要用于车身零件，包括外板（车门、发动机罩外板）、内板（车门、发动机罩内板）和结构件。热轧高强度钢板在载货汽车上用量很大，约占其热轧钢板总量的 60% ~ 70%，主要用于车架纵横梁、车厢的纵横梁、车轮、刹车盘等受力结构件和安全件。

热轧高强度钢板按用途主要分为以下几种：

a. 汽车大梁用热轧高强度钢板

目前载货汽车车架大梁广泛使用的热轧高强度钢板的抗拉强度≥510MPa，即 510L 级但其发展趋势是超高强化，以利于减重节能。国内，宝钢开发的 B550L 已被一汽集团、东风公司等用作汽车大梁及其他结构件，而率先开发的微合金超高强度热轧钢板 BS550MC－BS700MC 系列在工程机械等领域得到应用，而在汽车大梁上的应用处于推广阶段；武钢开发 WL540、WL590 用于东风公司重型车车架、车厢纵横等零件；鞍钢开发的 A610L 正在一汽新重型车上试用。国外，超高强度热轧钢板已形成标准化、系列化，欧洲标准 EN10149－2 中 S500MC－700MC、日本 JIS 标准中 Welten70 和 Welten80、瑞典 SSAB 钢板有限公司的特高强度钢板 DOMEX 系列等均属于微合金超高强度钢板；日本 NKK 公司开发了 780MPa 级超高强度钢板。此类钢板在载货车上已得到应用。

b. 汽车车轮用热轧高强度钢板

车轮是汽车行驶中的重要安全件，对钢板的性能要求很高。由于车轮长期承受交变负荷，因此不仅要求钢板有高的强度，还要求有高的疲劳寿命；同时为了保证车轮运输时的动态平衡，也要求钢板有高的尺寸精度。国内使用宝钢生产的 B330CL、B380CL、B420CL 热轧钢板，采用滚压成型的方法制造车轮。重型载货车通常车轮轮辋使用 12LW 轮辋型钢，轮副使用 Q235A、SS400 热轧钢板制造。国外如日本已开发出 590MPa ~ 780MPa 级车轮用热轧高强度钢板。

c. 传动轴用热轧高强度钢板

汽车传动轴是汽车用以传递扭矩的重要安全件，要求材料有高的强度和韧性及高的尺寸精度。目前重型载货车使用宝钢生产的 B480QZR 热轧钢板制造传动轴用管。汽车传动轴用热轧钢板也向高强化发展，用高强度（屈服强度大于 500MPa）钢板制成的传动轴可减轻质量约 10%。

1.2.2　铝——仅次于钢的第二大汽车材料

铝是汽车用有色金属中用量最多的，铝合金代替传统钢铁材料可使整车质量减轻 30% ~40%。汽车用铝合金材料约 80% 为铸造铝合金，主要是发动机部件（如缸盖、缸体、活塞等）、传动系部件（如变速器壳体、离合器壳体等）及底盘行走系零部件（如转向机壳、车轮等）等。20% 的变形铝合金主要用于热交换器系统（如散热器、中冷器等）、车身系部件（如发动机罩、车体框架）和油箱等。

近几年，一汽集团和东风公司都参与了国家重大攻关项目《轻量化金属材料铝合金、镁合金在汽车上的应用研究》。目前铝合金在轿车和载重车上的应用零件有变速箱上盖、发动机气室罩盖及阀件零件等。

1.2.3　镁——汽车材料技术发展的一个重要方向

镁是比铝更轻的金属材料，比重为铝的 2/3，可在铝减轻的质量基础上再减轻 15% ~20%。在轻量化的驱动下，20 世纪 90 年代以来，镁在汽车中的应用一直处于快速增长阶段。镁合金的开发和应用已成为汽车材料技术发展的一个重要方向。目前，所用的镁合金材料以铸造镁合金为主。大量用于装车的镁合金零件主要是车身和底盘零件，包括仪表板骨架与横梁、座椅骨架、转向盘和进气管等。在欧洲，镁合金在汽车上的应用方面，德国一直处于领先地位，如大众汽车公司的新车奥迪 A6 单车用镁合金已达 40kg；在美国，三大汽车公司均已采用镁合金零件，主要用于发动机及支撑结构件；在日本，镁合金主要用于变速器壳体、气缸罩盖及转向锁架等。在国内，2001 年一汽集团、东风公司、上汽集团等参与了国家镁合金应用技术攻关项目。东风公司开发了镁合金变速器上盖、脚踏板、真空助力器中间隔板及制动阀体等；一汽集团开发了 36 种镁合金压铸件，其中包括发动机气缸罩盖、转向盘骨架等。零件已应用于生产；上汽集团开发了桑塔纳轿车的镁合金变速器外壳、踏板支架和轮毂等。

1.2.4　泡沫材料

泡沫材料是一种应用日益普及的汽车轻量化材料，分为非金属泡沫材料（泡沫塑料）和金属泡沫材料（如泡沫铝）两大类。泡沫材料是一种具有复合功能的材料，它不仅可减轻零部件的质量，而且还可以提高其刚度与抗压陷性能，减震、降噪、隔热、吸收较高的冲击能量。

非金属泡沫材料通常有两种应用方式：一是作为中间夹层材料与两侧金属板材组合在一起，构成复合板，主要用于汽车车身和发动机上的板壳类零件；二是作为填充材料直接填入零部件中那些需要加强的部位，主要用于车身骨架中的各类构件。

泡沫铝材是将铝粉与发泡剂混合压实，再挤压，挤出的型材上下两面包铝后冷轧成材，然后将加工出的零件放在炉内加热激活发泡剂，使之分解出气体，铝粉转变成泡沫，同时外层包铝和铝泡沫牢固地结合在一起，无需黏结，主要用于保险杠及侧部防冲挡等。

1.2.5　不锈钢

不锈钢在汽车中的应用有较长的历史，主要用于制造汽车的排气系统零件。近几年，作为轻量化材料应用于结构零件的试验与试制工作已经展开。具有减轻质量潜力的不锈钢材料主要为高强度不锈钢，如采用 AISI301、AISI204M 等高强度不锈钢板试制的轿车前侧防撞弓形梁和保险杠、后挡板、发动机支架等零部件，减轻质量可达 30% 左右。

2　高性能、低成本、长寿命是汽车用合金结构钢的发展方向

合金结构钢在汽车中不仅用量较大，而且主要用于关键零件，如各种轴类（曲轴、半轴、连杆等）、齿轮、弹簧及螺栓等，是保证汽车行驶安全的核心部件的制造材料。近年来，随着汽车工业技术的发展，开发了新一代的汽车用合金结构钢。合金结构钢的发展方向是高性能、低成本、易加工、长寿命和多品种等。

2.1　齿轮钢

汽车齿轮钢应具有高强度、耐疲劳、耐磨损和良好的尺寸精度等特点。高质量的齿轮钢要求窄的淬透性带宽度、高的纯净度、均匀细小的晶粒和较高的抗弯曲冲击力等。

汽车齿轮钢研发必须满足高性能、长寿命、经济性和生产性等要求。尽管各国资源和生产工艺条件有差异，且齿轮钢合金系列不尽相同，但新型齿轮钢的发展方向是：①降低渗碳层表面氧化倾向大的合金元素含量，添加氧化倾向小的合金元素，开发抗晶界氧化的渗碳齿轮钢；②对于受冲击作用的重载齿轮，在基体钢有高的强度和韧性的前提下，重要的是防止渗层裂纹的形成，开发渗层高韧性齿轮钢；③由于制造齿轮时需要进行大量切削加工，开发易切削齿轮钢；④为了提高生产效率和材料的利用率，降

低切削加工费用，开发精密锻造和冷镦齿轮钢；⑤为了进行高温渗碳（>930℃），提高渗碳效率，开发添加细晶元素铌、钒的细晶粒渗碳齿轮钢。

2.2　螺栓钢

汽车的高性能化和轻量化对制造各类紧固件（如螺栓、螺钉等）使用的材料提出更高设计应力和轻量化的要求。目前一些汽车用螺栓甚至要求强度大于1 400MPa，但随着材料强度的提高，特别是强度超过1 200MPa时，延迟断裂就变得十分突出。因此，抗延迟断裂高强度螺栓钢的开发是当前国内外研究热点，并开发出了一系列抗延迟断裂性能优良的高强度螺栓钢，如日本住友金属的 ADS 系列、神户制铁的 KNDS 系列以及中国钢铁研究总院的 ADF 系列等。

2.3　高性能微合金非调质钢

20 世纪 70 年代，德国 THYSSEN 钢公司率先开发了中碳微合金非调质钢——析出强化型铁素体－珠光体中碳锻钢 49MnVS3，用于制造汽车曲轴，其后，日本等国也相继研制成不同牌号的钒系中碳微合金非调质钢。微合金非调质钢是在中碳钢中添加微合金元素（V、Ti、Nb），通过控制轧制和控制冷却，在铁素体－珠光体组织中弥散析出碳氮化物为强化相，使之强度和硬度达到调质钢的水平，而省略调质处理的钢种。

铁素体－珠光体型微合金非调质钢韧性低，限制了其应用范围。为了提高非调质钢的韧性，一方面在铁素体－珠光体基体上，通过改变其化学成分和组织形态，提高其韧性；另一方面，是改变基体的组织，以提高其韧性。

2.4　弹簧钢

汽车用弹簧钢主要分悬架用弹簧钢和气门弹簧用弹簧钢，而悬架弹簧可分为螺旋弹簧、钢板弹簧和扭杆弹簧。

目前，弹簧钢的发展趋势是高性能、经济性和轻量化。减轻弹簧质量的主要手段有弹簧的高强度化、改变弹簧的形状和改变弹簧材料。由于弹簧的质量与设计应力的平方成正比，所以减轻弹簧质量最有效的方法是提高弹簧的设计应力。为了提高弹簧的设计应力，需提高弹簧钢的强度（硬度）。

（资料来源：张继魁、王保忠、董伦）

我国汽车工业钢材需求分析与预测

汽车工业是产业关联度高、规模效益显著、资金和技术密集度大的重要产业之一。钢铁材料又是汽车生产的主要原料之一。随着汽车工业的蓬勃发展，对钢铁产品的需求总量不断加大，更对钢材品种的要求逐渐提高。研究汽车工业用钢现状并给出合理的需求预测，对于汽车工业和钢铁工业的发展都有着至关重要的现实意义。

一、世界汽车工业用钢现状分析

目前，全世界汽车年度总产量接近6 000万辆。全球的粗钢总产量达 8 亿吨，每年仅汽车行业消费的钢材折合成粗钢约为 1.5 亿吨，占全球粗钢总产量近 20%；另一方面，汽车用钢材均为高附加值产品，需求量大、价格较高、市场前景看好，这样的利润动力推动着世界各主要钢铁企业都将汽车用钢材列为最重要的开发、生产和推销的产品。世界汽车工业需要耗费大量的钢铁材料，而其他各种材料都在不断发展，期望在汽车用材市场中占有一席之地，这就使钢铁所占汽车用材的份额受到很大威胁，但是作为主要原料的地位不会发生大的变化，如表 1 所示。

表 1　世界汽车设计用材重量比

材料	1980 年	1990 年	2000 年
钢铁（%）	69	66	51
铝（%）	4	5.5	12.5
塑料（%）	9	12.5	18
辅件（%）	18	16	19

二、我国汽车工业用钢特点

1. 钢铁仍是我国汽车产业的主流材料

虽然从整体趋势上可以看出钢铁的使用份额有所下降，但如图 1 所示，钢铁仍是汽车行业的主要原料之一。在短期内，汽车行业对钢铁的需求仍然会有增无减。

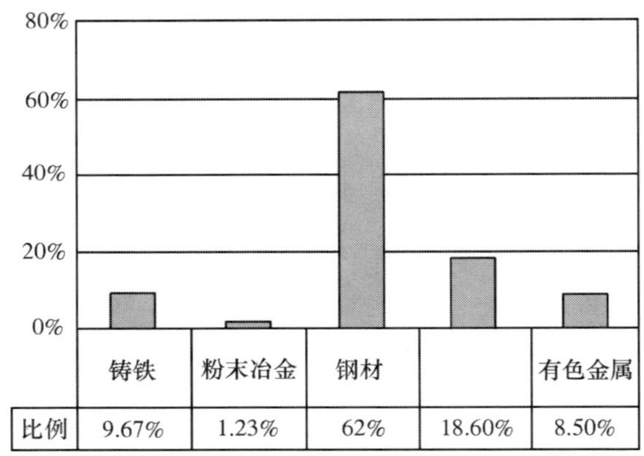

图 1　中国汽车（轿车）用材构成比

2. 我国汽车用钢量增幅显著

我国的汽车工业近几年发展迅速，从 1998 年开始，汽车销售量大幅增加，2002 年我国汽车产量为 325 万辆，2003 年汽车产量达到 444 万辆，增长速度超过 35%。同时，2002 年我国用于整车制造的钢材就达到 589 万吨，2003 年达到 739 万吨，增长速度为 25.5%，大大地超过了我国当年钢铁生产量的增长速度 13.1%。但就目前而言，汽车所用钢材占全部钢铁产量比率（按 1996 年钢材产量计算）：中国 6.8%，日本 19%，美国 21.4%，世界平均为 22%。从以上的数字看出，中国钢铁非金属材料工业似乎没有充分发挥其应有的作用，还有待于提高我国汽车的钢材需求能力。

3. 我国汽车用钢很多依靠进口

作为高附加值的钢铁产品——汽车用钢材，在过去的很长一段时间，我国市场一直被进口产品垄断，其主要原因是我国汽车行业发展较发达国家要晚，况且我国国内生产的主要车型大多是从国外引进的，国产钢材的品种、质量、规格不能满足轿车车型所用钢材的要求。目前能大量生产汽车用钢板的有宝钢和武钢，但40%左右的汽车用钢材还是来自于国外。我国各大钢铁企业已经看到了汽车用钢的商机，并在积极地与跨国钢铁企业联合生产和开发汽车用钢，例如在2003年年末，鞍钢与德国蒂森—克虏伯公司合资建成我国生产能力最大的汽车精品板材生产线。

三、我国汽车工业用钢需求预测

1. 我国汽车消费量预测

汽车工业的发展与经济发展是紧密相连的，从世界汽车工业的发展进程来看，汽车消费量发展与人均GDP有一定的关系。以轿车为例，人均GDP与千人轿车拥有量的关系为，当人均GDP小于500美元，千人拥有量小于10辆；当人均GDP为500～1 000美元，千人拥有量为10～20辆；当人均GDP为1 000～2 000美元，千人拥有量为20～40辆；当人均GDP为2 000～5 000美元，千人拥有量50～100辆；当人均GDP为5 000～10 000美元，千人拥有量为100～200辆；当人均GDP大于10 000美元，千人拥有量达到300辆以上。

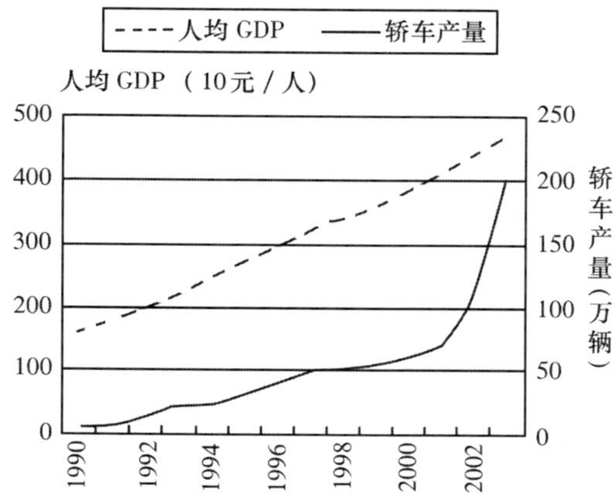

注：由于图形比较的需要，选择将人均GDP的单位定为10元/人，轿车的产量单位定为万辆。

图2 国内轿车产量与人均GDP的发展趋势比较

2003年我国人均GDP为550美元以上，而事实上，我国的轿车千人拥有量仅为1.2辆，远远低于应该拥有的数值，并且我国人均GDP的大幅增长也是汽车工业快速发展的有利前提，如图2所示。

我国历年货车、客车、轿车三大类型的销售量、增长率，如表2所示。

表2 历年汽车三大类型的销售量比较 （单位：万辆）

	货车		客车		轿车		总量	
	销售量	增长率（%）	销售量	增长率（%）	销售量	增长率（%）	销售量	增长率（%）
1993	88.06	—	29.09	—	20.05	—	137.2	—
1994	87	1.2	30.5	4.85	25	24.69	142.5	3.86
1995	71.8	-17.47	38.13	25.02	32.5	30	142.43	-0.05
1996	66.5	-7.38	40	4.9	46	41.54	152.5	7.07
1997	66.86	54	42.11	5.28	55.46	20.57	164.43	7.82
1998	65.81	-1.57	43.67	3.7	54.72	-1.33	164.2	-0.14
1999	75.08	14.09	51.22	17.29	60.5	10.56	186.8	13.76
2000	75.65	0.76	70.75	383.1	62.5	3.31	208.9	11.83
2001	81.96	8.34	83	17.31	72.73	16.37	237.69	13.78
2002	107.66	31.36	104.54	25.95	112.61	54.83	324.81	36.65
2003	135.35	21.76	130.35	22.78	134.21	19.18	399.91	23.12

资料来源：中国钢铁工业协会“钢材市场需求预测及钢铁工业发展战略的若干建议”

通过对表2中我国三大车型销售量的平均增长率的推算，货车的平均年度增长率为12.87%，客车的平均年度增长率为15.78%，轿车的平均年度增长率为22.24%，再选择合理的基期数据可得到具体汽车产量预测值，结果如表3所示。

表3 我国汽车产量预测 （单位：万辆）

年份	货车	客车	轿车	总量
2005	150～170	150～170	190～230	490～570
2010	230～280	270～330	390～510	890～1120

2. 我国汽车用钢的需求预测

由汽车行业分析可知，目前我国货车的平均用钢量为2.520 7吨/辆，载客车的平均用钢量为1.062 吨/辆，轿车的平均用钢量为0.841 5吨/辆。由以上三种主要车型单体用钢量以及对未来汽车产量的估计可得知2005年以及2010年的汽车总的用钢量，如表4所示。

表4　我国汽车用钢量的估计区间

（单位：万吨）

年份	货车	客车	轿车	总量
2005	378.1 ~ 428.5	159.3 ~ 180.5	159.9 ~ 193.5	697.3 ~ 802.6
2010	579.8 ~ 705.8	286.7 ~ 350.5	328.2 ~ 429.2	1194.7 ~ 1485.4

汽车行业不仅仅在整车制造上大量使用钢材，而且还在配件配套用材上大量使用钢材。根据汽车行业的分析，每辆汽车的维修配件平均需消耗钢材0.156吨，整车生产每辆需配套相关行业耗材0.151吨。考虑整车用钢、配套配件用钢，可以预测2005年和2010年的汽车用钢总需求量。见表5。

表5　汽车用钢的总需求量预测

（单位：万吨）

	2005年	2010年
整车用钢	697.3 ~ 802.6	1 194.7 ~ 1 485.4
配套件用钢	404.0 ~ 436.1	684.4 ~ 769.1
合　计	1 101.3 ~ 1 238.7	1 879.1 ~ 2 254.5

3. 我国汽车用钢品种的需求量预测

普通汽车的用钢品种构成比例为，钢板约占54%（轿车占70%），优质钢占30%，型钢6%，带钢6.5%，钢管2.5%，金属制品及其他占1%。我国汽车用钢材不同品种的需求量预测如表6所示。

表6　汽车用钢品种的需求量预测

（单位：万吨）

类　型	2005年	2010年
钢　板	594.7 ~ 668.9	1 014.7 ~ 1 217.5
优质钢	330.4 ~ 371.6	563.7 ~ 676.4
型　钢	66.1 ~ 74.3	112.7 ~ 135.3
带　钢	71.6 ~ 80.5	122.1 ~ 146.5
钢　管	27.5 ~ 31.0	47.0 ~ 56.4
其　他	11.0 ~ 12.4	18.8 ~ 22.5
合　计	1 101.3 ~ 1 238.7	1 879.1 ~ 2 254.5

（资料来源：东北大学工商管理学院王鹤）

汽车用高性能粉末冶金零部件产业化市场与技术分析

对于汽车用结构零部件，所用材料目前仍主要以钢铁材料为主，其中可用于粉末冶金的结构材料主要是铁系、低合金钢系、不锈钢系等。其用量大，技术已进入商业期。其制造工艺有粉末冶金、铸造、锻造、冲压、机械加工等。其中由于粉末冶金技术是一种节能、环保、产品性能优异、精度高且稳定、适合大批量生产的少或无切削的高效金属成形工艺，同时又是一种制造特殊材料的技术。故备受世界汽车工业界的重视，像美国的福特、通用，日本的丰田、马自达、本田等均有自己的粉末冶金事业部。

汽车工业的蓬勃发展，必将极大地带动粉末冶金工业的发展，因为在国外粉末冶金制品的70% ~80%用于汽车工业。因此，这就给为汽车零部件配套的粉末冶金行业带来生机。同时，随着我国加入WTO后经济的日益国际化，为扩大我国粉末冶金产品出口提供现实的机遇，我们的企业应该抓住机遇，提高产品质量和水平，努力实施国际市场的多元化战略。另外，我们也应该看到自身的不足和危机，首先，汽车零部件全球采购体系逐渐形成，我国粉末冶金企业要想进入这个市场已绝非易事。例如，我国粉末冶金行业在2002年为汽车配套的比例只占41%。其次，企业自身的产品开发能力也较弱，尚不能满足汽车零部件的市场需求。第三，目前外资大举进入我国粉末冶金行业的趋势势不可挡，我国台湾省的粉末冶金企业也纷纷来内地投资建厂，仅广东就有11家台资粉末冶金企业。北京现代在北京和天津已经建成了独资的粉末冶金零部件配套厂并投产。由此可见，国外公司本身就具备资金、产品、技术等方面的优势，在我国建厂后通过采取人员本地化和采购本地化的策略，使成本降低，与国内企业竞争，势必加剧国内市场的竞争。

一、国内外铁基粉末冶金零部件现状

1. 国内外市场需求状况

对于汽车工业，目前汽车用粉末冶金件累计已超过100种，高性能铁基粉末冶金件已经相当普遍地应用于传动装置、发动机等各个方面。从使用量看，2001年每部美国汽车中的粉末冶金件重达16kg，而未来十年内将达到25kg。一些大型运输车上使用的粉末冶金零件甚至超过了22.6kg。欧洲每辆轿车中使用的粉末冶金零件为7.3kg，日本为7.1kg，而我国目前每部汽车使用的粉末冶金零部件仅为3 ~6kg。从使用比例看，2002年中国粉末冶金零件产量为2.65万吨，用于汽车的粉末冶金零件为1.09万吨，即使用了41%，而美国和加拿大为70%；欧洲为80%；日本为84%。

从我国整个粉末冶金应用领域，到2005年粉末冶金国内总需求量将达到8.67万吨（见表1），市场份额为40亿

元左右。而目前世界仅粉末冶金结构件总需求量已达到60万吨，销售收入可达210亿元，我国产量仅占5%左右。2003年美国黑色粉末冶金产品的销售总计达到了20亿美元左右的市场规模。预计在未来的5年内，黑色粉末冶金产品销售的AAGR将为6.5%。近年来我国铁基粉末冶金零件产量正在快速增长（见表2），2002年铁基结构件比上一年增长了39.1%。到2005年国内铁基粉末冶金件产量将达到6.8万吨，市场份额为32亿元左右。

表1　近年我国粉末冶金零件需求量统计和预测

（单位：吨）

应用领域	2000年	2001年	2002年	2005年	备　注
汽车业	8 201	8 723	10 939	29 250	按6.5千克/辆计
摩托车	4 781	3 901	6 248	22 500	按1.5千克/辆计
家　电	7 372	8 382	9 968	16 798	按年增19%计
农　机	3 500	2 793	3 209	4 271	按年增10%计
其　他	6 356	7 408	8 661	13 871	按年增17%计
总　计	30 210	31 207	39 025	86 690	

表2　近年我国铁基粉末冶金零件产量统计

（单位：吨）

零件类别	2000年	2001年	2002年	2005年	备　注
结构零件	20 271	19 067	26 519	58 262	按年增30%计
含油轴承	5 251	8 158	7 890	—	按年增30%计
摩擦零件	979	259	275	—	按年增30%计
总　计	26 501	27 484	34 684	67 742	

注：铜基粉末冶金零件未统计在内。

从我国汽车产量和粉末冶金零件的使用量（表3），到2005年我国汽车需求量预计为600余万辆，届时汽车用粉末冶金件市场容量为2.93万吨，销售收入可达19亿元。到2010年我国汽车总产量达到1 000万辆计算，汽车用粉末冶金件将达到7.6万吨，销售收入将达到50亿元左右。对于北京汽车工业市场，由于三大汽车厂的设计生产能力到2005年为58万辆，届时粉末冶金件需求量将达到3 770吨，销售收入将为2.5亿元。另外，按北京汽车工业的规划，北京顺义汽车城到2010年，生产能力将达到轿车70万辆，越野车15万辆，届时北京市粉末冶金零件市场容量为5 780余吨，销售收入约3.75亿元。

表3　全国和北京市汽车产量、结构件需求量

类　别		2001年	2002年	2003年	2005年
全国	汽车产量（万辆）	234	325	400	600
	粉末冶金件（吨）	9 360	13 000	15 600	29 250
北京	汽车产量（万辆）	13.65	21	—	58
	粉末冶金件（吨）	546	840	—	3 770

总之，我国的粉末冶金零件产量占世界市场份额的比例较小，发展空间大，尤其是汽车用粉末冶金零件。

2. 汽车用粉末冶金零部件生产企业状况

在粉末冶金制品方面，国内企业已能生产强度较高、形状复杂的粉末冶金零件，如轿车配套用正时带轮、摩托车配套用初级从动齿轮等结构零件。但是，部分中、高档粉末冶金零件（如别克轿车粉末冶金零件）还需进口。国内目前专业生产粉末冶金汽车结构零件的主要厂家有：重庆华孚粉末冶金有限公司；宁波东睦新材料股份有限公司；东风汽车粉末冶金厂；南京粉末冶金厂；上海汽车股份粉末冶金公司。这些企业的汽车用粉末冶金零件的产量约占2000年以来整个行业的60%～70%，具体见表4。

表4　中国主要粉末冶金零件企业产量

（单位：吨）

单位名称	2000年	2001年	2002年
重庆华孚粉末冶金有限公司	2 182	2 562	3 200
宁波东睦新材料股份有限公司	1 310	1 512	961
南京粉末冶金厂	505	509	798
东风汽车公司粉末冶金厂	480	640	760
上海汽车股份粉末冶金公司	507	597	680
总　计	4 984	5 820	6 399

在国外，粉末冶金机械零件的生产主要以欧美、东亚等国家的垄断为主，尤其是高性能粉末冶金零件。而且粉末冶金零件生产的全球化趋势日益增强，出现的跨国公司越来越多。英国GKN集团是全球最大粉末冶金零件生产企业，它于1997年5月花5.7亿美元购进世界上最大的粉末冶金零件生产厂——美国SinterMetals Corp.。从而使GKN集团成为在美、英、德、瑞典、印度、墨西哥等国拥有22个粉末冶金厂和两个合资厂的大集团。这些厂1997年的销售额达5.3亿美元。

表5　近年亚洲铁基粉末冶金零件生产统计

（单位：吨）

地　区	2000年	2001年	2002年
日　本	88 200	83 200	86 700
中　国	26 501	27 487	34 684
韩　国	22 550	26 160	23 746
中国台湾省	18 850	15 000	20 000
马来西亚	4 573	4 494	5 008
新加坡	980	768	905
泰　国	2 021	2 366	3 488

表5列出了近年来亚洲主要的粉末冶金零件生产量概况，日本是产量最大的国家。目前，日本的粉末冶金生产厂约达上百家，年销售额共达10亿美元，其中住友、日立

和三菱这3家即占市场份额的60%。可见日本粉末冶金零件生产企业的集中化程度很高。日本住友电工（株）的粉末冶金事业部，是日本最大的粉末冶金零件生产厂家。日本日立和三菱粉末冶金公司，它们除在本国设厂外，在东南亚、北美等设有粉冶零件生产厂，年销售额为2亿美元以上。

对比国外相关企业可以看到，国内生产高性能汽车用粉末冶金零部件的骨干企业不足10家，而且国内企业一是在产业规模、装备水平上差距巨大；二是普遍存在产品开发能力差，尤其是高性能汽车用粉末冶金零部件开发能力弱。

3. 高性能粉末冶金制品的工艺技术

目前，汽车工业使用的粉末冶金零部件可分为两类，一类是只能用粉末冶金法，而不能用其他方法制造的，例如含油轴承、摩擦零件、多孔性金属制品、硬质合金及难熔金属制品等；另一类是烧结机械结构零件。采用粉末冶金工艺制造的烧结钢零件，与传统铸造、锻造成材而后机械加工、热处理等制成零件相比，具有节能、省材、可直接制造高度复杂形状零件的优势。因此，在汽车、摩托车零件的生产领域中有更多取代传统工艺的可能性。粉末冶金结构件在汽车上的具体应用主要有：带轮，链轮，齿毂，凸轮，连杆，阀座等。从整体看，粉末冶金汽车用结构材料朝着中高强度、高精度零件发展。粉末冶金制品的极限抗拉强度应该达到689MPa，屈服强度达到552MPa，延伸率超过2%。有些汽车零件还要求耐热、耐磨和耐腐蚀等性能。另外，为了节约成本，减少加工工序和加工量，零部件朝着复杂形状和极近终形发展。这就促使了粉末冶金在产业化方面的制造工艺和材料方面的不断创新，如温压工艺、模壁润滑和注射成形等先进加工技术。

总之，粉末冶金零部件已越来越多地用于汽车工业，国外已达到70%~80%，市场需求巨大。而汽车用粉末冶金材料和技术的研究开发，以及产业化方面，美国仍处于世界领先地位，但最近5年来，欧洲和亚洲许多国家粉末冶金业的兴起，已使市场竞争的态势更趋激烈。其中，欧洲粉末冶金业在材料的改进、先进工艺技术开发、粉末冶金新领域的开拓等方面，均处于领先地位。从工艺技术发展方面讲，成形工艺主要以传统模压为主，未来向模壁润滑、温压、注射成形方向发展。而且近5年来，压缩烧结粉末冶金发展较快，其增长速度达10%。产品方面，采用压缩—烧结工艺生产的高密度粉末冶金制品最具市场潜力，其应用已进入汽车、摩托车和家电行业等领域。粉末冶金总体发展趋势是，以汽车配套为主，向提高粉末冶金零件密度、强度、尺寸精度、复杂形状方向发展，同时扩大粉末冶金制品应用领域。

（资料来源：安泰科技股份有限公司研发中心闫来成、曹勇家）

汽车快速增长拉动车用橡胶制品和材料发展

业内专家预计，到2005年初，在2004年抑制汽车市场发展因素的作用会减弱，预计汽车市场将会有新一轮增长，我国汽车工业由超常规增长逐渐向较快速增长状态过渡，中长期看我国汽车工业发展前景广阔，未来十年我国汽车业将以10%~15%的速度增长，2010年将达到800万辆，2020年将达到1 200万辆左右。汽车工业快速发展对车用橡胶制品和材料提出新的要求，也刺激和带动了橡胶制品和材料业的发展，橡胶制品是汽车重要配件，每辆车上多达400~500个，若2004年汽车按522万辆产量计算，汽车用各种橡胶制品（除轮胎外）需求量如下：骨架油封2.08亿件；复合密封条1.5亿米；V带1.67亿条；同步带1 958万辆；多楔带1 568条；皮膜、隔膜1.31亿件；液压制动皮碗3.85亿件；胶管3.62亿标米；减震制品1.28亿只等。汽车工业的发展给车用橡胶制品和材料带来难得的发展机遇和良好的市场前景。

汽车用橡胶制品及材料

——汽车胶管

2003年我国汽车用胶管企业约20余家，年产量约为1.6亿标米，国产化率约为48%左右，随着胶管需求的快速增加，目前有数家合资建设规模化胶管生产线。我国汽车胶管总体来看生产企业规模偏小、布点分散、技术力量薄弱、生产工艺和设备比较落后、新产品开发缓慢，从生产能力来看，普通汽车用胶管市场供大于求，而高档轿车所需要胶管远不能满足需求，目前合资引进车型，胶管国产化率不足40%，高档轿车国产配套率仅为5%。因此今后汽车胶管工业应紧跟国际潮流，开发高性能、汽车专用的胶管制品。燃油胶管，由于无铅汽油的使用，并向高氧化值方向发展，导致燃油对橡胶的腐蚀性增大，因此燃油胶管的内层必须具备良好的耐燃油性能。其内胶层已发展到用氟橡胶、氯醇橡胶或丙烯酸酯橡胶代替丁腈橡胶，以降低燃油渗透率和进一步改进耐热性能。空调胶管，随着新型环保制冷剂R134a的应用，空调胶管的结构和材料变化很大，内胶层采用树脂和氯化丁基橡胶和三元乙丙橡胶的结构成为空调胶管的最佳组合。散热器胶管，随着汽车向节能和低污染方向发展，近年来发动机舱温度提升了15~50℃，因此原来采用硫磺硫化体系生产的散热器胶管逐渐被用过氧化氢体系生产产品所替代，主要采用的材料为三元乙丙橡胶。制动胶管，由于免保轿车出现、制动流体工作环境温度的提高和高沸点制动流体的使用，目前制动胶管内胶层有采用三元乙丙橡胶替代丁苯橡胶趋势，国外制动胶管内外胶层多为三元乙丙橡胶，增强层使用聚酯、聚乙烯醇或人造丝纤维等。内胶层可以用耐压聚酸胺，外胶层使用氯磺化聚乙烯。动力转向胶管，目前胶管内外层采用由丁腈橡胶和氯丁橡胶向氢化丁腈橡胶、氯磺化聚乙烯、氯化聚乙烯、丙烯酸酯橡胶转变，增强层采用尼龙66为主。涡轮增压器胶管，该类胶管最大要求就是具有良好耐热性能，在国外涡轮增压胶管目前采用全橡胶结构，即内胶层由氟橡胶和耐热性好的硅橡胶组成，增强层用高强度芳酰胺纤维针织组成，外胶层采用硅橡胶。

——汽车油封

油封是一种高技术含量的精密橡胶零件，经过近十年发展，目前我国油封年需求量超过4亿件以上，其中为汽车主机厂配套的汽车用油封1亿件以上。随着我国汽车工业发展为油封发展提供广阔市场和良好机遇，通过技术引进和产品结构调整，我国油封工业加快新技术应用和新产品开发，产品性能、质量和品种有了较大幅度提高，特别是技术含量较高的汽车发动机、变速箱、汽门油封；氟橡胶、丙烯酸酯橡胶、氢化丁腈橡胶、聚四氟乙烯油封及复合型特殊油封在制造技术上有了明显进步。尤为关键的是今后国内油封生产企业重点从油封流体动力学入手，开发出拥有自主知识产权的高性能制品。未来油封的发展趋势是复合型油封；采用铝骨架粘合氟橡胶，使用注射硫化工艺制作而成的整体油封；聚四氟乙烯组合油封；在油封唇口部位贴合聚四氟乙烯片，在聚四氟乙烯片中添加玻璃纤维、石墨、二硫化钼等贴合聚四氟乙烯油封。

——汽车密封条

据不完全统计，目前我国拥有40余家生产汽车橡胶密封条生产企业，引进国外先进的汽车橡胶密封条挤出生产线40，年生产能力约为1.7亿米，实际产量约为1亿米左右。橡胶密封条材料基材是三元乙丙橡胶，为了满足对不同类型和不同安装部位的汽车密封条，要求采用不同性能的三元乙丙橡胶混炼胶制作。用在汽车密封条的热塑弹性体材料主要有聚烯烃热塑弹性体（TPV），高分子量TPV，用作汽车玻璃导槽密封条的挤出用料，更可用作汽车密封条的接角材料；此外水发泡海绵状TPV在国外已研制成功，在汽车橡胶密封条上得到广泛应用，成为取代海绵橡胶制作汽车密封条的新趋向；另外TPV着色工艺简单方便，已作为汽车橡胶密封条的外装饰材料，目前彩色TPV和彩色橡胶在线共挤包覆橡胶密封条技术，国内数家汽车密封条企业已引进应用。

——汽车减震橡胶制品

随着汽车工业的发展，尤其是对安全性、舒适性和驾驶易操作性要求越来越高，汽车减震制品用量逐年增加，2003年国内汽车减震橡胶制品需求量约为1.25亿只，高档轿车生产数量增加，汽车用减震橡胶制品需求增长速度更快，一辆高档轿车上减震橡胶制品高达60件左右。我国汽车用减震制品今后发展方向是开发标准化、系列化，重点是国外已成功应用的液压减震器和扭转减震器；提高检验和测试技术水平；开发新型减震橡胶材料，今后橡胶减震材料开发应进一步提高耐热性；开发低动倍率、高阻尼的新型弹性体材料，如在天然橡胶中加人40～50份经过树脂乳液处理的短纤维，可以明显提高减震橡胶制品的动态性能。

——汽车传动带

汽车传动带主要有V形带和同步齿轮带两大类，我国轿车用传动带特别是同步齿轮带生产起步较晚，虽然经过引进国外先进技术和设备，生产产品基本满足轿车的需要，但是质量、性能与国外同类产品相比尚有一定差距。2003年我国汽车用V形带产量约为4.2亿米，同步带产量1200万条左右。目前我国传动带主要采用氯丁橡胶、氯磺化聚乙烯、氯化聚乙烯、氢化丁腈橡胶和丁苯橡胶等作为主体材料。目前我国传动带整体水平较差，不仅产品质量不稳定，使用寿命较短，而且所需原材料较少，性能较差，骨架材料主要依赖进口，尤其是使用的材料比较落后，如国外汽车V形带主体材料主要采用氯丁橡胶和氢化丁腈橡胶，骨架材料主要选用聚酯帘线、芳纶帘线，而国内主要使用氯丁橡胶，氢化丁腈橡胶很少使用；骨架材料则主要选择人造丝和玻璃纤维。汽车同步带国外主体材料选用氯磺化聚乙烯和氢化丁腈橡胶，骨架材料为玻璃纤维；而国外主要采用氢化丁腈橡胶/异丁烯酸锌复合材料，耐寒氢化丁腈橡胶，骨架材料为芳纶帘线。因此今后国内传动带制作应尽快由传统的氯丁橡胶和氯磺化聚乙烯橡胶向氢化丁腈橡胶过渡，同时骨架材料应立足国内开发解决。

——其他橡胶制品

除以上介绍的汽车用橡胶制品外，重要品种还有制动皮膜和皮碗、防尘罩等。今后应重点发展采用氟硅橡胶、聚酯织物为骨架材料制作而成的轿车用供油压力调节器膜片；采用聚化聚乙烯制备更多汽车用膜片。作为防尘罩用的材质，最重要需求就是耐候性好，而且要根据使用部位需要耐屈折、耐油、耐磨的特性，等速万向节一般采用氯丁橡胶，但是随着耐热性能提高，采用热塑弹性体逐渐增加，在欧美，大部分轿车上都使用聚酯类热塑弹性体来制作防尘罩，这类材料既能满足耐候、耐油、耐热的要求，同时还可以实现汽车的轻量化。

汽车用橡胶制品对材料及助剂的需求

汽车用橡胶制品（不包括轮胎）需求有一部分天然橡胶和通用合成橡胶，但更多的是性能更优异的特种橡胶制品。我国目前汽车橡胶配件中主体材料多为传统橡胶制品，如NR、SBR、CR、NBR和EPDM等，而ACM、FKM、SI、HNBR（氢化丁腈橡胶）、TPE（聚氨酯弹性体）等特种新型橡胶仅有少量应用，其中最主要原因是我国特种橡胶产品极少，生产没有形成规模，产品没有形成系列化，很多品种需要依赖国外进口，在某种程度限制和影响了我国汽车用橡胶制品向高性能领域发展，此外国内对这些特种橡胶研究开发不够，汽车工业的快速发展，对汽车用橡胶制品在质量、性能和数量上提出了更高要求，因此在某种意义上也刺激了我国特种橡胶工业的发展。国外汽车橡胶制品企业在大量使用ACM、HNBR、FKM、SI、CHC、氯磺化聚乙烯等特种橡胶品种外，还不断开发和应用性能独特的专用胶种，国外开发的EPDM/有机硅改性橡胶制品在耐热性、耐候性、压缩永久变形性能方面优于硅橡胶，既可用硫磺硫化，又可用过氧化物硫化，适用于多种成型方式，因此可用于硅橡胶或乙丙橡胶不能适应的场合，主要用于汽车上减震材料等。

为了适应特种橡胶材料大量使用和汽车环保安全性能的要求，汽车用橡胶制品对硫化、加工助剂也提出更高更新要求，目前在助剂方面存在主要问题有：一是主要为通用型橡胶助剂，而专门针对特种橡胶材料加工应用的助剂很少，如ACM、FKM等橡胶使用防老剂、促进剂等；二是大量有毒橡胶助剂在使用，如萘胺类防老剂、由伯胺为原料合成的硫化促进剂品种等，严重影响了汽车的安全性和环保绿色化进程；三是橡胶加工助剂，尤其高性能加工助剂缺乏，如国外普遍使用的超细白炭黑、不溶性硫磺、分散剂、脱模剂、硫化返原剂等。助剂领域应特别关注纳米白炭黑、高性能不溶性硫磺、三嗪类硫化剂、ACM专用的防老剂TK-100、环保型硫化促进剂NS、分散剂T-78等。

发展建议

我国汽车工业正处于上规模、上档次、上水平的高速发展时期，越来越多的高新技术应用汽车尤其是轿车的生产与制造过程中，与之相配套的橡胶制品迎来了难得的发展机遇和广阔的市场空间。

特别值得石油化工界重视的汽车用橡胶制品对材料和助剂提出更高要求，尤其是一些特种橡胶材料成为汽车橡胶制品必需的原材料，这些特种橡胶也成为极具发展前景的高性能新材料。可以充分利用我国氟石资源，采取引进国外资金和技术的方式发展氟橡胶；在国内现有生产基础上，加大有“汽车胶”之称的丙烯酸酯橡胶的生产与应用技术开发；利用吉化公司的EPDM生产装置和兰化丁腈橡胶装置开发高性能的汽车橡胶制品专用的EPDM和丁腈橡胶制品；扩大吉化公司的氯磺化聚乙烯生产装置，尽快采用环保的非四氯化碳溶剂或固相法生产工艺；同时要加强硅橡胶、氯醇橡胶和高性能热塑性聚氨酯弹性体的开发与研究。在加工助剂方面要积极推进绿色化、专用化、高性能化、母粒化、复合化进程，促进汽车橡胶制品加工助剂的本土化。

建筑材料

水泥工业2004年经济运行情况分析

一、水泥工业经济运行状况

1. 水泥产量持续增长，增速放缓

2004年1～11月份，全国累计生产水泥84 703.81万吨，比去年同期增长15.46%。受宏观调控影响，3月份水泥产量增长速度迅速回落，2～4月份增速落差达17个百分点；9月后增长速度开始回升，11月单月水泥产量8 835.41万吨，创历史新高（见图1）。全国水泥产量变化特征可以概括为：总量继续扩大，但发展速度逐步趋缓。从全国各省来看，各地水泥行业的发展非常不均衡。水泥产量最高的地区是山东省。自1994年以来山东省连续11年位居产量榜首，到目前为止，2004年山东水泥产量突破1亿吨，达1.13亿吨，高出第二位浙江省近4 000万吨，排名第二至第五位的浙江、江苏、河北、广东四省的产量相对比较接近，产量在7 000万吨左右，前五省的水泥合计产量39 816.28万吨，占全国水泥产量的47.01%，其中山东省为13.31%。今年1～11月份，累计水泥产量比去年同期有较高增长的地区是内蒙古、江西、山东、北京和陕西，分别为39.36%、30.49%、28.12%、26.47和24.58%。

2. 水泥价格总体下滑，各地差异明显

进入2004年，全国水泥平均价格呈缓慢下滑趋势（见图2）。区域间的价格落差日趋明显，其中，受宏观调控的影响，华东地区水泥价格下跌幅度最大，浙江地区价格下降了100多元；中南地区水泥价格普遍走低；华北、东北地区价格波动不大，基本持平；西南、西北部分地区水泥价格有所上扬；广州、海口、哈尔滨基本维持在高位。

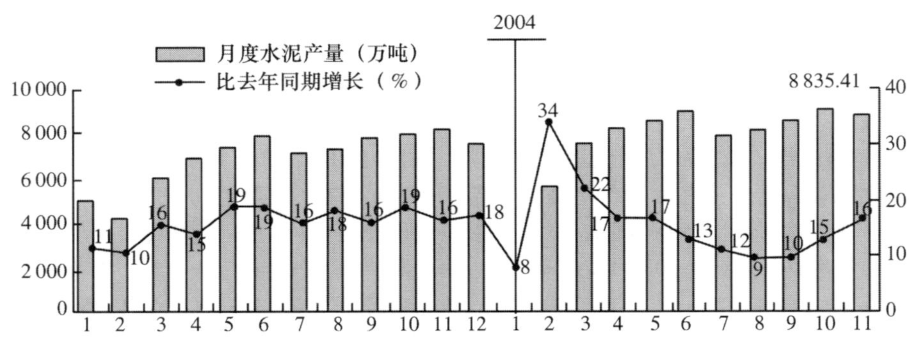

图1　水泥产量

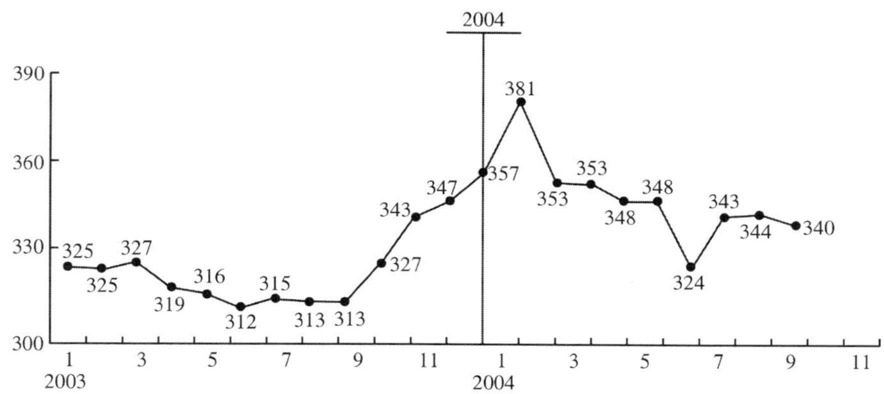

图 2 全国水泥市场平均价格

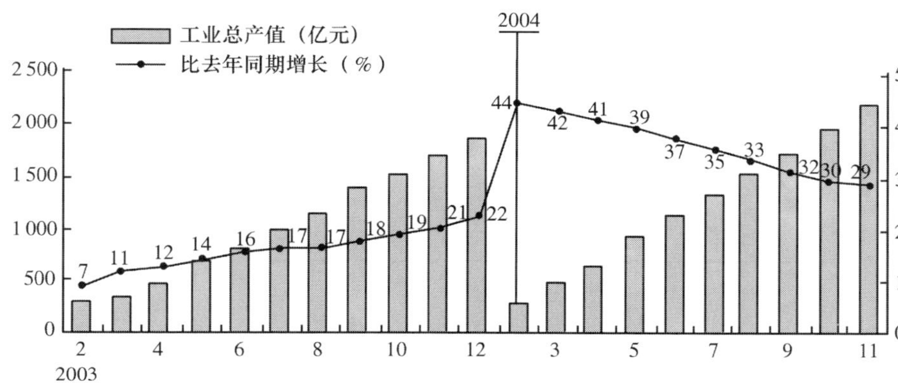

图 3 水泥工业总产值趋势图

3. 行业经济效益继续攀升

（1）水泥工业总产值增速逐月回落

截至 11 月份，全国累计完成水泥工业总产值2 183. 27 亿元。2004 年 1～11 月份水泥行业工业总产值增速直线下降，从 2 月份的 43. 96% 下降到 11 月份的 28. 82%，平均每月下降 1. 5%，但仍大大高于去年同期水平（见图 3）。

1～11 月份，水泥工业总产值排在前五位的分别是山东、浙江、江苏、广东和河北五个省。前五省完成水泥工业总产值1 069. 16亿元，占全国总产值的 49. 93%，其中，山东 14. 83%、浙江 10. 32%。

（2）销售收入总量大幅增长，增速持续走低

截至 11 月底，全国累计水泥销售收入为2 059. 44亿元，净增加 470. 68 亿元。增长速度从 3 月份开始明显放缓，从 44. 57% 下降到 11 月份的 28. 71%。总产值增幅超过 30% 的省份是：内蒙古 59. 12%、吉林 52. 53%、江西 47. 50%、山东 46. 58%、安徽 33. 54%、江苏 32. 88% 和浙江 30. 71%，第三至第七位的均集中在华东地区。

（3）利润创历史新高

2004 年 1～11 月份全国水泥行业累计实现利润 125. 20 亿元，创历史新高，较去年同期增长 38. 36%，净增加 38. 36 亿元，销售利润率达 6. 08%。从图 4 中可以看出，受能源材料上涨因素影响，利润空间明显受到挤压，今年净增加利润空间的走势呈先扬后抑态势，利润摊薄。

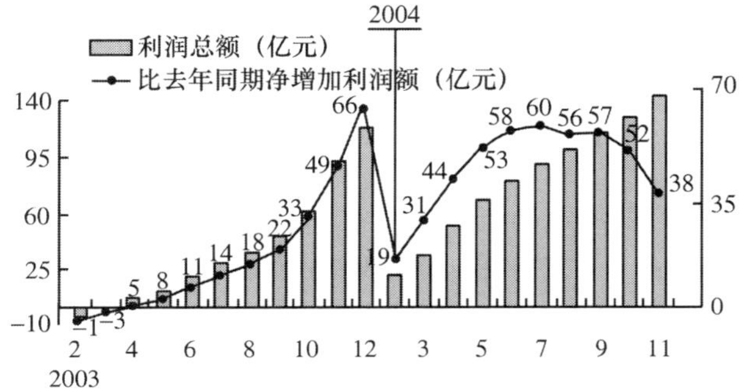

图 4 利润总额趋势图

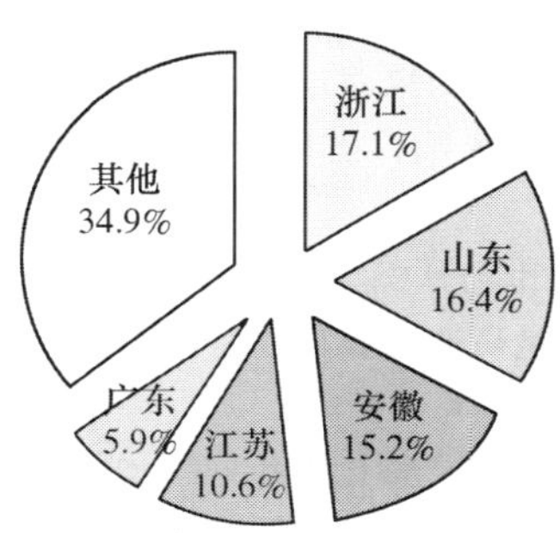

图 5 利润总额比例图

通过对全国30个省的调查，有28个省盈利，3个省亏损。其中，盈利水平较高的地区分别是浙江、山东、安徽、江苏和广东，占全国利润总额的64.84%（见表1、图5）。水泥产量最大的山东省利润排在了第二位，而销售利润率为6.60%，排在第十一位；而水泥产量排在第十位的安徽省的利润总额排在了第三位，销售利润率排在第二位。水泥工业不发达的西部地区西藏、宁夏、内蒙古等地区销售利润率普遍较高，分别为20.84%、17.83%、10.72%（见图6）。

表1　水泥利润总额前5名

省市名称	利润总额（亿元）	比去年同期增加（%）	销售利润率（%）	销售利润率排名
浙江	21.43	9.99	9.68	6
山东	20.61	64.36	6.60	11
安徽	19.17	38.03	18.80	2
江苏	13.31	30.27	6.22	10
广州	7.41	468.64	4.22	18

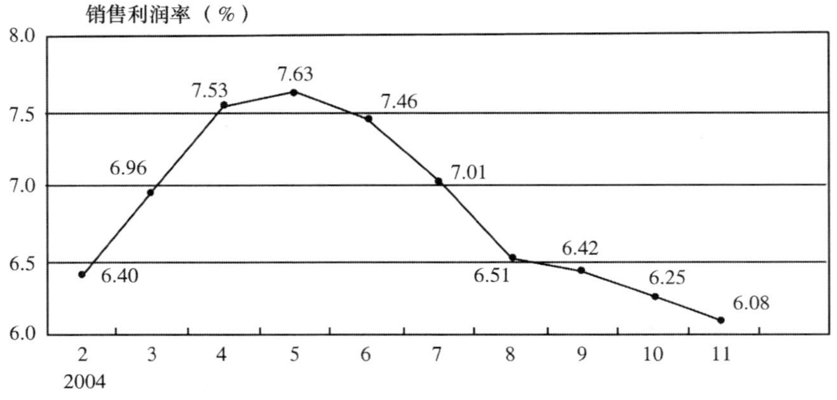

图6　销售利润率趋势图

（4）利税总额增长迅猛

2004年1～11月份，全行业累计上缴税金总额147.89亿元。比去年同期增长25.63%。山东、浙江、江苏、广东和安徽上缴税金67.90亿元，占全行业的45.91%。上海、江西和吉林的增长幅度最快，分别为：58.12%、54.94%和53.79%。

二、水泥工业经济运行分析

1. 固定资产投资分析

2004年1～10月，全国累计完成固定资产投资337.57亿元，比去年增长51.13%，自4月份以来，投资增速呈加快回落态势，表明宏观调控已见成效。但以海螺为首的大型水泥集团在这轮宏观调控中，由于建设程序完备，重视建设条件落实，2004年固定资产投资大幅增长，受国家宏观调控的影响很小；但手续不全，资源、能源、运输及市场条件不落实，随风跟进的许多投资者，在这轮宏观调控中受到了很大影响，出现了不少半拉子工程，投资损失惨重。

2. 供求市场分析

水泥产量高速增长，增速虽明显趋缓，但总量过剩逐步显现

2004年水泥产量比去年同期增加1.1亿吨，总量增长15.46%，预计2004年全年产量将达到9.5亿吨，总量增长很快。水泥产量增速虽然从2月份逐月减缓，但随着宏观调控的深入，总量过剩日趋明显，特别是华东等水泥投资“热点”地区生产能力快速增长，同时，受国家宏观调控和固定资产投资回落影响，需求量逐步减少，供需矛盾日趋尖锐。

水泥出口增加

1～10月份，水泥出口485.95万吨，同比增加14.71%，水泥出口额为1.64亿美元，超过了去年全年水平，止住了连续几年来的下跌走势。海螺成功出口美国，标志着我国非合资企业产品质量标准能够达到发达国家水平，为我国打进发达国家市场树立了榜样。

3. 经济效益分析

经济效益总量上升，增长幅度持续回落

从效益上看，水泥企业效益呈先升后跌态势，原因是由于固定资产投资的惯性作用，上半年水泥需求旺盛，水泥行业整体经济运行质量良好，水泥工业总产值（当年价格）完成1 123.82亿元，同比增长37.49%；产品销售收入达到1 040.04亿元，同比增长38.75%；累计实现利润77.56亿元，同比增长298.01%，创历史新高，特别是大企业集团效益远远高于中小企业。

下半年随着宏观调控的不断深入，固定资产投资大幅回落，需求量减小，截至11月，下半年水泥行业工业总产值完成1 059.45亿元，同比增长28.82%；产品销售收入1 019.4亿元，同比增长28.71%；累计实现利润125.10亿元，同比增长44.17%，从增长速度看明显低于上半年水

平，水泥工业总产值和产品销售收入均降低了10个百分点左右，利润下降幅度更大。

从总体上看，各地区水泥行业的经济效益普遍较好，只有个别地区出现了亏损。其中，利润总额最好的地区是浙江省，销售利润率最好的是安徽省，其利润总额在全国也排在第二位。水泥产量很高的省份，它的利润空间并不一定很好，说明其成本较高。前面提到西部地区西藏、宁夏、内蒙三个地区的销售利润率普遍很高，但其水泥行业并不发达，说明这些地区区域垄断性较强。大型企业靠规模优势好于小型企业，部分地区由于生产能力落后处于亏损状态，纷纷停产。

4. 价格分析

水泥价格与水泥成本反向发展

1~11月份国民经济总体上持续保持高速增长，宏观调控并没有造成经济发展的大幅波动，这是大部分地区水泥市场没有出现大起大落的原因。但与水泥需求息息相关的固定资产投资增速的持续回落，水泥市场需求也随之趋于疲软，价格整体呈下滑趋势。同时与价格持续走低形成鲜明反差的是，煤、电、运紧张得不到缓解，特别是煤炭价格持续上涨，使水泥成本大幅上扬。另外，企业应收账款的增加，导致资金成本的上升，企业成本上升与价格下降的矛盾越来越突出，全行业整体效益逐渐下滑。进入第四季度价格在低位上趋于稳定。

由图7可以看出，自1997年以来，水泥价格均呈一路下滑趋势，今年水泥价格达到1999年以来的最高水平。从图8中可以清晰地看到，这一轮价格的上涨始于去年的9月份，由于固定资产投资的迅速升温，造成了部分地区水泥需求的紧缺，首先在长三角水泥价格迅速飚升，而后波及珠三角和其他一些地区。在国家宏观调控政策的引导下，2004年固定资产投资增速已经日趋平缓，水泥市场需求也随之趋于疲软。同时从图9、图10中看出，从去年5月份起，由于能源供应日益紧缺，价格大幅攀升，尤其是煤炭价格上升的幅度大大高于水泥价格上升的幅度。由于水泥是一种高度的能源依赖型工业品，能源成本在生产成本中大约占50%~60%左右，当能源价格的上涨幅度超过水泥企业所能承受的弹性空间，必然拉动水泥价格上扬，这是一种典型的成本推动效应。此次水泥价格上扬的主要驱动因素源于成本推动，而非需求拉动，价格上升表象的背后是日益突出的能源问题，这也是新一轮水泥价格反弹的真正原因。

图7　1997～2004年全国年度水泥市场平均价格

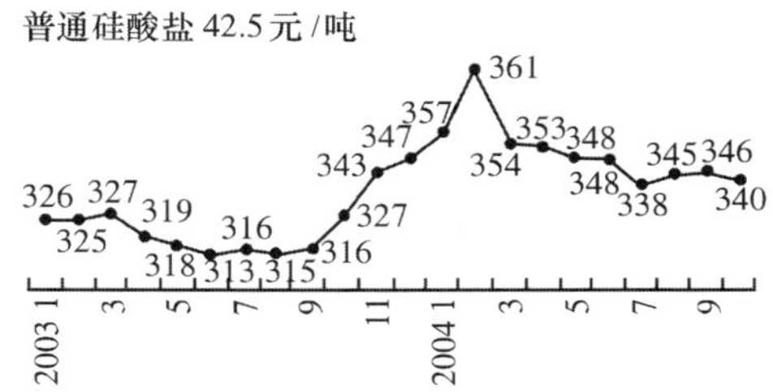

图8　2003～2004年全国月度水泥市场平均价格

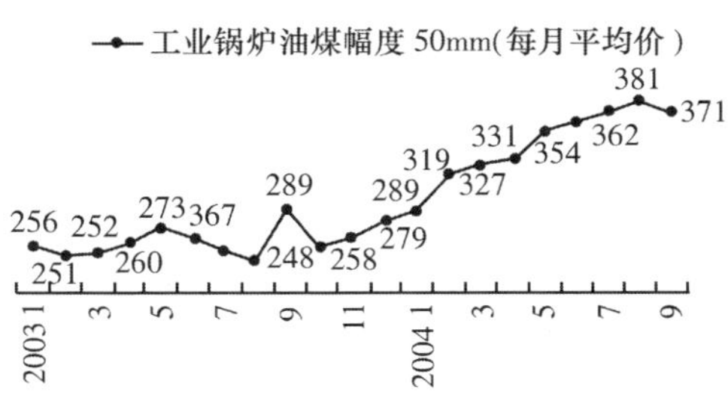

图9　2003～2004年全国煤炭市场平均价格

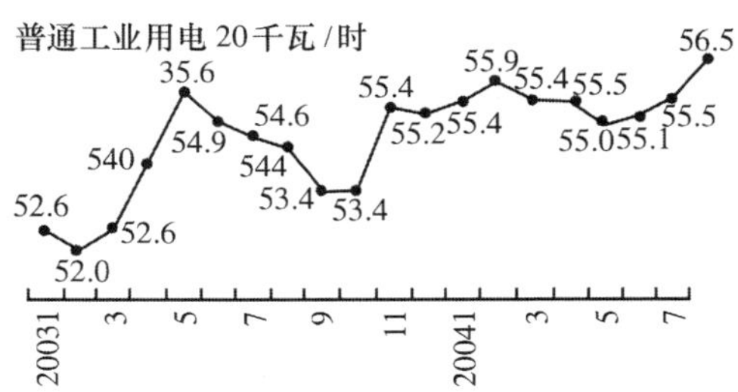

图10　2003～2004年全国工业用电市场平均价格

5. 结构调整

新型干法水泥熟料产能继续快速增长

据中国水泥协会统计，2004年投产新型干法水泥熟料生产线104条，新增熟料产能1亿吨。4 000吨/天以上规模生产线29条，占新增产能的51.24%，大大高于2003年。其中海螺的4条10 000吨/天“巨无霸”生产线格外引人瞩目。2 000吨/天以下规模生产线从数量和产能迅速下降了3倍，新型干法生产线规模大型化趋势明显（见表2）。

表 2　新型干法水泥生产线投产概况

生产线规模	2003 年			2004 年		
	生产线（条）	熟料产能(万吨/年)	比重（%）	生产线（条）	熟料产能(万吨/年)	比重（%）
4 000吨/天以上	12	1 922.00	24.73	29	5 130.50	51.24
2 000～4 000 吨/天	46	3 605.30	46.39	53	4 113.7	41.08
2 000 吨/天以下	66	2 244.40	28.88	22	768.8	7.68
合计	124	7 771.70	100.00	104	10 013.00	100.00

2004 年新建投产的新型干法水泥仍然主要集中在华东地区，占比重的 61.89%，生产线的平均规模大大高于 2003 年，达到3 100吨/天，华东地区的平均规模接近4 000吨/天，中南地区的建设速度大大加快，新建产能是 2003 年的 3 倍。华北、东北地区比 2003 年有较大幅度的下降。浙江、安徽、山东 2004 年形成的熟料产能为：2 455.20万吨、1 317.50万吨和1 310.70万吨，三省约占全国的 50%（见表 3）。

表 3　全国六大地区新建投产新型干法水泥生产线情况

地区	2003 年				2004 年			
	生产线（条）	熟料产能（万吨/年）	比重（%）	平均规模（吨/天）	生产线（条）	熟料产能（万吨/年）	比重（%）	平均规模（吨/天）
华北	17	1 057.10	13.60	2 006	7	573.50	5.73	2 643
东北	7	468.10	6.02	2 157	4	341	3.41	2 750
华东	72	4 845.30	62.35	2 171	51	6 196.9	61.89	3 920
中南	10	579.70	7.46	1 870	20	1 748.4	17.46	2 820
西南	10	341.00	4.39	1 100	12	610.7	6.10	1 642
西北	8	480.50	6.18	1 938	10	542.5	5.42	1 750
合计	124	7 771.70	100.00	2 022	104	10 013.00	100.00	3 106

三、水泥工业经济运行中存在的主要问题

1. 电力短缺严重制约水泥发展

进入2004 年以来，“电荒”警报红灯频闪，不仅经济发达的苏、浙、沪发生“电荒”，全国大部分城市先后出现了拉闸限电现象，电力短缺使水泥生产不能正常运行，频繁停电，对设备损害及运转率影响很大，严重制约水泥产能的发挥。

2. 煤炭涨价，交通运输紧张使水泥成本上升

电力、钢铁、水泥等高耗煤行业的高速发展，给煤炭供应造成极大压力，再加上铁路运输紧张，严格治理公路运输超载使煤炭供应紧张状况雪上加霜，水泥成本因煤、电、运涨价上升了 50～80 元/吨，煤炭、运输已成为制约水泥发展的瓶颈。

3. 总量增速过猛影响水泥产业结构调整

目前，水泥产业结构调整面临的最大困难就是总量增长过猛，有利于产业结构调整的新型干法水泥高速增长，对抑制落后生产能力的增长，挤压小水泥市场起到了巨大作用，但同时，由于消费市场的拉动，落后生产能力退出通道不畅，使水泥在数量上产生叠加效应，落后生产能力与新型干法水泥争资源、争能源，加剧了能源供应、交通运输的紧张局面，影响水泥产业结构取得突破性进展。

4. 水泥行业需要持续发展

据中国水泥协会对水泥投资项目调研结果显示，国家宏观调控对新型干法水泥投资产生了消极影响。水泥企业、设计院、机械制造业反映有的地区在建项目停下来了，有的地区对结构调整有利的新项目也不批了；设计院 4 月份业务高潮就结束了，5 月份没有新签项目。以前签的已收了订金的合同 80% 延期或停止了，已开工的 20% 处于停滞状态；水泥机械制造行业 4 月份以来很少接到新的订单，并有退货情况，项目建设处于休克状态。业内人士担心水泥行业将出现大起大落，如果真是这样，对水泥工业结构调整和可持续发展将产生不可估量的损失。

5. 部分地区市场出现混乱

供需平衡被打乱，部分地区出现恶性竞争，价格战、赊款战频频发生，市场秩序出现混乱，严重损害企业利益和生产的正常运转。

（资料来源：中国水泥协会庄春来　刘作毅）

2004 年建材及非金属矿商品进出口情况

一、2004 年建材及非金属矿商品进出口概况

据海关统计，2004 年建材及非金属矿商品进出口总额

119.49 亿美元，比上年增长 35.1%，同比增长 8.5 个百分点。其中出口 71.18 亿美元，比上年增长 34.4%，同比增长 7.6 个百分点，增长幅度是 1997 年亚洲金融风暴以来的最高水平。2004 年建材及非矿出口总额约占建材工业总产值的 9%。进口 48.31 亿美元，比上年增长 36.2%，增幅为 10 个百分点。进出口贸易顺差 22.87 亿美元，增长 30.61%，占全国贸易顺差的 7.15%。

按出口额排列，前十二名的产品为：钻石、花岗石板材、墙地砖、釉面砖、平板玻璃、卫生陶瓷、玻璃纤维纱、水泥、玻璃纤维织物、夹层玻璃、萤石、导电玻璃。

主要出口产品中出口额增长幅度较大的有 15 种，按同比增长率大小排列分别为：玻璃马赛克为 90.53%，墙地砖为 68.12%，玻璃纤维织物为 63.19%，大理石板材为 57.66%，釉面砖为 53.81%，废碎玻璃为 52.55%，卫生陶瓷为 49.09%，高岭土为 45.57%，宝石为 45.79%，玻璃纤维纱为 45.05%，耐火混合制品为 43.77%，钢化玻璃为 42.59%，窗玻璃为 41.90%，板岩为 40.02%，花岗石荒料为 37.66%。

进口额增长率较大的产品有 8 种，按同比增长率大小排列分别为：初加工玻璃 160.1%，导电玻璃 93.3%，水泥 81.4%，宝石 51.7%，平板玻璃 43.9%，钻石 33.8%，钢化玻璃 33.4%，花岗石荒料为 33.0%。进口额增长率幅度下降较大的有玻璃纤维织物和玻璃纤维纱，分别下降 32.8 个百分点和 30 个百分点。

主要进出口产品贸易额为逆差的有：钻石，花岗石荒料，大理石荒料，石英玻璃，导电玻璃，石棉制品，玻璃纤维织物，宝石，高岭土，水泥熟料。值得一提的是，玻璃纤维纱扭转了进出口贸易额逆差的局面，实现贸易顺差 1.12 亿美元。

二、2004 年建材及非金属矿商品出口特点

1. 进出口商品的进出口额普遍增长，增幅稳步上升

统计的 31 种主要出口商品中，有 30 种商品的出口额为正增长，占 96.8%，在 2003 年同比增加 13 个百分点的基础上又增加了 9.7 个百分点；16 种主要进口商品中，有 14 种商品的进口额为正增长，占 87.5%，同比增加了 25 个百分点。

建材及非金属矿商品出口额的增幅比上年增加了 8.5 个百分点，进口额的增幅比上年增加了 10 个百分点。

2. 进出口产品结构调整成绩显著

建材工业的花岗岩石板材、墙地砖、釉面砖、平板玻璃、卫生陶瓷、玻璃纤维纱、水泥、玻璃纤维织物、夹层玻璃、导电玻璃等主要制成品取代非金属矿采选品，成为主要出口商品。2004 年采选品占的比重已下降到 27.24%，比 1999 年下降 8.9 个百分点。

在进口方面，国内短缺的建材资源和原材料的进口额较大，如花岗石荒料、大理石荒料、高岭土等。利用国内短缺资源和原材料的进口关税降低，增加了一些稀有和名贵品种的大理石、花岗石荒料的进口，加工成附加值高的板材出口；进口优质的平板玻璃和玻璃纤维织物等材料，加工成高附加值的产品出口，提高了出口效益。

建材行业的加工贸易和外商投资企业的出口额不断增长，占出口总额的比重有所提高，建材及非金属矿商品的进出口结构进一步优化。

3. 出口额较大的商品仍为制成品和高附加值产品

建材单个商品出口额超过 1 亿美元的有 12 个：钻石出口额为 12.13 亿美元，花岗石板材出口额为 10.72 亿美元，墙地砖出口额为 4.35 亿美元，釉面砖出口额为 4.04 亿美元，平板玻璃出口额为 3.28 亿美元，卫生陶瓷出口额为 3.26 亿美元，玻璃纤维纱出口额为 2.16 亿美元，水泥出口额为 2.02 亿美元，玻璃纤维织物出口额为 1.74 亿美元，夹层玻璃出口额为 1.73 亿美元，萤石出口额为 1.19 亿美元，导电玻璃出口额为 1.13 亿美元。12 种产品出口额占出口总额的 67.07%。

出口额超过 1 亿美元的商品在去年增加两个商品的基础上又增加了一个，导电玻璃成为建材商品出口新的增长点。

4. 出口商品的出口额普遍增长

出口额在1 000万美元以上的商品从 2003 年的 44 种增加到 48 种，占出口总额的 87.76%。48 种出口商品中增长率下降的只有 3 种，占 6.25%。

5. 主要进出口商品价格略有上升

美国、欧盟、日本等工业发达国家和地区经济出现了全面复苏的势头，全球重要原材料的消费量增加，受其影响价格也略有上升。2004 年我国建材及非金属矿商品出口离岸价格总体上高于去年同期价格，比上年上涨 6.47%，这是亚洲金融风暴以来继 2003 年上涨 0.95% 以后的再次上涨。在建材及非金属矿商品出口中，采选品出口离岸价格比上年上涨 14.98%，制品出口离岸价格上涨 3.6%，主要建材及非金属矿出口商品除夹层玻璃和卫生陶瓷外都有不同幅度上涨。

2004 年我国建材及非矿商品进口到岸价格上涨幅度较大，比上年上涨 13.81%。其中花岗石荒料进口到岸价格比上年上涨 7.26%，主要是受国际运费提高的影响。

6. 进口的增长幅度高于出口

主要建材及非金属矿商品进口增长率 36.2%，增幅为 10 个百分点，而出口增长率为 34.4%，增幅为 7.6 个百分点。

7. 建材机械和成套设备出口有新发展

20 世纪 90 年代初、中期，我国浮法玻璃和水泥成套设备的出口曾出现一个高潮，后因亚洲金融危机的影响，我国成套设备的出口一度低落，随着全球经济的复苏和我国近几年在成套设备和技术上科技的进步，今年水泥、浮法玻璃、石材等建材机械成套，技术的出口合同成交额 8 亿

美元左右。预计我国建材成套设备和技术的出口将会出现一个新的高潮。

2004 年度中国建材百强分析

中国建材百强（2004 年度）是依据国家统计局 2004 年法人单位年报数据，参照国际惯例，按照业务收入（销售收入）、资产总额、从业人员等指标，在 2003 年度中国建材百强遴选工作的基础上，经中国建筑材料工业协会和国家统计局工业交通司认真遴选产生的。

一、建材百强是建材工业的主体

中国建材百强集中了建材工业的优势企业，反映了近几年来建材工业结构调整所取得的成果，建材百强虽然只占建材企业个数的 0.63%，但在建材工业中却具有举足轻重的位置。

2004 年建材百强的资产总额为2 408亿元，占当年建材工业资产总额的 31.65%；销售额为1 266亿元，占当年建材工业销售额的 21.33%；实现利润总额为 117 亿元，占当年建材工业利润总额的 33.14%；从业人员为 36.11 万人，占当年建材工业从业人员总数的 11.02%（见图 1）。

2004 年建材百强共生产水泥 1.96 亿吨，占当年全国水泥产量的 21.00%；生产平板玻璃 1.97 亿重量箱，占当年全国平板玻璃产量的 65.63%；生产玻璃纤维纱 28.94 万吨，占当年全国玻璃纤维纱产量的 43.68%。

2004 年建材百强实现出口交货值为 105 亿元，占当年建材工业出口交货值的 30.06%。

2004 年建材工业总资产报酬率为 6.27%，建材百强的总资产报酬率为 6.71%，高于建材工业平均水平 0.44 个百分点；2004 年建材工业销售利润率为 5.94%，建材百强销售利润率为 9.21%，高于建材工业平均水平 3.27 个百分点（见图 2）。

2004 年建材百强中，有 12 家企业销售额超过 20 亿元，有 12 家企业资产总额超过 50 亿元。

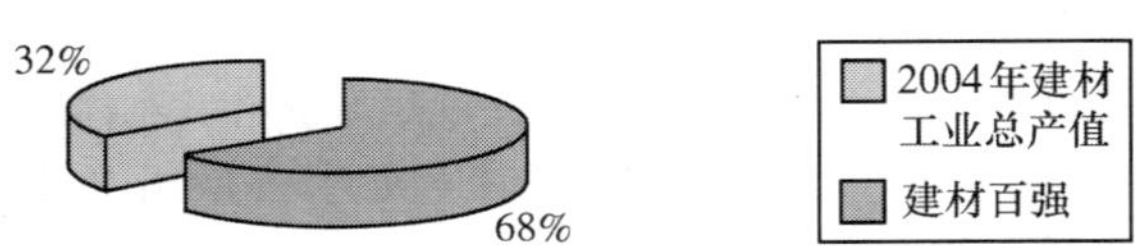

图 1　建材百强资产总额所占比重

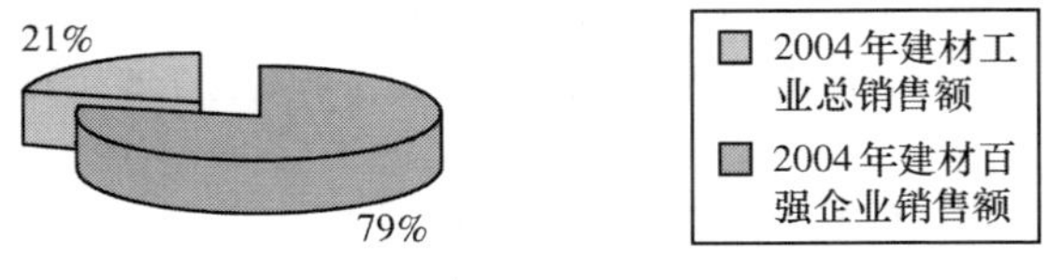

图 2　建材百强销售额所占比重

二、建材百强的规模在扩大，内部规模差距也在加大

1. 建材百强的规模在不断扩大

2004 年建材百强呈良好发展势头，总体规模迅速扩大。2004 年建材工业资产总额为7 606亿元，比去年增长 16.08%；而建材百强资产总额比去年增长 20.84%，高于建材工业平均水平 4.76 个百分点。2004 年建材工业销售额为5 935亿元，比去年增长 30.45%；而建材百强销售额比去年增长 35.57%，高于建材工业平均水平 5.12 个百分点。

从资产总额增长率来看，有 19 家企业资产总额增长率超过 50%，有 4 家企业资产总额增长率超过 100%。

从销售额增长率来看，有 26 家企业销售额增长率超过 50%，有 6 家企业销售额增长率超过 100%。

2. 建材百强内部规模差距在扩大

建材百强总体规模在不断扩大，百强之间的规模差距也在加大。2004 年建材百强中，资产总额最高者是最低者的 105 倍，销售额最高者是最低者的 50 倍。

如表 1 所示，建材百强前 10 家企业的资产总额增长率为 19.79%，比建材百强资产总额增长率低 1.05 个百分点，后 10 家企业的资产总额增长率为 18.14%，比建材百强资产总额增长率低 2.7 个百分点，前 10 家与后 10 家资产增长率相差 1.65 个百分点。建材百强前 10 家企业的销售额增长率为 41.10%，比建材百强销售额增长率高 5.53 个百分点，后 10 家企业的销售额增长率为 38.37%，比建材百强销售额增长率高 2.8 个百分点，前 10 家与后 10 家销售额增长率相差 2.73 个百分点。

表 1　建材百强前 10 家与后 10 家企业规模比较

指　标	前 10 家企业	后 10 家企业
资产总额（亿元）	922	83
销售额（亿元）	559	38
资产总额增长率（%）	19.79	18.14
销售额增长率（%）	41.10	38.37

三、建材百强盈利水平提高，但百强之间效益差距悬殊

1. 建材百强盈利水平提高

建材百强在规模得到迅速扩大的同时，经济效益也得到大幅度的改善。2004 年建材工业利润总额为 353 亿元，比去年增长 33.89%；而建材百强利润总额比去年增长 38.13%，高于建材工业利润总额增长率 4.24 个百分点。

从人均实现利润总额看，2004 年建材百强人均利润总额为 3.23 万元，比去年人均利润总额增加 0.77 万元。有 15 家企业人均利润总额超过 10 万元。

从利润总额增长率看，保持利润总额增长的企业有 74 家，利润总额增长率超过 100% 的企业有 22 家。

2. 少数企业亏损，百强之间效益差距悬殊

建材百强反映了企业在激烈的市场竞争中的现状和实力，但销售额高并不意味着有较高的利润，所以建材百强

并不都是效益好的企业。2004年建材百强中有8家企业亏损，合计亏损额为2.65亿元，占当年建材工业亏损额的5.36%，另外还有26家企业利润总额与去年相比下降，在8家亏损企业中，除1家外，其他7家企业亏损的主要原因是管理和财务费用过高。2004年建材百强中实现利润总额最多的与最少的相差22亿元，总资产报酬率最高的与最低的相差35.07个百分点，销售利润率最高的与最低的相差50.29个百分点。

四、建材百强的行业特点

建材百强中有综合性企业5家、以水泥制造为主业的企业51家、以平板玻璃制造为主业的企业19家、以工业技术玻璃制造为主业的企业3家、以水泥制品制造为主业的企业4家、以建筑陶瓷制品制造为主业的企业9家、以卫生陶瓷制品制造为主业的企业5家、以玻璃纤维及其制品制造为主业的企业3家、以轻质建筑材料制造为主业的企业1家。各行业建材百强企业主要经济指标见表2。

表2　各行业建材百强企业主要经济指标

行业	总资产报酬率（%）	人均总资产（万元）	销售利润率（%）	人均销售额（万元）
建材百强	6.71	66.68	9.21	35.05
水泥制造业	7.10	76.69	9.53	40.39
平板玻璃制造业	7.58	59.40	12.91	24.97
技术玻璃制造业	13.08	86.53	19.87	42.38
建筑陶瓷制品制造业	4.01	49.45	4.16	33.94
卫生陶瓷制品制造业	13.90	30.67	15.55	23.25
水泥制品制造业	12.53	29.86	5.57	48.52
玻璃纤维及制品制造业	9.67	94.49	14.10	44.80

1. 建材百强中的水泥制造业是百强的主体

建材百强中有51家以水泥制造为主业的企业，这51家水泥企业2004年资产总额为1159亿元，占建材百强的48.13%；销售额为610亿元，占建材百强的48.18%，利润总额为58亿元，占建材百强的49.57%，从业人员为15.11万人，占建材百强的41.84%。

2. 建材百强中的平板玻璃制造业利润总额增幅最大

建材百强中有19家以平板玻璃制造为主业的企业，这19家平板玻璃企业2004年实现利润总额为26亿元，比去年增长133.71%。主要有三方面原因：一是有两家平板玻璃生产企业利润总额增幅很大；二是亏损额与去年相比大幅度降低；三是投资收益与去年相比增加。

3. 建材百强中的技术玻璃制造业销售利润率高

建材百强中有3家以技术玻璃制造为主业的企业，这3家技术玻璃企业2004年实现销售额为38亿元，实现利润总额为7.5亿元，销售利润率为19.87%，高于建材百强销售利润率平均水平10.66个百分点。

4. 建材百强中的卫生陶瓷制品制造业总资产报酬率最高

有5家以卫生陶瓷制品制造为主业的企业进入百强，这5家卫生陶瓷企业2004年总资产报酬率为13.90%，高于建材百强总资产报酬率平均水平7.19个百分点。

5. 建材百强中的玻璃纤维及制品制造业人均总资产最高

有3家以玻璃纤维及制品制造为主业的企业进入百强，这3家玻璃纤维企业2004年人均总资产为94.49万元，高于建材百强人均总资产平均水平27.81万元。

五、建材百强的地区分布特点

2004年全国共有23个省区市的企业进入建材百强，其中华北地区12个，东北地区5个，华东地区50个，中南地区25个，西南地区6个，西北地区2个。各地区建材百强企业主要经济指标见表3。

表3　各地区建材百强企业主要经济指标

地区	资产总额增长率（%）	销售额增长率（%）	利润总额增长率（%）
华北地区	12.97	38.45	40.53
东北地区	9.15	13.15	-3.95
华东地区	25.58	39.00	31.25
中南地区	23.18	31.73	115.68
西南地区	22.74	8.11	2.27
西北地区	15.03	31.65	-6.67

需要说明的是在地区归类中，主要以企业总部所在地为标准。

1. 华东地区是建材百强规模最大、效益最好的地区

华东地区有50家建材企业进入建材百强。这50家企业2004年资产总额为1099亿元，占建材百强资产总额的45.64%，比去年增长25.58%，高于建材百强资产总额增长率4.74个百分点；销售额为643亿元，占建材百强销售额的50.79%，比去年增长39.00%，高于建材百强销售额增长率3.43个百分点；利润总额为74亿元，占建材百强利润总额的63.25%。

2. 中南地区建材百强的资产总额增长率和利润总额增长率最高

中南地区有25家建材企业进入建材百强。这25家企业2004年资产总额为501亿元，比去年增长23.18%；实现利润总额为18亿元，比去年增长115.68%，分别高于建材百强资产总额增长率和利润总额增长率2.34和77.55个百分点。

3. 东北和西北地区建材百强利润总额同比下降

东北地区有5家建材企业进入建材百强，这5家企业2004年实现利润总额为2.52亿元，比去年降低3.95%；

西北地区有两家建材企业进入建材百强，这两家企业2004年实现利润总额1.15亿元，比去年降低6.67%。

六、建材百强的所有制结构

2004年度建材百强经济类型构成为，国有企业及国有独资公司19家，集体企业1家，股份合作企业1家，有限责任公司25家，股份有限公司22家，私营企业5家，港澳台商投资企业13家，外商投资企业14家。各经济类型建材百强企业主要经济指标见表4。

表4 各经济类型建材百强企业主要经济指标

经济类型	总资产报酬率(%)	人均总资产(万元)	销售利润率(%)	人均销售额(万元)
国有企业及国有独资公司	3.83	61.27	5.07	30.63
有限责任公司	9.43	73.02	11.37	44.21
股份有限公司	6.57	55.98	10.26	26.35
私营企业	10.39	55.53	13.54	28.91
港澳台商投资企业	7.80	76.94	9.59	46.46
外商投资企业	8.37	107.05	15.32	44.04

1. 国有企业及国有独资公司在规模上仍占据绝对优势，但效益较差

有19家国有企业及国有独资公司进入建材百强。这19家企业2004年资产总额为878亿元，占建材百强资产总额的36.46%；实现销售额为439亿元，占建材百强销售额的34.68%，从业人数为14.32万人，占建材百强从业人数的39.65%。从效益指标上看，国有企业及国有独资公司实现总资产报酬率为3.83%；销售利润率为5.07%，分别低于建材百强平均水平2.88和4.14个百分点。主要有4家企业亏损，亏损额为1.30亿元，占建材百强亏损额的49.06%，是造成国有企业及国有独资公司总体效益差的主要原因。

2. 有限责任公司和股份有限公司占有重要地位

有25家有限责任公司进入建材百强。这25家企业2004年资产总额为706亿元，占建材百强的29.32%；实现销售额为428亿元，占建材百强的33.81%；实现利润总额为49亿元，占建材百强的41.88%；从业人员为9.67万人，占建材百强的26.78%。有22家股份有限公司进入百强，这22家企业2004年资产总额为375亿元，占建材百强的15.57%；实现销售额为177亿元，占建材百强的13.98%；实现利润总额为18亿元，占建材百强的15.38%；从业人员为6.70万人，占建材百强的18.55%。

3. 私营企业总资产报酬率最高

有5家私营企业进入建材百强。这5家企业2004年总资产报酬率为10.39%，高于建材百强总资产报酬率平均水平3.82个百分点。

4. 港澳台商投资企业人均销售额最高

有13家港澳台商投资企业进入建材百强。这13家企业2004年实现人均销售额为46.46万元，高于建材百强人均销售额平均水平11.41万元。

5. 外商投资企业人均总资产和销售利润率最高

有14家外商投资企业进入建材百强。这14家企业2004年实现人均总资产为107.05万元，高于建材百强人均总资产平均水平40.37万元。实现销售利润率为15.32%，高于建材百强销售利润率6.11个百分点。

七、建材百强劳动生产率提高，但总资产运营效率较低

建材百强在企业规模迅速扩大、技术装备水平不断提高的同时，劳动生产率也得到了大幅提高。2004年建材百强人均销售额达到35.05万元、人均利润总额达到3.23万元，分别比建材工业高16.93万元和2.15万元，但总资产的运营效率相对较低，2004年建材工业总资产平均周转率为0.84次，而建材百强总资产周转率为0.58次，低于建材工业总资产周转率0.26次。

2004年建材百强中，一些具有较高成长性的企业进入了百强，做大不是目的，做强才是关键，必须将做大与求强结合起来，在做大中突出求强，希望今后能有更多具有竞争力的建材企业进入建材百强行列，不断推动建材工业持续、健康地向前发展。

（资料来源：中国建筑材料工业协会信息部）

中国建材百强企业（2003年度与2004年度）

2003年度排名		2004年度排名	
序号	企业名称	序号	企业名称
1	北京金隅集团有限责任公司	1	安徽海螺集团有限责任公司
2	北新集团建材股份有限公司	2	中国建筑材料集团公司
3	天津水泥股份有限公司	3	北京金隅集团有限责任公司
4	唐山冀东水泥股份有限公司	4	中国材料工业科工集团公司
5	唐山惠达陶瓷集团股份有限公司	5	上海建筑材料（集团）总公司

续表

2003 年度排名		2004 年度排名	
序号	企业名称	序号	企业名称
6	中国耀华玻璃集团公司	6	济南山水集团有限公司
7	秦皇岛北方玻璃集团有限公司	7	浙江三狮集团有限公司
8	秦皇岛浅野水泥有限公司	8	福耀玻璃工业集团股份有限公司
9	河北太行华信建材有限责任公司	9	河北省冀东水泥集团有限责任公司
10	内蒙古蒙西高新材料股份有限公司	10	光宇集团有限公司
11	大连华能—小野田水泥有限公司	11	华新集团有限公司
12	辽宁工源水泥集团有限责任公司	12	山东沂州水泥集团总公司
13	吉林亚泰水泥有限公司	13	江苏华尔润集团
14	哈尔滨水泥厂	14	广州越秀水泥集团有限公司
15	牡丹江水泥集团有限责任公司	15	中国南玻集团股份有限公司
16	上海斯米克建筑陶瓷有限公司	16	中国耀华玻璃集团公司
17	上海福祥陶瓷有限公司	17	河南省中联集团公司
18	上海耀华皮尔金顿玻璃股份有限公司	18	天津市建筑材料集团（控股）有限公司
19	上海建筑材料集团水泥有限公司	19	山东玻璃集团
20	上海海螺水泥有限责任公司	20	广东佛陶集团股份有限公司
21	江苏双龙集团有限公司	21	宁波浙东建材集团有限公司
22	江南—小野田水泥有限公司	22	中国洛阳浮法玻璃集团有限责任公司
23	南京三龙水泥有限责任公司	23	广东塔牌集团有限公司
24	江苏巨龙水泥集团有限公司	24	吉林亚泰水泥有限公司
25	常州盘固水泥有限公司	25	山东蓝星玻璃（集团）有限公司
26	苏州金猫水泥有限公司	26	江苏双龙集团有限公司
27	江苏华尔润集团公司	27	广东亨达利水泥厂有限公司
28	张家港海螺水泥有限公司	28	深圳成霖洁具有限公司
29	长江浮法玻璃有限公司	29	杭州协和陶瓷有限公司
30	江苏九鼎集团股份有限公司	30	天瑞集团有限公司
31	江苏磊达股份有限公司	31	福建省建材（控股）有限责任公司
32	嘉新京阳水泥有限公司	32	浙江尖峰集团股份有限公司
33	江苏苏华达新型材料股份有限公司	33	重庆腾辉控股管理有限责任公司
34	杭州玻璃集团有限公司	34	江苏磊达股份有限公司
35	浙江华业控股集团有限公司	35	江西亚东水泥有限公司
36	杭州协和陶瓷有限公司	36	兆山新星水泥集团有限公司
37	杭州钱潮建材集团有限公司	37	三水新中源陶瓷有限公司
38	宁波海螺水泥有限公司	38	安徽巢东水泥集团有限责任公司
39	宁波浙东建材集团有限公司	39	河北太行华信建材有限责任公司
40	巨石集团有限公司	40	德州晶华集团有限公司
41	浙江山鹰建材集团公司	41	信义汽车玻璃（深圳）有限公司
42	光宇集团有限公司	2	秦皇岛北方玻璃集团有限公司
43	浙江兆山新星水泥集团有限公司	43	大宇水泥（山东）有限公司

续表

2003 年度排名		2004 年度排名	
序号	企业名称	序号	企业名称
44	浙江尖峰集团股份有限公司	44	甘肃祁连山水泥集团股份有限公司
45	浙江省红狮水泥股份有限公司	45	嘉新京阳水泥有限公司
46	浙江江山水泥股份有限公司	46	江西万年青水泥股份有限公司
47	安徽白马山水泥厂	47	唐山惠达陶瓷（集团）股份有限公司
48	安徽荻港海螺水泥股份有限公司	48	四川国栋建设股份有限公司
49	安徽华光玻璃集团有限公司	49	上海斯米克建筑陶瓷有限公司
50	安徽铜陵海螺水泥有限公司	50	常州盘固水泥有限公司
51	安徽枞阳海螺水泥股份有限公司	51	长江浮法玻璃有限公司
52	安徽巢湖巢东水泥股份有限公司	52	陕西秦岭水泥（集团）股份有限公司
53	安徽池州海螺水泥股份有限公司	53	四川双马投资集团有限公司
54	安徽省宁国水泥厂	54	浙江虎山集团有限公司
55	福耀玻璃工业集团股份有限公司	55	泰山玻璃纤维股份有限公司
56	福建省万达汽车玻璃工业有限公司	56	广西鱼峰集团水泥有限公司
57	明达玻璃（厦门）有限公司	57	浙江立马股份有限公司
58	福建水泥股份有限公司建福水泥厂	58	重庆国际复合材料有限公司
59	福建水泥股份有限公司炼石水泥厂	59	广东唯美陶瓷有限公司
60	江西亚东水泥有限公司	60	明达玻璃（厦门）有限公司
61	江西万年青水泥有限公司	61	浙江山鹰建材集团有限公司
62	济南山水集团有限公司	62	中利达集团控股有限公司
63	山东铝业公司	63	上海福祥陶瓷有限公司
64	山东宝山生态建材有限公司	64	辽宁工源水泥集团有限责任公司
65	山东玻璃集团公司	65	安徽华光玻璃集团有限公司
66	大宇水泥（山东）有限公司	66	江苏九鼎集团股份有限公司
67	泰山玻璃纤维股份有限公司	67	葛洲坝水泥股份有限公司
68	山东泰和东新股份有限公司	68	佛山科勒有限公司
69	山东蓝星玻璃（集团）有限公司	69	牡丹江水泥集团有限责任公司
70	山东沂州水泥集团总公司	70	南京三龙水泥有限责任公司
71	山东晶华集团有限公司	71	浙江兆山建材集团有限公司
72	山东省金光玻璃钢集团	72	杭州钱潮建材股份有限公司
73	中国洛阳玻璃集团有限责任公司	73	山东泰和东新股份有限公司
74	商丘市振华玻璃厂	74	江苏建华管桩有限公司
75	华新水泥股份有限公司	75	东莞市华润水泥厂有限公司
76	湖北三峡新型建材股份有限公司	76	内蒙古蒙西高新材料股份有限公司
77	葛洲坝水泥股份有限公司	77	中山建华管桩有限公司
78	株洲光明玻璃集团有限公司	78	广西华润红水河水泥有限公司
79	韶峰水泥集团有限公司	79	浙江红狮水泥股份有限公司
80	广州珠江水泥厂	80	明达玻璃（成都）有限公司
81	深圳三鑫特种玻璃技术股份有限公司	81	佛山市鹰牌陶瓷有限公司

续表

2003 年度排名		2004 年度排名	
序号	企业名称	序号	企业名称
82	深圳成霖洁具股份有限公司	82	江苏苏华达新材料有限公司
83	信义汽车玻璃（深圳）有限公司	83	山东榴园水泥有限公司
84	佛山市鹰牌陶瓷有限公司	84	鹿泉东方鼎基水泥有限公司
85	三水新中源陶瓷有限公司	85	株洲光明玻璃集团有限公司
86	佛山科勒有限公司	86	湖北三峡新型建材股份有限公司
87	广东省梅州市塔牌集团有限公司	87	大连华能—小野田水泥有限公司
88	广东唯美陶瓷有限公司	88	太原狮头集团有限公司
89	东莞市华润水泥厂有限公司	89	江苏金峰水泥集团有限公司
90	中山建华管桩有限公司	90	山东皇冠陶瓷股份有限公司
91	中山三和混凝土桩杆有限公司	91	广东蒙娜丽莎有限公司
92	广东亨达利水泥厂有限公司	92	江南—小野田水泥有限公司
93	广西鱼峰水泥股份有限公司	93	哈尔滨水泥厂
94	重庆腾辉地维水泥有限公司	94	信益陶瓷（中国）有限公司
95	重庆市富丰水泥集团公司	95	上海建华管桩有限公司
96	明达玻璃（成都）有限公司	96	广东江门益胜浮法玻璃有限公司
97	四川国栋建设股份有限公司	97	浙江江山虎球水泥有限公司
98	四川双马投资集团有限公司	98	南宁浮法玻璃有限责任公司
99	陕西秦岭水泥股份有限公司	99	山东金鲁城有限公司
100	甘肃祁连山水泥股份有限公司	100	重庆四维瓷业股份有限公司

中国建材上市企业盈利排行（2003 年度）

排　名	股票代码	股票简称	总指数得分	净利润（元）	每股收益（元）—加权（元）	净资产收益率（%））—加权
1	600585	海螺水泥	6.429	739 566 600.00	0.620 0	20.000 0
2	600031	三一重工	5.078	324 799 900.00	1.547 0	29.970 0
3	600660	福耀玻璃	3.968	320 967 200.00	0.690 0	30.900 0
4	600256	广汇股份	3.245	297 936 700.00	0.412 8	23.660 0
5	000157	中联重科	2.930	230 757 000.00	0.591 7	20.576 1
6	000012	南玻 A	2.064	203 910 200.00	0.300 0	9.900 0
7	600375	星马汽车	1.939	62 249 200.00	0.820 0	15.880 0
8	600819	耀皮玻璃	1.480	133 524 500.00	0.274 0	7.450 0
9	000401	冀东水泥	1.471	147 301 900.00	0.170 0	8.560 0
10	000877	天山股份	1.204	67 178 700.00	0.387 5	8.550 0
11	600499	科达机电	1.171	43 374 000.00	0.436 0	10.910 0
12	600176	中国化建	1.136	71 255 200.00	0.200 1	13.700 0
13	600449	赛马实业	1.100	35 312 600.00	0.390 0	12.420 0
14	600801	华新水泥	0.985	68 244 100.00	0.210 0	8.680 0
15	600881	亚泰集团	0.976	90 314 900.00	0.180 0	4.410 0
16	600291	西水股份	0.942	47 977 300.00	0.300 0	7.930 0

续表

排　名	股票代码	股票简称	总指数得分	净利润（元）	每股收益（元）—加权（元）	净资产收益率（%）—加权
17	600217	秦岭水泥	0.841	61 452 600.00	0.150 0	7.980 0
18	000786	北新建材	0.789	70 243 800.00	0.122 0	5.295 0
19	600553	太行股份	0.770	43 112 100.00	0.230 0	6.240 0
20	600562	高淳陶瓷	0.754	23 515 100.00	0.290 0	7.670 0
21	600425	青松建化	0.753	30 739 000.00	0.210 0	9.540 0
22	000619	海螺型材	0.743	58 098 000.00	0.161 4	4.800 0
23	600260	凯乐科技	0.737	42 755 100.00	0.240 0	4.730 0
24	600586	金晶科技	0.714	31 444 200.00	0.250 0	6.180 0
25	600668	尖峰集团	0.627	46 005 300.00	0.130 0	5.090 0
26	000789	江西水泥	0.609	42 195 700.00	0.124 0	5.629 0
27	600720	祁连山	0.601	39 933 700.00	0.115 0	6.290 0
28	600321	国栋建设	0.554	32 833 900.00	0.190 0	2.940 0
29	600802	福建水泥	0.550	33 212 500.00	0.117 0	6.020 0
30	600145	四维瓷业	0.508	30 654 900.00	0.088 0	6.510 0
31	600552	方兴科技	0.491	16 450 900.00	0.180 0	5.140 0
32	600068	葛洲坝	0.479	50 380 000.00	0.071 0	1.501 0
33	600678	四川金顶	0.435	19 162 500.00	0.082 0	6.963 0
34	600539	狮头股份	0.372	23 626 300.00	0.100 0	2.870 0
35	000906	南方建材	0.356	18 400 600.00	0.077 0	4.590 0
36	600829	天鹅股份	0.305	17 788 812.00	0.069 0	3.320 0
37	600212	江泉实业	0.282	21 830 400.00	0.068 0	1.600 0
38	000408	河北华玉	0.257	10 533 700.00	0.092 0	2.340 0
39	000965	天水股份	0.250	14 846 500.00	0.062 0	2.400 0
40	000055	方大 A	0.198	16 156 300.00	0.040 0	1.270 0
41	000578	数码网络	0.187	8 421 200.00	0.040 0	2.750 0
42	000023	深天地 A	0.178	6 126 400.00	0.044 2	2.770 0
43	600318	巢东股份	0.176	9 743 700.00	0.050 0	1.580 0
44	600286	国光瓷业	0.174	6 600 900.00	0.060 0	1.830 0
45	000655	华光陶瓷	0.129	7 594 400.00	0.029 3	1.400 0
46	600293	三峡新材	0.125	8 084 600.00	0.029 5	1.110 0
47	000565	渝三峡 A	0.123	5 594 700.00	0.032 0	1.550 0
48	000935	四川双马	0.118	7 462 000.00	0.023 4	1.290 0
49	000859	国风塑业	0.060	4 956 300.00	0.010 0	0.490 0
50	000673	大同水泥	0.056	2 368 900.00	0.014 0	0.782 0
51	600716	耀华玻璃	0.048	3 234 100.00	0.009 0	0.500 0
52	600883	富帮科技	0.045	1 875 400.00	0.009 0	0.740 0
53	600173	牡丹江	0.022	1 317 500.00	0.006 0	0.210 0
54	000856	唐山陶瓷	-0.580	-28 933 500.00	-0.165 0	-5.950 0
55	000791	西北化工	-0.760	-34 540 200.00	-0.182 9	-10.080 0

中国建材上市企业成长性排行（2003年度）

排　名	股票代码	股票简称	总指数得分	指标1：主营业务收入增长率（%）	指标2：每股净资产（元）
1	600562	高淳陶瓷	4.157	122.27	3.88
2	600031	三一重工	4.110	112.07	7.08
3	600585	海螺水泥	3.122	89.84	3.65
4	600499	科达机电	2.953	82.97	4.18
5	600883	富帮科技	2.750	84.35	1.29
6	000157	中联重科	2.658	76.32	3.17
7	000877	天山股份	2.454	65.58	4.71
8	600552	方兴科技	2.187	60.23	3.55
9	600660	福耀玻璃	1.959	54.17	3.10
10	600375	星马汽车	1.839	42.78	5.88
11	000619	海螺型材	1.753	46.74	3.41
12	600801	华新水泥	1.723	48.40	2.45
13	600716	耀华玻璃	1.719	49.56	1.98
14	000789	江西水泥	1.712	48.61	2.24
15	600449	赛马实业	1.684	42.59	4.12
16	600291	西水股份	1.643	41.80	3.93
17	600553	太行股份	1.467	36.77	3.71
18	000578	数码网络	1.304	37.35	1.58
19	000791	西北化工	1.227	34.53	1.72
20	600176	中国化建	1.207	34.33	1.56
21	000401	冀东水泥	1.113	30.28	1.95
22	000012	南玻A	1.079	26.00	3.11
23	600260	凯乐科技	0.941	15.77	5.25
24	000023	深天地A	0.826	22.01	1.62
25	600802	福建水泥	0.816	20.57	2.02
26	600720	祁连山	0.804	20.51	1.90
27	000906	南方建材	0.753	19.37	1.72
28	000859	国风塑业	0.641	14.08	2.36
29	000055	方大A	0.630	14.80	1.95
30	600819	耀皮玻璃	0.609	9.37	3.71
31	600881	亚泰集团	0.558	6.65	4.10
32	600212	江泉实业	0.550	6.50	4.07
33	000935	四川双马	0.500	11.18	1.76
34	600145	四维瓷业	0.494	11.97	1.40
35	600318	巢东股份	0.463	6.34	3.11
36	600217	秦岭水泥	0.450	9.10	1.94
37	600293	三峡新材	0.420	6.30	2.62
38	600425	青松建化	0.419	6.43	2.56
39	000565	渝三峡A	0.379	6.43	2.09

续表

排　名	股票代码	股票简称	总指数得分	指标1：主营业务收入增长率（%）	指标2：每股净资产（元）
40	600539	狮头股份	0.313	0.14	3.63
41	600668	尖峰集团	0.291	2.16	2.62
42	600829	天鹅股份	0.237	1.67	2.17
43	600586	金晶科技	0.229	-3.66	4.04
44	600173	牡丹江	0.218	-0.45	2.73
45	000786	北新建材	0.218	0.66	2.31
46	600256	广汇股份	0.187	0.67	1.95
47	000965	天水股份	0.176	-1.50	2.62
48	600286	国光瓷业	0.151	-4.00	3.24
49	000673	大同水泥	-0.028	-5.66	1.74
50	000655	华光陶瓷	-0.070	-7.91	2.07
51	000856	唐山陶瓷	-0.183	-12.58	2.46
52	600321	国栋建设	-0.196	-23.16	6.20
53	600068	葛洲坝	-0.357	-24.46	4.79
54	600678	四川金顶	-0.731	-26.70	1.22
55	000408	河北华玉	-1.099	-45.90	3.95

新型能源材料

能源材料是材料的一个重要组成部分，包括新能源技术材料、能量转换与储能材料和节能材料等。其中，新能源技术材料是核能、太阳能、氢能、风能、地热能和海洋潮汐能等新能源技术所使用的材料；能量转换与储能材料是各种能量转换与储能装置所使用的材料，是发展研制各种新型、高效能量转换与储能装置的关键，包括锂离子电池材料、镍氢电池材料、燃料电池材料、超级电容器材料和热电转换材料；节能材料是能够提高能源利用效率的各种新型节能技术所使用的材料，包括超导材料、建筑节能材料等能够提高传统工业能源利用效率的各种新型材料。

1. 国内外能源材料现状与国际发展趋势

能源和材料一样，是支撑当今人类文明和保障社会发展的最重要的物质基础。20 世纪 80 年代以来，随着世界经济的快速发展和全球人口的不断增长，世界能源消耗也大幅上升，石油、天然气和煤炭等主要化石燃料已经不能满足世界经济发展的长期需求，而且随着全球环境状况的日益恶化和各国人民环境保护意识的不断增强，产生大量有害气体和废弃物的传统能源工业已经越来越难以满足人类社会的发展要求。

我国是世界上能源消耗增长最快的国家，20 世纪 90 年代我国 GNP 平均年增长率为 8% ~9%，经济的快速增长导致我国能源消耗急剧增长。但我国人均能源可采储量远低于世界平均水平，2000 年人均石油可采储量只有 2.6 吨，人均天然气可采储量 1074 立方米，人均煤炭可采储量 90 吨，分别为世界平均值的 11.1%、4.3% 和 55.4%。因此，能源安全问题越来越突出，如我国石油进口依存度（净进口量与消费量之比）由 1995 年的 6.6% 上升为 2000 年的 20%。

我国能源结构仍以煤为主，煤炭消耗占能源总消耗的 60% 以上，随着煤炭消耗量的增加，二氧化硫排放量以每年 3% ~4% 的速度不断增长，使我国酸雨发展迅速，重酸雨区从“七五”期间的西南、华南局部地区已扩大到华中、华南、长江以南大部分地区，年平均降水 pH 值已低于 4.5，并向长江以北发展；虽然我国单位 GDP 的二氧化碳排放量从 1990 年到 2001 年下降了 52%，但二氧化碳排放总量却从 1980 年的 3.94 亿吨碳增加到 2001 年的 8.32 亿吨碳；另外，随着我国城市化进程的加快，我国汽车总数以 13% 的年增长率增加，城市中汽车和摩托车数量剧增，导致城市空气污染加剧，造成巨大的经济损失。

面对如此严峻的能源状况，我国为适应经济增长和社会可持续发展战略，大力发展各种新型能源及能源材料。中国科学院资深院士师昌绪在《2002 高技术发展报告》中撰文指出，解决能源危机的关键是能源材料的突破。

1.1　核能及核能材料

美国的核电约占总发电量的 20%。法日两国核能发电所占份额分别为 77% 和 29.7%。目前我国已建核电发电机组 8 套，还有 3 套正在安装。2003 年，国家决定调整“十五规划”中的电力部分，中国核电工业由原先的适度发展进入到加速发展的阶段，同时我国核发电量创历史最高水平，同比增长120%。

中国核工业拥有专业齐全的核科研体系，有一支水平较高的核电科研队伍，建成了大型核动力技术试验基地，各种试验台架、科研设施齐全，具备了很强的引进和吸收、消化国外先进技术和自主开发新的核电技术的能力。从设计能力上看，已经具备了自主设计30万千瓦压水堆核电站、30万千瓦标准环路的60万千瓦压水堆核电站的自主设计能力；在利用自身技术与经验的基础上，引进必要的先进技术，基本具备了自主设计技术比较先进的百万千瓦级压水堆核电站的能力。

核电工业的发展离不开核材料，任何核电技术的突破都有赖于核材料的首先突破。经过几代人的努力，我国已经形成了较为系统的核材料研制体系，但同世界先进国家比较、同我国核电工业的发展要求相比仍有较大差距。这些差距主要体现在材料整体性能还不能满足核电站的研制要求，性能数据不完整、材料品种比较单一（某些材料国内尚属空白）、材料的基础研究重视不够、经济性有待进一步提高，核材料已经成为制约新型核电装置研制的瓶颈之一。

1.2　能量转换与储能材料

能量转换与储能材料包括锂离子电池材料、镍氢电池材料、燃料电池材料、超级电容器材料和热电转换材料，本节主要讨论锂离子电池材料、镍氢电池材料和热电转换材料。

1.2.1　锂离子电池及其关键材料

锂离子电池具有电压高、能量密度大、循环性能好、自放电小、无记忆效应等突出优点，近十年来得到了飞速发展，并以其卓越的高性能价格比优势在笔记本电脑、移动电话、摄录机、武器装备等移动电子终端设备领域占据了主导地位，是最新一代的绿色高能充电电池，被认为是在21世纪对国民经济和人民生活具有重要意义的高新技术产品。

目前在全球锂离子电池产业中，日本、韩国和中国厂商占据主导地位。在2000年以前，世界的锂离子电池产业基本由日本人控制，日本的电池产量占到世界的95%以上；2000年后，随着中国和韩国的迅速崛起，日本锂离子电池的全球市场份额持续下滑，2003年已经下降到60%不到，世界锂离子电池产业中、日、韩三分天下的格局已经形成。2002年，全球锂离子电池销售量达到8.6亿只，销售额达到28.18亿美元；估计2003年全球锂离子电池产量应达到12.55亿只，销售额达到36.34亿美元；到2005年，整个锂离子电池产量将超过15亿只，2010年将超过20亿只。因此世界各国目前都形成了锂离子电池及其关键材料的研究和开发热潮，我国“十五”、“863”计划也将锂离子电池及其关键材料列为新材料领域的重大研究项目，有力推动了我国高性能锂离子电池及其关键材料的研究和发展。目前，锂离子电池正在向高性能（即高比能、长寿命、安全性）、低成本的方向发展，其主要研究热点是开发研究适用于高性能锂离子电池的新材料、新设计和新技术。

在锂离子电池正极材料方面，研究最多的是具有α－$NaFeO_2$型层状结构的$LiCoO_2$、$LiNiO_2$和具有尖晶石结构的$LiMn_2O_4$及它们的掺杂化合物。$LiCoO_2$材料具有平坦的充放电平台、较大的电容量和优良的循环特性，但$LiCoO_2$的容量一般仅限于140mA·h/g，不仅Co成本高、对环境不利，而且存在安全性问题。因此，人们试图寻找其他材料取代$LiCoO_2$作为锂离子电池正极材料。其中，$LiNiO_2$由于具有与$LiCoO_2$相同的晶体结构而受到人们的关注。$LiNiO_2$的理论容量为274mA·h/g，实际容量已达190mA·h/g～210mA·h/g，自放电率低，没有环境污染，对电解液的要求较低，与$LiCoO_2$相比具有一定的优势。但是，$LiNiO_2$的合成条件十分苛刻，易生成$Li1-xNi1+xO_2$造成正极材料容量下将；过充时易大量生成具有很高活性的四价镍氧化物，严重影响锂离子电池的安全性能；而且$LiNiO_2$的热力学和电化学稳定性都不如$LiCoO_2$，导致其循环性能下降。鉴于$LiNiO_2$材料存在的缺点，人们尝试用Co或其他元素取代部分Ni形成固溶体来改善材料性能，如镍钴酸锂，但到目前为止还未能解决这类材料在合成时的结构控制和使用时的结构稳定性问题，也未能解决涉及高活性4价镍的安全性问题。另外，锰酸锂虽成本低、安全性好，但其容量低，在电解液中会逐渐溶解而发生容量衰减；深度放电过程中会发生Jahn－Teller扭曲，使电极活性成分丢失。因此，锂离子电池正极材料的发展趋势是通过各种方法对钴酸锂、镍酸锂、镍钴酸锂和锰酸锂进行掺杂改性，改变其晶体和电子结构，提高其各种性能。

在锂离子电池负极材料方面，早期人们研究了各种类型的碳材料，包括石墨、碳纤维、石油焦和中间相沥青基炭微球（MCMB）等。商用锂离子电池负极碳材料以中间相碳微球（MCMB）和石墨材料为代表，容量300～350mA·h/g。国内许多锂离子电池生产厂家广泛使用天然微晶石墨作为负极材料，这种材料成本低，结构稳定，锂可逆嵌入容量可超过300mA·h/g，通过对石墨进行机械处理和表面包敷处理，锂出入不可逆容量可小于10%。另外，国内外研究机构均开展了纳米合金负极材料的相关研究工作，人们利用弥散或纳米技术等方法改善金属锂合金，显著提高了电池的循环性能，但尚未达到实用化程度。目前，负极材料的发展趋势是以提高容量为目标，通过各种方法将碳负极材料与各种高容量非碳负极材料复合以研究开发新型可实用化的高容量碳/非碳复合负极材料。如日本富士胶片公司推出的玻璃态氧化锡复合负极材料具有600mA·h/g的容量。

1.2.2　镍氢电池及其关键材料

镍氢电池是近年来开发的一种新型电池，与常用的镍镉电池相比，容量可以提高一倍，没有记忆效应，对环境没有污染。它的核心是贮氢合金材料，目前主要使用的是RE（$LaNi_5$）系、Mg系和Ti系贮氢材料。镍氢电池虽然最早于1984年由荷兰Philips公司研制开发成功，但是在产业化方面发展最快的却是日本，其产品性能、产量以及相关技术都名列世界前列。目前，世界各发达国家大都将大型镍氢电池列入电动汽车的开发计划中，我国在“十五”期间也将镍氢电池列入了“863”电动汽车专项。镍氢动力电池正朝着方形密封、大容量、高比能的方向发展。

1.2.3 热电转换材料

由于热电转换器件具有高可靠性、长寿命、无噪音、无振动、环境友好等优点，而且结构比较简单、无转动或移动等机械运动部件，很适合于制备微型电源或局部制冷器件。目前热电材料的研究主要集中在（SbBi）$_3$（TeSe）$_2$合金、填充式Skutterudites $CoSb_3$型合金（如$CeFe_4Sb_{12}$）、Ⅳ族Clathrates体系（如$Sr_4Eu_4Ga_{16}Ge_{30}$）以及Half－Heusler合金（如$TiNiSn_{0.95}Sb_{0.05}$）。此外，多元钴酸氧化物（如$NaCo_2O_4$）陶瓷最近也被提出作为热电材料来研究，但目前氧化物的热电品质因子ZT（$ZT=S^2\sigma T/\kappa$，其中S、σ、κ、T分别表示材料的Seebeck系数、电导率、热导率、温度）比热电合金体系的ZT低。尽管对热电材料进行了长期不懈的努力，但迄今热电材料的ZT记录一直未有显著突破。目前（SbBi）$_3$（TeSe）$_2$系热电材料仍是最主要的热电材料，它们仍保持最大的室温ZT记录（约为0.8～1.0）。

1.3 太阳能等可再生能源及其关键材料

太阳能与风能、生物质能并称世界三大可再生洁净能源。在今天面对能源紧缺、环境污染之际，人们重新认识到太阳能和风能的开发利用问题。

太阳蕴藏着巨大的能量，据估算，每年照射到地球上的太阳辐射能量达到1.8（1 018KW/h）。如果将地球表面积的0.1%安装转换效率为10%的光伏电池，所转换的电能就可以满足目前全世界所有能源消耗。美国、德国、日本都将太阳能光电技术放在新能源的首位。美国和日本在太阳能电池的技术开发上处于领先水平。美国、日本、欧洲等国家的单晶硅电池的转换效率相继达到20%以上，多晶硅电池在实验室中转换效率也达到了17%，引起了各方面的关注。砷化镓太阳能电池的转换效率目前已经达到20%～28%，采用多层结构还可以进一步提高转换效率，美国研制的高效堆积式多结砷化镓太阳能电池的转换效率达到了31%，IBM公司报道研制的多层复合砷化镓太阳能电池的转换效率达到了40%。

在世界太阳能电池市场上，目前仍以晶体硅电池为主。1999年，日本的太阳能电池产量占世界总产量的四成以上，超过了美国，处于世界领先地位。预计在今后十年内，世界太阳能电池及其组件的产量将以每年25%～35%的速度增长。晶体硅电池的优势地位在相当长的时期里仍将继续维持和向前发展。

我国从20世纪50年代末期开始研究太阳能电池，与世界基本同步。目前已经安装了1万多千瓦各类光伏系统，实验室太阳能电池的转换效率已达20%以上，一般商业化生产的太阳能电池的转换效率达到10%～13%。虽然我国太阳能电池研究已取得较大进展，但仍落后于发达国家10～15年，也明显落后于印度和我国台湾省，缺少具有自主知识产权的高科技产品。

我国风能资源较为丰富，全国风能发电资源约2.5亿千瓦，已建风电场27座，装机容量40万千瓦。我国600千瓦的风电机组已实现了产业化，正在研制1 000～1 500千瓦的风电机组。但与世界先进国家相比，我国风能利用技术和发展差距较大，其中最主要的问题是尚不能制造大功率风电机组的复合材料叶片。

在生物质能方面，目前美国学者已发现30多种富含油的野草，如乳草、蒲公英等。科学家还发现300多种灌木、400多种花卉富含“石油”。去年，我国科学家利用转基因技术，使油菜籽的生物柴油含量由10%提高到40%，展现了开拓能源全新领域的美好前景。

1.4 燃料电池与氢能

燃料电池是除水力发电、热能发电和核能发电之外的第四种发电技术，它不但具备高的能量转换效率，同时是一种清洁的能源。根据电池中所用的电解质不同，目前已发展出了五大类型：碱性燃料电池（AFC）、磷酸型燃料电池（PAFC）、熔融碳酸盐燃料电池（MCFC）、固体氧化物燃料电池（SOFC）、质子交换膜型燃料电池（PEMFC）。前两种电池开发的较早，也有一定范围的应用，但目前已经不是发展的重点。MCFC工作温度约600℃，可以使用脱硫煤气作燃料，具有较高的热效率，结构简单，是美、日、欧发展的重点，目前主要技术问题已接近解决，进入了建立百千瓦级试验电站的阶段。SOFC的工作温度为900～1000℃，能提供优质的余热，热电效率高（60%），利于煤气化联合运转。美国在管型SOFC研究上处于领先地位，德国SIMENS公司开展了平板型SOFC研究。SOFC电池目前由于材料、结构、制造技术等问题，处于技术攻关阶段，它是以煤造气为燃料的最理想的电池。PEMFC的工作温度低，一般为60～100℃，它以全氟化的磺酸型固体聚合物为电解质，铂作为电催化剂，纯氢为燃料，空气为氧化剂，可以室温启动。20世纪80年代以来，PEMFC取得了突破性的进展，降低了电催化剂铂的用量，解决了电池的寿命问题。美国已选定燃料电池作为国家的22项关键技术之一，将PEMFC作为重要的发展方向。

燃料电池可以应用于工业及生活的各个方面，如燃料电池电站、电动汽车及民用电器等场合。国外20世纪70年代已将其用于航天技术，90年代开始用于潜艇，作为“不依赖空气的推进系统”—AIP的动力源（质子膜燃料电池—PEMFC）。使用燃料电池作为电动汽车电源一直是人类汽车发展目标之一。但是，在近5～10年中，将燃料电池大量应用于电动汽车是不现实的，因为存在以下的困难：一是燃料电池中使用贵金属铂作为催化剂，这不但使电池的制作成本增加，同时铂在全球的储量及年开采量均不能满足大规模使用电动汽车燃料电池的需求；二是使用氢气作燃料，还存在一些技术难题尚未解决，如氢的来源、储存、运输等。

氢能源以其高效、环保、使用方便等优势引起了人们的普遍关注，西方国家尤其是美国，在新型氢能源的研究方面投入了巨大的财力和人力。美国每年用于非化工产业的氢约数千吨，主要用于航天发动机，NASA 一年使用7 000吨液氢。除镍氢电池外，燃料电池是氢能最有希望的应用领域，但由于在低能耗高效率制氢技术上仍未获得突破，所以氢能尚未获得大规模应用。

1.5. 节能材料

从能源利用效率来看，我国单位产品的能耗水平较高。2001 年，我国终端能源用户能源消费的支出为 1.25 万亿元，占 GDP 总量的比例为 13%，而美国仅为 7%。我国单位产品的能耗水平较高，目前 8 个高耗能行业的单位产品能耗平均比世界先进水平高 47%，而这 8 个行业的能源消费占工业部门能源消费总量的 73%。采用节能材料提高传统工业能源利用效率成为我国能源战略的一个重要组成部分。

目前我国的电网功率损耗约占总发电量的 8.5%，如 1997 年，我国的年发电量约为 200GW，电网的功率损耗约为17GW，相当于一个三峡水电站的发电容量。高温超导材料作为一种新型节能材料，能够大幅度提高电力生产、传输、分配和利用的效率。目前高温超导技术发展已经不仅是高风险、高投入的研究开发活动，而且在应用方面取得了不小进展，高温超导电缆已经开始进入商业运行的电力网络，高温超导变压器和高温超导电动机也已经进入样机的运行阶段，这种突破将对全球经济产生可预见的巨大影响。

一、对能源材料的战略需求

据最近由国务院发展研究中心所做的一份研究报告表明：我国未来 20 年能源领域将面临一系列挑战。这一时期是实现工业化的关键时期，也是经济结构、城市化水平、居民消费结构发生明显变化的阶段。反映到能源领域，我国面对的情况要比发达国家在同一历史时期经历的情况复杂得多。因此，尽快开发各种新能源，建立新的能源体系，提高能源的生产和利用的效率，综合协调能源、资源和环境的关系以保持社会的可持续发展已经成为我国在 21 世纪发展能源工业的基本国策。能源材料是解决能源危机的关键。

1. 国民经济和社会发展对能源材料的要求

根据“十六大”提出的到 2020 年中国 GDP 翻两番、达到 4 万亿美元的经济发展目标估计，届时全国约需发电装机容量为 8 亿～9 亿千瓦左右。目前国内已有装机容量 3.5 亿千瓦，需要新增量 4.5 亿～5.5 亿千瓦。实现上述目标，如果全部用煤就必须新增 12 亿吨以上电力用煤，由此将对资源、采掘、运输及环境带来难以承受之重。因此，发展核电与可再生能源是中国未来的能源政策。

目前，国家发展与改革委员会明确了核电“远景规划”：到 2020 年，我国总发电装机容量将达到 9 亿千瓦，核电装机容量将达到3 600万千瓦至4 000万千瓦，占全国总电力装机容量的 4%，除目前已经投产和在建的 870 万千瓦核发电能力外，尚需最少再建2 700万千瓦的核电设施，这意味着从 2004 年起中国每年将至少批准建设两个百万级核电机组，意味着中国今后 16 年每年都要建一座“大亚湾”核电站。另外，除水电外的可再生能源虽难以在电力生产中发挥主导作用，但将成为我国小康社会能源供应的有力补充，如国家发展与改革委员会计划在 2010 年利用风力发电和光伏发电技术解决2 300万边远地区人口的用电问题，同时还将解决边远地区的边防哨所、微波通信站、公路道班、输油管线维护站、铁路信号站的基本供电问题。

随着我国核电工业和可再生能源发展的加速，对先进核材料和可再生能源材料的需求越来越迫切。因此必须加大先进核材料和可再生能源材料的研发力度，注重核材料和可再生能源材料的基础研究，建立和完善我国先进核材料和可再生能源材料的研发体系。

作为全球最大的移动通信市场，到 2020 年，中国可能有 6 亿人使用手机；笔记本电脑、DVD 和摄像机等数字移动产品都将可能达数千万台；信息技术用户有可能达到 6 亿～7 亿人，中国信息技术市场可达到 1 万亿美元左右的规模，约占当时世界市场的 5%，位居世界第一。另外，我国 2020 年的卫星需求量将达到 200 颗，将发射首颗火星探测器，并将完成月球探测工程的落月返回等重大航天工程。因此，必须发展以高性能锂离子电池材料为代表的新型能量转换与储能材料，以满足蓬勃发展的信息技术产业对高比能、长寿命、低成本移动能源的需求和重大航天工程对大容量、长寿命、安全型移动能源的需求。

2. 调整能源布局对能源材料的要求

我国能源资源虽然丰富，但分布很不均衡。煤炭探明储量的 70% 以上分布在华北和西北，可开发水能资源的 68% 集中在西南，而东部沿海发达地区缺少能源资源。因此，发展核能和分散能源体系以调整能源布局，必将成为我国能源战略的一个重要组成部分。

核能具有燃料运输量小、可在能源电力消费中心附近建设的特点，在东南沿海经济发达而缺乏能源资源的地区大力发展核电，是缓解我国能源资源分布与生产力布局不平衡的有效途径。

分散能源体系是以太阳能电池或燃料电池与高性能锂离子电池为基础的新型能源供应体系，其中太阳能电池或燃料电池是分散能源体系的发电装置，高性能锂离子电池是分散能源体系的储能装置。分散能源体系也可在能源电力消费中心附近建设，甚至安置在小区或居民家中。

3. 调整能源结构改善生态环境的要求

由于历史原因和我国能源资源的状况，我国能源结构和发电能源结构长期以来保持以煤为主的格局，因此，我国将优化能源结构，逐步降低煤炭在一次能源结构中的比例，提高核能、太阳能和风能等清洁、高效优质能源的比重，以保证经济与环境的可持续发展。

另外，为节约石油资源和治理汽车尾气污染，2020 年我国将大规模应用电动车代替汽车。布什在 2003 年初的拨款计划中提到要让今天出生的婴儿能开上氢能汽车，这表明美国政府认为燃料电池汽车将在 2020 年前后实现产业化。因此，必须发展各种新型能量转换与储能材料以满足电动车的发展需求。

4. 提高国家安全对能源材料的要求

当前我国在能源安全方面最突出的是石油问题。我国自 1993 年从石油净出口国变为净进口国以来，石油进口依存度（净进口量占消费量的比重）大幅上升，2000 年石油进口已超过 30%，预计 2010 年将达到 45% 以上，2020 年超过 60%。当今世界风云变幻，保障石油的可靠供应对国家安全至关重要。这是我国能源领域面临的一项重大挑战。进口核燃料发展核电，通过发展核电而减少石油进口是提高我国能源安全的重要措施之一。

另外，我国国防建设将不断加强信息化和电子化的力度，这将对高能电池、燃料电池和太阳能电池等不断提出新的更高要求，因此发展各种新型能量转换与储能材料也是提高国家安全的需要。

二、目前存在的主要问题

1. 对开发先进能源材料的战略意义认识不足

长期以来，对能源材料是解决能源危机的关键认识不足；除科技部外，国家有关部门对能源材料的重视不够，很多重要能源材料研究缺少必要的资金支持或支持力度不够。

2. 缺乏完整的激励政策

从国外的经验看，政府支持是发展先进能源材料的关键。国际上，不论是发达国家还是发展中国家，先进能源材料的发展都离不开政府的支持，如激励、税收优惠、补助、低息贷款、加速折旧、帮助开拓市场等一系列的优惠政策，这是先进能源材料产业发展的初始动力。

3. 缺少产品质量标准及质量监测系统

目前，先进能源材料产品品种已发展到 100 多种，但产品没有形成系列，质量参差不齐，缺少必要的产品质量标准及质量监测系统，使先进能源材料产品的规范化、系列化发展受到很大的影响。建立产品质量标准，健全产品质量监测体系势在必行。

三、中国能源材料发展目标

1. 指导思想

根据“中国 21 世纪初可持续发展行动纲要”，坚持经济、社会与生态环境的持续协调发展，促进可持续发展战略与科教兴国战略的紧密结合。大力发展核能材料、高效能量转换与储能材料及太阳能材料，以调整能源布局、改善能源结构，满足国民经济和社会发展对能源材料的要求。加大能源材料的基础研究力度，注重先进能源材料的应用性能研究和现有科研成果应用，建立和完善能源材料的研究体系，实现能源材料的跨越式发展。

2. 发展目标

适应核电产业发展对核能材料的要求，建立和完善我国核能材料的研发体系；重点开发研究具有自主知识产权的高性能锂二次电池和燃料电池的关键材料及其集成技术，形成我国高效能量转换与储能材料的标准与材料体系，促进我国信息产业、电动汽车及分散能源体系的建设和发展；提高太阳能材料等可再生能源材料的转换效率，降低生产成本，并建立可再生能源材料的生产和服务体系，增大可再生能源在能源结构中所占比例；在高温超导节能材料及应用技术领域取得原创性成果，建立区域性全超导电力示范系统，为保护环境和国民经济持续发展做出贡献。

2.1　核能材料的发展目标与主要研究内容

以新一代核动力研制为背景，开展先进核动力材料的研究；适应核电产业发展对核能材料的要求，开发先进的核燃料生产与处理技术、装备及材料；建立和完善我国核能材料的研发体系。主要研究内容包括：核动力材料研究；高性能燃料元件研究；新型核反应堆材料研究；铀浓缩先进技术及材料研究；核燃料闭路循环技术及材料研究。

2.2　能量转换与储能材料的发展目标与研究内容

重点研究发展以新型高性能锂二次电池为代表的高效二次电池，突破其关键材料制备技术和集成技术，形成我国高效能量转换与储能材料的标准与材料体系，使我国高效能量转换与储能材料的研究和产业化达到世界先进水平，促进我国信息产业、电动汽车及分散能源体系的建设和发展。主要研究内容包括：高性能锂二次电池及其关键材料研究；全固态锂离子电池及其关键材料研究；动力及储能电池及其关键材料研究；高性能镍氢电池及其关键材料研究；超级电容器关键材料及其制备技术；热电转换材料与器件研究。

2.3　太阳能等可再生能源关键材料的发展目标与研究内容

提高太阳能材料等可再生能源材料的转换效率，降低生产成本，并建立可再生能源材料的生产和服务体系，增大可再生能源在能源结构中所占比例。主要研究内容包括：太阳能利用相关材料及其关键技术；大型风机及其关键材料的设计与制造技术；生物质能利用技术及其关键材料；地热腐蚀、防垢和回灌技术；潮汐能利用相关材料及其关键技术。

2.4　燃料电池与氢能材料的发展目标与主要研究内容

研究低成本高效制氢、储氢及分离材料，重点开发制约燃料电池产业化的关键材料与核心技术，通过材料与技术的创新、集成，为我国未来氢能系统的建立和燃料电池的应用提供先进的技术支撑。主要研究内容包括：固体氧化物燃料电池及其关键材料研究；质子膜燃料电池及其关键材料研究；直接醇燃料电池及其关键材料研究；低成本高效制氢及分离材料研究；储氢材料研究。

2.5　节能材料的发展目标与主要研究内容

围绕超导节能材料与技术的战略目标，结合我国国民经济、社会发展和国防的需要，瞄准世界超导技术发展前沿，开展以下关键技术领域的研究开发工作：高温超导材料实用化技术；高温超导在电力电网领域中的规模化应用；其他高温超导节能产品研制及产业化；高温超导在军事装备领域的应用。

四、中国能源材料发展的战略重点

1. 先进核能材料技术

2020 年我国核电装机容量将达到3 600万～4 000万千瓦，占全国总电力装机容量的4%。随着我国核电工业的加速发展，对先进核能材料的需求越来越迫切。为适应核电产业发展对核能材料的要求，必须加大先进核能材料的研发力度，建立和完善我国先进核能材料体系。

2. 新型能量转换与储能材料技术

2020 年我国移动信息技术用户将达到6 亿～7 亿人，移动信息技术市场规模将达到1 万亿美元，位居世界第一；另外，为调整能源结构布局以改善生态环境，我国将大力发展电动汽车和分散能源体系，因此必须发展以高性能锂二次电池为代表的新型能量转换与储能材料技术。

五、中国能源材料发展的政策措施

1. 成立国家先进能源材料攻关领导小组

先进能源材料的研究涉及多种学科，是一项系统工程，需要多专业专家协同攻关才有可能取得成果，建议在国家相关部门的领导下，成立国家先进能源材料攻关领导小组，组织、协调产学研的科学合作和联合攻关，加快产业化步伐。

2. 增加国家科技投入

研究经费投入不足制约着先进能源材料的技术发展，因此建议中央政府投入30 亿元，优先支持先进能源材料的研究和开发；在此基础上充分发挥市场在先进能源材料产业化融、投资中的作用，多渠道筹措资金，建立风险投资，吸引国内外资金，吸引国内企业的参与和投资。

3. 制定有关发展先进能源材料的政策、法律和法规，使之纳入法治轨道

建议在市场准入、补贴、税收、价格、贷款、信用担保、项目审批、组织技术攻关和生产及综合支持等方面实行优惠政策，使之在经济效益、环境效益、社会效益平等的条件下参与市场竞争：

4. 补贴政策

投资补贴：对先进能源材料的投资者进行补贴，补贴额可占投资额的15%～30%

产出补贴：对先进能源材料产品进行补贴，以降低先进能源材料成本，提高企业经济效益，形成良性循环。

用户补贴：对使用先进能源材料的消费者进行补贴，降低使用开支。采取贷款、补贴等优惠政策，鼓励居民安置分散能源装置。

5. 税收政策

减免设备进口关税，减免形成固定资产税，减免增值税和所得税等。

6. 价格政策

对采用先进能源材料生产的电力实施价格优惠和价格补贴。

7. 低息（贴息）政策

对先进能源材料的投资者的贷款实行低息或贴息政策，以鼓励投资。

8. 营造相关社会环境

先进能源材料的发展离不开社会各阶层的广泛支持。建议加快我国先进能源材料专业人才队伍的建设，采取各种激励措施，吸引国内及海外的优秀人才，为这些人才创造良好的生活和工作条件，并在各类学校设立相应的专业，培养各种层次的人才，发挥退（离）休专业科技人才的作用，以满足先进能源材料的发展需求。鼓励建筑商从2010 年开始，在其承建的房屋中安装太阳能光伏电池、太阳能供热以及其他太阳能装置。建议通过各种宣传媒体，加强有关先进能源材料的宣传，提高社会对先进能源材料的认识水平，增强其吸引力，为推广应用创造条件。

（资料来源：北京航空航天大学张世超教授）

生物材料

近年来全球医疗器械发展较快，每年以10%的速度递增，2000 年的产值约1 700亿美元，药品和医疗器械产值的比例约为10:7。我国医疗器械虽然底子薄，技术含量较低，但近年来随着国内高新技术的发展，医疗器械产业的面貌变化很大，每年以15%～20%的速度递增，在2000 年国内产值约500 亿元人民币，其中出口约100 亿元人民币，进口约200 多亿元人民币；2003 年国内市场达到600～800 亿元人民币。可是在我国药品和医疗器械产值的比例约为10:2.5，远远落后于国际上的比例。这说明我国医疗器械产业还赶不上人民的需求，需要加大努力，快速发展；同时也告诉我们在今后10～20 年，医疗器械有很大的发展空间，将给从事医疗器械研究、生产及临床应用的人们带来展示的舞台。

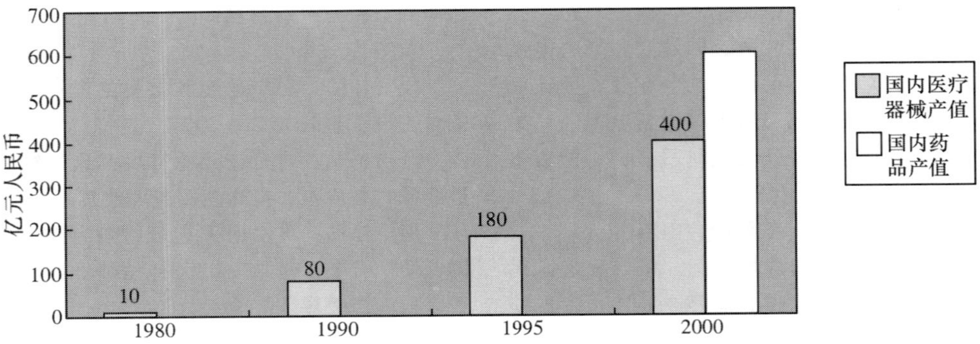

生物材料及其产品统称为材料类医疗器械，在国际上生物材料产品产值约占医疗器械产值的45%，我国生物材料产品产值约占医疗器械产值的50%。表1是近十年来在生物材料中各种材料所占比例的变化。由于医用金属及合金材料在耐腐蚀、性能、加工方面的缺陷，在近年来使用量已下降15%，而陶瓷、复合材料和天然材料的使用量在不断上升。表2列出了一些主要介入或植入体内生物材料及其产品的市场需求和现在的使用量。由于受医疗技术普及和广大农村地区生活水平所限制，目前这方面的使用量与需求差距较大。但随着我国经济的发展，对技术含量较高，介入或植入体内的生物材料及其产品需求会不断增加，将迫使我们要不断消化国外的先进技术，并有一定创新，扩大国内产品的市场占有率。表3列出了常用生物材料的产品市场状况。常用生物材料产品由于其技术含量较低，不常被人们重视。但是其市场约占整个医疗器械市场的1/4，占整个生物材料及其制品市场的1/2。市场需求就是科研和生产的导向，我们应关注其质量的提高和新产品开发。

表1　生物材料中各种材料所占比值的变化

	高分子	金属合金	陶　瓷	复合材料	天然材料
1992	45%	45%	3%	1%	6%
2000	47%	30%	10%	3%	10%

表2　体内植入生物材料制品的市场需求

	病例数（万例）	年需求量（万）	年实用量（万）	国产率（%）
人工心脏瓣膜	250	25	1.5	30
起搏器	600	40	2	5
骨修复材料	300	200	20	60
人工关节	1 500	300	6	60
人工晶体	2 000	400	50	40
血管支架	2 000	100	4	10
人工血管	150	200	30	20
肾透析器	100	100	10	30

表3　常用生物材料制品的市场需求

	产量（亿）	产值（亿元RMB）	国产率（%）
一次性产品		60	80
敷料		50	60
缝合线（针）		15	60
避孕套	15	20	80

一、国内外生物材料产品现状

我国现有医疗器械生产企业9 007家，其中三类生产企业1 546家，二类生产企业5 247家，一类生产企业2 214家，主要集中在江苏、上海、北京、浙江、广东等地。截至2003年底，全国共计发放注册证28 043个（国产一二类产品注册证17 866个，国产三类产品注册证3 551个，进口注册证6 510个，港澳台注册证136个）。国内目前可生产47个大类医疗器械，3 500多个品种，约1万多个规格，国际上约有5万个规格。

下面将生物材料产品（包括延伸的人工器官和组织工程医疗产品）的主要品种现状和发展趋势加以概要介绍：

1. 一次性输注器具

一次性输注用具包括输液器、输血器、输血袋、输液包装容器、注射器（针）、采血器等。目前生产这类产品的有200多个厂家。产值达60多亿元人民币。由于目前产大于供，国家食品药品监督管理局原则上不再批这类产品的生产厂家，除非一些特殊新产品，例如：自毁式注射器等。这类产品大多数采用医用聚氯乙烯等医用高分子材料制备。

由于医用聚氯乙烯的增塑剂邻苯二甲酸二（2－乙基）乙酯（DEHP）近年来在小鼠试验中被证实有致肝癌作用以及对生殖系统的毒害作用，因此国际对采用DEHP作为增塑剂的医用聚氯乙烯能否继续在临床使用展开了讨论。虽然目前对这个问题还没有结论，但不少单位（包括企业）都在研究用更安全的小分子或大分子物质替代DEHP作为增塑剂，开发新的医用聚氯乙烯品种；也有单位研究复合膜来代替聚氯乙烯做输液的包装膜，例如有些企业已采用聚乙烯－聚酰胺－聚丙烯复合膜制作输液袋。由于一次性输液器的销毁设备在县级及广大农村还没有普及，为了保证使用安全和不污染环境，国家鼓励发展自毁式一次性注射器（常用规格）。同时随着疫苗免疫的品种扩大和使用量增加，适用于疫苗免疫注射的自毁式一次性注射器（特殊规格）需求也在不断增加；而且国际组织（例如 WHO、GAVI 等）也在推广这类注射器，国际市场也有需求。

近来在输液器具领域正在开发并生产小剂量连续输液装置，有的厂家商品名为一次性使用输液泵，它可分为持续式和可控式两种类型，它主要用于手术后急性疼痛、肿瘤病痛、分娩、小儿术后以及内科病人急性疼痛等方面的治疗。

一次性输注器具是应用面广、用量大的产品。但当前我国产品在穿刺器、静脉输液针、流量调节器，尤其是空气过滤器和药液过滤上都有许多改进工作可做。一旦认真做下去，我们一定能改变目前输液器国产产品价格不到进口产品 1/10 的不正常情况，使我国这个工艺接近完善和成熟的大众化产品，一定能在发挥技术和劳动力优势上，利用进入 WTO 的有利时机，使我国该类产品对人类做出更大贡献，为企业获得丰厚的经济效益。

2. 敷料、人工皮肤和组织工程皮肤

敷料和人工皮肤是使用量很大的一类生物材料产品，目前市场约有 50 亿元人民币的需求量。

（1）目前临床和市场上敷料产品仍以传统的敷料为主，脱脂棉、脱脂棉纱布、脱脂棉纱绷带是传统敷料的主要品种，原料来源丰富，质地柔软、成本低，可在较复杂致伤部位使用，较强的吸收能力可防止创面渗液积聚等是它的优点。但是常因渗出物污染引起伤口感染，并在揭除时常因粘连而使损伤刚生成的创伤肉芽组织，形成大的疤痕等缺陷。

为此，克服传统敷料缺陷，提高使用性能是当前敷料研究的方向，另外各种具有特殊性能新型敷料也不断研发并投入批量生产。这些新型敷料属人工合成敷料类的有薄膜类（例如聚氨酯膜、有机硅膜）、喷雾类（例如 Hydron、Aeroplas）、水凝胶类（例如 Vigilon、Geliperm）、泡沫类（例如聚氨酯和聚乙烯醇泡沫）、水胶体类（例如 DuoDerm、Comfeel）等。属生物敷料类的有海藻酸盐类、胶原类（例如膜型胶原生物敷料、海绵型胶原生物敷料、复合型胶原生物敷料）等。另外还有药物性敷料、固定用敷料（又可分为胶粘性和非胶粘性两种）等。在最近十几年来敷料的研究和开发已取得突破性进展，在新的人工合成敷料中，有部分为生物活性敷料，它的诞生表明了创伤敷料领域的变革。例如 20 世纪 80 年代有关伤口愈合最重要的发现是无大气氧环境能促进新的微血管增长，从而加速伤口愈合的理论，并得到临床实践验证，因而加速了新型敷料的发展。开发治疗临床上难愈合的伤口（例如糖尿病性溃疡、下肢动静脉疾病性溃疡、褥疮、烧伤创面等）的新型敷料也是市场的发展方向。

（2）人工皮肤主要作用是防止体内水分过度蒸发，阻止细菌侵入性感染以及有利于创面内芽生长，并为随后的皮肤移植提供良好的受体床。

①异体或异种皮：这是目前最常用的人工皮肤，此类覆盖物粘附性强，具有良好的屏障保护功能、止血性能及减轻疼痛等效果，可广泛用于供皮区、浅度创面及深度切痂创面。异体皮来源有限，存在传播细菌、真菌及病毒性疾病的危险。异种皮主要是辐照消毒的猪皮，但其弹性稍差，表皮易脱落，并且具有抗原性，可引起受体排斥反应，覆盖创面时间有限。最近第三军医大学采用转基因猪皮可使覆盖创面时间延长一倍。

②人工合成皮肤：采用高分子化学材料，或加上生物衍生材料，经加工制成各种薄膜、涂膜或喷雾成膜。此类覆盖物具有一定屏障功能，减少创面疼痛，同时可为创面提供一个湿润的环境，有利于上皮再生，多用于断层皮片供皮区及清洁的浅度创面。例如善密特是采用氟橡胶层上加海藻酸钠；Biobrane 是一外层为超薄多孔硅胶，内层为尼龙网，两层之间用多肽填充；VWOS 是由带孔的透明的粘附性接触层及吸水性敷料层构成。

（3）组织工程皮肤：最理想的修复创面是自体皮移植，但大面积深度烧伤病人常存在严重的皮源不足，目前国际上正采用组织工程技术制备组织工程皮肤，为提供充足皮源和提高烧伤病人生存质量带来了希望。美国 FDA 已批准四种组织工程皮肤用于临床：Epical、Transcyte、Dermagraft 和 Apligraft。其中 Dermagraft 是由 PGA/PGL 编织的网上种植成纤维细胞经体外培养后形成真皮支架。成纤维细胞可分泌多种细胞外基质蛋白填充于网孔中，并可合成分泌 bFGF，IGF－1、2，PDGF 等细胞因子。Dermagraft 具有较高的生物活性、植入 III 度切痂创面后，创面基底成纤维细胞、毛细血管内皮细胞浸润较快，抗感染能力较强，不易被蛋白酶溶解。Apligraft 是在含有成纤维细胞的胶原凝胶表面种植新生儿角质细胞（表皮细胞），是含有表皮和真皮成分的组织工程皮肤，目前已成功用于慢性溃疡的治疗。但胶原易被胶原酶消化降解，尚不能广泛用于深度烧伤创面。我国组织工程皮肤研究也已取得显著成绩，第四军医大学、上海第二医科大学、第三军医大学等单位的产品正在完成临床前研究，即将进入临床研究审批程序。

3. 整形材料和人工乳房

随着人民生活水平提高，对整形材料需求也越来越大，其国内市场销售额约在 10 亿元人民币。常用的整形材料是聚乙烯、聚四氟乙烯和硅橡胶。目前进口整形材料占了国内大部分市场。

人工乳房主要是硅凝胶型人工乳房和盐水型人工乳房。虽然近年来硅凝胶型人工乳房使用量在增大，但美国 FDA 在 1992 年对硅凝胶人工乳房的通告至今没有撤销，即硅凝胶人工乳房只能用于病理性整形，而不能用于健康人的美容性整形。可是在我国对硅凝胶人工乳房的使用并没有限制，大量的进口产品在近年来涌入国内市场。

聚丙烯酰胺水凝胶：由乌克兰进口和我国自行研制的聚丙烯酰胺水凝胶软组织充填材料已在国内市场销售4年，仅乳房充填已达8万多例。目前聚丙烯酰胺水凝胶在临床上的不良反应较多，学术界存在不同看法；需要对聚丙烯酰胺水凝胶作进一步研究。

4. 缝合材料和粘合剂

缝合线（针）是外科消耗性材料，也是市场上需求较大的品种。近年来国内可吸收缝线研究取得较大进展，开发了聚乙醇酸和聚乳酸共聚物、聚二噁烷酮等可吸收缝线，已有5~6个企业投产，改变了6~7年前可吸收缝线供不应求的局面，并逐步在淘汰羊肠线。但国内可吸收缝合线质量有待提高，例如在体内两周后的缝合力达不到要求。

粘合剂主要有α-氰基丙烯酸酯化学粘合胶和生物蛋白胶。α-氰基丙烯酸酯有辛酯、异丁酯等，酯的链增长，聚合速度降低，刺激性减少。α-氰基丙烯酸酯在体内分解成甲醛和氰基醋酸烷基酯，分解速度和降解物对人体的毒性随烷基碳原子数增多而降低。目前国内已有6家生产企业生产此类胶，作为体内、体表的手术粘合剂。进口美国强生公司的此胶在说明书中明确只能作为体表用。对于此胶是否可以作为体内用，国外还有一定争议。生物蛋白胶是由纤维蛋白原和凝血酶组成。两组分混合后具有粘合能力，可用于临床止血。根据胶的来源可分为人血和猪血两类。上海一家企业生产人血的生物蛋白胶，已得到国家药监局批准。国内有6家生产企业生产猪血的生物蛋白胶也已得到国家药监局批准。这类胶要注意其免疫原性反应。

5. 骨科修复器材和骨组织工程产品

骨科修复器材约占医疗器械市场的1/10。2001年全世界骨科修复器材市场为147亿美元，其中人工关节54亿美元，骨科内固定器材16亿美元，脊柱修复材料19亿美元，骨科修复材料12亿美元，关节镜13亿美元，其他骨科器材33亿美元。

（1）人工关节

2001年国内人工关节置换病例约为3万多例，国内人工关节生产企业有十来家，其产量约占国内市场的60%（其中北京百慕航材有限公司和北京普鲁斯外科植入物公司产量最大，约占国内市场的50%）。近年来我国在人工关节的科研投入不断加大，国内在人工关节方面取得了不少研究成果，使我国的人工关节水平不断提高，接近国际先进水平。

①人工关节设计：在北京市“十五”重点课题中安排了设计适合我国人群的人工关节课题，由解放军301医院卢世壁院士主持人工髋关节设计，北京大学人民医院吕厚山院长主持人工膝关节设计，其产品已进入企业研制。针对特殊病例，个体化、特殊型号人工关节的设计和制造技术已由上海第九人民医院和上海交通大学完成，并在上海浦东建厂，生产个体化特殊型号的人工关节。

②人工关节的材料：钴铬钼合金和钛合金（Ti_6Al_4V）是目前人工关节常用的两种材料。

为了降低Ti_6Al_4V钛合金中V和Al带来的潜在毒性，国际上不断在开发无V或Al的钛合金，目前已有多种无V或Al的钛合金用于临床，国内西北有色研究院也开发了无V的TAMZ钛合金，并用于制备人工关节和骨内固定器材。

为了提高钛合金的耐磨性，目前采用离子氮化和氧扩渗处理。例如国外在Ti-13Nb-13Zr合金人工关节经离子氮化处理后，表面硬度有大幅度提高，其力学性能和生物相容性也得到提高。国内也在研究金属材料表面离子氮化技术。

为了提高人工关节材料的生物相容性，在金属材料表面进行生物陶瓷（生物玻璃、羟基磷灰石）涂层，清华大学、华南理工大学和四川大学都进行了相当深入的研究，并已开发出在人工关节上应用的产品。

国内吉林赛真医用装置科技开发公司采用各向同性碳制备股骨头，并有批量产品用于临床。

③髋臼：关节松动仍是人工关节失败的主要原因。其中主要是超高分子量聚乙烯的磨损碎屑引起的骨质吸收和炎症。但目前还没有更好的材料和方法来代替钴铬钼合金和超高分子量聚乙烯组成的髋臼假体。

国际上采用氧化锆等陶瓷制备髋臼，以提高耐磨性，降低磨屑产生。国际上陶瓷人工关节已批量生产，并在临床上使用。国内清华大学研究的氧化锆人工关节也已批量生产，在临床上使用。但近年来临床使用资料表明，由于陶瓷材料脆性，临床上已发生十多例由于髋臼脆裂，造成人工关节失败。因此，陶瓷人工关节还有待长期临床随访资料证实是否能在临床上大范围应用。

为了解决髋臼的耐磨问题，国际上正在研究模拟人体关节，用软垫支撑的人工关节，但还处在实验室研究阶段。例如采用在金属表面结合聚乙烯醇水凝胶，中间加入润滑剂（例如透明质酸钠），以降低磨损。

④骨水泥：骨水泥材料研究进展不大，但其固定技术有较大提高。例如采用髓腔栓、骨水泥枪、髓腔冲洗，压力固定及假体柄的中心化，可减少骨水泥中的气泡含量，增加了骨水泥承受的应力，加强了界面结合强度，从而降低了松动发生率。

非骨水泥人工关节目前也已在临床广泛应用。在这种关节设计上达到假体与骨腔紧压配合；柄要有颈托，防止下滑，达到较好的预期固定；上段的锥度应与股骨峡部宽度相配合，柄远段的柄粗要与髓腔相配合。国内已可生产不同型号的髓腔扩大器，而且对关节柄表面也已研究出巨孔型、微孔型和复合型三种。但国内关节的设计类型的规格尚不齐全，有待改进。

（2）骨修复材料

①异体骨修复材料：美国异体骨在骨修复材料中约占60%。我国异体骨修复材料也在临床上广泛使用。目前已有山西奥瑞生物材料有限公司等三家企业取得了国家药品

监督管理局医疗器械注册批件。目前北京（301医院、积水潭医院）、武汉、广州等地都在组建公司，正在取得合法生产和销售资格。

②羟基磷灰石：羟基磷灰石（HA）作为常用的不承重的小块骨缺损修复材料，国内已有多家企业生产。北京意华健公司开发了珊瑚羟基磷灰石骨修复材料，并进入市场销售和临床使用。

③生物玻璃：由美国Hench教授发明了生物玻璃（Bioglass）。由于生物玻璃表面有一富硅层，易被体液浸润，诱导骨生长，与骨组织结合好，已在临床广泛使用。近年来为进一步提高其强度及化学稳定性，改善脆性，国内中科院光电技术研究所、武汉工业大学等单位进行了不少研究，取得了一些进展，但未开发出产品。国内市场销售的是美国Biomaterial公司生产的倍骼生（口腔科用）和骨骼生（骨科用）产品。

④可降解生物陶瓷：β-磷酸三钙（β-TCP）可在体内较快降解，主要用于不承受力的骨缺损修复和制备组织工程支架。

⑤磷酸钙骨水泥（CPC）：用特定的磷酸钙盐，以类似水泥固化的常温湿法合成羟基磷灰石。其特点是生物相容性好，固化条件温和（37℃），能以预固化成型、注射等多种方式使用，并可用于药物控制释放等。上海瑞邦生物材料公司开发了自固化磷酸钙人工骨，由于有可塑性和自固化特性，可用于牙根管充填、盖髓剂、椎体成形术等。

⑥BMP复合骨修复材料：骨形态发生蛋白（BMP）具有诱导间充质细胞向成软骨细胞和成骨细胞分化，促进软骨和骨形成的作用。BMP已分离纯化出13种骨形态发生蛋白。目前采用基因工程技术，已制备了重组人骨形态发生蛋白-2和-7（rhBMP2和rhBMP7），并被证实具有在体内诱导软骨和骨形成作用。制备可缓释BMP的复合骨修复材料是近年来国际上研究的热点。缓释载体可采用磷酸钙骨水泥（CPC），羟基磷灰石（HA），珊瑚羟基磷灰石，聚乳酸，聚乙醇酸，胶原，异体骨等。美国FDA在2002年正式批准一种含BMP-7的复合骨修复材料用于临床。我国华东医药集团公司也制备了含BMP-2骨修复材料，目前正处于临床研究阶段。

（3）骨内固定器材：骨内固定器材包括骨钉、骨板、骨针、骨棒、脊柱内固定器材等，通常采用医用不锈钢材料制备。为了进一步提高骨内固定器材的力学性能和耐腐蚀性能，不少品种已采用钛合金制造。国内西北有色研究院、大连大学等单位采用表面喷涂 TiO_2 和TiN层，进一步提高骨钉、骨板的性能，并推出了此类新产品。

近十年来可吸收聚合物材料也已用于制备骨内固定器材。聚乳酸及其共聚物最早被用于制备骨固定板、骨钉，并已用于临床。近年来，正在开发一些新型的高分子材料用于制备骨内固定器材。例如商品名为Polyactive是一种由聚环氧乙烷（PEO）和聚对苯二甲酸丁酯（PBT）组成的弹性嵌段共聚物；由ε-己内酯与磷酸乙烯共聚物与聚乳酸共混制备骨固定器材。芬兰制造的百伏BIOFZX（聚乳酸P（L/DL）LA）最早进入市场。中科院成都有机所开发的DIKFIX（超高分子量聚乳酸PDLLA）也已进入国内市场。

6. 骨、软骨、肌腱组织工程产品

①骨组织工程产品：国内外对骨组织工程正在进行大量研究，目前还处于实验室研究阶段。研究方向可分为两种：一种是载体材料与成骨因子在体外组装后植入体内，通过成骨因子诱导成骨性细胞分化形成，进而生成新骨；另一种是利用外体细胞培养技术获得足够数量的成骨性细胞，并与载体材料在体外组装后植入骨缺损部位。研究主要集中在：支架材料（MAP/TCP、HAP和胶原复合材料、PLA、PGA、异体骨）、种子细胞（骨膜成骨细胞、骨髓基质干细胞）、骨组织工程物件及动物试验。

②软骨组织工程产品：软骨组织工程研究进展较快，在气管软骨重建。先天小耳畸形修复、治疗膀胱输尿管反流及膝关节软骨损伤等方面都有了实质性进展。FDA已批准采用自体细胞的CARTICELR进行膝关节软骨修复。目前研究主要集中在支架材料、种子细胞和培养体系。种子细胞目前以自体或异体软骨细胞为主，间充质干细胞和骨髓基质干细胞还处于实验室研究阶段。采用三维支架和生物反应器进行三维立体细胞培养。

③肌腱组织工程产品：组织工程技术的建立和发展为肌源组织缺损修复提供了一条新的思路和途径。肌腱组织工程支架目前有：合成的可降解缝线（PLA、PGA）、胶原纤维和海藻酸盐复合胶体、碳纤维和异体肌腱。种子细胞来源是肌腱细胞间充质干细胞和脂肪基质干细胞。肌腱细胞在体外培养条件下，增殖相对缓慢，经多次传代后，细胞逐渐丧失增殖能力，因此寻找调控肌腱细胞生长的方法是一个研究热点。国内研究人员发现类胰岛素生长因子IGF-G能加快肌腱mRNA的转录和各种蛋白质的翻译合成并加速肌源细胞有丝分裂的完成，最终缩短了肌腱细胞的形成周期；以裸鼠为实验模型，对肌腱细胞与PGA和PLA复合后进行了体内研究；对肌腱细胞与碳纤维、涤纶和几丁质三种材料支架进行了体内研究。

国内上海第二医科大学、四川大学华西医院、第一军医大学、军事医学科学院等单位对组织工程骨、软骨和肌腱正在进行大量研究，有望在今后3~5年内有所突破，进入临床研究。

7. 人工心脏瓣膜

近年来人工心脏瓣膜研究仍主要集中在解决机械瓣抗凝血和生物瓣防钙化问题，但没有取得突破性进展。英国正在用软质的复合材料来制备仿生人工心脏瓣膜。不少国家也在研究组织工程心脏瓣膜，但这些研究还处于实验室阶段。

我国每年置换人工心脏瓣膜约1.5万例，其中进口瓣膜约占70%。国内北京思达医用装置公司和兰州飞控集团公司生产侧倾碟瓣。最近，这两个公司和上海久灵医疗器械公司分别开发出双叶机械瓣，正处于临床研究阶段。同时北京佰仁思生物工程公司开发出牛心包瓣和猪心瓣，努力改变我国生物瓣使用量很低（约5%）的现象。西南交通大学正在研究通过各向同性碳表面喷涂 TiN 和 TiO_2 来提高机械瓣的抗凝血性能。

8. 介入器材

介入治疗是指在医学影像技术（如X线透视、CT、超声波、核磁共振）引导下，用穿刺针、导丝、导管等精密器械进行治疗和获取病理材料的过程，其核心是以微小的创伤获得与外科手术相似或更好的治疗效果。这一学科的兴起，为减少患者痛苦、减少治疗性创伤、提高诊疗水平、减少医疗费用等开辟了新的途径。如传统临床治疗按大的分类有外科治疗（以手术开刀为主）和内科治疗（以药物治疗为主），介入治疗（有些学者称之为第三治疗学）则涉足了内科和外科治疗的一些领域。

近年来介入医学发展很快，介入器材需求量也大增。2001年全球冠心病介入治疗约260万例，美国为89万例。我国冠心病介入治疗发展也很快，在1999年约0.8万例，2000年约1.2万例，2001年约1.6万例，2003年约4万例。国家“863”计划、“十五”攻关课题、国家自然科学基金委等都对介入器材的研制给予了大力支持，国内介入器材产品和企业也发展很快。

（1）管腔内支架（ES）

管腔内支架是介入医学诊疗的一种重要器械，它是在人体管腔狭窄症采用球囊扩张成形术发展起来的新器械。它主要解决狭窄的人体管腔经球囊扩张后引起内膜损伤、弹性回缩、组织过度增生和肿瘤细胞长入等问题。目前临床中不仅在冠状动脉、胸（腹）主动脉、髂动脉、股动脉、肾动脉、下腔静脉等血管系统，而且在食管、气管、胆道、十二指肠、尿道等非血管系统也愈来愈多地应用ES。人体不同的管腔结构和生理特点，对ES提出各种不同要求。ES制造中，应用了材料科学、成型加工科学、基础医学、临床医学、生物学、电子学、机械学等多学科领域的成果，同时也推动相关学科领域的发展。

制作管腔内支架的材料，当前主要有三大类型：高分子材料、金属及其合金以及高分子金属复合材料。例如采用聚烯烃、聚硅氧烷、金属等制造输尿管腔内支架；采用不锈钢、镍钛合金、钨丝等制造冠状动脉腔内支架、周围血管腔内支架；采用不锈钢、镍钛合金丝、记忆合金丝和聚硅氧烷或聚氨酯复合，不锈钢丝和聚酯纤维针织物复合制造食管、气管、胆管以及胸（腹）主动脉、髂动脉和股动脉等管腔内支架。所有制作材料和成品均要符合GB/T16886.1-2001指定的生物学评价要求，成品还要符合临床使用的物理机械和化学性能要求。

管腔内支架从物理性能上分类可分为自膨胀型、记忆型和球囊膨胀型。而球囊膨胀型和自膨胀型是临床上最常用的类型。

管腔内支架从临床应用上分为两大类：血管性管腔内支架，例如冠状动脉支架、髂动脉支架、股动脉支架、肾动脉支架、静脉支架等；非血管性管腔内支架，例如气管支架、食管支架、泌尿道支架、前列腺尿道支架、十二指肠支架等。

1979年，Gruentzing 进行了世界上首例经皮冠状动脉成形术（PTCA），开创了介入性心脏病学的新纪元。近20年来以PTCA为基础的冠心病介入性治疗技术迅速发展，成为冠心病血管重建治疗的重要手段。2000年全球经皮冠状动脉介入性治疗（PCI）约150万例，仅美国就约80万例，我国约1.5万例。在血管性管腔内支架中，冠状动脉支架发展最快。目前冠状动脉支架材料有不锈钢、钽、镍钛合金和钴合金等。其中不锈钢在X线下不易看清，金属钽和镍钛合金在X线下清晰可见。冠状动脉支架形状结构目前有5种型态：网状型、管状型、缠绕型和环状型、多种设计型。

除冠状动脉支架外，其他血管内支架大都采用不锈钢丝或镍钛记忆合金丝编织成Z形或菱形的管腔内支架。而用于胸（腹）主动脉内支架是采用Z形金属弹簧为骨架和针织涤纶膜复合组成的。代表性产品有 ZenithTM AAAEndoluminal Graft 该支架在主动脉炎和主动脉夹层瘤治疗上取得满意效果。

近年的研究方向有：药物涂层支架，例如雷帕霉素和紫杉醇药物释放支架已取得较快突破，已进入临床应用；包被支架，用合成高分子或生物高分子（例如单层聚隔纤维蛋白原）包被支架，现已开始临床应用；放射活性支架，将放射性同位素包被在支架上，现处于实验室研究阶段；可降解支架还处于研究阶段。国内已有微创、维科、安泰、乐普、先建等多家公司的冠脉支架在临床应用，并且也都在研究药物涂层支架，降低再狭窄率。

非血管性管腔内支架由于治疗器官解剖上差异而有各种形态，以食管腔内支架为例，目前在国内按其支架端部形态分为喇叭型（单、双喇叭型）、杯型（单、双杯型）、球型、防返流型等。

胆道支架、气管支架、前列腺尿道支架等均有各自不同的形态以满足临床要求。非血管性管腔内支架在我国临床应用中，国产支架占市场的70%左右，并且有专利产品。这种情况表明，介入诊疗中管腔内支架生产和应用，我国有能力发展这类具有自主知识产权的技术密集型和劳动密集型结合的医疗器械产品。

只要通过科学的引导和有效的管理，克服盲目无序竞争，提高产品内在质量，我国在该领域一定会有大的作为。

（2）导管

①冠状动脉成形导管：引导导管的管壁为三层，外层为聚酯或聚乙烯，为导管提供记忆和硬度；中层为环氧树脂纤维或金属网，增强导管扭曲性能；内层为光滑的聚四

氟乙烯，便于球囊导管通畅。引导导管头部为软头，并有金属标志，便于透视观察。

扩张导管一般为单囊双腔导管。一个腔用于充抽球囊，另一个腔作为测压，注射造影剂和插导丝用。球囊中部或前后端有不透X线的金属标志，便于荧屏上定位。球囊前端的导管头部一般为1~2个侧孔。

导丝的要求在诊断性造影和周围血管成形术（PTA）中要求较高，其功能是通过操作导丝尾端，使其头端通过狭窄病变，并使扩张导管沿导丝顺利地进入病变血管，而不进入分支或损伤血管内膜。

目前国内冠状动脉成形导管进口的占主导地位，国内已有4个企业进口部件，在国内组装再销售。

②周围血管成形导管：是一种球囊导管，结构比冠状动脉成形导管简单，种类较多。球囊材料有聚氯乙稀或聚乙烯。导丝结构和性能与冠状动脉成形导管的导丝相类似。目前也已生产颈动脉成形术专用导管。国内市场也以进口产品为主。国内企业主要是进口部件组装。

③血管造影用器材：

穿刺针：两部件由外套管（鞘）和针芯组成。针芯由医用不锈钢制成，分针芯平钝和针芯尖锐两种。三部件由外套管（鞘）、内针和闭塞器组成。在针进入血管后，拔出内针，插入闭塞器，可使针稳定地深入血管。

血管造影导管：导管分尾端、体（杆）部和头端三部分。非选择性导管头端一般为直形或微弯，有直形、单弯形和猎尾形；选择性导管头端预成形不同形状的弯曲，进入体内后以适应不同的血管解剖形态，有脑动脉导管、静脉导管等。超选择性导管有预成形超选择性导管（用于肝动脉、胃左动脉导管、胰背动脉导管等）和共轴超选择性导管（即分级导管，可进入小血管分支）。导管头端除端孔外，有的还有4~12个侧孔，便于注射大剂量造影剂。导管壁有厚薄之分，壁内可放置或不放细金属网或金属丝。壁内要添加不透X线物质。制作导管的材料有聚乙烯、聚氨酯、聚氯乙烯、聚四氟乙烯等。

导丝：由内芯和外弹簧套管构成。一般用医用不锈钢制成。导丝表面要涂聚四氟乙烯或聚四氟乙烯－肝素，以增加光滑度，并减少血栓形成。导丝分为固定芯导丝和活动芯导丝、转向导丝、交换导丝、硬度可变导丝。

扩张器：由聚四氟乙烯制作，扩张器进入血管的通路，减轻血管损伤，减少导管头端的磨损，利于薄壁导管或细导管进入血管。

连接管与开关：用于连接高压注射器与导管，导管与手推注射器或导管与压力监测等。

导管插入鞘：主要用于引导诊断性导管，球囊导管或其他血管内器顺利地进入血管，也可用于导管交换。导管鞘由外鞘、扩张器和短导丝组成。其中剥皮导管插入鞘是一种特殊导管鞘，主要用于静脉，也可用于非血管性插管。

以上穿针、导管、导丝等器材虽有各种不同规格，但在造影检查时必须相互匹配，否则易造成失败或出现并发症。国内市场上进口产品与组装产品基本平分秋色。

④其他导管：另外还有二尖瓣成形球囊导管、主动脉和肺动脉瓣成形导管、漂浮导管等。

（3）塞堵器材

①栓塞材料：经导管将栓塞材料有控制、有目的地注入到病变或器官的供应血管内或病变血管内，使之血管闭塞，中断血供，以达到控制出血、闭塞血管性病变、治疗肿瘤。所用栓塞材料详见下表：

栓塞材料

颗粒物质	
自体物质	自体血块，肌肉、脂肪、硬膜、筋膜碎片
可吸收物质	明胶海绵，氧化纤维素，微胶原纤维，海藻酸钠，闭塞胶
不吸收物质	聚乙烯醇，硅酮球，金属或塑料小球
液体物质	
1. 可吸收	无水乙醇，硬化剂，热造影剂
2. 不吸收	己丁基－2－氰丙烯酸盐，硅酮，硫酸钡悬液
3. 机械性栓子	螺圈，不锈钢伞，丝刷，可分离球囊

上表中目前只有螺圈、聚乙烯醇微球和海藻酸钠栓塞微球得到国家药品监督管理局批准上市。由于海藻酸钠栓塞微球具有生物相容性好，栓塞时疼痛轻，易操作，具有良好的末梢血管栓塞作用，有望广泛用于良恶性肿瘤栓塞治疗。

②封堵器：房间隔缺损（ASD）是常见的先天性心脏病，发病率占先天性心脏病的12%。目前主要是通过外科手术修补治疗。自1924年King和Mills首次使用非开胸法治疗Ⅱ孔型ASD以来，经导管介入性治疗ASD得到迅速发展，先后经历了Rashkind双面伞，Lock的蚌壳和Siderig的可调纽扣或补片，到现在的Cardio－Seal和Amplazzer封堵器，其适应症逐步扩大，使经导管治疗ASD更加完善。目前已扩展到室间隔缺损和动脉导管未闭（PDA）治疗。封堵器形状有伞状、梯形状、双层伞状等，主要由医用不锈钢作骨架，镍钛合金编成网，上铺涤纶（或聚氨酯海绵等）作为阻流体。近年来自国外产品在临床应用取得了满意疗效后，国内企业也陆续开发了自己的产品。目前已有4个企业（北京安泰公司、华医圣杰公司、上海形状记忆合金材料公司、深圳先健公司）生产的产品取得了国家药监局的是注册批件。

9. 计划生育用器材

计划生育是我国的基本国策，目前主要使用的计划生育器具有宫内节育器、避孕套、输精管和输卵管粘堵剂以及皮下埋植剂。

（1）宫内节育器（IUD）：全国约有9 000万以上妇女使用宫内节育器，约占各种避孕措施的40%，每年需求约400万个IUD。目前常用含铜IUD和含药IUD。含铜IUD由铜丝和聚乙烯支架组成，常用种类有：VCu200，宫铜 IUD，金塑铜环，I Cu220C，T Cu380A，母体乐铜 375。含药 IUD 有：左炔诺孕酮 IUD（曼月乐），含吲哚美辛 - 铜 - IUD 等。近来武汉大学正在研究纳米铜宫内节育器。

（2）避孕套：由于预防艾滋病的需求，近年来避孕套需求量有较大增长。目前国内有十来家生产乳胶避孕套企业，年产量在 12 亿只左右，同时进口约 3 亿只。四川大学正在研制聚氨酯女用避孕套。

（3）粘堵剂：输精管和输卵管粘堵剂是我国发明的并用于临床。目前主要用聚醚聚氨酯或改性的聚酯聚氨酯作为粘堵剂。

（4）皮下埋植剂：皮下埋植剂是应用药物缓释系统，可在 3～5 年起到避孕作用。目前在国内上市的为左炔诺孕酮硅胶棒，用硅橡胶棒作为药物释放载体，分为 6 根型和 2 根型。中国医科院正在研究可降解的皮下埋植剂。

10. 眼用生物材料

（1）人工晶体：植入人工晶体治疗白内障手术已在国内相当普及，目前每年手术已达 40～50 万例。国内在北京、上海、珠海、郑州、厦门、苏州、安徽建有 7 个生产企业，可生产一件式和三件式人工晶体硬镜，约占市场的 50%。在国内市场销售的人工晶体软镜有硅凝胶、水凝胶和丙烯酸酯共聚物三种，其中丙烯酸共聚物销量最大。由于软镜可折叠植入，进入眼内后，慢慢展开，术后反应小，损伤小，因此其使用量在逐渐增加。国内珠海、天津、成都正在投入力量准备生产软镜。

（2）粘弹剂：粘弹剂已广泛用于人工晶体植入术、穿透性角膜移植术以及眼外伤等显微手术。国内上海、杭州、天津、济南、苏州、郑州等地企业生产透明质酸钠（鸡冠提取和微生物发酵）和甲基纤维素粘弹剂，约占 60% 国内市场。目前微生物发酵生产的透明质酸钠原料供不应求。

（3）角膜接触镜：我国每年使用约 500 万片角膜接触境，市场基本由国外大公司（例如博士伦、强生等）瓜分。近年来推出的抛弃型角膜接触镜（周戴和月戴）销量在上升。

植入眼内矫正近视眼的镜片美国已在 2003 年批准上市。国内也有少量临床研究。国内企业应关注这类镜片的发展趋向，以便尽早产业化。

近年来青光眼引流器、泪点塞、囊袋张力环等眼科用生物材料也已用于临床。

11. 人工血管

由于血管疾病占人类死亡原因的首位，人工血管的使用量在不断增加。目前用于临床的是大于 6mm 的人工动脉血管，主要有编织的聚酯血管和膨体聚四氟乙烯血管。目前国内 90% 多是使用进口人工血管。2001 年上海胸科医院开发出聚酯血管，2004 年上海索康医用材料公司开发出膨体聚四氟乙烯血管。

目前，置换小于 6mm 的动脉血管和静脉血管的人工血管还没有开发成功，临床是采用自体血管进行修复，例如冠状动脉搭桥手术。国际上寄希望于组织工程来解决这一难题。目前组织工程血管还在实验室研究阶段。主要采用两种方法，全生物化组织工程血管和可吸收支架的组织工程血管。

（1）全生物化组织工程血管

采用内皮细胞（EC）、平滑肌细胞（SMC）及成纤维细胞构建成 EC、SMC 胶原层，成纤维细胞胶原层。内皮细胞构成最外边的平滑的单细胞层，可作为大分子（如白蛋白）的渗透屏障并能产生 vWF 因子。但这种全生物化组织工程血管不具有足够的机械张力，不能耐受血流的冲击力。

（2）可吸收支架的组织工程血管

将内皮细胞和平滑肌细胞种植于纤维蛋白预处理的可吸收支架上，然后植入体内形成一条新生血管。但动物试验发现，在早期易发生动脉瘤性扩张并破裂。

12. 人工胰

目前全世界有 2 亿多糖尿病患者，而且每年以 2% 的速度增长。我国有约3 000万患者。人工胰的作用是使糖尿病患者血糖维持在正常水平，防止小血管疾患及其他并发症的发生和发展。人工胰分为机械型和生物型两大类。

（1）机械型人工胰

机械型人工胰是由葡萄糖传感器、微机和胰岛素注射泵组成。在血糖高时注射一定量的胰岛素。目前正在研究由体外的装量如何变小并智能化而植入体内。

（2）生物型人工胰

生物型人工胰有三种装置：

①动静脉短路装置：将胰岛细胞分散在半透膜之间，在体外与循环血液接触；

②扩散室装置：将胰岛细胞放入聚丙烯等材料制成的管状扩散室内，然后植入体内；

③微囊化细胞：采用具有半透膜功能的高分子材料制成微囊，并包裹胰岛细胞，再植入体内。

目前微囊化细胞技术发展很快，美国、加拿大和德国都处于进行动物试验或少量临床研究阶段。微囊技术研究的焦点主要是微囊的大小和包被材料。加拿大 Sun 发明了海藻酸钠 - 聚赖氨酸 - 海藻酸钠（APA）膜，用于包埋胰岛取得初步成功。目前的研究焦点集中在尽量减少微囊体积，增加微囊的稳定性，保护微囊的长期通透性，降低微囊化胰岛细胞的免疫反应，使微囊化猪胰岛细胞存活时间延长并提高生物相容性。国内天津医科大学、中科院大连化物所、301 医院等单位都进行了相关的基础研究。

13. 人工肝

急性和慢性肝衰竭都会造成肝脏的合成、代谢、解毒和排泄功能丧失，其中急性肝衰竭死亡率很高。目前除了肝移植治疗外，也在发展人工肝治疗手段。人工肝分为机械型人工肝和生物型人工肝。

机械型人工肝：化学、物理或生化机制除去因肝功能不全而积累在病人血液中的毒性物质。透析及血液灌流（含吸附）是从肝衰竭病人血液中排除毒素的主要方法。但机械型人工肝清除毒素单一，只能起到一定辅助作用，没有新陈代谢功能，不能治疗肝衰竭。

生物型人工肝：近年来随着生物技术和材料学的发展，各国都在研究生物型人工肝支持装置。

（1）中空纤维反应器人工肝：将大量肝细胞（应不少于10^{10}数量级）放置在中空纤维反应器中，保持其活性和生理功能，当血液流过时，通过半透膜避免了免疫排斥作用，又可清除有毒物质，并起到新陈代谢功能。目前设计的反应器类型很多，但都还在实验室研究和少量临床研究阶段。主要的研究方向是肝细胞的来源、肝细胞的组织化培养，以及中空纤维材料的组织相容性和设计、提高装载细胞数量。国内已有多家医院在中空纤维反应器人工肝方面取得了一定进展，但还只能用于短期治疗，还存在不少需要解决的难题。

（2）微囊化人工肝：采用海藻酸钠－聚赖氨酸－海藻酸钠（APA）包埋肝细胞（人或猪肝细胞），可提供更多肝细胞，并且其交换面积大，可更好地发挥肝细胞功能。目前采用体外血液灌流和腹腔内移植两种方法。在体外血液灌流中，动脉血直接和微囊肝细胞接触，可提供充足氧气，有利于肝细胞活性维持；也可在不良反应时终止治疗。但由于在体外，带来治疗的不方便，也容易感染。腹腔内移植在动物试验中取得了较好的效果，但移植到腹腔内肝细胞的包被微囊随着时间和周围环境的作用会破损，从而引发安全性问题。

14. 人工肾

肾脏具有清除血液中代谢废物（如肌酐、尿素、尿酸）和对人体有害的毒物，排除过多的水分，维持盐分的浓度和酸碱平衡等功能。肾功能衰竭使代谢废物不能及时清除而在血液中积蓄，使机体生理环境失去平衡而导致尿毒症，危及生命。目前对严重肾衰竭患者采用肾移植和人工肾治疗。这两种治疗方法各有优缺点，其10～15年生存率无显著差异。据不完全统计，我国每年肾移植患者约5万例，人工肾治疗患者约10万例（目前存活的累计数据）。人工肾进行血液净化有以下几种方法：血液透析法，血液过滤法，血液透析过滤法，血浆交换法和血液毒素吸附法。

（1）血液透析法：血液透析法是目前最常用的方法，其主要原理是血液和透析液从透析膜两侧对流通过，靠血液和透析液中物质的浓度差而相互渗透，小分子电解质与化学毒物渗透到透析液中，而细胞及蛋白质大分子仍留在血液中。中空纤维透析器的膜材料有：铜氨纤维素，醋酸纤维素，聚乙烯基吡咯烷酮，乙烯－醋酸乙烯共聚物，聚砜，聚碳酸酯，聚甲基丙烯酸甲酯等。其中铜氨纤维素透析器使用量最大，约占60%。国内血液透析在大城市已普及。人工肾机器以进口为主，国内已有多家企业进口中空纤维，组装生产透析器。

（2）血液过滤法：血液过滤法的原理类似于人体中的肾小球过滤作用，所用的分离膜是超滤膜。依靠液体压力差，使血液中毒物通过膜过滤除去。由于超滤膜的孔隙大于透析膜，因此能更有效地去除血液中的毒素，血液处理率大大提高，治疗时间缩短，而且不易损伤血球和血小板。为了提高疗效，可用血液过滤和血液透析相结合。常用的超滤膜材料有聚砜、醋酸纤维素、聚酰胺、乙烯－乙烯醇共聚物等。

（3）血浆交换法：当肾脏和肝脏病患者的血液中出现不正常的蛋白质、抗原、抗体、免疫复合物时，可用血浆交换法除掉血液中的有毒血浆，输入健康的血浆。常用的分离膜有醋酸纤维素、聚砜、聚碳酸酯、乙烯－乙烯醇共聚物等。

近年来，人工肾（包括透析器、分离膜）的研究无重大突破，主要研究目标是小型化、便携化和内植化。

15. 人工肺

人工肺系指用于血气交换，调节血内O_2和CO_2含量，取代人体肺的装置，该装置亦称氧合器或血气交换器。人工肺和血泵配合构成人工心肺机，主要用于心血管手术时的体外循环。膜式人工肺除用于体外循环外，还可用于急性呼吸衰竭的支持。

（1）鼓泡式人工肺：气体经发泡装置形成微小泡，经和血液混合而进行血气交换，氧合后的血液经去泡过滤，变温后输回体内。这种鼓泡式氧合器还在临床使用，但在逐渐淘汰。

（2）膜式人工肺：其特点是由膜将血液与气体分开，避免由血气直接接触引起的血细胞破坏和蛋白变性，亦减少了气栓和微栓产生的机会，可安全地应用于长期体外循环，更适用于进行长期呼吸衰竭的支持。

膜式人工肺大多采用中空纤维型。目前的研究主要是通过对中空纤维的预处理，提高其性能。例如：对中空纤维肝素化处理可防止体液和细胞的激活，提高其生物相容性；采用硅树脂涂层可防止使用时血浆渗漏；采用白蛋白、carmeda等膜钝化涂层可提高血液相容性。

16. 人工心脏

美国现有近500万人患心力衰竭症，每年新增病例40万，每年等待心脏移植的病人超过5万人，而实际接受心脏移植的不到2万人，大部分病人需要人工心脏进行治疗。从20世纪50年代以来，美国投入了大量资金和人力进行研究，促进了人工心脏的发展，使之成为治疗晚期心脏病的一种手段。我国近年来开展了心脏移植手术，对人工心脏也提出了实际的要求。人工心脏包括心室辅助和全人工心脏两大类。

（1）心室辅助

心室辅助分为左心辅助、右心辅助和双心辅助，其中以左心辅助为主，约占80%。自从1961年Dennis等首先应用体外转子泵进行左心辅助以来，左心辅助装置研究得到了较快发展，在20世纪90年代已有多家公司生产的左心辅助装置被FDA批准用于临床。左心辅助被用于急性心肌炎和心肌梗塞的治疗、终末期心功能衰竭长期辅助治疗和心脏移植前过渡辅助。

心室辅助装置有隔膜（脉动）泵型和叶轮泵型。

隔膜泵的结构和工作原理是模仿自然心脏而设计，它的核心结构是一个柔韧的腔囊。腔囊与自然心脏的心腔一样，用来容纳血液。腔两端连接进、出口导管，并在连接口处分别设置单向阀门（人工瓣膜）以保证血液单向流动。对囊腔壁施以外力时，腔内容积被迫变化，容积减少时，血液由出口流出，增加时则接纳流入的血液。如此周而复始，模拟心脏完成泵血功能。主要牌号有Novacor，Hemopump。最近美国的“DeBakey”和英国的“Jarvik”微型轴流泵植入体内获得成功。

（2）人工心脏

1964年美国国立卫生研究院制定了“人工心脏计划”，1982年Jarvik－7型全人工心脏首次植入体内，患者存活了112天；到1985年Jarvik－7型在6例患者中植入，存活最长的达到620天。由于全人工心脏植入后均出现了出血、血栓、感染等严重病发症使患者不能长期存活，到1991年美国FDA停止了全人工心脏的临床试用，要求在实验室进一步研究和提高全人工心脏的性能。于是美国调整了对全人工心脏的资助政策，重点支持波士顿Abiomed公司/Texas人工心脏研究所、宾州大学/3M公司、克里夫兰临床中心/加州Nimbus公司、犹他大学四个研究中心，同时Baylor医学院和Milwaukee研究所自筹经费继续开展人工心脏研究。

全人工心脏主要由血泵、能源系统、驱动系统和控制系统组成。20世纪90年代以来，在全人工心脏小型化、电动化、全植入以及无管线等方面进行了不断改进，取得了长足进步。2001年Jewish医院将第一个完全独立的可植入永久性AbioCor约1kg，由钛、塑料和环氧树脂构成。它由金属钛制成心脏本体、微型锂电池和操纵系统植入腹腔，外接电池组在体内，通过安装在腹部表皮下的插座向植入微型锂电池充电。AbioCor全人工心脏的特点是可植入体内，没有通过皮肤外接导线或导管；心脏由电子控制，根据人体需要调节心跳速度及泵出的血液流量。

人工心脏的出现无疑是医学上的巨大进步，为危重的心脏病患者提供了抢救的希望。尽管全人工心脏还存在许多问题，欲达到尽善尽美的程度还需要付出巨大的努力，但我们相信人工心脏在不久的将来，会成功地运用于临床，为心脏病患者带来福音。

二、第三代生物材料

美国著名的生物材料专家L. Hench教授在Science上发表了“第三代生物材料”评述论文，该文将生物材料发展分为三个阶段：

1. 第一代生物材料

20世纪50～70年代开发出人体能接受的“惰性”生物材料及其产品，例如人工心脏瓣膜、人工血管、人工关节、人工晶体。这些材料的产品已在临床大量使用，一直维持到现在，数以千万的患者生活质量在植入这些产品后5～25年里有了明显的改善。

2. 第二代生物材料

在20世纪80年代和90年代，生物材料领域的重点逐渐由生物惰性转向生物活性材料和可降解材料，出现了第二代生物材料。

（1）生物活性材料是指在生理条件下发生可控的反应，并作用于人体。例如羟基磷灰石陶瓷（HA）可提供生物活性材料固定而用于渗透性移植物及金属假体的涂层。骨组织沿着HA长长并形成强韧的表面，并具有骨组织应答（即骨传导）作用。再例如生物玻璃可在体内发生11个反应步骤，为具有生物活性的碳酸羟基磷灰石层的非均匀形核和结晶化提供大量的反应点，并促使成骨细胞的增殖和分化，最终形成新骨。生物玻璃可用于制备中耳的假体，用于骨链修复和治疗传导性听力丧失；还可用于制备椎骨替代物等。

（2）生物可降解材料是指在生理条件下可发生降解，使植入材料部位和宿主组织间不再有明显的界面区分。例如聚乳酸和聚乙醇酸制成的缝合线已在临床中大量应用。

在现在这个人口快速老龄化的社会，生物惰性、生物活性及吸收性植入物在临床的成功应用具有非常重要的意义。然而，对于人工关节及人工心脏瓣膜存活时间的分析显示，约有1/3～1/2的假体在植入后的第10～25年之间丧失功能，使患者需要重新接受修复手术。对于移植失败率的改善在20年的研究中只取得了极小的进展，而继续重复这条道路将需要进行更多的动物以及人类的临床试验，并需要更多的资金投入。在克服失败率方面，第一代和第二代生物材料所取得的进展很有限，因为任何用于修复和恢复机体的生物材料都只能是一种暂时性的替代品。活的组织可以对生理负荷的改变或生物化学刺激产生应答，而合成材料则不具备这种功能，也正是生物材料的这一缺陷限制了人工器械的使用寿命。

3. 第三代生物材料

在20世纪90年后期，开始研究能在分子水平上刺激细胞产生特殊的应答反应的第三代生物材料。第三代生物材料将生物活性与可降解材料结合起来，在可降解材料上进行分子修饰，引起细胞整合素的相互作用，诱导细胞的增殖、分化，以及细胞外基质的合成与组装，从而启动机体的再生系统（即再生医学）。

基于细胞系分子水平的第三代生物材料将在产生最小损伤的前提下，为原位组织再生和修复提供了科学基础。第三代生物材料发展有可能在机体衰老之前，通过生物方法激活某些基因，从而起到保持健康、延缓衰老的作用。

目前第三代生物材料研究正在兴起，例如组织工程支架材料、原位组织再生材料、可降解材料结合神经生长因子可增强神经的定向生长。

（资料来源：中国药品生物制品检验所，奚廷斐）

部分区域发展状况

我国的新材料产业领域的基地建设始于1995年。在新材料领域的成果转化与产业化方面，截至2004年，科技部共计批准区域性新材料产业基地123家，其中高新司批准建立的国家新材料成果转化及产业化基地43家，国家火炬计划批准建立的基地80家（包括两家与材料相关的基地：吴江光电缆产业基地和十堰汽车关键部件产业基地）。基地名称见下表。

截至2004年科技部共计批准区域性新材料产业基地名称列表

序　号	产业基地名称	批准时间	依托单位	批准单位
1	北京绿水高新技术产业基地	2001年	北京市科委	科技部火炬中心
2	保定新能源与能源设备产业基地	2003年	保定科技局	科技部火炬中心
3	呼和浩特医药产业基地	2002年	呼和浩特市科技局	科技部火炬中心
4	牡丹江特种材料产业基地	2002年	牡丹江市科技局	科技部火炬中心
5	哈尔滨新医药产业基地	2002年	哈尔滨市科技局	科技部火炬中心
6	哈尔滨抗生素产业基地	2004年	哈尔滨市科技局	科技部火炬中心
7	通化生物医药产业基地	2001年	通化市科技局	科技部火炬中心
8	海门新材料产业基地	1995年	海门市科技局	科技部火炬中心
9	昆山传感器产业基地	2000年	昆山市科技局	科技部火炬中心
10	吴中生物医药产业基地	2001年	吴中区科技局	科技部火炬中心
11	连云港新医药产业基地	2001年	连云港市科技局	科技部火炬中心
12	扬中电力电器产业基地	2002年	扬中市科技局	科技部火炬中心
13	锡山新材料产业基地	2002年	锡山区科技局	科技部火炬中心
14	南通化工新材料产业基地	2002年	南通市科技局	科技部火炬中心
15	江苏沿江对俄合作高新技术产业基地	2002年	江苏省科技厅	科技部火炬中心
16	丹阳新材料产业基地	2002年	丹阳市科技局	科技部火炬中心
17	吴江光电缆产业基地	2002年	吴江市科技局	科技部火炬中心
18	镇江光电子与通信元器件产业基地	2002年	镇江市科技局	科技部火炬中心
19	姜堰汽车关键零部件产业基地	2002年	姜堰市科技局	科技部火炬中心
20	宜兴非金属材料产业基地	2002年	宜兴市科技局	科技部火炬中心
21	昆山模具产业基地	2003年	昆山市科技局	科技部火炬中心
22	常熟高分子材料产业基地	2003年	常熟市科技局	科技部火炬中心
23	武进特种材料产业基地	2003年	武进区科技局	科技部火炬中心
24	常州市新北区“三药”科技产业基地	2003年	新北区科技局	科技部火炬中心
25	常州城市轨道交通车辆制造产业基地	2003年	常州市科技局	科技部火炬中心
26	镇江沿江绿色化工产业基地	2004年	镇江市科技局	科技部火炬中心
27	邗江数控金属板材加工设备产业基地	2004年	邗江市科技局	科技部火炬中心
28	东海硅材料产业基地	2004年	东海市科技局	科技部火炬中心
29	惠山特种冶金材料产业基地	2004年	惠山区科技局	科技部火炬中心
30	南京市浦口生物医药产业基地	2004年	南京市科委	科技部火炬中心
31	江宁电力自动化产业基地	2004年	南京市科委	科技部火炬中心
32	通州电子元器件及材料产业基地	2004年	通州市科技局	科技部火炬中心

续表

序　号	产业基地名称	批准时间	依托单位	批准单位
33	金坛精细化学品产业基地	2004 年	金坛市科技局	科技部火炬中心
34	太仓特种功能新材料产业基地	2004 年	太仓市科技局	科技部火炬中心
35	靖江特种电机及控制产业基地	2004 年	靖江市科技局	科技部火炬中心
36	新昌医药产业基地	2002 年	新昌县科技局	科技部火炬中心
37	诸暨环保与装备产业基地	2002 年	诸暨市科技局	科技部火炬中心
38	富阳光通信产业基地	2002 年	富阳市科技局	科技部火炬中心
39	乐清智能电器产业基地	2002 年	乐清县科技局	科技部火炬中心
40	海宁软磁材料产业基地	2003 年	海宁市科技局	科技部火炬中心
41	绍兴纺织产业基地	2003 年	绍兴市科技局	科技部火炬中心
42	黄岩塑料模具产业基地	2003 年	黄岩区科技局	科技部火炬中心
43	宁波电子信息产业基地	2002 年	宁波市科技局	科技部火炬中心
44	桐乡新型纤维产业基地	2004 年	桐乡县科技局	科技部火炬中心
45	兰溪天然药物产业基地	2004 年	兰溪县科技局	科技部火炬中心
46	上虞精细化工产业基地	2004 年	上虞市科技局	科技部火炬中心
47	嘉兴电子信息产业基地	2004 年	嘉兴市科技局	科技部火炬中心
48	平湖光机电特色产业基地	2004 年	平湖市科技局	科技部火炬中心
49	铜陵电子材料产业基地	1999 年	铜陵市科技局	科技部火炬中心
50	闽东南电子与信息产业基地	1997 年	福建省科技厅	科技部火炬中心
51	泉州微波通信技术产业基地	2004 年	泉州市科技局	科技部火炬中心
52	江西九江星火有机硅材料产业基地	2004 年	九江市科技局	科技部火炬中心
53	济宁生物技术产业基地	2002 年	济宁市科技局	科技部火炬中心
54	禹城生物技术产业基地	2003 年	禹城市科技局	科技部火炬中心
55	济南先进机电与装备制造产业基地	2003 年	济南市科技局	科技部火炬中心
56	青岛新材料产业基地	2003 年	青岛市科技局	科技部火炬中心
57	鲁北海洋产业基地	2004 年	青岛市科技局	科技部火炬中心
58	济宁工程机械产业基地	2004 年	济宁市科技局	科技部火炬中心
59	济南生物工程与新医药产业基地	2004 年	济南市科技局	科技部火炬中心
60	濮阳生物化工产业基地	1997 年	濮阳市科技局	科技部火炬中心
61	河南超硬材料产业基地	2002 年	河南省科技厅	科技部火炬中心
62	葛店生物技术与新医药产业基地	2001 年	葛店市科技局	科技部火炬中心
63	谷城节能与环保产业基地	2002 年	谷城市科技局	科技部火炬中心
64	十堰汽车关键零部件产业基地	2003 年	十堰市科技局	科技部火炬中心
65	武汉汽车电子产业基地	2004 年	武汉市科技局	科技部火炬中心
66	武汉新材料产业基地	2002 年	武汉市科技局	科技部火炬中心
67	襄樊动力及部件产业基地	2004 年	襄樊市科技局	科技部火炬中心
68	应城精细化工新材料产业基地	2004 年	应城市科技局	科技部火炬中心
69	湖南传感技术产业基地	2000 年	湖南省科技厅	科技部火炬中心
70	浏阳生物医药产业基地	2002 年	浏阳市科技局	科技部火炬中心
71	益阳先进制造技术产业基地	2004 年	益阳市科技局	科技部火炬中心

续表

序　号	产业基地名称	批准时间	依托单位	批准单位
72	湛江海洋产业基地	2002 年	湛江市科技局	科技部火炬中心
73	佛山新材料产业基地	2003 年	佛山市科技局	科技部火炬中心
74	佛山自动化机械及设备产业基地	2003 年	佛山市科技局	科技部火炬中心
75	佛山精密制造产业基地	2003 年	佛山市科技局	科技部火炬中心
76	江门新材料产业基地	2004 年	江门市科技局	科技部火炬中心
77	佛山电子电器产业基地	2004 年	佛山市科技局	科技部火炬中心
78	江门纺织化纤产业基地	2004 年	江门市科技局	科技部火炬中心
79	顺德家用电器产业基地	2004 年	顺德区科技局	科技部火炬中心
80	成都电子信息产业基地	2002 年	成都市科技局	科技部火炬中心
81	中关村永丰新材料产业化基地	2003	北京市科委	科技部高新司
82	国家纳米技术产业化基地	2000	天津市科委	科技部高新司
83	唐山钢铁材料产业化基地	2004	唐山市科技局	科技部高新司
84	山西镁及镁合金产业化基地	2003	山西省科技厅	科技部高新司
85	包头稀土新材料成果转化及产业化基地	2004	包头市科技局	科技部高新司
86	鄂尔多斯国家新材料成果转化及产业化基地	2002	鄂尔多斯市科技局	科技部高新司
87	营口国家镁质材料产业化基地	2002	营口市科技局	科技部高新司
88	吉林国家科技攻关镁合金应用及产业化基地	2004	吉林省科技厅	科技部高新司
89	长春光电子国家产业基地	2004	长春市科技局	科技部高新司
90	上海半导体照明产业化基地	2004	上海市科委	科技部高新司
91	常州新型涂料产业化基地	2003	常州市科技局	科技部高新司
92	江阴沿江国家新材料产业带	2000	江阴市科技局	科技部高新司
93	绍兴纺织新材料特色产业基地	2003	绍兴市科技局	科技部高新司
94	宁波国家新材料成果转化及产业化基地	2003	宁波市科技局	科技部高新司
95	马鞍山新材料成果转化及产业化基地	2003	马鞍山市科技局	科技部高新司
96	南昌国家半导体照明工程产业化基地	2004	南昌市科技局	科技部高新司
97	鹰潭新材料产业化基地	2004	鹰潭市科技局	科技部高新司
98	萍乡新材料产业化示范基地	2004	萍乡市科技局	科技部高新司
99	淄博新材料成果转化及产业化基地	2002	淄博市科技局	科技部高新司
100	莱芜新材料产业化基地	2003	莱芜市科技局	科技部高新司
101	河南超硬材料产业化基地	2003	河南省科技厅	科技部高新司
102	武汉国家光电子技术产业化基地	2001	武汉市科技局	科技部高新司
103	湖南国家新材料成果转化及产业化基地	1999	湖南省科技厅	科技部高新司
104	佛山禅城区建筑卫生陶瓷特色产业化基地	2004	佛山市科技局	科技部高新司
105	潮州日用陶瓷特色产业基地	2004	潮州市科技局	科技部高新司
106	柳州新材料产业化基地	2003	柳州市科技局	科技部高新司
107	重庆国家科技攻关镁合金应用及产业化基地	2002	重庆市科委	科技部高新司
108	绵阳新材料产业化基地	2003	绵阳市科技局	科技部高新司
109	四川国家科技攻关镁合金应用及产业化基地	2003	四川省科技厅	科技部高新司
110	攀枝花国家新材料成果转化及产业化基地	2001	攀枝花市科技局	科技部高新司

续表

序　号	产业基地名称	批准时间	依托单位	批准单位
111	德阳新材料产业化基地	2004	德阳市科技局	科技部高新司
112	四川纳米生物医用材料产业化孵化基地	2003	四川省科技厅	科技部高新司
113	贵阳新材料产业化基地	2004	贵阳市科技局	科技部高新司
114	遵义新材料产业化基地	2004	遵义市科技局	科技部高新司
115	陕西新材料成果转化及产业化基地	2004	陕西省科技厅	科技部高新司
116	西安国家光电子成果转化及产业化基地	2002	西安市科技局	科技部高新司
117	甘肃省兰州、白银、金昌有色金属新材料产业化基地	2003	甘肃省科技厅	科技部高新司
118	金昌新材料产业化基地	2003	金昌市科技局	科技部高新司
119	宁夏国家科技攻关镁合金应用及产业化基地	2004	宁夏科技厅	科技部高新司
120	厦门半导体照明产业化基地	2004	厦门市科技局	科技部高新司
121	大连半导体照明工程产业化基地	2004	大连市科技局	科技部高新司
122	深圳半导体照明产业化基地	2005	深圳市科技局	科技部高新司
123	青岛国家科技攻关镁合金应用及产业化基地	2000	青岛市科技局	科技部高新司

我国材料特色产业化基地发展现状

“九五”末期，自1999年建立首个材料特色产业化基地以来，截至目前，高新司根据地方材料产业特色和优势，在全国相继建立了43个材料特色产业化基地。

在空间布局上，基本上兼顾了区域经济发展的实际需要。43个材料特色产业化基地的具体分布情况是：东部地区9个，中部地区8个，西部地区16个，京津冀环渤海地区6个，东北地区4个。43个材料特色产业化基地中约有1/3的基地依托地方矿产资源优势，大多分布在中西部地区；而东部地区的基地则主要依靠市场、技术与人才等要素。

在产业特色上，基本覆盖了我国材料产业的优势领域。43个材料特色产业化基地中，综合性基地18个，占基地总数的40%，这类基地多以3种以上材料产业作为发展领域，涉及行业包括钢铁、有色、化工、纺织、轻工、建材等；专业性基地25个，以1～2种材料产业作为发展领域，主要包括镁合金、半导体照明、光电子材料与器件、纳米材料、稀土材料、超硬材料、建筑卫生及日用陶瓷等。

在经济总量上，各个基地工业总产值差异较大，而且表现出很强的地域特性，基地工业总产值与区域经济整体发展水平成正比关系。基地经济规模可大致分为三个层次：一是年工业总产值（或销售收入）在100亿元左右，以长三角、珠三角中心地区和中部发达城市为代表，如佛山建筑卫生陶瓷基地、宁波新材料基地、江阴新材料基地、湖南新材料基地等；二是20亿～60亿元之间，以长三角和珠三角周边地区为主，如马鞍山新材料基地等；三是20亿元以下，主要分布在内陆地区。

在发展速度上，各个基地的经济增长速度比较高，都在10%以上，部分基地在20%～30%，个别基地达到了40%～50%，已经成为区域经济发展的重要力量。例如，宁波新材料基地一直保持30%的高速增长，在整个高技术产业中的比重已达30%以上；河南超硬材料基地2002～2004年销售收入平均增长率为30%，工业增加值平均增长率为29%；湖南新材料基地2004年销售收入、工业增加值和利税额相比2003年度分别增长了49%、44%和37%；马鞍山新材料基地2004年销售收入、工业增加值和利税额相比上年度分别增长了52%、64%和55%；淄博新材料基地内20家骨干材料企业2004年共实现销售收入320亿元、工业增加值115亿元、利税额52.8亿元，分别增长了20%、28%和56%。

火炬计划特色产业基地发展现状

火炬计划特色产业基地是指某一地域内，在实施国家火炬计划项目的基础上，以一批产业特色鲜明、上下游关联度大、技术水平高的若干高新技术企业为骨干，依托当地特色资源和技术优势建立起来的特色高新技术产业集群。

自1995年6月22日全国第一家火炬计划特色产业基地在江苏海门市诞生以来，迄今为止，已在全国16个省市共认定火炬计划特色产业基地83家。其中江苏、浙江、山东、广东四省产业基地共59家，占总数的71%。已经形成涉及电子信息、电子材料、光通信、生物医药、传感器、电力自动化、汽车关键零部件、先进制造设备等各具专业特色的产业群。大多数基地已形成或正在形成当地的优势产业，对地方经济社会发展发挥着越来越重要的作用。

2004 年的统计数据显示：83 家特色产业基地共有企业 7 853家，从业人员 114 万人，实现工业总产值5 558亿元，工业增加值1 115亿元，实现销售收入5 279亿元，实现净利润 422 亿元，上缴税额 287 亿元，出口创汇 117 亿美元。

部分新材料基地介绍

北京绿水高新技术产业基地

该基地于 2001 年经科技部批准成立。为了更好地保护密云水库，充分发挥为首都北京服务的功能，发展密云经济，在保护水库、保护环境的前提下，按照统一规划、科学定位、规范管理的宗旨，依托高校科技工业园的品牌优势，大力引进科技含量高、可持续发展的无污染的现代高科技企业、国家火炬项目，加快北京绿水火炬科技工业园的开发建设，使其发展成为布局合理、管理科学的环保型的经济园区。

保定新能源与能源设备产业基地

该基地于 2003 年 4 月经科技部批准成立。基地规划区域6 800亩。至 2004 年基地内有新能源与能源设备生产企业 50 多家，经省级认定的高新技术企业 24 家，重点高新技术企业 1 家；实施火炬计划项目 20 项，其中国家火炬计划项目 11 项。2003 年，基地实现工业总产值达 40 亿元，同比增长 33%，实现利税 3.9 亿元，同比增长 30.5%。基地主要建设有新能源技术研发中心、科技示范企业和产业化基地等。根据保定市地理条件和产业特点，依托华北电力大学、河北大学等高等院校的人才和技术优势，充分利用保定市现已形成的——天威集团、风帆集团、浪拜迪电器股份有限公司、英利新能源有限公司、惠腾风电设备公司等骨干企业为龙头的一批新能源与能源设备企业的产业基础，以风力发电设备、太阳能光伏发电设备、新型储能材料、电力电子与电力自动化设备、高效节能设备为主体，形成了支撑保定经济快速增长的特色产业，形成了保定新的经济增长点，带动区域经济的全面发展。

呼和浩特生物医药产业基地

该基地于 2002 年 5 月经科技部批准成立，内蒙古伊利实业集团股份有限公司、内蒙古双奇药业有限公司、内蒙古宇航人高技术产业有限公司、内蒙古金河集团和内蒙古大唐药业有限公司等 5 家企业被认定为基地首批骨干企业。成立产业基地旨在贯彻落实科教兴国战略和西部大开发战略，发展西部地区高新技术产业，提高科技发展对经济发展的贡献率，带动区域经济、社会协调发展。建立生物医药产业基地，充分利用呼和浩特市科技、人才、自然资源及科技产业的基础，建立以科技创新、管理创新为主体的科技创新体系，造就适合创新、创业的氛围，吸引人才、资金和项目，提高呼和浩特高新技术的自主研发、创新能力。产业基地主要涉及微生态制剂、饲用抗生素、沙棘油、沙棘黄酮的提取、兽禽疫苗、动物脏器的综合利用，中蒙西药的开发、生产。

牡丹江特种材料产业基地

该基地于 2002 年经科技部批准成立，黑龙江丹峰磨料磨具集团公司等 5 家企业被认定为基地的首批骨干企业。2002 年牡丹江市硅硼材料相关生产企业共有 60 多家，基地硅硼粉体材料占国内市场的 80%，国际市场的 40%，是国家重要的特种材料硅硼的生产和出口基地。2001 年基地实现工业总产值 10.5 亿元，上缴利税6 400万元，出口创汇 7 000万美元。牡丹江市现有高新技术企业 7 家，共承担实施国家火炬计划项目 12 项。

哈尔滨国家抗生素产业基地

该基地于 2004 年经科技部批准成立，哈药集团制药总厂、哈药集团三精制药有限公司、哈药集团制药六厂 3 家企业被认定为基地的首批骨干企业。据统计，哈药集团制药总厂 2003 年生产青霉素钾盐3 269吨，青霉素钠盐1 023吨，头孢唑啉钠 306 吨，头孢曲松钠 19 吨，分别占国内市场份额的 14%、28%、45% 和 3.6%。而且主要产品的经济技术指标在国内处于领先地位，代表了国内抗感染药物研制和发展的先进水平。国家产业基地的建立，将使这里的产业优势得到更充分的发挥。抗生素药物产业具有技术含量高、投资额度大、风险大的特点，国际上抗生素新品种药物不断上市，使产品的生命周期缩短。目前我国的抗感染药物市场正处于发展阶段，销售量连年增长。国内青霉素的生产技术指标已接近国际先进水平，但头孢菌素类药物的生产水平差距较大，国家抗生素基地的建设对这个产业的发展将起到极大促进作用。

通化生物医药产业基地

该基地于 2001 年经科技部批准成立。基地地处长白山南麓，涵盖 7 个县（市、区），基地内现有制药企业 66 家，药物开发研究机构 15 个。已形成了医药工业、医药科研、医药教育、医药商贸、中药材基地“五位一体”的格局，基地医药工业已成为通化经济的支柱。

海门新材料产业基地

该基地于 1995 年 6 月经科技部批准成立。至 2004 年基地已拥有 20 家高新技术企业（其中国家级重点高新技术企业 4 家），产品涉及特种钢材、特种铜材、特种铝材、特种陶瓷、化工医药及中间体、电子信息材料、特种纺织材料、复合材料及医用高分子材料等众多领域数百个品种的高新技术产品群体。近年来，共组织实施了省以上各类科技计划 122 项，其中火炬计划项目 48 项，星火计划项目 40 项，中小企业创新基金4项，科技攻关项目9项，高技术研究1项，制造业信息化项目3项，有62个产品被省厅确认为省高新技术产品，有37个产品进入国家级重点新产品行列。高新技术年产值、销售、利税逐年大幅度上升，年增长率在30%以上。2002年全市新材料产业实现销售44.3亿元，利税4亿多元，分别占全市规模以上工业的40.2%和50.2%。

昆山传感器产业基地

该基地于2000年经科技部批准成立。基地现已初步形成了以多种传感器为主体，电子新材料、各类应用品为两翼的高技术产业群。目前，中科昆山高科技产业园和中科院的合作正由点到面逐步铺开，引进了新疆物理所的热敏传感器项目、合肥智能所的倾角传感器和数显水平仪项目；引进了中国航空工业集团苏州长风公司的物性传感器项目。引进各类科技人员25名，申报认定国家新产品1个、省级高新技术产品4个、省火炬计划项目3个、省级科技攻关项目1个，申报认定市技术开发中心1个、产学研联合体2个、省级高新技术企业1个；还与中科院长春应化所、信息产业所49研究所、原机械部沈阳工艺所、东南大学等单位的一批各类传感器达成了意向合作项目。产业园中的企业规模也越来越大，仅昆山尼赛拉电子器材有限公司高新工厂的投资额就高达8 800万美元。

吴中医药产业基地

该基地于2001年经科技部批准成立。基地位于苏州市吴中区，拥有十余家由上市公司、民营资本、科研院所以及海内外著名企业参与投资的医药类高科技企业，包括吴中集团旗下的苏州第六制药厂、苏州中凯生物制药、民营天马集团，海外独资的苏州东瑞制药和惠氏制药等，基地内企业涉及化学合成药、生物合成药、基因医药、营养补充剂、中药制剂、医疗器械等领域，产品类型包括原料药、针剂、粉针、胶囊、片剂、栓剂、乳剂、输液等剂型齐全。2003年该基地实现总产值25.4亿元，占苏州市医药总产值的53%之多。据不完全统计，2003年产业基地内有14个产品销售额达到了4 000万元以上；用于治疗类风湿性关节炎的国家一类新药来氟米特原药及制剂（爱若华）和用于止血的卡络磺钠均为填补国内空白的新药，目前为国内独家生产；有10个产品市场占有率在25%以上，其中有4个产品超过了50%。产业基地内拥有省级以上高新技术企业7家，其中国家重点高新技术企业4家。

连云港新医药产业基地

该基地于2001年经科技部批准成立。基地位于连云港经济技术开发区内，总用地面积3平方千米。基地内现有7家骨干性生产企业，4家国家重点高新技术企业，5家通过GMP认证企业，2家上市企业，1家企业即将上市，江苏恒瑞医药股份有限公司综合实力居全国20强之列。基地重点发展中西药制剂、化学原料药、医疗器械、药用包装材料等医药产业及其配套产品。

扬中电力电器产业基地

该基地于2002年5月经科技部批准成立。至2004年，基地内电力电器企业100余家，其中亿元以上规模和水平的重点骨干企业10余家。2003年，基地实现工业总产值73.5亿元，销售收入68.5亿元，企业上缴税金4.55亿元，税后利润3.92亿元，出口创汇3 300万美元，工业增加值占全市工业增加值的比重为55%。基地内的骨干企业发展形势良好，10家骨干企业的产值和销售收入均在亿元以上，长江电气集团实现销售收入16亿元。目前基地内拥有江苏省高新技术企业50家，国家级火炬计划重点高新技术企业8家；近3年，基地内企业实施各类科技计划项目400多项，实施国家级火炬计划项目17项，省级火炬计划项目39项，省级以上星火计划项目22项，被认定的国家级重点新产品8个，江苏省高新技术产品72个，并有10个项目获得科技部中小企业创新基金的资助，承担省科技攻关项目6项，国家“863”引导计划项目1项。基地内企业十分注重研发具有自主知识产权的核心产品，近3年共申请国内专利数800余项。基地内企业尤其是规模骨干企业都十分注重科研开发及人才培养，现建有长江集团博士后流动工作站、江苏省智能化电器元器件工程技术研究中心、江苏省成套电器工程技术研究中心、江苏省电器技术研究中心等一批科研开发机构。

锡山新材料产业基地

该基地于2002年经科技部批准成立。重点发展电子信息材料、有机高分子材料、金属新材料、无机非金属材料、精细化工材料为主的新材料产业体系。基地2004年销售105亿元。拥有12家国家级高新技术企业，43家省级高新技术企业，省级工程中心1家。近3年已承担国家863项目1项，省级以上火炬计划38项，省级科技攻关项目7项。

南通化工新材料产业基地

该基地于2002年经科技部批准成立。基地现已积聚了一定的产业特色和优势：一、农药在国内举足轻重。化学农药除草剂、杀菌剂、杀虫剂、植物生长调节剂等原药品种35种；二、化工原料及中间体配套自成体系；三、特种功能材料和高性能结构材料；四、大型化工新材料合资项目，如：4万吨/年PMMA（有机玻璃）、10万吨/丁苯橡胶、超微滤膜、6万吨/年POM（聚甲醛）等大型项目已落户南通，为形成三大合成材料、五大工程塑料产业基地奠定了良好的基础。这些产业特色和优势有力地推进了地方产业结构的调整，带动了南通化工新材料的发展，加快了与国际先进水平的接轨。

江苏沿江对俄合作高新产业基地

该基地于2002年经科技部批准成立。该基地位于泰州化工新材料产业园，该园区与俄罗斯科技合作，近年成功地与俄罗斯及独联体国家开展了上百项高新技术产业化合作项目，涌现出一批国际合作的产业化项目群，引进海外高新技术，推动江苏进一步提升技术创新能力和产业化水平。江苏省与俄合作在镇江、泰州、南通等市兴建的机电一体化产业园、化工新材料产业园和高科技产业园，2003年产值已达26亿元。

丹阳新材料产业基地

该基地于2004年经科技部批准成立，江苏大亚集团等8家企业被认定为首批基地的骨干企业。至2004年丹阳已形成新型复合、高性能合金、精细化工、新型建筑装饰等4大门类的新材料和高技术企业群。2004年，确立了骨干企业18家，七大产品群和57个新产品，全年新材料产业基地完成工业产值120亿元，同时新认定市级以上高新技术企业9家，市级以上高新技术产品13个，全市高新技术产品销售收入达44.2亿元，增长34%；重点科技项目进展顺利，全年新立项国家星火、火炬计划项目6个，省级以上火炬项目13个，共组织申报国家科技部农业科技成果转化基金项目2个、国家重点企业创新基金项目1个、省科技攻关项目10个。

吴江光电缆产业基地

该基地于2002年经科技部批准成立。该基地是以江苏省吴江市七都镇为中心建立起来的光电缆产业研究开发及产业化基地，地处于苏、杭之腹地，上海之近郊，太湖的南岸。至2004年基地内有光电缆生产企业20多家，其中国家火炬计划重点高新技术企业3家，江苏省高新技术企业6家。已逐步形成了通信电缆、光缆、智能数据电缆、电力电缆、同轴电缆、光器件和其他光电产品及线缆配套产品等高技术产品群。基地投资1个亿建设了规划面积5平方千米的江苏七都太湖高新技术开发区和规划面积3平方千米的七都外商投资开发区。

姜堰汽车关键零部件产业基地

该基地于2002年12月经科技部批准成立。至2004年基地内的56家企业中，有4家被认定为国家火炬计划重点高新技术企业，9家被认定为江苏省高新技术企业；实施省级以上各类科技计划项目125项，其中，省级以上火炬计划项目17项；开发的44项产品被认定为国家重点新产品和江苏省高新技术产品。基地内企业大力实施产学研联合工程，注重加强与高等院校、科研单位、大型汽车集团联合，建立了29个企业研发机构，其中2个博士后工作站、2个省级工程技术中心。现已申请专利280多件，并有一批成果获各级科技进步奖。基地邀请上海同济大学和国家汽车协会专家论证、修订产业基地发展规划；同时，投资1 800万元建立了姜堰市高新技术创业中心，主要从事汽车关键零部件的开发与生产，2002年被省科技厅批准为省级创业中心。基地生产的小缸径多缸柴油机、精锻齿轮及异型件、曲轴连杆组件、制动材料等产品已成为全国同行第一。

宜兴非金属材料产业基地

该基地于2002年经科技部批准成立。基地已形成了以陶瓷耐火材料为主体的无机非金属材料、以精细化工为特色的化工新材料和以实现特定功能为目的的复合材料等特色产业。其中，2002年非金属材料产业的销售额占宜兴工业销售额的30%左右，并拥有一批骨干企业和高新技术企业，拥有一批技术含量高、市场份额大、具有自主知识产权的高新技术产品。

昆山模具产业基地

该基地于2003年经科技部批准成立。2003年度基地实现基地内工业总产值15亿元，出口创汇295万元，上缴税额4.67亿元，净利润近1.2亿元，基地工业总产值占地方GDP的3.51%，缴税额占地方税收的2.23%，基地内企业发展势头良好，成为昆山市外向型经济中的一大特色。目前基地内规模企业达到128家，其中有高新技术企业8家，2003年共承担国家科技项目8个。基地目前已经形成从模具材料、模具设备、模具标准件、大型模架、精密冷冲模、压铸模以及汽车摩托车专用模具等涵盖所有模具领域，形成了具有鲜明特色的产业群。

常熟高分子新材料产业基地

该基地于2003年经科技部批准成立，常熟三爱富氟化工有限责任公司等11家企业被认定为基地的首批骨干企业。基地内高分子材料产业特色鲜明，沙家浜光电缆绝缘材料、董浜特种化纤材料、谢桥纺织新材料、古里特种涂层材料等特色工业园初具规模，逐步培育了8家5亿元和3家10亿元规模以上的新材料企业，筹建了省级工程技术中心和企业技术中心以及博士后工作站，积极开发拥有自主知识产权的新产品，2003年基地内高分子新材料及制品规模争超100亿元，创汇和利税均有新的突破。2004年国家火炬计划重点高新技术企业4家、省级高新技术企业14家，设立省级企业技术中心2家、厂办科研所30多个，取得了一批重大科研成果。目前已经吸引了世界上五大氟化工生产企业中的美国杜邦、日本大金、法国阿托3家入驻，已成为我国氟产品的主要出口基地。

武进新材料产业基地

该基地于2003年11月经科技部批准成立。2002年，武进全区完成国内生产总值265.6亿元，比上年增长13.1%；完成预算内财政收入30.7亿元，比上年增长37.8%，人均国内生产总值2.80万元。特别是“九五”以来，常州市武进区充分发挥自身区域优势、产业优势和人才优势，紧紧围绕“创新、产业化”这一工作重心，积极实施火炬计划，加快调整产业结构步伐，初步形成了以纳米材料、功能涂料、功能纤维及其制品、新型水处理、新型复合材料、光电子材料等六大特色产品群，并集聚形成了一批在国内、国际市场上有一定影响力的新材料龙头企业。至2003年基地内有高新技术企业31家，其中国家火炬计划重点高新技术企业4家；基地内企业历年来实施火炬计划项目29项，其中国家级火炬项目13项。2003年，基地实现销售收入62亿元、利税11亿元、出口创汇7 500万美元，形成了新的经济增长点，并成为沿江经济开发中重要的支柱产业。

常州市北新区“三药”科技产业基地

该基地未提交资料。

常州城市轨道交通车辆制造产业基地

该基地未提交资料。

镇江沿江绿色化工产业基地

该基地于2004年经科技部批准成立，镇江钛白粉股份、江苏索普、镇江振邦化工、吉贝尔药业等4家企业被认定为基地的首批骨干企业。基地包括京口区谏壁镇至新区大港镇的25平方千米沿江岸线。目前已经初步形成了有机原料及中间体、农药、化工、医药生物化工、精细化工、新材料化工等为主导的高新技术产品群。2002年化工产业就实现销售收入46亿元，出口创汇4 800万美元，利税近8亿元。基地近年共承担火炬计划项目21项、国家级火炬计划6项。

邗江金属板材加工设备产业化基地

该基地于2004年经科技部批准成立，金方圆数控机床有限公司、扬力锻压机床有限公司、扬州锻压机床有限公司、捷迈锻压机械有限公司、扬州恒星精密机械有限公司、扬州富力数控机床有限公司等6家企业被认定为基地的首批骨干企业。至2004年11月，基地已有省级高新技术企业7家，其中，国家火炬计划重点高新技术企业3家，基地骨干企业6家。2004年1～10月共开发新产品32项，其中10个产品通过省级鉴定，8个产品被列为省级高新技术产品，4个产品被列为国家级重点新产品，申请专利28项。实施省级以上各类科技计划项目22项，其中，省级以上星火、火炬计划项目14项，新增投资1.07亿元，落实科技贷款5 820万元，预计投产后可实现销售收入4.43亿元。1～10月基地企业实现销售收入19.4亿元，已超出去年全年水平，实现利税3.1亿元，创汇620万美元，实现工业增加值6.2亿元。

东海硅材料产业基地

该基地于2004年经科技部批准成立，是苏北地区第一家建在县级的国家级产业化基地。东海县是闻名中外的“中国水晶之都”，水晶、石英硅资源量大质优。“九五”以来，东海硅支柱产业领域先后组织实施各级各类科技项目177项，项目实施新增产值12.3亿元，利税2.2亿元，开发重点新产品61个，其中高新技术产品23个，培育星火龙头企业5家，高质量建设了江苏省石英材料工程技术研究中心、石英玻璃分析测试中心，企业研发能力不断提高。全县硅支柱产业基本形成独具特色的高品质石英玻璃管、高等级石英玻璃原料、高质量硅微粉三大硅材料生产基地和优质压电石英晶体、多品种石英照明灯具两大应用硅产品开发中心，产业规模优势日益显现，龙头带动作用逐步增强。2003年东海县硅支柱产业实现产值48亿元，占全县工业经济总量的40%以上。

惠山特种冶金新材料产业基地

该基地于2004年经科技部批准成立。2004年惠山区金属材料行业的冶炼、延压、加工、特种金属制品、工艺设备制造等企业近1 000家，其中列入统计范围的500万元以上销售收入的金属材料企业近300家。特别在特种专项耐火材料制品、普通碳素钢、低碳合金钢、优质合金钢、成品钢材、薄板钢、带钢、不锈钢、无缝钢管、焊接钢管、钢材、铝型材、钢丝绳和其他金属结构制品、机械产品及设备方面，产品质量稳定，销售量遍及全国各地，占有一定的市场份额，形成了惠山区自己的特色。2003年基地完成工业总产值307亿元，完成销售收入301亿元，实现利税19.94亿元，其中特种冶金新材料产业完成工业总产值130.37亿元、销售收入133.38亿元，实现利税8.36亿元。

南京市浦口生物医药基地

该基地于2004年经科技部批准成立。2004年基地内已拥有13家生物医药企业，7个研发机构，贯通了新药研制生产的全过程。据省食品药品监督管理局有关人士介绍，医药产业是我省的支柱产业之一，2003年全省医药工业完成总产值359亿元，连续3年位居全国首位。在南京江北出现的这个新的医药基地，将为南京及全省的医药产业发展提供强大的推动力。

江宁电力自动化产业基地

该基地于2004年经科技部批准成立，南京南瑞继保电气有限公司、国电南京自动化股份有限公司等5家企业被认定为基地的首批骨干企业。2003年江宁市实现电力自动化销售收入34亿元，利税10.5亿元，电力自动化产品占全国市场份额的三分之一。基地内现有国家级、省级高新技术企业22家，实施国家级火炬计划项目12项，其中重点国家级火炬计划项目2项。

通州电子元器件及材料产业基地

该基地于2004年经科技部批准成立。江苏中联科技集团、南通江海电容器有限公司、南通海星电子有限公司、南通江海高纯化学品有限公司、江苏东源电器集团有限公司5家企业为基地首批骨干企业。

基地以平潮镇电子工业园区，通州经济开发区的电子工业集中区，兴仁镇、兴东镇工业集中区为主体，地内现有骨干企业14家，其中省级以上高新技术企业8家、国家火炬计划重点高新技术企业4家。2003年电子元器件及材料产业总产值16.7亿元，销售收入14.8亿元，利税2.95亿元，分别占通州市规模以上企业的12%、12.8%、12.7%。近年来，基地内企业共实现省以上火炬计划25项，其中国家级火炬计划19项，国家级重点火炬计划3项，国家级重点新产品17只，省高新技术产品34只。此外，还有省工业科技攻关项目3项，省高技术研究项目1项。目前，基地内的大中型骨干企业都已建立了研发机构，其中，有南通市级以上企业工程技术研究中心8家，尤其是南通中银纤维制品有限公司、江苏中联科技集团分别被列为江苏省工程技术研究中心。

太仓特种功能新材料产业基地

该基地于2004年9月经科技部批准成立，江苏仓环铜业有限公司、江苏德威新材料股份有限公司、太仓市塑料制品三厂、苏州宏达制酶有限公司、太仓市兰燕甲板敷料涂料有限公司、太仓市二棉实业有限公司、太仓嫦娥工业用呢有限公司7家企业被认定为基地的首批骨干企业。2004年基地内有国家火炬计划重点高新技术企业1家以及江苏省高新技术企业8家，实施火炬计划11项，其中国家级火炬计划3项。2003年实现销售收入16亿元，实现利税2.4亿元。已基本形成有机高分子材料、特种金属材料及新一代纺织材料等三大类产品为主的产业群体。

靖江特种电机及控制产业基地

该基地于2004年9月经科技部批准成立，小天鹅三江公司、江苏宝骊集团、大中电机股份公司、环球特种电机公司、皓月汽车锁公司、亚华压敏胶公司、大唐科源电气公司、靖江互感器厂8家企业被认定为基地首批骨干企业。靖江微特电机及控制产业已初步形成了以家电用微型电机、特种电机、中小容量普通电机和电机控制与应用四大领域为主体的产品群，其中洗衣机用电机产量占全国的30%以上，空调用电机占全国的28%以上，微特电机及控制相关企业50多家，2003年实现销售收入21亿元，利税3.6亿元。

新昌医药产业基地

该基地于2002年经科技部批准成立，浙江医药新昌药厂、新和成股份有限公司、京新制药有限公司等5家企业被认定为基地首批骨干企业。2002年新昌县有医药及中间体企业23家，其中有药证的制药企业4家、兽药企业2家。2001年实现销售收入21.23亿元，其中高新技术产品销售收入14.86亿元，出口创汇1.23亿美元，上缴税收1.68亿元，税后利润2.16亿元。基地以骨干企业为龙头，带动医药中间体、医药包装、制药机构、饲料添加剂等六大类相关产业的发展。

富阳光通信产业基地

该基地于2002年经科技部批准成立。富阳市光通信产业快速崛起，形成了光纤预制棒为技术标志，光纤光缆为基础、光元器件为配套的光通信产业链。至2001年底，全市已有通信器材行业相关企业300余家，行业实现产值65亿元，占富阳市工业总产值的22%，是该市的一大支柱工业龙头和发展重点。全市电缆、光缆产量均占全国1/4强，成为全国光通信产业的重要生产基地。

乐清智能电器产业基地

该基地于2002年经科技部批准成立，正泰、德力西、人民、长城4家企业被认定为基地的首批骨干企业。2004年基地有企业50家，2002年实现产值112亿元，占全市工业总产值的35%。

海宁软磁材料产业基地

该基地于2003年经科技部批准成立，“天通”、“联丰”、“三林”3家企业被认定为基地的首批骨干企业。2002年，海宁生产10大类300多种规格的软磁材料产品，产量达1.9万吨，实现销售收入9.35亿元，利税1.88亿元，出口创汇3 500万美元，在国内外占有较高的市场汇额，实现总产值11.66亿元。2003年位于盐官基地的企业有25家，其中上市公司1家，国家级高新科技企业1家，省级高新科技企业3家。海宁软磁材料产业初创于20世纪80年代中期，近年来得到快速发展，基本形成以制粉、磁芯制造、磁芯器（部）件生产为主的专业生产密集区。

绍兴纺织产业基地

该基地于2003年经科技部批准成立，浙江纵横轻纺集团有限公司等13家企业被认定为基地的首批骨干企业。2002年绍兴市纺织制品经济总量占全市工业经济总量的50%，实现销售收入700多亿元，利税58.8亿元，出口创汇21.4亿美元，占全市出口总量的73.8%。作为浙江最大的化纤生产地区和我国纺织化纤原料主要消耗地，绍兴已形成纺织原料、织物织造、印染后整理、纺织机械、染料助剂和专业市场等较为完备的生产销售体系，绍兴纺织企业先后承担国家、省火炬计划项目65项，涌现出一批科技含量高、附加值高、市场占有率高的产品。

黄岩塑料模具产业基地

该基地于2003年经科技部批准成立，浙模、陶氏、天翀、赛豪4家企业被列为首批骨干企业。2004年基地实现产值23.3亿元，完成利税2.14亿元。基地建立以来，先后承担了国家级科技项目（含火炬计划、创新基金、科技开发计划、863计划、星火计划等）6个，省级科技项目4个，极大地推动了该区模具企业创新能力。

桐乡新型纤维产业基地

该基地于2004年经科技部批准成立。桐乡市2003年共有化纤、玻纤和大豆系列纤维混纺纱等纤维制造企业22家，其中3家是国家火炬计划重点高新技术企业。2004年1月至10月，全市纤维制造企业共生产各类纤维产品65万吨，实现销售收入70亿元，其中涤纶长丝、天丝系列和玻纤的产量分别占国内生产总量的10%、40%和1/3。桐乡已是我国最大的涤纶长丝、玻璃纤维和天丝系列产品生产基地之一。

兰溪天然药物产业基地

该基地于2004年经科技部批准成立。2004年，兰溪产业基地确定天然药物及其相关企业有31家。该市已基本形成了以天然药物为主，医药中间体、医卫用品等相关产品为辅的产业群体，构成了药材种植、植物提取、制剂、产品包装及药品销售为一体的产业链。天然药物产业已成为兰溪工业经济的重要支柱。

上虞精细化工产业基地

该基地于2004年经科技部批准成立。2004年基地已有精细化工企业140余家入驻，其中年销售收入在500万元以上的规模企业有53家，并形成了以染料（颜料）、生物医药及中间体和专用化学品为主要门类的精细化工产业。2003年上虞精细化工产业实现销售收入119.5亿元、利税22.6亿元，出口创汇1.75亿元。

嘉兴电子信息产业基地

该基地于2004年经科技部批准成立。嘉兴电子信息产业近几年发展迅速，从1999年以来保持了30%的年均发展速度。截至2004年底，全市173家规模以上企业，有从业人员5.09万名，共完成工业总产值（现行价）115.8亿元，比上年增长42.22%；完成工业销售产值111.5亿元，增长42.57%；完成出口交货值63.3亿元，增长42.75%；完成产品销售收入111.7亿元，增长42.67%；实现利税9亿元，增长36.10%；其中利润总额6.4亿元，增长47.80%。

平湖光机电特色产业基地

该基地于2004年经科技部批准成立。至2004年基地已拥有光机电规模企业35家，完成基地核心区平方千米开发落户企业达到18家，其中日资企业达12家，初步形成日本光机电工业区；已列入省级高新技术产业化项目5项；评为嘉兴市级以及高新技术企业11家，其中日本电产芝浦（浙江）有限公司、关东辰美（电子）有限公司、嘉兴市恒业电子有限公司等5家企业被评为省级高新技术企业；基地产值达亿元以上企业5家，2002年全市光机电产值达21.1亿元。已形成以平湖市高新技术产业园区为核心，微电机、精密机械及其装备、光电子、智能仪器仪表为主，辐射乡镇工业园区、企业工业园的三区联动光机电工业发展的产业格局。

铜陵电子材料产业基地

该基地于1999年8月经科技部批准成立。安徽铜峰电子（集团）公司、铜陵精达铜材（集团）有限责任公司、铜陵三佳电子（集团）有限责任公司、铜化集团铜箔有限公司、铜陵晶华电子有限责任公司等5家企业被认定为基地的首批骨干企业。至2004年基地有骨干企业5家，其中国家级重点高新技术企业3家，正在实施的火炬计划项目17项，其中重点国家级3项。基地的建设现已初具规模，基本形成了产业特色鲜明、技术水平较高、产业规模较大、发展环境较优化、布局相对集中的2个产品加工体系，即利用本地铜资源开发高档电解铜箔、特种漆包线等高新电子材料的加工体系和电工薄膜－金属化薄膜－电容器－电子整机一条龙的加工体系。

闽东南电子与信息产业基地

该基地于1997年8月经科技部批准成立，福建中银国际实业有限公司、福建实达电脑集团股份有限公司、福建省南靖万利达电子有限公司、福州开发区天际电信设备有限公司、福建新大陆电脑有限公司、漳州科华电子有限公司（集团企业）、福建省宏智科技发展有限公司、福建创识科技开发有限公司、福州瑞迪电子公司、福建省八闽计算机技术开发有限公司等10家企业被认定为基地的首批骨干企业，基地已有以上10家骨干企业1998年技工贸总收入达80多个亿，创利税4亿元多，其中实达、万利达、中银国际实业三家企业年技工贸总收入均已超过10亿元。

泉州微波通信技术产业基地

该基地于2004年9月经科技部批准成立。2004年基地已经聚集了微波通信技术研发、生产核心企业10多家，拥有7项专利，研发水平走在国内前列。区域内微波企业已有8家省级高新技术企业，承接33项国家、省、市火炬计划，获12项专利，与东南大学、清华大学等高校近10家研究机构建立了紧密的产学研联系。由此形成一批由龙头企业带动、关联企业集中、协作配套紧密、规模效应显著的区域性加工制造中心，增强创立自主知识产权、国产知名品牌的能力，提升制造业水平。

江西九江星火有机硅材料产业基地

该基地于2004年经科技部批准成立。有机硅材料是江西省重点扶持发展的四大支柱产业之一。该基地的核心区位于省级星火高新技术产业开发区星火工业园。基地内建有省级有机硅工程技术中心，并与浙江大学、武汉大学、南京大学、南昌大学、中蓝晨光化工研究院有机硅中心等高校和科研院所建立了紧密的产学研合作关系。基地内有高新技术企业5家，历年承担火炬计划项目8项，其中国家级火炬计划项目3项。2003年有机硅产业实现销售收入7.53亿元，利税1.1亿元。

济宁生物技术产业基地

该基地于2002年9月经科技部批准成立。该基地位于济宁高新区，截至2004年基地内已进驻了菱花集团、雪花集团、凯赛生物、九九公司、鲁抗医药、华能生科等一大批生物高科技企业，成为带动济宁市经济和社会发展的龙头。济宁生物技术产业基地是以发酵技术、酶技术为主的，包括生物医药、生物能源、生物食品、生物中间体等领域，对农产品深加工、食品、化工、医药等行业具有巨大带动作用，并在国内具有一定代表性的综合性生物技术产业基地。

济南先进机电与装备制造产业基地

该基地于2003年经科技部批准成立，20家企业被认定为基地的首批骨干企业。2003年济南市拥有一定规模和实力的机电装备制造企业共150家，其中先进机电装备制造产业基地内有20余家骨干企业，16家销售额过亿元，2家为全省制造业信息化示范企业，5家为全市首批制造业信息化工程示范企业，4家拥有国家级技术中心，21家建有省级技术中心，已形成具有较强科研开发与创新能力的先进机电装备制造业发展群体。2002年全市机电装备制造业实现销售额191亿元，利税近20亿元，出口创汇7 200万美元。基地分为东、西两个园区，各自设立管理发展机构，并独立运作。东部园区以轻型光机电一体化制造业为主，并建立“齐鲁机电产业园”；西部园区以重、大、特型机电装备制造企业为主，并建立“先进装备制造产业园”。两个园区各具特色、优势互补。

青岛新材料产业基地

该基地于2003年经科技部批准成立，颐中格栅、德意利等7家企业被认定为基地首批骨干企业。青岛新材料产业基地是以青岛市新材料重点实验室为技术依托，新材料骨干企业为主体，新材料市场为补充，新材料科技项目为先导的国家级新材料产业基地，已形成了沿双元路两侧，由南向北延伸至204国道，以青岛美高化工有限公司、青岛颐中格栅股份有限公司、青岛浩普科技有限公司、青岛广源发集团沥青厂为骨干企业和新材料建材带、青岛市橡胶工业带、城区纳米材料带、丹山复合材料带的城阳区新材料产业格局，全区新材料企业达到100多家。与城阳区有产学研联系的高等院校、科研院所已达到60余家，全区科技成果转化率达到75%，列入国家、市科技计划项目45项，受益企业19家，取得经济效益20多亿元。研制开发了工程塑料、功能涂料等30多种高科技产品。青岛喜盈门集团开发出系列纳米巾被产品，青岛天盾橡胶有限公司、青岛良木股份有限公司等开发生产铝塑复合管、防火装饰板等一系列高分子新材料及新型建筑材料，成为高分子新材料及新型建筑材料的重要生产基地。

鲁北海洋产业基地

该基地于2004年经科技部批准成立，鲁北企业集团总公司、鲁北化工股份有限公司、无棣珍贝瓷业有限公司、无棣县生物工程有限公司、滨州港友发水产有限公司5家企业被认定为基地的首批骨干企业。鲁北地区形成了以海盐、海溴等为主业的海洋化工产业，磷铵—硫酸—水泥联产、海水“一水多用”、盐碱电联产的生态工业体系，聚集了一批支柱产业群体，其中2003年销售收入过亿元的高新技术产品已达16个，成为中国绿色化学工业的样板和我国用生态科技产业技术发展循环经济的典范。基地已实现年销售收入46亿元，利税14亿元。

济宁工程机械产业基地

该基地于2004年经科技部批准成立，山东工程机械股份有限公司、山东英克莱集团有限公司、山东东岳专用汽车制造有限公司、济宁市机械设计研究院、山东济宁机床厂、山东济宁车轮厂等6家企业被认定为基地的首批骨干企业。基地现有国家大型工程机械行业企业1家，大型中外合资工程机械企业1家，中型企业20多家，有国家级工程技术中心1个，省级工程技术中心4个，认定批准的高新技术企业9家，承担国家“863”计划和各类研发项目21项，承担火炬计划项目6项，其中国家级火炬计划项目2项。2002年实现工业产值45亿元，产业聚集优势和竞争优势明显，实力雄厚，有着较强的科研开发、自主创新能力和较高的国际化程度，在区域经济发展中发挥着重要的带动和辐射作用。

濮阳生物化工产业基地

该基地于1997年8月经科技部批准成立。基地以生物化工、精细化工、石化新材料作为高新区重点发展的三大支柱产业。在高新区引进的高新技术项目中，生物化工类项目占70%以上，产品主要涉及溶剂、医药保健品、食物添加剂等多种行业，其中有4个列入国家火炬计划，2个列入国家星火计划，一项列入国家新产品试产计划；有6项列入省火炬计划，2项列入省星火计划，多种产品列入新产品试制（产）计划。目前，高新区生物化工产业呈现出两大突出特点：一是项目的档次相对较高、技术水平比较先进。去年以来，生物医药类项目总投资达4亿元，产业聚集效益明显，成为基地内生化产业发展的生力军，为区内生物化工产业注入了新的活力。

河南超硬材料产业基地

该基地于2002年12月经科技部批准成立。该基地由郑州超硬材料产业园和长葛金刚石城组成，是国内超硬材料领域唯一的国家级基地。基地现已形成由骨干企业、中小型科技企业组成的较为集中的产业群体和较为完善的超硬材料产品体系，其中原辅材料、金刚石材料、立方氮化硼单晶、金刚石微粉、制品专用设备及标准检测仪器等在全国市场的占有率分别为30%、40%、80%、60%、80%和90%。2002年基地实现技工贸总收入20亿元、利税5.6亿元、出口创汇3 430万美元。基地遵循“材料规模化、制品专业化”的原则大力调整产业结构，超硬材料产业已成为河南经济的一大亮点。

葛店生物技术与新医药产业基地

该基地于2002年12月经科技部批准成立。截至2002年基地已累计投产企业78家，其中生物工程和新医药企业25个。2001年全区实现工业总产值38亿元，实现国内生产总值16亿元，完成财政收入1.43亿元，五年各项经济指标翻了三番，连续四年被评为湖北省开发区建设先进单位，形成了以生物医药为特色的高新产业基地。

谷城节能与环保产业基地

该基地于2002年9月经科技部批准成立。基地位于湖北谷城县石花镇与城关镇的结合部，规划面积10平方千米，采用三区一中心的结构布局，即由轻纺节环产品生产区、医化节环产品生产区，节环产业服务区和节环产业高新技术孵化中心构成。基地内拥有具有自主知识产权的节能与环保方面的专利技术12件，其中发明专利8件，拥有国家、省级高新技术企业5家，省级企业技术中心1家，实施国家、省级火炬计划项目9项。拥有16个具有自主知识产权的节能与环保产品。2002年，产业基地实现工业总产值11.6亿元，利税8 001.39万元，出口创汇605万美元。工业总产值占谷城县GDP的比重达到48.3%。产业基地的建立，推动了谷城县经济的跨越式发展。

十堰汽车关键零部件产业基地

该基地于2003年经科技部批准成立。基地已有200多家生产技术、装备水平和产品质量成熟的汽车零部件生产企业，许多零部件企业是全国的行业龙头，其中40个汽车关键零部件生产企业集中在十堰高新区内。基地现已形成一个生产区、一个产业服务区、一个产业贸易区、一个科技孵化中心、12个骨干企业、40个汽车关键零部件生产企业的总体格局。

武汉汽车电子产业基地

该基地于2004年经科技部批准成立，武汉虹信通信技术有限公司、湖北恒隆企业集团、武汉精伦电子股份有限公司、武汉银泰科技股份有限公司、武汉龙安集团股份有限公司、武汉安通电子工程有限公司等6家企业被认定为基地的首批骨干企业。湖北武汉是我国三大汽车产业基地之一。近年，东风、神龙、日产、本田、标致等整车厂相继落户武汉，已形成了涵盖汽车产业“重、中、轻、轿、微、特、专”宽系列、多产品产业结构。随着东风集团神龙轿车基地落户江城后，作为产业配套，汽车电子产业如雨后春笋，蓬勃发展。2003年，汽车电子零部件企业有100多家，产品涉及中控门锁、转速传感器、汽车喇叭、线束、继电器、仪表盘、发动机整流器、电压调节器、油位指示器、电子钟、雨刮及清洗器，汽车电源等各个门类，分别覆盖了车身电子控制系统、底盘电子控制系统、专用芯片传感器及其执行机构、电动汽车、车载通信智能信息系统、电源及总线控制系统等六大系统。至2004年，基地内已有高新技术企业36家，承担过火炬计划项目34项，其中国家级火炬计划项目13项，2003年实现汽车工业产值20亿元。

武汉新材料产业基地

该基地于2002年经科技部批准成立。该基地位于武汉市硚口区古田产业新区内，其规划建设面积近17平方千米。产业基地是武汉古田产业新区的核心园区，它以新材料的研究、开发、制造与推进新材料技术产业化发展为导向，致力于形成以表面保护材料、光电子功能材料、纳米材料、生物材料等为主导的产业群。至2004年基地已集聚了新材料生产企业36家。其中，武汉材料保护研究所、武汉力诺双虎涂料有限公司、武汉有机实业股份有限公司、中国火箭武汉电缆集团股份有限公司为其骨干企业；以武汉大学、华中科技大学、武汉理工大学、中国地质大学、海军工程大学、武汉材料保护研究所为首的高等院校、科研院所成为产业基地的技术支撑，并在基地内兴办企业；国家级新材料项目37个，省市级科技项目20个已在此展开。2002年，产业基地已实现销售收入15亿元。

湖南传感技术产业基地

该基地于2002年经科技部批准成立。基地位于长沙国家高新区，2002年传感技术产业基地实现总收入8亿元。

浏阳生物医药产业基地

该基地于2002年经科技部批准成立。该基地位于湖南省省会长沙市东郊，园区是湖南省“十五”计划重点建设项目和“长沙市工业化十大标志性工程”；是中西部地区最大规模的医药专业开发区。至2004年，已有入园医药企业65家，汇聚了各类科技成果352项，其中国家级火炬计划项目6个，已形成医药产业集群优势。

益阳先进制造技术产业基地

该基地于2004年经科技部批准成立。基地以益阳高新区为主，包括赫山、资阳、沅江、桃江四区、县（市），其产业涵盖各类先进制造业及制造业信息化。

湛江海洋产业基地

该基地于2002年经科技部批准成立，恒兴、粤海、湛大、宏富、海康兽药等5家企业被认定为基地的首批骨干企业。基地以霞山滨海工业区和麻章工业区为基础，规划总面积41.8平方千米，在霞山滨海工业区建立临海工业和海洋生物，在麻章工业区建立水产动物饲料和水产品加工等四个功能区。通过四个功能区的带动和辐射，推动全市海洋产业加速发展。2002年湛江海洋产业基地完成工业总产值35.82亿元，工业增加值9.25亿元，分别比上年增长16.75%和53.91%，工业增加值占该地区GDP的30.04%，缴税总额1 109万元、税后利润7 994万元，分别比上年增长3.6倍和1.6倍。

佛山新材料产业基地

该基地于2003年经科技部批准成立，佛山市塑料集团股份有限公司和佛山杜邦鸿基薄膜有限公司等14家企业被认定为基地首批骨干企业。基地位于佛山市高明区沧江工业园，沧江工业园东园重点发展生物医学新材料、有机高分子材料、特种陶瓷材料、涂料与特种化学品、光电子信息材料和高性能金属材料6大产业；沧江工业园西园重点发展电子信息、家用电器、金属制品、精细化工和机械制造等产业。

佛山自动化机械及设备产业基地

该基地于2003年经科技部批准成立。基地位于佛山市三水中心科技工业区内，规划面积47平方千米，基础设施投入将达人民币72亿元，由一个中心区、五个工业区、两个居住中心和一个物流中心组成，主要发展高性能机电基础件、监控设备及控制系统、自动化电力设备、包装机械等五大产品群为主。

至2003年基地内有高新技术企业59家，实施火炬计划项目88项，其中国家级重点火炬项目1项，国家级火炬项目51项，省级火炬项目36项。

佛山精密制造产业基地

该基地于2003年经科技部批准成立。至2004年基地内有高新技术企业20家，其中火炬计划重点高新技术企业2家；实施火炬计划项目23项，其中国家级重点火炬项目2项，国家级火炬项目13项，省级火炬项目8项。基地现有13家骨干企业，按照规划，将在今后几年逐步形成四大产品群：光电子产品产业群，精密器件产品群，特种加工技术服务群和其他精密制造及产品群。

江门新材料产业基地

该基地于2004年经科技部批准成立，广东美雅集团股份有限公司、广东彩艳股份有限公司、广东新会美达锦纶股份有限公司、江门市新会区粤新化纤有限公司、江门三捷电池实业有限公司、广东嘉宝莉化工有限公司、江门市制漆厂有限公司、台山电缆厂有限公司、江门市长顺化工有限公司、江门市润田实业投资有限公司、江门市量子高科生化工程有限公司等11家企业被认定为基地的首批骨干企业。基地位于鹤山市，已形成了以纺织化纤新材料、特种化工和高性能金属新材料、光电子信息新材料、生物医学新材料、新型复合材料等为主的产业群，并形成了较大的产业规模；2000年新材料工业实现总产值95.7亿元，销售收入92.3亿元，利税24.5亿元，部分主导产品国内外市场上达到较高的占有率；2003年区域内共有新材料企业350家，从业人员4万多人，实现产值120亿元，形成了较为完整的产业链、产业配套和产业集聚优势。基地内有高新技术企业13家，历年来共实施火炬计划项目30多项，其中国家级火炬计划项目11项。

佛山电子电器产业基地

该基地于2004年经科技部批准成立。基地位于三水区白坭镇。2003年市电子电器产业的工业总产值达389亿元。全市形成了一批从事电子电器产业的骨干企业，承担了一批国家级和省级火炬计划项目，组建了多个省级电子电器产业的工程技术研究中心。电子电器产业已在佛山形成了颇具规模的电子电器产业群。重点发展中高档电子电器产品，并逐步形成电力电子产品产业群、自动化控制设备产品群、汽车与交通电子产品产业群、电子元器件产品群等4大产品群体，

江门纺织化纤产业基地

该基地于2004年经科技部批准成立。纺织业是江门市的支柱产业，全市现有新会美达、广东彩艳、开平涤纶、鹤山美雅等较大型的纺织化纤生产及相关企业800多家，拥有锦帆牌锦纶丝等6个省名牌产品和3家上市公司。2004年，纺织化纤生产及相关企业完成工业产值249.9亿元，占全市工业总产值的18.89%，销售产值218.9亿元，

出口交货值95.4亿元。已初步形成了一条从聚合到纺丝、织造、染整、印花、服装完整的产业链条。

顺德家用电器产业基地

该基地于2004年经科技部批准成立。2003年顺德家电产业工业总产值约为520亿元，占佛山市家电产业总产值的76%，出口创汇20.2亿美元。至2004年顺德已拥有一批规模大、实力强的家电骨干企业，以及大批发展中的从事家电产业的中小企业。基地设在佛山高新技术产业开发区顺德科技工业园的大良五沙、逢沙和容桂高新区的一部分，占地40平方千米。基地重点发展智能信息家电、环保家电、节能家电、健康家电、新材料家电五大领域，并形成五大产业区。

成都电子信息产业基地

该基地于2002年经科技部批准成立。基地由成都金牛高科技产业园和青羊双新科技创业园组成，是成都高新西区的延伸和补充。至2002年入驻基地的高新技术企业有52家，共实施国家火炬计划项目15个。2001年基地实现工业总产值39亿元、销售收入35亿元、利税11亿元。

中关村永丰新材料产业化基地

该基地于2003年12月经科技部批准成立。基地位于北京市海淀北部新区、中关村发展区的核心地带，西北旺镇境内。总用地面积4.53平方千米（不含战略预留用地），规划总建筑面积385万平方米。基地按不同用地性质划分为四个工业生产区、一个公共服务中心区和一个配套居住区。目前基地入驻企业已近50家，一批国家重点项目、863计划项目、国家重大产业化项目、奥运环保项目等中关村自主研发的科技成果迅速在这里转化并形成产业化规模。基地以“电子信息产业为主导，新材料产业为基础”的产业态势基本形成。

国家纳米技术产业化基地

该基地于2000年12月经科技部批准成立。基地位于天津经济技术开发区，规划占地面积2平方千米。基地通过建立人才、资金、技术、信息平台及营造良好的政策环境，与各大学、研究机构、大企业形成联合攻关、动态联盟的科研新体制，实行专家委员会领导下的主任负责制。设立两个专家委员会——技术专家委员会和管理专家委员会。技术专家委员会由中科、清华、北大、总装、军事医学科学院、南开等单位及专家组成，管理专家委员会由清华大学中国创业中心领衔。基地选择半导体材料、生物制剂、医药靶向制剂、医药纳米乳液、隐形涂料、火箭推进剂等领域和产品作为近期和中期突破口，孵化一批高科技企业，并将纳米器件、纳米探管、纳米机械等作为长期跟踪的目标。

唐山钢铁材料产业化基地

该基地于2004年经科技部批准成立。河北省是全国第一钢铁大省，拥有唐钢、邯钢、宣钢、承钢、石钢、邢钢、新兴铸管、国丰、津西、建龙、纵横、京华焊管等众多钢铁生产企业，钢产量已连续5年位居全国各省区首位，2004年占到全国钢产量20.71%。唐山地处环渤海中心地区，经济贸易发达，交通运输便利，钢铁企业相对集中，钢铁产量已占河北省60%，是中国最大的钢铁生产基地之一。

包头稀土新材料成果转化及产业化基地

该基地于2004年4月经科技部批准成立。基地以包头稀土高新区为载体，以包头稀土资源为依托，以有关稀土的科研院所和高等学校为技术支撑，以包头市近百家稀土企业为基础，以强有力的政策支持和良好的环境为保证，以发展稀土高新技术产业为目标，以稀土材料和应用产品的研发为重点，建成面向世界的集稀土生产、科研、贸易、信息、开发为一体的企业基地。

鄂尔多斯国家新材料成果转化及产业化基地

该基地于2002年经科技部批准成立。鄂尔多斯市位于内蒙古自治区西南部，资源富集，是国家重要的能源基地，它与包头市、呼和浩特市构成西部经济强劲发展的“金三角”。基地以绒纺材料、能源材料、化工材料、无机非金属材料、生物医药材料、纳米材料、有机高分子材料、功能复合材料等8大新材料产业发展目标，重点以东胜绒纺城、蒙西高新技术园区、苏里格经济技术开发区等为基地，逐步形成了具有鄂尔多斯地方特色的国家新材料成果转化和产业示范区。

营口国家镁质材料产业化基地

该基地于2002年12月经科技部批准成立。营口丰富的菱镁资源奠定了发展镁质材料的基础。营口及周边地区现已探明菱镁矿储量25亿吨，是全球三大镁矿基地之一。矿石质地优，品位高，埋藏量浅，资源分布集中，适宜露天开采。随着科技的发展，镁质材料在冶金、轻工、汽车、家电、信息技术、航空航天、军工业领域的应用方兴未艾，是应用领域愈来愈广泛的不可替代的新材料。至2003年基地有超过亿元销售额的企业8家，超过5 000万元的有18家，百万元以上的有354家。拥有一批全国一流的设备，拥有一批在国内外市场有竞争力的产品和技术，生产和深加工能力居全国第一。

长春光电子国家产业基地

该基地于2004年经科技部批准成立。基地依托现有的基础，重点发展光显示器件及其上下游产品、光电器件与材料、光电仪器仪表与设备等三大产业领域，大力吸引境内外投资，扩大产业规模，提升产业技术水平。积极发挥长春光机所、吉林大学等科研院校作用，形成从应用基础研究到工程技术研究、产业化的技术创新体系，不断提高技术创新能力和产业竞争力，形成高、中、初级人才创新体系。基地包括50万平方千米的光电子信息产业核心区和50万平方千米的扩展区。

上海半导体照明产业化基地

该基地于2004年经科技部批准成立。基地位于张江高科技园区。重点发展方向是：在上游外延与芯片领域的方向定位为高端产品，下游封装及应用领域的方向定位重在与现有优势产业有机融合。

常州新型涂料产业化基地

该基地于2003年经科技部批准成立。基地重点发展适用于建筑、汽车、工业防腐、特种功能等涂料技术及产品的开发，积极探索有关低污染、低能耗、水性化、粉末化、高固含量的高性能和环保涂料产品。2003年常州市的200多家涂料企业产量达到23万吨，销售收入突破52亿元。产量占到江苏全省的50%，长三角地区的30%。其中新型涂料产量已达10万吨，实现销售收入28亿元，产量占长三角地区的30%，占全国的17.4%。至2004年，基地已有企业50家，其中龙头骨干企业12家，高新技术企业11家。“九五”以来，基地企业共承担省级以上科技项目53项，其中国家级“863”计划4项、国家级科技攻关项目10项、国家火炬计划和星火计划项目8项、部和省级各类科技计划项目31项。基地内有全国专业从事涂料研发机构1家、国家级工程技术研究中心1家、省级企业技术中心1家。

江阴沿江国家新材料产业带

该基地于2000年经科技部批准成立。“江阴沿江国家新材料带”北依35千米长江岸线、宽5千米，有着得天独厚的沿江交通优势、基础设施优势、产业开发和人才优势。法尔胜、兴澄特钢、申达包装、阳光呢绒、澄星磷化工企业和27家省级以上高新技术企业。2003年，江阴市实现国内生产总值508亿元，工业销售额1 300多亿元，产业带新材料销售收入达290亿元，占全市工业销售额的22%。

马鞍山新材料成果转化及产业化基地

该基地于2003年3月经科技部批准成立。基地规划总面积1 686平方千米，重点建设“一园六基地”。在湖西南路东侧（市经济技术开发区内），规划2 000亩，建成“863”新材料工业园（即高新技术园），以民营科技企业为载体，实施国家“863”计划新材料科技成果的产业化项目，建成以新材料加工制造业为主的高新技术工业园；以马钢、巨龙、东洋球铁、玉龙为龙头企业，建成钢铁新材料和深加工生产基地；以天源公司、高磁厂、安徽金科为龙头企业，建成高性能磁性材料和深加工生产基地；以丰原、金星、中橡为龙头企业，建成化工材料和深加工生产基地；以开元新材料公司为龙头企业，建成新型耐火材料和深加工生产基地；以华骐环保公司、江东第二机械厂、矿院为龙头企业，建成环保材料和深加工生产基地；以博望、新博地区刃模具企业为龙头，建成新材料刃模具生产基地。

南昌国家半导体照明工程产业化基地

该基地于2004年5月经科技部批准成立。江西省电子信息制造业龙头企业联创光电科技股份有限公司已投资2亿元建设联创光电科技园，充分利用自主知识产权的技术优势，引进国际先进的技术和设备，重点发展氮化镓蓝、白光半导体材料、芯片及片式器件，形成从半导体发光材料、芯片、器件到全彩显示屏、半导体照明光源等应用产品完整的光电子产业链和规模化生产，并提出了把联创光电建设成中国最大的光电子产业基地的目标。

鹰潭新材料产业化基地

该基地于2004年5月经科技部批准成立。鹰潭市目前是全国最大的铜业生产基地。至2003年底，鹰潭市铜冶炼及铜加工业产值分别达60亿元和24亿元，分别占全市工业总产值的60%和24%。江西铜业集团公司2003年实现销售收入106.64亿元，工业增加值19.1亿元，利税8.62亿元，分别占全省有色金属行业销售收入的64.5%、工业增加值的50.26%、利税的64.81%，成为全省首家销售收入超百亿元的企业，成为全省有色行业的主要支撑。江西铜业集团公司的快速发展，使鹰潭市成为我国最大的铜原料生产基地。

萍乡新材料产业化示范基地

该基地于2004年经科技部批准成立。目前基地已形成工业陶瓷、干法水泥、工程玻璃、新型建材及精细化工、钢铁五大主导产业，以及从这五大主导产业衍生发展起来的原料开采、非金属矿精加工、建筑节能等三条新材料配套产业链。萍乡工业陶瓷生产在全国有绝对优势，占总量的70%，产品不仅覆盖国内市场，还进入国际市场，广泛用于化工、化肥、冶炼、环保等行业。另外，萍乡建筑玻璃、混凝土外加剂、化工管材、建筑钢材、水泥产量分别占江西省的90%、70%、60%、45%、20%以上。近5年来，萍乡以新材料企业为主体承担国家级科技计划15项，省级计划56项，获省级以上科技奖励10项，获得国家、省级新产品和专利产品100多种。

淄博新材料成果转化及产业化基地

该基地于2002年11月经科技部批准成立，同时认定了13家基地骨干企业和6家技术支撑单位。2002年，淄博市高新技术产业产值实现220亿元，占规模以上工业企业总产值的比重为21.5%，其中新材料类高新技术产品产值121亿元，占全市高新技术产品产值的60%。至2003年，全市169家高新技术企业中，涉及新材料的86家，增塑剂、化学合成原料药、催化剂、陶瓷耐火纤维及制品、玻璃窑炉用高档耐火材料、复合绝缘子、化学品氧化铝等产品，成为国内重要的生产基地和供应中心。

基地重点发展以下7个领域：新型工程塑料、氟系材料、精细化工品和医药农药中间体及产品；结构陶瓷、功能陶瓷；具有国际先进水平的玻璃窑炉用隔热材料和新型特种耐火纤维材料；软磁材料和高性能钕铁硼永磁材料；高附加值的稀土新功能材料；纳米材料制备和应用的关键技术；陶瓷基复合材料和树脂基复合材料及其制品。

莱芜新材料产业化基地

该基地于2003年12月经科技部批准成立。莱芜市重视以新材料为主的高新技术产业发展，形成了以冶金、建材领域为主的资源和产业优势，研制开发了以新材料为主的高新技术产品122个，建立了国家级技术中心3个，省级技术中心6个，省级科研所1个，外聘了新材料专家100余人，为发展新材料产业提供了强有力的技术支撑和人才支撑。

武汉国家光电子技术产业化基地

该基地于2001年经科技部批准成立。基地2001年实现光电子产业产值120亿元，比上年增长50.8亿元；占开发区规模以上工业总产值的62.5%；烽火科技、长飞均实现倍速增长，产值超30亿元；全年续建和新建项目91个，完成项目投资24.7亿元，均较上年有快速增长；先后吸引阿尔卡特、仓腾、康宁、NEC等国际知名的跨国企业（集团）进区发展，并与双环科技、托普软件、成功信息、多佳股份、紫江集团、天歌科技等企业达成了初步合作意向，光电子产业基础进一步雄厚。

湖南国家新材料成果转化及产业化基地

该基地于1999年经科技部批准成立。基地分长株潭岳4个示范区。从成立至2002年，株洲高新区新材料基地已投入近2.5亿元，进行基础设施建设，7个进区项目总投资13亿元。2001年，株洲高新区新材料产业实现产值34.8亿元。目前基地呈以下几个特色：以长沙力元、株冶、湘潭电化为代表的龙头企业，已占全省电池材料市场份额的90%以上，并已形成了从有色金属材料、电池材料、先进电池及电动车、电动工具相配套的产业链；株洲硬质合金厂是全球第二大专业硬质合金生产企业，产品质量在同行业中居国内领先地位，远销60多个国家和地区；长沙矿冶研究院是我国超硬材料合成技术及原辅材料制造中心；已形成岳阳石化、长沙巨星、远大铃木、株洲广缘、博云新材等为龙头企业的复合材料企业群。

潮州日用陶瓷特色产业基地

该基地于2004年4月经科技部批准成立。潮州是目前我国最大的日用陶瓷生产出口基地，基地的主导产品是日用陶瓷，特别是日用工艺陈设瓷器，全市目前有陶瓷生产企业1万多家，90%以上集中在枫溪区周围和饶平北部地区。2004年，基地有规模以上企业237家，其中省级以上高新技术企业19家，国家火炬计划高新技术企业1家。高新技术产品产值18.4亿元，占基地总产值的12%。2004年基地实现工业总产值152亿元，占全市工业总产值的三分之一，约占全国的25%；上缴税收7亿多元，占全市税收总额的34%；出口6亿多美元，占全市出口总额的55%，约占全国的三分之一。

柳州新材料产业化基地

该基地于2003年7月经科技部批准成立。广西省柳州市在铟、锌、锑等有色金属方面拥有资源、人才、技术及产品优势，在汽车零部件方面也具有相当优势。截至2002年底，进入高新区工业企业119家，其中高新技术企业52家。2001年材料产业的工业产值约90亿元，占全市工业总产值（规模以上企业）的32%。新材料产业工业总产值约8亿元（其中高新技术园区内新材料产值约6亿元），约占全市材料产业工业总产值的9%，已形成柳州华锡集团、柳钢集团、柳州锌品集团、柳州中竹纸业有限公司、柳州高新区铟泰科技公司等一批新材料骨干企业，主要产品覆盖国内市场，销往世界五大洲的20多个国家和我国香港、台湾地区。基地重点发展铟、锌、锡、锑等有色金属新材料、竹浆新材料、汽车新材料及零部件。

重庆国家科技攻关镁合金应用及产业化基地

该基地于2002年6月经科技部批准成立，重庆镁业为该基地的项目承担单位。重庆镁业科技股份有限公司成立于2001年4月19日，注册资金5 100万元人民币。现有员工158人，其中专业技术人员占42%，是具有完整产、学、研、销产业链的高新技术企业。其股东单位有隆鑫工业集团有限公司、西南铝业（集团）有限责任公司、重庆大学科技实业总公司、重庆市国地资产经营管理有限公司、重庆市南岸资产经营管理有限公司。重庆镁业拥有实力雄厚的镁及镁合金研究开发应用中心，是国内镁及镁合金在交通工具中的应用技术研究和生产的重点企业，致力于镁及镁合金在交通工具及其他领域中的应用技术研究和生产，全面提升镁应用的技术水平和技术创新能力，提升我国汽车、摩托车的技术含量，增强市场竞争力。

攀枝花国家新材料成果转化及产业化基地

该基地于2001年12月经科技部批准成立。攀西裂谷资源富集，与东非裂谷齐名。尤以拥有钒钛磁铁共生矿著称，其钛资源储量居世界第一位，钒资源储量居全国第一位。经过37年的建设，已形成产铁400万吨，钢350万吨，钢材270万吨，钒渣14万吨，原煤700万吨，发电装机容量410万千瓦，黄磷6万吨的生产能力，人均国内生产总值，出口创汇均位居四川省前列。攀枝花新材料基地重点发展五大领域新型材料：钒材料、钛材料、钒钛合金与其他金属新材料、粉体新材料、无机非金属与有机高分子材料。

德阳新材料产业化基地

该基地于2004年经科技部批准成立。基地根据自有的基础条件和优势，重点发展新型金属材料、高分子材料、精细化工材料等领域。

四川纳米生物医用材料产业化孵化基地

基地位于成都高新技术开发区，由四川省嘉泰通生物工程有限公司负责实施。基地的建设技术以高校和研究单位投入为主，资金以企业投入为主，国家和地方政府适当支持和配套为辅。基地管理采用企业化的运作模式，实施董事会领导下的总经理负责制，董事会由政府、企业和高校人员组成，项目的孵化和研发采取首席科学家负责制，首任首席科学家是四川大学博士生导师李玉宝教授。基地设有扩试研究中心、产业化设计中心、理化检测中心、生物功能评价中心、临床推广培训中心、中外合作开放型新产品研发中心、管理办公室等。“十五”期间产业化孵化和拟孵化项目：纳米复合生物活性材料产业化孵化；纳米生物活性骨水泥及靶向药物子弹孵化开发；纳米可动、可视电子眼孵化开发；纳米组织工程生物材料孵化开发；其他新型纳米生物医用材料孵化开发。

陕西新材料成果转化及产业化基地

基地由西安高新区新材料园有限公司承担建设。该园区是我国西部地区第一家从事新材料研发、生产的专业园区，园区位于西安高新区集中新建区二期，东临唐延路，北临科技三路，占地370亩，是西安高新区十园一基地的重要组成部分。新材料园分为研发孵化区和产业区，其中研发孵化区占地30亩，将建设约5万平方米的科技大厦，为新材料领域提供研发和孵化场地及配套服务体系；产业区占地340亩，将新建15家新材料产业示范企业，重点面向电子信息材料、功能材料、纳米材料及新型结构材料。

西安国家光电子成果转化及产业化基地

该基地于2002年12月经科技部批准成立。西安是我国光电子技术研究和产品开发的重要地区，在瞬态光学、光电子学、空间光学和信息光学等领域具有雄厚的技术基础和产业优势。基地由西安市科技局和西安高新区共同组织建设，至2003年基地已经组建了西部光电有限责任公司、光电子孵化器有限责任公司，初步建成了基地创业服务、技术支撑、投融资、人才培训和信息服务体系。孵化物理空间占地33亩，一期工程20 000平方米于2003年年底建成投入使用。30家有实力的企业已经入驻高新区的西安光电产业园。

甘肃省兰州、白银、金昌有色金属新材料产业化基地

该基地于2003年经科技部批准成立。基地坚持资源的综合利用与原材料深加工相结合的原则，实施“一基地三园区”的总体构想，以兰州有色金属新材料园区、白银有色金属新材料园区、金川镍钴新材料园区为核心的国家级兰、白、金有色金属新材料基地，以及以兰州为中心辐射河西、陇东地区的国家兰州石油化工新材料基地，带动甘肃省经济发展。

金昌新材料产业化基地

该基地于2003年7月经科技部批准成立。基地位于金昌市高新技术园区。金昌市具有得天独厚的资源优势，镍、钴、铜等有色金属储量及铂族贵金属储量及产量均位居全国前列，化工原料中的“三酸两碱”，金昌已具备“两酸两碱”，是典型的工业化城市，有良好的工业聚集效应。目前基地产业已初具规模，镍金属工业已形成产业链，依托化工新材料、镍、铜等资源优势，逐步形成生产高科技含量、高附加值产品的产业链条。目前，镍铬有色金属粉体研究开发、“绿色建材”系列产品开发、万方新材料等一批新材料项目已开始实施。金川集团公司着力研发粉体材料、电池电子材料、高纯产品、羰基镍等新材料产品，已成为我国重要的粉体材料、电池材料、磁性材料生产基地。2004年，金昌市实现工业增加值60.27亿元，增长26.14%；完成销售收入178.1亿元，增长52.33%；实现利润总额10.73亿元，增长127.95%。

宁夏国家科技攻关镁合金应用及产业化基地

宁夏是国内外主要的金属镁生产地之一，现已探明白云石矿储量1 570多万吨，远景储量上亿吨，其宁夏中同心县白云石是国内综合指标最好的矿石之一。辅助性资源丰富，可以支持镁产业扩能。宁夏全区有金属镁及加工企业12家，拥有总资产3.21亿元，截止到2004年底，已形成7万吨的生产能力，总产量占全国的12%以上，居全国第二位。宁夏全区有六家企业金属镁及镁合金生产能力在5 000吨以上，宁夏惠治镁业公司，宁夏鑫达镁业公司，宁夏圣雪绒镁业公司已成为国内知名的金属镁生产企业。

厦门半导体照明产业化基地

该基地于2004年9月经科技部批准成立。基地位于厦门思明，厦门国家半导体照明工程产业化基地包括两部分：一是面积160万平方米的半导体照明研发及核心技术产业基地，位于前埔岭兜的厦门光电产业区；二是思明区（翔安区）半导体照明产业园区。

大连半导体照明工程产业化基地

该基地于2004年4月经科技部批准成立。

基地由大连光电子产业园具体负责该基地规划与建设。基地涵盖LED整个产业链中基础材料、外延片、芯片、晶粒切割、研磨、封装测试直至产品应用的上下游整个产业链的各个环节，形成以“垂直分工、水平整合”为核心竞争力的半导体照明产业群落。产品涉及高亮度白光LED、蓝绿光LED等，广泛应用于家庭照明、汽车照明与指示灯、城市亮化工程、交通信号灯和大屏幕显示屏、手机背光源等各个应用层面。

深圳半导体照明产业化基地

该基地于2005年7月经科技部批准成立。基地位于深圳宝安区光明高新技术园，首期投资30亿元人民币。基地以宝安区光明高新技术片区为龙头，辐射全市各区，涵盖整个产业链的各个环节。产品应用领域包括家庭照明、汽车照明与指示灯、城市亮化工程、交通信号灯和大屏幕显示屏、显示器背光源等各个层面。

青岛国家科技攻关镁合金应用及产业化基地

该基地于2000年12月经科技部批准成立。金谷镁业为该基地的项目承担单位。青岛金谷镁业股份有限公司是由青岛才高投资发展有限公司、青岛智扬科技有限公司、清华大学、上海交通大学、香港嘉瑞科技有限公司共同发起设立的股份有限公司。注册资金为4 000万元人民币。

资源篇

材料相关网站

名　称	网　址	主办单位	简　介	地　址	电　话	邮　箱
综合及其他类						
阿里巴巴、阿里巴巴中国、阿里巴巴国际商务	www. china. alibaba. com	阿里巴巴（中国）网络技术有限公司	全球最大的网上贸易市场，B2B 商务网站。截至 2004 年底，已经成为拥有国内 500 万中小企业以及海外 150 万买家的庞大网络	浙江省杭州市文三路 477 号华星科技大厦 9 楼	(0571)88158000	sarayu@ alibaba – inc. com
慧聪网，慧网	www. hc360. com，www. hcgroup. com. cn，www. sinobnet. com. cn，www. sinobnet. com	慧聪国际资讯	买卖通、行业搜索、慧聪商情广告、行业资讯大全以及市场研究等，覆盖 30 多个行业	北京西直门北大街 42 号华星大厦 B 座	(010)82211865	zhangcj@ sinobnet. com
中国纺织网	www. texnet. com. cn	浙江网盛科技股份有限公司	纺织电子商务	浙江省杭州市莫干山路 187 号（武林巷 1 号）易盛大厦 12 楼	(0571)88228188	info @ texnet. com. cn
中国功能材料	www. chinafm. org. cn	中国仪器仪表学会仪表材料学会等	功能材料科技界与产业界的信息服务平台	重庆仪表材料研究所	(023)68264719	ybclxh@ vip. sina. com
中国材料网	www. materials. gov. cn	国家科技部	综合信息服务	清华大学液晶大厦 115 室	(010)62773674	matinfo @ materials. gov. cn
中国新材料商城	www. materials – shop. com	北京现代华清材料科技发展中心	以由新材料领域众多专家界定的中国新材料产品数据库为主，向企业提供新材料产品推荐服务。现该数据库共有新材料产品 6000 多种，涉及生产企业数据十几万条	清华大学液晶大厦 115 室	(010)62785767	materials – shop @ materials. gov. cn
中国新材料项目网	www. matinvestments. com	北京现代华清材料科技发展中心	新材料领域项目投融资综合信息服务平台	清华大学液晶大厦 115 室	(010)62785767	matinvestments @ materials. gov. cn
中国材料人才网	www. mathr. com	北京现代华清材料科技发展中心	材料圈的求职招聘，提供猎头服务、人才推荐、发布招聘信息等服务	清华大学液晶大厦 115 室	(010)62785767	mathr @ materials. gov. cn

续表

名 称	网 址	主办单位	简 介	地 址	电 话	邮 箱
中国材料书城	www.mat－book.com	北京现代华清材料科技发展中心	销售材料领域书籍、会议论文集、产业研究报告以及管理类图书等网上书店。并提供教材、图书馆等图书配送服务。目前上架图书达1万多种	清华大学液晶大厦115室	(010)82751980	mat－book@materials.gov.cn
中国纺织经济信息网	www.cntextile.com	中纺网络信息技术有限责任公司与美国服装与鞋类协会	促进中国面向全球的纺织品贸易，提供现代化电子商务、贸易采购、技术咨询和培训等服务	北京东长安街12号	(010)85229089	b2b@ml.ctei.gov.cn
中国粉体工业信息网	www.chinapowder.edu.cn	国内十余个与粉体相关的国家级行业协会联合主办	粉体工业技术与商务交流	清华大学逸夫楼	(010)62772725	powder@mail.tsinghua.edu.cn
中国表面工程信息网	www.csec－mp.com	材料保护杂志社	表面工程相关综合信息服务平台	武汉市汉口宝丰二路126号	(027)83638752	mp@csec－mp.com
冶金相关						
中国耐火材料行业网	www.china－refract.org	中国耐火材料行业协会	提供查询国外有关耐火材料行业的科研开发和生产使用方面的信息，并为国内外企业的产品进出口贸易提供服务和帮助	北京市北京南站成铭宾馆616、618、620室	(010)83109492	acri@163bj.com
中国冶金经济信息网	www.ChinaEsteel.com.cn	北京金利电子信息技术公司	冶金历史数据库及信息库检索和全文检索、钢铁行业咨询服务等	北京东四西大街46号	(010)65133322	info－est@chinaesteel.com.cn
中国有色金属网	www.ysjg.cn	北京红蜘蛛信息咨询有限公司	有色行业咨询、价格等市场信息	北京崇文光明路2号	(010)67132797	zsw@ysjg.cn
中铜网、建盟铜网	www.copperchina.com	北京万盟网络技术咨询有限责任公司	全球范围内的关于铜业最新商业机会和各种资讯	北京市建国门内大街7号光华长安大厦1座1106－08室	010－65171126	webmaster@copperchina.com
中国有色信息网	www.cnni.net.cn	中国有色金属工业信息中心	信息资源开发和信息技术服务	北京市复兴路乙12号	(010)63971696	cnnimaster@cnni.net.cn
化工相关						
中国化工网	www.chemnet.com.cn	浙江网盛科技股份有限公司	化工品数据库，化工搜索，化工资讯及化工供求信息等	浙江省杭州市莫干山路187号（武林巷1号）易盛大厦12楼	(0571)88228199	etrade@hi2000.com

续表

名　称	网　址	主办单位	简　介	地　址	电　话	邮　箱
中国化工信息网	www.cheminfo.gov.cn, www.chinacheminfo.com.cn	中化信深达信息技术有限责任公司	由中国化工信息中心创建，拥有化工要闻、国外化工、中国化工产品及生产厂家数据库、全国化工产品价格数据库等多个重要化工数据库	北京朝阳区安外小关街53号	(010)64444196	service@cheminfo.gov.cn
中国万维化工城，中国化工市场信息网	www.chem.com.cn, www.chem.gov.cn, www.cccoi.com.cn	北京金华夏网络技术有限公司	向国内外化工生产和商贸企业提供全方位、多层次的化工电子商务服务。全国2万余家化工企业的生产与产品信息；国家化工产品海关数据库，国家化工产品生产统计数据库等	北京安定路33号化信大厦5层	(010)64444188	market@chem.com.cn
中国精细化工网	www.china－finechem.com.cn	中国化工信息中心和全国精细化工原料及中间体行业协作组主办	中国精细化工网是精细化工行业的服务平台	北京安外小关街53号	(010)64444024	houls@cheminfo.gov.cn
中国化纤经济信息网	www.ccfei.net.cn, www.ccfei.net, www.ccfei.com	上海中纤纺织科技发展有限公司	专业咨询产品，深层次分析、报道国内外化纤动态等，为国内外化纤及相关客户提供全方位的咨询服务	上海杨浦区平凉路988号上海纺织科技工业园2号楼7层	(021)55215270	cnfiber@ccfei.net.cn
中国塑料网	www.chinaplastic.net	扬子新型塑料研究所	国内国际塑料行业发展动向、行业信息	常州市采菱工业园	(0519)8818385	webmaster@chinaplastic.net
中国涂料网	www.chinacoatingnet.com	中国涂料工业协会	涂料、颜料和相关行业提供信息网络服务	北京六铺炕一区中街1号	(010)62252824	network@hc360.com
中国无机盐信息网	www.chinainorgchem.com	中国石油和化学工业协会全国无机盐信息总站	无机盐行业专业化工网站，下设：中国氟化工专业信息网、中国二氧化氯及水处理专业信息网等	天津市红桥区丁字沽三号路85号	(022)26689296	webmaster@chinainorgchem.com
胶粘在线	www.adhol.net	四川省高分子黏接材料工程技术研究中心和成都正光集团公司	胶粘剂及高分子材料专业商务网	四川成都马家花园路23号3楼	(028)87684377	sales@adhol.net
建材相关						
中国非金属矿信息网/中国工业矿物网/中国非金属矿网	www.chinanmm.com	国家建筑材料工业局技术情报研究所	非金属矿产品生产、开发、应用、贸易、科研、设计等咨询与技术服务	北京朝阳区管庄东里甲1号建材情报所	(010)65748832	info@Chinanmm.com

续表

名　称	网　址	主办单位	简　介	地　址	电　话	邮　箱
中国建筑材料价格网/中国建材价格在线	www. jc. net. cn	国家建筑材料工业局信息中心和北京广迅通网络技术公司	向建筑设计、施工、监理、咨询单位；房地产商、基建单位；建材及设备生产厂、供应商以及相关企事业单位提供全面的信息需求解决方案	北京市海淀区车公庄西路35号花园写字楼227室	(010)51658153	web@ jc. net. cn
中国陶瓷信息资源网	www. ccisn. com. cn	中国陶瓷工业协会技术信息中心及景德镇陶瓷学院科技信息服务部	发布和获取各种陶瓷科技信息及陶瓷商贸信息的平台	江西省景德镇陶瓷学院图书馆3楼	(0798)8499727	ccisn @ ccisn. com. cn
电子信息、能源相关						
中国电池在线	www. chinabatteryonline. com	中国化学与物理电源行业协会	电池行业国家级专业性贸易站点	天津市南开区李七庄凌庄子道18号	022 – 23380938	ciaps @ public. tpt. tj. cn
中国电子行业信息网	www. ceic. gov. cn	信息产业部电子信息中心、赛迪数据运营维护	大型电子信息行业综合性信息服务平台	北京市海淀区紫竹院路66号赛迪大厦9层	(010)88558523	sale@ mei. ceic. gov. cn
中国电子材料网	www. c – e – m. com	北京万胜博讯高科技发展有限公司、中国电子材料行业协会等	电子材料行业领域专业研究、咨询和信息/服务	北京市朝阳区西坝河西里28号英特公寓B座22D	(010)64476901	cem@ c – e – m. com

材料相关期刊

材料相关核心期刊列表

名　称	影响因子	国内刊号	国际刊号	主办单位	主　编	地　址	电　话
综合类							
中国科学 D	1.453	CN 11 – 3756/N	ISSN 1006 – 9267	中国科学院	周光召	北京东黄城根北街16号	(010)64034134
科学通报	0.891	11 – 1784/N	0023 – 074X	中国科学院	周光召	北京东黄城根北街16号	(010)64034134
中国科学 E	0.439	11 – 3757/N	1006 – 9275	中国科学院	严陆光	北京东黄城根北街16号	(010)64034134
中国科学 B	0.515	11 – 1788/N	1006 – 9240	中国科学院	周光召	北京东黄城根北街16号	(010)64034134
自然科学进展	0.410	11 – 3852/N	1002 – 008X	国家自然科学基金委员会科学基金杂志社	师昌绪	北京东黄城根北街16号	(010)64034134
中国科学 C	0.466	11 – 3755/N	1006 – 9259	中国科学院	周光召	北京东黄城根北街16号	(010)64034134
武汉大学学报(工学版)	0.462	CN 42 – 1675/T	ISSN 1671 – 8844	武汉大学	张蔚臻	武昌东湖南路8号	(027)67802104

续表

名　称	影响因子	国内刊号	国际刊号	主办单位	主　编	地　址	电　话
物理类							
物理学报	1.464	11－1958/O4	1000－3290	中国物理学会	王乃彦	北京中关村中科院物理所内（北京603信箱）	(010)82649026
物理学进展	0.431	32－1127/O4	1000－0542	中国物理学会	冯　端	江苏省南京市汉口路22号南京大学物理系	(025)3592484
化学类							
无机化学学报	0.703	32－1185/O6	1001－4861	中国化学会	游效曾	南京大学化学楼	(025)3592307
高分子通报	0.720	11－2051/O6	1003－3726	中国化学会	黄志镗	北京海淀中关村北一街2号（北京2709信箱）	(010)62588926
化学学报	0.665	CN 31－1320/O6	ISSN 0567－7351	中国化学会、中国科学院上海有机化学研究所	沈延昌	上海枫林路354号〈化学学报〉编辑部	(021)64163300－2651
无机材料学报	0.575	31－1363/TQ	1000－324X	中国科学院上海硅酸盐研究所	郭景坤	上海市定西路1295号中国科学院上海硅酸盐研究所	(021)52411301 不在化学类里
化学通报	0.688	11－1804/O6	0441－3776	中国化学会中国科学院化学研究所	朱道本		
高分子学报	0.960	11－1857/O6	1000－3304	中国化学会	冯新德	北京中关村北一街2号（北京2709信箱）	(010)62588927
高等学校化学学报	0.888	CN22－1131/O6	ISSN 0251－0790	中华人民共和国教育部委托吉林大学和南开大学	唐敖庆	长春市解放大路117号吉林大学北区	(0431)8499264
化学进展	0.626	CN 11－3383/O6	ISSN 1005－281X	中国科学院基础科学局化学部国家自然科学基金委员会化学科学部	王　夔	北京中关村北四环西路33号	(010)82627757
分析化学	0.849	CN 22－1125/O6	ISSN 0253－3820	中国化学会中国科学院	汪尔康	长春人民大街5625号	(0431)5262017
催化学报	1.017	CN 21－1195/O6	ISSN 0253－9837	中国科学院	林励吾	辽宁省大连市中山路457号（大连110信箱）	(0411)4379240
分子科学学报	0.753	CN 22－1662/O4	ISSN 1000－9035	中国科协	孙家钟	长春市人民大街5268号	(0431)5268024
物理化学学报	0.713	11－1892/O6	1000－6818	中国化学会	唐有祺	北京大学化学楼	62751724
应用化学	0.497	22－1128/O6	1000－0518	中国化学会中国科学院	黄葆同	长春市人民大街159号	(0431)5262016

续表

名　称	影响因子	国内刊号	国际刊号	主办单位	主　编	地　址	电　话
功能高分子学报	0.487	31－1633/O6	1008－9357	华东理工大学	周达飞	上海市梅陇路130号(华东理工大学436信箱)	(021)64253005
分子催化	0.517	CN 62－1039/O6	ISSN 1001－3555	中国化学会中国科学院兰州化学物理研究所	李树本	兰州市天水路342号	(0931)8877655
感光科学与光化学	0.340	CN 11－2029/O6	ISSN 1000－3231	中国科学院理化技术研究所中国感光学会	吴世康	北京市朝阳区大屯路甲3号中国科学院理化技术研究所	(010)64888030
分析试验室	0.678	CN 11－2017/TF	ISSN 1000－0720	北京有色金属研究总院	屠海令	北京新街口外大街2号	(010)82013328
电化学	0.432	CN 35－1172/O6	ISSN 1006－3471	中国化学会	田昭武	福建省厦门大学D信箱	(0592)2180367
材料科学技术类							
复合材料学报	0.566	CN 11－1801/TB	ISSN 1000－3851	北京航空航天大学中国复合材料学会	王善义	北京学院路37号(北航内)	(010)82316907
材料科学与工艺	0.425	CN 23－1345/TB	ISSN 1005－0299	哈尔滨工业大学	冯吉才	哈尔滨市西大直街92号136信箱	(0451)86414260
新型炭材料	1.236	14－1116/TQ	1007－8827	中国科学院山西煤炭化学研究所	凌立成 成会明	太原市桃园南路27号(太原165信箱)	(0351)2025254
稀有金属材料与工程	0.541	61－1154/TG	1002－185X	中国有色金属学会、中国材料研究学会、西北有色金属研究院	殷为宏	西安市51信箱	(029)6231117
材料研究学报	0.481	21－1328/TG	1005－3093	国家自然科学基金委员会中国材料研究学会	叶恒强	辽宁省沈阳市沈河区文化路72号	(024)23843531－55512
材料导报	0.419	CN 50－1078/TB	ISSN 1005－023X	国家科技部西南信息中心	彭　丹	重庆市渝中区胜利路132号	(023)63505701
中国稀土学报	0.978	11－2365/TG	1000－4343	中国稀土学会	徐光宪	北京新街口外大街2号603室	(010)62014832
理工大学、工业综合类							
兰州理工大学学报	0.406不在该类别下	CN 62－1180/N	ISSN 1000－5889	兰州理工大学(原甘肃工业大学)	孙品一	甘肃省兰州市兰工坪路85号兰州理工大学学报编辑部	(0931)2756301
冶金、金属类							
中国有色金属学报	0.763	43－1238/TG	1004－0609	中国有色金属学会	何继善	湖南省长沙中南工业大学内	(0731)8876765
金属学报	0.582	ISSN 0412－1961	CN 21－11392－361	中国金属学会	柯　俊	沈阳市文化路72号	(024)3843531－55540

续表

名　称	影响因子	国内刊号	国际刊号	主办单位	主　编	地　址	电　话
粉末冶金技术	0.369	CN 11－1974/TF	ISSN 1001－3784	中国机械工程学会粉末冶金分会中国有色金属学会粉末冶金专业委员会	韩凤麟	北京市永定门外宋家庄路11号	(010)67621317
粉末冶金工业	0.422	CN11－3371/TF	ISSN 1006－543	钢铁研究总院中国钢协粉末冶金协会中国机械粉末冶金专业协会	杨树森	北京学院南路76号	(010)62181028
机械类							
光学精密工程	0.481 不在该类别下	CN 22－1198/TH	ISSN 1004－924X	中国科学院长春光学精密机械与物理研究所中国仪器仪表学会	曹健林	长春市东南湖大路16号	(0431)6176855
中国表面工程	0.412	CN 11－3905/TG	ISSN 1007－9289	中国机械工程学会	刘世参	北京长辛店杜家坎21号	(010)66719325
焊接学报	0.453	CN 23－1178/TG	ISSN 0253－360X	中国机械工程学会	王守业	哈尔滨市和兴路111号	(0451)86325918
铸造	0.271	CN 21－1188/TG	ISSN 1001－4977	沈阳铸造研究所	葛晨光	沈阳市铁西区云峰南街17号	(024)25847830
电子通信类							
半导体学报	0.446	CN 11－1870/TN	ISSN 0253－4177	中国科学院半导体研究所中国电子学会	王守武	北京912信箱	(010)82304277
化工类							
中国塑料	0.671	CN11－1846/TQ	82－371/TQ	中国塑料加工工业协会、轻工业塑料加工应用研究所	张振健	北京海淀区阜成路11号《中国塑料》编辑部	(010)68985253
工程塑料应用	0.494	CN 37－1111/TQ	ISSN 1001－3539	中国兵器工业第五三研究所中国工程塑料工业协会中国兵工学会非金属专业委员会	孙安垣	山东省济南市108信箱杂志社	(0531)5816706
塑料工业	0.490	51－1270/TQ	1005－5770	中蓝晨光化工研究院	傅　旭	成都市人民南路4段30号	(028)85570801
膜科学与技术	0.563	62－1049/TB	1007－8924	中国蓝星(集团)总公司	刘宪秋	北京朝阳区北土城西路9号	62376642
硅酸盐学报	0.727	11－2310/TQ	0454－5648	中国硅酸盐学会	干福熹	北京百万庄中国硅酸盐学会,硅酸盐学报编辑室	(010)68311144

续表

名　称	影响因子	国内刊号	国际刊号	主办单位	主　编	地　址	电　话
塑料	0.497	11－2205/TQ	1001－9456	北京市塑料研究所	杨明锦	北京旧鼓楼大街47号	(010)84022529
化工学报	0.527	CN 11－1946/TQ	ISSN 0438－1157	中国化工学会	赵颖力	北京市朝阳区惠新里3号	(010)64983351
有机硅材料	0.370	CN 51－1594/TQ	ISSN 1009－4369	中国氟硅有机材料工业协会(硅)等	张殿松	四川成都市人民南路四段30号	(028)85586512
精细化工	0.426	CN 21－1203/TQ	ISSN 1003－5214	大连化工研究院设计院等	邵玉昌	大连304信箱《精细化工》编辑部	(0411)4699773
建筑类							
中国粉体技术	0.344	CN 37－1316/TU	ISSN 1008－5548	山东建材工业学院中国颗粒学会等	胡荣泽	山东济南济微路106号	(0531)7154935

非核心期刊

名　称	国内刊号	国际刊号	主办单位	主　编	地　址	电　话
新材料产业(月刊)	CN 11－4396/TU	ISSN 1008－892X	北京新材料发展中心等	石力开	北京海淀区学院路30号方兴大厦5层	(010)62341486
电子元件与材料(月刊)	CN 51－1241/TN	ISSN 1001－2028	成都宏明电子股份有限公司	钟彩霞	成都市一环路东二段8号宏明商厦702室	(028)84391569
中华纸业(月刊)	CN 37－1281/TS	ISSN 1007－9211	中国造纸协会	任永森	山东省济南市工业南路101号	(0531)8929286
中国皮革(半月刊)	CN 11－3668/TS	ISSN 1006－625X	中国皮革和制鞋业工业研究院	杨承杰	北京酒仙桥将台路3号	(010)64362597
半导体技术(月刊)	CN 13－1109/TN	ISSN 1003－353X	中国半导体行业协会等	赵小宁	石家庄179信箱46分箱	(0311)7091339
电池工业(双月刊)	CN 32－1448/TM	ISSN 1008－7923	轻工业化学电源研究所	王金良	江苏省苏州市葑门庄先湾7号	(0512)67261874
金属热处理(月刊)	CN 11－1860/TG	ISSN 0254－6051	国家机械工业局等	曹敏达	北京市海淀区北京机电所内703室	(010)62935465
轧钢(月刊)	CN 62－1053/TF	ISSN 1003－9996	钢铁研究总院	赵林春	北京学院南路76号	(010)62182474
铸造(月刊)	CN 61－1134/TG	ISSN 1000－83	中国机械工程学会铸造分会机械部沈阳铸造研究所	葛晨光	沈阳市铁西区云峰南街17号	(024)25847830
中国涂料	CN 11－3544/TQ	ISSN 1006－2556	中国涂料工业协会	朱传綮	北京海淀区联慧路99号院海云轩1号楼B－693室	(010)62252368
材料保护(月刊)	CN 42－1215/TB	ISSN 1001－1560	武汉材料保护研究所等	张建设	湖北省武汉宝丰二路126号	(027)83641679
化工科技市场(月刊)	CN 12－1314/TQ	ISSN 1009－4725	全国化工商品情报中心站	王文灿	北京3020信箱《化工科技市场》编辑部	(010)84882036
化工新型材料(月刊)	CN 11－2357/TQ	ISSN 1006－3536	中国化工信息中心	林　莉	北京安定门外小关街53号	(010)64437113
涂料工业(月刊)	CN 32－1154/TQ	ISSN 0253－4312	中国化工建设总公司常州涂料化工研究院	竺玉书、谢凯成	江苏省常州市外环西路北港路口	(0519)3274974

部分材料相关学会

名　称	成立时间	地　址	负责人	电　话	网　址
中国材料研究学会(C－MRS)	1992.8	北京海淀区紫竹院路62号4102室	周　廉	(010)68722031	www.c－mrs.org.cn www.powersupply.net.cn
中国金属学会	1956.11	北京市东四西大街46号	翁宇庆	(010)65133925	www.csm.org.cn
中国有色金属学会	1984.12	北京复兴路乙12号	康　义	(010)63971458	www.cnni.net.cn
中国稀土学会	1979.11	北京市海淀区学院南路76号	毕　群	(010)62173497	www.cs－re.org.cn
中国硅酸盐学会	1945.2	北京市三里河路11号	张人为	(010)68342007	www.ceramsoc.com
中国晶体学会	1993.8	北京大学化学学院南楼109	闵乃本	(010)62751490	—
中国颗粒学会	1986.11	北京中关村北二条1号	李静海	(010)62647657	www.csp.org.cn
中国土木工程学会	1953.9	北京市百万庄建设部内北附楼	谭庆琏	(010)68311313	www.cin.gov.cn
中国化工学会(CIESC)	1922.4	北京安外小关街53号	曹湘洪	(010)64441885	www.ciesc.org.cn
中国复合材料学会	1991.8	北京市学院路37号(北航)	张　耀	(010)82317092	cscm.buaa.edu.cn
中国腐蚀与防护学会	1979.12	北京科技大学腐蚀管理楼617－621	曹楚南	(010)62332201	www.cast.org.cn
中国仪器仪表学会	1979.3	北京市安定门外西滨河路25号仪器仪表大厦	庄松林	(010)64226687	www.cis.org.cn
中国兵工学会	1964.3	北京市海淀区车道沟10号	马之庚	(010)68963415	www.cos.org.cn
中国造船工程学会	1943.2	北京月坛北街5号	黄平涛	(010)68031560	www.csname.org.cn
中国电子学会	1962.4	北京海淀区玉渊潭南路普惠南里13号楼北京165信箱	胡启立	(010)68277281	www.cast.org.cn
中国航空学会	1964.2	北京东城区亮果厂5号	朱育理	(010)84045549	www.csaa.org.cn
中国核学会	1980.2	北京核工业总公司内(北京2125信箱)	王乃彦	(010)68531471	www.ns.org.cn
中国空间科学学会(CSSR)	1980.9	北京海淀区中关村南二条1号	肖　佐	(010)62559882	www.cssar.ac.cn
中国机械工程学会	1936.5	北京西城区三里河路46号	路甬祥	(010)68595316	www.cast.org.cn
中国物理学会(CPS)	1932.8	北京市海淀区中关村南三街8号	杨国桢	(010)82649019	www.cps－net.org.cn
中国力学学会	1957.2	北京市北四环西路15号	崔尔杰	(010)62536271	www.cstam.org.cn
中国真空学会	1979.10	中国北京市石景山路23号	庞世瑾	(010)68878447	www.cast.org.cn
中国化学会	1932.8	北京2709信箱	白春礼	(010)62564020	www.cast.org.cn
中国光学学会	1979.12	北京海淀区中关村东路95号自动化大厦408室	母国光	(010)82616603	www.coscentral.org
中国感光学会(CSISE)	1981.8	北京市朝阳区大屯路甲3号	温荣谦	(010)64888031	www.csist.org.cn
中国制冷学会	1977.4	北京市海淀区阜成路67号银都大厦10层	何济海	(010)68715723	www.car.org.cn
中国工程热物理学会	1978.11	北京2706信箱	蔡睿贤	(010)62566816	www.cast.org.cn

续表

名　称	成立时间	地　址	负责人	电　话	网　址
中国农业机械学会	1963.3	北京市德外北沙滩1号	陈　志	(010)64882291	www.agro－csam.org
中国环境科学学会	1979.3	北京海淀区红联南村54号	解振华	(010)82211006	www.chinacses.org
中国建筑学会	1953.10	北京市三里河路9号	宋春华	(010)88082224	www.chinaasc.org
中国石油学会	1979.4	北京市六铺炕街6号	黄　炎	(010)62094082	www.oilnews.com
中国太阳能学会	1979.9	北京市海淀区花园路3号	石定环	(010)62017009	www.cses.org.cn
中国能源研究会	1981.1	北京市三里河路54号469室	范维唐	(010)68511816	210.72.10.8
中国照明学会	1987.6	北京市朝阳区光华路12号	王锦燧	(010)65836525	www.lightingchina.com
中国电源学会	1991.8		季幼章		www.powersupply.net.cn

部分材料相关行业协会

名　称	会长或理事长	地　址	电　话	网　址
国家级行业协会				
中国石油和化学工业协会	谭竹洲	北京市亚运村安慧里4区16号楼中国化工大厦	(010)84885056	www.cpcia.com.cn
中国纺织工业协会	杜钰洲	北京东长安街12号	(010)85229207	www.cnfti.com.cn
中国建材工业协会	张人为	北京海淀区三里河路11号	(010)68356813	www.bm.cei.gov.cn
中国钢铁工业协会	吴溪淳	北京市东四西大街46号	(010)65133322	www.mmi.gov.cn
中国有色金属工业协会	康　义	北京市海淀区复兴路乙12号	(010)63966393，63971807	www.cnni.net.cn
中国黄金协会	成辅民	北京市安外青年湖北街1号	(010)64247162	www.cngold.org.cn
冶金类				
中国铸造协会	郭树言	北京市西三环北路5号中国铸造协会方大公司	(010)88514541	www.foundrynet.com.cn
中国钢结构协会	毕　群	北京市海淀区西土城路33号	(010)62275342	www.cncscs.com
中国特钢企业协会	赵明远	北京市东城区西扬威胡同甲1号	(010)64034324	www.ssea.org.cn
中国锻压协会	李社钊	北京西三环北路5号	(010)68465045	www.chinaforge.org.cn
中国热处理行业协会	孙大涌	北京市海淀区学清路18号	(010)62913079	www.clima.org.cn
中国耐火材料行业协会	陶若璋	北京市北京南站广场奥伦达商务中心420号	(010)63153492	www.china－refract.org
中国钛业协会	周　廉	北京市新街口外大街2号	(010)62075862	www.titan－china.com
中国有色金属加工工业协会	潘家柱	北京复兴路乙12号	(010)63971616	www.chnfa.org
国际铜业协会(中国)	—	北京市南礼士路66号建威大厦5楼501室	(010)68042450	www.copper.org.cn
中国模具工业协会	褚克辛	中国北京市海淀区首体南路20号国兴家园505室	(010)88356462	www.cdmia.com.cn
建材类				
中国建筑金属结构协会	杜宗翰	北京市三里河路9号(建设部院内)	(010)88561023	www.ccmsa.com.cn
中国建筑卫生陶瓷协会	丁卫东	北京市三里河路11号	(010)88372302	www.bathkitchen.com.cn

续表

名　称	会长或理事长	地　址	电　话	网　址
中国水泥制品工业协会	吕祖良	北京市三里河路11号	(010)88364716	www.ccpa.com.cn
中国水泥协会	雷前治	北京市海淀区三里河路11号	(010)68332654	www.chinacement.org
中国绝热隔音材料协会	胡小媛	北京海淀区百万庄三里河路11号	(010)88364763	www.chinabmnet.com
中国砖瓦工业协会	杨志元	北京市三里河路11号	(010)68303484，68311144－3447	www.ica.gov.cn
中国石材工业协会		北京市海淀区三里河路11号	(010)68340348	www.stonenet.com.cn
中国加气混凝土协会		北京市三里河路11号	(010)68309319	—
中国石灰协会	刘启胜	北京市海淀区三里河路11号	(010)83870195	www.zgshxh.com
中国砂石协会		北京市海淀区三里河路11号	(010)88364633	—
中国建筑砌块协会	严理宽	北京百万庄国家建材局中国建筑砌块协会	(010)68311144	www.chinabmnet.com
中国建筑防水材料工业协会	陈　健	北京市三里河路11号	(010)88363465	www.cnwb.net
中国建筑装饰协会	马挺贵	北京西城区德胜里一区11号楼315室	(010)82022111	www.ccd.com.cn
中国建材工业经济研究会		北京市三里河路11号	(010)68365267	—
中国陶瓷工业协会	霍杜芳	中国北京东长安街6号228室	(010)65124684	www.clii.com.cn
中国建筑玻璃与工业玻璃协会	张人为	北京百万庄三里河路11号原国家建材局内0303室	(010)68349221	www.glass.org.cn
中国搪瓷工业协会	李洪宝	北京东长安街6号227室	(010)65122138	www.clii.com.cn
中国非金属矿工业协会	李宝银	北京市海淀区三里河路11号 建材协会426室	(010)88372663	www.chinaim.com
中国玻璃钢工业协会	李新华	北京市西城区三里河路11号	(010)88372410	www.china－frp.com.cn
中国摩擦密封材料协会	贾作起	中国北京百万庄三里河路11号	(010)68314523	www.cfsma.org.cn
化工类				
中国化纤工业协会	许坤元	北京东长安街12号	(010)85229434	www.ccfaweb.org
中国聚氨酯工业协会	郑怀民	河南省洛阳054信箱	(0379)62301695	www.pu.org.cn
中国皮革工业协会	徐　永	北京市东长安街6号	(010)65261935	www.china－leather.com
中国化学试剂工业协会	于希椿	北京朝阳区广渠路15号	(010)67713678	www.cpcia.org.cn
中国纯碱工业协会	底同立	北京朝阳北苑路180号加利大厦A座804	(010)64941942	www.chinasoda.com.cn
中国橡胶工业协会	鞠洪振	北京海淀小西天志强园小区甲22号楼	(010)62274784	www.rubber.org.cn
中国电石工业协会	周智新（常务副理事长）	上海市长江西路1001号	(021)569135636	www.cpcia.org.cn
中国氟硅有机材料工业协会	岳润栋	北京朝阳区北三环东路17号8层	(010)6444611	www.cpcia.org.cn
中国氯碱工业协会	孙绍刚	天津市和平区山东路14号	(022)27300011	www.ccaon.com
中国工业气体工业协会	翟国才	北京朝阳区大郊亭(北京市氧气厂内)	(010)67716099	www.cpcia.org.cn
中国化工防腐蚀技术协会	潘连生	北京市安外六铺炕街1号	(010)82032366	www.ccata.org.cn
中国化工防治污染技术协会	冯绍仁	北京亚运村安慧里4区16号楼化工大厦	(010)84885720	www.cpcia.org.cn
中国胶粘剂工业协会	费广泰	中国北京朝阳区东三环南路19号C座206号	(010)87663013	www.cnaia.org

续表

名　称	会长或理事长	地　址	电　话	网　址
中国合成橡胶工业协会	张　勇	北京丰台区菜户营鹏润家园文苑B座2104室	(010)63434811	www.cpcia.org.cn
中国化学矿业协会	徐康平	北京市西城区六铺炕街1号东楼5层	(010)82026796	www.china-cma.com
中国膜工业协会	任建新	北京市朝阳区北三环东路17号	(010)64433466	www.membranes.com.cn
中国涂料工业协会	万世波	中国北京市永定门外宋家庄街路8条6号	(010)67613549	www.chinacoatingnet.com
中国染料工业协会	刘振东	北京东城和平里七区16号楼南608室	(010)64282865	www.dyechina.com.cn
中国塑料加工工业协会	廖正品	中国北京东长安街6号	(010)65122056	www.cppia.com.cn
中国磁记录材料工业协会	杜昌焘	河北省保定建设南路1号(乐凯集团公司院内)	(0312)323232	www.cpcia.org.cn
中国化工装备协会		北京市西城区六铺炕街1号	(010)82032358	www.cciea.com
中国化工防治污染技术协会	冯绍仁	北京亚运村安慧里4区16号楼 化工大厦	(010)84885720	www.cpcia.org.cn
中国轻工机械协会	严　龙		010-62111919	www.clima.org.cn
其他				
中国电子材料行业协会	管丕恺	北京市北三环东路甲12号4008室	(010)64271172	www.c-e-m.com
中国电池工业协会	张善梅	北京东长安街6号	(010)65131879	www.clii.com.cn
中国电子元件行业协会	温学礼	北京石景山路23号北京2515信箱	(010)68863355	www.ic-ce ca.org.cn
中国半导体行业协会	—	北京海淀区万寿路27号电子大厦316室	(010)68207449	www.csia.net.cn
中国菱镁行业协会	邱发成	北京市西城区月坛北街25号	(010)68580310	www.zglm.org.cn
中国钨业协会	周菊秋	江西省南昌市北京西路118号	(0791)6273652	www.ctia.com.cn
中国无机盐工业协会	叶海延	北京和平里7区16楼260房	(010)64481477	www.w-chemicals.com
中国抗菌材料及制品行业协会	严　庆	北京市朝阳区中国科学院理化技术研究所	(010)64864304	www.kjj.com.cn

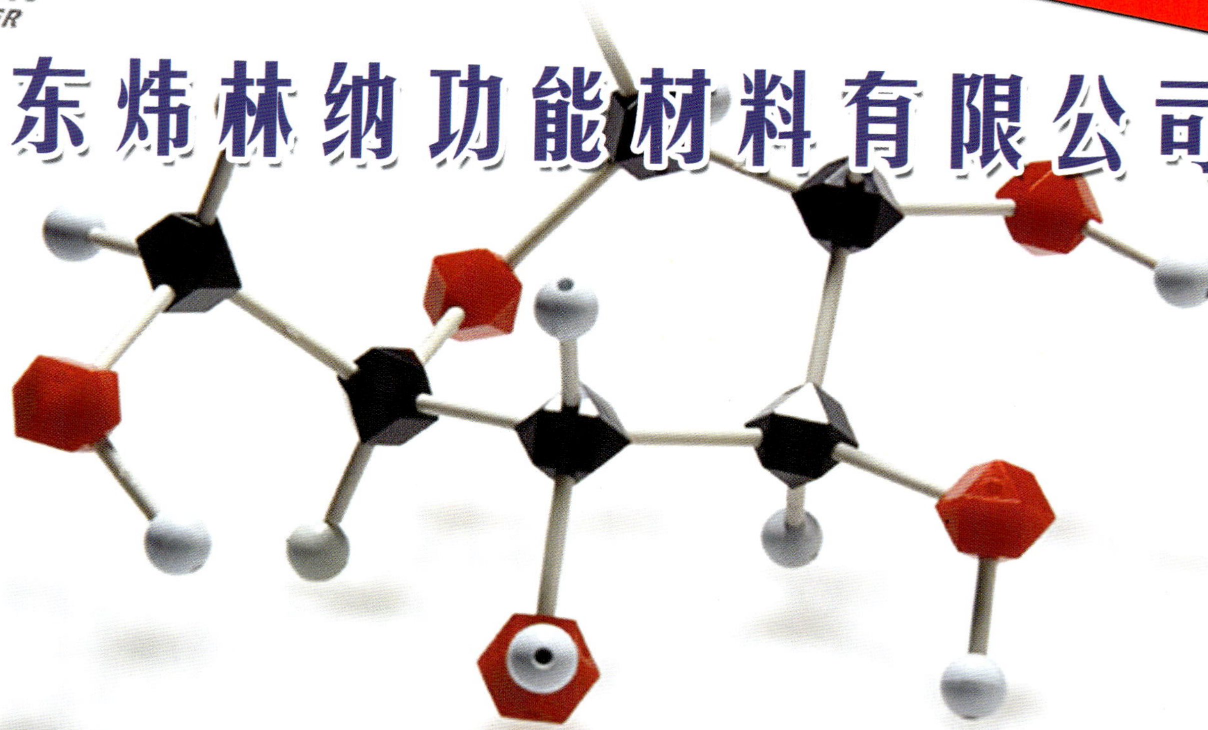

想知道什么产品是新材料？
想买新材料？
想卖新材料？
请登陆：
中国新材料商城
www.materials-shop.com
地址：北京市清华大学液晶大楼115室
邮编：100084
电话：010-62785767
传真：010-62770338
电子邮件：materials-shop@materials.gov.cn

找技术专家
招聘人才就到
中国材料人才网
www.mathr.com
构筑材料厂商与人才精英的金色桥梁
方便快捷的操作，及时丰富的信息资源
免费而优质的信息服务
企业猎头最佳去处
MATINFO.COM.CN
地址：北京市清华大学液晶大楼115室 邮编：100084 电话：010-62785767
传真：010-62770338 联系人：梁金秀 电子邮件：mathr@materials.gov.cn

云南省新材料孵化器

云南省新材料孵化器是根据昆明高新区管委会的批复，由昆明高新技术创业服务中心、云南省大学科技园、留学人员创业园与昆明智新源新材料管理有限公司共同创办的云南省首家“民办公助”的新材料专业孵化器，并于2003年12月17日正式挂牌运行。它是以促进科技成果转化、培养高新技术企业和企业家为宗旨的科技创业服务机构，是加强材料研发领域人才、资源及项目的协调、沟通和配置，为新材料科技企业提供理想的办公及专业服务设施、科研基地、信息和咨询服务的平台；云南省新材料孵化器作为云南省区域科技创新体系建设的载体，是云南省区域创新体系建设的重要核心内容，是国家创新体系的组成部分。云南省新材料孵化器采用企业化的运作模式，由昆明智新源新材料管理有限公司全面负责经营管理。

云南省新材料孵化器立足于云南省丰富的矿产资源和材料工业体系，以市场为导向，企业为主体，积极引进国内外人才、技术，加强开发研究，促进拥有自主知识产权的高新技术成果的转化，推动云南省具有资源特色和竞争力的新材料产业的发展，促进云南省资源优势转化为经济优势。

云南省新材料孵化器位于昆明二环西路625号，现有研发孵化场地近万平方米，电力、通信、供水、国际互联网络等内部设施完备，服务功能齐全，能够满足孵化企业从事研究开发、生产经营全方位的需求。孵化器内建有容纳200人的、带同声翻译系统的学术报告厅，建有中心机房，可提供宽带网络、电信接入等服务。设有商务中心，为企业提供卫生、保安、餐饮、会务、传真、文印、车、船、机票等多项服务。

云南省新材料孵化器在云铜技术中心实验室的基础上投资350万元，以高起点、高标准的要求建设了云南省新材料孵化器公共实验室，实验室占地面积800平方米，其基础设施的建设是由中国深圳利龙湖有限公司设计制造。引进日本著名品牌岛津的分析仪器，主要有AA−6800原子吸收分光光度计、ASC−6100自动进样器、UV−2401PC紫外分光光度计、全自动分析天平等，并且配置有其他仪器、设备，形成较为完备的化验分析、检测体系。可从事有色金属、贵金属、轻金属、稀散元素的分析、检测。对锂、硒、碲等元素的分析、检测居重要位置。

云南省新材料孵化器自成立以来，截至2004年12月，共有入孵企业59家，其中包括中国工程院戴永年院士的昆明永年锂业科技有限公司等，研发机构5家，在孵项目40项，企业总投资2.4亿元，从业人员1055人，中高级技术人员525人，博士15人，硕士40人。截至2004年12月，云南省新材料孵化器技工贸总收入达6465.5万元，年利税501.4万元，工业总产值1937万元，提供就业岗位1000多个，已展示良好的社会经济效益和发展前景。

戴永年院士在揭牌仪式上讲话

揭牌仪式

揭牌仪式嘉宾

湖北省化学研究院

湖北省化学研究院位于湖北省武汉市东湖高新技术开发区内，该院组建于1973年，既是一个多种类型的综合性研究院，又是一个高新技术企业。占地面积200亩，拥有完善的科研、开发工作和生活配套设施。拥有高级研究人员43人，国家级专家3人，省级专家7人，享受国务院政府特殊津贴24人，拥有3个理、工科硕士授予点。该院主要从事化学新材料及化工新工艺的研究与开发，主要研究开发领域：合成氨工业催化剂、气体净化催化剂、光通信产业化学材料、信息和电子产业化学材料、机电绝缘产业用化学材料、有机催化合成、 医药中间体、农用化学品、建材化学品、环保化学品等。

该院致力于推动科技进步，历年来获国家发明奖和国家科技进步奖10项，获省、部级科技进步奖60项，80%成果已在生产中实施，其中国家新产品13个，授予国家牌号6个，有三个系列产品在全国相关市场占有量达到60%～80%。

科技体制改革，使湖北省化学研究院走上了一条科研、开发、生产经营良性循环的道路，其综合科技实力和运行绩效在全国2000多个研究所中分别排列第141名和第9名。被武汉市评为科技进步先进单位，被湖北省评为科技体制改革试点先进工作单位，被原国家专利局评为全国专利工作先进单位，被原国家科委评为高新技术先进企业，被中组部授予“全国先进基层党组织”，被湖北省政府、武汉市政府评为文明单位，被授予武汉市AAA企业。

该院发展高新技术产业受到政府的肯定与支持，经原国家计委、湖北省计委批准建设完成的“一氧化碳变换催化剂、气体净化剂国家重点工业性试验基地”和“国家高技术产业化示范工程——光纤缆阻水材料和光纤涂料产业化”等一批重点项目，将为促进我国及北省相关行业科技优势转化为产业优势提供条件。经科技部批准，由科技部高技术联合办公室认定该院为“国家高技术研究发展计划（863计划）成果产业基地”。依托国家重点项目建设的湖北省化学研究院高科技产业基地将为该所的发展翻开新的一页。

中国石油大学科技园简介

中国石油大学科技园是由中国石油大学、东营市人民政府和胜利石油管理局三方共同建设，东营区人民政府承建并负责管理经营的高科技园区。科技园坐落于山东省北部黄河三角洲地区的中心城市——东营市，黄河在东营市境流入渤海，境内有中国第二大油田——胜利油田和石油系统的最高学府——中国石油大学。东营市具有良好的区位优势,北靠京津唐,南连山东半岛,是环渤海经济区与黄河经济带的交会点,也是连接东北和中原两大经济带的重要通道。园区总规划面积174公顷，分为创新区和孵化区。

科技园依托中国石油大学的优势重点学科、胜利油田的科研机构及东营市优良的创业环境，以油气开发和化工及相关产业为核心，重点发展油气勘探开发、石油化工、石油资源深加工利用方面的技术、工艺、产品、软件和设备，涉及新型材料、精细化工、电子信息、环保节能和机电一体化、生物工程等高新技术领域。科技园坚持政府投入和社会融资的运作模式，为科技人员创业及科技型中小企业发展营造良好环境，提供配套设施和优质服务，降低创业风险，缩短创业周期，实现科技成果转化、创业企业孵化、创新人才培育、高新技术产业辐射四大功能，为推动区域经济发展提供强有力的载体。

科技园在建设过程中得到了社会各界的关怀。东营市政府、中国石油大学、胜利油田、东营区政府相继出台了一系列鼓励政策，从政策、资金、市场等方面给予全方位支持，有力地推动了中国石油大学科技园的发展。截至目前，已经建成水、电、路、讯、网等基础设施配套完善的综合性孵化场地89000平方米，已孵化企业117家，毕业企业38家，开发自主知识产权产品达38项，累计实现技工贸总收入3.86亿元、利税9600万元。2002年9月，被山东省科技厅、教育厅命名为省级大学科技园。2003年12月，被山东省科技厅认定为省级高新技术创业服务中心。2004年4月，被山东省知识产权局命名为山东省专利园区。现正积极申报国家大学科技园。

经过3～5年发展，力争使科技园总孵化面积达到10万平方米，入驻和在孵企业200家，转化科技成果160项，毕业企业70家，开发具有自主知识产权的高新技术产品120项，培训企业家80名，培养创新创业人才3000人次，有20～40家企业达到省级高新技术企业标准，有3～5家达到国家高新技术企业标准，园区技工贸总收入达到25亿元，形成发展形式多样化、投资主体多元化、管理服务市场化的孵化体系；成为功能齐全、管理规范、特色鲜明、集成化程度高、辐射能力强、在国内外具有较大影响力，集石油、石化技术研究开发和相关配套技术服务为一体，人才、技术密集的特色园区。

地址： 中国山东省东营市南二路1240号　　**邮编：** 257067

电话： 0546-8188288　8186566　　**传真：** 0546-8181988

网址： http://www.pusp.com.cn

E-mail: dxkjy@eyou.com　　dygxjsfhq@sina.com.cn

北京玻璃钢研究设计院

北京玻璃钢研究设计院是全国玻璃钢／复合材料行业最大的综合性应用研究开发机构。目前是中国玻璃钢工业协会会长单位，中国硅酸盐学会玻璃钢学会的理事长单位，国家纤维增强模塑料工程技术研究中心，全国纤维增强塑料标准化技术委员会、国家玻璃钢制品质量监督检验中心等行业组织的挂靠单位。其下辖的设计所是玻璃钢行业唯一持有乙级咨询证书的从事玻璃钢工厂、工艺及设备的研究、设计和咨询的单位。本所成立20年以来，承接玻璃钢技术引进项目数十项；自行设计的适应各种生产需求的缠绕生产线技术、拉挤生产线技术和SMC生产线技术已落户国内数百家企业；承担了数十项玻璃钢建设项目的可行性研究报告及土建工程的设计。现本所提供的技术内容有：

一、玻璃钢工厂设计

1. 编写项目建议书及可行性研究报告；
2. 综合玻璃钢制品生产厂、玻璃钢管及罐制品、拉挤制品、模压制品生产厂。

二、玻璃钢生产线技术

1.各种规格的缠绕（夹砂）生产线技术；
2.各种型式的拉挤生产线技术；
3.玻璃钢粉碎回收生产线技术；
4.SMC片状模塑料生产线技术；
5.新型RTM生产线技术；
6.BMC模塑料生产设备及技术。

三、玻璃钢产品设计技术

1. 玻璃钢产品结构设计；
2.玻璃钢产品模具设计。

联系人：吕贵平 戴金海 孙永峰　　联系电话：010-61162089　13701305752

杭州科瀚盟新材料技术有限公司

公司简介

杭州科瀚盟新材料技术有限公司是一家专业从事纳米新材料研发、生产与销售的新型股份制高新技术企业。公司位于素有“天堂硅谷”之称的杭州高新产业区，总投资1000万元，有独立的办公大楼、研发中心、实验基地、生产基地，公司占地面积近1万平方米，年销售额近5000万元人民币。

公司拥有一大批经验丰富的专家、技术人员及顾问，同时积极开展与国内多家科研院校、大中型企业的精诚合作。长期专业从事纺织浆料、涂料、胶黏剂、化妆品、造纸助剂等产品的研发与生产。本公司拥有先进的生产设备、成熟的生产工艺、科学的检测方法，产品各项指标均达到国内领先水平。公司本着“和气、求真、守信、自强”的企业精神，抱着创立科瀚盟产业品牌的坚定信念，以科技为先导、质量为保证，不断研发新产品并服务于广大客户。公司发展迅速，目前已在研发能力、生产规模、技术装备、产品档次、销售网络、市场份额等诸多方面处于国内领先地位。

公司决策层高瞻远瞩，全体员工众志成城，立志将科瀚盟公司建设成为纳米新材料领域有较高知名度的公众型企业。“路漫漫其修远兮，吾将上下而求索”，我们竭诚欢迎国内外专家及各界朋友光临指导，洽谈合作，携手共创中国纳米新材料产业之辉煌。

企业宗旨

把准行业科技前沿，夯实基础

加强员工素质教育，与时俱进

提升企业品牌形象，持续发展

企业目标

将科瀚盟建成中国最成功的新材料研发、生产基地

企业精神

和气、求真、守信、自强

KHM-01

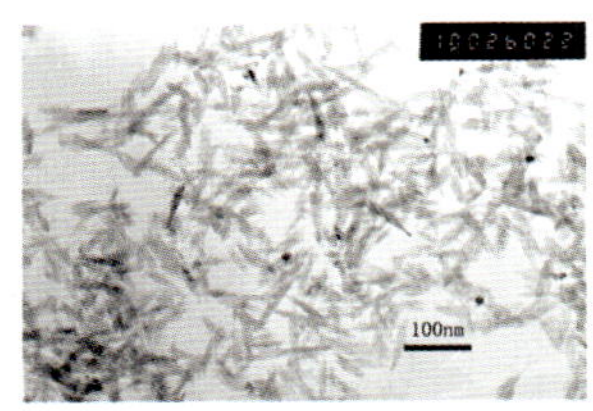

KHM-01电镜照片

办公室

产品介绍

本公司采用特殊的表面处理工艺，使纳米粒子得以充分均匀地分散于母液体系，极大地方便了客户的使用，目前已开发出水系分散母液和各类有机物分散母液。

一、主产品：纳米氧化钛（金红石相）

颗粒形态：针状

颗粒尺寸：15nm×150nm

比表面：160m²/g

物相：乳白色液体

二、纺织浆料专用分散母液：KHM-0X和KHM-1X系列

通过与变性淀粉的配合，对纯棉各类纱支、密度的上浆达到完全不用PVA的目的，同时降低生产成本10%~30%，提高了织造效率1%~10%，还实现了绿色上浆。

三、涂料专用分散母液：KHM-30系列

在水基涂料中添加0.5%~1.0%，其悬浮稳定性、触变性、涂层与基体之间的结合强度等性能均获得显著提高，涂膜的耐洗刷达到上万次，人工紫外老化达到700小时以上，同时涂层的抗污性也有明显改善。

四、塑料专用分散母液：KHM-40系列

在塑料原料中加入，可明显提高塑料的强度、韧性、耐磨性和抗老化性。

五、化妆品专用分散母液：KHM-50系列

用于化妆品中可作为无机抗紫外剂、防晒剂，对UV-A和UV-B有极强的屏蔽效应。

此外，本公司生产的纳米助剂还可广泛地应用于造纸、颜料、油墨等诸多领域产品的提档升级。

腾飞中的东台新材料产业

东台市坚持将新材料产业发展作为实践“发展高科技，实现产业化”的突破口和切入点，积极引进、消化、吸收先进技术，强化科技项目载体建设，加强科技成果转化和自主知识产权开发，不断促进一批科技型、规模型新材料产业重点制造企业的迅速崛起，新材料产业已成为该市产品结构升级中脱颖而出的重点支柱产业。

东台市新材料产业目前已初步形成新型复合材料、高新能源材料、特种钨钼材料、高分子材料、超高温陶瓷材料、电子信息材料等六大新材料门类系列60多种新产品，其中高新技术产品8个，年销售收入达20亿元以上、利税2.8亿元。培育出江苏峰峰钨钼制品股份有限公司、江苏东强股份有限公司、江苏天腾化工有限公司、江苏磊达股份有限公司、东台华阳玻纤有限公司、东台市高新能源研究所、东台市富尔特高温材料制造有限公司等40多家新材料制造加工企业。

东台市新材料产业科技创新能力不断增强，近两年承担国家“863”高科技项目1项，国家中小型企业创新基金项目2项，省级科技攻关3项，国家、省级火炬计划6项和原国家经贸委“二期双加”和“双高一优”专项计划3项；建成国家级博士后流动工作站2个，主要骨干企业都建立了自己的研究开发中心,其中省级工程技术中心2家,市级以上6家，结成紧密型产学研联合体18个，年开发新产品20多项。

“十一五”期间，东台市瞄准创建国家新材料产业基地的目标，正全力建设新材料产业孵化器和高新技术创业园，目前已拥有7000平方米研发平台、20000平方米标准厂房。构建公共技术创新服务平台，营造良好的外部发展环境和支撑条件，除严格执行国家、省制定的推进企业科技进步的各项优惠政策外，还出台各种引进高新技术企业的优惠政策和引进外地专门人才的奖励政策，政府对科技投入力度不断加大，对入孵和入园企业更有一系列配套的政策措施。热忱欢迎各方人士来东台创业，共创东台新材料产业的辉煌明天。

服务热线：0515—5230216、8106169　　传真：0515—5230216　　联系人：徐义东　姚拂

东强®

江苏东强股份有限公司

JIANGSU DONGQIANG CO.,LTD

江苏东强股份有限公司是全国IT行业先进集体，全国守合同重信用企业，全国诚信守法企业。公司下设国内外一流的研发机构：江苏东强电缆技术中心、博士后科研工作站、东强公司（大连）石油化工静电研究所。公司系科研、生产、营销一体的国家火炬计划重点高新技术企业。

生产经营：各类信号电缆，通信电缆，对称电缆，计轴电缆，电子线，高速传输5类、5E类、6类、6E类、7类线缆。产品已先后用于中国通信网的交换、传输，移动通信网的建设和中国铁路工程建设。近年来公司积极参与各类通信工程和铁路电务工程配套，并和各类知名品牌通信信号产品、电子产品配套使用。铁路信号电缆，综合屏蔽信号电缆先后被科技部评定为国家重点新产品，综合屏蔽电缆被国家火炬中心列为国家火炬计划，数字通信电缆，长途对称电缆，铁路计轴综合电缆被江苏省科技厅认定为高新技术产品。公司质量管理体系已通过泰尔认证中心ISO9001：2000标准认证和美国UL产品安全认证，数字通信电缆已批量出口德国和美国，数字信号电缆在国内外处于领先地位。随着经营规模的不断扩大，公司将进一步拓展“东强”品牌的国内外市场。

江苏东强股份有限公司以优质的产品、合理的价格、百分之百的用户满意为经营理念。目前，用户遍及全国30个省市，部分产品还出口德国和美国。热诚欢迎各位客户垂询、订购、来公司考察指导，并希望与您的良好关系不断巩固、发展，使双方互惠互利。

电话：0515-5480288/5481123　0515-5481498-8068　传真：0515-5482999

大连理工大学高分子材料研究所

新型杂环高性能工程塑料

研究所成立于1992年，主要研究领域包括阴离子聚合及新型弹性体、普通塑料高性能化、新型高性能工程塑料及加工应用新技术、高性能树脂基复合材料、功能高分子材料等。研究高分子材料领域发展的关键性、基础性和共性技术问题。本所是辽宁省高性能树脂工程技术研究中心的依托单位，对外提供从小试、扩试、中试直到产业化的一条龙工程技术研究设计和咨询服务，具有硕士、博士学位授予权，并设有博士后流动站。科技开发力量雄厚，研发能力强。拥有40个小试合成实验室、一个理化测试中心及配套合成设备和仪器。测试中心的各种有关高分子材料的主要分析测试手段基本配套，可满足有关分析测试的需要。建有一套10吨/年聚合规模的扩试装置、一套100吨/年聚合规模的中试装置和一个500吨/年规模合成树脂工业示范装置，并拥有一个材料成型加工基地和一个模具设计加工中心。

500吨/年规模生产基地外景

中试基地

本所先后承担国家重点科技攻关项目、“863”重大项目、“973”项目、国家自然科学基金项目、省市重大科技攻关项目等及企业委托项目，近5年累计科研经费2800万元，在国内外重要学术期刊发表论文近400篇，SCI收录95篇，EI收录76篇，其中含二氮杂萘酮联苯结构系列高性能工程塑料（聚芳醚砜PPES、聚芳醚酮PPEK）处于国际领先水平，综合性能优异，既耐高温又可溶解，其玻璃化转变温度在263～375℃之间，是目前耐热等级最高的可溶性聚芳醚新品种。不仅可以热成型加工（如注射成型）制各种结构件，还可以溶液加工制耐高温特种绝缘漆、涂料、分离膜等，可广泛应用于航空航天、电子电气、能源、交通、机械、石油、化工、环保等许多领域，是发展高技术产业和国防军工不可缺少的新材料，获包括2003年度国家技术发明二等奖在内的9项省部级以上科技奖励，被国际经济评价（香港）中心评为世界华人重大科技成果。

国家技术发明二等奖证书

漆包线

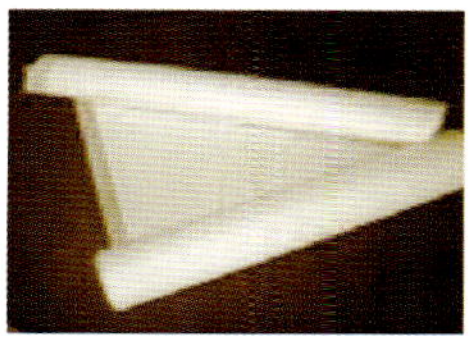
板式膜

中空纤维膜

阀片

齿轮

轴套

蹇锡高教授个人简介

蹇锡高教授长期从事高分子材料合成、改性、加工应用研究，具有较高学术造诣。在高性能工程塑料、耐高温高效分离膜、高性能树脂基复合材料、耐高温特种绝缘材料等领域作出了重大创造性成就和贡献。1990年回国以来，主持并完成国家重点科技攻关项目4项，“863”重大项目2项，国家重点军工配套项目4项，973项目1项，国家自然科学基金项目4项，科技部创新基金项目1项，辽宁省重大科技攻关项目2项，大连市重大产业化项目1项，及多项企业委托项目。从分子设计出发，研制成功结构全新的系列新型杂环高性能工程塑料，既耐高温又可溶解，解决了传统高聚物不能兼具耐高温和可溶解的技术问题，综合性能优异，成本低，处于国际领先水平，已广泛应用于航空航天、电子电气、石油化工、精密机械、环保等领域。获2003年度国家技术发明二等奖在内的5项省部级以上科技奖励。被国际经济评价(香港)中心评为世界华人重大科技成果2项。三项专利技术已产业化，取得显著经济效益，作为发明人和项目负责人，主持设计、建成了500吨/年规模合成树脂生产装置；2000吠/年高性能工程塑料扩产项目已被列为国家火炬计划和国家振兴东北老工业基地高技术产业发展重大项目。为发展我国高性能工程塑料作出了重要贡献。被评为国家有突出贡献中青年专家、获国防军工协作配套先进工作者、大连市优秀专家等称号，获国务院发展教育突出贡献奖，享受国务院政府特殊津贴。

联系人：蹇锡高教授
电　话：0411-83653426　13904286124　　Fax：0411-83639223
E-mail：Jian4616@dl.cn；　xgjian@chem.dlut.edu.cn
地　址：大连市中山路158号137信箱　　邮　编：116012

包头科泰高技术材料有限责任公司

一、公司简介

包头科泰高技术材料有限责任公司（简称包头科泰）位于包头稀土高新技术产业开发区黄河工业园区，设立于2001年9月，注册资金120万元，是民营股份制企业。公司以实现高科技成果向产品转化为目的，专门从事高技术结构陶瓷、粉末冶金等耐高温烧蚀、耐磨损、抗冲击产品及稀土磁性材料特种加工等的研制、开发、生产及销售，是包头市及稀土开发区重点扶持的高新技术企业。公司于2003年通过了ISO9001：2000标准的质量管理体系认证。

公司技术力量雄厚，拥有专业技术人员15名，其中研究员级高级工程师1名（来自国防科研院所，一直从事军用陶瓷及粉末冶金材料研究）、高级工程师2名、工程师3名；拥有系统配套的生产与试验设备及3400平方米的标准厂房。此外，公司与清华大学签订了全方位的合作协议，与稀土研究院、核工业202厂理化检测中心、包头钢铁学院等建立了长期技术合作关系，因此具备很强的研制、攻关及生产能力。

包头科泰坚持以“科技创新、质量第一、服务用户”为宗旨，以“诚信、共赢、发展”为经营理念，以解决客户疑难为己任，愿同海内外广大客户朋友真诚合作，携手发展。

二、 产品性能、技术、型号及应用领域

1. 高技术结构陶瓷：具有高硬度、高比强度及金属材料无法比拟的优良的耐高温、耐腐蚀、耐磨损、抗冲击性能，可应用于各种抗冲击、耐烧蚀、耐磨损领域，诸如抗弹陶瓷阀，导弹喷管，摩擦付，发动机隔热、耐热部件等军工产品及陶瓷刀具、陶瓷模具、陶瓷密封件及陶瓷过滤构件等民用产品。

2. 粉末冶金产品：W基及WC基材料具有高硬度、高耐磨性，可应用于穿甲弹、装甲等领域；Mo基材料具有耐高温烧蚀的优良特性，可应用于导弹喷管等构件；Cu基材料可应用于过滤网及一般结构件。民用方面可应用于各种硬质合金刀具、模具、矿用耐磨构件、线咀、碾线轮及各种粉末冶金构件等。

3. 脆性材料特种加工：采用超声振动加工技术进行陶瓷、宝石、玻璃、磁性材料（钕铁硼、钐钴）等硬脆材料的薄壁深孔加工，具有加工精度高、表面光洁度好，产品合格率高等特点。

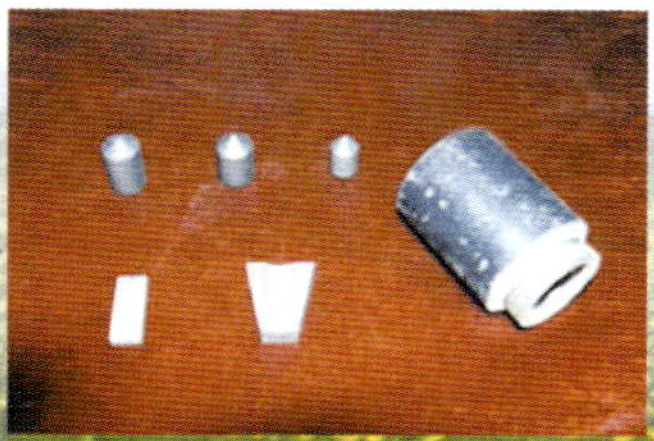
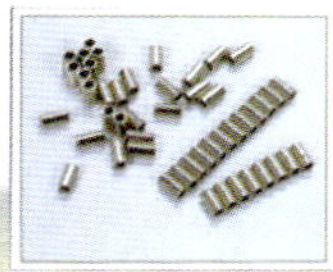

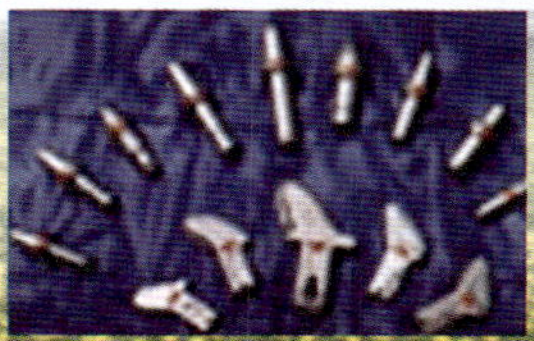

联系人：苏晓靖
地　址：内蒙古包头稀土高新技术产业开发区黄河工业园区
邮　编：014030
电　话：0472—5130108
传　真：0472—5130108
E-mail：zbrbt@sina.com
http//：www.lckt.net